Kenneth Wynn · Uboot-Operationen im Zweiten Weltkrieg

Kenneth Wynn

Uboot-Operationen im Zweiten Weltkrieg

Teil 1: Lebensläufe von U 1–U 510

Bernard & Graefe
in der Mönch Verlagsgesellschaft mbH Bonn

Der Originaltitel »U-Boat Operations of the Second World War« von Kenneth Wynn erschien 1997 in der Chatham Publishing Company, London.

Übersetzung: Gerhard Koop, Wilhelmshaven

© Bernard & Graefe in der Mönch Verlagsgesellschaft mbH, Bonn 2007
Herstellung und Layout: Walter Amann, München
Satz: DTP-Studio Elisabeth Ruf, Landshut
Lithos, Druck und Bindung: Isarpost, Altheim b. Landshut
Printed in Germany

ISBN 978-3-7637-5983-2

Einleitung

Wenn ein neues Buch erscheint, ist sich der Autor sicher, gefragt zu werden, warum er es geschrieben hat. Was veranlasste ihn oder sie, über einen so langen Zeitraum zu schreiben, über einen Zeitabschnitt und nichts anderes.

Ich wusste einiges über die Uboote meines Lebens, nicht bis ins Detail, aber doch durch Erzählungen über ihre Einsätze in den beiden Weltkriegen. In den 1980er Jahren wurde die ausgezeichnete Fernsehproduktion »Das Boot« gezeigt, und erstmalig bekam ich Einblick in das Uboot-Leben. Genauso erging es sicher weltweit den Zuschauern des Films. Die meisten der gezeigten Szenen des Unterwasserkrieges gaben mir Gelegenheit zum Vergleich. Im Jahre 1989 erwarb ich in Deutschland einen Satz Ersttagsbriefe mit den Unterschriften von Ubootkommandanten, was mich dazu brachte, einige Bücher darüber zu lesen. Es scheint, dass es Lücken gibt im gedruckten Wort, insbesondere dann, wenn man Einzelheiten über die Fahrten eines bestimmten Bootes sucht. Es gab aber auch Ausnahmen, und zwar da, wo bestimmte Boote oder einzelne Kommandanten Gegenstand des Buches waren.

Nachdem ich einige Erfahrungen im Suchen einzelner Quellen gesammelt hatte, begann ich 1990 mit dem Sammeln jener Informationen, die Grundlage von zwei Büchern geworden sind. Dieses Buch ist der erste Band. Ich habe Unterlagen von ersten Quellen, wie PRO und dem Bundesarchiv erhalten, darüber hinaus von vielen anderen Quellen. Ich bedanke mich herzlich bei all denen, die mithalfen, dass dieses Werk gelang. Meines Wissens ist der Informationsstand dieses Buches der, wie er heute ist. Gerade heute, mehr als 50 Jahre nach Kriegsende, bedarf es noch immer einer nüchternen Betrachtung des Seekrieges.

Ziel des Buches ist, neben den vielen Büchern über den Ubootkrieg zusätzlich als Quelle zu dienen. Ich vermute, dass die Wahl des Aufbaues jeden, der allgemein etwas über die Geschichte des Ubootkrieges im Zweiten Weltkrieg oder über ein bestimmtes Boot wissen will, das Suchen erleichtert. Spezielle Erläuterungen und Abkürzungen in alphabetischer Reihenfolge befinden sich am Ende des Buches. Für Interessenten der deutschen Feldpost ist eine Liste der Feldpostnummern eingefügt. Die technischen Aspekte über den Bau und die Konstruktion, die Strategie und Taktik des Ubootkrieges, das Kriegsmarinepersonal sowie die vielen Fotografien und die Umstände einzelner Ubootversenkungen können in den vielen Büchern, die in den letzten 50 Jahren erschienen sind, entnommen werden. Dieses Buch behandelt das Leben jedes einzelnen Bootes, wo es sich zu einer bestimmten Zeit aufhielt, seine Erfolge und Fehlschläge und was schließlich sein Ende, das Schicksal des Kommandanten und der Besatzung betrifft.

Ich möchte einige Leute erwähnen, denen ich besonders zu danken habe: Professor Dr. Jürgen Rohwer nicht nur für seine wertvollen Nachschlagwerke und die vielen neueren Informationen. Ohne Professor Rohwers genaues Forschen über eine lange Zeit über das deutsche Marinegeschehen wäre unser Wissen über die Uboote nur gering. Herr Horst Bredow, ein früherer Ubootoffizier und Gründer des Uboot-Archivs in Altenbruch, für die Erlaubnis, aus dem Archiv Informationen über Ubootausfahrten und deren Rückkehr in den Stützpunkt zu nehmen. Das Archiv ist ohne Zweifel die wichtigste Quelle über Ubootmaterial in der Welt.

Dr. Axel Niestle, Berlin, für die Benutzung seines Wissens über Ubooteinsätze und für die Freundlichkeit, mir seine Unterlagen mit Hilfe seiner Frau, bei meinem Besuch in seinem Heim, zu zeigen. Flight Lieutnant E.S. Check AFC, DFM, RAF, der an der Schlacht im Atlantik als ein Mitglied der 120. und 224. Squadron teilnahm. Seine Crew in der 224. Squadron zerstörte zwei Uboote und beschädigte drei weitere. Eddie machte freundlicherweise alle seine Forschungsergebnisse über Uboote für mich zugänglich, und er und seine Frau Mary waren bei meinen Besuchen stets entgegenkommend.

Die »Alte Kameraden«, Kiel, die mir eine Teilnahme an ihrem monatlichen Treffen gestatteten und einen Besuch des Ubootehrenmals in Möltenort ermöglichten. Sie waren freizügig mit ihrer Hilfe und mit Informationen.

Mister Ian Sayer für die freundliche Überlassung wertvoller Informationen aus deutschen Quellen.

Mr. David Payne aus Auckland, Neuseeland, für seine Hilfe und große Unterstützung bei dem Studium sehr vieler Informationen.

Mrs. Elizabeth Qalker, meiner Tochter, für ihre wertvolle Hilfe bei der Wahl der richtigen Worte. Ohne sie gäbe es das Buch nicht. Und zum Schluss, wo wäre ich ohne meine liebe Frau Anah geblieben?

Vor sieben Jahren hat sie mein Vorhaben unterstützt und ist der Hauptantrieb für das Entstehen des Werkes. Ohne ihre generöse Unterstützung bei diesem Projekt würde es noch immer nur eine Idee sein.

Es ist unvermeidlich, dass irgendeiner irgendwann etwas wissen will über ein bestimmtes Uboot, das nicht in diesem Buch erfasst wurde. Falls es so ist, würde ich mich freuen, wenn solche Informationen an den Verlag und/oder an mich geschickt würden.

Ken Wynn

Abkürzungen

a/s	Antisubmarine	Lt	Lieutenant (RN and USN)
BdU	Befehlshaber der Unterseeboote	Lt Cdr	Lieutenant (RN and USN)
BEM	British Empire Medal	MTB	Motor Torpedo Boat
CAM	Catapult-Armed Merchantman	NEK	Nachrichtenmittel-Erprobungskommando
Capt	Captain (RN and USN)	P/O	Pilot Officer
Cdr	Commander (RN and USN)	RAAF	Royal Australian Air Force
CGM	Conspicuous Gallantry Medal	RAF	Royal Air Force
CPO	Chief Petty Officer	RCAF	Royal Canadian Air Force
DFC	Distinguished Flying Cross	RMS	Royal Mail Ship
DFM	Distinguished Flying Medal	RN	Royal Navy
EG	Escort Group	SAAF	South African Air Force
FAA	Fleet Air Arm	SG	Support Group
FdU	Führer der Unterseeboote	Sgt	Sergeant
F/Lt	Flight Lieutenant	S/Ldr	Squadron Leader
F/O	Flying Officer	Sub-Lt	Sub-Lieutenant (RN)
F/Sgt	Flight Sergeant	SO	Staff Officer (Stabsoffizier)
G/Capt	Group Captain	TAF	Tactical Air Force
Grt	Gross Registered Tons	ULD	Unterseebootlehrdivision
HMS	His Majesty's Ship	U-Fl	Unterseebootflottille
HMAS	His Majesty's Australian Ship	USAF	United States Air Force
HMCS	His Majesty's Canadian Ship	USCG	United States Coast Guard
HMIS	His Majesty's Indian Ship	USN	United States Navy
KzS	Kapitän zur See	USS	United States Ship
LCI	Landing Craft Infantry	VC	Victoria Cross
LST	Landing Ship Tank	W/Cdr	Wing Commander

Anmerkungen des Autors

1. Alle Fahrten der Uboote sind separat aufgeführt und durchnummeriert. Allerdings erfolgten einige Fahrten nur zur Erprobung und für Versuche bzw. zur Verlegung von einem Hafen in den anderen. Daher weicht in vielen Fällen die Anzahl der Einsatzfahrten von der Gesamtzahl der Fahrten ab.

2. Die totale Bruttoregistertonnage (grt) von Schiffen, die vesenkt wurden, bezieht sich auf Handelsschiffe und bewaffnete Handelskreuzer und ist in den Hauptdaten zum Boot als (t) und (grt) bei den Schiffen angegeben. Sie beinhalten nicht Kriegsschiffe und Hilfskriegsschiffe. Ihre Deplacementtonnage (dt) erscheint nicht in der Auflistung ihrer Schäden oder ihres Verlustes, aber am Ende der Hauptdaten, wenn sie von einem bestimmten Uboot versenkt wurden.

3. Werden Schiffe als »mögliche Versenkung« genannt, oder wurde ein verlassenes Wrack versenkt, das bereits von einem anderen Boot torpediert worden war, ist ihre Tonnage nicht in der Gesamtliste der Erfolge am Ende der Hauptdaten enthalten.

4. Tagesdaten beziehen sich auf die Zentraleuropäische Zeit, wie sie auf Ubooten benutzt wurde.

5. Wenn Uboote einer bestimmten Uboot-Flottille unterstellt wurden, operierten sie nicht immer vom zugehörigen Uboot-Stützpunkt aus.

6. Ortsnamen sind allgemein in der Landessprache wiedergegeben.

7. Sofern nicht anders angegeben, gehörten die genannten Flugzeuggeschwader zur RAF.

9. Die Informationen in diesem Buch umfassen alles, was der Autor herausfinden konnte. Jede weitere Information sollte dankenswerter Weise an den Verlag gesandt werden; sie wird für eine evtl. Nachauflage Verwendung finden.

Die Uboote U 1–U 510

Ich wünschte meine Besatzungen mit Begeisterung und einer kompletten Hingabe an ihre Waffen zu erfüllen, und ihnen den Geist selbstlosen Einsatzes für den Dienst an ihr zu geben. Nur solche Hingabe konnte dem Ubootkrieg dienlich sein. Berufserfahrung alleine würde nicht ausreichen. Ich glaubte an die Kampfkraft der Uboote und betrachtete sie als Erste-Klasse-Waffe im Seekrieg.

Admiral Karl Dönitz

U 1 Typ II

Bauwerft: Deutsche Werke, Kiel
Kiellegung: 11. Februar 1935
Stapellauf: 15. Juni 1935
Indienststellung: 29. Juni 1935
Feldpost-Nr.: M 27893
Vermisst nach dem 6. April 1940 in der Nordsee, Untergangsstelle unbekannt.

Diente bei der Unterseebootschulflottille Neustadt von Juni 1935 bis April 1940 (Schulboot/Frontboot)

Kommandant:
KptLt Jürgen Deeke von Oktober 1933 bis April 1940
Feindfahrten: 2
Versenkte Schiffe: keine

Nach der Indienststellung war U 1 das erste Boot der Uboot-Schulflottille in Neustadt unter KzS Karl Dönitz. Im September 1935 fuhr U 1 für die Uboot-Abwehrschule, wo die Besatzung einem technischen Training unterzogen wurde. Mit Kriegsausburch am 3.9.39 wurde U 1 als Schulboot verwendet und anschließend bis März 1940 für den Einsatz hergerichtet. Dann folgte die erste Feindfahrt.

1. 15.3.40: Auslaufen Kiel zum Einsatz westlich des Skagerraks gegen britische Uboote, von denen mit Sicherheit 14 Stück im Seegebiet und nördlich von Terschelling festgestellt wurden. Zu dieser Zeit vermuteten die Deutschen britische Landungen in Norwegen, und sie planten die Besetzung Norwegens und Dänemarks.
Nach einigen Tagen wurde U 1 mit anderen Booten in das Gebiet von Lindesness geschickt aufgrund einer Meldung, dass britische Seestreitkräfte vor Egersund gesichtet worden sind. Ein sichernder Kreuzer wurde ausgemacht, aber kein Angriff gefahren. Die Deutschen hatten keinen Grund, vorzeitig ihre Landungsabsichten an der norwegischen Küste offenzulegen. U 1 wurde zurückgerufen und lief am 20.3.40 in Wilhelmshaven ein.
2. 4.4.40: Auslaufen Wilhelmshaven mit dem Befehl zur Teilnahme an der Operation »Hartmut«. U 1 kehrte am selben Tag zurück, hatte einen Defekt und fuhr dann erneut am 6. hinaus. Als dieser Befehl am 6.4. gelesen wurde, ging daraus hervor, dass alle teilnehmenden Boote vor der norwegischen Küste ihre Position beziehen sollten, wo sie ab 9.4. die deutschen Transporte und Marineeinheiten mit Landungstruppen sichern und jedes Eingreifen britischer Streitkräfte verhindern sollten. U 1 war der 4. Ubootgruppe zugeteilt, die vor Stavanger operierten sollte, aber das Boot kam nicht an. Das Boot wurde nach dem 6.4.40 in der Nordsee, nördlich von Terschelling, vermisst, es ist möglicherweise durch eine Mine im britischen Minenfeld Nr. 7 gesunken.
Es gabe keine Überlebenden, 25 Tote.

U 2 Typ II A

Bauwerft: Deutsche Werke, Kiel
Kiellegung: 11. Februar 1935
Stapellauf: 1. Juli 1935
Indienststellung: 25. Juli 1935
Feldpost-Nr.: M 27610
Untergang 8. April 1944 westlich Pillau

Gehörte zur Schulflottille Neustadt von Juli 1935–Juni 1940 (Schulboot/Frontboot)
21. U-Flottille Pillau Juli 1940–8. April 1944 als Schulboot

Kommandanten:
KptLt Helmut Rosenbaum, März 1939–Juli 1940
OLtzS Hans Heidtmann, Juli–August 1940
KptLt Georg von Wilamowitz-Moellendorf, August 1940–Oktober 1941
LtzS Karl Kölzer, Oktober 1941–Mai 1942
OLtzS Werner Schwaff, Mai–November 1942
OLtzS Helmut Herglotz, November 1942–Dez. 1943
OLtzS Wolfgang Schwarzkopf, Dez. 1943–8. April 1944

Feindfahrten: 2
Versenkte Schiffe: keines

Mit Indienststellung kam U 2 zur Uboot-Schulflottille in Neustadt. Im September 1935 befand sich das Boot zum Zwecke der technischen Ausbildung der Besatzung an der Uboot-Abwehrschule. Mit Kriegsausbruch blieb U 2 Schulboot und kam nicht vor März 1940 zum Einsatz.

1. 15.3.40: Auslaufen Kiel zum Einsatz gegen britische Uboote, von denen 14 Stück im westlichen Skagerrak und nördlich von Terschelling identifiziert worden waren. Zu dieser Zeit vermuteten die Deutschen britische Landungen in Norwegen und waren selbst mit der Vorbereitung der Besetzung Norwegens und und Dänemarks beschäftigt. Nach einigen Tagen wurden U 2 und andere Boote in das Gebiet von Lindesness befohlen, um

dort festgestellte britische Kriegsschiffe, die vor Egersund gemeldet worden waren, anzugreifen. Ein gesicherter Kreuzer wurde gesichtet, aber kein Angriff durchgeführt, die Deutschen wünschten nicht, dass man ihre geplanten Landungen in Norwegen erkannte. U 2 wurde zurückgerufen und lief am 29.3.40 in Wilhelmshaven ein.
2. 4.4.40: Auslaufen Wilhelmshaven zur Teilnahme an der Operation »Hartmut«. Als die Befehle geöffnet wurden, ergab sich, dass alle am 6. auf Positionen vor der norwegischen Küste befohlen waren, von wo sie ab 9. alle deutschen Transporte und Marinestreitkräfte mit ihren Landungstruppen gegen britische Maßnahmen schützen sollten. Aber die Boote hatten keine Kontakte. Nachdem U 2 zurückgerufen wurde, um die Aufgaben als Schulboot wieder aufzunehmen, kehrte es am 15.4.40 nach Wilhelmshaven zurück.

U 2 kam nicht mehr zum Einsatz. Am 1.7.40 stieß es zur 21. U-Flottile in Pillau. Während Übungen kollidierte U 2 am 8.4.44 mit dem Fischdampfer HELMI SÖHLE und sank.
Von der Besatzung starben 17 Mann, 18 überlebten.

U 3 Typ II A

Bauwerft: Deutsche Werke, Kiel
Kiellegung: 11. Februar 1935
Stapellauf: 19. Juli 1935
Indienststellung: 6. August 1935
Feldpost-Nr.: M 01385
Außerdienststellung: 1. August 1944 in Pillau

Kommandos:
Schulflottille Neustadt von August 1935–Juni 1940 (Schulboot/Frontboot)
21. U-Flottille Pillau von Juli 1940–Juli 1944 (Schulboot)

Kommandanten:
KLt Joachim Schepke, Oktober 1938–Januar 1940
KLt Gerd Schreiber, Januar 1940–Juni 1940
KLt Helmut Franzke, Juli–November 1940
KLt Otto von Bülow, November 1940–Juli 1941
OLtzS Hans Trojer, Juli 1941–März 1942
OLtzS Joachim Zander, März–September 1942
OLtzS Herbert Zoller, Oktober 1942–Mai 1943
OLtzS Ernst Hartmann, Mai 1943–Juni 1944

LtzS Hermann Neumeister, Juni–Juli 1944

Feindfahrten: 5
Versenkte Schiffe: 2 (2348 BRT)

Mit Indienststellung trat U 3 zur Schulflottille Neustadt. Im September 1935 gehörte das Boot zur U-Abwehrschule zur Ausbildung der Besatzung. Bei Kriegsausbruch war U 3 noch immer Schulboot, wurde aber schnell zum Frontboot.

1. 4.9.39: Auslaufen Wilhelmshaven zur Patrouille in der Nordsee. Rückkehr am 8.9.39.
2. 13.9.39: Auslaufen Wilhelmshaven in die Nordsee zur Bekämpfung britischer Uboote. Rückkehr am 24.9.39.
3. 27.9.39: Auslaufen Wilhelmshaven in den Skagerrak. Am 30. versenkte Schepke die dänische VENDIA (1.150 t) mit Torpedo und Artillerie nordwestlich von Hanstholm/ Schweden und übernahm sechs Schiffbrüchige. Später am Tage stoppte Schepke ein weiteres Schiff, die schwedische GUN (1.198 t). Die Schiffspapiere reichten Schepke nicht, und er kommandierte ein Prisenkommando an Bord. Bei der Übernahme des Schiffes versuchte die GUN das Uboot zu rammen. Die Prise wurde dann mit Sprengkörpern bestückt und versenkt. U 3 lief am 3.10.39 in Kiel ein.
4. 16.3.40: Auslaufen Kiel zur Operation westlich vom Skagerrak gegen britische Uboote, von denen 14 Stück in dieser Gegend und nördlich Terschelling festgestellt worden waren. Zu dieser Zeit wurden britische Aktivitäten hinsichtlich einer Landung in Norwegen erkannt und die Deutschen verfolgten ebenfalls ihre Pläne zur Besetzung Norwegens und Dänemarks. Einige Tage darauf wurden U 3 und andere Boote in das Gebiet von Lindesness beordert. Es waren dort mehrere Einheiten gesichtet worden, darunter auch ein ungesicherter Kreuzer. Aber man verzichtete auf einen Angriff, um die eigenen Absichten zur späteren Landung nicht zu offenbaren. U 3 wurde zurückbeordert und lief am 29.3.40 in Wilhelmshaven ein.
5. 12.4.40: Auslaufen Wilhelmshaven, Kurs Norwegen. Am 15. erfolgte der Rückruf für U 3, es sollte wieder seine Schulboottätigkeit aufnehmen. Am folgenden Tag kam es zur Begegnung mit dem britischen Uboot HMS PORPOISE. Es verlief ohne Ergebnis.
U 3 erreichte seinen Stützpunkt am 19.4.40.

U 3 war an keiner weiteren Feindfahrt beteiligt. Im Juli 1940 verlegte das Boot nach Pillau zur 21. U-Flottille als Schulboot. U 3 wurde am 1.8.44 außer Dienst gestellt und abgewrackt.

U 4 Typ II A

Bauwerft: Deutsche Werke, Kiel
Kiellegung: 11. Februar 1935
Stapellauf: 31. Juli 1935
Indienststellung: 17. August 1935
Feldpost-Nr.: M 13167
Außerdienststellung: 1. August 1944 in Pillau

Kommandos:
Schulflottille Neustadt von August 1935–Juni 1940
(Schulboot/Frontboot)
21. U-Flottille Juli 1940–Juli 1944 (Schulboot)

Kommandanten:
KptLt Harro von Klot-Heydenfeldt, Okt. 1938–Jan. 1940
OLtzS Hans-Peter Hinsch, Januar–Juni 1940
OLtzS Heinz-Otto Schultze, Juni–Juli 1940
OLtzS Hansjürgen Zetzsche, Juli 1940–Februar 1941
OLtzS Hinrich-Oscar Bernbeck, Feb.–Dez. 1941
OLtzS Friedrich-Wilhelm Marienfeld, Juni 1942–Januar 1943
LtzS Joachim Düppe, Januar–Mai 1943
OLtzS Paul Sander, Mai–August 1943
OLtzS Herbert Mumm, August 1943–Mai 1944
Leutnant zur See Eberhard Rieger, Mai–Juli 1944

Feindfahrten: 4
Versenkte Schiffe: 3 (5133 BRT)
1 Uboot

Mit Indienststellung kam U 4 zur Schulflottille in Neustadt. Im September 1935 Teilnahme an der Ausbildung an der U-Abwehrschule. Bei Kriegsausbruch war U 4 Schulboot, wurde aber dann sehr schnell Frontboot.

1. 4.9.39: Auslaufen Wilhelmshaven zur Operation westlich des Skagerraks gegen britische Uboote. Rückkehr 14.9.39.
2. 19.9.40: Auslaufen Wilhelmshaven zur Operation im Skagerrak. Vor der norwegischen Küste stoppte U 4 am 22. den Frachter MARTTI RAGNAR (finnisch, 2.262 t) vor Arendal und versenkte ihn. Am folgenden Tag traf den finnischen Frachter WALMA (1.361 t) das gleiche Los vor Smögen. Am 24. torpedierte und versenkte U 4 den Frachter GERTRUD BRATT (schwedisch, 1.510 t) östlich von Risør. Rückkehr nach Kiel am 29.9.39.
3. 16.3.40: Auslaufen Kiel in das Gebiet westlich Skagerrak gegen britische Uboote, von denen 14 Stück bis nördlich Terschelling festgestellt worden waren. Zu

dieser Zeit vermuteten die Deutschen britische Landungen in Norwegen und waren selbst mit Vorbereitungen zur Besetzung Norwegens und Dänemarks befaßt. Nach einigen Tagen wurde U 4 mit anderen Booten in das Gebiet von Lindesness befohlen, da dort eine große britische Streitmacht festgestellt worden war. Das war vor Egersund. Ein ungesicherter Kreuzer wurde gesichtet, aber nicht angegriffen. Die Deutschen wollten vermeiden, dass ihre eigenen Absichten vorzeitig erkannt wurden. U 4 kehrte am 29.3.40 in den Stützpunkt zurück.
4. 4.4.40: Auslaufen Wilhelmshaven zur Teilnahme an der Operation »Hartmut«. Nach Öffnen der Papiere erfuhr U 4 seine Aufgabe. Alle teilnehmenden Boote erhielten am 6. ihre Aufgabe vor der norwegischen Küste, damit ab 9. die deutschen Transporte und Marinestreitkräfte gegen britischee Streitkräfte gesichert wurden. U 4 wurde zur 4. Uboot-Gruppe beordert, die vor Stavanger operierte, und blieb dort bis zum 9. Einer Aufklärungsmeldung folgend, dass die Briten vor Skudenes Minen legen wollten, begannen die Wilhelmshavener Boote ihre Suche in dem Gebiet. Am 10. sichtete U 4 ein Uboot und versenkte es. Bei dem Boot muss es sich um HMS THISTLE gehandelt haben, das von einer Feindfahrt vor Stavanger nicht zurück kam, es hat sich nicht mehr gemeldet. Ab Mitte April wurden die Schulboote zurückgerufen, um ihre Ausbildungstätigkeit wieder aufzunehmen. U 4 kehrte am 14.4.40 zurück.

U 4 hat keine weiteren Feindfahrten mehr gemacht. Im Juli 1940 übernahm es wieder seine Schulaufgaben bei der 21. U-Flottille in Pillau. Dort wurde U 4 am 1.8.44 außer Dienst gestellt.

U 5 Typ II A

Bauwerft: Deutsche Werke, Kiel
Kiellegung: 11. Februar 1935
Stapellauf: 14. August 1935
Indienststellung: 31. August 1935
Feldpost-Nr.: M 27527
Untergang: 19. März 1943 Pillau (54°25'N/19°50'E)

Kommandos:
Schulflottille Neustadt August von 1935–Juni 1940
(Schulboot/Frontboot)
21. U-Flottille Pillau von Juli 1940–19. März 1943
(Schulboot)

Kommandanten:
KptLt Günter Kutschmann, Jan. 1938–Dez. 1939
KptLt Heinrich Lehmann-Willenbrock, Dez. 1939–Aug. 1940
OLtzS Friedrich Bothe, August 1940–Januar 1942
OLtzS Karl Friedrich, Januar–März 1942
OLtzS Hans-Dieter Mohs, März–September 1942
OLtzS Kurt Pressel, September–November 1942
OLtzS Hermann Rahn, November 1942–19. März 1943

Feindfahrten: 2
Versenkte Schiffe: keines

Mit Indienststellung trat U 5 zur Schulflottille in Neustadt. Im September 1935 absolvierte U 5 die U-Abwehrschule. U 5 wurde Schulboot, wurde aber kurz vor Kriegsausbruch zum Frontboot umgerüstet.

1. 24.8.39: Auslaufen Neustadt zur Patrouille im Kattegat, um den Ausbruch polnischer Schiffe und Marinefahrzeuge nach Großbritannien zu beobachten. U 5 lief am 8.9.39 zurück nach Kiel.
2. 4.4.39: Auslaufen Kiel zur Teilnahme an der Operation »Hartmut«. Mit dem Öffnen der Befehle am 6. wurden alle Dispositionen vor der norwegischen Küste bekannt, wo das Boot ab 9. die Transporte und Landungsstreitkräfte der Marine gegen britische Angriffe zu sichern hatte. U 5 wurde der 8. Uboot-Gruppe zugeteilt, die vor Lindesness operierte. Auf Position am 9.4. morgens war die Aufgabe der Gruppe, britische Seestreitkräfte anzugreifen, die die norwegische Küste vom Norden bis zur Position der Boote entlang kamen. Aber es kam zu keiner Feindberührung. Am 11. griff U 5 ein britisches Uboot an, kein Ergebnis. Nachdem das Boot in die Heimat zurückgerufen worden war, trat es seinen Dienst als Schulboot wieder an. Es lief Wilhelmshaven am 19.4.40 an.

U 5 unternahm keine weiteren Feindfahrten mehr. Im Juli 1940 nahm es seinen Dienst auf als Schulboot für die 21. U-Flottille in Pillau. U 5 ging bei einer Tauchpanne westlich Pillau am 19.3.43 unter. Kommandant und 20 Mann der Besatzung versanken mit dem Boot, 16 wurden gerettet.

U 6 Typ II A

Bauwerft: Deutsche Werke Kiel
Kiellegung: 11. Februar 1935
Stapellauf: 21. August 1935
Indienststellung: 7. September 1935
Feldpost-Nr.: M 00130
Außerdienststellung: 7. August 1944 in Gotenhafen

Kommandos:
Schulflottille Neustadt von September 1935–Juni 1940 (Schulboot/Frontboot)
21. U-Flottille Pillau von Juli 1940–7. August 1944 (Schulboot)

Kommandanten:
KptL Joachim Matz, Dezember 1938–November 1939
OLtzS Hans-Bernhard Michalowski, Nov.–Dez. 1939
OLtzS Otto Harms, Dezember 1939–Januar 1940
OLtzS Adalbert Schnee, Januar–Juni 1940
KptL Georg Peters, Juni–Juli 1940
OLtzS Johannes Liebe, Juli 1940–März 1941
KptL Eberhard Bopst, März–Oktober 1941
LtzS Herbert Brüninghaus, Oktober 1941–August 1942 und September–Oktober 1942
OLtzS Paul Just, August–September 1942
OLtzS Otto Niethmann, September 1942–Juni 1943
OLtzS Alois König, Juni 1943–April 1944
LtzS Erwin Jestel, April 1944–7. August 1944

Feindfahrten: 2
Versenkte Schiffe: keines

Mit Indienststellung Schulflottille Neustadt, dann U-Abwehrschule. U 6 war Schulboot und wurde vor Kriegsausbruch kurzzeitig zum Frontboot umfunktioniert.

1. 24.8.39: Auslaufen Neustadt zur Patrouille im Kattegat, um die polnische Schifffahrt zu beobachten, die nach Großbritannien auswich. Am Morgen des 31. meldete U 6 die Sichtung von drei polnischen Zerstörern, die das Kattegat mit Kurs auf die Nordsee verließen. Einlaufen Kiel am 13.9.39.
2. 4.4.40: Auslaufen Kiel zur Teilnahme an der Operation »Hartmut«. Mit Öffnen der Einsatzbefehle am 6. war allen teilnehmenden Booten befohlen, Positionen vor der norwegischen Küste einzunehmen, um die am 9. beginnende Invasion gegen britische Angriffe zu decken. U 6 gehörte zur 8. Ubootgruppe, die vor Lindesness operierte. Mit dem 9. war befohlen, britische Seestreitkräfte,

die an der norwegischen Küste auftauchen würden, anzugreifen. Es gab aber keinen Kontakt. U 6 kehrte am 19.4.40 nach Wilhelmshaven zurück.

U 6 machte keine weiteren Feindfahrten und stieß im Juli 1940 zur 21. U-Flottille in Pillau. Das Boot stellte am 7.8.44 in Gotenhafen außer Dienst.

U 7 Typ II B

Bauwerft: Germaniawerft Kiel
Kiellegung: 11. März 1935
Stapellauf: 29. Juni 1935
Indienststellung: 18. Juli 1935
Feldpost-Nr.: M 16723
Untergang: 18. Februar 1944 vor Pillau (54°25'N/ 19°50'E)

Kommandos:
Schulflottille Neustadt von Juli 1935–Juni 1940 (Schulboot/Frontboot)
21. U-Flottille Pillau von Juli 1940–18. Februar 1944 (Schulboot)

Kommandanten:
OLtzS Otto Salman, Mai–November 1939
OLtzS Werner Heidel (kurzzeitig), Juli, August und Oktober 1939
KptLt Karl Schrott, Oktober 1939–September 1940
OLtzS Günther Reeder, Oktober 1940–März 1941
OLtzS Ernst-Ulrich Brüller (kurzfristig), Jan.–Febr. 1941
OLtzS Hans-Günter Kuhlmann, März–Mai 1941
OLtzS Heinrich Schmid, Mai 1941–Januar 1942
OLtzS Siegfried Koitschka, Januar–Oktober 1942
OLtzS Hans Schrenk, Oktober 1942–Januar 1944
OLtzS Günther Loeschke, Januar 1944–18. Februar 1944

Feindfahrten: 6
Versenkte Schiffe: 3 (5892 BRT)

Mit Indienststellung Schulflottille Neustad und im September 1935 U-Abwehrschule. U 7 wurde Schulboot, wurde aber kurz vor Kriegsausbruch zum Feindeinsatz ausgerüstet.

1. 24.8.39: Auslaufen Kiel zur Patrouille im Kattegat, wo das Boot in der ersten Phase des Krieges gegen Polen aktiv war. Rückkehr in den Stützpunkt 8.9.39.

2. 18.9.39: Auslaufen Kiel zur Operation vor der norwegischen Küste. Am 22. torpedierte und versenkte U 7 den britischen Frachter AKENSIDE (2.694 t) südwestlich von Bergen und am 28. den Norweger SOLAAS (1.368 t) südwestlich vom Lister Licht. Am Morgen des 29. wurde die norwegische TAKSTAAS (1.830 t) westsüdwestlich von Bergen versenkt.
3. 3.3.40: Auslaufen Kiel. Es sind keine Einzelheiten von dieser Fahrt bekannt. Einlaufen Wilhelmshaven 8.3.40.
4. Auslaufen Wilhelmshaven für Operation westlich vom Skagerrak. Suche nach britischen Ubooten, aber kein Erfolg. Rückkehr 19.3.40.
5. Auslaufen Wilhelmshaven zur Teilnahme an der Operation »Hartmut«. Der Einsatzbefehl sah vor, dass die teilnehmenden Boote vor der norwegischen Küste Stellung beziehen sollten, um ab 9. die deutschen Transporte und Marinestreitkräfte zu sichern. U 7 gehörte zur 7. Ubootgruppe östlich der Shetland-Inseln. Nach einigen Tagen kam der Befehl, gen norwegische Küste zu fahren. Am 11. besetzte eine Gruppe der Besatzung den Leuchtturm auf der Marstei-Insel bis zum 14. Nach Patrouille vor Bergen lief U 7 am 21.4.1940 in Kiel ein.
6. 7.5.40: Auslaufen Kiel zur Operation in der Nordsee vor Rotterdam, zum Schutz der deutschen militärischen Operationen in den Niederlanden und um die niederländische und belgische Schifffahrt zu attackieren.
U 7 nahm Kraftstoff in Wilhelmshaven am 15. und fuhr am 16. wieder hinaus. Rückkehr nach Kiel am 18.5.40.

U 7 hatte im weiteren Verlauf des Krieges keine Feindfahrten mehr und fuhr ab Juli 1940 in der 21. U-Flottille als Schulboot. Bei einer Übung am 18.2.44 wurde das Boot Opfer eines Tauchunfalls. Es gab keine Überlebenden, 26 Tote.

U 8 Typ II B

Bauwerft: Germaniawerft, Kiel
Kiellegung: 25. März 1935
Stapellauf: 16. Juli 1935
Indienststellung: 5. August 1935
Feldpost-Nr.: M 06994

Selbst versenkt: 2. Mai 1945 in Wilhelmshaven

Kommandos:
Schulflottille Neustadt von August 1935–Dezember 1939 (Schulboot)

U-Abwehrschule von Januar–April 1940 (Schulboot)
1. U-Flottille Kiel von April–Juni 1940 (Schulboot/
Frontboot)
24. U-Flottille Danzig von Juni–Dezember 1940 (Schulboot)
22. U-Flottille Gotenhafen/Wilhelmshaven von Januar
1941–Mai 1945 (Schulboot)

Kommandanten:
KptLt Georg Peters, Juni 1938–September 1939
KptLt Wolf Siebler, September 1939–Oktober 1939
KptLt Heinrich Lehmann-Willenbrock, Okt.–Nov. 1939
KptLt Georg-Heinz Michel, Dezember 1939–Mai 1940
KptLt Eitel-Friedrich Kentrat, Mai–September 1940
OLtzS Walter Kell, September–Dezember 1940
KptLt Heinrich Heinsohn, Dezember 1940–Mai 1941
KptLt Ulrich Borchedt, Mai 1941
OLtzS Rolf Steinhaus, Mai–Juli 1941
OLtzS Horst Deckert, August 1941–Mai 1942
OLtzS Rudolf Hoffmann, Juni 1942–März 1943
OLtzS Alfred Werner, März 1943–Mai 1944
OLtzS Jürgen Iversen, Mai–November 1944
OLtzS Jürgen Kriegshammer, Nov. 1944–März 1945

Feindfahrten: 1
Versenkte Schiffe: keines

*Nach Indienststellung gehörte U 8 zur Schulflottille in
Neustadt und ab Dezember kurze Zeit zur U-Abwehr-
schule. Im April 1940 fuhr U 8 nach Kiel und gehörte als
Schulboot zur 1. U-Flottille. Für kurze Zeit war sie im
Mai und Juni 1940 Frontboot.*

1. 19.5.40: Auslaufen Kiel zur Operation westlich der
Orkneys und vom Pentland Forth. Am 4.6.40 erkrankte
der Kommandant, Kapitänleutnant Kentrat, und U 8
nahm Kurs auf Esbjerg. Der Kommandant wurde ausge-
schifft und am 5.6.40 in ein Hospital eingeliefert

*U 8 kehrte am 7.6.40 zurück nach Kiel. U 8 führte künf-
tig keine Feindfahrten mehr aus und von Juli 1940 an
fuhr es als Schulboot für die 24. und 22. U-Flottille und
wurde am 2.5.45 in Wilhelmshaven selbst versenkt.*

U 9 Typ II B

Bauwerft: Germaniawerft, Kiel
Kiellegung: 8. April 1935

Stapellauf: 30. Juli 1935
Indienststellung: 21. August 1935
Feldpost-Nr.: M 13068
Gesunken am 20. August 1944 in Konstanza, Rumänien

Kommandos:
1. U-Flottille Kiel von Januar–Juni 1940 (Schulboot)
24. U-Flottille Danzig von Juli–Okt. 1940 (Schulboot)
21. U-Flottille Pillau von November 1940–Mai 1942
(Schulboot)
30. U-Flottille Konstanza von Oktober 1942–20. August
1944 (Frontboot)

Kommandanten:
KptLt Ludwig Mathes, Oktober 1937–September 1939
OLtzS Max Schulte, September–Dezember 1939
OLtzS Wolfgang Lüth, Dezember 1939–Juni 1940
KptLt Wolfgang Kaufmann, Juni–Oktober 1940
KptLt Joachim Deeke, Okt. 1940–Juni 1941
KptLt Werner-Karl Schmidt-Weichert, Juli 1941–April
1942 und Oktober 1942–September 1943
OLtzS Heinrich Klapdor, Sept. 1943–20. Aug. 1944
KptLt Klaus Petersen (kurzzeitig), April–Juni 1944

Feindfahrten: 6 in der Nordsee und 12 im Schwarzen
Meer
Versenkte Schiffe: 8 (24334 BRT) und 4 beschädigt
1 Uboot (552 t)

1. 25.8.39: Auslaufen Wilhelmshaven mit U 19, Auf-
klärungen vor der Küste Schottlands. Rückkehr nach
Kiel 15.9.39.
2. 16.1.40: Auslaufen Kiel zur Operation vor Kinnairds
Head. Auf dem Marsch kurz vor Mitternacht am 18. torpedierte und versenkte U 9 die schwedische FLANDRIA
(1.179 t) nordwestlich von Texel, Westfriesische Inseln.
Zwei Stunden später wurde der schwedische Frachter
PATRIA (1.188 t) versenkt. Mit verschossenen Torpedos
Einlaufen Wilhelmshaven 22.1.40.
3. 5.2.40: Auslaufen Wilhelmshaven zur Minenlege-
operation im Moray Firth. Neun Minen wurden westsüdwestlich von Tarbat Ness Leuchtfeuer von U 9 gelegt.
Der britische Tanker SAN TIBURCIO (5.995 t) sank durch
eine der Minen am 4.5.40. Nach Verlassen des Moray
Firth lief U 9 nach Norden ab und versenkte am 11. den
estnischen Frachter LINDA (1.212 t) östlich der Orkneys.
Rückkehr in den Stützpunkt am 17.2.40.
4. 14.3.40: Auflaufen Wilhelmshaven zur Suche nach
britischen Ubooten. Rückkehr 20.3.40.
5. 4.4.40: Auslaufen Wilhelmshaven zur Teilnahme an
Operation »Hartmut«. Nach Öffnen der Befehle am 6.
wurden alle beteiligten Boote auf Positionen vor der nor-

wegischen Küste befohlen, wo sie ab 9. die Sicherung der deutschen Transporte und Marineeinheiten gegen britische Gegenmaßnahmen übernehmen sollten. U 9 stieß zur 3. Uboot-Gruppe, die vor Bergen stand. Am 14. begannen die Briten mit Landungen bei Namsos und Andalsnes. U 9 und andere Boote liefen nach Bergen ein, und während der Nacht vom 14. auf den 15. wurde Kraftstoff von deutschen Versorgern übernommen. Danach fuhr U 9 nach Aalesund zum Angriff auf die britischen Seestreitkräfte. Am 20. wurde der polnische Zerstörer BLYSKAWICA erfolglos angegriffen. Rückkehr nach Kiel am 24.4.40.

6. 5.5.40: Auslaufen Kiel zur Patrouille der niederländischen und belgischen Küste. Am 9. versenkte U 9 das französische Uboot DORIS. Es gab keine Überlebenden. In den frühen Stunden des 11. versenkte Lüth das estnische Schiff VIIU (1.908 t) nach der West-Hinder-Tonne und nachmittags die britische TRINGA (1.930 t) vor Ostende. U 9 kehrte dann nach Wilhelmshaven zurück. Während der Nacht vom 15. auf den 16. wurde U 9 dort versorgt, um dann in das befohlene Gebiet zurückzukehren. Am 23., nordwestlich von Zeebrügge, torpedierte und versenkte U 9 die SIGURDS FAULBAUMS (3.256 t), die mit einem Prisenkommando auf dem Wege nach England war. In der Frühe des 24. wurde U 9 von Zerstörern geortet und Gegenstand von Wasserbombenattacken, die einigen Schaden anrichteten. Rückkehr nach Kiel am 30.5.40.

Im Juli 1940 stieß U 9 zur 24. U-Flottille in Danzig als AGRU-Schulboot. Im November 1940 kam es zur 21. Flottille in Pillau als Schulboot.

Im April 1942 wurde entschieden, dass eine Uboot-Gruppe ins Schwarze Meer verlegen sollte. U 9 war das zweite Typ II B-Boot nach U 24, das dafür auserwählt wurde. Im Mai 1942 wurde das Boot in Kiel teilweise abgebaut und dann der kahle Rumpf, Gewicht 14 t, auf ein Floß verladen, das aus fünf Pontons gebaut und durch den Kaiser-Wilhelm-Kanal nach Brunsbüttel geschleppt wurde. Das Floß begann dann seine Reise die Elbe hinauf bis Dresden, wo der Rumpf auf zwei 70-t-Transporter verladen wurde.

Eine langsame Reise begann auf der Autobahn bis Ingolstadt, wo der Rumpf wieder auf ein Floß zur Fahrt auf der Donau bis Linz gehievt wurde. Dort wurde das Boot wieder komplett aufgebaut und dann zwischen zwei Pontons weiter die Donau nach Rumänien herabgezogen. In Galati wurde U 9 am 28.10.42 wieder in Dienst gestellt und der inzwischen gegründeten 30. U-Flottille unterstellt. Stützpunkt war Konstanza.

Von November 1942 bis August 1944 fuhr U 9 12 Feindfahrten, die alle von Konstanza ausgingen, und die

auch dort endeten. Alle waren operationsmäßig gegen die sowjetische Schifffahrt vor der Küste des Kaukasus gerichtet.

11.11.42–1.12.42, 19.12.42–7.1.43, 3.2.43–3.3.43, 17.4.43–10.5.43, 20.5.43–12.6.43, 26.8.43–10.9.43, 2.10.43–6.11.43, 28.11.43–25.12.43, 21.2.44–28.2.44, 23.3.44–1.4.44 (Sewastopol), Rückkehr Konstanza 6.4.44, 26.4.44–28.5.44, 15.7.44–11.8.44.

5.5.43 Torpedierung und Beschädigung sowjetischer Tanker KREML (7.661 t) südlich Kap Koder, das Schiff wurde zum Totalverlust. 12.10.43 Erfolgloser Angriff auf einen sowjetischen Zerstörer nahe Yalta.

29.10.43: Meldung, dass ein sowjetischer Tanker vermutlich nordwestlich von Sochi versenkt wurde.

31.3.44 Meldung über die Vernichtung zweier sowjetischer Flugzeuge.

11.5.44 Torpedierung und Beschädigung des sowjetischen Patrouillenbootes SKR STORM.

17.5.44 Meldung über die Beschädigung eines sowjetischen Tankers südöstlich von Gelendzik.

25.5.44 Angriff auf ein sowjetisches Patrouillenboot südlich von Tuapse.

U 9 kehrte am 11.4.44 nach Konstanza zurück. Es wurde am 20. Opfer sowjetischer Bomben während eines Luftangriffs auf den Hafen.

U 10 Typ II A

Bauwerft: Germaniawerft, Kiel
Kiellegung: 22. April 1935
Stapellauf: 13. August 1935
Indienststellung: 9. September 1935
Feldpost-Nr.: M 04324
Außerdienststellung: 1. August 1944 in Danzig

Kommandos:
Schulflottille Neustadt von September 1935–Juni 1940 (Schulboot)
21. U-Flottille Pillau von Juli 1940–Juli 1944 (Schulboot)

Kommandanten:
KptLt Wilhelm Schulz, Januar–Oktober 1939
OLtzS Günther Lorentz, Oktober 1939–Januar 1940
OLtzS Joachim Preuss, Januar–Juni 1940
KptLt Rolf Mützelburg, Juni–November 1940
KptLt Wolf-Rüdiger von Rabenau, Nov. 1940–Juni 1941

OLtzS Kurt Ruwiedel, Juni–November 1941
OLtzS Hans Karpf, November 1941–Juni 1942
OLtzS Christian-Brandt Coester, Juni 1942–Febr. 1943
OLtzS Wolfgang Strenger, März 1943–Februar 1944
OLtzS Kurt Ahlers, Februar–Juli 1944

Feindfahrten: 5
Versenkte Schiffe: 2 (6356 BRT)

Mit Indienststellung Uboot-Schulflottille Neustadt. Bei Kriegsausbruch Schulboot, jedoch sehr schnell für Feindfahrten hergerichtet.

1. 7.9.39: Auslaufen Kiel für Operationen in der nördlichen Nordsee. Rückkehr Kiel 17.9.39.
2. 26.9.39: Auslaufen Kiel zur Operation gegen britische Kriegsschiffe bei den Orkneys. Keine Feindberührung. Rückkehr in den Stützpunkt am 15.10.39.
3. 28.1.40: Auslaufen Kiel. Keine Details von der Fahrt bekannt. Einlaufen Wilhelmshaven 5.2.40.
4. 14.2.40: Auslaufen Wilhelmshaven für Operationen in der südlichen Nordsee im Gebiet von North Hinder. In den ersten Stunden des 17. versenkte U 10 westlich des Hook von Holland den norwegischen Frachter KVERNAAS (1.819 t). Im selben Gebiet am Morgen des 18. sank die niederländische AMELAND (4.537 t) mit Torpedo. U 10 kehrte zurück am 20.2.40.
5. 3.4.40: Auslaufen Wilhelmshaven zur Teilnahme an der Operation »Hartmut«. Mit Öffnen der Befehle am 6. wurde befohlen, vor der norwegischen Küste Position zu beziehen, um ab 9. die deutschen Transporte und Marinestreitkräfte vor britischen Kriegsschiffen zu sichern. U 10 wurde der 9. Uboot-Gruppe zugeteilt, die vor den Shetlands operierte. Später wurden die Boote nach Osten abgezogen, um britische Streitkräfte vor der Küste abzufangen. Es kam zu keinem Kontakt, und die kleinen Typ II-Boote wurden zurückgerufen, um ihre Tätigkeit als Schulboote wieder aufzunehmen. Einlaufen Kiel am 23.4.40.

U 10 hatte keine Feindeinsätze mehr. Im Juli 1940 stieß es zur 21. U-Flottille in Pillau als Schulboot. Am 1.8.1944 Außerdienststellung in Danzig.

U 11 Typ II B

Bauwerft: Germaniawerft, Kiel
Kiellegung: 6. Mai 1935

Stapellauf: 27. August 1935
Indienststellung: 21. September 1935
Feldpost-Nr.: M 27218
Versenkt: 3. Mai 1945 in Kiel

Kommandos:
Schulflottille Neustadt von September 1935–Juni 1940 (Schulboot)
1. U-Flottille von Juni–November 1940 (Schulboot)
21. U-Flottille Pillau von Dezember 1940–Mai 1941 (Schulboot)
NEK Mai–September 1941 (Versuchsboot)
5. U-Flottille Kiel von Oktober 1941–Februar 1943 (Schulboot)
22. U-Flottille Gotenhafen von März 1943–Dezember 1944 (Schulboot)

Kommandanten:
KptLt Victor Schütze, August 1938–September 1939
KptLt Georg Peters, September 1939–Februar 1943
OLtzS Gottfried Stolzenburg, März 1943–Juli 1944
OLtzS Günter Dobenecker, Juli–Dezember 1944

Feindfahrten: keine
Versenkte Schiffe: keines

Mit Indienststellung trat U 11 zur Schulflottille Neustadt. Am 23.8.39 war U 11 für Schulzwecke eingeteilt und wurde im Gegensatz zu anderen Booten nicht für den Kriegseinsatz vorbereitet. Das Boot fuhr für die 1. und 21. U-Flottille bis Mai 1941 als Schulboot und im Anschluss als Erprobungsboot für das NEK und die 5. U-Flottille in Kiel.
Die ersten Versuche mit »Alberich«, dem Anti-Sonar-Überzug, wurden mit U 11 ausgeführt. Im März 1943 kam U 11 zur 22. U-Flottille nach Gotenhafen, wieder als Schulboot. Es wurde außer Dienst gestellt am 5.1.45, in Kiel gesprengt am 3.5.45 und später abgewrackt.

U 12 Typ II B

Bauwerft: Germaniawerft, Kiel
Kiellegung: 20. Mai 1935
Stapellauf: 11. September 1935
Indienststellung: 30. September 1935
Feldpost-Nr.: M 17865
Gesunken in der Straße von Dover am 8. Oktober 1939

Kommandos:
U-Flottille Weddigen, Kiel, von Oktober 1935–September 1937 (Schulboot)
U-Flottille Lohs, Kiel, von Oktober 1937–8. Oktober 1939 (Frontboot)

Kommandanten:
KptLt Dietrich von der Ropp, Oktober 1937–8. Oktober 1939

Feindfahrten: 2
Versenkte Schiffe: keines

Im Jahre 1936 ging das Boot fast verloren, als ein Materialfehler ein Leck verursachte.

1. 25.8.39: Auslaufen Wilhelmshaven zur Feindfahrt vor der englischen Küste. Bei Kriegsausbruch am 3.9.39 war U 12 eines von fünf Booten, die eine Nordwest-Südwest-Patrouille auf der Großen Fischerbank in der Nordsee südwestlich von Norwegen bildeten. Rückkehr nach Wilhelmshaven 9.9.39.
2. 23.9.39: Auslaufen Kiel mit Kurs auf den östlichen Englischen Kanal, um Truppentransporter nach Frankreich zu bekämpfen. Am 8.10.39 sank U 12 nach Minentreffer in der Straße von Dover, wo insgesamt 3.636 Minen gegen Uboote zwischen Folkstone und Cap Gris Nez gelegt worden waren. Es gab keine Überlebenden, 27 Tote.

U 13 Typ II B

Bauwerft: Deutsche Werke, Kiel
Kiellegung: 20. Juni 1935
Stapellauf: 9. November 1935
Indienststellung: 30. November 1935
Feldpost-Nr.: M 15421
Gesunken am 31. Mai 1940 östlich von Lowestoft (52°27'N/02°02'E)

Kommandos:
U-Flottille Weddigen, Kiel, von Nov. 1935–Dez. 1939 (Schulboot/Frontboot)
1. U-Flottille Kiel von Januar 1940–31. Mai 1940 (Schulboot/Frontboot)

Kommandanten:
KptLt Daublebsky von Eichhain, Okt. 1937–Nov. 1939

KptLt Heinz Scheringer, November–Dezember 1939
OLtzS Wolfgang Lüth (kurzzeitig), Dezember 1939
OLtzS Max Schulte, Dezember 1939–31. Mai 1940

Feindfahrten: 10
Versenkte Schiffe: 7 (25.982 BRT), 2 beschädigt und 3 weitere vermutlich beschädigt

1. 25.8.39: Auslaufen Wilhelmshaven zur Patrouille in der südlichen Nordsee. Rückkehr 31.8.39.
2. 2.9.39: Auslaufen Wilhelmshaven zum Minenlegen von Orford Ness, wo am 4. Minen geworfen wurden. Eine dieser Minen versenkte die britische MAGDAPUR (8.641 t) und die französische PHRYNE (2.660 t) am 10. und 24. September und beschädigte die britische CITY OF PARIS (10.902 t) am 16. Rückkehr am 6.9.39.
3. 11.9.39: Auslaufen zur Operation gegen britische Seestreitkräfte. Am 12. in der Nordsee Höhe Firth of Forth Aufnahme einer deutschen Flugzeugbesatzung, die in die Nordsee gestürzt war. Später kreuzte U 13 vor der Nordküste von Schottland. Rückkehr nach Kiel am 3.10.39.
4. 25.10.39: Operation in der Nordsee und im Gebiet von Kinnairds Head. Später, am 30., versenkte das Boot vor Peterhead mit Torpedo die britische CAIRNMONA (4.666 t) aus dem Geleitzug HX 5B. Einlaufen Kiel am 3.11.39.
5. 15.11.39: Patrouille vor der Nordküste Englands im Gebiet vor Newcastle. Rückkehr Kiel am 25.11.39.
6. 10.12.39: Fahrt zum Firth of Tay, wo von U 13 am 12. Minen gelegt wurden. Die estnische ANU (1.421 t), gesunken am 6.2.40, war möglicherweise ein Opfer dieser Minen. Einlaufen Wilhelmshaven 14.12.39.
7. 24.1.40: Auslaufen Wilhelmshaven zur Patrouille im Gebiet Kinnairds Head. In der Frühe des 29. meldete U 13 die Beschädigung eines Schiffes vor Fraserburgh und am 31. versenkte es die norwegische START (1.168 t) im selben Gebiet. Am 1.2.40 versenkte U 13 die schwedische FRAM (2.491 t) vor der Nordküste Schottlands, westlich der Orkneys. Rückkehr am 5.2.40.
8. 16.2.40: Auslaufen Wilhelmshaven. Keine Einzelheiten bekannt. Rückkehr am 29.2.40.
9. 31.3.40: Auslaufen Wilhelmshaven zur Teilnahme an Operation »Hartmut«. Nach Öffnen des Befehls am 6.4.40 wurden alle teilnehmenden Boote auf Posten vor der norwegischen Küste beordert, wo sie ab 9. die deutschen Transporte sichern sollten. U 13 traf auf die 6. Uboot-Gruppe, die den Pentland Firth und den Osten der Orkneys beobachten sollte. Am Nachmittag des 16.4.40 beschädigte U 13 bei einem Angriff nördlich der Shetlands einen Zerstörer und am frühen Abend des 17. versenkte es die britische SWAINBY (4.935 t) im gleichen Gebiet. Nach Brennstoffergänzung in der Nacht des 17.

auf den 18., vermutlich in Bergen, nahm U 13 Kurs auf die westlichen Orkneys. In den frühen Stunden des 26. meldete das Boot die Versenkung eines Schiffes vor Loch Eriboll, und am Morgen des 28. beschädigte es mit einem Torpedo nordöstlich von Kinnairds Head den britischen Tanker SCOTTISH AMERICAN (6.999 t). Rückkehr nach Kiel 2.5.40.

10. 26.5.40: Auslaufen Kiel in die südliche Nordsee. Am 31. befand sich U 13 östlich von Lowestoft, nahe am Convoy FN 184. Das Boot wurde von der Sloop HMS WESTON (LtCdr S.C. Tuke) geortet und bei einem Wasserbombenangriff versenkt. Die Besatzung von 26 Mann wurde aufgenommen, einige Papiere sowie Walzen der Enigma-Maschine konnten erbeutet werden.

U 14 Typ II B

Bauwerft: Deutsche Werke, Kiel
Kiellegung: 6. Juli 1935
Stapellauf: 28. Dezember 1935
Indienststellung: 18. Januar 1936
Feldpost-Nr.: M 28451
Versenkt in Wilhelmshaven am 5. Mai 1945

Kommandos:
U-Flottille Weddigen, Kiel, von Januar 1936–Oktober 1937 (Schulboot)
U-Flottille Lohs, Kiel, von Oktober 1937–Oktober 1939 (Frontboot)
1. Schulflottille von November 1939–Juni 1940 (Frontboot/Ausbildungsboot)
24. U-Flottille Danzig von Juli–Dezember 1940 (Ausbildungsboot)
22. U-Flottille Gotenhafen von Januar 1941–Februar 1945 (Schulboot)
22. U-Flottille Wilhelmshaven von März–Mai 1945

Kommandanten:
KptLt Horst Wellner, Oktober 1937–Oktober 1939
OlztS Herbert Wohlfahrth, Oktober 1939–Mai 1940
KptLt Gerhard Bigalk, Juni–August 1940
OLtzS Hans Heidtmann, August–September 1940
KptLt Jürgen Könenkamp, September 1940–Mai 1941
OLtzS Hubertus Purkhold, Mai 1941–Februar 1942
OLtzS Walter Köhntopp, Juli 1942–Juli 1943
OLtzS Karl-Hermann Bortfeldt, Juli 1943–Juli 1944
OLtzS Hans-Joachim Dierks, Juli 1944–März 1945

Feindfahrten: 6
Versenkte Schiffe: 9 (12.362 BRT)

Mit Indienststellung stieß U 14 zur U-Flottille Weddigen, Kiel. Zwischen Juli und September 1937 diente es in spanischen Gewässern. U 14 blieb Fontboot bis Mai 1940 bei verschiedenen Einheiten.

1. 30.8.39: Auslaufen von Memel zur Operation in der Ostsee vor der polnischen Küste. Am 3.9.39 meldet U 14 die Torpedierung des polnischen Ubootes SEP nahe dem Eingang in den Bottnischen Meerbusen. Aber vermutlich handelte es sich bei dieser Explosion um eine magnetische Zündung. U 14 kehrte am 8.9.39 nach Kiel zurück.

2. 13.9.39: Von Kiel aus Feinfahrt gegen britische Marinestreitkräfte im Firth of Moray. Während dieser Unternehmung machte Wellner detaillierte Angaben über das Gebiet der Orkneys und die Einfahrten nach Scapa Flow. Diese Informationen wurden von Günther Prien bei seinem Angriff mit U 47 in der Nacht vom 13. auf den 14. Oktober und für seinen Angriff auf HMS ROYAL OAK benutzt. Am 24.9.39 fuhr U 14 einen Unterwassertorpedoangriff auf ein britisches Uboot bei Kinnairds Head, aber die gehörte Detonation war möglicherweise eine Fehlzündung des Magnetzünders. U 14 kehrte am 29.9.39 zurück.

3. 17.1.40: Auslaufen Kiel zur Operation in der südlichen Nordsee im Gebiet von North Hinder. In den ersten Stunden des 25. wurde die norwegische BIARRITZ (1.752 t) südwestlich von Den Helder versenkt. Rückkehr nach Wilhelmshaven am 26.1.40.

4. 11.2.40: Auslaufen zur Operation im Gebiet von Kinnairds Head. Am 15. versenkte U 14 die dänische SLEIPNER (1.066 t) und die dänische RHONE (1.064 t), die schwedische OSMED (1.526 t) und die schwedische LIANA (1.646 t), alle nördlich von Kinnairds Head. Einlaufen Wilhelmshaven am 20.2.40.

5. 3.3.40: Auslaufen zur Patrouille in der südlichen Nordsee. Am frühen Morgen des 7. versenkte U 14 die niederländische VECHT (1.965 t) nördlich von Zeebrügge. Am 9. versenkte das Boot die britische BORTHWICK (1.097 t), die britische ABBOTSFORD (1.585 t) und die britische AKELD (643 t) im selben Gebiet. Rückkehr nach Kiel am 11.3.40.

6. 4.4.40: Auslaufen Kiel zur Teilnahme an der Operation »Hartmut«. Mit Öffnen der Befehle am 6. wurden alle Boote auf bestimmte Positionen befohlen, von wo aus sie ab 9. die Bewegungen der deutschen Truppen gegen britische Angriffe sichern sollten. U 14 gehörte zur 3. Uboot-Gruppe, die vor Bergen operierte. U 14 und vier weitere Boote liefen Bergen an und wurden in der Nacht vom 14. auf den 15. aus deutschen Versorgern ergänzt.

Die Boote operierten dann vor Drontheim, um jede britische Annäherung auszuschalten. Nach einigen Tagen wurde die 3. U-Bootgruppe durch U 17, U 23 und U 24 abgelöst, und die Boote verlegten in das Gebiet südlich von Bergen. Als am 25. keine feindlichen Landungen erfolgten, wurden die Boote in das Gebiet östlich der Shetlands befohlen. Rückkehr Kiel 5.5.40.

Von Juli 1940 an diente U 14 als Schulboot bei der 24. und 22. U-Flottille in der ostsee. Die 22. U-Flottille verlegte nach Wilhelmshaven Anfang 1945, U 14 wurde außer Dienst gestellt und dort am 3.5.45 selbst versenkt.

U 15 Typ II B

Bauwerft: Deutsche Werke, Kiel
Kiellegung: 24. September 1935
Stapellauf: 15. Februar 1936
Indienststellung: 7. März 1936
feldpost-Nr.: M 06991
Gesunken: 30./31. Januar 1940 in der Nordsee.

Kommandos:
U-Flottille Weddigen von März 1936–Dezember 1939 (Schulboot/Frontboot)
1. U-Flottille Kiel von Januar 1940. 30./31. Januar 1940 (Frontboot)

Kommandanten:
KptLt Heinz Buchholz, Oktober 1937–Oktober 1939
KptLt Peter Frahm, Oktober 1939–30./31. Januar 1940

Feindfahrten: 6
Versenkte Schiffe: 3 (4.632 BRT)

1. 25.8.39: Auslaufen Kiel zur Patrouille vor der englischen Ostküste. Rückkehr nach Wilhelmshaven am 30.8.39.
2. 31.8.39: Auslaufen Wilhelmshaven zum Minenlegen. U 15 warf Minen vor Flamborough Head am 6.9.39. Festgestellte Opfer dieser Minen sind die britische GOODWOOD (2.796 t), gesunken am 10.9.39, und die britische ORSA (1.478 t), gesunken am 21.10.39. U 15 kehrte am 8.9.39 zurück.
3. 20.9.39: Patrouille im östlichen Englischen Kanal auf der Suche nach Truppentransportern nach Frankreich. U 15 hatte keinen Erfolg. Rückkehr nach Wilhelmshaven 8.10.39.

4. 14.11.39: Auslaufen Kiel, durch die Nordsee, und vor Lowestoft Minenlegen am 17. Das britische Fischereifahrzeug RESERCHO (358 t) sank aufgrund dieser Minen am 28.12.39. Rückkehr Wilhelmshaven am 20.11.39.
5. 9.1.40: Patrouille in der Nordsee in den Downes. Rückkehr am 20.1.40.
6. 29.1.40: Auslaufen Wilhelmshaven in die Nordsee. Während der Nacht des 30./31.1 sank U 15 durch Rammen durch das deutsche Tropedoboot ILTIS in der Nordsee. Es gab keine Überlebenden, 25 Tote.

U 16 Typ II B

Bauwerft: Deutsche Werke, Kiel
Kiellegung: 5. August 1935
Stapellauf: 28. April 1936
Indienststellung: 16. Mai 1936
Feldpost-Nr.: M 13014
Gesunken vor Dover am 25. Oktober 1939
(51°05'N/01°28'E)

Kommandos:
U-Flottille Weddigen, Kiel, von Mai 1936–Oktober 1937
U-Flottille Lohs, Kiel, von Oktober 1937–25. Okt. 1939
Kommandanten:
KptLt Hannes Weingaertner, Sept. 1937–Okt. 1939
KptLt Horst Wellner, Oktober 1939–25. Oktober 1939

Feindfahrten: 3
Versenkte Schiffe: 2 (3.435 BRT)

1. 2.9.39: Auslaufen Wilhelmshaven zum Minenlegen vor der Nordostküste Englands. U 16 legte am 5. Minen in der Tees-Bucht vor Hartlepool. Es gibt keine Meldung von gesunkenen Schiffen durch diese Minen. Rückkehr am 8.9.39 nach Kiel.
2. 13.9.39: Operationen vor der norwegischen Küste nahe Skudesness. Am 23. Versenkung mit Torpedo die schwedische NYLAND (3.378 t), Rückkehr nach Kiel am 5.10.39.
3. 18.10.39: Auslaufen Kiel zum Minenlegen vor der Südküste Englands. U 16 warf Minen vor Dungeness am 22.10.39. Der Untergang des französischen Fischereifahrzeuges SAINTE CLAIR (57 t) am 20.11.39 ist einer dieser Minen zuzuschreiben. Auf der Rückfahrt wurde U 16 am 24.10.39 nahe der Goodwin Sands geortet und mit Wasserbomben von der Sloop HMS PUFFIN (LtCdr Hon J.M.G. Waldegrave) und dem U-Abwehrtrawler HMS

CATON WYKE (Cdr H.R.B. Hammond Chambers) angegriffen. Das Boot wurde beschädigt und sank am nächsten Tag vor Dover. Es gab keine Überlebenden, 28 Tote. Vermutlich wurde das beschädigte Boot durch eine britische Mine zerstört.

U 17 Typ II B

Bauwerft: Germaniawerft, Kiel
Kiellegung: 1. Juli 1935
Stapellauf: 15. November 1935
Indienststellung: 3. Dezember 1935
Feldpost-Nr.: M 25322
Versenkt in Wilhelmshaven am 2. Mai 1945

Kommandos:
U-Flottille Weddigen, Kiel, von Dezember 1935–Oktober 1939 (Schulboot/Frontboot)
U-Ausbildungsflottille Danzig von November 1939–April 1940 (Frontboot)
U-Abwehrschule von Mai 1940–März 1943 (Schulboot)
22. U-Flottille Gotenhafen/Wilhelmshaven von März 1943–Mai 1945

Kommandanten:
KptLt Heinz von Reiche, Oktober 1937–September 1939
KptLt Harald Jeppener-Haltenhoff, Sept.–Okt. 1939
KptLt Udo Behrens, Oktober 1939–Juli 1940
OLtzS Herwig Collman, Juli–Dezember 1940
KptLt Wolfgang Schultze, Dez. 1940–Okt. 1941
OLtzS Ernst Heydemann, Oktober 1941–Mai 1942
LtzS Walter Sitek, Mai 1942–März 1943
OLtzS Karl-Heinz Schmidt, März 1943–Mai 1944
OLtzS Hans-Jürgen Bartsch, Mai–Dezember 1944
OLtzS Friedrich Baumgärtel, Dez. 1944–Feb. 1945

Feindfahrten: 5
Versenkte Schiffe: 2 (1.615 BRT)

1. 25.9.39: Auslaufen Wilhelmshaven zur Patrouille in der südlichen Nordsee. Rückkehr am 30.8.39.
2. 31.8.39: Auslaufen Wilhelmshaven zum Minenlegen in den Downes vor der südöstlichen Küste von England. U 17 warf Minen vor Dover am 5.9.39. Es gibt keine Meldung über den Verlust eines Schiffes oder dessen Beschädigung durch diese Minen. Rückkehr am 8.9.39.
3. 29.1.40: Operation im Gebiet der Shetlands. Rückkehr nach Wilhelmshaven am 10.2.40.

4. 29.2.40: Patrouille in der südlichen Nordsee. In den ersten Stunden des 2.3. versenkte U 17 die niederländische RIJNSTROOM (695 t) westnordwestlich von Flushing und später im gleichen Gebiet die niederländische GRUTTO (920 t). Rückkehr nach Wilhelmshaven 7.3.40.
5. 13.4.40: In norwegischen Gewässern zwischen Bergen und Stavanger und später im Gebiet der Shetlands.
Am 26. fischte U 17 die Besatzung eines deutschen Flugzeuges vor der norwegischen Küste aus dem Wasser.

Rückkehr Kiel am 2.5.40. U 17 setzte seine Schulboottätigkeit ab 21.5.40 fort und diente bis Kriegsende als Schulboot. Selbst versenkt in Wilhelmshaven am 2.5.45.

U 18 Typ II B

Bauwerft: Germaniawerft, Kiel
Kiellegung: 10. Juli 1935
Stapellauf: 6. Dezember 1935
Indienststellung: 4. Januar 1936
Feldpost-Nr.: M 23452
Versenkt am 25. August 1944 in Konstanza

Kommandos:
U-Flottille Weddigen, Kiel, von Januar–November 1936 (Schulboot)
U-Flottille Lohs, Kiel, von Okt. 1937–Nov. 1939 (Frontboot)
U-Ausbildungsflottille Danzig von November 1939–Juni 1940 (Frontboot/Schulboot)
24. U-Flottille Danzig von Juli–Dez. 1940 (Schulboot)
22. U-Flottille Gotenhafen von Jan. 1941–Sept. 1942 (Schulboot)
30. U-Flottille Konstanza von Mai 1943–25. August 1944 (Frontboot)

Kommandanten:
KptLt Max-Hermann Bauer, Sept. 1937–Nov. 1939
OLtzS Ernst Mengersen, Dez. 1939–Aug. 1940
KptLt Karl-Heinz Linder, August–Dezember 1940
KptLt Ernst Vogelsang, Dez. 1940–Mai 1941
OLtzS Hans-Achim von Rosenberg-Gruszcynski, Mai 1941–Mai 1942
OLtzS Friedrich-Wilhelm Wissmann, Mai–August 1942
OLtzS Karl Fleige, Dezember 1942–25. August 1944
OLtzS Hans-Jürgen Bartsch (kurzzeitig), Mai 1944
OLtzS Rudolf Arendt (kurzzeitig), Mai–Juni 1944

Feindfahrten: 14
Versenkte Schiffe: 4 (7.121 BRT) und 8 beschädigt
1 Minensuchboot (400 t) sowie weitere
7 gemeldete Torpedierungen

Nach Indienststellung stieß U 18 zur U-Flottille Weddigen in Kiel. Am 20.11.36 sank das Boot in der Lübecker Bucht nach einer Kollision mit dem Sicherungsboot T 156. Von der Besatzung U 18 wurden 12 Mann gerettet, acht Mann veroren ihr Leben. Das Boot wurde gehoben und stellte nach Reparatur am 30.9.37 für die U-Flottille Lohs in Kiel wieder in Dienst.

1. 30.8.39: Auslaufen Memel zur Teilnahme am deutsch-polnischen Krieg. Am 3.9.39 Angriff auf ein polnisches Uboot, kein Ergebnis. U 18 kehrte am 8.9.39 nach Kiel zurück.
2. 14.9.39: Auslaufen Kiel und im Großen Belt gegen britische Uboote. Da kein Erfolg, Rückkehr nach Kiel am 24.9.39.
3. 2.10.39: Patrouille gegen britische Marinestreitkräfte bei den Orkneys. Am frühen Morgen des 14. befand sich U 18 direkt vor Scapa Flow und gab Signale ab. Das war, um den Briten die Gewißheit zu geben, dass Günther Prien mit U 47 Scapa Flow nach der Versenkung von HMS ROYAL OAK klar gekommen war. Rückkehr nach Kiel am 19.10.39.
4. 15.11.39: Patrouille vor der Nordostküste Schottlands. Am späten Abend des 18. entdeckte U 18 einen Island-Fischerei-Convoy und versenkte das Fischereifahrzeug WIGMORE (britisch, 345 t) nördlich von Kinnairds Head. Am 20. machte U 18 einen Angriff auf den Tanker MV ATHELKING. Der Torpedo ging vorbei und detonierte im Kielwasser des Zerstörers HMS INGLEFIELD. Rückkehr nach Kiel am 22.11.39.
5. 8.1.40: Auslaufen Wilhelmshaven zur Fahrt in die Nordsee zwischen den Orkneys und Norwegen. Am 23. versenkte U 18 die norwegische VARILD (1.085 t) nordwestlich von Kinnairds Head. Rückkehr am 26.1.40.
6. 11.2.40: Operation gegen britische Marinestreitkräfte zwischen Bergen und den Shetlands und später Patrouille vor Kinnairds Head. Rückkehr nach Wilhelmshaven am 24.2.40.

Im März 1940 ging U 18 wieder zur Ausbildungstätigkeit über und fuhr für drei Flottillen in der Ostsee bis September 1942. Dann erfolgte die Auswahl zum Dienst im Schwarzen Meer. U 18 wurde in Kiel abgebaut und wog dann noch 140 t, wurde auf ein Floß geladen, das aus fünf Pontons bestand, und durch den Kaiser-Wilhelm-Kanal nach Brunsbüttel transportiert. Von da ging es auf der Elbe bis Dresden, wo der Bootskörper

entladen und auf zwei 70-t-Transporter umgeladen wurde. Dann ging es mit langsamer Fahrt über die Autobahn nach Ingolstadt, wo der Bootskörper wieder auf ein Floß geladen wurde. Nun ging es im Schlepp die Donau hinunter nach Rumänien. In Galati erfolgte die Wiederindienststellung am 6.5.43 und die Zuteilung zur 30. U-Flottille in Konstanza.

Von Mai 1943 bis Mitte August 1944 fuhr U 18 acht Feindfahrten, alle begannen und endeten in Konstanza und führten vor die kaukasische Küste.
Die Feindfahrten waren: 26.5.43–9.6.43, 16.6.43–22.7.43, 21.8.43–24.9.43, 27.10.43–24.11.43, 20.1.44–29.2.44, 25.3.44–27.4.44, 25.5.44–7.6.44, 24.7.44–16.8.44.
U 18 war das erfolgreichste Boot der Schwarzmeerboote. Seine Erfolge waren:
23.6.43: Versenkung eines Schiffes, möglicherweise die LENINGRAD (sowjetisch, 1.783 t), und Verfehlung des sowjet. Tankers JOSEF STALIN. Beide nahe Suchumi.
28.6.43: Meldung über die Torpedierung und Beschädigung eines Pontons vor Kap Pizunda.
17.7.43: Versenkung der sowjetischen VOROSHILOV (3.908 t) auf der Reede von Suchumi.
29.8.43: Versenkung des Minensuchbootes TSC-11 DZALITA südlich von Suchumi.
30.8.43: Beschädigung des Patrouillenbootes SKA-0132 durch Artillerie nordnordwestlich von Poti.
18.9.43: Meldung über die Versenkung eines sowjetischen Tankers nordwestlich von Tuapse.
8.11.43: Meldung über die Versenkung eines sowjetischen Tankers auf der Reede von Batumi.
18.11.43: Beschädigung des sowjetischen Tankers JOSEF STALIN (7.745 t) südlich von Tuapse.
17.2.44: Möglicherweise Beschädigung eines sowjetischen Frachters im Hafen von Batumi, nachdem Torpedos durch die offene Netzbarrikade geschossen wurden.
7.4.44: Versenkung eines sowjetischen Pontons.
24.4.44: Angriff auf einen sowjetischen Schlepper-Convoy südöstlich von Gelendzik, Meldung über die Versenkung eines Schleppers und die Beschädigung von zwei Pontons.
31.5.44: Meldung über die Versenkung eines sowjetischen Schleppers südöstlich von Gelendzik.
1.6.44: Fehlangriff auf ein sowjetisches Kanonenboot nordwestlich von Tuapse.
2.8.44: Meldung über die Beschädigung eines sowjetischen Patrouillenbootes und Frachters nordwestlich von Poti.
11.8.44: Meldung über die Versenkung eines sowjetischen Frachters nordwestlich von Poti.

13.8.44: Meldung über die Versenkung eines sowjetischen Motorkanonenbootes südlich von Poti.

U 18 kehrte von einer Patrouille am 16.8.44 nach Konstanza zurück. Am 20. wurde das Boot bei einem sowjetischen Bombenangriff an der Backbordseite beschädigt. Als die Deutschen den Hafen von Konstanza am 25.8.44 evakuierten, wurde das Boot gesprengt. Es wurde später durch die Sowjets gehoben, wahrscheinlich im Jahre 1952.

U 19 Typ II B

Bauwerft: Germaniawerft, Kiel
Kiellegung: 20. Juli 1935
Stapellauf: 21. Dezember 1935
Indienststellung: 16. Januar 1936
Feldpost-Nr.: M 23036
Versenkt am 10. September 1944 im Schwarzen Meer

Kommandos:
U-Flottille Weddigen, Kiel, von Januar 1936–Dezember 1939 (Schulboot/Frontboot)
1. U-Flottille Kiel von Januar–April 1940 (Frontboot)
1. U-Ausbildungsflottille Danzig von Mai–Juni 1940 (Schulboot)
24. U-Flottille Danzig von Juli–Dezember 1940 (Schulboot)
22. U-Flottille Gotenhafen von Dezember 1940–April 1942 (Schulboot)
30. U-Flottillee Konstanza von November 1942–10. September 1944 (Frontboot)

Kommandanten:
KptLt Hans Meckel, Oktober 1937–November 1939
KptLt Wilhelm Müller-Arnecke, Nov. 1939–Jan. 1940
KptLt Joachim Schepke, Januar–April 1940
KptLt Wilfried Prellberg, April–Juli 1940
KptLt Peter Lohmeyer, Juli–Oktober 1940
KptLt Wolfgang Kaufmann, Oktober–November 1940
KptLt Rudolf Schendel, November 1940–Juni 1941
OLtzS Gerhard Litterscheid, Juni 1941–Februar 1942
OLtzS Hans-Ludwig Gaude, Febr. 1942–Okt. 1943
OLtzS Willy Ohlenburg, Okt. 1943–Sept. 1944
OLtzS Hubert Verpoorten (kurzzeitig), Interniert 10.9.44

Feindfahrten: 19
Versenkte Schiffe: 14 (39.078 BRT)

1 Minensuchboot (441 t)
2 möglicherweise versenkt oder beschädigt

1. 25.8.39: Von Wilhlemshaven aus zur Aufklärung in der Nordsee östlich des 0°. Danach patrouillierte U 19 an der Ostküste Schottlands. Rückkehr nach Kiel am 15.9.39.
2. 27.9.39: Auslaufen Kiel und Rückkehr nach dort am 1.10.39.
3. 14.10.39: Auslaufen Kiel zum Minenlegen vor der Ostküste Englands. U 19 legte Minen nahe des Dowsing-Feuerschiffes am 17. Es gab schnell Verluste. Am 21. die französische CAPTAINE EDMOND LABORIE (3.087 t) und den norwegischen Tanker DEODATA (3.295 t). Der 24. forderte ein drittes Opfer, die griechische KONSTANTINOS HADJIPATERAS (5.962 t). Rückkehr in den Stützpunkt am 18.10.39.
4. 15.11.39: Auslaufen Wilhelmshaven zur Minenoperation an der Ostküste Englands. U 19 legte Minen südlich von Oxford Ness während der Nacht des 17./18. Die jugoslawische CARICA MILICA (6.371 t) sank durch Minentreffer nahe des Feuerschiffes Shipwash am 18. U 19 kehrte am 20.11.39 zurück.
5. 4.1.40: Auslaufen Kiel zur Nordostküste von Schottland. Am 9. versenkte U 19 die norwegische MANX (1.343 t) nordnordöstlich von Kinnairds Head. Rückkehr am 12.1.40.
6. 18.1.40: Patrouille vor der Nordostküste Englands. Am Morgen des 23. versenkte U 19 zwei Schiffe südöstlich der Farneinseln, die britische BALTANGLIA (1.523 t) und die norwegische PLUTO (1.598 t). Im gleichen Gebiet versenkte U 19 am 25. die britische LOUVAIN (4.434 t) und die norwegische GUDVEIG (1.300 t). Rückkehr nach Wilhelmshaven 28.1.39.
7. 12.2.40: Operation gegen britische Seestreitkräfte in der Nordsee zwischen Bergen und den Shetlands. In den ersten Stunden des 20. griff Schepke den britischen Tanker MV DAGHESTAN direkt südlich der Shetlands an, aber der Torpedo explodierte zu früh. Rückkehr nach Wilhelmshaven am 26.2.40.
8. 14.3.40: Patrouille östlich des Pentland Firth und vor Kinnairds Head, Suche nach britischen Ubooten. Am 19. befand sich U 19 nordöstlich vom Moray Firth und versenkte am späten Abend zwei Schiffe, die dänische MINSK (1.229 t) mit Torpedo und Artillerie und die dänische CHARKOW (1.026 t) alleine mit Torpedo, und am 20. am frühen Morgen versenkte Schepke die dänische VIKING (1.153 t) und die dänische BOTAHL (2.109 t). Rückkehr Wilhelmshaven am 23.3.40.
9. 3.4.40: Auslaufen Kiel zur Teilnahme an der Operation »Hartmut«. Mit dem Öffnen der Befehle am 6. wurden die Positionen der Boote bekannt, die ab dem 9.

die deutschen Landungsoperationen gegen britische Angriffe sichern sollten. U 19 wurde der 9. Uboot-Gruppe zugeteilt, die östlich der Shetlands operieren sollte. Später verlegten die Boote ostwärts und südwärts in Richtung norwegische Küste. Es gab keinerlei Kontakte, so dass die kleinen Typ II-Boote alle zurückgerufen wurden. Die meisten von ihnen nahmen ihre Tätigkeiten als Schulboot später wieder auf. U 19 kehrte am 23.4.40 nach Kiel zurück.

Ab Mai 1940 fuhr U 19 wieder als Schulboot und versah seinen Dienst bis April 1942, dann wurde es zur Verwendung im Schwarzen Meer ausgewählt. Das Boot wurde in Kiel desarmiert, das Gewicht betrug dann 140 t. Es wurde dann auf ein aus fünf Pontons bestehendes Floß gepackt und via Kaiser-Wilhelm-Kanal nach Brunsbüttel geschleppt und dann ging es weiter auf der Elbe bis Dresden. Dort hat man es auf zwei 70-t-Transporter gehoben und via Autobahn nach Ingolstadt verbracht. Hier wurde es erneut auf ein Floß gehoben und auf der Donau bis Linz geschleppt. Nach Erreichen von Linz wurde das Boot erneut ausgerüstet und zwischen zwei Flößen die Donau abwärts nach Rumänien gebracht. In Galati wurde das Boot am 9.11.42 wieder in Dienst gestellt und stieß zur 30. U-Flottille in Konstanza.

Von Januar 1943 bis September 1944 fuhr U 19 elf Einsätze, alle gingen von Konstanza aus und endeten auch dort. Die Operationen führten an die kaukasische Küste gegen die sowjetische Schifffahrt. Die Daten dieser Operationen waren: 21.1.43–19.2.43, 17.3.43–30.3.43, 14.4.43–4.5.43, 10.6.43–10.7.43, 25.7.43–24.8.43, 11.11.43–2.12.43, 22.12.43–19.1.44, 10.2.44–7.3.44, 10.4.44–6.5.44, 6.6.44–8.7.44, 25.8.44–10.9.44.

U 19 hatte einige Erfolge im Schwarzen Meer:
14.2.43: Versenkung der sowjetischen KRASNYJI PROFINTERN (5.648 t) südwestlich Tuapse.
23.3.43: Meldung über die Beschädigung eines passagierschiffes durch Torpedo in der Bucht von Gagry.
27.6.43: Angriff auf einen Schlepperconvoy nordwestlich von Tuapse und Versenkung des Pontons No 75/BARZHAL.
2.9.44: Versenkung des sowjetischen Minensuchbootes BTSC 410 nahe Konstanza, das letzte Fahrzeug, das im Schwarzen Meer durch ein Uboot versenkt wurde.

Nach der Kapitulation Rumäniens vor den Russen evakuierten die Deutschen Konstanza am 25.8.44. Die letzten Boote im Schwarzen Meer, U 19, U 20 und U 23, liefen zu einer letzten Feindfahrt aus. Ein deutsches Angebot, sie der Türkei zu verkaufen, wurde abgeschlagen.

Nachdem ihr Kraftstoff aufgebraucht war, nahmen die drei Boote Kurs türkische Küste. U 19 wurde nahe Erekli am 10.9.44 versenkt. Sein Kommandant und drei Besatzungsangehörige wurden von den Türken interniert.

U 20 Typ II B

Bauwerft: Germaniawerft, Kiel
Kiellegung: 1. August 1935
Stapellauf: 14. Januar 1936
Indienststellung: 1. Februar 1936
Feldpost-Nr.: M 29241
Versenkt 10. September 1944 im Schwarzen Meer

Kommandos:
U-Flottille Lohs, Kiel, von Oktober 1937–Oktober 1939 (Frontboot)
1. U-Flottille Kiel von Januar–Mai 1940 (Frontboot)
1. U-Ausbildungsflottille Danzig von Mai–Juni 1940 (Schulboot)
21. U-Flottille Pillau von Juli 1940–September 1942 (Schulboot)
30. U-Flottille Konstanza von Mai 1943–10. September 1944 (Frontboot)

Kommandanten:
KptLt Karl-Heinz Moehle, Oktober 1937–Januar 1940
KptLt Harro von Klot-Heydenfeldt, Januar–April 1940
OLtzS Heinrich Driver, April–Mai 1940
OLtzS Hansjürgen Zetzsche, Mai–Juni 1940
KptLt Ottokar Paulshen, Juni–November 1940
KptLt Herbert Schauenberg, November 1940–Mai 1941
OLtzS Wolfgang Sträter, Mai–Dezember 1941
OLtzS Kurz Nölke, Dezember 1941–April 1942
OLtzS Clemens Schöler, Mai–September 1942 und Mai–Oktober 1943
OLtzS Karl Grafen, Nov. 1943–10. Sept. 1944

Feindfahrten: 16
Versenkte Schiffe: 17 (37.808 BRT)

1. 25.8.39: Auslaufen Kiel. Keine Einzelheiten bekannt. Rückkehr nach Wilhelmshaven am 31.8.39.
2. 1.9.39: Auslaufen Wilhelmshaven Kurs Südküste Norwegens und nördliche Nordsee. Rückkehr nach Kiel am 20.9.39.
3. Operation gegen britische Seestreitkräfte im Gebiet der Orkneys. Rückkehr nach Kiel am 17.10.39.

4. 6.11.39: Auslaufen Kiel und Einlaufen Wilhelmshaven am 7.11.39.

5. 18.11.39: Auslaufen Wilhelmshaven zum Minenlegen. U 20 legte am 21. Minen nahe Feuerschiff Newarp. Zwei Schiffe sanken durch diese Minen, die britische IONIAN (3.114 t) am 29.11.39 und die britische WILLOWPOOL (4.815 t) am 10.12.39.

6. 7.12.39: Patrouille im Gebiet von Kinnairds Head. Am Abend vom 9. versenkte U 20 die dänische MAGNUS (1.339 t) ostnordöstlich von Peterhead. Rückkehr nach Kiel am 13.12.39.

7. 6.1.40: Patrouille vor Kinnairds Head. Am 13. versenkte U 20 die schwedische SYLVIA (1.524 t). Rückkehr nach Wilhelmshaven 16.1.40.

8. 21.1.40: Auslaufen zur Operation nahe den Orkneys. Während des Abends am 27. versenkte U 20 vier Schiffe östlich von Wick, die norwegische FARO (844 t), die dänische FREDENSBURG (2.094 t), die dänische ENGLAND (2.319 t) und die norwegische HOSANGER (1.591 t). Rückkehr in den Stützpunkt am 29.1.40.

9. 27.2.40: Operation vor der Küste Englands im Gebiet von Cross Sand. Am 29. versenkte U 20 die italienische MARIA ROSA (4.211 t) und am 1.3.40 die italienische MIRELLA (5.340 t), beide östlich von Lowestoft. Rückkehr in den Stützpunkt am 4.3.40.

10. 14.3.40: Auslaufen Wilhelmshaven zur Suche nach britischen Ubooten im westlichen Skagerrak. Keine Erfolge. Rückkehr 22.3.40.

Im Mai 1940 setzte U 20 seine Tätigkeit als Schulboot fort. Das währte bis September 1942. Dann wurde das Boot für die Verwendung im Schwarzen Meer ausgewählt. Teilweise abgetakelt in Kiel und mit dem Gewicht von 140 t wurde es auf ein aus fünf Pontons gebildetes Floß verladen und dann via Kaiser-Wilhelm-Kanal nach Brunsbüttel verbracht. Dann ging es die Elbe hinauf bis Dresden, wo der Rumpf auf zwei 70-t-Straßentransporter umgeladen wurde. Weiter ging es auf der Autobahn bis Ingolstadt, wo es erneut auf ein Floß verladen wurde zum Transport die Donau hinunter nach Rumänien. In Galati wurde das Boot am 27.5.43 wieder in Dienst gestellt und kam zur 30. U-Flottille in Konstanza.

Von Juni 1943 bis August 1944 fuhr U 20 acht Feindfahrten, alle von Konstanza ausgehend und dort endend. Sie alle führten an die kaukasische Küste und gegen die sowjetische Schifffahrt.
Die Feindfahrten fanden statt vom: 22.6.43–29.6.43, 11.7.43–7.8.43, 16.9.43–12.10.43, 8.11.43–9.1943, 1.1.44–26.1.44, 22.2.44–27.3.44, 11.6.44–11.7.44, 19.8.44–10.9.44.
Die Erfolge von U 20 waren am 30.9.43 die Versenkung

eines sowjet. Floßes (1.150 t), Name DUNAJ 2, nahe Anapa.
16.1.44: Versenkung des sowjetischen Tankers VAJYAN KUTJURVE (7.602 t), nördlich von Poli.
19.6.44: Versenkung der sowjetischen PESTEL (1.850 t), nordöstlich von Trapezunt.
24.6.44: Versenkung von vier kleinen Motorbooten mit Artillerie südsüdöstlich von ADLER, eines davon war das Landungsboot DB 126.

Nach der Kapitulation Rumäniens gegenüber den Sowjets evakuierten die Deutschen Konstanza am 25.8.44. Die verbliebenen Boote im Schwarzen Meer waren U 19, U 20 und U 21. Sie machten ihre letzte Feindfahrt. Ein deutsches Angebot an die Türkei zum Verkauf der Boote wurde abgelehnt. Nachdem der Kraftstoff aufgebraucht war, liefen die Boote an die türkische Küste. U 20 wurde nahe Erekli am 10.9.44 versenkt und die an Bord befindlichen Soldaten interniert.

U 21 Typ II B

Bauwerft: Germaniawerft, Kiel
Kiellegung: 4. März 1936
Stapellauf: 13. Juli 1936
Indienststellung: 3. August 1936
Feldpost-Nr.: M 08360
Außerdienststellung: 5. August 1944 in Neustadt

Kommandos:
U-Flottille Kiel von Aug. 1936–Dez. 1939 (Frontboot)
1. U-Flottille Kiel von Januar–Juni 1940 (Frontboot)
21. U-Flottille Pillau von Juli 1940–August 1944 (Schulboot)

Kommandanten:
KptLt Fritz Frauenheim, Oktober 1937–Dezember 1939
KptLt Wolf Stiebler, Januar–August 1940
OLtzS Hans Heidtmann, August–Dezember 1940
KptLt Bernhard Lohse, Dezember 1940–Mai 1941
OLtzS Karl-Heinz Herbschleb, Mai 1941–Januar 1942
OLt Hans Döhler, Januar–September 1942
LtzS Hans-Ferdinand Geisler, Sept. 1942–Jan. 1943
OLtzS Rudolf Kugelberg, Januar 1943–Mai 1944
OLtzS Wolfgang Schwarzkopf, Mai–August 1944

Feindfahrten: 7
Versenkte Schiffe: 6 (11.269 BRT) und 1 beschädigt, 1 Netzleger (605 t)

1. 25.8.39: Auslaufen Wilhelmshaven zur Patrouille in der Nordsee. Rückkehr am 5.9.39.
2. 9.9.39: Fahrt in den Firth of Forth gegen britische Seestreitkräfte. Am 22. Angriff auf einen Zerstörer nahe Berwick-on-Tweed. Der Torpedo ging vorbei. Rückkehr nach Kiel 1.10.39.
3. 22.10.39: Auslaufen zum Minenlegen im Firth of Forth. U 21 legte Minen vor der Einfahrt von Rosyth am 4.11.39. Der britische Kreuzer BELFAST lief am 21.11.39 auf eine dieser Minen und war für lange Zeit einsatzunfähig, so schwer waren die Schäden. Zwei andere Fahrzeuge sanken durch die von U 21 gelegten Minen, der Netzleger HMS BAYONET am 21.12.39 und die britische ROYAL ARCHER (2.266 t) am 24.4.40. Rückkehr Kiel am 8.11.39.
4. 27.11.39: Patrouille im Gebiet von Kinnairds Head. Am 1.12.39 versenkte U 21 die norwegische ARCTURUS (1.277 t) vor Peterhead. Rückkehr Kiel am 5.12.39.
5. 17.12.39: Operation nordöstlich Schottland. Am Morgen des 21. versenkte U 21 die schwedische MARS (1.474 t) und die schwedische CARL HENCKEL (1.352 t) in der Nordsee östlich von Aberdeen. Rückkehr Kiel am 24.12.39.
6. 27.1.40: Auslaufen Wilhelmshaven zur Operation östlich der Orkneys und um Kinnairds Head. Am 31. versenkte U 21 die dänische VIDAR (1.353 t) östlich des Pentland Firth und am 4.2.40 die jugoslawische VID (3.547 t) nordöstlich vom Kinnairds Head. Rückkehr in den Stützpunkt am 9.2.40.
7. 21.3.40: Auslaufen zur Patrouille am Pentland Firth. Auf dem Weg nach dort wurde U 21 zur norwegischen Küste umgeleitet, südlich von Lindesness, aufgrund einer Meldung, dass eine große britische Streitmacht vor Egersund aufgetaucht war. Diese Meldung war falsch. U 21 marschierte wieder in Richtung Pentland Firth und hatte am 26. vor der Insel Oddknuppen, südöstlich von Mandal, eine Grundberührung. Das rief einen diplomatischen Zwischenfall hervor, und U 21 wurde mit seiner Besatzung durch die Norweger in Kristiansand interniert. Nach der deutschen Landung in Norwegen am 9.4.40 wurde das Boot befreit, verließ Kristiansand am 16. und erreichte Kiel am 20.4.40.

U 21 kam im Juli 1940 wieder zum Schulverband zurück und fuhr als Schulboot für die 21. Flottille in Pillau. Es wurde am 5.8.44 in Neustadt außer Dienst gestellt und später abgewrackt.

U 22 Typ II B

Bauwerft: Germaniawerft, Kiel
Kiellegung: 4. März 1936
Stapellauf: 28. Juli 1936
Indienststellung: 20. August 1936
Feldpost-Nr.: M 26177
Gesunken im April 1940, vermutlich in dänischen Gewässern

Kommandos:
U-Flottille Lohs, Kiel, von Oktober 1937–Dezember 1939 (Frontboot)
1. U-Flottille Kiel von Januar–April 1940 (Frontboot)

Kommandanten:
KptLt Werner Winter, Oktober 1937–Oktober 1939
KptLt Karl-Heinrich Jenisch, Oktober 1939–April 1940

Feindfahrten: 6
Versenkte Schiffe: 5 (6.413 BRT)
1 Zerstörer (1.475 t)
1 Trawler (534 t)

1. 26.8.39: Fahrt von Memel zur Operation in der Ostsee vor der polnischen Küste. Am 7.9.39 meldete U 22 die Versenkung des polnischen Ubootes ZBIK, aber die gehörte Explosion des Torpedos war möglicherweise ein Fehlschuss. Rückkehr nach Kiel am 9.9.39.
2. 17.9.39: Patrouille vor den Orkneys. Am 29. machte U 22 einen vergeblichen Angriff auf ein britisches Uboot in der Nordsee. Rückkehr nach Kiel am 2.10.39.
3. 15.11.39: Operation vor der Nordküste Schottlands. Am 18. versenkte U 22 die britische PARKHILL (500 t) nordnordwest von Kinnairds Head. Rückkehr nach Kiel am 24.11.39.
4. 13.12.39: Auslaufen zu einer Minenoperation vor der Nordostküste Englands. U 22 legte vermutlich Minen nahe Blyth am 15. Der Untergang der schwedischen MARS (1.877 t) am 27. wird den Minen von U 22 zugeschrieben. Das Boot legte vermutlich auch Minen im selben Gebiet am 20., denen man den Verlust von drei Schiffen zuschreibt: den Minensucher HMS LOCH DOON am 25.12.39, die dänische HANNE (1.080 t) am 28.12.39 und die britische ESTON (1.487 t), ein Nachzügler des Convois FN 81 am 28.1.40. Rückkehr in den Stützpunkt am 24.12.39.
5. 15.1.40: Patrouille vor der Nordostküste Schottlands. Am frühen Morgen des 21. versenkte U 22 den Zerstörer HMS EXMOUTH nordöstlich Tarbar Ness im Moray Firth

und später am Tage die dänische TEKLA (1.469 t) nördlich von Kinnairds Head. Einlaufen Wilhelmshaven 24.1.40.

6. 6.2.40: Operation gegen britische Marinestreitkräfte zwischen Bergen und den Shetlands. Am 21. machte U 22 nördlich Fair Isle einen Angriff auf das britische Fischereifahrzeug STRATHCLOVA, der jedoch wegen Torpedoversagens fehlschlug. Rückkehr nach Wilhelmshaven am 25.2.40.

7. 20.3.40: Auslaufen zu einer Operation im Gebiet von Cape Lindesness. U 22 marschierte wegen Erfolglosigkeit weiter. Es wurde später vermutet, dass das Boot vom französischen Uboot ORPHEE versenkt wurde. Aber die Franzosen bestätigten es nicht. Man glaubt heute, dass U 22 nach einem Minentreffer in der Jammerbucht von Dänemark gesunken ist. Es gab keine Überlebenden, 27 Tote.

U 23 Typ II B

Bauwerft: Germaniawerft, Kiel
Kiellegung: 11. April 1936
Stapellauf: 28. August 1936
Indienststellung: 24. September 1936
Feldpost-Nr.: M 02984
Selbst versenkt am 10. September 1944 im Schwarzen Meer

Kommandos:
U-Flottillee Weddigen, Kiel, von September 1936–Dezember 1939 (Frontboot)
1. U-Flottille Kiel von Januar–Juni 1940 (Frontboot)
21. U-Flottille Pillau von Juli 1940–Oktober 1942 (Schulboot)
30. U-Flottille Konstanza von Juni 1943–10. September 1944 (Frontboot)

Kommandanten:
KptLt Otto Kretschmer, Oktober 1937–März 1942
KptLt Heinz Beduhn, März–Mai 1940
OLtzS Heinrich Driver, Mai–September 1940
OLtzS Kurz Reichenbach-Klinke, Okt. 1940–März 1941
OLtzS Ernst-Ulrich Brüller, März–September 1941
OLtzS Ulrich Gräf, September 1941–März 1942
KptLt Rolf-Birger Wahlen, März–Oktober 1942 und Juni 1943–Juni 1944
OLtzS Rudolf Arendt, Juni–10. September 1944

Feindfahrten: 17
Versenkte Schiffe: 10 (29.222 BRT) und 2 beschädigt
1 Zerstörer (1.375 t)
2 Minensucher (91 t)
4 Schiffe eventuell versenkt

1. 25.8.39: Auslaufen Wilhelmshaven in die Nordsee mit Magnetminen. Unmittelbar nach Kriegsausbruch am 3.9.39 wurde U 23 in die Humber-Mündung befohlen, um den Schifffahrtskanal auszumachen und dort Minen zu legen. Es erreichte die Humber-Mündung am 3. bei Anbruch der Dunkelheit, wurde dann aber zurückgerufen, ohne dass eine Mine geworfen werden konnte. Rückkehr nach Wilhelmshaven am 4.9.39.

2. 9.9.39: Auslaufen Wilhelmshaven zum Minenlegen im Firth of Forth. U 23 legte die Minen, vermutlich während des Abends vom 18. Kein Schiff lief auf eine dieser Minen und sank, keines wurde beschädigt. Am 14. wurde ein Schiff mit drei Torpedos vergeblich angegriffen. Rückkehr nach Kiel am 21.9.39.

3. 29.9.39.: Operation gegen britische Seestreitkräfte im Gebiet der Orkneys. Am 4. versenkte U 23 die britische GLEN FARG (876 t) mit Torpedo und Artillerie östlich der Orkneys. Rückkehr nach Kiel am 16.10.39.

4. Auslaufen Kiel zum Minenlegen vor der Nordostküste Schottlands. U 23 legte Minen vor Invergordon im Cromarty Firth am 4.11.39. Rückkehr in den Stützpunkt am 9.11.39.

5. 5.12.39: Auslaufen Kiel zur Patrouille vor den Shetlands. Auf dem Weg nach dort versenkte U 23 die dänische SCOTIA (2.400 t) kurz nach Mitternacht vom 7./8. nahe Kinnairds Head und am 9. griff Kretschmer vergeblich einen Frachter östlich von Kinnairds Head an. Die Suche nach Opfern in den Buchten der Shetlands war unbefriedigend. U 23 kehrte am 15.12.39 zurück.

6. Von Kiel aus zur Operation vor der Nordostküste Schottlands und den Orkneys. Am 11. versenkte Kretschmer am Spätnachmittag die norwegische FREDVILLE (1.150 t) nordnordöstlich von Kinnairds Head und am frühen Morgen des 12. den dänischen Tanker MV DANMARK (10.517 t) vor Shapinsay, Orkneys. Rückkehr nach Wilhelmshaven am 15.1.40.

7. 18.1.40: Auslaufen Wilhelmshaven zur Patrouille vor den Shetlands. Am 24. versenkte U 23 die norwegische BISP (1.000 t) westlich der Shetlands. Rückkehr in den Stützpunkt am 29.1.40.

8. 9.2.40: Auslaufen Wilhelmshaven mit Kurs auf die Orkneys und Shetlands. Während der Fahrt wurde U 23 durch ein britisches Uboot angegriffen, aber alle drei Torpedos gingen vorbei. Am 14. versenkte U 23 die britische TIBERTON (5.225 t) östlich der Orkneys und am 18. in den ersten Stunden den Zerstörer HMS DARING südöstlich von den Shetlands, der einen Convoy sicherte. Am 22. versenkte U 23 die britische LOCH MADDY (4.996 t) östlich von Copinsay, Orkneys. Dieses Schiff war von der Besatzung verlassen worden, nachdem es am 21. von U 57 torpediert worden war. Einlaufen Kiel am 28.2.40.

9. 14.3.40: Patrouille nördlich der Shetlands, Suche nach britischen Kriegsschiffen. Kein Erfolg. Rückkehr nach Kiel am 23.3.40.

10. 13.4.40: Operation vor Bergen, dann östlich Orkneys und vor Kinnairds Head. Rückkehr Kiel am 3.5.40.

Im Mai 1940 setzte U 23 seine Tätigkeit als Schulboot fort. Diese Verwendung dauerte bis September 1942, als es für das Schwarze Meer auserwählt wurde. U 23 wurde in Kiel abgerüstet und dann mit einem Gewicht von 140 t auf ein aus fünf Pontons gebautes Floß gesetzt. Über den Kaiser-Wilhelm-Kanal ging es dann nach Brunsbüttel, von wo es im Schlepp elbeaufwärts nach Dresden ging. Dort Umsetzen des Rumpfes auf zwei 70-t-Transporter und via Autobahn nach Ingolstadt. Dort erneutes Umladen auf ein Floß und auf der Donau im Schlepp nach Rumänien. In Galati wieder kriegsbereit gemacht und am 3.6.43 in Dienst gestellt für die 30. U-Flottille in Konstanza.

Von Juli 1943 bis September 1944 machte U 23 sieben Einsätze, alle begannen in Konstanza und endeten auch dort. Sie führten vor die kaukasische Küste gegen die sowjetische Schifffahrt. U 23 hatte Erfolg im Schwarzen Meer. Sie sind im folgenden aufgelistet.
27.6.43–19.7.43, 10.8.43–9.9.43, 10.10.43–11.11.43, 14.12.43–7.1.44, 30.3.44–24.4.44, 17.5.44–7.6.44, 16.8.44–10.9.44.
24.8.43: Versenkung des sowjetischen Minensuchers TSC 578 südlich von Suchumi.
15.10.43: Beschädigung des sowjetischen Minensuchers TSC 486 nahe Poti.
17.10.43: Fehlschuss auf den sowjet. Frachter ACHILLEON.
23.10.43: Versenkung des sowjetischen MV TANAIS (372 t) nordwestlich von Poti.
23.10.43: Meldung über die Versenkung des Frachters SOVETSKAJA ROSSYA nahe Poti.
Anfang Januar 44 Meldung über die Versenkung eines Frachters und Tankers nahe Poti.
5.4.44: Versenkung des Uboot-Jägers SKA 099 nordwestlich von Poti.
7.4.44: Vermutlich Versenkung des Floßes V 187, 4/RION, nordwestlich von Poti.
23.5.44: Angriff auf einen Schlepperconvoy und gemeldete Treffer, südöstlich von Adler.
29.5.44: Treffer auf einen gestrandeten Tanker, SMELYJ, mit einem Torpedo südlich von Suchumi.

2.6.44: Versenkung eines kleinen Fischereifahrzeuges mit Handgranaten nordnordwestlich von Poti. Das Boot nahm drei Überlebende auf.
3.6.44: Meldung über die Versenkung eines Motor-Kanonenbootes nordnordwestlich von Tuapse.
1.9.44: Versenkung des beschädigten rumänischen Schiffes OITUZ (2.686 t), aufgelegt im Hafen von Konstanza.

Nach der Kapitulation Rumäniens gegenüber den Sowjets räumten die Deutschen Konstanza am 25.8.44. Die noch vorhandenen Boote U 19, U 20 und U 23 machten ihre letzte Feindfahrt. Ein deutsches Angebot, dass die Türkei die Boote kaufen sollte, wurde abgelehnt. Nachdem der Kraftstoff zu Ende war, legten sich die Boote vor die türkische Küste. U 23 wurde nahe Erekli am 10.9.44 selbst versenkt und die Besatzung interniert.

U 24 Typ II B

Bauwerft: Germaniawerft, Kiel
Kiellegung: 21. April 1936
Stapellauf: 24. September 1936
Indienststellung: 10. Oktober 1936
Feldpost-Nr.: M 24897
Versenkt am 25. August 1944 in Konstanza

Kommandos:
U-Flottille Lohs, Kiel, von Oktober 1937–Oktober 1939 (Frontboot)
U-Flottille Weddigen, Kiel, von November–Dezember 1939 (Frontboot)
1. U-Flottille Kiel von Januar–April 1940 (Frontboot)
1. U-Ausbildungsflottille von Mai–Juni 1940 (Schulboot)
21. U-Flottille Pillau von Juli 1940–April 1942 (Schulboot)
30. U-Flottille Konstanza von Oktober 1942–August 1944 (Frontboot)

Kommandanten:
KptLt Udo Behrens, Oktober 1937–Oktober 1939
KptLt Harald Jeppener-Haltenhoff, Okt.–Nov. 1939
OLtzS Udo Heilmann, November 1939–August 1940
OLtzS Dietrich Borchert, August 1940–März 1941
OLtzS Helmut Hennig, März–August 1941
OLtzS Hardo Rodler von Roithberg, Aug. 1941–Mai 1942
OltzS Klaus Petersen, Oktober–November 1942 und

April 1943–April 1944 (als Kapitänleutnant)
OLtzS Clemens Schöler, November 1942–April 1943
OLtzS Martin Landt-Hayen, April–Juli 1944
OLtzS Dieter Lenzmann, Juli–August 1944

Feindfahrten: 21
Versenkte Schiffe: 5 (17.093 BRT) und 2 beschädigt
2 Minensucher (497 t)
3 Schiffe vermutlich versenkt

1. 25.8.39: Auslaufen Wilhelmshaven zur Patrouille in der Nordsee. Rückkehr am 31.8.39.
2. 2.9.39: Auslaufen zum Minenlegen, jedoch Rückruf, bevor die Operation begann. Einlaufen Kiel am 5.9.39.
3. 13.9.39: In den Moray Firth zur Operation gegen britische Kriegsschiffe. Am 24. machte U 24 einen Angriff auf einen Zerstörer, aber verfehlte ihn. Rückkehr nach Kiel am 28.9.39.
4. 12.10.39: Auslaufen Kiel und Einlaufen Wilhelmshaven am 14.10.39.
5. 23.10.39: Auslaufen zum Minenlegen vor der Nordostküste Englands. U 24 legte Minen vor Hartlepool am 27. Die brit. CARMARTHEN COAST (961 t) lief am 9.11.39 auf eine dieser Minen und sank. Einlaufen Kiel am 30.10.39.
6. 6.1.40: Operation in der Nordsee im Gebiet von Newcastle. Rückkehr am 12.1.40 nach Kiel.
7. 27.1.40: Patrouille vor den Orkneys und das östliche Seegebiet davor. Rückkehr Wilhelmshaven am 9.2.40.
8. 14.3.40: Auslaufen Wilhelmshaven, Suche britischer Uboote westlich des Skagerraks. Ohne Erfolg. Rückkehr in den Stützpunkt am 20.3.40.
9. 13.4.40: Patrouille vor Bergen und später östlich der Shetlands. Rückkehr nach Kiel am 7.5.40.

Im Mai 1940 nahm U 24 seine Tätigkeit als Schulboot wieder auf, was bis April 1942 währte. Dann wurde das Boot als erstes für den Einsatz im Schwarzen Meer ausgesucht. U 24 wurde desarmiert und hatte dann nur noch das Gewicht von 140 t. Es wurde dann auf ein aus fünf Pontons gebildetes Floß gesetzt und durch den Kaiser-Wilhelm-Kanal nach Brunsbüttel geschleppt. Von dort ging es weiter elbeaufwärts bis Dresden. Dort Umladen auf zwei 70-t-Tieflader und auf diesen bis Ingolstadt zur Donau verbracht. Dort wieder auf ein Floß umgeladen und auf der Donau bis Linz geschleppt. In Linz wieder armiert und auf einem Floß nach Rumänien geschleppt. In Galati am 14.10.42 für die 30. U-Flottille in Konstanza in Dienst gestellt.

Von Oktober 1942 bis August 1944 machte U 24 13 Feindfahrten, meistens von Konstanza aus, wo die Fahrten auch endeten. Diese Einsätze gingen an die kaukasische Küste gegen die sowjetische Schifffahrt. Die einzelnen Fahrten waren: 27.10.42–9.11.42, 24.11.42–16.12.42, 18.1.43–18.2.43, 14.3.43–3.4.43 (Feodosiya), 10.4.43–15.4.43, 5.6.43– 29.6.43, 26.7.43–24.8.43, 30.9.43–18.10.43 (Sevastopol), 10.10.43–4.11.43, 15.1.44–10.2.44, 4.3.44–2.4.44, 2.5.44–30.5.44, 13.7.44–4.8.44.

U 24 hatte Erfolge im Schwarzen Meer, die nachfolgend angeführt sind:

5.11.42: Torpedoschuss auf einen Tanker, aber der Torpedo versagte. Es ist möglich, dass das Schiff durch Granaten beschädigt wurde, aber es sank nicht.

31.3.43: Versenkung des sowjetischen Tankers MV SOVETSKAJA NEFT (8.228 t) in der Bucht von Gagry und Beschädigung des sowjetischen Tankers KREML (7.666 t).

15.6.43: Versenkung des sowjetischen Minensuchers T 411 ZASHCHITNIK (Nr. 26) westlich von Suchumi.

30.7.43: Versenkung des beschädigten sowjetischen Tankers MV EMBA (7.886 t) am Kai des Hafens von Suchumi.

22.8.43: Versenkung eines Schleppers und der beiden Motorboote DB 36 und DB 37 durch Artillerie und Sprengung südwestlich der Bucht von Gagry.

31.10.43: Meldung über die Versenkung des sowjetischen U-Jägers SKA 088 nordwestlich von Suchumi.

12.4.44 und 15.5.44: Meldung über die Versenkung von zwei sowjetischen Patrouillenbooten vor Poti und Batum. Eines davon war der U-Jäger SKA 376.

27.5.44: Meldung über die Bekämpfung eines aufgelaufenen Patrouillenbootes mit Artillerie nördlich von Poti. An diesem Tag wurde im Gefecht mit den Russen ein Besatzungsmitglied getötet und zwei verwundet, wahrscheinlich bei dem Angriff auf das Patrouillenboot.

Am 20.8.44 wurde U 24 bei einem sowjetischen Luftangriff auf den Hafen von Konstanza beschädigt. Nach der rumänischen Kapitulation evakuierten die Deutschen Konstanza am 25. U 24 war nicht mehr fahrbereit und wurde selbst versenkt. 1952 durch die Russen gehoben und 1960 abgewrackt.

U 25 Typ I A

Bauwerft: AG Weser, Bremen
Kiellegung: 28. Juni 1935
Stapellauf: 14. Februar 1936
Indienststellung: 6. April 1936

Feldpost-Nr.: M 10950
Gesunken am 3. August 1940 nördlich von Terschelling (54°00'N/05°00'E)

Kommandos:
U-Schulflottille Neustadt von April 1936–September 1939 (Schulboot)
U-Flottille Saltzwedel, Wilhelmshaven, von September–Dezember 1939 (Frontboot)
2. U-Flottille Wilhelmshaven von Januar 1940–3. August 1940 (Frontboot)

Kommandanten:
KKpt Eberhardt Godt, 1937–August 1939
KKpt Victor Schütze, September 1939–Mai 1940
KptLt Heinz Beduhn, Mai 1940–3. August 1940

Feindfahrten: 5
Versenkte Schiffe: 8 (50.255 BRT)
2 vermutlich beschädigt

1. 18.10.39: Auslaufen Wilhelmshaven mit Kurs auf das Mittelmeer. Auf dem Kurs wurde U 25 und U 53 befohlen, südwestlich von Irland auf U 26, noch vor Gibraltar, zu warten. Während des Wartens wurde U 25 auf einen Convoy mit Nordkurs nordwestlich von Lissabon angesetzt, aber verfehlte diesen. Das Boot erhielt dann den Befehl, nordwestlich von Kap Finisterre den französischen Convoy 20K abzufangen. Am 31. torpedierte U 25 und versenkte die französische BAOULE (5.874 t) aus diesem Convoy. Im späteren Verlauf dieser Operation, während eines Angriffes auf ein Schiff, wurde die Torpedoöffnungsklappe vom eigenen Mündungsfeuer beschädigt. U 25 wurde zurückbefohlen und lief am 13.11.39 in Wilhelmshaven ein.

2. 13.1.40: Auslaufen Wilhelmshaven in den Atlantik. Auf dem Marsch am 17. versenkte U 25 zwei Schiffe nahe Muckle Flugga bei den Shetlands: Die britische POLZELLA (4.751 t) und die norwegische ENID (1.140 t), letztere mit Torpedo und Artillerie.
Am 18. wurde die schwedische MV PAJALA (6.873 t) mit Torpedo nahe der Insel North Rona, Hebriden, versenkt. Die norwegische SONGA (2.589 t) wurde 220 Meilen westlich der Scilli-Inseln am Nachmittag des 22. versenkt.
U 25 fuhr dann noch weiter nach Süden, westlich der Bucht der Biskaya und an der spanischen und portugiesischen Küste patrouillierend. Kraftstoffergänzung in Cadiz am 30. durch den deutschen Versorger THALIA. U 25 griff den mit südlichem Kurs laufenden Convoy OG 16 am 3.2.40 an und versenkte die britische ARMANISTAN (6.805 t) westlich von Lissabon. Auf dem

Rückweg am 13. versenkte U 25 den dänischen Tanker CHASTINE MAERSK (5.177 t) direkt vor den Shetlands. Rückkehr in den Stützpunkt am 19.2.40.

3. 3.4.40: Auslaufen Wilhelmshaven zur Teilnahme an der Oparation »Hartmut«. Mit Öffnen der Befehle am 6. wurden alle teilnehmenden Boote auf bestimmte Operationsgebiete verteilt, um so ab 9. die deutschen Landungstruppen gegen Angriffe britischer Seestreitkräfte zu sichern.
U 25 wurde nach Narvik befohlen, um dort die 1. Ubootgruppe zu treffen, die vor Narvik und den Vestfjord operierte. Spät am 10. griff U 25 britische Zerstörer an, die den Vestfjord verließen, nachdem sie die in Narvik liegenden deutschen Zerstörer angegriffen hatten. Während des Abends am 11. griff U 25 zwei Zerstörer im Ofotfjord an, die zur britischen Kampfgruppe gehörten. Alle diese Angriffe schlugen wegen defekter Torpedos fehl. Am 13. griff U 25 erneut britische Seestreitkräfte an, die ebenfalls ohne Erfolg blieben. Nach einer Patrouillenphase vor den Shetlands kehrte U 25 am 6.5.40 nach Wilhelmshaven zurück.

4. 8.6.40: Auslaufen in den Atlantik. Außerhalb des Operationsgebietes versenkte U 25 den Hilfskreuzer HMS SCOTSTOUN (17.046 t) in den North-Western Approaches am 13.
Die Zeit war reif für eine Rudeloperation und U 25 gehörte zu einer Gruppe von Booten, die von Günther Prien kommandiert wurden. Eine Aufklärungslinie wurde südwestlich Irlands für das Abfangen des Convoys HX 48 am 16. gebildet. Der Convoy drehte südwärts und dadurch kam es zu keinem Kontakt. Die Gruppe wurde am 17. aufgelöst, und die Boote bewegten sich auf Positionen am Westausgang des Englischen Kanals. Am 19. torpedierte U 25 westsüdwestlich von Brest einen Tanker, der dann von einem nachfolgenden zweiten Schiff gerammt wurde. Der beschädigte Tanker wurde von U 25 im gestoppten Zustand verlassen, aber war nach einer Stunde nicht mehr zu sehen. U 25 kehrte am 29.6.40 nach Wilhelmshaven zurück.

5. 1.8.40: Auslaufen Wilhelmshaven. U 25 war auf dem Weg zu einem Operationsgebiet westlich der britischen Inseln, als es ein Minenfeld kreuzte, das britische Zerstörer nördlich von Terschelling geworfen hatten. Ein Minentreffer besiegelte das Ende. Es gab keine Überlebenden, 49 Tote.

U 26 Typ I A

Bauwerft: AG.Weser, Bremen
Kiellegung: 1. August 1935
Stapellauf: 14. März 1936
Indienststellung: 11. Mai 1936
Feldpost-Nr.: M 07314
Versenkt: 1. Juli 1940 südwestlich von Sizilien
(48°03'N/11°30'W)

Kommandos:
U-Flottille Saltzwedel, Wilhelmshaven, von Mai
1936–Dezember 1939 (Schulboot/Frontboot)
2. U-Flottille Wilhelmshaven von Januar 1940–1. Juli
1940 (Frontboot)

Kommandanten:
FKpt Oskar Schomburg, November 1938–August 1939
KKpt Klaus Ewerth, September 1939–Januar 1940
KptLt Heinz Scheringer, Januar 1940–1. Juli 1940
KKpt Hans-Günther Fischer (zeitweise), 26. April
1940–5. Juni 1940

Feindfahrten: 8
Versenkte Schiffe: 10 (44.359 BRT) und 2 beschädigt

1. 29.8.39: Auslaufen Wilhelmshaven zum Minenlegen
vor der Südwestküste von England. U 26 legte Minen
vor Portland am 8.9.39, nahe des Shambles-Feuer-
schiffes. Drei Schiffe sanken durch diese Minen, die belgische MV ALEX VAN OPSTAL (5.965 t) am 15., die
niederländische BINNENDIJK (6.873 t) und die griechische
ELENA, R. (4.576 t) am 22.11.39, und zusätzlich wurde
die Korvette HMS KITTIWAKE am 20.9.39 durch eine
Mine beschädigt. Auf dieser Fahrt war ein Stabsoffizier
der 7. U-Flottille dabei, der die Gruppe taktisch führen
sollte, falls ein Convoy-System ins Leben gerufen würde.
Er machte direkt Meldung an den Stabsoffizier Uboote in
Wilhelmshaven. U 26 kehrte zurück nach Wilhelmshaven am 26.9.39.
2. Auslaufen zum Minenlegen vor Gibraltar. U 26 sollte
nahe Gibraltar mit U 25 und U 53 zusammentreffen, was
sich aber wegen der Suche nach einem Convoy verzögerte. U 26 erreichte Gibraltar, aber das Minenlegen war
wegen der Helligkeit unmöglich. Das Boot brach durch
ins Mittelmeer, das erste Boot, das dieses im Zweiten
Weltkrieg schaffte. Schlechte Sicht und die Sichtung nur
weniger Schiffe brachten U 26 dazu, das Mittelmeer
nach einigen Tagen wieder zu verlassen. Rückkehr nach
Wilhelmshaven am 5.12.39.

3. 29.1.40: Fahrt in den Atlantik. Ab 9. Operation nordwestlich von Spanien. Am 12. versenkte U 26 die norwegische NIDARHOLM (3.482 t) südwestlich von Irland mit
Torpedo und Artillerie. Am 14. versenkte U 26 die britische LANGLEEFORD (4.622 t). Auf der Rückfahrt vesenkte U 26 die norwegische STEINSTAD (2.476 t) am 14.
westlich von Irland. Rückkehr nach Wilhelmshaven am
1.3.40.
4. 13.4.40: Operation als Transportboot nach Norwegen.
Transport von Handwaffen und Flugabwehr-Munition
und anderer militärischer Ausrüstung. U 26 gab das
Material in Drontheim am 18. und 19. ab. Auf der Rückreise, am 21., versenkte das Boot die britische MV
CEDARBANK (5.159 t) östlich von Alesund. Einlaufen
Drontheim am 18.4.40.
5. 19.4.40: Auslaufen Drontheim und Einlaufen Wilhelmshaven am 25.4.40.
6. 23.5.40: Nach Norwegen, unter dem zeitweisen
Kommando von Korvettenkapitän Fischer. Einlaufen
Drontheim am 27.5.40.
7. 29.5.40: Auslaufen Drontheim. Keine Einzelheiten
sind über diese Fahrt bekannt. U 26 traf am 5.6.40 in
Wilhelmshaven ein.
8. 20.6.40: Auslaufen Wilhelmshaven zur Patrouille in
der Biskaya. Am 30. versenkte U 26 die griechische
FRANGOULA GOULANDRIS (6.701 t), die norwegische
BELMOIRA (3.214 t) und die estnische MERKUR (1.291 t)
südsüdwestlich von Fasnet. Am nächsten Tag traf das
Boot auf den nach Westen laufenden Convoy OA 175
und torpedierte und beschädigte die britische ZARIAN
(4.871 t) südwestlich vor den Scillies. Dieses Schiff war
bereits durch U 406 am 28.12.40 torpediert und beschädigt worden und wurde am folgenden Tag durch U 591
versenkt. Nach dem Angriff auf die ZARIAN wurde U 26
geortet und mit Wasserbomben durch die Korvette HMS
GLADIOLUS (LtCdr H.M.C. Sanders) und die Sloop
ROCHESTER (Capt G.F. Renwick) angegriffen. Das Flugzeug machte zwei Bombenangriffe, die das Boot zum
Sinken brachten. Sieben Mann fielen, der Kommandant
und 39 Mann wurden Kriegsgefangene.

U 27 Typ VII

Bauwerft: AG.Weser, Bremen
Kiellegung: 11. November 1935
Stapellauf: 24. Juni 1936
Indienststellung: 12. August 1936
Feldpost-Nr.: M 08129

Versenkt am 20. September nordwestlich der Hebriden (58°35'N/O9°20'W)

Kommando:
U-Flottille Saltzwedel, Wilhelmshaven, von August 1936–20. September 1939 (Frontboot)

Kommandant:
KptLt Johannes Franz, Okt. 1937–20. Sept. 1939

Feindfahrten: 1
Versenkte Schiffe: 2 (624 BRT)

1. 26.8.39: Von Wilhelmshaven in den Atlantik, nordwestlich von Irland. Am 13.9.39 versenkte U 27 ein Fischereifahrzeug, die britische DAVARA (291 t) nordnordwestlich von Tory Island mit Artillerie. Drei Tage später versenkte das Boot das britische Fischereifahrzeug RUDYARD KIPLING (333 t) mittels Sprengpatronen westlich von Achill Island, Co Mayo.
Am 29.9. wurde U 27 geortet, als es drei Torpedos auf ein Fischereifahrzeug feuerte, die vorzeitig detonierten. Es wurde angegriffen und mit Wasserbomben durch den Zerstörer HMS FORTUNE (Cdr E.A. Gibbs) und den Zerstörer HMS FORESTER (LtCdr E.B. Taylor) nordwestlich von den Hebriden versenkt. Es gab keine Verwundeten, die ganze Besatzung wurde übernommen. Ein Enterkommando der FORTUNE erbeutet Geheimpapiere auf dem Boot, bevor es unterging.

U 28 Typ VII

Bauwerft: AG.Weser, Bremen
Kiellegung: 4. Dezember 1935
Indienststellung: 12. September 1936
Stapellauf: 14. Juli 1936
Feldpost-Nr.: M 27436
Außerdienststellung: 4. August 1944 in Neustadt

Kommandos:
U-Flottille Saltzwedel, Wilhelmshaven, von September 1936–Dezember 1939 (Frontboot)
2. U-Flottille Wilhelmshaven/Lorient von Januar–November 1940 (Frontboot)
24. U-Flottille Danzig/Drontheim/Memel von November 1940–November 1943 (Schulboot)
22. U-Flottille Gotenhafen von Dezember 1943–März 1944 (Schulboot)
3. ULD Neustadt von Mai–August 1944 (Schulboot)

Kommandanten:
KptLt Günter Kuhnke, April 1939–November 1940
OLtzS Friedrich Guggenberger, Nov. 1940–Febr. 1941
OLtzS Heinrich Ratsch, Februar–Juni 1941
OLtzS Hermann Eckhardt, Juni 1941–Juli 1942
OLtzS Karl-Heinz Marbach, Juli–November 1942
OLtzS Uwe Christiansen, Dezember 1942–Juli 1943
OLtzS Erich Krempl, Juli–Dezember 1943
OLtzS Dietrich Sachse, Dezember 1943–März 1944

Feindfahrten: 6
Versenkte Schiffe: 14 (61.661 BRT) und 1 beschädigt.

1. 19.8.39: Von Wilhelmshaven in den Atlantik zur Operation westlich der britischen Inseln mit der 2. U-Flottille. Am 14.9.39 versenkte U 28 die britische MV VANCOUVER CITY (4.955 t) südlich vom Hafen von Waterford. Rückkehr am 29.9.39.
2. 8.11.39: Auslaufen Wilhelmshaven zur Operation im Bristol-Kanal. Westlich von Irland versenkte U 28 am 17.11.39 den niederländischen Tanker SLIEDRECHT (5.133 t) und am 25. griff es den nach Norden laufenden Convoy SL SB westsüdwestlich von den Scillies an und versenkte die britische ROYSTON GRANGE (5.144 t). U 28 legte Minen vor Swansea am 5.12.39. Der Untergang der britischen PROTESILAUS (9.577 t) am 21.1.40 ist diesen Minen zuzuschreiben. Rückkehr am 18.12.39.
3. 18.2.40: Auslaufen zur Operation im Englischen Kanal. U 28 legte Minen vor Potsmouth am 7.3.40. Am 9. versenkte das Boot die griechische P. MARGARONIS (4.979 t) südwestlich von Lands End und am 11. die niederländische MV EULOTA (6.236 t) südwestlich der Scillies. Rückkehr nach Wilhelmshaven am 23.3.40.
4. 20.5.40: Auslaufen in den Atlantik. U 28 lief Drontheim an, war dort zur Reparatur ab 1. Juni und setzte am 8. die Fahrt fort. Eine Rudeloperation war geplant und U 28 war eines der sechs Boote, die von Günther Prien geführt wurden. Sie bildeten eine Aufklärungslinie südwestlich Irlands ab 12., um den auf Ostkurs laufenden Convoy HX 48 am 16. abzufangen. Der Convoy lief jedoch nach Süden und es gab keine Sichtung. Die Gruppe wurde am 17. aufgelöst und die Boote gingen auf Positionen des Western Approaches. In dem Gebiet südlich von Fastnet versenkte U 28 drei Schiffe, die finnische SARMATIA (2.417 t) am 18., die griechische ADAMANDIOS GEORGANDIS (3.443 t) am 19. und die britische Ubootfalle PRUNELLA (4.443 t) am 21. Rückkehr nach Wilhelmshaven am 6.7.40.
5. 11.8.40: Zur Operation vor der Ostküste Schottlands, in The Minch. Am 27. versenkte U 28 die norwegische EVA (1.599 t) vom Convoy SC 1 mit Torpedo und Artillerie westlich der äußeren Hebriden. Am folgenden

Tag versenkte es die britische KYNO (3.946 t) aus dem Convoy HX 66 nördlich von Rockall.

Anfang September patrouillierte U 28 im Atlantik westlich der Hebriden. Am 6. sichtete es den Convoy SC 2, aber aufgrund schlechten Wetters und starken Windes kam es zu keinem Angriff. Erst am nächsten Morgen, dem 9., versenkte U 28 die britische MARDINIAN (2.434 t) südwestlich von Barra. Der Convoy verlor fünf Schiffe, vier davon versenkte Prien mit U 47.

Am 11.9.40 griff U 28 den nach Westen gehenden Convoy OA 210 westlich von Rockall an, torpedierte und beschädigte die britische HARPENDEN (4.678 t) und versenkte die niederländische MAAS (1.966 t). U 28 lief den neuen Stützpunkt Lorient am 17.9.40 an.

6. 4.10.40: Auslaufen Lorient und Einlaufen St. Nazaire am 6.10.40.

7. 12.10.40: Befehl zur Operation als Wetterboot westlich der britischen Inseln. Während der Nacht von 16./17. sichtet U 28 den Convoy SC 7 nordwestlich von Rockall. U 28 und weitere vier Boote im Gebiet von Rockall wurden gegen ihn angesetzt. U 28 operierte gegen den Convoy am 18. und 19. ohne Erfolg. Andere Boote wurden herangeführt, und der Convoy verlor zwanzig Schiffe. Drei weitere wurden beschädigt.

In den ersten Stunden des 26. beschädigt U 28 mit Torpedo die britische MATINA (5.389 t) westlich von Rockall. Das verlassene Schiff wurde am 29. durch U 31 versenkt.

Am 26.10.40 bombardierte eine Condor des 2./KG 40 (Lt B. Jope) das Passagierschiff EMPRESS OF BRITAIN westlich vom Bloddy Foreland und setzte es in Brand. U 28, U 31 und U 32 wurden zur Verfolgung des Schiffes befohlen. Das Schiff war vom polnischen Zerstörer BURZA in Schlepp genommen worden. U 32 versenkte die EMPRESS mit zwei Torpedos am 28. U 28 kehrte am 15.11.40 nach Wilhelmshaven zurück.

Ab November 1940 nahm U 28 seine Schulboottätigkeit wieder auf und fuhr bis 17.3.44 als Schulboot. Es sank an der Ubootpier in Neustadt, ein Mann verlor dabei sein Leben. Es wurde dann sehr schnell gehoben und im Mai ging es zur 3. ULD in Neustadt. Dort wurde U 28 am 4.8.44 außer Dienst gestellt.

U 29 Typ VII

Bauwerft: AG.Weser, Bremen
Kiellegung: 2. Januar 1936
Stapellauf: 29. August 1936
Indienststellung: 16. November 1936
Feldpost-Nr.: M 10220
Versenkt am 4. Mai 1945 in der Kupfermühlenbucht

Kommandos:
U-Flottille Saltzwedel, Wilhelmshaven, von November 1936–Dezember 1939 (Frontboot)
2. U-Flottille Wilhelmshaven/Lorient von Januar–Dezember 1940 (Frontboot)
24. U-Flottille Danzig/Drontheim/Memel von Januar 1941–Juni 1942 (Schulboot)
23. U-Flottille Memel von November 1942–August 1943 (Schulboot)
21. U-Flottille Pillau von Dezember 1943–April 1944 (Schulboot)
4. ULD von April–August 1944 (Schulboot)

Kommandanten:
KptLt Otto Schuhart, April 1939–Januar 1941
OLtzS Georg Lassen, Januar–September 1941
OLtzS Heinrich Hasenschar, September 1941–Mai 1942
OLtzS Karl-Heinz Marbach, Mai–Juni 1942
OLtzS Rudolf Zorn, November 1942–August 1943
OLtzS Eduard Aust, August–November 1943
OLtzS Ulrich-Philipp Graf von und zu Arno-Zinneberg, Dezember 1943–April 1944

Feindfahrten: 9
Versenkte Schiffe: 11 (62.088 t)
1 Flugzeugträger (22.500 t)

1. 19.8.39: Auslaufen Wilhelmshaven in den Atlantik zur Operation westlich der britischen Inseln und im Englischen Kanal mit der 2. U-Flottille. Am Nachmittag des 8.9.39 versenkte U 29 den britischen Tanker MV REGENT TIGER (10.176 t) südwestlich von Irland. Das Boot setzte seine Fahrt in diesem Gebiet fort und versenkte den britischen Schlepper NEPTUNIA (798 t) mit Artillerie am 13. und den britischen Tanker MV BRITISH INFLUENCE (8.431 t) am 14. Nachdem die Besatzung der NEPTUNIA in die Rettungsboote gestiegen war, erhielt sie Zigaretten, Streichhölzer und Brandy von Schuhart, bevor er das Gebiet verließ. Die Männer der NEPTUNIA wurden vom Küstenfrachter BRINKBURN aufgenommen und landeten 30 Stunden später in Falmouth.

Schuhart verhielt sich ähnlich gegenüber der Besatzung der BRITISH INFLUENCE, nachdem sie aufgefordert worden war, ihr Schiff zu verlassen. Er orderte die norwegische IDA BAKKO zu ihren Rettungsbooten. In einer möglicherweise einmaligen Übereinstimmung, die Briten und Deutschen dankten sich gegenseitig mit drei Hurras, trennten sich die Boote. Am Abend des 17.9.39 torpedierte U 29 den britischen Flugzeugträger HMS COURAGEOUS südwestlich von Irland. Zwei Torpedotreffer, ein Fehlschuss. Sofort danach machte der Geleitzerstörer HMS IVANHOE drei Wasserbombenangriffe auf U 29. Das Boot hatte keine Schäden und konnte das Gebiet verlassen, wobei in den folgenden vier Stunden noch immer Jagd auf das Boot gemacht wurde. Der Träger sank innerhalb zwanzig Minuten und von seiner Besatzung von 1.200 Mann verloren 518 Offiziere und Männer ihr Leben, einschließlich des Kommandanten Capt W.T. Makeig-Jones. Hitler kam zum Gratulieren nach Wilhelmshaven und zur Auszeichnung der Besatzung von U 29, nachdem es am 26.9.39 wieder zurückgekehrt war.

2. 13.11.39: Auslaufen Wilhelmshaven zum Minenlegen vor Milford Hafen. Das wurde wegen der starken britischen Ubootmassierungen in dem Gebiet aufgegeben. Rückkehr am 16.12.39.

3. 6.2.40: Auslaufen Wilhelmshaven und Einlaufen Helgoland am 6.2.40.

4. 11.2.40: Von Helgoland ausgelaufen zum Minenlegen im Bristol Kanal. Acht Minen wurden vor Nash Point während der Nacht vom 2./3. gelegt. Am 3. lief die britische CATO (710 t) auf eine Mine und sank. In den frühen Stunden des 4. torpedierte und versenkte U 29 die britische THURSTON (3.072 t) westlich von Trevose Head. Später am selben Tag versenkte das Boot die britische PACIFIC RELIANCE (7.617 t) westlich von Newquay und verpasste die SAN FLORENTINO. Rückkehr nach Wilhelmshaven am 12.3.40.

5. 17.4.40: Einsatz für Transportzwecke nach Norwegen, Transport von Handwaffen und Flugzeugabwehrmunition und anderer militärischer Güter. U 29 lief in Bergen ein am 19. und verlegte dann nach Norden. Einlaufen Drontheim am 23.4.40.

6. 27.4.40: Nach Entladen und Kraftstoffübernahme Verlassen Drontheims und Einlaufen Wilhelmshaven am 4.5.40.

7. 27.5.40: Auslaufen zur Patrouille des Westausgangs des Britischen Kanals, gemeinsam mit U 101. Die Boote wurden dann zum Treffen mit der Gruppe Rösing befohlen, die aus fünf Booten gebildet wurde und unter der taktischen Führung des Korvettenkapitäns Rösing stand. Am 12.6.40 wurden die Boote in das Gebiet von Cape Ortegal, in den westlichen Teil, beordert, um den wichtigen Convoy US 3, der nach Norden lief, abzufangen. Zu ihm gehörte die QUEEN MARY und zwei andere große Passagierschiffe, mit 26.000 Mann aus Australien und Neuseeland an Bord. Der Convoy wurde gesichert von HMS HOOD, einem Flugzeugträger und einigen Kreuzern und wurde am 13. in diesem Gebiet erwartet. Als das am 17. nicht geschah, wurde die Gruppe Rösing aufgelöst. U 29 fuhr nach Vigo, wo es Kraftstoff vom deutschen Versorger BESSEL in der Nacht vom 20./21. übernahm. Am 26. versenkte U 29 die griechische DIMITRIS (5.254 t) mit Artillerie nordwestlich Cape Ortegal und am 1.7.40 die griechische ADAMASTOS (5.889 t) durch Artillerie im gleichen Gebiet. Schuhart versenkte zwei Schiffe südwestlich Irland am 2., am Morgen die panamesische SANTA MARGARITA (4.919 t) mit Artillerie und den britischen Tanker MV ATHELLAIRD (8.999 t) mit Torpedo. U 29 kehrte am 11.7.40 zurück.

8. 2.9.40: Auslaufen Wilhelmshaven und Einlaufen Bergen am 5.9.40.

9. 11.9.40: Auslaufen Bergen zur Operation westlich der Britischen Inseln. Das Boot versenkte die britische EURYMEDON (6.223 t), die zuvor zum Convoy OB 217 gehört hatte, am 25. westlich von Irland. U 29 kehrte am 1.10.40 nach Lorient zurück.

10. 26.10.40: Auslaufen zum Treffen und Sichern des rückkehrenden Hilfskreuzers Schiff 21/WIDDER. Das Boot eskortierte das Schiff ab 29. und lief am 31.10.40 in Brest ein.

11. 2.11.40: Auslaufen Brest als Wetterboot westlich von Großbritannien. Rückkehr nach Bergen am 30.11.40.

12. 1.12.40: Auslaufen Bergen und Einlaufen Wilhelmshaven am 3.12.40.

Am 3.1.41 nahm U 29 seine Tätigkeit als Schulboot auf, und abgesehen von einer Zeit der Außerdienststellung, Juni–November 1942, blieb es bei dieser Verwendung bis August 1944. U 29 wurde in der Kupfermühlenbucht am 4.5.45 versenkt.

U 30 Typ VI

Bauwerft: AG.Weser, Bremen
Kiellegung: 24. Januar 1936
Stapellauf: 4. August 1936
Indienststellung: 8. Oktober 1936
Feldpost-Nr.: M 05559
Versenkt in der Kieler Förde am 5. Mai 1945

Kommandos:
U-Flottille Saltzwedel, Wilhelmshaven, von Oktober 1936–Dezember 1939 (Frontboot)
2. U-Flottille Wilhelmshaven/Lorient von Januar 1940–November 1940 (Frontboot)
24. U.Flottille Danzig/Drontheim/Memel von November 1940–Dezember 1942 (Schulboot)
24. U-Flottille Memel von Mai–November 1943 (Schulboot)
22. U-Flottille Gotenhofen von Dezember 1943–Januar 1945 (Schulboot)

Kommandanten:
KptLt Fritz-Julius Lemp, Nov. 1938–Sept. 1940
KKpt Robert Prützmann, September 1940–April 1941
OLtzS Paul-Karl Loeser, April 1941
OLtzS Kurt Baberg, April 1941–März 1942
OLtzS Hermann Bauer, März–Oktober 1942
LtzS Franz Saar, Oktober–Dezember 1942
OLtzS Ernst Fischer, Mai–Dezember 1943
OLtzS Ludwig Fabricius, Dez. 1943–Dez. 1944
OLtzS Günther Schimmel, Januar 1945

Feindfahrten: 6
Versenkte Schiffe: 15 (81.097 BRT) und 2 bechädigt
1 Marinetrawler (325 t)

1. 22.8.39: Auslaufen Wilhelmshaven zur Patrouille westlich der britischen Inseln und in den südwestlichen Küstengewässern. Am 3.9.39 versenkte U 30 das Passagierschiff ATHENIA (britisch, 13.581 BRT) südlich von Rockall. Dieses war eine Mißachtung des Befehls Hitlers, dass keine Passagierschiffe angegriffen werden durften, weder alleine fahrend, noch im Convoy. Der Kommandant von U 30, Kapitänleutnant Lemp, meldete, dass er glaubte, die ATHENIA sei ein Hilfskreuzer. 118 Personen gingen mit dem Schiff unter, darunter Kinder und 28 Amerikaner. Diese Versenkung war von großem Propagandawert für die Engländer. Bei Rückkehr nach Wilhelmshaven wurde Lemp nach Berlin geschickt, wo er zur größten Geheimhaltung verschworen wurde, da er im guten Glauben gehandelt hatte. Er wurde nicht bestraft.
Am 11.9.39 versenkte U 30 die britische BLAIRLOGIE (4.425 t) südlich Rockall mit Torpedo und Artillerie. Am 14. sank die britische FANAD HEAD (5.200 t) durch Torpedo südlich von Rockall und 200 Seemeilen südwestlich von der HMS ARK ROYAL. Skuas starteten zur Suche nach U 30. Zwei der Flugzeuge flogen Bombenangriffe, waren aber zu niedrig und die Explosionskraft war zu schwach, und sie fielen ins Wasser. Die zwei Piloten wurden von U 30 aufgefischt. Eine dritte Skua machte später

zwei Bombenanflüge auf das Boot, das aber tauchte. Zwei Tote hatte man zu beklagen. Als U 30 25 Minuten später wieder auftauchte, griffen die Skuas erneut an und beschädigten den Turm und verwundeten einige Männer. Einer der Verwundeten wurde an einen deutschen Frachter zur Behandlung übergeben, wahrscheinlich am 19. U 30 kehrte am 27.9.39 nach Wilhelmshaven zurück.
2. 9.12.39: Auslaufen Wilhelmshaven und Rückkehr am 14.12.39.
3. 23.12.39: Auslaufen Wilhelmshaven zum Minenlegen vor Liverpool. Auf der Fahrt dorthin versenkte U 30 früh am 28. den Patrouillentrawler HMS BARBARA ROBERTSON, als Hilfskriegsschiff von der Royal Navy requiriert. Das Schiff wurde durch Artillerie nordwestlich von Butt of Lewis versenkt. Während des Nachmittags des selben Tages griff U 30 eine Marinestreitmacht nordwestlich von den Flannan Inseln an. Es torpedierte und beschädigte das Schlachtschiff HMS BARHAM, das schließlich am 25.11.41 durch U 331 vor Alexandria versenkt wurde.
U 30 legte seine Minen nahe dem Feuerschiff Bar am 6.1.40. Der Hafen wurde kurzzeitig geschlossen. Die Minen versenkten vier Schiffe und beschädigten ein weiteres. Die britische EL OSO (7.267 t) vom Convoy HX 14 B wurde am 11.1.40 versenkt, die britische GRACIA (5.642 t) vom Convoy OB 71 wurde am 15. beschädigt, die britische CAIRNROSS (5.494 t) vom Convoy OB 74 wurde am 17. versenkt, die britische MUNSTER (4.305 t) wurde am 7.2.40 versenkt und die britische CHAGRES am 9. Februar. U 30 kehrte am 17.1.40 nach Wilhelmshaven zurück.
4. 11.3.40: Auslaufen Wilhelmshaven zur Operation vor Drontheim. Am 13. glaubte U 30 an ein Gefecht mit einem britischen Uboot. Später verlegte es in das Gebiet der Orkneys und Shetlands, aber ohne Erfolg. Auf der Rückfahrt nach Wilhelmshaven wurde eine Flugzeugbesatzung aufgefischt, deren Maschine im Wasser gelandet war. Einlaufen Wilhelmshaven am 30.3.40.
5. 3.4.40: Auslaufen Wilhelmshaven zur Teilnahme an der Operation »Hartmut«. Als die Befehle am 6. geöffnet wurden, ging aus ihnen hervor, dass das Boot mit anderen vor der Küste Norwegens Position beziehen sollte, um am 9. deutsche Transporte und Militäraktionen gegen angreifende britische Kriegsschiffe zu sichern. U 30 wurde der 2. Ubootgruppe zur Operation vor Drontheim zugeteilt. Später verlegte es südlich zum Ransdal Fjord und schloss seine Patrouille in dem Gebiet der Orkneys und Shetlands ab. Am 3.5.40 wurden von U 30 13 Überlebende des schwedischen Schiffes HAGAR gerettet, das durch eine britische Mine gesunken war. Rückkehr am 4.5.40.
6. 8.6.40: Auslaufen in den Atlantik. Eine Rudelopera-

tion war mit einer Gruppe von Ubooten unter der taktischen Führung von Günther Prien geplant. Die Boote bildeten eine Linie südwestlich von Irland ab 12., um den nach Osten laufenden Convoy HX 48 am 16. abzufangen. Der Convoy fuhr aber mit südlichen Kurs und es kam zu keinem Kontakt. Die Gruppe löste sich am 17. auf, und die Boote gingen auf Positionen westlich des Englischen Kanals.

Am 20. versenkte U 30 die britische OTTERPOOL (4.876 t) südwestlich von den Scillies, am 22. die norwegische MV RANDSFJORD (3.999 t) vom Convoy HX 49 südsüdöstlich von Queenstown, Irland, und am 28. ging die britische LLANARTH (5.053 t) westsüdwestlich von Brest unter.

In den frühen Stunden des 1.7.40 versenkte U 30 südwestlich der Scillies die britische BEIGNON (5.218 t) und meldete ein nicht identifiziertes Schiff von 7.900 t im Convoy SL 36. Nach der Versenkung der ägyptischen ANGELA MABRO (3.154 t) westsüdwestlich von Brest am 6. lief U 30 in Lorient am 7. ein, das erste Uboot, das den besetzten Hafen im Westen Frankreichs anlief. Nach Ergänzung der Vorräte verließ U 30 den Hafen am 13. und ging in den Südwesten von Spanien. Am 21. torpedierte U 30 westlich Vigo die britische ELLAROY (712 t). U 30 kehrte nach Lorient am 24.7.40 zurück.

7. 5.8.40: Auslaufen zur Operation westlich der britischen Inseln. U 30 versenkte die schwedische CANTON (5.779 t) nahe Tory Island am 9. und versenkte die britische CLAN MACPHEE (6.628 t) am 16. westnordwestlich von Rockall. Von dieser letzten Feindfahrt kehrte U 30 am 27.8.40 zu seinem alten Stützpunkt Wilhelmshaven zurück.

8. 29.8.40. Auslaufen Wilhelmshaven, Ankunft Kiel am 30.8.40.

U 30 ging dann als Schulboot in die Ubootausbildung im November 1940 und verblieb dort bis zur Verlegung von Gotenhafen nach Mürwik am 12.1.45. Es stellte dort außer Dienst und wurde in der Flensburger Förde am 5.5.45 versenkt, später gehoben und abgebrochen.

U 31 Typ VII

Bauwerft: AG.Weser, Bremen
Kiellegung: 1. März 1936
Stapellauf: 25. September 1936
Indienststellung: 28. Dezember 1936
Feldpost-Nr.: M 28961
Gesunken am 2. November 1940 nordwestlich Irland (56°26'N/10°18'W)

Kommandos:
U-Flottille Saltzwedel, Wilhelmshaven, von Januar 1937–Dezember 1939 (Frontboot)
2. U-Flottille Wilhelmshaven/Lorient, von Januar 1937–November 1939 (Frontboot)

Kommandanten:
KptLt Johannes Habekost, November 1933–März 1940
KptLt Wilfried Prellberg, Juli 1940–2. November 1940

Feindfahrten: 7
Versenkte Schiffe: 10 (25.444 BRT) und 2 beschädigt
2 Trawler (160 t)

1. 30.8.39: U 31 befand sich auf einer Warteposition nördlich von Hela in der Bucht von Danzig zur Beobachtung polnischer Seestreitkräfte. Das Boot verließ die Ostsee, als bekannt wurde, dass die drei polnischen Zerstörer GROM, BLYSKAWICA und BURZA den Durchbruch in die Nordsee geschafft hatten. U 31 kehrte nach Wilhelmshaven am 2.9.39 zurück.

2. 9.9.39: Auslaufen zur Atlantikoperation. Am 16. machte U 31 den ersten Convoyangriff des Krieges. Es versenkte die britische AVIEMORE (4.060 t) des Convoys OB 4 südwestlich von Irland. Am 24. versenkte es die britische HAZELSIDE (4.646 t) südöstlich von Fastnet. U 31 kehrte am 2.10.39 nach Wilhelmshaven zurück.

3. 21.10.39: Auslaufen zum Minenlegen in Loch Ewe, wo die Deutschen einen Ankerplatz für die britische Flotte vermuteten, falls Scapa Flow geräumt wurde. U 31 gelang es nicht, in das Loch einzudringen, da es eine Netzsperre gab. U 31 legte 18 TMB-Minen quer vor die Einfahrt am 28. Es gab drei Verluste an der Minensperre. Am 4.12.39 wurde das Schlachtschiff HMS NELSON beschädigt und zwei Minensuchtrawler sanken am 23.12.39, HMS GLEN ALBYN und PROMOTIVE. U 31 kehrte am 30.10.39 nach Wilhelmshaven zurück.

4. 19.11.39: Auslaufen zur Operation gegen britische Seestreitkräfte im Gebiet der Orkneys. U 31 fuhr später nach Süden in die Nordsee und torpedierte am 1.12.39

den Finnen SS MERCATOR (4.260 t), der ostnordöstlich vor Peterhead sank. Weiter im Süden versenkte es die dänische OVE TOFT (2.135 t) ostnordöstlich von Tynemouth. Nach einer Drehung nach Norden versenkte sie die norwegische GIMLE (1.271 t) und die norwegische PRIMULA (1.024 t) östlich von Aberdeen am 4. Auf der Rückfahrt versenkte U 31 östlich von Dundee zwei Schiffe, am 6. die norwegische FOINA (1.674 t) und die schwedische VINGA (1.974 t). Das Boot lief am 11.12.39 in Wilhelmshaven ein.

5. 15.1.40: Auslaufen zu einer Minenlegeoperation in Loch Ewe. Eine unbefriedigende Minenlege-Operation wurde von U 31 in der Nacht vom 21./22. gemacht. Rückkehr nach Wilhelmshaven am 3.2.40.

Nach Rückkehr von der Feindfahrt macht U 31 eine Werftliegezeit durch und Anfang März 1940 kam es zur Erprobungen im Jadebusen. Am 11. wurde es an der Wasseroberfläche von einer Blenheim der 82. Squadron (S/Ldr M. Delap) auf einem bewaffneten Aufklärungsflug entdeckt. Delap machte einen Angriff und zwei Bomben trafen den Bootskörper. Das Flugzeug wurde stark geschüttelt und hatte Splitterschäden. U 31 sank auf 50 m Tiefe. Es gab keinen Überlebenden, 53 Tote, unter ihnen 13 Werftangehörige. Das Boot wurde später gehoben und am 31.7.40 wieder in Dienst gestellt. Dies war die erste erzielte Versenkung durch ein Flugzeug ohne weitere Mithilfe anderer.

6. 16.9.40: Auslaufen zur Operation westlich der britischen Inseln zwischen dem Nordkanal und der Rockall Bank. Am 22. wurde das britische Fischereifahrzeug UNION JACK (811 t) durch Artillerie nordnordwestlich von Butt of Lewis vesenkt und die norwegische VESTVARD (4.319 t) mit Torpedo am 27. westlich von Irland. Als in der Nacht ein Convoy auftauchte, wurde U 31 von dem britischen Uboot HMS TRIDENT angegriffen, der Torpedo ging vorbei. Beide Boote beschossen sich dann mit ihrer Artillerie, aber ebenfalls ohne Erfolg. U 31 lief am 8.10.40 in Lorient ein.

7. 19.10.40: Auslaufen Lorient zur Operation westlich der Britischen Inseln. Am 26. bombardierte eine Condor des 2./KG 40 (Leutnant B. Jope) das Passagierschiff EMPRESS OF BRITAIN und setzte es in Brand. U 31, U 28 und U 32 wurden zur Versenkung abgestellt. Das Schiff, inzwischen von dem polnischen Zerstörer BURZA in Schlepp genommen, wurde von U 32 mit zwei Torpedos am 28. nordwestlich von Aran Island versenkt. Am nächsten Tag versenkte das Boot das verlassene Wrack der MATINA westlich von Rockall. Das Schiff war am 26. von U 28 torpediert worden. Am 2.11.40, während der Erwartung des Convoys 237,

wurde U 31 vom Zerstörer HMS ANTELOPE (Lt. Cdr T. White) geortet und bei einem Wasserbombenangriff versenkt. Vom Boot fielen zwei Mann, der Kommandant und 43 wurden Kriegsgefangene. Zwei Mann der Besatzung starben bei einem Fluchtversuch. U 31 war das einzige Boot, das zweimal durch feindliche Angriffe versenkt worden war.

U 32 Typ VII

Bauwerft: AG.Weser, Bremen
Kiellegung: 15. März 1936
Stapellauf: 25. Februar 1937
Indienststellung: 5. April 1937
Feldpost-Nr.: M 00459
Versenkt 30. Oktober 1940 nordwestlich Achill Head (56°37'N/12°20'W)

Kommandos:
U-Flottille Saltzwedel, Wilhelmshaven, von April 1937–Dezember 1939 (Frontboot)
2. U-Flottille Wilhelmshaven/Lorient von Januar 1940–30. Oktober 1940 (Frontboot)

Kommandanten:
KptLt Paul Büchel, Februar 1939–Februar 1940
OltzS Hans Jenisch, Februar 1940–30. Oktober 1940

Feindfahrten: 9
Versenkte Schiffe: 22 (128.767 BRT) und 4 beschädigt

U 32 führte zwei Patrouillen in spanischen Gewässern während des Bürgerkrieges zwischen dem 2. Februar und dem 8. Mai 1938 durch. Zu dieser Zeit führte es am Turm schwarz-weiß-rote Farbstreifen zur Identifizierung seiner Nationalität, dazu in großer Form die Zahl 32. In der ersten Hälfte des Jahres 1939 nahm U 32 an einem großen Manöver in der Ostsee teil und im Juli und August vertrat es U 36 an der Ubootschule in Neustadt.

1. 30.8.39: U 32 befand sich zur Zeit des Kriegsausbruches in der Ostsee, wurde aber zurückgerufen, als bekannt wurde, dass die drei polnischen Zerstörer entkommen waren. Einlaufen Kiel am 1.9.39.
2. 3.9.39: Auslaufen Kiel zum Minenlegen im Bristol-Kanal. Nach Passieren des Englischen Kanals legte U 32 Minen am 17. nahe dem Feuerschiff Scarweather, westsüdwestlich von Portcawl. Zwei Schiffe wurden durch

diese Minen beschädigt, die britische MARWARRI (8.063 t) am 5.10. und die britische LOCHGOIL (9.462 t) am Tage darauf.

Am 18.9.39 sank die britische KENSINGTON COURT (4.863 t) durch Artillerie südlich von Cork mit Kurs auf Liverpool mit einer Ladung Weizen. Die Besatzung verließ ihr Schiff, als das Boot die Wasseroberfläche durchbrach. Nach dem Sinken erschienen zwei Sunderland-Flugzeuge aufgrund des SOS-Rufes des Schiffes. U 32 tauchte, die Flugboote landeten und übernahmen die Besatzung der KENSINGTON COURT aus Rettungsbooten. U 32 ging dann auf Kurs zur irländischen Küste in ein Gebiet zwischen den Färöern und den Shetlands. Am 28. sichtete das Boot die kleine norwegische JERN (875 t) westlich von Skudness, Norwegen. Obwohl das Schiff neutral war und als solches nicht versenkt werden durfte, versenkte ihr Kapitän sein Schiff, als das Uboot kam. U 32 erreichte Wilhelmshaven am 30.9.39.

Das Boot verlegte nach Kiel für Reparaturen und war erst Ende Dezember 1939 wieder einsatzbereit. Während dieser Zeit ging der IWO des U 32, Hans Jenisch, nach Warnemünde, um dort einen Kommandanten-Kursus mitzumachen. Er kehrte zur Übernahme des Bootes als Kommandant im Februar 1940 zurück.

3. 28.12.39: Auslaufen Wilhelmshaven zum Minenlegen im Clyde. Am Abend des 31. torpedierte und versenkte U 32 die norweg. LUNA (959 t) westlich von Haugesund. Minen wurden am 7.1.40 vor Ailsa Craig am Eingang des Firth of Clyde gelegt. Es gibt keine gemeldeten Verluste auf dieser Sperre. U 32 kehrte am 22.1.40 zurück.

4. 26.2.40: Auslaufen Wilhelmshaven, mit Jenisch als Kommandant zum Minenlegen vor Liverpool. Früh am 2.3.40 nördlich von Cape Wrath wurden drei Torpedos auf die norwegische BELPAMELA geschossen. Alle drei Torpedos detonierten vor der Schiffsseite und haben vermutlich Schäden hervorgerufen. Am selben Morgen und im gleichen Gebiet versenkte U 32 die schwedische LAGAHOLM (2.818 t) mit Artillerie. Jenisch fuhr sein Boot durch den Nordkanal in die Irische See und legte am 7.3.40 acht Minen vor Liverpool. Eine davon versenkte die britische COUNSELLOR (5.068 t) am nächsten Tag. Auf der Heimreise wurde U 32 mehrmals von Flugzeugen gesichtet und angegriffen. Rückkehr in den Stützpunkt am 23.3.40.

5. 27.4.40: Verlassen Wilhelmshaven für Transporte nach Norwegen. Bomben und Flugbenzin wurden nach dort gebracht. Einmal auf der Fahrt nach Kristiansand passierte Jenisch britische Marinefahrzeuge. Am 2.5.40 wurde das Boot durch Zerstörer erfolglos angegriffen. Das Boot lief Drontheim am 5. an und verließ es nach

Ausladen am 8. U 32 wurde dreimal mit Wasserbomben von Zerstörern angegriffen, aber kam ohne Schäden am 13.5.40 heim.

6. 3.6.40: Nach einer Maschinenreparatur in Kiel verließ U 32 Wilhelmshaven in den Atlantik. Es passierte die Shetlands nördlich und erreichte die Westküste Irlands. Eine Rudeloperation war geplant und sechs Boote unter Führung von Günther Prien bildeten eine Gruppe südwestlich von Irland ab dem 12., um den nach Osten laufenden Convoy HX 48 am 16. zu empfangen. Dieser wechselte jedoch den Kurs nach Süden und es kam zu keinem Kontakt. Die Gruppe löste sich am 17. auf, und die Boote nahmen ihre Position in den westlichen Küstengewässern vor dem Englischen Kanal ein. Während des Abends vom 18. wurden drei kleine Schiffe durch U 32 versenkt. Westsüdwestlich der Scillies wurden die norwegische ALTAIR (1.522 t) mit Torpedo und zwei spanische Fischereifahrzeuge, die SALVORA (108 t) und die FARO-ONS (108 t) mit Artillerie versenkt. Am 19. wurde die jugoslawische LABUD (5.334 t) südwestlich von Fastnet Rock und am 22. der norwegische Tanker MV ELI KNUDSEN (9.026 t) vom Convoy HYX 49 südwestlich von Fastnet versenkt. Einlaufen Stützpunkt am 1.7.40.

7. 15.8.40: Nach Überholung und Reparatur des Dieselmotors verließ U 32 Wilhelmshaven zur Atlantikoperation. In den frühen Stunden des 30. wurden drei Schiffe vom Convoy HX 66 A nördlich der Insel Lewis torpediert und versenkt, die britische CHELSEA (4.804 t), die MILL HILL (britisch 4.318 t) und die norwegische MV NORNE (3.971 t). Am 1.9.40 griff U 32 die britische Kampfgruppe für Dakar nördlich von Rockall an und torpedierte und beschädigte den Kreuzer HMS FIJI. U 32 lief am 8.9.40 wieder in Lorient ein.

8. 18.9.40: Auslaufen Lorient als Wetterboot, dann aber zum Treffen am 21. mit anderen Booten zum Ansatz gegen den nach Osten laufenden Convoy HX 72 befohlen. Das Boot beschädigte die britische COLLEGIAN (7.886 t) aus dem Convoy mit Torpedo und Artillerie 320 Seemeilen westlich von Malin Head am 22. Nachdem ein weiterer Torpedo das Schiff verfehlte, tauchte U 32 auf und eröffnete das Feuer mit Artillerie. Als Marineschiffe auftauchten, die COLLEGIAN hatte SOS gegeben, und auf das Mündungsfeuer zuliefen, tauchte U 32. HMS LOWESTOFT ortete das Boot, aber die geworfenen Wasserbomben waren zu tief eingestellt und U 32 lief nach Westen ab, weg vom Convoy.
Früh am 25. versenkte U 32 die britische MABRITON (6.694 t) westsüdwestlich von Rockall. Am folgenden Tag griff U 32 Schiffe des Convoys OB 217 im zentralen Mittelatlantik an. Es torpedierte und beschädigtee die britische CORRIENTES (6.863 t), das verlassene Wrack

wurde am 28. durch U 37 versenkt. U 32 torpedierte und versenkte die norwegische MV TANCRED (6.094 t) und die britische DARCOILA (4.084 t) aus dem besagten Convoy.

Am 28. versenkte das Boot die britische EMPIRE OCELOT (5.759 t) mit Torpedo und Artillerie südwestlich von Rockall und in den frühen Stunden des 29. versenkte es die britische BASSA (5.267 t) im selben Gebiet. U 32 fuhr weiter nach Westen in den zentralen Nordatlantik und am 30. wurde die niederländische HAULERWIJK (3.278 t) süd-östlich van Cape Farewell gesichtet. Jenisch verschoss einen Torpedo, der vorbei ging, aber in den nachfolgen-den acht Stunden wurde das Schiff mit Aritllerie ver-senkt. Jenisch fuhr dicht an das Schiff heran, um den Namen zu lesen, aber demolierte den Bug von U 32, als er zu dicht heranfuhr und mit dem Opfer kollidierte. Am 2.10.40 versenkte U 32 südlich von Reykjavik die briti-sche KAYESON (4.606 t). Rückkehr in den Stützpunkt am 6.10.40.

9. 24.10.40: Auslaufen Lorient als Wetterboot westlich der Britischen Inseln. Auf dieser Fahrt hatte U 32 einen guten Offizier an Bord, den die Besatzung aber als böses Vorzeichen ablehnte. In den frühen Stunden des 26. bom-bardierte eine Condor vom 2./KG 40 (Leutnant Bernhard Jope) das Passagierschiff EMPRESS OF BRITAIN (42.348 t) und setzte es in Brand. Das Schiff wurde unter Sicherung vom polnischen Zerstörer BURZA in Schlepp genommen. Die am nächsten stehenden Boote U 28, U 31 und U 32 wurden zum Angriff befohlen. U 31 war am nächsten, U 32 war nicht direkt betroffen. Allerdings, als der Befehl am nächsten Tag wiederholt wurde, dem 28., nahm Jenisch Kurs auf das Schiff, das nur 60 Seemeilen entfernt war. Als das Boot das Schiff in Sicht bekam, waren auch die geleitenden Zerstörer und die kreisenden Sunderlands zu sehen.

Auftauchend nach Einbrechen der Dunkelheit, positio-nierte Jenisch sein Boot vor die Fahrzeuge und an Back-bord von ihnen. Die Geleitfahrzeuge und Schlepper fuh-ren vorbei und als das Schiff passierte, feuerte U 32 drei Torpedos aus nur 600 yards und blieb an der Wasser-oberfläche. Die EMPRESS OF BRITAIN, getroffen von zwei Torpedos, sank nordwestlich von Aran Island mit 118 Mann. Sie war das größte Schiff, das jemals von einem Uboot versenkt wurde. Während des morgens feuerte Jenisch einen Torpedo auf die BALZAC. Dieser unterlief das Schiff und detonierte unter ihm. Die BALZAC glaub-te, torpediert zu sein und rief um Hilfe. Die Zerstörer HMS HARVESTER (LtCdr M. Thorton) und HMS HIGHLANDER (Cdr W.A. Dallmeyer) wurden zur Hilfe ge-schickt. U 32 setzte die Verfolgung der BALZAC fort und nach einigen Stunden ortete HARVESTER das Boot und sichtete das Sehrohr auf kurze Distanz an Backbordseite.

Der Zerstörer feuerte Wasserbomben, aber das Boot wich aus. Die beiden Zerstörer verloren und orteten das Boot immer wieder. An einem Punkt warf HIGHLANDER 14 Wasserbomben, die U 32 ernsthaft beschädigten. Das Boot tauchte 15 Minuten später auf, unklar zum Tauchen und nicht in der Lage, die Zerstörer anzugreifen. Diese eröffneten das Feuer auf die Bootsbesatzung, die das Boot verlassen wollte, konnten aber wegen der Dunkel-heit nicht verhindern, dass das Boot sank. Neun Männer der Besatzung fielen und 33, einschließlich Jenisch, wur-den aus dem Wasser gefischt.

U 33 Typ VII

Bauwerft: Germaniawerft, Kiel
Kiellegung: 1. September 1935
Stapellauf: 11. Juni 1936
Indienststellung: 25. Juli 1936
Feldpost-Nr.: M 28962
Versenkt am 12. Februar 1940 im Firth of Clyde (55°25'N/05°07'W)

Kommandos:
U-Flottille Saltzwedel, Wilhelmshaven, von Juli 1936–Dezember 1939 (Frontboot)
2. U-Flottille Wilhelmshaven von Januar 1940–12. Feb-ruar 1940 (Frontboot)

Kommandanten:
KptLt Hans-Wilhelm von Dresky, November 1938–12. Februar 1940

Feindfahrten: 3
Versenkte Schiffe: 11 (22.931 BRT) und 1 beschädigt

1. 19.8.39: Auslaufen Wilhelmshaven zur Operation mit der 2. U-Flottille. Am 7.9.39 versenkte U 33 die britische OLIVEGROVE (4.060 t) südwestlich von Irland. Nachdem die Besatzung das Schiff verlassen hatte, wurde der Kapitän zwecks Befragung vom Boot übernommen. Zurück im Rettungsboot entschied der Kapitän Kurs auf Fastnet zu nehmen, etwa 300 Seemeilen entfernt. Von Dresky hatte die Position der Rettungsboote weitergelei-tet. Sie wurden vom amerikanischen Passagierschiff WASHINGTON übernommen. U 33 umkreiste die Ret-tungsboote neun Stunden lang und feuerte Leuchtkugeln, als das Passagierschiff in Sicht kam. Das Boot entfernte sich im Anschluss nach Westen.

Am 16.9.39 versenkte es die britische ARKLESIDE (1.567 t) südwestlich von den Scillies mit Artillerie und am 24. das britische Fischereifahrzeug CALDEW (287 t) südlich der Färöer-Inseln, wieder mit Artillerie. Rückkehr in den Stützpunkt am 28.9.39.

2. 29.10.39: Auslaufen Wilhelmshaven zum Minenlegen im Bristol Kanal. U 33 warf die Minen vor dem Foreland Point am 9.11.39. Die Wirkung dieser Minen erstreckte sich über einige Zeit. Zwei Schiffe sanken, die britische STANHOLME (2.473 t) am 25.12.39 und der britische Tanker MV INVENDARGLE (9.456 t) am 16.1.40. Außerdem wurde die britische SUSSEX (13.467 t) am 24.11.39 beschädigt. Am Nachmittag des 20.11.39 versenkte U 33 drei Fischereifahrzeuge mit Artillerie direkt nördlich von Tory Island, die britische THOMAS HANKINS (276 t), die britische DELPHINE (250 t) und die britische SEA SWEEPPER (329 t). Am folgenden Morgen wurden zwei weitere nordwestlich von Rathlin mit Artillerie versenkt, die britische SULBY (287 t) und die WILLIAM HUMPHRIES (276 t).

Auf der Rückfahrt am 24. versenkte U 33 das deutsche Schiff BORKUM (3.670 t) nordwestlich der Orkneys. Es war von den Briten am 17. erbeutet und nach Kirkwall auf den Orkneys verbracht worden. Die BORKUM wurde im Papa Sound auf Land gesetzt und verlassen. Rückkehr nach Wilhelmshaven am 26.11.39.

3. 5.2.40: Auslaufen zum Minenlegen im Clyde. Bei den Vorbereitungen zum Legen vor dem südlichen Teil der Insel Arran wurde U 33 am 12. durch den Minensucher HMS GLEANER (LtCdr H.P. Price) angegriffen und durch Wasserbomben versenkt. 23 Mann, einschließlich von Dresky, gingen mit dem Boot unter, 17 weitere Männer kamen in Gefangenschaft. Einige ENIGMA-Walzen wurden erbeutet, aber sie waren von geringem Wert.

U 34 Typ VII

Bauwerft: Germaniawerft, Kiel
Kiellegung: 15. September 1935
Stapellauf: 17. Juli 1936
Indienststellung: 12. September 1936
Feldpost-Nr.: M 15983
Außerdienststellung: 8. September 1943 in Memel

Kommandos:
U-Flottille Saltzwedel, Wilhelmshaven, von September 1936–Dezember 1939 (Frontboot)
2. U-Flottille Wilhelmshaven von Januar–September 1940 (Frontboot)

21. U-Flottille Pillau von Oktober–November 1940 (Schulboot)
24. U-Flottille Danzig/Drontheim/Memel von November 1940–5. August 1943 (Schulboot)

Kommandanten:
KptLt Wilhelm Rollmann, Oktober 1938–August 1940
OLtzS Fritz Meyer, September 1940–Mai 1941
OLtzS Karl-Otto Schultz, Mai–November 1941
OLtzS Gerhard Remus, Dezember 1941–Juni 1942
OLtzS Horst-Arno Fenski, Juni 1942–Februar 1943
LtzS Eduard Aust, März 1943–5. August 1943

Feindfahrten: 6
Versenkte Schiffe: 21 (97.699 BRT)
1 Zerstörer (1.100 t)
1 Uboot (670 t)
1 Minenleger (595 t)

1. 19.8.39: Auslaufen Wilhelmshaven zur Operation westlich des Englischen Kanals mit der 2. U-Flottille. Anfang September versenkte U 34 zwei Schiffe mit Torpedo und Artillerie westsüdwestlich der Scillies, die britische PUKKASTAN (5.809 t) am 7. und die britische KENNEBEC (5.548 t) am 8. Auf der Rückfahrt am 24. erbeutete U 34 nahe Norwegen die estnische HANONIA (2.534 t), die mit einer deutschen Prisenbesatzung nach einem deutschen Hafen lief und später als Schiff 11 als Minenleger vor der Ostküste Englands eingesetzt wurde. Rückkehr am 26.9.39.

2. 17.10.39: Auslaufen zur Atlantikoperation westlich vom Englischen Kanal. Am 20. versenkte U 34 zwei Schiffe östlich von den Shetland-Inseln mit Torpedo und Artillerie, die schwedische GUSTAV ADOLF (926 t) und die britische SEA VENTURE (2.327 t). Am 27. Oktober abends griff U 34 den nach Osten laufenden Convoy HX 5A südöstlich von Fastnet an und beschädigte dabei die britische BRONTE (5.317 t) schwer. Das verlassene Wrack wurde durch die britischen Zerstörer HMS WALPOLE und WHIRLWIND in den frühen Stunden des 29. Oktober versenkt. U 34 attackierte den Convoy wieder und versenkte die britische MALABAR (7.976 t) westlich der Scillie-Inseln. Auf der Rückreise erbeutete U 34 die norwegische SNAR (3.176 t) vor Südnorwegen am 9.11.39. Das Schiff wurde zur Prise und lief als solche in einen deutschen Hafen ein. Rückkehr nach Wilhelmshaven am 12.11.39.

3. 10.1.40: Auslaufen zum Minenlegen vor der Südwestküste Englands. U 34 legte Minen vor Falmouth am 20. Später am Tage sank der britische Tanker MV CARONI RIVER (7.807 t) durch eine dieser Minen. Die griechische ELENI STATHATOS (5.625 t) wurde torpediert und sank durch U 34 200 Seemeilen westlich der Scillies am 28. Januar. Rückkehr nach Wilhelmshaven am 6.2.40.

4. 11.3.40: Operation vor Drontheim, ohne Ergebnis. Rückkehr am 30.3.40.

5. 3.4.40: Auslaufen Wilhelmshaven zur Teilnahme an der Operation »Hartmut«. Nachdem die Befehle am 6. geöffnet wurden, erhielten alle teilnehmenden Boote ihre Positionen erteilt, wo sie vor der norwegischen Küste zu stehen hatten, um ab 9. die deutschen Transporte gegen eventuelle britische Angriffe zu sichern. U 34 wurde der 2. Uboot-Gruppe zugeteilt, die vor Drontheim operieren sollte. Am 13. torpedierte U 34 den norwegischen Minenleger FRÖYA im Drontheimfjord. Das Schiff wurde an Land gesetzt und torpediert, um jede Bergung zu verhindern.

U 34 fuhr in den Romsdalfjord und später westwärts zur Operation im Gebiet der Orkneys und Shetlands. U 34 glaubte, am 18. einen Angriff auf den Schlachtkreuzer HMS REPULSE gemacht zu haben, der aufgrund eines Fehlers des Torpedos fehlschlug. Rückkehr am 30.4.40.

6. 22.6.40: Auslaufen Wilhelmshaven zur Patrouille der Südwest-Küstengewässer und in der Biskaya. Am 5.7.40 versenkte U 34 den Zerstörer HMS WHIRLWIND west-nordwestlich von den Scillies und am 6. die estnische VAPPER (4.543 t) südlich vom Cape Clear, am 7. den niederländischen Tanker LUCRECIA (2.584 t) westlich der Scillies, am 9. die estnische TIIU (1.865 t) südwestlich von Irland, am 10. die finnische PETSAMO (4.596 t) südlich von Cape Clear und am 11. die norwegische JANNA (2.197 t), ein Nachzügler vom Convoy HX 54 südwestlich von Irland.

Am 15. torpedierte und versenkte U 34 die griechische EVDOXIA (2.018 t) 40 Seemeilen südwestlich von Bull Rock, Irland. Später am Tage sank die griechische NAFTILOS (3.531 t) durch die Artillerie von U 34. U 34 lief Lorient an zur Ergänzung am 18. und lief am 23. wieder zur Patrouille westlich der Britischen Inseln aus. Am 26. griff das Boot den nach Westen laufenden Convoy OB 188 südsüdwestlich von Rockall an und torpedierte und versenkte die britische MV ACCRA (9.337 t) und die britische VINEMOOR (4.359 t). Nach Beschattung des Convoys auf seiner Fahrt nach Süden versenkte U 34 zwei weitere Schiffe in den ersten Stunden des 27., die britische SAMBRE (5.260 t) und den britischen Tanker MV THIARA (10.364 t).

Auf der Rückfahrt nach Wilhelmshaven torpedierte und versenkte U 34 das britische Uboot SPEARFISH am 1.8.40 vor Stavanger. Es nahm den einzigen Überlebenden AB.W. Victor auf. U 34 kehrte am 3.8.40 zurück.

Ab Oktober 1940 nahm U 34 seine Tätigkeit als Schulboot auf, es gehörte zur 21. und 24. U-Flottille bis zum 5.8.43. Dann sank es nach einer Kollision mit dem Uboot-Versorger LECH. Vier Besatzungsmitglieder gingen mit unter. Das Boot wurde am 24.8.43 gehoben und am 8.9.43 außer Dienst gestellt.

U 35 Typ VII

Bauwerft: Germaniawerft, Kiel
Kiellegung: 2. März 1936
Stapellauf: 29. September 1936
Indienststellung: 3. November 1936
Feldpost-Nr.: 21203
Gesunken am 29. November 1939 westlich von Bergen (60°53'N/02°47'E)

Kommandos:
U-Flottille Saltzwedel, Wilhelmshaven, von November 1936–29. November 1939 (Frontboot)

Kommandanten:
KptLt Werner Lott, September 1938–29. November 1939

Feindfahrten: 3
Versenkte Schiffe: 4 (7.850 BRT) und 1 beschädigt

1. 30.8.39: In der Ostsee für den Kriegseinsatz gegen Polen. Nachdem bekannt wurde, dass drei polnische Zerstörer den Ubooten U 35, U 31 und U 32, die einzigen Typ VII-Boote in der Ostsee, entkommen waren, wurden die Boote in ihren Stützpunkt zur Vorbereitung eines Atlantikeinsatzes zurückgerufen. Rückkehr am 2.9.39.

2. 8.9.39: Auslaufen Wilhelmshaven in den Atlantik. Am 9. wurde U 35 ergebnislos vom britischen Uboot HMS URSULA (LtCdr G.C. Phillips) in der Deutschen Bucht angegriffen. U 35 versenkte zwei Fischereifahrzeuge, die britische ARLITA (326 t) und die britische LORD MINTO (295 t) durch Artillerie am 18. westnordwestlich von St. Kilda, westlich der äußeren Hebriden. Drei Tage später macht U 35 den zweiten Convoyangriff des Krieges, als es den britischen Tanker TEAKWOOD (6.014 t) des Convoys OA 7 südwestlich der Scillies torpedierte und beschädigte.

Am 1.10.39 versenkte U 35 die britische SUZON (2.239 t) nahe Ushant mit Torpedo und Artillerie. Am 3. sichtete das Boot die griechische DIAMANTIS (4.990 t) 40 Seemeilen westlich vom Skellig Rock, Irland. Lott tauchte trotz schlechten Wetters auf und warnte die Besatzung des Schiffes, dass er es versenken würde. Da die See rau war und der Einsatz der Rettungsboote unsicher war, nahm er 28 Mann der Besatzung an Bord U 35. Am Abend wurden die Männer in der Ventry Bucht an Land gesetzt und am Strand an Einheimische abgegeben. Als alle an Land waren, verschwand das Boot langsam von der Oberfläche, beobachtet von den Leuten, und entschwand im Nebel. Rückkehr in den Stützpunkt am 12.10.39.

3. 18.11.39: Auslaufen Wilhelmshaven zur Operation gegen britische Seestreitkräfte nahe der Orkneys. Nach einigen Tagen fuhr U 35 nach Norden vom Pentland Firth zur Fair Island-Passage. Am 29. wurde das Boot durch Wasserbombenangriffe der Zerstörer HMS ICARUS (LtCdr C.D. Maud), KINGSTON (LtCdr H.A. King) und KASHMIR (LtCdr P. Somerville) in der Nordsee westlich von Bergen versenkt. Alle 43 Mann der Besatung wurden Kriegsgefangene.

Lott und seine Männer wurden in den Tower von London verbracht, wo sie am 3.12.39 eintrafen. Sie kamen in einzelne Zellen, die sehr kalt waren.

Lott sagte, dass er in den Hungerstreik treten würde, bis er einen Offizier treffen würde. Am zweiten Tag wurde er vom Captain Lord Louis Mountbatten, Kommandeur der Zerstörerflottille, die U 35 versenkt hatte, besucht. Mountbatten arrangierte für ihn das Treffen mit dem militärischen Kommandanten und bald darauf kam er in ein neues Quartier, wo er eine warme Mahrzeit erhielt. Die Ehre war wieder hergestellt. Die Admiralität sandte eine Entschuldigung, via Mountbattan, für die Art und Weise, in der Lott behandelt worden war und bot ihm als Wiedergutmachung ein Diner im Scott's Restaurant an. Lott akzeptierte mit der Bedingung, dass sein I WO ihn begleiten dürfe. Nachdem sie ihr Ehrenwort gegeben hatten, nicht zu flüchten, wurden die beiden Offiziere in Zivilanzügen unter Sicherung zu einem Auto der Admiralität geleitet. Nach einem sehr lukullischen Essen mit zwei britischen Marineoffizieren, die beide 1938 in Gibraltar stationiert gewesen waren, kehrten die Deutschen in den Tower zurück.

Lott und seine Offiziere wurden danach schnell in ein Kriegsgefangenenlager in Grizedale Hall im Lake District verlegt.

U 36 Typ VII

Bauwerft: Germaniawerft, Kiel
Kiellegung: 2. März 1936
Indienststellung: 16. Dezember 1936
Stapellauf: 4. November 1936
Feldpost-Nr.: M 13703
Versenkt am 4. Dezember 1939 südwestlich von Farsund (57°00'N/05°20'W)

Kommandos:
Schul-Flottille Neustadt von Dezember 1936–September 1939 (Schulboot)
U-Flottille Saltzwedel, Wilhelmshaven, von September 1939–4. Dezember 1939 (Frontboot)

Kommandant:
KptLt Wilhelm Frölich, Februar 1939–4. Dezember 1939

Feindfahrten: 3
Versenkte Schiffe: 2 (2.813 BRT)

Nach der Indienststellung trat U 36 zur Schulflottille in Neustadt. Mit Ausbruch des Krieges wechselte U 36 zur U-Flottille Saltzwedel und wurde Frontboot.

1. 29.8.39: Auslaufen Kiel zur Patrouille in der Nordsee. Rückkehr am 6.9.39.
2. 7.9.39: Auslaufen Kiel zur Operation vor der Küste Schottlands. Am 15. wurde die britische TRURO (974 t) mit Torpedo und Artillerie nördlich von Kinnairds Head versenkt, und am 25. torpedierte und versenkte U 36 die schwedische SILESIA (1.839 t) westnordwestlich von Ekkeröy. Rückkehr am 30.9.39.
3. Auslaufen Kiel. Versenkt durch einen Torpedo des britischen Ubootes SALMON (LtCdr E.O. Bickford) südwestlich von Farsund, Norwegen. Es gab keine Überlebenden, 40 Tote.

U 37 Typ IX A

Bauwerft: AG.Werft, Bremen
Kiellegung: 15. März 1937
Stapellauf: 14. Mai 1938
Indienststellung: 4. August 1938
Feldpost-Nr.: M 21204
Selbstversenkt: 5. Mai 1945 in der Sønderborg-Bucht, Dänemark

Kommandos:
U-Flottille Hundius, Wilhelmshaven, von August 1938–Dezember 1939 (Frontboot)
2. U-Flottille Wilhelmshaven/Lorient von Januar 1940–April 1941 (Frontboot)
26. U-Flottille Pillau von Mai 1941–März 1942 (Schulboot)
22. U-Flottille Gotenhafen von April 1942–Juni 1944 (Schulboot)
4. U-Flottille Stettin von Juni 1944–5. Mai 1945 (Schulboot)

Kommandanten:
KptLt Heinrich Schuch, August 1938–September 1939
KKpt Werner Hartmann, September 1939–Mai 1940
KptLt Victor Oehrn, Mai–Oktober 1940
KptLt Nicolai Clausen, Oktober 1940–April 1941
OLtzS Ulrich Folkers, April–November 1941
OLtzS Gustav-Adolf Janssen, Nov. 1941–Juni 1942
OLtzS Albert Lauzemis, Juli 1942–Januar 1943
OLtzS Hinrich Kelling, November 1943–Januar 1944
OLtzS Peter Gerlach, November 1943–Januar 1944
OLtzS Wolfgang Seiler, Februar–November 1944
KptLt Eberhard von Wenden, Dez. 1944–5. Mai 1945

Feindfahrten: 11
Versenkte Schiffe: 51 (190.477 BRT) und 1 beschädigt
1 Sloop (1.025 t)

1. 19.8.39: Auslaufen Wilhelmshavenn zur Operation mit der 6. U-Flottille westlich der iberischen Halbinsel. An Bord ein Stabsoffizier der Flottille als taktischer Führer der Gruppe im Falle, dass ein Convoysystem aktiviert würde. Er hatte dann sofort an den BdU in Wilhelmshaven zu melden. U 37 wurde am 7.9.39 für Atlantikoperationen Anfang Oktober zurückgerufen. Rückkehr am 15.9.39.
2. 5.10.39: Auslaufen zur Teilnahme an einer befohlenen Rudeloperation. U 37 und vier andere Boote, U 42, U 45, U 46 und U 48, erwarteten Befehle südwestlich Irlands

und sollten dann auf Positionen westlich Portugals oder nordwestlich Spaniens gehen. Der Stabsoffizier befand sich an Bord von U 37 zur taktischen Führung. Auf der Warteposition versenkte U 37 die schwedische VISTULA (1.018 t) mit Torpedo und Artillerie am 8., nördlich von Muggle Flugga, Shetlands, und am 12. westlich von Irland die griechische ARIS (4.810 t) mit Artillerie sowie am 15. mit Artillerie und Sprengpatronen die französische VERMONT (5.186 t) südwestlich von Irland.
Am 16. hatten erst drei der fünf Boote ihre Warteposition erreicht, U 37, U 46 und U 48. Die anderen zwei Boote, U 42 und U 45, waren versenkt worden. Die drei Boote wurden in ein Gebiet westlich von Portugal befohlen. Mit Kurs südwärts sichtete U 46 den mit Nordkurs laufenden Convoy HG 3 und U 37 und U 48 traten zusammen zum Angriff an. Westnordwestlich von Cape Ortegal torpedierte und vesenkte das Boot U 37 die britische YORKSHIRE (10.184 t), die zuvor von U 46 angegriffen worden war. Nach dem Angriff auf den Convoy setzte sich U 37 weiter nach Süden ab und machte in der Nacht vom 23./24. eine Aufklärungsoperation in der Straße von Gibraltar. Am 24. versenkte es direkt westlich der Straße die britische MENIN RIDGE (2.474 t) und die britische TAFNA (4.413 t) mit Torpedo und die britische LEDBURY (3.528 t) mit Artillerie. Auf der Rückreise versenkte es die griechische THRASYVOULOS (3.693 t) am 26. südsüdwestlich von Fastnet. Einlaufen Wilhelmshaven am 8.11.39.
3. 28.1.40: Auslaufen in den Atlantik zur Operation südwestlich von Irland. Auf dem Kurs nach dort versenkte U 37 zwei Schiffe östlich von Sumburgh Head am 4.2.40, die norwegische HOP (1.365 t) und die britische LEO DAWSON (4.330 t). Nach Landung von zwei Agenten in der Bucht von Donegal versenkte U 37 am 10. die norwegische SILJA (1.259 t) südwestlich der Bucht von Digle, das Fischereifahrzeug TOGIMO (britisch, 290 t) am 11. mit Artillerie südwestlich von Fastnet und die dänische AASE (1.206 t) am 15. westsüdwestlich von den Scillies.
U 37 drehte dann nach Süden zur Teilnahme an dem dritten Versuch, mit einem Wolfsrudel Convoys anzugreifen. Am 17. versenkte es die griechische PYRRHUS (7.418 t) im Convoy OG 18 westlich von Cape Ortegal. In den frühen Stunden des 18. sank die griechische Ellin (4.917 t) nordwestlich von Cape Finisterre und einige Stunden später die französische PLM 15 (3.754 t) aus dem Convoy 10 RS westlich von El Ferrol. Rückkehr in den Stützpunkt am 27.2.40.
4. 30.3.40: Auslaufen Wilhelmshaven zum Geleit von Schiff 16 in den Atlantik. Zurück im normalen Dienst versenkte U 37 zwei Schiffe in den frühen Stunden des 10.2.40 nördlich von den Färöern, den schwedischen

Tanker MV Sveaborg (9.076 t) und die norwegische Tosca (5.128 t). Auf der Rückreise versenkt U 37 nordöstlich von Unst Island am 12. die britische Stancliffe (4.511 t). Einlaufen Stützpunkt am 18.4.40.

5. 15.5.40: Auslaufen Wilhelmshaven zur Operation nordwestlich von Finisterre. Am 19. versenkte U 37 die schwedische MV Erik Frisell (5.066 t) mittels Artillerie südwestlich von St. Kilda. Nachdem das Boot südwärts gedreht hatte, griff es die britische MV Dunster Grange (9.494 t) während der Nacht vom 22./23. westsüdwestlich der Scillies mit Artillerie an und beschädigte sie. In den ersten Stunden des 24. torpedierte und versenkte U 37 die griechische Kyma (3.994 t) südwestlich der Scillies. Nach Erreichen des Operationsgebiets versenkte U 37 acht Schiffe in sieben Tagen, die britische Sheaf Mead (5.008 t) mit Torpedo und die argentinische Uruguay (3.425 t) mit Sprengpatronen. Beide am 27. westlich von Cape Ortegal. Am 28. westlich von Cape Finisterre versenkte U 37 die französische Brazza (10.387 t) und das Fischereifahrzeug Julien (französisch, 177 t), beide mit Artillerie. Am 29. wurde die französische Marie Jose (2.477 t) mit Torpedo und Artillerie versenkt und kurz danach der britische Tanker MV Telena (7.406 t) durch Artillerie, beide nordwestlich von Vigo. Die Telena wurde später durch die Portugiesen geborgen und fuhr für diese als MV Gerona. Die beiden letzten Opfer dieser Ausfahrt von U 37 waren die griechische Ioanna (9.500 t) am 1.6.40 vor Cape Finisterre und die finnische Snapp (2.317 t) am 3. nahe des Kaps. Beide wurden mit Artillerie versenkt. Rückkehr in den Stützpunkt am 9.6.40.

6. 1.8.40: Auslaufen Wilhelmshaven und Verlegung nach Westfrankreich. Am 8. wurde die britische Upwey Grange (9.130 t) westlich von Irland versenkt. Einlaufen in Lorient am 12.8.40.

7. 17.8.40: Auslaufen zur Operation westlich von Irland. U 37 lief in den zentralen Nordatlantik und versenkte am 23. die norwegische Keret (1.718 t) und die britische Severn Leigh (5.242 t). Diesen folgte in den ersten Stunden des 24. die britischen Brookwood (5.100 t), versenkt mit Torpedo und Artillerie.

Am Abend des 24. griff U 37 den Convoy SC 1 an und versenkte die Sloop HMS Penzance. Fünf Stunden später versenkte U 37 die britische Blairmore (4.141 t) aus dem Convoy. Am 25. versenkte U 37 einen Einzelgänger, die britische Yewcrest (3.774 t), durch Artillerie westlich von Irland, und am Abend des 27. die griechische Theodoros (3.409 t) mit Torpedo und Artillerie südwestlich von Irland. U 37 lief am 30.8.40 in Lorient ein.

8. 24.9.40: Auslaufen zur Operation westlich der Britischen Inseln. Am 27. versenkte U 37 die ägyptische Georges Mabro (2.555 t) mit Torpedo und am 28. das

verlassene Wrack der Corrientes westlich von Irland. Die Corrientes war am 26. von U 32 torpediert worden und nicht gesunken. Während der Operation als Wetterboot in einem weiten Gebiet westlich von Irland versenkte U 37 zwei weitere Schiffe, am 30. die britische Samala (5.390 t) mit Torpedo und Artillerie morgens und die britische Heminge (2.499 t) durch Torpedo abends. Am 6.10.40 versenkte U 37 den britischen Tanker British Consul (6.989 t) westlich von Kerry, auf dem Rückweg wurde die britische Stangrant (5.804 t), ein Nachzügler des Convoys HX 77, nordöstlich von Rockall am Abend des 13. Oktober versenkt. U 37 kehrte am 22.10.40 nach Lorient zurück.

9. 28.11.40: Auslaufen in ein Gebiet westlich von Spanien. Am 1.12.40 versenkte U 37 die britische Palmella (1.578 t) nordwestlich von Lissabon und am frühen Morgen des 2. zwei Schiffe westnordwestlich von Lissabon, die schwedische Gwalia (1.258 t) und die britische Jeanne M. (2.465 t). Beide Schiffe gehörten wahrscheinlich zum ostwärts laufenden Convoy OG 46. Die schwedische Daphne (1.513 t) wurde torpediert und versank am Morgen des 4. Dezember.

U 37 nahm dann Kurs Süd nach der Küste von Marokko und den Kanarischen Inseln. Vor Cape Juby versenkte U 37 das Segelschiff San Carlos (spanisch, 223 t) mit Artillerie am 16. und am 19. das Vichy-Uboot Sfax sowie den Marinetanker Rhone, beide mit Torpedo. Rückkehr nach Lorient am 7.1.41.

10. Auslaufen in den Südatlantik zur Operation vor Freetown. Am 8. sichtete U 37 den nordwärts laufenden Convoy HG 53. Das Boot erhielt den Befehl, den Convoy zu beschatten. Absicht war, der Convoy sollte von Condor-Maschinen des 1./KG 40 angegriffen werden. Diese Maschinen wurden durch den F/O Uboote am 7.1.41 geführt.

In den frühen Stunden des 9.2.41 griff U 37 den Convoy 150 Seemeilen westsüdwestlich von Cape St. Vincent an und versenkte zwei Schiffe, die britische Estrellano (1.983 t) und die britische Courland (1.325 t). Sechs Condor griffen den Convoy am Nachmittag an und versenkten fünf Schiffe. U 37 beschattete den Convoy weiter und in den ersten Stunden des 10. versenkte es die Brandenburg (brit., 1.473 t). Das Boot versuchte nun den Kreuzer Hipper an den Convoy heranzuführen, aber nur ein Nachzügler, die Iceland, wurde vom Kreuzer gefunden und versenkt. U 37 kehrte am 18.2.41 zurück.

11. 27.2.41: Auslaufen Lorient für Operation im Nordatlantik. U 37 versenkte die griechische Mentor (3.050 t) am 7.3.41 südsüdwestlich von Reykjavik und ein Fischereifahrzeug (isländisch, 91 t) am 12. südlich von Island durch Artillerie.

Ab 15. operierte U 37 gegen den Convoy HX 112 südlich

von Irland. Das Boot erreichte den Convoy am 16., wurde aber vertrieben. Nur zwei Boote hatten Erfolge am Convoy, U 110 beschädigte ein Schiff und U 99 versenkte fünf Schiffe und beschädigte ein weiteres. Rückkehr nach Kiel am 22.3.41.

U 37 ging im Mai 1941 in die Ausbildung, wurde Schulboot bis Juni 1944. Ab dann wurde es bis zum Kriegsende als Versuchsboot benutzt. Es wurde schließlich am 5.5.45 in Sønderburg Dänemark selbst versenkt, später gehoben und abgewrackt. U 37 war das zweitbeste Boot in der Reihenfolge der Versenkungen im Zweiten Weltkrieg. Es wurde nur noch von U 48 überboten.

U 38 Typ IX A

Bauwerft: AG.Weser, Bremen
Kiellegung: 15. April 1937
Stapellauf: 9. August 1938
Indienststellung: 24. Oktober 1938
Feldpost-Nr.: M 20675
Versenkt am 5. Mai 1945 in Wesermünde

Kommandos:
U-Flottille Hundius, Wilhelmshaven, von Oktober 1938–Dezember 1939 (Frontboot)
2. U-Flottille Wilhlemshaven/Lorient von Januar 1940–November 1941 (Frontboot)
24. U-Flottille Memel von Dezember 1941–März 1942 (Schulboot)
21. U-Flottille Pillau von April 1942–November 1942 (Schulboot)
4. U-Flottille Stettin von Dezember 1942–Februar 1945 (Schulboot)
5. U-Flottille Kiel von März 1945–5. Mai 1945 (Schulboot)

Kommandanten:
KptL Heinrich Liebe, Oktober 1938–Juni 1941
KKpt Heinrich Schuch, Juni 1941–Januar 1942
OLtzS Siegfried Keller, Januar 1942–Januar 1943
OLtzS Helmut Laubert, Januar–Dezember 1943
OLtzS Goske von Möllendorff, August–Dezember 1943
OLtzS Herbert Kühn, Januar–April 1944
KKpt Georg Peters, April 19844–5. Mai 1945

Feindfahrten: 11
Versenkte Schiffe 35 (187.077 BRT) und 1 beschädigt

1. 19.8.39: Von Wilhelmshaven aus zur Operation mit der 6. U-Flottille westlich von Lissabon. Am 6.9.39 stoppte U 38 westnordwestlich von Lissabon die britische MANAAR (7.242 t). Das Schiff feuerte auf das Boot und U 38 erwiderte das Feuer, bevor es tauchte und das Schiff mit Torpedo versenkte. Am 7. erfolgte der Rückruf des Bootes zur Ausrüstung für den Atlantik. U 38 versenkte den britischen Tanker MV INVERLIFFEY (9.456 t) mit Torpedo und Artillerie am 11. südwestlich der Scillies. Einlaufen in den Stützpunkt am 18.9.39.
2. 4.11.39: Auslaufen Wilhelmshaven zur Operation vor der nordwestlichen Küste Norwegens. Es machte außerdem eine Aufklärung der sowjetischen arktischen Küstenlinie und im Kola-Golf. Auf der Rückreise entlang der norwegischen Küste versenkte U 38 die britische THOMAS WALTON (4.460 t) vor Grøtøy am 7.12.39, die griechische GAROUFALIA (4.708 t) westlich vom Folda-Fjord am 11. und die britische DEPTFORD (4.101 t) vor Honningsvaag am 13. November. Einlaufen Wilhelmshaven am 16.12.39.
3. 26.2.40: Auslaufen zur Operation westlich der Britischen Inseln. Am 9.3.40 versenkte U 38 ein Fischereifahrzeug, die britische LEUKOS (216 t), nordwestlich von Tory Island mit Artillerie. Weiter nördlich, in einem Gebiet westlich der Shetlands, versenkte U 38 vier Schiffe, die dänische MV ARGENTINA (5.375 t) am 17., die dänische ALGIER (1.654 t) und die dänische CHRISTIANBORG (3.270 t) am 21. sowie die norwegische COMETA (3.794 t) am 26. In den ersten Stunden des 2.4.40 versenkte U 38 die finnische SIGNE (1.540 t). Dann kehrte sie am 5.4.40 nach Wilhelmshaven zurück.
4. 8.4.40: U 38 gehörte zur 5. Ubootgruppe und operierte nordöstlich von den Shetlands und später gegen britische Marinestreitkräfte. Am 18. griff U 38 den Kreuzer EFFINGHAM an, aber der Torpedo versagte. Am 19. verließen die Boote die Fjorde und nahmen Kurs auf das Gebiet nördlich der Shetlands. U 38 kehrte später in norwegische Gewässer zurück und ergänzte zwischen dem 13. und 16. Mai aus dem Versorger EGERLAND Kraftstoff. Das Boot kehrte nach den Shetlands am 21. zurück, hatte aber keinen Erfolg. Rückkehr nach Wilhelmshaven am 27.5.40.
5. 6.6.40: Auslaufen zur Operation südlich von Irland. Nach Landung eines Agenten dort am 12. versenkte U 38 ein Schiff mit Artillerie südlich von Fastnet am 14., die griechische MOUNT MYRTO (5.403 t). In den frühen Stunden des 15. hatte das Boot die Chance, den Convoy HX 48 südlich von Fastnet anzugreifen und versenkte zwei Schiffe, den norwegischen Tanker MV ITALIA (9.973 t) und die dänische ERIK BOYE (2.238 t). Dieses war der Convoy, nach dem Günther Prien als Gruppenchef gesucht hatte.

U 38 patrouillierte weiter nach Osten zur Kontrolle des westlichen Ausgangs des Englischen Kanals. Am 20. versenkte es die schwedische Tilia Gorthon (1.776 t) westlich von Ushant, am 21. die belgische Luxembourg (5.809 t) nördlich von Ushant und am 22. die griechische Neion (5.154 t) westlich St. Nazaire. Rückkehr nach Wilhelmshaven am 2.7.40.

6. 1.8.40: Auslaufen zur Operation westlich von Großbritannien, beim Nord-Kanal. Am Abend des 7. griff U 38 den ostwärts laufenden Convoy HX 61 südlich von Rockall an und versenkte die ägyptische Mohamed Ali El-Kebir (7.527 t) und am 11. einen Einzelfahrer (britisch, 4.966 t). Vom 13. bis 16., in Verbindung mit U 46, U 48, U 38, Ansatz gegen den nach Osten laufenden Convoy HX 62, aber kein Erfolg. Am 31. versenkte U 38 die britische Har Zion (2.508 t) aus dem Convoy OB 205, nordwestlich vom Bloddy Foreland. U 38 lief im neuen Stützpunkt Lorient am 3.9.40 ein.

7. 25.9.40: Auslaufen zur Operation westlich der Britischen Inseln. Am 1.10.40 versenkte U 38 westlich von Irland die britische Highland Patriot (14.172 t). Am 17. versenkte das Boot die griechische Aenos (3.554 t) südwestlich der Farcer-Inseln durch Torpedo und Artillerie, ein Nachzügler des Convoys SC 7. Am 18., im selben Gebiet, torpedierte und beschädigte U 38 die britische Carsbreck (3.670 t) vom SC 7, wurde dann aber von der Escortkorvette HMS Heartsease vertrieben. Die Carsbreck wurde wahrscheinlich am 24.10.41 durch U 564 westlich von Cape St. Vincent versenkt.

Am 19.10.40 griff U 38 den nach Osten laufenden Convoy HY 79 westlich von Rockall an und versenkte die britische Matheran (7.653 t) sowie die britische Uganda (4.966 t). Rückkehr nach Lorient am 24.10.40.

8. 19.12.40: Auslaufen als Wetterboot westlich der Britischen Inseln. In der Frühe des 27. torpedierte und versenkte U 38 den britischen Tanker MN Waiotira (12.823 t) westnordwestlich von Rockall. Das Schiff war zuvor von U 95 torpediert und beschädigt worden. U 38 versenkte den Nachzügler, die schwedische Valparaiso (3.760 t) vom Convoy HX 97 südlich von Island. Rückkehr nach Lorient am 22.1.41.

9. 9.4.41: Auslaufen Lorient in den Südatlantik. Am 4.5.41 operierte U 38 westlich von Freetown und versenkte die schwedische Japan (5.230 t) aus dem Convoy OB 310. Am folgenden Tage versenkte U 33 im gleichen Gebiet die britische Queen Maud (4.976 t). Wegen Kraftstoffmangel wurde U 38 durch den deutschen Versorger Egerland im Südatlantik am 16.5.41 aufgefüllt. Das Boot kehrte zurück in das Gebiet von Freetown und versenkte in acht Tagen fünf Schiffe, die niederländische Berhala (6.622 t) am 23., die britische Vulcain (4.362 t) am 24., die britische Tabaristan (6.251 t) am

29., die britische Protector (6.181 t) am 30. und die norwegische Rinda (6.029 t) am 31. Auf der Rückreise wollte U 38 erneut aus der Egerland Kraftstoff übernehmen. Der Versorger war allerdings am 5. versenkt worden und U 38 suchte am 6. nach Überlebenden. Am 7. versenkte das Boot die britische Kingston Hill (7.628 t) südwestlich von Cape Verde Islands. Rückkehr nach Lorient am 26.6.41.

10. 6.8.41: Auslaufen zur Operation südlich und südwestlich von Island. Am 18. versenkte das Boot die panamesische Longtaker (1.700 t) südwestlich von Reykjavik.

U 38 gehörte zur Gruppe »Markgraf« im August und war eines der Boote der Gruppe, die in ein Gebiet südlich von Island befohlen wurden, um dort einen gen Osten laufenden Convoy, HX 145, am 27. gesichtet, anzugreifen. Es kam zu keinem Kontakt. U 38 kehrte nach Lorient am 14.9.41 zurück.

11. 15.10.41: Auslaufen in den zentralen Nordatlantik und zur Gruppe »Schlageter« stoßend. Vom 1. November bis zum 4., U 38 nun bei der Gruppe »Raubritter«, operierte gegen den Convoy SC 52 nordöstlich von Neufundland. Der Kontakt ging im Verlauf der Nacht vom 4./5. verloren und wurde nicht wieder hergestellt. Die »Raubritter«-Boote bildeten eine neue Patrouillenlinie südöstlich von Cape Farewell ab 8.11.41, aber es wurde kein Convoy mehr ausgemacht. U 38 lief am 21.11.41 Bergen an.

12. 23.11.41: Verlassen Bergen und Einlaufen Stettin am 29.11.41.

U 38 nahm im Dezember 1941 seine Schulboottätigkeit auf, die bis zum November 1943 dauerte. Von da an bis zum Kriegsende fuhr es als Versuchsboot bei der 4. und 5. U-Flottille. Das Boot wurde am 5.5.45 in Wesermünde selbst versenkt und 1948 abgebrochen.

U 39 Typ IX A

Bauwerft: AG.Weser, Bremen
Kiellegung: 2. August 1937
Stapellauf: 22. September 1938
Indienststellung: 10. Dezember 1938
Feldpost-Nr.: M 12679
Gesunken am 14. September 1939 nordwestlich von St. Kilda (58°32'N/11°49'W)

Kommando:
U-Flottille Hundius, Wilhelmshaven, von Dezember 1938–14. September 1939 (Frontboot)
Kommandant:
KptLt Gerhard Glattes, Dezember 1938–14. September 1939.

Feindfahrten: 1
Versenkte Schiffe: keines

1. 20.8.39: Auslaufen Wilhelmshaven zur Operation westlich von Gibraltar mit der 6. U-Flottille. Am 7.9.39 Rückruf zur Ausrüstung für den Atlantikeinsatz. Auf der Rückreise am 14.9.39 sichtet U 39 den Flugzeugträger HMS ARK ROYAL und griff ihn nordwestlich von St. Kilda an. Die drei Torpedos explodierten alle im Kielwasser des Trägers. Die begleitenden Zerstörer begannen sofort mit der Suche. HMS FOXHOUND (LtCdr P.H. Hadow) machte einen Wasserbombenangriff, der das Licht an Bord ausfallen ließ. Auch die elektrische Antriebsmaschine fiel aus, und die Batterien waren beschädigt. Die Angriffe der HMS FAULKNOR (Capt C.S. Daniel) und FIREDRAKE (LtCdr S.H. Norris) verursachten weitere Schäden, wie Chlorgas von den Batterien. Glattes war gezwungen aufzutauchen, um die Besatzung zu retten. Als das Boot auftauchte, eröffneten alle drei Zerstörer das Feuer. Das Schießen stoppte, als die Besatzung das Boot verließ. U 39 war das erste Boot, dass im Kampf in diesem Krieg verloren ging. 44 Überlebende wurden aufgenommen und kamen in Kriegsgefangenschaft. Für einige Zeit waren sie im Tower in London untergebracht. 1940 wurden zwei Besatzungsangehörige von U 39 bei einem Ausbruchsversuch erschossen.

U 40 Typ IX A

Bauwerft: AG.Weser, Bremen
Kiellegung: 1. Juli 1937
Stapellauf: 9. November 1938
Indienststellung: 11. Februar 1939
Feldpost-Nr.: M 19297
Versenkt in der Straße vor Dover am 13. Oktober 1939

Kommando:
U-Flottille Hundius, Wilhelmshaven, von Februar 1939–13. Oktober 1939 (Frontboot)

Kommandanten:
KptLt Werner von Schmidt, Februar–September 1939
KptLt Wolfgang Barten, Sept. 1939–13. Okt. 1939
Feindfahrten: 2
Versenkte Schiffe: keines

1. 19.8.39: Auslaufen Wilhelmshaven zur Operation westlich von Gibraltar mit der 6. U-Flottille. U 40 griff im Gebiet seiner Operation am 5.9.39 einen Convoy an. Das Boot wurde am 7. zur Ausrüstung für den Atlantikeinsatz zurückgerufen. Rückkehr am 18.9.39.
2. 10.10.39: Auslaufen Wilhelmshaven zum Treffen mit fünf anderen Booten zur ersten Rudeloperation des Krieges. Die teilnehmenden Boote waren südwestlich von Irland versammelt und nahmen später Positionen westlich von Portugal ein bzw. nordwestlich von Spanien.
Nachdem sie einen kurzen Einsatz gemacht hatten, machte U 40 einen Abstecher in den Englischen Kanal. Am 13. lief das Boot auf eine Mine in der Straße von Dover und ging unter. 45 Mann der Besatzung waren tot, drei kamen in Gefangenschaft.

U 41 Typ IX A

Bauwerft: AG.Weser, Bremen
Kiellegung: 22. April 1937
Stapellauf: 20. Januar 1939
Indienststellung: 22. April 1939
Feldpost-Nr.: M 11423
Versenkt am 5. Februar 1940 südsüdwestlich von Cape Clear (49°21'N/10°4C'W)

Kommandos:
U-Flottille Hundius, Wilhelmshaven, von April–Dezember 1939 (Frontboot)
2. U-Flottille Wilhelmshaven von Januar 1940–5. Februar 1940 (Frontboot)

Kommandant:
KptLt Gustav-Adolf Mugler, April 1939–5. Februar 1940

Feindfahrten: 3
Versenkte Schiffe: 7 (24.980 BRT) und 1 beschädigt

1. 19.8.39: Auslaufen Wilhelmshaven zur Operation mit der 6. U-Flottille südöstlich von Azoren. Am 7.9.39 war U 41 eines von zehn Booten, die zur Ausrüstung für den

Einsatz im Atlantik zurückgerufen wurden. Auf der Rückreise erbeutet U 41 zwei finnische Schiffe am 17. südwestlich von Stavanger, die VEGA (1.073 t) und die SUOMEN POIKA (1.099 t). Sie wurden als Prise genommen und in deutsche Häfen geschickt. U 41 kehrte am 17.9.39 zurück.

2. 7.11.39: Auslaufen Wilhelmshaven und Teilnahme am zweiten Versuch einer Rudeloperation mit U 43 und U 49. Die Boote waren südlich von Irland versammelt, aber aufgrund von Sturm wurden sie in ein Gebiet südwestlich von Portugal geschickt. Auf dem Weg nach dort griff U 41 zwei Schiffe nordwestlich der Flannan Islands am 12. an. Versenkt wurde das Fischereifahrzeug CRESSWELL (275 t) mit Artillerie und mit Torpedo die norwegische MV ARNE KJÖDE (11.019 t). Das verlassene Wrack dieses Schiffes wurde von britischen Marinefahrzeugen versenkt.

Am 18. wurden die Boote auf den nach Norden laufenden Convoy CG 7 angesetzt, der vor Cape Finisterre vom U 53 am Tag zuvor gesichtet worden war. Am 19. versenkte U 41 einen Einzelfahrer, die britische DARINO (1.351 t), westlich Cape Ortegal. Am 21. drehten die drei Boote und liefen in die Bucht der Biskaya. Später, am 21., versenkte U 41 mit Artillerie das französische Fischereifahrzeug LES BARGES II (269 t) westsüdwestlich von La Rochelle. Die angesetzte Rudeloperation hatte sich nicht bewährt und wurde bis Juni 1940 nicht wiederholt. Rückkehr in den Stützpunkt am 7.12.39.

3. 23.1.40: Auslaufen Wilhelmshaven und Einlaufen Helgoland am 24.1.40.

4. 27.1.40: Auslaufen Helgoland für Operationen südlich von Irland. Am 5.2.40 torpedierte und beschädigte U 41 den niederländischen Tanker MV CERONIA (8.096 t) westsüdwestlich der Scillies. Einige Zeit später wurde der nach Westen laufende Convoy OB 84 weiter im Westen angegriffen, südlich von Fastnet, und die britische BEAVERBURN (9.874 t) versenkt. U 41 wurde mit Wasserbombenangriffen durch eines der Sicherungsfahrzeuge, den Zerstörer HMS ANTELOPE (LtCdr T. White) attackiert und vernichtet. Es gab keine Überlebenden.

U 42 Typ IX A

Bauwerft: AG.Weser, Bremen
Kiellegung: 21. Dezember 1937
Stapellauf: 16. Februar 1939

Indienststellung: 15. Juli 1939
Feldpost-Nr.: M 05024
Versenkt am 13. Oktober 1939 südlich der Bantry Bucht (49°12'N/10°00'W)
Kommando:
U-Flottille Hundius, Wilhelmshaven, von Juli 1939–13. Oktober 1939 (Schulboot/Frontboot)

Kommandant:
KptLt Rolf Dau, Juli 1939–13. Oktober 1939.

Feindfahrten: 1
Versenkte Schiffe: keines, 1 beschädigt

1. 2.10.39: Auslaufen Wilhelmshaven für den ersten Versuch einer geführten Rudeloperation. Die fünf teilnehmenden Boote, U 37, U 42, U 45, U 46 und U 48, sollten sich südwestlich von Irland versammeln und auf Befehle warten. Und danach sollten sie in ein Gebiet nordwestlich von Spanien oder westlich von Portugal gehen. U 42 erreichte den befohlenen Raum und griff am 13. mit Artillerie ein Schiff des Convoys OB 17, die britische STONEPOOL (4.803 t) südlich von Bantry Bay an. Die STONEPOOL wurde beschädigt, aber erwiderte das Feuer von U 42, traf das Boot und zwang es zum Tauchen. Nach dem Auftauchen stellte U 42 fest, dass es nicht mehr steuerbar war. In Erwiderung vom SOS der STONEPOOL erschienen die Zerstörer HMS ILEX (LtCdr P.L. Saumarez) und IMOGEN (Cdr E.B.K. Stevens). U 42 war noch immer aufgetaucht. Das Boot ging unter, aber es ist nicht klar, ob es von den Zerstörern versenkt wurde oder aufgrund des Wetters, das die Hoffnungslosigkeit der Lage offenlegte und die Besatzung veranlasste, das Boot selbst zu versenken. 26 Männer gingen verloren, 20, einschließlich Dau, wurden Kriegsgefangene. Die STONEPOOL wurde am 11.9.41 durch U 207 vor Grönland versenkt.

U 43 Typ IX A

Bauwerft: AG.Weser, Bremen
Kiellegung: 15. August 1938
Stapellauf: 23. Mai 1939
Indienststellung: 26. August 1939
Feldpost-Nr.: M 24266
Versenkt am 30. Juli 1943 südwestlich der Azoren (34°57'N/35°11'W)

Kommandos:
U-Flottille Hundius, Wilhelmshaven, von August–Dezember 1939 (Frontboot)
2. U-Flottille Wilhelmshaven/Lorient von Januar 1940–30. Juli 1943 (Frontboot)

Kommandanten:
KptLt Wilhelm Ambrosius, August 1939–Oktober 1940
KptLt Wolfgang Lüth, Oktober 1940–April 1942
OLtzS Hans-Joachim Schwantke, April 1942–30. Juli 1943

Feindfahrten: 14
Versenkte Schiffe: 23 (129.881 BRT) und 1 beschädigt
2 vermutlich beschädigt

1. 6.11.39: Auslaufen Wilhelmshaven zum zweiten Versuch mit U 41 und U 49 eine geführte Rudeloperation durchzuführen. Die drei Boote sollten sich südwestlich von Irland versammeln, wurden aber aufgrund von Stürmen südwestlich von Portugal dirigiert. Auf dem Kurs nach dort versenkte U 43 die britische ARLINGTON COURT (4.915 t) vom Convoy SL 7, westlich von Brest.
Am 18., die drei Boote wurden zum Angriff gegen den Convoy CG 7 befohlen, der von U 53 vor Cape Finisterre am vorangegangenen Tage gesichtet wurde. U 41 und U 43 hatten keinen Erfolg gegen den Convoy. Die Operation wurde am 21. beendet und die drei Boote nahmen Kurs nach Norden.
U 43 versenkte am 22. die französische ARIJON (4.374 t) vom Convoy 14 BS westlich von La Rochelle und am 25., auf dem Weg nach Hause, versenkte das Boot die britische USKMOUTH (2.483 t) mit Torpedo und Artillerie westlich von Cape Ortegal. Die vorgesehene Rudeloperation war zwecklos gewesen und wurde erst im Juni 1940 wiederholt. Rückkehr in den Stützpunkt am 14.12.39.
2. 13.3.40: Auslaufen Wilhelmshaven zur Operation bei den Orkneys und Shetlands gegen britische Marinestreitkräfte. Das Boot hatte keinen Erfolg. Am 31.3.40 ging ein Mann über Bord. Rückkehr in den Stützpunkt am 6.4.40.
3. 12.4.40: Transportaufgabe nach Norwegen für Handwaffen und Flugabwehrmunition. U 43 entlud die Fracht in Drontheim am 18./19., Rückkehr nach Wilhelmshaven am 23.4.40.
4. Auslaufen zur Operation vor der Küste von Portugal. U 43 erhielt den Befehl, sich der »Rösing«-Gruppe anzuschließen, unter der taktischen Führung von Korvettenkapitän Hans Rösing. Am 12.6.40 wurden die Boote in einem Gebiet westlich von Cape Ortegal versammelt, in Erwartung des wichtigen, nach Norden laufenden Geleit-

zugs US 3, zu dem die QUEEN MARY und zwei andere Passagierschife gehörten, mit Truppen aus Australien und Neuseeland. Der Convoy wurde gesichert durch HMS HOOD, einen Flugzeugträger und mehrere Kreuzer. Der Convoy wurde für den 13. erwartet, aber da er nicht lokalisiert werden konnte, wurde am 17. Auflösung der Gruppe Rösing veranlasst und die Boote wandten sich anderen Gebieten zu. U 43 erhielt am 18. Kraftstoff in der Bucht von Vigo vom deutschen Versorger BESSEL und fuhr im Anschluss in ein Gebiet nordwestlich von Lissabon. Dort versenkte es am 21. den britischen Tanker YARRAVILLE (8.627 t). Dann fuhr es nach Norden und vesenkte am 30. nordwestlich von Cape Ortegal die britische AVELONA STAR (13.376 t). Auf der Heimfahrt versenkte U 43 südwestlich von Irland am 1. die britische AYLESBURY (3.944 t) und am 9.7.40 die britische FELLSIDE (3.509 t) südsüdöstlich von Rockall. Rückkehr in den Stützpunkt am 22.7.40.
5. 9.9.40: Auslaufen Wilhelmshavenn und Einlaufen Bergen am 12.9.40.
6. 15.9.40: Auslaufen Bergen zur Operation westlich der Britischen Inseln zwischen dem Nordkanal und der Rockall Bank. Zwischen dem 21. und dem 23. operierte U 43 gegen den Convoy HX 72 südwestlich von Rockall, aber ohne Erfolg. Am 25. versenkte U 43 westlich von Irland die britische SULAIRIA (5.802 t), ein Schiff vom Convoy OB 217. Einlaufen im neuen Stützpunkt Lorient am 18.10.40.
7. 10.11.40: Auslaufen Lorient, aber Rückkehr wegen Leckage eines Kraftstofftanks. Nach der Reparatur lief das Boot am 17. erneut aus als Wetterboot westlich des Nordkanals. Am 2.12.40 griff U 43 den Convoy OB 251 westsüdwestlich von Rockall an und versenkte zwei Schiffe, die britische MV PACIFIC PRESIDENT (7.113 t) und die britische MV VICTOR ROSS (12.247 t). Am 6., westlich von Irland, versenkte U 43 die norwegische SKRIM (1.902 t) und am 13. wurde die britische ORARI (10.350 t) westsüdwestlich von Irland beschädigt. U 43 kehrte am 17.12.40 zurück.
In den frühen Morgenstunden des 4.2.41 sank U 43 an seinem Liegeplatz in Lorient, weil ein Ventil nicht geschlossen war, und Wasser in das Boot einlaufen ließ. Es war ein Ventil im Torpedoraum, und das Heck des Bootes sackte ab. Das Boot wurde gehoben und hatte eine dreimonatige Reparaturzeit.
8. 11.5.41: Auslaufen Lorient in den Atlantik. Am 15. wurde das französische Fischereifahrzeug NOTRE DAME DU CHATELET (488 t) mit Artillerie westlich von Brest versenkt. Das Boot war auf dem Weg von St. Malo nach Neufundland. Zwei Überlebende wurden am 23. vom italienischen Uboot OTARIA aufgenommen. Am 24. war U 43 eines von sieben Booten, die eine Patrouille südlich

von Cape Farewell bilden sollten, vor der fliehenden BISMARCK, mit der Hoffnung, einige der Verfolger zu versenken. Dieser Plan wurde am Abend des 24. widerrufen, nachdem entschieden worden war, die BISMARCK sollte nach St. Nazaire gehen. Die Boote fuhren auf neue Positionen südöstlich von Cape Farewell. Ab 1.6.42 befand sich U 43 mit der Westgruppe im westlichen Nordatlantik. Am 6., ostnordöstlich von St. Jone's, versenkte U 43 die niederländische YSELHAVEN (4.802 t), ein Schiff des aufgelösten Convoys OB 328. Auf der Rückreise am 17. versenkte U 43 die britische MV CATHARINE (2.727 t) südwestlich von Irland. Rückkehr in den Stützpunkt am 1.7.41.

9. 2.8.41: Auslaufen Lorient zur Operation im zentralen Nordatlantik. U 43, mit anderen Booten, wurde zum Angriff auf drei Convoys beordert, aber ohne Erfolg. Am 28. wurde es der Gruppe »Markgraf« zugeteilt, südwestlich von Island. Die Gruppe war gegen den ostwärts laufenden Convoy SC 42 angesetzt. Drei Tage dauerte der Angriff ab 9.9.41. 16 Schiffe wurden während dieser Operation versenkt, U 43 hatte keinen Erfolg. Rückkehr in den Stützpunkt am 23.9.41.

10. 10.11.41: Auslaufen Lorient in den Nordatlantik. U 43 fuhr in das Gebiet von Neufundland und bildete mit U 575 den Grundstück einer neuen Gruppe, der Steuben. Sie wurde gebildet aus den Booten U 105, U 372, U 434 und U 574, die von Island her kamen.

Am 23. hatten alle Boote genügend Kraftstoff, wurden nach Gibraltar befohlen, obwohl sie sich auf dem Wege nach Neufundland oder sich schon dort befanden. U 43 fuhr abgesetzt und sichtet am 28. den nach Süden fahrenden Convoy OS 12 nördlich der Azoren. Das Boot torpedierte und versenkte das Munitionsschiff THORNLIEBANK (britisch, 5.569 t) am frühen 29. U 43 wurde bei der Explosion des Schiffes beschädigt. Am Abend des 30. versenkte es die britische ASHBY (4.868 t) vom Convoy WS 13 direkt westlich der Azoren und am Morgen des 2.12.41 die amerikanische ASTRAL (7.542 t) südöstlich der Azoren. U 43 erreichte schließlich das Gebiet westlich von Gibraltar, wo es eine Warteposition bezog. Rückkehr in den Stützpunkt am 16.12.41.

11. 30.12.41: Auslaufen Lorient nach Kiel, wo eine gründliche Überholung vorgesehen war. Nach einigen Tagen befand sich das Boot außerhalb seines Kurses. Am späten Tag des 11.1.42 tauchte U 43 mitten im Convoy HX 268, 500 Seemeilen südwestlich von Island, auf. Am frühen Morgen des 12. versenkte das Boot den Nachzügler, die schwedische MV YNGAREN (5.246 t) westlich von Rockall. In den ersten Stunden des 14., südlich von Island, griff U 43 den nach Westen laufenden Convoy ON 55 an, torpedierte und versenkte die griechische MARO (3.838 t), die griechische CHEPO (5.582 t) und die

britische EMPIRE SURF (6.641 t). Einlaufen Kiel am 22.1.42.

12. 4.7.42: Auslaufen Kiel in den Nordatlantik. U 43 stieß zur Gruppe »Wolf«, neun Boote, 600 Seemeilen westlich des Nordkanals. Die Gruppe sollte einen Drehkreis in Richtung von Neufundland laufen und dann nach Süden zurückdrehen. Aber am 13. wurde am nördlichen Ende des Zirkels ein Convoy gesichtet. Einige der südlichen Boote drehten nach Nordost und für einige Stunden nahmen sie Kurs auf den Convoy. Der Convoy fuhr nach Westen, wurde aber nicht belästigt, da er zu weit entfernt war. Nachdem bis zum 19. keine weiteren Sichtungen mehr gemacht wurden, wurde die »Wolf«-Gruppe nach Süden angesetzt. Nach drei Tagen, als die Boote sich klar machten, um Kraftstoff zu ergänzen, wurde ein nach Westen laufender Convoy gemeldet und die Boote bildeten eine Auffanglinie. Am 23. wurde der Convoy gesichtet. Es war der ON 123, der ursprünglich bereits am 13. gemeldet worden war. Im einsetzenden Angriff, bei schlechter Sicht und starker Geleitsicherung, verlor der Convoy nur zwei Schiffe und U 90 ging verloren. U 43 feuerte Torpedos, aber ohne Erfolg. Der Kontakt ging am 26. verloren. Die Suche war erfolglos und die Operation endete am folgenden Tag.

Die »Wolf«-Boote, mit U 43, verlegten dann in ein Gebiet westlich der Azoren, wo die Kraftstoffergänzung stattfinden sollte. Ergänzung am 29. und 30.7. durch U 461. Sieben der Boote, einschließlich U 43, fuhren hinterher nach Norden, um dort den Convoy ON 115 anzugreifen, der am 29. östlich von Neufundland gesichtet worden war, und trafen auf die »Pirat«-Gruppe. Kontakt zum Convoy hatte die »Pirat«-Gruppe am 2.8.42, und einige Angriffe wurden ausgeführt. Früh am 3. wurde U 43 durch die Korvette HMS SACKVILLE angegriffen. Wasserbomben beschädigten das Boot und es wurde zum Auftauchen gezwungen, konnte aber durch schlechte Sicht begünstigt entkommen. Rückkehr nach Lorient am 15.8.42.

13. 23.9.42: Auslaufen zur Operation im Nordatlantik. Anfang Oktober wurde U 43 durch U 116 nordwestlich der Azoren mit Kraftstoff aufgefüllt. Am 10. war es 150 Seemeilen südlich von Cape Race. Zwei Tage später wurde das Boot in das Gebiet des St. Lorenz-Stromes befohlen. Am 19. erreichte Schwantke den Point au Pére, östlich von Rimouski, das weiteste Eindringen in den St. Lorenz-Strom, das je von einem Uboot gemacht wurde. Schwantke patrouillierte den Fluss auf und ab 17 Tage lang, machte aber keinen Angriff. Er verließ den Fluss am 4.11.42 und meldete, dass die Schifffahrt und Marineeinheiten den Golf verlassen hätten und der Golf nun geschlossen war.

Am Morgen des 18.11.42 griff U 43 den nach Westen

laufenden Convoy SC 109 östlich von Fogo Island, Neufundland, an, Torpedierung und Beschädigung des amerikanischen Tankers MV BRILLIANT (9.132 t). Die BRILLIANT sank später im Schlepp. Rückkehr nach Lorient am 9.12.42.

14. 9.1.43: Auslaufen in ein bestimmtes Gebiet westlich der Kanarischen Inseln. Ab 22. gehörte U 43 zur »Rochen«-Gruppe, operierend zwischen den Kanarischen Inseln und der afrikanischen Küste. Die Gruppe marschierte südlich von Cape Blanc, um dort nach Schiffen zu suchen, die gemeldet worden waren. Als nichts gefunden wurde, ging sie wieder nach Norden entlang der Küste ab 18. und befand sich zwei Tage später östlich der Kanarischen Inseln. Am 7.2.43 wurde der kleine nach Norden laufende Convoy Gib No2 durch U 521 gesichtet, der die Kanarischen Inseln mit Kurs auf Gibraltar durchlief. Die »Rochen«-Boote und fünf südliche Boote der »Delphin«-Gruppe operierten gegen den Convoy. U 43 griff an, aber ohne Erfolg. Nachdem die Operation am 8. beendet war, fuhren die »Rochen«-Boote westwärts und bildeten einen neuen Sperrriegel südlich von den Azoren am 16. Die vergrößerte Gruppe drehte westwärts auf der Suche nach dem westwärts laufenden Convoy UC 1, drehte aber dann nach Osten am 20., als die Sicht immer mehr abnahm. Die Gruppe wurde für den 21. zur Kraftstoffergänzung aus U 451 befohlen, 200 Seemeilen südlich vom Sao Miguel Island. Am 22. wurde ein nach Süden laufender Convoy, der bedeutende UC 1, von U 522 östlich von dem Versorgungsgebiet gesichtet und die »Rochen«-Boote wurden an ihn angesetzt. Der Angriff, über fünf Tage dauernd, hatte nur drei Tanker versenkt und zwei beschädigt. Die Convoysicherung erwies sich als zu stark.

U 461 war dem Convoy gefolgt und versorgte die Boote der »Rochen«-Gruppe, einschließlich U 43, vom 1.3.43 an. U 43 traf dann auf die »Tümmler«-Gruppe, die nach den Kanarischen Inseln fuhr. Am 3. meldete U 43 die Versenkung eines Blue Star-Passagierschiffes. Spät im Verlauf des Gefechtes wurde dieses Schiff als deutscher Blockadebrecher DOGGERBANK (5.154 t) erkannt, der von Japan auf dem Heimweg war, transportierend 7.000 t (Gummi, Gemüse und Fischöl). Die DOGGERBANK hatte eine verbotene Zone durchfahren, und das noch drei Wochen früher als vorgesehen. Die Blamage für ihren Untergang lag ausschließlich bei dem Kapitän. Am 29. pickte ein spanischer Tanker einen bewußtlosen Mann aus einem japanischen Dingi auf. Es war Kurt Fritz, der einzige Überlebende der DOGGERBANK, die in drei Minuten gesunken war.

Kapitän Schneidwind, Kapitän der DOGGERBANK, war auch in dem Dingi gewesen. Er erschoss sich, nachdem er vier Mann in dieser aussichtslosen Lage erschossen hatte.

Kurt erzählte von großem Hunger, Durst und über die allgemeine Lage. Er hatte von fliegenden Fischen überlebt. U 43 bewegte sich vom Westen der Kanarischen Inseln mit der »Tümmler«-Gruppe. Am 11.3.43 wurde ein nach Süden fahrender Convoy gesichtet, aber er war zu schnell. Die Gruppe erhielt Befehl zum Angriff auf den Convoy UGS 6, nach Osten, Gibraltar, laufend. U 43 war vom 18. an in Kontakt mit dem Convoy, hatte aber keinen Erfolg. Am 20. wurde U 43 vemutlich von einer Liberator der 19. Squadron (USAF) (Lt H.E. Dyment) angegriffen. Das Boot schoss das Flugzeug ab, dessen Besatzung ging mit unter.

Das Boot nahm Kurs auf seinen Stützpunkt am 21. und am 25. erhielt es Kraftstoff vom heimlaufenden Uboot U 109. U 43 erreichte Lorient am 31.3.43.

15. 13.7.43: Auslaufen zum Minenlegen vor Lagos. An Bord 12 TMB-Minen. Am 30. südwestlich von den Azoren wurde U 43 von einer Avenger (Lt R.F. Richmond) und einer Wildcat (Lt. E. van Vranken), beide vom USS Escortträger SANTEE, gesichtet. U 43 lief über Wasser. U 43 fuhr dem Convoy GUS 12 entgegen und wurde von U 403 versorgt. Die Wildcat griff die beiden Boote an und die Avenger warf zwei Wasserbomben auf U 403, das zu kreisen begann, dann aber Anstrengungen machte zu tauchen; es ließ dabei Öl an der Wasseroberfläche zurück. Die Avenger kehrte nun zu U 43 zurück, die nach Backbord auswich und ebenfalls tauchte. Richmond warf einen Akustiktorpedo, der sein Ziel zwei Minuten später erreichte. Schaumkronen und Ölrosen an der Oberfläche lassen vermuten, dass das Boot möglicherweise von den mitgeführten Minen zerrissen wurde. Es gab keine Überlebenden, 56 Tote.

U 44 Typ IX A

Bauwerft: AG.Weser, Bremen
Kiellegung: 15. September 1938
Stapellauf: 5. August 1939
Indienststellung: 4. November 1939
Feldpost-Nr.: M 13206
Versenkt am 20. März 1940 nordnordöstlich der Shetlands (63°27'N/00°36'E)

Kommandos:
U-Flottille Hundius, Wilhelmshaven, von November–Dezember 1939 (Frontboot)
2. U-Flottille Wilhelmshaven von Januar 1940–20. März 1940 (Frontboot)

Kommandant:
KptLt Ludwig Mathes, November 1939–20. März 1940

Feindfahrten: 2
Versenkte Schiffe: 8 (29.608 BRT)

1. 6.1.40: Auslaufen Wilhelmshaven in den Atlantik zur Operation in der Biskaya und westlich von Portugal. Kurz nach Mitternacht am 14. versenkte U 44 die norwegische FAGERHEIM (1.510 t), 80 Seemeilen vor Ushant, und am nächsten Morgen die niederländische ARENDS-KERK (7.906 t) südsüdwestlich von Brest.
Am Morgen des 16. versenkte U 44 die griechische PANACHANDROS (4.461 t) westlich von Brest, und am 18. das dänische Motorschiff MV CANADIAN REEFER (1.831 t) nordöstlich von Cape Villano, am 20. die griechische EKATONTARCHOS DRACOULIS (5.329 t) westsüdwestlich von Oporto.
Am 24. fand U 44 den nach Norden laufenden französischen Convoy 56 KS und versenkte am Morgen die französische ALSACIEN (3.819 t) westnordwestlich von Lissabon und in den frühen Stunden des 25. den Nachzügler des Convoys, die französische TOURNY (2.769 t) westlich von Cape Mondego.
Auf der Rückseite versenkte U 44 die griechische FLORA NOMIKOS (1.783 t) östlich der Azoren. Rückkehr in den Stützpunkt am 9.2.40.
2. 13.3.40: Auslaufen Wilhelmshaven zur Operation bei den Orkneys und Shetlands gegen britische Marinestreitkräfte. Am 20. wurde U 44 nordnordöstlich der Shetlands durch einen Wasserbombenangriff des Zerstörers FORTUNE (Cdr E.A. Gibbs) während des Versuches eines Angriffes auf einen Schlachtkreuzer der Britischen Home Fleet versenkt. Es gab keine Überlebenden, 47 Tote.

U 45 Typ VII B

Bauwerft: Germaniawerft, Kiel
Kiellegung: 16. Februar 1937
Indienststellung: 25. Juni 1933
Stapellauf: 27. April 1938
Feldpost-Nr.: M 08204
Versenkt am 14. Oktober 1939 südwestlich von Dingle Bay, Irland (50°58’N/12°07’W)

Kommando:
U-Flottille Wegener, Kiel, von Juni 1938–14. Oktober 1939 (Frontboot)

Kommandant:
KptLt Alexander Gelhaar, Juni 1938–14. Oktober 1939

Feindfahrten: 2
Versenkte Schiffe: 2 (19.313 BRT)

1. 19.8.39: Auslaufen Kiel mit der 7. U-Flottille westsüdwestlich von Irland. Am 7.9.39 war U 45 eines von zehn Booten, die zur Ausrüstung für den Atlantikeinsatz zurückgerufen wurden. Einlaufen Stützpunkt am 15.9.39.
2. 5.10.39: Auslaufen Kiel in den Atlantik zur ersten Rudeloperation. Die fünf teilnehmenden Boote, U 37, U 42, U 45, U 46 und U 48, sollten sich südwestlich von Irland versammeln und auf Befehle warten, die ihnen den Einsatz westlich von Portugal oder nordwestlich von Spanien gaben. Auf der Fahrt griff U 45 den Convoy KJF 3 am 14. westsüdwestlich von Fastnet an und versenkte zwei Schiffe, die britische MV LOCHAVON (9.205 t) und die französische BRETAGNE (10.108 t). Außerdem wurde die KARAMEA angegriffen, die möglicherweise beschädigt wurde. U 45 wurde am 14. geortet und mit Wasserbomben der Zerstörer HMS ICARUS (LtCdr C.D. Maud), HMS INGLEFIELD (Capt P. Todd), HMS INTREPID (Cdr J.W. Josselyn) und HMS IVANHOE (Cdr B. Jones) versenkt. Es gab keine Überlebenden, 38 Tote.

U 46 Typ VII B

Bauwerft: Germaniawerft, Kiel
Kiellegung: 25. Februar 1935
Stapellauf: 10. September 1933
Indienststellung: 2. November 1938
Feldpost-Nr.: M 01828
Selbst versenkt am 4. Mai 1945 in der Kupfermühlenbucht.

Kommandos:
U-Flottille Wegener, Kiel, von November 1938–Dezember 1939 (Frontboot)
7. U-Flottille Kiel/St. Nazaire von Januar 1940–August 1941 (Frontboot)
26. U-Flottille Pillau von August 1941–März 1942 (Schulboot)
24. U-Flottille Memel von April 1942–Oktober 1943 (Schulboot)
Außer Dienst Juli–September 1942
3. ULD von 1944–1945

Kommandanten:
KptLt Herbert Sohler, November 1938–Mai 1940
KptLt Engelbert Endraß, Mai 1940–September 1941
OLtzS Peter Ottmar Grau, September–November 1941
OLtzS Konstantin von Puttkamer, Nov. 1941–März 1942
OLtzS Kurt Neubert, April–Mai 1942
OLtz Ernst von Witzendorff, Mai 1942
LtzS Franz Saar, Juni–Juli 1942
OLtzS Joachim Knecht, August 1942–Mai 1943
OLtzS Erich Jewinski, Mai–Oktober 1943

Feindfahrten: 12
Versenkte Schiffe: 27 (137.355 BRT)
5 beschädigt oder vermutlich beschädigt

1. 20.8.39: Auslaufen Kiel zur Operation mit der 7. U-Flottille westsüdwestlich von Irland. Am 7.9.39 war U 46 eines der Boote, die zur Ausrüstung für den Atlantikeinsatz zurückgerufen wurden. Einlaufen Stützpunkt am 15.9.39.
2. 3.10.39: Auslaufen Kiel in den Atlantik zur ersten Rudeloperation. Die fünf teilnehmenden Boote, U 37, U 42, U 45, U 46 und U 48, versammelten sich südwestlich Irlands und erwarteten Befehle, die von Positionen östlich Portugals oder nordwestlich Spaniens kommen sollten.
Am 16. wurden U 37, U 46 und U 48 in ein Gebiet westlich Portugals beordert. Auf dem Kurs nach Süden sichtete U 46 den nach Norden laufenden Convoy HG 3 westnordwestlich von Cape Ortegal. Es torpedierte und beschädigte die britische YORKSHIRE (10.184 t) und versenkte die britische CITY OF MANDALAY (7.028 t). Die YORKSHIRE wurde dann hinterher durch U 37 versenkt. U 46 hatte keine weiteren Erfolge und kehrte am 7.11.39 zurück.
3. 19.12.39: Auslaufen Kiel für Einzelaktionen westlich der Britischen Inseln. Auf dem Kurs nach da versenkte das Boot die norwegische RUDOLF (924 t) ostnordöstlich von Peterhead. Rückkehr in den Stützpunkt am 10.1.40.
4. 29.2.40: Auslaufen Kiel und Einlaufen Wilhelmshaven am 1.3.40.
5. 11.3.40: Auslaufen Wilhelmshaven zur Operation rund um die Orkneys und Shetlands gegen britische Seestreitkräfte. U 46 war später Teilnehmer an der 1. Uboot-Gruppe vor Narvik im Rahmen der Operation »Hartmut«. Am 14.4.40 sichtete das Boot die HMS WARSPITE, als diese den Vestfjord nach dem Angriff auf die deutschen Zerstörer verließ. Ein Angriff war nicht möglich. In den frühen Stunden des 18. versuchte das Boot ein Schlachtschiff anzugreifen, wurde jedoch von den sichernden Schiffen daran gehindert. Es lief am 23.4.40 in den Stützpunkt zurück.

6. 1.6.40: Auslaufen zur Operation im Gebiet nordwestlich von Cape Finisterre. Auf dem Kurs versenkte U 46 am Nachmittag des 6. den Hilfskreuzer HMS CARINTHIA (20.277 t) westlich von Galway Bay. In seinem Operationsgebiet versenkte U 46 am 9. die finnische MARGARETA (2.155 t), am 11., westlich von El Ferrol, torpedierte und beschädigte es den britischen Tanker MV ATHELPRINCE (8.682 t) und am 12. westnordwestlich von Cape Ortegal sanken die britische BARBARA MARIE (4.223 t) und die britische MV WILLOWBANK (5.014 t). Vom 12. bis 17. gehörte U 46 zur »Rösing«-Gruppe westlich von Cape Ortegal, wartend auf den wichtigen nach Norden laufenden Convoy US 3, in dem die Queen Mary fuhr und zwei andere Passagierschiffe, mit 20.000 Mann Truppen aus Australien und Neuseeland an Bord, gesichert von HMS HOOD, einem Flugzeugträger und mehreren Kreuzern. Der Convoy wurde am 13. erwartet, aber nachdem er nicht kam, wurde die Gruppe »Rösing« entlassen. Am 17. versenkte U 46 die griechische ELPIS (3.651 t) westnordwestlich von Cape Ortegal. Am 22. griff U 46 die HMS ARK ROYAL, die sich auf dem Weg nach Gibraltar befand, vergeblich an. U 46 kehrte am 1.7.40 nach Kiel zurück.
7. 1.8.40: Auslaufen Kiel und Einlaufen Bergen am 4.8.40.
8. 8.8.40: Auslaufen Bergen zur Operation westlich der britischen Inseln. Über drei Tage, vom 13. an, versuchte U 46 mit U 38 und U 48 den nach Osten laufenden Convoy HX 72 anzugreifen. Ohne Erfolg. Am 16. griff U 46 den nach Westen laufenden Convoy OB 197 südwestlich von Rockall an und torpedierte und beschädigte die niederländische ALCINOUS (6.189 t). Es beschädigte die griechische LEONIDAS M. VALMAS (2.080 t) am 20. westlich von Aran Island. Das Schiff wurde eingeschleppt, aber zum Verlust erklärt.
Am 27. versenkte U 46 den britischen Hilfskreuzer HMS DUNVEGAN CASTLE (15.007 t), wieder westlich von Aran Island. Am 31. sank die belgische VILLE DE HASSELT (7.461 t) westlich von Barra, Hebriden. Auf der Rückfahrt versenkte das Boot zwei Nachzügler des nach Westen laufenden Convoys OB 205 am 2.9.40 südsüdwestlich von Rockall, die britische THORNLEA (4.261 t) und die britische BIBURY (4.616 t). Am 4. versenkte das Boot westsüdwestlich der Scillies die britische LUIMNEACH (1.074 t) mit Artillerie. Das Boot lief am 6.9.40 in Lorient ein.
9. 20.9.40: Auslaufen Lorient und Einlaufen St. Nazaire am 21.9.40.
10. 23.9.40: Auslaufen zur Operation westlich der Britischen Inseln. In der Frühe des 26. versenkte U 46 einen Nachzügler des nach Süden laufenden Convoys OG 43, südwestlich von Irland, die britische COAST

WINGS (862 t). Später am selben Tag versenkte U 46 die schwedische SILJAN (3.058 t) westsüdwestlich von Irland. Zwei Männer der Bootsbesatzung von U 46 gingen am 27. verloren. Sie stürzten über Bord. Das Boot lief am 29.9.40 in St. Nazaire ein.

11. 13.10.40: Auslaufen zur Operation vor den Britischen Inseln. Am 18. gehörte U 46 zu einer Reihe von Booten, die auf den nach Osten laufenden Convoy SC 7 angesetzt waren. Am Abend des 18. versenkte Endraß drei Schiffe ostnordöstlich von Rockall, die britische BEATUS (4.885 t), die schwedische CONVALLARIA (1.996 t) und die schwedische GUNBORG (1.572 t). Am 19. sichtete U 47 den nach Osten laufenden Convoy HX 79 südwestlich von Rockall. Sehr spät am 19. machten U 46 und U 47 Scheinangriffe auf die britische WANDBY (4.947 t), die nicht vor dem 21. sank. Es scheint, dass die Schäden, von U 47 verursacht, das Schiff schließlich sinken ließen.

U 46 versenkte zwei Schiffe vom Convoy HX 79, die britische RUPERRA (4.548 t) am späten 19. und den Nachzügler, den schwedischen Tanker MV JANUS (9.965 t), in den ersten Stunden des 20. U 46 wurde dann von drei Hudsons der 233. Squadron (P/Os A.T. Maudsley, Winnicot, Walsh) am 25. westlich von Stavanger angegriffen. Es wurde an der Wasseroberfläche gesichtet und mit 100 1b-Bomben angegriffen. Eine war ein direkter Treffer am Heck und rief ein großes Loch an den äußeren Platten hervor. Ein Besatzungsmitglied wurde schwer verwundet. U 46 lief am 29.10.40 in Kiel ein.

12. 12.2.41: Auslaufen in den Nordatlantik zur Operation zwischen den Shetlands und den Färörn. Eine ergebnislose Patrouille. Rückkehr am 4.3.41.

13. 15.3.41: Auslaufen St. Nazaire in ein Gebiet südlich von Island. Am 29. versenkte U 46 südsüdwestlich von Reykjavik die schwedische LIGURIA (1.751 t). Das Schiff war ein Nachzügler des Convoys OG 56 und war im Moment der Versenkung beim Convoy OB 302. Später, am 31., versenkte U 46 den britischen Tanker MV CASTOR (8.714 t) im zentralen Nordatlantik, ostsüdöstlich.

Vom 2.4.41 an gehörte U 46 mit sechs anderen Booten zu einer Gruppe, die gegen den nach Osten laufenden Convoy SC 26 südlich von Island angesetzt war. Das Boot versenkte zwei Schiffe, den britischen Tanker MV BRITISH RELIANCE (7.000 t) sehr spät am 2. und die britische ALDERPOOL (4.313 t) in den ersten Stunden des 3. Während der letzten Attacke mag U 46 Tropedotreffer auf zwei andere britische Schiffe des Convoys erzielt haben, die THIRLBY und die ATHENIC. Die Operation war am 5. beendet. Rückkehr in den Stützpunkt am 10.4.41.

14. 15.5.41: Auslaufen St. Nazaire zur Operation südlich von Grönland.

Am 24. gehörte U 46 zu sieben Booten, denen befohlen war, eine Patrouillelinie südlich von Cape Farewell zu bilden, mit der Hoffnung, einige der Gegner der fliehenden BISMARCK, die diese Linie durchstießen, zu versenken. Dieser Plan wurde am Abend des 24. widerrufen, als bekannt wurde, die BISMARCK wollte nach St. Nazaire laufen.

U 46, U 43, U 65, U 111 und U 557 wurden dann zur Bildung einer neuen, etwas breiteren Patrouillenlinie südöstlich von Cape Farewell befohlen, U 93 und U 94 verließen die Gruppe. Die fünf verbliebenen Boote formten eine neue Gruppe im Westatlantik ab 1.6.41.

Am 6. griff U 46 ohne Erfolg einen Tanker an, der einen Drehkreis fuhr und das getauchte Boot rammte, aber es gab nur geringe Schäden.

Auf der Rückfahrt torpedierte und versenkte U 46 die britische TREVARRAK (5.270 t) und beschädigte möglicherweise den britischen Tanker MV ENSIS (6.207 t) nördlich der Azoren am Nachmittag des 8. Die ENSIS wurde später von Ubooten angegriffen. U 572 beschädigte sie mit Artillerie am 4.4.42 nördlich der Bermudas und U 407 torpedierte und beschädigte sie nochmals am 29.2.44 im Mittelmeer, vor der syrischen Küste. Bald nach Mitternacht am 9.6.41 erlegte U 46 sein letztes Opfer, die britische PHIDIAS (5.623 t), mit Torpedo und Artillerie nördlich der Azoren. Rückkehr in den Stützpunkt am 13.6.41.

15. 26.7.41: Auslaufen in den Nordatlantik. Auf dieser letzten Operation sollte U 46 westlich des Nordkanals und Irlands patrouillieren. Am 6. und am 7. August operierten U 46 und andere Boote gegen den nach Norden laufenden Convoy HG 68, aber ohne Erfolg. Ab 8. suchten die Boote nach einem nach Süden laufenden Convoy, aber sie fanden ihn nicht. Hiernach fuhr U 46 in ein Gebiet südlich von Island und dann weiter westlich in den zentralen Nordatlantik. Nachdem es kein Opfer gefunden hatte, kehrte es am 23. nach Bergen zurück und lief am 26.8.41 in Kiel ein.

U 46 fuhr dann ab August 1941 als Schulboot für die 26. U-Flottille in Pillau und die 24. U-Flottille in Memel. Das Boot stellte im Oktober 1943 in Neustadt außer Dienst und diente als verankertes Ziel für Torpedoschießen bei der 3. ULD. U 46 wurde am 4.5.45 in der Kupfermühlenbucht selbst versenkt.

U 47 Typ VII B

Bauwerft: Germaniawerft, Kiel
Kiellegung: 1. April 1937
Stapellauf: 29. Oktober 1938
Indienststellung: 17. Dezember 1938
Feldpost-Nr.: M 18837
Gesunken am 7./8. März 1941 vor Island, Position unbekannt

Kommandos:
U-Flottille Wegener, Kiel, von Dezember 1938–Dezember 1939 (Frontboot)
7. U-Flottille Kiel/St. Nazaire von Januar 1940–7./8. März 1941

Kommandant:
KKpt Günther Prien, Dezember 1938–7./8. März 1941

Feindfahrten: 10
Versenkte Schiffe: 30 (164.953 BRT) und 8 beschädigt
1 Schlachtschiff (29.150 t)

1. 19.8.39: Auslaufen Kiel zur Operation in und westlich der Biskaya mit der 7. U-Flottille. U 47 patrouillierte nordwestlich von Cape Ortegal, und in der ersten Woche des Krieges versenkte es dort drei Schiffe. Am 5.9.39 die britische BOSNIA (2.407 t) und am 6. die britische RIO CLARO (4.086 t), beide mit Torpedo und Artillerie. Am 7. versenkte das Boot die britische GARTAVON (1.777 t) mit Artillerie. U 47 gehörte mit zu den Booten, die am 7. zur Ausrüstung für den Atlantik zurückgerufen wurden. Rückkehr in den Stützpunkt am 15.9.39.
2. 8.10.39: Auslaufen Kiel zu einer Spezialoperation in Scapa Flow, der am meisten bekannte Handstreich im Zweiten Weltkrieg. Das Uboot Günther Priens versenkte das Schlachtschiff HMS ROYAL OAK, das in der Nacht vom 13./14.10.39 mit 833 Mann unterging. Um die Briten vor dem Angriff zu täuschen, hat U 18 Funksprüche abgesetzt, dass Priens Boot diesen Bereich bereits verlassen hat. Rückkehr nach Wilhelmshaven am 17.10.39.
3. 20.10.39: Auslaufen Wilhelmshaven und Ankunft Kiel am 21.10.39.
4. 16.11.39: Auslaufen Kiel zur Operation gegen britische Marinestreitkräfte im Gebiet der Orkneys. Am 28. hatte U 47 einen Misserfolg östlich der Shetlands, als ein auf HMS NORFOLK abgeschossener Torpedo im Kielwasser explodierte.
Anfang Dezember drehte U 47 in das Gebiet westlich des Englischen Kanals. Am 5. versenkte das Boot südlich von Fastnet die britische NAVASOTA (8.795 t) aus dem Convoy OB 46, am 6. den norwegischen Tanker MV BRITTA (6.214 t) südwestlich des Longship Light und am 7. die niederländische TAJANDOEN (8.159 t) südsüdöstlich von Lizard. Rückkehr in den Stützpunkt am 18.12.39.

Das Boot wurde nach seiner Rückkehr umfassend repariert und war nicht klar für neue Operationen bis Anfang März 1940.

5. 29.2.40: Auslaufen Kiel, Einlaufen Wilhelmshaven 5.3.40.
6. 11.3.40: Auslaufen zur Patrouille vor Bergen, dann später Kurs auf die Orkneys/Shetlands zur Operation gegen britische Seestreitkräfte. Nur ein Schiff wurde von Prien auf dieser Unternehmung versenkt, die dänische BRITTA (1.146 t), am 25. westlich der Shetlands. U 47 kehrte am 29.4.40 nach Wilhelmshaven zurück.
7. 3.4.40: Auslaufen zum Treffen mit der 5. Uboot-Gruppe, die nordöstlich von den Shetlands operierte, als Teil der Operation »Hartmut«. U 47 lief zum Vaagsfjord, und am Abend des 15. war es im Bygdenfjord, wo drei große und drei kleine britische Transporter ihre Truppen ausluden. Es lagen dort auch zwei Kreuzer vor Anker. Prien nahm eine Position zur Torpedoattacke ein. Vier Torpedos wurden geschossen. Wie zuvor schon geschehen, waren alle Fehlschüsse, einer lief aus dem Kurs und explodierte auf einem Felsen. Das Boot bekam Grundberührung, als es sich davonmachte, und wurde von einem Zerstörer geortet, der Wasserbomben warf, die die Maschinen von U 47 beschädigten. U 47 kehrte am 26.4.40 zurück.
8. 3.6.40: Auslaufen Kiel zu einer Rudeloperation im Gebiet nordwestlich von Cape Finisterre. Auf dem Weg dorthin versenkte U 47 die britische BALMORALWOOD (5.834 t), einen Nachzügler des Convoys HX 46 am 14. südwestlich von Fastnet. Prien mit U 47 war der taktische Führer der aus sechs Booten bestehenden Gruppe, die quer zum Kurs des erwarteten Convoys HX 48 eine Kette bildeten. Der Plan sah vor, den Convoy anzugreifen, bevor ihn am 16. die Geleitfahrzeuge etwa 400 Seemeilen westlich von Lorient ab 17. aufnahmen. Es kam zu keinem Kontakt, und die Gruppe erkannte nach einiger Zeit, dass der Convoy nach Süden abgedreht hatte. Es gab keine Chance, ihn nochmals zu erwischen.
Die Gruppe löste sich auf und U 47 ging in ein Gebiet südwestlich von Irland. Am 21.6.40 wurde ein Tanker, die britische SAN FERNANDO (13.056 t) südwestlich von Cape Clear versenkt. Er gehörte zum Convoy HX 49. Priens andere zwei Torpedos versagten ebenfalls, obwohl er meldete, dass er ein weiteres Schiff versenkt und eines beschädigt hatte. Am 24. wurde die panamesische

CATHRINE (1.885 t) mit Artillerie südwestlich von Irland versenkt. In den letzten drei Tagen des Juni wurden vier Schiffe durch U 47 südwestlich von Fastnet versenkt. Am 27. die norwegische LENDA (4.005 t) durch Torpedo und Artillerie, der niederländische Tanker LETICIA (2.580 t) mit Artillerie, am 29. die britische EMPIRE TOUCHAN (4.421 t) und am 30. die griechische GEORGIOS KYRIAKIDES (4.201 t) mit Torpedo.

Auf der Rückfahrt versenkte U 47 die britische ARANDORA STAR (15.501 t) westlich von Aran Islandd am Morgen des 2.7.40. Das Schiff war auf dem Weg nach Kanada mit 1.300 Deutschen und Italienern, die interniert waren, mit 200 Mann Wache, und 174 Mann Besatzung. Insgesamt 805 Menschen verloren ihr Leben. U 47 kehrte am 6.7.40 in den Stützpunkt zurück.

9. 27.8.40: Auslaufen Kiel zur Patrouille westlich der Britischen Inseln.

Am 2.9.40 versenkte U 47 die belgische VILLE DE MONS (7.463 t) nordöstlich von Rockall und am 4. griff Prien den westwärts laufenden Convoy OA 207 nordwestlich von Rockall an, versenkte die britische TITAN (9.035 t) und meldete ein weiteres Schiff als beschädigt. Das Boot verlor einen Mann, der am 5. über Bord ging. Am 6. wurde der nach Osten laufende Convoy SC 2 gesichtet und in den Morgenstunden des 7. versenkte U 47 drei Schiffe nordwestlich von Rockall, die britische NEPTUNIAN (5.155 t), die britische JOSE DE LARRINAGA (5.303 t), und die norwegische GRO (4.211 t). Prien verfolgte den Convoy und versenkte am 9. die griechische POSEIDON (3.840 t) westlich von Barra, Hebriden. U 47 übernahm dann die Aufgabe eines Wetterbootes. Am 20.9.40 sichtete U 47 den östlich laufenden Convoy HX 72. Prien hatte keine Torpedos mehr und beschattete den Convoy. Am 21. griff er die britische ELMBANK (5.156 t) mit Artillerie an. Das Schiff, früher beschädigt durch Torpedotreffer von U 99, wurde durch U 47 in Brand geschossen. Es fand sein Ende durch U 99. U 47 kehrte nach dem neuen Stützpunkt Lorient am 25.9.40 zurück.

10. Auslaufen Lorient als Wetterboot westlich der Britischen Inseln. Am 19. sichtete U 47 den nach Osten laufenden Convoy HX 79 südwestlich von Rockall. Spät am Abend torpedierte und versenkte U 47 die niederländische BILDERDIJK (6.856 t), beschädigte den britischen Tanker SHIRAK (6.023 t), der einige Stunden später durch U 48 versenkt wurde, und torpedierte die britische WANDBY (4.947 t). Dieses Schiff wurde zur gleichen Zeit von U 48 angegriffen, aber es gilt als sicher, dass der tödliche Torpedo der von U 47 war. Gleich am 20. nach Mitternacht griff Prien erneut den Convoy an und versenkte die britische LA ESTANCIA (5.185 t), die britische WHITFORD POINT (5.026 t) und beschädigte die britische

MV ATHELMONARCH (8.995 t). Dieses Schiff wurde schließlich durch U 97 am 15.6.43 versenkt. Rückkehr in den Stützpunkt am 23.10.40.

11. 3.11.40: Auslaufen Lorient in ein Gebiet westlich des Nordkanals als Wetterboot. Am 1.12.40 sichtete U 47 den Convoy HX 90 im zentralen Nordatlantik, 500 Seemeilen westlich von Irland. U 47 befand sich im Süden des Convoys, war eines von drei Booten, die auf die Meldung von U 47 herangekommen waren. Prien schloss an den Convoy am kommenden Morgen heran und versenkte am 2. den Nachzügler VILLE D'ARLON (belgisch, 7.55 t) und eine Stunde später wurde der britische Tanker MV CONCH (8.376 t) torpediert und beschädigt. Das Schiff wurde am späten Morgen von drei Torpedos des Ubootes U 95 beschossen und dann von U 99 versenkt. Rückkehr in den Stützpunkt am 6.12.40.

12. 20.2.41: Auslaufen Lorient in den Atlantik.

Am 25. sichtete U 47 den West laufenden Convoy OB 290 südlich von Rockall, aber wurde durch Flugzeuge behindert. Prien kehrte in der Dämmerung zurück und am 26. früh versenkte U 47 drei Schiffe des Convoys, die belgische KASONGO (5.254 t), das schwedische Motorschiff RYDBOHOLM (3.197 t) und das norwegische Motorschiff BORGLAND (3.636 t). Ebenfalls torpediert und beschädigt wurde der britische Tanker MV DIALA (8.106 t), der schließlich am 15.1.42 durch U 553 südöstlich von St. Johns, Neufundland, versenkt wurde. Prien führte Condor-Maschinen des 1./KG 40 an den Convoy OB 290 heran. Sie versenkten sieben Schiffe und beschädigten zwei weitere. Der Convoy wurde danach aufgelöst und am 28. versenkte Prien eines der aufgelösten Schiffe durch Artillerie, die britische HOLMLEA (4.223 t), sein letztes Opfer. Vom 2.3.41 operierte U 47 gegen den Convoy OB 292 für drei Tage, ohne Erfolg. Am 6. wurde der Convoy OB 293 gesichtet und U 47 beschattete ihn. Am frühen Morgen des 7. torpedierte und beschädigte U 47 den britischen Walfänger TERJE VIKEN (20.638 t) und den Tanker ATHELBEACH (britisch, 6.568 t). Schnell hintereinander torpedierte und versenkte U 99 beide Schiffe. Während der Nacht vom 7./8.3.41 ging der Kontakt mit U 47 verloren. Es war untergegangen. Die für viele Jahre akzeptierte Version über den Untergang von U 47 war, dass es durch Wasserbomben des Zerstörers HMS WOLVERINE zerstört wurde. Spätere Untersuchungen vermelden allerdings, dass WOLVERINE U A angegriffen hat und dass U 47 aufgrund eines unbewiesenen Vorfalls verloren ging.

Obwohl Günther Prien nicht den höchsten Tonnageerfolg verbuchen konnte, ist er doch der berühmteste und best bekannte Ubootkommandant des Zweiten Weltkrieges, aufgrund der Versenkung von HMS

ROYAL OAK. Während des Krieges gab es immer wieder Gerüchte, dass er und seine Besatzung nicht gefallen waren, sondern wegen Meuterei in ein Arbeitslager in Russland geschickt wurden. Eine andere Geschichte will glauben machen, dass er in einem Konzentrationslager umgekommen sei, und nach dem Krieg setzte sich das fort. Danach soll er erschossen worden sein, bevor die Alliierten kamen. Freunde von Prien haben nach dem Krieg versucht, hier Klarheit zu schaffen, ohne Erfolg. Priens Charisma ist noch heute aktuell und innerhalb der Geschichte des Ubootkrieges ist er eine der am meisten behandelten Figuren.

U 48 Typ VII B

Bauwerft: Germaniawerft, Kiel
Kiellegung: 5. März 1933
Stapellauf: 5. März 1939
Indienststellung: 22. April 1939
Feldpost-Nr.: M 27354
Versenkt am 3. Mai 1945 in Neustadt

Kommandos:
U-Flottille Wegener, Kiel, von April–Dezember 1939 (Frontboot)
7. U-Flottille Kiel/St. Nazaire von Januar 1940–Juni 1941 (Frontboot)
26. U-Flottille Pillau von Juli 1941–März 1942 (Schulboot)
21. U-Flottille Pillau von April 1942–Oktober 1943 (Schulboot)

Kommandanten:
KptLt Herbert Schultze, April 1939–Mai 1940 und Dezember 1940–Juli 1941
KptLt Rudolf Rösing, Mai–August 1940
KptLt Heinrich Bleichrodt, August–Dezember 1940
OLtzS Siegfried Atzinger, August 1941–September 1942
OLtzS Diether Todenhagen, Sept. 1942–Okt. 1943

Feindfahrten: 12
Versenkte Schiffe: 53 (304.891 BRT) und 4 beschädigt
1 Sloop (1.060 t)

1. 19.8.39: Auslaufen Kiel in den Atlantik in die westliche Biskaya mit der 7. U-Flottille. U 48 kontrollierte ein Gebiet nordwestlich von Cape Ortegal und griff am 5.9.39 die britische ROYAL SCEPTRE (4.853 t) an. Nach einem Schuss vor den Bug machte das Schiff keine Anstalten, zu stoppen, sondern löste einen Notruf aus. Schultze feuerte auf das Schiff, die Besatzung verließ es. Er torpedierte und versenkte die ROYAL SCEPTRE. Ihr Funker, der an Bord verblieben war, sandte weiterhin Notrufe und ging mit dem Schiff unter. Kurz darauf stoppte Schultze das britische Schiff BROWNING mit einem Schuss vor den Bug. Die Besatzung verließ ihr Schiff. Schultze erreichte die Rettungsboote und befahl dem Kapitän, sein Schiff wieder zu besetzen und die Überlebenden der ROYAL SCEPTRE zu übernehmen. Die BROWNING (5.332 t) wurde am 21.11.42 vor Oran durch U 595 versenkt. Am 7.9.39 war U 48 eines der Boote, die zur Ausrüstung für den Atlantikeinsatz zurückgerufen wurden.

Auf der Rückfahrt am 8. torpedierte das Boot die britische WINKLEIGH (5.055 t) südwestlich von Irland und versenkte sie. Am 11. versenkte das Boot die britische FIRBY (4.869 t) mit Torpedo und Artillerie nördlich von Rockall. U 48 kam am 17.9.39 zurück.

2. 4.10.39: Auslaufen Kiel in den Atlantik zur Teilnahme am ersten Rudel-Unternehmen mit vier anderen Booten, der taktische Führer befand sich an Bord von U 37. Auf der Fahrt in das Zielgebiet griff U 48 die französische EMILE MIGUET (4.115 t), einen Nachzügler des Convoys KJ 2, westsüdwestlich von Fastnet an. Schultze eröffnete das Feuer auf das gestoppte Schiff. Fünf Seemeilen vom Convoy entfernt war die britische HERONSPOOL (5.202 t), ein Nachzügler des Convoys OB 17, deren Kapitän das Schießen hörte. Er beobachtete es und machte zwölf kurze Rauchzeichen, um seine Besatzung auf ihre Stationen zu bringen. Das mag Schultze mitbekommen haben, denn nach der Versenkung der EMILE MIGUET folgte er der HERONSPOOL. Es war ein wahres Feuerwerk, bevor Schultze sie mit einem Torpedo versenkte. Am Morgen des 13. versenkte U 48 die französische LOUISIANE (6.903 t) aus dem Convoy OA 17 mit Artillerie westsüdwestlich von Fastnet. Bald nach Mittag am 14. versenkte das Boot die britische SNEATON (3.677 t) durch Torpedo und Artillerie südwestlich von Fastnet. Drei der Boote der geplanten Rudelaktion, U 40, U 42 und U 45, gingen auf dem Weg verloren. Am 16. sichtete U 46 den nach Norden laufenden Convoy HG 3 und rief die beiden anderen Boote herbei, U 37 und U 48. Sie verloren den Kontakt zum Convoy, aber nachdem sie ihn wieder hatten, westnordwestlich von Cape Finisterre, versenkten sie drei Schiffe am 17. abends. U 48 versenkte die britische CLAN CHISHOLM (7.256 t). Aufgrund von Torpedoversagern konnten viele Schiffe entkommen. U 48 kehrte am 25.10.39 zurück.

3. 20.11.39: Auslaufen nach den Orkneys zur Operation gegen britische Seestreitkräfte. Am 26. versenkte U 48 den schwedischen Tanker MV Gustaf E. Reuter (6.336 t) westnordwestlich von Fair Isle.

Das Boot fuhr am 28. gen Süden, es hatte Befehl erhalten, am Ende des Englischen Kanals zu operieren. Am 8.12.39 griff U 48 den nach Westen laufenden Convoy CB 48 südsüdöstlich von Fastnet an. Kurz vor Mitternacht versenkte es die britische Brandon (6.668 t) und in den frühen Stunden des 9. torpedierte und beschädigte das Boot den britischen Tanker MV San Alberto (7.397 t). Das verlassene Wrack wurde dann am 12. von einem britischen Geleitfahrzeug versenkt.

U 48 versenkte die griechische Germaine (5.217 t) südwestlich von Irland am 15.12.39. Dann begann es die Heimreise, und nach der Passage des Fair Isle-Kanals am 19. befand sich kein Uboot mehr im Atlantik. Rückkehr nach Kiel am 20.12.39.

4. 24.1.40: Auslaufen zum Minenlegenn vor Weymouth. Diese verursachten keine Verluste. Danach fuhr U 48 nach dem westlichen Eintritt des Englischen Kanals und operierte im Gebiet südwestlich der Scillies. Da versenkte es am 10. die niederländische Burgerdijk (6.853 t), am 14. die britische Sultan Star (12.306 t) und am 15. den niederländischen Tanker MV Den Haag (8.971 t). Südlich von Bishop Rock versenkte U 48 am 17. die finnische Wilja (3.396 t). Einige Zeit während dieses Einsatzes machte Schultze einen unbefriedigenden Angriff auf britische Marinefahrzeuge, zu denen die HMS Ark Royal und HMS Renown gehörten. Rückkehr in den Stützpunkt am 26.2.40.

5. 3.4.40: Auslaufen Kiel mit dem Befehl zur Teilnahme an der Operation »Hartmut«. Nachdem am 6. die Befehle geöffnet worden waren, erhielten die Boote ihre Einsatzgebiete vor der norwegischen Küste, wo sie die deutschen Landungsaktionen ab 9. gegen britische Angriffe unterstützen sollten. U 48 gehörte zur 5. Gruppe, die nordöstlich der Shetlands agieren sollte. Am 10. wurden die Boote der Gruppe nach Narvik befohlen. Auf der Fahrt nach dort wurden U 48 und U 49 nach anderen Fjorden befohlen, wo britische Landungen vermutet wurden. U 48 lief wahrscheinlich in den Nams-Fjord. Am 13., als die Lage in Narvik kritisch wurde, wurde U 48 mit anderen Booten nach dem Vest-Fjord/Vaags-Fjord befohlen. Am 14. machte U 48 einen Angriff auf HMS Warspite, der aufgrund fehlerhafter Torpdeos fehlschlug. Rückkehr in den Stützpunkt am 20.4.40.

6. 26.5.40: Auslaufen Kiel in ein Gebiet westnordwestlich von Cape Finisterre. U 48 wurde nun von Korvettenkapitän Rösing geführt, denn dieser war als taktischer Führer einer Gruppe von fünf Booten eingesetzt, die den nach Norden laufenden Convoy US 3, der am 13.6.40 westlich von Cape Finisterre erwartet wurde, angreifen sollte.

Auf der Fahrt in das Operationsgebiet versenkte U 48 die britische Stancor (798 t) mit Artillerie nordwestlich von der Isle of Lewis. In den frühen Stunden des 7. versenkte Rösing die britische Frances Massey (4.212 t) westnordwestlich von Malin Head und torpedierte die britische Eros (5.888 t). Am 11. versenkte U 48 die griechische Violando N. Goulandris (3.598 t) westnordwestlich von Cape Finisterre. Der Angriff auf den Convoy US 3 fand nicht statt, die Gruppe »Rösing« wurde aufgelöst, die Boote begannen ihren selbstständigen Einsatz. Der Convoy HGF 34 wurde am 19. westnordwestlich von Cape Ortegal angegriffen und U 48 versenkte die norwegische MV Tudor (6.607 t), die britische Baron Loudon (3.164 t) und die britische British Monarch (5.661 t). Alle wurden mit Torpedos versenkt. Am 20. versenkte Rösing einen Nachzügler des nach Osten laufenden Convoys HX 49, den Tanker (niederländisch, 7.493 t) MV Moerdrecht westlich von El Ferrol. U 48 lief Kiel am 29.6.40 an.

7. 7.8.40: Ab dem 13. versuchte U 48 einen Angriff auf den Convoy HX 62 mit U 38 und U 46. Der Versuch schlug fehl. Am 16. versenkte U 48 die schwedische Hedrun (2.325 t) westsüdwestlich von Rockall und kurz nach Mitternacht des 18. die belgische Ville de Grand (7.590 t) südsüdwestlich von Rockall. Rösing versenkte einen Nachzügler des nach Osten laufenden Convoys HX 65 am 24., den Tanker La Brea (britisch, 6,666 t), westnordwestlich von Rockall, und in den ersten Stunden des 25. im selben Gebiet die britische MV Athelcrest (6.825 t) sowie die britische Empire Merlin (5.763 t), beide vom Convoy HX 65 A. U 48 kehrte am 28.8.40 zurück in den neuen Stützpunkt Lorient.

8. 8.9.40: Das Boot, nun unter Führung von Kapitänleutnant Heinrich Bleichrodt, griff westsüdwestlich von Rockall den nach Osten laufenden Convoy SC 3 am 15. an. Vier Schiffe wurden versenkt, die griechische Alexandros (4.343 t), die britische Empire Volunteer (5.319 t), der britische Nachzügler Kenordoc (1.780 t) und die Sloop HMS Dundee vom Geleit. Am 18. versenkte Bleichrodt westlich von Rockall drei Schiffe, die britische City of Benares (11.081 t), die britische Marina (5.088 t) und die britische Magdalena (3.118 t). Nachdem alle Torpedos bei dem Angriff auf den Convoy SC 2 am 10.9.40 verschossen worden waren, konnte U 47 den nach Osten laufenden Convoy HX 72 nicht angreifen, der am 20. gesichtet wurde. Folglich beschattete es ihn. U 48 war eines von fünf Booten, die befohlen wurden, den Convoy aufzuhalten. Allerdings wurde daraus nichts, da HX 72 während der Nacht seinen Kurs änderte. In Folge der Meldung von U 47 traf Bleichrodt dicht auf den Convoy am frühen Morgen des 21. und versenkte die britische Blairangus (4.409 t) südlich von

Island. Er beschattete den Convoy über den Tag und beschädigte am späten Abend die britische BROOMPARK (5.136 t). Dieses Schiff wurde später von U 552 am 25.7.42 östlich von Neufundland versenkt. Insgesamt fünf Boote griffen den Convoy HK 72 an. Sie versenkten elf Schiffe und beschädigten zwei weitere. U 48 kehrte am 25.9.40 nach Lorient zurück.

9. 5.10.40: Auslaufen zur Operation westlich der Britischen Inseln. Spät am Abend des 11. sichtete U 48 den nach Osten laufenden Convoy HX 77 westsüdwestlich von Rockall. Innerhalb von zwei Stunden versenkte Bleichrodt drei Schiffe, die norwegische BRANDANGER (4.624 t), die britische MV PORT GISBORNE (8.390 t) und den norwegischen Tanker DAVANGER (7.102 t). Während der Nacht vom 16./17. kontaktierte U 48 den nach Osten laufenden Convoy SC 7 nordwestlich von Rockall. Bleichrodt griff in der Dämmerung an und versenkte die britische MV LANGUEDOC (9.512 t), die britische SCORESBY (3.843 t) und beschädigte möglicherweise die britische HASPENDEN (4.678 t). U 48 verlor den Kontakt mit dem Convoy, nachdem es von einer Sunderlang mit Wasserbomben angegriffen wurde. Es wurde dann acht Stunden lang von HMS SCARBOROUGH verfolgt. Der Angriff auf SC 7 wurde am 18. und 19. fortgesetzt. Insgesamt wurden zwanzig Schiffe versenkt und weitere vier wurden durch sieben Boote beschädigt. U 48 konnte keinen weiteren Kontakt mit SC 7 herstellen und nahm an den weiteren Aktionen nicht mehr teil. Am Morgen des 18. versenkte das Boot südlich von Island die britische SANDSEND (3.612 t), wahrscheinlich ein Nachzügler vom nach Westen laufenden Convoy OB 22. Kurz nach Mitternacht, am 19., torpedierte und versenkte U 48 westsüdwestlich von Rockall den britischen Tanker SHIRAK (6.023 t). Das Schiff des Convoys HX 79 hatte gestoppt, nachdem es von Prien mit U 47 torpediert worden war. U 48 kehrte am 27.10.40 zurück nach Kiel.

10. 20.1.41: Auslaufen in den Atlantik westlich von den Britischen Inseln. Kapitänleutnant Schultze hatte erneut das Kommando über U 48. Am 1.2.41 versenkte er südlich von Island die griechische NICOLAOS ANGELOS (4.351 t). Am 19. wurde U 48 mit anderen Booten südlich von Island nach Südost befohlen, um eine Auffanglinie in Erwartung des nach Westen laufenden Convoys OB 287 zu bilden, der von deutschen Flugzeugen nordwestlich von Cape Wrath gesichtet worden war. Falsche Angaben des Flugzeuges sorgten dafür, dass die Auffanglinie falsch gesetzt wurde, und die Operation wurde am 21. abgeblasen. Südwestlich von Fastnet kam am 24. U 48 zum Zuge und versenkte den Nachzügler, die britische NAILSEA LASS (4.289 t) des nach Norden laufenden Convoys SLS 64. U 48 lief am 27.2.40 in den neuen Stützpunkt St. Nazaire ein.

11. 17.3.41: Auslaufen zur Operation im Atlantik. In den frühen Morgenstunden des 29. sichtete U 48 den nach Osten laufenden Convoy HX 115 südlich von Island. In mehreren Angriffen versenkte das Boot vier Schiffe, die britische GERMANIA (5.352 t), die britische LIMBOURG (2.483 t), die britische EASTLEA (4.267 t) und die britische HYLTON (5.197 t). U 48 versenkte den britischen Tanker BEAVERDALE (9.957 t) mit Torpedo und Artillerie am 2.4.41 südwestlich von Reykjavik. Rückkehr in den Stützpunkt am 4.4.41.

12. 22.5.41: Auslaufen St. Nazaire in den Nordatlantik. Am 24. waren das deutsche Schlachtschiff BISMARCK und die PRINZ EUGEN angetreten, durch die Dänemarkstraße in den Atlantik auszubrechen. Der Plan war, dass eine Uboot-Gruppe eine Trennlinie südlich von Cape Farewell bilden sollte. Nachdem die beiden Kriegsschiffe diese Linie passiert hatten, sollten die Boote jede Beschattung durch britische Streitkräfte verhindern.

Allerdings wurde der Plan geändert. Die BISMARCK sollte St. Nazaire anlaufen und die PRINZ EUGEN lief südwestwärts. Während der Nacht vom 24./25. wurde die BISMARCK durch einen Angriff britischer Trägerflugzeuge beschädigt. Um sie in vergleichsweise sichere Gefilde in der Biskaya zu geleiten, wurden die heimwärts laufenden Boote U 74, U 97, U 98, U 109 und U 556 und die weiter auswärts stehenden U 48, U 73 und U 108 befohlen, sich am 25. 450 Seemeilen von St. Nazaire zu versammeln. Sie wurden zur Bildung einer Linie befohlen, die nach Nordwest von Cape Ortegal reichte. Dies wurden wegen eines heftigen Sturms verschoben, die Boote konnten erst am 26. ihre Position einnehmen. Am Abend des Tages befand sich die BISMARCK nordwestlich am Ende der Linie, fuhr parallel zu ihr und direkt nach Osten.

U 556, das nordwestlich stehende Boot, sichtete HMS ARK ROYAL und ein Schlachtschiff mit Kurs auf die BISMARCK, hatte aber keine Torpedos mehr. Den Booten mit Torpedos wurden befohlen, zur BISMARCK zu laufen, um ihr zu helfen, aber schwere See verhinderte, sie zu finden. U 556 wurde befohlen, das Kriegstagebuch der BISMARCK zu holen, aber der Befehl wurde nicht angenommen. Die BISMARCK sank am Morgen des 27. U 48, U 73 und U 108 suchten bis einschließlich 31. nach Überlebenden, aber es wurden keine gefunden. U 48 versuchte die »West«-Gruppe zu erreichen und fuhr zu einem Gebiet nördlich der Azoren. Am 3.6.41 versenkte es den britischen Tanker INVERSUIR (9.456 t) mit Torpedo und Artillerie und am 5. den britischen Tanker MV WELLFIELD (6.054 t). Auf der Fahrt weiter in den zentralen Nordatlantik versenkte U 48 die britische TREGARTHEN (5.201 t) nordnordwestlich von den Azoren am 6. und versenkte den großen niederländischen Tanker

PENDRECHT (10.746 t) nordwestlich der Azoren am 8. Der Tanker gehörte zuvor zum Convoy OB 329. Das letzte Schiff, das von U 48 versenkt wurde, war die britische EMPIRE DEW (7.005 t) am 21. nördlich der Azoren. Das Boot lief am 21.6.41 in Kiel ein.

U 48 wurde Schulboot bei der 26. und 21. U-Flottille in Pillau. Außerdienststellung im Oktober 1943. Danach gehörte das Boot zur 3. ULD in Neustadt, wo es am 3.5.45 selbst versenkt wurde. U 48 war das erfolgreichste Boot des Zweiten Weltkrieges, sowohl in der Tonnageversenkung als auch in der Zahl der versenkten Schiffe.

U 49 Typ VII B

Bauwerft: Germaniawerft, Kiel
Kiellegung: 15. September 1938
Stapellauf: 24. Juni 1939
Indienststellung: 12. August 1939
Feldpost-Nr.: M 06383
Versenkt am 15. April 1940 im Vaagsfjord
(68°53'N/16°59'E)

Kommandos:
U-Flottille Wegener, Kiel, von August–Dezember 1939
(Schulboot/Frontboot)
7. U-Flottille Kiel von Januar 1940–15. April 1940
(Frontboot)

Kommandant:
KptLt Curt von Gossler, August 1939–15. April 1940

Feindfahrten: 3
Versenkte Schiffe: 1 (4.258 t)

1. 9.11.39: Auslaufen Kiel zur Teilnahme an dem zweiten Versuch einer Rudeloperation. Obwohl der Plan für fünf Boote vorgesehen war, standen nur drei Boote zur Verfügung: U 49, U 41 und U 43. Auf dem Weg zur vorgesehenen Position südwestlich von Portugal machte U 49 einen fehlgeschlagenen Angriff auf ein Schiff des nach Norden laufenden Convoys KS 27 am 16. vor Cape Finisterre. Am 18. wurden die drei Boote an einen nach Norden gehenden Convoy, der am Tag zuvor von U 53 vor Lissabon gesichtet worden war, herangeführt. Jedes Boot hatte Kontakte, aber nur ein Schiff wurde durch U 49 versenkt, die britische PENSILVA (4.258 t) durch

Torpedo und Artillerie nordwestlich von Cape Ortegal. Während des dreitägigen Kampfes musste U 49 Wasserbombenangriffe eines französischen Zerstörers überstehen. Seine Bugtorpedorohre wurden beschädigt und das Boot tauchte in die unabsichtliche Tiefe von 500 Fuß, ohne weitere Schäden. Rückkehr in den Stützpunkt am 29.11.39.
2. Auslaufen Kiel und Einlaufen Wilhelmshaven am 5.2.40.
3. 11.3.40: Auslaufen Wilhelmshaven nach Norwegen. Nach Patrouillen vor Bergen fuhr U 49 südwestwärts nach den Orkneys zur Operation gegen britische Seestreitkräfte. Rückkehr in den Stützpunkt am 29.3.40.
4. 3.4.40: Auslaufen zur Teilnahme an der Operation »Hartmut«. Als die Befehle am 6. dafür geöffnet wurden, erhielten die Boote ihre Positionen mitgeteilt, die sie vor der norwegischen Küste einzunehmen hatten, um ab 9. die deutschen Transporte und Bewegungen zu sichern und britische Seestreitkräfte anzugreifen, die das Unternehmen stören wollten. U 49 gehörte zur 5. Uboot-Gruppe, die nordöstlich der Shetlands operieren sollte. Am 10. wurden die Boote der Gruppe nach Narvik befohlen, das die Deutschen zu halten trachteten. Auf der Fahrt nach dort wurden U 48 und U 49 nach anderen Fjorden befohlen, wo britische Landungen vermutet wurden. U 49 fuhr in den Romsdalfjord. Am 13., die schlechte Situation um Narvik war bekannt, wurden U 49 und andere Boote in das Gebiet von Vest-Fjord/Vaags-Fjord befohlen. Am 15.4.40, während der Sicherung deutscher Transporte, wurde U 49 im Vaags-Fjord durch Wasserbomben des Zerstörers HMS FEARLESS (Cdr K. Harkness) und HMS BRAZEN (LtCdr Sir M. Culme-Seymour) versenkt. Einer der Bootsbesatzung ging verloren, 41 Mann, einschließlich Kommandant, wurden Kriegsgefangene.

Nach der Zerstörung von U 49 wurden Überreste gefunden. Aus diesen Überresten konnten die Briten die detaillierten Befehle mit den Planungen für die Besetzung Norwegens und die Uboot-Positionen für die Operation »Hartmut« entnehmen.

U 50 Typ VII B

Bauwerft: Germaniawerft, Kiel
Kiellegung: 3. November 1933
Stapellauf: 1. November 1939
Indienststellung: 12. Dezember 1939
Feldpost-Nr.: M 00375
Vermisst nach dem 7. April 1940 in der Nordsee

Kommandos:
U-Flottille Wegener, Kiel, von Dezember 1939 (Schulboot)
7. U-Flottille Kiel von Januar 1940–7. April 1940 (Schulboot/Frontboot)

Kommandant:
KptLt Max-Hermann Bauer, Dez. 1939–7. April 1940

Feindfahrten: 2
Versenkte Schiffe: 4 (16.089 BRT)

1. 6.2.40: Auslaufen Helgoland zur Operation im Nordatlantik. Auf der Fahrt nach dort versenkte U 50 die schwedische ORANIA (1.854 t) am 11. nordöstlich der Shetlands. Am 13. machte das Boot eine Attacke auf den norwegischen Tanker MV ALBERT L. ELLSWORTH (8.309 t). Beide Torpedos detonierten vorzeitig, einer direkt vor dem Bug des Gegners, ein anderer nahe der Breitseite mittschiffs. In den frühen Stunden des 15. torpedierte und versenkte U 50 die dänische MARYLAND (4.895 t) östlich von Rockall.
Nach Erreichen seiner Operationsbasis versenkte U 50 die niederländische TARA (4.760 t), westlich von Cape Finisterre, am 21. und den britischen Tanker BRITISH ENDEAVOUR (4.580 t) aus dem nach Osten laufenden Convoy OGF 19, westlich von Vigo. Am 22. kehrte U 50 am 4.3.40 zurück nach Kiel.
2. 5.4.40: Auslaufen Kiel nach Norwegen zur Teilnahme an der Operation »Hartmut«, die deutschen Streitkräfte in Norwegen zu sichern. Das Boot hatte Befehl, zur 5. Uboot-Gruppe zu stoßen, die nordöstlich der Shetlands operierte, aber es kam dort nicht an. Das Boot wurde nach dem 7. in der Nordsee, nördlich von Terschelling, als vermisst gemeldet. Möglicherweise wurde es durch Minentreffer im britischen Minenfeld Nr. 7 versenkt. Es gab keinen Überlebenden, 44 Tote.

U 51 Typ VII B

Bauwerft: Germaniawerft, Kiel
Kiellegung: 10. Februar 1937
Stapellauf: 11. Juni 1938
Indienststellung: 6. August 1938
Feldpost-Nr.: M 05671
Versenkt am 20. August 1940 westsüdwestlich von Lorient (47°06'N/04°51'W)

Kommandos:
U-Flottille Wegener, Kiel, von August 1938–Dezember 1939 (Frontboot)
7. U-Flottille Kiel von Januar 1940–20. August 1940 (Frontboot)

Kommandanten:
KptLt Ernst-Günther Heinicke, Aug. 1938–Aug. 1939
KptLt Dietrich Knorr, August 1939–20. August 1940

Feindfahrten: 4
Versenkte Schiffe: 6 (31.020 BRT)

1. 17.1.40: Auslaufen Kiel in den Nordatlantik. Am 22. versenkte U 51 die schwedische GOTHIA (1.640 t) westlich von St. Kilda und am 29. südlich von Fastnet die norwegische EIKA (1.503 t). Das Boot nahm zwei Überlebende der EIKA an Bord. Einlaufen Wilhelmshaven am 8.2.40.
2. 11.3.40: Auslaufen in norwegische Gewässer. U 51 operierte zuerst vor Narvik, später vor Drontheim. Nach dem 6.4.40 kehrte das Boot in das Gebiet von Narvik zurück, in den Vest-Fjord, zur Teilnahmee an der Operation »Hartmut« mit der 1. Uboot-Gruppe. Am 13. griff U 51 erfolglos britische Zerstörer an, die den Vest-Fjord nach ihrem Angriff auf die deutschen Zerstörer in Narvik verließen. Es gab keine Erfolge mehr am 19., als der Flakkreuzer HMS CAIRO, auslaufend Namsos, nach Geleit für den Convoy FP 1 angegriffen wurde. Rückkehr in den Stützpunkt am 22.4.40.
3. 6.6.40: Auslaufen Kiel zur Teilnahme an einer Rudeloperation im Gebiet nordwestlich von Cape Finisterre. U 51 war eines von sechs Booten, die in Erwartung des nach Norden laufenden Convoy HK 48 eine Auffanglinie bilden sollten. Die Gruppe stand unter der taktischen Führung von Güther Prien auf U 47. Der Plan sah vor, den Convoy am 16. zu fangen, bevor er 400 Seemeilen westlich von Brest von Geleitfahrzeugen aufgenommen werden konnte. Es kam zu keinem Kontakt, und mit der Zeit bekam die Gruppe mit, dass der Convoy nach Süden

abgedreht hatte. Es war keine Chance mehr, ihn zu fangen.

Die »Prien«-Gruppe löste sich auf und U 51 fuhr in ein Gebiet südwestlich von Irland. Am 20. sichtete und griff U 51 den Convoy HGF 34 westlich von der Biskaya an, möglicherweise Tropedotreffer auf den britischen Schiffen ANDALUSIAN und OTTERPOOL. Am 25. versenkte es zwei Schiffe südwestlich von Fastnet, die britische WINDSORWOOD (5.395 t) und den großen britischen Tanker SARANAC (12.049 t).

Am 29. versenkte U 51 die britische EDGEHILL (4.724 t) in den südwestlichen Küstengewässern. Dieses Schiff war die frühere WILLAMETTE VALLEY, beschlagnahmt von der Royal Navy und als Uboot-Falle im Einsatz. Rückkehr am 5.7.40.

4. 9.8.40: Auslaufen Kiel zur Operation in der Biskaya. Am 15. versenkte U 51 südwestlich von Rockall den britischen Tanker MV SYLVAFIELD (5.709 t), einen Nachzügler des Convoys HX 62. Am 16. wurde das Boot durch eine Sunderland der 210. Squadron (F/O E.R. Baker) angegriffen und ernsthaft beschädigt. Dieses war der erste Wasserbombenangriff eines Flugzeuges des Coastal Command auf ein Uboot. U 51 befand sich vermutlich auf den Weg nach Lorient, als es am 20. in einen Oberwasserangriff des britischen Ubootes HMS CACHALOT (Cdr D. Luce) westsüdwestlich von Lorient torpediert und versenkt wurde. Es gab keine Überlebenden, 43 Tote.

U 52 Typ VII B

Bauwerft: Germaniawerft, Kiel
Kiellegung: 4. März 1938
Stapellauf: 21. Dezember 1938
Indienststellung: 4. Februar 1939
Feldpost-Nr.: M 13400
Selbst versenkt in Kiel am 3. Mai 1945

Kommandos:
U-Flottille Wegener, Kiel, von Februar–Dezember 1939 (Frontboot)
7. U-Flottille Kiel/St. Nazaire von Januar 1940–Mai 1941 (Frontboot)
26. U-Flottille Pillau von Mai 1941–März 1942 (Schulboot)
24. U-Flottille Memel von März 1942–September 1943 (Schulboot)
23. U-Flottille Danzig von September 1943–Oktober 1943 (Schulboot)
3. ULD Neustadt von Okt. 1943–Mai 1945 (Schulboot)

Kommaandanten:
KptLT Wolfgang Barten, Februar–Oktober 1939
KptLt Otto Salman, November 1939–Juni 1941
KptLt Wolf-Rüdiger von Rabenau, Juni–Juli 1941
OLtzS Freiherr Walter von Freyberg-Eisenberg-Allmendingen, Juli 1941–Januar 1942
OLtzS Friedrich Mumm, Januar–Juli 1942
OLtzS Hermann Rossmann, Juli 1942–März 1943
OLtzS Ernst-August Racky, April–Oktober 1943

Feindfahrten: 8
Versenkte Schiffe: 13 (56.333 BRT) und 1 beschädigt

1. 19.8.39: Auslaufen Kiel zur Operation im Atlantik westlich der Biskaya mit der 7. U-Flottille. U 52 patrouillierte im Gebiet nordnordwestlich der Azoren. Am 7. September war das Boot eines der Boote, das zurückgerufen wurde zur Ausrüstung für den Atlantikeinsatz. Am Abend des 8.9. griff das Boot vergeblich südwestlich von Irland ein Schiff an. Der gemeldete Fehlschuss war eine Fehldetonation, der erste Fall von der Torpedomisere, von denen noch viele folgen sollten. Rückkehr in den Stützpunkt am 17.9.39.

2. 27.2.40: Auslaufen Helgoland in norwegische Gewässer, Patrouille vor Bergen und später vor den Orkneys und Shetlands. U 52 lief Wilhelmshaven am 4.4.40 an.

3. 7.4.40: Teilnaahmee an der Operation »Hartmut«. U 52 war der 5. Uboot-Gruppe zugeteilt, die nordöstlich der Shetlands operieren sollte. Am 10. wurden die Boote der Gruppe nach Narvik befohlen, das von den Deutschen gehalten werden sollte. Am 13. mit der bedenklichen Lage in Narvik waren U 52 und andere Boote im Vest-Fjord/Vaags-Fjord. Das Boot fuhr später runter in den Romsdal-Fjord und beendete seine Patrouille im Gebiet der Orkneys. Rückkehr nach Kiel am 29.4.40.

4. 8.6.40: Auslaufen zur Unternehmung im Atlantik südwestlich von Irland und westlich vom Englischen Kanal. Am 19. versenkte U 52 zwei Schiffe, die britische MONARCH (824 t) westsüdwestlich von Lorient und die belgische VILLE DE NAMUR (7.463 t) westlich von La Rochelle. Im selben Gebiet versenkte U 52 am 21. die finnische HILDA (1.144 t). Das Boot lief Vigo am 1.7.40 zur Kraftstoffergänzung vom deutschen Versorger BESSEL an. U 52 setzte seinen Einsatz fort und versenkte am 14. westsüdwestlich der Scillies die griechische THETIS (4.111 t). Das Boot lief am 21.7.40 in Lorient ein.

5. 22.7.40: Auslaufen Lorient zur Unternehmung westlich der Britischen Inseln. U 52 griff den nach Osten laufenden Convoy HX 60 westsüdwestlich von Rockall am

4.8.40 an und versenkte drei Schiffe, die britische KING ALFRED (5.272 t), die britische GOGOVALE (4.586 t) und die britische GERALDINE MARY (7.244 t). Rückkehr nach Kiel am 13.8.40.

6. 7.11.40: Auslaufen zur Unternehmung westlich der Britischen Inseln. Am 1. Dezember sichtete U 101 den nach Osten laufenden Convoy HX 90 einige 500 Seemeilen westlich von Irland. Das Boot folgte dem Convoy und andere Boote schlossen heran. U 52 erreichte während der Nacht vom 1./2. und am Morgen des 2. südwestlich von Rockall das Geschehen. Es versenkte zwei Schiffe, die britische TASSO (1.586 t) und die britische GOODLEIGH (5.448 t). Das Boot torpedierte und beschädigte darüber hinaus die britische DUNSLEY (3.862 t). Etwas später, in einem südlich davon gelegenen Gebiet, torpedierte U 52 am 4. ein nach Osten laufendes Schiff und glaubte, es versenkt zu haben. Das Boot patrouillierte im Nordkanal, hatte aber keinen Erfolg mehr. Rückkehr nach Lorient am 28.12.40.

7. 22.1.41: Auslaufen in den östlichen Atlantik in ein Gebiet westlich und südwestlich vom Nordkanal. Am 4.2.41 versenkte U 52 die norwegische RINGHORN (1.298 t) westsüdwestlich von Rockall und am 10. die britische CANFORD CHINE (3.364 t), ein Nachfolger des nach Süden laufenden Convoys OG 52 südsüdwestlich von Rockall. U 52 beendete die Feindfahrt in einem Gebiet südlich von Island, westlich des Nordkanals. Rückkehr nach Lorient am 24.2.41.

8. Auslaufen Lorient und Rückkehr am 23.3.41.

9. 27.3.41: Auslaufen Lorient und Rückkehr am 31.3.41.

10. 3.4.41: Auslaufen in den Atlantik, zuerst westlich von Irland und dann südwestlich von Island. Am Abend des 10. versenkte U 52 die niederländische SALEIER (6.563 t) von dem aufgelösten Convoy OB 306 südwestlich von Reykjawik und in den ersten Stunden des 14. im selben Gebiet die belgische VILLE DE LIEGE (7.430 t). Rückkehr nach Kiel am 1.5.41.

Im Mai 1941 ging U 52 zur 26. U-Flottille, wo es eine komplette Überholung durchmachte, bevor es seine Tätigkeit als Schulboot im Dezember 1941 aufnahm. Später versah das Boot den selben Dienst bei der 24. U-Flottille in Memel und bei der 23. U-Flottille in Danzig, wo es im Oktober 1943 außer Dienst stellte. U 52 gehörte dann zur 3. ULD, bis es in Kiel am 3.5.45 selbst versenkt wurde. Das Boot wurde gehoben und 1946/47 abgebrochen.

U 53 Typ VII B

Bauwerft: Germaniawerft, Kiel
Kiellegung: 6. März 1938
Stapellauf: 6. Mai 1939
Indienststellung: 24. Juni 1939
Feldpost-Nr.: M 10424
Versenkt am 23. Februar 1940 vor den Färoern
(60°32'N/06°10'W)

Kommandos:
U-Flottille Wegener, Kiel, von Juni–Dezember 1939
(Schulboot/Frontboot)
7. U-Flottille Kiel, Januar 1940–23. Februar 1940 (Frontboot)

Kommandanten:
OLtzS Dietrich Knorr, Juni–August 1939
KptLt Ernst-Günther Heinicke, August–Dezember 1939
OLtzS Heinrich Schonder (zeitweise), Dezember 1939–Januar 1940
KKpt Harold Grosse, Januar 1940–23. Februar 1940

Feindfahrten: 3
Versenkte Schiffe: 7 (27.316 BRT) und 1 beschädigt

1. 29.8.39: Auslaufen Wilhelmshaven mit dem Chef der Flottille, Korvettenkapitän Sobe, als taktischer Führer in Convoy-Aktionen an Bord. U 53 bezog eine Position westlich von Irland und fuhr langsam nach Süden weiter. Am 15.9.39 wurde der mehrfach beschädigte Tanker CHEYENNE (britisch, 8.852 t) westsüdwestlich von Irland mit Torpedo und Artillerie versenkt. Das Schiff wurde verlassen und das immer noch sinkende Wrack am späten Tage durch einen britischen Zerstörer versenkt.
Am Nachmittag, zwei Tage später, versenkte U 53 die britische KAFIRISTAN (5.193 t) weiter westlich. Nach dieser Versenkung wurden die beiden Zerstörer HMS INGLEFIELD und INTREPID vom Geleit für den Flugzeugträger HMS COURAGEOUS entsandt, um nach dem Boot zu suchen. Vier Flugzeuge des Trägers nahmen an der Suche teil und eines davon lokalisierte U 53 und zwang es zum Tauchen. Einlaufen Kiel am 30.9.39.

2. 21.10.39: Auslaufen Kiel nach dem Mittelmeer. Mit U 25 war U 53 befohlen, südwestlich von Irland für ein eventuelles Treffen mit U 26 zu warten, das zuerst Minen vor Gibraltar legte. Nach dem Zusammentreffen sollten die drei Boote ins Mittelmeer verlegen. U 25 wurde zum Angriff auf zwei Convoys ausersehen, und während eines Feuergefechtes mit dem zweiten Convoy wurde das

Boot beschädigt, als die Deckskanone explodierte. Nachdem U 53 alleine einige Tage gewartet hatte, wurde es nach Südwesten zum Treffen mit U 26 geschickt. Auf dem Kurs nach dort sichtete das Boot einen nach Norden laufenden Convoy vor Lissabon, den es beschattete und die Position an andere Boote weiter gab. Als diese Operation nach drei Tagen abgeschlossen war, war kein Schiff versenkt worden, U 53 fuhr in seinen Stützpunkt zur Kraftstoffergänzung zurück. Nachdem U 53 Kiel am 30.11.39 erreicht hatte, wurde eine Untersuchung eingeleitet. Kapitänleutnant Heinicke wurde verurteilt, weil er zuviele Bedenken zum Angriff auf den Convoy gehabt hatte. Er musste sein Kommando abgeben.

3. 2.2.40: Auslaufen Wilhelmshaven in den Atlantik nordwestlich von Spanien. Auf der Fahrt in das Operationsgebiet hatte U 53 einigen Erfolg. Am 11. nördlich von Rockall versenkte es die norwegische SNESTAD (4.114 t) am Morgen und torpedierte und beschädigte den britischen Tanker MV IMPERIAL TRANSPORT (8.022 t) am Abend. Später im Krieg wurde dieses Schiff von U 94 am 25.3.42 vor Cape Race angegriffen. Obwohl von zwei Torpedos getroffen und verlassen, schwamm das Schiff weiter. Nachdem es wieder besetzt worden war, wurde es nach St. Johns geschleppt. Am 12., 13. und 14. versenkte U 53 drei Schiffe im Gebiet südöstlich von Rockall, die schwedische DALARÖ (3.927 t), die schwedische NORNA (1.022 t) und die dänische MARTIN GOLDSCHMIDT (2.095 t). Am Abend des 17.2.40 sichtete U 53 den kombinierten Convoy 10 RS/66 KS. Am frühen Morgen des 18. versenkte das Boot die spanische BANDERAS (2.140 t). Der Kapitän war der Ansicht, das Schiff gehöre zum Convoy, aber es war ein Einzelfahrer und fuhr mehr als 10 Seemeilen vom Convoy entfernt. Sechs Stunden später griff U 53 ein Schiff des Convoys 10 RS mit dem letzten Torpedo an, aber der Torpedo explodierte vorher und ging vorbei.

U 53 wurde südlich von den Färoern am 23. durch den Zerstörer HMS GURKHA (Cdr F.R. Parham) geortet und durch Wasserbombenattacken versenkt. Es gab keine Überlebenden, 42 Tote.

U 54 Typ VII B

Bauwerft: Germaniawerft, Kiel
Kiellegung: 13. September 1938
Stapellauf: 15. August 1939
Indienststellung: 23. September 1939
Feldpost-Nr.: M 02062
Gesunken am 14. Februar 1940 in der Nordsee, Position ist unbekannt

Kommandos:
U-Flottille Wegener, Kiel, von September–Dezember 1939 (Schulboot)
7. U-Flottille Kiel, von Januar 1940–14. Februar 1940 (Frontboot)

Kommandanten:
KptLt Georg-Heinz Michel, September–November 1939
KptLt Günther Kutschmann, Dezember 1939–14. Februar 1940

Feindfahrten: 1
Versenkte Schiffe: keines

1. 12.2.40: Auslaufen Kiel zur Operation im Atlantik, westlich von Spanien. U 54 wurde zwischen dem 13. und 14., möglicherweise sank es in der Nordsee auf einem britischen Minenfeld. Keine Überlebenden, 41 Tote.

U 55 Typ VII B

Bauwerft: Germaniawerft, Kiel
Kiellegung: 11. November 1938
Stapellauf: 11. Oktober 1939
Indienststellung: 21. November 1939
Feldpost-Nr.: M 38070
Selbst versenkt am 30. Januar 1940 westlich von Ushant (48°37'N/07°45'W)

Kommandos:
U-Flottille Wegener, Kiel, von November–Dezember 1939 (Frontboot)
7. U-Flottille Kiel von Januar 1940–30. Januar 1940 (Frontboot)

Kommandant:
KptLt Werner Heidel, November 1939–30. Januar 1940

Feindfahrten: 1
Versenkte Schiffe: 5 (14.496 BRT)

1. 16.1.40: Auslaufen Kiel in den Atlantik südlich von Irland. Am 19. versenkte U 55 möglicherweise die schwedische FOXEN (1.304 t) östlich von den Orkneys und später am Tag die norwegische TELNES (1.694 t) nordwestlich der Orkneys. Am 21. versenkte U 55 die norwegische SEGOVIA (1.387 t) in der Nordsee.
Am 30. griff das Boot bei zwei Morgenangriffen den nach Westen laufenden Convoy OA 80G westlich von Ushant an. Es versenkte die britische VACLITE (5.026 t) und die griechische KERAMIAI (5.085 t).
U 55 wurde geortet und vom Zerstörer HMS WHITSHED und der Fregatte HMS FOWEY mit Wasserbomben gejagt. Schwer beschädigt verließ das Boot das Geschehen, wurde aber gezwungen an die Wasseroberfläche zu kommen, da die Batterien gasten. Das Boot wurde durch eine Sunderland der 228. Squadron (F/Lt E.J. Brooks) sofort gesichtet und mit Bomben angegriffen. Als Marinefahrzeuge erschienen und das Feuer eröffneten, versenkte der Kommandant sein Boot. Nur der Kommandant fiel, die Besatzung ging in Gefangenschaft.

U 56 Typ II C

Bauwerft: Deutsche Werke, Kiel
Kiellegung: 21. September 1937
Stapellauf: 3. September 1938
Indienststellung: 26. November 1938
Feldpost-Nr.: M 22134
Zerstört am 28. April 1945 während eines Luftangriffs auf Kiel

Kommandos:
U-Flottille Emsmann, Kiel, von November 1938–Dezember 1939 (Frontboot)
1. U-Flottille Kiel von Januar–November 1940 (Frontboot)
24. U-Flottille Danzig von November–Dezember 1940 (Schulboot)
22. U-Flottille Gotenhafen von Januar 1941–Juni 1944
19. U-Flottille Pillau/Kiel von Juli 1944–April 1945 (Schulboot)

Kommandanten:
KptLt Wilhelm Zahn, November 1938–Januar 1940
OLtzS Otto Harms, Januar–Oktober 1940
KptLt Werner Pfeifer, Oktober 1940–April 1941
OLtzS Wolfgang Römer, April 1941–Januar 1942
OLtzS Günther Grave, Januar–November 1942
OLtzS Hugo Deiring, November 1942–Februar 1944
OLtzS Werner Sausmikat, Februar–Juni 1944
LtzS Werner Sausmikat, Februar–Juni 1944
LtzS Heinrich Miede, Juli 1944–Februar 1945
OLtzS Joachim Sauerbier, Februar–April 1945

Feindfahrten: 12
Versenkte Schiffe: 4 (25.783 BRT) und 1 beschädigt

Im August 1939 befand sich das Boot noch in der Ausbildung, die jedoch wegen des Kriegsausbruches abgekürzt wurde.
1. 25.8.39: Auslaufen Wilhelmshaven in die Nordsee. Bei Kriegsausbruch am 3.9.39 war U 56 eines von fünf Booten, die nordwestlich der Großen Fischerbank und südwestlich von Norwegen eine Patrouillenlinie bildeten. Rückkehr nach Kiel am 9.9.39.
2. 12.9.39: Auslaufen Kiel. Keine Einzelheiten bekannt. Rückkehr am 19.9.39.
3. 23.10.39: Auslaufen Kiel in ein Gebiet westlich der Orkneys, um dort gegen britische Seestreitkräfte zu operieren. Am 30. fuhr U 56 nördlich von Cape Wrath einen Angriff auf das Schlachtschiff HMS NELSON. Drei Torpedos wurden abgefeuert, aber alle explodierten nicht, als sie das Ziel trafen. Rückkehr in den Stützpunkt am 13.11.39.
4. 27.11.39: Auslaufen Kiel zur Patrouille vor Newcastle an der Ostküste von Schottland. Am späten Abend des 2.12.39 befand sich U 56 östlich von Bell Rock. Das Boot torpedierte und beschädigte die britische ESKDENE (3.829 t) und versenkte die schwedische RUDOLF (2.119 t). Die ESKDENE wurde schließlich am 8.4.41 südöstlich der Azoren vom Boot U 107 versenkt. Rückkehr in den Stützpunkt am 5.12.39.
5. 27.12.39: Auslaufen Kiel zum Minenlegen an der Ostküste Englands. U 56 legte die Minen vor Cross Sand, Great Yarmouth am 8.1.40. Nur ein Schiff fiel den Minen zum Opfer, das finnische Fischereifahrzeug ONTO (1.333 t) am 23.1.40. Rückkehr in den Stützpunkt am 11.1.40.
6. 27.1.40: Auslaufen Kiel nach den Shetlands zur Suche nach britischen Kriegsschiffen. Kein Erfolg. U 56 lief am 13.2.40 nach Wilhelmshaven zurück.
7. 4.3.40: Auslaufen Wilhelmshaven und Rückkehr am 5.3.40.
8. 14.3.40: Auslaufen Wilhelmshaven zur Suche nach

britischen und französischen Ubooten, westlich vom Skagerrak. Rückkehr am 20.3.40.

9. 4.4.40: Auslaufen Wilhelmshaven zur Teilnahme an der Operation »Hartmut«. Als die Befehle am 6. geöffnet wurden, eröffneten sie den Booten ihre Position ab 9. zur Unterstützung der deutschen Landungen und zur Verhinderung des Eingreifens britischer Kriegsschiffe. U 56 gehörte zur 3. Uboot-Gruppe, die vor Bergen operierte. Vom 9. an patrouillierte das Boot mit vier anderen Booten der 3. Gruppe. Einlaufen Bergen am 14./15. zur Kraftstoffergänzung durch einen deutschen Versorger. Danach bewegte sich U 56 mit U 60 nach Norden, entlang der Küste Norwegens zum Fulda-Fjord, um britische Landungen zu verhindern. Über die Shetlands Rückkehr nach Kiel am 26.4.40.

10. 21.5.40: Auslaufen zur Patrouille des Westgebietes der Orkneys. Rückkehr nach Wilhelmshaven am 14.6.40.

11. 29.6.40: Auslaufen zur Patrouille in die Minch/Nordkanal-Aera. Nach dem Ende des Norwegenkrieges war die Nordsee nicht länger wichtig und einige der kleinen Boote des Typs II wurden in den östlichen Atlantik verlegt. Einlaufen Lorient am 21.7.40.

12. 25.7.40: Auslaufen Lorient zur Operation in einem Gebiet westlich von Schottland, nördlich von Irland. Am 4.8.40 griff U 56 den nach Westen laufenden Convoy OB 193 nordwestlich von Malin Head an und versenkte die britische BOMA (5.408 t). In den ersten Stunden des 10. versenkte U 56 den Hilfskreuzer HMS TRANSSYLVANIA (britisch, 16.923 t). U 56 lief Lorient am 14.8.40 zur Kraftstoffergänzung an.

13. 19.8.40: Auslaufen Lorient zur Rückkehr in das ursprüngliche Operationsgebiet. Keine Einzelheiten darüber bekannt. U 56 kehrte am 15.9.40 nach Kiel zurück.

U 56 kam nicht mehr zum Einsatz im Atlantik. Ab November 1940 fuhr es als Schulboot für die 24. U-Flottille in Danzig und die 22. U-Flottille in Gotenhafen im Januar 1941. Nach dem deutschen Angriff auf Russland am 22.6.41 wurden einige Boote des Typs II von den Schulflottillen für operative Aufgaben im Juli und August abgestellt. Es ist unklar, ob U 56 während dieser Zeit irgendeine Operation durchführte. Es diente als Schulboot in Gotenhafen bis Juni 1944, dann wechselte es zur 19. U-Flottille in Pillau.
Am 27.2.45 fuhr der Verband nach Kiel, und dort wurde U 56 während eines Luftangriffes durch RAF und USAF am 28.4.45 zerstört.

U 57 Typ II C

Bauwerft: Deutsche Werke, Kiel
Kiellegung: 14. September 1937
Stapellauf: 3. September 1938
Indienststellung: 29. Dezember 1933
Feldpost-Nr.: M 21938
Versenkt am 3. Mai 1945 in Kiel

Kommandos:
U-Flottille Emsmann, Kiel, von Dezember 1938–Dezember 1939 (Frontboot)
1. U-Flottille Kiel von Januar–Sept. 1940 (Frontboot)
22. U-Flottille Gotenhafen von Januar 1941–Juni 1944 (Schulboot)
19. U-Flottille Pillau/Kiel von Juli 1944–April 1945 (Schulboot)

Kommandanten:
KptLt Claus Korth, Dezember 1939–Juni 1940
OLtzS Erich Topp, Juli–September 1940
OLtzS Wilhelms Eisele, Januar 1941–Mai 1943
OLtzS Walter Zenker, Mai 1943–Juli 1944
OLtzS Peter Kühl, August 1944–April 1945

Feindfahrten: 12
Versenkte Schiffe: 15 (72.747 BRT) und 1 beschädigt

Im August 1939 befand sich das Boot noch in der Ausbildung, die aber wegen des Krieges verkürzt wurde.

1. 25.8.39: Auslaufen Memel zur Patrouille in der Ostsee. Rückkehr nach Memel am 2.9.39.

2. 3.9.39: Auslaufen in die Nordsee zur Patrouille. Einlaufen Kiel am 18.9.39.

3. 25.10.39: Operation gegen die britische Marine im Gebiet der Orkneys und später weiter im Westen. Rückkehr nach Kiel am 5.11.39.

4. 12.11.39: Auslaufen zur Patrouille im Gebiet der North Hinder, in der südlichen Nordsee. Am Abend des 17. versenkte U 57 die litauische KAUNAS (1.566 t) westnordwestlich vom North Hinder-Feuerschiff. Möglicherweise versenkte das Boot im gleichen Gebiet die britische STANBROOK (1.383 t). Das Boot kehrte am 23.11.39 nach Kiel zurück.

5. 5.12.39: Auslaufen Kiel und Einlaufen Wilhelmshaven am 5.12.39.

6. 7.12.39: Auslaufen zur Patrouille der Ostküste von England. Am 13. versenkte U 57 die sowjetische MINA (1.173 t) nahe Cross Sand.

7. 16.1.40: Auslaufen Kiel zum Minenlegen. Am 20. versenkte U 57 östlich der Orkneys die norwegische Miranda (1.328 t). U 57 legte Minen vor Invergordon am 22. Vier Tage später sank die britische Durham Castle (8.240 t) vor Cromarty auf einer dieser Minen, die von U 57 gelegt worden waren. Dieses Schiff war ein Passagierschiff der Union-Castle-Linie, das von der Royal Navy als Vorratsschiff requiriert worden war. Rückkehr nach Wilhelmshaven am 25.1.40.

8. 8.2.40: Auslaufen zur Operation gegen britische Marinefahrzeuge in dem Gebiet von Bergen und den Shetlands. Am 14. versenkte U 57 die britische Gretafield (10.191 t), einen Nachzügler des nach Osten laufenden Convoys HX 18 westlich von John's Groats. Am Abend des 21. torpedierte und beschädigte U 57 östlich von Copinsay die britische Loch Maddy (4.996 t) vom Convoy HX 19. Die Besatzung verließ das Schiff, das langsam sinkende Wrack wurde sieben Stunden später von U 23 versenkt. Rückkehr nach Wilhelmshaven am 25.2.40.

9. 14.3.40: Operation östlich vom Pentland Firth. U 57 versenkte östlich von Copinsay/Orkneys am 21. die norwegische Svinta (1.267 t). Dieses Schiff war bei einem Bombenangriff deutscher Flugzeuge beschädigt worden. Am Abend des 25. versenkte U 57 im selben Gebiet den britischen Tanker Daghestan (5.742 t), der ebenfalls von deutschen Flugzeugen am 20. beschädigt worden war. Rückkehr nach Wilhelmshaven am 25.3.40.

10. 4.4.40: Auslaufen Kiel zur Teilnahme an der Operation »Hartmut«. Nachdem am 6. die Befehle geöffnet wurden, ergaben sich daraus die Positionen, die einzunehmen waren, um ab 9. die deutschen Vorhaben gegen britische Angriffe zu sichern. U 57 traf auf die 6. Uboot-Gruppe, die vor dem Pentland Firth und östlich von den Orkneys ab 9. operieren sollte. Nach einigen Tagen verlegte es in das Gebiet der Shetlands. Nach Kraftstoffergänzung in Bergen von einem deutschen Versorger am 16./17. fuhr U 57 in ein Gebiet östlich des Pentland Firth und schloss seine Operationen östlich der Orkneys ab. Rückkehr nach Kiel am 7.5.40.

11. 11.7.40: Auslaufen Bergen zu einer Patrouille im Nordkanal. Neuer Kommandant war Oberleutnant zur See Erich Topp. Am 17. versenkte U 57 zwei Schiffe, am Morgen die schwedische O.A. Brodin (1.960 t) westlich von Mull Head, Orkneys, und am Abend die britische Manipur (8.652 t) vom nach Osten laufenden Convoy HX 55, nordnordwestlich von Cape Wrath. Rückkehr nach Bergen am 20.7.40.

12. 22.7.40: Auslaufen Bergen zur Patrouille im The Minch. Am 3.8.40 torpedierte und versenkte U 57 die schwedische Atos (2.161 t) westlich der Orkneys, bei den Inneren Hebriden. Einlaufen im neuen Stützpunkt Lorient am 7.8.40.

13. 14.8.40: Auslaufen Lorient zur Operation in den Küstengewässern westlich von Schottland. Gleich nach Mitternacht des 24. griff U 57 den nach Westen laufenden Convoy OB 202 nördlich von Malin Head an. Versenkt wurde die britische Cumberland (10.939 t) und die britische Saint Dunstan (5.681 t) und beschädigt wurde die britische Havildar (5.407 t). Am Abend des 25. fand und versenkte es einen Nachzügler des nach Osten laufenden Convoys HX 65 südsüdwestlich von Barra Head, den britischen Tanker Pecten (7.468 t). Rückkehr nach Bergen am 1.9.40.

U 57 erhielt den Befehl, nach Kiel zu laufen. Vor der Schleuse von Brunsbüttel wurde das Boot von dem norwegischen Frachter Rona gerammt. Das Boot sank, sechs Männer der Besatzung gingen mit unter. Es wurde im Verlauf des Monats gehoben und nach Wiederindienststellung am 11.1.41 stieß es zur 22. U-Flottille in Gotenhafen als Schulboot. Hitler besuchte das Boot am 5.5.41. Im August 1943 wurde U 57 mit U 58 für Teste mit dem Schnorchel benutzt. Von Juli 1944 an war U 57 mit der 19. U-Flottillee in Pillau und später in Kiel. Es wurde in Kiel am 3.5.45 selbst versenkt.

U 58 Typ II C

Bauwerft: Deutsche Werke, Kiel
Kiellegung: 28. September 1937
Stapellauf: 14. Oktober 1938
Indienststellung: 4. Februar 1939
Feldpost-Nr.: M 11081
Selbst versenkt in Kiel am 3. Mai 1945

Kommandos:
U-Flottille Emsmann, Kiel, von Februar–Dezember 1939 (Frontboot)
1. U-Flottille Kiel von Januar–Dezember 1940 (Frontboot)
22. U-Flottille Gotenhafen von Januar 1941–Juni 1944 (Schulboot)
19. U-Flottille Pillau/Kiel von Juli 1944–April 1945 (Schulboot)

Kommandanten:
KptLt Herbert Kuppisch, Februar 1939–Juni 1940
OLtzS Heinrich Schonder, Juni–November 1940
KptLt Hans-Joachim Rahmlow, Nov. 1940–April 1941
OLtzS Horst Hamm, April–September 1940

OLtzS Bruno Barber, Oktober 1941–August 1942
OLtzS Dietrich Schöneboom, August–Dezember 1948
OLtzS Horst Willner, Dezember 1942–Februar 1944
OLtzS Robert Rix, Februar–Juni 1944
OLtzS Richard Schulz, Juli 1944–April 1945

Feindfahrten: 10
Versenkte Schiffe: 7 (24.549 BRT) und 1 beschädigt

Im August 1939 befand sich die Besatzung des Bootes noch in der Ausbildung. Diese wurde verkürzt und das Boot schnell zur Operation klar gemacht.

1. 25.8.39: Auslaufen Wilhelmshaven in die Nordsee. Bei Kriegsausbruch befand sich U 58 mit fünf anderen Booten auf einer nordost-südwestlichen Patrouille der Großen Fischerbank, südwestlich von Norwegen. Rückkehr nach Kiel am 9.9.39.
2. 23.10.39: Auslaufen Kiel ins Westgebiet der Orkneys, Rückkehr in den Stützpunkt am 10.11.39.
3. 29.11.39: Auslaufen zum Minenlegen vor der Ostküste Englands. U 58 legte Minen vor Lowestoft am 2.12.39. Es gibt keine Meldung über Verluste auf dieser Sperre. Rückkehr am 5.12.39.
4. 27.12.39: Auslaufen Kiel zur Patrouille vor der Nordostküste von Schottland. Am 1.1.40 versenkte U 58 die schwedische LARS MAGNUS TROZELLI (1.951 t) nordnordöstlich von Kinnairds Head und etwas später weiter südlich am 3. die schwedische SVARTÖN (2.475 t) vom Convoy HN 6. Rückkehr in den Stützpunkt am 8.2.40.
5. 20.1.40: Auslaufen Kiel und Einlaufen Wilhelmshaven am 25.1.40.
6. 27.1.40: Auslaufen zu einer weiteren Patrouille nordöstlich von Schottland. Am 3.2.40 versenkte U 58 die estnische REET (815 t) in der Nordsee, zwischen den Orkneys und Norwegen. Rückkehr in den Stützpunkt am 8.2.40.
7. 31.3.40: Auslaufen zur Teilnahme an der Operation »Hartmut«. U 58 war der 6. Uboot-Gruppe zugeteilt, die den Pentland Firth und das Gebiet östlich der Orkneys ab 9. patrouillieren sollte. Nach Kraftstoffergänzung von einem deutschen Versorger in Bergen während der Ncht vom 16./17. fuhr U 58 in ein Gebiet östlich des Pentland Firth und schloss das Unternehmen östlich der Orkneys ab. Rückkehr nach Kiel am 3.5.40.
8. 27.5.40: Auslaufen nach dem Firth of Moray. Direkt vor Mitternacht am 1.6.40 versenkte U 58 nordnordwestlich von Kinnairds Head die britische ASTRONOMER (8.401 t). Nach der Versenkung wurde U 58 43 Stunden lang von Marinefahrzeugen gejagt, konnte aber den Verfolgern entkommen. Rückkehr nach Kiel am 17.6.40.
9. 6.7.40: Auslaufen Bergen zur Patrouille von The Minch und westlich des Nordkanals. Am 15. meldete U 58 einen Treffer auf dem MV SCOTTISH MINSTREL in dem Butt of Lewis-Gebiet, und am 18. versenkte U 58 die norwegische GYDA (1.591 t) nordwestlich von Bloddy Foreland, Irland. U 58 kehrte am 22.7.40 nach Lorient zurück.
10. 29.7.40: Rückkehr in das Gebiet westlich von Schottland. Auf der Fahrt nach dort versenkte U 58 am 4.8.40 nordwestlich von Bloddy Foreland aus dem nach Osten laufenden Convoy HX 60 die griechische PINDOS (4.360 t). Rückkehr nach Lorient am 12.8.40.
11. 2.9.40: Auslaufen zur Patrouille im Westen von Schottland. Dann drehte U 58 nach Süden auf Lorient. Am 20.9.40 kam es dort an und wurde während des Einlaufens durch einen Torpedo eines britischen Ubootes, der vorbeiging, beschossen.
12. 2.10.40: Auslaufen Lorient mit Nordkurs, Irland im Westen passierend. Am 9. versenkte U 58 einen Nachzügler des nach Osten laufenden Convoys HX 76 westlich von Barra, die britische CONFIELD (4.956 t). Rückkehr nach Bergen am 12.10.40.
13. 14.10.40: Auslaufen Bergen und Einlaufen Kiel am 18.10.40.

Ab Januar 1941 nahm U 58 seine Tätigkeit als Schulboot bei der 22. U-Flottille in Gotenhafen auf. Ab August 1943 wurde das Boot mit U 57 für Versuche mit dem Schnorchel benutzt. Von Juli 1944 fuhr U 58 für die 19. U-Flottille in Pillau und Kiel (ab Februar 1945). Dort erfolgte im April 1945 die Außerdienststellung, der am 3.5.45 die Selbstversenkung folgte.

U 59 Typ II C

Bauwerft: Deutsche Werke, Kiel
Kiellegung: 5. Oktober 1937
Stapellauf: 12. Oktober 1938
Indienststellung: 4. März 1939
Feldpost-Nr.: M 24570
Selbst versenkt am 3. Mai 1945 in Kiel

Kommandos:
U-Flottille Emsmann, Kiel, von März–Dezember 1939 (Frontboot)
1. U-Flottille Kiel von Januar–Dezember 1940 (Frontboot)
22. U-Flottille Gotenhafen von Januar 1941–Juni 1944 (Schulboot)

19. U-Flottille Pillau/Kiel von Juli 1944–April 1945 (Schulboot)

Kommandanten:
KptLt Harald Jürst, März 1938–Juli 1940
KptLt Joachim Matz, Juli–November 1940
KptLt Siegfried Freiherr von Forstner, November 1940–April 1941
OLtzS Günther Gretschel, Nov. 1941–Febr. 1942
OLtzS Günter Poser, Februar–Juli 1942
OLtzS Karl-Heinz Sammler, Juli 1942–Juni 1943
OltzS Hans-Jürgen Schley, Juni 1943–Juni 1944
LtzS Herbert Walther, Juli 1944–April 1945

Feindfahrten: 12
Versenkte Schiffe: 16 (33.242 BRT) und 1 beschädigt
1 U-Jagdtrawler (655 t)
1 Minensucher (209 t)

Im August 1939 befand sich das Boot noch in der Ausbildung. Diese wurde abgekürzt.

1. 29.8.39: Auslaufen Helgoland in die Nordsee. Bei Kriegsausbruch am 3.9.39 war U 59 eines von fünf Booten, die auf der Großen Fischerbank, südwestlich von Norwegen, eine Patrouillenlinie bildeten. Rückkehr nach Kiel am 11.9.39.
2. 22.10.39: Auslaufen zur Operation gegen britische Seestreitkräfte im Gebiet der Orkneys und weiter westlich davon. Am 28. versenkte U 59 zwei britische Fischereifahrzeuge nordwestlich der Orkneys, die ST. NIDAN (565 t) und die LYNX II (250 t) mit Artillerie und Sprengpatronen. Am späteren Abend des 30. versenkte U 59 den U-Jagdtrawler HMS NORTHERN ROVER. Er befand sich auf der Fahrt nach Kirkwall, Orkneys. Die genaue Untergangsposition ist unbekannt. U 59 kehrte am 9.11.39 nach Kiel zurück.
3. 30.11.39: Auslaufen zum Minenlegen vor Great Yarmouth. U 59 legte die Minen nahe des Cockle-Feuerschiffes am 5.12.39. Das war sehr gefährlich, denn das Wasser war zum Legen der Minen zu niedrig. Es gibt zwei Versenkungen durch diese Minen, den Minensucher HMS WASHINGTON am 6.12.39 vor Great Yarmouth und die britische MARWICK HEAD (496 t) am 12.12.39, direkt südlich der North Caister Buoy. Nach dem Legen der Minen kehrte U 59 nach einem Schwenk nach Norden am 8.12.39 nach Wilhelmshaven zurück.
4. 14.12.39: Auslaufen zur Operation in britischen Küstengewässern. In den ersten Stunden des 16. versenkte U 59 in der zentralen Nordsee die schwedische LISTER (1.366 t) und am Nachmittag desselben Tages die norwegische GLITTREFJELL (1.568 t) östlich des Firth of Tay. Am 17. versenkte U 59 die dänische BOGO (1.214 t) östlich der Isle of Man. Das Boot kehrte am 19.12.39 nach Kiel zurück.
5. 14.1.40: Auslaufen Kiel zur Operation vor der Ostküste Englands. U 59 versenkte am 19. die französische QUIBERON (1.296 t) nahe Great Yarmouth. Rückkehr nach Wilhelmshaven am 22.1.40.
6. 29.1.40: Wieder vor der Ostküste Englands, im Gebiet von Cross Sand. Am 1.2.40 versenkte U 59 die britische ELLEN M. (498 t) östlich von Lowestoft und am 2. zwei britische Schiffe, die CREOFIELD (838 t) und die PORTELET (1.064 t). Rückkehr nach Wilhelmshaven am 8.2.40.
7. 14.3.40: Auslaufen zur Operation gegen britische Uboote im Skagerrak. Rückkehr nach Wilhelmshaven am 20.3.40.
8. 31.3.40: Auslaufen Wilhelmshaven zur Teilnahme an der Operation »Hartmut«. Früh am 6.4.40 versenkte U 59 die norwegische NAVARRA (2.118 t), westlich der Orkneys. Das Boot fuhr dann zum Treffen mit der 6. Uboot-Gruppe, die vor dem Pentland Firth und nach Osten von den Orkneys operierte. Nach einigen Tagen verlegte U 59 nach den Shetlands. Nach Kraftstoffergänzung von einem deutschen Versorger in Bergen kehrte U 59 nach dem 16./17. in den Bereich des Pentland Firth zurück und schloss seinen Einsatz östlich der Orkneys ab. Rückkehr nach Kiel am 7.5.40.
9. Auslaufen zur Operation in den Küstengewässern westlich Schottland und Nordirland. U 59 versenkt am 1.8.40 die schwedische SIGYN (1.981 t) nordwestlich von Bloddy Foreland. Das Boot ging am 4.8.40 nach Bergen.
10. 8.8.40: Auslaufen zur Operation wieder in denselben Küstengewässern, westlich von Nordirland. Am 14. versenkte U 59 die britische BETTY (2.339 t) nördlich von Tory Island. Rückkehr nach Bergen am 19.8.40.
11. 26.8.40: Rückkehr in das gleiche Operationsgebiet. Am 30. griff U 59 den nach Westen laufenden Convoy OB 205 nordwestlich von Bloddy Island an, torpedierte und beschädigte die griechische SAN GABRIEL (4.943 t), die in den Hafen geschleppt und zum Totalverlust erklärt wurde, und den Tanker ANADARA, der schließlich von U 558 am 24.2.42 vor Cape Rose versenkt wurde. Einlaufen Lorient am 3.9.40.
12. 7.9.40: Auslaufen in ein Gebiet westlich von Nordirland. Es war eine schlechte Patrouille. Einlaufen Lorient am 21.9.40.
13. Das Boot verließ Lorient zu seinem letzten Einsatz. Am Nachmittag des 7. versenkte U 59 die norwegische TOURAINE (5.811 t) westlich von Tory Island. Auf der Rückfahrt am 12. versenkte U 59 die britische PACIFIC RANGER (6.895 t) aus dem nach Osten laufenden Convoy HX 77 südöstlich von Rockall. U 59 lief am 15.10.40 in Bergen ein.

14. 17.10.40: Auslaufen Bergen und Einlaufen Kiel am 20.10.40.

Ab 21.10.40 fuhr U 59 als Schulboot für die 22. U-Flottille in Gotenhafen von Januar 1941 bis Juni 1944. U 59 wechselte zur 19. U-Flottille in Pillau. Es wurde in Kiel am 3.5.45 selbst versenkt.

U 60 Typ II C

Bauwerft: Deutsche Werke, Kiel
Kiellegung: 1. Oktober 1938
Stapellauf: 1. Juni 1939
Indienststellung: 22. Juli 1939
Feldpost-Nr.: M 11306
Selbst versenkt am 2. Mai 1945 in Wilhelmshaven

Kommandos:
U-Flottille Emsmann, Kiel, von Juli–Dezember 1939 (Schulboot/Frontboot)
1. U-Flottille Kiel von Januar–November 1940 (Frontboot)
21. U-Flottille Pillau von November 1940–März 1945 (Schulboot)

Kommandanten:
KptLt Georg Schewe, Juli 1939–August 1940
OLtzS Adalbert Schnee, August–November 1940
OLtzS Georg Wallas, November 1940–September 1941
LtzS Kurt Pressel, September 1941–April 1942 und August–September 1942
OLtzS Hans-Dieter Mohs, April–August 1942 und Oktober–Dezember 1942
OLtzS Ludo Kregelin, Dezember 1942–Februar 1944
OLtzS Herbert Giesewetter, Februar 1944–März 1945

Feindfahrten: 8
Versenkte Schiffe: 3 (7.561 BRT) und 1 beschädigt

1. 4.11.39: Auslaufen Kiel zur Operation vor der norwegischen Küste. Rückkehr am 21.11.39.
2. 4.12.39: Auslaufen Kiel und Einlaufen Wilhelmshaven am 4.12.39.
3. 12.12.39: Auslaufen zum Minenlegen vor der Ostküste von England. U 60 legte die Minen vor Cross Sand am 17. Zwei Tage darauf versenkte eine der Minen die britische CITY OF KOBE (4.373 t) vom Convoy FS 56, das einzig bekannte Opfer. Rückkehr nach Kiel am 19.12.39.

4. 9.1.40: Operation beim Maas-Feuerschiff und vor North Hinder in der südlichen Nordsee. Rückkehr nach Wilhelmshaven am 21.1.40.
5. 14.2.40: Operation gegen britische Marinestreitkräfte zwischen Bergen und den Shetlands. Rückkehr am 29.2.40.
6. 4.4.40: Auslaufen Wilhelmshaven zur Teilnahme an der Operation »Hartmut«. Nach Öffnen der Befehle am 6. wurden die teilnehmenden Boote zur Sicherung der deutschen Landungen entlang der norwegischen Küste gegenüber britischen Angriffen ab 9. eingeteilt. Das Boot sollte westlich von den Shetlands patrouillieren. U 60 und vier weitere Boote der 3. Gruppe liefen am 14./15. ein nach Bergen zur Kraftstoffergänzung durch einen deutschen Versorger. Danach bewegte sich U 60 mit U 56 und U 62 die norwegische Küste entlang bis zum Folda-Fjord, um britische Kriegsschiffe anzugreifen. Rückkehr nach Kiel am 27.4.40.
7. 18.5.40: Patrouille in der südlichen Nordsee nahe West Hinder. Rückkehr nach Kiel am 11.6.40.
8. 30.7.40: Auslaufen Kiel zur Operation im Atlantik, westlich von Schottland. Am 13.8.40 versenkte U 60 einen Nachzügler vom nach Osten laufenden Convoy HX 62 nordnordöstlich von Malin Head, die schwedische NILS GORTHON (1.787 t). Rückkehr zum neuen Stützpunkt Lorient am 18.8.40.
9. 21.8.40: Auslaufen Lorient zur Rückkehr in das vorherige Einsatzgebiet. Am 31. beschädigte U 60 die niederländische VOLENDAM (15.434 t) vom Convoy OB 205 nordwestlich von Tory Island. Am 3.9.40 versenkte U 60 die britische ULVA (1.401 t) südöstlich von Rockall. U 60 kehrte zum Stützpunkt Lorient am 6.9.40 zurück.
10. 16.9.40: Auslaufen zur Operation westlich von Schottland und dem Pentland Firth. Es war der letzte Einsatz von U 60. Einlaufen Bergen am 2.10.40.
11. 5.10.40: Auslaufen Bergen und Ankunft Kiel am 8.10.40.

Im November 1940 wurde U 60 Schulboot bei der 21. U-Flottille in Pillau. Es blieb dort Schulboot bis März 1945, als es außer Dienst gestellt wurde. Am 2.5.45 wurde U 60 in Wilhelmshaven selbst versenkt.

U 61 Typ II C

Bauwerft: Deutsche Werke, Kiel
Kiellegung: 1. Oktober 1938
Stapellauf: 15. Juni 1939
Indienststellung: 12. August 1939
Feldpost-Nr.: M 05425
Selbst versenkt in Wilhelmshaven am 2. Mai 1945

Kommandos:
U-Flottille Emsmann, Kiel, von August–Dezember 1939
(Schulboot/Frontboot)
1. U-Flottille Kiel von Dezember 1939–November 1940
(Frontboot)
21. U-Flottille Pillau von November 1940–März 1945
(Schulboot)

Kommandanten:
KptLt Jürgen Oesten, August 1939–August 1940
KptLt Wolf Stiebler, August–November 1940
OLtzS Willy Mattke, November 1940–Mai 1941
OLtzS Hans Lange, Mai 1941–Januar 1942
OLtzS Horst Geider, Januar–November 1942
OLtzS Wolfgang Ley, November 1942–September 1943
OLtzS Rudolf Schultze, Sept. 1943–Dez. 1944
LtzS Werner Zapf, Dezember 1944–März 1945

Feindfahrten: 10
Versenkte Schiffe: 6 (20.754 BRT) und 1 beschädigt

1. 24.10.39: Auslaufen Kiel zur Operation gegen Convoys vor der norwegischen Küste. Keine Erfolge. Rückkehr am 14.11.39.
2. 28.11.39: Auslaufen zum Minenlegen vor der Nordostküste von England. U 61 legte Minen vor Newcastle am 2.12.39. Der einzige Erfolg auf dieser Sperre war die Beschädigung der britischen GRYFEVALE (4.434 t) am 22.12.39. Rückkehr nach Wilhelmshaven am 3.12.39.
3. 7.12.39: Auslaufen zum Minenlegen im Firth of Forth. U 61 legte Minen zur Unterstützung der Minensperre, die von U 21 am 4.11.39 gelegt worden waren. Allerdings verfehlte es die Durchfahrt zur inneren Patrouillenlinie. U 61 könnte die Minen nördlich von St. Mars's am 11.12.39 in den Firth gelegt haben, denn dort sank am 21.1.40 die britische FERRYHILL (1.086 t), die dem Minenfeld von U 61 zugeschrieben wird, aber U 61 befand sich zu dieser Zeit ebenfalls in dem Gebiet. Rückkehr nach Kiel am 18.12.39.
4. 15.1.40: Auslaufen zur Operation bei Kinnairds Head. Am 22. versenkte U 61 die norwegische SYDVOLD (2.434 t) östlich von South Ronaldsay, Orkneys. Rückfahrt nach Wilhelmshaven am 30.1.40.
5. 12.2.40: Operation in der nördlichen Nordsee zwischen Bergen und den Shetlands gegen britische Seestreitkräfte. Am 18. versenkte U 61 die panamesische EL SONADOR (1.406 t) östlich von den Shetlands und die norwegische SANGSTAD (4.297 t) östlich der Orkneys. Rückkehr in den Stützpunkt am 27.2.40.
6. 29.2.40: Auslaufen Wilhelmshaven und Ankunft in Kiel am 1.3.40.
7. 11.4.40: Auslaufen Kiel zur Operation vor Norwegen im Drontheim-Gebiet. Während der Nacht vom 18./19. wurde das Boot kraftstoffmäßig durch ein deutsches Versorgungsschiff in Bergen aufgefüllt. Dann operierte das Boot in der North Minch. U 61 kehrte in den Stützpunkt am 7.5.40 zurück.
8. Auslaufen Kiel zur Operation im Nordkanal. Irgendwann während dieser Fahrt machte U 61 einen unbefriedigenden Angriff auf einen Hilfskreuzer. Einlaufen Bergen am 1.7.40.
9. 6.7.40: Operation in The Minch und westlich vom Nordkanal. Am 10. versenkte U 61 die niederländische ALWAKI (4.533 t) vom nach Westen laufenden Convoy OA 180, nordöstlich von Cape Wrath.
Am 16. griff es den nach Osten laufenden Convoy HX 55 nordwestlich von Bloddy Foreland an und versenkte den britischen Tanker SCOTTISH MINSTREL (6.998 t). Rückkehr nach Kiel am 25.7.40.
10. 29.8.40: Operation in den Küstengewässern westlich von Schottland. U 61 lief am 15.9.40 in Lorient ein.
11. 24.9.40: Auslaufen zur Operation im ursprünglichen Gebiet westlich von Schottland. Rückkehr nach Kiel am 1.10.40.

U 61 nahm seine Schulboottätigkeit im November 1940 auf und fuhr für die 21. U-Flottille bis März 1945. Dann stellte das Boot außer Dienst und wurde am 2.5.45 in Wilhelmshaven selbst versenkt.

U 62 Typ II C

Bauwerft: Deutsche Werke, Kiel
Kiellegung: 2. Januar 1939
Stapellauf: 16. November 1939
Indienststellung: 21. Dezember 1939
Feldpost-Nr.: M 23080
Selbst versenkt am 2. Mai 1945 in Wilhelmshaven

Kommandos:
1. U-Flottille Kiel (Schulboot/Frontboot)
21. U-Flottille Pillau von Oktober 1940–März 1945 (Schulboot)

Kommandanten:
KptLt Hans-Bernhard Michalowski, Dezember 1939–November 1940
OLtzS Ludwig Forster, Dezember 1940–September 1941
OLtzS Max Wintermeyer, September–November 1941
KptLt Waldemar Mehl, November 1941
OLtzS Horst Schünemann, November 1941–April 1942
OLtzS Adolf Schönberg, Oktober 1942–Juli 1943
OLtzS Horst Slevogt, Juli 1943–November 1944
LtzS Hans-Eckart Augustin, November 1944–März 1945

Feindfahrten: 5
Versenkte Schiffe: 2 (4.792 BRT)
1 Zerstörer (1.350 t)

1. 13.2.40: Auslaufen Helgoland zur Operation zwischen Bergen und den Shetlands gegen britische Kriegsschiffe. Rückkehr nach Wilhelmshaven am 6.3.40.
2. 4.4.40: Auslaufen zur Teilnahme an der Operation »Hartmut«. Als die Befehle am 6. geöffnet wurden, ging aus ihnen hervor, dass die teilnehmenden Boote Positionen vor der norwegischen Küste einzunehmen hatten, die ab 9. den Transport der deutschen Landungstruppen gegen britische Marinestreitkräfte sichern sollten. U 62 war der 3. Uboot-Gruppe zugeteilt, die vor Bergen operieren sollte. Ab 9. patrouillierte das Boot westlich der Shetlands. U 62 und vier Boote der Gruppe liefen Bergen zur Kraftstoffergänzung an, und am 14./15. füllten sie ihre Bestände aus einem deutschen Versorger auf. Dann fuhr U 62 mit U 56 und U 60 die norwegische Küste entlang zum Folda-Fjord, um dort britischen Landungen anzugreifen. U 62 beendete seine Feindfahrt über die Shetlands und erreichte Kiel am 25.4.40.
3. 18.5.40: Patrouille vor der Englischen Ostküste, im Gebiet der Cross Sands.
U 62 griff Schiffe an, die an der Evakuierung englischer Truppen von Dünkirchen beteiligt waren, und torpedierte am 29. den Zerstörer HMS GRAFTON östlich von North Foreland, während jener Überlebende des Zerstörers HMS WAKEFUL auffischte. WAKEFUL wurde von einem deutschen Schnellboot zerstört und vom Zerstörer HMS IVANHOE mit Artillerie versenkt. Rückkehr nach Bergen am 4.6.40.
4. 13.6.40: Auslaufen zur Operation im Gebiet westlich vom Nordkanal. Am 26. versenkte U 62 das britische Fischereifahrzeug CASTLETON (211 t) nahe Malin Head. Rückkehr nach Wilhelmshaven am 5.7.40.

5. 10.7.40: Auslaufen zur Patrouille in The Minch und westlich vom Nordkanal. Am 19. versenkte das Boot die britische PEARLMOOR (4.581 t) nordwestlich von Aran Island. Es lief dann am 27.7.40 Bergen an und erreichte Kiel am 2.8.40.

Ab Oktober 1940 ging U 62 in die Ubootausbildung und stieß zur 21. U-Flottille in Pillau. Bis März 1945 fuhr U 62 dann als Schulboot, wo es außer Dienst stellte. Am 2.5.45 wurde es in Wilhelmshaven selbst versenkt.

U 63 Typ II C

Bauwerft: Deutsche Werke, Kiel
Kiellegung: 2. Januar 1939
Stapellauf: 6. Dezember 1939
Indienststellung: 18. Januar 1940
Feldpost-Nr.: M 06536
Versenkt am 25. April 1940 südsüdöstlich von den Shetlands (58°40'N/00°01'E)

Kommando:
1. U-Flottille Kiel von Januar 1940–25. Februar 1940 (Frontboot)

Kommandant:
OLtzS Günther Lorentz, Januar 1940–25. April 1940

Feindfahrten: 1
Versenkte Schiffe: 1 (3.840 BRT)

1. 17.2.40: Auslaufen Helgoland zur Operation gegen britische Seestreitkräfte zwischen Bergen und den Shetlands. Am Abend des 24. griff U 63 den nach Süden laufenden Convoy HN 14 östlich von den Orkneys an und versenkte die schwedische SANTOS (3.840 t). Beim Versuch eines weiteren Angriffs am Morgen des 25. wurde U 63 durch das britische Uboot HMS NARWHAL gesichtet. Das rief die Geleitfahrzeuge herbei und die Zerstörer HMS ESCORT (LtCdr J. Bostock), IMOGEN (LtCdr C. L. Firth) und INGLEFIELD (Capt P. Todd) griffen mit Wasserbomben an. Das Ergebnis war, dass das Boot erheblich beschädigt und möglicherweise versenkt wurde. Ein Mann der Besatzung verlor sein Leben, der Kommandant und 23 Mann wurden gefangen genommen.

U 64 Typ IX B

Bauwerft: AG.Weser, Bremen
Kiellegung: 15. November 1938
Stapellauf: 20. September 1939
Indienststellung: 16. Dezember 1939
Feldpost-Nr.: 00412

Versenkt im Herjangsfjord, Norwegen, am 13. April 1940 (68°29'N/17°30'E)

Kommando:
2. U-Flottille Wilhelmshaven von Dezember 1939–13. April 1940 (Schulboot/Frontboot)

Kommandant:
KptLt Wilhelms Schulz, Dezember 1939–13. April 1940

Feindfahrten: 1
Versenkte Schiffe: keines

1. 6.4.40: Auslaufen Wilhelmshaven, Geleit des Hilfs-kreuzers Schiff 36/ORION durch die Nordsee in den Atlantik. Am 9. wurde U 64 nach dem Vest-Fjord zur Operation gegen britische Marinestreitkräfte befohlen, die an der Schlacht um Narvik teilnahmen. Am 13. befand sich das Boot im Herjangsfjord nördlich von Narvik und wurde vor Anker liegend vom Swordfish-Flugzeug des Schlachtschiffes HMS WARSPITE ausgemacht. Der Pilot, Petty Officer F.C. Rice, griff mit zwei 350 1b U-Abwehrbomben an und versenkte das Boot in flachem Gewässer.
U 64 konnte nicht mehr auftauchen und die überlebenden Besatzungsangehörigen entwichen mit ihren Tauchrettern. Ein Mann konnte ihn nicht finden und kam ohne diesen an die Wasseroberfläche. Glücklicherweise waren die Männer nur kurze Zeit im eisigen Wasser, bevor sie von pullenden deutschen Soldaten in einem Ruderboot geborgen wurden. Acht Männer ertranken. Der Kommandant und 37 Männer reisten über Schweden mit dem Zug und dann als deutsche Passagiere mit einem Passagierschiff zurück nach Deutschland. Sie erreichten Kiel am 26.4.40.

Das Boot wurde im August 1957 gehoben und abgewrackt.

U 65 Typ IX B

Bauwerft: AG.Weser, Bremen
Kiellegung: 6. Dezember 1938
Stapellauf: 6. November 1939
Indienststellung: 15. Februar 1940
Feldpost-Nr.: M 26817
Versenkt am 28. April 1941 nordnordwestlich von Rockall (60°04'N/15°45'W)

Kommando:
2. U-Flottille Wilhelmshaven/Lorient von Februar 1940–28. April 1941 (Frontboot)

Kommandanten:
KKpt Hans-Gerit von Stockhausen, Februar 1940–März 1941
KptLt Joachim Hoppe, April 1941–28. April 1941

Feindfahrten: 6
Versenkte Schiffe: 12 (87.278 BRT) und 3 beschädigt

1. 9.4.40: U 65 war zu Probefahrten in Wilhelmshaven, als ihm befohlen wurde, nach Norwegen zu fahren. Das Boot wurde in das Gebiet des Nams-Fjord/Vaags-Fjord zur Bekämpfung britischer Landungen gesandt. Am 15. griff U 65 ergebnislos einen Truppentransporter, die BATORY vom Convoy NP 1, an und am 18. ging ein Torpedoangriff auf den Kreuzer HMS EMERALD wegen Torpedoversager daneben. Am 19. wurden alle Boote von den Fjorden weg befohlen und U 65 fuhr mit anderen Booten in das nördliche Gebiet der Shetlands. Auf dem Heimweg streifte das Boot das Gebiet der Shetland-Inseln. Einlaufen Wilhelmshaven am 14.5.40.
2. 8.6.40: Auslaufen zur Patrouillee westlich vom Englischen Kanal und der Biskaya. Am 21. befand sich U 65 auf der Reede von La Palice. Dort befand sich die französische CHAMPLAIN (28.124 t), die aufgrund eines Minentreffers am 17. auf Grund gelaufen war, und die U 65 mit einem Torpedo endgültig versenkte.
Südwestlich von Belle Ile wurde am Abend des 22. die niederländische BERENICE (1.177 t) versenkt. U 65 fuhr weiter in den Atlantik. Am 30. torpedierte und beschädigte sie die britische CLAN OGILVY (5.802 t) westnordwestlich von Cape Ortegal und am 1.7.40 beschädigte das Boot die niederländische AMSTELLAND (8.156 t) süd-südwestlich von Fastnet. Die CLAN OGILVY wurde am 21.3.41 nordnordwestlich von den Cape Verde-Inseln von U 105 versenkt. U 65 kehrte am 7.7.40 in den Stützpunkt zurück.

3. 8.8.40: Auslaufen Wilhelmshaven zu einer Spezialaufgabe, zum Anlanden zweier irischer Agenten nahe Smerwick Harbour, Kerry, Irland.
Der Plan sah vor, die beiden Männer, Sean Russell und Frank Ryan, an Land zu setzen, aber am 15. wurde der Plan aufgegeben, weil Ryan am 14. starb. Das Boot kehrte nach Frankreich zurück, mit Ryan an Bord. U 65 lief Lorient am 19.8.40 an.

4. 21.8.40: Auslaufen Lorient und Einlaufen Brest am 22.8.40.

5. 28.8.40: Auslaufen Brest zur Patrouille westlich der Britischen Inseln. Am 5.9.40 sichtete U 65 nordwestlich von Rockall den nach Osten laufenden Convoy SC 2, wurde aber von Geleitfahrzeugen vertrieben. Am 6. gegen Mitternacht griff das Boot erneut an und geleitete U 47 in die Szene. U 65 wurde von einem Flugzeug am 7. vertrieben und kam nicht zu einem weiteren Angriff vor dem 8. abends. Durch diese Operation wurden fünf Schiffe versenkt, vier durch U 47, eines von U 28. U 65 hatte während des vier Tage währenden Angriffes keinen Erfolg.
Am 15. versenkte U 65 nordnordöstlich von Rockall die norwegische HIRD (4.950 t) und am 17. aus dem Convoy HX 71 nordwestlich von Rockall die britische TREGENNA (5.242 t). U 65 war eines von fünf Booten, die auf einen vermuteten Kurs des nach Osten laufenden Convoys HX 72 befohlen wurden, gesichtet von U 47 am 20. Allerdings wurde der Befehl widerrufen, da der Convoy über Nacht den Kurs geändert hatte. U 65 lief am 25.9.40 in Lorient ein.

6. Auslaufen in das Gebiet von Freetown. Beim Auslaufen wurde U 65 von einem britischen Uboot angegriffen, ohne Erfolg. Auf dem Marsch wurde U 65 durch den deutschen Versorger NORDMARK am 10.11.40 versorgt, nahe der Kapverdischen Inseln. Am 15. versenkte U 65 südlich von Freetown die britische KOHINUR (5.168 t) und den norwegischen Tanker HAVBÖR (7.614 t). Im Gebiet westostwestlich von Freetown versenkte U 65 in den nächsten drei Tagen die britische FABIAN (3.059 t) am 16. und den britischen Tanker CONGONIAN (5.056 t) am 18. U 65 verblieb die folgenden vier Wochen in diesem Gebiet. Es wurde nochmals von der NORDMARK am 29.11.40 und am 7.12. versorgt, hatte aber keine weiteren Erfolge. Am 21.12.40 versenkte es den panamesischen Tanker CHARLES PRATT (8.982 t) westlich von Freetown. Am 24. versenkte es den britischen Tanker BRITISH PREMIER (5.872 t) westlich von Monrovia. Die Rückreise begann am 27. U 65 versenkte die norwegische RISANGER (5.455 t) mit Torpedo und Artillerie südöstlich von den Kapverdischen Inseln. Am 31. beschädigte U 65 den britischen Tanker BRITISH ZEAL (8.532 t) östlich von Island. Der letzte Erfolg des Bootes war die Versenkung der britischen NALGORA (6.579 t), westlich von Cape Barbas, Marokko. Das Boot lief am 10.1.41 in Lorient ein.

7. 12.4.41: Nach einer Überholung verließ U 65 Lorient in den Atlantik. Vom 18. an bildeten U 65, U 95, U 96, U 123 und U 552 eine Patrouillenlinie südlich von Island. Am 23. sichtete U 123 den nach Osten laufenden Convoy HX 121, und die anderen vier Boote der Linie wurden nach diesem Kurs befohlen. U 65 wurde nahe am Convoy geortet und vom Zerstörer DOUGLAS angegriffen. Das Boot sank nach Wasserbomben nördlich von Rockall. Es gab keinen Überlebenden.

U 66 Typ IX C

Bauwerft: AG.Weser, Bremen
Kiellegung: 20. März 1940
Stapellauf: 10. Oktober 1940
Indienststellung: 2. Januar 1941
Feldpost-Nr.: M 21181
Versenkt am 6. Mai 1944 bei den Kapverdischen Inseln (17°17'N/32°29'W)

Kommando:
2. U-Flottille Wilhelmshaven/Lorient Januar 1941–6. Mai 1944 (Frontboot)

Kommandanten:
KKpt Richard Zapp, Januar 1941–Mai 1942
KptLt Friedrich Markworth, Mai 1942–September 1943
OLtzS Gerhard Seehausen, Sept. 1943–6. Mai 1944

Feindfahrten: 10
Versenkte Schiffe: 33 (197.316 BRT) und 5 beschädigt

1. 13.5.41: Auslaufen Wilhelmshaven zur Operation südlich von Grönland. Am 22. operierte U 66 mit anderen Booten gegen den nach Osten laufenden Convoy HX 126 ohne Erfolg. Am 24. war es eines von sieben Booten, die südlich von Cape Farewell eine Patrouillenlinie bildeten, um die fliehende BISMARCK vor Verfolgern zu unterstützen, nachdem sie die Linie durchbrochen hatte. Der Plan wurde aufgegeben, als bekannt wurde, die BISMARCK laufe nach St. Nazaire.
U 66, U 43, U 111 und U 557 wurden dann zur Bildung einer breiteren Patrouille befohlen, die südöstlich von Cape Farewell verlaufen sollte. Die beiden anderen

Boote der Gruppe verließen diese, um U 93 mit Kraftstoff zu ergänzen, und U 94 kehrte in den Stützpunkt zurück. Vom 1.6.41 an bildeten die fünf Boote eine neue Gruppe, West, im westlichen Nordatlantik. U 66 hielt sich nur kurze Zeit bei der Gruppe auf, kein Convoy wurde kontaktiert. Rückkehr in den neuen Stützpunkt Lorient am 11.6.41.

2. 23.6.41: Auslaufen in den zentralen Atlantik und das Gebiet von Freetown. U 66 versenkte drei Schiffe westlich der Kanarischen Inseln, am 29. zwei Nachzügler des Convoys SL 76, die griechische GEORGE J. GOULANDRIS (4.345 t) und die griechische KALYPSO VERGOTTI (5.686 t) und am 30. die britische ST. ANSELM (5.614 t) mit Torpedo und Artillerie.

Nach einer unbefriedigenden Patrouille vor Freetown trat U 66 seine Rückreise an. Am 19.7.41 versenkte das Boot die britische HOLMSIDE (3.433 t) nordnordöstlich von den Kapverdischen Inseln. Rückkehr in den Stützpunkt am 5.8.41.

3. 28.8.41: Auslaufen Lorient zur Patrouille des Gebietes um Freetown. Nach einem vergeblichen Einsatz dort bewegte sich das Boot südwärts über den Zentralatlantik. Am 26.9.41 versenkte U 66 den panamesischen Tanker I.C. WHITE (7.015 t) ostsüdöstlich von Recife und kehrte dann in das Gebiet von Freetown zurück. Am 16.10.41 begannen U 66, U 103, U 107 und U 125 ihre Heimreise. U 66, U 107 und U 125 wurden gegen den südwärts laufenden Convoy OS 10 befohlen, der von U 96 am 31.10.41 nördlich von den Azoren gesichtet worden war. Die anlaufenden Boote hatten aber keinen Kontakt. U 66 kehrte am 9.11.41 zurück.

4. 25.12.41: Auslaufen Lorient zur Operation im westlichen Atlantik. U 66 war eines der ersten drei Boote, die US-Gewässer zur Operation »Paukenschlag« mit U 123 und U 125 betraten. Patrouille vor Cape Hatteras im Januar 1942. U 66 versenkte den amerikanischen Tanker ALLAN JACKSON (6.635 t) am 18. und am 19. die britische LADY HAWKINS (7.988 t). Das war ein Passagierschiff mit 300 Passagieren und Besatzung. Nur 96 überlebten. U 66 versenkte die amerikanische NORVANA (2.677 t) und den britischen Tanker EMPIRE GEM (8.139 t) am 22. und am 24. die amerikanische VENORE (8.017 t). Rückkehr am 10.2.42.

5. 21.3.42: Auslaufen Lorient zur Operation in der Karibik. U 66 patrouillierte das Gebiet östlich der karibischen Windwards Islands, südwestlich von Bridgetown, Barbados, und versenkte die griechische KORTHION (2.116 t) am 14.4.42. Am 16. versenkte es die niederländische AMSTERDAM (7.329 t) direkt östlich von Grenada, den panamesischen Tanker HEINRICH VON RIEDEMANN (11.020 t) direkt südwestlich von Grenada und am 17. den panamesischen ALCOA PARTNER (5.513 t) nordnord-

östlich von Curaçao sowie am 26. den panamesischen Tanker HARRY G. SEIDEL (10.354 t).

U 66 setzte seinen erfolgreichen Einsatz im Mai 1942 fort. Am 2. versenkte es nördlich von Tobago den norwegischen Tanker SANDAR (7.614 t) und am Morgen des 3. griff es den britischen Tanker GEORGE W. MCKNIGHT (12.502 t), einen Nachzügler des nach Westen laufenden Convoys ON 87 an und beschädigte ihn. Das Schiff wurde nach Port of Spain geschleppt und repariert. U 66 kehrte am 27.5.42 zurück nach Lorient.

6. 23.6.42: Auslaufen zur Operation in der östlichen Karibik, Antillen-Gebiet. U 66 versenkte die jugoslawische TRIGLAV (6.363 t) 1.000 Seemeilen nordöstlich von den Leaward Isles am 9.7.42. Es legte sechs TMB-Minen, und als Resultat wurden zwei Marinefahrzeuge beschädigt, die britischen MTB's 339 und 342 am 2.8.42. Nach dem Minenlegen begann die Suche nach Schiffen. Am 26.7.42 versenkte es die britische TAMANDARE (4.942 t) nordöstlich von Tobago und die britische WEIRBANK (5.150 t) östlich von Tobago am 28. Am 6.8.42 meldete U 66 die Versenkung eines bewaffneten Frachters, der polnischen ROSEWIE (766 t) östlich von Barbados, aber das läßt sich nicht bestätigen.

Nach dem Ende der Feindfahrt versenkte U 66 vier weitere Schiffe im Operationsgebiet nordöstlich von Georgetown, Guyana, die amerikanische TOPA TOPA (5.355 t) am 29.8.42, das panamesische Motorschiff SIR HUON (6.049 t) und die amerikanische WEST LASHAWAY (5.637 t) am 30. sowie den britischen Tanker WINIMAC (8.621 t) am 31.

Von der Reise zurück im Gebiet der Azoren Kraftstoffergänzung. U 66 versenkte am 9.9.42 die schwedische PEIPING (6.390 t) 1.000 Seemeilen nordöstlich von Lewards Island. Ein Mann der Besatzung von U 66 starb infolge Erkrankung am 13. Das Boot wurde von U 462 westlich der Azoren irgendwann im September mit Kraftstoff aufgefüllt. Rückkehr in den Stützpunkt am 29.9.42.

7. 9.11.42: Auslaufen zur Patrouille im Westatlantik. Am Abend des 10. wurde U 66 durch einen Leigh Light Wellington Bomber des 172 Squadron (F/C D. E. Dixon) südwestlich von Lorient angegriffen und beschädigt. Rückkehr in den Stützpunkt am 11.11.42.

8. 6.1.43: Auslaufen Lorient zu einer Spezialaufgabe. Am 20. landete U 66 einen Agenten bei Rio Ora in den spanischen Besitzungen der Westsahara. Es wurde später berichtet, dass ein Agent und zwei Besatzungsmitglieder gefangen genommen wurden. Am 23. wurde die »Rochen«-Gruppe beim Cap Blanc gebildet, wo Schiffe gemeldet worden waren. U 66 traf auf die Gruppe am 27. Am 28. bewegten sich die Boote der »Rochen«-Gruppe nach Norden entlang der Küste auf der Suche nach den

Schiffen des Convoys. Am 1.2.43 versenkte U 66 den Trawler JOSEPH ELISE (französisch, 113 t) durch Artillerie östlich von Las Palmas.

Am 7.2.43 wurde der nach Norden laufende Convoy GIB No. 2 von U 521 direkt nördlich von den Kanarischen Inseln gesichtet und die »Rochen«-Gruppe und die fünf zur »Delphin«-Gruppe gehörenden Boote, die weiter südlich operierten, wurden auf ihn angesetzt. Die Überwassersicherungsgruppe am Convoy war zu stark und der Angriff wurde am 8. eingestellt. Die »Rochen«-Gruppe formte eine neue Patrouillenlinie südlich der Azoren am 16., die Boote der »Delphin«-Gruppe wurden mit Kraftstoff aufgefüllt. Dann begann sich die Patrouillenlinie zu formieren, auf der Suche nach Convoys, die nach Gibraltar fuhren.

Am 21.2.43 wurde die »Rochen«-Gruppe zur Kraftstoffergänzung durch U 461 südlich von den Azoren befohlen, aber als U 552 einen Convoy mit südwestlichen Kurs, es war der UC 1, meldete, wurden die Boote am nächsten Tag auf diesen angesetzt. Der Angriff dauerte fünf Tage, aber lediglich drei Schiffe wurden versenkt und drei beschädigt, bevor diese Operation am 27. wegen Kraftstoffmangels abgebrochen wurde. U 66 war eines der letzten Boote, das Kontakt mit dem Convoy hatte, und versenkte am 27. die britische ST. MARGARET (4.312 t) 1.400 Seemeilen südwestlich der Azoren und nahm den Kapitän an Bord.

Ab 27.2.43 wurde U 66 und vier weitere Boote der »Rochen«-Gruppe durch U 461 versorgt und die Boote bildeten ab 3.3.43 eine Nordsüd-Patrouillelinie, genannt »Tümmler«. Diese Gruppe fing an, einen ostwärts verlaufenden Suchkurs nach den Kanarischen Inseln zu laufen, und am 5. und um den 11. waren die Boote zwischen den Kanarischen Inseln und der Westküste Afrikas. Ein kleiner Convoy wurde am 11. gesichtet, aber er war zu schnell. Die »Tümmler«-Gruppe wurde nach Nordwesten zum Angriff auf den nach Gibraltar laufenden Convoy UGS 6 beordert. U 66 hatte am 16. Kontakt und behielt diesen drei Tage, bis die Operation nahe Gibraltar aufgegeben wurde. Obwohl neun Boote den Convoy kontaktierten und die Wetterbedingungen gut gewesen waren, wurden nur vier Schiffe versenkt. Das war den starken Überwassersicherungskräften und dem Erscheinen einer starken Luftsicherung am letzten Tag zu danken. U 66 kehrte in den Stützpunkt am 24.3.43 zurück.

9. 27.4.43: Auslaufen zur Operation im Westatlantik. Im Mai und Juni patrouillierte U 66 südlich von Cape Hatteras. Am 9.6.43 griff das Boot zwei nach Norden laufende Tanker an, aber die Torpedos gingen vorbei. Am 10. versenkte das Boot den amerikanischen Tanker ESSO GETTYSBURG (10.173 t) nordöstlich von Jacksonville, Florida. Eine ausgedehnte Luft- und Seesuche in dem Gebiet ging fehl, das Boot wurde nicht gefunden. Am 2.7.43 versenkte U 66 den amerikanischen Tanker BLOODY MARSH (10.195 t) weiter südlich, am 22. beschädigte U 66 den amerikanischen Turbinentanker CHERRY VALLEY (10.172 t) mit Torpedo und Artillerie östlich der Bahamas. Auf der Heimreise am 3.8.43 auf dem Kurs zur Kraftstoffergänzung aus U 117, wurde U 66 an der Wasseroberfläche von einer Avenger (LtR. L. Cornier) und einer Wildcat (Ens A. S. Poaulsen) vom Geleitträger USS CARD, 450 Seemeilen von Flores, Azoren, gesichtet. Ein Angriff der Wildcat tötete drei Mann und verwundete weitere acht. Der Kommandant befahl die Kanonen zu besetzen. Die Avenger warf zwei Wasserbomben, die vorbei gingen. U 66 tauchte, aber kam erneut an die Wasseroberfläche. Bei einem weiteren Angriff auf das Boot wurde der Kommandant schwer verwundet, aber der IWO brachte das Boot in Sicherheit. Hilfe wurde angefordert, ein Treffen mit U 117 gab es am 6. Ein Kommandant in Vertretung kam an Bord, Oberleutnant zur See Freks. In der Frühe des anderen Tages begann U 117 mit der Kraftstoffabgabe an U 66, dabei schwammen beide Boote parallel zueinander an der Wasseroberfläche. Sie wurden durch eine Avenger (Lt A.H. Sallenger) vom USS CARD geortet. Sallenger griff an, traf U 66 mit einer Wasserbombe und streifte U 117.

Die Avenger flog davon. Als drei andere erschienen, begann U 66 zu tauchen. Sallenger flog an und warf einen Akustiktorpedo, und das im Angesicht heftigen Feuers von U 117. Das Boot wurde dann mehrfach durch eine Wasserbombe beschädigt und konnte nicht mehr tauchen. Es sank durch die Avengerangriffe. U 66 konnte entkommen. Das Boot wurde möglicherweise am 19.8.43 durch U 847 mit Kraftstoff versorgt und lief am 1.9.43 in Lorient ein.

10. 16.1.44: Auslaufen zur Operation vor Freetown im Golf von Guinea. Am 26.2.44 versenkte U 66 die britische SILVERMAPLE (5.313 t) westlich von Takoradi, am 1.3.44 die französische ST. LOUIS (5.202 t) vor Acra, am 5. die britische JOHN HOLT (4.964 t) vor Port Harcourt und am 21. die britische MATADIAN (4.275 t) südöstlich von Lagos.

Am 1.4.44 war eine Kraftstoffübernahme durch ein anderes Boot für die Rückreise geplant. Während der Nacht vom 19./20. wurde ein Funkspruch vom Geleitträger USS CROATAN aufgenommen. Danach sollte U 66 von U 488 am Morgen des 26. versorgt werden. Avengerpiloten des Trägers sichteten U 66 kurz darauf während der Nacht vom 25./26., aber kein Kontakt wurde hergestellt. Das Versorgungsboot erschien nicht, es wurde früh am 26. durch Marinefahrzeuge versenkt.

U 66 wurde erneut am 1.5.44 durch den Aufklärungsdienst an Bord des Geleitträgers USS Block Island abgehört. Das Boot war auf der Suche nach U 188 für dringende Kraftstoffergänzung. Am 5. wurden die Batterien von U 66 als sehr niedrig eingestuft. Luftangriffe hatten ein Aufladen über Wasser unmöglich gemacht. Während der Nacht vom 5./6. fuhr U 66 aufgetaucht nur drei Seemeilen entfernt von USS BLOCK ISLAND. Kurs westlich der Kapverdischen inseln. Das Boot wurde durch das Radar des Geleitträgers geortet und der Geleitzerstörer USS BUCKLEY (LtCdr B.M. Abel) erhielt Befehl, das Boot zu bekämpfen.

Als der Träger das Gebiet verließ, führte eines seiner Flugzeuge USS BUCKLEY zu U 66. Das Boot verwechselte den Zerstörer mit U 188 und feuerte drei rote Kugeln. Die BUCKLEY eröffnete das Feuer, der Turm wurde getroffen. U 66 schoß einen Torpedo ab, der vorbei ging, die beiden Gegner fochten einen Kampf auf engste Distanz. Schon bald waren beide ineinander verkeilt, und deutsche Matrosen krabbelten auf die BUCKLEY. Einige waren mit Handwaffen ausgerüstet. Nahkampf war angesagt, beide Seiten fochten miteinander auf kleinste Distanz.

BUCKLEY wendete achteraus und ging auf Abstand. Das wieder frei schwimmende U 66 warf seine Maschinen an und fuhr davon. Die BUCKLEY jagte das Boot, das drehte und unter den Bug des Zerstörers geriet. Ein amerikanischer Matrose warf eine Handgranate in den offenen Uboottturm, ein Feuer brach aus, das Boot fuhr außer Kontrolle. Als es versuchte, klarzukommen, begann es zu sinken. Die überlebende Besatzung verließ das Boot und wurde von der BUCKLEY aufgefischt. Der Kommandant befand sich nicht darunter. Nach umfangreichen Reparaturen erreichte die BUCKLEY Boston mit eigener Kraft.

U 67 Typ IX C

Bauwerft: AG.Weser, Bremen
Kiellegung: 5. April 1940
Stapellauf: 30. Oktober 1940
Indienststellung: 22. Januar 1941
Feldpost-Nr.: M 26049
Versenkt am 16. Juli 1943 westsüdwestlich von den Azoren (30°05'N/44°17'W)

Kommando:
2. U-Flottille Wilhelmshaven/Lorient von Januar 1941–16. Juli 1943 (Frontboot)

Kommandanten:
KptLt Heinrich Bleichrodt, Januar–Mai 1941
OLtzS Günther Pfeffer, Juni 1941
KptLt Günther Müller-Stockheim, Juli 1941–16. Juli 1943

Feindfahrten: 8
Versenkte Schiffe: 13 (71.704 BRT) und 5 beschädigt

U 67 war das erste Boot, das einen Anti-Sonar-Gummiüberzug erhielt, genannt »Alberich«. Auf dem Marsch nach dem neuen Stützpunkt in Frankreich im August 1941 verlor U 67 60 % des Überzugs.

1. 1.8.41: Auslaufen Kiel und Einlaufen Bergen am 4.8.41.
2. 19.8.41: Auslaufen Bergen und Einlaufen Lorient am 29.8.41.
3. Auslaufen in den Zentralatlantik, als eines von vier Booten. U 67, U 68, U 103 und U 107 verlegten nach Süden zur Operation vor Freetown. Am 21. sichtete U 107 den nach Norden laufenden Convoy SL 87 südwestlich von den Kanarischen Inseln. U 67, U 68 und U 103 schlossen an den Convoy heran und befanden sich mitten in diesem. Sieben Schiffe wurden versenkt. U 67 versenkte die britische ST. CLAIRE II (3.753 t) am 24. westnordwestlich der Kanarischen Inseln. Nach der Convoyoperation setzten U 67 und U 68 ihren Kurs nach Süden fort und wurden zum Treffen mit U 111 am 28. in der Tarafal-Bucht, Kapverdische Inseln, befohlen. Dieses Boot war auf der Rückreise und es war geplant, dass U 111 seine Torpedos an U 68 abgab und von U 67 Kraftstoff übernahm. Als erstes Boot traf U 68 ein, gefolgt von U 111. Torpedos wurden am Abend an U 68 übergeben, und die beiden Boote liefen aus der Bucht aus. Bei diesem Manöver hörte man zwei Explosionen in der Bucht. Das waren zwei schlecht funktionierende Torpedos, abgefeuert vom britischen Uboot HMS CLYDE, das am 27. in der Bucht angekommen war, um dort die Ankunft der drei Boote zu erwarten. U 67 kam bald nach U 68 und U 111 an, nachdem diese die Bucht verlassen hatten. Bei seiner Ankunft sah Müller-Stockheim zwei Patrouillenboote die Bucht verlassen. Er sah dann HMS CLYDE hinter sich. Es machte den Versuch zu rammen, aber das mißglückte. U 67 rammte HMS CLYDE und beschädigte seinen Bug, aber beschädigte das britische Uboot nur leicht, so dass es nach Gibraltar entkommen konnte. Bevor das Gebiet verlassen wurde, übergaben U 67 und U 68 ihren Kraftstoff an U 58, das dann seine Feindfahrt nach Süden fortsetzte. Am 4.10.41 wurde U 111 südwestlich von Teneriffa versenkt. U 67 erreichte den Stützpunkt am 16.10.41.

4. 26.11.41: Auslaufen zur Operation vor Spanien und Portugal. Ab 9.12.41 bildete U 67 mit anderen Booten die Gruppe »Seeräuber«, die westlich von Gibraltar den Convoy HG 76 erwartete, der für Großbritannien bestimmt war. Der Convoy sollte eine starke Sicherung haben und das erwies sich als richtig. HG 76 fuhr am 14. und die »Seeräuber«-Boote griffen an. Die Operation dauerte die Nacht vom 22./23. Während dieser Zeit machte U 67 mehrere Angriffe, wurde aber jedesmal abgewehrt und vertrieben. Das Resultat war niederschmetternd. Drei Schiffe wurden versenkt, dazu der Zerstörer HMS STANLEY und der Escortzerstörer HMS AUDACITY, aber es gingen auch fünf Uboote verloren. U 67 lief am 26.12.41 in den Stützpunkt ein.

5. 19.1.42: Auslaufen zur Patrouille in der Karibischen See, als Teil der »Neuland«-Gruppe, bestehend aus fünf Ubooten: U 67, U 129, U 156, U 161 und U 502. Plan war, die fünf Boote sollten ab Mitte Februar auf Position stehen und Angriffe auf Häfen und Ölanlagen in diesem Gebiet machen.
U 67 operierte vor Curaçao und torpedierte und beschädigte dort am Morgen des 16.2.42 den niederländischen Tanker RAFAELA (3.177 t) vor Willemstad. U 129 hatte gerade vier Torpedos auf andere Schiffe gefeuert, die vor Anker lagen. Alle gingen ohne viel Geräusch im Schlamm unter. Später, am Morgen des 16., wurde U 67 von einer A 20 der USAF 59. Bombersquadron (Lt West) angegriffen, aber ohne Erfolg. Am Abend traf U 67 mit U 502 zusammen und beschoß die Ölvorratsanlagen in Arabu, wurde aber durch einen Black-out und durch die Aktivitäten von Patrouillenbooten gestört. U 67 verlegte weiter nach Westen und versenkte am 21. den amerikanischen Tanker J.N. PEW (9.033 t) nördlich von Santa Maria, Kolumbien. Auf dem Weg von der Karibik versenkte U 67 am 14.3.42 den panamesischen Tanker PENELOPE (8.436 t) südwestlich von Leeward Island. Rückkehr nach Lorient am 30.3.42.

6. 20.5.42: Auslaufen in US-Gewässer. U 67 operierte ursprünglich vor der Küste von Florida, wo am 16.6.42 die nigerianische MANAGUA (2.220 t) südöstlich von Key West versenkt wurde. Am 20. torpedierte und beschädigte U 67 den norwegischen Tanker NORTIND (8.221 t) vor dem Mississippi-Delta im Golf von Mexiko und am 23. versenkte es den amerikanischen Tanker RAWLEIGH WARNER (3.664 t). Die NORTIND wurde am 26.1.43 durch U 358 vor Cape Farewell versenkt. Am 29.6.42 versenkte U 67 den britischen Tanker EMPIRE MICA (8.032 t) vor Vincent Island, Florida.
Östlich von New Orleans versenkte das Boot die norwegische BAYARD (2.160 t) am 6.7.42 und torpedierte und beschädigte den amerikanischen Tanker PAUL H. HARWOOD (6.610 t) am 7. Es gab noch zwei weitere

Erfolge in dieser Zeit, die Versenkung von zwei Tankern, die amerikanische BENJAMIN BREWSTER (5.950 t) am 10. und die amerikanische R.W. GALLAGHER (7.989 t) in der Bucht von Terrebonne, Louisiana, am 13. Rückkehr nach Lorient am 8.8.42.

7. 16.9.42: Auslaufen zur Patrouille östlich und südöstlich in der Karibik. Am 16.10.42 schlossen U 67, U 160, U 332 und U 516 an den nach Osten laufenden Convoy nach dem Verlassen des Port of Spain, Trinidad, heran. Nur U 160 konnte einen Angriff fahren, versenkte ein kleines Schiff und beschädigte ein anderes. Die anderen Boote hatten mit einer starken Luftüberwachung zu kämpfen, denn es herrschte Vollmond. Am 25. versenkte U 67 die PRIMERO (norwegisch, 4.414 t). Ein glänzender Erfolg östlich von St. Lucia nach einer Jagd, in der die PRIMERO beschädigt wurde. Ein Besatzungsmitglied wurde schwer verwundet, als es einen beschädigten Torpedo in der Oberdecksbox retten wollte. Der Mann starb am 27. und wurde auf See beigesetzt.
Im November war U 67 östlich von den Windward Islands. Dabei beschädigte es die britische CAPO OLMO (4.712 t) am 8. vor der Südküste von Tobago, versenkte die norwegische NIDARLAND (6.132 t) am 9. nördlich von Tobago, versenkte die britische KING ARTHUR (5.224 t) am 15. östlich von Trinidad, versenkte die norwegische TORTUGAS (4.697 t) am 18. östlich von Barbados und am 28., alle Torpedos waren verschossen, beschädigte U 67 mit Artillerie die britische EMPIRE GLADE (7.006 t) östlich von Leeward Islands. Nach Versenkung der TORTUGAS nahm U 67 zwei ihrer Offiziere an Bord. Das rücklaufende Boot wurde Anfang Dezember 1942 von U 450 mit Kraftstoff bei den Azoren versorgt. Einlaufen Lorient am 21.12.42.

8. 3.3.43: Auslaufen zur Operation im Zentralatlantik. U 67, U 103, U 109, U 159 und U 524 waren in ein Gebiet südlich der Azoren befohlen, wo sie ab 13. mit der Bezeichnung »Wohlgemut« eine Patrouillenlinie bilden sollten. Der nach Osten laufende Convoy UGS 6 hatte New York am 5. verlassen und wurde am 12. von U 130 gesichtet. Das Boot gehörte zur Gruppe »Unverzagt«.
Das Boot wurde in der Nacht des 12./13. versenkt, und ein neuer Kontakt wurde erst am 14. wieder hergestellt. Die Boote der Gruppe »Wohlgemut« hatten Kontakt an diesem Tag. Eine glatte See, eine starke Geleitsicherung und wachsende Luftüberwachung ab dem Abend des 17. ließen die Operation am 19. westlich von Portugal abbrechen. Nur zwei Schiffe wurden von 17 Booten versenkt, die mit dem Convoy über eine Achttage-Periode Kontakt hatten.
Nach dem Verlassen des UGS 6 bewegten sich U 67, U 123, U 159, U 167, U 172, U 513 und U 515 südlich und formierten eine neue Patrouillenlinie, »Seeräuber«

genannt. Sie fuhren südlich der Kanarischen Inseln zum Empfang des nach Süden laufenden Convoys RS 3. Der wurde am 27. gesichtet, zwei Schiffe wurden am 28. durch U 172 und U 167 versenkt. Während des Angriffs auf den Convoy am 29. wurde U 67 durch eine der begleitenden Korvetten beschädigt und war nicht in der Lage, in dieser Aktion weiter mitzumachen.

Nach Übernahme von Kraftstoff aus U 515 lief es heimwärts und erreichte Lorient am 13.4.43.

9. 10.5.43: Auslaufen zur Operation in einem Gebiet, 300 bis 600 Seemeilen nordöstlich der Karibik. Mitte Juli, nach zehn Wochen in See, hatte U 67 noch keinen Erfolg und hatte nur noch wenig Kraftstoff. Am 16.7.43 wurde das rücklaufende Boot, auf der Suche nach Kraftstoff, von einer Avenger (Lt R.P. Williams) von der VC-13 des Geleitträgers USS CORE etwa 850 Seemeilen westsüdwestlich von Flores, Azoren, gesichtet. Gedeckt durch Wolken, flog das Flugzeug das Boot an und warf vier Wasserbomben. Der Bug hob sich aus der See, U 67 verschwand und an der Wasseroberfläche bildete sich eine Öllache. Drei Überlebende wurden vom Zerstörer USS McCORMICK aufgenommen, ein Offizier und zwei der Mannschaft. 48 Mann, einschließlich des Kommandanten, gingen mit dem Boot unter.

U 68 Typ IX C

Bauwerft: AG.Weser, Bremen
Kiellegung: 20. April 1940
Indienststellung: 11. Februar 1941
Stapellauf: 22. November 1940
Feldpost-Nr.: M 29442
Versenkt am 10. April 1941 westnordwestlich von Madeira (33°25'N/18°59'W)

Kommando:
2. U-Flottille Wilhelmshaven/Lorient von Februar 1941–10. April 1944 (Schulboot/Frontboot)

Kommandanten:
KKpt Karl-Friedrich Merten, Februar 1941–Januar 1943
OLtzS Albert Lauzemis, Januar 1943–10. April 1944
OLtzS Gerhard Seehausen (zeitweise), Juli 1943

Feindfahrten: 9
Versenkte Schiffe: 32 (197.477 BRT)
1 UJagd-Trawler (545 t)

1. 30.6.41: Auslaufen Kiel für Operationen im Zentralatlantik. Für drei Tage vom 18.7.41 nahm U 68 an einer fehlgeschlagenen Convoyoperation westlich vom Nordkanal teil. Der Convoy OB 346 war am 17. von einem Aufklärungsflugzeug 60 Seemeilen südlich von Rockall erkannt worden und U 68 und vier andere Boote wurden zu einer Patrouillenlinie vor dem Convoy zusammengefaßt. Als er die Linie am 20. passierte, wurde diese für andere Operationen aufgehoben. Am 24. wurde U 68 auf den südwärts gehenden Convoy OG 69 westlich von Irland angesetzt. Das Boot griff eine Korvette am 28. an, kann getroffen haben, andererseits hatte es keinen Erfolg gegen den Convoy, der gesamt sieben Schiffe während des Kampfes verlor. U 68 kehrte in den neuen Stützpunkt Lorient am 1.8.41. zurück.

2. 11.9.41: Auslaufen zur Operation im Zentralatlantik als eines von vier Booten: U 67, U 68, U 103 und U 107. Die Boote bewegten sich südwärts zur Operation im Gebiet von Freetown. Am 21. sichtete U 107 den nach Norden laufenden Convoy SL 87 südwestlich von den Kanarischen Inseln. U 67, U 68 und U 103 schlossen an den Convoy heran und kurzfristig versenkten die vier Boote sieben Schiffe. U 68 versenkte die britische SILVERBELLE (5.302 t) südwestlich der Kanarischen Inseln am 22. Das Boot meldete Treffer auf zwei weiteren Schiffen des Convoys. Nachdem die Operation beendet war, blieben U 67 und U 68 auf Südkurs und wurden zu einem Treffen mit U 111 am 28. in die Bucht von Tarafal, Kapverdische Inseln, befohlen. Das Boot befand sich auf dem Rückmarsch und sollte Torpedos an U 68 abgeben und Kraftstoff von U 67 übernehmen. Das erste Boot, das den Treffpunkt erreichte, war U 68, bald darauf gefolgt von U 111. Torpedos wurden an U 68 abgegeben, und die beiden Boote verließen danach die Bucht. Sie hörten noch zwei Explosionen am Strand. Es waren aber zwei schlecht gewartete Torpedos, die von dem britischen Uboot HMS CLYDE auf sie geschossen wurden, das die Bucht am 27. erreichte, um die einkommenden Boote zu versenken.

U 67 kam gleich nach U 68 an und U 111 hatte bereits die Bucht verlassen. Kurz darauf sah der Kommandant von U 67 zwei hohe Fahrt laufende Patrouillenboote. Dann sah er HMS CLYDE direkt vor sich. Er beschloß das Boot zu rammen. U 67 rammte die CLYDE, wobei der Bug des Bootes mehrfach beschädigt wurde. Das britische Uboot wurde nur leicht beschädigt, es erreichte noch Gibraltar. Vor dem Verlassen des Gebietes gaben U 67 und U 68 ihre Versorgungsgüter ab. U 68 setzte seine Operation zwischen den Ascension-Inseln und St. Helena fort.

Am 22.10.41 versenkte das Boot den Royal Navy-Tanker DARKDALE (8.145 t) auf der Reede von St. Helena. Der Tanker war vor Jamestown auf Abruf liegend. Merten kam und löste vier Torpedos. Es gab kein Erwiderungsfeuer und nach 20 Minuten wurden schließlich zwei Scheinwerfer eingeschaltet.

Die DARKDALE war das erste Schiff, das von einem Uboot südlich des Äquators im Zweiten Weltkrieg versenkt wurde. Zu dieser Zeit war U 68 auf der Fahrt weiter nach Süden und am 28. versenkte es die britische HAZELSIDE (5.297 t) 900 Seemeilen westlich der Walfish Bay, Südwestafrika. Am 1.11.41 versenkte U 68 300 Seemeilen von der Walfish Bay die britische BRADFORD CITY (4.953 t).

U 68 ergänzte seinen Kraftstoff vom Hilfskreuzer Schiff 16/ATLANTIS am 13.11.41 südlich von St. Helena. Am 22. wurden von Schiff 16 nordwestlich von Ascension die Überlebenden von U 126 aufgenommen und an den deutschen Versorger PYTHON während der Nacht vom 23./24. abgegeben.

U 68 und U A trafen in der Nacht vom 30. November/1. Dezember auf die PYTHON 780 Seemeilen von St. Helena. Während man die beiden Boote mit Kraftstoff versorgte, wurden diese von dem Kreuzer HMS DORSETSHIRE überrascht. Die Boote tauchten und U A glaubt fünf Torpedos auf den Kreuzer abgeschossen zu haben, die alle vorbeigingen. Die PHYTON stoppte und die Besatzung verließ das Schiff, das von der DORSETSHIRE versenkt wurde und im Anschluss die Szene verließ.

Es gab 414 Überlebende. U 68 und U A nahmen je 100 Mann an Bord, die übrigen 214 wurden auf Rettungsboote und Flöße verteilt, die dann von den beiden Booten geschleppt wurden. Die Fahrt ging nach Norden und am 5.12.41 trafen die Boote auf U 124 und U 129, die die 241 Mann von den Rettungsbooten und Flößen aufnahmen. Alle vier Boote fuhren nach Norden bis zum 16., als es zum Treffen mit vier italienischen Booten kam, nördlich der Kapverdischen Inseln. Die TORELLI, TAZZOLI, FINZI und CALVI übernahmen die Hälfte der Überlebenden und alle acht Boote nahmen Kurs auf französische Häfen. Alle Männer kamen Ende Dezember, nach einer Reise von über 500 Seemeilen, gut in Deutschland an. U 68 lief am 25.12.41 in Lorient ein.

3. 11.2.42: Auslaufen in den Zentralatlantik. U 68 operierte südlich und südwestlich von Freetown, vor der liberianischen Küste südlich von Cape Palmas und der Elfenbeinküste.

Am 3.3.42. versenkte U 68 die britische HELENUS (7.366 t) vor Monrovia, am 8. die britische BALUCHISTAN (6.992 t) vor Grand Cess, Liberia, und am 16. die britische BARON NEWLANDS (3.386 t). Vor Cape Palmas versenkte das Boot drei Schiffe, die britische ILE DE BATZ (5.755 t), die britische SCOTTISH PRINCE (4.917 t), beide mit Torpedo und Artillerie, und die britische ALLENDE (5.081 t) mit Torpedo. Die letzte Versenkung auf dieser Patrouille war die britische MUNCASTER CASTLE (5.863 t) am 30. südsüdwestlich von Monrovia. U 68 verließ das Operationsgebiet Anfang April und erreichte Lorient am 13.4.42.

4. 14.4.42. Auslaufen in die Karibik. Am 17. lief das Boot in El Ferrol ein, wo es von dem deutschen Versorger MAX ALBRECHT mit Kraftstoff aufgefüllt wurde. Außerdem wurden Reparaturen durchgeführt, bevor das Boot wieder auslief.

Am 5.6.42 versenkte das Boot die amerikanische L.J. DRAKE (6.693 t) nordnordöstlich von Arabu. Das Schiff war auf dem Wege nach San Juan, Puerto Rico, und wurde am 4. als abgängig gemeldet.

Ein anderer Tanker, die panamesische C.O. STILLMAN (13.006 t) wurde am 6. westsüdwestlich von Cabo Rojo, Puerto Rico, versenkt. Weiter westlich, am 10., versenkte U 68 zwei Schiffe westlich von der Isle de San Andres, die britische SURREY (8.581 t) und die britische MONTREAL (5.882 t).

Am 15. versenkte U 68 einen Vichy-Tanker, die französische FRIMAIRE (9.242 t) nördlich von Santa Marta, Kolumbien. Das Schiff fuhr für portugiesische Rechnung. Dann versenkte U 68 am 23. die panamesische ARRIAGA (2.469 t) nordwestlich von Punta Gallinas, Kolumbien. Rückkehr nach Lorient am 10.7.42.

5. 20.8.42: Auslaufen Lorient mit U 156, U 172, U 504 und dem U-Tanker U 459 als »Eisbär«-Gruppe, Kurs Kapstadt.

Vom 26. an, westlich von Spanien, operierte die Gruppe kurz gegen den nach Norden laufenden Convoy SL 119. U 156 versenkte einen Nachzügler am 27. Die Boote drehten nach Süden in Formation zu den Kapverdischen Inseln, und dann ab 4.9.42 operierten sie unabhängig von einander. U 68 versenkte zwei Schiffe ostnordöstlich von Ascension, die britische TREVILLEY (5.296 t) am 12., die niederländische BREEDIJK (6.861 t) am 15., dessen Kapitän und Chefingenieur an Bord genommen wurden. U 68 kreuzte den Äquator und am 19.9.42 kam St. Helena in Sicht. Am 24., 600 Seemeilen weiter südlich, wurden die »Eisbär«-Boote von U 459 mit Kraftstoff versorgt. Die Offiziere der TREVILLEY stiegen um auf U 459. Am 5.10.42 kam U 68 in seinem Operationsgebiet vor Kapstadt an. Am 8. versenkte U 68 die griechische KOUMOUNDOUROS (3.598 t), die niederländische GAASTERKERK (8.579 t), den amerikanischen Tanker SWIFTSURE (8.207 t) und die britische SARTHE (5.271 t). Am 9., ebenfalls vor Kapstadt, versenkte U 68 die amerikanische EXAMELIA (4.981 t) und die britische BELGIAN FIGHTER (5.403 t).

U 68 trat die Rückreise am 29.10.42 durch den Südatlantik an. Am 6.11.42 versenkte das Boot die britische CITY OF CAIRO (8.034 t) südlich von St. Helena. Merten tauchte zwischen den Überlebenden auf und unterhielt sich mit ihnen, gab ihnen einen Kompaß, damit sie St. Helena fanden. Bevor es den Ort verließ, wurde sichergestellt, dass das Schiff auch sank.

Nach mehr als einem Monat danach wurden die Überlebenden von dem deutschen Blockadebrecher RHAKOTIS aufgenommen, dieser kam aus Japan. U 68, das erste »Eisbär«-Boot, erreichte Lorient am 6.12.42.

6. 3.2.43: Auslaufen zur Operation in der Karibik. Nach einer Patrouille rund um die Antillen fuhr U 68 weiter in die Karibik. Am 13.3.43 griff es den Convoy GAT 49 nördlich von Punta Gallines, Kolumbien, an und versenkte die niederländische CERES (2.680 t) und den amerikanischen Tanker CITIES SERVICE MISSOURI (7.506 t), dann wurde das Boot von Begleitfahrzeugen verjagt.

U 68 bewegte sich während der Patrouille im Gebiet nordöstlich der Karibik bis Ende März, und am 17.4.43 wurde das Boot südlich der Azoren von U 117 mit Kraftstoff versorgt. Einlaufen Lorient am 7.5.43.

7. 12.6.43: Auslaufen mit U 155, U 257, U 600 und U 615 zur Sicherung der Biskaya.

Mit auslaufendem Kurs wurden die Boote am 14. von vier Mosquitos der 307. polnischen Squadron angegriffen. U 68 und U 155 wurden beschädigt, hatten erhebliche Schäden und mehrere Verwundete. U 68 hatte zwei Mann und den Kommandanten verwundet, einer galt als vermißt. Rückkehr nach Lorient am 16.6.43.

8. 1.8.43: Auslaufen Lorient, aber am 2. zurückgerufen. Einlaufen am 3.8.43.

9. 14.8.43: Auslaufen Lorient und zurück am 15.8.43.

10. Auslaufen in den Zentralatlantik zur Operation im Golf von Guinea und südlich von Liberia. U 68 wurde von U 488 am 28. westlich der Azoren mit Kraftstoff versorgt. Mitte Oktober erfolgte eine weitere Versorgung durch ein anderes Boot. Am 22., südwestlich von Monrovia, versenkte U 68 zwei Schiffe, den Anti-Uboot-Trawler HMS ORFASAY und den norwegischen Tanker LITIOPA (5.356 t). Vor Abijan an der Elfenbeinküste versenkte U 68 am 31. die britische NEW COLOMBIA (6.574 t). U 68 blieb im Operationsgebiet bis Anfang Dezember und versenkte am 30.11.43 die französische FORT DE VAUX (5.186 t). Rückkehr nach Lorient am 23.12.43.

11. 27.3.44: Auslaufen zur Operation vor Westafrika. Spät am 8.4.44 wurde U 68 von USS POPE geortet, einem der Geleitzerstörer des Escortträgers GUADALCANAL. Der Kontakt dauerte die ganze Nacht. Am 10. wurde das Boot, über Wasser laufend, im Mondlicht westnordwestlich von Madeira von zwei Avengern und einer Wildcat vom VC 58 des Trägers gesichtet.

Die Flugzeuge versenkten U 68 mit Angriffen, Wasserbomben und Raketen. Von der Besatzung der U 68, 57 Mann stark, gab es nur einen Überlebenden.

U 69 Typ IX C

Bauwerft: Germaniawerft, Kiel
Kiellegung: 11. November 1939
Stapellauf: 19. September 1940
Indienststellung: 2. November 1940
Feldpost-Nr.: M 25172
Versenkt am 17. Februar 1943 vor Cape Farewell (50°50'N/40°50'W)

Kommando:
7. U-Flottille Kiel/St. Nazaire von November 1940–17. Februar 1943 (Schulboot/Frontboot)

Kommandanten:
KptLt Jost Metzler, November 1940–August 1941
KptLt Wilhelm Zahn, August 1941–März 1942
KptLt Ulrich Gräf, März 1942–17. Februar 1943

Feindfahrten: 11
Versenkte Schiffe: 16 (64.812 BRT) und 1 beschädigt

1. 10.2.41: Auslaufen Kiel, Marsch durch die Nordsee, dann südlich der Shetlands in den östlichen Atlantik. Am 17. versenkte U 69 die britische SIAMESE PRINCE (8.456 t) südwestlich der Färöer-Inseln, und am 19. die britische EMPIRE BLANDA (5.693 t), einen Nachzügler vom nach Osten laufenden Convoy HN 107, südlich von Island. Am 19. sichtete ein deutsches Flugzeug den nach Westen laufenden Convoy OB 287 nordwestlich von Cape Wrath. U 69 und andere Boote wurden dann südlich von Island nach Südosten befohlen, um eine Linie vor dem Convoy zu bilden. Falsche Informationen des Flugzeug-Führers gaben aber einen falschen Standort des Convoys an, und das Unternehmen wurde am 21. abgeblasen. An diesem Tag wurde U 69 zweimal mit Wasserbomben von einer Sunderland-Maschine angegriffen. Deutsche Flugzeuge meldeten einen weiteren nach Westen laufenden Convoy, OB 288, am 23., und diese Meldung wurde bestätigt. Das war südlich von Island. Am 23. versenkte U 69 die norwegische SVEIN JARL (1.908 t) in diesem Gebiet. Insgesamt acht Schiffe des Convoys wurden von vier Booten versenkt. Dazu gehörte auch ein italienisches Uboot. Nach der Versenkung der SVEIN JARL wurde U 69 mit einer Serie Wasserbomben durch eines der Geleitboote verfolgt, es konnte aber entkommen. U 69 lief am 1.3.41 in den neuen Stützpunkt Lorient ein.

2. 18.3.41: Auslaufen zur Atlantikoperation, südlich von Island. Als U 69 das Gebiet erreichte, waren dort keine

Convoys zu entdecken, daher wurden am 26. die Boote weiter nach Westen geordert. Auf dem Weg nach dort sichtete U 69 am 29. den nach Westen laufenden Convoy OB 302 und beschattete ihn. Das Boot versenkte am 30. vor Cape Farewell die britische COULTARN (3.759 t) und wurde dann von Geleitfahrzeugen mit Wasserbomben bekämpft. Das Boot entkam den Angriffen unbeschädigt. Ein neue Linie wurde am 2.4.41 gebildet, um den nach Osten laufenden Convoy SC 26 abzufangen. Am 3. kam U 69 in Kontakt mit dem Convoy im Zentralatlantik, ost-südöstlich von Cape Farewell. Es war eine erfolgreiche Operation, elf Schiffe wurden von sechs Booten versenkt, keines von U 69. U 69 kehrte am 11.4.41 nach Lorient zurück.

3. 3.5.41: Auslaufen in den Zentralatlantik zur Operation vor der Westküste Afrikas und um Minen zu legen. Am 19. wurde U 69 vom Versorger EGERLAND nahe der Kanarischen Inseln mit Kraftstoff versorgt. Auf dem Marsch in das Operationsgebiet am 21. griff U 69 die amerikanische ROBIN MOOR (4.999 t) nordnordöstlich von St. Paul Rocks an. Zu dieser Zeit waren die USA noch neutral, und nachdem das Schiff gestoppt hatte, war Metzler unsicher, ob er es versenken konnte. Nach Sichtung der Papiere ergab sich, dass die Ladung aus Hand-waffen und Flugzeugersatzteilen für Kapstadt bestimmt war. Metzler erlaubte dem Kapitän und der Besatzung, in die Boote zu gehen, und versenkte das Schiff mit einem Torpedo sowie Artillerie und nahm im Anschluss die Rettungsboote bis zu einem nahen Abstand zur afrikani-schen Küste in Schlepp. Die ROBIN MOOR war das erste amerikanische Schiff, das von einem Uboot im Zweiten Weltkrieg versenkt wurde. Am 21., nordöstlich von den Rocks, versenkte U 69 die britische TEWKESBURY (4.601 t) mit Torpedo und Artillerie.

Während der Nacht vom 25./26. legte U 69 sieben Minen vor Lagos und in der folgenden Nacht weitere sieben vor Takoradi. Der britische Bagger ROBERT HUGHES (2.879 t) sank vor Lagos am 4.6.41, nachdem er auf eine der Minen gelaufen war. Am 31.5.41 versenkte U 69 im Hafen von Accra die britische SANGARA (5.445 t). Das Schiff wurde später gehoben und repariert. U 69 fuhr im frühen Juni Richtung Norden, um vom Versorger LOTHRINGEN Kraftstoff zu übernehmen. Aber die LOTHRINGEN wurde am 15. vom britischen Kreuzer HMS DUNEDIN versenkt. U 69 hatte vorher ein Treffen mit dem Versorgungsschiff EGERLAND geplant, die wurde aber bereits am 5.6.41 versenkt. Knapp an Kraftstoff fuhr U 69 schnell Richtung Norden, um bei Las Palmas ver-sorgt zu werden. In den frühen Stunden des 27., 300 See-meilen südwestlich von den Kanarischen Inseln, griff das Boot den nach Norden laufenden Convoy SL 76 an. Das Boot versenkte zwei Schiffe, die britische EMPIRE

ABILITY (7.603 t) und die britische RIVER LUGAR (5.423 t). Es wird auch angenommen, dass ein drittes Schiff des Convoys getroffen wurde.

Sehr knapp an Kraftstoff fuhr nun U 69 langsam nach Norden, Kurs Las Palmas, zur Ergänzung durch den internierten Versorger CHARLOTTE SCHLIEMANN. U 69 lief weiter nach Norden und versenkte am 4.7.41 die briti-sche ROBERT L. HOLT (2.918 t) mit Artillerie nordwest-lich von den Kanarischen Inseln. Das Boot wurde von einem Flugzeug beim Einlaufen in St. Nazaire am 8.7.41 angegriffen.

4. 21.8.41: Auslaufen zur Operation im Atlantik. Am 24. erkrankte der Kommandant, Kapitänleutnant Metzler, und der I WO Oberleutnant zur See Auffermann übernahm das Boot. U 69 kehrte nach St. Nazaire am 27. zurück.

5. 1.9.41: Auslaufen in den Atlantik, nun unter Führung von Kapitänleutnant Zahn. U 69 patrouillierte im Gebiet südwestlich von Irland. Vom 12. an nahm es Kurs auf den Atlantik und gehörte ab 18. zur »Brandenburg«-Gruppe. Es operierte gegen den Convoy SC 44 und feuerte am 20. einen Torpedo auf die sinkende BARBRO, aber der explo-dierte nicht. Das Schiff war zweimal von U 552 getrof-fen worden. U 69 kehrte am 1.10.41 nach St. Nazaire zurück.

6. 30.10.41: Auslaufen zur Atlantikoperation. Am 31. wurden U 69 und fünf andere Boote in der Biskaya zu einem nach Süden laufenden Convoy befohlen, der eini-ge Tage zuvor 500 Seemeilen westlich von Irland gesich-tet worden war. Die Suche währte bis zum 4.11.41, der Convoy wurde nicht gefunden.

Ab 5. gehörte U 69 zur »Störtebecker«-Gruppe westlich von Spanien, die auf der Suche nach Convoys waren. Als nichts gefunden wurde, gingen die Boote nach Nord-westen in den Atlantik.

Die Gruppe begann ihre Suche nach dem nach Westen laufenden Convoy OS 11 oder jeden anderen. Am 22. entschied der BdU, dass der größte Ubooterfolg im Mittelmeer und in dem Gebiet vor Gibraltar zu machen wäre. Um den 25. hatten die meisten Boote den Nord-atlantik verlassen, bis auf drei: U 69, U 201 und U 402. Mit nur wenig Kraftstoff bildeten sie die Gruppe »Letzte Ritter« nordöstlich von den Azoren. Der Convoy OG 77 lief am 26. von England aus, direkt auf diese Boote zu. Nachdem die Boote diesen Convoy verfehlt hatten, und der Kraftstoffbestand sehr knapp wurde, liefen die drei Boote heimwärts. U 69 lief am 8.12.41 in St. Nazaire ein.

7. 18.1.42: Auslaufen zur Atlantikoperation, Patrouille südlich und südöstlich von Neufundland.

Aufgrund eines mechanischen Fehlers mußte U 69 die Unternehmung abbrechen und in den Stützpunkt zurück-kehren. Einlaufen St. Nazaire am 26.1.42.

8. 31.3.42: Auslaufen in ein Gebiet südlich und südwestlich von Neufundland. U 69 hatte keinen Erfolg und erreichte St. Nazaire wieder am 26.1.42.

9. 12.4.42: Auslaufen in den Westatlantik zur Operation um die Antillen und in der Karibik.

Auf der Fahrt nach dort nahm U 69 am 1.5.42 nordöstlich von den Bermudas Kraftstoff aus U 459. Später am Tage versenkte U 69 das amerikanische Segelschiff JAMES E. NEWSOM (617 t) mit Artillerie. Am 9. griff U 69 ohne Erfolg einen US Coast Guard-Kutter in der Monapassage an. Der Kutter drehte auf das Boot zu und mit Hilfe einiger B 18-Bomber der 45. Squadron (USAF) wurde U 69 vertrieben. Am 12. versenkte U 69 den norwegischen Tanker LISE (6.826 t) mit Torpedo und Artillerie nordnordöstlich von Curaçao und am 13. die amerikanische NORLANTIC (2.606 t) nördlich von Caracas, Venezuela. U 69 versenkte die britische TORONDOC (1.927 t) westlich von Martinique am 21. Nach Verlassen der östlichen Karibik in Richtung Heimat, versenkte das Boot einen verlassenen Schlepper mit Artillerie am 5.6.42 vor den Windward Islands. Rückkehr nach St. Nazaire am 25.6.42.

10. 15.8.42: Auslaufen zum Minenlegen vor der US-Ostküste. Während der Nacht vom 9./10. September legte das Boot Minen in der Bucht von Chesapeak, dann fuhr es nach Süden ins Gebiet von Hatteras. Nach Ankunft im Operationsgebiet entschied der Kommandant von U 69, Kapitänleutnant Gräf, nach Norden in kanadische Gewässer zu gehen. Das Boot ging durch die Cabot Street am 30. Nachdem keine Ziele im Golf des St. Lorenz-Stromes gefunden wurden, fuhr Gräf direkt in den Strom hinein. Am 9.10.42 versenkte U 69 die britische CAROLUS (2.375 t) vor Baie Comeau.

Gräf fuhr nun zurück. Die laufende Anwesenheit von Flugzeugen auf der Suche nach dem Boot wurde angesichts seiner Batterien unmöglich, auch das Auffüllen der Luftflaschen war zu gefährlich. U 69 erreichte am 13. die Cabot Street. Am nächsten Morgen griff das Boot die Eisenbahnfähre CARIBU (britisch, 2.222 t) mit 191 Passagieren und 46 Mann Besatzung an. Sie wurde vom Minensucher HMCS GRANDMERE begleitet.

Gräf torpedierte die CARIBOU, die zu sinken begann. Die GRANDMERE sah das Uboot und drehte zum Rammen. U 69 tauchte und fuhr auf die CARIBOU zu. Trotz des dichten Abstandes warf die GRANDMERE sechs Wasserbomben, denen zwölf weitere folgten. U 69 entkam unbeschädigt. Auf der CARIBOU brach ein Chaos aus. Zwei überladene Rettungsboote kenterten und viele, einschließlich Kinder, starben im Wasser, bevor sie gerettet werden konnten. 105 Passagiere und 31 Mann der Besatzung kamen ums Leben.

Nach sechzehn Stunden im getauchten Zustand stahl sich U 69 hinweg. Am 20. versagte der letzte Torpedo beim Schuss auf die ROSE CASTLE. Das Schiff wurde am 2.11.42 von U 518 in der Wabana Ancorage, Conception Bay, Neufundland, durch Artillerie versenkt.

Das rücklaufende Boot wurde am 28.10.42 im Nordatlantik von U 453 mit Kraftstoff aufgefüllt. Einlaufen Lorient am 5.11.42.

11. 2.1.43: Auslaufen zur Operation im Atlantik. U 69 traf auf die »Falke«-Gruppe westlich von Irland, die auf einen ONS-Convoy wartete. Als das vergeblich war, fuhr die Gruppe nach Norden, aber am 16. war der Convoy noch immer nicht gefunden. Um den 19. erkannte man, dass der Convoy möglicherweise weiter nördlich gelaufen war, aber die Boote waren knapp an Kraftstoff. Sie wurden dann mit der Gruppe »Falke« und »Habicht« zusammengelegt, um eine neue Linie zu bilden, genannt »Haudegen«, die südostwärts von Cape Farewell ihren Anfang nahm.

Nachdem dies ein Fehlschlag war, kehrten die Boote der Gruppe zu ihrer Linie südlich von Cape Farewell am 26. zurück. Ab 1.2.43 liefen die »Haudegen«-Boote nach Süden mit Kurs auf Neufundland. Um den 9. nahmen sie ihre Positionen in einem Winkel nordöstlich von Cape Rose ein. Der Kraftstoffmangel führte die Gruppe am 15. zur Kraftstoffergänzung aus U 450. Auf der Fahrt nach dort sichtete U 69 den nach Südwesten laufenden Convoy ON 165. Der Angriffsbefehl wurde gegeben, Kraftstoffergänzung danach. Beim Angriff auf den Convoy wurde U 69 östlich von Neufundland durch Wasserbombenangriffe des Zerstörers HMS VISCOUNT (LtCdr J.V. Waterhouse) versenkt. Es gab keine Überlebenden, 46 Tote.

U 70 Typ VII C

Bauwerft: Germaniawerft, Kiel
Kiellegung: 19. Dezember 1939
Stapellauf: 12. Oktober 1940
Indienststellung: 23. November 1940
Feldpost-Nr.: M 17952
Versenkt am 7. März 1941 nördlich von Rockall (60°15'N/14°00'W)

Kommando:
7. U-Flottille Kiel von November 1940–17. März 1941 (Schulboot/Frontboot)

Kommandant:
KptLt Joachim Matz, November 1940–7. März 1941

Feindfahrten: 1
Versenkte Schiffe: 1 (20 BRT) und 2 beschädigt

1. 20.2.41: Auslaufen Kiel zur Patrouille westlich der Britischen Inseln.
Am 26. torpedierte und versenkte das Boot wahrscheinlich die schwedische GÖTEBORG (820 t) südöstlich von Island. Das Schiff verließ Reykjavik am 25.2.41 mit Kurs auf Göteborg, und man hörte wieder nichts von ihm.
Am 2.3.41 meldete ein deutsches Flugzeug einen nach Nordwesten laufenden Convoy, OB 292, direkt westlich vom Nordkanal. Vom 3. an bildeten U 70 und andere Boote eine Linie westlich von Rockall quer zum Kurs des Convoys. Als dieser nicht kam, fuhren die Boote nach Norden, um ihn zu suchen. Am 4. fand ein anderes Flugzeug den Convoy 150 Seemeilen nördlich der am 2. gemeldeten Position. Die Boote bildeten eine neue Linie und drehten am 5. nach Osten, um den Convoy abzufangen. OB 292 wurde jedoch wieder nicht gefunden und die Suche wurde aufgegeben.
U 47 sichtete den Convoy OB 293 am 6. und führte U 70 und U 90 an ihn heran. In der Nacht vom 6./7. kam U 70 auf und griff den Convoy nördlich von Rockall an. Die britische DELILIAN (6.423 t) und der niederländische Tanker MIJDRECHT (7.493 t) wurden torpediert und beschädigt. Die MIJDRECHT drehte auf U 70 zu und rammte das Boot, was erhebliche Schäden hervorrief. Das Boot tauchte, aber die zunehmenden Leckagen riefen eindringendes Wasser hervor und machten eine genaue Kontrolle über die Tiefe unmöglich. Fünf Stunden nach dem Tauchen wurde U 70 mit Wasserbomben durch die Korvetten HMS ARBUTUS (LtCdr H. Lloyd-Williams) und HMS CAMELIA (Lt A.E. Willmot) angegriffen. Das Boot wurde auf eine Tiefe von 650 Fuß getrieben, war ohne Kontrolle und schoss dann an die Oberfläche. Das sofort einsetzende Feuer der Korvetten zwang die Besatzung, das Boot zu verlassen, und U 70 versank. 20 Männer fielen, und 26, einschließlich Kommandant, wurden gefangen genommen.

U 71 Typ VII C

Bauwerft: Germaniawerft, Kiel
Kiellegung: 21. Dezember 1939
Indienststellung: 14. Dezember 1940
Stapellauf: 31. Oktober 1940
Feldpost-Nr.: M 26448
Selbst versenkt am 2. Mai 1945 in Wilhelmshaven

Kommandos:
7. U-Flottille Kiel/St. Nazaire von Dezember 1940–Mai 1943 (Schulboot/Frontboot)
24. U-Flottille Memel von Juni 1943–Juni 1944 (Schulboot)
22. U-Flottille Gotenhafen von Juli 1944–Februar 1945 (Schulboot)

Kommandanten:
KptLt Walter Flachsenberg, Dezember 1940–Juni 1942
OLtzS Hardo Rodler von Rothberg, Juli 1942–Juli 1943
OLtzS Uwe Christiansen, Juli 1943–Juni 1944
OLtzS Emil Ranzau, Juni 1944–Feburar 1945

Feindfahrten: 12
Versenkte Schiffe: 5 (38.894 BRT)

1. 14.6.1941: Auslaufen Kiel in den Zentralatlantik. U 71 gehörte zu einer Gruppe von Booten, die in loser Formation operierten. Am 23. sichtete U 203 den nach Osten laufenden Convoy HX 133 450 Seemeilen südlich von Cape Farewell. Die Boote wurden auf den Convoy angesetzt, aber Nebel verzögerte den Angriff, und den Briten wurde dadurch Gelegenheit gegeben, den Schutz zu verstärken. Während einer Viertageoperation wurden sechs Schiffe versenkt und zwei beschädigt. Zwei Boote gingen verloren. U 71 erreichte den neuen Stützpunkt St. Nazaire am 2.7.41.
2. 1.8.41: Auslaufen zur Operation im Nordatlantik. Am 4. wurden die Boote U 71, U 77, U 43, U 96 und U 751 auf einen Convoy angesetzt, der von U 565 südlich von Island gesichtet worden war, aber der war nicht zu finden. Es war wahrscheinlich der Convoy OG 70.
Von Mitte August an verlegte U 71 weiter nach Westen, aber es wurden keine Convoys ausgemacht. Am 26. endlich wurde der nach Südwesten laufende Convoy OS 4 westlich von Irland von U 141 gesichtet. U 71 wurde durch U 557 am 28. auf ihn angesetzt. Vier Schiffe wurden versenkt, alle durch U 557.
Am 1.9.41 bildeten U 71 und andere Boote die »Bosemüller«-Gruppe westlich/südwestlich von Irland. Die Gruppe war angesetzt auf den Convoy SL 84, konnte ihn jedoch wegen schlechter Sicht nicht finden. U 71 kehrte am 7.9.41 nach S. Nazaire zurück.
3. 29.9.41: Auslaufen zur Patrouille westlich von Irland. Am 2.10.41 wurde der südlich laufenden Convoy OG 75 durch zwei Condorflugzeuge des 1./KG 40 westlich vom Nordkanal gesichtet. U 71 und andere Boote wurden auf ihn angesetzt, wie die auf dem Rückmarsch befindlichen Boote U 204 und U 564. Keines dieser sechs Boote kam an den Convoy heran, der am 5., 6. und 7. immer wieder verloren ging. Wieder gesichtet am 8., nahe Cape

Finisterre, und während der Nacht vom 8./9. sichtete U 71 ihn, kurz darauf war der Kontakt wegen des schlechten Wetters wieder verloren. Er wurde durch ein Aufklärungsflugzeug am 10. erneut gesichtet, aber der Convoy war zu schnell, die Boote konnten ihn nicht stellen.

Ab 17.10.41 wartete U 71 nahe Cape Spartel als Mitglied der »Breslau«-Gruppe auf den Convoy HG 75, der von Gibraltar kommen sollte. Der nach Norden laufende Convoy fuhr am 22. und wurde durch U 71 gleich nach Mitternacht des 23. gesichtet. Es beschattete den Convoy, wurde aber am 25. vertrieben. Das dauerte bis zum 28. Der Zerstörer HMS COSSACK und vier andere Schiffe wurden versenkt und ein Schiff beschädigt. U 71 kam zu keinem Erfolg an dem Convoy. Es kehrte am 29.10.41 in den Stützpunkt zurück.

4. 29.11.41: Auslaufen St. Nazaire zur Operation. Am 20. wurde das Boot von einer Whitley der 502. Squadron (F/O R. Holdsworth) westlich von St. Nazaire gesichtet. Das Boot war drei Seemeilen entfernt und tauchte, bevor das Flugzeug es erreichte. Der Pilot warf drei Wasserbomben in den Wasserwirbel, drehte dann und flog entlang des Tauchwirbels des Bootes und warf drei weitere Wasserbomben. Eine quer zum Kurs des Bootes verlaufende Suche durch ein weiteres Flugzeug der 502. Squadron verfehlte ebenfalls das Boot. Es war unbeschädigt, musste aber wegen einer technischen Panne wieder nach St. Nazaire zurücklaufen, das am 5.12.41 erreicht wurde.

5. 18.12.41: Auf ihrem Kurs wurden U 71, U 567 und U 751 zur Gruppe »Seeräuber« befohlen, um den Angriff gegen den nordwärts laufenden Convoy HG 76, westlich von Gibraltar, vorzunehmen. Der Convoy kam am 14. von Gibraltar. Viele Angriffe wurden gemacht, bevor die Operation am 23. wegen des schlechten Wetters abgebrochen wurde. Drei Schiffe wurden versenkt, und zusätzlich wurden der Träger HMS AUDACITY und der Zerstörer HMS STANLEY versenkt. Die Deutschen verloren fünf Boote. U 71 und fünf andere Boote bildeten dann die Gruppe »Seydlitz« ab 1.1.42 im Gebiet der Azoren. Befohlen zur Patrouille zwischen Gibraltar und den Azoren, wurden U 71, U 93 und U 571 zum Angriff auf den nach Norden laufenden Convoy HG 78 befohlen. Der Kontakt wurde am 11. hergestellt, und die Boote beschatteten den Convoy für vier Tage, aber sie wurden durch die starke Sicherung immer wieder vertrieben, hatten keine Erfolge. Als U 93 am 15. versenkt wurde, hat man die Operation abgebrochen. Drei Boote konnten keinen erfolgreichen Angriff gegen den gut gesicherten Convoy machen. U 71 kehrte am 21.1.42 nach St. Nazaire zurück.

6. 23.2.42: Auslaufen St. Nazaire zur Operation im Gebiet von Cape Hatteras. Das Boot fuhr zwischen Hatteras und New York umher und versenkte in zwei Wochen fünf Schiffe. Am 17.3.42 sank der norwegische Tanker RANJA (6.335 t) südöstlich von Cape Hatteras, am 20. die amerikanischen OAKMAR (5.766 t) südöstlich von New York und am 26. der amerikanische Tanker DIXIE ARROW (8.046 t) vor Cape Hatteras. Kurz darauf tauchte der Zerstörer USS TARBELL auf und warf Wasserbomben. Der Angriff wurde beendet, nachdem der Zerstörer die Überlebenden der DIXIE ARROW aufgenommen hatte.

Am Abend des 31. versenkte U 71 einen weiteren Tanker, die britische SAN GERARDO (12.915 t) südöstlich von New York und am 1.4.42 die britische EASTMOOR (5.812 t) südöstlich von Rhode Island. U 71 kehrte am 20.4.42 nach La Pallice zurück.

7. 4.6.42: In See wurde U 71 durch eine Sunderland der 10. (RAAF) Squadron (F/L S.R.C. Wood) am 5. angegriffen und beschädigt. Das Boot kehrte am 6.6.42 nach La Pallice zurück.

8. 11.6.42: Auslaufen in ein Gebiet westlich von Spanien, Zusammentreffen mit vier Booten zur Bildung der Gruppe »Endrass«, die auf dem vermuteten Kurs des nach Norden laufenden Convoys HG 84 eine Linie bilden sollte. Der Convoy war durch Luftaufklärung am Nachmittag des 14. 60 Seemeilen südlich der Linie gesichtet worden. Der Convoy wurde angegriffen, und während der Nacht vom 14./15. wurden fünf Schiffe versenkt, alle vom Uboot U 552. Die starke Geleitsicherung machte weitere Erfolge unmöglich. U 71 wurde angegriffen und durch Wasserbomben am 15. beschädigt. Rückkehr in den Stützpunkt St. Nazaire am 20.6.42.

9. 4.7.42: Auslaufen St. Nazaire in den Nordatlantik zum Treffen mit der »Wolf«-Gruppe 600 Seemeilen westlich des Nordkanals. Die Gruppe war ausersehen, einen Kreisbogen zur Neufundlandbank und weiter nach Süden zu schlagen.

Am 13. wurde an der nördlichen Linie ein Convoy gesichtet. Einige der mehr südlich stehenden Boote bewegten sich nach Nordost für einige Stunden, aber als der Convoy mit Westkurs gefunden war, wurde er nicht weiter verfolgt, denn er war zu weit entfernt. Als bis zum 19. nichts ausgemacht wurde, wurde entschieden, die »Wolf«-Gruppe südwärts zu schicken. Drei Tage später, als die Boote dringend Kraftstoff benötigten, wurde ein anderer, westwärts laufender Convoy ausgemacht. Die Boote bildeten eine neue Linie. Der Convoy wurde am 23. gesichtet, es war der ON 113, der ursprünglich schon am 13. gesichtet worden war. Beim aufkommenden Kampf mit schwacher Sicht und starker Sicherung, verlor der Convoy nur zwei Schiffe, aber U 90 ging verloren. Der Kontakt ging am 26. verloren und nach ergebnisloser Suche wurde die Operation am 27. abgebrochen. Die »Wolf«-Gruppe fuhr weiter nach Süden in ein

Versorgungsgebiet westlich der Azoren. U 71 wurde am 30. durch U 461 aufgefüllt. Sieben Boote fuhren dann nach Norden an den Convoy ON 115 heran, der am 29. im Zentralatlantik gesichtet wurde. Die Boote bildeten die »Pirat«-Gruppenlinie.

Am Abend des 2.8.42 fuhr U 71 einen erfolglosen Angriff auf einen Frachter in dem Convoy westnordwestlich von den Azoren. Der Kontakt ging am 3. im Nebel verloren, fünf Boote der »Wolf«-Gruppe liefen in ein Gebiet 400 Seemeilen nordöstlich von Neufundland, um dort die »Steinbrinck«-Gruppe zum 7. zu bilden. Zwei Tage vor Erreichen der neuen Position wurde der nach Osten laufende Convoy SC 9 vom Uboot U 593 an dem Nordende der geplanten »Steinbrinck«-Linie gesichtet. Die Boote schlossen an den Convoy heran und eine Reihe Boote griffen in den Kampf mit ein. U 71 machte wieder keinen Angriff. Die Operation endete südlich Islands am 11. Elf Schiffe waren versenkt worden und drei Boote gingen verloren. U 71 kehrte am 15.8.42 zurück.

10. 5.10.42: Auslaufen St. Nazaire in den Atlantik. U 71 stieß zur »Panther«-Gruppe westlich von Irland.

Die »Panther«-Boote und zehn Boote der »Wotan«-Gruppe wurden gemeinsam auf den Covoy ON 137 angesetzt, der am selben Tag von U 704 gesichtet wurde. Das Wetter wurde schlechter und die Verfolger verloren den Kontakt. Eine Suche wurde wegen des Sturmes, der am 17. losbrach, nicht fündig. Die »Wotan«-Boote verließen den Schauplatz zur Heimfahrt am 18. Nachdem am 19. keine Sicht den Convoy freimachte, wurde die Operation am 19. beendet.

Die »Panther«-Boote fuhren Richtung Westen und formten am 24. eine neue Linie, »Veilchen«, 400 Seemeilen östlich von Neufundland, in Erwartung östlich laufender Convoys. Am 30. wurde der Convoy SC 107 von U 522 nahe Cape Race gesichtet. Die »Veilchen«-Boote fuhren südwestwärts und der Convoy lief durch die Mitte der Linie am 1.11.42. Bis zum 6. dauerte der Kampf, fünfzehn Schiffe wurden versenkt, zwei Boote gingen verloren. U 71 machte einen erfolglosen Torpedoangriff auf den Convoy. Rückkehr in den Stützpunkt am 17.11.42.

11. 23.12.42: Auslaufen St. Nazaire in den Atlantik und Treffen mit der »Falke«-Gruppe, 500 Seemeilen westlich von Irland. Die Gruppe war zur Bekämpfung der Convoys ON 158 und ONS 159 entsandt, aber deren Kurs war geändert worden und umging die Boote. Zwischen dem 7. Januar und dem 15. Januar fuhren die »Falke«-Boote westwärts und drehten am 16. nach Norden. Aber es wurde nichts gefunden. Am 19. vereinten sich die Gruppen »Falke« und »Habicht«. Sie bildeten zwei neue Linien, »Haudegen« und »Landsknecht«, letztere für Boote mit nur wenig Kraftstoff, U 71 gehörte dazu. Über eine Woche warteten die »Landsknecht«-Boote westlich von Irland auf einen nach Westen laufenden Convoy. Als dieser nicht kam, wurde die Gruppe am 28. aufgelöst. Einige Boote, die mit ihrem Kraftstoff am Ende waren, liefen zurück in den Stützpunkt. U 71, U 572 und U 584 trafen am 4.2.43 auf andere Boote, um eine neue Linie im Ostwest-Gebiet »Hartherz«, westlich von Gibraltar, zu bilden. Die Erwartung, einen HG-Convoy zu treffen, erfüllte sich nicht. Die Gruppe löste sich am 8. auf, U 71 kehrte am 12.12.43 zurück.

12. 27.3.43: Auslaufen zur Operation im Nordatlantik. Treffen mit der »Adler«-Gruppe am 7.4.43 südlich von Grönland. Die Boote der Gruppe waren für den 11. zusammengezogen, um den nach Westen laufenden Convoy ON 176 östlich von Grönland anzugreifen. Zwei Tage ausführliche Luftüberwachung führten zur Aufgabe der Operation, und die »Adler«-Boote trafen die Boote der »Meise«-Gruppe. Am 7.3.43 kollidierte U 71 mit U 631 der Gruppe. U 71 machte sich auf den Heimweg am 19., wahrscheinlich beschädigt. Es erreichte Bergen am 25. und danach Königsberg am 30.4.43.

U 71 ging bis Juni 1944 in den Ausbildungsdienst mit der 24. U-Flottille in Memel. Im Juli 1944 verlegte es zur 22. U-Flottille in Gotenhafen, wo im Februar 1945 die Außerdienststellung erfolgte. U 71 wurde am 2.5.45 in Wilhelmshaven selbst versenkt.

U 72 Typ VII C

Bauwerft: Germaniawerft, Kiel
Kiellegung: 28. Dezember 1939
Stapellauf: 22. November 1940
Indienststellung: 4. Januar 1941
Feldpost-Nr.: M 21325
Selbst versenkt am 2. Mai 1945 in Bremen

Kommando:
21. U-Flottille Pillau von Januar 1941–März 1945 (Schulboot)

Kommandanten:
KKpt Hans-Werner Neumann, Januar–August 1941
OLtzS Helmut Köster, August–Dezember 1941
KptLt Waldemar Mehl, Dezember 1941–Mai 1942
OLtzS Hans-Martin Scheibe, Mai–November 1942
OLtzS Helmut Lange, November 1942–Dezember 1943

OLtzS Paul Sander, Dezember 1943–Mai 1944
OLtzS Karl-Theodor Mayer, Mai 1944–März 1945
Feindfahrten: keine
Versenkte Schiffe: keines

U 72 kam nicht zum Einsatz. Das Boot hatte nur zwei Bugtorpedorohre. Das lag an einem Engpaß während des Baues. U 72 wurde Schulboot bei der 21. U-Flottille in Pillau von Januar 1941 bis März 1945, dann verlegte es nach Bremen zur Überholung. Am 30.3.45 wurde U 72 bei einem Luftangriff der USAF auf Bremen beschädigt. Dort erfolgte am 2.5.45 die Selbstversenkung.

U 73 Typ VII B

Bauwerft: Bremer Vulkan, Bremen
Kiellegung: 5. November 1939
Stapellauf: 27. Juli 1940
Indienststellung: 30. September 1940
Feldpost-Nr.: M 09142
Versenkt am 16. Dezember 1943 nordwestlich von Oran (36°07'N/00°50'W)

Kommandos:
7. U-Flottille Kiel/St. Nazaire von September 1940–Januar 1942 (Schulboot/Frontboot)
29. U-Flottille La Spezia/Toulon von Januar 1942–16. Dezember 1943 (Frontboot)

Kommandanten:
KptLt Helmut Rosenbaum, Sept. 1940–Sept. 1942
OLtzS Horst Deckert, September 1942–16. Dez. 1943

Feindfahrten: 16
Versenkte Schiffe: 7 (39.574 BRT) und 3 beschädigt
1 Flugzeugträger (22.600 t)

1. 8.2.41: Auslaufen Helgoland zur Patrouille westlich vor den Britischen Inseln. Am 19. meldete eine Condor-Maschine des 1./KG 40 die Sichtung und griff den nach Westen laufenden Convoy OB 287 nordwestlich der Hebriden an und versenkte zwei Schiffe. U 73 war eines von fünf Booten, die an den Convoy angesetzt wurden. Vier Schiffe wurden durch Condor-Maschinen beschädigt. Die Boote fanden den Convoy nicht, die Position war ungenau. Am 21. meldeten die Condor-Flugzeuge ein weiteres Schiff beschädigt. Die Suche der Boote wurde aufgegeben. Am 22. wurde der nach Westen lau-

fende Convoy OB 288 gesichtet und von einer Condor des 1./KG 40 angegriffen, zwei Schiffe wurden beschädigt. Wieder war U 73 eines der Boote, die auf den Convoy angesetzt wurden. Es kam bald zum Kontakt, aber der ging erneut verloren. Am 23. erreichten U 73, U 69 und U 96 den Convoy, der seinen Kurs nach Norden geändert hatte. Kurz nach Mitternacht kam es zum ersten Angriff. Fünf Schiffe wurden versenkt. Am frühen Morgen löste sich der Convoy auf, weitere drei Schiffe wurden versenkt, eines von U 73, die britische WAYNEGATE (4.260 t). Der Einsatz der Boote endete drei Tage nach den Versenkungen. U 73 blieb zwei Tage länger im Westen des Nordkanals und kehrte am 2.3.41 in den neuen Stützpunkt Lorient zurück.

2. 25.3.41: Auslaufen zur Atlantikoperation, Patrouille westlich und südwestlich von Irland.
Am 2.4.41 formten U 73 und andere Boote eine Linie südwestlich von Island, quer vor dem Weg eines nach Osten laufenden Convoys, der am 1. von U 76 vor Grönland gemeldet wurde. Der Convoy SC 26 fuhr in die Linie am Abend des 2. hinein und bis zum frühen Morgen des 3. griffen sieben Boote an, versenkten elf Schiffe und beschädigten ein weiteres. U 73 versenkte drei Schiffe des Convoys südsüdwestlich von Reykjavik, die britische WESTPOOL (5.724 t), die britische BRITISH VISCOUNT (6.895 t) und wahrscheinlich die britische ATHENIC (5.351 t). Nach dem Ende der Operation am 5. patrouillierte U 73 weiter in dem Gebiet bis zum 17., jedoch ohne Erfolg. Dann drehte es nach Südosten. Am 20. versenkte U 73 die britische EMPIRE ENDURANCE (8.570 t) westlich von Irland. Rückkehr nach St. Nazaire am 24.4.41.

3. 30.5.41: Auslaufen in den Nordatlantik. Am 24. versuchten das deutsche Schlachtschiff BISMARCK und der Schwere Kreuzer PRINZ EUGEN den Ausbruch in den Atlantik, via Dänemarkstraße. Der Plan sah vor, dass Uboote von Nordwest nach Südwest südlich von Cape Farewell eine Linie bilden sollten. Nachdem die beiden Kriegsschiffe die Linie passiert hatten, sollten die Boote verhindern, dass britische Marinefahrzeuge die Deutschen verfolgten.
Der Plan wurde aufgegeben, die BISMARCK sollte nach St. Nazaire gehen und die PRINZ EUGEN nahm Kurs auf den Atlantik. Während der Nacht vom 24./25. wurde die BISMARCK bei einem Torpedoangriff von Flugzeugträgerflugzeugen beschädigt. Zu ihrer Unterstützung auf dem Weg durch die Biskaya wurden die heimlaufenden Boote U 74, U 97, U 98, U 109 und U 556 und die auslaufenden Boote U 48, U 73 und U 108 befohlen, am 25. 450 Seemeilen westlich von St. Nazaire eine Linie von Nordwest von Cape Ortegal zu bilden. Das Unternehmen wurde wegen Sturms verschoben und die Boote erreich-

ten erst am 26. ihre Position. Am Abend dieses Tages befand sich die BISMARCK am nordwestlichen Ende der Linie, parallel dazu laufend. U 556, das am nordwestlichen Ende der Linie stand, sichtete HMS ARK ROYAL und ein Schlachtschiff mit Kurs auf die BISMARCK, hatte aber keinen Torpedo mehr. Die Boote mit noch vorhandenen Torpedos wurden befohlen, zur Unterstützung der BISMARCK zu laufen, aber schwere See erschwerte das Finden. U 556 erhielt Befehl, das Kriegstagebuch der BISMARCK zu übernehmen, aber das gelang nicht.

BISMARCK sank am Morgen des 27. U 48, U 73 und U 108 suchten bis zum 31. nach Überlebenden, aber ohne Erfolg. U 73 setzte seinen Einsatz fort, nahm Kurs auf den Süden von Island. Dort wurde es Teil der Gruppe »Kurfürst«. Als kein Convoy gefunden wurde, löste sich die Gruppe auf und die Boote, mit U 73, nahmen Kurs in den Westatlantik, um dort die Westgruppe zu finden. Rückkehr nach St. Nazaire am 24.6.41.

4. 29.7.41: Auslaufen in den Atlantik. Auftreten von Maschinenstörungen und Rückkehr am 2.8.41.

5. 7.8.41: Auslaufen St. Nazaire in ein Gebiet südwestlich von Island. Dort Treffen mit einer Gruppe, die in loser Formation ein großes Gebiet im Nordatlantik kontrollierte. U 73 lief dann in ein Gebiet südlich von Island und dann weiter nach Süden, westlich und südwestlich von Irland. Am 1.9.41 sichtete das rücklaufende Boot U 73 den nach Norden laufenden Convoy SL 84, aber die »Bosemüller«-Gruppe verfehlte ihn aufgrund schlechter Sichtverhältnisse. Rückkehr nach St. Nazaire am 7.9.41.

6. 11.10.41: Auslaufen in den Nordatlantik und befohlen zum Treffen mit einer Patrouille, die nach Südwesten von Cape Farewell verlief. Während der Nacht vom 14./15. sichtete U 553 den nach Osten laufenden Convoy SC 48. U 73 erhielt den Befehl, dranzubleiben. Das gelang am 17. Zu dieser Zeit wurde die Überwassersicherung und Luftsicherung des Convoys stärker und die Operation war zu Ende. Der Angriff wurde schließlich bei Tagesbeginn des 18. abgebrochen.

Vom 22. an wurde U 73 Teil der neuen Linie »Reißwolf«, die 450 Seemeilen südöstlich Grönlands gebildet wurde. Die Existenz der Linie war bekannt, die Convoys wurden umgeleitet.

Am 27. sichtete U 74 den nach Südwesten laufenden Convoy ON 28 500 Seemeilen westlich von Irland, und die Boote der »Reißwolf«-Gruppe wurden auf ihn angesetzt. Kontakt gab es am 28. und die Verfolgung war für drei Tage gesichert, aber U 73 und andere Boote wurden von den Escortzerstörern vertrieben. U 73 beschattete ihn bis zum 31., aber das Unternehmen endete mit dem Einlaufen des Convoys in Neufundland. Rückkehr nach St. Nazaire am 11.11.41.

7. 4.1.42: U 73 wurde ins Mittelmeer geschickt und durchbrach die Straße von Gibraltar in der Nacht vom 13./14. Einlaufen Messina am 20.1.42.

8. 31.1.42: Auslaufen bis zur Küste der Cyrenaika, Einsatz gegen die britische Schifffahrt vor Tobruk. U 73 hatte keinen Erfolg und lief am 26.2.41 im neuen Stützpunkt La Spezia ein.

9. 16.3.42: Auslaufen zur Operation gegen britische Versorgungsschiffe.

Am 20. verließ der Convoy MW 10 Alexandria in Richtung Malta. Die Italiener schickten eine starke Marinestreitmacht zum Angriff darauf. Zusätzlich befanden sich deutsche und italienische Flugzeuge und Uboote im Angriff. U 73, U 205 und U 431 nahmen daran teil. Beeinträchtigt durch schlechte Sicht und Sturm verfehlten die Angreifer ihr Ziel, dem Convoy großen Schaden zuzufügen, der Malta am 23. erreichte. Angriffe deutscher Flugzeuge nach dem Einlaufen des Convoys kosteten allen vier Versorgungsschiffen des MW 10 Schäden und verursachten weitere Zerstörungen an den Escortschiffen. Die Uboote hatten keinen Erfolg bei dieser Operation, U 73 wurde durch Bombenangriffe mehrfach beschädigt. Mit beschädigtem Heck erreichte es nach einem 2.500 Seemeilen-Marsch La Spezia. Einlaufen dort am 26.3.42.

10. 4.8.42: Auslaufen in den Westen des Mittelmeers. U 73 und U 331 waren Teil einer deutsch-italienischen Kampfgruppe, die vom 10. an eine Position zwischen Algier und den Balearen einnehmen sollte, um einen Versorgungsconvoy für Malta zu erwarten. Die 14 Frachter hatten eine große Geleitsicherung und es gab eine starke Streitmacht von Schlachtschiffen, Flugzeugträgern, Kreuzern und Zerstörern. Die Bezeichnung des Unternehmens trug den Code-Namen »Pedestal«.

Am frühen Nachmittag des 11. befand sich U 73 dicht an der begleitenden Streitmacht südlich von Mallorca und versenkte den Flugzeugträger HMS EAGLE. Von der Besatzung verloren 260 Mann ihr Leben, 900 wurden gerettet. Am 14. griff U 73 vergeblich die Geleitsicherung auf ihrem Weg nach Gibraltar an. Es verfehlte den Kreuzer HMS NIGERIA und vier Zerstörer. Der Kreuzer war vorher durch einen Torpedo des italienischen Ubootes AXUM am 12. beschädigt worden. U 73 kehrte am 5.9.42 zurück.

11. 20.10.42: Auslaufen ins westliche Mittelmeer. Alle einzusetzenden Boote wurden in eine westliche Linie von Algier bis zu den Balearen entsandt. Die große Versammlung von Schiffen in Gibraltar rief deutsche Aufmerksamkeit hervor. Die alliierte Landung in Algerien und Marokko bestätigten die deutschen Befürchtungen.

Am 11. feuerte U 73 Torpedos auf den britischen Truppentransporter OTRANTO, schoss aber vorbei, und am 14. beschädigte es ein Schiff vor Malaga, möglicherweise die britische LALANDE (7.453 t). Rückkehr nach La Spezia am 19.11.42.

12. 1.12.42: Einzelheiten dieses Einsatzes sind nicht bekannt. Rückkehr am 8.12.42.

13. 22.12.42: Patrouille im Westen des Mittelmeers. Am 1.1.43 griff U 73 den einlaufenden Convoy UGS 3 nahe Oran an und versenkte die amerikanische ARTHUR MIDDLETON (7.176 t). Einlaufen La Spezia am 13.1.43. Auf einem speziellen Trip im Februar 1943 wurde U 73 mehrfach bei einer Explosion im Dieselraum beschädigt. Das Boot ging für vier Monate in die Reparatur.

14. 12.6.43: Auslaufen zur Operation vor der algerischen Küste. Am 21. versenkte U 73 die britische BRINKBURN (1.598 t) westlich von Algier. Am 27. beschädigte es im gleichen Gebiet den Tanker der Royal Navy ABBEYDALE (8.299 t) vom Convoy XTG 2. Rückkehr in den neuen Stützpunkt Toulon am 1.7.43.

15. 2.8.43: Auslaufen zur Operation an der Nordküste Siziliens. Am 11. meldete U 73 zwei Torpedotreffer auf dem Kreuzer USS PHILADELPHIA nördlich von Brolo. Rückkehr nach Toulon am 29.3.43.

16. 5.10.43: Auslaufen zu einer speziellen Operation. U 73 landete einen Agenten an der Küste von Algerien in der Nacht des 9./10. Nach Beendigung der Patrouille kehrte es nach Toulon zurück und am 30. wurde das Boot vom britischen Uboot HMS ULTIMATUM (Lt W.H. Kett) angegriffen. Kett meldete die Versenkung des Bootes und wurde mit dem Bar to the DSC ausgezeichnet. U 73 blieb jedoch unbeschädigt. Rückkehr in den Stützpunkt am 30.10.43.

17. 4.12.43: Auslaufen zur Operation gegen alliierte Convoys vor Algerien. Am 13. torpedierte und beschädigte das Boot die amerikanische JOHN S. COPLEY (7.176 t) im Convoy GUS 24, direkt nordwestlich von Oran. Das Boot wurde am 16. durch den Zerstörer USS WOOLSEY (LtCdr H. R. Weir) geortet und mit Wasserbomben angegriffen. Eine Stunde später hatten WOOLSEY und ein anderer Zerstörer, USS TRIPPE, Radar-Kontakt eine Seemeile entfernt. Das Boot wurde durch Leuchtkugeln angestrahlt und mit Artillerie beschossen. U 73 erwiderte das Schießen, verwundete zwei Männer der WOOLSEY. Das Boot wurde getroffen und sank schnell darauf. 17 Mann gingen mit ihm unter, 35, einschließlich Kommandant, gingen in Kriegsgefangenschaft.

U 74 Typ VII B

Bauwerft: Bremer Vulkan, Bremen
Kiellegung: 5. November 1940
Stapellauf: 31. August 1940
Indienststellung: 31. Oktober 1940
Feldpost-Nr.: M 14151
Versenkt am 2. Mai 1942 ostsüdöstlich von Cartagena (37°22'N/00°10'E)

Kommandos:
7. U-Flottille Kiel/St. Nazaire von Oktober 1940–November 1941 (Schulboot/Frontboot)
29. U-Flottille La Specia von Januar 1942–2. Mai 1942 (Frontboot)

Kommandanten:
KptLt Eitel-Friedrich Kentrat, Oktober 1940–März 1942
OLtzS Karl Friedrich, März 1942–2. Mai 1942

Feindfahrten: 8
Versenkte Schiffe: 4 (25.180 BRT) und 3 beschädigt
1 Korvette (825 t)

1. 22.2.41: Auslaufen Kiel und Einlaufen Bergen am 25.2.41.

2. 5.3.41: Auslaufen Bergen zur Operation südlich von Island. Während der Nacht des 8./9. sichtete U 74 einen nach Osten laufenden Convoy, war aber nicht in der Lage, anzugreifen. Vom 10. an operierten U 74 und andere Boote westlich vom Nordkanal. Am Morgen des 11. beschädigte U 74 das isländische Fischereifahrzeug FRODI (97 t) mit Artillerie südlich von Rijkavik. Am Abend des 15. sichtete U 110 den nach Westen laufenden Convoy HX 112 südlich von Island. U 74, U 37, U 99 und U 100 wurden zum Angriff auf den Convoy befohlen, aber nur U 99 war in dieser Nacht erfolgreich. Es versenkte fünf Schiffe und beschädigte ein anderes. Die anderen fünf Boote wurden vertrieben. Die Operation wurde am 16. abgebrochen, U 99 und U 100 waren gesunken.

Am 19. sichtete eine Condor des 1./KG 40 den nach Osten laufenden Convoy HX 113 nordwestlich vor den Hebriden. U 74, U 98 und U 110 wurden auf ihn angesetzt, aber sie fanden ihn nicht. U 74 traf am 2.4.41 auf eine Linie, die auf den nach Osten laufenden Convoy SC 26 wartete, den U 76 südlich von Island gemeldet hatte. Der Convoy fuhr während des Abends des 2. in die Linie hinein und am Morgen des 3. griffen sieben Boote an, versenkten elf Schiffe und beschädigten ein weiteres.

U 74 versenkte die griechische LEONIDAS Z. CAMBANIS (4.274 t), die britische INDIER (5.409 t) und beschädigte den Hilfskreuzer HMS WORCESTERSHIRE, alle westlich von Rockall. Die Operation gegen SC 26 wurde am 5. abgebrochen. U 74 lief in den neuen Stützpunkt St. Nazaire am 11.4.41 ein.

3. 8.5.41: Auslaufen in den Nordatlantik. Vom 13. an war U 74 Teil einer Linie südöstlich von Grönland. Der Convoy HX 126 wurde von U 94 am 19. gesichtet. Über die nächsten drei Tage waren die meisten Boote der Gruppe in Kontakt und neun Schiffe sanken, ein weiteres wurde beschädigt.

U 74 hatte keinen Erfolg am Convoy, aber am 22. erhielt es Schäden durch einen Wasserbombenangriff durch ein Geleitfahrzeug. U 74 trat seine Heimreise in den Stützpunkt an, aber wurde am 25., mit anderen Booten, zur Unterstützung der BISMARCK befohlen. Am 24. versuchten BISMARCK und PRINZ EUGEN den Ausbruch in den Atlantik durch die Dänemarkstraße. Geplant war, eine Uboot-Gruppe mit einer nordwestlich-südwestlicher Richtung südlich von Cape Farewell zu bilden. Nachdem die beiden Kriegsschiffe diese Linie passiert hatten, sollten die Boote britische Kriegsschiffe aufhalten.

Allerdings wurde der Plan geändert. BISMARCK sollte nach St. Nazaire laufen und PRINZ EUGEN nahm Kurs nach Südwesten. Während der Nacht vom 24./25. wurde die BISMARCK durch einen Torpedo eines Flugzeuges von einem Flugzeugträger beschädigt. Zur sicheren Begleitung durch die Biskaya wurden die heimlaufenden Boote U 74, U 97, U 98, U 109 und U 556 befohlen. Hinzu kamen die auslaufenden Boote U 48, U 73 und U 108 am 25., die auf eine Position 450 Seemeilen westlich von St. Nazaire bestellt wurden. Sie wurden dann befohlen, eine Linie nordwestlich von Cape Ortegal zu bilden. Das verzögerte sich wegen eines heftigen Sturms, und die Boote konnten ihre Position erst am 26. einnehmen.

Am Abend des Tages befand sich die BISMARCK am Ende der Linie, parallel zu ihr und direkt im Osten. Boote mit Torpedos wurden zur Unterstützung befohlen, aber schwere See verhinderte das Finden. Die BISMARCK sank am Morgen des 27. U 74 erreichte die Szene des Untergangs, aber die schlechten Voraussetzungen verboten einen Angriff auf die britischen Seestreitkräfte. Das Sehrohr wurde vom Kreuzer HMS DEVONSHIRE und einem Zerstörer gesehen, die beide zur Übernahme von Überlebenden gestoppt hatten. Beide Schiffe verließen das Gebiet mit hoher Geschwindigkeit, sie hatten nur 110 Mann aufnehmen können. U 74 fischte nur drei Mann auf, über 2.000 Deutsche gingen mit ihrem Schiff unter. U 74 konnte danach nicht mehr tauchen, Salzwasser war in die Batterien gekommen. Das Boot lief über Wasser in den Stützpunkt ein. Auf seinem Kurs zur französischen Küste wurde U 74 von einem britischen Uboot mit fünf Torpedos angegriffen, die jedoch vorbei gingen. Einlaufen Lorient am 30.5.41.

4. 5.7.41: Auslaufen Lorient zur Operation im zentralen Atlantik. Keine Convoys oder Schiffe wurden gefunden. Erst am 17. meldete eine Condor-Maschine des 1./KG 40 den nach Westen laufenden Convoy OB 346 nordwestlich vom Nordkanal. Eine Linie mit fünf Booten wurde auf den Convoy am 19. angesetzt und eine andere am 20. mit U 74 und zwölf anderen Booten gebildet. Die Boote waren nicht sehr erfolgreich, nur zwei Schiffe wurden bei Angriffen beschädigt. U 74 nahm an einer anderen vergeblichen Operation gegen den Convoy SL 40 am 24. und 26., südwestlich von Irland, teil. Ein nach Norden laufender Convoy, SL 81, wurde südwestlich von Irland am 1.8.41 ausgemacht. Einige Boote hatten Kontakt am 2. und 3., wurden aber durch die starke Sicherung am Angreifen gehindert. U 74 war eines der Boote, die am 4. an den Convoy heranschlossen, aber war auch nicht in der Lage, anzugreifen. Erst am Morgen des 5. torpedierte und beschädigte es die britische KUMASIAN (4.922 t) westlich von Irland. Insgesamt wurden fünf Schiffe bei Angriffen von vier Booten versenkt. U 74 lief am 12.8.41 in St. Nazaire ein.

5. 8.9.41: Auslaufen in den Nordatlantik. Ab 18. gehörte U 74 zur »Brandenburg«-Gruppe südöstlich von Cape Farewell. An diesem Tage wurde der nach Osten laufende Convoy SC 44 gesichtet. U 74 und vier weitere Boote der »Brandenburg«-Gruppe waren in der Lage, gegen ihn zu operieren, und am 19. griffen sie an und versenkten die kanadische Korvette HMCS LEVIS und die britische EMPIRE BURTON (6.966 t), beide östlich von Cape Farewell. Ein weiterer Angriff auf den Convoy durch U 74 am 21. war unmöglich. Rückkehr nach St. Nazaire am 26.9.41.

6. 22.10.41: Auslaufen in den Nordatlantik. Am 27. sichtete U 74 den Convoy ON 28 500 Seemeilen westlich von Irland. Die »Reißwolf«-Gruppe wurde befohlen, den Convoy anzugreifen, aber alle Boote wurden abgedrängt. Nur U 74 und U 77 waren in der Lage, einen unbefriedigenden Angriff zu machen. U 74 blieb am Convoy bis zum 1.11.41, und als es schließlich aufgab, hatte es mehr als 1.600 Seemeilen zurückgelegt. Am 7. torpedierte und versenkte es die britische NOTTINGHAM (8.532 t) südöstlich von Cape Farewell. Einlaufen St. Nazaire am 11.1.41.

7. 9.12.41: Auslaufen in den Nordatlantik. Am 11. kam für U 74 der Befehl, ins Mittelmeer zu gehen. Am Abend des 14. sichtete es den Convoy HG 76. U 74 passierte die Straße von Gibraltar in der Nacht vom 16./17. und nahm Kurs auf das östliche Mittelmeer. Es operierte vor der Küste Ägyptens und der Cyrenaica. Einlaufen Messina am 24.12.41.

8. Auslaufen Messina und Einlaufen La Spezia am 8.1.42.

9. 23.4.42: Auslaufen La Spezia in das westliche Mittelmeer. Am 2.5.42 ostsüdöstlich von Cartagena wurde U 74 an der Wasseroberfläche von einer Catalina der 202. Squadron (F/L R.Y. Powell) gesichtet und angegriffen. Das Boot tauchte. Das Flugzeug verblieb für weitere vier Stunden in dem Gebiet, aber das Boot wurde nicht gesehen. Bald nach der Catalina hatten zwei Zerstörer den Schauplatz erreicht. HMS WISHART (Lt J.A. Holdsworth) und WRESTLER (LtCdr R.W.B. Lacon). U 74 wurde geortet und mit Wasserbomben vernichtet. Es gab keine Überlebenden.

U 75 Typ VII B

Bauwerft: Bremer Vulkan, Bremen
Kiellegung: 15. Dezember 1939
Stapellauf: 18. Oktober 1940
Indienststellung: 19. Dezember 1940
Feldpost-Nr.: 16800
Versenkt am 19. Dezember 1941 westlich von Mersa Matruh (31°50'N/26°40'E)

Kommandos:
7. U-Flottille Kiel/St. Nazaire von Dezember 1940–Oktober 1941 (Schulboot/Frontboot)
29. U-Flottille Salamis von Oktober 1941–28. Dezember 1941 (Frontboot)

Kommandant:
KptLt Helmuth Ringelmann, Dez. 1940–28. Dez. 1941

Feindfahrten: 5
Versenkte Schiffe: 5 (26.461 BRT) und 2 versenkte Flöße, ein anderes Schiff möglicherweise beschädigt

1. 10.4.41: Auslaufen Kiel in den Nordatlantik, südlich und südöstlich von Island.
Dies war in einer Zeit, als es schwierig war, Convoys in diesem Gebiet zu finden. Am 29. versenkte das Boot die britische CITY OF NAGPUR (10.146 t) im Nordatlantik, westlich von Irland. U 75 lief am 12.5.41 in den neuen Stützpunkt St. Nazaire ein.

2. 29.5.41: Auslaufen zur Patrouille im Nordatlantik. Am 3.6.41, nördlich der Azoren, versenkte U 75 die niederländische EIBERGEN (4.801 t) vom Convoy OB 327. U 75 traf mit der Westgruppe im Westatlantik zusammen. Die

Existenz und Position der Gruppe war bekannt, aber die Convoys liefen einen anderen Kurs. Als Konsequenz bildeten die Boote eine weit gestreute Linie über den zentralen Nordatlantik. Am 25. meldete U 75 die Versenkung eines leeren, ostwärts laufenden Schiffes im östlichen Atlantik westlich von Irland, aber es gibt keine Informationen darüber. Rückkehr nach St. Nazaire am 3.7.41.

3. 29.7.41: Auslaufen zur Operation im Nordatlantik. Am 2.8. kontaktierte U 75 den nach Norden laufenden Convoy SL 81 westlich von Irland und bat um Unterstützung weiterer Boote.
U 75 kam am 3. heran, wurde aber vertrieben. Es kam am nächsten Tag wieder heran, aber starker Geleitschutz verhinderte einen Angriff. Während der Nacht vom 4./5. kamen vier Boote hinzu, U 74, U 75, U 204, U 372. Alle führten Angriffe durch und versenkten fünf Schiffe. U 75 versenkte die britische HARLINGEN (5.415 t) und die britische CAPE RODNEY (4.512 t), beide westlich Irlands.
Nach der SL 81-Operation wurden U 75 und vier andere Boote zum südlaufenden Convoy OG 71 befohlen, der von einer Condor des 1./KG 40 ausgemacht worden war. Kontakt wurde aufgenommen am Abend durch U 201. Vier andere Boote, U 204, U 559, U 552 und U 564, fanden den Convoy, aber U 75 und andere Boote nicht. Zwei Escortfahrzeuge wurden durch die fünf Boote versenkt. U 75 wurde detachiert und mit U 205 zum Treffen mit dem rückkehrenden Hilfskreuzer Schiff 367 IRION befohlen. Sie trafen auf das Schiff bei den Azoren während der Nacht vom 20./21. und geleiteten es am 23. in die Girondemündung nach Bordeaux. Rückkehr nach St. Nazaire am 25.8.41.

4. 27.9.41: Auslaufen nach dem Mittelmeer. U 75 passierte die Straße von Gibraltar während der Nacht vom 3./4. Oktober. Es war eines von sechs Booten der »Goeben«-Gruppe, die ersten Typ VII-Boote im Mittelmeer. Es waren U 75, U 97, U 331, U 371 und U 559. Sie alle wurden ostwärts zur Operation zwischen Alexandria und Tobruk eingesetzt. Am 12.10.41 versenkte U 75 zwei britische Truppenträger, die A 2 wurde durch Torpedo und Artillerie versenkt, und die A 7 durch Artillerie alleine. Beide gingen vor der libyschen Küste östlich von Tobruk verloren. Am 13. fischte U 75 einige Überlebende der Fähren aus dem Wasser. Am 25. griff es unbefriedigend einen Zerstörer an. Einlaufen Salamis am 2.11.41.
5. 22.12.41: Auslaufen zu einer Patrouille vor der Küste von Ägypten und der Cyrenaica. Am 28. versenkte U 75 die britische VOLO (1.587 t) ostnordöstlich von Sidi Barrani. Es wurde noch ein zweites Schiff als versenkt gemeldet und ein weiteres als beschädigt, aber es gibt keine Informationen darüber. Bald darauf wurde U 75 vom Zerstörer HMS KIPLING (Cdr St. Clair-Ford) vor

Mersa Matruh angegriffen und mit Wasserbomben versenkt. 14 Mann, einschließlich Kommandant, verloren ihr Leben, 30 wurden gefangen genommen.

U 76 Typ VII B

Bauwerft: Bremer Vulkan, Bremen
Kiellegung: 28. Dezember 1939
Stapellauf: 3. Oktober 1940
Indienststellung: 3. Dezember 1940
Feldpost-Nr.: M 27140
Versenkt am 5. April 1941 nordwestlich von Rockall (58°35'N/20°20'W)

Kommando:
7. U-Flottille Kiel von Dezember 1940–5. April 1941 (Schulboot/Frontboot)

Kommandant:
OLtzS Friedrich von Hippel, Dezember 1940–5. April 1941

Feindfahrten: 1
Versenkte Schiffe: 1 (1.939 BRT)

1. 19.3.41: Auslaufen Kiel zur Patrouille westlich der Britischen Inseln.
Am 1.4.41 sichtete U 76 den nach Osten laufenden Convoy SC 26 südlich von Island. Es führte U 46, U 69 und U 73 an ihn heran. Sie versenkten sechs Schiffe und beschädigten ein weiteres. Am 3. versenkte U 76 die finnische DAPHNE (1.939 t) im zentralen Nordatlantik.
U 76 setzte die Verfolgung des Convoys bis zum 4. fort und machte einen unbefriedigenden Angriff.
Am 5. schloss es an den Convoy für einen weiteren Angriff heran. Das Boot wurde geortet und durch eine Wasserbombe des Zerstörers HMS WOLVERINE (LtCdr J.M. Rowland) bekämpft. Eine Reihe von Wasserbomben, geworfen von der Sloop HMS SCARBOROUGH (Lt P.A. Northney), trieben U 76 an die Wasseroberfläche, die Besatzung verließ das Boot. Eine Landungsgruppe der Korvette HMS ARBUTUS ging an Bord von U 76, aber austretendes Chlorgas verhinderte die Suche nach Geheimunterlagen. Die Gruppe konnte das Boot, bevor es versank, verlassen. Von der Besatzung des Bootes starb ein Mann, 42, einschließlich des Kommandanten, gingen in Gefangenschaft.

U 77 Typ VII C

Bauwerft: Bremer Vulkan, Bremen
Kiellegung: 28. März 1940
Stapellauf: 23. November 1940
Indienststellung: 18. Januar 1941
Feldpost-Nr.: M 38301
Versenkt am 28. März 1943 ostsüdöstlich von Cartagena (37°24'N/00°10'E)

Kommandos:
7. U-Flottille Kiel (St. Nazaire von Januar–Dezember 1941 (Schulboot/Frontboot)
23. U-Flottille Salamis von Dezember 1941–April 1942 (Frontboot)
29. U-Flottille La Spezia von April 1942–28. März 1943 (Frontboot)

Kommandanten:
KptLt Heinrich Schonder, Januar 1941–September 1942
OLtzS Otto Hartmann, September 1942–28. März 1943

Feindfahrten: 13
Versenkte Schiffe: 17 (36.381 BRT) und 3 beschädigt
1 Zerstörer (1.050 t)

1. 29.5.41: Auslaufen Kiel in den Nordatlantik, zur Operation im Gebiet südöstlich von Neufundland. Am 13.6.41 versenkte U 77 die britische TRESILLIAN (4.773 t) ostsüdöstlich von St. Johns. Von Mitte Juni gehörte U 77 zur »West«-Gruppe, auf der Suche nach Convoys. Vom 20. ab bildeten die Boote nur noch eine weite Suchformation über den Nordatlantik. Nur ein Schiff wurde angegriffen. Später, am 22., versenkte U 77 die britische ARAKARA (2.379 t) östlich von St. Johns und am 25. die griechische ANNA BULGARIS (4.603 t) südsüdöstlich von Cape Farewell.
Am 24. wurde der nach Westen laufende Convoy OB 136 südsüdöstlich von Cape Farewell von U 203 ausgemacht. U 77 stieß am 25. hinzu und verfolgte den Convoy für zwei Tage, hatte aber keinen Erfolg. Rückkehr in den neuen Stützpunkt St. Nazaire am 7.7.41.
2. 2.8.431: Auslaufen in den Nordatlantik. Am 14. wurden U 43, U 71, U 77, U 96 und U 751 an einen Convoy dirigiert, der von U 565 gesichtet worden war. Kein Erfolg. Es könnte der Convoy OG 70 gewesen sein. Ab 5. bildeten die Boote mit anderen eine offene Gruppe südwestlich von Island. Gegen Ende August wurden die Boote weiter nach Osten geschickt. Vom 1.9.41 an bildete U 77 mit sechs anderen Booten die Gruppe »Kurfürst«

westlich vom Nordkanal. Am selben Tag wurde westsüd-westlich von Irland die Gruppe »Bosemüller« aufgestellt. Das rücklaufende U 73 sichtete den nach Norden laufenden Convoy SL 84 am 1.9.41, und die »Bosemüller«-Gruppe wurde an ihn angesetzt, verfehlte ihn aber wegen schlechter Sicht. Auf der Suche danach sichteten U 83 und U 557 den nach Süden laufenden Convoy OG 73 und die »Kurfürst«- und »Bosemüller«-Gruppe wurde gemeinsam an diesen herangeführt. Die Suche nach OG 73 und einen weiteren Convoy, gesichtet von U 98 am 3., war erfolglos. U 77 kehrte am 10.9.41 nach St. Nazaire zurück.

3. 11.10.41: Auslaufen in den Nordatlantik. U 77 sollte eine Linie treffen, die südöstlich von Cape Farewell gebildet wurde. Während der Nacht vom 14./15. sichtete U 553 den nach Osten laufenden Convoy SC 48 im zentralen Atlantik. U 77 und andere Boote wurden angesetzt. U 77 kam bis zum 17. nicht heran, aber zu dieser Zeit waren die Escortstreitkräfte verstärkt worden, und die Operation wurde am 18. abgeblasen.

Ab 22. bildeten U 77 und andere Boote die Gruppe »Reißwolf«, 450 Seemeilen südöstlich von Grönland. Man erwartete den Convoy SC 48. Die Anwesenheit der Gruppe war bekannt, der Convoy lief einen anderen Kurs. Am 27. sichtete U 74 den nach Südwesten laufenden Convoy ON 28 500 Seemeilen westlich von Irland und die »Reißwolf«-Gruppe wurde auf ihn angesetzt. Ab 28. hatten U 77 und andere Boote Kontakt mit dem Convoy, wurden aber durch die escortierenden US-Zerstörer vertrieben. Wegen der Kraftstofflage wurde die Operation abgebrochen. Am 31. wurde das Boot gegen den nach Süden laufenden OS 10 angesetzt, aber der Kontakt ging am 2.11.41 verloren, und als die Luftaufklärung den Convoy verfehlte, wurde die Suche abgebrochen. U 77 erhielt Kraftstoff vom deutschen Versorger BESSEL in der Bucht von Vigo. Einlaufen Lorient am 13.11.41.

4. 10.12.41: Auslaufen in den Nordatlantik am 11., jedoch Befehl, in das Mittelmeer zu verlegen. U 77 versenkte die britische EMPIRE BARRACUDA (4.972 t) des Convoys HG 76, direkt westlich von Asilah, Marokko, und in der Nacht vom 15./16. passierte das Boot die Straße von Gibraltar. Einlaufen Messina am 19.12.41.

5. 21.12.41: Auslaufen Messina ins östliche Mittelmeer zur Operation vor der ägyptischen Küste und der Cyrenaika. Das Boot hatte keinen Erfolg, erst am 12.1.41 torpedierte und beschädigte U 77 den Zerstörer HMS KIMBERLEY vor Bardia. KIMBERLEY wurde nach Alexandria mit beschädigtem Heck eingeschleppt. Einlaufen im neuen Stützpunkt Salamis am 14.1.42.

6. 28.3.42: Auslaufen zur Operation vor der Küste der Cyrenaika. Nach einem erfolglosen Einsatz kehrte U 77 am 3.4.42 nach Salamis zurück.

7. 7.4.42: Auslaufen Salamis und Einlaufen La Spezia am 11.4.42.

8. 6.6.42 Auslaufen La Spezia zur Operation gegen die Versorgungsschiffahrt an der Küste der Cyrenaika. Am 12. versenkte U 77 den britischen Zerstörer HMS GROVE nördlich von Sidi Barrani. Rückkehr nach Salamis am 17.6.42.

9. 23.6.42: Auslaufen zur Operation entlang der Küste der Cyrenaika. Ohne Erfolg. Rückkehr nach Salamis am 9.7.42.

10. 16.7.42: Auslaufen ins östliche Mittelmeer zur Operation zwischen Cypern und dem Libanon. U 77 versenkte zehn Segelschiffe mit Artillerie zwischen dem 30.7.42 und dem 13.8.42, einschließlich der ägyptischen EKBAL (176 t) und FANY (43 t) am 31., der EZZET (158 t) und der ADNAN (155 t) am 6. und der KHAROUF (polnisch, 158 t) am 9. Rückkehr nach Salamis am 21.8.42.

11. 25.8.42: Auslaufen Salamis und Einlaufen Pola am 30.8.42.

12. 12.10.42: Auslaufen Pola zur Operation im östlichen Mittelmeer. Ohne Erfolg. Einlaufen Messina am 29.10.42.

13. 30.10.42: Auslaufen Messina und Einlaufen La Spezia am 1.11.42.

14. 3.11.42: Auslaufen La Spezia in ein Gebiet westlich von Algier zu den Balearen. Alle vorhandenen Boote wurden eingesetzt, um die große alliierte Schiffsansammlung, die in Gibraltar versammelt war, zu empfangen. Am 12. vor Algier, nach der Landung, beschädigte U 77 die britische Sloop HMS STORK. Rückkehr nach La Spezia am 5.12.42.

15. 26.1.43: Auslaufen in ein Gebiet westlich der Balearen und Algier. Am 7.2.43 torpedierte U 77 zwei Schiffe des Convoys KMS 8 westlich von Algier, die britische EMPIRE WEBSTER (7.043 t) und die britische EMPIRE BANNER (6.699 t). Einige Stunden später griff U 77 beide Schiffe nochmals an. Die EMPIRE BANNER sank sofort, die EMPIRE WEBSTER wurde mit Artillerie alliierter Schiffe versenkt. Das Boot kehrte am 10.2.43 nach La Spezia zurück.

16. 3.3.43: Auslaufen ins westliche Mittelmeer. Am 16. griff U 77 den Convoy ET 14 vor Oran an und torpedierte zwei Schiffe, versenkte die britische HADLEIGH (5.222 t) und beschädigte die britische MERCHANT PRINCE (5.229 t). Am 28. wurde U 77 an der Wasseroberfläche durch eine Hudson der 48. Squadron (F/O J.S. Harrop) gesichtet. Das Flugzeug griff mit Wasserbomben an und danach wurden Öl und Blasen an der Wasseroberfläche gesehen. Sechs Stunden später wurde das Boot, beschädigt und nicht mehr tauchklar, südostsüdlich von Cartagena durch eine Hudson der 233. Squadron (F/O E.F. Castell) gesichtet. Die Maschine versenkte U 77 mit

Wasserbomben und Feuer auf das Boot. Der Kommandant von U 77 und 37 Mann gingen mit unter. Neun Überlebende wurden durch spanische Schiffe aufgenommen und wahrscheinlich nach Deutschland repartriert.

U 78 Typ VII C

Bauwerft: Bremer Vulkan, Bremen
Kiellegung: 28. März 1940
Stapellauf: 7. Dezember 1940
Indienststellung: 15. Februar 1941
Feldpost-Nr.: M 29850
Gesunken am 16. April 1945 in Pillau

Kommandos:
22. U-Flottille Gotenhafen von Februar 1941–März 1945 (Schulboot)
4. U-Flottille Stettin von März 1945–16. April 1945 (Stromboot)

Kommandanten:
KptLt Adolf Dumrese, Februar–Juli 1941
OLtzS Kurt Makowski, Juli 1941–Februar 1942
KptLt Max Dieterich, Februar–Juli 1942
KptLt Ernst Ziehm, Juli–November 1942
KptLt Helmut Sommer, November 1942–Mai 1943
OLtzS Wilhelm Eisele, Mai 1943–November 1944
OLtzS Horst Hübsch, November 1944–April 1945

Feindfahrten: keine
Versenkte Schiffe: keines

U 78 sah keinen operativen Einsatz. Es hatte nur zwei Bugtorpedorohre. Beim Bau bestand ein Mangel daran. U 78 gehörte zur 22. U-Flottille in Gotenhafen von der Indienststellung bis März 1945, bis es zur 4. U-Flottille abgegeben wurde, die in Stettin beheimatet war. U 78 befand sich als Stromboot am 14.5.45 in Pillau. Es wurde von der russischen Artillerie versenkt.

U 79 Typ VII C

Bauwerft: Bremer Vulkan, Bremen
Kiellegung: 17. April 1940
Stapellauf: 25. Januar 1941
Indienststellung: 13. März 1941
Feldpost-Nr.: M 31396
Selbst versenkt am 23. Dezember 1941 vor Bardia (32°15'N/25°19'E)

Kommandos:
1. U-Flottille Kiel/Brest von März bis September 1941 (Schulboot/Frontboot)
23. U-Flottille Salamis von Oktober 1941–23. Dezember 1941 (Frontboot)

Kommandant:
KptLt Wolfgang Kaufmann, März 1941–23. Dez. 1941

Feindfahrten: 6
Versenkte Schiffe: 2 (2.983 t) und 2 beschädigt
1 Kanonenboot (625 t)

1. 5.6.41: Auslaufen Kiel zur Operation im zentralen Nordatalantik. Das Boot war mit U 559 zur Dänemarkstraße befohlen, um den Kreuzer LÜTZOW zu unterstützen, der versuchen wollte, durchzubrechen. Auf dem Weg nach dort versenkte U 79 die norwegische HAVTOR (1.524 t) westlich von Reykjavik am 12. Nach dem 20. gehörte U 79 zu einer Anzahl von Booten, die in loser Formation im Nordatlantik operierten. Am 23. sichtete U 203 den nach Osten laufenden Convoy HX 133 450 Seemeilen südlich von Cape Farewell. Die Boote wurden auf ihn angesetzt, aber Nebel verhinderte, ihn zu finden. Während eines Viertagekampfes gingen sechs Schiffe unter und zwei Uboote verloren. U 79 beschädigte am 27. den niederländischen Tanker TIBIA (10.356 t), östlich von Cape Farewell. Nach der Beschädigung der TIBIA wurde U 79 vom Zerstörer HMCS OTTAWA und der Korvette HMCS CHAMBLY gejagt. Fünfzehn Wasserbomben wurden geworfen, aber das Boot entkam. Die TIBIA wurde später durch U 160 am 3.3.43 vor der Ostküste Südafrikas nochmals beschädigt. U 79 lief den neuen Stützpunkt Lorient am 5.7.41 an.
2. 21.7.41: Auslaufen in den Nordatlantik. Am 24. wurde der nach Osten laufende Convoy OG 69 westlich von Irland gesichtet, U 79 und weitere Uboote gegen ihn angesetzt.
U 79 kam mit dem Convoy nach Mitternacht am 26. in Berührung und versenkte die britische KELLWYN

(1.459 t) westnordwestlich von Cape Finisterre. Das Boot mag auch zwei weitere Schiffe des Convoys beschädigt haben, es wurde jedoch von der Korvette HMS RHODEDENDRON kurz nach dem Angriff vertrieben. 46 Wasserbomben wurden geworfen, aber das Boot blieb ungetroffen. U 79 tauchte nach zwei Stunden auf und wurde von der Korvette HMS PIMPERNEL gesehen, die 26 Wasserbomben warf. Der Convoy verlor sieben Schiffe, bis die Operation früh am 30. endete.

Am 9.8.41 verließ der nach Norden laufende Convoy HG 69 Gibraltar. Acht Boote, mit U 79, wurden zum Empfang in dem Gebiet zwischen den Azoren und Gibraltar zum Angriff befohlen. U 79 sichtete den Convoy am 10., wurde aber sehr schnell vertrieben und von Zerstörern des Geleitschutzes mit 49 Wasserbomben bedacht. Alle Versuche der deutschen und italienischen Uboote wurden von den Escortfahrzeugen abgeblockt. Der Convoy verlor nur ein Schiff, versenkt am 11. durch Condor-Maschinen des 1./KG 40. Die Operation endete am 16. U 79 kehrte am 16.8.41 nach Lorient zurück.

3. 14.9.41: Auslaufen zur Patrouille südlich und südwestlich von Irland. U 79 kehrte am 18.9.41 zurück, weil der Kommandant am 16. erkrankte.

4. 28.9.41: Auslaufen Lorient ins Mittelmeer. U 79 war das erste der Boote der »Goeben«-Gruppe mit sechs Booten, das dorthin marschierte.

Auf dem Weg nach dort, in der Nacht vom 27./28., wurden U 79 und das nach Süden laufende U 129 befohlen, den Blockadebrecher KOTA PINANG zu sichern, der nach dem Südatlantik lief. Die KOTA PINANG kam nicht mehr zum Treffpunkt. Sie war vom Kreuzer HMS KENYA westlich von Cape Finisterre am 3.10.41 versenkt worden. U 129 nahm 119 Überlebende auf, die am 6.10.41 von einem spanischen Schlepper übernommen wurden.

U 79 passierte die Straße von Gibraltar während der Nacht des 4./5. und fuhr sofort nach dem östlichen Mittelmeer. Am 18. versenkte das Boot östlich von Tobruk wahrscheinlich ein Floß, und am 21. torpedierte es das britische Kanonenboot HMS GNAT vor Bardia. Das schwer getroffene Schiff wurde nach Alexandria geschleppt und auf Strand gesetzt. Es wurde zum Verlust erklärt. U 79 lief am 23.10.41 in den neuen Stützpunkt Salamis ein.

5. 29.11.41: Auslaufen zur Operation gegen die Versorgungsschiffahrt nach Tobruk. Am 6.12.41 griff das Boot ohne Erfolg das britische Schlachtschiff QUEEN ELIZABETH an. Rückkehr nach Salamis am 8.12.41.

6. 21.12.41: Auslaufen an die Küste der Cyrenaika und Ägyptens. Am 23. liefen U 79, U 559 und U 562 den Convoy AT 5 an. U 79 wurde geortet und von zwei Zerstörern des Geleitschutzes angegriffen, HMS HASTY (LtCdr L.R.K. Tyrwitt) und HMS HOTSPUR (Lt P.M.

Wahtley). Nach vielen Wasserbombenangriffen tauchte U 79 auf und wurde vor Bardia selbst versenkt. Der Kommandant und 43 Männer der Besatzung kamen in Gefangenschaft.

U 80 Typ VII C

Bauwerft: Bremer Vulkan, Bremen
Kiellegung: 17. April 1940
Stapellauf: 11. Februar 1941
Indienststellung: 8. April 1941
Feldpost-Nr.: M 37498
Gesunken am 28. November 1944 südwestlich von Pillau (54°25'N/19°50'E)

Kommandos:
1. U-Flottille Kiel von April 1941–Mai 1941 (Schulboot)
26. U-Flottille Pillau von Mai 1941–März 1942 (Schulboot)
24. U-Flottille Gotenhafen von April 1942–August 1943 (Schulboot)
23. U-Flottille Danzig von August–November 1943 (Schulboot)
21. U-Flottille Pillau von Dezember 1943–28. November 1944 (Schulboot)

Kommandanten:
OLtzS Georg Staats, April–Oktober 1941
OLtzS Hans Benker, Oktober 1941–Mai 1942
OLtzS Oskar Curio, Mai–November 1942
OLtzS Hans-Adolf Isermeyer, Nov. 1942–Okt. 1943
OLtzS Hans Keerl, Dezember 1943–28. November 1944

Feindfahrten: keine
Versenkte Schiffe: keines

U 80 kam nicht zum Einsatz. Das Boot hatte nur zwei Bugtorpedorohre, das lag an einem Engpaß in der Lieferung während des Baues. Das Boot gehörte zu fünf verschiedenen Schulflottillen während seiner Dienstzeit und ging bei einem Tauchunfall während der Ausbildung südsüdwestlich von Pillau am 28.11.44 verloren. Alle 48 Männer der Besatzung gingen mit unter.

U 81 Typ VII C

Bauwerft: Bremer Vulkan, Bremen
Kiellegung: 11. Mai 1940
Stapellauf: 22. Februar 1941
Indienststellung: 26. April 1941
Feldpost-Nr.: M 38089
Gesunken am 8. Januar 1944 in Pola

Kommandos:
1. U-Flottille Kiel/Brest von April–Dezember 1941
(Schulboot/Frontboot)
29. U-Flottille La Spezia/Toulon/Pola/Salamis von Dezember 1941–8. Januar 1944 (Frontboot)

Kommandanten:
KptLt Friedrich Guggenberger, April 1941–Dez. 1942
OLtzS Johann-Otto Krieg, Dez. 1942–8. Januar 1944

Feindfahrten: 17
Versenkte Schiffe: 26 (39.515 BRT) und 3 beschädigt
1 Flugzeugträger (22.600 t)
1 U-Abwehrtrawler (1.150 t)

1. 17.7.41: Auslaufen Kiel nach Drontheim. Am 1.8.41
zur 13. U-Flottille gestoßen, U 81 führte nur eine kurze
Patrouille mit U 652 vor der Kolaküste aus. Die beiden
ersten Boote mit dieser Aufgabe. U 81 wurde am 7. von
einem sowjetischen Marinefahrzeug angegriffen, vergeblich. Rückkehr nach Drontheim am 13.8.41.
2. 27.8.41: Auslaufen zur Operation im Nordatlantik.
U 81 stieß zur »Markgraf«-Gruppe südwestlich von
Island. Viele Convoys wurden umgeleitet in den ersten
Septembertagen, um der »Markgraf«-Gruppe zu entgehen. Ab 6.9.41 war die Gruppe weit verstreut im Gebiet
südöstlich von Grönland auf den Convoyrouten. Da die
neue Position der Boote bekannt war, waren die Convoys
in der Lage, auszuweichen, und der nach Osten laufende
Convoy SC 42 konnte wegen schlechten Wetters nicht
gestellt werden. Am 9. versenkte U 81 einen Nachzügler
des Convoys, die britische EMPIRE SPRINGBUCK (5.591 t),
und am 10. die britische SALLY MAERSK (3.252 t), beide
dicht vor der Küste Grönlands ostnordöstlich von Cape
Farewell. Bevor die Operation am 14. beendet war, hatte
der Convoy 16 Schiffe verloren, ein Viertel seines
Bestandes. U 81 kam am 19.9.41 nach Brest zurück.
3. 29.10.41: Auslaufen ins Mittelmeer. U 81 wurde am
30. von einer Catalina der 209. Squadron (F/O D.M.
Ryan) geortet. Eine Hudson der 53. Squadron (F/O
Henry) kam hinzu, und beide Flugzeuge griffen mit

Wasserbomben an und zwangen das Uboot aufzutauchen. U 81 entkam und kehrte am 31.10.41 nach Brest
zurück.
4. 4.11.41: Wieder abgestellt für das Mittelmeer als Teil
der »Arnould«-Gruppe mit den Booten U 81, U 205,
U 433, U 565. U 81 passierte die Enge von Gibraltar
über Wasser in der Nacht vom 11./12. Am Morgen des
12. sichteten italienische Flugzeuge die Task Force H mit
Kurs nach Westen, auf der Rückfahrt von Malta nach
Gibraltar. Zu der Task Force zählte das Schlachtschiff
HMS MALAYA und die Flugzeugträger ARK ROYAL und
ARGUS. Beide Träger hatten Flugzeuge in der Luft, die
nach Ubooten Ausschau hielten. Früh am 13. fand U 205
die Force H und griff mit drei Torpedos ARK ROYAL an.
Detonationen wurden gehört und Treffer festgestellt,
zwei auf dem Träger, einer auf einem Zerstörer, aber es
waren alles Fehlschüsse. Sechs Swordfish wurden gestartet, um U 205 und U 81 zu finden, das ebenfalls in
der Nähe war. Um Mittag erreichte U 81 die britischen
Kriegsschiffe 30 Seemeilen östlich von Gibraltar und
schoss vier Torpedos auf die MALAYA. Als die ARK
ROYAL in den Wind drehte, damit die Flugzeuge landen
konnten, wurde sie von einem der Torpedos getroffen,
die anderen drei gingen vorbei. Die Laufbahnen der Torpedos wurden nicht erkannt, weder auf dem Träger
selbst, noch von den Flugzeugen, noch von den Geleitfahrzeugen.
Die Besatzung des getroffenen Trägers wurde übernommen, der Träger in Schlepp genommen, aber 14 Stunden
danach sank das Schiff. Nur ein Mann der Besatzung
ging verloren. Unmittelbar nach dem Abschuss der Torpedos war U 81 auf Tiefe gegangen. Mit der ARK ROYAL
im Schlepp suchten die Geleitfahrzeuge nach dem Boot,
das schnell geortet wurde. Bei einem drei Stunden währenden Wasserbombenangriff wurden 200 Wasserbomben geworfen, aber U 81 entkam. Ab 18. operierte das
Boot im östlichen Mittelmeer, ohne Erfolg. Rückkehr
nach La Spezia am 10.12.41.
5. 27.1.42: Auslaufen La Spezia gegen britische Versorgungsschiffe vor Tobruk. Ohne Erfolg. Rückkehr in den
Stützpunkt am 4.3.42.
6. 4.4.42: Auslaufen La Spezia in das östliche Mittelmeer. Während der Nacht vom 15./16. legte U 81 Minen
vor Haifa. Am 16. versenkte U 81 vor der libanesischen
Küste nahe Beirut den britischen Tanker CASPIA (6.018 t)
und den französischen U-Abwehr-Trawler VIKING. Am
17. beschoss das Boot eine Kraftstation nördlich von
Jaffa. Zwischen dem 16. und 26. versenkte U 81 acht
Segelschiffe und beschädigte ein weiteres vor der Küste
von Palästina. Alle mit Artillerie, mit Ausnahme der
HEFZ EL RAHMAN (90 t), die am 19. durch Rammen versenkt wurde. U 81 glaubt auch, Öltanks und eine Pier bei

der Ölraffinerie nahe Haifa Ende April beschädigt zu haben. Rückkehr nach Salamis am 29.4.42.

7. 6.5.42: Auslaufen zur Patrouille im östlichen Mittelmeer. Am 2.6.42 wurde eine deutsche Flugzeugbesatzung in einem Dingi aufgenommen. Auf dem Kurs kam der Befehl, U 652 zu assistieren. Das Boot war von einer Blenheim der 203. Squadron und einer Swordfish der 815. Squadron (FAA) vor Sollum angegriffen worden. Es war unmanövrierbar und konnte nicht mehr tauchen.

U 81 traf zwei Stunden nach dem Angriff bei dem Boot ein und machte den Versuch, es nach Salamis zu schleppen. Die Gefahr eines erneuten Luftangriffes machte es sehr schwierig, aber als man feststellte, dass U 652 geflutet wurde und nicht gehalten werden konnte, wurde die Besatzung von U 81 übernommen und U 652 mit einem Torpedo von U 81 versenkt, abgeschossen vom Kommandanten der U 652, Kapitänleutnant Fraatz. Eine Stunde später wurde U 81 von einem alliierten Uboot angegriffen, aber alle vier Torpedos wurden gesehen und man wich ihnen aus. Rückkehr nach Salamis am 3.6.42.

8. 6.6.42: Auslaufen ins östliche Mittelmeer. In den ersten Stunden des 11. meldete U 81 die Beschädigung eines Tankes westlich von Alexandria und einen erfolglosen Angriff auf ein Escortfahrzeug. Diese Schiffe mögen Teil des Convoys MW 11, der von Alexandria nach Malta fuhr, gewesen sein. Rückkehr nach La Spezia am 24.6.42.

9. 5.10.42: Auslaufen zur Patrouille im östlichen Mittelmeer. Ab 5.11.42 wurden alle Boote, einschließlich U 81, im Gebiet von Algier nach Westen, nach den Balearen hin, aufgefordert, eine Linie zu bilden, um alliierte Schiffe vor Gibraltar zu erwarten. Am 10. versenkte U 81 die britische GARLINGE (2.012 t) westlich von Algier und am 13. die britische MARON (6.487 t) nördlich von Oran. Letzteres Schiff gehörte zu einem Convoy von Algier, der nach Gibraltar unterwegs war. Rückkehr nach La Spezia am 16.11.42.

10. 24.11.42: Keine Details über diese Operation bekannt. Es war die letzte unter Kapitänleutnant Guggenberger. U 81 lief am 21.12.42 in Pola ein.

11. 31.1.43: Auslaufen Pola ins östliche Mittelmeer. Am 9.2.43 versenkte U 81 das ägyptische Segelschiff EL KASSBANA (110 t) mit Artillerie direkt östlich von Zypern. Es wurde am 10. der niederländische Tanker SAROENA (6.671 t) vor Beirut beschädigt. U 81 versenkte vier kleine Segelschiffe an der Küste des Libanon am 11. durch Artillerie. Das Boot lief am 19.2.43 Salamis an.

12. 6.3.43: Auslaufen zur Patrouille im östlichen Mittelmeer. Am 20.3. versenkte U 81 zwei Segelschiffe an der Küste des Libanon, die MAWAHAB (77 t) und die BOURGHIEH (244 t), beide mit Artillerie. Nach Abfahrt bei Tel Aviv am 28.3. torpedierte und versenkte U 81 den

ägyptischen Frachter ROUSHDY (133 t). Am 7.4.43 wurde Pola wieder erreicht.

13. 6.6.43: U 81 verläßt seinen Standort, um im östlichen Mittelmeer zu patrouillieren. U 81 griff einen Frachter des Convoys GTX 2 an, und am 17. versenkte das Boot die britische YOMA (8.131 t) aus dem Convoy GTX 2. Am 26., nordwestlich von Beirut, versenkte U 81 vier Schiffe, die griechische MICHALIOS (3.742 t) mit Torpedo und drei kleine Segelschiffe mit Artillerie. Rückkehr nach Salamis am 4.7.43.

14. 14.7.43: U 81 war zur Reparatur in Salamis, als die Alliierten auf Sizilien am 10.7.43 landeten. Obwohl einige der Besatzung erkrankt waren, lief der Kommandant mit U 81 aus. Absicht war, die Invasionsflotte anzugreifen. Am 21. lief das Boot Syracuse an und feuerte fünf Torpedos auf Schiffe, die dort lagen. Der Kommandant meldete einen Treffer auf einem großen Transportschiff und hörte zwei Detonationen; wahrscheinlich hatten die Torpedos ein Schutznetz getroffen. Am 22. beschädigte U 81 die britische EMPIRE MOON (7.472 t) südsüdöstlich von Syracuse, die von HMS STROMA escortiert wurde. U 81 kehrte am 23.7.43 in den neuen Stützpunkt Pola zurück.

15. 1.8.43: Auslaufen zur Patrouille vor der Küste der Cyrenaika. U 81 griff einen nach Osten laufenden Geleitzug an, aber der Angriff mißglückte; es waren vier Detonationen zu hören. Rückkehr nach Pola am 10.8.43.

16. 20.9.43: Auslaufen in das Gebiet des Brückenkopfes von Salerno, Angriff auf alliierte Landungen am 9.10. U 81 machte zwei erfolglose Angriffe auf die Schiffe. Rückkehr nach Pola am 13.10.43.

17. 10.11.43: Auslaufen zur Operation im Golf von Taranto. Am 18. versenkte U 81 die britische EMPIRE DUNSTAN (2.887 t) westlich von Giro. Rückkehr nach Pola am 23.11.43.

18. 30.12.43: Auslaufen, aber es gibt keine Gründe, warum Rückkehr schon am 3.1.44.

Am 9.1.44 wurde U 81 in dem Stützpunkt Pola bei einem Luftangriff der USAF zerstört. Zwei Mann der Besatzung wurden dabei getötet. Das Boot wurde am 22.4.44 gehoben und abgewrackt.

U 82 Typ VII B

Bauwerft: Bremer Vulkan, Bremen
Kiellegung: 15. Mai 1940
Stapellauf: 15. März 1941
Indienststellung: 14. Mai 1941
Feldpost-Nr.: M 40885
Versenkt am 7. Februar 1942 nordöstlich von den Azoren
(44°10'N/23°52'W)

Kommando:
3. U-Flottille Kiel/La Pallice von Mai 1941–7. Februar
1942 (Schulboot/Frontboot)

Kommandant:
KptLt Siegfried Rollmann, Mai 1941–7. Februar 1942

Feindfahrten: 3
Versenkte Schiffe: 8 (51.796 BRT) und 1 beschädigt
1 Zerstörer (1.190 t)

1. 11.8.41: Auslaufen Drontheim in den Nordatlantik.
U 82 traf mit einer Gruppe von Ubooten zusammen, die
in einer losen Form südwestlich von Island operierte. Am
27. wurde der nach Osten laufende Convoy HX 145 südlich von Island gemeldet und U 82 und zehn andere
Boote wurden an ihn angesetzt. Sie fanden ihn aber nicht.
Aus diesen Booten wurde am 28. südwestlich von Island
die »Markgraf«-Gruppe gebildet.
Am 4.9.41 wurde die Gruppe in eine neue Linie befohlen, weiter westlich. Über die folgenden Tage wurden
einige Convoys umgeleitet, aber der nach Osten laufende
Convoy SC 42 wegen des schlechten Wetters nicht. Der
Convoy wurde von U 85 nahe Cape Farewell am 9.
gesichtet. Am folgenden Morgen versenkte U 82 das
CAM-Schiff EMPIRE HUDSON (britisch, 7.465 t), ein
Geleitboot wurde verfehlt, die HMCS SKEENA. Am 11.
versenkte das Boot den britischen Tanker BULYSSES
(7.519 t) und die britische GYPSUM QUEEN (3.915 t). Kurz
darauf versenkte U 82 die britische EMPIRE CROSSBILL
(5.463 t) und beschädigte die schwedische SCANIA
(1.980 t), die später am Tag von U 202 versenkt wurde.
Der Convoy verlor 16 Schiffe, die Operation war am 14.
beendet. U 82 lief in den neuen Stützpunkt Lorient am
18.9.41 ein.
2. 15.10.41: Auslaufen zur Operation im zentralen Nordatlantik. Auf dem Weg nach dort wurde U 82 an den nach
Norden laufenden Convoy SL 89 dirigiert, der am Tage
zuvor von U 85 gesichtet worden war.
Am späten Abend des 21. schloss U 82 an den Convoy

westlich von Fastnet heran und versenkte zwei Schiffe,
die britische SERBINO (4.099 t) und die britische
TREVERBYN (5.218 t). Nach Ende der Operation am 23.
trat U 82 wieder die Reise nach Westen an, um 300 bis
400 Seemeilen südlich von Grönland die Gruppe
»Schlageter« zu treffen. Am 1.11.41 sichtete U 374 den
nach Osten laufenden Convoy SC 52 und die
»Schlageter«-Boote wurden als Gruppe »Raubritter« an
diesen herangeführt. Die Verfolger waren mehrere Boote,
einschließlich U 82, und bereits am 3. waren fünf Schiffe
durch U 202, U 203 und U 569 versenkt worden. Der
Kontakt ging in der Nacht vom 4./5. verloren und konnte nicht wieder hergestellt werden.
Nachdem der Convoy ONS 29 gemeldet worden war,
wurde die Gruppe »Raubritter« nach Osten gelenkt, um
dort ab 8. eine neue Linie südöstlich von Cape Farewell
zu bilden. Es wurden keine Convoys gefunden. U 82
kehrte am 19.11.41 nach La Pallice zurück.
3. 11.1.42: Auslaufen zur Operation bei der Neufundlandbank. Am 22. versenkte U 82 den britischen Tanker
ATHELCROWN (11.999 t) ostsüdöstlich von St. Johns und
am 23. den norwegischen Tanker LEIESTEN (6.118 t) vom
Convoy ON 56, ostsüdöstlich von Cape Race. U 82 sichtete am 31. südsüdöstlich von Sable Island den nach
Osten laufenden Convoy NA 2 und machte zwei Transporter im Geleit von zwei Zerstörern aus. Das Boot
schloss heran und versenkte am Abend einen Zerstörer,
HMS BELMONT. Andere Boote waren nicht in der Lage,
heranzukommen, der Convoy war zu schnell. Schlecht-
wetter verhinderte eine längere Suche nach Überlebenden von der BELMONT. Man fand keinen.
Am 6.2.42 entdeckte das rücklaufende Boot U 82 den
südwärts laufenden Convoy OS 18 nordöstlich der
Azoren. Während des Beschattens wurde U 82 von
einem der Geleitfahrzeuge geortet, und am 7. wurde das
Boot mit Wasserbomben durch die Sloop HMS
ROCHESTER (Cdr C.B. Allen) und der Korvette HMS
TAMARISK (Lt N.C. Dawson) versenkt. Es gab keine
Überlebenden, 45 Tote.

U 83 Typ VII B

Bauwerft: Flenderwerft, Lübeck
Kiellegung: 5. Oktober 1939
Stapellauf: 9. Dezember 1940
Indienststellung: 8. Februar 1941
Feldpost-Nr.: M 32441
Versenkt am 4. März 1943 nordnordwestlich von Ténès
(37°10'N/00°50'E)

Kommandos:
1. U-Flottille Kiel/Brest von Februar–Dezember 1941
(Schulboot/Frontboot)
23. U-Flottille Salamis von Januar–April 1942 (Frontboot)
29. U-Flottille La Spezia von April 1942–4. März 1943
(Frontboot)

Kommandanten:
KptLt Hans-Werner Kraus, Februar 1941–August 1942
OLtzS Ulrich Wörishoffer, Sept. 1942–4. März 1943

Feindfahrten: 12
Versenkte Schiffe: 6 (8.325 BRT) und 2 beschädigt
1 Patrouillenboot (91 t)

1. 26.7.41: Auslaufen Kiel in den Atlantik. Auf dem Marsch in das Operationsgebiet wurde U 83 mit anderen Booten angesetzt, den nach Norden laufenden Convoy SL 81 anzugreifen. Anstrengungen, am 3.8.41 den Convoy zu erreichen, schlugen wegen der Ansätze der Geleitfahrzeuge fehl. In der Nacht vom 4./5. wurden fünf Schiffe durch U 74, U 75 und U 372 versenkt. Bei Tagesanbruch zum 5. wurden die Boote von den Geleitfahrzeugen und den Flugzeugen vertrieben. Die Operation wurde abgebrochen. Am 6. und 7. verfehlten dieselben Boote den nach Norden laufenden Convoy HG 68 und vom 8. bis zum 10. suchten sie nach einem nach Süden laufenden Convoy vergeblich. Danach versammelten sich U 75, U 83, U 106, U 204 und U 559 westlich vom Nordkanal. Am 17. fuhren sie gegen den nach Süden laufenden Convoy OG 71, der von einer Condor des 1./KG 40 festgestellt worden war. Kontakt wurde am Abend von U 201 hergestellt, und in der sechstägigen Operation wurden acht Schiffe und zwei Geleitfahrzeuge versenkt. U 83 konnte keinen Kontakt bekommen. Ab 1.9.41 befand sich U 83 mit der »Bosemüller«-Gruppe in einem Gebiet westlich zu südwestlich von Irland. Am 1. sichtete die rücklaufende U 73 den nach Norden laufenden Convoy SL 84. Die »Bosemüller«-Gruppe wurde an

ihn angesetzt, aber verfehlte ihn wegen schlechter Sicht. U 83 und U 557 sichteten Schiffe des Convoys OG 73 am 2. Die »Bosemüller«- und »Kurfürst«-Gruppe wurden gemeinsam als eine Gruppe zum Angriff befohlen. Aber der Convoy wurde nicht gefunden. Die Gruppe verfehlte auch einen Convoy, der am 3. von U 98 gemeldet worden war. Rückkehr in den Stützpunkt Brest am 9.9.41.
2. 28.9.41: Auslaufen zur Operation westlich bis südwestlich von Irland.
Am 4.10.41 wurden U 83 und andere Boote an den südwärts laufenden Convoy OG 75 angesetzt, der von einem Flugzeug westlich des Nordkanals am 2. gesichtet worden war.
Die Boote konnten aber nicht an den Convoy heranschließen, und der Kontakt ging am 8. verloren.
U 83 kam am 8. in diesem Gebiet an, verlor aber den Kontakt wegen des schlechten Wetters. Als eine Condor den Convoy am 10. erneut ausmachte, waren die Boote zu weit weg, um ihn abzufangen. U 83 stoppte einen Portugiesen, die Corte Real (2.044 t) am 12., 80 Seemeilen westlich von Lissabon. Das Schiff wurde versenkt, nachdem festgestellt wurde, dass es Konterbande transportierte. Um diese Zeit glaubte U 83, einen Schwimmkran versenkt zu haben. Ab 17. war das Boot der »Breslau«-Gruppe zugeteilt, die sich mit U 71 und U 204 nahe Cape Spartel aufhielt und auf den nach Norden laufenden Convoy HG 75, auslaufend Gibraltar, wartete.
Am 21. griff U 83 eine britische Marinekampfgruppe westlich von Gibraltar an. Es wurden vier Torpedos auf zwei Flugzeugträger, HMS Eagle und Furious, geschossen, aber nur eine Detonation wurde vernommen. Der Convoy fuhr während des Nachmittags vom 22. aus und wurde am 23. von U 71 direkt nach Mitternacht ausgemacht. Angriffe wurden am 24. morgens gemacht, aber der Kontakt ging verloren. Er wurde am Abend des 24. wieder hergestellt, aber die Boote wurden am 25. von den Geleitfahrzeugen vertrieben.
Am frühen Morgen des 26. griff U 83 das CAM-Schiff Ariguani (britisch, 6.746 t) westlich von Lissabon an. Nach der Torpedierung verließ die Besatzung das Schiff. Als es nicht sank, stieg ein Teil der Besatzung wieder ein und ein Schlepper aus Gibraltar nahm es auf den Haken. U 83 kam am 31.10.41 nach Brest zurück.
3. 11.12.41: Auslaufen ins Mittelmeer. U 83 passierte die Straße von Gibraltar während der Nacht des 16./17. und fuhr ins östliche Mittelmeer zur Operation vor Ägypten und der Cyrenaica. U 83 lief Messina am 23.12.41 an.
4. 25.12.41: Auslaufen Messina und Einlaufen Salamis am 30.12.41.
5. 12.2.42: Auslaufen zur Operation gegen die Versor-

gungslinien nach Tobruk. Am 14., vor der ägyptischen Küste nahe Matruh, meldete U 83 einen möglichen Torpedotreffer auf einem Frachter und einer Korvette. Vor Sidi Barrani meldete das Boot die wahrscheinlichen Treffer auf einen Frachter und einen Zerstörer. Es gibt keine Information darüber. Rückkehr nach Salamis am 24.2.42.

6. 10.3.42: Auslaufen in das östliche Mittelmeer. Am 17. torpedierte und beschädigte U 83 die britische CRISTA (2.590 t) nördlich von Bardia. Rückkehr nach Salamis am 21.3.42.

7. 24.3.42: Auslaufen Salamis. Es sind keine Details dieser Fahrt bekannt. Einlaufen La Spezia am 28.4.42.

8. 4.5.42: Operation im östlichen Mittelmeer. U 83 operierte vor der Küste Palästinas. Am 8. griff U 83 vor Sollum einen Frachter an. Der Torpedo ging vorbei und mag ein Geleitfahrzeug getroffen haben.
Am 28. nahm U 83 an einer gemeinsamen deutsch-italienischen Landungsoperation im Golf von Bomba, Cyrenaica, teil, hat sich aber wegen technischer Probleme wieder entfernt. Rückkehr nach Salamis am 30.5.42.

9. 4.6.42: Einsatz im östlichen Mittelmeer. U 83 operierte vor der Küste Palästinas. Am 8. versenkte das Boot das polnische Segelschiff ESTHER vor Sidon und das ägyptische Segelschiff SAID (231 t) südwestlich von Jaffa, beide mit Artillerie. Am 9. versenkte U 83 das polnische Segelschiff TYPHOON (175 t) mit Artillerie südwestlich von Sidon und am 13. das bewaffnete Patrouillenboot FAROUK westlich von Tripolis, Libanon. Einlaufen La Spezia am 20.6.42.

10. 6.8.42: Auslaufen La Spezia ins östliche Mittelmeer. Am 17. versenkte U 83 die britische PRINCESS MARGUERITE (5.875 t) westlich von Tel Aviv. Einlaufen Messina am 20.8.42.

11. 31.8.42: Auslaufen Messina und Einlaufen La Spezia am 4.9.42.

12. 21.11.42: Auslaufen La Spezia, wahrscheinlich zur Operation im westlichen Mittelmeer. U 83 kehrte am 17.12.43 nach La Spezia zurück.

13. Auslaufen ins westliche Mittelmeer. Operation gegen alliierte Convoys, die nach Gibraltar liefen. Am 18. griff U 83 einen Convoy vor Oran an und meldete einen Treffer. Es griff einen anderen Convoy nördlich von Oran am 21. an und meldete zwei Schiffe versenkt und eines beschädigt. Aber das wurde nie bestätigt. U 83 meldete einen Torpedotreffer auf einem Frachter vor Algier am 27., aber auch darüber fehlt jede Bestätigung. Rückkehr nach La Spezia am 31.1.43.

14. 1.3.43: Auslaufen La Spezia ins westliche Mittelmeer. Am 4. wurde U 83 aufgetaucht von einer Hudson der 500. Squadron (P/O W.H.E. Slade) nordnordwestlich von Ténès, Algerien, entdeckt. Das Boot wurde angegriffen und mit Wasserbomben versenkt. Es gab keine Überlebenden, 50 Tote.

U 84 Typ VII B

Bauwerft: Flenderwerft, Lübeck
Kiellegung: 9. November 1939
Stapellauf: 26. Februar 1941
Indienststellung: 29. April 1941
Feldpost-Nr.: M 40057
Versenkt am 24. August 1943 südwestlich von den Azoren (27°09'N/37°03'W)

Kommando:
1. U-Flottille Kiel/Brest von April 1941–24. August 1943 (Schulboot/Frontboot)

Kommandant:
KptLt Horst Uphoff, April 1941–24. August 1943

Feindfahrten: 9
Versenkte Schiffe: 6 (29.905 BRT) und 1 beschädigt

1. 2.7.41: Auslaufen Kiel und Einlaufen Bergen am 15.7.41.

2. 9.8.41: Auslaufen zur Operation im Nordatalantik. U 84 traf auf eine Gruppe von Booten, die in einer losen Formation südwestlich von Island operierte. Am 27. wurde der nach Osten laufende Convoy HX 145 vor Island gemeldet und U 84 mit zehn anderen Booten angesetzt, aber der Convoy wurde nicht gefunden. Die Boote wurden am 28. umformiert zur Gruppe »Markgarf« südwestlich von Island. Am 4.9.41 wurde den Booten eine neue Linie weiter im Westen befohlen. Über den folgenden Tag wurden mehrere Convoys umgeleitet, um die Linie zu umfahren. Allerdings konnte es nicht der nach Osten laufende Convoy SC 42 wegen des schlechten Wetters. Der Convoy wurde durch U 85 nahe Cape Farewell am 9. gesichtet. In den frühen Stunden des 12. griff U 84 an, feuerte vier Torpedos, hörte aber nur eine Detonation. Es gab keinen Erfolg. Die Operation endete am 14., der Convoy hatte 16 Schiffe verloren. U 84 lief in den neuen Stützpunkt Lorient am 22.9.41 ein.

3. 16.10.41: Auslaufen in den Atlantik. Auf der Fahrt dahin sichtete U 84 am 20. einige Schiffe des nach Norden laufenden Convoys SL 89 westsüdwestlich von Fastnet und machte nach Mitternacht einen erfolglosen

Angriff. Nach der Operation gegen SL 89 setzte U 84 seine Fahrt nach Westen fort, um 300 bis 400 Seemeilen südlich von Grönland auf die Gruppe »Schlageter« zu treffen. Am 1.11.41 sichtete U 374 den nach Osten laufenden Convoy SC 52 vor der Küste von Neufundland und die »Schlageter«-Boote griffen an, genauso die »Raubritter«-Gruppe. Die Beschattung des Convoys, ohne U 84, wurde von mehreren Booten durchgeführt. Der Kontakt ging in der Nacht vom 4./5. verloren und konnte nicht wieder aufgenommen werden.

Nachdem der Convoy die Gruppe »Raubritter« dazu veranlasst hatte, ihn anzugreifen, verlegten die Boote nach Südosten und bildeten eine neue Linie vor Cape Farewell. U 84 verließ die Gruppe um diese Zeit und verblieb westlich von Neufundland. Rückkehr nach Brest am 18.11.41.

4. 22.12.41: Auslaufen in das Gibraltar-Gebiet. U 84 war eines von sechs Booten, die auf dem Kurs ins Mittelmeer waren. Sie wurden befohlen, anstelle zum Einsatz bei den Azoren die »Seidlitz«-Gruppe zu bilden. Am 2.1.42 wurden U 84, U 203 und U 552 zur Neufundlandbank befohlen und U 71, U 93 und U 571 zur Patrouille zwischen Gibraltar und den Azoren verlegt. U 84 patrouillierte im Gebiet der Bank bis zum 27. Dann ging es auf Heimatkurs. Einlaufen Brest am 7.2.42.

5. 16.3.42: Auslaufen in den Westatlantik zur Operation in US-Gewässern. Am 2.4.43 wurde U 84 von U A östlich von Neufundland mit Kraftstoff versorgt. Dann ging es südwestlich in ein Gebiet vor New York. Dort versenkte es die jugoslawische NEMANZA (5.226 t). Danach patrouillierte U 84 den Süden, bis hinunter nach Cape Hattares. Am 21. versenkte U 84 die panamesische CHENANGO (3.014 t) nordöstlich vom Kap.

Dann marschierte U 84 300 bis 400 Seemeilen nach Osten. Ende April begann U 84 mit seiner Heimfahrt. Einlaufen Brest am 14.5.42.

6. 10.6.42: Auslaufen zur Patrouille in US-Gewässern. U 84 und andere Boote wurden an den nach Norden laufenden Convoy HG 84 herangeführt, der am 11. westlich von Portugal von einer Condor gesichtet worden war. Die Boote bildeten am 14. die Gruppe »Endrass«. Kontakt ergab sich während der Nacht, und U 552 versenkte fünf Schiffe. U 84 kam am 15. an den Convoy heran und wurde von den Geleitfahrzeugen vertrieben. Die Operation endete am 16., weil besonders gute Sicht und glatte See sehr schlecht für den Uboot-Einsatz waren. U 84 setzte seine Fahrt nach Westen fort und wurde westlich der Azoren von U 459 mit Kraftstoff versorgt. Am 23. versenkte das Boot die norwegische TORVANGER (6.568 t) westlich von den Azoren.

Auf dieser Feindfahrt operierte U 84 an der Küste von Florida, im Golf von Mexiko und nördlich von Kuba. Es

versenkte die honduranische BAJA CALIFORNIA (1.648 t), die amerikanische ANDREW JACKSON (5.990 t) nördlich von Cardenas, Kuba, am 13.7.42 und am 19. nordwestlich von Key West und beschädigte die amerikanische WILLIAM CULLEN BRYANT (7.176 t) am 21. südwestlich von Key West. Ende Juli wurde U 84 westlich der Azoren für die Heimreise von U 463 mit Kraftstoff versorgt. Einlaufen Brest am 13.8.42.

7. 29.9.42: Auslaufen in den Ostatlantik und Treffen mit der großen »Panther«-Gruppe, die ab 8.10.42 vor Irland gebildet wurde. Am 11. wurden acht Boote als »Leopard«-Gruppe abgeteilt und an den nach Westen laufenden Convoy ONS 136 herangeführt. Am 16. wurden 12 andere »Panther«-Boote, einschließlich U 84, mit zehn Booten der »Wotan«-Gruppe vereint und zum Angriff auf den nach Westen laufenden Convoy ON 137 befohlen, der von U 704 gesichtet worden war. Das Wetter wurde schlecht, die Beschatter wurden gezwungen, zu tauchen, und verloren den Kontakt, oder wurden beschädigt und mussten tauchen. Die Boote suchten, aber nach dem Sturm am 17. war der Convoy nicht mehr zu finden und am 19. wurde das Unternehmen abgesagt. Einige der »Panther«-Boote, einschließlich U 84, fuhren westwärts und bildeten ab 24. eine neue Linie, »Veilchen«, 400 Seemeilen östlich von Neufundland. Am 30. wurde der nach Osten laufende Convoy SC 107 vom neu hinzugekommenen Uboot U 522, nahe Cape Race, gesichtet. Die Boote erhielten den Befehl, anzugreifen, da der Convoy die Linie der »Veilchen«-Boote am 1.11.42 passierte. Am 2. versenkte U 84 die britische EMPIRE SUNRISE (7.459 t) nordöstlich von St. Johns. Dieses Schiff war drei Stunden früher von U 402 torpediert worden.

Immer noch im Angriff auf den Convoy wurde U 84 von Flugzeugen am 5. abgedrängt. Das Geschehen um SC 10 wurde am 6. abgebrochen, die meisten Boote hatten kaum noch Torpedos und nur noch wenig Kraftstoff. 15 Schiffe wurden bei dem Kampf versenkt, zwei Boote gingen verloren.

U 84 traf auf eine neue Gruppe, »Kreuzotter«, ostsüdöstlich von Cape Farewell, die am 9. von Booten mit beschränktem Kraftstoffbestand gebildet wurde. Am 15. meldete U 521 den nach Westen laufenden Convoy ONS 144, der die Linie durchlief. In den nachfolgenden fünf Tagen wurden trotz Nebels fünf Schiffe und eine Korvette versenkt. Die Operation endete östlich von Neufundland am 21. November. Einige Boote hatten am 18. wegen des begrenzten Kraftstoffbestandes aufgegeben, U 84 gehörte dazu. Das Boot war nicht in der Lage, den Convoy anzugreifen. Am 27. wurde U 84 nordwestlich der Azoren von U 460 mit Kraftstoff versorgt. Rückkehr nach Brest am 7.12.42.

8. 17.2.43: Auslaufen zur Operation im Nordatlantik. Am

21. sichtete U 664 den Convoy ONS 167 westsüdwestlich von Irland. Das Boot U 84 und vier weitere Uboote wurden zur Gruppe »Sturmbock« gebildet und zum Angriff angesetzt. Die Boote waren weit entfernt, nur U 664 hatte einigen Erfolg und versenkte zwei Schiffe aus dem Convoy. Am 24. bildeten die »Sturmbock«-Boote eine neue Linie, »Wildfang«, östlich von Neufundland auf dem vorgesehenen Kurs des ONS 167. Der Convoy wurde nicht wieder gesehen und die Operation endete am 25. bei schlechter Sicht.

Anfang März trafen U 84, U 664 und U 758 der »Wildfang«-Gruppe auf die »Burggraf«-Gruppe, die am 7. die »Raubgraf«-Gruppe nordöstlich von Neufundland bildete. Die Gruppe bewegte sich nach Norden bis zum 10., dann ging es für zwei Tage auf die Jagd nach dem nach Westen laufenden Convoy ONS 169, der nicht gefunden wurde. Am 13. wurde der Convoy ONS 170 kurze Zeit gesichtet und trotz des schlechten Wetters angegriffen. Eine starke Luftsicherung und die Meldung, dass der nach Osten laufende Convoy SC 122 in der Nähe war, veranlassten den Abbruch des Kampfes gegen den ONS 170. Während der Nacht des 15. sichtete eines der südlichen Boote der »Raubgraf«-Gruppe einen Zerstörer. Das verleitete zu einer erfolglosen Suche nach einem Convoy. Am Morgen des 16. machten die »Raubgraf«-Boote Kontakt mit einem nach Osten laufenden Convoy und später am Tag kam ein zweiter Convoy auf, der auf einem Parallelkurs zum ersten lief.

Der zweite Convoy war der SC 122 und der erstere der HX 229. U 84 blieb bei beiden Convoys ohne Erfolg. Am 19. entkam das Boot einem Wasserbombenangriff der Korvette HMS ANEMONE. Die Operation endete westlich Irland am 20. Es war die größte Convoyschlacht des Krieges, in der 21 Schiffe versenkt wurden. Nur ein Boot, U 384, ging dabei verloren.

Am 23. wurde U 84 für weitere Operationen mit Kraftstoff von U 463 versorgt. Am 25. traf es auf die »Seewolf«-Gruppe südsüdöstlich von Cape Farewell zum Einsatz gegen den nach Osten laufenden Convoy SC 123, der am Nachmittag des 26. von U 564 gesichtet worden war. Die Meldung war falsch, er lief anders. Der Convoy wurde nicht gefunden. Als nächstes versuchten die Boote, den nach Osten laufenden Convoy HX 230 zu finden. Nur die ersten fünf Boote der Gruppe hatten kurzen Kontakt bei schlechtem Wetter, bevor sie am 29. von Flugzeugen vertrieben wurden.

Als die »Seewolf«-Gruppe aufgelöst wurde, traf U 84 am 6.4.43 die »Adler«-Gruppe vor Grönland. Die Boote erwarteten den nach Osten laufenden Convoy SC 125. Der Convoy passierte die »Adler«-Linie am 7. 200 Seemeilen südlich von ihr und für U 84 und die anderen Boote erwies es sich als unmöglich, den Convoy zu fan-

gen. Die Gruppe bewegte sich nach Südwesten, um den Convoy HX 232 anzugreifen, aber am 10. wurde der westwärts laufende Convoy ON 176 gemeldet. U 84 und U 571 beschatteten den ON 176, griffen dann am 11. den ONS 2 ostnordöstlich von St. Johns an. Beide Boote waren am Convoy, aber keines hatte einen Torpedoerfolg.

Während der Nacht des 11./12. machte U 84 Angriffe auf ON 176, wurde aber beschädigt und von Geleitfahrzeugen vertrieben. Die Operation gegen diesen Convoy wurde am 12. aufgegeben. Die »Adler«-Boote wurden ab 14. Teil der neuen »Meise«-Gruppe, südlich von Grönland. Die Boote warteten auf SC 126. Der Convoy wurde umgeleitet und lief südlich an der Gruppe vorbei. Am 20. fuhr die »Meise«-Gruppe nach Norden, auf den Convoy HX 234 zu, der von U 306 am 21. lokalisiert wurde. Zwei Schiffe wurden versenkt, ein anderes beschädigt, bevor diese Operation südlich von Island am 25. endete. Die Luftsicherung und die Stärke der Geleitfahrzeuge war zu mächtig. Und die Sicht war schlecht. U 84 nahm am Kampf gegen den HX 234 nicht teil. Das Boot erhielt am 25. im Nordatlantik von U 487 Kraftstoff und kam am 4.5.43 in Brest an.

9. 10.6.43: Auslaufen in die Karibik. U 84 machte seine Reise durch die Biskaya mit U 306 und U 732. U 84, auf seinem Weg ins Operationsgebiet, wurde Ende Juni westlich der Azoren von U 536 mit Kraftstoff versorgt. Es traf in der Karibik ein und torpedierte am 6.7.42 ein Schiff nördlich von Yucatan, das es brennend verließ. U 84 machte keine weiteren Angriffe, bevor es heimwärts fuhr. Auf der Rückreise sollte U 84 von U 750 700 Seemeilen südwestlich der Azoren mit Kraftstoff versorgt werden. Als das Versorgungsboot den Treffpunkt bei den Azoren am 18.3.43 erreichte, wurde es von Zerstörern angegriffen. Die Kraftstoffergänzung konnte nicht durchgeführt werden. Das rücklaufende Boot U 84 wurde gesichtet und von einem Flugzeug des Escortträgers USS CORE am 23. angegriffen, aber es entkam. Allerdings wurde es am 24. vor dem nach Osten laufenden Convoy UGS 15 durch eine Avenger V-13 (Lt W.A. Feller) vom Träger USS CARD lokalisiert. Das Flugzeug griff an und versenkte U 84 750 Seemeilen südwestlich von Faial, Azoren. Es gab keine Überlebenden, 46 Tote.

U 85 Typ VII B

Bauwerft: Flenderwerft, Lübeck
Kiellegung: 18. Dezember 1939
Stapellauf: 10. April 1941
Indienststellung: 7. Juni 1941
Feldpost-Nr.: M 40935
Versenkt am 14. April 1942 beim Roanoake Island
(35°55'N/75°13'W)

Kommando:
3. U-Flottille Kiel/La Pallice von Juni 1941–14. April
1942 (Schulboot/Frontboot)

Kommandant:
OLtzS Eberhard Greger, Juni 1941–14. April 1942

Feindfahrten: 4
Versenkte Schiffe: 3 (15.060 BRT)

1. 28.8.41: Auslaufen Drontheim zur Operation im Nordatlantik. U 85 war eines von 14 Booten, die sich südwestlich von Island als »Markgraf«-Gruppe versammelten. Die Gegenwart der Gruppe war bekannt und einige Convoys wurden umgeleitet, um den Booten zu entgehen. Am 4.9.41 wurde die »Markgraf«-Gruppe zur Bildung einer neuen Linie weiter westlich befohlen, wo mehr Convoys liefen. Es wurde entschieden, dass die Boote am 6. weit verstreut in einem weiten Gebiet südöstlich von Grönland auf vermuteten Convoyrouten operieren sollten. Einige Convoys wurden klar erkannt, aber der Kurs vom SC 42 änderte nichts, das Wetter war zu schlecht. Der Convoy wurde am 9. von U 85 dicht beim Cape Farewell gesichtet. Das Boot machte einen erfolglosen Angriff, und seine Meldung brachte fünf »Markgraf«-Boote während der Nacht vom 9./10. zum Ansatz.
Die Operation dauerte bis zum 14., in dieser Zeit wurden 16 Schiffe versenkt. U 85 versenkte am 10. die britische THISTLEGLEN (4.748 t) nordöstlich von Cape Farewell während des Morgens. An diesem Tage wurde das Boot durch Wasserbomben des Zerstörers HMCS SKEENA und die Korvette HMCS ALBERNI beschädigt. Rückkehr in den neuen Stützpunkt St. Nazaire am 18.9.41.
2. 11.10.41: Auslaufen St. Nazaire und Einlaufen Lorient am 13.10.41.
3. 16.10.41: Auslaufen in den westlichen Nordatlantik. Am 20. sichtete U 84 den nach Norden laufenden Convoy SL 189 westsüdwestlich von Fastnet. Weitere Boote wurden auf den Convoy angesetzt und zwei

Schiffe versenkt, eines beschädigt. U 85 kam hinzu, aber wurde am 23. vertrieben. Die Operation endete an diesem Tage.
Die Boote liefen westwärts und bildeten ab 28. die Gruppe »Schlageter«, 300 bis 400 Seemeilen südlich von Grönland. Am 1.11.41 sichtete U 374 den nach Osten laufenden Convoy SC 52 vor der Ostküste von Neufundland. Die »Schlageter«-Boote wurden gegen ihn als »Raubritter«-Gruppe angesetzt. Fünf Boote hatten Kontakt. U 85 gehörte nicht zu ihnen und hatte keinen Anteil am Versenken von vier Schiffen des Convoys. Die Operation endete in der Nacht vom 4./5., der Kontakt ging verloren.
Nachdem der westwärts gehende Convoy ONS 29 die Boote der »Raubritter«-Gruppe beschäftigt hatte, fuhren diese ostwärts und bildeten ab dem 8. eine neue Linie südöstlich von Cape Farewell.
Als der nach Westen laufende Convoy ONS 33 am 12. gemeldet wurden, wurden U 85, U 106, U 133, U 571 und U 577 angesetzt, aber der Convoy wurde nicht gefunden. Diese Boote begannen ihre Heimreise am 15. Sie operierten erfolglos gegen den nach Westen laufenden Convoy ONS 11 am 16. U 85, U 133, U 571 und U 577 bildeten die Linie »Störtebecker« am 19., um den südwärts laufenden Convoy OG 77 zu empfangen. Aber der Convoy konnte nicht gestellt werden, bevor der Gruppe die Heimreise befohlen wurde. U 85 lief am 27.11.41 in Lorient ein.
4. 8.1.42: Auslaufen zur Operation im Westatlantik. U 85 sollte zwischen Neufundland und Novia Scotia patrouillieren. Am 21. beschädigte das Boot wahrscheinlich ein Schiff im zentralen Nordatlantik. In den ersten Stunden des 9.2.42 griffen U 85 und U 654 den südwestlich laufenden Convoy ONS 61 östlich von Cape Race an und U 654 versenkte die französische Korvette ALYSSE. U 85 kam zu keinem Erfolg, aber am Abend des 9. versenkte es die britische EMPIRE FUSILIER (5.408 t) etwas weiter südlich. Rückkehr nach St. Nazaire am 23.2.42.
5. 21.3.42: Auslaufen in die Neufundlandbank. Gleich nach dem Erreichen fuhr U 85 südwärts zur Operation vor Hatteras. Am 8.4.42 verließ die norwegische CHR. KNUDSEN (4.904 t) New York Richtung Kapstadt und wurde wahrscheinlich von U 85 nahe der Küste am 10. versenkt.
Direkt am 13. nach Mitternacht hatte der Zerstörer USS ROPER einen Radar-Kontakt (LtCdr H.W. Howe) östlich der Roanoake Insel, Nord Carolina. Es war U 85 in flachem Gewässer.
Das Boot versuchte zu entkommen, drehte erst nach Backbord und dann nach Steuerbord, aber die ROPER konnte ausweichen. U 85 feuerte einen Torpedo, der vorbei ging. Das Boot wurde dann an der Wasseroberfläche

durch Scheinwerfer erfaßt und mit Maschinenwaffen beschossen, was die Besatzung des Bootes niederhielt. Die ROPER begann zu schießen, und als das Boot zu sinken begann, befanden sich viele Männer der Besatzung schon im Wasser. In seiner Furcht vor einem anderen Boot in der Nähe fuhr der Kapitän der ROPER durch die Überlebenden und warf elf Wasserbomben an der Stelle, an der das Boot gesunken war.

29 Körper wurden später geborgen, zwei wurden im Wasser belassen, sie hatten zu schwere Verwundungen durch das Maschinenwaffenfeuer erhalten. Nach Identifizierung und medizinischer Untersuchung wurden die Körper auf dem Nationalen Friedhof in Hampton, Virginia, beigesetzt. Es gab keine Überlebenden. Die übrigen 16 Mann der Besatzung, einschließlich des Kommandanten, gingen mit dem Boot unter. U 85 war das erste Boot, das im Zweiten Weltkrieg von einem US-Kriegsschiff versenkt wurde.

U 86 Typ VII B

Bauwerft: Flenderwerft, Lübeck
Kiellegung: 20. Januar 1940
Stapellauf: 16. Mai 1941
Indienststellung: 8. Juli 1941
Feldpost-Nr.: M 46726
Versenkt am 29. November 1943 östlich von den Azoren (39°33'N/19°01'W)

Kommandos:
5. U-Flottille Kiel von Juli–August 1941 (Schulboot)
1. U-Flottille Kiel/Brest von September 1941–29. November 1943 (Schulboot/Frontboot)

Kommandant:
KptLt Walter Schug, Juli 1941–29. November 1943

Feindfahrten: 8
Versenkte Schiffe: 2 (4.613 BRT) und 2 beschädigt

1. 7.12.41: Auslaufen Kiel in Richtung des neuen Stützpunktes in Frankreich. U 86 wählte die schnellste Route westlich der Britischen Inseln und Irland. Einlaufen Brest am 22.12.41.
2. 27.12.41: Auslaufen zur Operation bei der Neufundlandbank. Am Nachmittag des 16.1.42 torpedierte und beschädigte U 86 den britischen Tanker TOORAK

(8.627 t) von dem ausgemachten, nach Westen laufenden Convoy ON 52, direkt vor St. Johns. Am Morgen des 18. versenkte U 86 die griechische DIMITRIOS G. THERMIOTIS (4.271 t), ein Nachzügler vom nach Osten laufenden Convoy SC 63. U 86 patrouillierte östlich von Nova Scotia zwischen Cape Race und Cape Sable. Am 31. sichtete U 86 den nach Osten laufenden Convoy NA 2 südsüdöstlich von Sable Island, der aus zwei Transportern und zwei Zerstörern bestand. Eines der Geleitfahrzeuge wurde versenkt und U 86, U 566 und U 575 warteten in der Nähe.

Zum Schluß feuerte U 86 drei Torpedos auf einen der Transporter. Zwei Detonationen wurden gehört, aber es war kein Treffer dabei. Auf dem Weg durch die Biskaya fischte U 86 am 14. eine deutsche Flugzeugbesatzung aus dem Wasser und lief Brest am 15.2.42 an.

3. 25.3.42: Auslaufen zur Teilnahme an der Operation »Paukenschlag« vor der amerikanischen Küste, als eines von fünf Booten. U 86 operierte 300 Seemeilen östlich von Hatteras, später vor Cape Hatteras und schließlich weiter südlich. Alle Angriffe, die es fuhr, waren Fehlschläge und das Boot kehrte ohne Erfolge am 26.5.42 nach Brest zurück.

4. 2.7.42: Auslaufen in den Nordatlantik, U 86 traf auf die »Wolf«-Gruppe 600 Seemeilen westlich vom Nordkanal. Die Gruppe machte einen kreisförmigen Kurs nach der Neufundlandbank und dann nach Süden. Am 13. wurde ein nach Norden laufender Convoy am nördlichen Ende der Linie gesichtet. Man dachte, er laufe nach Osten. Einige der südlich stehenden Boote drehten für einige Stunden auf Nordost, aber als der Convoy gefunden wurde, stellte man fest, dass er westwärts fuhr. Er wurde nicht angegriffen, weil er zu weit entfernt war. Als nichts weiter zu sehen war, bewegte sich die »Wolf«-Gruppe südwestwärts. Am 22., als die Boote in ein Gebiet zur Kraftstoffergänzung verlegten, wurde ein weiterer nach Westen laufender Convoy gemeldet. Die Boote bildeten eine neue Linie. Der Convoy kam am 23. in Sicht. Es war der ON 113, der am 13. gesichtet wurde. Bei dem sich entwickelnden Kampf bei schlechter Sicht und starkem Geleitschutz verlor der Convoy lediglich zwei Schiffe. U 90 ging verloren. Der Kontakt ging am 26. verloren und als eine Suche nichts ergab, wurde die Operation am nächsten Tag abgebrochen. Die »Wolf«-Boote wandten sich dann nach Süden in ein Gebiet westlich der Azoren zur Kraftstoffergänzung. Dort wurden sie von U 461 am 29. und 30. versorgt. Die »Wolf«-Gruppe wurde nicht geändert und U 86 fuhr westwärts. Es hatte im Verlauf der Unternehmung einige Schäden erhalten und als Konsequenz daraus fuhr es nicht zur US-Küste, sondern blieb 400 Seemeilen östlich davon. Am 7.8.42 versenkte das Boot die amerikanische WAWALOAM

(342 t), ein Segelschiff mit Artillerie südsüdöstlich von Sable Island.

U 86 blieb in dem Gebiet von Neufundland/Nova Scotia bis Ende August. Es lief am 18.9.42 nach Brest zurück. Direkt vor dem Erreichen wurde es heftig angegriffen und durch ein Flugzeug der 58. Squadron beschädigt.

5. 31.10.42: Auslaufen zur Atlantikoperation. U 86 war für das Gebiet westlich von Gibraltar wegen der alliierten Landungen in Nordafrika vorgesehen. Es traf auf die »Westwall«-Gruppe, die während des Novembers kaum Erfolge hatte. Das lag an dem großen Risiko, speziell durch die Flugzeug-Aufklärung von Gibraltar.

Am 26.11.42 wurde entschieden, dass die »Westwall«-Gruppe in ein Gebiet westlich der Azoren verlegen sollte, um dort den nach Osten laufenden Convoy UGS außerhalb der Reichweite von Flugzeugen zu bekämpfen. Die Boote begannen am 27. sich westwärts zu bewegen. Fünf Boote, U 86, U 92, U 519, U 564 und U 653, verließen die Linie und wurden am 28. südöstlich von den Azoren durch U 118 mit Kraftstoff versorgt. Die Boote trafen im Anschluß daran wieder am 3.12.42 mit der »Westwall«-Gruppe zusammen, westlich der Azoren. Die Gruppe verblieb dort so weit wie der 40°W reichte. Vier Schiffe, eines davon ein Truppentransporter, wurden nachts am 6./7. versenkt. Kein Convoy wurde gesichtet. Man erfuhr, dass diese weiter südlich passierten, zu weit für die Boote, deren Kraftstoff immer weniger wurde. So begann am 12. die »Westwall«-Gruppe nach Osten zu fahren. Am 16. wurde die Gruppe nördlich der Azoren versammelt, und die Boote bezogen eine Position westlich von Portugal ab dem 19. Eine Suche nach Convoys während der folgenden Woche war ergebnislos und die Boote fuhren zurück in ihre Stützpunkte. U 86 lief Brest am 7.3.43 an.

6. 24.2.43: Auslaufen zur Atlantikoperation. U 86 traf auf die »Neuland«-Gruppe, die am 6.3.43 westlich von Irland gebildet worden war. Am 7. drehte die südliche Sektion der Linie, einschließlich U 86, nach Westen. Am 8. wurde der nach Osten laufende Convoy HX 228 gemeldet, 300 Seemeilen im Westen. Die Linie bewegte sich am 9. nach Norden, für den Fall, dass der Convoy seinen Kurs ändern sollte. Er wurde am 10. von U 336 am Ende der Linie gesichtet. Einige der »Neuland«-Boote, einschließlich U 86, kamen an den Convoy während der Nacht vom 10./11. heran. U 86 torpedierte und beschädigte wahrscheinlich die britische JAMAICA PRODUCER (5.464 t) im zentralen Nordatlantik. Das Schiff wurde auch von U 406 torpediert und durch eine interne Explosion beschädigt. Das Schiff wurde von Schleppern in einen Hafen geschleppt.

Vier Schiffe und ein Excortzerstörer hat der Convoy HX 228 verloren, zwei weitere Schiffe wurden beschädigt.

Nachdem diese Operation westlich von Irland am 13. beendet war, formten die südlichen »Neuland«-Boote eine neue Linie, »Dränger«. Diese Gruppe nahm an der größten Geleitzugschlacht des Krieges teil. Es ging um die nach Osten laufenden Convoys HX 229 und SC 122 und dauerte vom 16. bis 19. 21 Schiffe wurden versenkt. U 86 nahm nicht daran teil.

Nach Anschluss der Operation bewegten sich die »Dränger«-Boote westwärts und ab 25. wurden sie Teil einer neuen Linie, »Seewolf«, südsüdöstlich von Cape Farewell. Die Gruppe fuhr am 26. nach Norden auf der Suche nach dem nach Osten laufenden Convoy HX 230, aber ein Sturm, der später zum Hurrikan anwuchs, zwang dazu, die Operation am 30. abzubrechen.

Die »Seewolf«-Boote wurden dann in ein Versorgungsgebiet im zentralen Nordatlantik befohlen, nördlich von den Azoren, und U 463 versorgte U 86 am 7.4.43 mit Kraftstoff. Es lief Brest am 16.4.43 an.

7. 8.7.43: Auslaufen zur Operation im Zentralatlantik, zwischen Freetown und den Kanarischen Inseln.

U 86 patrouillierte südlich von Liberia. Aber während der ersten zwei Wochen im August gab es nur wenige Ziele und es hatte keinen Erfolg. Rückkehr nach Brest am 11.9.43.

8. 30.10.43: Auslaufen Brest und Rückkehr am 1.11.43.

9. Auslaufen Brest zur Operation westlich von Portugal und Spanien. U 86 traf auf die Gruppe »Schill 2« am 17., die auf den nach Norden laufenden Convoy MKS 30/SL 139 wartete. Am 18. drehte die Gruppe nach Norden und bildete eine Ostwestlinie östlich der Azoren, die der Convoy am 19. erreichen würde. Der Convoy passierte die Linie spät am 19., aber die gut geführten Überwassergeleitfahrzeuge und fortwährende Angriffe von Flugzeugen verhinderten jeden Nachtangriff. Sie zwangen die Boote zum konstanten Tauchen. Im Morgengrauen, bei wachsender Luftbedrohung, wurde den Booten befohlen, zu tauchen; man gab jede Hoffnung auf, den Convoy erneut anzugreifen. Ab 22. bildeten die Boote der Gruppe »Schill 2«, »-1« und »-3«, die sich noch nicht auf der Heimreise befanden, die Gruppe »Weddigen« westlich von Spanien, um gegen den Convoy KMS 30/OG 95 zu agieren. Allerdings passierte er die Linie während der Nacht vom 22./23., und die Operation war damit beendet. Am 27. wurde der kombinierte Convoy MKS 31/SL 140 von der Luftaufklärung erfaßt. Die »Weddigen«-Boote drehten nach Südosten, um anzugreifen, aber wieder zwangen Luftattacken während der Dunkelheit, davon abzulassen. Die Operation wurde am 20. abgebrochen. Am Morgen des 29. wurde U 86 östlich der Azoren durch drei Avenger vom VC-19 (Lt Bradshaw, Ens R. McAuslan und Lt E. Gaylord) vom Escortträger USS BOGUE versenkt. Es gab keine Überlebenden, 50 Tote.

U 87 Typ VII B

Bauwerft: Flenderwerft, Lübeck
Kiellegung: 18. April 1940
Stapellauf: 21. Juni 1941
Indienststellung: 19. August 1941
Feldpost-Nr.: M 00111
Versenkt am 4. März 1943 westlich von Oporot
(41°36'N/13°31'W)

Kommando:
6. U-Flottille Danzig/St. Nazaire von August 1941–4.
März 1943 (Schulboot/Frontboot)

Kommandant:
KptLt Joachim Berger, August 1941–4. März 1943

Feindfahrten: 5
Versenkte Schiffe: 5 (38.014 BRT)

1. 24.12.1941: Auslaufen Kiel in den Nordatlantik. Auf
dem Weg nach Neufundland am 31. versenkte U 87 nördlich von Rockall die britische CARDITA (8.237 t). Am
7.1.42 kam U 87 vor Neufundland an und patrouillierte
vor St. Johns und der südöstlichen Küste. Am 17. versenkte es die norwegische NYHOLT (8.087 t) vom Convoy
ON 52 südsüdwestlich von Cape Race.
U 87 verließ das Operationsgebiet um den 21. und lief
am 30.1.42 in den neuen französischen Stützpunkt La
Pallice ein.
2. 22.2.42: Auslaufen in südliche norwegische Gewässer.
Anfang 1942 fürchtete Hitler alliierte Landungen in Norwegen, und ab 25. Januar wurden acht Boote westlich der
Färöerinseln und der Hebriden als Schutz für Norwegen
stationiert. Die Boote waren von Admiral Dönitz eigentlich für den Westatlantik bestimmt, aber es wurde anders
entschieden. U 87 fuhr in einer dieser Patrouillen.
Wenige Convoys und Schiffe wurden gesehen und die
Versenkungen waren rar. U 87 hatte keinen Erfolg.
Rückkehr nach St. Nazaire am 27.3.42.
3. 19.5.42: Auslaufen zum Minenlegen vor der amerikanischen Küste. U 87 legte Minen nahe des Ambrose-
Feuerschiffes vor Boston am 12.6.42. Durch diese Minen
kam es zu keinem Verlust.
In den ersten Stunden des 16. griff U 87 den nach Süden
laufenden Convoy XB 25, von Halifax nach Boston
gehend, an. Es versenkte zwei Schiffe, die britische PORT
NICHOLSON (8.402 t) und die amerikanische CHEROKEE
(5.896 t), beide am Cape Cod.
U 87 patrouillierte bis Ende Juni vor Cape Sable. Am 25.

wurde es angegriffen und durch Flugzeuge beschädigt
und kehrte am 8.7.42 nach St. Nazaire zurück.
4. 31.8.42: Auslaufen in das Gebiet von Freetown. U 87
war eines von sechs Booten mit U 107, U 214, U 333,
U 406 und U 590, die westlich von Lissabon die »Iltis«-
Gruppe bildeten. Am 9.9.42 begann die Gruppe eine
Bewegung nach Süden in ein Gebiet nördlich von den
Kapverdischen Inseln. Am 24. löste sich die Gruppe auf
und fünf von ihr, ausgenommen U 214, wurden am 25.
durch U 460 mit Kraftstoff ergänzt. U 87, U 107, U 333
und U 590 setzten ihre Operation vor Freetown fort und
U 214 und U 406 liefen heimwärts. Die Ergebnisse
waren arm in diesem Opeationsgebiet, aber am 11.10.42
versenkte U 87 die britische AGAPENOR (7.392 t) südwestlich von Freetown. Es begann seine Heimfahrt um
den 20. und wurde westlich von den Kapverdischen
Inseln am 27. von U 462 mit Kraftstoff aufgefüllt. Rückkehr nach Brest am 20.11.42.
5. 9.1.43: Auslaufen in den Zentralatlantik, Ansatz gegen
Convoys, die nach Gibraltar liefen.
Am 23. traf U 87 auf die »Delphin«-Gruppe südlich der
Azoren. Gegen Ende Januar bewegte sich die Gruppe
ostwärts nach einem Gebiet nordwestlich von den
Kanarischen Inseln, dann fuhren die Boote wieder ostwärts in ein Gebiet westlich von Gibraltar.
Am 7.2.43, nördlich der Kanarischen Inseln, sichtete
U 561 den kleinen Küstenconvoy Gib No. 2. Die fünf
südlichen »Delphin«-Boote U 87, U 202, U 258, U 264
und U 558 wurden angewiesen, den nur schwach gesicherten Convoy anzugreifen. Allerdings war die Stärke
der Überwassersicherung ab 8. zu stark, die Operation
wurde am 9. wegen der starken Luftsicherung abgebrochen. Nur U 264 der »Delphin«-Gruppe machte am 8.
einen erfolglosen Angriff. Nach einem Kurzsignal wurde
ein Convoy östlich von Madeira am 11. gemeldet, der
tatsächlich zu einer Jagdgruppe gehörte. Die »Delphin«-
Boote wurden durch U 118 südwestlich von Madeira mit
Kraftstoff zwischen dem 12. und 14. versorgt. Die Boote
trafen dann am 16. die »Rochen«-Gruppe südlich der
Azoren auf der Suche nach US-Gibraltar-Convoys.
Die Gruppe drehte westwärts für vier Tage, und kam ostwärts am 20. zurück. Zwei Tage später wurde die Gruppe
angesetzt gegen den nach Westen laufenden Convoy
UC 1, der von U 522 westnordwestlich von Madeira
gesichtet worden war. U 876 verließ am 25. das Geschehen, sein Kraftstoff war nicht mehr ausreichend. Es wurde am 27. südwestlich der Azoren von U 461 versorgt.
Auf der Heimreise griff das Boot am 4.3.43 den nach
Süden laufenden Convoy KMS 10 westlich von Oporto
an. Bevor U 87 seine Position melden konnte, wurde es
entdeckt und mit Wasserbomben von zwei Geleitfahrzeugen, dem Zerstörer HMCS ST. CROIX (LtCdr A.H.

Dobson) und der Korvette HMCS SHEDIAC (Lt J.E. Clayton) versenkt. Es gab keine Überlebenden, 49 Tote.

U 88 Typ VII C

Bauwerft: Flenderwerft, Lübeck
Kiellegung: 1. Juli 1940
Stapellauf: 16. August 1941
Indienststellung: 15. Oktober 1941
Feldpost-Nr.: M 27945
Versenkt am 12. September 1942 südwestlich von Spitzbergen (75°05'N/04°49'E)

Kommandos:
8. U-Flottille Königsberg/Danzig von Oktober 1941–April 1942 (Schulboot)
7. U-Flottille St. Nazaire von Mai–Juni 1942 (Frontboot)
11. U-Flottille Bergen von Juli 1942–12. September 1942 (Frontboot)

Kommandant:
KptLt Heino Bohmann, Oktober 1941–12. Sept. 1942

Feindfahrten: 3
Versenkte Schiffe: 2 (12.304 BRT)

1. 18.4.42: Auslaufen Kiel, Einlaufen Kirkenes 24.4.42.
2. 29.4.42: Auslaufen Kirkenes in nördliche Gewässer. Am 28.4.42 verließ der nach Westen gehende Convoy QP 11 mit 13 Schiffen und Zerstörersicherung Murmansk. U 88 war eines von sieben Boote der »Strauchritter«-Gruppe, die zum Angriff klar waren. Der Convoy wurde durch Luftaufklärung am 29. gesichtet. U 88 bekam am 30. Kontakt mit ihm in der Barentsee, nördlich der Kola-Insel. Es feuert drei Torpedos ab, hörte aber nur eine Detonation, die auf das Ende der Laufstrecke hindeutete. Deutsche Zerstörer operierten gleichfalls gegen den Convoy QP 11, und am 1.5.42 wurde einer von ihnen, HERMANN SCHOEMANN, getroffen und durch Artillerie des britischen Kreuzers HMS EDINBURGH beschädigt. Am frühen Morgen des 2. wurde die Besatzung (200 Mann) vom sinkenden Zerstörer durch Z 24 und Z 25 übernommen, 60 Mann in Flößen und Booten wurden von U 88, mit Ausnahme eines Mannes, der an Unterkühlung verstorben war, aufgesammelt. Der QP 11 überstand die Überwasserangriffe der Uboote. Die Geleitfahrzeuge und Flugzeuge verloren nur ein Schiff, bevor der Convoy einen isländischen Hafen

erreichte. U 88 landete die Zerstörerfahrer am 3.5.42 in Kirkenes.
3. 4.5.42: Auslaufen Kirkenes und Einlaufen Narvik am 6.5.42.
4. 17.6.42: Auslaufen Narvik in nördliche Gewässer. Am 1.7.42 wurde der nach Osten laufende Convoy PQ 17 60 Seemeilen östlich von Jan Mayen gesichtet. U 88, U 253, U 355, U 376, U 457 und U 657 formierten eine Linie, »Eisteufel«, östlich der Position des Convoys. Am 2. sichtete U 88 den nach Westen laufenden Convoy QP 13, aber das erste Ziel war PQ 17, folglich wurde QP 13 unbeachtet gelassen. U 88 griff erfolglos Zerstörer des Geleitschutzes vom PQ 17 an und genauso erfolglos waren Angriffe auf den Convoy selbst. Der Convoy löste sich auf am 5., und die Versenkung seiner Schiffe durch Uboote und Flugzeuge nahm ihren Anfang. Am 5. versenkte U 88 zwei Schiffe westlich von Novaya Zemlya, die amerikanische CARLTON (5.127 t) und die amerikanische DANIEL MORGAN (7.177 t), die zuvor schon durch Ju 88-Bomber beschädigt worden war. Das Boot nahm den Kapitän der HONOMU auf, die durch U 466 versenkt wurde. Alles in allem verlor der Convoy 24 Schiffe, die Deutschen fünf Flugzeuge. U 88 kehrte am 11.7.42 nach Narvik zurück.

Einige Besatzungsmitglieder von der CARLTON, die auf die Boote zufuhren, wurden von einem deutschen He 115-Flugboot und zwei Do 24-Flugbooten aufgenommen. Sie wurden nach dem Seeflugzeugstützpunkt in Billefjord gebracht und gefangen gesetzt. Den Männern wurde erzählt, ihr Schiff sei von einem britischen Uboot versenkt worden. Große Propaganda wurde über ihre Gefangennahme gemacht. Sie kamen schließlich in das STALAG MARLAG-MILAG NORD in Bremen, wo sie aufgrund der Informationen, die sie den Deutschen hatten zukommen lassen, unter Druck gesetzt wurden. Ein CARLTON-Rettungsboot mit 17 Mann an Bord hatte Segel gesetzt und fuhr Richtung russische Küste. Fünf Tage darauf, am 10.7.42, flog eine CATALINA über sie und warf Versorgungsgüter ab und weckte Hoffnungen auf baldige Rettung. Allerdings tauchte neun Tage später U 376 auf und kam längsseits, verteilte Essen und eine Karte, einen Kompaß und gab ihnen ihre Position. Nach weiteren fünf Tagen, während einer der Männer starb, landeten sie in Norwegen. Sie wurden mit ihren Kameraden in einem Gefangenenlager vereint.

5. 25.8.42: Auslaufen Narvik in den Nordwesten. Am 2.9.42 wurde der Convoy PQ 18, auslaufend Loch Ewe, gemeldet. Er wurde am 8. durch ein deutsches Flugzeug gesichtet. Zwei Tage darauf wurde gemeldet, dass die ADMIRAL SCHEER und ein weiteres deutsches

Marinefahrzeug Narvik verlassen hatte. U 88 machte den ersten Angriff auf den Convoy am 12., aber ohne Erfolg. An diesem Tage wurde das Boot vor dem Convoy geortet und durch Wasserbombenangriffe des Zerstöerers HMS FAULKNOR, südwestlich von Spitzbergen, versenkt. Es gab keine Überlebenden, 46 Tote.

U 89 Typ VII C

Bauwerft: Flenderwerft, Lübeck
Kiellegung: 20. August 1940
Stapellauf: 20. September 1941
Indienststellung: 19. November 1941
Feldpost-Nr.: M 41005
Gesunken am 14. Mai 1943, nordnordöstlich von den Azoren (46°30'N/25°40'W)

Kommandos:
8. U-Flottille Königsberg/Danzig von November 1941–April 1942 (Schulboot)
9. U-Flottille Brest von Mai 1942–14. Mai 1943 (Frontboot)

Kommandant:
Korvettenkapitän Dietrich Lohmann, November 1941–14. Mai 1943

Feindfahrten: 5
Versenkte Schiffe: 4 (13.815 BRT)

1. 14.5.42: Auslaufen Kiel, Verlegung nach dem neuen Stützpunkt in Westfrankreich. U 89 läuft in Brest am 27.5.42 ein.
2. 6.6.42: Auslaufen in das Gebiet von Gibraltar. Am 9. wurde der nach Norden laufende Convoy HG 84 gemeldet. Er war nach dem Auslaufen von Gibraltar von einem deutschen Flugzeug am 11. gemeldet worden. U 89 und weitere sieben Boote bildeten am 14. die Linie »Endraß« westlich von Spanien, auf dem Weg des Convoys. Am Nachmittag des 14. meldete die Luftaufklärung den HG 84 südlich der Linie. Die Boote kamen mit dem Convoy während der Nacht vom 14./15. in Kontakt und U 552 versenkte fünf Schiffe. Ein starker Geleitschutz und landgebundene Luftüberwachung hielten die Boote auf Distanz und verhinderten weitere Angriffe. Die Operation war am Morgen des 16. beendet. U 89 und U 132 marschierten dann in ein Gebiet nahe der Azoren, wo sie von U 460 mit Kraftstoff versorgt

wurden, bevor sie weiter nach Westen marschierten zur US-Küste. Am 25. versenkte U 89 das britische Fischereifahrzeug LUCILLE (54 t) mit Artillerie vor Cape Sable. Es gab elf Überlebende, die am folgenden Tage in Clark Harbour an Land gesetzt wurden. Sie meldeten, dass der Kommandant von U 89 sich im besten Englisch bei ihnen entschuldigt habe, aber sie müssten verstehen, dass er nur Befehlen gehorchte.

U 89 patrouillierte südlich von New York und kehrte später in kanadische Gewässer zurück. Das Boot hatte keinen weiteren Erfolg. Auf der Heimreise wurde es am 16.8.42 nahe der Azoren von einer Liberator der 120. Squadron (S/Ldr T.M. Bulloch) angegriffen. Das Boot konnte entkommen. Einlaufen Brest am 21.8.42.
3. 4.10.42: Auslaufen zur Atlantikoperation und Treffen mit der »Panther«-Gruppe westlich von Irland. Am 16. wurden zwölf »Panther«-Boote und zehn der »Wotan«-Gruppe zum Angriff auf den nach Westen laufenden Convoy ON 137 befohlen, der von U 704 im Nordatlantik gesichtet worden war. Das Wetter verschlechterte sich und die Beschatter verloren den Kontakt, nachdem sie beschädigt und vertrieben worden waren. Eine Suche nach dem Convoy war ergebnislos. Am 17. kam ein Sturm auf. Die »Wotan«-Boote fuhren am 18. westwärts nach Hause. Am 19. wurde die Operation abgebrochen. U 89 und die »Panther«-Boote bildeten ab 24. westwärts eine neue Linie, »Veilchen«, 400 Seemeilen östlich von Neufundland. Am 30. wurde der nach Osten laufende Convoy SC 107 von U 522 südlich von Cape Race gesichtet. Die Gruppe erhielt den Befehl, anzugreifen. Am Abend des 3.11.42 torpedierte U 89 zwei Schiffe des Convoys südsüdöstlich von Cape Farewell. Dazu mag die niederländische TITUS gehört haben, deren Besatzung, im Glauben, getroffen zu sein, das Schiff verließ. Später besetzte sie das Schiff wieder und erreichte sicher den Hafen. Das andere Opfer von U 89 war die britische JEYPORE (5.318 t), das Schiff des Convoy-Kommodore.
Später am 4. versenkte U 89 die britische DALEBY (4.640 t) südöstlich von Cape Farewell. Am 5. wurde das Boot von einer Liberator der 120. Squadron (S/Ldr T.M. Bulloch) östsüdöstlich von Cape Farewell angegriffen. Bulloch war der Pilot, der schon am 16.8.42 U 89 angegriffen hatte und warf seine Wasserbomben, als das Boot tauchte. Es gab geringen Schaden.
Das heimreisende Boot wurde nach dem 8. von U 117 westlich der Azoren mit Kraftstoff versorgt und erreichte Brest am 19.11.42.
4. 24.1.43: Auslaufen zur Operation im Nordatlantik, Treffen mit der »Pfeil«-Gruppe, die auf einen nach Osten laufenden Convoy wartete. Am 4.2.43 passierte dieser die Linie. Die »Pfeil«-Gruppe und fünf Boote der

Gruppe »Haudegen« wurden an den Convoy herangeführt. Die Operation dauerte bis zum 9. und endete westlich von Irland. Elf Schiffe wurden versenkt, zwei Uboote gingen verloren, zwei weitere wurden beschädigt. U 89 machte auf den Convoy keinen Angriff.

U 89 wurde am 23. und 24. östlich von Neufundland von U 460 mit Kraftstoff versorgt. Dann traf es am 25. auf eine neue Linie, »Wildfang«. Die »Wildfang«-Boote bewegten sich am 26. in ein Gebiet nordöstlich von Neufundland in der Hoffnung, einen der auf nördlichen Kursen laufenden Convoys abzufangen.

Anfang März passierten mehrere Convoys die Linie, aber sie wurden von den Booten nicht wahrgenommen. Ab 7.3.43 bildeten U 89 und einige der »Wildfang«-Boote eine neue Gruppe, »Raubgraf«, nordöstlich von Neufundland, zum Angriff gegen den Convoy HX 228. Allerdings drehte der Convoy auf Südkurs. Am 9. drehte die Gruppe nach Norden, um den nach Westen laufenden Convoy ON 170 anzugreifen. Er war am 13. von U 603 gesichtet worden, aber guter Einsatz der Geleitsicherung verhinderte jeden Angriff.

Der Befehl an die »Raubgraf«-Gruppe, die nach Osten laufenden Convoys SC 122 und HX 229 anzugreifen, wurde von U 89 nicht befolgt. Es war der größte Convoy des Zweiten Weltkrieges, 40 Boote griffen an, 21 alliierte Schiffe sanken.

U 89 wurde durch HMS ANEMONE, eines der Geleitfahrzeuge des HX 229, angegriffen und beschädigt. In mehreren Angriffen warf die Korvette 35 Wasserbomben und feuerte vier Hedgehog-Bomben. U 89 wurde von U 463 im Nordatlantik mit Kraftstoff versorgt am 19. und kehrte am 28.3.43 nach Brest zurück.

5. 25.4.43: Auslaufen in ein Gebiet westlich von Spanien und Portugal. U 89 traf mit der »Drossel«-Gruppe zusammen, die nordwestlich von Cape Finisterre eine Linie bildete. Am 3.5.43 sichtete ein Flugzeug einen nach Süden laufenden Convoy, aber als die Gruppe nach Osten zum Angriff drehte, stellte man fest, dass es sich um 15 LCT's mit zwei Geleitfahrzeugen handelte. Die See machte einen Torpedoangriff auf diese flachen Fahrzeuge unmöglich und die Operation wurde abgebrochen. Am 6. lokalisierte die Luftaufklärung den nach Norden laufenden Convoy SL 128, und die »Drossel«-Gruppe machte am Morgen des 7. Kontakt. Um Mittag versenkte U 89 die griechische LACONIKOS (3.803 t) westlich von Oporto. Eine starke Luftüberwachung ließ die Operation am 8. enden. Die Boote wurden anschließend mit hoher Fahrt nach Westen geschickt, um den nach Osten laufenden Convoy H 237 zu empfangen. Kontakt wurde am 11. hergestellt. Der Convoy hatte eine starke Sicherung und durch Träger gewährleistete Luftüberwachung. Der Convoy verlor trotzdem drei Schiffe, aber dadurch gingen auch drei deutsche Boote verloren, U 89, U 456 und U 753.

U 89 wurde von einer Swordfish der 811. Squadron (FAA) des Escortträgers HMS BITER, sechs Seemeilen vor HX 237, entdeckt und angegriffen. Die Flugzeugbesatzung konnte keine Feststellung machen, ob das Boot getroffen wurde. Der Zerstörer HMS BROADWAY (LtCdr E.H. Chevasse) und die Fregatte HMS LAGAN (LtCdr A. Ayre) machten Wasserbombenangriffe auf das Boot. U 89 wurde zerstört. Es gab keine Überlebenden, 48 Tote.

U 90 Typ VII C

Bauwerft: Flenderwerft, Lübeck
Kiellegung: 1. Oktober 1940
Stapellauf: 25. Oktober 1941
Indienststellung: 20. Dezember 1941
Feldpost-Nr.: M 47644
Versenkt am 24. Juli 1942 vor Neufundland
(48°12'N/40°56'W)

Kommandos:
8. U-Flottille Königsberg/Danzig von Dezember 1941–Juni 1942 (Ausbildungsboot)
9. U-Flottille Brest von Juni 1942–24. Juli 1942 (Frontboot)

Kommandant:
KptLt Hans-Jürgen Oldörp, Dezember 1941–24. Juli 1942

Feindfahrten: 1
Versenkte Schiffe: keines

1. 30.6.42: Auslaufen Kiel in den Atlantik. U 90 traf auf die »Wolf«-Gruppe 600 Seemeilen westlich vom Nordkanal. Die Gruppe machte einen kreisförmigen Bogen in Richtung der Neufundlandbank und ging dann nach Süden. Am 13. wurde am nördlichen Ende der Linie ein Convoy gesichtet. Es wurde angenommen, der Convoy laufe ostwärts und mehr südlich. Die »Wolf«-Boote drehten für einige Stunden nordöstlich, aber als der Convoy gefunden wurde, stellte man fest, dass er nach Westen lief. Für einen Angriff war er mittlerweile zu weit weg. Als nichts weiteres zu sehen war, bewegte sich die »Wolf«-Gruppe am 19. südwestwärts. Am 22., als die Boote vorgesehen waren, in ein Versorgungsgebiet zu verlegen, wurde ein weiterer nach Westen laufender

Convoy gemeldet und eine neue Linie gebildet. Der Convoy wurde am 23. gesichtet. Es war der ON 113, der schon am 13. gemeldet worden war. U 90 beschattete den Convoy und wurde am 24. vom Zerstörer HMCS ST. CROIX (LtCdr A.H. Dobson) östlich von Neufundland geortet und mit Wasserbomben versenkt.
Es gab keine Überlebenden, 44 Tote.

U 91 Typ VII C

Bauwerft: Flenderwerft, Lübeck
Kiellegung: 12. November 1940
Stapellauf: 30. November 1941
Indienststellung: 28. Januar 1942
Feldpost-Nr.: M 08626
Versenkt am 25. Februar 1944 nördlich der Azoren (48°45'N/26°20'W)

Kommandos:
5. U-Flottille Kiel von Januar–August 1942 (Schulboot)
9. U-Flottille Brest von September 1942–25. Februar 1944 (Frontboot)

Kommandanten:
KptLt Heinz Walkerling, Januar–April 1942
KptLt Heinz Hungershausen, April 1942–25. Februar 1944

Feindfahrten: 6
Versenkte Schiffe: 4 (25.727 BRT) und 2 beschädigt
1 Zerstörer (1.375 t)

1. 15.8.42: Auslaufen Kiel in den Nordatlantik. U 91 traf am 27. auf die »Vorwärts«-Gruppe, westlich von Irland. Die Gruppe machte einen Suchstreifen nach Südwesten, und am 31. sichtete U 609 am nördlichen Ende der Linie den nach Osten laufenden Convoy SC 97. Als andere Boote den Convoy anliefen, wurden sie von der Geleitsicherung vertrieben. Am folgenden Morgen, dem 1. 9.42, erschien das erste Flugzeug, und von da an mussten die Boote wegen der starken Luftüberwachung tauchen. An diesem Tage wurde U 91 angegriffen und durch eine Catalina des VP-73 (Lt Odell) aus Island leicht beschädigt. U 91 machte schließlich einen Torpedoangriff, aber der war erfolglos.
Während der Nacht vom 1./2. ging der Kontakt wegen der fortgesetzten Angriffe seitens des Convoys und dem Fehlen des Mondlichtes verloren.

Am 4. formte die »Vorwärts«-Gruppe mit der »Stier«-Gruppe westlich von Irland eine neue »Vorwärts«-Gruppe in Erwartung des nach Westen laufenden Convoys ON 127. Der Convoy passierte das südliche Ende der Linie am Abend des 9. und wurde von U 584 gesichtet. Der Kontakt ging während der Nacht verloren, wurde aber wieder am 10. geschlossen. Die Angriffe auf den Convoy wurden bis zum 14. fortgesetzt.
Flugzeuge von Neufundland schützten die Schiffe ab 13. und das – in Verbindung mit schlechter Sicht – führte dazu, die Operation aufzugeben. Am 14. fuhr U 91 zwei Angriffe und versenkte eines der Geleitfahrzeuge, den Zerstörer HMCS OTTAWA. Sieben Schiffe wurden während dieser Operation versenkt, und es war eine der seltenen Gelegenheiten des Krieges, das alle teilnehmenden Boote einen Torpedo abfeuerten.
Um den 17. wurden die »Vorwärts«-Boote nordwestlich der Azoren für weitere Operationen von U 461 mit Kraftstoff versorgt. Die Gruppe bildete am 20. östlich der Neufundlandbank eine Linie. Am 23. passierte der nach Osten laufende Convoy RB 1 dieses Gebiet, erkannt von U 404. Dieser Convoy bestand aus Frachtern von den Great Lakes, die nach England marschierten. Die Boote meldeten sie als Passagierschiffe, die Truppen transportierten. Die »Vorwärts«-Boote wurden bei dem Angriff durch einige Boote der »Pfeil«-Gruppe unterstützt. U 91 griff einen Frachter am 26. an und versenkte die britische NEW YORK (4.989 t), die zuvor den U 96 beschädigt worden war. Drei Frachter und ein britischer Geleitzerstörer wurden versenkt. U 91 erreichte Brest am 6.10.42.
2. 1.11.42: Auslaufen in den Altantik. U 91 wurde wegen der alliierten Landung in Nordafrika in ein Gebiet westlich von Gibraltar befohlen. Das Boot traf auf die »Westwall«-Boote, die während des Novembereinsatzes nur wenig Erfolg hatten, aber wegen der in Gibraltar stationierten Flugzeuge umso gefährlicher war. U 91 wurde durch eine Hudson der 608. Squadron (F/O Petric) am 18. erkannt und bei Wasserbombenangriffen beschädigt. Am 26. wurde entschieden, dass die »Westwall«-Boote in ein Gebiet westlich der Azoren gehen sollten, um nach Osten laufende UGS-Convoys außerhalb der Luftüberwachung anzugreifen. Die Gruppe begann am 27. nach Westen zu gehen. Sie setzte ihre Fahrt fort bis zum 40°W, der am 6.12.42 erreicht wurde. Es ist aber nicht sicher, dass U 91 soweit nach Westen verlegte. Das Boot wurde am 5.12.42 südöstlich der Azoren von U 118 für die Heimreise versorgt. Einlaufen Brest am 26.12.42.
3. 11.2.43: Auslaufen in den Atlantik westlich von Irland. Am 19. wurde U 91, U 92, U 600 und U 604 befohlen, eine Linie zu bilden – »Knappen« – und auf den Kurs eines ON-Convoys zu gehen.
Der nach Südwesten gehende Convoy ON 166 wurde

von U 604 am 20. gesichtete. U 91 wurde am 21. von einem Flugboot angegriffen und beschädigt. Der Angriff auf den Convoy dauerte fünf Tage und wurde ostsüdöstlich von Neufundland bei schlechter Sicht am 25. abgebrochen. Die »Knappen«-Boote drehten ostwärts ab zur Versorgung in einem Gebiet nordnordwestlich der Azoren und U 91, U 600 und U 604 erhielten Kraftstoff von U 462, wahrscheinlich am 1.3.43. U 92 befand sich auf Heimreise.

Ab 4. trafen dei drei Boote auf die »Burggraf«-Gruppe südlich von Grönland. Nach einigen Tagen, ab 7., bildeten »Burggraf«- und »Wildfang«-Boote, die nicht zum Angriff auf den nach Osten laufenden Convoy SC 121 angesetzt waren, eine neue Linie, »Raubgraf«, ostnordöstlich von Neufundland. U 91 gehörte zur »Raubgraf«-Gruppe, die auf einen HX-Convoy wartete. Am 9. bewegte sch die Gruppe nach Norden gegen den nach Südwesten laufenden Convoy ON 170, und am 13. und 14. operierte sie gegen den Convoy, der durch Regen, Schnee und eine starke Luftsicherung geschützt wurde.

Während der Nacht des 15. sichtete eines der »Raubgraf«-Boote südlich einen Zerstörer. Die Suche erwies sich als erfolglos. Am nächsten Morgen meldete ein rücklaufendes Boot, U 653, einen Convoy südöstlich der Linie, den Convoy SC 122. Die Boote der »Dränger«-, »Stürmer«- und »Raubgraf«-Gruppe wurden zum Angriff befohlen.

Am Morgen des 16. hatten die »Raubgraf«-Boote Kontakt mit einem zweiten Convoy, parallel laufend und schneller. Es wurde erkannt, dass der erste Convoy nicht der SC 122 war, sondern der HX 229. Die größte Geleitzugschlacht des Krieges wurde im Anschluss geschlagen, mehr als 40 Uboote nahmen daran teil und 21 alliierte Schiffe wurden versenkt. Am 17. versenkte U 91 fünf Schiffe des HX 229, die amerikanische HARRY LUCKENBACH (6.366 t), die amerikanische JAMES OGLETHORPE (7.176 t), die amerikanische WILIAM EUSTIS (7.196 t), die amerikanische IRENÉE DU PONT (6.125 t) und die britische NARIVA (8.714 t). Die beiden letzten Schiffe waren zuvor schon von U 600 torpediert und beschädigt worden. Der norwegische Zerstörer MANSFIELD versuchte beide Schiffe zu versenken, was ihm nicht gelang. U 91 schaffte es schließlich. Die Operation endete am 20. März. U 91 hatte in ein Versorgungsgebiet im Nordatlantik verlegt, wo es am 20. von U 463 mit Kraftstoff versorgt wurde. Am 27. wurde ein Besatzungsmitglied nach einem Luftangriff vermisst. Rückkehr nach Lorient am 29.3.43.

4. 29.4.43: Auslaufen in den Atlantik. U 91 traf auf die »Lech«-Gruppe südöstlich von Cape Farewell. Mitte Mai bildete die »Lech«-Gruppe mit vier anderen kleinen Gruppen »Donau 1« und »-2«. U 91 gehörte zur Gruppe »Donau 2«. Während der Nacht vom 18./19. wurde der nach Osten laufende Convoy SC 130 von U 304 gesichtet und die »Donau«-Boote auf ihn angesetzt. Der Convoy hatte eine ununterbrochene Luftsicherung und Luftangriffe machten das Beschatten nahezu unmöglich. Die Operation wurde am 20. beendet, kein Schiff wurde versenkt, aber drei Boote gingen verloren: U 258, U 381 und U 954, auf letzterem befand sich der zweite Sohn von Admiral Dönitz, Peter.

Der Convoy erreichte England am 25. und war möglicherweise der letzte Convoy, der in der Atlantikschlacht ernsthaft angegriffen wurde.

Die übergebliebenen »Donau«-Boote drehten nach Südwesten gegen den nach Osten laufenden Convoy HX 239. Dieser wurde nie gefunden, aber trägergestützte Flugzeuge zwangen die Boote zu tauchen. Die Suche wurde am 23. abgebrochen und am nächsten Tag endeten alle Operationen gegen Convoys im Nordatlantik.

Am 23. nahm U 91 vier Überlebende von U 752 auf, das an diesem Tage bei einem Raketenangriff einer Swordfish gesunken war. Rückkehr nach Brest am 7.6.43.

5. 21.9.43: Auslaufen zur Operation im Nordatlantik. U 91 traf südwestlich von Island auf die »Rossbach«-Gruppe im Ansatz gegen nach Osten gehende Convoys. Nachdem mehrere Convoys gesichtet worden waren, drehte die »Rossbach«-Gruppe am 5.3.43 nach Süden auf der Suche nach HX 259 und SC 143, und um eine neue Linie zu bilden. Am 7. wurde SC 143 in dem Gebiet festgestellt, als Zerstörer von U 448 gefunden wurden. Während der Nacht vom 7./8. hatten acht Boote mit den Escortern Kontakt und der polnische Zerstörer ORKAN wurde versenkt, bevor Flugzeuge auftauchten und die Boote vertrieben. Am 8. sichtete ein deutsches Flugzeug den Convoy, aber die »Rossbach«-Gruppe erhielt die Meldung nicht. Am Abend machte U 91 einen erfolglosen Torpedoangriff auf einen Zerstörer, wurde aber durch ein Leigh Light-Flugzeug vertrieben. Das war der erste Nacht-Einsatz im Nordatlantik an einem Convoy. Die Operation gegen den Convoy SC 143 wurde am 9. beendet.

U 91 traf am 14. auf die »Schlieffen«-Gruppe südöstlich von Grönland zur Operation gegen den nach Westen laufenden Convoy ONS 20. Die Gruppe fuhr nach Norden, und am Abend des 16. lag eine Linie von Booten quer zum vorgesehenen Kurs des Convoys. Früh am 17. fuhren die Boote weiter nach Osten. Der Convoy passierte das nördliche Ende der Linie, und den Booten wurde befohlen, heranzuschließen. Es gab eine starke Luftsicherung. Kontakt wurde hergestellt, dann nach zwei Stunden verloren. Er kam nicht wieder zustande. Die Operation wurde am 18. abgeschlossen. Vom 24. an gehörte U 91 in Erwartung des Convoys HX 262 zur

»Siegfried«-Gruppe. U 413 nahm den Kontakt auf, aber die Boote waren nicht in der Lage, heranzuschließen, der Convoy passierte die Linie im Süden.

U 91 verließ die Gruppe am 25. und wurde am folgenden Tage 500 Seemeilen östlich von Neufundland von U 219 versorgt. Am 31. traf U 91 südöstlich von Cape Farewell mit U 584 zusammen. Während der Versorgung mit Kraftstoff wurden beide Boote von einer Avenger vom VC-9 (Lt. W.S. Fowler) des Escortträgers USS CARD gesichtet. U 91 zerschlug den Schlauch und tauchte. U 584 wurde versenkt. Rückkehr nach Brest am 22.11.43.

6. 25.1.44: Auslaufen in den Atlantik. U 91 traf auf die »Igel-2«-Gruppe, die nach dem Convoy ON 223 suchte. Vom 4. Februar patrouillierten die Boote der Gruppe »Igel 2« südwestlich von Irland. Am 6. wurden sie gegen den kombinierten Convoy MKS 38/SL 147 angesetzt, der am Tage zuvor von einem deutschen Flugzeug nördlich der Azoren gesichtet worden war. Die Boote trafen am 7. auf ihn. An diesem Tage trafen Sloops der 2. Escortgruppe ein. Der Convoy verlor kein Schiff, aber U 238, U 424 und U 734 der Gruppe »Igel 2« gingen verloren. Vom 10. an fuhren die Gruppen »Igel 1« und »Igel 2« langsam nach Westen, um ONS-Convoys anzugreifen. Zwischen dem 14. und 18., in Kooperation mit Aufklärungsflugzeugen, wurden die Convoys ONS 29, ON 224 und US 68 am 14. westlich des Nordkanals gesichtet, und alle Boote westlich der Britischen Inseln im Bereich 600 Seemeilen südwestlich von Irland wurden an diese herangeführt.

Am 18. wurden zwei Parallellinien aus Booten der »Hai 1«- und »Hai 2«-Gruppen gebildet. Der Convoy hatte aber südlich den Kurs geändert und passierte am 17. die Linie. Die Boote wurden sofort nach Süden gedreht, getaucht bei Tageslicht und über Wasser mit hoher Geschwindigkeit bei Dunkelheit verfolgten die Boote ihn. Anstelle von Convoys sahen die Boote am 19. nur einige Zerstörer. Die Operation wurde abgeblasen, und die Boote tauchten vor trägergestützten Flugzeugen, die am Himmel erschienen waren.

Am 22. traf U 91 auf die »Preussen«-Gruppe, die westlich von Irland gebildet wurde. Das Boot wurde am 25. geortet und durch Wasserbomben der drei Fregatten HMS AFFLECK (Cdr G. Gwinner), GORE (Lt J. Reeves-Brown) und GOULD (Lt. D.W. Ungoed) nördlich der Azoren versenkt. Von der Besatzung waren 37 tot, 16 kamen in Gefangenschaft.

U 92 Typ VII C

Bauwerft: Flenderwerft, Lübeck
Kiellegung: 25. November 1940
Stapellauf: 10. Januar 1942
Indienststellung: 3. März 1942
Feldpost-Nr.: M 34053
Außerdienststellung am 12. Oktober 1944 in Drontheim

Kommandos:
5. U-Flottille Kiel von März–August 1942 (Schulboot)
9. U-Flottille Brest von September 1942–12. Oktober 1944 (Frontboot)

Kommandanten:
KptLt Adolf Oelrich, März 1942–Juni 1943
KptLt Horst-Thilo Queck, Juni 1943–Juni 1944
KptLt Wilhelm Brauel, Juni 1944–12. Oktober 1944

Feindfahrten: 8
Versenkte Schiffe: 3 (27.000 BRT)

1. 12.8.42: Auslaufen Kiel in den Atlantik. U 92 traf mit der »Vorwärts«-Gruppe zusammen, die sich westlich von Irland am 27. bildete. Die Gruppe fuhr einen Suchstreifen zum südwestlichen Ende und am 31.8. sichtete U 609 den nach Osten laufenden Convoy SC 97. Als andere Boote erschienen, wurden diese von Geleitfahrzeugen vertrieben. Am folgenden Morgen, dem 1.9.42, erschien das erste Flugzeug, und von da an überwachte eine beständige Luftsicherung den Convoy. Während der Nacht vom 1./2. ging wegen der Abwehr und des Fehlens des Mondlichtes der Kontakt verloren. Die Operation wurde am nächsten Morgen abgeblasen.

Am 4. vereinigte sich die »Vorwärts«-Gruppe mit der »Stier«-Gruppe und formierte eine neue Linie gegen den nach Westen laufenden ON 127. Der Convoy passierte das südliche Ende der Linie am 9. und wurde von U 584 gesehen. Der Kontakt ging während der Nacht verloren, wurde aber bei Tageslicht am 10. wieder aufgenommen. Angriffe auf den Convoy wurden bis zum 14. durchgeführt. Flugzeuge von Neufundland schützten den Convoy ab dem 13. und in Verbindung damit wurde die Sicht schlecht, die Operation musste eingestellt werden. Am 11. machte U 92 einen Angriff auf einen Frachter. Ein Einschlag wurde gehört, aber es gab keine Detonation. Sieben Schiffe und ein Zerstörer wurden versenkt, und es war eine der Zeiten, wo alle Boote einen Torpedo abfeuerten. U 92 wurde am 19. nordwestlich der Azoren von U 461 für die Heimreise versorgt. Einlaufen Brest am 25.9.

2. 24.10.42: Auslaufen in den Nordatlantik. U 92 und andere Boote bildeten die Gruppe »Natter« westlich von Irland am 3.11.42. Die Boote bewegten sich südwärts und bildeten am 5. eine Linie. U 92 sichtete den nach Westen laufenden Convoy ON 143 am 4., aber da kein Boot der »Natter«-Gruppe herankam, ging der Kontakt verloren. Eine Suche wurde gestartet, nachdem die Boote an das Gebiet herankamen, aber erfolglos. Am 6. erfolgte der Abbruch der Operation. Der einzige Erfolg war die Versenkung von zwei Nachzüglern durch U 566 und U 613 am Nachmittag des 7. Nachdem der U-Tanker U 117 den Convoy ON 143 weiter im Westen meldete, waren vier Boote in der Lage, heranzuschließen.

Am 8. hatten alle »Natter«-Boote genügend Kraftstoff erhalten und wurden mit hoher Fahrt in das Gebiet der alliierten Landungen in Nordafrika befohlen.

U 92 operierte westlich von Gibraltar mit der »Westwall«-Gruppe, die während des Novembers nur wenig Erfolg hatte, aber insbesondere wegen der Gibraltarflugzeuge ebenso risikoreich war. U 92 versenkte die britische CLAN MACTAGGART (7.622 t) am 16. westlich von Gibraltar.

Am 26. wurde entschieden, dass die »Westwall«-Boote ab 27. in ein Gebiet westlich der Azoren verlegen, um dort außerhalb der Reichweite landgestützter Flugzeuge auf UGS-Convoys zu warten. Am 28. wurde U 92 durch U 118 südöstlich der Azoren mit Kraftstoff versorgt. Die Gruppe fuhr nach Westen bis zum Längengrad 40° West, der am 6.12.42 erreicht wurde. Nach sechs Tagen, als kein Convoy in Sicht kam, fuhren die »Westwall«-Boote ostwärts nach Spanien und Portugal. Die Gruppe löste sich am 16. auf und führte einen Suchstreifen im Gebiet westlich von Portugal vom 19. bis 23. durch. Als dies auch nichts brachte, ging es heim. Rückkehr nach Brest am 28.12.42.

3. 6.2.43: Auslaufen in den Atlantik. Operationsgebiet westlich von Irland.

Am 19. wurden U 92, U 91, U 600 und U 604 befohlen, eine Linie zu bilden, genannt »Knappen«, zu einem Kurs eines ON-Convoys.

Der nach Südwesten laufende Convoy ON 166 wurde von U 604 am 20. gesichtet. Am späten Abend des 21. torpedierte U 92 die britische EMPIRE TRADER (9.990 t) nördlich der Azoren. Das beschädigte Schiff, escortiert von HMCS DAUPHIN, wurde nach den Azoren geschickt. Allerdings wurde es am späten 22. durch eine Korvette auf Befehl der Admiralität versenkt. U 92 erzielte zwei Treffer auf dem norwegischen Walfängerschiff N.T. NIELSEN ALONSO (9.348 t), das durch einen weiteren Torpedo von U 753 getroffen wurden. Das verlassene Wrack blieb geflutet hinter dem Convoy zurück. Es wurde dann durch den polnischen Zerstörer BURZA ver-

senkt. Am Morgen des 24. machte U 92 seinen letzten Torpedoangriff auf den Convoy und hat vermutlich ein großes Schiff beschädigt. Die Operation endete ostsüdöstlich von Neufundland am 25. bei schlechter Sicht. Einlaufen Brest am 5.3.43.

4. 12.4.43: Auslaufen in den Nordatlantik. U 92 traf auf die »Specht«-Gruppe, die am 20. nördlich der Azoren gebildet worden war. Die Gruppe verlegte westwärts, und um den 23. formte sie einen Nord-Süd-Linie östlich von Neufundland in Erwartung des nach Osten laufenden Convoys SC 127. Nachdem der Convoy den Norden der Linie passiert hatte, bewegten sich die »Specht«-Boote nach Nordwesten und bildeten ab 27. eine Linie südlich von Grönland quer zum Kurs des Convoys ONS 4; der aber passierte die Linie nördlich davon.

Am 29. schloß die »Amsel«-Gruppe an die »Specht«-Gruppe heran, und die Boote liefen nach Süden. Am 1.5.43 wurden sie in einem Kreis östlich von Neufundland gegen den Convoy SC 128 zusammengeführt. An diesem Tage passierte der Convoy 13 Boote der »Star«-Gruppe, die von Cape Farewell herankamen, und an ihm heranschlossen. In der Nacht vom 1./2. kam ein Sturm auf und der Kontakt ging verloren. Als die Umstände keine Besserung ergaben, wurde am 3. von »Specht«- und »Star«-Gruppe eine neue Gruppe »Fink« mit einer langen Linie gebildet, die auf den Kurs des nordwestlichen Pfades des Convoys ONS 5 geschickt wurde. Der Convoy passierte im Westen und die »Fink«-Boote erhielten neue Positionen, als ein nach Südwesten laufender Convoy ONS 5 am Abend des 4. durch U 628 gesichtet wurde. Elf der 29 Boote der »Fink«-Gruppe hatten keinen Kontakt mit dem Convoy und griffen an. Der Convoy löste sich in kleinere Gruppen auf, jede mit eigenem Geleitschutz.

Bei guter Wetterlage wurden am 5. gute Ergebnisse erwartet, aber Nebel kam auf, und der Kontakt ging wieder verloren. In den ersten Stunden des 6. kam ONS 5 kurz wieder in Sicht, wurde aber erneut verloren. Während der Nebelstunden wurden 15 Boote durch Geleitfahrzeuge angegriffen.

Als die Operation am 6. östlich von Neufundland endete, waren zwölf Schiffe versenkt worden, aber sechs Boote gingen verloren. Die »Fink«-Gruppe wurde aufgelöst, und die Boote bildeten sechs kleine Gruppen. U 92, U 264 und U 707 bildeten ab 12. die »Niobe«-Gruppe. Nach einigen Tagen vereinigten sich fünf der kleinen Gruppen zur »Donau 1«- und »Donau 2«-Gruppe südlich von Cape Farewell. U 92 gehörte zur Gruppe »Donau 2«. Die Gruppen bewegten sich südwärts, um den nach Westen laufenden Convoy HX 239 abzufangen. Sie fanden den Convoy nicht, und die Suche wurde am 23. beendet. U 92 fuhr dann in ein Gebiet südwestlich der

Azoren, und ab 1.6.43 war es in Erwartung des Convoys UGS 9 und GUS 7A Teil der »Trutz«-Gruppe. Die Convoys wurden jedoch umgeleitet und passierten den Süden der Linie. Am 14. wurde U 92 durch U 460 und U 578 mit Kraftstoff versorgt. Es kam zurück via Ponta Delgada, Azoren. Einlaufen Brest am 26.6.43.

5. 16.9.43: Auslaufen Brest, Rückkehr am 17.9.43.

6. 25.9.43: Auslaufen zur Operation, aber die Gründe der vorzeitigen Rückkehr am 7.10.43 sind nicht bekannt.

7. 21.11.43: Auslaufen als eines der Boote, die getaucht auf Warteposition westlich der Britischen Inseln lauerten. Ein Mann der Besatzung ging am 29. über Bord.

Die Boote, die westlich vom Nordkanal versammelt waren, liefen unter dem Namen »Coronel«. Anfang Dezember wartete die Gruppe auf den nach Westen gehenden Convoy ONS 24, aber ohne Erfolg, die Luftaufklärung verfehlte ihn. Der Convoy passierte die Linie nördlich der Gruppe.

Mitte Dezember wurde die »Coronel«-Gruppe verkleinert und bildete zwei Untergruppen, »Coronel 1« und »Coronel 2«, in Erwartung des Convoys ON 214. U 92 gehörte zur Gruppe »Coronel 1«. Luftaufklärung verfehlte den Convoy, der südlich vorbeilief. Die Gruppe wurde am 19. reduziert auf sechs Boote, U 92, U 421, U 544, U 625 und U 672, und führte den Namen »Föhr«-Gruppe. Die Suche nach Convoys westlich der Britischen Inseln wurde fortgesetzt.

Der nach Osten laufende Convoy HX 279 passierte die Gruppe im Süden zwischen dem 20. und 22. »Föhr« traf dann auf die Gruppen »Amrum« und »Sylt«, und zusammen mit U 744 und U 390 bildeten sie sechs kleine Gruppen, »Rügen 1«, »Rügen 2«, »Rügen 3«, »Rügen 4«, »Rügen 5«, »Rügen 6«. U 92 gehörte zu »Rügen 5«. Diese kleinen Gruppen waren immer in Bewegung, nahmen immer neue Positionen ein mit dem Bestreben, die Alliierten durch ihre Anwesenheit zu beunruhigen. U 92 kam am 18.1.44 in den Stützpunkt Brest zurück.

8. 5.3.44: Auslaufen zur Operation westlich der Britischen Inseln. U 92 traf kurz auf die »Preussen«-Gruppe, bevor es am 22. entlassen wurde, um für sich zwischen den Britischen Inseln und dem Längengrad 40° West zu operieren. Ab April fungierte U 92 als Wetterboot. Rückkehr nach Brest am 10.5.44.

9. Auslaufen Brest und Rückkehr am 10.7.44.

10. U 92 hatte nun einen Schnorchel und lief in den Englischen Kanal. Es hatte keinen Erfolg zu verzeichnen und wurde mit U 275 und U 989 am 27. nach Norwegen verlegt. Einlaufen Drontheim am 29.9.44.

Nach einer langen Indiensthaltung wurde das Boot am 12.10.44 in Drontheim außer Dienst gestellt und 1945 abgewrackt.

U 93 Typ VII C

Bauwerft: Germaniawerft Kiel
Kiellegung: 9. September 1939
Stapellauf: 8. Juni 1940
Indienststellung: 30. Juli 1940
Feldpost-Nr.: M 05631
Versenkt am 15. Januar 1942 nördlich von Madeira (36°40'N/15°52'W)

Kommando:
7. U-Flottille Keil/St. Nazaire von Juli 1940–15. Januar 1942 (Schulboot/Frontboot)

Kommandanten:
KptLt Claus Korth, Juli 1940–August 1941
OLtzS Ralph Kapitzky, (kurzzeitig) August 1941
OLtzS Horst Elfe, August 1941–15. Januar 1942

Feindfahrten: 7
Versenkte Schiffe: 8 (43.392 BRT)

1. 5.10.40: Auslaufen Kiel zur Operation westlich von Großbritannien. U 93 lief Bergen an und verließ es am 9. Es lief in das Rockall-Gebiet und versenkte am 14. die britische HURUNUI (99.331 t) vom nach Westen laufenden Convoy OB 227, südwestlich von den Färöern. Am 16. machte U 93 Kontakt mit dem nach Westen laufenden Convoy OB 228 und beschattete ihn. Am 17. versenkte U 93 zwei Schiffe des Convoys, die norwegische DOKKA (1.168 t) und die britische USKBRIDGE (2.714 t), beide südlich von Island. Der Convoy drehte nach Norden, aber U 93 beschattete ihn bis zum 20. Es kamen keine weiteren Boote hinzu, denn die waren an dem nach Osten gehenden Convoy SC 7 angesetzt. U 93 lief am 25.10.40 in St. Nazaire ein.

2. 7.11.40: Auslaufen zur Operation westlich vom Nordkanal. Am 20. sichtete U 103 den nach Westen laufenden Convoy OB 244 südlich von Rockall. U 93 und andere Boote operierten gegen diesen bis zum Morgen des 23. Sechs Schiffe wurden versenkt, fünf davon durch U 123. U 93 machte keinen Angriff auf den Convoy. Es lief am 29.11.40 in Lorient ein.

3. 11.1.41: Auslaufen zur Operation westlich vom Nordkanal und Irland. Von Mitte Januar wurden viele Convoys von Condor-Flugzeugen des 1./KG 40 gesichtet, die Boote standen hierbei unter dem Kommando des FO-Uboots. Die Kooperation zwischen Flugzeug und den Booten war nicht sehr gut, in den meisten Fällen konnten die Boote nicht an den Convoy herangeführt werden.

Allerdings waren die Condor erfolgreich bei ihren Angriffen und versenkten sieben Schiffe. Am 29. sichtete U 93 den nach Osten laufenden Convoy SC 19 südlich von Rockall. Es versenkte drei Schiffe, die britische KING ROBERT (5.886 t), die britische W.B. WALKER (10.468 t) und die britische AIKETERINI (4.929 t). Am 4.2.41 versenkte U 93 einen Nachzügler des Convoys SC 20, die britische DIONE II (2.660 t), nordwestlich der Aran Islands. U 93 wurde angegriffen und durch eine Whitley der 502. Squadron (F/O J. A. Walker) am 1.11. beschädigt. Rückkehr nach Lorient am 14.2.41.

4. 3.5.41: Auslaufen zur Operation im Nordatlantik. U 93 traf am 11. auf U 94, U 98, U 556 südöstlich von Grönland. Vom 13. an wurden diese Boote durch U 74, U 97, U 109 und U 111 verstärkt. Die Gruppe bewegte sich nach Südweste am 15. und bildete eine Linie südsüdöstlich von Cape Farewell.

Am 19. sichtete U 93 den nach Norden laufenden Convoy HX 126 und die anderen Boote schlossen in den folgenden zwei Tagen heran. U 93 kam während der Nacht vom 20./21. an und versenkte den niederländischen Tanker ELUSA (6.235 t) östlich von Cape Farewell. Am 24. wurde U 93, U 43, U 46, U 66, U 94, U 111 und U 557 befohlen, südlich von Cape Farewell eine neue Linie zu bilden, direkt vor der fliehenden BISMARCK. Hoffnung war, einige ihrer Verfolger zu versenken, die die Linie passierten. Der Plan wurde am Abend des 24. widerrufen, als entschieden worden war, die BISMARCK sollte St. Nazaire anlaufen. U 93 und U 94 verließen die Gruppe Ende Mai, die anderen fünf Boote sollten eine neue Linie südöstlich von Cape Farewell bilden. U 93 bewegte sich nach Westsüdwest von Grönland zur Kraftstoffergänzung durch den deutschen Versorger BELCHEN. Am 3.6.41 wurde die BELCHEN während der Kraftstoffübernahme durch die britischen Kreuzer HMS AURORA und HMS KENYA versenkt. U 93 nahm 49 Überlebende auf und anstelle die neue Westgruppe zu bilden, lief das Boot den Stützpunkt an. Einlaufen St. Nazaire am 10.6.41.

5. 12.7.41: Auslaufen zur Operation im Atlantik. Am 22. wurde U 93 befohlen, an den Convoy HG 67 heranzuschließen, der von Gibraltar kam, aber er wurde nicht gefunden.

Vom 23. an begannen U 93, U 94, U 109, U 124 einen Drehkreis, beginnend vom 35° N und über das Gebiet Südwest zwischen dem 25° bis 30° West. Die Boote sollten U 123 westlich von Marokko treffen. Die Drehung war erfolglos, denn es kamen keine Convoys in Sicht. Am 30. wurde die Bewegung südlich angehalten. Ab 3.8.41 wurden die fünf Boote für einen Aufklärungsstreifen in Richtung Gibraltar nach Norden geschickt. Sie trafen auf andere Boote zwischen Gibraltar und den

Azoren ab 6., in Erwartung des Convoys HG 69, der von Gibraltar am 9. auslief. Der Convoy wurde von U 79 am 10. und von U 93 und U 94 am nächsten Tag gesichtet. U 94 hatte kurzen Kontakt, wurde aber vertrieben. Die Geleitfahrzeuge unterbanden jede Angriffsabsicht, und die Operation, komplett ergebnislos, wurde am 16. abgeblasen. U 93 lief St. Nazaire am 21.8.41 ein.

6. 18.10.41: Auslaufen zur Operation westlich von Irland. Da nur wenig Erfolg beschieden war, wurden ab 28. U 93 und acht weitere Boote westwärts geschickt und bildeten die Linie »Schlageter«, 300–400 Seemeilen südlich von Grönland. Am 1.11.41 sichtete U 374 den nach Osten laufenden Convoy SC 52 und die »Schlageter«-Boote wurden als »Raubritter«-Guppe gegen ihn angesetzt. Die Beschatter brachten viele Boote heran und am 3. wurden vier Schiffe versenkt. Der Kontakt ging in der Nacht vom 4./5. verloren und kam nicht wieder zustande. U 93 hatte keinen Kontakt mit dem Convoy.

Das Boot verließ die Gruppe und patrouillierte westlich von Neufundland. Ohne Erfolg. Mitte November machte es sich auf den Heimweg und erreichte St. Nazaire am 21.11.41.

7. 23.12.41: Auslaufen in das Gebiet von Gibraltar. U 93 war eines der von sechs Booten auf dem Kurs nach dem Mittelmeer. Sie wurden befohlen, sich nahe der Azoren zu versammeln, um die »Seydlitz«-Gruppe zu bilden. Am 2.1.42 wurde eine Entscheidung getroffen. U 84, U 203 und U 552 wurden in das Gebiet westlich der Neufundlandbank und U 93, U 71, U 571 wurden zum Kurs auf Gibraltar befohlen, um zwischen Gibraltar und den Azoren zu patrouillieren. Am 11. wurden die drei Boote gegen den Convoy HG 78 angesetzt. Es waren aber zu wenige Boote für diesen Angriff, um gegen die Geleitfahrzeuge zu bestehen. Der Convoy wurde vier Tage verfolgt, ohne Erfolg.

U 93 wurde geortet und am 15. mit Wasserbomben durch den Zerstörer HMS HESPERUS (Cdr D.G. MacIntyre) nördlich von Madeira versenkt. Sechs Männer waren tot, 40, einschließlich des Kommandanten, gingen in Gefangenschaft.

U 94 Typ VIII C

Bauwerft: Germaniawerft Kiel
Kiellegung: 9. September 1939
Stapellauf: 12. Juni 1940
Feldpost-Nr.: M 07970
Indienststellung: 10. August 1940
Gesunken am 28. März 1942 südlich des westlichen Tips von Haiti (17°40'N/74°30W)

Kommando:
7. U-Flottille Kiel/St. Narazire von Aug. 1940–28. März 1942 (Schulboot/Frontboot)

Kommandanten:
KptLt Herbert Kuppisch, August 1940–August 1941
OLtzS Otto Ites, August 1941–28. August 1942

Feindfahrten: 10
Versenkte Schiffe: 25 (142.248 BRT) und 2 beschädigt
1 bewaffneter Trawler (655 t)

1. 20.11.40: Auslaufen Kiel zur Operation westlich vom Nordkanal. Während des Nachmittags am 1.12.40 sichtete U 101 den nach Osten laufenden Convoy HX 90. Dieser war während der Nacht und am folgenden Morgen des 1./2. ohne Geleitschutz. Bei Angriffen von U 47, U 52, U 95, U 99 und U 101 wurden acht Schiffe versenkt und zwei andere beschädigt. U 94 befand sich dicht am HX 90 während des Nachmittags des 2. und versenkte die britische STIRLINGSSHIRE (6.022 t) südsüdwestlich von Rockall. Später am Abend versenkte es die niederländische WILHELMINA (6.725 t) südlich von Rockall. Der Convoy löste sich auf und die Operation wurde beendet. U 9 versenkte am 11. die britische EMPIRE STATESMAN (5.306 t) westlich von Irland. Das Schiff wurde am 5.12.40 als vermisst gemeldet. Am 13. wurde U 94, U 43, U 52, U 99 und U 103 befohlen, den nach Osten laufenden Convoy SC 13 zu suchen, was mißlang. U 94 lief im neuen Stützpunkt Lorient am 31.1.40 ein.
2. 9.1.41: Auslaufen zur Operation westlich vom Nordkanal. Am 16. sichtete eine Condor den nach Westen laufenden Convoy OB 274, die Boote U 94, U 93, U 96 und U 103 wurden zwar auf ihn angesetzt, aber konnten nicht heranschließen.
Am 19. kurz nach Mitternacht versenkte U 94 westlich von den Färörer-Inseln die britische FLORIAN (3.174 t). In den ersten Stunden des 29. sichtete U 93 den nach Osten laufenden Convoy SC 19 südlich von Rockall und ver-

senkte drei Schiffe. U 94 kam schnell heran und versenkte die britische WEST WALES (4.354 t) südsüdwestlich von Rockall und in den frühen Stunden des 30. die britische RUSHPOOL (5.125 t) südöstlich von Rockall. Während des letzten Teils der Patrouillen operierte U 94 westlich von Irland. Am 19.2.41 Rückkehr nach Lorient.
3. 29.3.41: Auslaufen zur Operation im Nordatlantik. U 94 operierte gegen den nach Osten laufenden Convoy SC 26 südsüdwestlich von Island am Abend des 3.2.41, und in den frühen Stunden des 4. versenkte es die britische HARBLEDOWN (5.414 t). U 94 konnte U 98 heranbringen, das zwei Schiffe des Convoys versenkte. Insgesamt wurden zehn Schiffe versenkt und zwei durch die Boote beschädigt. Am 6. versenkte das Boot den norwegischen Tanker LINCOLN ELLSWORTH (5.580 t) südwestlich von Reykjavik. Rückkehr nach Lorient am 18.4.41.
4. 29.4.41: Auslaufen zur Operation im Nordatlantik. Am Abend des 7.5.41 sichtete U 94 den nach Westen laufenden Convoy OB 318 südlich von Island. Spät am 7. griff das Boot den Convoy an und versenkte zwei Schiffe, die britische IXION (10.263 t) und die britische EASTERN STAR (5.658 t). Das Boot wurde geortet und mit Wasserbomben der Zerstörer HMS AMAZON und HMS BULLDOG und der Sloop HMS ROCHESTER bekämpft. Nach 89 Wasserbomben in einem Zeitraum von vier Stunden wurde das Boot beschädigt vertrieben. Nach Ende der OB 318-Operation bildeten U 93, U 94, U 98 und U 556 eine Gruppe am 11., südöstlich von Grönland. Eine weitere Gruppe, gebildet am 13. von U 74, U 97, U 109 und U 111 bewegte sich ab 15. südwestwärts und formierte eine neue Linie südsüdöstlich von Cape Farewell. Am 19. sichtete U 94 den nach Norden laufenden Convoy HX 126. Am frühen Morgen des 20. versenkte es zwei Schiffe, die britische HARPAGUS (5.173 t) und die britische NORMAN MONARCH (4.718 t) und am Abend den norwegischen Tanker JOHN P. PEDERSEN (6.128 t), alle südsüdöstlich von Cape Farewell.
Am 24. wurden U 94, U 43, U 46, U 66, U 93, U 111 und U 557 für die Bildung einer Linie vor Cape Farewell, vor die fliehende BISMARCK befohlen, mit der Hoffnung, einige der Verfolger zu versenken. Diese Absicht wurde am Abend des 24. widerrufen, als entschieden wurde, dass die BISMARCK nach St. Nazaire gehen sollte. U 94 und U 93 verließen die Gruppe Ende Mai, U 93 zur Kraftstoffergänzung und U 94 zur Rückkehr nach St. Nazaire am 4.6.41.
5. 12.7.41: Auslaufen zur Operation im zentralen Atlantik. Am 22. erhielt U 94 den Befehl, an den von Gibraltar kommenden Convoy HG 67 heranzuschließen, aber es verfehlte ihn.
Ab 22. begannen U 94, U 93, U 109 und U 124 nach Süden zu laufen und eine Linie von 35° Nord zu bilden.

Abzudecken war so das Gebiet südwärts zwischen dem 25° und 30° West. Sie sollten U 123 westlich von Marokko treffen. Die Suche war erfolglos, kein Convoy kam. Am 30. wurde der Südkurs gestoppt. Ab 3.8.41 wurde fünf Booten befohlen, einen Aufklärungsstreifen nach Gibraltar zu bilden. Sie trafen ab 6. auf andere Boote zwischen Gibraltar und den Azoren in Erwartung des Convoys HG 79, der von Gibraltar am 9. auslief. Der Convoy wurde am 10. durch U 79 gesichtet und am nächsten Tag hatten U 94 und U 93 einen kurzen Kontakt, wurden aber von Geleitfahrzeugen vertrieben. Die Geleitfahrzeuge verhinderten jedes Angreifen total ergebnislos, und der Angriff wurde am 16. aufgehoben. U 94 kehrte am 21.8.41 nach St. Nazaire zurück.

6. 2.9.41: Auslaufen zur Operation im zentralen Nordatlantik. Auf der Fahrt zum Treffen mit einer Gruppe südöstlich von Grönland versenkte U 94 drei Nachzügler des nach Westen laufenden ON 14 am 15. im Gebiet südöstlich von Cape Farewell. Es waren die britische NEWBURY (5.102 t), die griechische PEGASUS (5.762 t) und die britische EMPIRE ELAND (5.613 t).

Ab 18. war U 94 mit der »Brandenburg«-Gruppe südöstlich von Grönland. Am 18. sichtete U 74 den nach Osten laufenden Convoy SC 44, aber Radiostörungen und die nicht mögliche Absprache organisierter Angriffe machten jeden Angriff unmöglich, und nur vier Boote konnten auf die Meldung von U 74 reagieren. Vier Schiffe und ein Geleitfahrzeug wurden versenkt.

Die Boote der »Brandenburg«-Gruppe, einschließlich U 94, wurden befohlen, südöstlich von Cape Farewell eine neue Linie zu bilden. Nachdem einige Boote sich auf den Heimweg machten, wurde die Gruppe am 26. aufgelöst.

Das heimkehrende Boot U 94 versenkte am 1.10.41 im Nordatlantik mit zwei Angriffen – im Abstand von sechs Stunden – die britische SAN FLORENTINO (12.842 t). U 94 erreichte Bergen am 9.10.41 und kehrte am 15.10.41 nach Kiel zurück.

7. 12.1.42: Auslaufen Kiel in den Nordatlantik. U 586, U 587, U 588, alle aus Deutschland kommend, und U 94 versammelten sich am 15. westlich der Hebriden. Die vier Boote bildeten am 18. eine Linie 40 Seemeilen östlich der Outer Bailey Bank, um dort zehn Transporte, gemeldet am 16., die von Reykjavik nach England kommen sollten, anzugreifen, aber daraus wurde nichts. Am 24. wurden die Boote für kurze Überholungen nach Frankreich beordert, bevor sie zu Operationen in US-Gewässern eingesetzt werden konnten. U 94, U 587 und U 588 marschierten nach Frankreich, aber die Order für U 586 wurde am 26. widerrufen und das Boot blieb im Nordatlantik und operierte weiterhin westlich der Färöer-Inseln. U 94 lief am 30.1.42 in St. Nazaire ein.

8. 12.2.42: Auslaufen zur Operation in kanadischen Gewässern. Am 21. sichtete U 155 den nach Westen laufenden Convoy ONS 67 600 Seemeilen nordöstlich von Cape Race. U 94 und vier andere Boote, U 158, U 558, U 587 und U 588, wurden auf ihn angesetzt. Auf dem Marsch nach dort versenkte U 94 am 24. östlich von Neufundland die britische EMPIRE HAIL (7.005 t). U 94 kam zum dichten Kontakt mit dem Convoy ONS 67, hatte aber keinen Erfolg mehr. Der Convoy verlor acht Schiffe und eines wurde beschädigt.

Nach Abschluß des ONS 67-Unternehmens fuhr U 94 in ein Gebiet südlich von Nova Scotia, und vom 6.3.42 an operierte es vor der US-Ostküste. Am 7. versenkte U 94 etwa 250 Seemeilen östlich Atlantic City den armierten Trawler HMS NORTHERN PRINCESS. Sie war leihweise bei der US-Navy. Zwei Tage später, ostsüdöstlich von New York, versenkte U 94 die britische CAYRÜ (5.152 t) und am 11. die norwegische HVOSLEFF (1.630 t), nordöstlich von Cheasapeake Bay. Das rücklaufende U 94 wurde auf den westwärts laufenden Convoy ON 77 angesetzt, der am 24. von U 203 gesichtet wurde.

Am frühen Morgen des 25. griff U 94 den Convoy an, meldete zwei Treffer auf einem Tanker und einem Frachter. Der Tanker war die britische IMPERIAL TRANSPORT (8.022 t). Nach der Torpedierung sank das Schiff nicht. Die Besatzung ging wieder an Bord und das Schiff wurde nach St. Johns eingeschleppt. U 94 kehrte am 2.4.42 nach St. Nazaire zurück.

9. 4.5.42: Auslaufen zur Operation im Nordatlantik. U 94, zusammen mit U 96, U 124, U 406, U 569 und U 590, nahm an einer Gruppenoperation teil, genannt »Hecht«, die im Gebiet der Neufundlandbank stattfand.

Die Boote waren im Gebiet, als U 569 den nach Westen laufenden Convoy ONS 92 am 11. im Nordatlantik sichtete. Erste Angriffe wurden nachts am 11./12. vorgenommen. U 94 versenkte die panamesische COCLE (5.630 t). In der nachfolgenden Nacht griff nur U 94 den Convoy an. Es versenkte am 13. die britische BATSA (4.399 t) und die schwedische TOLKEN (4.471 t). Kurz darauf ging der Kontakt verloren.

Die Linie der »Hecht«-Gruppe wurde früh am 14. gebildet, aber der Kontakt mit dem Convoy ging verloren. Abends begann die Gruppe die Suche mit einer nordöstlichen Formation, die bis zum 16. währte. Nach zwei Tagen drehte die Gruppe auf Südwest. Am 20. sichtete U 406 den nach Süden laufenden Convoy ONS 94. Das Boot hielt Fühlung, bis es vertrieben wurde. Die anderen Boote kamen nicht heran, dann kam Nebel auf und der Convoy wurde nicht mehr gefunden. Die Boote der »Hecht«-Gruppe fuhren in ein Gebiet zur Versorgung mit Kraftstoff 600 Seemeilen südlich von Cape Race, wo sie ab 25. von U 116 versorgt wurden.

Die Gruppe formierte sich neu am 30. und begann mit einem Suchstreifen quer auf den bekannten Convoy-Routen. Die Boote kontrollierten anfangs südlich der Neufundlandbank das Geschehen, dann bewegten sie sich in ein Gebiet 600 Seemeilen südöstlich von Cape Farewell.

Auf der Fahrt sichtete U 590 am 31. den nach Westen laufenden Convoy ONS 96, aber als das Wetter schlechter wurde, wurde der Convoy am 2.6.42 aufgegeben, und die Boote wechselten ostwärts. Am 8. sichtete U 124 den nach Westen laufenden Convoy ONS 100 im Nordatlantik und versenkte in den frühen Stunden des 9. die französische Korvette MIMOSE. Der Kontakt zum Convoy ging aufgrund des schlechten Wetters verloren. U 94 fand am 10. den Convoy wieder und versenkte zwei Schiffe, die britische RAMSAY (4.855 t) und die britische EMPIRE CLOUGH (6.147 t). Es gab keinen erneuten Kontakt mit dem Convoy bis zum Nachmittag des 11., als U 569 die britische PONTYPRIDD (4.458 t) torpedierte und beschädigte. Eine Stunde später erzielte U 94 einen weiteren Torpedotreffer auf der PONTYPRIDD, aber das Schiff wurde schließlich erst durch U 569 versenkt, zwei Stunden nach dem ersten Treffer.

Die »Hecht«-Boote suchten weiter nach Nordosten. Am 16. sichtete U 94 den nach Westen laufenden Convoy ONS 102. Zum Angriff befohlen, fanden die Boote eine zu starke Geleitsicherung und U 94 und U 590 wurden durch Wasserbombenangriffe beschädigt. Die Operation wurde am 18. abgebrochen, und die Boote liefen zurück. U 94 kehrte am 23.6.42 nach St. Nazaire zurück.

10. 3.8.42: Auslaufen zur Operation in die Karibik. U 94 wurde am 21. von U 462 westlich von den Azoren mit Kraftstoff versorgt. In den ersten Stunden des 28. operierte U 94 gegen den Convoy TAW 15, südlich von Haiti. Es wurde von einer Catalina (USN Lt G.R. Fiss) an der Wasseroberfläche gesehen. Das Flugzeug gehörte zum VP-92. Das Boot tauchte, musste aber nach Wasserbomben, die von Flugzeugen geworfen wurden, wieder auftauchen. Eine Ortung wurde gemacht, die die Position für die Korvette HMCS OAKVILLE freigab. Nachdem U 94 mit Maschinenkanonen und Wasserbomben bekämpft wurde, rammte die Korvette das Boot dreimal. Nach dem dritten Rammen wurde das Boot verlassen. Die OAKVILLE sandte ein Enterkommando, und zwei Besatzungsmitglieder des Bootes, die sich nicht ergaben, wurden erschossen.

Der Zerstörer USS LEA nahm 21 Überlebende auf, weitere fünf wurden von der OAKVILLE aufgenommen, die durch das Rammen schwer beschädigt worden war, und die anschließend nach Guantanamo Bay lief. Der Kommandant von U 94, Oberleutnant zur See Ites, war bei den Überlebenden.

U 95 Typ VII C

Bauwerft: Gemaniawerft, Kiel
Kiellegung: 16. September 1939
Stapellauf: 18. Juli 1940
Indienststellung: 31. August 1940
Feldpost-Nr.: M 13550
Versenkt am 28. November 1941 südlich von Cabo Sacratif, Spanien (36°24'N/03°20'W)

Kommando:
7. U-Flottille Kiel/St. Nazaire von August 1940–28. November 1941 (Schulboot/Frontboot)

Kommandant:
KptLt Gerd Schreiber, August 1940–28. November 1941.

Feindfahrten: 7
Versenkte Schiffe: 7 (30.613 BRT) und 4 beschädigt

1. 21.11.40: Auslaufen Kiel zur Patrouille westlich von Großbritannien. Am 27. versenkte U 95 südwestlich von Rockall die britische IRENE MARIA (1.860 t) und am 28. beschädigte das Boot die norwegische RINGHORN (1.298 t). Dieses Schiff wurde von U 52 am 4.2.41 versenkt.
Am Nachmittag des 1.12.40 sichtete U 101 westlich von Irland den nach Osten laufenden Convoy HX 90. Der Convoy war ohne Geleitschutz während der Nacht und am folgenden Morgen des 1./2., und durch die Angriffe von U 47, U 52, U 95, U 99 und U 101 wurden acht Schiffe versenkt und zwei beschädigt. Am frühen Morgen des 2. torpedierte und stoppte U 47 den britischen Tanker CONCH (8.376 t). Später am Morgen landete U 95 drei Treffer auf einem Schiff, das schließlich am 3. von U 99 versenkt wurde.
Zu dieser Zeit war der Convoy aufgelöst worden und die Operation war beendet. U 95 kam am 6.12.40 nach Lorient zurück.

2. 16.12.40: Auslaufen zur Operation westlich vom Nordkanal. Am 26. torpedierte und beschädigte U 95 die britische WAIOTIRA (12.823 t) westnordwestlich von Rockall. Das Schiff wurde einige Stunden darauf von U 38 versenkt. Danach operierte U 95 als Wetterboot. Gegen Ende der Unternehmung befand sich das Boot westlich der Hebriden. Rückkehr nach Lorient am 14.1.41.

3. 16.2.41: Auslaufen zur Operation westlich von Irland. Am 22. sichtete eine Condor den nach Westen laufenden Convoy OB 288 westlich von Irland. U 95 kam am 23. hinzu und machte kurz nach Mitternacht drei Einzelangriffe und versenkte drei Schiffe, die britische CAPE NELSON (3.807 t), die britische TEMPLE MOAT (4.427 t) und die britische MARSLEW (4.542 t), alle südlich von Reykjavik. In den Morgenstunden löste sich der Convoy auf, die Operation war beendet.

Ab 27. patrouillierte U 95 zwischen Irland und Rockall als Wetterboot. Gleich nach Mitternacht am 1.3.41 versenkte das Boot die britische PACIFIC (6.034 t) vom Convoy HX 109, 180 Seemeilen westsüdwestlich von den Färöern. Am 2. meldete eine Condor des 1./KG 40 den nach Westen laufenden Convoy OB 292 westlich vom Nordkanal. U 95, U 47, U 70, U 99, U 108 und U 552 bildeten eine Linie am 3., aber die Luftaufklärung verfehlte den Convoy. Er wurde am 4. erneut gesichtet und es wurde am 5. eine neue Linie gebildet. Aber der OB 292 wurde nicht mehr gefunden.

Am 5. versenkte U 95 die schwedische MURJEK (5.070 t) westnordwestlich von Rockall. Es patrouillierte in einem Gebiet südöstlich von Island. U 95 kehrte am 19.3.41 nach St. Nazaire zurück.

4. Auslaufen zur Operation südlich von Island. Am 18. bildeten U 65, U 95, U 96, U 123 und U 552 eine Linie. Bis zum 28. wurde nichts bemerkt, als endlich der nach Osten laufende Convoy HX 121 auftauchte. Er wurde von U 123 südlich von Island gesichtet und die anderen vier Boote der Gruppe wurden auf ihn angesetzt. U 65, U 96 und U 552 kamen während des 28. hinzu, und drei Schiffe wurden von U 96 versenkt, ein weiteres durch U 552 beschädigt. U 65 ging verloren.

Am 29. und 30. bildeten U 95, U 96, U 123 und U 552 eine Linie, aber der erwartete Convoy wich aus, und der Kontakt ging verloren. Am 1.5.41 wurden U 95, U 96 und U 123 an einen nach Westen laufenden Convoy herangeführt. Es war der Convoy OB 316, der von einer Condor des 1./KG 40 südwestlich der Azoren gesichtet worden war. Eine zwei Tage dauernde Suche der Boote brachte kein Ergebnis. Am 3. versenkte U 95 die norwegische TARANGER (4.873 t) mit Torpedo und Artillerie südsüdwestlich von Reykjavik. Das Boot sichtete den Convoy SC 29 vor dem Nordkanal, aber es kam zu keinem Einsatz. U 95 kam am 13.5.41 in St. Nazaire an.

5. 30.6.41: Auslaufen zur Operation südlich von Grönland im Nordatlantik. U 95 war eines von fünf Booten, die einzeln auf einem großen Gebiet arbeiteten. Ab 15.7.41 wurden die Boote zusammengeführt, um eine Gruppe zu bilden, die enger zusammenarbeiten sollte.

Am 17. sichtete eine Condor einen nach Westen laufenden Convoy beim Nordkanal. Obwohl das Flugzeug ihn am 18. sah, kam es zu keinem Kontakt mit ihm und mit der am 19. gebildeten Linie. Eine andere Linie, die aus 13 Booten bestand, einschließlich U 95, wurde am 20. aufgelöst.

Am frühen Morgen des 20. griff U 95 westsüdwestlich von Irland einen Einzelfahrer an. Das Boot traf das Schiff zweimal, musste aber wegen der Geschützbedienung auf dem Gegner das Gefecht abbrechen. Es handelte sich um die britische PALMA (5.419 t). Die PALMA wurde schließlich am 29.2.44 im Indischen Ozean durch U 183 versenkt. Zwischen dem 24. und 26. nahm U 95 an der fehlgeschlagenen Operation gegen den Convoy SL 80 südwestlich von Irland teil. Rückkehr nach Lorient am 31.7.41.

6. 21.8.41: Auslaufen St. Nazaire zur Operation im Nordatlantik. Ab 1.9.41 gehörte U 95 zur Gruppe »Bosemüller« westsüdwestlich von Irland. Das rücklaufende U 73 sichtete am 1. den nach Norden laufenden Convoy SL 84 und die »Bosemüller«-Gruppe wurde an ihn herangeführt, aber er wurde nicht gefunden. Während der Suche der »Bosemüller«-Gruppe am 2. sichteten U 83 und U 557 Schiffe des OG 73. Die »Kurfürst«-Gruppe war ebenso auf der Suche nach dem Convoy, und als es Erfolg brachte, wurden beide Gruppen miteinander verbunden. Beide griffen den OG 73 an. Die kombinierte Gruppe verfehlte allerdings diesen Convoy, aber ein anderer wurde von U 98 am 3. gesichtet.

Vom 11. an fuhren U 95, U 98, U 557, U 558, U 561 und U 565 in ein neues Gebiet nordwestlich der Hebriden. Convoys wurden durch Luftaufklärung am 14., 15. und 18. festgestellt, aber die Boote fanden sie nicht. Während dieser Periode wurde U 95 von Flugzeugen angegriffen, aber Details darüber sind unbekannt. Am 20.9.41 kam das Boot in Lorient an.

7. 19.11.41: Auslaufen Lorient zur Operation im Atlantik, aber am 22. wurde das Boot ins Mittelmeer befohlen. Es passierte die Enge von Gibraltar am 26. U 95 wurde am 28. torpediert und durch das niederländische Uboot O 21 (LtCdr J.F. van Dulm) südlich vom Cabo Sacratif, Spanien, versenkt.

O 21 pickte den Kommandanten und 11 Überlebende auf, 35 Mann gingen mit dem Boot unter.

U 96 Typ VII C

Bauwerft: Germaniawerft, Kiel
Kiellegung: 16. September 1939
Stapellauf: 1. August 1940
Indienststellung: 14. September 1940
Feldpost-Nr.: M 29052
Selbstversenkt am 30. März 1945 in Wilhelmshaven

Kommandos:
7. U-Flottille Kiel/St. Nazaire von September 1940–
März 1943 (Schulboot/Frontboot)
24. U-Flottille Memel von April 1943–Juli 1944
(Schulboot)
22. U-Flottille Gotenhafen von Juli 1944–Februar 1945
(Schulboot)

Kommandanten:
KptLt Heinrich Lehmann-Willenbrock, September
1940–März 1942
OLtzS Hans-Jürgen Hellriegel, April 1942–März 1943
OLtzS Wilhelm Peters, März 1943–Oktober 1943
Boot außer Dienst gestellt Oktober 1943–Februar 1944
OLtzS Horst Willner, Februar 1944–Juli 1944
OLtzS Robert Rix, Juli 1944–Februar 1945

Feindfahrten: 11
Versenkte Schiffe: 28 (190.181 BRT) und 4 beschädigt

1. 4.12.40: Auslaufen Kiel als Wetterboot. U 96 operierte im Gebiet westlich des Nordkanals. Am Nachmittag des 11. machte es den ersten Angriff auf den nach Osten laufenden Convoy HX 92 nordwestlich der Hebriden und versenkte die britische ROTORUA (10.890 t). U 96 beschattete den Convoy und versenkte am Abend die niederländische TOWA (5.419 t) westlich des Butt of Lewis. In den ersten Stunden des 12., westlich der Hedbriden, versenkte U 96 die schwedische STUREHOLM (4.575 t) und die belgische MACEDONIER (5.227 t).
Am Morgen des 14. versenkte U 96 die britische WESTERN PRINCE (10.926 t) und beschädigte später am Tage die britische EMPIRE RAZORBILL (5.118 t), beide südlich von Island. Mit dem letzten Torpedo beschädigte U 96 am 18. den niederländischen Tanker PENDRECHT (10.746 t) vom nach Westen laufenden Convoy OB 259 nordwestlich von Rockall. Die PENDRECHT wurde schließlich am 8.6.41 durch U 48 versenkt.
U 96 patrouillierte westlich vom Nordkanal für einige Tage und lief Lorient am 29.12.40 an.
2. 9.1.41: Auslaufen zur Operation westlich des Nord-

kanals und Irlands. In den frühen Stunden des 16. versenkte U 96 die britische OROPESA (14.118 t) südöstlich von Rockall. Später am Tag wurden U 96, U 93, U 94 und U 106 an den nach Westen laufenden Convoy OB 274 angesetzt, der von einer Condor gesichtet worden war, aber es war den Booten unmöglich, heranzuschließen. Am Morgen des 17. versenkte U 96 die britische ALMEDA STAR (14.935 t) nordöstlich von Rockall. Beides, die OROPESA und die ALMEDA STAR, waren Passagierschiffe. Sie liefen ohne Sicherung und viele verloren ihr Leben. U 96 kehrte am 24.1.41 in den Stützpunkt zurück.
3. 30.1.41: Auslaufen Kiel zur Operation im Gebiet südlich von Island.
Am 13.2.41 versenkte U 96 zwei Nachzügler vom nach Westen laufenden Convoy HX 106 südlich von Island, die britischen Tanker CLEA (8.074 t) und ARTHUR F. CORWIN (10.156 t). Letzteres Schiff war zuvor von U 103 mit zwei Torpedos beschädigt worden.
Am 18. versenkte U 96 die britische BLACK OSPREY (5.589 t), ein Nachzügler vom Convoy HX 107 südlich von Island. Luftaufklärung fand den nach Westen laufenden Convoy OB 287 am 19. und U 96 und andere Boote wurden an ihn herangeführt. Die Boote fanden den Convoy wegen der unkorrekten Standortangabe nicht. Am Nachmittag des 22., südwestlich von den Färöern, versenkte U 96 einen Nachzügler vom OB 287, den britischen Tanker SCOTTISH STANDARD (6.999 t), der am 21. von einer Condor angegriffen und beschädigt worden war.
Ein anderer Convoy, OB 288, wurde von einer Condor des 1./KG 40 westlich Irland am 22. gesichtet. Der Convoy drehte nach Norden und kurz nach Mitternacht am 23. griff U 96 südlich von Island an und versenkte die britische ANGLOPERUVIAN (5.457 t). Der Convoy löste sich am 24. auf und U 96 versenkte zwei weitere Schiffe, die britische SIRIKISHNA (5.458 t) und die britische LINARIA (3.385 t). U 96 kam am 28.2.41 zurück.
4. 12.4.41: Auslaufen in den Atlantik zur Operation südlich von Island. Sehr wenige Schiffe wurden gesehen und man vermutete, dass die Convoys umgeleitet wurden. Am 18. bildeten U 65, U 95, U 96, U 123 und U 552 eine Linie südlich von Island. Nichts wurde gesehen bis zum 28., als endlich der nach Osten laufende Convoy HX 121 von U 123 südlich von Reykjavik gesichtet wurde. Die anderen vier Boote wurden gegen den Convoy angesetzt. U 65, U 96 und U 552 kamen sehr schnell heran. U 65 wurde am Convoy versenkt. Bei einem Angriff am Abend am 28. versenkte U 96 drei Schiffe, den norwegischen Tanker CALEDONIA (9.892 t), die britische OILFIELD (8.516 t) und die britische PORT HARDY (8.897 t).

Am 29. und 30 wurden mit U 95, U 96, U 123 und U 552 Linien gebildet, aber der Convoy umging die Linien und der Kontakt ging verloren. U 95, U 96 und U 123 wurden gegen den nach Westen laufenden Convoy OB 36 angesetzt, der am 1.5.41 von einer Condor des 1./KG 40 südwestlich von den Färöer-Inseln gesichtet worden war. Eine zweitägige Suche ergab nichts. U 96 hatte keine weiteren Erfolge südlich von Island. Auf der Rückreise versenkte es am 19. die britische EMPIRE RIDGE (2.922 t) 90 Seemeilen westlich von Bloddy Foreland. Rückkehr nach St. Nazaire am 22.5.41.

5. 19.6.41: Auslaufen zur Operation im Nordatlantik. U 96 war eines von 13 Booten, die weit verstreut in loser Formation das Gebiet südlich von Grönland durchstreiften. Sehr wenige Schiffe kamen in Sicht. Ein Convoy, wahrscheinlich OG 66, wurde aus der Luft gesichtet, am 19. konnte aber nur ein Boot, U 108, heranschließen und wurde sehr schnell vertrieben. U 96 versenkte die britische ANSELM (5.954 t) nördlich von den Azoren am 5.7.41. Rückkehr nach St. Nazaire am 9.7.41.

6. 2.8.41: Auslaufen zur Operation im Nordatlantik. U 96 und andere Boote wurden an einen Convoy herangeführt, wahrscheinlich OG 70, der am 4. von U 565 gesichtet worden war. Aber die Boote fanden ihn nicht. Zwischen dem 6. und dem 10. suchten U 96 und zehn andere Boote den Convoy HG 98 und einen nach Osten gehenden Convoy, aber auch hier fanden sie nichts. U 96 kam dann zu einer der großen Gruppen, die in loser Formation südwestwärts von Island operierten. Im August hatten sie keinen Erfolg im Finden von Covoys, weil diese umgeleitet wurden. Vom 1.9.41 an war U 96 mit der »Kurfürst«-Gruppe westlich vom Nordkanal. Die Gruppe wurde an den Convoy OG 73 herangeführt, der von einer Condor des 1./KG 40 am 1. gesichtet worden war. U 83 und U 557 der »Bosemüller«-Gruppe sichteten den OG 73 am 2. Das bedeutete, dass die beiden Gruppen im Ansatz gegen OG 73 vereinigt wurden. Der Convoy wurde nicht gefunden, noch wurde am 3. ein anderer von U 98 gesichtet. U 96 verließ die Gruppe und erreichte St. Nazaire am 12.9.41.

7. 27.10.41: Auslaufen zur Atlantikoperation. U 96, U 133, U 552, U 567, U 571 und U 577 wurden zur Neufundlandbank befohlen, wo sie als »Stoßtrupp«-Gruppe operierten. Am 31. sichtete U 552 den nach Osten laufenden Convoy HX 156 im Nordatlantik. Auf der Suche nach diesem Convoy griff U 96 den nach Süden laufenden Convoy OS 10 am 31. an und versenkte die niederländische BENNEKOM (5.998 t) nordnordöstlich der Azoren. Sie setzte das Beschatten des Convoys fort, aber nur ein Boot, U 98, kam hinzu, bevor der Kontakt abbrach. Die Boote hatten keinen Erfolg. U 96 traf ab 5.11.41 auf die »Störtebecker«-Gruppe ostnord-

östlich der Azoren, aber die Woche der Suche nach dem Convoy blieb ergebnislos. Am 10. wurde die Gruppe nach Westen in den zentralen Nordatlantik befohlen. Eine neue Linie wurde 500 Seemeilen lang zwischen Irland und den Azoren gebildet. Dieser Versuch war erfolglos. Am 19. wurden alle verfügbaren Boote der »Störtebecker«-, »Gödecke«- und »Benecke«-Gruppe auf drei Linien verteilt, zum Abfangen des Convoys OG 77. U 96 gehöte zu Gruppe »Benecke«. Am 22., bevor die Gruppen ihre Linien einnahmen, wurden alle Boote zur Kraftstoffergänzung in das Gibraltar-Gebiet befohlen. Während der Nacht vom 27./28. wurde U 96 vom Versorger BESSEL in der Vigo-Bucht versorgt. Dann machte es seinen Weg nach Gibraltar, um ins Mittelmeer zu wechseln. Das Boot wurde am 31. durch eine Swordfish der 812. Squadron (FAA) (LtCdr Woods) vom Flugzeugträger HMS ARK ROYAL geortet, später vom Flugplatz Gibraltar aus verfolgt. U 96 wurde durch Bomben beschädigt. Rückkehr am 6.12.41 nach St. Nazaire.

8. 31.1.42: Auslaufen zur Operation im Gebiet von Nova Scotia/Cape Cod. Am 19.2.41 versenkte U 96 südöstlich von Cape Sable die britische EMPIRE SEAL (7.965 t) und am 20. die amerikanische LAKE OSWEYA (2.398 t). Am 22. versenkte das Boot die norwegische TORUNGEN (1.948 t) südlich von Halifax. Am selben Tag versenkte U 96 den britischen Tanker KARS (8.888 t). Weitere Erfolge hatte U 96 nicht zu verzeichnen. Erst am 9.3.42 versenkte das Boot den norwegischen Tanker TYR (4.265 t). Rückkehr nach St. Nazaire am 23.3.42.

9. 23.4.42: Auslaufen zur Operation im westlichen Atlantik. U 96 wurde Teil der geplanten Gruppe »Hecht« im Gebiet der Neufundlandbank. Mit ihm waren die Boote U 94, U 124, U 406, U 569, U 590. Am 11.5.42 wurden die Boote auf den nach Westen laufenden Convoy ONS 92 im Nordatlantik angesetzt. Angriffe fuhren U 124, U 569 und U 94 während der Nacht vom 11./12. und versenkten fünf Schiffe. Der Kontakt ging am 13. verloren.

Die Linie der »Hecht«-Gruppe wurde am 14. vor dem Kurs des Convoys gebildet, aber der Kontakt blieb verloren. Am Abend begann die Gruppe mit einem Schwenk nach Nordosten bis zum 16. Nach zwei Tagen drehte die Gruppe nach Südwest. Am 20. sichtete U 406 den nach Süden laufenden Convoy ONS 94, den es für einige Stunden beschattete, bis es vertrieben wurde. Die übrigen Boote kamen nicht heran, es herrschte Nebel, und der Convoy wurde nicht wieder gefunden. Die »Hecht«-Boote drehten zu einer Kraftstoffversorgung 600 Seemeilen südlich von Cape Race, wo sie vom Uboot U 116 am 25. versorgt wurden.

Die Gruppe wurde umformiert, und am 30. begann die Suche nach Convoys auf deren bekannten Kurs vom

Süden der Neufundlandbank, und setzte auf ein Gebiet 600 Seemeilen südöstlich von Cape Farewell.

Am 31. sichtete U 590 den nach Westen laufenden Convoy ONS 96, aber das Wetter wurde schlecht und der Angriff auf den Convoy musste am 2.6.41 abgeblasen werden. Die Boote gingen wieder auf Ostkurs. Am 8. sichtete U 124 den nach Westen laufenden Convoy ONS 100 im zentralen Atlantik, aber nach der Versenkung einer Korvette des Geleitschutzes verlor es bei schlechtem Wetter den Kontakt. Der Convoy wurde wieder am 10. durch U 94 entdeckt und vier Schiffe wurden versenkt. Die Operation endete am 12. Die »Hecht«-Gruppe schloss ihre Suche bis zum Nordosten ab. Am 16. sichtete U 96 den nach Westen laufenden Convoy ONS 102. Zum Angriff befohlen, fanden die Boote einen starken Geleitschutz. U 94 und U 590 wurden beschädigt, die Operation am 18. abgebrochen, und alle Boote gingen auf Heimfahrt.

U 96 hatte eine ziemlich erfolglose Patrouille, möglicherweise wegen der mangelnden Erfahrung des neuen Kommandanten, Oberleutnant zur See Hellriegel, der seine erste Feindfahrt machte. Einlaufen St. Nazaire am 1.7.42.

10. 24.8.42: Ab 31. gehörte U 96 zur neuen Gruppe »Stier«, westlich von Irland. Am 4.9.42 bildete die »Stier«-Gruppe in Kombination mit der »Vorwärts«-Gruppe in Erwartung eines westwärts laufenden Convoys eine lange Linie westlich von Irland.

Am Abend des 9. passierte ON 127 das südliche Ende der Linie und wurde von U 584 entdeckt. Der Kontakt ging nachts verloren und wurde am 10. wieder hergestellt. Am Nachmittag versenkte U 96 zwei Schiffe nördlich der Azoren, die belgische ELISABETH VAN BELGIE (4.241 t) und den norwegischen Tanker SVEVE (6.313 t). Das Boot beschädigte auch den britischen Tanker F.J. WOLFE (12.190 t), der beim Convoy blieb und am 19. in St. Johns einlief.

Früh am 11. versenkte U 96 ein Fischereifahrzeug, die protugiesische DE LEAS (416 t), in der Nähe des Convoys ON 127. Die Angriffe gegen den Convoy wurden bis zum 14. fortgesetzt. Die Schiffe wurden durch Flugzeuge von Neufundland ab 13. geschützt, und aufgrund schlechter Sicht wurde die Operation abgeschlossen. Sieben Schiffe waren versenkt worden, und es war eine der wenigen Gelegenheiten des Krieges, dass alle Boote einen Torpedo abschossen.

U 96 wurde nordwestlich der Azoren am 17. durch U 461 mit Kraftstoff versorgt. Dann traf es auf die neue »Vorwärts«-Gruppe, die östlich der Neufundlandbank ab dem 20. eine Linie bildete. Der nach Osten laufende Convoy RB 1 passierte die Linie am 23., gesichtet von U 404. Dieser Convoy bestand aus Frachtern von den

Great Lakes und ging nach England. Die Boote meldeten, dass es sich um Passagierschiffe mit Truppen an Bord handelte. Die »Vorwärts«-Gruppe wurde beim Angriff durch einige Boote der »Pfeil«-Gruppe unterstützt. U 96 torpedierte und beschädigte die britische NEW YORK (4.989 t) am 25. Das Schiff wurde dann von U 91 versenkt. Rückkehr nach St. Nazaire am 5.10.42.

11. 26.12.42: Auslaufen zur Atlantikoperation. U 96 traf auf die »Jaguar«-Gruppe nordöstlich von Neufundland. Am 22.1.43 wurde ein ostwärts laufender Convoy, wahrscheinlich der HX 223, bei der Passage des westlichen Endes der Linie gesichtet. Die Funkverbindung war schlecht und die Meldung über die Sichtung musste unterbleiben. Der Kontakt mit dem Convoy ging verloren, die »Jaguar«- und »Haudegen«-Gruppe verfehlten ebenfalls den Convoy. Rückkehr nach Königsberg am 8.2.43.

U 96 wurde aus dem Operationsverkehr im Februar 1944 gezogen und ging in die Ausbildung bei der 24. U-Flottille in Memel im April des Jahres und blieb in Dienst. Von Oktober 1943 bis Februar 1944 außer Dienst gestellt, kam es im Juli 1944 zur 22. U-Flottille in Gotenhafen als Schulboot. Außerdienststellung im Februar 1945. Am 30.3.45 wurde U 96 in Wilhelmshaven durch einen Luftangriff der USAF versenkt. Es wurde später gehoben und abgewrackt.

U 97 Typ VII C

Bauwerft: Germaniawerft, Kiel
Kiellegung: 27. September 1939
Stapellauf: 15. August 1940
Indienststellung: 28. September 1940
Feldpost-Nr.: M 19988
Versenkt am 16. Juni 1943 nördlich von Tobruk (33°00'N)24°00'E)

Kommandos:
7. U-Flottille Kiel/St. Nazaire von September 1940–Oktober 1941 (Schulboot/Frontboot)
23. U-Flottille Salamis von November 1941–April 1942 (Frontboot)
29. U-Flottille La Spezia von April 1942–16. Juni 1943 (Frontboot)

Kommandanten:
KptLt Udo Heilmann, September 1940–Mai 1942

OLtzS Friedrich Bürgel, Mai–August 1942
KptLt Hans-Georg Trox, Februar 1943–16. Juni 1943

Feindfahrten: 14
Versenkte Schiffe: 16 (71.240 BRT) und 1 beschädigt

1. 17.2.41: Auslaufen Kiel zur Operation westlich von
Großbritannien.
Am 22. war U 97 in eine Linie westlich von Irland mit
U 69, U 73, U 96, U 107 und U 552. Der nach Westen
laufende Convoy OB 288 wurde durch Luftaufklärung
westlich von Irland gemeldet. Angriffe wurden gefahren
und Schiffe versenkt, U 97 kam nicht heran und nahm
nicht teil.
Am 23. sichtete U 552 den nach Westen laufenden
Convoy OB 289 südwestlich von den Färöer-Inseln.
U 97 war eines von drei Booten, die an ihn heranschließen sollten. In den ersten Stunden des 24. versenkte U 97
drei Schiffe, die britische MANSEPOOL (4.897 t), die britische JONATHAN HOLT (4.973 t) und den britischen Tanker
BRITISH GUNNER (6.894 t). U 97 torpedierte und beschädigte auch den norwegischen Tanker G.C. BRÖVIG
(9.718 t). Am 25. wurde U 97 mit drei anderen Booten an
den nach Westen laufenden Convoy OB 290 herangeführt, der am Nachmittag des Tages von U 47 gesichtet
wurde. Die vier Boote kamen nicht heran. U 97 patrouillierte zwischen Island und Rockall Ende Februar und
Anfang März. Es fuhr auch als Wetterboot, bevor es am
7.3.41 wieder Lorient erreichte.
2. 20.3.41: Auslaufen zur Operation westlich der
Britischen Inseln. U 97 sichtete den südwärts laufenden
Convoy OG 56 spät am 23. westsüdwestlich von Irland.
Bei einem Angriff am späten Abend versenkte das Boot
den britischen Tanker CHAMA (8.077 t) westsüdwestlich
von Fastnet. Am Nachmittag des 24. versenkte das Boot
nordnordöstlich von den Azoren die norwegische HÖRDA
(4.301 t) vom nun aufgelösten Convoy OG 56.
Vom 25. an wurden U 97, U 46, U 48, U 69, U 74 und
U 98 südlich Island versammelt, um dicht bei Convoys
zu stehen, die durch Luftaufklärung festgestellt worden
waren. Einige Schiffe und drei Convoys wurden gesichtet, aber Schwierigkeiten bei der Führung der Boote
wegen fehlender Erfahrung brachten die Boote in
Verzug. Versenkungen wurden Ende März gemeldet,
U 97 war nicht daran beteiligt.
Am 2.4.41 bildeten U 97, U 46, U 69, U 74, U 76, U 98
und U 101 eine neue Linie, um einen Convoy, der von
U 76 südlich von Island gesichtet worden war, am 1.
abzufangen. Am Abend des 2. passierte der Convoy SC
26 die Linie und Angriffe wurden während der Nacht
gefahren, sechs Schiffe versenkt und eines beschädigt.
Weitere vier Schiffe wurden versenkt, bevor der Angriff

am 4. endete. U 97 war nicht am Angriff auf den Convoy
beteiligt, aber am Abend des 4. versenkte es den briti-
schen Tanker CONUS (8.132 t) südöstlich von Cape
Farewell. Rückkehr nach St. Nazaire am 10.4.41.
3. 1.5.41: Auslaufen St. Nazaire zur Operation im
Atlantik. Auf der Route nach dort versenkte das Boot
die britische CAMITO (6.833 t) und den italienischen Tanker
SANGRO (6.466 t) am 6. westsüdwestlich von Irland. Die
CAMITO war ein Hilfsschiff der Marine, ein Ocean
Boarding Vessel. Sie escortierte die italienische SANGRO
nach einem britischen Hafen, nachdem das Schiff als
Prise genommen wurde, während es von Brasilien nach
Frankreich fuhr. Am 8. versenkte U 97 die britische RA-
MILLES (4.553 t) und ab 13. operierte es mit einer Gruppe,
die rasch in ein Gebiet südsüdöstlich von Cape Farewell
verlegte. Die Gruppe operierte gegen den nach Norden
laufenden Convoy HX 126, der von U 94 am 19. gesich-
tet wurde. Bevor der Kontakt am 22. verloren ging, wur-
den neun Schiffe versenkt und eines beschädigt.
U 97 begann seinen Rückmarsch am 24. Am folgenden
Tage wurde es mit anderen Booten zur Unterstützung der
BISMARCK vorgesehen. Am 24. versuchten die BISMARCK
und PRINZ EUGEN über die Dänemarkstraße in den
Atlantik durchzubrechen. Geplant war, eine Uboot-
Gruppe sollte eine Linie bilden, die von nordwest-süd-
östlich des Cape Farewell verlaufen sollte. Nachdem die
beiden Kriegsschiffe die Linie passiert hatten, sollten die
Boote englische Kriegsschiffe beschatten.
Der Plan wurde aufgegeben, die BISMARCK sollte nach
St. Nazaire gehen, die PRINZ EUGEN fuhr südwestwärts.
Während der Nacht vom 24./25. wurde die BISMARCK
durch einen Torpedo von angreifenden Trägerflugzeugen
beschädigt. Zur Unterstützung beim Befahren der
Biskaya wurden die Boote U 74, U 97, U 98, U 109 und
U 556 abgeteilt und U 48, U 73 und U 108 am 25. zur
Unterstützung des sich 450 Seemeilen von St. Nazaire
entfernt abzeichnenden Dramas befohlen. Sie wurden
dann dazu bestimmt, eine nach Nordwest velaufende
Linie von Cape Ortegal zu bilden. Das wurde durch
einen Sturm verhindert, der die Boote erst am 26. in
Position brachte. Am Abend des Tages befand sich die
BISMARCK am Nordwestende der Linie, fuhr parallel zu
ihr und direkt nach Osten. Boote, die noch über Torpedos
verfügten, wurden zur Unterstützung befohlen, aber die
starke See verhinderte ein Finden des Schiffes. Die
BISMARCK sank am Morgen des 27. Mai 1941.
4. 2.7.41: Auslaufen zur Operation im zentralen Nordatlantik. U 97 war eines von 15 Booten, die einzeln ein
großes Gebiet kontrollierten. Ab 15. kamen sie zusammen, um eine dichtere Linie zu formieren.
Am 17. sichtete eine Condor des 1./KG 40 den nach
Westen laufenden Convoy OB 246 westlich vom Nord-

kanal. Obwohl am 18. von Flugzeugen gesehen, kam der Convoy nicht in Kontakt mit der aus fünf Booten bestehenden Linie, die am 19. zum Angriff gebildet worden war.

Zwischen dem 24. und 26. nahm U 97 an einer fehlgeschlagenen Aktion gegen den Convoy SL 80 südwestlich von Irland teil. Im selben Gebiet am 3.8.41 operierte U 97 gegen den nach Nordost laufenden Convoy SL 81. Fünf Schiffe wurden am frühen Morgen des 5. versenkt. U 97 blieb ohne Erfolg. Rückkehr nach St. Nazaire am 8.8.41.

5. 19.9.41: Auslaufen ins Mittelmeer. U 97 passierte die Meerenge von Gibraltar während der Nacht des 26./27. Es war eines der sechs Boote der »Goeben«-Gruppe, das erste der Typ VII-Boote, die ins Mittelmeer kamen. Es waren U 97, U 75, U 79, U 331, U 371 und U 559. Alle fuhren ostwärts zur Operation zwischen Alexandria und Tobruk.

Am 17.10.41 versenkte U 97 zwei Schiffe vor Alexandria, die griechische SAMOS (1.208 t) und den kleinen britischen Tanker PASS OF BALMAHA (758 t). Einlaufen in den neuen Stützpunkt Salamis am 28.10.41.

6. 23.12.41: Auslaufen Salamis ins östliche Mittelmeer. Rückkehr nach Salamis am 9.1.42.

7. 12.1.42: Auslaufen Salamis ins östliche Mittelmeer. Rückkehr nach Salamis am 31.1.42.

8. 3.2.42: Auslaufen Salamis ins östliche Mittelmeer. Einlaufen La Spezia um den 8.2.42.

9. 14.3.42: Auslaufen ins östliche Mittelmeer. Rückkehr nach Salamis am 30.3.42.

10. 5.4.42: Auslaufen Salamis. Im letzten Teil des April operierte U 97 vor Tobruk. Rückkehr nach La Spezia am 12.5.42.

11. 15.6.42: Auslaufen La Spezia ins östliche Mittelmeer. Am 28. versenkte U 97 zwei Schiffe südwestlich von Haifa, die griechische ZEALAND (1.433 t) und die britische MEMAS (1.755 t). Am 1.7.42 versenkte das Boot die britische MARILYSE MOLLER (786 t) westlich von Gaza. Rückkehr nach Salamis am 4.8.42.

12. 22.7.42: Auslaufen Salamis ins östliche Mittelmeer. Am 4.8. wurde U 97 durch eine Flugzeug-Attacke nördlich von Alexandria beschädigt. Sie kehrte am 4.8.42 nach Salamis zurück.

13. 20.8.42: Auslaufen Salamis zur Reparatur in La Spezia, Ankunft dort am 29.8.42.

14. 10.4.43: Auslaufen La Spezia ins östliche Mittelmeer. Rückkehr nach Pola am 3.5.43.

15. 5.6.43: Auslaufen Pola ins östliche Mittelmeer. Am 12. versenkte das Boot die niederländische PALIMA (1.179 t) westlich von Sidon und am 15. den britischen Tanker ATHELMONARCH (8.995 t) westlich von Netanya, Palästina.

Am 16. wurde U 97 an der Wasseroberfläche nördlich von Tobruk von einer Hudson der 459. Squadron (RAAF) (F/Sgt D. Barnard) gesichtet. Der Pilot warf seine Wasserbombe aus 50 Fuß Höhe und einige Männer der Bootsbesatzung wurden durch die Detonation über Bord geschleudert. Das Flugzeug wurde durch den Detonationsdruck beschädigt und der Pilot verlor einige Zeit die Kontrolle. Der Bug von U 97 kam aus der See empor, und das Boot sank mit dem Heck zuerst. 21 Überlebende wurden durch die Royal Navy gerettet, weitere 26, einschließlich Kommandant, waren tot.

Das Flugzeug wurde bei dem Angriff erheblich beschädigt, aber der Pilot erreichte seinen Stützpunkt und landete sicher. F/Sgt Barnard erhielt den Orden DFM.

U 98 Typ VII C

Bauwerft: Germaniawerft, Kiel
Kiellegung: 27. September 1939
Stapellauf: 31. August 1940
Indienststellung: 12. Oktober 1940
Feldpost-Nr.: M 30006
Versenkt am 15. November 1942 südöstlich von Cape St. Vincent (36°09'N/07°42'W)

Kommando:
7. U-Flottille Kiel/St. Nazaire von Oktober 1940–15. November 1942 (Schulboot/Frontboot)

Kommandanten:
KptLt Robert Gysae, Oktober 1940–März 1942
KptLt Werner Schulte, (zeitweise) April–Juni 1941
KptLt Wilhelm Schultze, März 1942–15. Nov. 1942
OLtzS Kurt Eichmann, (zeitweise) September 1942

Feindfahrten: 9
Versenkte Schiffe: 10 (52.025 BRT)

1. 12.3.41: Auslaufen Kiel in den Atlantik.
Am 19. wurde ein nach Westen laufender Convoy von einem deutschen Flugzeug nordwestlich von den Hebriden gesichtet. U 98 und zwei weitere Boote wurden am 20. auf ihn angesetzt, konnten ihn aber nicht finden. Am 27. versenkte das Boot die britische KORANTON (6.695 t) südsüdwestlich von Reykjavik. Am 2. bildeten U 98, U 46, U 48, U 69, U 74 und U 97 eine Linie, um einen Convoy abzufangen, der von U 76 südlich von Island gesichtet worden war. Am Abend des 2. passierte

SC 26 die Linie und bei den Angriffen während der Nacht wurden sechs Schiffe versenkt, eines beschädigt. Weitere vier Schiffe wurden versenkt, bis die Operation am 4. beendet war. In den frühen Stunden des 4. versenkte U 98 zwei Schiffe aus dem Convoy, die norwegische HELLE (2.467 t) und die britische WELLCOMBE (5.122 t) südlich von Reykjavik. Am 9. versenkte das Boot die niederländische PRINS WILLEM II (1.304 t), einen Nachzügler des Convoys HX 117, südsüdwestlich von Reykjavik. U 98 lief am 13.4.41 in Lorient ein.

2. 1.5.41: Auslaufen zur Operation im Nordatlantik. Am 11. traf U 98 mit U 93, U 94 und U 556 zusammen und bildete eine Gruppe südöstlich von Grönland. Am Morgen des 13. versenkte U 98 den Hilfskreuzer HMS SALOPIAN (10.549 t) vom Convoy SC 30, östlich von Cape Farewell. Ab 13. wurde die Gruppe mit U 74, U 97 und U 109 verstärkt. Die Boote fuhren nach Südwesten und bildeten am 15. eine neue Linie südsüdöstlich von Cape Farewell.

Am 19. sichtete U 94 den nach Norden laufenden Convoy HX 126. Die anderen Boote schlossen an den Convoy in den folgenden zwei Tagen heran. Am Abend des 21. versenkte U 98 die britische ROTHERMERE (5.356 t) bei Cape Farewell. Am 22. glaubte es, ein Schiff des Convoys versenkt zu haben, aber es gibt keine Bestätigung dafür. Insgesamt verlor der Convoy HX 126 neun Schiffe und ein weiteres wurde beschädigt, bevor der Kontakt am 22. verloren ging. U 98 lief am 24. zurück zum Stützpunkt. Am folgenden Tag wurde es mit anderen Booten zur Unterstützung der BISMARCK befohlen. Am 24. machten die BISMARCK und PRINZ EUGEN den Versuch, den Atlantik durch die Dänemarkstraße zu erreichen. Der Plan sah vor, eine Gruppe von Ubooten sollten nordwest-südöstlich von Cape Farewell eine Linie bilden. Nachdem die Kriegsschiffe passiert hatten, sollten sie verfolgende britische Kriegsschiffe angreifen. Allerdings wurde der Plan fallen gelassen. Die BISMARCK sollte St. Nazaire anlaufen, die PRINZ EUGEN entkam nach Südwesten. Während der Nacht vom 24. wurde die BISMARCK durch einen Torpedo eines angreifenden Flugzeuges beschädigt. Zur Unterstützung ihres Kurses in der Biskaya wurden die Boote U 74, U 97, U 98, U 109 und U 556 befohlen.

Die Boote U 48, U 73 und U 108 sollten sich am 25. 450 Seemeilen von St. Nazaire versammeln. Sie wurden dann befohlen, eine Linie zu bilden, die von Cape Ortegal nach Nordwesten verlief. Dieses wurde aufgrund eines heftigen Sturmes verzögert und die Boote waren erst ab 26. auf der verordneten Position. Am Abend dieses Tages befand sich die BISMARCK am nordwestlichen Ende der Linie, fuhr parallel zu ihr und nach Osten. Boote, die noch über Torpedos verfügten, wurden zur Unterstützung

befohlen, aber schwere See verhinderte das Finden. Die BISMARCK sank am Morgen des 27. Rückkehr nach St. Nazaire am 29.5.41.

3. 23.6.41: Auslaufen zur Operation im zentralen Nordatlantik. U 98 war eines von 15 Booten, die in loser Formation ein großes Gebiet südlich von Grönland kontrollierten. Nur wenige Schiffe wurden gesehen. Ein Convoy, wahrscheinlich OG 66, wurde am 29. aus der Luft gesehen, aber nur ein Boot, U 108, kam heran und wurde sehr schnell vertrieben. Die vorgesehene Operation gegen diesen Convoy wurde am 3.7.41 aufgegeben.

U 98 versenkte zwei Schiffe in den ersten Stunden des 9. nordnordwestlich von den Azoren, die britische DESIGNER (5.945 t) und die britische INVERNESS (4.897 t). Ab 15. wurden die weit verstreuten Boote zusammengeführt, um eine dichter operierende Gruppe zu bilden. Am 17. sichtete eine Condor den nach Westen laufenden Convoy OB 346 westlich vom Nordkanal. Obwohl ein Flugzeug ihn am 18. sah, kam es zu keinem Kontakt mit den Booten der Linie von fünf Booten, zu der auch U 98 gehörte, die am 19. zum Angriff gebildet worden war. Eine andere Linie, gebildet aus 13 Booten, wurde in ähnlicher Form am 20. gebildet. U 98 erreichte St. Nazaire am 23.7.41.

4. 31.8.41: Auslaufen zur Operation im Nordatlantik. Von Anfang September gehörte U 98 zur Gruppe »Bosemüller« südlich von Irland. Die Gruppe war zum Angriff auf den nach Norden laufenden Convoy SL 84 befohlen, der am 1. vom rücklaufenden Boot U 73 gesichtet worden war. Nichts wurde bei der sehr schlechten Sicht gefunden. Die »Kurfürst«-Gruppe wurde an den Convoy OG 73 herangeführt. Nachdem U 83 und U 557 den Convoy OG 73 gesichtet hatten, wurden »Bosemüller« und »Kurfürst« zu einer Gruppe zusammengelegt.

Allerdings verfehlte die Gruppe den Convoy und genauso einen anderen, der von U 98 am 3. gesichtet wurde. Vom 11. fuhren U 95, U 98, U 557, U 558, U 561 und U 565 von der Gurppe in ein Gebiet nordwestlich der Hebriden. Convoys wurden von der Luftaufklärung am 14., 15. und 18. gesichtet, aber die Boote fanden nichts. Eine Ausnahme machte U 98. Es versenkte die britische JEDMOOR (4.392 t) vom Convoy SC 42 am Abend des 16. nordwestlich von St. Kilda. Rückkehr nach St. Nazaire am 26.9.41.

5. 20.10.41: Auslaufen zur Operation im Atlantik. U 98 wurde am 1.11.41 zum Angriff auf den nach Süden laufenden Convoy OS 10 westlich von Irland befohlen. Es kam am 2. zur Begegnung, aber der Kontakt war schnell wieder verloren. Der Convoy wurde nicht wieder gefunden, auch nicht von Flugzeugen. Am 5. traf U 98 auf die »Störtebecker«-Gruppe in Erwartung des Gibraltar ver-

lassenden Convoys HG 76. Als das bis zum 7. nicht geschah, wurde die Gruppe an den Convoy SL 91 herangeführt, aber auch der wurde bis zum 11. von Flugzeugen nichts gemeldet.

Die »Störtebecker«-Gruppe bewegte sich dann westwärts auf eine neue Position im Nordatlantik. Am 15. wurde die Gruppe gegen den südlich laufenden Convoy OS 11 angesetzt, aber es kam zu keinem Kontakt. Ab 17. wurde eine 500 Seemeilen lange Linie zwischen Irland und den Azoren gebildet. Dieses wiederum erwies sich als erfolglos. Am 19. wurden alle verfügbaren Boote zur Bildung von drei Linien befohlen, »Störtebecker«, »Gödecke« und »Benecke«, in Erwartung des Convoys OG 77. U 98 gehörte zur »Gödecke«-Gruppe. Am 22., bevor diese Gruppe gebildet war, wurden alle Boote mit fraglichem Kraftstoffbestand zur Versorgung in das Gebiet von Gibraltar befohlen. U 98, mit nur wenig Kraftstoff, kehrte am 29.11.41 direkt nach St. Nazaire zurück.

6. 18.1.42: Auslaufen zur Operation im Westatlantik. U 98 patrouillierte zwischen Neufundlandbank und Nova Scotia. Am 15.5.42 versenkte das Boot südöstlich von Neufundland die britische BIELA (5.298 t). Rückkehr nach St. Nazaire am 27.2.42.

7. 31.3.42: Auslaufen zur Operation in US-Gewässern. U 98 wurde von U 459 mit Kraftstoff am 27.4.42 versorgt, 500 Seemeilen nordöstlich der Bermudas. Während des Mai patrouillierte es östlich bis südöstlich von Hatteras und dann vor der Ostküste von Florida. Kein Erfolg. Rückkehr nach St. Nazaire am 6.6.42.

8. 14.7.42: Auslaufen zur Operation in US-Gewässern. Am 8.8.42 wurden Minen vor Jacksonville, Florida, gelegt. Diese wurden geräumt, bevor irgend ein Schiff darauf lief und beschädigt wurde. Das Boot operierte im Anschluß südlich von Hatteras, ohne Erfolg. Das rücklaufende Boot wurde Ende August durch U 462 westlich der Azoren versorgt. Rückkehr nach St. Nazaire am 16.9.42. Die »Natter«-Gruppe bestand auch aus sechs neu hinzugekommenen Booten. Die Gruppe war zur Bildung einer neuen Linie um den 5. weiter nach Süden, mit der Erwartung des nach Süden laufenden Convoy ON 143, befohlen. Als die Boote auf ihre Position liefen, musste man zur Kenntnis nehmen, dass der Convoy schon passiert hatte. U 92 sichtete dann den Convoy am 4. und fing an, ihn zu beschatten. Als keine neuen Boote herankamen, verlor U 92 den Kontakt wieder. Intensives Suchen der anderen »Natter«-Boote verfehlten den Convoy und die Operation wurde am 6. abgeblasen. Nach Neuigkeiten über die alliierte Invasion in Nordafrika wurden am 8. U 98 und alle anderen Boote mit genug Kraftstoff versorgt und es wurde befohlen, in das Gebiet von Gibraltar zu gehen. U 98 wurde Teil der »Westwall«-

Gruppe vor Gibraltar. Am 15. wurde es südöstlich von Cape St. Vincent geortet und mit Wasserbomben durch den Zerstörer HMS WRESTLER (LtCdr R.W.B. Lacon) versenkt. Es gab keine Überlebenden, 46 Tote.

U 99 Typ VII B

Bauwerft: Germaniawerft, Kiel
Kiellegung: 31. März 1939
Stapellauf: 12. März 1940
Indienststellung: 18. April 1940
Feldpost-Nr.: M 17046
Selbstversenkt am 17. März 1941 südwestlich von den Färöern (61°00'N/12°00'W)

Kommando:
7. U-Flottille Kiel/St. Nazaire von April 1940–17. März 1941 (Schulboot/Frontboot)

Kommandant:
KKpt Otto Kretschmer, April 1940–17. März 1941

Feindfahrten: 7
Vesenkte Schiffe: 36 (234.502 BRT) und 5 beschädigt

1. 18.6.40: Auslaufen Kiel zur Operation im Atlantik. Bald nach dem Auslaufen wurde ein Besatzungsmitglied krank und U 99 kehrte nach Kiel zurück. Das Boot fuhr wieder hinaus, Kurs auf die norwegische Küste. Ein britisches Uboot wurde gesichtet, aber Kretschmer ließ es laufen. Es war gewarnt, bestimmte Gebiete zu befahren, denn die SCHARNHORST fuhr südwärts entlang der norwegischen Küste. Durch die Vermeidung des britischen Uboootes kam U 99 in das verbotene Gewässer und wurde durch eine Arado-Maschine der SCHARNHORST angegriffen. Das Sehrohr von U 99 wurde bei einem der Nahtreffer der Arado-Bomben beschädigt. U 99 erreichte Bergen, aber Kretschmer entschied zwecks Reparatur Wilhelmshaven anzulaufen. Ankunft dort am 25.6.40.
2. 27.6.40: Das Boot überquerte die Nordsee, passierte die Fair Isle Passage, lief dann westlich der Hebriden hinunter in ein Gebiet südwestlich von Irland.
Am 5.7.40 versenkte das Boot die britische MAGOG (2.053 t), einen Nachzügler des Convoys HX 52, mit Torpedo und Artillerie südsüdwestlich von Irland. Nach der Versenkung lief Kretschmer ein Rettungsboot an und reichte dem kanadischen Kapitän eine Flasche Brandy. Am 7. versenkte U 99 die britische SEA GLORY (1.964 t)

und am späten Abend die schwedische BISSEN (1.514 t) südlich von Fastnet. An diesem Tag will Kretschmer ein weiteres Schiff versenkt haben, aber es gibt keine Information darüber. Am 8. wurde die britische HUMBER ARM (5.758 t) vom Convoy HX 53 südlich von Cape Clear versenkt. U 99 wurde geortet und von einem Geleitfahrzeug angegriffen.

In einer 14-Stunden-Jagd, während Kretschmer sein Boot auf 700 Fuß Tiefe brachte, fiel eine Menge von 127 Wasserbomben auf das Boot. Mit fast leeren Batterien tauchte Kretschmer auf, 20 Stunden nach dem Angriff auf den Convoy.

Am 12. versenkte U 99 die griechische Ia (4.860 t) westsüdwestlich von Fastnet und am selben Tag abends stoppte Kretschmer die estnische MERISAAR (2.136 t) und eröffnete dem Kapitän, dass das Schiff eine Prise sei und gab ihm den Befehl, einen französischen Hafen anzulaufen. Auf ihrer Fahrt wurde sie am 15. durch ein deutsches Flugzeug südlich vom Cork Harbour versenkt. U 99 versenkte früh am 18. westsüdwestlich von Fastnet die britische WOODBURY (4.434 t). Überlebenden auf Flößen wurden von Kretschmer Wolldecken gegeben. Da alle Torpedos verschossen waren, bat Kretschmer um Befehle und wurde nach Lorient geschickt, das am 21.7.40 erreicht wurde.

3. 5.7.40: Nach Versorgung lief U 99 wieder zur Operation westlich von Irland aus.

Am 28. versenkte das Boot die britische AUCKLAND STAR (13.212 t) westlich von Ventry, am 29. die britische CLAN MENZIES (7.336 t) westlich von Black Rock, am 31. die britische JAMAICA PROGRESS (5.475 t) westlich von Tiree, Hebriden, und am Nachmittag des 31. machte U 99 den ersten Angriff auf den nach Westen laufenden Convoy OB 191 und versenkte die britische JERSEY CITY (6.322 t) nordwestlich von Bloddy Foreland.

U 99 griff den OB 191 wieder am 2.8.40 an und beschädigte drei Tanker, die norwegische STRINDA (10.973 t), die britische LUCERNA (6.556 t) und die britische ALEXIA (8.016 t). Alle westlich der Aran Islands, die letzten zwei durch Torpedos und Artillerie. Die ALEXIA war durch ein Flugzeug am 11.9.40 beschädigt worden und am 9.8.42 vor Dominica bereits zweimal von U 510 angegriffen und beschädigt. Rückkehr nach Lorient am 5.8.40.

4. Auslaufen zur Operation westlich vom Nordkanal. Am 9. traf U 99 auf den nach Osten laufenden Convoy SC 2 und griff an, wurde aber vertrieben. Am 11. versenkte das Boot die britische ALBIONIC (2.468 t) südsüdöstlich von Rockall, am 16. die norwegische LOTOS (1.327 t) nordöstlich von Rockall und am 17. die britische CROWN ARUN (2.372 t), einen Nachzügler des Convoys HX 72 nördlich von Rockall.

Während eines Einsatzes als Wetterboot am 20. sichtete

U 47 den nach Osten laufenden Convoy HX 72 westsüdwestlich von Rockall, bald nachdem der Ozean-Geleitschutz abgelaufen war. Mit nur einem Torpedo rief U 47 andere Boote herbei. U 99 kam am Abend des 21. an und griff drei Schiffe an, versenkte den britischen Tanker INVERSHANNON (9.154 t) und die britische BARON BLYTHSWOOD (3.668 t) und beschädigte die britische ELMBANK (5.156 t). Die ELMBANK wurde zuerst torpediert, dann zwei Stunden später mit Artillerie attackiert. Am Nachmittag setzte U 47 den Beschuss fort, und das Schiff wurde schließlich von U 99 mit einem Torpedo versenkt. Der Convoy verlor elf Schiffe und zwei weitere wurden beschädigt. U 99 kehrte am 25.9.40 nach Lorient zurück.

5. 13.10.40: Auslaufen zur Operation westlich der Britischen Inseln. Am 17. sichtete U 48 den nach Osten laufenden Convoy SC 7 westlich von Rockall. Eine Linie aus den Booten U 46, U 99, U 100, U 101, U 102 und U 123 wurde während der Nacht vom 17./18. östlich von Rockall in Erwartung des Convoys SC 7 gebildet, der am Abend des 18. auf die Linie traf. U 99 versenkte am 18. drei Schiffe, die britische EMPIRE MINIVER (6.055 t), die griechische NIRITOS (3.854 t) und die britische FISCUS (4.815 t).

In den frühen Stunden des 19. versenkte U 99 die britische EMPIRE BRIGADE (5.154 t), die norwegische SNEFJELD (1.643 t) und die griechische TAHALIA (5.875 t). Das Boot beschädigte darüber hinaus die britische CLINTONIA (3.106 t), die von U 123 eine Stunde später durch Artillerie versenkt wurde. Der Convoy verlor 21 Schiffe und zwei wurden beschädigt. Rückkehr nach Lorient am 22.10.40.

6. 30.10.40: Auslaufen zur Patrouille westlich von Irland. Am Abend des 3.11.40 versenkte U 99 die britische CASANARE (5.376 t) westlich von Black Rock. Nach dem Sinken wurde dem Hilfskreuzer HMS PATROCLUS befohlen aufzuschließen, um die Überlebenden des Hilfskreuzers aufzunehmen. Als die PATROCLUS sich dem Ort der Versenkung näherte, erschien der Hilfskreuzer HMS LAURENTIC und wurde von U 99 torpediert. Auf der Fahrt zu den Überlebenden der CASANARE stoppte die britische PATROCLUS (11.314 t), um die Überlebenden auch dieses Schiffes aufzunehmen, dann wurde auch sie torpediert. Kretschmer tauchte nach dem Angriff, als eine Sunderland erschien. Die britische LAURENTIC (18.724 t) ging nicht unter und er feuerte nochmals mit Torpedos. Dann kam ein Zerstörer hinzu, die HMS BEAGLE, die einige Wasserbomben warf, bevor sie sich am Auffischen der Überlebenden von den drei Schiffen beteiligte. U 99 wurde zwar durchgeschüttelt, aber nicht beschädigt. Am 5. versenkte U 99 die britische SCOTTISH MAIDEN (6.993 t) des Convoys HX 83 westlich von Black Rock.

Rückkehr nach Lorient am 8.11.40.

7. 27.11.40: Auslaufen zur Operation westlich der Britischen Inseln.

Am 1.12.40 sichtete U 101 westlich von Irland den nach Osten laufenden Convoy HX 90. Der Hilfskreuzer HMS FORFAR (16.402 t) hatte den Convoy verlassen und war auf dem Weg nach Norden zum Treffen mit dem nach Westen laufenden Convoy OB 251. Sichten und torpedieren durch U 99 am frühen Morgen des 2. Ein zweiter Angriff mit vier weiteren Torpedos wurde eine Stunde später gemacht und das Schiff versenkt.

Am Abend des 2. versenkte U 99 die norwegische SAMNANGER (4.276 t) westlich von Irland, am Morgen des 3. den beschädigten und verlassenen britischen Tanker CONCH (8.376 t) südwestlich von Rockall. Dieses Schiff war am 2. von einem Torpedo von U 47 und viele Stunden später durch drei Torpedos von U 95 getroffen worden.

Bis zum 7. wurde nichts weiter gesichtet, dann versenkte U 99 einen Nachzügler des Convoys OB 252, die niederländische FARMSUM (5.237 t), trotz schwerer See nördlich der Azoren. Kretschmer kam auf ein konfuses Signal und U 99 machte sich auf die Suche. Ein großes Schiff und ein Zerstörer wurden gesehen. Zu dieser Zeit wurde festgestellt, dass die E-Motoren von U 99 seit Verlassen von Lorient durch die heftige See beschädigt worden waren. Es bedurfte einer gewissen Zeit, um effektive Reparaturen an der Wasseroberfläche durchzuführen.

Dies gelang nicht ganz, denn der Zerstörer sichtete U 99, drehte auf das Boot zu und von achtern kamen zwei weitere Zerstörer. Kretschmer tauchte, aber als sich nichts weiter ergab, tauchte er wieder auf. Das geschah dicht bei einem der Zerstörer.

Wasserbombenangriffe nahmen ihren Anfang und fünf wurden geworfen, bevor die Zerstörer wegliefen. Mit zusätzlichen Beschädigungen und mit defektem Sehrohr und einer Maschine außer Betrieb, fuhr U 99 zurück nach Lorient, das es am 12.12.40 anlief.

8. 22.2.41: Auslaufen zur Operation westlich vom Nordkanal. Am 25. sichtete U 47 den nach Westen laufenden Convoy OB 290. U 99 war eines der Boote, die auf den Convoy angesetzt wurden, aber es kam nicht heran. Am 28. schoss U 99 einen Torpedo an einem Nachzügler vom OB 292 vorbei. Das war südwestlich von Rockall die britische HOLMELEA (4.223 t). Das Schiff wurde später von U 47 mit einem Torpedo versenkt.

Eine Condor des 1./KG 40 sichtete am 2.3.41 den nach Westen laufenden Convoy OB 292. U 99, U 47, U 95, U 108 und U 552 bildeten eine Linie, um am 3. den Convoy abzufangen, aber der Convoy wurde nicht gefunden. Er wurde am 4. aus der Luft wieder gesehen,

und es wurde eine neue Linie von den Booten gebildet. Der Convoy nahm einen anderen Weg und verschwand. Der nach Westen laufende Convoy OB 293 wurde von U 47 am 6.3.41 lokalisiert. Während der Nacht vom 6./7. brachen U 99 und U 70 die Suche ab. In den frühen Stunden des 7. torpedierte U 47 das Walschiff TERJE VIKEN (britisch, 20.638 t) und den britischen Tanker ATHELBEACH (6.568 t). Beide Schiffe stoppten, Kretschmer versuchte trotz der schweren See mit U 99 die ATHELBEACH durch Artillerie zu versenken, was fehlschlug. Er torpedierte die beiden beschädigten Schiffe, und sie sanken. Das Boot wurde von Zerstörern gesichtet und verließ das Kampfgebiet, als die Zerstörer Überlebende aus dem Wasser fischten. Das Boot tauchte.

Kretschmer kehrte in das Gebiet nordwestlich vom Nordkanal zurück. Spät am 15. sichtete U 110 den ostwärts laufenden Convoy HX 112. U 99 war eines von den Booten, die auf den Convoy angesetzt wurden, westsüdwestlich der Färöer-Inseln. Mit der Dunkelheit am 16. drang U 99 in den Convoy ein und versenkte drei Tanker und einen Frachter, die norwegische FERM (6.593 t), die norwegische BEDUIN (8.136 t), die kanadische J.B. WHITE (7.375 t) und die britische VENETIA (5.728 t). Kretschmer torpedierte und beschädigte den britischen Tanker FRANCHE COMTE (9.314 t). In den frühen Stunden des 17. machte U 99 eine weitere Attacke auf HX 112 und versenkte die schwedische KORSHAMN (6.673 t). Nachdem alle Torpedos verschossen waren, verließ das Boot den Convoy. Kretschmer war unter Deck, als der Wachoffizier einen Zerstörer sichtete. In der Annahme, U 99 sei gesichtet, befahl er Alarmtauchen. Direkt darauf hatte einer der nahestehenden Zerstörer ASDIC-Kontakt und griff mit Wasserbomben an. U 99 wurde schwer beschädigt und sank bis zu einer gefährlichen Tiefe von 270 Fuß. Aufgrund Wassereinbruchs war Kretschmer gezwungen, aufzutauchen. Mit nichts in der Hand, zu kämpfen, und unmöglich, die Zerstörer auszumanövrieren, war es seinen Gegnern, HMS WALKER (LtCdr D. MacIntyre) und VANOC (LtCdr P.R. Ward), ausgeliefert, die zu schießen begannen. Er versenkte sein Boot mit geöffneten Flutventilen. Als WALKER ein Boot herabließ und U 99 immer noch nicht sank, ging der Leitende Ingenieur zurück an Bord, um die Ballasttanks zu fluten. Er wurde nicht wieder gesehen. Das Boot sank, bevor ein Enterkommando es betreten konnte.

Drei Mann verloren ihr Leben, Kretschmer und 38 Männer kamen in Gefangenschaft.

U 100 Typ VII B

Bauwerft: Germaniawerft, Kiel
Kiellegung: 31. März 1939
Stapellauf: 13. November 1940
Indienststellung: 16. März 1940
Feldpost-Nr.: M 01800
Versenkt am 17. März 1941 südwestlich der Färöer-Inseln (61°00'N/12°00'W)

Kommando:
7. U-Flottille Kiel/St. Nazaire von März 1940–17. März 1941 (Schulboot/Frontboot)

Kommandant:
KptLt Joachim Schepke, März 1940–17. März 1941

Feindfahrten: 6
Versenkte Schiffe: 26 (137.819 BRT) und 4 beschädigt

1. 9.8.40: Auslaufen Kiel zur Operation westlich der Britischen Inseln. Am Morgen des 16. versenkte U 100 die britische EMPIRE MERCHANT (4.864 t) südlich von Rockall und es versenkte die britische JAMAICA PIONEER (5.417 t) am 25. östlich von Rockall. U 100 griff am 28. den nach Osten laufenden Convoy OA 204 südöstlich von Rockall an und versenkte am 29. vier Schiffe, die britische DALBLAIR (4.608 t), die britische ASTRA II (2393 t), die schwedische ALIDA GORTHON (2.373 t) und die britische EMPIRE MOOSE (6.103 t), letztere beiden Schiffe waren Nachzügler. Zusätzlich torpedierte und beschädigte U 100 die britische HARTISMERE (5.498 t). Das Schiff wurde am 8.7.42 im Indischen Ozean durch das japanische Uboot I 10 versenkt. Rückkehr nach Lorient am 1.9.40.

2. 11.9.40: Auslaufen zur Operation westlich der Britischen Inseln. Während des Einsatzes als Wetterboot am 20. sichtete U 47 den nach Osten laufenden Convoy HX 72 westsüdwestlich von Rockall, kurz nachdem der Ozeangeleitschutz weggefahren war. U 100 schloss nicht an den Convoy heran vor dem 21., innerhalb von drei Stunden versenkte Kapitän Schepke sieben Schiffe, alle südwestlich von Rockall, und zwar die britische CANONESA (8.286 t), die britische TORINIA (10.364 t), die britische DALCAIRN (4.608 t), die britische EMPIRE AIRMAN (6.586 t), die britische SCHOLAR (3.940 t), die britische FREDERICK S. FALES (10.525 t) und die norwegische SIMLA (6.031 t). Rückkehr nach Lorient am 25.9.40.

3. 12.10.40: Auslaufen zur Atlantikoperation westlich der Britischen Inseln. Am 17. sichtete U 48 den nach Osten laufenden Convoy SC 7 nordwestlich vom Nordkanal. U 46, U 99, U 100, U 101 und U 123 bildeten eine Linie während der Nacht vom 17./18. in Erwartung des Convoys. Er erreichte die Linie am 18. und viele Angriffe wurden während der Nacht des 18./19. gefahren. U 100 versenkte kein Schiff, aber torpedierte und beschädigte drei Nachzügler ostnordöstlich von Rockall, die britische SHEKATIKA (5.458 t), die niederländische BOEKOLO (2.118 t) und die britische BLAIRSPEY (4.155 t). Die SHEKATIKA war zuvor von U 123 beschädigt worden und wurde schließlich von dem Boot versenkt. U 123 beendete das Leben der BOEKOLO desgleichen. Die BLAIRSPEY wurde ebenfalls von U 101 torpediert, sie schwamm aber weiter. Der Convoy verlor 21 Schiffe, zwei weitere wurden beschädigt.
U 100, das den SC 7 zur Hauptaktion nicht erreichte, griff den nach Osten laufenden Convoy HX 79 südwestlich von Rockall am 19. an. Bald nach Mitternacht versenkte das Boot zwei britische Tanker, die CAPRELLA (8.230 t) und die SITALA (6.218 t). Beim Morgenangriff am 20. versenkte U 100 einen Nachzügler des Convoys, die britische LOCH LOMOND (5.425 t). Der Convoy verlor 12 Schiffe, eines wurde beschädigt.
Nachdem alle Torpedos verschossen waren, kehrte U 100 am 23.10.40 nach Lorient zurück.

4. 7.11.40: Auslaufen zur Operation nordwestlich vom Nordkanal. U 100 operierte gegen einen nach Westen laufenden Convoy am 18./19., hatte aber keinen Erfolg.
In den frühen Morgenstunden des 23. griff U 100 den nach Osten laufenden Convoy SC 11 südöstlich von Rockall an. Schepke versenkte fünf Schiffe, die britische JUSTITIA (4.562 t), die britische BRADFYNE (4.740 t), die norwegische BRUSE (2.205 t), die niederländische CORTMARSUM (3.628 t) und die norwegische LEISE MAERSK (3.136 t), und am Abend die niederländische BUSSUM (3.636 t). Der Convoy verlor 12 Schiffe und eines wurde beschädigt. U 100 kehrte am 27.11.40 nach Lorient zurück.

5. 2.12.40: Auslaufen Lorient als Wetterboot nordwestlich vom Nordkanal, südlich von Rockall. Am 14. versenkte U 100 zwei Schiffe, die britische KYLEGLEN (3.670 t) und die britische EUPHORBIA (3.380 t). Am 18. versenkte das Boot südlich von Reykjavik die britische NAPIER STAR (10.116 t). U 100 kehrte am 1.1.41 nach Kiel zurück.

6. 9.3.41: Auslaufen Kiel in den Nordatlantik. Der nach Osten laufende Convoy HX 112 wurde am 15. südlich von Island von U 110 gesichtet. U 100 wurde an den Convoy herangeführt und in der Nacht vom 15./16. mag das Boot einen erfolglosen Angriff gemacht haben, bevor es vertrieben wurde.

Es tauchte auf und lief erneut an, wurde vom Zerstörer VANOC erkannt (LtCdr P.R. Ward) und von diesem angegriffen. VANOC rammte das Boot am Turm, traf und tötete Schepke, und beschädigte das Boot so, dass es mit dem Bug nach oben versank. Sechs Überlebende wurden aufgefischt, 38 Mann, einschließlich des Kommandanten, verloren ihr Leben.

U 101 Typ VII B

Bauwerft: Germaniawerft, Kiel
Kiellegung: 22. Mai 1939
Stapellauf: 10. Februar 1940
Indienststellung: 11. März 1940
Feldpost-Nr.: M 15344
Selbst versenkt in Neustadt am 3.5.45

Kommandos:
7. U-Flottille Kiel/St. Nazaire von März 1940–Februar 1942 (Schulboot/Frontboot)
26. U-Flottille Pillau von Februar–März 1942 (Schulboot)
21. U-Flottille Pillau von April–August 1942 (Schulboot)
24. U-Flottille Memel von September 1942–August 1943 (Schulboot)
23. U-Flottille Gotenhafen von September–Oktober 1943 (Schulboot)

Kommandanten:
KptLt Fritz Frauenheim, März–November 1940
KptLt Ernst Mengersen, Nov. 1940–Dez. 1941
OLtzS Karl-Heinz Marbach (zeitweise), Dezember 1941–Januar 1942
OLtzS Friedrich Bothe, Februar–Mai 1942
OLtzS Ernst von Witzendorff (zeitweise), Juni–September 1942
OLtzS Helmut Münster, September 1942–Oktober 1943

Feindfahrten: 10
Versenkte Schiffe: 20 (105.937 BRT) plus 3 beschädigt
1 Zerstörer (1.090 t)

1. 29.4.40: Auslaufen Kiel für Transportaufgaben nach Norwegen. U 101 transportierte Fliegerbomben, die zwischen dem 3. und 5. Mai in Drontheim entladen wurden. Rückkehr in den Stützpunkt am 10.5.40.
2. 21.5.40: Auslaufen Kiel zur Patrouille der westlichen Einfahrt in den Englischen Kanal mit U 29.

Nebel und Luftüberwachung verhinderten jeden Erfolg. Die Boote wurden später der »Rösing«-Gruppe zugeteilt, die mit den Booten U 29, U 43, U 46, U 48 und U 101 unter der Führung von Korvettenkapitän Rösing operierten. Am 12.6.40 versammelten sich die Boote in einem Gebiet westlich von Cape Ortegal in Erwartung des wichtigen, nach Norden laufenden Convoys US 3, zu dem auch die QUEEN MARY gehörte, und zwei andere große Passagierschiffe mit 26.000 Mann Truppen aus Australien und Neuseeland an Bord. Der Convoy wurde vom Schlachtkreuzer HMS HOOD, einem Flugzeugträger und einigen Kreuzern geleitet, und wurde in diesem Gebiet erwartet. Nachdem er am 17. noch immer nicht gesichtet worden war, löste sich die Gruppe auf, die Boote wechselten in andere Gebiete. U 101 patrouillierte westlich vom Englischen Kanal und später westlich der Biskaya. Am 30. versenkte es die britische STANHALL (4.831 t) südlich vom Lizard Point und am 31. die britische ORANGEMOOR (5.775 t) südsüdwestlich von Portland. Am 2.6.40 versenkte U 101 die britische POLYCARP (3.577 t) südlich von Lands End.
Weiter südlich, westlich von Vigo, versenkte U 101 die griechische MOUNT HYMETTUS (5.802 t) mit Artillerie am 11. und versenkte die britische EARLSPARK (5.250 t) am 12. Am Morgen des 14. versenkte U 101 die griechische ANTONIS GEORGANDIS (3.557 t) mit Artillerie nordwestlich von Cape Finisterre und am 16., im selben Gebiet, die britische WELLINGTON STAR (13.212 t). U 101 kehrte am 25.6.40 in den Stützpunkt zurück.
3. 9.8.40: Auslaufen Kiel zur Operation nordwestlich vom Nordkanal. U 101 versenkte zwei Einzelfahrer, die britische AMPLEFORTH (4.576 t) westlich der inneren Hebriden am 19. und am 28. die finnische ELLE (3.868 t) nordöstlich von Rockall. Das Boot torpedierte und beschädigte am 1.9.40 die griechische EFPLOIA (3.867 t) südöstlich von Rockall. Das Wrack des Schiffes wurde am selben Tag durch britische Kriegsschiffe versenkt. Am 2. wurden U 101 und andere Boote an den nach Osten laufenden Convoy SC 2 angesetzt. Einige Boote kamen dicht an den Convoy heran, wurden aber durch Geleitfahrzeuge und Flugzeuge vertrieben. Fünf Schiffe des Convoys wurden versenkt, vier davon durch U 47. U 101 kam nicht heran. Es hatte keinen weiteren Erfolg und kehrte am 16.9.40 nach Lorient zurück.
4. 5.10.40: Auslaufen zur Operation nordwestlich des Nordkanals. Am 12. versenkte das Boot einen Nachzügler des nach Osten laufenden Convoys HX 77 nordnordöstlich von Rockall, die britische SAINT MALO (5.779 t). Am 17. sichtete U 48 den nach Osten laufenden Convoy SC 7 nordwestlich vom Nordkanal. U 46, U 99, U 100, U 101 und U 123 bildeten eine Linie während der Nacht vom 17./18., um den Convoy zu empfangen. Der erreich-

te die Linie am Abend des 18. und mehrere Angriffe wurden während der Nacht vom 18./19. ostnordöstlich von Rockall gefahren. U 101 beschädigte die britische BLAIRSPEY (4.155 t), die ebenso von zwei Torpedos von U 100 getroffen wurde. Das Schiff sank jedoch nicht. Am Morgen des 19. versenkte U 101 zwei Schiffe, die britische ASSYRIAN (2.962 t) und die niederländische SOESTERBERG (1.904 t). Der Convoy verlor 21 Schiffe, zwei weitere wurden beschädigt. U 101 kehrte am 24.10.40 nach Lorient zurück, alle Torpedos waren verschossen.

5. 24.11.40: Auslaufen Kiel zur Operation westlich der Britischen Inseln. Am 30. versenkte das Boot nordwestlich von Rockall die britische ARACATACA (5.378 t).

Während des Nachmittags vom 1.12.40 sichtete U 101 den nach Osten laufenden Convoy HX 90. Die Ozean-Geleitsicherung verließ den Convoy und U 47, U 52 und U 101 liefen auf den Convoy zu, und griffen ihn während der Dunkelheit an, bevor die neuen Geleitfahrzeuge da waren. In den frühen Stunden des 2. versenkte U 101 drei Schiffe des Convoys südwestlich von Rockall, den britischen Tanker APPALACHE (8.826 t), die britische LADY GLANELY (5.497 t) und die britische KAVAK (2.782 t). Beschädigt wurde die britische LOCH RANZA (4.958 t). Dieses Schiff wurde durch japanische Bomber südlich von Singapore am 3.2.42 angegriffen. In Brand gesetzt während des Angriffes wurde es auf Land gesetzt. Bei Angriffen auf den Convoy HX 90 zwischen dem 1. Dezember und dem 3. wurden zehn Schiffe versenkt und zwei beschädigt.

U 101 kehrte am 7.12.40 nach Lorient zurück.

6. 23.1.41: Auslaufen zur Operation westlich vom Nordkanal. Am 14.2.41 versenkte U 101 die britische HOLYSTONE (5.462 t) westlich von Irland und früh am 17. einen Nachzügler des nach Norden laufenden Convoys SL 84 südwestlich von Galway, die britische GAIRSOPPA (5.237 t). Rückkehr nach Lorient am 19.2.41.

7. 24.3.41: Auslaufen zur Operation westlich von Irland. Am 31. wurde der nach Westen laufende Convoy OB 302 durch Luftaufklärung gemeldet. U 101 und andere Boote wurden auf ihn angesetzt, aber sie fanden ihn nicht. Am 2.4.41 wurde U 101 Teil einer Linie, die einen nach Osten laufenden Convoy, der südlich von Island von U 76 gemeldet worden war, abzufangen. Während der Nacht kreuzte er die Linie. Der Convoy SC 26 verlor während des Kampfes, der am 5. endete, zehn Schiffe und eines wurde beschädigt.

Bis Mitte April wurden nur wenige Schiffe südwestlich von Island gesehen, wo U 101 nun stationiert war. Zwei Linien wurden ab 18. gebildet. U 101 gehörte zu einer gemischten Gruppe, zu der auch italienische Uboote gehörten. Am 22. sichtete das italienische Uboot TORELLI

einen nach Osten laufenden Convoy. Aber U 101 oder U 110 konnten nicht herangebracht werden. Nach einer erfolglosen Patrouille kehrte U 101 am 2.5.41 nach Lorient zurück.

8. 28.5.41: Auslaufen zur Operation östlich von Neufundland. U 101 versenkte am 4.6.41 im zentralen Nordatlantik die britische TRECARRELL (5.271 t). Am 9., im selben Gebiet, versenkte das Boot die britische SILVERPALM (6.373 t). Danach fuhr es nach Westen und traf am 20. auf die »Westgruppe«, die südöstlich von Neufundland eine Linie bildete.

Während des letzten Teils des Juni wurden die Boote der Gruppe über eine weite Fläche zwischen Cape Farewell und Nordafrika verstreut. Ab 24. war U 101 an der fehlgeschlagenen Convoyoperation gegen den nach Westen laufenden Convoy OB 336 beteiligt und ab 29. operierte es gegen den Convoy HX 133 südöstlich von Grönland. Bei beiden Operationen wurden neun Schiffe versenkt und eines beschädigt. U 101 blieb ohne Erfolg. Rückkehr nach Lorient am 4.7.41.

9. 7.8.41: Auslaufen zur Operation südwestlich von Island. U 101 traf auf eine Gruppe, die in loser Formation über ein weites Gebiet verstreut operierte, zwischen dem 25° und 30° West. Am 11. wurde ein nach Osten laufender Convoy durch U 501 gesichtet und eine Korvette des Geleitschutzes versenkt. Ein anderer Convoy, nach Westen laufend, wurde von U 129 am 12. aufgetan. Die Boote auf ihn angesetzt, verfehlten ihn aber. Die Erfolge im August waren gering. Im letzten Teil des Monats befand sich U 101 mit anderen Booten westlich vom Nordkanal. Einlaufen in St. Nazaire am 4.9.41.

10. 4.10.41: Auslaufen St. Nazaire und Rückkehr am 6.10.41.

11. 11.10.41: Auslaufen zur Operation im zentralen Nordatlantik. U 101 hatte Befehl, eine neue Gruppe zu treffen, die südlich von Cape Farewell gebildet wurde. Der nach Osten laufende Convoy SC 48 wurde während der Nacht vom 14./15. durch U 553 im zentralen Nordatlantik gesichtet. Die Boote, einschließlich U 101, wurden an ihn zum Angriff herangeführt. U 101 erhielt den Befehl, heranzuschließen und ihn anzugreifen. Die Beschatter wurden vertrieben und der Geleitschutz verstärkt. Obwohl die Boote ununterbrochen vertrieben wurden, setzten diese ihre Angriffe fort. U 101, das als eines der letzten Boote den Convoy angriff, versenkte den Zerstörer HMS BROADWATER am 18. östlich von Rockall, der gerade von Reykjavik angekommen war.

Die Operation gegen SC 48 endete am Morgen des 18. Neun Schiffe, ein Zerstörer und eine Korvette des Geleitschutzes wurden versenkt und ein Zerstörer beschädigt. U 101 traf dann mit anderen Booten, die gegen den Convoy SC 48 operiert hatten, zusammen, und bildete mit diesen, 450 Seemeilen südöstlich von Grönland ab 22., die Gruppe »Reißwolf«. Die Anwesenheit der Boote war bekannt, die Convoys wechselten ihre Kurse.

Am 27. sichtete U 74 den nach Südwesten laufenden Convoy ON 28 500 Seemeilen westlich von Irland, und die »Reißwolf«-Gruppe wurde auf ihn angesetzt. Der Kontakt wurde hergestellt, aber die Boote wurden sofort vertrieben. Kraftstoffmangel machte sich bemerkbar, und die Boote mussten das Unternehmen abbrechen.

U 101 kehrte am 16.11.41 nach Kiel zurück.

U 101 kam als Schulboot ab 1.1.42 zum Einsatz bei der 26., 21., 24. und 23. U-Flottille. In Neustadt wurde es am 21.10.43 außer Dienst gestellt und wurde dort am 3.5.45 selbst versenkt. Später erfolgte der Abbruch.

U 102 Typ VII B

Bauwerft: Germaniawerft, Kiel
Kiellegung: 22. Mai 1939
Stapellauf: 21. März 1940
Indienststellung: 27. April 1940
Feldpost-Nr.: M 13990
Versenkt am 1.7.40 westsüdwestlich von Irland (48°33'N/10°26'W)

Kommando:
7. U-Flottille Kiel von April 1940–1. Juli 1940 (Schulboot/Frontboot)

Kommandant:
KptLt Harro von Klot-Heydenfeldt, April 1940–1. Juli 1940

Feindfahrten: 1
Versenkte Schiffe: 1 (5.219 BRT)

1. 22.6.40: Auslaufen zur Operation im östlichen Nordatlantik. Am 1.7.40 versenkte U 102 die britische CLEARTON (5.219 t) westsüdwestlich von Irland. An diesem Tage wurde das Boot geortet und nach einem Wasserbombenangriff des Zerstörers HMS VANSITTART versenkt. Es gab keine Überlebende, 43 Tote.

U 103 Typ VII B

Bauwerft: AG.Weser, Bremen
Kiellegung: 6. September 1939
Stapellauf: 12. April 1940
Indienststellung: 5. Juli 1940
Feldpost-Nr.: M 05635
Vermutlich selbst versenkt am 3.5.45 in Kiel

Kommandos:
2. U-Flottille, Wilhelmshaven/Lorient von Juli 1940–Januar 1944 (Schulboot/Frontboot)
2. ULD von Januar 1944–März 1945 (Schulboot)

Kommandanten:
KptLt Victor Schütze, Juli 1940–August 1941
KptLt Werner Winter, August 1941–Juli 1942
KptLt Gustav-Adolf Janssen, Juli 1942–Januar 1944
Boot unter keinem Kommando, Januar 1944–März 1945
OLtzS Hans-Herbert Schunck, März 1945–15. April 1945

Feindfahrten: 11
Versenkte Schiffe: 45 (231.191 BRT) und 3 beschädigt

1. 21.9.40: Auslaufen Kiel in den Nordatlantik. U 103 bewegte sich in einem Gebiet zwischen dem Nordkanal und Rockall. Am 6.10.40 versenkte das Boot den norwegischen Tanker NINA BORTHEN (6.123 t) im zentralen Nordatlantik, westlich von Irland. Später am Abend des 9. griff U 103 den nach Osten laufenden Convoy SC 6 nördlich von Rockall an und versenkte zwei Schiffe, die griechische ZANNES GOUNARIS (4.407 t) und die griechische DELPHIN (3.816 t). Desgleichen wurde die britische GRAIGWEN beschädigt, die danach von U 123 versenkt wurde.

U 103 versenkte am 13. nordöstlich von Rockall die estnische NORA (1.186 t) und am 15. die britische THISTLEGARTH (4.747 t) vom nach Westen laufenden Convoy OB 227, nördlich von Rockall. Das Boot lief am 19.10.40 in Lorient ein.

2. 9.11.40: Auslaufen zur Operation als Wetterboot westlich des Nordkanals. Am 20. sichtete U 103 den nach Westen laufenden Convoy OB 244 südlich von Rockall und am Morgen des 21. versenkte es die britische DAYDAWN (4.768 t) und die griechische VICTORIA (6.085 t). Das Boot wurde von Wasserbombenangriffen der Korvette HMS RHODEDENDRON vertrieben.

Am 27., westlich von Irland, versenkte U 103 die britische GLENMOOR (4.393 t). Am 28., ein wenig weiter westlich, versenkte es die griechische MOUNT ATHOS (3.578 t) und die britische ST. ELWYN (4.940 t). U 103 und vier Boote wurden auf die Suche nach dem nach Osten laufenden Convoy SC 13 am 3.12.40 geschickt, aber sie fanden ihn nicht.

Das rückkehrende Boot U 103 versenkte zwei Einzelfahrer westlich von Fastnet, die britische CALABRIA (9.515 t) spät am 8. und die britische EMPIRE JAGUAR (5.186 t) früh am 9.

Die CALABRIA hatte Ersatzpersonal für England an Bord, 450 Inder und 22 Besatzungsangehörige verloren ihr Leben. U 103 kehrte in den Stützpunkt Lorient am 12.12.40 zurück.

3. 21.1.41: Auslaufen zur Operation westlich vom Nordkanal und von Irland. Am 3.2.41 sichtete U 103 den nach Westen laufenden Convoy OB 279, aber U 103 und andere Boote, die auf ihn angesetzt wurden, kamen nicht an ihn heran. Am 13. torpedierte und beschädigte das Boot den britischen Tanker ARTHUR F. CORWIN (10.516 t), einen Nachzügler des Convoys HX 196, südlich von Island. Einige Stunden darauf wurde das Schiff durch U 96 versenkt. U 103 vesenkte einen weiteren Nachzügler am Morgen des 17., die britische EDWY R. BROWN (10.455 t) vom Convoy HX 107, wieder südlich von Island. U 103 versenkte zwei weitere Schiffe im selben Gebiet, die britische SEAFORTH (5.459 t) spät am 18. und die norwegische BENJAMIN FRANKLIN (7.034 t) spät am 19. Das Boot kehrte am 24.2.41 nach Lorient zurück.

4. 1.4.41: Auslaufen zur Patrouille zwischen den Kanarischen Inseln und Freetown, als Teil der zweiten Welle von Booten, die im Zentralatlantik operierten.

Am 25. versenkte U 103 die norwegische POLYANA (2.267 t) vom Convoy OG 60 nordnordwestlich von den Kapverdischen Inseln. U 103 befand sich in seinem Operationsgebiet und war sehr erfolgreich. In einer Fünftageperiode versenkte es vier Schiffe in dem Gebiet West zu Südwest von Freetown, die britische SAMSÖ (1.494 t) am 1.5.41, die britische WRAY CASTLE (4.253 t) am 3., die britische SURAT (5.529 t) und die britische DUNKWA (4.752 t) am 6.

U 103 fuhr weiter nach Norden und versenkte die britische CITY OF WINCHESTER (7.120 t) am 9. und die britische CITY OF SHANGHAI (5.828 t) am 11., beide südwestlich von den Kapverdischen Inseln. Am 17. wurde U 103 durch den Versorger EGERLAND mit Kraftstoff versorgt. Das Boot kehrte in sein Operationsgebiet zurück, wieder mit Erfolg. Am 20. versenkte es die britische BRITISH GRENADIER (6.857 t), am 24. die ägyptische RADAMES (3.575 t) und am 25. die griechische MARIONGA (4.235 t) sowie am 25. die niederländische WANGI WANGI (7.789 t). Alle Schiffe in dem Gebiet West zu Süd von Monrovia.

U 103 versenkte die britische ELMDENE (4.853 t) westsüdwestlich von Freetown am 8.6.41. Am 18. Juni war ein Treffen mit dem Versorger LOTHRINGEN zur Kraftstoffergänzung vorgesehen, wonach das Boot in das Operationsgebiet vor Freetown zurückkehren konnte. Die LOTHRINGEN wurde jedoch von dem Kreuzer HMS DUNEDIN am 15. erbeutet. Nachdem die Möglichkeit der Kraftstoffergänzung weg war, begann U 103 mit seiner Heimreise. Am 29., 450 Seemeilen westlich von Las Palmas, versenkte das Boot die italienische ERNANI (6.619 t). Das Sinken dieses Schiffes war ein Fehler, es geschah im Angesicht des Convoys SL 76. Das Schiff war ein Blockadebrecher mit Kurs auf Bordeaux. Es fuhr unter der Flagge des niederländischen Dampfers ENGGANO.

Am 6.7.41 Kraftstoffergänzung vor Las Palmas durch den Versorger CHARLOTTE SCHLIEMANN. Nach einer sehr erfolgreichen Operation, in deren Verlauf das Boot elf Schiffe versenkte, lief U 103 am 12.7.41 Lorient an.

5. 10.9.41: Auslaufen zur Operation vor Freetown. Vom 18. an bildeten U 103, U 107, U 67 und U 68 eine Linie nach Süden. Am 21. sichtete U 107 den nach Norden laufenden Convoy SL 87 westlich der Kanarischen Inseln. U 103 versenkte zwei Schiffe am 22., die britische NICETO DE LARRINAGA (5.591 t) und die britische EDWARD BLYDEN (5.003 t). Angriffe wurden über drei Tage durchgeführt und sieben Schiffe versenkt. Nach der Operation wurden U 103, U 107 und U 125 südlich des Gebietes von Freetown eingesetzt, U 67 und U 68 gingen zum Treffen mit U 111 nach der Tarafal-Bucht. U 103 hatte keinen Erfolg im Freetown-Gebiet. Am 16.10.41 begannen U 66, U 103, U 107 und U 125 ihren Rückmarsch. U 66, U 103 und U 107 wurden gegen den südwärts fahrenden Convoy OS 10 angesetzt, der am 31. nördlich der Azoren von U 96 gesichtet worden war. Luftaufklärung meldete den Convoy erneut am 2., aber nur U 98 hatte kurzen Kontakt und danach ging auch der verloren.

U 103 und U 107 trafen auf die »Störtebecker«-Gruppe westlich von Spanien, wo eine Linie gegen den Convoy HG 76 geplant war, der von Gibraltar ausging. Die Luftaufklärung versagte beim Finden des Convoys, und am 7. wurden die Boote gegen den Convoy SL 91 angesetzt. U 103 und U 107 hatten zu wenig Kraftstoff, liefen deshalb nicht mit der Gruppe.

U 103 kehrte am 9.11.41 nach Lorient zurück.

6. 3.1.42: Auslaufen zur Operation vor der US-Ostküste. Die ersten fünf Boote der Operation »Paukenschlag« waren Anfang Januar auf ihren Positionen vor der US-Küste. Aber die Angriffe begannen nicht vor dem 13. U 103, U 106 und U 107 erreichten das östliche Gebiet von Chesapeake, bevor die erste Welle ihren Rückmarsch begann. Diese sicherte die Fortsetzung des Ubootkrieges gegen die Küstenschifffahrt.

Am 2.2.42 versenkte U 103 die amerikanische W.L. STEED (6.182 t) östlich von Bethany Beach, Delaware, und am 4. die panamesische SAN GIL (3.627 t), südöstlich von Ocean City, Maryland. Auf der Fahrt nach Süden am 5. versenkte U 103 in den Morgenstunden den amerikanischen Tanker INDIA ARROW (8.327 t) südöstlich von New York und später den amerikanischen Tanker CHINA ARROW (8.403 t) südöstlich der Delaware Bay.

U 103 hatte keinen weiteren Erfolg und begann die Heimfahrt am 8.

Es erreichte Lorient am 1.3.42.

7. 15.4.42: Auslaufen zur Operation in die Karibik. Anfang Mai wurde U 103 500 Seemeilen nordöstlich von den Bermudas durch U 459 mit Kraftstoff versorgt.

Am 5.5.42 versenkte das Boot die britische STANBANK (5.966 t) einige 250 Seemeilen nordöstlich der Bermudas. Es folgte der Küste von Florida, passierte die Staits of Florida und lief in die Karibik durch den Yucatan-Kanal ein. Am 17. versenkte U 103 die amerikanische RUTH LYKES (2.612 t) nordöstlich von Cauguira, Honduras, und am 19. die amerikanische OGONTZ (5.037 t) im Golf von Mexiko, nordnordöstlich von Cabo Catoche. U 103 operierte vom 20. an westlich von Kuba, am 21. versenkte es zwei Schiffe, die amerikanische CLARE (3.372 t) und die amerikanische ELIZABETH (4.727 t). Im selben Gebiet versenkte es am 23. die amerikanische SAMUEL Q. BROWN (6.625 t). Am 24. versenkte U 103 den niederländischen Tanker HECTOR (1.828 t) nördlich vom Grand Cayman, am 26. die amerikanische ALCOA CARRIER (5.588 t) und am 28. den amerikanischen Tanker NEW JERSEY (6.414 t) südwestlich von Grand Cayman.

Bald danach begann U 103 seine Heimreise, Versenkungserfolg neun Schiffe.

Einlaufen Lorient am 22.6.42.

8. 21.10.42: Auslaufen zur Operation im Gebiet von Freetown. Am 28. wurde U 103 zu dem nach Norden laufenden Convoy SL 125 geleitet, der unter den Angriffen der »Streitaxt«-Gruppe südwestlich von Madeira litt. U 103 schloß heran und versenkte die britische TASMANIA (6.405 t) nördlich von Madeira. Dieses Schiff war zuvor von U 659 beschädigt worden. U 103 meldete einen Treffer auf einem anderen Schiff des Convoy, aber das ist nicht belegt. Während der Viertageoperation gegen SL 125, und bevor die Boote durch Flugzeuge vertrieben wurden, waren 12 Schiffe versenkt und eines beschädigt worden.

Am 7.11.42 wurde U 103 mit Kraftstoff für weitere Operationen durch ein anderes Boot versorgt. Folgend den Nachrichten über die alliierten Landungen in Nord-

afrika, wurde den nach Süden laufenden Booten mit wenig Kraftstoff, einschließlich U 103, am 8. befohlen, mit hoher Geschwindigkeit zur Marokkanischen Küste zu laufen, und zwar als »Schlageter«-Gruppe. Einige Versenkungen wurden, nachdem die Boote angekommen waren, am 11. gemacht. Allerdings, als die alliierte Uboot-Abwehr verstärkt wurde, sowohl über Wasser als auch in der Luft, kam es nach dem 13. zu nur wenigen Versenkungen in dem Gebiet der Landungen von Fedala und Casablanca. Am 22. wurde entschieden, die Marokko-Boote zu einer neuen Linie weiter im Westen zu formieren, zur Kontrolle der Ost-West-Linie nach und vor der marokkanischen Küste. Das erwies sich als unproduktiv und am 26. wurde allen Booten mit wenig Kraftstoff befohlen, eine neue Linie von der Nord-Süd-Richtung vor Gibraltar zu bilden und einen nach Westen laufenden Bogen nach den Azoren durchzuführen. Es bestand die Hoffnung, ankommende Convoys außerhalb der Reichweite der Flugzeuge anzutreffen. U 103 traf auf die »Westwall«-Gruppe, die ihren westwärts gehenden Suchkurs am 27. bis zum 6.12.42 steuerte, bis der Längengrad von 40° W erreicht war. Kurz vor Mitternacht des 6. versenkte U 103 die britische HENRY STANLEY (5.025 t) westlich der Azoren. Das Boot fischte die überlebenden Offiziere des Schiffes auf. Keine Convoys wurden während der nächsten Tage gesehen und man erfuhr, dass diese weiter südlich passierten, wohin die Boote wegen Kraftstoffmangels nicht gelangen konnten.

So begann die »Westwall«-Gruppe am 12. nach Osten zu laufen. Am Abend des 13. torpedierte und beschädigte U 103 die britische HORORATA (13.945 t) westnordwestlich der Azoren. U 103 wurde durch U 463 am 15. westlich der Azoren mit Kraftstoff versorgt. Am 16. wurde die Gruppe nördlich der Azoren versammelt und die Boote nahmen ab 19. Positionen westlich von Portugal ein. Eine Suche nach Convoys während der folgenden Woche brachte nichts, die Boote fuhren heimwärts.

U 103 erreichte Lorient am 29.12.42.

9. 7.2.43: Auslaufen zur Operation im Gebiet westlich von Gibraltar. U 103 war eines jener Boote, die sich ab 11. westlich von Portugal versammelten. Die Uboot-Führung hatte das Gefühl, dass die Alliierten an der portugiesischen Küste landen wollten.

Am 12. wurde ein südwärts laufender Convoy 200 Seemeilen westlich von Cape Finisterre gesichtet, und die wartenden Boote auf ihn angesetzt. Die Luftüberwachung wurde verstärkt, als der Convoy Gibraltar erreichte, und trieb die Boote zur Unterwasserattacke. Ab 16., die Invasionsgefahr war vergessen, bildeten die Boote die »Robbe«-Gruppe in einer Nord-Süd-Linie nordöstlich der Azoren. Als nichts gefunden wurde, begann man am 20. und ab 21. eine nach Osten verlaufende Linie zu bilden. Die Boote liefen in das Gebiet von Gibraltar. U 103, U 107, U 410, U 445 und U 511 wurden vom 28. an in der Einlauflinie der Straße stationiert. Am 4.3.43 wurden die Boote an den Convoy KMS 10 herangeführt, aber die alliierten Aktivitäten waren so, dass sie ab 5. weiter nach Westen liefen.

U 103 verließ die Gruppe und marschierte in ein Gebiet südlich der Azoren, wo es mit der neuen »Wohlgemuth«-Gruppe zusammentraf, die auf den nach Osten laufenden Convoy UGS 6 wartete. U 130, von der »Unverzagt«-Gruppe, sichtete den Convoy am 12. westlich der Azoren. Das beschattende Boot wurde versenkt, als »Unverzagt« eine neue Linie gebildet hatte, die der Convoy UGS 6 an diesem Tage passierte. Es waren zuletzt sechs Boote in Kontakt, aber da keine Flugzeuge da waren und die Wetterlage gut war, wurde die Operation zum Fehlschlag, nur vier Schiffe wurden versenkt. Der Geleitschutzschirm hielt die Boote auf Abstand, führte Wasserbombenangriffe in mehr als zehn Seemeilen Entfernung vom Convoy durch. Die Operation endete am 19. wegen des verstärkten Geleitschutzes aus Gibraltar.

U 103 kehrte am 26.3.43 nach Lorient zurück.

10. 24.4.43: Auslaufen zur Operation im Nordatlantik. U 103 traf östlich von Neufundland auf die »Rhein«-Gruppe, die eine Linie zum Abfangen des nach Osten laufenden Convoys HX 237 bildete. Als man feststellte, dass dieser am 8. südlich der Linie passiert hatte, wurden die Boote nach Südostwärts mit hoher Geschwindigkeit beordert, um ab 9. eine neue Linie zu bilden. Der Convoy wurde am 9. gesichtet, ging aber bei schlechter Sicht wieder verloren. Die Boote führten am 10. Suchen durch und er wurde zu dieser Zeit kurz gesichtet. Während des Nachmittags war der Convoy zu weit entfernt, und die Jagd wurde abgeblasen.

Die »Rhein«- und »Elbe«-Gruppen wurden zur Bildung einer neuen Linie miteinander verbunden. Elbe 1 und Elbe 2, operierte ab 11. U 103 war in der Gruppe Elbe 2. Die Boote schlossen an den langsam nach Osten laufenden Convoy SC 129 heran. Der Convoy war stark gesichert und ab 13. sogar durch Trägerflugzeuge. Die Operation wurde am 14. abgeblasen. Zwei Schiffe waren versenkt worden und zwei Boote gingen verloren. Am 18. fischte U 103 zwei Offiziere von der FORT CONCORD aus dem Wasser, das von U 456 oder von U 403 vom Convoy HX 237 am 11. versenkt worden war.

Rückkehr nach Lorient am 26.5.43.

11. 21.7.43: Auslaufen Lorient, Rückkehr am 26.7.43.

12. 18.9.43: Auslaufen zur Operation im Gebiet von Freetown. U 103 wurde durch U 488 am 4.10.43 westlich der Azoren mit Kraftstoff versorgt. Am 28. legte das Boot acht TMC-Minen vor Takoradi. Es gibt keine Information über Versenkungen durch diese Minen. U 103 setzte seine Operation im Gebiet von Freetown fort, hatte aber keinen Erfolg. Es wurde Ende November bei Rückkehr in den Stützpunkt von U 219 mit Kraftstoff versorgt.

U 103 kehrte am 1.1.44 nach Bergen zurück.

13. 3.1.44: Auslaufen Bergen und Einlaufen Kiel am 7.1.44.

U 103 wurde im März 1944 außer Dienst gestellt und diente bei der 3. ULD in Gotenhafen bis Februar 1945. Es verlegte dann nach Hamburg, wo es als Generatorboot fungierte. Anfang April 1945 fuhr es nach Kiel, wo es ebenfalls als Generatorboot diente. Es wurde schließlich am 3.5.45 in Kiel selbst versenkt.

U 104 Typ IX B

Bauwerft: AG.Weser, Bremen
Kiellegung: 10. November 1939
Stapellauf: 25. Mai 1940
Indienststellung: 19. August 1940
Feldpost-Nr.: M 07189
Versenkt am 29. November 1940 südsüdöstlich von Rockall (56°28'N/14°13'W)

Kommando:
2. U-Flottille Wilhelmshaven von August 1940–29. November 1940 (Schulboot/Frontboot)

Kommandant:
KptLt Harald Jürst, August 1940–29. November 1940

Feindfahrten: 1
Versenkte Schiffe: 1 (8.240 BRT) und 1 beschädigt

1. 12.11.40: Auslaufen Kiel zur Operation westlich der Britischen Inseln. U 104 lief Bergen am 17. an, der Kreiselkompaß war defekt. Auslaufen am nächsten Tag. Am 27. versenkte U 104 einen Nachzügler des nach Osten laufenden Convoys HX 88, die britische DIPLOMAT (8.240 t) südsüdöstlich von Rockall. Kurz darauf griff es den Convoy HX 87 an und beschädigte den britischen Tanker CHARLES F. MEYER (10.516 t).

Das Schicksal des Bootes ist unklar. Es ging am 29. aufgrund einer unbekannten Ursache, südsüdöstlich von Rockall, verloren. Keine Überlebenden, 49 Tote.

U 105 Typ IX B

Bauwerft: AG.Weser, Bremen
Kiellegung: 16. November 1939
Stapellauf: 15. Juni 1940
Indienststellung: 10. September 1940
Feldpost-Nr.: M 22946
Versenkt am 2. August 1943 vor Dakar
(14°15'N/17°35'W)

Kommando:
2. U-Flottille Wilhelmshaven/Lorient von September
1940–2. Juni 1943 (Schulboot/Frontboot)

Kommandanten:
KptLt Georg Schewe, September 1940–Dezember 1941
KptLt Heinrich Schuch, Dezember 1941–Oktober 1942
KptLt Jürgen Nissen, Oktober 1942–2. Juni 1942

Feindfahrten: 9
Versenkte Schiffe: 22 (126.876 BRT) und 1 Sloop
(1.546 t)

1. 24.12.40: Auslaufen Kiel zur Operation westlich der
Britischen Inseln. Anfang Januar 1941 fungierte das Boot
als Wetterboot. Am 9.1.41 versenkte U 105 die britische
BASSANO (4.843 t) nordwestlich von Rockall. Es sichtete
den nach Westen laufenden Convoy OB 272 am 14., aber
es schlug fehl, zwei Condor-Flugzeuge heranzuführen.
U 105 versenkte am 26. westlich von Irland die niederländische HEEMSKERK (6.516 t). Das Schiff war ein
Nachzügler des Convoys SL 61 und war zuvor von deutschen Flugzeugen angegriffen und in Brand gesetzt worden. Das Boot lief am 31.3.41 in den neuen Stützpunkt
Lorient ein.
2. 22.2.41: Auslaufen zur Operation im Zentralatlantik,
im Gebiet von Freetown. U 105 fuhr nach Süden mit
U 106 und U 124. Zwischen dem 3. März und dem 8.
versenkte U 105 die britische HARMODIUS (5.229 t) nordnordöstlich der Kapverdischen Inseln. Vom 15. an operierte U 105 mit U 106 rund um die Inseln. U 106 sichtete den nach Norden laufenden Convoy SL 68 am 15. und
führte U 105 heran, das in vier Tagen fünf Schiffe des
Convoys versenkte. Früh am 18. versenkte U 105 die britische MEDJERDA (4.380 t) und kurz nach Mitternacht die
niederländische MANDALIKA (7.750 t) östlich der Inseln.
In den frühen Stunden des 21. versenkte U 105 die britische CLAN OGILVY (5.802 t) und die britische BENWYVIS
(5.920 t) und am späten Abend die britische JHELUM
(4.038 t) nordwestlich der Inseln.

Ende März traf U 105 mit Schiff 41 KORMORAN 420
Seemeilen nordwestlich von St. Paul Rocks zusammen,
um Ersatzteile zur Reparatur und Torpedos vom Hilfs-
kreuzer zu übernehmen. Im selben Gebiet wurden U 105
und U 106 vom Versorger NORDMARK mit Kraftstoff ver-
sorgt. Beide Boote gingen dann in das Gebiet von
Freetown, aber Anfang April wurden beide Boote in
Richtung Rio de Janeiro zum Treffen mit dem deutschen
Blockadebrecher LECH eingeteilt, um ihn durch den Süd-
atlantik zu geleiten. Um das zu realisieren, wurden beide
Boote wieder durch die NORDMARK nordwestlich von St.
Paul Rocks am 8.4.41 mit Kraftstoff ergänzt.
Nach zwei Wochen Aufenthalt in Erwartung der LECH
wurde U 105 am 21. aufgefordert, nach dem Freetown-
Gebiet zurückzukehren, U 106 lief weiter zum Treffen
mit der LECH. U 105 hatte am 5.4.41 westlich von St.
Paul Rocks die britische LARRINAGA (5.200 t) versenkt.
Es setzte seine Operation zwischen den Rocks und
Freetown fort. Es wurde durch die NORDMARK am 3.5.41
nordwestlich von St. Paul Rocks wieder mit Kraftstoff
versorgt, und auf dem Weg zurück in Richtung Freetown
versenkte U 105 die britische OAKDENE (4.255 t) am
Abend des 6. Mitte Mai versenkte U 105 drei Schiffe,
südwestlich von Freetown, die britische BENVRACKIE
(6.434 t), die britische BENVENUE (5.920 t) am 15. und
die britische RODNEY STAR (11.803 t) am 16. Auf der
Heimfahrt torpedierte und versenkte U 105 die britische
SCOTTISH MONARCH (4.719 t) am 1.6.40 südwestlich von
den Kapverdischen Inseln.
U 105 kehrte am 13.6.41 nach Lorient zurück.
3. 3.8.41: Auslaufen zur Operation im zentralen Nordatlantik. U 105 traf auf eine neue Gruppe, die in loser
Formation südwestlich von Island operierte. Nach einigen erfolglosen Versuchen, Convoys aufzuspüren, wurden die Boote am 28. als »Markgraf«-Gruppe südwestlich von Island umgebildet.
Am 4.9.41 wurde die Gruppe zur Bildung einer neuen
Linie weiter im Westen befohlen.
In den darauffolgenden Tagen wurden viele Convoys
umgeleitet, um der Linie zu entgehen. Allerdings konnte
der nach Osten laufende Convoy SC 42 den Kurs wegen
des schlechten Wetters nicht ändern. Der Convoy wurde
am 9. nahe Cape Farewell von U 85 gesichtet. Angriffe
wurden gefahren am 9., 10. und 11. Obwohl Kontakt
bestand, wurde nach dem 11. kein Schiff versenkt. Der
Kontakt wurde am 14. abgebrochen, 16 Schiffe waren
versenkt worden. Am 11. versenkte U 105, das keinen
Erfolg am Convoy hatte, einen Einzelfahrer, die britische
MONTANA (1.549 t) nordöstlich von Cape Farewell.
U 105 kehrte am 20.9.41 nach Lorient zurück.
4. 8.11.41: Auslaufen zur Operation im Nordatlantik.
U 105 lief in ein Gebiet südlich von Island, und ab 13.

fuhr es südwestlich in Richtung Cape Race. U 105, U 372, U 434 und U 574 wurden von U 43 und U 575 vor Neufundland, als »Steuben«-Gruppe, getroffen. Allerdings wurden am 23. alle Boote mit genügend Kraftstoff, die vor Neufundland waren oder sich auf dem Weg nach dort befanden, ostwärts in ein Gebiet westlich von Gibraltar befohlen. U 105 war eines dieser Boote. Auf dem Weg nach dort sichtete U 43 den südwärts laufenden Convoy OS 12 nördlich von den Azoren am 28. U 105 und andere Boote wurden auf ihn angesetzt, verfehlten ihn aber.

Die Boote von Neufundland setzten ihren Kurs in einer Jagdformation fort, in der Hoffnung, einen nach Westen laufenden Convoy zu treffen. Nachdem das Gebiet vor Gibraltar erreicht war, trafen sie auf andere Boote in der Straße nach Gibraltar südöstlich von Cape St. Vincent, in Erwartung von Convoys. Starke alliierte Luftüberwachung und Überwassersicherung griffen die Boote über eine längere Periode an, und nach einigen Tagen wurde die Operation beendet.

U 105 kehrte am 13.12.41 nach Lorient zurück.

5. 25.1.42: Auslaufen in den Nordatlantik. Am 31. fischte U 105 82 Überlebende des deutschen Blockadebrechers Spreewald auf, der versehentlich von U 333 am Nachmittag des 31. nördlich der Azoren versenkt worden war. Die Überlebenden waren 24 deutsche Seeleute und 58 britische Handelsschiffmatrosen als Gefangene. Am späten Abend des 31. sichtete U 105 den nach Norden laufenden Convoy SL 98 westsüdwestlich von Irland. Es griff an und versenkte die Sloop Culver des Geleitschutzes. Das Boot wurde geortet und durch Wasserbombenangriffe beschädigt, die dazu führten, dass das Boot zurücklaufen musste.

Einlaufen Lorient am 8.2.42.

6. 25.2.42: Auslaufen zur Operation in US-Gewässern. U 105 patrouillierte in einem Gebiet östlich von Hatteras, als eines von elf Booten, die die vierte Welle der Operation »Paukenschlag« bildeten.

Am frühen Morgen des 25.3.42 versenkte U 105 den britischen Tanker Narragansett (10.389 t) 400 Seemeilen östlich von Cape Hatteras. In den frühen Stunden des 27. griff U 105 ein Schiff an und hörte eine Detonation. Das Schiff kann beschädigt worden sein, aber es gibt keine Informationen darüber. Am Morgen desselben Tages versenkte es die norwegische Svenör (7.616 t) 350 Seemeilen östlich von Kitty Hawk, North Carolina.

Rückkehr nach Lorient am 15.4.42.

7. 7.6.42: Auslaufen zur Operation im Atlantik. U 105 wurde von einer Sunderland der 10. (RAAF) Squadron (F/Lt E.B. Martin) am 11. 130 Seemeilen westlich von Cape Finisterre angegriffen. Sechs Wasserbomben und zwei Bomben wurden in mehreren Angriffen geworfen,

bevor das Flugzeug gezwungen war, abzufliegen, da der Kraftstoff zu Ende ging. U 105 wurde beschädigt und fuhr zur Reparatur in den spanischen Hafen El Ferrol am 12.6.42.

8. 28.6.42: Auslaufen El Ferrol und Einlaufen Lorient am 30.6.42

9. 23.11.42: Auslaufen zur Operation im Westatlantik. Am 14.12.42 versenkte U 105 die britische Orfor (6.578 t) nordöstlich von Georgetown, Guyana. Das Boot traf in der Karibischen See Anfang Januar ein und versenkte am 11. das britische Segelschiff C.S. Flight (67 t) westlich von Grenada.

U 105 blieb in der Karibik bis zum 23. Am Morgen des 24. versenkte es das treibende, verlassene Wrack des britischen Tankers British Vigilance (8.033 t) ostnordöstlich von Antigua. Das Schiff war von U 514 am 3. einige 100 Seemeilen weiter östlich beschädigt worden.

Am 27. versenkte U 105 die amerikanische Cape Decision (5.106 t) etwa 1.000 Seemeilen nordöstlich der Leewards-Inseln. Anfang Februar wurde U 105 durch U 118 südöstlich von den Azoren mit Kraftstoff versorgt. Es erreichte Lorient am 14.2.43.

10. 16.3.43: U 105 mag am 28. gegen den Convoy RS 3 operiert haben, als dieser – südlich von den Kanarischen Inseln – unter dem Angriff der »Seeräuber«-Gruppe stand.

U 105 traf Anfang April im Gebiet von Freetown ein. Mitte des Monats sprachen Meldungen von Schifffahraktivitäten in diesem Gebiet. U 126 und U 154 wurden in ein Gebiet südlich von Liberia geschickt, aber das Ergebnis war enttäuschend. Die selben drei Boote befuhren auch das Gebiet südöstlich von St. Paul Rocks, aber als nur wenig gesehen wurde, kehrten U 105 und U 126 nach Freetown zurück, während U 154 nach Brasilien ging.

Am 15.5.43 versenkte U 105 die griechische Maroussio Logothetis (4.669 t) südwestlich von Freetown. Das rücklaufende Boot U 105 wurde am 2.6.43 durch das Potez-Flugboot »Antares« der 141. Squadron der französischen Luftwaffe, in Dakar versenkt. Das Flugboot escortierte den nordwärts laufenden Convoy SL 130. Es gab keine Überlebenden, 53 Tote.

U 106 Typ IX B

Bauwerft: AG.Weser, Bremen
Kiellegung: 26.11.1939
Stapellauf: 17. Juni 1940
Indienststellung: 24. September 1940
Feldpost-Nr.: M 34486
Gesunken am 2. August 1943 nordwestlich von El Ferrol
(46°35'N/11°55'W)

Kommando:
2. U-Flottille Wilhelmshaven/Lorient von September
1940–2. August 1943 (Schulboot/Frontboot)

Kommandanten:
KptLt Jürgen Oesten, September 1940–Oktober 1941
KptLt Hermann Rasch, Oktober 1941–März 1943
KptLt Wolfdietrich Damerow, Juni 1943–2. Aug. 1943

Feindfahrten: 10
Versenkte Schiffe: 21 (132.540 BRT) und drei beschädigt

1. 4.1.41: Auslaufen Kiel in ein Gebiet nordwestlich des
Nordkanals.
U 106 fuhr als Wetterboot. Es versenkte das Passagierschiff ZEALANDIC (britisch, 10.578 t) am 16. nordwestlich von Rockall. Später am Tag wurde das Boot,
gemeinsam mit U 93, U 94 und U 96, an den nach
Westen laufenden Convoy OB 274, gesichtet von einer
Condor, herangeführt, aber die Boote verfehlten ihn. Am
29. sichtete U 93 den nach Osten laufenden Convoy SC
19. U 106 kam heran, und am frühen Morgen des 29. versenkte das Boot die ägyptische SESOSTRIS (2.962 t) südsüdwestlich von Rockall. In den letzten Tagen des
Einsatzes operierte U 106 westlich des Nordkanals.
Rückkehr in den neuen Stützpunkt Lorient am 10.2.41.
2. 26.2.41: Auslaufen zur Operation im Zentralatlantik,
im Gebiet von Freetown. U 106 fuhr zusammen mit
U 105 und U 124 nach Süden. Zwischen dem 3. März
und dem 6. erhielten die drei Boote Kraftstoff vom deutschen Versorger CHARLOTTE SCHLIEMANN. U 106 setzte
danach seinen Suchkurs nach Süden fort. Am 11. vesenk-
te es die britische MENNON (7.506 t) westlich von Cape
Blanc. Vm 15. an operierten U 106 und U 105 um das
Kap der Kapverdischen Inseln. U 106 sichtete den nach
Norden laufenden Convoy SL 68 am 15. und brachte
U 105 heran.
Am Nachmittag des 16. versenkte U 106 die niederländi-
sche ALMKERK (6.810 t) westsüdwestlich von Dakar.
Während des Abends des 17. griff es den SL 68 an und

versenkte die britische ANDALUSIAN (3.082 t) und die
niederländische TAPANOELI (7.031 t) westlich von Dakar.
Während der Nacht vom 19./20. feuerte U 106 einen
Torpedo auf ein Handelsschiff ab, musste dann feststellen, dass es sich um das Schlachtschiff HMS MALAYA
handelte. Das Schlachtschiff escortierte den SL 68 und
erhielt leichte Beschädigungen durch den Torpedotreffer.
Am 24. meldete U 106 die Versenkung eines nach Norden laufenden Schiffes südlich von den Kapverdischen
Inseln, aber es gibt keine Informationen darüber.
U 105 und U 106 wurden vom Versorger NORDMARK am
29. nordwestlich von St. Paul Rocks mit Kraftstoff versorgt. Sie wurden danach in das Gebiet von Freetown
geschickt, aber Anfang April wurden die beiden Boote
nach Rio de Janeiro beordert, um den deutschen
Blockadebrecher LECH zu empfangen und ihn durch den
Südatlantik zu geleiten. Um dieses zu gewährleisten,
wurden beide Boote nochmals von der NORDMARK nord-
westlich von St. Paul Rocks mit Kraftstoff versorgt.
Nach zwei Wochen der Ungewißheit der Abfahrt der
LECH, wurde U 105 zur Rückkehr in das Gebiet von
Freetown entlassen und U 106 lief alleine nach Rio zum
Treffen mit der LECH und wartete auf das Schiff, bis es
Ende April losfuhr. Das Boot escortierte die LECH nord-
ostwärts bis Mitte Mai und wurde nochmals mit Kraft-
stoff versorgt. Am 20. versenkte das Boot die britische
SILVERYEW (6.373 t) und am Morgen des 31. die britische
CLAN MCDOUGALL (6.843 t), beide südwestlich von
Island. Das auf der Rückfahrt befindliche Boot versenk-
te am 6.6.41 westlich von Island die britische SACRA-
MENTO VALLEY (4.573 t). Einlaufen Lorient am 17.6.41.
3. 11.8.41: Auslaufen zur Operation im Nordatlantik.
U 106 und andere Boote versammelten sich in einem
Gebiet westlich des Nordkanals. Am 17. wurde der südwestlich laufende Convoy OG 71 von einer Condor des
1./KG 40 südwestlich von Irland gesichtet. Die wartenden Boote, einschließlich U 106, wurden angesetzt, aber
nur wenige Boote fanden den Convoy. U 106 bekam keinen Kontakt in der Operation, die am 23. abgebrochen
wurde. Acht Schiffe wurden versenkt, ein Zerstörer und
eine Korvette gingen verloren. Am 3.9.41 traf sich U 106
mit dem Blockadebrecher ANALIESE ESSBERGER westlich
der Azoren und escortierte diese auf dem letzten Teil
ihrer Reise nach Osten.
Rückkehr nach Lorient am 11.9.41.
4. 21.10.41: Auslaufen in den Nordatlantik.
Am 23. verlor U 106 einen Offizier und drei Mann, als
der Turm überspült wurde und diese Männer vom Wasser
mitgerissen wurden. U 106 versenkte die britische ROSE
SCHIAFFINO (3.349 t) am 28. östlich von White Bay, Neufundland. Vom 28. an waren U 106, U 73, U 77, U 568
und U 751 in Kontakt mit dem nach Westen laufenden

Convoy ON 28, wurden aber von den Geleitfahrzeugen sofort vertrieben. Am Morgen des 30. beschädigte U 106 den Tanker der US Navy SALINAS (8.246 t), der St. Johns, Neufundland, mit eigener Kraft anlief. Anfang November traf U 106 auf die »Raubritter«-Gruppe, die am 3. gegen denn Convoy SC 52 angesetzt wurde, der von U 374 am 1. gesichtet worden war. Die Beschatter brachten zahlreiche Boote der Gruppe an ihn heran, U 106 gehörte nicht dazu. Der Kontakt mit dem Convoy ging während der Nacht vom 4./5. verloren und wurde nicht wieder gefunden. Die Operation wurde durch Schwierigkeiten der Funkanlagen und widrige Umstände gestört, als Resultat wurden nur vier Schiffe versenkt. Nachdem der Convoy QNS 29 den Booten entkommen war, fuhr die »Raubritter«-Gruppe ostwärts und bildete eine Linie südöstlich von Cape Farewell ab 8. Die Convoys wurden weiter südlich umgeleitet, um den Booten zu entgehen. Am 12. wurde die »Raubritter«-Gruppe gegen den Convoy ONS 33 angesetzt, aber nach einem Suchen der Boote über drei Tage wurde er wieder verfehlt. U 106 erreichte Lorient am 22.11.41.

5. 3.1.42: Auslaufen zur Operation im westlichen Nordatlantik. U 106 lief nach Neufundland, später runter die US-Ostküste in das Gebiet der Chesapeake Bay.
Am 24. versenkte U 106 die britische EMPIRE WILDEBEESTE (5.631 t) östlich von New York, am 26. im selben Gebiet die britische TRAVELLER (3.963 t) und am 30. den amerikanischen Tanker ROCHESTER (6.836 t). Direkt östlich von Cape Hatteras versenkte U 106 die schwedische AMERIKALAND (15.355 t) und am 6. die britische OPAWA (10.354 t) nordnordöstlich der Bermudas. U 106 kehrte am 22.2.42 nach Lorient zurück.

6. 15.4.42: Auslaufen zur Operation im westlichen Atlantik. Auf der Fahrt in den Golf von Mexiko wurde U 106 möglicherweise von dem Zerstörer USS BROOME am 2.5.42 angegriffen. Das Boot versenkte am 5. nördlich der Bermudas die britische LADY DRAKE (7.985 t).
U 106 passierte die Straße von Florida in den Golf und versenkte am 21. den mexikanischen Tanker FAJA DE ORO (6.067 t) nordwestlich von Havanna. Am Morgen des 26. versenkte U 106 die amerikanische CARRABULE (5.030 t) und früh am 27. beschädigte das Boot die amerikanische ATENAS (4.639 t), beide vor New Orleans.
Am 28. versenkte U 106 die britische MENTOR (7.383 t) nördlich von Cabo Catoche, Mexiko, und am 1.6.42 die amerikanische HAMPTON ROADS (2.689 t) im Yucatan Channel. Das rücklaufende Boot U 106 wurde westlich der Azoren von U 459 mit Kraftstoff versorgt. Am 24. fischte U 106 einen Überlebenden der ETRIB auf, die von U 552 am 15. ostnordöstlich von den Azoren versenkt worden war.
Einlaufen Lorient am 29.6.42.

7. 25.7.42: Auslaufen in die Biskaya. Am 27. wurde U 106 von einer Wellington der 311. (tschechischen) Squadron (S/Ldr. J Strandsky) südwestlich von Brest angegriffen. Das Boot wurde beschädigt, ein Offizier getötet, der Kommandant verwundet. Rückkehr nach Lorient am 28.7.42.

8. 22.9.42: Auslaufen in den westlichen Nordatlantik. Auf der Fahrt nach Neufundland wurde U 106 am 4./5. nordwestlich der Azoren von U 116 mit Kraftstoff versorgt.
U 106 wurde in den Golf von St. Lawrence geschickt und sichtete am 11. den Convoy BS 31 und versenkte die britische WATERTON (2.140 t) in der Cabot Strait, südwestlich von Cape Ray. Ein sicherndes Flugzeug der 117. (BR) Squadron verfehlte den Kontakt, aber ein einzelnes Escortboot, die bewaffnete Yacht HMCS VISION, griff mit Wasserbomben an. U 106 tauchte und entkam. Die Besatzung der WATERTON wurde von der HMCS VISION aufgenommen.
Nach dieser Aktion verließ U 106 die Golfregion durch die Cabot Strait, weil der Kommandant sich dauernd durch Flugzeuge belästigt fühlte.
Das Boot operierte danach im Gebiet südlich von Neufundland und Nova Scotia, aber ohne Erfolg.
Das rücklaufende U 106 wurde Ende November von U 460 nordwestlich der Azoren mit Kraftstoff versorgt und traf dann auf die »Westwall«-Gruppe westlich der Azoren. Die Gruppe fuhr ab 6.12.42 westwärts bis zum Längengrad 40° West. Convoys wurden festgestellt, als sie südlich der »Westwall«-Linie auf ihrem Weg nach dem Mittelmeer passierten. Dieses, in Verbindung mit Kraftstoffproblemen, führte dazu, die »Westwall«-Gruppe wieder bis zum 12. nach Osten zu führen. Am 16. wurde die Gruppe aufgelöst und zwischen dem 19. und 23. suchten die Boote ihre Ziele 200 bis 300 Seemeilen vor der Küste Portugals und Spaniens, jedoch ohne Erfolg.
U 106 lief am 26.12.42 in Lorient ein.

9. 17.2.43: Auslaufen zur Operation im Westatlantik. U 106 wurde am 7.3.42 südwestlich der Azoren von U 461 mit Kraftstoff versorgt, dann traf es auf andere Boote im Westen der Azoren. Die Boote sollten an sich vor der US-Küste operieren, wurde nun aber zur Bildung der Linie »Unverzagt« südwestlich der Azoren zur Bekämpfung des nach Osten laufenden Convoys UGS 6 befohlen. Am Abend des 12. sichtete U 130 den Convoy, allerdings wurde es geortet und versenkt, bevor es den Kontakt herstellen konnte. Die Gruppen »Unverzagt« und »Wohlgemut« bildeten eine Linie, die vom UGS 6 am 14. passiert wurde. Der Convoy wurde als wichtig genug angesehen, so dass die vor den Kanarischen Inseln kreuzende »Tümmler«-Gruppe hinzugezogen wurde, um den 150 Seemeilen entfernten Convoy anzugreifen, bevor er zu nahe bei Gibraltar war.

Obwohl schließlich sechs Boote in Kontakt mit dem Convoy waren, es keine Luftsicherung gab und die Sicht gut war, wurde die Operation zum Fehlschlag. Nur vier Schiffe wurden versenkt. Der Geleitschutz hielt die Boote auf Distanz, führte Wasserbombenangriffe auf eine Entfernung von zehn Seemeilen vom Convoy durch. Die Operation wurde am 19. beendet, dies geschah wegen der wachsenden Luftüberwachung vor Gibraltar. Am 24. gab U 106 Kraftstoff an U 515 ab und fuhr dann heim. Einlaufen Lorient am 4.4.43.

10. 28.7.43: U 106 passierte die Biskaya nördlich von Spanien. Während des Morgens am 2.8.43 wurde das Boot angegriffen und durch eine Wellington der 407. (RCAF) Squadron (W/Cdr J.C. Archer) beschädigt. Zwischenzeitlich wurden Reparaturen durchgeführt und U 106 war in der Lage zu tauchen. Es traf am Abend mit Motortorpedobooten zusammen, die es escortieren sollten. Nach Erreichen des Treffpunktes nahm U 106 die Geräusche der Schnellboote auf. Aber da waren Anzeichen zum Abdrehen, so dass sie weiter nach Norden liefen. U 106 tauchte auf und machte sich ebenfalls mit hoher Fahrt auf den Weg nach Norden. Kurz darauf wurde das Boot von einer Sunderland der 228. Squadron (F/O R.D. Hanbury) geortet. Als das Flugzeug anflog, wurde es von der Flak des Bootes vertrieben. Das Zirkel fliegende Flugboot wurde von einer anderen Sunderland der 461. (RAAF) Squadron (F/Lt A.F. Clarke) unterstützt. U 106 war dann Gegenstand einer Serie von Angriffen mit Wasserbomben und Bordwaffenbeschuss und 25 Minuten nach der ersten Sichtung sank das Boot nordwestlich von El Ferrol. Der Kommandant und 35 Mann wurden von drei Torpedobooten, T 22, T 24 und T 25 aufgenommen, die zum Geleit des Bootes ausgelaufen waren.
25 Mann der Besatzung waren tot.

U 107 Typ IX B

Bauwerft: AG.Weser, Bremen
Kiellegung: 6. Dezember 1939
Stapellauf: 2. Juli 1940
Indienststellung: 8. Oktober 1940
Feldpost-Nr.: M 39808
Versenkt am 18. August 1944 südwestlich von Belle Ile (46°46'N/03°39'W)

Kommando:
2. U-Flottille Wilhelmshaven/Lorient von Oktober 1940–18. August 1944 (Schulboot/Frontboot)

Kommandanten:
KKpt Günter Hessker, Oktober 1940–November 1941
KptLt Harald Gelhaus, Dezember 1941–Mai 1943
KptLt Volker Simmermacher, Mai 1943–18. Aug.1944

Feindfahrten: 13
Versenkte Schiffe: 38 (217.751 BRT) und 4 beschädigt

1. 24.1.41: Auslaufen Kiel in den Nordatlantik. U 107 befand sich am 3.2.41 südlich von Island, als es den südwestwärts laufenden Convoy OB 279 sichtete. Viele andere Boote, die an den Convoy herangeführt wurden, kamen nicht heran. In den frühen Stunden des 3. versenkte U 107 die britische EMPIRE CITIZEN (4.683 t) südlich von Reykjavik und am späten Abend die britische CRISPIN (5.051 t) nordnordwestlich von Rockall. Dieses Schiff hatte den Convoy verlassen und wurde durch einen Zerstörer gesichert. In den frühen Stunden am 6. versenkte das Boot die britische MAPLECOURT (3.388 t), einen Nachzügler des Convoys SC 20 südsüdwestlich von Rockall. Am 19. wurde U 107 mit anderen Booten nach dem Gebiet südlich von Island beordert, um eine Linie südöstlich vor dem nach Westen laufenden Convoy OB 287 zu bilden, der von einem deutschen Flugzeug nordwestlich von Cape Wrath gesichtet worden war. Falsche Angaben des Flugzeuges über den Convoy riefen die Bildung einer falschen Linie hervor und die Operation wurde am 21. abgeblasen.

Am 23. versenkte U 107 die britische MANISTEE (5.360 t) südlich von Island. Das Schiff sank nach vielen Angriffen von U 107 und mag auch von einem Torpedo des italienischen Ubootes BIANCHI getroffen worden sein. U 107 operierte gegen den Convoy OB 288 ab 23., hatte aber keinen Erfolg. Rückkehr nach Lorient am 1.3.41.

2. 29.3.41: Auslaufen zur Atlantikoperation südlich des Gebietes von Freetown. Am Morgen des 8.4.41 griff U 107 den nach Süden laufenden Convoy OG 57 südöstlich der Azoren an und versenkte die britische ESKDENE (3.829 t). Dem Convoy folgend, versenkte das Boot die britische HELENA MARGARETA (3.316 t) am Abend des 8. und die britische HARPATHIAN (4.671 t) gleich nach Mitternacht westlich von Madeira.

Am 9. versenkte U 107 den britischen Tanker DUFFIELD (8.516 t) westsüdwestlich von Madeira.

U 107 war am 21. westsüdwestlich von den Kanarischen Inseln, als es die britische CALCHAS (10.305 t) versenkte, und am 30. südwestlich von den Kapverdischen Inseln, wo die britische LASSELL (7.417 t) versenkt wurde. Das Boot fuhr nach Süden in das Versorgungsgebiet nordwestlich von St. Paul Rocks, wo es am 3.5.41 Kraftstoff von der NORDMARK erhielt und am 10. von der EGERLAND Torpedos.

Nachdem das Gebiet von Freetown erreicht war, suchte U 107 den Erfolg. Es versenkte den niederländischen Tanker MARISA (8.029 t) gleich nach Mitternacht am 16. südwestlich von Freetown, die britische PIAKO (8.286 t) am 18., die britische COLONIAL (5.108 t) am 27., die griechische PAPALEMOS (3.748 t) am 28., die britische SIRE (5.664 t) am 31., die britische ALFRED JONES (5.013 t) am 1.6.41 und die britische ADDA (7.816 t) am 8., alle sechs Schiffe im Gebiet westsüdwestlich von Freetown.

Auf der Fahrt nach Westen zur Auffüllung mit Kraftstoff nordwestlich von St. Paul Rocks versenkte U 107 noch die griechische PANDIA (4.981 t) nordöstlich von den Rocks am 13. Das Boot war zur Kraftstoffversorgung durch den Versorger LOTHRINGEN vorgesehen, aber das Schiff war Anfang Juni versenkt worden. Ohne Versorgung im Gebiet des zentralen Atlantiks und nach Versenkung von fünf Versorgern im Atlantik lief U 107 Anfang Juni zurück in die Heimat.

Diese Feindfahrt war sehr erfolgreich im Zweiten Weltkrieg, mit 14 versenkten Schiffen und insgesamt 86.699 BRT. U 107 erreichte Lorient am 2.7.41.

3. 6.9.41: Auslaufen in den Atlantik. U 107 traf auf eine Gruppe mit U 67, U 68 und U 103, und ab 18.9.41 wurden diese Boote nach Süden geschickt. Am 21. sichtete U 107 den nach Norden laufenden Convoy SL 87 westlich von den Kanarischen Inseln. Angriffe wurden auf den Convoy über drei Tage gefahren und sieben Schiffe versenkt, drei davon durch U 107 am Morgen des 24., die britische JOHN HOLT (4.975 t), die britische LAFIAN (4.876 t) und die britische DIXCOVE (3.790 t), alle westnordwestlich von den Kanarischen Inseln.

Nach dieser Operation fuhr U 107 weiter nach Süden mit U 103 und U 125. U 107 hatte zu dieser Zeit keinen Erfolg im Gebiet von Freetown. Am 16.10.41 kehrten die Boote, zu denen auch U 68 gestoßen war, zurück, wieder in einer Linie und auf der Suche im Gebiet zwischen 17° und 25° W. Sie hatten keinen Erfolg. U 107, U 66 und U 103 wurden auf den nach Süden laufenden Convoy OS 10, der von U 96 gesichtet worden war, am 31. nördlich von den Azoren angesetzt, aber es gab nur einen kurzen Kontakt und der Convoy wurde wieder verloren.

U 107 und U 103 gehörten kurz zur »Störtebecker«-Gruppe westlich von Spanien, wo für den 5. eine Linie zur Operation gegen den erwarteten Convoy HG 76 von Gibraltar geplant war. Luftaufklärung verfehlte ihn jedoch, und am 7. wurde die Gruppe an den Convoy SL 91 im Norden beordert.

U 107 und U 103, mit nur wenig Kraftstoff, verließen die Gruppe zur Rückkehr in den Stützpunkt. U 107 erreichte Lorient am 11.11.41.

4. 10.12.41: Auslaufen zur Operation im Westen von Gibraltar. U 107 traf die »Seeräuber«-Gruppe, die zum Angriff auf den Convoy HG 76 befohlen war, der Gibraltar in Richtung Großbritannien am 14. verlassen hatte. Der Convoy lief südlich längs der marokkanischen Küste und wurde von der Luftaufklärung bis zum 16. nicht gefunden. U 107, U 108, U 131 sichteten den Convoy HG 76 am 17. Bei der Beschattung wurde U 107 durch die Korvette HMS PENTSTEMON am 18. vertrieben. Das Boot nahm die Verfolgung wieder auf, und vom 20. an brachte es die übrigen fünf Boote heran. Kontakt wurde am 22. wieder aufgenommen. Drei Schiffe wurden versenkt, außerdem der Zerstörer HMS STANLEY und der Escortträger HMS AUDACITY. Fünf Boote gingen verloren. U 107 hatte keinen Erfolg. Rückkehr nach Lorient am 26.12.41.

5. 7.1.42: Auslaufen zur Operation im westlichen Nordatlantik. Die erste Welle von fünf Booten der Operation »Paukenschlag« war in Position vor der US-Ostküste Anfang Januar, und die ersten Angriffe auf die Schifffahrt wurden am 13. gemacht. U 107, U 106 und U 103 erreichten das Gebiet östlich von Chesapeake Bay, bevor die erste Welle ihren Rückmarsch begann, und bildeten eine Gefahr für die Küstenschifffahrt. Am 31. versenkte U 107 den britischen Tanker SAN ARCADIO (7.419 t) nördlich der Bermudas.

Am 6.2.42 versenkte das Boot die amerikanische MAJOR WHEELER (3.431 t), die am 9. in Philadelphia erwartet wurde, aber nicht ankam. Weiter nördlich beschädigte U 107 die norwegische EGDA (10.068 t) am 21. ostsüdöstlich von Sable Island. U 107 kehrte am 7.3.42 nach Lorient zurück.

6. 21.4.42: Auslaufen zur Operation im westlichen Atlantik. U 107 traf das rücklaufende U 123 westlich der Biskaya am 28., um ein Code-Buch zu übergeben und Neuigkeiten auszutauschen. U 107 erreichte das Gebiet von Hatteras um Mitte Mai und fuhr später südlich in Richtung der Küste von Florida und dann der Nordküste Kubas entlang. Am 29. versenkte es die britische WESTERN HEAD (2.599 t) in der Windward Passage.

In den folgenden drei Wochen operierte U 107 in der Karibik zwischen Kuba und Yucatan. Am 1.6.42 versenkte U 107 die panamesische BUSHRANGER (4.536 t) südlich von Grand Cayman, am 7. die honduranische CASTILLA (3.910 t) südlich von Punta Francis, Kuba, am 9. die amerikanische SUWIED (3.249 t) südlich vom westlichen Ende von Kuba und am 10. die amerikanische MERRIMACK (2.606 t) südlich des Yucatan Channels. U 107 blieb in der Karibik um den 20. und versenkte am

26. die niederländische JAGERSFONTEIN (10.083 t) ostsüd-östlich der Bermudas. Auffüllen mit Kraftstoff Ende Juni nordöstlich von den Bermudas durch U 459.

U 107 kehrte am 11.7.42 nach Lorient zurück.

7. 25.7.42: Auslaufen Lorient und Rückkehr am 29.7.42.

8. 15.8.42: Auslaufen zur Operation im Freetown-Gebiet. U 107 traf nordöstlich der Azoren mit der »Iltis«-Gruppe mit U 214, U 406 und U 556 zusammen, um am 23. nach Süden zu fahren. Am 26. wurde der nach Norden laufende Convoy SL 119 westlich von Lissabon durch U 214 gesichtet. U 107 lief an den Convoy heran und wurde vertrieben. Die Operation endete mit der Versenkung von drei Schiffen, zwei durch U 556 und eines durch U 156 der »Eisbär«-Gruppe, die ebenso gegen den Convoy operierte. U 107, U 214 und U 406 warteten westlich von Lissabon. Am Morgen des 3.9.42 versenkte U 107 zwei Schiffe vor der protugiesischen Küste, südlich von Lissabon. Die wartenden Boote wurden von U 87, U 333 und U 590 getroffen und am 9. begannen sie nach Süden in Richtung der Kapverdischen Inseln zu schwenken. Die Boote patroullierten in einem Gebiet südwestlich der Kanarischen Inseln vom 12. bis zum 24., bis die Gruppe aufgelöst wurde. U 107 wurde durch U 460 zwischen dem 25. und 27. nördlich von den Kapverdischen Inseln mit Kraftstoff versorgt. Dann wandte es sich nach dem Gebiet von Freetown, wo es am 7.10.42 die britische ANDALUSIA STAR (14.943 t) westsüdwestlich von Monrovia versenkte.

Nachdem der Kommandant von U 333 bei einem Kampf mit der Korvette HMS CROCUS am 6. vor Freetown ernst-haft verwundet worden war, traf am 7. U 333 mit U 107 zusammen. Auf U 107 befand sich ein ausgebildeter Kapitän, und dieser stieg über auf U 333, um das Kommando zu übernehmen und das Boot nach Hause zu bringen. Am bzw. um den 11. herum wurde U 107 durch U 459 südwestlich von Freetown mit Kraftstoff versorgt. Das Boot lief am 18.11.42 in Lorient ein.

9. 30.1.43: U 107 lief aus zu Operationen im Nordatlan-tik. U 107 traf auf die »Hartherz«-Gruppe westlich der Biskaya, die eine Linie bildete, um MKS- und KMS-Convoys anzugreifen. Nach einigen Tagen wurde die Gruppe aufgelöst, Schiffe wurden nicht gesehen. U 107 fuhr weiter nach Süden auf eine Position vor der Küste Portugals. Die deutsche Ubootführung fürchtete eine alli-ierte Landung in Portugal und ab 11.2.43 waren U 107 und andere Boote in Alarmbereitschaft. Allerdings wurde am 12. ein nach Süden laufender Convoy 200 Seemeilen westlich von Cap Finisterre gesichtet, und die Boote war-teten westlich Portugals auf den Angriffsbefehl. Der Convoy fuhr unter starker Luftsicherung, die die Boote unter Wasser drückte und es ihnen unmöglich machte, anzugreifen. Die Operation endete am 14. als Fehlschlag,

U 442 und U 620 waren durch Flugzeuge versenkt wor-den. Als die Furcht einer alliierten Invasion in Portugal vorüber war, bildeten die Boote mit U 107 die »Robbe«-Gruppe nordöstlich der Azoren. Vom 17. bis 20. durch-suchte die Gruppe das Gebiet, aber es wurde kein Schiff gefunden. Am 21. wurden die »Robbe«-Boote mit genü-gend Kraftstoff auf eine Position westlich von Gibraltar am 28. befohlen. Auf der Fahrt dahin versenkte U 107 östlich von Terceira, Azoren, die britische ROXBOROUGH CASTLE (7.801 t). Auf der neuen Position vor Gibraltar waren die Boote Subjekt intensiver Luftkontrollen, so dass sie am 5.3.43 weiter nach Westen verlegten. Am 5. schloss U 107 dicht an den Convoy KMS 10 heran, wurde aber durch eine Catalina vertrieben. Am 12. wurde der nach Süden laufende Convoy OS 44 durch ein deut-sches Flugzeug nördlich der »Robbe«-Gruppe gesichtet. U 107 schloss an den Convoy während der Nacht des 12./13. heran und versenkte vier Schiffe westlich von Vigo: die britische MARCELLA (4.592 t), die britische CLAN ALPINE (5.442 t), die britische OPORTO (2.352 t) und die britische SEMBILANGAN (4.990 t). U 107 fuhr zurück in das Gebiet westlich von Lissabon und einige Tage später lief es nach Hause. Einlaufen Lorient am 25.3.43.

10. 24.4.43: Auslaufen Lorient in das Neufundland-gebiet. U 107 versenkte die britische PORT VICTOR (12.411 t) am 1.5.43 westsüdwestlich von Irland. U 107 traf auf die »Amsel«-Gruppe am 4. östlich von Neufund-land, in einer Linie vor dem nach Südwesten laufenden Convoy ONS 5. Während der Nacht vom 4./5. orteten die ersten Boote der »Amsel«-Gruppe 1 und 2 und der »Fink«-Gruppe den Convoy. Angriffe wurden gefahren, und der Convoy löste sich in einzelne kleine Gruppen auf. Am Nachmittag des 5. kam Nebel auf und der Kontakt ging verloren. Nachdem er am kommenden Morgen kurz wieder da war, wurde die Operation am 6. abgebrochen. 12 Schiffe gingen verloren und sechs Boote wurden versenkt.

Vom 8. an wurden die »Amsel«-Gruppe 1 und die »Amsel«-Gruppe 2 umgebildet in Gruppe »Elbe« östlich von Neufundland in Erwartung von zwei nach Osten lau-fenden Convoys. Am 8. wurde die Gruppe gegen den südwärts laufenden Convoy HX 237 angesetzt. Der Convoy war zu weit vor der »Elbe«-Gruppe, deren Boote mit hoher Fahrt nach Südosten liefen, um den langsame-ren SL 129 abzuschneiden. Am 10. waren die »Rhein«- und »Elbe«-Gruppe zusammengefasst zur »Elbe 1«- und »Elbe 2«-Gruppe. Während sie sich noch am 11. for-mierten, passierten sie den Convoy. Allerdings wurde am 12. Kontakt hergestellt, aber die elf beschatteten Boote wurden vertrieben. Einige Boote wurden beschädigt, U 186 versenkt. Als der Escortträger HMS BITER den

Convoy erreichte, um das Geleit zu verstärken, endete die Operation. Nur zwei Schiffe wurden versenkt. Zwei Boote gingen verloren. U 107 verließ die Gruppe und lief am 26.5.43 in Lorient ein.

11. 28.7.43: Auslaufen zum Minenlegen vor der US-Ostküste. Am 31. wurde U 107 in der Biskaya von einer Halifax der 502. Squadron (F/O A.J. Davey) angegriffen, aber es gab keine Beschädigung. Das Flugzeug wurde vom Boot beschossen, bis es aufs Wasser niederging. Am frühen Morgen des 28.8.43 feuerte U 107 drei Torpedos auf die amerikanische ALBERT GALLATIN (7.176 t), nur einer traf, aber detonierte nicht. Ein escortierender BLIMP, T 34, rief Unterstützung herbei. Eine Army B 25 kam herbei und sichtete U 107 an der Oberfläche nordwärts laufend. Der Pilot warf vier Wasserbomben, alle vorbei. Der Blimp rief weitere Marinefahrzeuge herbei, aber die Suche am 29. und 30. ergab nichts. Die ALBERT GALLATIN wurde schließlich durch das japanische Uboot I 26 am 2.1.44 im Indischen Ozean versenkt.

U 107 legte 12 TMB-Minen vor Charleston am 4.9.43. Sie wurden am 20.9.43 festgestellt, als das britische Minensuchboot J-967 beim Suchen eine zur Detonation brachte. Die US Navy klärte den Rest. U 107 beschädigte wahrscheinlich die amerikanische RAPIDAN (8.246 t) mit einem Torpedo am 11. östlich von Charleston. Rückkehr nach Lorient am 3.10.43.

12. Auslaufen Lorient am 10.11.43, Einlaufen St. Nazaire am 12.11.43.

13. 16.11.43: Auslaufen St. Nazaire zur Operation westlich von Spanien und Portugal. Ab 23. gehörte U 107 zur »Weddigen«-Gruppe, einer Ost-West-Linie westlich von Cape Finisterre, zwischen dem 18° und 22° W. Am 23. fuhr die Gruppe südwestwärts, wurde dann am Abend des 25. zum Angriff auf den kombinierten Convoy MKS 31/SL 140 befohlen. Gesichtet von einem deutschen Flugzeug am 26., machte sich die »Weddigen«-Gruppe klar zum Angriff. Der Convoy lief im Norden, und als er von Flugzeugen erneut wieder gesehen wurde, war er östlich der Gruppe. Sofort drehten die Boote nach Nord-osten, tauchten bei Tageslicht und fuhren mit hoher Fahrt an der Wasseroberfläche bei Nacht. Konstant durch Flugzeuge und Geleitfahrzeuge belästigt, war ihr Erfolg nur klein. Vor der Dunkelheit am 28. wurde U 262 vom Convoy überrannt, tauchte und schoss drei Torpedos, aber ohne Erfolg. Gleich darauf machte U 107 einen erfolglosen Angriff gegen einen Zerstörer des Geleitschutzes. Es wurde durch die Korvettte HMS DAHLIA geortet und erhielt einige Beschädigungen durch Wasserbombenangriffe. Die Operation wurde am 28. eingestellt und sieben »Weddigen«-Boote, die nicht in den Stützpunkt zurückliefen, fuhren nach Nordwesten, um dort eine neue Linie auf dem Längengrad 25° W zu bilden.

U 107 gehörte nicht zu dieser Gruppe.

Als »Weddigen« am 8. aufgelöst wurde, wurden U 107 und U 618 zur »Coronel«-Gruppe abgeteilt, die am 5.12.43 beim Nord-Kanal gebildet worden war und dann nach Westen fuhr. U 107 traf die Gruppe um den 12., irgendwo südöstlich von Cape Farewell.

Am 15. wurde die »Coronel«-Gruppe vergrößert und dann in drei Sektionen, 1, 2 und 3 aufgeteilt. U 107 gehörte zur Sektion 3, die nach Süden gesandt wurde, um den nach Westen laufenden Convoy ONS 25 zu finden. Am 20. begann die »Coronel«-Gruppe 3, als »Borkum«-Gruppe in ein Gebiet westlich von Cape Ortegal zu verlegen, um den kombinierten Convoy MKS 33/SL 142 anzugreifen. Als der Convoy nicht gefunden wurde, wurden die »Borkum«-Boote gegen die Escortträger-Gruppen USS CARD und USS CORE angesetzt, um die Rückkehr des Blockademanövers OSORNO zu sichern. Das Schiff erreichte die Girondemündung sicher am 26. nach Kollision mit einem Wrack, musste auf Land gesetzt werden, um die wertvolle Ladung zu löschen. U 107 verließ die »Borkum«-Gruppe Ende Dezember und lief in Lorient am 8.1.44 ein.

14. 30.4.44: Auslaufen Lorient und Rückkehr am 2.5.44.

15. 10.5.44: Auslaufen nach kanadischen Gewässern. Am 19. glaubte U 107 einen Zerstörer mit einem Torpedo nahe Halifax getroffen zu haben, aber das ist unglaubhaft. Am 13.6.44 beschädigte U 107 mit Artillerie das amerikanische Fischereifahrzeug LARK (237 t) bei der Baccaro Bank, 40 Seemeilen von Cape Roseway entfernt, nachdem zwei Torpedos vorbeigegangen waren. Die 3,7-cm-Kanone des Bootes hatte nach 15 Schuss Ladehemmung. Die Amerikaner verließen die LARK, aber bemannten sie später wieder und fuhren die 300 Seemeilen nach Boston zurück. U 107 wurde nach Lorient zurückgerufen, entschied aber, dass es genügend Brennstoff habe, um Bergen anzulaufen. Das war eine Option zugunsten Norwegens, da nicht feststand, wie schnell die Alliierten die Atlantikhäfen in Besitz nehmen würden. U 107, das erste mit einem Schnorchel ausgerüstete Boot, um amerikanische Gewässer zu erreichen, kehrte ohne Erfolg zurück. Einlaufen Lorient am 23.7.44.

16. 16.8.44: Auslaufen Lorient nach La Pallice. Am 18. hatte bei klarer Sicht eine Sunderland der 201. Squadron (F/Lt E.H. Baveystock) gerade ihr Operationsgebiet westlich von La Rochelle erreicht. Baveystock war unten, der 2. Pilot flog die Maschine, mit dem 3. Piloten neben sich. Der Bugschütze und 3. Pilot sahen gleichzeitig das Folgewasser vom Sehrohr von U 107, etwa zehn Seemeilen voraus.

Als der Alarm ertönte, kam Baveystock hoch und verscheuchte den 3. Piloten vom Sitz des 2. Piloten. Zu dieser Zeit hatte das Flugzeug das Folgewasser des Sehrohrs passiert. Baveystock verließ seinen Sitz, löste die Halterung seiner Wasserbomben, stellte die Tiefenzündung von 60 Fuß auf 50 Fuß und ging dann nach vorne zum Angriff auf das Boot vom Sitz des 2. Piloten aus. Die Sunderlnad drehte einen Kreis, das Folgewasser wurde wieder erkannt und die Wasserbomben unter den Flügeln gelöst. Sechs Wasserbomben wurden geworfen, sie trafen das Boot im richtigen Winkel, riefen eine gewaltige Detonation hervor und wirbelten über ein großes Gebiet das Wasser empor. Es ist fraglich, ob U 107 in zwei Teile zerrissen wurde, da nach 20 Minuten Blasen bemerkt wurden, die die Wasseroberfläche durchbrachen. Es gab keine Überlebenden. 59 Tote.

U 108 Typ IX B

Bauwerft: AG.Weser, Bremen
Kiellegung: 27. Dezember 1939
Indienststellung: 22. Oktober 1940
Stapellauf: 15. Juli 1940
Feldpost-Nr.: M 27968
Selbst versenkt am 24. April 1945 in Stettin

Kommandos:
2. U-Flottille Wilhelmshaven/Lorient von Oktober 1940–August 1943 (Schulboot/Frontboot)
8. U-Flottille Danzig von September 1943–11. April 1944 (Schulboot)

Kommandanten:
KKpt Klaus Scholtz, Oktober 1940–September 1942
KKpt Rolf-Reimar Wolfram, Sept. 1942–Okt. 1943
OLtzS Erich Hilsenitz (zeitweilig), Oktober 1942
OLtzS Matthias Brünig, Oktober 1943–April 1944

Feindfahrten: 11
Versenkte Schiffe: 25 (127.990 BRT)

1. 15.2.41: Auslaufen Wilhelmshaven zur Operation westlich der Britischen Inseln. Am 22. vesenkte U 108 vor der Südküste von Island die niederländische Texelstroom (1.617 t).
U 552 sichtete den nach Westen laufenden Convoy OB 289 am 23. südwestlich von den Färöern. U 95, U 97 und U 108 wurden zum Angriff angesetzt. U 108 kam heran, hatte aber keinen Erfolg. Die Operation endete am 25. U 108 versenkte die britische Effna (6.461 t) am Abend des 28. vor Vik, Island.

Eine Condor des 1./KG 40 sichtete den nach Westen laufenden Convoy OB 292 am 2.3.41. U 108, U 47, U 70, U 95, U 99 und U 552 bildeten eine Linie zum Angriff am 3., aber der Convoy wurde nicht gefunden. Er wurde während der Nacht zum 4. wieder entdeckt und von den zuvor erwähnten sechs Booten am 5. eine neue Linie gebildet. Der Convoy wurde umgeleitet und umging die Linie.
U 108 kehrte nach dem neuen Stützpunkt Lorient am 12.3.41 zurück.
2. 3.4.41: Auslaufen zur Operation südwestlich von Island. U 108 war in der Dänemarkstraße stationiert, westlich von Island. Am 13. versenkte das Boot den Hilfskreuzer HMS Rajputana (16.444 t) westlich von Reykjavik. Der Zerstörer HMS Legion nahm 277 Überlebende auf, 37 Mann waren tot.
U 108 kehrte am 2.5.41 nach Lorient zurück.
3. 25.5.41: Auslaufen zur Operation im Westatlantik. Am 25. wurde U 108 mit anderen Booten zur Unterstützung der Bismarck gerufen. Am 24. hatten die Bismarck und Prinz Eugen den Versuch gemacht, die Dänemarkstraße zwecks Fahrt in den Atlantik zu durchbrechen. Der Plan sah vor, dass eine Gruppe von Ubooten eine Linie in Richtung Nordwest-Südwest südlich von Cape Farewell bilden sollten. Nachdem die beiden Kriegsschiffe die Linie passiert hatten, sollten die Boote ein Beschatten der Schiffe verhindern. Allerdings wurde der Plan geändert. Die Bismarck sollte nach St. Nazaire laufen und die Prinz Eugen lief ab nach Südwesten. Während der Nacht vom 24./25. wurde die Bismarck bei einem Torpedoangriff von trägergestützten Flugzeugen beschädigt. Um sie in den relativ sicheren Weg durch die Biskaya zu bekommen, wurden die Boote U 74, U 97, U 98, U 109 und U 556 und die weiter weg operierenden Boote U 48, U 73 und U 108 angewiesen, am 25. die Bismarck 450 Seemeilen westlich von St. Nazaire zu unterstützen. Sie wurden dann zur Bildung einer Linie geführt, die von Nordwesten von Cape Ortegal verlief. Dieser Plan wurde durch einen schweren Sturm verschoben und die Boote konnten erst am 26. ihre Position einnehmen. Am Abend dieses Tages war die Bismarck am nordwestlichen Ende der Linie; sie lief parallel zu ihr nach Osten. Boote, die noch Torpedos ergänzt haben, wurden angewiesen, ihr zur Hilfe zu eilen, aber schwere See erschwerte das Finden. Die Bismarck sank am Morgen des 27. U 108, U 48 und U 73 erreichten den Untergangsplatz und suchten bis 31. nach Überlebenden, aber fanden keine.
U 108 beendete seinen Ausflug und lief westwärts. Am 2.6.41 versenkte das Boot das CAM-Schiff Michael E. (britisch, 7.628 t) im zentralen Nordatlantik. Weiter westlich versenkte es am 8. die britische Baron Nairn (3.164 t) und die griechische Dirphys (4.240 t). Am

Morgen des 10., östlich von Neufundland, versenkte das Boot die norwegische CHRISTIAN KROHG (1.992 t) vom nach Westen laufenden Convoy OB 328. Es hatte am 9. schon einen Torpedo auf das Schiff geschossen, der aber vorbei ging.

Um den 20. traf das Boot auf die »West«-Gruppe. Man erkannte sehr bald, dass die Convoys zur Umgehung der Gruppe umgeleitet wurden, folglich wurden alle Boote in einer losen Formation über ein großes Gebiet verstreut diktiert. Am 25., südöstlich von Cape Farewell, versenkte U 108 die griechische ELLINICO (3.059 t) und die griechische PATERAS (4.362 t), einen Nachzügler des nach Westen laufenden Convoys OB 336. U 108 war eines von mehreren Booten, die diesen Convoy seit dem 24. beschatteten. Nur drei Schiffe wurden vom Convoy OB 336 versenkt, zwei weitere durch U 203.

U 108 setzte seine Operation im selben Gebiet fort. Am 29. meldete die Luftaufklärung einen Convoy, möglicherweise den OG 66. Die Boote wurden auf ihn angesetzt, aber sie verfehlten ihn außer U 108, das einen kurzen Kontakt herstellte, dann aber vertrieben wurde. Am 1.7.41 versenkte U 108 ein Wetterbeobachtungsschiff, die britische TORONTO CITY (2.486 t), nördlich der Azoren. U 108 kehrte am 7.7.41 nach Lorient zurück.

4. 19.8.41: Auslaufen zur Operation im Zentralatlantik. U 108 wurde an einen südwärts laufenden Convoy, den OG 71 westlich von Cape Finisterre, herangeführt, aber es fand ihn nicht.

Am 28. traf U 108 zusammen mit U 111 und U 125 zu einem Suchkurs südwärts zwischen dem 30° und 35° W von den Azoren nach St. Paul Rocks. Von 10. bis zum 23. September operierten die drei Boote östlich, westlich und südlich von den Rocks, nur U 111 hatte einen Erfolg. Am 24. fuhren sie nach den Kapverdischen Inseln und dann ging es in das Gebiet von Freetown.

U 108 verließ die Gruppe und fuhr Anfang Oktober heimwärts, wieder ohne Erfolg. Einlaufen Lorient am 21.10.41.

5. 9.12.41: Auslaufen in das Gebiet von Gibraltar, wo es auf die »Seeräuber«-Gruppe traf. Das Boot versenkte am 14. westlich von Gibraltar die portugiesische CASSEQUEL (4.751 t).

Auf Nordkurs verließ der Convoy HG 76 Gibraltar, und die »Seeräuber«-Gruppe wartete auf ihn. Der Convoy sollte eine starke Sicherung haben, und das traf auch zu. HG 76 fuhr am 14. ab, und die Boote wandten sich ihm zu. Der Convoy fuhr südlich entlang der marokkanischen Küste und wurde von Aufklärungsflugzeugen erst am 16. entdeckt. U 108 kam an ihn heran, wurde aber vertrieben. Es sichtete den Convoy wieder am 17., genauso U 107 und U 131. U 131 wurde am 17. versenkt, und U 107 wurde am Abend des 18. vertrieben. U 108 glaubte am

Abend des 17. ein Schiff getroffen zu haben, und am Morgen des 19. beschädigte das Boot die britische RUCKINGE (2.869 t) westlich von Lissabon. Das Schiff wurde dann durch Artillerie der Korvette HMS SAMPHIRE versenkt. U 108 blieb in Kontakt mit dem Convoy bis zum 22., genauso der Zerstörer HMS STANLEY und der Escortträger AUDACITY, aber fünf Boote gingen verloren.

U 108 kehrte zurück nach Lorient am 25.12.41.

6. 8.1.42: Auslaufen zur Operation vor der US-Küste, als Teil der zweiten Welle der Operation »Paukenschlag«. U 108 operierte im Gebiet von Hatteras. Am 8.2.42 versenkte das Boot die britische OCEAN VENTURE (7.174 t) nahe Cape Hatteras, am Abend des 9. östlich vom Cape die norwegische TOLOSA (1.974 t) und im selben Gebiet am 12. die norwegische BLINK (2.701 t). Westlich von den Bermudas versenkte U 108 am 16. die panamesische RAMAPO (2.968 t) und auf seinem Rückweg die britische SOMME (5.265 t) südöstlich von Sable Island am 18.

U 108 lief in Lorient am 4.3.42 ein.

7. 30.3.42: Auslaufen zur Operation im Westatlantik. U 108 wurde am 22.4.42 500 Seemeilen nordöstlich der Bermudas von U 459 mit Kraftstoff versorgt. Am 25. versenkte U 108 die britische MODESTA (3.849 t) und am 29., südwestlich der Bermudas, den amerikanischen Tanker MOBILOIL (9.925 t). U 108 marschierte durch die Bahama-Passage und versenkte am 5.5.42 in der Windward-Passage die amerikanische AFOUNDRIA (5.010 t). Am 6. versenkte das Boot die lettische ABGARA (4.422 t) südöstlich von Cape Inagua Island. U 108 trat die Heimreise an und versenkte am 20. den norwegischen Tanker NORLAND (8.134 t) des Convoys ON 93, 600 Seemeilen östlich der Bermudas. Rückkehr nach Lorient am 1.6.42.

8. 13.7.42: Auslaufen zur Operation in der Karibik. Am 18. sichtete U 126 den nach Süden laufenden Convoy OS 34 nordöstlich der Azoren. Es rief die Boote U 108, U 564 und U 654 herbei. Sie kamen später am Tag hinzu und in den frühen Stunden des 19. versenkte U 564 zwei Schiffe aus dem Convoy, aber als U 108 zum Angriff ansetzte, blieb es ohne Erfolg. Geleitende Flugzeuge machten es den Booten unmöglich, an der Wasseroberfläche zu bleiben. Nach Durchführung der Angriffe wurde U 108 Opfer von Wasserbombenangriffen. Es wurde vom Convoy vertrieben, und am 19. ging der Kontakt verloren. Als am 20. der Convoy nicht mehr gestellt wurde, traten U 108 und andere Boote ihre Weiterreise nach Westen fort. U 108 bevorzugte ein Gebiet östlich von Trinidad. Am 3.8.42 versenkte es den britischen Tanker TRICULA (6.221 t) ostsüdöstlich von Barbados und am 7. die norwegische BRENAS (2.687 t) nordnordöstlich von Georgetown, British Guinea. Am

15. wurde U 108 an der Wasseroberfläche 150 Seemeilen von Georgetown von einer Hudson der 53. Squadron gesichtet (S/Ldr Hilditch). Vier Wasserbomben richteten leichte Schäden an. Am 20. operierte U 108 vor der Nordküste von Südamerika und versenkte den amerikanischen Tanker LOUISIANA (8.587 t) nordöstlich von Pernambuco, wurde dann aber von Flugzeugen vertrieben.

U 108 kehrte am 10.9.42 nach Lorient zurück.

9. 25.10.42: Auslaufen zur Operation im Gebiet von Freetown. U 108 wurde Anfang November nach Süden geschickt. Am 7. wurde es für weitere Operationen mit Kraftstoff versorgt, wahrscheinlich durch ein anderes U-Boot. Folgend den Meldungen über alliierte Landungen in Nordafrika wurden die im Süden stehenden Boote mit ausreichend Brennstoff, einschließlich U 108, am 8. befohlen, mit hoher Geschwindigkeit nach Norden zur marokkanischen Küste zu gehen, und zwar als Gruppe »Schlageter«. Einige Versenkungen wurden nach dem Erscheinen der Boote am 11. erreicht. Allerdings, als die alliierte Ubootabwehr sowohl auf See als auch in der Luft verstärkt wurde, kam es nach dem 1. vor Casablanca und Fedala nur noch zu wenigen Versenkungen im Gebiet der Landungen. U 108 wurde durch Fliegerbomben vor der Küste von Marokko am 18., nahe am Convoy, beschädigt. Es lief am 26.11.42 wieder in Lorient ein.

10. 20.1.43: Auslaufen in den Zentralatlantik. Ende Januar war U 108 im Gebiet nordwestlich der Kanarischen Inseln mit der »Delphin«-Gruppe. Am 7.2.43 wurde der Küstenconvoy Gib No. 2 von U 521 der »Rochen«-Gruppe nördlich von den Kanarischen Inseln gesichtet. Es versenkte einen der Escort-Trawler, aber bevor weitere Boote heran kamen, wurde die Geleitsicherung verstärkt. Die Operation endete am 9. U 108 wurde am 10. durch eine auf Gibraltar stationierte Catalina der 202. Squadron (SLdr W.E. Ogle-Skan) gesichtet. Es wurde durch eine aus vier Wasserbomben bestehende Serie beschädigt und trat den Heimweg an. U 108 erhielt um den 12. Brennstoff von U 504. Einlaufen Lorient am 24.2.43.

11. 1.4.43: Auslaufen in den Nordatlantik. U 108 traf auf die »Meise«-Gruppe. Eine Linie sollte den nach Osten laufenden Convoy SC 126 auffangen, aber dieser wurde umgeleitet und entging der Gruppe, die nach dem Fehlschlag aufgelöst wurde. Am 19., in Bewegung mit der »Meise«-Gruppe auf einer neuen Position, meldete U 108 die Versenkung eines Liberty-Schiffes östlich von Neufundland, aber es gibt keine nähere Information darüber. Die »Meise«-Boote formten eine neue Linie ab 21. südlich von Grönland in Erwartung des Convoys HX 234. Der Convoy wurde am 21. von U 306 gesichtet. Auf

dem Weg zum Convoy sichtete U 706 den nach Westen laufenden Convoy ONS 3. Die »Meise«-Boote teilten sich, sie gingen den beiden Convoys nach. U 108 lief dem HX 234 bis südlich von Cape Farewell hinterher.

U 108 verlor den Kontakt mit HX 234 während des Abends am 22. bei Nebel und im Schneesturm. Auf der Suche nach den Convoys kam U 732 quer zum Convoy ONS 4. Der Meldung folgend hielt U 108 den Kontakt, der danach verloren ging und nicht wieder hergestellt werden konnte. Am oder um den 1.5.43 wurde U 108 durch U 461 im zentralen Nordatlantik mit Brennstoff versorgt. Es lief am 16.5.43 in Stettin ein.

U 108 ging als Schulboot im September 1943 zur 8. U-Flottille in Danzig. Am 11.4.44 wurde es durch Bomben der USAF bei einem Angriff auf Stettin versenkt. Es wurde gehoben und stellte am 17.7.44 außer Dienst. Das Boot wurde am 24.4.45 in Stettin selbst versenkt.

U 109 Typ IX B

Bauwerft: AG.Weser, Bremen
Kiellegung: 9. März 1940
Stapellauf: 14. September 1940
Indienststellung: 5. Dezember 1940
Feldpost-Nr.: M 15099
Versenkt am 4. Mai 1943 nordnordöstlich der Azoren (47°22'N/22°40'W)

Kommando:
2. U-Flottille Wilhelmshaven/Lorient von Dezember 1940–4. Mai 1943 (Schulboot/Frontboot)

Kommandanten:
KKpt Hans-Georg Fischer, Dezember 1940–Juni 1941
KptLt Heinrich Bleichrodt, Juni 1941–Januar 1943
OLtzS Joachim Schramm, Januar 1943–4. Mai 1943

Feindfahrten: 9
Versenkte Schiffe: 13 (82.753 BRT) und 1 beschädigt

1. 6.5.41: Auslaufen Kiel in den Nordatlantik. U 109 traf südsüdöstlich von Cape Farewell auf eine Gruppe von Ubooten. Am 19. sichtete U 94 der Gruppe den nach Osten laufenden Convoy HX 126 südlich von Grönland. Der Kontakt ging verloren, wurde aber am 20. wieder hergestellt, und von da an schlossen die Boote heran. Am späten Abend des 20. versenkte U 109 die britische

MARCONI (7.402 t) südöstlich von Cape Farewell. Der Kontakt zum Convoy ging am 22. zu Ende, bis dahin waren neun Schiffe versenkt, eines beschädigt worden.
U 109 begann seinen Rückmarsch zum Stützpunkt am 24. Am nächsten Tag wurde es mit anderen Booten zur Unterstützung der BISMARCK befohlen. Am 24. versuchten die BISMARCK und PRINZ EUGEN den Atlantik durch die Dänemarkstraße zu erreichen. Der Plan sah vor, dass eine Gruppe Uboote eine Linie aufbauen sollte, die von Nordwest nach Südost reichte. Wenn die beiden Kriegsschiffe die Linie durchlaufen hatten, sollten die Boote eventuelle Beschatter bekämpfen. Der Plan wurde allerdings geändert. BISMARCK sollte nach St. Nazaire gehen, und PRINZ EUGEN nach Südwesten laufen. Während der Nacht vom 24./25. wurde die BISMARCK durch einen Torpedo eines Trägerflugzeuges beschädigt. Um ihr zu helfen, in den vergleichsweise sicheren Schutz der Biskaya zu kommen, wurden die Boote U 74, U 97, U 98, U 109 und U 556 sowie die Boote U 48, U 73 und U 108 aufgefordert, am 25. 450 Seemeilen westlich von St. Nazaire eine Linie zu bilden. Später wurden sie dann aufgefordert, eine Linie nordwestlich bis Cape Ortegal zu fahren. Das verzögerte sich durch einen schweren Sturm, die Boote konnten ihre Position erst am 26. einnehmen. Am Abend des Tages war die BISMARCK am nordwestlichen Ende der Linie und lief parallel zu ihr, direkt nach Osten. Boote, die noch Torpedos hatten, wurden aufgefordert, zu ihrer Unterstützung zu laufen, aber schwere See verhinderte das schnelle Finden. BISMARCK sank am Morgen des 27.
U 109 lief am 29.5.41 im neuen Stützpunkt Lorient ein.
2. 28.6.41: Auslaufen zur Operation im Zentralatlantik. U 109 patrouillierte vor der Nordwestküste Marokkos während der Mitte von zwei Juli-Wochen, hatte aber keine Erfolge. Am 21. wurde U 109 in Cadiz durch den Versorger THALIA mit Brennstoff versorgt. Vom 23. an begannen U 109, U 93, U 94 und U 124 nach Süden zu drehen, angefangen vom 35° N, um ein Gebiet zwischen dem 25° und 30° W abzudecken. Sie waren zum Treffen mit U 123 westlich von Marokko bereit. Das Suchen war erfolglos, kein Convoy kam in Sicht. Am 30. wurde der Dreh nach Süden angehalten. Vom 3.8.41 an wurden die Boote nach Norden auf einen Aufklärungsstreifen nach Gibraltar geschickt.
Sie trafen andere Boote zwischen Gibraltar und den Azoren ab 6. in Erwartung des Convoys HG 69, der von Gibraltar am 9. ablief. Der Convoy wurde am 10. von U 79 gesichtet. Aber alle begonnenen Angriffe an den folgenden sechs Tagen gegen den Convoy schlugen fehl, die Boote wurden vertrieben. Nach Beendigung der Operation am 16. westlich von Spanien kehrten die Boote in ihre Stützpunkte zurück.

U 109 lief am 17.8.41 in Lorient an.
3. 21.9.41: Auslaufen Lorient und Rückkehr am 22.9.41.
4. 5.10.41: Auslaufen zur Operation im Nordatlantik. U 109 wurde in das Gebiet südöstlich von Cape Farewell befohlen. Kurz nach Erreichen dieser Position wurden U 109, U 209, U 374 und U 573 abgeteilt, eine selbstständige Gruppe zu bilden, die ab 16. zur »Mordbrenner«-Gruppe wurde und zur Aufklärung vor die Belle Isle geschickt wurde. Die Boote erreichten das vorgegebene Gebiet am 20., fanden jedoch keinerlei Schifffahrt dort vor und stellten fest, dass die Convoys sie umfuhren; sie passierten die Linie im Süden. Am 28. fuhren die vier »Mordbrenner«-Boote in ein Gebiet südöstlich von Neufundland, rund um Cape Race.
Am 31. wurde die Gruppe auf den nach Westen laufenden Convoy ON 28 angesetzt, aber es kam zu keinem Kontakt. Vom 3.11.41 an begannen die Boote ihre Heimfahrt. U 109 wurde abgeteilt, um die Prise SILVAPLANA in die Biskaya zu geleiten. Dieses norwegische Schiff wurde vom deutschen Hilfskreuzer Schiff 16 ATLANTIS im südöstlichen Pazifik zur Prise genommen und nach Frankreich beordert. U 109 geleitete die SILVAPLANA vom 7. bis zum 16., und die Prise lief am 17. in Bordeaux ein. U 109 kehrte am 18.11.41 nach Lorient zurück.

Die SILVAPLANA wurde zum deutschen Blockadebrecher IRENE. Am 10.4.43, mit einer wertvollen Ladung aus dem Fernen Osten, wurde das Schiff vom Minenleger HMS ADVENTURE westlich von Vigo gestellt. Um einer Kapitulation zu entgehen, versenkte die Mannschaft das Schiff selbst.

5. 27.12.41: Auslaufen in den westlichen Atlantik zur Teilnahme an der Operation »Paukenschlag« als eines von fünf Booten der ersten Welle.
Die Boote fuhren in die Neufundlandbank und waren in ihrem Operationsgebiet ab 7.1.42. U 66, U 123, U 125 fuhren an die US-Ostküste, U 130 in den St.-Lawrence-Strom und U 109 in das Gebiet von Nova Scotia. Am 19. griff U 109 vergeblich einen unbekannten Tanker an. Alle Torpedos gingen vorbei. Am 23. versenkte es die britische THIRLBY (4.887 t) vor Cape Sable, am 1.2.42 die britische TACOMA STAR (7.924 t) südöstlich von New York. U 109 wurde von U 130 am 4. nördlich der Bermudas mit Brennstoff versorgt. Früh am 5. versenkte das Boot den britischen Tanker MONTROLITE (11.309 t) und am 6. die panamesische HALCYON (3.531 t), beide nordöstlich von den Bermudas, die HALCYON mit 300 Schuss Artillerie.
U 109 kehrte am 23.2.42 nach Lorient zurück.
6. 25.3.42: Auslaufen zur Operation in US-Gewässern. U 109 fuhr in ein Gebiet 300 Seemeilen östlich von Cape

Hatteras. Man hatte herausgefunden, dass drei Fahr-routen vom Nordosten, Südosten und Nordwesten durch dieses Gebiet führten und viele Versenkungen wurden dort ab Februar vorgenommen. U 109 versenkte in die-sem Gebiet am 20.4.42 die britische HARPAGON (5.719 t). Ab Ende April hatte das Boot weiter nach Süden operiert und am 1.5.42 beschädigte es die britische LA PAZ (6.548 t) und versenkte die nigerianische WORDEN (555 t) mit Artillerie, beide weniger als 20 Seemeilen vor Cape Canaveral. Am Morgen des 3. versenkte U 109 die niederländische LAERTES (5.825 t) im selben Gebiet.
Es verließ das Gebiet ohne weitere Erfolge um den 12. herum. Rückkehr nach Lorient am 3.6.42.
7. 18.7.42: Auslaufen zur Operation im Zentralatlantik. Am 20. wurde U 109 durch eine Ju 88 angegriffen, aber konnte unbeschädigt entkommen. Auf dem Weg nach Süden versenkte U 109 zwei Schiffe südwestlich von den Kapverdischen Inseln, den norwegischen Tanker ARTHUR W. SEWALL (6.030 t) am 7.8.42 und den britischen Tanker VIMEIRA (5.728 t) am Abend des 11. Die Bootsbesatzung fischte den Kapitän der VIMEIRA aus dem Wasser und machte ihn zum Gefangenen.
Ab Ende August operierte U 109 westlich des Golfs von Guinea. Am 3.9.42 versenkte es mit sieben Torpedos die britische OCEAN MIGHT (7.173 t) südwestlich von Takoradi und am 6. die britische TUSCAN STAR (11.449 t) südlich von Monrovia. Überlebende der TUSCAN STAR wurden mit Essen und Wasser versorgt und der Boots-mann tauchte in die See, um einen bewußtlosen Mann zu retten, der dann trockene Kleidung erhielt, bevor er ins Rettungsboot gegeben wurde.
Auf der Rückfahrt am 17. versenkte U 109 die britische PETERTON (5.221 t) nordwestlich von den Kapverdischen Inseln. Am oder um den 25. wurde das Boot mit Brennstoff durch U 460 nördlich von Island versorgt. Rückkehr nach Lorient am 6.10.42.
8. 28.11.42: Auslaufen zur Operation im Westatlantik.
U 109 lief in ein Gebiet der Karibik und patrouillierte östlich von Trinidad. Ende Dezember bat das Boot, zurückfahren zu können, denn der Kommandant war erkrankt.
U 109 kehrte am 23.1.43 zurück.
9. 3.3.43: Auslaufen zur Operation im Zentralatlantik.
U 109, U 67, U 103, U 159 und U 524 liefen in ein Gebiet südlich der Azoren, wo sie ab 13. die Linie »Wohlgemut« bildeten. Der nach Osten laufende Convoy UGS 6 hatte New York am 5. verlassen und wurde von U 130 der Gruppe »Unverzagt« am 12. gesichtet. Es wurde während der Nacht vom 12./13. versenkt, der Kontakt wurde vor dem 14. nicht wieder aufgenommen. Erst als die Gruppen »Wohlgemut« und »Unverzagt« eine neue Linie gebildet hatten, die am selben Tag vom

UGS 6 passiert werden musste, wurde Kontakt herge-stellt. Obwohl sechs Boote in Kontakt waren und ange-sichts dessen, dass es keine Luftüberwachung gab und gute Sicht herrschte, wurde die Operation zum Fehl-schlag, denn nur vier Schiffe wurden versenkt. Der Geleitschutz hielt die Boote mehr als 10 Seemeilen vom Convoy weg und führte Wasserbombenangriffe durch. Die Operation endete am 19. Die Luftunterstützung von Gibraltar begann zu wirken. U 109 verließ am 17. die UGS 6-Operation. Es hatte keinen Erfolg zu verzeich-nen, fuhr aber nicht mit U 67 und U 159 nach Süden. Vom 24. an gab es Brennstoff an U 43, U 202 und U 558 ab für deren Rückkehr in den Stützpunkt.
U 109 kehrte am 1.4.43 nach Lorient zurück.
10. 28.4.43: Auslaufen in den Nordatlantik. U 109 war auf der Fahrt in sein Operationsgebiet, als es am 4.5.43 durch eine Liberator der 86. Squadron (P/O J.C. Green) nordnordöstlich von den Azoren geortet wurde. Die Liberator war auf dem Weg zur Sicherung des Convoys HX 236. Das Boot sank nach einem Angriff mit Wasser-bomben, vier an der Zahl. Es gab keine Überlebenden, 52 Tote.

U 110 Typ IX B

Bauwerft: AG.Weser, Bremen
Kiellegung: 1. Februar 1940
Stapellauf: 25. August 1940
Indienststellung: 21. November 1940
Feldpost-Nr.: M 23130
Versenkt am 9. Mai 1941 vor Cape Farewell
(60°31'N/33°10'W)

Kommando:
2. U-Flottille Wilhelmshaven/Lorient von November 1940–9. Mai 1941 (Schulboot/Frontboot)

Kommandant:
KptLt Fritz-Julius Lemp, November 1940–9. Mai 1941

Feindfahrten: 2
Versenkte Schiffe: 3 (10.058 BRT) und 2 beschädigt

1. 9.3.41: Auslaufen Kiel in den Nordatlantik. U 110 lief in ein Gebiet nordwestlich des Nordkanals.
Während des Abends vom 15. sichtete es den nach Osten laufenden Convoy HX 12 südlich von Island. Kurz nach Mitternacht torpedierte und beschädigte U 110 den briti-

schen Tanker ERODONA (6.207 t), aber verfehlte einen Frachter. Am frühen Morgen des 16. machte das Boot einen erfolglosen Angriff auf einen weiteren Tanker im Convoy. Nach diesem Angriff wurde das Boot durch die Zerstörer HMS VANOC und HMS VOLUNTEER gejagt, konnte aber entkommen. Es verfolgte den Convoy bis zu 17. und gab dann auf.

Am 20. wurden U 110, U 74 und U 98 an den nach Osten laufenden Convoy HX 113 angesetzt, der von einer Condor des 1./KG 40 nordwestlich von den Hebriden gesichtet worden war. Die Boote konnten ihn nicht finden. U 110 beschädigte am 23. die norwegische SIRE-MALM (2.468 t) südwestlich von Reykjavik. Als das Schiff nicht sank, tauchte U 110 auf und bereitete das Geschütz zum Beschuss vor. Aber der Mündungsverschluss wurde nicht entfernt. Das Rohr des Geschützes riss auseinander und beschädigte das Sehrohr. Die SIREMALM wurde am 27.9.41 westsüdwestlich von Irland durch U 201 versenkt.

Das beschädigte Boot U 110 kehrte am 29.3.41 nach Lorient zurück.

2. 15.4.41: Auslaufen zur Operation im Nordatlantik. U 110 traf mit U 73, U 101 und einigen italienischen Ubooten westlich von Irland zusammen. Die TORELLI sichtete am 22. und 23. einen Convoy, aber die anderen Boote konnten nicht heranschließen. Am 26. versenkte U 110 die französische ANDRE MOYRANT (2.471 t) westnordwestlich von Achill Head. Am Abend des 7.5.41 sichtete U 94 den nach Osten laufenden Convoy OB 318 südwestlich von Island. U 110 kam mit dem Convoy am Abend des 8. und am nächsten Morgen zusammen und versenkte östlich von Cape Farewell zwei Schiffe, die britische ESMOND (4.976 t) und die britische BENGORE HEAD (2.609 t).

U 110 wurde unmittelbar darauf mit Wasserbomben von der Korvette HMS AUBRETIA (LtCdr V.F. Smith) angegriffen und an die Wasseroberfläche getrieben. Die Besatzung kam in den Turm, als der Zerstörer HMS BULLDOG (Cdr A.J. Baker-Cresswell) in der Nähe des Bootes stoppte und ein Enterkommando vorbereitete. Lemp hatte der Besatzung befohlen, das Boot zu verlassen. Er betätigte Sprengladungen, aber diese versagten. Ein anderer Zerstörer, HMS BROADWAY, wurde dann entsandt, um U 110 zu rammen. Er wurde schnell dazu befohlen, aber konnte nicht bewerkstelligen, das Boot zu berühren, denn eine Rauchwolke gab das Zeichen, dass eine Explosion an Bord stattfand. Man wollte den Zerstörer nicht gefährden, da eine Explosion von U 110 ein großes Loch in den Bug des Zerstörers reissen würde. Die Order, die deutschen Überlebenden aus dem Wasser zu fischen, wurde an die AUBRETIA gegeben, und BULLDOGS Enterkommando bestieg das Boot. Es hatte

Befehl, wichtige Dokumente zu bergen. Der Offizier, der das Kommando hatte, SubLt D.E. Balme, ließ seine Männer durch das Turmluk in das Boot steigen, transportierte Dokumente, Bücher und anderes handliches Material auf dem selben Weg nach oben und packte es in das Beiboot. Die Übernahme des Materials zur BULLDOG nahm längere Zeit in Anspruch, sie dauerte einige Stunden. BROADWAY wurde später angewiesen, ein Motorboot zu U 110 zu senden, um bereit zu sein, das Enterkommando bei Schwierigkeiten sofort zu übernehmen, entweder beim plötzlichen Sinken oder bei Erscheinen eines anderen Ubootes. Andere Offiziere wurden über die BULLDOG nach U 110 entsandt, um den Zustand im Hinblick auf Abschleppen des Bootes zu überprüfen. Ein Schlepptau von BULLDOG wurde nach U 110 geführt, und die Männer an Bord der BULLDOG zurückgeholt. Das Schleppen begann, aber das Tau wurde gekappt, als ein Ausguck ein Sehrohr meldete.

Eine halbe Stunde später war das Schleppen wieder im Gange, und die BULLDOG nahm Kurs auf Island. Am Morgen des 10. sank U 110. Mittlerweile hatte die BULLDOG die Überlebenden sortiert und zur Vonbordgabe in Scapa Flow vorbereitet. Dort, nach Verhör und Sichtung des erbeuteten Materials, erkannte man die Wichtigkeit verschiedener Unterlagen. Abgesehen von einer Enigma-Maschine, bereit zum Senden einer Meldung, gab es markierte Seekarten, Code-Bücher und Chiffrierdokumente. Wenn all dieses Material kurzfristig für die britische Abwehr nutzbar gemacht werden kann, war es von großem Wert für den Ausgang des Ubootkrieges.

Das Schicksal des Ubootkommandanten von U 110, Kapitänleutnant Lemp, ist irgendwie seltsam. Eine Geschichte besagt, dass er von einem Mann des Enterkommandos erschossen wurde, als er zum Boot zurückschwamm, nachdem er feststellte, dass es nicht sank. Eine andere, mehr glaubhafte Geschichte ist, dass Lemp, als er feststellte, dass die Konsequenzen, die dieser Katastrophe folgen würden, unermeßbar waren, und dass nur ein Selbstmord ihm erlaubte, dieser Konsequenz zu entgehen.

Sein Körper wurde nicht gefunden. Lemp hatte das Kommando über U 30, als er am 3.9.39 das erste Versenken durch ein Uboot im Zweiten Weltkrieg, der ATHENIA, meldete.

U 111 Typ IX B

Bauwerft: AG.Weser, Bremen
Kiellegung: 20. Februar 1940
Stapellauf: 6. September 1940
Indienststellung: 19. Dezember 1940
Feldpost-Nr.: M 22133
Versenkt am 4. Oktober 1941 westlich der Kanarischen
Inseln (27°15'N/20°27'W)

Kommando:
2. U-Flottille Wilhelmshaven/Lorient von Dezember
1940–4. Oktober 1941 (Schulboot/Frontboot)

Kommandant:
KptLt Wilhelm Kleinschmidt, Dez. 1940–4. Okt. 1941

Feindfahrten: 2
Versenkte Schiffe: 5 (30.171 BRT)

1. 5.5.41: Auslaufen in den Nordatlantik. Am 13. vesenkte das Boot die britische SOMERSBY (5.170 t), einen Nachzügler des ostwärts laufenden Convoys SC 30 südwestlich von Reykjavik. Dann traf es auf eine Patrouillengruppe südöstlich von Grönland. Die Gruppe verlegte südwestwärts am 15. und bildete eine neue Linie südsüdöstlich von Cape Farewell. Am 19. sichtete U 94 in der Gruppe den nach Norden laufenden Convoy HX 126. Die anderen Boote kamen heran, eines nach dem anderen am nächsten Tag. U 111 machte einen Angriff am Nachmittag des 20., verfehlte das gewünschte Ziel, aber versenkte die britische COCKAPONSET (5.995 t). Am 22. versenkte es die britische BARNBY (4.813 t) östlich von Cape Farewell.
Am 24. war U 111 eines von sieben Booten im Gebiet, das zur Bildung einer Linie bestimmt war, in der Hoffnung, einige der Verfolger der BISMARCK versenken zu können, nachdem diese die Linie passiert hatten.
Der Plan wurde am Abend des 24. widerrufen, als die BISMARCK Kurs auf St. Nazaire nahm. Am 25. wurde U 111 am südlichen Ende der Davis Strait durch den Versorger BELCHEN mit Brennstoff versorgt. Es traf dann mit der »West«-Gruppe zusammen, um eine Linie südlich des Cape Farewell zu bilden, die dann am 29. nach Süden drehte, um am 1.6.41 südlich von Cape Farewell im Ostnordosten von Neufundland eine neue Position einzunehmen. Die Boote drehten nach Süden und nahmen ab 7. eine neue Linie östlich von Neufundland ein. Eine Drehung nach Südwest brachte die Linie östlich von Neufundland in eine neue Position. Eine weitere

Drehung nach Südwesten brachte ab 13. die Linie südöstlich von Neufundland in Position. Die Boote begannen sich am 19. nach Nordosten zu bewegen, und um den 22. waren sie über ein großes Gebiet im Zentralatlantik verstreut. Bei allen Bewegungen wurden nur wenige Schiffe gesehen.
Am 24. sichtete U 203 den nach Westen laufenden Convoy OB 336 südlich von Grönland. U 111 kam aber nicht an ihn heran. Am 29. sichtete eine Fock-Wulf-Condor des 1./KG 40 den südwärts laufenden Convoy südwestlich von Irland. Nur U 108 hatte einen kurzen Kontakt mit dem Convoy, wurde aber schnell vertrieben. Die Operation war ein kompletter Fehlschlag und wurde am 3.7.41 beendet.
U 111 erreichte den neuen Stützpunkt Lorient am 7.7.41.
2. 14.8.41: Auslaufen zur Operation im Zentralatlantik. U 111 fuhr in ein Gebiet westlich der Azoren. Vom 28. an traf es sich mit U 108 und U 125 zu einem Suchkurs südwärts zwischen dem 30° und 35° West bis St. Paul Rocks.
Vom 10. September bis zum 23. operierten die drei Boote östlich, westlich und südlich von den Rocks. Am 10. versenkte U 111 die niederländische MARKEN (5.719 t) nordnordöstlich von Fortaleza, Brasilien, und am 20. die britische CINGALESE PRINCE (8.474 t) ostsüdöstlich von St. Paul Rocks. Am 24. fuhren die drei Boote nach den Kapverdischen Inseln. Während U 108 und U 125 sich in Richtung Freetown bewegten, begann U 111 seine Heimfahrt.
Am 28. sollte es das Uboot U 67 treffen, und später auch U 68 in der Tarafal-Bucht bei den Kapverdischen Inseln. Geplant war, dass U 111 seine Torpedos an U 68 abgeben und Brennstoff von U 67 erhalten sollte. Als erstes Boot kam U 68, dem am Nachmittag U 111 folgte. Torpedos wurden am Abend an U 68 abgegeben und die beiden Boote fuhren aus der Bucht hinaus. Als sie unterwegs waren, hörten sie zwei Detonationen in der Bucht. Es waren zwei schlecht gezielte Torpedos, abgefeuert vom britischen Uboot HMS CLYDE, das spät am 27. angelaufen war, um die Boote zu empfangen. U 67 kam schnell nach U 68 und U 111 an. Sein Kommandant sah zwei Patrouillenboote die Bucht verlassen und sah dann die CLYDE direkt voraus. Er machte Anstalten, die CLYDE zu rammen, aber der Versuch blieb nur zaghaft. U 67 rammte die CLYDE und ramponierte seinen Bug, aber erzielte nur geringen Schaden an der CLYDE, die Gibraltar sicher erreichte. Vor dem Verlassen des Gebietes gab U 67 seinen Brennstoff an U 68 ab. U 67 began seine Heimreise. Mittlerweile machte sich U 111 auf den Weg nach Norden. Am 4.10.41 wurde es durch den U-Abwehr-trawler HMS LADY SHIRLEY (LtCdr A.C. Ilaway) westlich der Kanarischen Inseln geortet. Der Trawler warf

fünf Wasserbomben, die U 111 an die Wasseroberfläche zwangen. Das Bootsdeck wurde von dem Trawler mit dem ersten Schuss leergefegt. U 111 sank gleich darauf. Sein Kommandant und sieben Männer der Besatzung waren tot, weitere 44 Männer wurden durch LADY SHIRLEY aufgenommen und nach Gibraltar gebracht.

U 112–U 115 (Typ XI, nach Kriegsbeginn annulliert)

U 116 Typ IX B

Bauwerft: Germaniawerft, Kiel
Kiellegung: 15. Januar 1940
Stapellauf: 3. Mai 1941
Indienststellung: 26. Juli 1941
Feldpost-Nr.: M 43288
Versenkt am 11.Oktober 1942 westlich der Biskaya, Position unbekannt.

Kommandos:
2. U-Flottille Wilhelmshaven von Juli 1941–Januar 1942 (Schulboot)
1. U-Flottille Kiel/Brest von Januar 1942–11. Oktober 1942 (Schulboot/Frontboot)

Kommandanten:
KKpt Werner von Schmidt, Juli 1941–September 1942
OLtzS Wilhelm Grimme, Sept. 1942–11. Okt. 1942

Feindfahrten: 5
Versenkte Schiffe: 1 (4.284 BRT) und 1 beschädigt

U 116 war das erste Minelegunterseeboot, das seit 1914 gebaut wurde. Es konnte 66 SMA-Minen und 15 Torpedos mitnehmen. Allerdings wurden die SMA-Minen als zu defensiv angesehen, und das Boot wurde für Ersatzteilzwecke umgerüstet. Folglich fanden die vier Typ X B-Boote ihre Verwendung als U-Tanker im Atlantik. Sie konnten bis zu 210 Tonnen Brennstoff mitführen.

1. 4.4.42: Auslaufen Kiel und Einlaufen Helgoland am 5.4.42.
2. 11.4.42: Auslaufen Helgoland und Einlaufen Bergen am 15.4.42.
3. 25.4.42: Auslaufen Bergen und Einlaufen im neuen Stützpunkt in Westfrankreich, Lorient, am 5.5.42.
4. 16.5.42: Auslaufen in den Nordatlantik zur Versorgung. U 116 erreichte die Versorgungsstation 600 Seemeilen von Cape Race am 25. Es versorgte sechs Boote der »Hecht«-Gruppe, U 94, U 96, U 124, U 406, U 569 und U 590, zwischen dem 25. und 27. Mai.
U 116 lief am 9.6.42 in Lorient ein.
5. 27.6.42: Auslaufen zur Operation im Zentralatlantik, als Teil der »Hai«-Gruppe, mit U 136, U 201, U 572, U 582 und U 752. Die Boote versammelten sich südöstlich der Azoren, bereit für einen Kurs weit nach Süden von Dakar, zwischen dem 20° und 25° W. Am 11.7.42 wurde der südwärts laufende Convoy OS 53 durch die Linie südlich von Santa Maria, Azoren, getrieben. Nach Einbruch der Dunkelheit lösten sich Schiffe nach Südafrika vom Convoy, der seine Fahrt nach Süden fortsetzte. U 116 und U 201 verfolgten diese Schiffe und kurz nach Mitternacht machten beide Boote einen plötzlichen Angriff auf die britische CORTONA (7.093 t), beide erzeugten Treffer. Das Schiff sank bei einem weiteren Angriff von U 201. Am Morgen des 12. versenkte U 116 die britische SHAFTESBURY (4.284 t) und nahm den Kapitän an Bord. Insgesamt wurden sechs Schiffe aus dem Convoy OS 33 versenkt, U 136 wurde dabei von einem der Geleitfahrzeuge versenkt.
Die fünf übrigen Boote fuhren weiter südwärts, um vor Freetown zu operieren.
Am 23. versorgte U 116 U 582, am 28. U 130 und am 4.8.42 U 572 und U 752, alle westlich von Freetown.
Es verließ das Gebiet danach sehr schnell.
6. 22.9.42: Auslaufen als U-Tanker in den Nordatlantik. U 116 fuhr in ein Gebiet nordwestlich der Azoren. Vom 29. an versorgte es vier Boote der »Tiger«-Gruppe mit Brennstoff, U 221, U 258, U 356 und U 618.
Im selben Gebiet versorgte U 116 im Oktober U 43 und U 106, die vor Neufundland operierten. U 116 befand sich auf dem Heimweg, als es aus unerklärlichen Gründen westlich der Biskaya, möglicherweise am 11.10.42, unterging. Es gab keine Überlebenden, 55 Tote.

U 117 Typ X B

Bauwerft: Germaniawerft, Kiel
Kiellegung: 29. Januar 1941
Stapellauf: 26. Juli 1941
Indienststellung: 25. Oktober 1941
Feldpost-Nr.: M 45207
Versenkt am 7.8.43 westlich der Azoren (39°32'N/38°21'W)

Kommandos:
2. U-Flottille Wilhelmshaven von Oktober 1941–Januar 1942 (Schulboot)
1. U-Flottillee Kiel von Februar 1942–Oktober 1942 (Schulboot)
11. U-Flottille Bergen von Oktober–November 1942 (Frontboot)
12. U-Flottille Bordeaux von November 1942–7. August 1943 (Frontboot)

Kommandant:
KKpt Hans-Werner Neumann, Oktober 1941–7. August 1943

Feindfahrten: 5
Versenkte Schiffe: keines, aber 2 durch Minen beschädigt

1. 19.2.42: Auslaufen Kiel. Es sind keine Details bekannt, um welches Unternehmen es sich gehandelt hat. U 117 kehrte in den Stützpunkt zurück am 5.10.42.
2. 10.10.42: Auslaufen Kiel und Einlaufen Königsberg am 11.10.42.
3. 12.10.42: Auslaufen Königsberg zum Minenlegen. U 117 legte Minen vor Reykjavik, bevor es in ein Versorgungsgebiet nordwestlich der Azoren verlegte. Auf der Fahrt nach dort sichtete es am 7.11.42 den Convoy ON 143 nördlich der Azoren. Aufgrund seiner Meldung konnten vier Boote an diesen heranschließen. Ab 8. versorgte U 117 die Boote U 89, U 402, U 438 und U 454 der »Veilchen«-Gruppe, U 606 und U 624 von der »Natter«-Gruppe und U 753. Während der Versorgung von U 454 wurde am 8. einer der Offiziere von U 117 getötet.
U 117 kehrte am 22.11.42 nach Lorient zurück.
4. 23.12.42: Auslaufen zur Versorgung im zentralen Atlantik. Zwischen dem 31. und 5.1.43 versorgte U 117 U 203 der »Spitz«-Gruppe nördlich der Azoren und U 336, U 435, U 591 und U 628 der »Ungestüm«-Gruppe.
Ab 11.1.43 versorgte U 117 die Boote U 123, U 662, U 706, die auf dem Weg zum Treffen mit der »Jaguar«-Gruppe nordöstlich von Neufundland waren. U 117 versorgte U 260 für die Rückfahrt in den Stützpunkt und versorgte U 662 ein zweites Mal Ende Januar für die Heimfahrt.
U 117 kehrte in den Stützpunkt Lorient am 17.2.43 zurück.
5. 7.3.43: Auslaufen Lorient und Einlaufen Brest am 8.3.43.
6. 31.3.43: Auslaufen zum Minenlegen vor der marokkanischen Küste. Während der Nacht vom 10./11. April legte U 117 sechzig Minen vor Casablanca. Ein schnelles Ergebnis war die Beschädigung der amerikanischen MATT W. RANSON (7.177 t) durch eine dieser Minen am 11. Die britische EMPIRE MORN (7.092 t) wurde am 25. beschädigt. U 117 fuhr dann in ein Versorgungsgebiet südlich der Azoren und ab Mitte April versorgte es U 68, U 183, U 185 und U 518 mit Kraftstoff, die auf der Rückfahrt von der Karibik waren. Ende April, südlich der Azoren, versorgte U 117 die Boote U 160, U 506, U 509 und U 516, alle auf der Rückfahrt von Kapstadt. Bald nach Rückkehr versorgte U 117 den U-Tanker U 460.
U 117 kehrte am 13.5.43 nach Bordeaux zurück.
7. 22.7.43: U 117 verließ Bordeaux mit U 459, beide Boote liefen aus zu Versorgungsdiensten. Sie wurden durch Zerstörer bis zu einem Punkt 180 Seemeilen von Cape Ortegal geleitet, von wo aus sie vom 24. selbsttätig operieren sollten. U 117 fuhr weiter in ein Gebiet 500 Seemeilen westlich der Azoren.
Ein Versorgungs-Treffen mit U 66 war für den 3.8.43 geplant, aber U 66 wurde von einem Flugzeug des Escortträgers CARD angegriffen, der Kommandant wurde verwundet.
Ein neuer Treffpunkt weiter im Norden wurde abgemacht und beide Boote trafen dort am 6. aufeinander. Ein Offizier, Oberleutnant zur See Frecks, stieg auf U 66 über und übernahm das Kommando für kurze Zeit. Am Morgen des 7., während der Brennstoffübergabe, wurden die beiden Boote von einer Avenger des VC-1 (Lt A.H. Sallenger) von USS CARD gesichtet. Die beiden Boote trennten sich, und die Avenger beschoss U 66 mit Bordwaffen und Bomben, auch U 117 wurde getroffen. Sallenger hielt dann auf Abstand, um Verstärkung herbeizurufen. Als U 66 zu tauchen begann, machte Sallenger einen neuen Angriff, trotz heftigen Feuers von U 117. U 66 entkam, aber U 117 wurde getroffen, und durch zwei Avenger VC-1 (Lt R.H. Forney und Lt Stapler) versenkt. Es gab keine Überlebenden. 62 Tote.

U 118 Typ X B

Bauwerft: Germaniawerft, Kiel
Kiellegung: 1. März 1940
Stapellauf: 23. September 1941
Indienststellung: 6. Dezember 1941
Feldpost-Nr.: M 41181
Versenkt am 12. Juni 1943 südsüdwestlich von den Azoren (30°40'N/33°49'W)

Kommandos:
4. U-Flottille Stettin von Dezember 1941–Sept. 1942 (Schulboot)
10. U-Flottille Lorient von September–Oktober 1942 (Frontboot)
12. U-Flottille Bordeaux von Oktober 1942–12. Juni 1943 (Frontboot)

Kommandant:
KKpt Werner Czygan, Dezember 1941–12. Juni 1943

Feindfahrten: 4
Versenkte Schiffe: 3 (14.064 t) und 3 beschädigt
1 Korvette (1.060 t)

1. 19.9.42: Auslaufen Kiel zur Versorgung im Atlantik. U 118 sichtete am 29. einen südwärts fahrenden ON-Convoy 250 Seemeilen südlich von Island und meldete ihn an die »Luchs«-Gruppe, die nach Nordwesten drehte, um ihn anzugreifen. Sie verfehlte ihn aber. U 118 erreichte die Versorgungsebene nordwestlich der Azoren. Vom 1.10.43 an versorgte es drei Boote der »Tiger«-Gruppe mit Brennstoff, U 599, U 607 und U 615, und U 410, das anschließend die »Wotan«-Gruppe traf. U 118 lief in den neuen Stützpunkt Lorient am 16.10.42 ein.
2. 12.11.42: Auslaufen zur Versorgung im zentralen Atlantik. Ab 28. war es südöstlich der Azoren zur Versorgung der Boote der »Westwall«-Gruppe, U 86, U 91, U 92, U 155, U 519, U 564 und U 653. U 118 kehrte am 8.1.43 nach Lorient zurück.
3. 7.1.43: Auslaufen Lorient und Einlaufen Brest am 8.1.43.
4. 25.1.43: Auslaufen zum Minenlegen. U 118 legte sechzig Minen am westlichen Zugang an der Straße von Gibraltar am 1.2.43. Dieses war eine der mehr erfolgreichen Minenlegoperationen durch ein Uboot. Vier Schiffe gingen durch die Minen verloren, die britische BALTONIA (2.013 t), die britische MARY SLESSOR (5.027 t) und die britische EMPIRE MORDRED (7.024 t), alle am 7. sowie die Korvette HMCS WEYBURN am 23. Zusätzlich wurden drei Schiffe durch die Minen beschädigt, die spanische DUERO (2.008 t) am 10. und der norwegische Tanker THORSHOLM (9.937 t) und die HMS WIVERN am 22. Februar.
Anfang Februar war U 118 südöstlich der Azoren. Es versorgte U 105, U 124, U 214, U 217 und U 514, die auf dem Weg zur Rückkehr in den Stützpunkt waren. Zwischen dem 12. und 14. versorgte es U 87, U 202, U 258, U 264 und U 558 der »Delphin«-Gruppe südwestlich von Madeira. U 118 kehrte am 26.2.43 nach Bordeaux zurück.
5. 25.5.43: Auslaufen zur Versorgung im Nordatlantik.

U 118 traf mit dem rücklaufenden U 460 westlich von den Azoren zusammen, um deren überflüssigen Brennstoff zu übernehmen, so dass U 460 seinen Stützpunkt erreichen und mit Brennstoff vollgefüllt, so schnell als möglich in den Nordatlantik zurückkehren konnte. Die Übergabe wurde am oder um den 9.6.43 auf 35° W vollzogen, und U 118 fuhr dann in ein Gebiet westsüdwestlich der Kanarischen Inseln zur Kraftstoffabgabe. Am oder um den 10. traf U 118 U 758 und nahm einige Verwundete auf, Opfer eines Luftangriffes vom Escortträger USS BOGUE auf U 758 am 8. Juni. U 118 versorgte U 758, um in den Stützpunkt zurückkehren zu können. Am 10. versorgte U 118 möglicherweise auch U 510 und U 572.
Am 12. wurde U 118 an der Wasseroberfläche südwestlich der Azoren von einer Avenger (Lt Steart) und einer Wildcat (Lt R.J. Johnson) von der VC-9, USS BOGUE, gesichtet. Die Wildcat machte einen Angriff und bewarf das Boot mit Wasserbomben. Das Boot tauchte, aber als es wieder auftauchte, flogen eine neue Avenger (Lt W. Fowler) und eine Wildcat (Lt Tennant) weitere Angriffe. Der Versuch von U 118, die Flak zu besetzen, wurde durch die Wildcat verhindert. Insgesamt sieben Flugzeuge machten Angriffe auf U 118, das schließlich nach Wasserbomben von der Avenger (Lt H.E. Fryatt) sank, die in unmittelbarer Nähe des Bootes detonierten. Fryatt warf ein Floß auf die im Wasser schwimmenden Überlebenden. 15 Männer wurden durch den Zerstörer USS OSMOND aufgefischt, einschließlich einiger Männer des U 758. Der Kommandant von U 118 und 43 Mann waren tot.

U 119 Typ IX B

Bauwerft: Germaniawerft, Kiel
Kiellegung: 15. November 1940
Stapellauf: 6. Januar 1942
Indienststellung: 2. April 1942
Feldpost-Nr.: M 43666
Versenkt am 24. Juni 1943 nordwestlich von Cape Finisterre (45°00'N/11°59'W)

Kommandos:
4. U-Flottille Stettin von April 1942–Januar 1943 (Schulboot)
12. U-Flottille Bordeaux von Januar 1943–24. Juni 1943 (Frontboot)

Kommandanten:
KptLt Alois Zech, April 1942–April 1943
KptLt Horst-Tessen von Kamenke, April 1943–24. Juni
1943

Feindfahrten: 2
Versenkte Schiffe: 1 (2.937 t) und 1 beschädigt (beide
durch Minen)

1. 4.8.42: Auslaufen Kiel und Rückkehr am 10.8.42.
2. 6.2.43: Auslaufen zur Operation im Nordatlantik.
U 119 legte Minen vor Reykjavik. Es gibt keine Meldung
über Versenkungen.
Zwischen 5. und 23. März versorgte U 119 nördlich der
Azoren U 359, U 377, U 405, U 448, U 566, U 608 und
U 659 der »Neptun«-Gruppe, U 603 und U 638 der
»Raubgraf«-Gruppe und U 616 der »Burggraf«-Gruppe.
U 119 kehrte am 1.4.43 nach Bordeaux zurück.
3. 25.4.43: Auslaufen in kanadische Gewässer. Am 29.
wurde U 119 durch zwei Sunderlands der 10. (RAAF)
und 461. (RAAF) Squadrons angegriffen. Beide Flug-
zeuge warfen ihre Wasserbomben, aber U 119 entkam.
Auf der Weiterfahrt versorgte U 119 drei Boote, U 383,
U 584 und U 614 der »Elbe«-Gruppe nördlich der
Azoren. Am 1.6.43 legte U 119 die ersten deutschen
Minen in kanadischen Gewässern im Zweiten Weltkrieg.
66 SMA-Minen wurden in einem offenen Winkel vor
den Hafen von Halifax gelegt. Am 3. lief die panamesische HALMA (2.937 t), von Boston–Halifax mit dem
Convoy BX 56 kommend, auf eine dieser Minen und
sank. Am 28. wurde die amerikanische JOHN A. POOR von
einer der Minen beschädigt. Die Minen brachten erhebliche Schwierigkeiten für die Convoys mit sich.
Das rückkehrende U 119 war beim Einlaufen in die
Biskaya mit U 449 und U 650 am 23.6.43, als die drei
Boote von einer Liberator der 86. Squadron (FLt J.
Wright) nordwestlich von Cape Finisterre geortet wurden. Das Flugzeug warf Wasserbomben und die Boote
tauchten, nur U 650 wurde beschädigt. Der Pilot warf
eine weitere Wasserbombe, bevor das Flugzeug von
U 119 und U 449 vertrieben wurde.
Wright rief die 2. Escortgruppe zur Hilfe und U 119
wurde durch die Sloop HMS STARLING (Capt J.F. Walker)
gerammt und versenkt, nachdem es an die Wasseroberfläche getrieben worden war.
Es gab keine Überlebenden, 57 Tote.

U 120 Typ II B

Bauwerft: Flenderwerft, Lübeck
Kiellegung: 31. März 1938
Stapellauf: 16. April 1940
Indienststellung: 20. April 1940
Feldpost-Nr.: M 03700
Selbst versenkt am 2. Mai 1945 in Bremerhaven

Kommandos:
Uboot-Schulflottille Neustadt von April–Juni 1940
(Schulboot)
21. U-Flottille Pillau von Juli 1940–März 1945
(Schulboot)
31. U-Flottille Wesermünde von März 1945–Mai 1945
(Schulboot)

Kommandanten:
OLtzS Ernst Bauer, April–November 1940
OLtzS Wolfgang Heyda, November 1940–Mai 1941
OLtzS Willy-Roderich Körner, Mai 1941–Februar 1942
OLtzS Hans Fiedler, Februar–September 1942
LtzS Alfred Rademacher, September 1942–Mai 1943
OLtzS Joachim Sauerbier, Juli 1943–September 1944
OLtzS Rolf Rüdiger Bensel, September 1944–Mai 1945

Feindfahrten: keine
Versenkte Schiffe: keines

*U 120 war im Bau für die jugoslawische Marine, als es
bei Kriegsausbruch von der Kriegsmarine übernommen
wurde. Das Boot kam nicht zum Einsatz und war während des Krieges für die Schulflottillen in Dienst. Es
wurde am 2.5.45 in Bremerhaven selbst versenkt, später
gehoben und abgewrackt.*

U 121 Typ II B

Bauwerft: Flenderwerft, Lübeck
Kiellegung: 16. April 1938
Stapellauf: 20. April 1940
Indienststellung: 28. Mai 1940
Feldpost-Nr.: M 01240
Selbst versenkt am 2. Mai 1945 in Wesermünde

Kommandos:
Uboot-Schulflottille Neustadt von Mai–Juni 1940 (Schulboot)
21 U-Flottille Pillau von Juli 1940–Mai 1945 (Schulboot)

Kommandanten:
KptLt Karl-Ernst Schroeter, Mai 1940–März 1941
KptLt Otto Harms (zeitweise), Oktober–November 1940
KptLt Freiherr Egon Reiner von Schlippenbach, März–Juli 1941
KptLt Gert Hetschko, Juli 1941–März 1942
OLtzS Ernst von Witzendorff, März–April 1942
OLtzS Otto Westphalen, Mai 1942–Februar 1943
OLtzS Ewald Hülsenbeck, Februar 1943–Februar 1944
OLtzS Friedrich Horst, Februar 1944–Mai 1945

Feindfahrten: keine
Versenkte Schiffe: keines

U 121 befand sich im Bau für die königlich-jugoslawische Marine, als es bei Kriegsausbruch von der Kriegsmarine übernommen wurde. Das Boot war nicht im Einsatz und fuhr für Ausbildungsflottillen im Kriege. Es wurde am 2.5.45 in Wesermünde selbst versenkt. Später gehoben, wurde es abgebrochen.

U 122 Typ IX B

Bauwerft: AG Weser, Bremen
Kiellegung: 5. März 1939
Stapellauf: 30. Dezember 1939
Indienststellung: 30. März 1940
Feldpost-Nr.: M 12650
Versenkt am 22. August 1940 im östlichen Atlantik.

Kommando:
2. U-Flottille Wilhelmshaven von März–Juni 1940 (Schulboot/Frontboot)

Kommandant:
KptLt Hans-Günter Looff, März–Juni 1940

Feindfahrten: 2
Versenkte Schiffe: 1 (5.911 BRT)

1. 16.5.40: Auslaufen Kiel für Transporte nach Norwegen. U 122 war eines von drei Booten, die auf Wunsch

der Armeegruppe XXI im Norden fuhren. Einlaufen Drontheim am 19.5.40.
2. 21.5.40: Auslaufen Drontheim und Rückkehr nach Kiel am 25.5.40.
3. 13.6.40: Auslaufen Kiel zur Operation im Atlantik. Am 20. versenkte U 123 möglicherweise die britische EMPIRE CONVEYOR (5.911 t) westlich der Tiree Passage, Innere Hebriden. U 122 wurde nach dem 12. nicht mehr gehört und sein Verlust ist einem unbekannten Gegner zuzuschreiben. Es gab einen Überlebenden, 48 Tote.

U 123 Typ IX B

Bauwerft: AG Weser, Bremen
Kiellegung: 15. April 1939
Stapellauf: 2. März 1940
Indienststellung: 30. Mai 1940
Feldpost-Nr.: M 08800
Außerdienststellung: 19. August 1944 in Lorient

Kommando:
2. U-Flottille Wilhelmshaven/Lorient von Mai 1940–August 1944 (Schulboot/Frontboot/Schulboot)

Kommandanten:
KptLt Karl-Heinz Moehle, Mai 1940–Mai 1941
KptLt Reinhard Hardegen, Mai 1941–Juni 1942
OLtzS Horst von Schroeter, Juni 1942–Juni 1944

Feindfahrten: 13
Versenkte Schiffe: 44 (225.132 BRT) und 6 beschädigt
1 Uboot (683 t)

1. 21.9.40: Auslaufen Kiel zur Operation um Rockall. U 123 fuhr als Wetterboot und traf dann in einer Suchformation nach Convoys auf andere Boote. Am 6.10.40 versenkte U 123 westsüdwestlich von Rockall die britische BENLAWERS (5.943 t). Am 10., nördlich von Rockall, versenkte es einen Nachzügler des nach Süden laufenden Convoys SC 6, die britische GRAIGWEN (3.697 t), die zuvor von U 103 angegriffen und beschädigt worden war. Am 17. sichtete U 48 den nach Osten laufenden Convoy SC 7 und es wurde mit U 46, U 99, U 101 und U 123 eine Linie gebildet. Der Convoy durchlief die Linie am Abend des 18. Während der Nacht versenkte U 123 vier Schiffe, die britische SEDGEPOOL (5.556 t), die niederländische BOEKOLO (2.118 t), die britische SHEKATIKA (5.458 t) und die britische CLINTONIA (3.106 t), alle östlich von

Rockall. Die SHEKATIA, ein Nachzügler, wurde von drei Torpedos von U 123 getroffen, sowie einem von U 100, und wurde schließlich von einem vierten Torpedo von U 123 versenkt. Die BOELOKO war ebenfalls ein Nachzügler, die vermutlich stoppte, um Überlebende von der BEATUS aufzunehmen, versenkt durch U 46. Die CLITONIA war von U 99 torpediert worden, hatte aber eine Holzladung, was den Untergang erschwerte. U 123 versenkte das Schiff später mit Artillerie, nachdem es alle Torpedos verschossen hatte. Rückkehr in den neuen Stützpunkt Lorient am 23.10.40.

2. 14.11.40: Auslaufen zur Operation westlich der Britischen Inseln. Ein Besatzungsmitglied ging dabei über Bord.

In den frühen Stunden des 22. versenkte U 123 die britische CREE (4.791 t) südwestlich von Rockall. Der nach Westen laufende Convoy OB 244 wurde am 20. von U 103 südlich von Rockall gesichtet. U 123 lief vor der Nacht des 22./23. nicht an diesen Convoy heran, zu dieser Zeit stand es westlich von Rockall. Es versenkte fünf Schiffe, die britische OAKCREST (5.407 t), die griechische KOLCHIS (2.219 t), die britische KING IDWAL (5.115 t), die britische TYMERIC (5.228 t) und die schwedische ANTEN (5.135 t). Rückkehr nach Lorient am 28.11.40.

3. 14.1.41: Auslaufen in den Nordatlantik als Wetterboot westliche der Britischen Inseln.

Am 24. versenkte das Boot die norwegische VESPASIAN (1.507 t) südlich von Rockall und am 4.2.41 die britische EMPIRE ENGINEER (5.358 t) im zentralen Nordatlantik. Nach einer Bewegung nach Osten versenkte U 123 die britische ALNMOOR (6.573 t), einen Nachzügler vom Convoy SC 21, am 15. südsüdöstlich von Rockall, und am 24. südwestlich von Rockall die niederländische GROOTEKERK (8.685 t).

Rückkehr nach Lorient am 28.2.41.

4. 10.4.41: Auslaufen zur Operation westlich von Irland. Am 16. nahm U 123 an der erfolglosen Operation gegen einen Convoy teil, den die Luftaufklärung westlich von Irland gesichtet hatte. Am 17. versenkte das Boot die schwedische VENEZUELA (6.991 t) südsüdwestlich von Rockall. Eine Linie, die ab 18. von U 65, U 95, U 96, U 123 und U 552 südlich von Island gebildet wurde, bewirkte kein Treffen mit irgend einem Convoy. Am 28. sichtete U 123 den nach Osten laufenden Convoy HX 121 und rief nach anderen Booten. Das Boot selbst wurde von den Geleitfahrzeugen vertrieben. Vier Schiffe des Convoys wurden versenkt. Am 1.5.41 wurden U 123, U 95 und U 96 an den nach Westen laufenden Convoy OB 316 herangeführt, der von einer Condor südwestlich von den Färöer-Inseln gesichtet wurde, aber die Boote fanden ihn nicht.

U 123 kehrte am 11.5.41 nach Lorient zurück.

5. 8.6.41: Auslaufen zur Operation im zentralen Atlantik. Rückkehr nach Lorient am 12.6.41.

6. 15.6.41: Auslaufen zur Operation im zentralen Atlantik. Am 20. versenkte U 123 die neutrale portugiesische GANDA (4.333 t) mit Artillerie westlich von Casablanca. Auf der Fahrt nach Süden wurde U 123 am 24. vom Versorger CHARLOTTE SCHLIEMANN vor Las Palmas mit Kraftstoff versorgt. Das rücklaufende U 69 sichtete am 27. den nach Norden laufenden Convoy SL 76 westsüdwestlich von den Kanarischen Inseln. U 123 schloß an den Convoy heran und versenkte zwei Schiffe, die britische PLM 22 (5.646 t) und die niederländische OBERON (1.996 t). Bei einem weiteren Angriff am Abend des 29. versenkte das Boot die britische RIO AZUL (4.088 t). Am 29. wurde das Boot mit zwei Wasserbomben einer Sunderland belegt.

U 123 setzte seine Fahrt nach Süden fort und versenkte am 4.7.41 die britische AUDITOR (5.444 t) nördlich der Kapverdischen Inseln. Ab dem 10. bis zum 25. operierten U 123 und U 66 vor Freetown, aber ohne Erfolg. U 123 begann die Heimreise nach Norden und Anfang August befand es sich westlich von Marokko. Am 10. traf es mit U 93, U 94, U 109 und U 124 zusammen und wurde an den nach Norden laufenden Convoy HG 69 herangeführt. Sie versammelten sich in einem Gebiet zwischen Gibraltar und den Azoren. Die Operation dauerte bis zum 16., die Boote wurden von den Geleitfahrzeugen vertrieben. Nur ein Schiff wurde von einer Condor des 1./KG 40 versenkt.

U 123 kehrte am 23.8.41 nach Lorient zurück.

7. 14.10.41: Auslaufen zur Atlantikoperation. U 123 wandte sich in ein Gebiet westlich von Irland. Früh am 21. schloss das Boot an den nach Norden laufenden Convoy SL 84 heran, der am 20. von U 34 gesichtet worden war. U 123 torpedierte und beschädigte den Hilfskreuzer HMS AURANIA (13.984 t) westsüdwestlich von Irland. Es fischte einen Mann der Besatzung aus dem Wasser zur Vernehmung. Am 24. wurde U 123 nach der Belle Island Strait beordert. Am 1.11.41 traf es auf die Boote der »Schlageter«-Gruppe, und sie arbeiteten als »Raubritter«-Gruppe gegen den nach Norden laufenden Convoy SC 52. Die Operation dauerte, bis der Kontakt während der Nacht vom 4./5. verloren ging, bzw. als der Convoy Schutz fand in der Belle Island Strait. Insgesamt vier Schiffe wurden versenkt, keines von U 123.

Vom 8. an wurden die »Raubritter«-Boote zur Bildung einer neuen Linie südöstlich von Cape Farewell angehalten. Die Convoys wurden umgeleitet und die Gruppe umgangen, und es war ihr unmöglich, den Convoy ONS 33 zu finden, für den die Linie ab 12. gedacht war. Die »Raubritter«-Boote setzten ihre Suche fort und liefen ab 14. nach Hause.

U 123 lief am 22.11.41 in Lorient ein.

8. 23.12.41: Auslaufen in den westlichen Atlantik. U 123 war ursprünglich vorgesehen für kanadische Gewässer, und am 12.1.42 versenkte es die britische CYCLOPS (9.076 t) südlich von Halifax. Zwei Mann der Besatzung des Schiffes wurden getötet und andere 86 starben an Entkräftung, bevor sie aufgenommen wurden. Es war das erste Schiff, das in US-Gewässern vom Feind nach Pearl Harbor versenkt wurde.

U 123 war als eines der Boote der Operation »Paukenschlag« auf dem Weg nach der US-Küste. Am Morgen des 14. versenkte das Boot den panamesischen Tanker NORNESS (9.577 t) und am 15. den britischen Tanker COIMBRA (6.768 t), beide südöstlich von Rhode Island. Am 17. versenkte es die amerikanische SAN JOSÉ (1.932 t) östlich von Atlantic City und am 19. die amerikanische BRAZOS (4.497 t) vor Cape Hatteras sowie die amerikanische CITY OF ATLANTA (5.269 t) und die lettische CILTVAIRA (3.779 t), beide vor Roanoake Island, Nord Carolina. Im selben Gebiet, also am 19. griff U 123 an und beschädigte den amerikanischen Tanker MALAY (8.206 t). Nach der Beschädigung der MALAY wurde U 123 vom norwegischen Fabrikschiff KOSMOS II gejagt. Das Boot befand sich in flachem Wasser und konnte nicht tauchen, dazu lief einer der Dieselmotoren nicht. Nach Reparatur während der Jagd wurde die Maschine neu gestartet. U 123 distanzierte sich von der KOSMOS nach zwei Stunden und entkam, bevor Flugzeuge auf den Hilferuf des Schiffes es erreichten.

Das rückkehrende Boot U 123 versenkte zwei Schiffe ostnordöstlich von den Bermudas, die britische CULEBRA (3.044 t) am 25. und den norwegischen Tanker PAN NORWAY (9.231 t) am 26. Am 27. befahl das Boot dem griechischen Schiff MOUNT ETNA, die Überlebenden der PAN NORWAY aufzunehmen.

Rückkehr nach Lorient am 9.2.42.

9. 2.3.42: Auslaufen zur Operation in US-Gewässern. U 123 fuhr in das Gebiet von Neufundland und drehte dann nach Süden. Am 22. versenkte es den amerikanischen Tanker MUSKOGEE (7.034 t) und am 24. den britischen Tanker EMPIRE STEEL (8.138 t), beide mit Torpedo und Bordwaffen zwischen 600 bis 700 Seemeilen von Chesapeake Bay. Am Abend des 26. griff U 123 die amerikanische CAROLYN (3.209 t) 270 Seemeilen von Cape Hatteras an. Um Mitternacht feuerte Hardgen einen Torpedo, der das sinkende Schiff mittschiffs traf. Die Besatzung verließ das Schiff und ein SOS-Ruf wurde abgehört. Als das Boot anlief, wurden falsche Schotten errichtet und die Carolyn eröffnete das Feuer mit einer Kanone an Deck und mit Maschinengewehren. Ein heißes Gefecht entwickelte sich, und ein Fähnrich von U 123 wurde von einem Geschoß tödlich getroffen,

bevor das Boot wegtauchte. Es wurde im Anschluss mit Wasserbomben verfolgt, die das Boot zwar schüttelten, aber nicht beschädigten.

U 123 fuhr nach außerhalb der Reichweite, aber schloss vier Stunden später wieder heran und eine Stunde darauf hatte die Besatzung der CAROLYN ihr Schiff verlassen. Zwanzig Minuten später flog das Schiff in die Luft. Die CAROLYN glaubt, die USS ATIK, ein bewaffnetes Petrouillenboot, gesehen zu haben, ausgerüstet wie ein Q-Schiff. Der tote Offizier des Ubootes U 123 wurde auf der Position 35°38'N/70°14'W auf See beigesetzt. Am 2.4.42 beschädigte U 123 den amerikanischen Tanker LIEBRE (7.057 t) östlich von Wilmington, verfehlte aber, das Schiff zu versenken. Am Morgen des 8. vor Jacksonville, Florida, beschädigte U 123 zwei Tanker, die amerikanische OKLAHOMA (9.264 t) mit Torpedo und Bordwaffen und die amerikanische ESSO BATON ROUGE (7.989 t) mit Torpedo. Beide Schiffe liefen in flachem Wasser auf Grund, wurden später aber gehoben und repariert. Sie wurden später versenkt, die OKLAHOMA am 28.3.43 durch U 532 nordöstlich von Cayenne und die ESSO BATON ROUGE am 23.2.43 durch U 202 westnordwestlich von den Kanarischen Inseln.

Am 9.2.42 versenkte U 123 die amerikanische GULF-AMERICA (8.081 t) und die amerikanische ESPARTA (3.365 t), beide vor Jacksonville. Das Wrack der GULFAMERICA trieb sechs Tage lang, bevor das Schiff endlich sank. Am 11. wurde U 123 mit Wasserbomben beworfen und durch den Zerstörer USS DAHLGREN beschädigt. Obwohl er dauernd die Position des Bootes überfuhr und kreuzte, wurden keine Wasserbomben mehr geworfen.

Am Morgen des 13. versenkte U 123 die amerikanische LESLIE (2.609 t) westlich von Dayton Beach, möglicherweise mit dem letzten Torpedo. Zwei Stunden später versenkte das Boot die schwedische KORSHOLM (2.647 t) mit Bordwaffen im gleichen Gebiet.

Hardegens letzter Erfolg war am frühen Morgen des 17. die amerikanische ALCOA GUIDE (4.834 t) östlich von Cape Hatteras. Das rückkehrende Boot traf am 28. mit dem auslaufenden U 107 zur Übergabe eines Code-Buches zusammen und um Informationen auszutauschen.

U 123 kehrte am 2.5.42 nach Lorient zurück.

10. 16.5.42: Auslaufen nach Deutschland zur Reparatur und Erneuerung. Einlaufen Kiel am 29.5.42.

11. 5.12.42: Auslaufen Kiel zur Atlantikoperation. U 123 traf die »Spitz«-Gruppe, die vom 23. an westlich von Irland im Zentralen Atlantik gebildet wurde.

Die Gruppe fuhr nach Süden, und während des Nachmittages des 26. wurde der nach Westen laufende Convoy ONS 154 am südlichen Ende der Linie gesichtet. Die

»Spitz«- und »Ungetüm«-Gruppen wurden an den Convoy herangeführt. Vier Schiffe wurden am 27. versenkt, aber der Hauptangriff auf den Convoy wurde während der Nacht des 28./29. durchgeführt. Die Operation endete am 31. nordwestlich von den Azoren. Insgesamt waren 14 Schiffe versenkt worden und eines beschädigt. Früh am 29. versenkte U 123 die britische BARON COCHRANE (3.385 t), die zuvor von U 406 torpediert worden war, und es beschädigte die britische EMPIRE SHACKLETON (7.058 t), beide nördlich der Azoren. Die EMPIRE SHACKLETON wurde bald darauf durch U 435 versenkt.

Anfang Januar 1943 wurde U 123 von U 463 westlich der Azoren mit Brennstoff versorgt. Zehn Tage später wurde es nochmals mit Kraftstoff durch U 117 aufgefüllt, bevor das Boot die »Jaguar«-Gruppe nordöstlich von Neufundland traf. Ein HX-Convoy wurde erwartet und passierte das westliche Ende der Linie der »Jaguar«-Boote am 22. Die Funkverbindungen waren schwach und die »Jaguar«-Gruppe konnte nicht vor dem 23. an den Convoy gelangen. Der »Haudegen«-Gruppe wurde befohlen, eine neue Linie südlich von Cape Farewell zu bilden, um dort den Convoy zu empfangen. Allerdings versagte schlechtes Wetter den »Haudegen«-Booten die Bildung dieser Linie, und die »Jaguar«-Gruppe verlor den Kontakt am 23. Der Convoy wurde nicht mehr gefunden.

U 123 kehrte am 6.2.43 nach Lorient zurück.

12. 13.3.43: Auslaufen zur Operation im Zentralen Atlantik. U 123 traf auf die »Seeräuber«-Gruppe südlich von den Kanarischen Inseln. Zum Empfang des nach Süden laufenden Convoys RS 3 wurde eine Linie gebildet. Der Convoy passierte die Linie am 28. und drei Schiffe wurden versenkt, keines von U 123. Nach dem 29. hatte der Convoy eine starke Luftsicherung, die jeden Angriff verbot, und die Operation wurde am 30. abgebrochen.

Die »Seeräuber»-Gruppe löste sich auf und nach ein paar Tagen bewegte sich die Gruppe nach Süden in das Freetown-Gebiet/Liberia. Am 8.4.43 versenkte U 123 die spanische CASTILLO MONTEALEGRE (3.972 t) westlich von Conakry. Am 18. versenkte U 123 südwestlich von Monrovia das britische Uboot P 615, ehemals türkisch ULUC ALI REIS, aber von der Royal Navy übernommen. Bald nach der Versenkung von P 615 versenkte U 123 die britische EMPIRE BRUCE (7.459 t). U 123 operierte einige Zeit in dem Gebiet von Monrovia. Am 29.4.43 versenkte es die schwedische NANKING (5.931 t).

Am 5.5.43 versenkte U 123 die britische HOLMBURY (4.566 t) und am 8. die britische KANBE (6.244 t). Das Boot nahm den Kapitän der HOLMBURY an Bord zum Verhör. Am oder um den 20. wurde U 123 westlich von Freetown von U 460 mit Kraftstoff versorgt.

Rückkehr nach Lorient am 8.6.43.

13. 1.8.43: Auslaufen, aber schnelle Rückkehr, wahrscheinlich wegen Maschinenfehler.

Einlaufen Lorient am 5.8.43.

14. 16.8.43: Auslaufen in den westlichen Atlantik. U 123 operierte nördlich der Küste Guineas, ohne Erfolg. Es drehte nach Norden, und am 21.9.43 glaubte es Treffer auf einem Tanker erzielt zu haben und auf einem Libertyschiff im Convoy TJ 9 östlich von den Windward Islands. Aber es gibt keine genaueren Informationen darüber. Später im Einsatz operierte U 123 möglicherweise im Golf von Mexiko, aber ohne Erfolg. Das rückkehrende Boot war nahe des Stützpunktes an der Biskaya, wurde dort angegriffen und am 7.11.43 durch eine Mosquito der 248. Squadron (F/o A.J.L. Boonnett), ausgerüstet mit 57-mm-Kanonen, beschädigt. Ein Mann von U 123 wurde getötet und zwei Mann bei der Attacke verwundet. U 123 kehrte am 24.4.43 nach Lorient zurück.

15. 29.12.43: Auslaufen Lorient und Rückkehr am 30.12.43.

16. 9.1.44: Auslaufen zur Operation im zentralen Atlantik. U 123 marschierte in ein Gebiet westlich von Freetown, hatte aber keine Erfolge. Es verfehlte einen Convoy am 10.3.44. Das Boot wurde Mitte März nordwestlich von den Kapverdischen Inseln durch U 488 mit Kraftstoff versorgt.

Rückkehr nach Lorient am 24.4.44.

Das Boot ging nicht mehr auf Feindfahrt und wurde am 17.6.44 in Lorient außer Dienst gestellt, Weiterverwendung als Generatorboot. Als die US-Truppen Lorient besetzten, fanden sie U 123 hoch und trocken im Bunker Pen K 3.

Das Boot wurde für die französische Marine als S 10/Blaison wieder instand gesetzt. Das alte Boot U 123 endete als Q 165 am 18.8.59 durch Außerdienststellung.

U 124 Typ IX B

Bauwerft: AG.Weser, Bremen
Kiellegung: 11. August 1939
Stapellauf: 9. März 1940
Indienststellung: 11. Juni 1940
Feldpost-Nr.: M 00412
Versenkt am 3. April 1943 westlich von Orporto (41°02'N/15°39'W)

Kommando:
2. U-Flottille Wilhelmshaven/Lorient von Juni 1940–
3. April 1943 (Schulboot/Frontboot)

Kommandanten:
KptLt Wilhelm Schulz, Juni 1940–September 1941
KptLt Jochen Mohr, September 1941–3. April 1943

Feindfahrten: 12
Versenkte Schiffe: 46 (218.278 BRT) und 4 beschädigt
1 Kreuzer (4.850 t)
1 Korvette (825 t)

1. 19.8.40: Auslaufen Wilhelmshaven zur Operation westlich der Britischen Inseln. Am 25. griff U 124 den Convoy HX 65 A nördlich der Isle of Lewis an und versenkte die britische HARPALYCE (5.169 t), die britische FIRECREST (5.394 t) und beschädigte die britische STAKESBY (3.900 t).
Am 2.9.40 wurde U 124 als Wetterboot in ein Gebiet weiter im Westen befohlen, gewünscht für die geplante Invasion Englands. U 124 kehrte am 16.9.40 in den neuen Stützpunkt Lorient zurück.
2. 5.10.40: Auslaufen als Wetterboot westlich der Britischen Inseln. Am 16. versenkte U 124 einen Nachzügler vom Convoy SC 7, die britische TREVISA (1.813 t), westlich von Rockall. Am frühen Morgen des 20. meldete U 124 den Angriff auf den nach Westen laufenden Convoy OB 229 westlich von Rockall, versenkte die norwegische CUBANO (5.810 t) und die britische SULACO (5.389 t). Am Abend des 31. versenkte U 124 nordwestlich von Rockall die britische RUTLAND (1.437 t) und am Morgen des 1.11.40 die britische EMPIRE BISON (5.612 t), beides Nachzügler vom nach Osten laufenden Convoy HX 82.
Nachdem alle Torpedos verschossen waren, kehrte U 124 am 13.11.40 nach Lorient zurück.
3. 6.12.40: Auslaufen zur Operation im westlichen Nordkanal. Am 6.1.41 versenkte U 124 die britische EMPIRE THUNDER (5.965 t) nordnordöstlich von Rockall. Das war der einzige Erfolg bei dieser Unternehmung. U 124 kehrte am 22.1.41 nach Lorient zurück.
4. 23.2.41: Auslaufen zur Operation im zentralen Atlantik. U 124 drehte mit U 105 und U 106 nach Süden zum deutschen Versorger CHARLOTTE SCHLIEMANN. Ab dem 7. operierte U 124 mit U 105 gegen den nach Norden laufenden Convoy SL 67, und am Morgen des 8. versenkte U 124 vier Schiffe westlich vom Cap Blanc, die britische NARDANA (7.974 t), die britische HINDPOOL (4.897 t), die britische TIELBANK (5.084 t) und die britische LAHORE (5.304 t). Der Convoy war am Morgen des 7. durch die beiden Schlachtschiffe SCHARNHORST und

GNEISENAU 300 Seemeilen nordöstlich von den Kapverdischen Inseln gesichtet worden. U 124 und U 105 wurden auf ihn angesetzt. Allerdings verfehlten beide Boote ihn, auch das ihn begleitende Schlachtschiff HMS MALAYA. Nachdem die Boote vom Geleitschutz am 8. vertrieben worden waren, verließen die deutschen Schlachtschiffe die Operation.
U 124 fuhr weiter nach Süden bis zum 18., dann wurde es vom deutschen Hilfskreuzer Schiff 41/KORMORAN nördlich von St. Paul Rocks mit Brennstoff versorgt. Nun wandte es sich nach Osten in das Gebiet von Freetown. Während dieser Zeit hatte U 124 ein Treffen mit der ADMIRAL SCHEER zur Übergabe von Quartzteilen für das Radar des Schweren Kreuzers.
Am 30. versenkte U 124 südwestlich von Freetown die britische UMONA (3.767 t) und am 4.4.41 die britische MARLENE (6.507 t) vor Freetown. In der zweiten Aprilwoche versenkte U 124 fünf Schiffe im Gebiet südwestlich von Freetown, die britische PORTADOC (1.746 t) am 7., die britische TWEED (2.697 t) am 8., die griechische AEGEON (5.285 t) am 11., die britische ST. HELENA (4.313 t) am 12. und die britische CORINTHIC (4.823 t) am 13. U 124 half den Überlebenden der TWEED. Im Jahre 1958, nach vielen Jahren der Suche, traf der frühere 3. Offizier der TWEED auf den früheren Kommandanten von U 124, Wilhelm Schulz, in England und dankte ihm. Nachdem alle Torpedos verschossen waren, begann das Boot am 20. seine Heimreise. Einlaufen Lorient am 1.5.41.
5. 10.7.41: Auslaufen zur Operation im Gebiet von Gibraltar. Aber wegen Schwierigkeiten mit der Maschine Rückkehr am 11.7.41.
6. 15.7.41: Auslaufen Lorient in das Gebiet von Gibraltar. Vom 23. an begannen U 93, U 94, U 109 und U 124 einen nach Süden laufenden Suchkurs, beginnend beim 35°N und bedeckend ein Gebiet zwischen dem 25° und 30° W. Beabsichtigt war ein Treffen mit U 123 westlich von Marokko. Die Suche war erfolglos, kein Convoy kam in Sicht. Die Suche nach Süden wurde angehalten. Ab 3.8.41 wurden die fünf Boote nach Norden befohlen, um einen Aufklärungsstreifen in Richtung Gibraltar zu bilden. Sie trafen andere Boote zwischen Gibraltar und den Azoren am 6. in Erwartung des Convoys HG 69, der schließlich am 9. von Gibraltar ablief. Der Convoy wurde von U 79 am 10. gesichtet, aber die Geleitfahrzeuge verhinderten jeden Angriff, die Boote wurden schnell vertrieben. U 124 hatte einen kurzen Kontakt während der Nacht vom 12./13., aber keine Schiffe wurden versenkt. U 124 kehrte am 25.8.41 nach Lorient zurück.
7. 16.9.41: Auslaufen zur Operation im Nordatlantik. U 124 sichtete den nach Süden laufenden Convoy OG 74

nordnordöstlich der Azoren. Das Boot beschattete ihn mit U 201. U 124 machte einen Angriff auf den Convoy am Abend des 20. und versenkte die britische BALTALLIN (1.303 t) und die britische EMPIRE MOAT (2.922 t).

Am 21. teilte sich der Convoy, ließ vier Schiffe ohne Geleitschutz zurück. Die U 124 beschattete, bis U 201 heranschloß, dann wurde am Abend angegriffen.

Nachdem der Kontakt am 22. verloren gegangen war, wurden U 124 und U 201 gegen den erwartenden Convoy HG 73 angesetzt. U 124 hatte während der Nacht vom 24./25. Kontakt nordnordöstlich von den Azoren und versenkte am Morgen die britische EMPIRE STREAM (2.922 t). In den frühen Stunden des 26. versenkte es zwei Schiffe, die britische PETREL (1.354 t) und die britische LAPWING (1.348 t) und am späten Abend desselben Tages versenkte es die britische CERVANTES (1.810 t). Die Operation war am 28. beendet, alle Torpedos verschossen. U 124 kehrte am 1.10.41 nach Lorient zurück.

8. 30.10.41: Auslaufen zur Operation im Südatlantik. U 124 fuhr gemeinsam mit U 129 und dem Versorger PYTHON. Sie eskortierten die PYTHON in ein Gebiet südwestlich von den Kapverdischen Inseln, und nach Auffüllen am 20.11.41 fuhren beide Boote in ihr eigenes Operationsgebiet. Am 22. wurde der deutsche Hilfskreuzer Schiff 16/ATLANTIS nordwestlich der Insel Ascension während einer Brennstoffversorgung von U 126 versenkt. Das Boot wurde mit 308 Überlebenden so gut wie möglich bevölkert und U 124 wurde zur Unterstützung entsandt. U 126 gab die Überlebenden der ATLANTIS in der Nacht vom 23./24. an die PYTHON ab.

Auf der Fahrt am 24. sichtete U 124 den ungesicherten Kreuzer HMS DUNEDIN südwestlich von St. Paul Rocks und versenkte ihn. Am späten Abend des 3.12.41 versenkte das Boot die amerikanische SAGADHOC (6.275 t) südsüdwestlich von St. Helena.

Am 1.12.41 wurde die PYTHON 1.000 Seemeilen südlich von St. Helena durch den Kreuzer HMS DORSETSHIRE versenkt und 200 Überlebende aufgeteilt zwischen U 68 und U A, mit der Notwendigkeit, dass 214 in Rettungsbooten und Flößen von den Booten geschleppt wurden. Das alles lief nach Norden bis zum 5., bis U 124 und U 129 ankamen und zwischen sich diese 214 Mann aufteilten. Alle vier Boote fuhren bis zum 16. nach Norden, bis sie auf vier italienische Uboote nördlich der Kapverdischen Inseln trafen. Die TORELLI, TAZZOLI, FINZI und CALVI übernahmen die Hälfte der Überlebenden und die acht Boote liefen nach den französischen Häfen. Alle Männer wurden im Dezember nach einer 5.000 Seemeilen langen Reise an Land gesetzt.

U 124 lief in Lorient am 29.12.41 ein.

9. 21.2.42: Auslaufen zur Operation in US-Gewässern.

U 124 fuhr nach Neufundland und bewegte sich dann südwestwärts nach Cape Hatteras, als Teil der vierten Welle der Operation »Paukenschlag«.

Am 14.3.42 versenkte U 124 den britischen Tanker BRITISH RESSOURCE (7.209 t) nördlich der Bermudas und früh am 17. das honduranische Bananenboot CEIBA (1.698 t) östlich von Cape Hatteras.

Am späten Abend des 17. befand sich U 124 direkt vor der Küste von Cape Hatteras und versenkte den amerikanischen Tanker ACME (6.878 t), der in den frühen Stunden des 18. die Versenkung der griechischen KASSANDRA LOULOUDIS (5.106 t) folgte. U 124 blieb in diesem Gebiet während der folgenden sechs Tage, während diesen es sechs Tanker angriff, von denen vier versenkt wurden und zwei beschädigt wurden. Es versenkte die amerikanische E.M. CLARK (9.647 t) am 18., die amerikanische PAPOOSE (5.939 t) und die amerikanische HUTTON (7.076 t) am 19. sowie die amerikanische NAECO (5.373 t) am 23. U 124 beschädigte die amerikanische NASHVILLE (7.934 t) und die amerikanische ATLANTIC SUN (11.355 t), beide am 21. Die ESSO NASHVILLE wurde repariert und die ATLANTIC SUN von U 607 am 15.2.43 im zentralen Atlantik versenkt.

U 124 lief am 10.4.42 in Lorient ein.

10. 4.5.42: Auslaufen zur Operation im Nordatlantik.

U 124 fuhr zusammen mit U 94, U 96, U 406, U 569 und U 590 als Teil der geplanten »Hecht«-Gruppe in das Gebiet der Neufundlandbank. Die Boote wurden mit ihrem Kurs nach Westen gebunden, als U 569 den nach Westen laufenden Convoy ONS 92 am 11. im zentralen Atlantik sichtete. Während der ersten Stunden des 12. versenkte U 124 vier Schiffe, die britische EMPIRE DELL (7.065 t), die britische LLANOVER (4.959 t), die griechische MOUNT PARNES (4.371 t) und die britische CRISTALES (5.389 t). Der Kontakt mit dem Convoy ging am 13. verloren.

Die »Hecht«-Gruppe bildete eine neue Linie früh am 14. vor dem verlorenen Convoy, ein Kontakt wurde wieder nicht hergestellt. Am Abend begann die Gruppe bis zum 16. nach Nordosten zu schwenken. Nach zwei Tagen bewegte sich die Gruppe nach Südwesten. Am 20. sichtete U 406 den nach Süden laufenden Convoy ONS 94, der für einige Stunden beschattet wurde, bevor die Boote vertrieben wurden. Die anderen Boote kamen nicht heran, es herrschte Nebel und der Convoy wurde nicht mehr gefunden. Die »Hecht«-Gruppe fuhr zu einem Treffen mit U 116 600 Seemeilen von Cape Race, wo sie am 25. mit Brennstoff versorgt wurde. Die Gruppe wurde umgebildet und am 30. begann eine Suche quer über bekannte Convoy-Routen hinweg. Die Boote patrouillierten südlich von Neufundlandbank, bevor sie in ein Gebiet 600 Seemeilen südöstlich von Cape Farewell verlegten.

Auf dieser Fahrt sichtete U 590 am 31.5. den nach Westen laufenden Convoy ONS 96, aber das Wetter begann schlecht zu werden, wodurch die Operation am 2.6.42 gegen den Convoy abgesagt wurde, und die Boote fuhren ostwärts. Am 8. sichtete U 124 den nach Westen laufenden Convoy ONS 100 im zentralen Nordatlantik. Früh am Abend des 9. versenkte es die französische Korvette MIMOSE. Dann verlor es den Kontakt bei schlechtem Wetter. Der Convoy wurde am 10. von U 94 wieder gefunden und vier Schiff sanken, bevor die Operation am 12. Juni endete. U 124 machte den letzten Angriff auf ONS 100 am frühen Morgen des 12. Juni und versenkte die britische DARTFORD (4.093 t) östlich von Neufundland.

Die »Hecht«-Gruppe setzte ihre Suche nach Nordosten fort. Am 16. sichtete U 94 den nach Westen laufenden Convoy ONS 102. Zum Angriff befohlen, fanden die Boote eine sehr starke Geleitsicherung und U 94 und U 590 wurden beschädigt. Die Operation wurde am 17. abgebrochen, und die »Hecht«-Boote setzten sich ab nach Hause. U 124 sichtete ONS 102 wieder am Morgen des 18. und versenkte die amerikanische SEATTLE SPIRIT (5.627 t) östlich von Neufundland.

U 124 kehrte am 26.6.42 nach Lorient zurück.

11. 25.11.42: Auslaufen zur Operation im zentralen Atlantik. U 124 fuhr in ein Gebiet östlich der Karibik. Am 15. und 16. Dezember wurden U 124 und U 217 zu einem Convoy dirigiert, der 600 Seemeilen östlich von Trinidad fuhr. Sie beschatteten ihn und am frühen Morgen des 16. glaubten sie, zwei Tanker getroffen zu haben, aber es gibt keine Bestätigung dafür.

Am 15. Dezember versenkte es die britische TREWORLAS (4.692 t) nahe Tobago. Am 9.1.43 traf U 124 auf den nach Süden laufenden Convoy TB 1 vor der Küste von Guinea. Bei zwei Angriffen am frühen Morgen des 9. versenkte U 124 vier Schiffe, den amerikanischen Tanker BROAD ARROW (7.718 t), die amerikanische BIRMINGHAM CITY (6.194 t), die amerikanische COLLINGSWORTH (5.101 t) und die amerikanische MINOTAUR (4.554 t). Es gab keine weiteren Erfolge für U 124. Das rücklaufende Boot wurde Anfang Februar von U 118 mit Kraftstoff südöstlich der Azoren versorgt.

Einlaufen Lorient am 13.2.43.

12. 27.3.42: Auslaufen zur Operation im Gebiet von Freetown. U 124 sichtete am 2.4.43 westlich von Oporto den nach Süden laufenden Convoy OS 45. Bei einem abendlichen Angriff wurden zwei Schiffe versenkt, die britische KATHA (4.357 t), und die britische GOGRA (5.190 t).

In den frühen Stunden des 3. wurde das Boot von Escortfahrzeugen geortet und mit Wasserbomben der Sloop HMS BLACK SWAN (Cdr L.B.A. Majendie) und der Korvette HSM STONECROP (LtCdr J.P. Smythe) versenkt. Es gab keine Überlebenden, 53 Tote.

U 125 Typ IX C

Bauwerft: AG.Weser, Bremen
Kiellegung: 10. Mai 1940
Stapellauf: 10. Dezember 1940
Indienststellung: 3. März 1941
Feldpost-Nr.: M 32765
Versenkt am 6. Mai 1943 östlich von Belle Isle (52°31'N/44°50'W)

Kommando:
2. U-Flottille Wilhelmshaven/Lorient von März 1941– 6. Mai 1943

Kommandanten:
KptLt Günther Kuhnke, März–Dezember 1941
KptLt Ulrich Folkers, Dezember 1941–6. Mai 1943

Feindfahrten: 7
Versenkte Schiffe: 16 (78.136 BRT)

1. 15.7.41: Auslaufen Kiel zur Überführung in den neuen Stützpunkt im westlichen Frankreich.
Einlaufen Lorient am 28.7.41.

2. 12.8.41: Auslaufen zur Operation im zentralen Atlantik. Vom 28. an fuhren U 125, U 108 und U 111 nach Süden zwischen dem Längengrad 30° und 35° westlich der Azoren bis runter nach St. Paul Rocks. Vom 10. September bis zum 23. operierten die drei Boote östlich, westlich und südlich von den Rocks, aber lediglich U 111 hatte Erfolge. Am 24. fuhren sie auf die Kapverdischen Inseln zu und dann in das Gebiet von Freetown. U 125 operierte vor Freetown bis zum 16.10.41, bekam dann den Befehl, in eine Linie mit U 66, U 103 und U 107 auf der Suche zwischen dem 30° und 35° W, zurückzukehren. U 125 hatte keinen Erfolg und kehrte am 5.11.41 nach Lorient zurück.

3. 18.12.41: Auslaufen zur Operation im Westatlantik. U 125 hatte Kontakt mit dem nach Norden laufenden Convoy HG 76 westlich von Portugal am 22., wurde aber vom Geleitschutz vertrieben.

Es kehrte zu seinem Kurs auf US-Gewässer mit der ersten Welle von fünf Booten in der Operation »Paukenschlag« zurück. Am Abend des 25.1.42 feuerte U 125 einen Torpedo auf den amerikanischen Tanker OLMEY, der nach Grundberührung direkt nördlich von Chesapeake Bay stoppte. Eine Detonation wurde gehört, aber es gab keinen Treffer. Am Morgen des 26. versenkte U 125 die amerikanische WEST IVIS (5.666 t) östlich von Cape Hatteras. U 125 lief zurück in den Stützpunkt Ende Januar.

Einlaufen Lorient am 23.2.42.

4. 4.4.42: Auslaufen zur Operation im Westatlantik. Auf der Fahrt in die Karibik versenkte das Boot die amerikanische LAMMOT DU PONT (5.102 t) am Abend des 23. südöstlich von den Bermudas.

Nach Einlaufen in die Karibik durch die Windward Passage versenkte U 125 die dominikanische SAN RAFAEL (1.973 t) am 3.5.42 durch Torpedo und Artillerie westlich von Jamaica.

Für die folgenden zwei Wochen operierte U 125 in der Westkaribik um Grand Cayman. Am 4. versenkte das Boot die amerikanische TUSCALOOSA CITY (5.687 t), am 6. die amerikanische GREEN ISLAND (1.946 t) und die britische EMPIRE BUFFALO (6.404 t), am 9. den britischen Tanker CALGAROLITE (11.941 t) sowie am 14. die honduranische COMAYAGUA (2.493 t). Alle fünf Schiffe wurden im Gebiet südlich von Grand Cayman versenkt. Am 18., direkt westlich von der Spitze Kubas, versenkte U 125 den amerikanischen Tanker MERCURY SUN (8.893 t) und die amerikanische WILLIAM J. SALMAN (2.616 t).

Rückkehr nach Lorient am 13.6.42.

5. 27.7.42: Auslaufen zur Operation im Zentralatlantik. Auf der Fahrt nach Freetown wurde das Boot am oder um den 12.8.42 vom wahrscheinlich heimfahrenden U 116 nahe der Kapverdischen Inseln mit Kraftstoff versorgt.

Am 1.9.42 versenkte U 125 die britische ILORIN (815 t) vor Accra. Sie hatte erst am 23. wieder Glück, als sie die britische BRUYERE (5.335 t) südwestlich von Freetown versenkte.

U 125 versenkte drei weitere Schiffe südwestlich von Monrovia, die britische BARON OGILVY (3.391 t) am 24., die britische EMPIRE AVOCET (6.015 t) und die britische KUMSANG (5.447 t) am 30.

Der Kapitän und Chief der EMPIRE AVOCET wurden an Bord genommen. Das letzte Opfer von U 125 wurde südwestlich von Freetown am 8.10.42 versenkt. Es war die britische GLENDENE (4.412 t). Das Boot erhielt Brennstoff von U 459 südwestlich von Freetown am oder um den 11. Das rücklaufende Boot wurde im Oktober von U 462 südlich der Azoren mit Brennstoff versorgt.

Es kehrte am 6.11.42 nach Lorient zurück.

6. 9.12.42: Auslaufen zur Operation in der Karibik. Am 3.1.43, auf der Fahrt nach dort, sichtete U 514 den nach Osten laufenden Tanker-Convoy TM 1 1.100 Seemeilen nordöstlich von Trinidad. Das Boot und U 125, das in der Nähe war, wurden zum Beschatten des Convoys befohlen. Die »Delphin«-Gruppe, 900 Seemeilen im Norden, wurde zum Angriff befohlen.

Inzwischen hatten die beiden Beschatter den Kontakt verloren und nach einer Suche von zwei oder drei Tagen hatten sie ihn verfehlt. U 125 und U 514 trafen am 7. auf die »Delphin«-Gruppe 600 Seemeilen westlich von den Kanarischen Inseln. TM 1 passierte das Zentrum der Linie der »Delphin«-Gruppe während des Nachmittages des 8. Der Angriff endete am 11. nahe Madeira, sieben Tanker waren versenkt worden, keiner von U 125.

Es verblieb bei der »Delphin«-Gruppe, die sich südlich der Azoren neu formierte, nachdem sechs Boote der Gruppe von U 463 mit Brennstoff versorgt waren. Auf der Suche nach Convoys bewegte sich die Gruppe ostwärts auf die Kanarischen Inseln zu, dann in ein Gebiet westlich von Gibraltar und ab 11.2.43 wurden die Boote westlich Portugals zusammen versammelt, um eine mögliche alliierte Landung in Portugal zu verhindern.

Am 12. wurden die Boote an den nach Süden laufenden Convoy KMS 9 zum Angriff befohlen, der 200 Seemeilen westlich von Cape Finisterre gesichtet worden war. Jeder Versuch eines Angriffes auf den Convoy wurde durch eine starke Luftsicherung verhindert, die die Boote unter Wasser hielt. Da immer mehr Flugzeuge den Convoy sicherten, als dieser sich Gibraltar näherte, wurde die Operation aufgegeben.

U 125 kehrte am 19.2.43 nach Lorient zurück.

7. 13.4.43: Auslaufen zur Operation im Nordatlantik. U 125 traf mit der »Specht«-Gruppe nordöstlich von Neufundland zusammen. Am 29. wurde die »Amsel«-Gruppe mit der »Specht«-Gruppe vereint und die Boote fuhren nach Süden. Ab 1.5.43 wurden beide Gruppen in einem Winkel vor Neufundland aufgestellt. Sie erwarteten den nach Norden laufenden Convoy SC 128. Der Convoy passierte die Linie der »Specht«-Gruppe, aber der Kontakt ging in einem südlichen Sturm verloren. Als der Convoy nicht mehr gesichtet wurde, wurde am 3. eine neue Linie, »Fink« genannt, aus den Gruppen »Specht« und »Star« gebildet. »Star« fuhr im Süden nach Verlassen des Angriffsgebietes auf den Convoy ONS 5 aufgetaucht.

SC 128 wurde am Nachmittag des 4. immer noch nicht gefunden und neue Befehle wurden gegeben, als ein südwestwärts laufender Convoy in der Mitte der »Fink«-Gruppe gesichtet wurde. Das war der ONS 5.

Die Operation gegen den Convoy begann erneut am 6. U 125 wurde von dem Zerstörer HMS ORIBI gesichtet, der das Boot rammte. Allerdings konnte U 125 wegfahren und tauchen. Es wurde durch den Zerstörer HMS VIDETTE (Lt R. Hart) wieder geortet und nach einem

Angriff mit Wasserbomben, Hedgehog-Bomben und Artillerie vernichtet. Es gab keine Überlebenden. 54 Tote.

U 126 Typ IX C

Bauwerft: AG.Weser, Bremen
Kiellegung: 1. Juni 1940
Stapellauf: 31. Dezember 1940
Indienststellung: 22. März 1941
Feldpost-Nr.: M 40082
Versenkt am 3. Juli 1943 nordwestlich von Cape Ortegal (46°02'N/11°23'W)

Kommando:
2. U-Flottille Wilhelmshaven/Lorient von März 1941–
3. Juli 1943 (Schulboot/Frontboot)

Kommandanten:
KptLt Ernst Bauer, März 1941–Januar 1943
OLtzS Siegfried Kietz, Januar 1943–3. Juli 1943

Feindfahrten: 6
Versenkte Schiffe: 26 (125.737 BRT) und 5 beschädigt

1. 5.7.41: Auslaufen Kiel zur Operation im zentralen Nordatlantik. Als keine Schiffe von U 126 gesehen wurden, ebenso von anderen Booten, wurden diese zusammengebracht und nach Osten dirigiert.
Am 17. sichtete eine Condor des 1./KG 40 den nach Westen laufenden Convoy OB 346 nordwestlich vom Nordkanal. Dieser Convoy verlangte eine kurze Patrouillenlinie am 19. und dann eine andere am 20., die aus 13 Booten bestand. U 126 war dabei. Der einzige Erfolg waren zwei Schiffe, die am Morgen des 20. westsüdwestlich von Irland durch Artillerie der Boote U 93 und U 203 beschädig wurden.
Am 24. operierten U 126 und andere Boote westlich von Irland und wurden an den nach Süden laufenden Convoy OG 69 herangeführt. Die ersten Boote schlossen an den Convoy währen der Nacht vom 26./27. heran. U 126 machte seinen Angriff am Abend des 27., als die britische ERATO (1.335 t) westlich von La Coruña versenkt wurde und ebenfalls die norwegische INGA (1.304 t). Bei demselben Angriff glaubte U 126 Erfolg auf zwei anderen Schiffen erzielt zu haben, wofür es keine Informationen gibt. Die Aktion gegen OG 69 endete am 30., sieben Schiffe wurden versenkt.

Am 4.8.41 befand sich U 126 östlich der Azoren, sie versenkte dort das Fischereifahrzeug (britisch, 172 t) ROBERT MAX mit Artillerie. Vom 6. an versammelten sich U 126 und andere Boote zwischen den Azoren und Gibraltar in Erwartung des Convoys HG 69, der von Gibraltar am 9. abfuhr. Der Convoy wurde von U 79 am 10. gesichtet, aber der Geleitschutz startete mehrere Angriffe, und die Boote wurden schnell vertrieben Die Operation gegen den HG 69 wurde am 16. beendet, kein Schiff wurde versenkt.
Am 14. versenkte U 126 die jugoslawische SUD (2.589 t) westlich von Oporto. Dieses Schiff war zuvor vom italienischen Uboot MARCONI mit Artillerie beschädigt worden. U 126 erreichte Lorient am 24.8.41.
2. 24.9.41: Auslaufen zur Operation im Zentralatlantik. Patrouille im Gebiet von Freetown. Auf dem Weg nach dort versenkte U 126 die britische NAILSEA MANOR (4.926 t) am 10. nordöstlich von den Kapverdischen Inseln. Es erreichte sein Operationsgebiet Mitte Oktober.
Am 19. versenkte das Boot südwestlich von Freetown die amerikanische LEHIGH (4.983 t), und am 20. den britischen Tanker BRITISH MARINER (6.996 t) direkt vor Freetown.
Am 13.11.41 versenkte U 126 die britische PERU (6.961 t) südsüdwestlich von Monrovia. Es wandte sich dann nach dem Südatlantik nordwestlich von Ascension zum Treffen mit dem Hilfskreuzer Schiff 16/ATLANTIS am 22. und erhielt von diesem Brennstoff. U 126 traf den deutschen Hilfskreuzer wie abgemacht, und die Brennstoffabgabe begann am 22. Der Kreuzer HMS DEVONSHIRE wurde gesichtet und der Start eines Aufklärungsflugzeuges wahrgenommen. U 126 unterbrach die Kraftstoffversorgung und die Verbindungslinie und tauchte unter dem Kommando eines seiner Offiziere. Kapitän Bauer befand sich in der Messe der ATLANTIS beim Frühstück. Das Boot blieb dicht bei dem Hilfskreuzer in der Hoffnung, der Kreuzer würde herankommen und dann ein Ziel für einen Torpedoschuss werden. Allerdings fiel die Entscheidung für die ATLANTIS anders aus. Die DEVONSHIRE eröffnete das Feuer auf eine Entfernung von 10 Seemeilen, der Hilfskreuzer sank schnell und DEVONSHIRE verließ die Gegend wieder.
U 126 tauchte auf und teilte die Überlebenden in drei Gruppen. 55 Männer, einschließlich der Verwundeten, wurden ins Boot genommen, 52 Männer mit Schwimmwesten nahmen ihren Platz auf dem Bootsdeck ein und die restlichen 201 Männer wurden auf die Rettungsboote verteilt: vier Rettungsboote und zwei Motorboote, die von U 126 in Schlepp genommen wurden. Die Gruppen wurden planmäßig gegeneinander ausgetauscht und an Bord des Versorgers PYTHON abgegeben. Während der Nacht vom 23./24. begann U 126 die Heimreise.

Rückkehr nach Lorient am 13.12.41.

3. 2.2.42: Auslaufen zur Operation nördlich der Großen Antillen. U 126 versenkte am 2.3.42 nordöstlich von Haiti die norwegische GUNNY (2.362 t) und am 5. die amerikanische MARIANA (3.110 t). Am Morgen des 7. versenkte es die amerikanische BARBARA (4.637 t) und die amerikanische CARDONIA (5.104 t), beide vor der Isle de la Tortue, Haiti, und am 8. wurde der panamesische Tanker ESSO BOLIVAR (10.389 t) südöstlich von Guantanamo beschädigt. Die Besatzungen der CARDONIA und ESSO BOLIVAR erzählten, dass die Rettungsboote mit Maschinengewehren versehen waren, als sie herabgelassen wurden, aber nicht benutzt wurden.

Über die nächsten fünf Tage wurden fünf weitere Schiffe von U 126 angegriffen. Der panamesische Tanker HANSEAT wurde am 9. vor der Südspitze Kubas versenkt, der Tanker HALO (amerikanisch, 6.986 t), wurde am 11. nahe San Antonia Bay, Westkuba, beschädigt, die amerikanische TEXAN (7.005 t) und die amerikanische OLGA (2.496 t) wurden am 12. nahe Puerto Manati, Kuba, versenkt und die amerikanische COLABEE (5.518 t) am 13. vor Cape Guaajaba, Kuba, beschädigt. Die HALO wurde wahrscheinlich von U 506 am 20.4.42 südlich von New Orleans versenkt und die COLABEE lief auf Land und wurde gerettet. Alle Torpedos verschossen, erreichte U 126 Lorient am 29.3.42.

4. 25.4.42: Auslaufen zur Operation im Zentralatlantik. U 126, U 128 und U 161 liefen zusammen nach Süden. Am 11.5.42 wurde der nordwärts laufende Convoy SL 109 220 Seemeilen nordwestlich der Kapverdischen Inseln angegriffen. Der Convoy wurde verfolgt, und Angriffe fanden während der Nacht vom 12./13. statt. U 128 versenkte ein Schiff. Bei weiteren Versuchen wurden die Torpedos von U 126 gesehen und liefen vorbei. Die Operation endete am 1. Juni. Die drei Boote setzten ihre Reise fort bis zu einem Gebiet nördlich von Brasilien. Am 3.6.42 versenkte U 126 den norwegischen Tanker HÖEGH GIANT (10.990 t) nördlich von San Luis. Allerdings wurden nur wenige weitere Ziele ausgemacht, und die drei Boote fuhren nach Norden in die Karibik. In den frühen Stunden des 15. versenkte U 126 das Segelschiff DUTCH PRINCESS (britisch, 125 t) vor Roncador Cay.

U 126 operierte in der östlichen Karibik, vor den Kleinen Antillen. Am 16. versenkte es die amerikanische ARKANSAN (6.997 t) und die amerikanische KAHUKU (6.062 t), beide vor Grenada. Bis 27. gab es keinen Erfolg mehr. Dann versenkte U 126 die norwegische LEIV ERIKSSON (9.952 t) südwestlich von Bridgetown, Barbados. Im selben Gebiet versenkte U 126 das britische Segelschiff MONA MARIE (126 t).

U 126 trat die Heimreise an. Auf der Fahrt aus der Karibik versenkte das Boot die amerikanische WARRIOR (7.551 t) südlich vor Tobago am 1.7.42 und beschädigte den amerikanischen Tanker GULFBELLE (7.104 t) östlich von Tobago am 3. Juli.

Mitte Juli wurde U 126 von U 460 nördlich der Azoren mit Brennstoff versorgt. Am Morgen des 18. sichtete U 126 den nordwärts laufenden Convoy OS 34, aber da alle Torpedos verschossen waren, konnte kein Angriff durchgeführt werden. Es rief das Uboot U 564 zur Hilfe, das zwei Schiffe versenkte. U 126 behielt Kontakt, wurde aber am 19. vertrieben.

Rückkehr nach Lorient am 25.7.42.

5. 19.9.42: Auslaufen zur Operation im Südatlantik.

U 126 fuhr mit U 161 nach Süden zur Aufklärung im Golf von Guinea und im Kongo-Delta, folgend den Meldungen über die Schifffahrt in diesem Gebiet. Beide Boote wurden Anfang Oktober im Gebiet von Freetown durch U 459 mit Brennstoff versorgt. Am 12. machte U 126 Kontakt mit einem nach Westen laufenden Convoy südlich von Cape Palmas. Während der Vorbereitung zum Angriff wurde das Boot von einem Geleitfahrzeug geortet und mit Wasserbomben unter Wasser gedrückt. U 126 ging auf eine Tiefe von 780 Fuß, die größte Tiefe, die je von einem Boot des Typs IX erreicht wurde. Später tauchte es wieder auf und setzte seinen Weg fort.

U 126 und U 161 bezogen Position vor der Kongo-Mündung vom 20. bis zum 29. Wenige Schiffe wurden gesehen, und die Boote fuhren nach Norden zum Golf von Guinea. Am 1.11.42 versenkte U 126 die amerikanische GEORGE THACHER (7.176 t) südwestlich von Takoradi, am 4. die britische OUED GROU (792 t) und am 5. die britische NEW TORONTO (6.568 t) südlich von Porto Novo, Dahomey. Anfang Dezember wurden U 126 und U 161 von U 461 nördlich von St. Paul Rocks mit Brennstoff versorgt. Danach patrouillierten sie nördlich von Natal, Brasilien. Keines der Boote errang noch einen Erfolg, und sie begannen ihre Heimreise bald nach Mitte Dezember.

Rückkehr nach Lorient am 7.1.43.

6. 20.3.43: Auslaufen zur Operation im Gebiet von Freetown. U 126 gehörte zu einer Gruppe von fünf Booten, die im Operationsgebiet Ende April ankamen. Mitte April fuhren U 126, U 105 und U 154 in ein Gebiet südlich von Liberia, aber die Meldungen über viele Schiffe dort erwiesen sich als nicht begründet.

Ab 21. bewegten sie sich nach einer Position südöstlich von St. Paul Rocks, aber es wurde nichts gefunden. U 126 und U 105 wurden daher Anfang Mai nach Freetown geschickt und U 154 weiter nach der Küste von Brasilien. U 126 und U 105 wurden um den 20. herum durch U 460 vor Freetown mit Brennstoff versorgt. Am

30. beschädigte U 126 die amerikanische FLORA MacDONALD (7.177 t) südlich von Freetown. Das Schiff wurde auf Land gesetzt und zum Totalverlust erklärt. Im selben Gebiet beschädigte U 126 den britischen Tanker STANDELLA (6.197 t), ein Nachzügler des Convoys TS 42. Nach einer zweiten Periode südlich von Liberia trat U 126 die Heimfahrt an. Am 3.7.43 befanden sich U 126 und U 154 nordwestlich von Cape Ortegal und fuhren im Schutz der Dunkelheit in die Biskaya. Sie wurden jedoch von einer Leigh Light Wellington der 172. Squadron geortet (F/Sgt A. Coumbis) und U 126 wurde beleuchtet als es tauchte. Das Flugzeug versenkte das Boot mit Wasserbomben, keine Überlebenden, 55 Tote.

U 127 Typ IX C

Bauwerft: AG.Weser, Bremen
Kiellegung: 20. Juni 1940
Stapellauf: 4. Februar 1941
Indienststellung: 24. April 1941
Feldpost-Nr.: M 40428
Versenkt am 15. Dezember 1941 westsüdwestlich von Cape St. Vincent (36°28'N/09°12'W)

Kommando:
2. U-Flottille Wilhelmshaven/Lorient vom April 1941–15. Dezember 1941 (Schulboot/Frontboot)

Kommandant:
KptLt Bruno Hansmann, April 1941–15. Dezember 1941

Feindfahrten: 1
Versenkte Schiffe: keines

1. 29.11.41: Auslaufen Kiel zur Operation im Atlantik. U 127 wurde am 14.12.41 durch eine von Gibraltar kommende Sunderland der 202. Squadron gesichtet. Eine Uboot-Jagdgruppe der Force H war gerade von Gibraltar ausgelaufen, und am 15.12.41 wurde U 127 von dem australischen Zerstörer HMAS NESTOR (Cdr G.S. Stewart) geortet und mit Wasserbomben versenkt. Es gab keine Überlebenden, 51 Tote.

U 128 Typ IX C

Bauwerft: AG.Weser, Bremen
Kiellegung: 10. Juli 1940
Stapellauf: 20. Februar 1941
Indienststellung: 12. Mai 1941
Feldpost-Nr.: M 41096
Versenkt am 17. Mai 1943 vor Maceio, Brasilien (10°00'S/35°35'W)

Kommando:
2. U-Flottille Wilhelmshaven/Lorient vom Mai 1941–17. Mai 1943 (Schulboot/Frontboot)

Kommandanten:
KptLt Ulrich Heyse, Mai 1941–Januar 1943
KptLt Hermann Steinert, Januar 1943–17. Mai 1943

Feindfahrten: 5
Versenkte Schiffe: 12 (83.639 BRT) und 1 beschädigt

1. 9.12.41: Auslaufen Kiel und Marsch um Schottland herum nach dem neuen Stützpunkt in Frankreich. Einlaufen Lorient am 24.12.41.
2. 8.1.42: Auslaufen in den Westatlantik. U 128 operierte zwischen den Bermudas und der Küste von Florida. Es versenkte zwei Tanker vor Cape Canaveral, die amerikanische PAN MASSACHUSETTS (8.202 t) am Abend des 19. und die amerikanische CITIES SERVICE EMPIRE (8.103 t) am 22. U 128 versenkte am 5.3.42 einen dritten Tanker, die norwegische O.A. KNUDSEN (11.007 t) östlich der großen Abaco-Insel, Bahamas. Rückkehr nach Lorient am 23.3.42.
3. 25.4.42: Auslaufen zur Operation im Zentralatlantik. U 128, U 126 und U 161 griffen den nordwärts laufenden Convoy SL 109 220 Seemeilen nordwestlich von den Kapverdischen Inseln an. Der Convoy wurde verfolgt und Angriffe während der Nacht vom 12./13. gefahren. Der einzige Erfolg war durch U 128 zu verzeichnen. Es versenkte die britische DENPARK (3.491 t) und landete möglicherweise einen zweiten Treffer auf einem weiteren Schiff. Die Operation endete am 14.
Die drei Boote setzten ihren Einsatz im Gebiet nördlich von Brasilien fort. Allerdings gab es nur wenige Ziele und sie fuhren nach Norden, U 128 wechselte in ein Gebiet östlich der Karibik. Am 8.6.42 versenkte das Boot den norwegischen Tanker SOUTH AFRICA (9.234 t) östlich von den Windward Islands, am 21. die amerikanische WEST IRA (5.681 t) ostsüdöstlich von Barbados, am 23. den norwegischen Tanker ANDREA BRÖVIG (10.173 t)

südöstlich von Barbados und am 27. die amerikanische POLYBIUS (7.041 t) östlich von Tobago.

Am 28. fuhr U 128 wieder nach Süden und beschädigte die amerikanische STEEL ENGINEER (6.687 t) nördlich von Paramaribo. U 128 kehrte am 22.7.42 nach Lorient zurück.

4. 2.8.42: Auslaufen Lorient und Rückkehr am 10.9.42.

5. 14.9.42: Auslaufen zur Operation im Zentralatlantik. U 128 fuhr nach Süden und erreichte das Gebiet von Freetown Anfang Oktober. Es patrouillierte südwestlich von Freetown bis Anfang November, aber es gab nur wenige Ziele und es hatte keinen Erfolg. Das Boot fuhr in ein neues Gebiet südwestlich der Kapverdischen Inseln, wo bald drei Schiffe sanken, die norwegische MALOJA (6.400 t) am 8., der britische Tanker CERINTHUS (3.878 t) am 9. und am 10. die britische STAR POINT (5.293 t). U 128 nahm zwei Überlebende der STAR POINT an Bord.

Während der letzten Novemberwoche patrouillierte U 128 rund um St. Paul Rocks. Es versenkte die britische TEESBANK (5.136 t) nördlich von den Rocks am frühen Morgen des 5.12.42. Bald darauf wurde U 128 durch U 461 mit Kraftstoff versorgt. Dann traf es auf eine Linie zwischen St. Paul Rocks und einem Gebiet nördlich von Natal, Brasilien. Sieben Schiffe wurden versenkt zwischen dem 12. und 16., keines von U 128. Das Boot patrouillierte vor der Nordküste Brasiliens bis zum 26., dann begann es die Heimreise.

U 128 kehrte am 15.1.43 nach Lorient zurück.

6. 6.4.43: Auslaufen zur Operation im Südatlantik.

U 128 lief an die Ostküste von Brasilien und ab 11.5.43 patrouillierte das Boot im Gebiet von Bahia.

U 128 fischte Funksprüche auf, wurde aber am 16. während der Überwasserfahrt von einer USS Marinemaschine des VP-74 (Lt. H.E. Gibbs) vor Arutu, Brasilien, bemerkt. Das Boot tauchte beim Anflug der Maschine und Gibbs warf sechs Wasserbomben in den Wirbel der See. Er kreiste für einige Zeit um die Tauchstelle, bevor er zurückflog.

Am nächsten Morgen sichteten zwei Mariner des VP-74 (Lts Carey und Davis) U 128 etwa 20 Seemeilen vor der Küste. Als das Boot tauchte, drehten die beiden Flugzeuge an und warfen jeweils eine Wasserbombe. Der erste Angriff durch Davis trieb U 128 an die Wasseroberfläche, rief weitere Beschädigungen hervor, und der zweite Angriff, von Carey geflogen, desgleichen. Die beiden Flugzeuge begannen eine Serie von Tiefangriffen, wobei sie bei zwanzig Angriffen insgesamt 4.500 Schuß großen Kalibers verschossen. U 128 versuchte, ihnen zu entgehen, aber es konnte nicht mehr tauchen.

Davis flog, um zwei Zerstörer herbeizulotsen, USS MOFFETT und USS JOUETT. Carey griff unterdessen das Boot weiter an. Als die Zerstörer in Sicht kamen, befahl der Kommandant das Boot zu verlassen. Davis warf ein Floß und schließlich konnten 51 Mann der Besatzung aufgefischt werden, von denen später vier Mann ihren Verwundungen erlagen und auf See beigesetzt wurden. Weitere drei Mann waren beim Gefecht getötet worden. U 128 wurde mit Artillerie der Zerstörer versenkt.

U 129 Typ IX C

Bauwerft: AG.Weser, Bremen
Kiellegung: 30. Juli 1940
Stapellauf: 28. Februar 1941
Indienststellung: 21. Mai 1941
Feldpost-Nr.: M 41124
Selbst versenkt am 18. August 1944 in Lorient

Kommandos:
4. U-Flottille Stettin von Mai–Juni 1941 (Schulboot)
2. U-Flottille Lorient von Juni 1941–18. August 1944 (Frontboot)

Kommandanten:
KptLt Nicolai Clausen, Mai 1941–Mai 1942
KKpt Hans Witt, Mai 1942–Juli 1943
OLtzS Richard von Harpe, Juli 1943–Juli 1944

Feindfahrten: 10
Versenkte Schiffe: 29 (143.792 BRT)

1. 3.8.41: Auslaufen Horten zur Operation im zentralen Nordatlantik. U 129 traf auf eine Gruppe, die in loser Formation südwestlich von Island operierte. Da die Anwesenheit der Boote bekannt war, wurden die Convoys umdirigiert und sie umfuhren die Boote.

U 129 hatte keinen Erfolg auf seiner ersten Feindfahrt. Es lief am 30.8.41 in den neuen Stützpunkt Lorient ein.

2. 27.9.41: Auslaufen zum Geleit für das deutsche Versorgungsschiff KOTA PINANG auf der ersten größeren Fahrt. Es was als Versorgungsschiff für Uboote und Überwasserkriegsschiffe im Südatlantik vorgesehen. Am 3.10.41 kam die KOTA PINANG unter weitreichendes Feuer des Kreuzers HMS KENYA westlich von Cape Finisterre. Das Schiff wurde schließlich selbst versenkt, um der Kapitulation zu entgehen. Die Besatzung von 119 Mann wurde von U 129 übernommen. Am 6. wurden die Männer von einem spanischen Marineschlepper übernommen und in El Ferrol an Land gebracht. U 129 kehrte am 8.10.41 nach Lorient zurück.

3. 21.10.41: Auslaufen zur Operation im Zentralatlantik. U 129 lief zusammen mit U 124 und dem Versorger PYTHON. Beide Boote geleiteten die PYTHON in ein Gebiet südwestlich der Kapverdischen Inseln. Nach Brennstoffergänzung durch sie am 20.11.41 fuhren die Boote in ihr Operationsgebiet weiter.

Am 1.12.41 wurde die PYTHON 100 Seemeilen südlich von St. Helena versenkt und 414 Überlebende, einschließlich 308 Männer vom Hilfskreuzer Schiff 16/ATLANTIS wurden vom Uboot U 68 und U A übernommen, bzw. wurden in Rettungsbooten geschleppt. Am 5. kamen U 129 und U 124 hinzu und zwischen ihnen und den vorhandenen Booten erfolgte eine neue Einteilung der noch 214 Mann. Alle vier Boote liefen weiter nach Norden, wo sie am 16. nördlich von den Kapverdischen Inseln vier italienische Uboote trafen, und die Männer nochmals aufgeteilt wurden. Die TORELLI, TAZZOLI, FINZI und CALVI übernahmen die Hälfte der Überlebenden und die acht Boote liefen nach französischen Häfen. Alle Männer wurden Ende Dezember nach einer Reise von über 5.000 Seemeilen an Land gesetzt.

U 129 kehrte am 28.12.41 nach Lorient zurück.

4. 25.1.42: Auslaufen zur Operation in der Karibik als Teil der »Neuland«-Gruppe aus U 129, U 67, U 156, U 161 und U 502. Der Plan für diese fünf Boote war, dass sie für Angriffe auf Häfen und Ölanlagen Positionen einnehmen sollten. U 129 gehörte nicht dazu, und es patrouillierte vor der Küste von Guinea. Am 20.2.42 versenkte es die norwegische NORDVANGEN (2.400 t) vor der Westspitze von Tobago, spät am Abend des 22. die britische GEORGE L. TORAIN (1.754 t) und die amerikanische WEST ZEDA (5.658 t) sowie am 23. nachmittags die britische LENNOX (1.904 t), alle drei südsüdöstlich von Trinidad.

Nach einer Fahrt weiter östlich operierte U 129 150 Seemeilen nördlich von Paramaribo und versenkte drei Schiffe, die panamesische BAYOU (2.605 t) am 24., die amerikanische MARY (5.104 t) am 3.3.42 und die amerikanische STEEL AGE (6.188 t) am 6. März. Das rückkehrende Boot wurde am 1.4.42 in der Biskaya von einer Whitley der 502. Squadron (FSgt V.D. Pope) angegriffen und beschädigt. Einlaufen Lorient am 5.4.42.

5. 20.5.42: Auslaufen zur Operation in der Karibik. U 129 versenkte zwei Schiffe südlich der Bermudas, die norwegische L.A. CHRISTENSEN (4.362 t) spät am 10.6.42 und die britische HARDWICKE GRANGE (9.005 t) am 12. mit Torpedos und Bordkanone.

U 129 fuhr dann in ein Gebiet nördlich von Kuba und versenkte am 18. die amerikanische MILLINOCKET (3.274 t) im Nicholas Channel. Ende Juni war U 129 im Golf von Mexiko und versenkte am 27. zwei Tanker westlich von Nautla, Mexiko, die mexikanische TUXPAM (7.008 t) und die mexikanische CHOAPAS (2.005 t).

Am 1.7.42 versenkte das Boot die norwegische CADMUS (1.855 t) und die norwegische GUNDERSEN (1.841 t), beide nordwestlich von Yucatan. Nach dem Verlassen des Golfs von Mexiko versenkte U 129 den sowjetischen Tanker TUAPSE (6.320 t) ostnordöstlich von Cabo Catoche am 4. In der westlichen Karibik versenkte U 129 die amerikanische TACHIRA (2.325 t) südlich von Grand Cayman am 12. und die norwegische PORT ANTONIO (1.266 t) westnordwestlich von Havanna am 19. Juli.

Auf dem Weg in den freien Atlantik versenkte U 129 am 23. die amerikanische ONONDAGA (2.310 t) nördlich von Kuba, im Old Bahama Channel. Anfang August wurde U 129 durch U 463 westlich von den Azoren mit Brennstoff versorgt. Rückkehr nach Lorient am 21.8.42.

6. 28.9.42: Auslaufen zur Operation im Westatlantik. U 129 fuhr in ein Gebiet östlich der Kleinen Antillen. Am 15.10.42 versenkte es die norwegische TRAFALGAR (5.542 t) nordöstlich von den Leewards Islands, am 23. die amerikanische REUBEN TIPTON (6.829 t) östlich der Inseln und am 29. die amerikanische WEST KEBAR (5.620 t) östlich von Martinique.

Ab Anfang November befand sich U 129 in der östlichen Karibik und am Morgen des 5. sichtete es den nach Westen laufenden Convoy TAG 18 nördlich von Curaçao. Es versenkte zwei Tanker, die amerikanische METON (7.027 t) und die norwegische ASTRELL (7.595 t), wurde aber von den Geleitfahrzeugen vertrieben. Am 12. nahe Aruba verfehlte es Schiffe des Convoys TAG 20. Mitte Dezember wurde U 129 durch U 461 südlich der Azoren mit Brennstoff versorgt.

Rückkehr nach Lorient am 6.1.43.

7. 11.3.43: Auslaufen zur Operation im Westatlantik. Am 2.4.43 versenkte U 129 die britische MELBOURNE STAR (12.806 t) ostsüdöstlich der Bermudas. Das Boot wurde zur Operation vor der US-Küste zwischen Cape Hatteras und Cape Lookout beordert. Während der Nacht vom 21./22. griff das Boot einen Convoy von New York nach Guantanamo an, wurde aber durch den Zerstörer USS SWANSON vertrieben. Am 24.3. versenkte das Boot die amerikanische SANTA CATALINA (6.507 t) westsüdwestlich der Bermudas und am 5.5.43, näher zur US-Küste, versenkte es den panamesischen Tanker PANAM (7.277 t) südlich von Cape Lookout. Eine Suche nach dem Boot wurde durch Flugzeuge und Schiffe durchgeführt, aber U 129 entkam Um den 11. wurde es durch U 459 im Zentralatlantik mit Brennstoff versorgt. Rückkehr nach Lorient am 29.5.43, nachdem am 21. ein Mann der Besatzung über Bord gegangen war.

8. 27.7.43: Auslaufen zur Operation im Atlantik. U 129 wurde in ein Gebiet 700 bis 800 Seemeilen südlich zu südwestlich der Azoren befohlen, um als U-Tanker zu fungieren. U 333, U 571, U 600, U 618 und U 634 sollten durch U 525 mit Kraftstoff versorgt werden, aber das Boot wurde am 18.8.43 durch trägergestützte Flugzeuge versenkt. U 129 wurde daher zur Versorgung entsandt und ab 18. gab es Kraftstoff an die fünf Boote ab, zwei weitere Boote kamen hinzu.
U 129 kehrte am 5.9.43 nach Lorient zurück.

9. 9.10.43: Auslaufen zur Operation im Westatlantik. Ende Oktober wurde U 129 von U 488 östlich der Bermudas mit Brennstoff versorgt. Es wandte sich dann der Operation zwischen Cape Hatteras und den Bahamas zu. Am 4.12.43 versenkte U 129 die kanadische LIBERTAD (5.441 t) nördlich von San Salvador, Bahamas. Es war der einzige Erfolg. Es war geplant, dass sich U 129 und U 516 mit U 544 am 16.1.44, 360 Seemeilen nordwestlich von den Azoren, zur Kraftstoffübernahme für die Rückfahrt treffen sollten. Als U 544 nicht erschien, fuhr U 516 zum Treffen mit einem anderen Boot und U 129 fuhr heimwärts. Rückkehr nach Lorient am 31.1.44.

10. 22.3.44: Auslaufen zur Operation im Südatlantik. Auf dem Weg nach der Ostküste Brasiliens wurde U 129 am 16./17. April durch U 488 700 Seemeilen westlich der Kapverdischen Inseln mit Brennstoff versorgt. Am 6.5.44 versenkte es die britische ANADYR (5.321 t) ostsüdöstlich von Recife, Brasilien, und am 11. die britische EMPIRE HEATH (6.643 t) ostnordöstlich von Rio de Janeiro.
U 129 hatte keine weiteren Erfolge und kehrte am 19.7.44 nach Lorient zurück.

U 129 kam nicht mehr zum Einsatz. Ohne Batterien war es unmöglich zu fahren, als andere Boote sich auf den Weg nach Norwegen machten. U 129 wurde später von den Franzosen erbeutet und 1946 abgewrackt.

U 130 Typ IX C

Bauwerft: AG.Weser, Bremen
Kiellegung: 20. August 1940
Stapellauf: 14. März 1941
Indienststellung: 11. August 1941
Feldpost-Nr.: M 41224
Versenkt am 13. März 1943 westlich der Azoren (37°10'N/40°21'W)

Kommandos:
4. U-Flottille Stettin von Juni–August 1941 (Schulboot)
2. U-Flottille Lorient von August 1941–13. März 1943 (Frontboot)

Kommandanten:
KKpt Ernst Kals, Juni 1941–Januar 1943
OLtzS Siegfried Keller, Januar 1943–13. März 1943

Feindfahrten: 6
Versenkte Schiffe: 25 (167.350 BRT) und 1 beschädigt

1. 1.12.41: Auslaufen Kiel nach dem neuen Stützpunkt in Westfrankreich. Am 10. traf U 130 westlich von Rockall auf den nach Osten laufenden Convoy SC 57 und versenkte am Abend drei Schiffe, die britische KURDISTAN (5.844 t), die ägyptische STAR OF LUXOR (5.298 t) und die britische KIRNWOOD (3.229 t).
Rückkehr nach Lorient am 15.12.41.

2. 27.12.41: Auslaufen in den Westatlantik als Teil der ersten Welle in der Operation »Paukenschlag«, gefahren von U 66, U 109, U 123, U 125 und U 130.
Am 12.1.42 wurde U 130 von einer Bolingbroke der 119. (RCAF) Squadron gesichtet. Zwei Wasserbomben wurden geworfen, aber das Boot entkam. In den frühen Stunden des 13. versenkte U 130 zwei Schiffe südlich der Cape Breton Islands, die norwegische FRISCO (1.582 t) und die panamesische FRIAR ROCK (5.427 t). In den frühen Stunden des 18. machte U 130 zwei Überwasserangriffe auf ein Schiff vor Cape Breton Island. Es war beim dritten Angriffsversuch, als ein US-Zerstörer mit hoher Geschwindigkeit auftauchte. U 130 tauchte, und nachdem es eine Weile auf Grund gelegen hatte, verließ es den Ort. Auf der Fahrt nach Süden versenkte es den norwegischen Tanker ALEXANDRA HÖEGH (8.248 t) östlich von New York am 21. und am 22. östlich von Cape Hatteras den panamesischen Tanker OLYMPIC (5.335 t).
U 130 griff drei weitere Schiffe während einer Patrouille vor der US-Ostküste an. Es versenkte zwei Tanker, die norwegische VORANGER (9.305 t) am 25. vor Atlantic City und die amerikanische FRANCIS E. POWELL (7.096 t) am 27. südsüdöstlich von Ocean City, Maryland. Später am 27. beschädigte U 130 den norwegischen Tanker HALO (6.986 t) vor Cape Hatteras. Dieses Schiff wurde vermutlich am 20.5.42 vor New Orleans von U 506 versenkt. Am 4.2.42 wurde U 130 von U 587 mit Kraftstoff versorgt. U 130 traf mit U 587 am 18. westlich der Biskaya zusammen, um fünf deutsche Flieger zu übernehmen, die von U 587 aus dem Wasser gefischt worden waren, nachdem sie notlanden mussten.
U 130 kehrte am 25.2.42 nach Lorient zurück.

3. 24.3.42: Auslaufen in die Karibik. U 130 versenkte am 11.4.42 ostnordöstlich von Leeward Islands die norwegische GRENAGER (5.393 t) und am Abend griff es den amerikanischen Tanker ESSO BOSTON ostnordöstlich von Virgin Islands an und beschädigte ihn. Das Schiff lief brennend bei Barbuda an Land und wurde zum Totalverlust erklärt. U 130 erhielt den Befehl, die Ölraffinerie in der Bullen Bay an der südlichen Seite von Curaçao zu beschießen. Das Boot erreichte am 18./19. das Ziel. Es begann mit dem Beschuß auf das Shelldepot um 03.00 Uhr auf eine Entfernung von etwas über zwei Seemeilen. Die Küstenbatterien erwiderten das Feuer, und U 130 wurde nach dem Verschuß von 12 Schüssen vertrieben. U 130 patrouillierte in der östlichen Karibik und bei den Großen Antillen, hatte aber keinen Erfolg mehr.
Rückkehr nach Lorient am 6.6.42.

4. 4.7.42: Auslaufen in den Zentralatlantik. Am 14. operierte U 130 gegen den nach Norden laufenden Convoy SL 115. Es griff erfolglos die Sloop HMS LULWORTH des Geleitschutzes an und wurde im Anschluss selbst von der Sloop angegriffen, konnte aber entkommen.
Am 25. versenkte U 130 den norwegischen Tanker TANKEXPRESS (10.095 t) südsüdwestlich von den Kapverdischen Inseln und am Abend des 27. die britische ELMWOOD (7.167 t) westsüdwestlich von Freetown. U 130 erhielt von U 116 am 28. westlich von Freetown Kraftstoff. Zwei weitere Schiffe wurden von U 130 versenkt, die britische DANMARK (8.391 t) am 30. und der norwegische Tanker MALMANGER (7.078 t) am 9.8.42. U 130 versenkte am 11. nordöstlich von St. Paul Rocks den norwegischen Tanker MIRLO (7.455 t) und am 25. die britische VIKING STAR (6.445 t) sowie die britische BEECHWOOD (4.897 t) am 26., beide westlich von Monrovia. Das Boot operierte im Gebiet von Freetown bis Mitte August, blieb aber weiterhin ohne Erfolg.
Rückkehr nach Lorient am 12.9.42.

5. 29.10.42: Auslaufen zur Operation im Zentralatlantik. U 130 fuhr nach Süden, als es Nachrichten über die alliierten Landungen in Nordafrika am 8.11.42 empfing. Alle südwärts laufenden Boote wurden mit hoher Geschwindigkeit nach Norden an die marokkanische Küste umgeleitet, als »Schlageter«-Gruppe. Die Boote erreichten am 11. und in der Nacht des 12. die Landungsstelle. U 130 lief vorsichtig Fedala Ankerplatz an, und tauchte. Es waren zwanzig Schiffe anwesend, auch ein Flugzeugträger und ein Kreuzer.
Mit fünf Torpedos versenkte U 130 drei Transporter des Convoys UGF 1, die amerikanische EDWARD RUTLEDGE (9.360 t), die amerikanische TASKER H. BLISS (12.568 t) und die amerikanische HUGH L. SCOTT (12.479 t). Dann lief es nach Nordwesten ab, dicht unter der Küste, und entkam.

Später im November traf U 130 auf die »Westwall«-Gruppe westlich von Gibraltar. Die Gruppe hatte noch keinen Erfolg gehabt und war konstant durch Flugzeuge aus Gibraltar gefährdet.
Am 26.11.42 wurde entschieden, daß die »Westwall«-Gruppe in ein Gebiet westlich der Azoren gehen sollte, um dort auf nach Osten laufende Convoys UGS zu warten, außerhalb der Reichweite landgestützter Flugzeuge. Sie fing an, am 27. nach Westen zu fahren, soweit wie der Längengrad 40° W reichte, und erreichte ihn am 6.12.42. Vier Schiffe wurden während der Nacht vom 6./7. versenkt, aber Convoys wurden nicht entdeckt.
Man begriff, dass diese weiter südlich, zu weit von den Booten, deren Kraftstoff nicht reichte, entfernt die Linien durchbrachen und sie umfuhren.
Am 12. begann die »Westwall«-Gruppe nach Osten zu drehen. U 130 wurde von U 463 westlich von den Azoren um den 14. mit Brennstoff versorgt. Als die Gruppe am 16. aufgelöst wurde, nahm sie ab 19. Positionen westlich von Portugal ein. Die Suche nach Convoys über die folgenden Wochen ergab nichts, und die Boote liefen heimwärts.
U 130 kehrte am 30.12.42 nach Lorient zurück.

6. 28.2.43: Auslaufen zur Operation im Westatlantik.
Auf dem Weg zum Sammelpunkt westlich der Azoren traf U 130 den nach Norden laufenden Convoy XK 2 am Abend des 5.3.42 westlich von Cape Ortegal. Bei einem Einzelangriff des Bootes versenkte es vier Schiffe, die britische FIDRA (1.574 t), die britische EMPIRE TOWER (4.378 t), die britische TREFUSIS (5.299 t) und die britische GERY-BRYN (5.108 t).
U 130, U 106, U 167, U 172, U 513 und U 515 wurden befohlen, eine Linie zu bilden, die Gruppe »Unverzagt«, südwestlich der Azoren, um den nach Osten laufenden Convoy UGS 6 abzufangen. Bevor die Boote ihre Positionen einnehmen konnten, sichtete U 130 den Convoy am Abend des 12.
Während der Verfolgung wurde es kurz vor Mitternacht durch den Zerstörer USS CHAMPLIN (Cdr I.J. Schaffer) gesehen, geortet und später an der Oberfläche gesehen. Als der Zerstörer herankam, eröffnete er das Feuer, aber U 130 tauchte. Sechs Wasserbomben wurden geworfen, und das Boot vernichtet.
Es gab keine Überlebenden, 53 Tote.

U 131 Typ IX C

Bauwerft: AG.Weser, Bremen
Kiellegung: 1. Juli 1940
Stapellauf: 1. April 1941
Indienststellung: 1. Juli 1941
Feldpost-Nr.: M 46834
Versenkt am 17. Dezember 1941 nordöstlich von
Madeira (34°12'N/13°55'W)

Kommandos:
4. U-Flottille Stettin von Juli–November 1941
(Schulboot)
2. U-Flottille Lorient von November 1941–17. Dezember 1941 (Frontboot)

Kommandant:
KKpt Arend Baumann, Juli 1941–17. Dezember 1941

Feindfahrten: 1
Versenkte Schiffe: 1 (4.016 BRT)

1. 27.11.41: Auslaufen Kiel in den Nordatlantik. Am
6.12.41 versenkte das Boot die britische SCOTTISH
TRADER (4.016 t) südlich von Island. Das Boot fuhr weiter in das Gebiet von Gibraltar. Es traf auf die »Seeräuber«-Gruppe, die vom 9.12.41 westlich von Gibraltar auf
den Convoy HG 76 wartete, der von Großbritannien kam.
Der Convoy sollte eine starke Sicherung haben, und das
erwies sich als richtig. Es war auch der Escortträger
HMS AUDACITY dabei. HG 76 fuhr am 14. ab, und die
»Seeräuber«-Boote fuhren gegen ihn an. Der Convoy
fuhr südlich, entlang der marokkanischen Küste. Er
wurde durch eine Focke-Wulf Condor des 1./KG 40 am
Nachmittag gesichtet. Als die Gruppe den Convoy während der Nacht anlief, wurde sie vertrieben. Am nächsten
Morgen sichteten U 107, U 108 und U 131 ihn wieder.
Ein Martlet-Flugzeug der HMS AUDACITY fand U 131
über Wasser 22 Seemeilen vom HG 76 entfernt und griff
das Boot an. Das Boot wurde zum Tauchen gezwungen.
Fünf Escortfahrzeuge kamen an. Wasserbomben wurden
von der Korvette HMS PENTSTEMON und dem Zerstörer
HMS STANLEY geworfen. U 131 tauchte tiefer und fuhr
weg, aber es war schwer beschädigt.
Zwei Stunden später war das Boot aufgetaucht und versuchte zu entkommen. Die PENTSTEMON, STANLEY, die
Sloop STORK und der Zerstörer HMS BLANKNEY sowie
der Zerstörer HMS EXMOOR begannen mit ihrer Jagd.
Eine Martlet der 802. (FAA) Squadron (Sub Lt G.R.P.
Fletcher) von der HMS AUDACITY traf ein, wurde von der
Bootsflak abgeschossen und der Pilot getötet. Das erste
Mal, dass ein Flugzeug von einem Uboot abgeschossen
wurde. Bald danach kam U 131 durch die eintreffenden
Escortfahrzeuge in einem Zwanzigminuten-Beschuss
unter Feuer und wurde schwer beschädigt, davon acht
direkte Treffer. Der Kommandant von U 131 versenkte
dann das Boot. Ein Mann wurde bei dem Kampf getötet.
Baumann und weitere 46 Männer der Besatzung wurden
aufgenommen und Kriegsgefangene. Der Körper des
SubLt Fletcher wurde von HMS STORK geborgen und
erhielt am 18. eine Seebestattung. U 131 war das erste
Boot, dass in einer Aktion mit Flugzeugen eines Escortträgers versenkt wurde.

U 132 Typ VII C

Bauwerft: Bremer Vulkan, Vegesack
Kiellegung: 10. August 1940
Stapellauf: 10. April 1941
Indienststellung: 29. Mai 1941
Feldpost-Nr.: M 41284
Versenkt am 5. November 1942 ostsüdöstlich von Cape
Farewell (58°08'N/33°13'W)

Kommando:
3. U-Flottille Kiel/La Pallice von Mai 1941–5. November 1942 (Schulboot/Frontboot)

Kommandant:
KptLt Ernst Vogelsang, Mai 1941–5. November 1942

Feindfahrten: 4
Versenkte Schiffe: 8 (36.723 BRT) und 1 beschädigt
1 Kutter (2.216 t)
1 Patrouillenfahrzeug (558 t)

1. 7.9.41: Auslaufen Drontheim zur Operation in nördlichen Gewässern. Vom 27. an operierte U 132 in der
Einfahrt zum Weißen Meer.
Am 18.10.41 versenkte das Boot nördlich von Kola Inlet
die sowjetische ARGUN (3.487 t) und später am selben
Tag das sowjetische Patrouillenboot SKR 70/RT 66
URAL nördlich von Kackovskij.
U 132 kehrte nach Kiel am 21.10.41 zurück.
2. 25.10.42: Auslaufen Kirkenes und Einlaufen Drontheim zur Operation im Nordatlantik. Am 29. nordwestlich von Reykjavik sichtete U 132 den US Coast Guard
Cutter ALEXANDER HAMILTON, der einen US-Transporter,

die YUKON, schleppte. Ein Torpedo wurde auf die YUKON gefeuert, aber der ging vorbei und traf den Kutter.

An diesem Tage wurde U 132 angegriffen und durch den Zerstörer USS STACK beschädigt.

U 132 lief am 8.2.42 in den neuen Stützpunkt La Pallice ein.

4. 10.6.42: Auslaufen zur Operation im Westatlantik.

U 132 erhielt den Befehl, auf eine Linie westlich von Portugal zu treffen, genannt »Endrass«, die den zu erwarteten Convoy JG 84, der nach Norden lief, abfangen zu können.

Am 13. wurde U 132 an der Oberfläche von einer unbekannten Korvette erwischt. Durch Geschützfeuer wurde das Sehrohr beschädigt, U 132 konnte tauchen, war aber Wasserbombenangriffen ausgesetzt (106 wurden gezählt). Trotz Schwierigkeiten mit der Maschine, Leckagen und Ausfällen in der technischen Anlage, entkam das Boot und traf wieder auf die »Endrass«-Linie. U 132 wurde in den Stützpunkt zurückbefohlen, aber sein Kommandant meldete, er könne trotz der Schäden weiterfahren. Luftaktivitäten behinderten aber seine Aktivitäten bei der Gruppe »Endrass«, die dann aufgelöst wurde.

U 132 fuhr westwärts und wurde am oder um den 20. von U 460 im Zentralen Nordatlantik mit Brennstoff versorgt. Um den 26. war es nahe Cape Race und um den 30. nahe dem östlichen Eingang der Cabot Strait, zwischen Neufundland und Nova Scotia. Vogelsang fuhr durch die Straße in den Golf von St. Lawrence und dann in den River Lawrence selbst. In den frühen Morgenstunden des 6.7.42 entdeckte U 132 den nach Osten laufenden Convoy QC 15 südöstlich von Point a Luce und versenkte drei Schiffe, die britische DINARIC (2.555 t), die griechische ANASTASSIOS PATERAS (3.382 t) und die belgische HAINAUT (4.312 t).

Bei einem zweiten Angriff glaubte U 132 ein weiteres Schiff des Convoys getroffen zu haben. Das Boot tauchte in einer Alarmsituation vor dem Minensucher HMCS DRUMMONDVILLE, um dem Rammen zu entgehen. Es fielen Wasserbomben, als dieser die Tauchstelle von U 132 kreuzte. Weitere Beschädigungen waren offensichtlich, das Boot tauchte bis 590 Fuß Tiefe. Es tauchte nach elf Stunden auf und wurde von einem der Geleitfahrzeuge gesehen und gejagt, das erneut Wasserbomben warf, als das Boot tauchte. Vogelsang fuhr langsam nach Osten davon. Bei aller Luft- und Seeüberwachung lief er durch die Belle Isle Strait. Um den 16. waren die Reparaturen beendet, das beschädigte Pumpensystem zum Lenzen und Fluten war wieder intakt. Er entschied, zum St. Lawrence River zurückzukehren, und als das Boot nach Westen fuhr, war die Besatzung auf Gefechtsstation wegen der Luft- und Überwassersicherungen.

Am 18. und 19. Juli vertrieb Nebel und konstante Luftkontrolle die Aktivitäten von U 132 von einem Angriff auf einen Convoy. Am 20. griff U 132 vor Grande Vallée den Convoy ON 113 an und torpedierte die britische FREDERIKA LENSEN (4.367 t). Als das Boot zweieinhalb Stunden später auftauchte, sah Vogelsang das Schiff im Schlepp der Korvette HMCS WEYBURN. Die beschädigte FREDERIKA LENSEN ankerte in Grande Vallée Bay am 21., wurde aber später abgebrochen und gilt als Totalverlust. U 132 passierte den Golf von St. Lawrence auf der Fahrt nach Hause, via die Cabot Strait. Am 30. sichtete das Boot den nach Westen laufenden Convoy ON 113 südwestlich vor Sable Islands und versenkte die britische PACIFIC PIONEER (6.734 t). Nach Tauchen danach wurde das Boot sofort geortet und mit Wasserbomben angegriffen, aber es entkam.

U 312 kam am 16.8.42 in La Pallice an.

5. 6.10.42: Auslaufen zur Operation im Nordatlantik.

U 132 traf auf die »Panther«-Gruppe westlich von Irland. Am 16. waren zwölf Boote der Gruppe und zehn der »Wotan«-Gruppe angewiesen, den nach Westen laufenden Convoy ON 137 anzugreifen. Das Wetter wurde schlecht und der Kontakt ging verloren. Ein Sturm kam am 17. auf und zwei Tage später wurde die Operation abgebrochen. Die Boote der »Wotan«-Gruppe liefen am 18. heimwärts, die »Panther«-Boote fuhren nach Westen, 400 Seemeilen östlich von Neufundland, um dort einen nach Osten laufenden Convoy zu erwarten. Am 30. wurde von U 552 nahe Cape Race der nach Osten laufende Convoy SC 7 gemeldet. Die »Veilchen«-Boote fuhren südwärts und der Convoy passierte die Linie am 1.11.42. Bald nach Mitternacht des 3. versenkte U 312 zwei Schiffe, die niederländische HOBBEMA (5.507 t) und die britische EMPIRE LYNX (6.379 t). Beim selben Angriff torpedierte und beschädigte U 132 das britische Munitionsschiff HATIMURA (6.690 t). Drei Stunden später wurde die HATIMURA von U 442 versenkt.

Es besteht der Verdacht, dass U 132 bei der Detonation des Schiffes so getroffen wurde, dass es sank.

U 133 Typ VII C

Bauwerft: Bremer Vulkan, Bremen
Stapellauf: 28. April 1941
Kiellegung: 21. August 1940
Indienststellung: 5. Juli 1941
Feldpost-Nr.: M 43319
Versenkt am 14. März 1942 vor Salamis.

Kommandos:
7. U-Flottille Kiel/St. Nazaire von Juli–Dezember 1941
(Schulboot/Frontboot)
23. U-Flottille Salamis Februar von 1942–14. März 1942
(Frontboot)

Kommandanten:
KptLt Hermann Hesse, Juli 1941–Februar 1942
OLtzS Eberhard Mohr, Februar 1942–14. März 1942

Feindfahrten: 4
Versenkte Schiffe: keines
1 Zerstörer (1.920 t)

1. 22.10.41: Auslaufen Kiel zur Operation im zentralen
Nordatlantik. Am 30. erhielt das Boot den Befehl, andere Boote zur Bildung der »Stosstrupp«-Gruppe östlich
von Neufundland Bank zu treffen. Am Morgen des 31.
sichtete U 552 den nach Osten laufenden Convoy HX
156 und einige der Boote der »Stosstrupp«-Gruppe
schlossen an ihn heran, U 133 nicht. Es traf auf die
»Raubritter«-Gruppe Anfang November, die gerade ihre
Aktivitäten gegen den nach Osten laufenden Convoy
SC 52 beendet hatte. Die »Raubritter«-Boote wurden ab
8. zu einer neuen Linie befohlen südöstlich von Cape
Farewell. Als der nach Westen laufende Convoy ONS 33
am 12. gemeldet wurde, wurden U 133, U 85, U 106,
U 571 und U 577 gegen ihn angesetzt, aber der Convoy
wurde nicht gefunden. Die Boote begannen am 15. ihren
Rückmarsch. Sie operierten erfolglos gegen den nach
Westen laufenden Convoy ONS 11 am 16.
U 133, U 85, U 571 und U 577 bildeten am 19. eine
Linie, »Störtebecker« genannt, in Erwartung des nach
Süden laufenden Convoy OG 77, der aber nicht kam,
bevor die Boote in die Stützpunkte zurückbefohlen wur-
den.
U 133 kehrte in seinen neuen Stützpunkt St. Nazaire am
26.11.41 zurück.
2. 16.12.41: Auslaufen ins Mittelmeer. U 133 passierte
die Straße von Gibraltar während der Nacht vom 22./23.
Dezember.
Einlaufen Messina am 29.12.41.
3. 1.1.42: Auslaufen zur Operation im östlichen Mittelmeer vor der Küste von Ägypten und der Cyrenaica.
U 133 machte einen erfolglosen Angriff auf einen britischen Zerstörer kurz nach Mitternacht des 15.1.42. Am
Morgen des 17. torpedierte das Boot den Zerstörer HMS
GURKHA, der als Geleitschutz für den Convoy MF 3 vor
der ägyptischen Küste, nördlich von Sidi Barrani, fuhr.
Der niederländische Zerstörer ISSAAC SWEERS schleppte
die GURKHA aus einem Gebiet mit brennendem Öl und
übernahm die Besatzung.

U 133 lief am 22.1.42 in den neuen Stützpunkt Salamis
ein.
4. 14.3.42: Auslaufen Salamis am späten Nachmittag und
Untergang kurz danach. Man glaubt, das Boot lief auf
eine deutsche Mine. Es gab keine Überlebenden, 45 Tote.

U 134 Typ VII C

Bauwerft: Bremer Vulkan, Vegesack
Kiellegung: 6. September 1940
Stapellauf: 17. Mai 1941
Indienststellung: 26. Juli 1941
Feldpost-Nr.: M 45658
Versenkt am 24. August 1943 westlich Vigo
(42°07'N/09°30'W)

Kommandos:
5. U-Flottille Kiel von Juli 1941–Oktober 1941
(Schulboot)
3. U-Flottille Kiel/La Pallice von November 1941–24.
August 1943 (Frontboot)

Kommandanten:
KptLt Rudolf Schendel, Juli 1941–Januar 1943
KptLt Hans-Günther Brosin, Jan. 1943–24. Aug. 1943

Feindfahrten: 9
Versenkte Schiffe: 2 (9.962 BRT)

1. 1.12.41: Auslaufen Kiel zur Operation in nördlichen
Gewässern. Am Abend des 9. griff U 134 einen deutschen Convoy irrtümlich an und versenkte die STEINBEK
(2.185 t) nordöstlich von Tanafjord, Nordnorwegen.
U 134 lief Kirkenes am 2.12.41 an.
2. 24.12.41: Auslaufen zur Operation in der Barentsee.
U 134 traf U 454 und U 584 und bildete die »Ulan«-
Gruppe, die erste für Operationen in nördlichen Gewäs-
sern. Sie waren auf Position in der Bäreninsel-Passage.
Am 2.1.42 versenkte U 134 die britische WAZIRISTAN
(5.135 t) aus dem nach Osten laufenden Convoy PQ 7A
bei der Bäreninsel. Es war das erste nicht-russische
Schiff, das in den nördlichen Gewässern versenkt wurde.
Die WAZIRISTAN war in New York mit militärischer Ausrüstung für Russland beladen worden. Sie überquerte den
Atlantik mit dem Convoy SC 60, verließ ihn nahe Island
und lief in den Hvalfjördur. Dann fuhr sie am 26.12.41 in
Gesellschaft der Cold Harbor weiter, jetzt als PQ 7A. Die
beiden Schiffe wurden von den Trawlern HMS HUGH

WALPOLE und HMS OPHELIA geleitet. Nachdem die Trawler die Schiffe verlassen hatten, trafen diese auf die Minensucher HMS BRITOMART und HMS SALAMANDER, aber sie verfehlten sie und fuhren ohne Geleitschutz weiter. Die COLD HARBOR erreichte Kola sicher am 12.

Die »Ulan«-Gruppe lief zur Operation gegen den Convoy PQ 8. Diese erste Gruppenoperation war mit der Versenkung von einem Schiff, der WAZIRISTAN, des britischen Zerstörers HMS MATABELE und einem sowjetischen Uboot erfolgreich. Ein sowjetisches Patrouillenboot und ein Handelsschiff wurden beschädigt.

U 134 kehrte am 20.1.42 nach Kirkenes zurück.

3. 1.2.42: Auslaufen zur Operation gegen arktische Convoys. Diese Patrouille war erfolglos. Rückkehr nach Kirkenes am 22.2.42.

4. 1.3.42: Auslaufen zur Operation gegen arktische Convoys. Am 5. sichtete eine Condor den nach Osten laufenden Convoy PQ 12 südlich von Jan Mayen. U 134, U 377, U 403 und U 584 bildeten eine Linie zum Angriff. Der Convoy wurde jedoch nicht gefunden, und die Boote verpassten auch den nach Westen laufenden Convoy QP 8. U 134 lief am 15.3.42 in Kiel ein.

5. 18.5.42: Auslaufen Kiel nach Westfrankreich. Einlaufen in den neuen Stützpunkt La Pallice am 1.6.42.

6. 11.6.42: Auslaufen zur Operation in US-Gewässern. Auf dem Marsch nach dort wurde U 134 und andere Boote an den nach Norden laufenden Convoy HG 84 heran geführt, der von einer Condor am 11. westlich von Portugal gemeldet worden war. Die Boote wurden als »Endrass«-Gruppe ab 14. bezeichnet. Der Convoy wurde am Nachmittag des 14. von einem Flugzeug gesichtet. Das erste Boot der »Endrass«-Gruppe, U 552, schloss heran und versenkte während der Nacht fünf Schiffe. Das war der einzige Erfolg. Alle anderen Boote, die den Convoy HG 84 anliefen, wurden von den Geleitfahrzeugen und Flugzeugen vertrieben. Die Operation endete am 16. Das gute und ruhige Wetter bei guter Sicht erwies sich als unvorteilhaft für die Ubootoperation.

Ende Juni wurde U 134 durch U 459 westlich der Azoren mit Brennstoff versorgt. Es setzte seine Fahrt nach den US-Gewässern fort und operierte überwiegend südöstlich von Hatteras und dann vor der Küste Floridas. Nach einem Ausflug in den Golf von Mexiko fuhr U 134 in ein Gebiet nördlich von Kuba.

Es operierte im Norden der Großen Antillen, hatte aber keinen Erfolg. Es begann seinen Rückmarsch Anfang August und wurde westlich der Azoren von U 463 mit Kraftstoff versorgt. U 134 kehrte am 1.9.42 nach La Pallice zurück.

7. Auslaufen zur Operation im Gebiet von Freetown. U 134 war eines von acht Booten, die sich östlich der Azoren als »Streitaxt«-Gruppe versammelten. Am 25.

lief der Gruppe ein Tanker, geleitet von zwei Zerstörern, über den Weg. Er wurde vor den Kanarischen Inseln ohne Erfolg angegriffen. Zwei Tage später kam es zum Kontakt mit dem nach Norden laufenden Convoy SL 125 westlich der Kanarischen Inseln, als dieser die Linie der Boote passierte. Der Angriff dauerte bis zum 1.11.42, und endete westlich von Lissabon. Zwölf Schiffe waren versenkt, ein weiteres beschädigt. U 134 kam zu keinem Erfolg gegen den Convoy, obwohl es als Beschatter dafür sorgte, dass vier Boote am 29. an den Convoy heran kamen. Nach dem Warten auf einen Convoy bis zum 4.11.42 südwestlich von Cape St. Vincent, wurde die »Streitaxt«-Gruppe aufgelöst. Von den ursprünglich acht Booten der Gruppe war U 134 das einzige Boot, das südwärts seine Fahrt nach Freetown fortsetzte. Am 14. versenkte es die panamesische SCAPA FLOW (4.827 t) südwestlich von den Kapverdischen Inseln. Bald danach wurde U 134 westlich der Inseln von U 462 mit Brennstoff versorgt. U 134 wurde dann befohlen, im Bereich der Inseln zu bleiben, denn die Lage bei Freetown war nicht befriedigend. Später im November wurde das Boot in ein Gebiet nördlich von St. Paul Rocks dirigiert. Anfang Dezember wurde U 134 von U 461 für weitere Operationen mit Kraftstoff versorgt. Am 12. traf es auf eine Linie, die bei St. Paul Rocks begann und bis zur Küste von Brasilien reichte. Sieben Schiffe wurden versenkt, keines von U 134. Es begann Ende Dezember mit der Rückreise. U 134 wurde an die »Delphin«-Gruppe südlich der Azoren heran geführt. Eine Linie wurde vor einem Tanker-Convoy TM 1 gebildet, der nach Gibraltar sollte. Der Convoy erreichte die Linie am Abend des 8. und während der nächsten zwei Tage wurden sieben Tanker versenkt. U 134 meldete die Versenkung des norwegischen Tankers VANJA am Nachmittag des 9., aber die drei abgefeuerten Torpedos gingen vorbei. Die Explosionen, die gehört wurden, kamen von Wasserbomben, die von der Korvette GODETIA geworfen wurden. Die Operation wurde am 11. südwestlich von Madeira abgebrochen, als das Geleit verstärkt wurde und mehr Flugzeuge erschienen.

Am 15. verlor U 134 einen Mann. Rückkehr nach La Pallice am 19.1.43.

8. 6.3.43: Auslaufen zur Operation im Nordatlantik. U 134 traf auf die »Stürmer«-Gruppe am 14. westnordwestlich von Irland. Die Gruppe nahm an der größten Convoyoperation des Krieges teil. Es ging gegen die nach Osten laufenden Convoys HS 229 und SC 122 vom 16. bis zum 19. März. U 134 feuerte keinen Torpedo während des Kampfes ab, aber war Gegenstand heftiger Wasserbombenangriffe am 19. durch den Zerstörer HMS VOLUNTEER und die Korvette HMS ANEMONE.

Am 21. wurde die neue Linie »Seeteufel« gebildet, südlich von Island, zum Angriff auf den nach Westen laufenden Convoy ONS 1. U 134 traf auf die Linie kurz nach deren Bildung. Der Convoy wurde erwartet, die Linie sollte er am 22. durchstoßen. Am 26. wurden Masten und ein Flugzeugträger gesehen und man dachte, es sei der ON-Convoy, der allerdings nicht kam.

Es wurde entschieden, dass die »Seeteufel«-Gruppe ihre Aufmerksamkeit auf den nach Osten laufenden Convoy HX 230 konzentrieren sollte. Nur zwei Boote der Gruppe, U 415 und U 610, konnten den Convoy anlaufen. Ein Sturm, der sich zum Hurrikan entwickelte, machte die Organisation der Suche unmöglich. Der Angriff auf HX 230 wurde fortgesetzt, aber nur ein Schiff wurde von U 610 versenkt. Das fortlaufend schlechte Wetter und raue See machten den Gebrauch von Torpedos unmöglich, und die Operation endete am 30. Die »Seeteufel«-Gruppe wurde aufgelöst. Am oder um den 12.4.43 wurde U 134 durch U 462 nördlich von den Azoren mit Kraftstoff versorgt. Das Boot traf dann auf die »Meise«-Gruppe nordöstlich von Neufundland. Am 20. stellte man fest, dass der Convoy HX 234 die Linie westlich passieren würde. Die »Meise«-Boote fuhren mit hoher Geschwindigkeit nach Nordwesten, und am 21. wurde der Convoy von U 306 gesehen. Auf dem Weg nach dem Convoy sichtete U 706 den nach Westen laufenden Convoy ONS 3. Die »Meise«-Boote teilten sich, sie gingen auf beide Convoys los. U 134 ging mit den Booten auf den Convoy HX 234 südlich von Cape Farewell. Der Kontakt mit beiden Convoys ging wegen Nebel und Sturm verloren. HX 234 verlor nur zwei Schiffe, eines durch Beschädigung. Die Operation wurde am 25. südlich von Island abgebrochen, vorwiegend wegen der starken Luftüberwachung.

U 134 kehrte am 2.5.43 nach La Pallice zurück.

9. 10.6.43: Auslaufen zur Operation vor den Großen Antillen. Auf der Fahrt nach dort wurde U 134 durch U 170 westlich von den Azoren mit Kraftstoff versorgt. Einige Tage danach wurde das Boot von einem Marine-Flugzeug der Bermudas angegriffen. Während der Nacht vom 18./19. wurde das Boot 30 Seemeilen von Key West, Florida, von einem US-Blimp K-74 (LtN G. Grills) gesichtet. Der Blimp griff das Boot an, musste aber wegen einer Heliumleckage aufs Wasser hinunter. Es passierte das Boot, warf eine Wasserbombe, aber der Zünder versagte. Ein Mann der Blimp-Besatzung ging verloren. Die übrigen neun Mann wurden vom Zerstörer USS DAHLGREN am North Elbow Cay aufgefischt.

U 134 hatte keinen Erfolg. Es erhielt Befehl zur Rückfahrt, ohne Auffüllen mit Kraftstoff, denn es stand kein U-Tanker im Nordatlantik zur Verfügung. Am 21.8.43 wurde U 134 von einem Flugzeug des Escort-trägers USS CROATAN gesichtet. Bei Angriffen, die eine

Stunde währten, verfehlten die Flugzeuge das Boot, das entkam. Während der Nacht vom 24. wurde U 134 von einer Leigh Light Wellington der 179. Squadron (F/O D.F. MacRae) wieder lokalisiert und angegriffen. Das Boot sank westlich von Vigo. Keine Überlebenden, 48 Tote.

U 135 Typ VII C

Bauwerft: Bremer Vulkan, Vegesack
Kiellegung: 16. September 1940
Stapellauf: 12. Juni 1941
Indienststellung: 16. August 1941
Feldpost-Nr.: M 00150
Versenkt am 15. Juli 1943 vor Cape Juby
(28°20'N/13°17'W)

Kommandos:
5. U-Flottille Kiel von August–Dezember 1941 (Schulboot)
7. U-Flottille St. Nazaire von Dezember 1941–15. Juli 1943 (Frontboot)

Kommandanten:
KptLt Friedrich Hermann Praetorius, August 1941–November 1942
OLtzS Heinz Schütt, November 1942–Juni 1943
OLtzS Otto Lurher, Juni 1943–15. Juli 1943

Feindfahrten: 7
Versenkte Schiffe: 3 (21.302 BRT) und 1 beschädigt

1. 24.12.41: Auslaufen Kiel zur Operation im Nordatlantik. U 135 musste zur Neufundlandbank, als eines von sieben Booten der ersten Welle von Typ VII-Booten, die zwischen Neufundland und Novia Scotia operieren sollten. Am 22. versenkte U 135 die belgische GANDIA (9.626 t), einen Nachzügler des Convoys ON 54 südlich von Cape Race.

Rückkehr nach dem neuen Stützpunkt St. Nazairee am 31.1.42.

2. 22.2.42: Auslaufen in das Gebiet westlich der Färöer-Inseln und der Hebriden. Von Ende Januar hatte die Gegenwart von Ubooten dort auf Hitlers Befehl bestanden, der eine Invasion Norwegens befürchtete. Vom 11.3.42 kamen U 135, U 553, U 569 und U 701 unter das Kommando des Marinegruppenkommandos Nord, und als »York«-Gruppe wurden sie zwischen den Shetlands und den Färöer-Inseln in Erwartung rücklaufender britische Marinestreitkräfte, die am 10. nordöstlich der Färöer-Inseln gesichtet worden waren, aufgestellt. Nach vergeblichem Warten wurden die Boote nach zwei Wochen in den Stützpunkt zurückbefohlen.

U 135 erreichte Brest am 3.4.42.

3. 26.4.42: Auslaufen zur Operation in US-Gewässern als eines von 13 Booten der sechsten Welle, die in den westlichen Atlantik verlegte.

Am 17.5.42 versenkte U 135 die britische FORT QU'APPELLE (7.127 t) 700 Seemeilen östlich von New York. U 135 traf sieben andere Boote der »Pfadfinder«-Gruppe am 21., 400 Seemeilen östlich von New York. Sehr wenige Schiffe wurden in der Nähe der Küste ausgemacht, und die Operationsfähigkeit der Gruppe war nur bedingt auf die Küstenschifffahrt zwischen den Häfen der US-Ostküste und dem Zentralatlantik und Südamerika effektiv. Die Gruppe löste sich nach einigen Tagen auf, und die Boote gingen näher an die Küste heran. U 135 fuhr in ein Gebiet nahe von Hatteras. Nach einigen Tagen fuhr es weiter nach Osten, und in den frühen Stunden des 8. versenkte es die norwegische PLEASANTVILLE (4.549 t) nordwestlich der Bermudas. Am oder um den 16. wurde U 135 westlich der Azoren von U 459 mit Brennstoff versorgt.

Rückkehr nach St. Nazaire am 5.7.42.

4. 8.8.42: Auslaufen zur Operation im Nordatlantik. Auf der Fahrt wurde U 135 von einem Flugzeug am 10. angegriffen und hatte zwei Besatzungsangehörige als Tote dieses Angriffs. Das Boot erlitt keine Schäden und fuhr zum Treffen mit der »Lohs«-Gruppe westlich von Irland, die nach einem nach Westen laufenden Convoy suchte. Ein nach Osten laufender Convoy, der SC 95, wurde von U 256 am 15. gesichtet. Zwei Schiffe wurden versenkt, aber der Convoy wurde nicht gefunden, weil der nach Westen laufende ON-Convoy der gesuchte Convoy war. Die »Lohs«-Gruppe fuhr nordwärts am 21. Während des nächsten Tages sichtete U 135, das weiter südlich fuhr, den Convoy ONS 122. Spät am 22. wurden die »Lohs«-Boote an ihn herangeführt. U 135 verlor den Kontakt, hatte schlechte Sicht, und das dauerte bis zum 24. Neun Boote kamen am 25. an den Convoy heran und vier Schiffe sanken. Dann kam Nebel auf und weitere Aktionen wurden eingestellt. Die »Lohs«-Gruppe fuhr nach Süden und wurde von U 462 am 29. westlich der Azoren mit Brennstoff versorgt. Die Gruppe bildete ab 6.9.42 eine Linie 400 Seemeilen nordöstlich von Cape Race, um nach Osten laufende Convoys abzufangen. Am 17. wurde der Convoy SC 100 im Süden gemeldet, aber am 19. wurde das Wetter schlechter und unterband jede Aktion gegen den Convoy während der Nacht. Einige Boote hatten zwar Kontakt, aber nur U 596 konnte ein Schiff versenken. Dann gab die Gruppe die Operation

auf. Am 22. entwickelte sich der Sturm zum Hurrikan. Boote der »Pfeil«-Gruppe kamen ab 20. an den Convoy heran. Kontakt wurde von einigen »Lohs«-Booten am 24. hergestellt und vier Schiffe am 25. versenkt. Die Operation endete am selben Tag.

U 135 lief St. Nazaire am 3.10.42 an.

5. 21.11.42: Auslaufen zur Operation im Nordatlantik. Am 29. traf U 135 auf die »Panzer«-Gruppe in einer Linie 800 Seemeilen westlich vom Nordkanal in Erwartung eines ONS-Convoys. Die Gruppe fuhr westwärts, und um den 4.12.42 war sie in Position östlich Neufundland und hatte auf der Fahrt nichts gesehen. Ein Funkspruch wurde am 4. von U 524 aufgefangen, der auf einen nahe stehenden Convoy hinwies. Die Boote fuhren nordostwärts und am 6. am Nachmittag wurde der Convoy HX 217 von U 524 gesichtet. Schlechte Sicht verursachte den Verlust des Kontakts bis zum Morgen des 7. U 135, U 254, U 439 und U 465 kamen heran, aber die vier Boote wurden von einer Liberator der 120. Squadron (S/Ldr T.M. Bulloch) vertrieben.

Die »Panzer«-Boote versuchten den HX 217 anzugreifen, aber schlechte Sicht in der Nacht verhinderte jeden Angriff. Viele Boote von der »Panzer«- und »Draufgänger«-Gruppe waren in Kontakt mit dem Convoy, aber wachsende Luftüberwachung vom 10. an veranlasste die Leitung, die Operation am 11. aufzugeben. Zwei Schiffe waren versenkt worden, aber zwei Boote gingen verloren.

Drei »Panzer«-Boote, U 135, U 211 und U 439, trafen ab 15. auf die »Raufbold«-Gruppe westlich von Irland. An diesem Tage sichtete U 609 den nach Westen laufenden Convoy ON 153. In der ersten Nacht wurde ein Schiff versenkt und eines beschädigt, beide von U 610. Schlechtwetter kam auf, und die Operation wurde am 21. südwestlich von Irland eingestellt, nachdem ein weiteres Schiff und ein Escortzerstörer, HMS Firedrake, versenkt worden waren.

U 135 kehrte am 26.12.42 nach St. Nazaire zurück.

6. 24.1.43: Auslaufen zur Atlantikoperation. U 135 traf auf die »Pfeil«-Gruppe, die am 2.2.43 im zentralen Nordatlantik gebildet wurde, und den nach Osten laufenden Convoy SC 118 erwartete. Am 4. sichtete U 187 den Convoy in der Mitte der Linie. Über fünf Tage griffen zwanzig Boote der Gruppen »Pfeil« und »Haudegen« den Convoy SC 118 an und versenkten zwölf Schiffe. Drei Boote gingen bei der Operation verloren und zwei wurden beschädigt, eines davon war U 135. Es wurde am 8. angegriffen, beschädigt und von einer Liberator der 120. Squadron (Sgt B.W. Turnbull) vertrieben. Um den 12. wurde das Boot östlich von Neufundland von U 460 mit Kraftstoff versorgt. Dann traf es auf die »Neptun«-Gruppe südwestlich von Island, die am 18. zum Angriff auf den erwarteten, nach Osten laufenden Convoy HX 226 gebildet wurde. Der Convoy wurde jedoch umgeleitet, er passierte die Linie nördlich davon am 20. Die Gruppe fuhr dann südwestwärts, aber wurde mit dem Convoy SC 120 konfrontiert. U 759 der Gruppe lokalisierte den Convoy HX 227 am 27., und U 135 sowie weitere fünf Boote wurden abgeteilt. Nur zwei Schiffe wurden durch U 405 und U 634 versenkt. Schlechtes Wetter verhinderte andere »Neptun«-Boote, einzugreifen.

Am 1.3.43 kamen die sechs Boote mit dem nach Westen laufenden Convoy ON 108 kurz in Kontakt. Als der wieder verloren ging und nach einer Suche über zwei Tage nicht wieder gefunden wurde, wurde die Operation abgebrochen. Bald darauf übernahm U 135 von einem anderen Boot Kraftstoff und lief heimwärts.

Einlaufen St. Nazaire am 10.3.43.

7. 7.6.43: Auslaufen zur Operation im Zentralatlantik. U 135 lief nach Süden in das Gebiet zwischen den Kanarischen Inseln und der afrikanischen Küste. Mit U 193 patrouillierte es dort ab 5.7.43. Am 15. griff U 135 den nach Süden laufenden Convoy OS 51 an und beschädigte die britische TWICKENHAM (4.762 t) östlich der Lanzarote-Insel. Das Boot wurde geortet und mit neunzig Wasserbomben durch die Sloop ROCHESTER (Cdr C.B. Allen) und die Korvetten HMS MIGNONETTE (Lt H.H. Brown) und HMS BALSAM (Lt J.E.L. Peters) angegriffen. U 135 wurde an die Wasseroberfläche gebombt, und ein Artilleriegefecht begann. Eine US-Navy Catalina des VC-92 (Lt R.J. Finnie) kam, griff das Boot mit Bordwaffen an und warf vier Wasserbomben. HMS BALSAM fuhr heran und rammte U 135. Fünf Mann der Besatzung wurden dabei getötet und 41, einschließlich des Kommandanten, gingen in Gefangenschaft.

U 136 Typ VII C

Bauwerft: Bremer Vulkan, Vegesack
Kiellegung: 2. Oktober 1940
Stapellauf: 5. Juli 1941
Indienststellung: 30. August 1941
Feldpost-Nr.: M 00518
Versenkt am 11. Juli 1942 westlich von Madeira (33°30'N/22°52'W)

Kommando:
6. U-Flottille Danzig/St. Nazaire von August 1941–11. Juli 1942 (Schulboot/Frontboot)

Kommandant:
KptLt Heinrich Zimmermann, Aug. 1941–11. Juli 1942

Feindfahrten: 3
Versenkte Schiffe: 4 (19.621 BRT) und 1 beschädigt
2 Korvetten (1.850 t)

1. 22.1.42: Auslaufen Kiel zur Operation im Nordatlantik. Am 4.2.42 lokalisierten U 136, U 213 und U 591 den nach Westen laufenden Convoy ONS 63 300 Seemeilen westlich vom Nordkanal. Am späten Abend des 5. versenkte U 136 die Korvette HMS ARBUTUS südwestlich von Rockall. Das war der einzige Verlust des Convoys in der Dreitage-Schlacht.

U 136 und U 591 griffen am 10. den Convoy SC 67 500 Seemeilen westlich vom Nordkanal an. Bei einem zweiten Angriff auf die Geleitfahrzeuge versenkte U 136 am 11. die kanadische Korvette HMCS SPIKEHEAD südwestlich von Rockall. Am späten Abend des 17. versenkte es die britische EMPIRE COMET (6.914 t), einen Nachzügler des Convoys HX 174, westlich von Rockall. Vom 22. an griffen U 136, U 154, U 213 und U 752 den nach Osten laufenden Convoy HX 175 800 Seemeilen westlich vom Nordkanal an, aber ohne Erfolg. Die Operation wurde am 24. beendet. U 136 kehrte am 1.3.42 zum neuen Stützpunkt St. Nazaire zurück.

2. 24.3.42: Auslaufen zur Operation im Westatlantik. U 136 fuhr in das Gebiet von Neufundland und dann südlich von Hatteras. Am 19.4.42 beschädigte es den amerikanischen Tanker AXTELL J. BYLES (8.955 t) vor Cape Hatteras. Der Torpedo war auf den geleitenden Kutter der US-Küstenwache DIONE abgefeuert worden, aber der konnte ausweichen. Die DIONE machte einen unbefriedigenden Angriff mit Wasserbomben, und US-Flugzeuge hatten auch keinen Erfolg mit drei Wasserbombenangriffen. U 136 erlitt keine Schäden. Ab 21. fuhr das Boot nach Osten in ein Gebiet 300 bis 400 Seemeilen vor der Küste. Am 24. versenkte es die britische EMPIRE DRUM (7.244 t) östlich von Chesapeake Bay. Am 28. war es dicht an der Küste, und am Nachmittag versenkte es die niederländische ARUNDO (5.163 t) südlich von New York. Das rückkehrende U 136 versenkte wahrscheinlich das britische Segelschiff MILDRED PAULINE (300 t) mit Artillerie in den frühen Stunden des 8.5.42 südöstlich von Nova Scotia. Das Schiff wurde nach dem 1. vermisst, der Verlust wurde U 136 als einziger Erfolg zugeschrieben. Das Boot kehrte am 20.5.42 nach St. Nazaire zurück.

3. 29.6.42: Auslaufen zur Operation im zentralen Atlantik. U 136 und fünf andere Boote versammelten sich südöstlich der Azoren zur Bildung der »Hay«-Gruppe, vorgesehen zum Suchen nach Süden bis zur

Höhe Dakars. Am 11.7.42 wurde der nach Süden laufende Convoy OS 53 westnordwestlich von den Kanarischen Inseln beim Passieren der »Hay«-Linie festgestellt.

Während der Nacht vom 11./12. liefen die Schiffe des Convoys, der nach Südamerika lief, ihren eigenen Kurs, verfolgt von U 136, U 116, U 201 und U 582 der »Hay«-Gruppe. Die Boote versenkten aus deren Mitte sechs Schiffe während der folgenden drei Tage. U 136 hatte keine Zeit für einen Erfolg. Es wurde lokalisiert und am 11. westlich Madeira durch Wasserbombenangriffe der Fregatte HMS SPEY (Cdr H.G. Boys-Smith), der Sloop HMS PELICAN (Cdr J.C. Gould) und des frei-französischen Zerstörers LEOPARD versenkt. Es gab keine Überlebenden, 45 Tote.

U 137 Typ II D

Bauwerft: Deutsche Werke, Kiel
Kiellegung: 16. November 1939
Stapellauf: 18. Mai 1940
Indienststellung: 15. Juni 1940
Feldpost-Nr.: M 02030
Selbst versenkt am 2. Mai 1945 in Wilhelmshaven

Kommandos:
1. U-Flottille Kiel von Juni–Dezember 1940 (Schulboot/Frontboot)
22. U-Flottille Gotenhafen von Januar–Juni 1941 (Schulboot)
3. U-Flottille La Pallice von Juni–Juli 1941 (Frontboot)
22. U-Flottille Gotenhafen von August 1941–2. Mai 1945 (Schulboot)

Kommandanten:
KptLt Herbert Wohlfarth, Juni–Dezember 1940
OLtzS Hanns-Ferdinand Massmann, Dez. 1940–Dez. 1941
OLtzS Herbert Brünning, Dezember 1941–August 1942
OLtzS Gerth Gemeiner, August 1942–Dezember 1943
OLtzS Günther Schimmel, Dezember 1943–Januar 1945
OLtzS Erich Fischer, Januar–Februar 1945
OLtzS Hans-Joachim Dierks, März 1945–2. Mai 1945

Feindfahrten: 4
Versenkte Schiffe: 7 (25.444 BRT) und 2 beschädigt

1. 14.9.40: Auslaufen Kiel und Einlaufen Stavanger am 17.9.40.

2. 21.9.40: Auslaufen Stavanger zur Operation westlich der Britischen Inseln. Am 26. versenkte U 137 drei britische Schiffe nordnordwestlich von Benwee Head, Irland, möglicherweise aus einem Convoy: die MANCHESTER BRIGADE (6.042 t), den britischen Tanker STRATFORD (4.753 t) und beschädigte die britische ASHANTIAN (4.917 t). Dieses Schiff wurde möglicherweise am 21.4.43 von U 415 versenkt.
U 137 kehrte am 29.9.40 nach Lorient zurück.

3. 9.10.40: Auslaufen zur Operation westlich der Britischen Inseln.
U 137 befand sich am späten Abend des 14. im Gebiet südlich von Rockall, als sie den bewaffneten Handelskreuzer HMS CHESHIRE mit Torpedo beschädigte. Dieses Schiff wurde am 18.8.42 von U 214 ein zweites Mal beschädigt.
U 137 fuhr am 17.10.40 nach Lorient zurück.

4. 3.11.40: Auslaufen zur Operation westlich der Britischen Inseln. U 137 versenkte am Abend des 13. westnordwestlich von Aran Island die britische CAPE ST. ANDREW (5.094 t). Das Schiff wurde im Schlepp eines Zerstörers gemeldet. Am 16. versenkte das Boot die britische PLANTER (5.887 t) bei einem abendlichen Angriff nordnordwestlich von Tory Island. Im selben Gebiet versenkte U 137 am Abend des 17. die schwedische VERONICA (1.316 t) und die britische SAINT GERMAIN (1.044 t).
Rückkehr nach Bergen am 22.11.40.

5. Auslaufen Bergen am 24.11.40 und Einlaufen Kiel am 27.11.40. U 137 setzte seine Schulboottätigkeit im Januar 1941 bei der 22. U-Flottille fort. Es wurde kurz für operative Zwecke im Juni/Juli 1941 bei der 3. U-Flottille wieder aktiviert, bedingt durch die Aktivitäten im deutsch-russischen Krieg.

6. 17.6.41: Auslaufen Kiel zur Operation nördlich von den Shetlands.
Rückkehr nach Bergen am 24.7.41.

7. Auslaufen Bergen und Einlaufen Helsingör am 26.7.41.

8. 28.8.41: Auslaufen Helsingör und Rückkehr nach Kiel am 29.8.41. U 137 nahm seine Schulboottätigkeit bei der 22. U-Flottille wieder auf und verblieb dort bis zum Kriegsende. Während der letzten Tage des Krieges verlegte es nach Wilhelmshaven. Es wurde am 2.5.45 selbst versenkt und später abgebrochen.

U 138 Typ II D

Bauwerft: Deutsche Werke, Kiel
Kiellegung: 16. November 1939
Stapellauf: 18. Mai 1940
Indienststellung: 27. Juni 1940
Feldpost-Nr.: M 02840
Versenkt am 18. Juni 1941 westsüdwestlich von Cadiz
(36°04'N/07°29'W)

Kommandos:
1. U-Flottille Kiel von Juni–Dezember 1940 (Schulboot/ Frontboot)
22. U-Flottille Gotenhafen von Januar–April 1941 (Schulboot)
3. U-Flottille La Pallice von Januar 1941–18. Juni 1941 (Frontboot)

Kommandanten:
OLtzS Wolfgang Lüth, Juni–Oktober 1940
KptLt Peter Lohmeyer, Oktober–Dezember 1940
OLtzS Franz Gramitzky, Januar 1941–18. Juni 1941

Feinfahrten: 5
Versenkte Schiffe: 6 (48.564 BRT) und 1 beschädigt

Vom 1.8.40 wurde U 138 nach Memel zum Dienst bei der 24. und 25. U-Flottille als Schulboot für neue Kommandanten detachiert. Anfang September Rückkehr nach Kiel für Operationen.

1. 10.9.40: Auslaufen Kiel zur Operation westlich vom Nordkanal. Am Abend des 20. griff U 138 den nach Westen laufenden Convoy OB 216 westlich von Islay, Hebriden, an. Es versenkte drei Schiffe, den britischen Tanker NEW SEVILLA (13.801 t), die panamesische BOKA (5.560 t) und die britische EMPIRE ADVENTURE (5.145 t). Beim zweiten Angriff am 21. versenkte U 138 die britische CITY OF SIMLA (10.138 t). Da alle Torpedos verschossen waren, kehrte U 138 am 25.9.40 nach Lorient zurück.
2. 8.10.40: Auslaufen zur Operation westlich von Schottland. In den frühen Stunden des 15. sichtete U 138 den nach Westen laufenden Convoy OB 228 westlich von Barra. Einige Stunden später torpedierte U 138 zwei Schiffe, den britischen Tanker BRITISH GLORY (6.993 t) und die britische BONHEUR (5.327 t). Ersterer wurde beschädigt, das zweite Schiff versenkt. U 138 kehrte am 19.10.40 nach Lorient zurück.
3. 5.11.40: Auslaufen zur Operation westlich vom Nordkanal. Nach einer unbefriedigenden Patrouille lief U 138 am 23.11.40 nach Bergen, um sich mit Kraftstoff zu versorgen. Rückkehr nach Kiel am 1.12.40.

U 138 nahm seine Schulboottätigkeit bei der 22. U-Flottille wieder auf und verblieb bei ihr bis Mitte April 1941. Dann Rückkehr nach Kiel für Operationen als Boot der 3. U-Flottille.
4. 20.4.41: Auslaufen Kiel und Einlaufen Bergen am 24.4.41.
5. 11.5.41: Auslaufen Bergen zur Operation westlich von Schottland. Am 20. versenkte das Boot die britische JAVANESE PRINCE (8.593 t) bei einem abendlichen Angriff südwestlich der Färöer-Inseln.
Rückkehr nach Lorient am 25.5.41.
6. 12.6.41: Auslaufen zur Patrouille westlich von Gibraltar. U 138 war das einzige Boot in diesem Gebiet und wurde am 18. geortet. Es wurde nach Wasserbombenangriffen von fünf Zerstörern, die auf dem Weg nach Gibraltar zur Brennstoffergänzung waren, versenkt. Es waren die HMS FAULKNOR (Capt A.F. de Salis), FEARLESS (Cdr K.L. Harkness), FORESTER (LtCdr E.B. Taylor), FORESIGHT (Cdr J.S.C. Salter) und FOXHOUND (LtCdr G.H. Peters). Die überlebenden Besatzungsmitglieder des Bootes wurden aufgenommen.

U 139 Typ II D

Bauwerft: Deutsche Werke, Kiel
Kiellegung: 20. November 1939
Stapellauf: 28. Juni 1940
Indienststellung: 24. Juli 1940
Feldpost-Nr.: M 05132
Selbst versenkt in Wilhelmshaven am 2. Mai 1945

Kommandos:
1. U-Flottille Kiel von Juli–Oktober 1940 (Schulboot)
21. U-Flottille Pillau von Oktober 1940–April 1941 (Schulboot)
22. U-Flottille Gotenhafen von Apirl 1941–Mai 1945 (Schulboot)

Kommandanten:
KptLt Robert Bartels, Juli–Dezember 1940
OLtzS Horst Elfe, Dezember 1940–Oktober 1941
OLtzS Heiko Fenn, Oktober 1941–Mai 1942
OLtzS Albert Lauzemis, Juni–Juli 1942
OLtzS Helmut Sommer, Juli–Oktober 1942
OLtzS Richard Böttcher, Oktober 1942–September 1943
LtzS Hubertus Korndörfer, September–Dezember 1943

OLtzS Günther Lube, Dezember 1943–Juli 1944
OLtzS Walter Kimmelmann, Juli 1944–2. Mai 1945

Feindfahrten: 2
Versenkte Schiffe: keines

1. 16.7.41: Auslaufen Oxhöft und Einlaufen Windau am 25.7.41.
2. 29.7.41: Auslaufen Windau und Rückkehr nach Oxhöft am 31.8.41. U 139 kehrte zur 22. U-Flottille Anfang September 1941 zurück und fuhr wieder als Schulboot bis zum 2.5.45.
Dann wurde das Boot in Wilhelmshaven selbst versenkt. Später gehoben, wurde es verschrottet.

U 140 Typ II D

Bauwerft: Deutsche Werke, Kiel
Kiellegung: 16. November 1939
Stapellauf: 28. Juni 1940
Indienststellung: 7. August 1940
Feldpost-Nr.: M 05988
Selbst versenkt am 2. Mai 1945 in Wilhelmshaven

Kommandos:
1. U-Flottille Kiel von August–Dezember 1940 (Schulboot/Frontboot)
22. U-Flottille Gotenhafen von Januar 1941–März 1945 (Schulboot)
31. U-Flottille Wilhelmshaven von März 1945–2. Mai 1945 (Schulboot)

Kommandanten:
OLtzS Hans-Peter Hinsch, August 1940–Juni 1941
OLtzS Hans-Jürgen Hellriegel, Juni 1941–Januar 1942
OLtzS Klaus Popp, Januar 1942–August 1942
OLtzS Albrecht Markert, August 1942–Juli 1944
OLtzS Herbert Zeissler, Juli–November 1944
OLtzS Wolfgang Scherfling, November 1944–Mai 1945

Feindfahrten: 3
Versenkte Schiffe: 3 (12.338 BRT)
1 Uboot (206 t)

1. 20.11.40: Auslaufen Kiel zur Atlantikoperation. Am 2.12.40 versenkte U 140 die britische VICTORIA CITY (4.739 t) westlich vom Nordkanal.
Am 8. versenkte U 140 das finnische Segelschiff PENANG

(1.997 t) in einem Gebiet nordwestlich von Tory Island. Am Abend desselben Tages versenkte das Boot die britische ASHCREST (5.652 t). Rückkehr nach Bergen am 17.12.40.
2. 19.12.40: Auslaufen Bergen und Einlaufen Kiel am 20.12.40. U 140 setzte seine Schulboottätigkeit ab Januar 1941 bei der 22. U-Flottille fort.
Es wurde erneut bei der Invasion Russlands zur Operation ausgerüstet und führte zwei Patrouillen in der Ostsee durch.
3. 19.6.41: Auslaufen Gotenhafen, am 24. griff U 140 erfolglos westlich Memel ein sowjetisches Uboot an. Rückkehr nach dem Stützpunkt am 30.6.41.
4. 7.7.41: Auslaufen Gotenhafen. Am frühen Morgen des 21. Versenkung des sowjetischen Ubootes M 94 vor der Insel Hiiumaa, eingangs des Finnischen Meerbusens. Rückkehr nach Gotenhafen am 24.7.41.

U 140 kehrte im August 1941 zur 22. Ausbildungsflottille zurück und fuhr dort als Schulboot bis März 1945. Das Boot fuhr dann zur 31. U-Flottille nach Wilhelmshaven, wo es am 2.5.45 selbst versenkt wurde.

U 141 Typ II D

Bauwerft: Deutsche Werke, Kiel
Kiellegung: 12. Dezember 1939
Stapellauf: 27. Juli 1940
Indienststellung: 21. August 1940
Feldpost-Nr.: M 18009
Selbst versenkt am 2. Mai 1945 in Wilhelmshaven

Kommandos:
1. U-Flottille Kiel von August 1940–Oktober 1940 (Schulboot)
21. U-Flottille Pillau von Oktober 1940–April 1941 (Schulboot)
3. U-Flottille La Pallice von April–September 1941 (Frontboot)
21. U-Flottille Pillau von September 1941–2. Mai 1945 (Schulboot)

Kommandanten:
OLtzS Otto Schultze, August 1940–März 1941
OLtzS Philipp Schüler, März–November 1941
OLtzS Jürgen Krüger, November 1941–Juni 1942
OLtzS Günther Möller, Juni 1942–Februar 1943
OLtzS Dietrich Rauch, Februar–Juli 1943

OLtzS Bernhard Luttmann, Juli 1943–November 1944
OLtzS Heinrich-Dietrich Hoffmann, Nov. 1944–Mai 1945

Feindfahrten: 4
Versenkte Schiffe: 3 (6.611 BRT) und 1 beschädigt

1. 13.4.41: Auslaufen Kiel und Einlaufen Bergen am 17.4.41.
2. 29.4.41: Auslaufen Bergen zur Überfahrt nach Westfrankreich. U 141 fuhr westlich von Schottland und dem Nordkanal. Am 5.5.41 befand sich eine Hudson der 269. Squadron (Sgt C.H. Eatley) auf dem Flug, um die Luftüberwachung des nach Westen laufenden Convoys OB 318 zu übernehmen, als sie U 141 an der Wasseroberfläche etwa 50 Seemeilen hinter dem Convoy sichtete. Das Flugzeug warf drei Wasserbomben, das Boot wurde beschädigt. Eine Whitley und zwei Zerstörer, HMS ELECTRA UND ESCAPADE, wurden angerufen, aber das Boot fanden sie nicht.
U 141 erreichte Lorient am 11.5.41.
3. 31.5.41: Auslaufen Lorient zur Operation westlich von Irland. Am 16.6.41 glaubte U 141 einen Treffer auf einem Schiff westlich vom Nordkanal erzielt zu haben. Am 22., möglicherweise im gleichen Gebiet, versenkte das Boot aus dem nach Norden laufenden Convoy SL 75 die schwedische CALABRIA (1.277 t).
Rückkehr nach Lorient am 26.6.41.
4. 14.7.41: Auslaufen zur Operation westlich von Irland. Am 26. griff U 141 den nach Süden laufenden Convoy OS 1 nordwestlich von Bloody Island an, versenkte die britische BOTWEY (5.106 t) und beschädigte die britische ATLANTIC CITY (5.133 t). Dieses Schiff wurde von seiner Besatzung verlassen, aber später wieder bemannt und in einen Hafen geschleppt. Danach wurde U 141 zwanzig Stunden lang von den Geleitfahrzeugen gejagt und mit Wasserbomben beharkt, aber es konnte entkommen.
Rückkehr nach Lorient am 1.8.41.
5. 21.8.41: Auslaufen zur Operation westlich von Irland. Am 26. sichtete U 141 den nach Süden laufenden Convoy OS 4, aber es wurde von Flugzeugen vertrieben. U 557 kam am 23. im Morgengrauen kurz heran und versenkte vier Schiffe. U 141 glaubte am Abend des 5.9.41 nordöstlich von Rockall ein Fischereifahrzeug versenkt zu haben, aber es gibt keine Informationen darüber. Das Boot versenkte das britische Fischereifahrzeug KING ERIK (228 t) am 6. westsüdwestlich von den Färöer-Inseln.
U 141 kehrte am 18.9.41 nach Kiel zurück.

Das Boot kam zu keinem operativen Einsatz mehr, es kehrte zur 21. U-Flottille zurück und versah seinen Dienst als Schulboot. Es wurde am 2.5.45 in Wilhelms- *haven selbst versenkt und später gehoben und abgebrochen.*

U 142 Typ II D

Bauwerft: Deutsche Werke, Kiel
Kiellegung: 12. Dezember 1939
Stapellauf: 27. Juli 1940
Indienststellung: 4. September 1940
Feldpost-Nr.: M 32187
Selbst versenkt in Wilhelmshaven am 2. Mai 1945

Kommandos:
1. U-Flottille Kiel von Sept.–Okt. 1940 (Schulboot)
24. U-Flottille Danzig von Oktober–Dezember 1940 (Schulboot)
22. U-Flottille Gotenhafen von Januar 1941–Mai 1945 (Schulboot/Frontboot)

Kommandanten:
OLtzS Nicolei Clausen, September 1940–Oktober 1940
KptLt Paul-Hugo Kettner, Oktober 1940–Oktober 1941
LtzS Siegfried Lindke, Oktober 1941–März 1942
OLtzS Hans-Joachim Berkelsmann, März–Sept. 1942
OLtzS Johann-Otto Krieg, September–Dezember 1942
OLtzS Karl-Heinz Laudahn, Dezember 1942–Juni 1944
OLtzS Karl Schauroth, Juni 1944–Februar 1945
OLtzS Friedrich Baumgärtel, Februar 1945–2. Mai 1945

Feindfahrten: 2
Versenkte Schiffe: keines

Nach der Ausbildungsphase ging das Boot zur 22. U-Flottille als Schulboot. Am 21.6.41 wurde es bis zum 31.8.41 kurz für operative Zwecke eingesetzt, vor allem südlich von Gotland.

1. 21.6.41: Auslaufen Gotenhafen und Einlaufen Oxhöft am 12.7.41.
2. 25.7.41: Auslaufen Oxhöft, erst am 6.8.41 hatte es ein Gefecht mit einem sowjetischen Uboot. U 142 lief am 9.8.41 in Stormelö ein.
3. 28.8.41: Auslaufen Stormelö und Rückkehr nach Gotenhafen am 31.8.41.

Von September 1941 an diente es wieder als Schulboot bei der 22. U-Flottille. Am 2.5.45 wurde es in Wilhelmshaven selbst versenkt.

U 143 Typ II D

Bauwerft: Deutsche Werke, Kiel
Kiellegung: 3. Januar 1940
Stapellauf: 10. August 1940
Indienststellung: 18. September 1940
Feldpost-Nr.: M 24039
Versenkt am 22. Dezember 1945 nordwestlich der Aran Inseln (55°38'N/09°35'W)

Kommandos:
1. U-Flottille Kiel von September–Oktober 1940 (Schulboot)
24. U-Flottille Danzig von Oktober–Dezember 1940 (Schulboot)
22. U-Flottille Gotenhafen von Januar–April 1941 (Schulboot)
3. U-Flottille La Pallice von April–September 1941 (Frontboot)
22. U-Flottille Gotenhafen/Wilhelmshaven von September 1941-Mai 1945 (Schulboot)

Kommandanten:
KptLt Ernst Mengersen, September–November 1940
OLtzS Helmut Möhlmann, November 1940–März 1941
KptLt Jürgen von Rosenstiel, März–Mai 1941
OLtzS Harald Gelhaus, Mai–November 1941
OLtzS Helmut Manseck, November 1941–April 1942
OLtzS Erwin Schwager, Dezember 1942–Februar 1943
OLtzS Hans Vogel, Februar 1943–Mai 1944
OLtzS Walter Kasparek, Mai 1944–Mai 1945

Feindfahrten: 4
Versenkte Schiffe: 1 (1.418 BRT)

Während der Ausbildungszeit wurde U 143 vom Uboot U 106 gerammt, Schäden und Verluste sind nicht bekannt. Nach Abschluss des Ausbildungsprogrammes ging U 143 als Schulboot zur 22. U-Flottille. Im April 1941 wurde es zur Operation hergerichtet und gehörte dann zur 3. U-Flottille.

1. 19.4.41: Auslaufen Kiel zur Operation westlich von Schottland. Am 3. sichtete das Boot den nach Süden laufenden Convoy OB 117 südlich von den Färöer-Inseln, aber andere Boote kamen nicht heran und es kam zu keinem Angriff.
Rückkehr nach Kiel am 18.5.41.
2. 9.6.41: Auslaufen Kiel zur Operation westlich vom Nordkanal. U 143 kehrte am 29.6.41 nach Bergen zurück.

3. 6.7.41: Auslaufen Bergen zur Operation westlich von Irland.
Rückkehr in den Stützpunkt am 14.7.41.
4. 17.7.41: Auslaufen Bergen und Einlaufen Kiel am 21.7.41.
5. 17.8.41: Auslaufen Kiel zur Operation westlich vom Nordkanal. Am 30. sichtete U 143 den nach Westen laufenden Convoy ON 12 westlich des Nordkanals, aber wurde von Zerstörern der 3. Escortgruppe vertrieben. Am 23. versenkte U 143 die norwegische INGER (1.418 t) nordwestlich von Butt of Lewis.

U 143 wurde weiter nicht mehr zu Operationen eingesetzt. Es diente bei der 22. U-Flottille als Schulboot. Kurz vor Ende des Zweiten Weltkrieges verlegte die Flottille nach Wilhelmshaven und U 143 ergab sich Anfang Mai 1945. Es fuhr am 30.6.45 unter dem Kommando des I WO nach Loch Ryan, Schottland. U 143 war eines von 116 Booten, die für die »Operation Deadlight« von der Royal Navy vorgesehen waren. Es wurde durch die Fregatte HMS CUBITT durch den Nordkanal geschleppt. Dann wurde das Boot am 22. durch Artillerie nordwestlich der Aran Insel versenkt.

U 144 Typ II D

Bauwerft: Deutsche Werke, Kiel
Kiellegung: 10. Januar 1940
Stapellauf: 24. August 1940
Indienststellung: 2. Oktober 1940
Feldpost-Nr.: M 37886
Versenkt am 9. August 1941 nördlich von Dagö

Kommandos:
1. U-Flottille Kiel von Oktober–Dezember 1940 (Schulboot)
22. U-Flottille Gotenhafen von Januar 1941–9. August 1941 (Schulboot/Frontboot)

Kommandanten:
OLtzS Friedrich von Hippel, Oktober–November 1940
KptLt Gert von Mittelstaett, Nov. 1940–9. August 1941

Feindfahrten: 3
Versenkte Schiffe: keines
1 Uboot (161 t)

Bald nach seiner Indienststellung nahm U 144 seine Tätigkeit als Schulboot bei der 22. U-Flottille auf. Im Juni 1941 wurde es für operative Zwecke im ersten Stadium des deutsch-russischen Krieges ausgerüstet. Ab 18.6.41 operierte U 144 in der Ostsee.

1. 18.6.41: Auslaufen Gotenhafen. Am 23. versenkte U 144 das sowjetische Uboot M 78 westlich von Windau, Litauen. Einlaufen Stormelö am 30.6.41.
2. 7.7.41: Auslaufen Stormelö und Wiedereinlaufen am 19.7.41.
3. 28.7.41: Auslaufen Stormelö zur Operation in der Ostsee. Am 9.8.41 wurde U 114 durch das sowjetische Uboot SC 307 nördlich von Dagö am Eingang zum Finnischen Meerbusen versenkt. Es gab keinen Überlebenden, 28 Tote.

U 145 Typ II D

Bauwerft: Deutsche Werke, Kiel
Kiellegung: 29. März 1940
Stapellauf: 21. September 1940
Indienststellung: 16. Oktober 1940
Feldpost-Nr.: M 26997
Versenkt am 22. Dezember 1945 nordwestlich der Aran-Insel (55°45'N/09°56'W)

Kommandos:
1. U-Flottille Kiel von Okt.–Dez. 1940 (Schulboot)
22. U-Flottille Gotenhafen/Wilhelmshaven von Januar 1941–Mai 1945 (Schulboot/Frontboot)

Kommandanten:
OLtzS Heinrich Driver, Oktober–Dezember 1940
KptLt Rudolf Franzius, Dezember 1940–Oktober 1941
OLtzS Heinz Schomburg, Oktober–November 1941
OLtzS Reimer Ziesmer, Nov. 1941–Dez. 1942
OLtzS Otto Hübschen, Dez. 1942–März 1944
OLtzS Horst Hübsch, März–November 1944
OLtzS Friedrich-Karl Görner, Nov. 1944–Mai 1945

Feindfahrten: 3
Versenkte Schiffe: keines

Bald nach der Indienststellung trat U 145 als Schulboot zur 22. U-Flottille. Im Juni 1941 wurde das Boot für Operationen ausgerüstet. Ab 18.6.41 operierte U 145 in der Ostsee, vorwiegend westlich der Ösel- und Dagö-Inseln.

1. 18.6.41: Auslaufen Gotenhafen. Am 3.7.41 hatte es die Chance eines Kampfes mit einem sowjetischen Uboot. Einlaufen Stormelö am 6.7.41.
2. 14.7.41: Auslaufen Stormelö und Rückkehr am 29.7.41.
3. 9.8.41: Auslaufen Stormelö und Einlaufen Oxhöft am 28.8.41. Nach diesen drei Feindfahrten kehrte U 145 Anfang September zur 22. U-Flottille zurück und fuhr wieder als Schulboot. Direkt vor Ende des Krieges verlegt die Flottille nach Wilhelmshaven, U 145 wurde dort Anfang 1945 erbeutet. Es fuhr dann am 30.6.45 unter dem Kommando des I WO nach Loch Ryan, Schottland.

U 145 gehörte zu den 116 Booten, die von der Royal Navy für die »Operation Deadlight« zur Verfügung gestellt wurden. Es wurde vom Zerstörer HMS Pytchley durch den Nordkanal geschleppt. Nachdem das Tau gekappt worden war, wurde das Boot mit Artillerie nordwestlich der Aran-Inseln versenkt.

U 146 Typ II D

Bauwerft: Deutsche Werke, Kiel
Kiellegung: 30. März 1940
Stapellauf: 21. September 1940
Indienststellung: 30. Oktober 1940
Feldpost-Nr.: M 28136
Selbst versenkt in Wilhelmshaven am 2. Mai 1945.

Kommandos:
1. U-Flottille Kiel von Okt.–Dezember 1940 (Schulboot)
22. U-Flottille Gotenhafen von Januar–Juni 1941 (Schulboot)
3. U-Flottille La Pallice von Juni–Juli 1941 (Frontboot)
22. U-Flottille Gotenhafen/Wilhelmshaven von August 1941–2. Mai 1945 (Schulboot)

Kommandanten:
KptLt Eberhard Hoffmann, Oktober 1940–April 1941
OLtzS Otto Ites, April–September 1941
LtzS Ewald Hülsenbeck, September–Oktober 1941
LtzS Wilhelm Grimme, Oktober 1941–Juni 1942
OLtzS Gerth Gemeier, Juni–Juli 1942
OLtzS Jürgen Nissen, September 1942–Oktober 1942
OLtzS Erich Hilsenitz, November 1942–Juli 1943
OLtzS Herbert Waldschmidt, Juli 1943–Dezember 1944
OLtzS Helmuth Wüst, Dezember 1944–April 1945
OLtzS Karl Schauroth, April 1945–2. Mai 1945

Feindfahrten: 1
Versenkte Schiffe: 1 (3.496 BRT)

Gleich nach der Indienststellung kam U 146 als Schulboot zur 22. U-Flottille. Im Juni 1941 wurde es für die Operationen der 3. U-Flottille ausgerüstet.

1. 17.6.41: Auslaufen Kiel zur Operation nördlich der Shetlands. Am 28. versenkte das Boot die finnische PLUTO (3.496 t) nordwestlich vom Butt of Lewis. Einlaufen Kiel am 14.7.41.
2. 26.7.41: Auslaufen Kiel und Rückkehr am 11.8.41.

Im August 1941 kehrte U 146 zur 22. U-Flottille zurück und nahm seine Schulboottätigkeit wieder auf.

Kurz vor Kriegsende verlegte es nach Wilhelmshaven, wo es sich am 2.5.45 selbst versenkte.
Später wurde es verschrottet.

U 147 Typ II D

Bauwerft: Deutsche Werke, Kiel
Kiellegung: 10. April 1940
Stapellauf: 16. November 1940
Indienststellung: 11. Dezember 1940
Feldpost-Nr.: M 19049
Versenkt am 2. Juni 1941 nordwestlich von Malin Head (56°38'N/10°24'W)

Kommandos:
1. U-Flottille Kiel von Dezember 1940 (Schulboot)
22. U-Flottille Gotenhafen von Dezember 1940–Februar 1941 (Schulboot)
3. U-Flottille La Pallice von Februar 1941–2. Juni 1941 (Frontboot)

Kommandanten:
KptLt Richard Hardegen, Dezember 1940–April 1941
OLtzS Eberhard Wetjen, April 1941–2. Juni 1941

Feindfahrten: 3
Versenkte Schiffe: 3 (8.636 BRT) und 1 beschädigt

Bald nach der Indienststellung diente U 147 als Schulboot bei der 22. U-Flottille. Im Februar 1941 wurde es für operative Zwecke ausgerüstet.

1. 9.2.41: Auslaufen Kiel und Einlaufen Bergen am 16.2.41.
2. 22.2.41: Auslaufen Bergen zur Operation westlich von Schottland. Am 2.3.41 versenkte das Boot die norwegische AUGVALD (4.811 t) aus dem Convoy HX 109 nordwestlich der Isle of Lewis.
U 147 kehrte am 12.3.41 nach Kiel zurück.
3. 16.4.41: Auslaufen Kiel zur Operation westlich von den Färöern. Am 27. versenkte U 147 die norwegische RIMFAKSE (1.334 t) nordwestlich von dem Butt of Lewis. Rückkehr nach Bergen am 11.5.41.
4. 24.5.41: Auslaufen Bergen zur Operation westlich der Hebriden. Am 31. versenkte U 147 einen Nachzügler des nach Osten laufenden Convoys HX 127, die britische GRAVELINES (2.491 t) nordwestlich von Bloody Foreland. Am 2.6.41 beschädigte das Boot die belgische MOKAMBO (4.996 t) nordwestlich von Malin Head. Kurz nach diesem Angriff wurde U 147 von Geleitfahrzeugen lokalisiert und mit Wasserbomben des Zerstörers HMS WANDERER (Cdr A.F.St.G. Orpen) und der Korvette HMS PERIWINKLE (LtCdr P.C. MacIver) versenkt. Keine Überlebenden, 26 Tote.

U 148 Typ II D

Bauwerft: Deutsche Werke, Kiel
Kiellegung: 10. April 1940
Stapellauf: 16. November 1940
Indienststellung: 28. Dezember 1940
Feldpost-Nr.: M 31253
Selbstversenkt in Wilhelmshaven am 2. Mai 1945

Kommandos:
24. U-Flottille Danzig von Dezember 1940–August 1941 (Schulboot)
21. U-Flottille Pillau von August 1941–Mai 1945 (Schulboot)

Kommandanten:
OLtzS Hans-Jürgen Radke, Dez. 1940–August 1941
OLtzS Eberhard Mohr, September 1941–Februar 1942
OLtzS Heinz Franke, Februar–Oktober 1942
OLtzS Herbert Brüninghaus, Oktober 1942–März 1943
OLtzS Goske von Möllendorff, März–August 1943
OLtzS Heinz Schäffer, Dezember 1943–Dezember 1944
OLtzS Renko Tammen, Dezember 1944–2. Mai 1945

Feindfahrten: keine
Versenkte Schiffe: keines

U 148 kam nicht zum operativen Einsatz. Es fuhr bis Kriegsende als Schulboot und wurde am 2.5.45 in Wilhelmshaven selbst versenkt. Später wurde es abgebrochen.

U 149 Typ II D

Bauwerft: Deutsche Werke, Kiel
Kiellegung: 25. Mai 1940
Stapellauf: 19. Oktober 1940
Indienststellung: 13. November 1940
Feldpost-Nr.: M 16105
Versenkt am 21. Dezember 1945 nordwestlich von Malin Head (55°40'N/08°00'W)

Kommandos:
1. U-Flottille Kiel von November–Dezember 1940 (Schulboot)
22. U-Flottille Gotenhafen/Wilhelmshaven von Januar 1941–Mai 1945 (Schulboot)

Kommandanten:
KptLt Horst Höltring, November 1940–November 1941
KptLt Rolf Borchers, November 1941–Juli 1942
OLtzS Freiherr Adolf-Wilhelm von Hammerstein-Equord, Juli 1942–Mai 1944
OLtzS Helmut Plohr, Mai 1944–Mai 1945

Feindfahrten: 1
Versenkte Schiffe: keines
1 Uboot (206 t)

Gleich nach der Indienststellung ging U 149 bei der 22. U-Flottille als Schulboot in Dienst.
Im Juni 1941 wurde das Boot während der ersten Phase des deutsch-russischen Krieges zur Operation ausgerüstet. U 149 fuhr einmal auf Patrouille.

1. 18.6.41: Auslaufen Gotenhafen. Am 26. versenkte das Boot das sowjetische Uboot M 99 westlich vom Eingang in den Finnischen Meerbusen.
U 149 nahm Anfang September seine Schulboottätigkeit bei der 22. U-Flottille wieder auf. Kurz vor Kriegsende verlegte die Flottille nach Wilhelmshaven, wo Anfang Mai die Kapitulation erfolgte.

Am 30.6.45 verließ das Boot Wilhelmshaven mit Kurs auf Loch Ryan, Schottland, unter dem Kommando des I WO. U 149 war eines von 116 Booten, die von der Royal Navy für die »Operation Deadlight« vorgesehen waren.
U 149 wurde von der Fregatte HMS CAWSAND BAY durch den Nordkanal geschleppt und nach Kappen der Schleppleine bei schlechtem Wetter nordwestlich von Malin Head durch Artillerie versenkt.

U 150 Typ II D

Bauwerft: Deutsche Werke, Kiel
Kiellegung: 25. Mai 1940
Stapellauf: 19. Oktober 1940
Indienststellung: 27. November 1940
Feldpost-Nr.: M 19550
Versenkt am 21. Dezember 1945 nordwestlich von Bloody Foreland (56°04'N/09°35'W)

Kommandos:
1. U-Flottille Kiel von November–Dezember 1940 (Schulboot)
22. U-Flottille Gotenhafen/Wilhelmshaven von Januar 1941–Mai 1945 (Schulboot)

Kommandanten:
OLtzS Hinrich Kelling, November 1940–August 1942
OLtzS Hermann Schultz, Oktober 1942–Mai 1944
OLtzS Emil Ranzau, Mai–Juni 1944
OLtzS Hunold von Ahlefeld, Juli–Dezember 1944
OLtzS Hans-Helmut Anschütz, Dez. 1944–April 1945
OLtzS Jürgen Kriegshammer, April–Mai 1945

Feindfahrten: keine
Versenkte Schiffe: keines

U 150 kam nicht zum Einsatz. Es fuhr bis zum Kriegsende als Schulboot. Die 22. U-Flottille verlegte kurz vor Kriegsende nach Wilhelmshaven und U 150 ergab sich dort Anfang Mai 1945. Es verlegte am 30.6.45 nach Loch Ryan, Schottland, unter Führung des I WO. Es war eines der 116 Boote, die der Royal Navy für die »Operation Deadlight« zur Verfügung gestellt wurden. U 150 wurde vom Zerstörer HMS FOWEY durch den Nordkanal geschleppt und mit Sprengmitteln am 21.12.45 auf eine Tiefe von 500 Faden 80 Seemeilen nordwestlich von Bloody Foreland versenkt.

U 151 Typ II D

Bauwerft: Deutsche Werke, Kiel
Kiellegung: 6. Juli 1940
Stapellauf: 14. Dezember 1940
Indienststellung: 15. Januar 1941
Feldpost-Nr.: M 39460
Selbst versenkt in Wilhelmshaven am 2. Mai 1945

Kommandos:
24. U-Flottille Danzig/Drontheim von Januar–September 1941 (Schulboot)
21. U-Flottille Pillau von September 1941–März 1945 (Schulboot)
31. U-Flottille Wilhelmshaven von März 1945–2. Mai 1945 (Schulboot)

Kommandanten:
KptLt Johannes Oestermann, Januar–Juli 1941
OLtzS Gustav-Adolf Janssen, Juli–November 1941
OLtzS Kurt Eichmann, Nov. 1941–Sept. 1942
OltzS Paul Just, September 1942–Mai 1943
OltzS Karl-Erich Utischell, Mai 1943–September 1944
OLtzS Graf Ferdinand von Arco, Sept. 1944–2. Mai 1945

Feindfahrten: keine
Versenkte Schiffe: keines

U 151 hatte keinen Operationsdienst. Es diente bis Kriegsende als Schulboot und wurde am 2.5.45 in Wilhelmshaven selbst versenkt.

U 152 Typ II D

Bauwerft: Deutsche Werke, Kiel
Kiellegung: 6. Juli 1940
Stapellauf: 14. Dezember 1940
Indienststellung: 29. Januar 1941
Feldpost-Nr.: M 33153
Selbst versenkt am 2. Mai 1945 in Wilhelmshaven

Kommandos:
24. U-Flottille Dannzig/Drontheim von Januar–September 1941 (Schulboot)
21. U-Flottille Pillau von September 1941–März 1945 (Schulboot)
31. U-Flottille Wilhelmshaven von März–Mai 1945 (Schulboot)

Kommandanten:
KptLt Peter Cremer, Januar–Juli 1941
OLtzS Hans Benker, Juli–September 1941
OLtzS Hans Hildebrandt, September 1941–August 1942
OLtzS Hans-Ferdinand Geisler, August–September 1942
OltzS Viktor-Wilhelm Nonn, September 1942–Juli 1943
OLtzS Wilhelm Bergemann, Juli 1943–Oktober 1944
OltzS Gernot Thiel, Oktober 1944–Mai 1945

Feindfahrten: keine
Versenkte Schiffe: keines

U 152 kam nicht zum operativen Einsatz. Es fuhr bis Kriegsende als Schulboot und wurde am 2.5.45 in Wilhelmshaven selbst versenkt.

U 153 Typ IX C

Bauwerft: AG.Weser, Bremen
Kiellegung: 12. September 1940
Stapellauf: 5. April 1941
Indienststellung: 19. Juli 1941
Feldpost-Nr.: M 45783
Versenkt am 13. Juli 1942 westnordwestlich von Colon (09°56'N/81°29'W)

Kommandos:
4. U-Flottille Stettin von Juli 1941–Mai 1942 (Schulboot)
2. U-Flottille Lorient von Mai 1942–13. Muli 1942 (Frontboot)

Kommandant:
KKpt Wilfried Reichmann, Juli 1941–13. Juli 1942

Feindfahrten: 2
Versenkte Schiffe: 3 (16.166 BRT)

U 153 hatte seine operative Ausbildung bei der 4. U-Flottille. Am 15.11.41 kollidierte das Boot mit U 583 während Übungen vor Danzig, das mit alle Mann sank. U 153 wurde beschädigt, sein Trainingsprogramm verschoben.

1. 18.5.42: Auslaufen Kiel und Verlegung nach Westfrankreich. U 153 lief in den neuen Stützpunkt Lorient am 30.5.42 ein.

2. 6.6.42: Auslaufen zur Operation im Westatlantik. Am 25. versenkte das Boot die britische ANGLO CANADIAN (5.268 t) südöstlich der Bermudas und am Abend des 27. die amerikanische POTLATCH (6.065 t) ostnordöstlich von Guadeloupe.

In den frühen Morgenstunden des 29. versenkte das Boot die amerikanische RUTH (4.833 t) nordwestlich von Great Inagua Island. Am 6.7.42 sichtete ein B 18-Flugzeug der 59. Squadron (USAF) (Lt. M.E. Groover) nördlich von Kolumbien das Boot an der Wasseroberfläche.

Ein Breitseitangriff wurde ausgeführt und vier Wasserbomben auf das Boot beim Tauchen geworfen. Außer Luftblasen wurde nichts gesehen, aber das Boot nicht beschädigt. Fünf Tage darauf griff das Boot vergeblich den Netztender USS MIMOSA, 60 Seemeilen von Almirante, Panama, mit fünf Torpedos an. Das Schiff befand sich auf der Rückreise vom Legen eines Torpedonetzes vor Puerto Castilla, Honduras. In Erwiderung wurden Flugzeuge angerufen und Wasserbomben geworfen.

Am Morgen des 13. lokalisierte das USS EVELYN R.-Patrouillenfahrzeug U 153 und warf Wasserbomben. USN-Catalinas griffen ebenfalls an. Der Zerstörer LANSDOWNE (USS) (LtCdr W.R. Smedburg) kam an zur Ablösung der EVELYN R. und machte sehr schnell Geräusche aus. Er warf vier Wasserbomben, die das Boot zerstörten, es sank auf 1.500 Faden Tiefe. Es gab keinen Überlebenden, 52. Tote.

U 154 Typ IX C

Bauwerft: AG.Weser, Bremen
Kiellegung: 21. September 1940
Stapellauf: 21. April 1941
Indienststellung: 2. August 1941
Feldpost-Nr.: M 45897
Versenkt am 3. Juli 1944 westnordwestlich von Madeira (34°00'N/19°30'W)

Kommandos:
4. U-Flottille Stettin von August 1941–Februar 1942 (Schulboot)
2. U-Flottille Lorient von Februar 1942–3. Juli 1944 (Frontboot)

Kommandanten:
KKpt Walther Kölle, August 1941–August 1942
KKpt Heinrich Schuch, August 1942–Februar 1943
OLtzS Oskar Kusch, Februar 1943–Januar 1944
OLtzS Gerth Gemeiner, Januar 1944–3. Juli 1944

Feindfahrten: 8
Versenkte Schiffe: 10 (54.882 BRT) und 2 beschädigt

1. 7.2.42: Auslaufen Kiel in Richtung Westfrankreich. U 154 lief Bergen am 12.2.41 an, der Grund dafür ist unbekannt. Es fuhr am 22. weiter und sichtete den nach Osten laufenden Convoy HX 175 800 Seemeilen westlich vom Nordkanal. Über die folgenden zwei Tage feuerte U 154 14 Torpedos auf die Schiffe des Convoys, aber kein Schiff wurde getroffen, und man nahm an, dass nicht korrekt gemeldet worden war.

Nach Einlaufen in Lorient wurde eine Untersuchung durchgeführt, wobei sich ergab, dass das Torpedoleitsystem falsch justiert war. Ein erfahrener Kommandant als Kölle hätte den Fehler realisiert und bei Sicht des Convoys geschossen, vermutlich mit besserem Resultat. U 154 kehrte am 1.3.42 nach Lorient zurück.

2. 11.3.42: Auslaufen in die Karibik. Nach Überquerung des Atlantiks versenkte U 154 nördlich von der Mona-Passage zwei Tanker, die amerikanische COMOL RICO (5.034 t) am 4.4.42 und die amerikanische CATAHOULA (5.030 t) am 5. Das Boot fuhr weiter in die Karibik und versenkte am 12. südlich von Jacmel, Haiti, die amerikanische DELVALE (5.032 t) und am 13. südlich von Navassa Island den britischen Tanker EMPIRE AMETHYST (8.032 t). Am Abend des 20. versenkte das Boot die britische VINELAND (5.587 t) nördlich der Caicos Passage. Rückkehr nach Lorient am 9.5.42.

3. 4.6.42: Auslaufen in die Karibik. U 154 patrouillierte anfangs am östlichen Ende und meldete am 28. die Versenkung eines Schiffes nordwestlich von San Juan, Puerto Rico.

Das Boot fuhr weiter nach dem Westende und versenkte am 6.7.42 das panamesische Fischereifahrzeug LALITA (65 t) mit Bordwaffen ostnordöstlich von Cabo Catoche, Yucatan.

Am 13. wurde ein Besatzungsmitglied kurzzeitig vermisst. Er benutzte das Oberdeck als Toilette. Als ein Flugzeug erschien, tauchte das Boot und ließ ihn über Wasser zurück. Das Boot tauchte auf und fand den Mann, einen Techniker Namens Bahner, und mit Pistolenschüssen wurden Haie während des Auffischens des Mannes vertrieben. U 154 hatte keine weiteren Erfolge und lief zurück. Mitte August 1942 wurde es von U 463 westlich der Azoren mit Kraftstoff versorgt. Rückkehr nach Lorient am 23.8.42.

Die Mehrzahl der Besatzung verließ das Boot und übernahm am 23.11.42 U 105, das vor seiner ersten Feindfahrt stand. Es ging mit allen Männern am 2.6.43, auf seiner zweiten Feindfahrt, unter.

4. 12.10.42: Auslaufen in den Westatlantik. U 154 traf zwischen dem 22. und 24. mit dem deutschen Blockadebrecher TANNENFELS zusammen und setzte seinen Kurs nach Westen fort. Am 8.11.42 versenkte das Boot östlich von Dominica die britische D'ENTRECASTEAUX (7.291 t) und am 9. weiter im Südwesten torpedierte es die britische NURMAHAL (5.419 t), die am 11. sank. U 154 fuhr weiter nach Süden und versenkte am 18., 250 Seemeilen nordöstlich von Cayenne, die britische TOWER GRANGE (5.226 t). Am oder um den 9. Dezember 1942 wurde U 154 nördlich von St. Paul Rocks von U 461 mit Brennstoff versorgt.

Am 7.1.43 kehrte das Boot nach Lorient zurück.

5. 20.3.43: Auslaufen in den Zentralatlantik. U 154 patrouillierte anfangs bei den Kapverdischen Inseln, dann verlegte es in das Gebiet von Freetown. Mitte April fuhren U 154, U 105 und U 126 in das Gebiet südlich von Liberia, aber die Meldung, dass dort viele Schiffe seien, erwies sich als falsch. Vom 21. an fuhren die drei Boote auf eine neue Position südöstlich von St. Paul Rocks, aber als auch dort nichts gefunden wurde, wurden U 105 und U 226 in das Gebiet von Freetown zurückgeschickt. Anfang Mai wurde U 154 an die Küste Brasiliens beordert.

Am 8. schoss U 154 50 Seemeilen vor Recife zwei Torpedos auf den panamesischen Tanker MOTOCARLINE. Das Schiff wurde als vermisst gemeldet. Ein brasilianisches Flugzeug kam an, und U 154 wurde vertrieben. Ab 11. patrouillierte das Boot mit U 128, das am 17. versenkt wurde. Am oder um den 20. wurde U 154 zwischen St. Paul Rocks und Freetown von U 460 mit Brennstoff versorgt. Danach kehrte es in sein Operationsgebiet vor der Nordküste Brasiliens zurück. Am 27. griff U 154 den nach Norden laufenden Convoy BT 14 westlich von Fortaleza an. Es feuerte sechs Torpedos und traf drei Schiffe, wobei es den amerikanischen Tanker JOHN WORTHINGTON (8.166 t), den amerikanischen Tanker FLORIDA (8.580 t) und die amerikanische CARDINAL GIBBONS (7.191 t) beschädigte. Die FLORIDA wurde nach Fortaleza durch das Kanonenboot USS SAUCY geschleppt und die CARDINAL GIBBONS verblieb beim Convoy und erreichte Port of Spain, Trinidad, am 5.6.43. U 154 lief an die Küste von Guinea bis Mitte Juni, dann fuhr es heimwärts.

Am 3.7.43 waren U 154 und U 126 zusammen nordwestlich von Cape Ortegal uund liefen in der Dunkelheit in die Biskaya. Sie wurden von einer Leigh Light Wellington der 172. Squadron (F/Sgt A. Coumbis) geor-

tet und U 126 wurde beleuchtet, als es tauchte. Es wurde durch Wasserbomben versenkt.

U 154 entkam und kehrte am 6.7.43 nach Lorient zurück.

6. 23.9.43: Auslaufen Lorient und Einlaufen Brest am 24.9.43.

7. 2.10.43: Auslaufen zur Operation im Zentralatlantik. Ab 12. patrouillierte U 154 vor Ponta Delgada, Azoren. Es verblieb in dem Gebiet zwei Wochen, dann fuhr es in Richtung Brasilien. U 154 hatte keinen Erfolg, weder vor Brasilien noch vor Guinea. Rückkehr nach Lorient am 20.12.43.

Nach der Rückkehr von dieser Feindfahrt wurde der Kommandant, OLtzS Kusch, verhaftet. Er war zuvor vom I WO wegen Äußerungen über Hitler und die NSDAP gemeldet worden. Kusch kam im Januar 1944 vor Gericht und wurde zum Tode verurteilt, bestätigt durch Dönitz. Er wurde am 12. Mai 1944 außerhalb Kiels erschossen.

8. 31.1.44: Auslaufen in die Karibik. Im März 1944 passierte U 154 die Windward Passage. Am 15. wurde das Boot geortet und durch den US-Ubootjäger PC 469 vor Punta Manzanillo angegriffen. Das Boot wurde durch Wasserbomben beschädigt, mit denen es über fünf Stunden beworfen worden war.

Während der Nacht des 29./30. wurde U 154 wieder geortet und angegriffen, diesmal durch den kolumbianischen Zerstörer CALDAS, allerdings ohne weitere Schäden. U 154 kehrte am 28.4.44 nach Lorient zurück.

9. 20.6.44: Auslaufen in den Zentralatlantik. Am 3.7.44 wurde U 154 geortet und durch Wasserbombenangriffe der Geleitzerstörer USS INCH (LtCdr C.W. Frey) und FROST (LtCdr J.H. McWhorter) westnordwestlich von Madeira versenkt. Es gab keine Überlebenden, 58 Tote.

U 155 Typ IX C

Bauwerft: AG.Weser, Bremen
Kiellegung: 1. Oktober 1940
Stapellauf: 12. Mai 1941
Indienststellung: 23. August 1941
Feldpost-Nr.: M 01188
Versenkt am 21. Dezember 1945 nordnordwestlich von Malin Head (55°35'N/07°39'W)

Kommandos:
4. U-Flottille Stettin von August 1941–Januar 1942 (Schulboot)
10. U-Flottille Lorient von Januar 1942–August 1944 (Frontboot)
33. U-Flottille Flensburg von August 1944–Mai 1945 (Frontboot)

Kommandanten:
KKpt Adolf Piening, August 1941–Dezember 1943
OLtzS Johannes Rudolph, Januar 1944–Juni 1944
LtzS Ludwig von Friedeburg, Juni–Oktober 1944 und November–Dezember 1944
KptLt Erwin Witte, Dezember 1944–März 1945
OLtzS Friedrich Altmeier, März 1945–Mai 1945

Feindfahrten: 10
Versenkte Schiffe: 25 (126.664 BRT) und 1 beschädigt
1 Flugzeugträger (13.785 t)

1. 7.2.42: Auslaufen Kiel in den Westatlantik. U 155 sichtete am 21. 600 Seemeilen nordöstlich von Cape Race den nach Westen laufenden Convoy ONS 67. U 94, U 158, U 558, U 587 und U 588 wurden auf ihn angesetzt, U 155 beschattete ihn weiter, bis die Boote ankamen.
U 155 griff den ONS 67 an und versenkte am 22. den britischen Tanker ADELLEN (7.984 t) und die norwegische SAMA (1.799 t). U 558, U 587 und U 158 kamen heran und griffen am 24. an. Der Convoy verlor acht Schiffe, eines wurde beschädigt.
Nach Ende der ONS 67-Operation fuhr U 155 in ein Gebiet vor Nova Scotia, und ab 6.3.42 operierte es vor der US-Ostküste. Am 7. versenkte es die brasilianische ARABUTON (7.874 t) östlich von Cape Hatteras. Am 10. ging einer der Bootsoffiziere verloren, er fiel in einem außergewöhnlichen Sturm über Bord. U 155 kehrte am 27.3.42 nach Lorient zurück.
2. 24.4.42: Auslaufen in den Westatlantik. Am 14.5.42 versenkte U 155 die belgische BRABANT (2.483 t) südwestlich von Grenada, am 17. den britischen Tanker SAN VICTORIO (8.136 t) und die amerikanische CHALLENGER (7.667 t) östlich von Grenada. Am 20. versenkte U 155 den panamesischen Tanker SYLVAN ARROW (7.797 t) vom Convoy OT 1 südwestlich von Grenada. Es wurde vom Zerstörer USS UPSHUR vertrieben. Auf der Fahrt nach Norden versenkte U 155 am 24. vor Kingston, St. Vincent, die panamesische WATSONVILLE (2.220 t).
Ende Mai trat U 155 seine Rückreise an und versenkte östlich von Windward Islands zwei Schiffe, die niederländische POSEIDON (1.928 t) am 28. und am 30. die norwegische BAGHDAD (2.161 t). U 155 kehrte am 14.6.42 nach Lorient zurück.

3. 9.7.42: Auslaufen zur Operation im Westatlantik. Am 28. versenkte U 155 die brasilianische BARBACENA (4.772 t) 230 Seemeilen von Barbados. Am 28. versenkte das Boot die brasilianische PIAVE (2.347 t) 400 Seemeilen östlich von Grenada. In den folgenden vier Tagen, im gleichen Gebiet, versenkte U 155 vier weitere Schiffe, die norwegische BILL (2.445 t) am 29., die amerikanische CRANFORD (6.096 t) am 30., die niederländische KENTAR (5.878 t) und die britische CLAN MACNAUGHTON (6.088 t) am 1.8.42. Ein Offizier der BILL wurde an Bord genommen.
U 155 fuhr näher an die Ostküste Südamerikas heran und in den nachfolgenden sechs Tagen versenkte es vier Schiffe in einem Gebiet 250 bis 400 Seemeilen nordnordöstlich von Paramaribo. Am 4. wurde die britische EMPIRE ARNOLD (7.045 t) versenkt, am 5. die niederländische DRACO (389 t) mit Artillerie versenkt, am 9. wurde der britische Tanker EMILIANO (8.071 t) und am 10. die niederländische STRABO (383 t) mit Artillerie versenkt.
Medizinische Hilfe wurde den verwundeten Überlebenden der EMPIRE ARNOLD gewährt. Den Rettungsbooten wurde der Kurs an Land gegeben. Ein Offizier des Schiffes wurde an Bord genommen. Gesichtet an der Oberfläche, wurde U 155 am 16. durch eine Hudson der 53. Squadron (F/Sgt Sillcock) angegriffen und mit drei Wasserbomben gejagt. Das Boot konnte trotz Schäden entkommen.
Am 19. wurde U 155 durch eine B 18 der No. 1 Bomber-Squadron (USAF) gebombt und ein Besatzungsmitglied ging dabei über Bord. Am 20. wurde das Boot durch eine Hudson der 53. Squadron (P/O Rickard) angegriffen. Die Batterien des Bootes wurden beschädigt und es war unmöglich, zu tauchen.
Zusammentreffen mit U 510, wobei ein Kraftkabel übergeben wurde. U 155 war weiterhin tauchunklar und fuhr mit U 510 ostwärts. Am 7.9.42 mögen die beiden Boote U 460 getroffen haben. Nach dem Treffen und der Ausbesserung der ausbaufähigen Ausrüstung war U 155 nach wie vor unfähig zu tauchen. Es wurde bis in den Stützpunkt escortiert, möglicherweise durch U 510.
Rückkehr nach Lorient am 15.9.42.
4. 7.11.42: Auslaufen in den Atlantik. Nachdem am 8. Meldungen über die alliierten Landungen in Nordafrika eingegangen waren, wurden U 155 und andere Boote mit genügend Kraftstoff an die Landungsstelle befohlen, und sie liefen mit hoher Geschwindigkeit in ein Gebiet westlich von Gibraltar, wo sie die »Westwall«-Gruppe bildeten. Die Boote führten Ostwestpatrouillen in einem Gebiet westlich von Gibraltar bis Cape St. Vincent im Norden und Casablanca im Süden durch.
Am Morgen des 15. griff U 155 den Convoy MK 1 an.

Bei einem Einzelangriff mit vier Torpedos versenkte es den Escortträger HMS Avenger, den Truppentransporter Ettrick (britisch, 11.279 t) und beschädigte den amerikanischen Truppentransporter Almaak (6.736 t). Über 600 Mann gingen mit der Avenger unter.

Am 20. fuhr U 155 zu einem Treffen mit U 118 südöstlich von den Azoren und wurde von dem Boot mit Kraftstoff versorgt. Drei Tage später erbat der Kommandant die Erlaubnis, weiter nach Westen zu laufen, die laufende Bedrohung aus der Luft nervte ihn. Er traf wieder auf die »Westwall«-Gruppe, die am 21. aus denselben Gründen weggelaufen war.

Vom 27. an bildeten die »Westwall«-Boote eine Nordsüdlinie, fuhren nach Westen und dann hinter die Azoren, wo sie am 6.12.42 beim Längengrad 40° West anhielten. Am Abend des 6.12.42 versenkte U 155 die niederländische Serooskerk (8.456 t) vom ausgemachten Convoy ON 149, westlich der Azoren. Es war eines von vier Schiffen, die in den Dunkelheitsstunden des 6./7. von den »Westwall«-Booten versenkt wurden.

Kein Convoy kam in Sicht und man erfuhr, dass diese die Linie weiter südlich passierten, zu weit weg für Boote, deren Brennstoffbestand zu wünschen übrig ließ. So begannen die »Westwall«-Boote am 12. weiter nach Osten zu verlegen. Am 16. wurde die Gruppe nördlich der Azoren versammelt, und die Boote nahmen ab 19. Positionen westlich von Portugal ein. Eine Suche nach Convoys über die nächste Woche war ergebnislos und die Boote liefen in ihren Stützpunkt zurück. U 155 kehrte am 30.12.42 nach Lorient zurück.

5. 8.2.43: Auslaufen in US-Gewässer. U 155 patrouillierte in der Florida Strait, dann im Golf von Mexiko, aber ohne Erfolg. In den ersten Stunden des 2.4.43 versenkte U 155 beim Verlassen des Golfs die norwegische Lysefjord (1.091 t) westnordwestlich von Havanna. Am 4. versenkte das Boot den amerikanischen Tanker Gulfstate (6.882 t) in der Florida Strait, östlich von Key West. Rückkehr nach Lorient am 30.4.43.

6. 10.6.43: Auslaufen mit U 68, U 257, U 600 und U 625. Die Boote wehrten einige Angriffe einzelner Flugzeuge ab, aber am 14. gab es dann konzentrierte Angriffe von vier Mosquitos der 307. (polnischen) Squadron. U 155 und U 68 wurden beschädigt und hatten Verwundete, fünf alleine auf U 155. Die Boote kehrten am 16.6.43 nach Lorient zurück.

7. 30.6.43: Auslaufen in den Zentralatlantik. U 155 erhielt den Befehl, Boote der »Monsun«-Gruppe auf dem Wege nach Ostasien zu versorgen. Die Gruppe erwartete einen Versorger, aber U 487 war am 13.7.43 versenkt worden. U 155 versorgte U 168, U 183 und U 188 600 Seemeilen westnordwestlich von den Kapverdischen Inseln zwischen dem 21. und 23. Juli.

Rückkehr nach Lorient am 11.8.43.

8. 18.9.43: Auslaufen Lorient und Einlaufen Brest am 19.9.43.

9. 21.9.43: Auslaufen in den Zentralatlantik. U 155 wurde am 4.10.43 westlich von den Azoren von U 488 mit Brennstoff versorgt. Das Boot fuhr nach Süden auf die Nordküste von Brasilien zu und versenkte am 24., 300 Seemeilen nördlich von Fortaleza, die norwegische Siranger (5.393 t). Einer der Offiziere des Schiffes wurde an Bord genommen.

U 155 patrouillierte die brasilianische Küste entlang vom Amazonasdelta bis Natal, aber es hatte keinen Erfolg. Am oder um den 23.11.43 wurde das Boot von einem Flugzeug angegriffen und beschädigt. Kurz nach diesem Zwischenfall fuhr das Boot nach Hause. U 155 kehrte nach Lorient am 1.1.44 zurück.

10. 5.3.44: Auslaufen Lorient und Wiedereinlaufen am 6.3.44.

11. 11.3.44: Auslaufen in den Zentralatlantik. U 155 wurde zusammen mit U 190 und U 505 in den Golf von Guinea entsandt, weil man glaubte, dass es dort genügend Ziele gab. Das erwies sich als falsch, die drei Boote sahen kein einziges Schiff. Sie kehrten zurück in das Gebiet von Freetown.

U 155 war am 23.6.43 vor dem Einlaufen in Lorient, als es durch eine Mosquito der 248. Squadron (F/Sgt L.C. Doughty) angegriffen wurde. Zwei Männer der Besatzung des Bootes wurden getötet, weitere sieben verwundet. U 155 dockte am 23.6.43.

12. 9.9.44: U 155 verließ Lorient, Fahrt nach Norwegen. Es war das letzte Boot, das Lorient verließ.

U 155 lief am 17.10.44 Kristiansand an und fuhr am nächsten Tag weiter nach Flensburg, wo es am 21. eintraf. Das Boot machte eine komplette Überholung durch.

Am 6.5.45 verließ das Boot Kiel in Richtung Lorient mit Lebensmitteln und Versorgungsgütern. Es fuhr durch den Kleinen Belt, nach Fredericia, Dänemark, wo es kapitulierte. U 155 gehörte zu den 116 Booten, die an die Royal Navy für die »Operation Deadlight« gingen. Am 21.5.45 fuhr es unter dem Kommando des I WO von Wilhelmshaven aus nach Loch Ryan, Schottland. Im Dezember wurde es durch den Schlepper HMS Prosperus durch den Nordkanal geschleppt, und nachdem die Linie bei schlechtem Wetter gebildet worden war, wurde U 155 durch Artillerie nordnordwestlich von Malin Head am 21.12.45 versenkt.

U 156 Typ IX C

Bauwerft: AG.Weser, Bremen
Kiellegung: 4. Oktober 1940
Stapellauf: 21. Mai 1941
Indienststellung: 4. September 1941
Feldpost-Nr.: M 01308
Versenkt am 8. März 1943 östlich von Barbados
(12°38'N/54°39'W)

Kommandos:
4. U-Flottille Stettin von September–Dezember 1941
(Schulboot)
2. U-Flottille Lorient von Dezember 1941–8. März 1943
(Frontboot)

Kommandant:
KKpt Werner Hartenstein, Sept. 1941–8. März 1943

Feindfahrten: 5
Versenkte Schiffe: 19 (97.190 BRT) und 3 beschädigt

1. 24.12.41: Auslaufen Kiel nach Westfrankreich.
U 156 passierte den Norden Schottlands und legte auf dem Weg Wetterbojen. Einlaufen in den neuen Stützpunkt Lorient am 10.1.42.
2. 19.1.42: Auslaufen in die Karibik als Teil der »Neuland«-Gruppe, bestehend aus den Booten U 156, U 67, U 129, U 161 und U 502. Geplant war, die fünf Boote zu Angriffen auf Häfen und Öl-Anlagen in diesem Gebiet einzusetzen. Am Morgen des 16.2.42 torpedierte U 156 drei Tanker vor Saint Nicolas, Aruba. Beschädigt wurden die britische PEDERNALES (4.317 t) und die amerikanische ARKANSAS (6.452 t), versenkt die britische ORANJESTAD (2.396 t). Am Nachmittag wurde U 156 von einem A 20-Bomber der 59. Bomber-Squadron (USAF) südwestlich von Aruba erfolglos angegriffen. Nach Einbruch der Dunkelheit kehrte U 156 zurück, um einen Nachtbeschuss der Shell-Ölanlage Lago durchzuführen. Die Mündungskappe des Geschützes von U 156 wurde nicht abgenommen, bevor das Schießen begann. Das Rohr riss und der 2. WO wurde verwundet, ein Mann der Geschützbedienung wurde getötet. Der Offizier wurde in Fort de France, Martinique, am 18. zur medizinischen Betreuung an Land gegeben, der tote Seemann auf See beigesetzt.
Am 20. versenkte U 156 die amerikanische DELPLATA (5.127 t) westlich von Martinique. Nach mehreren Angriffen in den ersten Stunden des 25. versenkte das Boot den britischen Tanker LA CARRIERE (5.685 t) süd-

lich von Puerto Rico. Als alle Torpedos verschossen waren, versenkte U 156 mit der kurzzeitig reparierten Kanone zwei Schiffe vor Cabrera, Dominikanische Republik, die britische MACGREGOR (2.498 t) am 27. und den amerikanischen Tanker OREGON (7.017 t) am 28. Es wird gemeldet, dass die Besatzung der OREGON mit Maschinengewehren beschossen wurde, während sie im Wasser war.
U 156 war das erste Boot der »Neuland«-Gruppe, das heimkehrte. Einlaufen Lorient am 17.3.42.
3. 22.4.42: Auslaufen in den Westatlantik. U 156 patrouillierte östlich der Karibik in einem Gebiet 550 Seemeilen östlich der Leeward Islands. Das Boot versenkte die niederländische KOENJIT (4.551 t) früh am 13.5.42, die britische CITY OF MELBOURNE (6.630 t) am Abend desselben Tages, die norwegische SILJESTAD (4.301 t) früh am 15., die jugoslawische KUPA (4.382 t) am Abend des 15., die britische BARRDALE (5.072 t) am 17., die amerikanische QUAKER CITY (4.961 t) und beschädigte den britischen Tanker SAN ELISEO (8.042 t) am 18.
Es war gemeldet worden, dass Port de France, Martinique, unter US-Marinestreitkräften litt, die Vichy-Regierung, den französischen Marinefahrzeugen und der Handelsschifffahrt im Hafen Schwierigkeiten machen wollten. Ab 20. fuhr U 156 westwärts Martinique. Am 21. versenkte das Boot die dominikanische PRESIDENTE TRUJILLO (1.668 t) östlich von Martinique, und am 25. beschädigte es den Zerstörer USS BLAKELY. Das Kriegsschiff erreichte einen Hafen.
Nach einem einwöchentlichen Aufenthalt in diesem Gebiet, bei dem es wegen der Luftüberwachung überwiegend getaucht fahren musste, stand die Besatzung des Bootes unter Stress. Am 29. versenkte das Boot die britische NORMAN PRINCE (1.913 t) westlich von Martinique. Bald darauf verließ es das Gebiet, die Gefahr amerikanischer Angriffe wurde zu groß.
Am 1.6.42 versenkte U 156 die brasilianische ALEGRETE (5.970 t) westlich von St. Lucia und am 3. das britische Segelschiff LILLIAN (80 t) mit Bordwaffen südlich von Bridgetown, Barbados.
Am 24. versenkte das Boot die britische WILLIMANTIC (4.558 t) 1.000 Seemeilen nordöstlich von Leeward Islands. Der Kapitän dieses Schiffes wurde an Bord genommen.
Rückkehr nach Lorient am 7.7.42.
4. 20.8.42: Auslaufen in den Südatlantik mit U 68, U 172 und U 504. Bildung der »Eisbär«-Gruppe.
Am 25. wurde der nach Norden laufende Convoy SL 119 von U 214 östlich der Azoren gesichtet.
Die vier »Eisbär«-Boote gehörten zu den Booten, die zum Angriff bereit standen. Als der Convoy seinen Kurs änderte, fuhren die vier Boote allerdings weiter nach

Süden, ihr Operationsziel war wichtiger. Während der Bewegung gegen den SL 119 versenkte U 156 einen Nachzügler des Convoys, die britische CLAN MACWHIRTER (5.941 t) nordnordwestlich von Madeira.

Ab Anfang September operierte die »Eisbär«-Gruppe unabhängig. Am 12. versenkte U 156 den Truppentransporter (britisch, 19.695 t) LACONIA nordöstlich von Ascension. Das Schiff hatte 2.732 Menschen an Bord, 463 Offiziere und Besatzung, 286 dienstmachende Passagiere, 80 Zivilisten, einschließlich Frauen und Kinder, 1.800 italienische Kriegsgefangene, die von Südafrika nach Großbritannien gebracht werden sollten, und 103 polnische Soldaten als Bewacher. Der Kommandant von U 156, Werner Hartenstein, konnte nicht wissen, wer sich an Bord befand. Als er auftauchte, riefen Überlebende auf italienisch um Hilfe. Als er die Lage überblickte und angesichts des Risikos, das Boot zu verlieren, möglich war, entschied sich Hartenstein trotzdem, die Überlebenden zu retten.

Er meldete die sinkende Stelle und versprach, kein zur Hilfe kommendes Schiff anzugreifen. In Beantwortung seines Hilferufes kamen U 459, U 506 und U 507 heran. Der Kommandant von U 459 war jedoch zu weit entfernt und setzte seine Feindfahrt fort. U 156 übernahm 193 Überlebende, einschließlich 21 Briten. Dönitz fragte, ob das italienische Uboot CAPELLINI, nahe Freetown operierend, zur Hilfe kommen könne. Donitz bat auch Vichy-Frankreich um Hilfe von Dakar aus.

Während der Nacht des 14./15. kam U 506 an. Es gab zu dieser Zeit 263 Überlebende auf U 156, und U 506 übernahm 132 Italiener. Am Morgen des 16. hatte U 506 mehr als 200 Überlebende an Bord. U 507 traf auf vier Laconia-Rettungsboote während des Nachmittags des 15. Sein Kommandant, Harro Schacht, nahm die Frauen an Bord, gab Unterstützung für die anderen Überlebenden und nahm die Rettungsboote in Schlepp. Am 13. führte Hartenstein ein großes sechs Fuß weites Tuch mit einem Roten Kreuz. Als am 16. ein Flugzeug gesichtet wurde, wurde das Tuch über das ganze Boot gespannt, damit die US-Liberator es gut sehen konnte. Ein RAF-Offizier an Bord von U 156 sandte einen Funkspruch an das Flugzeug, und erklärte die Lage. Das Flugzeug verschwand, aber eine halbe Stunde später erschien eine zweite Liberator und warf zwei Bomben, die vorbei gingen. Hartenstein zerschlug die Schleppleine zu den Booten, das Flugzeug kam zum zweiten Angriff. Diesmal zerstörte eine der Bomben ein Rettungsboot und die zweite fiel weit entfernt.

Bei einem dritten Angriff wurde U 156 beschädigt. Hartenstein fuhr sein Boot dicht an die treibenden Rettungsboote heran und gab 55 britische Überlebende und 55 Italiener, die an Bord U 156 waren, über Bord. Er führte dann kurzfristige Reparaturen durch und fuhr westwärts, nahm also an weiteren Rettungsmaßnahmen nicht mehr teil.

Viele, die er ins Wasser schickte, überlebten nicht. Französische Marinefahrzeuge, der Kreuzer GLOIRE, die Sloops ANNAMITE und DUMONT-D'URVILLE trafen auf U 506, U 507 und die CAPELLINI und übernahmen die Überlebenden, die sie mitführten. 1.111 Menschen wurden gerettet, einige davor starben kurz danach. Zwischen den Überlebenden waren 450 Italiener und 73 Polen. Das letzte Rettungsboot wurde erst am 21.10.42 gefunden, mit nur vier von ursprünglich 51 Insassen. Dönitz und das Uboot-Kommando hatten für dieses menschenrettende Unternehmen kein Verständnis und verboten jede künftige Rettung, nur Kapitäne und Chefingenieure waren aufzunehmen. Vorrang hatten die Personen mit wertvollen Informationen. U 156 schloss seine Feindfahrt am 17.9.42 ab, und während dieser Zeit übernahm es Kraftstoff von einem anderen Boot. Am 19. versenkte es die britische QUEBEC CITY (4.745 t) nordnordwestlich von Ascension. Später operierte es südlich und südwestlich von Freetown, wurde Mitte Oktober beschädigt und lief Anfang November zurück. Auf dem Heimatkurs wurde das Boot westlich von den Kapverdischen Inseln von U 462 mit Brennstoff versorgt. Einlaufen in Lorient am 16.11.42.

5. 16.1.43: Auslaufen in den Westatlantik. U 156 fuhr zuerst in ein Gebiet bei den Kapverdischen Inseln. Dann kreuzte es über den Atlantik und patrouillierte östlich der Karibik.

Am 8.3.43 wurde das Boot von einer USN-Catalina des VP 53 (Lt E. Dryden), etwa 350 Seemeilen östlich von Barbados an der Wasseroberfläche laufend, ausgemacht. Es fuhr nach Osten. Aus den Wolken hinter dem Boot kommend, überraschte das Flugzeug einige sonnenbadende Männer an Deck. Das Flugzeug warf aus 100 Fuß Entfernung vier Torpedobomben, die das Boot trafen. U 156 brach in drei Teile und sank sofort.

Elf Männer wurden im Wasser ausgemacht und ein Rettungsfloß und Lebensmittel abgeworfen.

Obwohl zuletzt fünf Mann gesehen wurden, hat man trotz umfassender Suche niemanden mehr gefunden.

U 157 Typ IX C

Bauwerft: AG.Weser, Bremen
Kiellegung: 21. Oktober 1940
Stapellauf: 5. Juni 1941
Indienststellung: 15. September 1941
Feldpost-Nr.: M 13974
Versenkt am 13. Juni 1942 südwestlich von Key West
(24°13'N/82°03'W)

Kommandos:
4. U-Flottille Stettin von September 1941–April 1942
(Schulboot)
2. U-Flottille Lorient von Mai 1942–13. Juni 1942
(Frontboot)

Kommandant:
KKpt Wolf Henne, September 1941–13. August 1942

Feindfahrten: 2
Versenkte Schiffe: 1 (6.401 BRT)

1. 30.4.42: Auslaufen Kiel zur Überführung nach West-frankreich. Einlaufen Lorient am 10.5.42.
2. 18.5.42: Auslaufen in den Westatlantik.
U 157 patrouillierte im Norden der Großen Antillen. Am Morgen des 11.6.42 versenkte das Boot den amerikanischen Tanker HAGAN (6.401 t) vor Cayo Guajaba, Kuba.
Das Boot wurde am 10. im Old Bahama Channel geortet und nach der Versenkung der HAGAN die Suche verstärkt. Es wurde am 11. von einem B 18-Flugzeug gesichtet und mit vier Wasserbomben beworfen. Das Boot wurde gezwungen, zu tauchen, es wurde geschockt, aber nicht beschädigt. U 157 wurde als nächstes von einem Zivil-flugzeug gesichtet, aber ein USN-Flugzeug, das dahin gesandt wurde, fand es nicht. Ende des 11. wurde ein Kontakt wieder hergestellt. Am folgenden Morgen wurde U 157 tauchend durch eine andere B 18 in der Florida Strait ausgemacht und US-Marinefahrzeuge und Flugzeuge eilten in das Gebiet. Während des Nachmittags des 12. wurde das Boot erneut gesichtet, diesmal durch ein Armee A 29-Flugzeug. Früh am 13. wurde U 157 durch den US Coast Guard Kutter THETIS (Lt N.C. McCormik) direkt vor Key West lokalisiert. Er warf sieben Wasser-bomben, die das Boot zerstörten. Es gab keine Überlebenden, 52 Tote.

U 158 Typ IX C

Bauwerft: AG.Weser, Bremen
Kiellegung: 1. November 1940
Stapellauf: 21. Juni 1941
Indienststellung: 25. September 1941
Feldpost-Nr.: M 14343
Versenkt am 30. Juni 1942 westnordwestlich der Bermudas (32°50'N/67°28'W)

Kommandos:
4. U-Flottille Stettin von September 1941–Februar 1942
(Schulboot)
10. U-Flottille Lorient von Februar 1942–30. Juni 1942
(Frontboot)

Kommandant:
KptLt Erwin Rostin, September 1941–30. Juni 1942

Feindfahrten: 2
Versenkte Schiffe: 16 (91.770 BRT) und 2 beschädigt

1. 2.2.42: Auslaufen Wilhelmshaven und Einlaufen Helgoland am 2.2.42.
2. 7.2.42: Auslaufen in den Westatlantik. Am 22. sichtete U 155 den nach Westen laufenden Convoy ONS 67 600 Seemeilen nordöstlich von Cape Race. Es wurden die Boote U 158, U 94, U 558, U 587 und U 588 an ihn herangeführt. U 158 torpedierte zwei Tanker am 24. ost-südöstlich von Cape Race, die britische EMPIRE CELT (8.032 t) und die britische DILOMA (8.146 t). Das verlassene Wrack der EMPIRE CELT wurde wahrscheinlich am 25.3.42 von U 587 versenkt. Am 1.3.42 glaubte U 158 zwei Torpedotreffer auf einem Tanker südöstlich von Cape Sable erzielt zu haben. Der Tanker feuerte auf das Boot, dass das Schießen erwiderte. Es versenkte das Schiff nach fünf Stunden. Es gibt keine Informationen über dieses Geschehen, die Identität des Tankers ist noch unbekannt.
U 158 fuhr die US-Küste hinunter. Am 11. versenkte es die amerikanische CARIBSEA (2.609 t) vor Cape Lookout und am 13. den amerikanischen Tanker JOHN D. GILL (11.641 t) vor Southport, North Carolina. Am 15. torpedierte das Boot zwei Tanker südöstlich von Cape Lookout, beschädigte die amerikanische OLEAN (7.118 t) und versenkte die ARIO (6.952 t). Rückkehr nach Lorient am 31.3.42.
3. 4.5.42: Auslaufen in den Westatlantik. U 158 versenkte auf der Fahrt zwei Schiffe ostsüdöstlich von den Bermudas, den britischen Tanker DARINA (8.113 t) am

20. und die britische FRANK B. BAIRD (1.748 t) am 23.
U 158 erreichte die Karibik und patrouillierte das westliche Ende mit großem Erfolg. Es versenkte vier Schiffe, die amerikanische KNOXVILLE CITY (5.686 t), südlich von Cabo Frances, Kuba, am 2.6.42, am 4. die norwegische NIDARNES (2.647 t) an der Westspitze Kubas, am 5. die amerikanische VELMA LYKES (2.572 t) östlich von Puerto Juarez, Mexiko, und am 7. die panamesische HERMIS (5.234 t) an der Westspitze von Kuba.

U 158 fuhr in den Golf von Mexiko und führte mit der Versenkung von zwei Tankern bei Louisiana ihre erfolgreiche Jagd fort. Am 11. versenkte es die panamesische SHEHERAZADE (19.467 t) mit Torpedo und Bordkanone südwestlich von Terrebonne Bay und am 12. die amerikanische CITIES SERVICE TOLEDO (8.192 t) mit Torpedo.

Am 17. versenkte U 158 zwei Schiffe östlich der Laguna Madre, Mexiko, die panamesische SAN BLAS (3.601 t) und den norwegischen Tanker MOIRA (1.560 t). Vor dem Verlassen des Golfs von Mexiko versenkte U 158 noch die amerikanische HENRY GIBBINS (5.766 t) an 23., 200 Seemeilen nördlich von Telchac Puerto, Yucatan.

Das rücklaufende Boot versenkte sein letztes Schiff, die lettische EVERALDA (3.950 t), am 29. westlich der Bermudas. Dieses Schiff stoppte, nachdem es angeschossen wurde, und wurde dann mit Sprengmitteln und Öffnung der Flutventile durch Männer des Ubootes versenkt. Der Kapitän wurde vom Boot an Bord genommen.

U 158 wurde durch Radar auf den Bermudas auf Jamaica und in British Guinea geortet. Es wurde dann etwa 200 Seemeilen westnordwestlich von den Bermudas von einem USN-Mariner-Flugzeug des VP 74 (Lt R.E. Schreder) am 30. gesichtet. Besatzungsangehörige, sonnenbadend an Oberdeck, wurden total überrascht. Das Flugzeug griff an und warf Wasserbomben. Eine traf den Kommandoturm und detonierte, als das Boot tauchte. U 158 wurde zerstört. Es gab keine Überlebenden, zwei gefangene Handelsschiffoffiziere waren ebenfalls tot.

U 159 Typ IX C

Bauwerft: AG.Weser, Bremen
Kiellegung: 12. November 1940
Stapellauf: 1. Juli 1941
Indienststellung: 4. Oktober 1941
Feldpost-Nr.: M 15015
Versenkt am 15. Juli 1943 südlich von Haiti
(15°58'N/73°44'W)

Kommandos:
4. U-Flottille Stettin von Oktober 1941–April 1942 (Schulboot)
10. U-Flottille Lorient von April 1942–15. Juli 1943 (Frontboot)

Kommandanten:
KptLt Helmut Witte, Oktober 1941–Juni 1943
OLtzS Heinz Beckmann, Juni 1943–15. Juli 1943

Feindfahrten: 5
Versenkte Schiffe: 23 (119.683 BRT) und 1 beschädigt

1. 22.4.42: Auslaufen Kiel zur Verlegung nach Westfrankreich. U 159 legte auf der Fahrt Wetterbojen. Einlaufen in Lorient am 3.5.42.
2. 14.5.42: Auslaufen in den Westatlantik.
U 159 fuhr am 20. an den südwärts laufenden Convoy OS 28 ostsüdöstlich der Azoren heran. In den frühen Stunden des 21. griff es an und versenkte die britische NEW BRUNSWICK (6.529 t), den britischen Tanker MONTENAL (2.646 t) und beschädigte möglicherweise ein drittes Schiff.

U 159 setzte seine Reise westwärts fort, und Anfang Juni erreichte es die Karibik. Früh am 4. versenkte es die amerikanische CITY OF ALMA (5.446 t) etwa 400 Seemeilen nordöstlich von Puerto Rico. Das Boot fuhr in die Karibik durch die Mona-Passage und griff am 5. zwei Segelschiffe südöstlich von Santo Domingo an, beschädigte die brasilianische PARACURY (265 t) und versenkte die honduranische SALLY (150 t). Am späten Abend des 7. versenkte das Boot die amerikanische EDITH (3.382 t) im Colombian Basin, nördlich von Santa Maria, am 11. die britische FORT GOOD HOPE (7.130 t) und glaubte, ein zweites Schiff nordnordwestlich von Colon, Panama, versenkt zu haben. Im selben Gebiet versenkte es am 13. zwei weitere Schiffe, die amerikanische SIXAOLA (4.693 t) am frühen Morgen und am Abend die amerikanische TURMAN (6.762 t).

U 159 hatte drei weitere Erfolge auf dieser Fahrt, die niederländische FLORA (1.417 t) früh am 18. vor Carrizal, Kolumbien, die jugoslawische ANTE MATKOVIC (2.710 t) am 19. nordwestlich von Santa Marta und den amerikanischen Tanker E.J. SADLER (9.639 t) südlich der Mona-Passage. Das letzte Schiff wurde durch Artillerie in Brand geschossen und sank vier Stunden später durch Sprengladungen. U 159 hatte alle Torpedos verschossen. Am 20. traf U 159 auf U 161. Es wurden Torpedos übergeben und im Austausch gab es Lebensmittel und einigen Brennstoff. Einlaufend Lorient am 12.7.42 wurde das Boot nach Beleuchtung durch eine Leigh Light Wellington der 172. Squadron (P/O W.B. Howell) angegriffen. Vier Wasserbomben wurden geworfen, U 159 beschädigt, aber es konnte Lorient am 13.7.42 erreichen.

3. 24.8.42: Auslaufen in den Südatlantik.

Auf der Fahrt nach Süden wurde U 159 zur »Eisbär«-Gruppe eingeteilt, die durch den LACONIA-Zwischenfall geschwächt war. Am 24.9.42 wurde die »Eisbär«-Gruppe, U 68, U 159, U 172 und U 504, durch U 459, 600 Seemeilen südlich von St. Helena, mit Brennstoff versorgt, dann fuhren sie weiter mit Kurs auf Kapstadt. Am 7.10.42 versenkte U 159 200 Seemeilen westsüdwestlich von Kapstadt die britische BORINGIA (5.821 t), am Morgen des 8. die britische CLAN MACTAVISH (7.631 t) und am 9. die amerikanische COLORADAN (6.557 t). Die CLAN MACTAVISH wurde angegriffen, als sie Überlebende der BORINGIA aufnahm. Am 10. wurde U 159 durch eine Ventura der 23. Squadron (SAAF) mit vier Wasserbomben angegriffen, aber nicht beschädigt.

U 159 fuhr weiter nach Süden. Am 13. versenkte es die britische EMPIRE NOMAD (7.167 t) südlich von Kapstadt, am 29. die britische ROSS (4.978 t) und die britische LAPLACE (7.327 t), etwa 500 Seemeilen südlich von Mossel Bay, Cape Province. Am 28. hatte U 159 ein Treffen mit U 178 und übergab einen kranken Mann zur Behandlung durch einen Doktor auf U 178. Am 7.11.42 befand sich das Boot noch immer südlich der Mossel Bay und versenkte den Munitionsfrachter (amerikanisch, 5.462 t), LA SALLE. Die »Eisbär«-Gruppe trat nun die Rückreise durch den Südatlantik an. Am 13. versenkte U 159 das sechsmastige amerikanische Segelschiff STAR OF SCOTLAND (2.290 t) südsüdöstlich von St. Helena. Dieses Schiff hatte den Heimathafen Los Angeles zu einer Kreuzfahrt auf den weltweiten Ozeanen verlassen und war auf der Suche nach einem Hafen zur Überholung. Der Kommandant von U 159 nahm eine US-Flagge von dem Schiff mit.

Ab der letzten Woche im November patrouillierte das Boot in einem Gebiet westlich und südwestlich von St. Paul Rocks, und Anfang Dezember wurde es von U 461 nördlich von den Rocks mit Kraftstoff versorgt. Vom 12. an traf U 159 die Linie, die von St. Paul Rocks bis zur Küste von Brasilien reichte. Es verblieb dort und versenkte drei Schiffe in drei Tagen, die britische CITY OF BOMBAY (7.140 t) am 13., die ägyptische STAR OF SUEZ (4.999 t) am 15. und die britische EAST WALES (4.358 t) am 16. Einige Tage darauf trat das Boot die Heimreise an. Einlaufen Lorient am 5.1.43.

4. 4.3.43: Auslaufen zur Operation im Zentralatlantik. U 159, U 67, U 103, U 109 und U 524 liefen in ein Gebiet südlich der Azoren, wo sie die Linie „Wohlgemut" ab 13. bildeten. Der nach Osten laufende Convoy UGS 6 hatte New York am 5. verlassen und wurde von U 130 der »Unverzagt«-Gruppe am 12. gesichtet. Dieses

Boot wurde noch in der selben Nacht versenkt und der Kontakt wurde bis zum 14. nicht wieder hergestellt. Die Boote der »Unverzagt«- und »Wohlgemut«-Gruppen hatten eine neue Linie gebildet, durch die der UGS 6 hindurch musste. Obwohl zuletzt sechs Boote Kontakt hatten und keine Flugzeuge da waren, das Wetter gut war, wurde die Operation zum Fehlschlag. Nur vier Schiffe wurden versenkt. Der Geleitschutz hielt die Boote gut weg, führte Wasserbombenangriffe auf eine Entfernung von zehn Meilen vom Convoy entfernt durch. Die Operation endete am 19. angesichts stärkerer Luftüberwachung nahe Gibraltar.

Das Boot begann dann unabhängig in einem Gebiet nördlich von den Kapverdischen Inseln zu operieren, hatte aber keinen Erfolg mehr. Am 6.4.43 wurde U 167 selbst versenkt, nachdem es durch Flugzeuge beschädigt worden war. Die Besatzung landete auf Gran Canaria, von wo sie am 16. von U 159 und U 455 abgeholt wurde.

U 159 kehrte am 25.4.43 nach Lorient zurück.

5. 12.6.43: Auslaufen in Richtung Karibik. U 159 fuhr mit U 185, U 415, U 564 und U 634 aus der Biskaya heraus. Am 13. wurden die Boote von einer Sunderland der 228. Squadron angegriffen, U 564 wurde beschädigt, das Flugzeug abgeschossen.

U 159 fuhr weiter nach Westen und kam in die Karibik, passierte die Anegada-Passage am 12. mit Kurs auf die See vor dem Panama-Kanal. Am 15. wurde das Boot von einem USN-Mariner-Flugzeug des VP 32 (Lt R.C. Mayo) etwa 150 Seemeilen von Haiti gesehen. Bei einem überraschenden Angriff warf das Flugzeug Wasserbomben, die es zerstörten.

Es gab keine Überlebenden, 54 Tote.

U 160 Typ IX C

Bauwerft: AG.Weser, Bremen
Kiellegung: 21. November 1940
Stapellauf: 12. Juli 1941
Indienststellung: 16. Oktober 1941
Feldpost-Nr.: M 40802
Versenkt am 14. Juli 1943 vor den Azoren
(37°54'N/27°13'W)

Kommandos:
4. U-Flottille Stettin von Oktober 1941–Februar 1942 (Schulboot)
10. U-Flottille Lorient von Februar 1942–14. Juli 1943 (Frontboot)

Kommandanten:
KptLt Georg Lassen, Oktober 1941–Juni 1943
OLtzS Gerd von Pommer-Esche, Juni 1943–14. Juli 1943

Feindfahrten: 5
Versenkte Schiffe: 26 (156.082 BRT) und 5 beschädigt

Während der operativen Ausbildung in der Ostsee wurden am 14.12.41 auf U 160 bei einem Brand sieben Mann getötet und einer verwundet.

1. 24.2.42: Auslaufen Wilhelmshaven und Einlaufen Helgoland am 24.2.42.
2. 1.3.42: Auslaufen Helgoland in den Westatlantik. U 160 fuhr anfangs in das Gebiet bei Neufundland und dann weiter südlich an die US-Ostküste. Am 27.3.42 versenkte das Boot die panamesische EQUIPOISE (6.210 t) ostsüdöstlich von Norfolk, Virginia. U 160 operierte vor Cape Hatteras und versenkte die amerikanische CITY OF NEW YORK (8.272 t) am 29., die britische RIO BLANCO (4.086 t) am 1.4.42 und beschädigte die amerikanische BIDWELL (6.837 t) am 6. April. U 160 versenkte am 9. die amerikanische MALCHACE (3.516 t) und am 11. die britische ULYSSES (14.647 t), beide südlich von Cape Hatteras. Die ULYSSES kam von Australien und transportierte Ausrüstungsteile für den Krieg im Fernen Osten.
U 160 lief in den neuen Stützpunkt Lorient am 28.4.42 ein.
3. 20.6.42: Auslaufen in den Zentralatlantik. U 160 patrouillierte im Gebiet von Trinidad. Vor Tobago versenkte das Boot drei Schiffe, den panamesischen Tanker BEACONLIGHT (6.926 t) am 16., die panamesische CARMONA (5.496 t) am 18. und den britischen Tanker DONOVANIA (8.149 t) am 21.
Das Boot lief in ein Gebiet vor der Küste von Venezuela und versenkte am 25. die niederländische TELAMON (2.078 t) östlich von Boca Araguao und am 29. die britische PRESCODOC (1.938 t) nordöstlich von Waini Point, Guyana. U 160 begann seine Rückfahrt und versenkte die britische TREMINNARD (4.694 t) 280 Seemeilen westlich von Trinidad und beschädigte den norwegischen Tanker HAVSTEN (6.161 t) 150 Seemeilen weiter westlich. Die HAVSTEN wurde durch einen Torpedo beschädigt und dann durch Artillerie in Brand geschossen. Sie wurde am 6. durch das italienische Uboot TAZZOLI versenkt.
Rückkehr nach Lorient am 24.8.42.
4. 23.9.42: Auslaufen in die Karibik. Im Oktober wurde U 160 mit Kraftstoff versorgt, vermutlich von einem anderen Boot. Nach Ankunft im Gebiet nördlich von Trinidad sichtete es am 16. einen nach Osten laufenden Convoy vor Tobago und torpedierte und versenkte am

späten Abend zwei Schiffe daraus, die britische CASTLE HARBOUR (730 t) und beschädigte die amerikanische WINONA (6.197 t). Andere Boote beschatteten den Convoy, aber U 160 hatte als einziges Boot Erfolg.
Am 1.11.42 sichtete U 160 den nach Westen laufenden Convoy TAG 18 und beschattete ihn bis zum 4. Bei drei Einzelangriffen am 3. versenkte das Boot vier Schiffe westlich von Grenada, die britische CHR. J. KAMPMANN (2.260 t), den norwegischen Tanker THORSHAVET (11.015 t), die britische GYPSUM EMPRESS (4.034 t) und den panamesischen Tanker LEDA (8.546 t). Am Abend des 6. versenkte es die britische ARICA (5.431 t) aus dem Convoy TRIN 24 in der Passage zwischen Trinidad und Tobago, am 11. die britische CITY OF RIPON (6.368 t) vor Waini Point, Guyana, und am 21. die britische BINTANG (6.481 t) 400 Seemeilen nordöstlich von Paramaribo.
Rückkehr nach Lorient am 9.12.42.
5. 6.1.43: Auslaufen in den Südatlantik als Teil der »Seehund«-Gruppe mit U 182, U 506, U 509 und U 516. Die Gruppe versammelte sich südlich der Kapverdischen Inseln und fuhr dann nach Süden. Ab 29. wurden die Boote mit Kraftstoff von U 459 600 Seemeilen südlich St. Helena versorgt. U 160 lief hinter den anderen »Seehund«-Booten her und wurde am oder um den 4.2.43 mit Kraftstoff versorgt, vermutlich weiter im Norden. Am 8. versenkte es die amerikanische ROGER B. TANEY (7.191 t) 500 Seemeilen südsüdwestlich von St. Helena.
U 160 setzte seine Fahrt in Richtung Kapstadt fort und umrundete dann, Mitte Februar, gemeinsam mit U 506 und U 509 das Kap. U 160 kreuzte entlang der Südküste und wandte sich dann nach Norden an die Ostküste von Südafrika. Am 3.3.43 griff es den Convoy DN 21 ostnordöstlich von East London an. Bei drei Angriffen am Abend des 3. und in den frühen Stunden des 4. versenkte U 160 vier Schiffe und beschädigte zwei. Es sanken die amerikanische HARVEY W. SCOTT (7.176 t), die britische NIRPURA (5.961 t), die britische EMPIRE MAHSER (5.087 t) und die britische MARIETTA E. (7.628 t). Von den zwei beschädigten Schiffen erreichte die niederländische TIBIA (10.356 t) Durban mit eigener Kraft, und die britische CHEAF CROWN (4.868 t) wurde am 7. durch den Schlepper PRUDENT nach East London geschleppt. U 160 fuhr weiter nach Norden und versenkte zwei weitere Schiffe, die amerikanische JAMES B. STEPHENS (7.176 t) am 8. und die britische AELYBRYN (4.986 t) am 11., beide ostnordöstlich von Durban.
Das Boot trat seine Heimreise am 14. an. Es traf erneut mit U 506, U 509 und U 516 zusammen, und sie fuhren nach Norden durch den Südatlantik. Ende April hatten alle vier Boote südlich von den Azoren durch U 117 Kraftstoff erhalten.

Rückkehr nach Lorient am 10.5.43.

6. 28.6.43: Auslaufen in den Zentralatlantik. Zum Schutz lief U 160 mit U 462 durch die Biskaya. Am 2.7.43 wurden die Boote von einer Liberator der 224. Squadron (W/O E.J. Spiller) gesichtet und mit Wasserbomben angegriffen. U 462 wurde beschädigt und lief zurück in den Stützpunkt.

U 160 wurde zu einem Treffen mit U 487 südlich der Azoren befohlen. Dieser U-Tanker hatte neun Boote mit Brennstoff versorgt und wurde angewiesen, sieben Boote der »Monsun«-Gruppe zu versorgen, die in den Indischen Ozean laufen sollten. U 487 hatte genug Reserven, aber nicht genügend Kraftstoff, den Befehl zu erfüllen. U 160 hatte den Befehl, soviel Kraftstoff wie möglich zu übernehmen, um genug für die Rückkehr in den Stützpunkt zu haben. Der Plan ging daneben, U 487 wurde durch Flugzeugträger-Flugzeuge am 13. versenkt. Auf dem Weg nach einem neuen Treffpunkt mit den »Monsun«-Booten wurde U 160 am 14. von zwei Flugzeugen der VC 29 des Escortträgers USS SANTEE, einer Avenger (Lt J. Ballantine) und einer Wildcat (Lt H.B. Bass) 300 Seemeilen südlich der Azoren gesichtet. Der Jäger griff das Boot im Tiefflug an, das zu tauchen begann. Die Avenger warf einen Geräuschtorpedo in den Tauchstrudel. Der Pilot sah einen Schockstrudel in der See, gefolgt von Öl und Schaum. Das Boot war zerstört. Keine Überlebenden, 54 Tote.

U 161 Typ IX C

Bauwerft: Seebeckwerft, Wesermünde
Kiellegung: 26. März 1940
Stapellauf: 1. März 1941
Indienststellung: 8. Juli 1941
Feldpost-Nr.: M 46894
Versenkt am 27. September 1943 westlich von Bahia, Brasilien (12°30'S/35°35'W)

Kommandos:
4. U-Flottille Stettin von Juli–Dezember 1941 (Schulboot)
2. U-Flottille Lorient von Januar 1942–27. September 1943 (Frontboot)

Kommandanten:
KptLt Hans Witt, Juli–Dezember 1941
KptLt Albrecht Achilles, Dez. 1941–27. Sept. 1943

Feindfahrten: 6
Versenkte Schiffe: 17 (67.449 BRT) und 6 beschädigt

1. 3.1.42: Auslaufen Kiel zur Überführung nach Westfrankreich. U 161 traf am 15.1.42 in Lorient ein.
2. 24.1.42: Auslaufen in die Karibik als Teil der »Neuland«-Gruppe, zu der U 67, U 129, U 156, U 161 und U 502 gehörten. Der Plan sah vor, dass die Boote etwa Mitte Februar eine Position für Angriffe auf bestimmte Häfen und Ölanlagen einnehmen. Ziel von U 161 war Port of Spain, Trinidad. Während der Nacht vom 18./19. lief U 161 in den Hafen von Port of Spain ein. Die Einfahrt war eng und flach. Das Boot versenkte die amerikanische MOKIHANA (7.460 t), den britischen Tanker BRITISH CONSUL (6.940 t) und lief dann über Wasser davon, mit brennenden Lichtern. Beide Schiffe waren in flachen Gewässern und wurden gerettet. Die BRITISH CONSUL wurde am 19.8.42 durch U 564 versenkt.

Am 21. versenkte U 161 den britischen Tanker CIRCE SHELL (8.207 t) bei einem Abendangriff westnordwestlich von Port of Spain. Die CIRCE SHELL wurde vom ersten Torpedotreffer nur beschädigt. Bald nach dem Angriff erfolgte ein Gegenangriff durch eine RN-Albacore aus Piarco, die zwei Bomben warf, die das Boot beschädigten. U 161 machte einen zweiten Angriff und versenkte das Schiff. Das Boot tauchte später nahe der beiden Rettungsboote auf und verließ dann den Schauplatz. Die Überlebenden wurden durch den Marineschlepper HMS BUSY aufgenommen.

Am 23. wurde die amerikanische LIHUE (7.001 t) südwestlich von Aves Island versenkt. Während der Nacht vom 3.3.42 wurde U 161 von einer USAF-B 18-Maschine vom Waller Field angegriffen. Das Boot wurde geschüttelt, hatte aber keine Schäden. Am 7.3.42 versenkte U 161 den britischen Tanker UNIWALECO (9.755 t) westlich von St. Vincent Passage. Während der Nacht vom 9./10. lief das Boot in den Hafen von Port Castries, St. Lucia, ein und torpedierte zwei Schiffe, die britische LADY NELSON (7.970 t) und die britische UMTATA (8.141 t). Beide Schiffe wurden schwer beschädigt, aber sie wurden repariert. Die UMTATA wurde am 7.7.42 durch U 571 versenkt. U 161 fuhr westwärts in die Karibik und versenkte in den frühen Stunden des 14.3.42 nordwestlich von Trinidad die britische SARNIADOC (1.940 t) und am 15. den Leuchtturmtender USS ACACIA (1.130 t) südlich von den Virgin Islands.

U 161 traf am 2.4.42 in Lorient ein.
3. 28.4.42: Auslaufen in den Zentralatlantik.
Auf dem Weg nahmen U 161, U 125 und U 128 Kurs auf den Süden. Am 11.5.42 griffen sie den nach Norden laufenden Convoy SL 109 220 Seemeilen nordwestlich der Kapverdischen Inseln an. Der Convoy wurde verfolgt,

aber nur U 161 und U 128 machten Angriffe. Ein Schiff wurde versenkt. Die Operation wurde am 14. beendet.

Die drei Boote setzten ihre Fahrt in ein Gebiet nördlich von Brasilien fort. Sie patrouillierten nördlich von Fortaleza, aber nur wenige Schiffe wurden gesichtet. Die Boote fuhren nordwestwärts entlang der Küste Brasiliens ab 1.6.42. Etwa Mitte Juni befand sich U 161 in der östlichen Karibik.

Am 16. versenkte das Boot das amerikanische Segelschiff NUEVA ALTA GARCIA (30 t) nordöstlich von den Bonaire Islands. Zwei Tage später versenkte U 161 die amerikanische TILLY LYKES (2.572 t) ostnordöstlich von Belize. Am 20. versenkte U 161 das amerikanische Segelschiff CHEERIO (35 t) am südlichen Ende der Mona-Passage. An diesem Tag hatte es ein Treffen mit U 159. Im Tausch von Lebensmitteln und etwas Brennstoff gab U 161 einige Torpedos ab.

Das Boot fuhr südwestwärts quer durch die Karibik und versenkte während der Nacht des 2./3. Juli nach Eindringen in den Hafen von Porto Limon, Costa Rica, die panamesische SAN PABLO (3.305 t) an der Pier. U 161 patrouillierte entlang der Küste Panamas. Am 16. griff das Boot den nach Südost laufenden Convoy AS 4 350 Seemeilen südlich der Bermudas an und versenkte die amerikanische FAIRPORT (6.165 t). Einige Tage danach wurde U 161 durch U 461 westlich der Azoren mit Brennstoff versorgt. Rückkehr nach Lorient am 7.8.42.

4. 19.9.42: Auslaufen in den Südatlantik. U 161 lief mit U 126 nach Süden, um Aufklärung im Golf von Guinea und im Kongo-Delta zu betreiben, folgend Meldungen, dass es dort lebhaften Schiffsverkehr gäbe.

Die beiden Boote wurden Anfang Oktober im Freetowngebiet von U 459 mit Brennstoff versorgt. Vom 20. an bezogen die Boote vor dem Kongo ihre Position. Am 23. beschädigte U 161 den Kreuzer HMS PHOEBE vor Pointe Noire. Wenige Schiffe wurden am 29. gesehen, deshalb fuhren beide Boote nach Norden in den Golf von Guinea auf der Suche nach leichteren Zielen.

Am späten Abend des 8.11.42 torpedierte U 161 zwei Schiffe vor Takordi, es versenkte die amerikanische WEST HUMHAW (5.527 t) und beschädigte die britische BENALDER (5.161 t). Das letztere Schiff wurde ein zweites Mal getroffen, aber wollte nicht sinken. Es wurde später in den Hafen geschleppt. Ende November fuhren U 161 und U 126 westwärts in Richtung St. Paul Rocks. Früh am 29. versenkte U 161 die niederländische TJILEBOET (5.760 t) 400 Seemeilen nordöstlich von den Rocks. Am oder um den 9. wurden die Boote nördlich der Rocks von U 461 mit Brennstoff versorgt. Danach fuhren sie zu einer Linie vor Natal, Brasilien. Auf der Fahrt nach dort versenkte das Boot am 12. die britische RIPLEY (4.997 t) südwestlich von St. Paul Rocks. Keines

der Boote hatte vor Brasilien Erfolg und sie machten sich auf den Heimweg.

U 161 kehrte am 9.1.43 nach Lorient zurück.

5. 13.3.43: Auslaufen in den Nordatlantik. U 161 und U 174 wurden in ein Gebiet westlich der Azoren zum Treffen mit rücklaufenden Blockadebrechern der Achsenmächte, zur Übergabe von Radar-Ausrüstungen und Anweisungen befohlen. Am 23. traf U 161 auf die deutsche REGENSBURG und am 26. auf die italienische PIETRO ORSEOLO. U 174 verfehlte die deutsche KARIN, die versenkt worden war, aber traf später die IRENE (vormals die norwegische Prise SILVAPLANA). Als beide Boote ihre Befehle ausgeführt hatten, fuhren sie weiter nach Westen und gaben die Zeit mit Funkspruch durch, wann die Blockadebrecher die Biskaya erreichen würden, so dass der Geleitschutz bereit stand.

U 161 und U 174 fuhren dann zur US-Ostküste. Sie patrouillierten östlich von New York in einem Gebiet südlich von Nova Scotia, aber der Erfolg blieb aus. Am 12.4.43 wurde U 161 durch ein Kingfischer-Flugzeug von Quonset, etwa 75 Seemeilen von Nantucket Shoals vergeblich angegriffen. Am 25. beschatteten U 161 und U 174 einen nach Osten laufenden Convoy südlich von Cape Sable, wurden aber vertrieben, als sie versuchten, anzugreifen. U 174 sank am 27. durch Flugzeuge.

U 161 kehrte in das Gebiet östlich der US-Küste zurück und versenkte am 19.5.43 das britische Segelschiff ANGELUS (255 t) 700 Seemeilen östlich von New York. Das Boot wurde durch ein anderes Boot zur Heimfahrt mit Kraftstoff versorgt.

Es durchfuhr die Biskaya mit dem rückkehrenden U 229, das beschädigt worden war. Rückkehr nach Lorient am 7.6.43.

6. 8.8.43: Auslaufen in den Zentralatlantik. U 161 hatte einen speziellen Auftrag, bevor es in sein Operationsgebiet kam. Es traf mit dem japanischen Uboot I 8 am oder um den 20. südlich der Azoren zusammen. Zwei Offiziere wurden an I 8 abgegeben mit einer Radar-Ausrüstung, damit I 8 Westfrankreich erreichen konnte. U 161 wurde von den Geleitfahrzeugen des nach Osten laufenden Convoys UGS 14 gejagt.

Es setzte die Fahrt fort zur brasilianischen Küste, nachdem es durch das rücklaufende U 198 Anfang September im Südatlantik mit Kraftstoff versorgt worden war. Am 20. versenkte U 161 nördlich von den Martin Vaz Islands die britische ST. USK (5.472 t). Das Boot fuhr nordwestwärts und wandte sich einer Warteposition vor der Mündung des Sao Francisco River, Brasilien, zu. Am 26. versenkte U 161 die brasilianische ITAPAGE (4.998 t) südlich von Maceió und das brasilianische Segelschiff LISNE BRANCO (300 t).

Am Abend des 26. griff eine US-Mariner vom VP 74,

von Aratu kommend, das Boot an. Das Boot tauchte im Alarmstatus und entkam. Am Morgen des 27. sichtete eine andere Mariner des VP 74 (Lt H.B. Patterson) das Boot 250 Seemeilen westlich von Bahia. Das Flugzeug machte zwei Angriffe und warf Wasserbomben. Genaues Abwehrfeuer von U 161 beschädigte das Flugzeug, das mit verwundeten Mitgliedern der Besatzung zurück nach Aratu flog.

Eine USN Ventura erreichte bald darauf das Geschehen und U 161 war nunmehr nicht mehr zu sehen und nicht mehr zu hören.

Es gab keine Überlebenden, 52 Tote.

U 162 Typ IX C

Bauwerft: Seebeckwerft, Wesermünde
Kiellegung: 19. April 1940
Stapellauf: 1. März 1941
Indienststellung: 9. September 1941
Feldpost-Nr.: M 01524
Versenkt am 3. September 1942 südlich von Bridgetown, Barbados (12°21'N/59°29'W)

Kommandos:
4. U-Flottille Stettin von September 1941–Februar 1942 (Schulboot)
2. U-Flottille Lorient von Februar 1942–3. September 1942 (Frontboot)

Kommandant:
FregKpt Jürgen Wattenburg, Sept. 1941–3. Sept. 1942

Feindfahrten: 3
Versenkte Schiffe: 13 (77.662 BRT)

1. 7.2.42: Auslaufen Kiel zur Verlegung nach Westfrankreich. Einlaufen Lorient am 18.3.42.
2. 7.4.42: Auslaufen in den Zentralatlantik. U 162 patrouillierte vor der Küste Guineas und östlich der Karibik. Am 30. versenkte das Boot östlich von Barbados die britische ATHELEMPRESS (8.941 t) und am 1.5.42 die britische PARNAHYBA (6.692 t) östlich von Trinidad. U 162 fuhr nach Süden und versenkte am 4. zwei Schiffe vor Georgetown, die amerikanische EASTERN SWORD (3.785 t) und das amerikanische Segelschiff FLORENCE M. DOUGLAS (119 t). Weiter östlich der Küste versenkte U 162 die norwegische FRANK SEAMANS (4.271 t) am 7. vor Paramaribo und zwei Tage später die britische MONT LOUIS (1.905 t) östlich von Waini Point, Guyana. Auf der Fahrt nach Norden versenkte U 162 drei Tanker östlich bzw. südöstlich von Barbados, die amerikanische ESSO HOUSTON (7.699 t) am 13., die britische BRITISH COLONY (6.917 t) am 14. und die britische BETH (6.852 t) am 18. Mai 1942.

U 162 kehrte am 8.6.42 nach Lorient zurück.
3. 7.7.42: Auslaufen in den Westatlantik. U 162 patrouillierte in einem Gebiet der Windward Islands. Am 19.8.42 sichtete das Boot zusammen mit U 564 den Convoy TAW(S) westlich von St. Georg's, Grenada. Sie griffen an und U 162 versenkte die amerikanische WEST CELINA (5.722 t) und U 564 versenkte zwei Schiffe. U 162 wurde von Flugzeugen vertrieben.

Am 24. versenkte das Boot die niederländische MOENA (9.286 t), am 26. den norwegischen Tanker THELMA (8.297 t), beide östlich von Barbados, und am 30., 100 Seemeilen nordöstlich von Tobago, die amerikanische STAR OF OREGON (7.176 t).

Am 31. übernahm U 162 Brennstoff von einem anderen Boot. Am 3.9.42 griff U 162 HMS PATHFINDER an, 50 Seemeilen südlich von Barbados. Sie war unterwegs nach Port of Spain mit zwei anderen Zerstörern, HMS QUENTIN und VIMY, zum Geleit eines Convoys. Der Torpedo von U 162 ging vorbei, aber das Boot wurde geortet und wurde das Ziel von Wasserbomben, die es an die Wasseroberfläche trieben. Das Boot lag unter dem Scheinwerferlicht der VIMY, als es die Besatzung verließ. Dann ging U 162 unter.

Zwei Mann waren tot, 49 kamen in Gefangenschaft.

Der Leitende Ingenieur und ein Mann der Besatzung waren tot. Der Leitende war im Boot, um die Flutventile zu öffnen, als eine letzte Wasserbombe der VIMY das Boot zerstörte. Die Besatzung wurde schließlich in ein Gefangenenlager in Arizona überführt. Der Kommandant von U 162, Fregattenkapitän Wattenberg, entwich nach einiger Zeit und befand sich 30 Tage lang in Freiheit.

U 163 Typ IX C

Bauwerft: Seebeckwerft, Wesermünde
Kiellegung: 8. Mai 1940
Stapellauf: 1. Mai 1941
Indienststellung: 21. Oktober 1941
Feldpost-Nr.: M 28718
Versenkt am 13. März 1943 vor El Ferrol (44°13'N/08°23'W)

Kommandos:
4. U-Flottille Stettin von Oktober 1941–Juli 1942 (Schulboot)
10. U-Flottille Lorient von Juli 1942–13. März 1943 (Frontboot)

Kommandant:
KKpt Kurt-Eduard Engelmann, Okt. 1941–13. März 1943

Feindfahrten: 3
Versenkte Schiffe: 3 (14.011 BRT)
1 Kanonenboot (2.000 t)

1. 21.7.42: Auslaufen Kiel nach Kristiansand, dort Ankunft am 23. Dann Weiterfahrt in den Westatlantik. U 163 traf in der Karibik ein und sichtete am 17.8.42 den kombinierten, nach Westen laufenden Convoy PG 6/TAW 13. Es beschattete ihn drei Tage lang bis zum Yucatan Channel, aber kam nicht zum Schuss. Ende August wurde das Boot von U 462 westlich der Azoren mit Brennstoff versorgt. Rückkehr ohne Erfolg am 16.9.42 in Lorient.
2. 17.10.42: Auslaufen in den Westatlantik. Am 5.11.42 versenkte das Boot die britische LA CORDILLERA (5.185 t), 120 Seemeilen südöstlich von Barbados. Dann fuhr es in die östliche Karibik hinein und griff am 12. den Convoy TAG 20 vor Willemstad, Curaçao, an. Das Boot schoss Torpedos auf zwei Schiffe, bevor es am 14. von dem niederländischen Patrouillenfahrzeug QUEEN WILHELMINA vertrieben wurde. Bei einem zweiten Angriff beschädigte das Boot eines der Geleitfahrzeuge, das Kanonenboot USS ERIE, das in Brand geriet und auf Land gesetzt wurde. Es wurde später, am 5.12.42, wieder zum Schwimmen gebracht, aber sank im Schlepp.
Am 18. wurde U 163 von einer Hudson der 53. Squadron (P/O Barnett) angegriffen. Das Boot wurde einen Tag später erneut von einer Hudson der 53. Squadron beschossen (F/O Underhill) und beschädigt.
Am 21. versenkte U 163 200 Seemeilen von Barbados die britische EMPIRE STARLING (6.060 t). Am Abend des 22. griff es den Convoy BRN 3 320 Seemeilen östlich von Barbados an und versenkte die brasilianische APALOIDE (3.766 t).
Am 3.12.42 machte U 163 einen erfolglosen Angriff auf den Kreuzer US OMAHA. Drei Torpedos wurden gefeuert. Der Geleitschutz des Kreuzers, der Zerstörer USS JOUETT, jagte U 163 und warf Wasserbomben. Das Boot entkam ohne Schäden. U 163 wurde einige Tage danach von U 461 nördlich von St. Paul Rocks mit Kraftstoff versorgt.
Rückkehr nach Lorient am 6.1.43.
3. 10.3.43: U 163 verschwand nach Überquerung der

Biskaya. Man glaubt heute, dass es mit Wasserbomben der Korvette HMCS PRESCOTT vor der spanischen Küste nördlich von El Ferrol versenkt wurde. Es gab keine Überlebenden, 57 Tote.

U 164 Typ IX C

Bauwerft: Seebeckwerft, Wesermünde
Kiellegung: 20. Juni 1940
Stapellauf: 1. Mai 1941
Indienststellung: 28. November 1941
Feldpost-Nr.: M 41384
Versenkt am 6. Januar 1943 nordöstlich von Camocim, Brasilien (01°58'S/39°23'W)

Kommandos:
4. U-Flottille Stettin von November 1941–Juli 1942 (Schulboot)
10. U-Flottille Lorient von Juli 1942–6. Januar 1943 (Frontboot)

Kommandant:
KKpt Otto Fechner, November 1941–6. Januar 1943

Feindfahrten: 2
Versenkte Schiffe: 3 (8.133 BRT)

1. 18.7.42: Auslaufen Kiel in die Karibik. Am 29. nahm das Boot die Chance wahr, den nach Westen laufenden Convoy ON 115 480 Seemeilen südöstlich von Cape Farewell anzugreifen. Die am nächsten stehenden Boote waren 400 Seemeilen entfernt im Südwesten, aber einige kamen am 30. an den Convoy heran. Alle wurden vertrieben. U 588 wurde versenkt und der Kontakt ging verloren.
Am 1.8.42 traf U 164 andere Boote, die auf dem Kurs eines Convoys die Linie »Pirat« bildeten.
Als dieser nicht erschien, wurden Suchkurse gefahren und U 552 hatte am 2. Kontakt. U 164 nahm an keinem weiteren Vorhaben gegen den Convoy ON 115 teil und nahm Kurs auf die Karibik. Auf dem Marsch nach dort wurde das Boot westlich der Azoren durch U 463 mit Brennstoff versorgt.
Am 19. kam U 164 in Kontakt mit dem Convoy TAW(S) nördlich von Trinidad, aber es konnte den Geleitschutz durch Zerstörer nicht durchbrechen.
Am 25. versenkte U 164 die niederländische STAD AMSTERDAM (3.780 t), einen Nachzügler des Convoys

TAW 15 südlich von Haiti. Dann wurde es von Flugzeugen vertrieben. Am Morgen des 29. wurde U 164 von einer Hudson der 53. Squadron an der Wasseroberfläche gesichtet. Das Flugzeug griff an, aber das Boot konnte mit geringen Schäden entkommen. Am 6.9.42 versenkte das Boot die britische JOHN. A. HOLLOWAY (1.745 t) 120 Seemeilen nördlich von Puerto Estrella.

U 164 fuhr aus der Karibik hinaus und patrouillierte bis 13. September vor Trinidad. Dann lief es zurück in den Stützpunkt, nachdem seine Brennstoffbunker durch vier Wasserbomben, geworfen von einem Flugzeug der 59. Bomber-Squadron (USAF), beschädigt worden waren.

Am 20. oder um den 20. wurde das Boot von U 461 nordwestlich der Azoren mit Kraftstoff versorgt.

U 164 kehrte am 7.10.42 nach Lorient zurück.

2. 29.11.42: Auslaufen in den Zentralatlantik. U 164 patrouillierte nördlich von Brasilien. Am 1.1.43 versenkte das Boot die schwedische BRAGELAND (2.608 t) 300 Seemeilen nördlich von Fortaleza.

Am 6. wurde es von einer US-Mariner des VP 83 (Lt W. Ford) nordöstlich von Comacim gesichtet. Das Flugzeug war in Belem stationiert und griff mit vier Wasserbomben an, die das Boot in zwei Teile zerrissen.

Ein Floß wurde auf die Männer im Wasser geworfen, aber nur zwei davon wurden gefangen genommen. Der Kommandant und 53 Mann waren tot.

U 165 Typ IX C

Bauwerft: Seebeckwerft, Wesermünde
Kiellegung: 30. August 1940
Stapellauf: 15. August 1941
Indienststellung: 3. Februar 1942
Feldpost-Nr.: M 47655
Versenkt am 27. September 1942 vor Lorient
(47°50'N/03°22'W)

Kommandos:
4. U-Flottille Stettin von Febr.–August 1942 (Schulboot)
10. U-Flottille Lorient von August 1942–27. September 1942 (Frontboot)

Kommandant:
KKpt Eberhard Hoffmann, Febr. 1942–27. Sept. 1942

Feindfahrten: 1
Versenkte Schiffe: 2 (8.396 BRT) und 3 beschädigt
1 Patrouillen-Yacht (358 t)

1. 7.8.42: Auslaufen Kiel nach Kanada. U 165 patrouillierte vor der Belle Isle Strait mit U 513 und U 517. Am frühen Morgen des 28. griff das Boot den Convoy SG 6 am nördlichen Ende der Straße an und beschädigte den Flottentanker LARAMIE (amerikanisch, 7.252 t) und die amerikanische ARLYN (3.304 t). Das Wrack der ARLYN wurde sechs Stunden später von U 517 versenkt.

Am 31. liefen U 165 und U 517 durch die Straße in den Golf von St. Lawrence. Am 6.9.42 sichtete U 517 den nach Osten laufenden Convoy QS 33 in der Mündung des St. Lawrence Stromes, vor Cap Chat. Am späten Abend versenkte das Boot die griechische AEAS (4.729 t). Ein Escortschiff, die Yacht RACCOON, wurde von U 165 versenkt, vermutlich nachdem sie stoppte, um Überlebende von der AREAS aufzunehmen.

Wrackstücke und der Körper eines Mannes der RACCOON, ein Offizier, wurden Anfang Oktober an die Küste gespült. Ein Untersuchungsausschuss befand, dass die Yacht torpediert und versenkt wurde, während sie Wasserbomben warf.

Am frühen Abend des 15. griff U 517 den nach Westen laufenden Convoy SQ 36 vor Cap Chat an. U 165 wurde angerufen und torpedierte am Morgen des 16. drei Schiffe. Versenkt wurde die griechische JOANNIS (3.667 t) und beschädigt die britische ESSEX LANCE (6.625 t) sowie die amerikanische PAN YORK (4.570 t). Die ESSEX LANCE wurde nach Quebec geschleppt und repariert. Sie wurde am 15.10.43 durch U 426 südwestlich von Island versenkt.

Nach dem Angriff auf SQ 36 wurde U 165 später von einer Hudson der 113. (RCAF) Squadron gesichtet und mit Wasserbomben angegriffen. Es mag beschädigt worden sein, da es seine Heimreise am selben Tag antrat.

U 165 lief Richtung Lorient am 27.9.42 und wurde aus unbekannten Gründen, möglicherweise durch eine Mine, versenkt. Es gab keinen Überlebenden, 50 Tote.

U 166 Typ IX C

Bauwerft: Seebeckwerft, Wesermünde
Kiellegung: 6. Dezember 1940
Stapellauf: 1. November 1941
Indienststellung: 23. Februar 1942
Feldpost-Nr.: M 35882
Versenkt am 1. August 1942 vor der Isle Demiere, Golf von Mexiko (28°37'N/90°45'W)

Kommandos:
4. U-Flottille Stettin von März–Mai 1942 (Schulboot)
10. U-Flottille Lorient von Mai 1942–1. August 1942 (Frontboot)

Kommandanten:
OLtzS Hans-Günter Kuhlmann, März 1942–1. Aug. 1942

Feindfahrten: 2
Versenkte Schiffe: 4 (7.593 BRT)

1. 30.5.42: Auslaufen Kiel zur Überführung nach Westfrankreich. Einlaufen Lorient am 10.6.42.
2. 17.6.42: Auslaufen in den Westatlantik. Von Anfang Juli war U 166 auf Patrouille nördlich der Großen Antillen. Am 11. versenkte es das amerikanische Segelschiff CARMEN (84 t) vor Cabrera, Dominikanische Republik. U 116 versenkte am 13. die amerikanische ONEIDA (2.309 t) vor der Ostspitze von Kuba und am 16. das amerikanische Fischereifahrzeug GERTRUDE (16 t) nordöstlich von Havanna.
U 166 fuhr in den Golf von Mexiko und legte am 25. Minen vor der Mississippi-Mündung. Es gibt keine Meldung über die Wirkung der Minen. Am späten Abend des 30. versenkte das Boot die amerikanische ROBERT E. LEE (5.184 t) vor dem Mississippi-Delta.
Am 1.8.42 wurde U 166 an der Wasseroberfläche von einem JAF-Flugzeug der 212. Squadron (Ens H.C. White) der US Coast Guard südlich der Isle Derniere, Louisiana, gesichtet. Das auf Houma stationierte Flugzeug versenkte das Boot mit Wasserbomben. Es gab keine Überlebenden, 52 Tote.

U 167 Typ IX C 40

Bauwerft: Seebeckwerft, Wesermünde
Kiellegung: 12. März 1941
Stapellauf: 5. März 1942
Indienststellung: 4. Juli 1942
Feldpost-Nr.: M 05459
Selbst versenkt am 6. April 1943 vor den Kanarischen Inseln (27°47'N/15°00'W)

Kommandos:
4. U-Flottille Stettin von Juli–Dezember 1942 (Schulboot)
10. U-Flottille Lorient von Dezember 1942–6. April 1943 (Frontboot)

Kommandanten:
KptLt Kurt Neubert, Juli 1942–Januar 1943
KKpt Kurt Sturm, Januar 1943–6. April 1943

Feindfahrten: 2
Versenkte Schiffe: 1 (4.621 BRT) und 1 beschädigt

1. 1.12.42: Auslaufen Kiel und Einlaufen Bergen am 8.12.42.
2. 21.12.42: Auslaufen Bergen in den Nordatlantik. U 167 traf 500 Seemeilen westlich auf die »Falke«-Gruppe. Zu dieser Zeit war das Wetter sehr schlecht und wahrscheinlich verantwortlich für den Verlust eines Besatzungsmitgliedes, das am 8.1.43 über Bord ging, sowie der Verwundung des Kommandanten.
Das Boot lief am 16.1.43 in den neuen Stützpunkt Lorient ein.
3. 27.2.43: Auslaufen in den Westatlantik. U 167 fuhr zum Treffen mit anderen Booten, die sich westlich der Azoren versammelten. Sie waren für Operationen vor der US-Ostküste vorgesehen, wurden dann aber zur Bildung der Linie »Unverzagt« befohlen. Sammelgebiet war südwestlich der Azoren zum Angriff auf den nach Osten laufenden Convoy UGS 6, der New York am 5.3.43 verlassen hatte. Am Abend des 12. sichtete U 130 den Convoy und fing an, ihn zu beschatten, wurde aber bemerkt und in der Nacht versenkt. Ein Kontakt wurde bis zum 14. nicht wieder erlangt.
Die »Unverzagt«- und »Wohlgemut«-Gruppen bildeten eine neue Linie, die der UGS 6 am 14. passierte. Der Convoy wurde als sehr wichtig angesehen, und die »Tümmler«-Gruppe, die bei den Kanarischen Inseln stand, machte eine 1.500 Seemeilen-Reise, um den Convoy anzugreifen, bevor er zu dicht an Gibraltar heran kam. Obwohl zuletzt sechs Boote im Kontakt mit ihm waren, an der Spitze keine Flugzeuge flogen und die Wetterkonditionen gut waren, wurde die Operation zum Fehlschlag, nur vier Schiffe wurden versenkt. U 167 beschädigte die amerikanische MOLLY PITCHER (7.200 t) aus dem Convoy in einem Unterwasserangriff am Abend des 17. östlich von den Azoren. Dieses Schiff wurde neun Stunden später von U 521 versenkt. Der Geleitschutz hielt die Boote gut davon ab, warf Wasserbomben mehr als zehn Seemeilen vom Convoy entfernt. Die Operation war am 19. westlich Spaniens beendet, die Luftüberwachung wurde zu stark. Mit Brennstoff versorgt fuhr U 167 mit anderen Booten der UGS 6-Operation nach Süden und bildete mit ihnen eine neue Linie. Die »Seeräuber«-Gruppe sammelte sich südlich der Kanarischen Inseln, um den südwärts laufenden Convoy RS 3 abzufangen. Für den 26. vorgesehen, wurde er erst am 28. gesichtet und in einer zwei Tage

dauernden Operation konnten drei Schiffe versenkt werden. Eines davon von U 167, die belgische MOANDA (4.621 t), am 28. südlich der Kanarischen Inseln. Der Convoy hatte eine gute Luftsicherung, die meisten Boote wurden angegriffen und drei davon beschädigt, so dass das Unternehmen am 30. abgebrochen wurde.

U 167 wurde am 5.4.43 bei zwei Einzelangriffen durch zwei Hudson-Flugzeuge der 233. Squadron (F/Sgt K.R. Dalton und F/Lt W.E. Willets) von den Kanarischen Inseln schwer beschädigt. Das Boot wurde am 6. vor Gran Canaria selbst versenkt, die Besatzung verließ das Boot und ging an Land. Sie wurde von U 159 und U 344 übernommen und nach Frankreich gebracht. Das Boot wurde 1951 gehoben und nach Spanien gebracht, wo es abgebrochen wurde.

U 168 Typ IX C-40

Bauwerft: Seebeckwerft, Wesermünde
Kiellegung: 15. März 1941
Stapellauf: 5. März 1942
Indienststellung: 10. September 1942
Feldpost-Nr.: M 49033
Versenkt am 6. Oktober 1944 vor Rembang, Java
(06°20'S/111°26'W)

Kommandos:
4. U-Flottille Stettin von September 1942–März 1943 (Schulboot)
2. U-Flottille Lorient von März 1943–März 1944 (Frontboot)
33. U-Flottille Penang/Batavia von März 1944–6. Oktober 1944 (Frontboot)

Kommandant:
KptLt Helmuth Pich, September 1942–6. Oktober 1944

Feindfahrten: 4
Versenkte Schiffe: 2 (6.583 BRT) und 2 beschädigt
1 Reparaturschiff (1.440 t)

1. 9.3.43: Auslaufen Kiel in den Nordatlantik. U 168 traf auf die »Seeteufel«-Gruppe, die am 21. südlich von Island zum Empfang eines kleinen Convoys von Island kommend, der auf den Hauptconvoy ONS 1 treffen sollte, gebildet wurde. Es sollte den Convoy verfolgen, nicht angreifen. Nichts wurde gesehen, weder von U 168 noch von der »Seeteufel«-Gruppe. So bewegte sich die Linie

westwärts in die vorgesehene Position des Convoys. Um den 26. bewegte sich die Linie südwärts von Cape Farewell und traf auf die »Seewolf«-Gruppe, die 800 Seemeilen südlich des Capes eine Linie bildete. Masten und Flugzeugträger wurden am Nachmittag des 26. gesichtet und man dachte, sie gehörten zum ON-Convoy, der vorher nicht gefunden wurde. Es wurde daher am 28. entschieden, dass sich die Gruppe auf den nach Osten laufenden Convoy HX 230 konzentrieren sollte, der von U 305 der »Seewolf«-Gruppe am 27. gesichtet worden war. Allerdings wurde das Wetter schlecht und es entwickelte sich ein Hurrikan. Die Boote setzten ihre Unternehmung fort und hofften, Nachzügler zu finden, aber nur einer wurde wegen der Schwierigkeiten für einen Angriff bei diesem Wetter versenkt. Das Unternehmen endete am 30. nordwestlich von Irland, U 168 bekam keinen Kontakt mehr mit dem Convoy.

Das Boot und andere »Seeteufel«-Boote trafen am 3.4.43 auf neu ankommende Boote zur Bildung der »Löwenherz«-Gruppe südöstlich von Grönland. Am 4. wurde der nach Osten laufende Convoy HX 231 im Westen der Linie gesichtet. Die Operation währte drei Tage, sechs Schiffe wurden versenkt und andere beschädigt. U 168 hatte keinen Erfolg. Eine starke Luftüberwachung unterband die Fortsetzung der Operation. Am 7. schoss U 168 eine angreifende Sunderland ab.

Einige der »Löwenherz«-Boote bildeten dann die »Lerche«-Gruppe südöstlich von Grönland, in Erwartung des nach Osten laufenden Convoys HX 232. Der Convoy passierte die Linie am 11., Angriffe wurden in der Nacht vom 11./12. gefahren. U 168 löste sechs Torpedos. Vorbeischuss gegen die französische Korvette RENON-CULE und möglicherweise Beschädigung der britischen FRESNO CITY (7.261 t), später durch U 706 versenkt. Der Convoy verlor nur drei Schiffe, dank der Abwehr durch die Flugzeuge.

Zwischen dem 17. und 20. wurde U 168 und vier andere »Lerche«-Boote von U 487 im Zentralatlantik mit Kraftstoff versorgt. Danach trafen sie weitere zur Bildung einer neuen Linie, »Specht« genannt, nördlich der Azoren. Ab 22. wartete die Gruppe auf den nach Osten laufenden Convoy SC 127. Als aber der Convoy nicht kam, fuhren die Boote mit hoher Fahrt nach Nordwesten zur Bildung einer neuen Linie ab dem 25. vor dem Convoy ONS 4. Wieder wurde der Convoy umgeleitet. Ab 27. war die »Specht«-Gruppe nordöstlich von Neufundland gegen den Convoy HX 235 eingesetzt, aber dieser wurde nach Süden umgeleitet.

Vom 29. an bildeten die Boote der »Specht«- und »Amsel«-Gruppen nordöstlich von Neufundland eine neue Linie zum Empfang des nach Osten laufenden Convoys SC 128. Beide Gruppen fuhren nach Süden zur

Suche, aber als der Convoy nicht gefunden wurde, wandten sich die »Specht«-Boote ab 25. mit hoher Fahrt vor den Convoy ONS 4 nach Nordwesten. Wieder wurde der Convoy umgeleitet. Ab 27. war die »Specht«-Gruppe nordöstlich von Neufundland gegen den Convoy HX 235 angesetzt, der allerdings nach Süden umgeleitet wurde. Ab 29. bildeten die »Amsel«- und »Specht«-Gruppenboote eine weitere Linie nordöstlich von Neufundland zum Empfang des nach Osten laufenden Convoys SC 128. Beide Gruppen bewegten sich nach Süden, aber als der Convoy am 1.5.43 wieder nicht gefunden wurde, wandten sich die »Specht«-Boote wieder nach Norden und bildeten eine neue Linie. »Fink« wurde am 3. aus Booten der »Specht«- und »Star«-Gruppe gebildet, südlich von Cape Farewell. Am Nachmittag des 4. passierte der nach Süden laufende Convoy ONS 5 die Linie der »Fink«-Gruppe.

Während der Nacht des 4./5. wurden Angriffe gefahren. Der Convoy hatte eine Anzahl kleiner Escortgruppen. Bei Tageslicht des 5. wurden weitere Angriffe durchgeführt, aber dann kam Nebel auf und der Kontakt ging verloren. Die Operation wurde am 6. beendet. Abgesehen davon, dass insgesamt 15 Boote in Kontakt mit dem Convoy waren, wurden nur 12 Schiffe versenkt. Das war enttäuschend. U 168 schaffte keine Angriffe auf den Convoy und wurde in der Nacht des 4./5. von einem Escortschiff mit Wasserbomben angegriffen. Am 10. wurde das Boot südöstlich von Grönland durch U 459 mit Kraftstoff versorgt.

Rückkehr nach Lorient am 18.5.43.

2. 3.7.43: Auslaufen in den Indischen Ozean. U 168 war Teil der »Monsun«-Gruppe mit U 183, U 188, U 506, U 509, U 514, U 516, U 532 und U 533.

Der Plan sah vor, U 462 sollte diese Gruppe begleiten, um die Boote östlich von St. Paul Rocks mit Brennstoff zu versorgen, aber das ging beim Passieren der Biskaya zweimal schief. Eine neue Planung wurde für U 487 gemacht, um die Gruppe mit Kraftstoff südlich der Azoren vom 14. an zu versorgen. Fünf der Boote suchten nach U 487 vom 14. bis zum 17., aber sie konnten es nicht finden, denn es war bereits am 13. von einem Flugzeug versenkt worden. Drei »Monsun«-Boote wurden ebenfalls versenkt auf dieser Reise, U 506, U 509 und U 514.

Durch U 155 mit Kraftstoff versorgt, 600 Seemeilen westnordwestlich von den Kapverdischen Inseln, konnten U 168, U 183 und U 188 schließlich ihre Fahrt zwischen dem 21. und 27. fortsetzen. U 516 gab Kraftstoff ab an U 532 und U 533 und kehrte dann in den Stützpunkt zurück.

Die übrigen »Monsun«-Boote liefen durch den Südatlantik, umrundeten das Kap und liefen in den Indischen Ozean ein. Am 11.9.43 trafen sie mit dem deutschen Versorger BRAKE südlich von Mauritius zusammen und wurden mit Brennstoff versorgt. Die BRAKE kam von Penang. Die fünf Boote nahmen dann Kurs auf Bombay, und in den frühen Stunden des 2.10.43 versenkte U 168 die britische HAICHING (2.183 t) 60 Seemeilen westsüdwestlich von Bombay. Während des 1. und 2. glaubte U 168 sechs Segelschiffe im gleichen Gebiet versenkt zu haben.

U 168 operierte im Golf von Oman, hatte aber keine weiteren Erfolge. Es lief in Penang am 3.2.44 ein.

3. 28.1.44: Auslaufen Penang. Das Boot kehrte am 3. Februar nach Penang zurück, da der WO an einer Blinddarm-Entzündung erkrankte.

4. 7.2.44: Auslaufen Penang in den Indischen Ozean. U 168 patrouillierte südlich und südwestlich von Indien. Am 14. versenkte das Boot das Reparaturschiff HMS SALVIKING östlich von Maldive Islands, am 15. die griechische EPAMINONDAS C. EMBIRICOS (4.385 t) südsüdwestlich von den Inseln und am 21. beschädigte es den norwegischen Tanker FENRIS (9.804 t) westnordwestlich der Inseln.

Am 11.3.44 trafen U 168, U 188 und U 532 in einem Gebiet 1.000 Seemeilen von Mauritius mit dem Versorger BRAKE zusammen. Die drei Boote führen Aufklärung in einem 200-Seemeilen-Radius durch, entdeckten aber keine feindliche Tätigkeit in dem Gebiet. Früh am 12., nach Versorgung von U 188 und U 532, wurde das Wetter schlecht und die vier Einheiten fuhren nach Südwesten. Später am Morgen wurden sie von einem Flugzeug des Escortträgers HMS BATTLER entdeckt. Die drei Boote tauchten. Die BRAKE wurde von dem Zerstörer HMS ROEBUCK angegriffen und durch Artillerie innerhalb einer Stunde versenkt. Die Besatzung wurde später von U 168 aufgenommen.

Rückkehr nach Batavia am 24.3.44.

Während des Aufenthaltes in Batavia wurde das Boot einer gründlichen Reparatur unterzogen.

5. 5.10.44: Auslaufen Batavia nach Surabaya zur Vorbereitung einer Operation rund um Australien.

U 168 wurde am 6. durch das niederländische Uboot ZWAARDFISCH (LtCdr H.A. Goossens) nördlich von Rembang, Java, versenkt. Der Kommandant, drei Offiziere und ein Verwundeter wurden nach Freemantle gebracht.

Andere 23 Überlebende wurden aufgefischt und später an ein Fischereifahrzeug abgegeben. 23 Männer waren tot.

U 169 Typ IX C-40

Bauwerft: Seebeckwerft, Wesermünde
Kiellegung: 15. Mai 1941
Stapellauf: 6. Juni 1942
Indienststellung: 16. November 1942
Feldpost-Nr.: M 50115
Versenkt am 27. März 1943 nördlich von Rockall
(60°54'N/15°25'W)

Kommandos:
4. U-Flottille Stettin von November 1942–März 1943
(Schulboot)
10. U-Flottille Lorient von März 1943–27. März 1943
(Frontboot)

Kommandant:
OLtzS Hermann Bauer, November 1942-27. März 1943

Feindfahrten: 1
Versenkte Schiffe: keines

1. 18.3.43: Auslaufen Kiel in den Nordatlantik. U 169
war auf dem Weg zum Treffen mit der »Seewolf«-
Gruppe, als es am 27. von einer Fortress der 206. Squadron (F/O A.C.I. Samuel) nördlich von Rockall gesichtet
wurde. Samuel machte zwei Wasserbombenangriffe und
versenkte das Boot.
Es gab keine Überlebenden, 54 Tote.

U 170 Typ IX C-40

Bauwerft: Seebeckwerft, Wesermünde
Kiellegung: 21. Mai 1941
Stapellauf: 6. Juni 1942
Indienststellung: 19. Januar 1943
Feldpost-Nr.: M 49255
Versenkt am 30. November 1945 nordwestlich von Malin
(55°44'N/07°53'W)

Kommandos:
4. U-Flottille Stettin von Januar 1942–Mai 1943
(Schulboot)
10. U-Flottille Lorient von Mai 1943–Oktober 1944
(Frontboot)
33. U-Flottille Flensburg von Oktober 1944–Mai 1945
(Frontboot)

Kommandanten:
KptLt Günther Pfeffer, Januar 1943–Mai 1944
OLtzS Hans Gerold Hauber, Mai 1944–Mai 1945

Feindfahrten: 4
Versenkte Schiffe: 1 (4.663 BRT)

1. 27.5.43: Auslaufen Kiel in den Atlantik. Die Boote
U 170, U 530, U 535 und U 536 wurden als U-Tanker am
14.6.43 eingeteilt. U 170 gab an U 134 und U 732 westlich
der Azoren Kraftstoff ab und zusätzlich an U 488. U 170
erreichte die Biskaya gemeinsam mit U 535 und U 536.
Am 5.7.43 wurden die drei Boote von einer Liberator der
53. Squadron (F/Sgt W. Anderson) angegriffen. U 535
wurde versenkt, U 170 und U 536 beschädigt. Rückkehr
nach dem neuen Stützpunkt Lorient am 9.7.43.
2. 29.8.43: Auslaufen in den Südatlantik. U 170 wurde
mit Brennstoff durch U 460 vor den Azoren versorgt. Es
fuhr an die Küste Brasiliens und versenkte am 23.10.43
die brasilianische CAMPOS (4.663 t) südwestlich von Rio
de Janeiro. Ab 8.11.43 suchte U 170 nach Überlebenden
von U 848, das westlich von Ascension am 5. versenkt
wurde, fand aber niemanden. Ende November wurde
U 170 durch U 219 westlich der Kapverdischen Inseln
mit Diesel versorgt. Rückkehr nach Lorient am 23.12.43.
3. 9.2.44: Auslaufen in den Westatlantik. U 170 patrouillierte zwischen den Bermudas, den Bahamas und der US-
Küste. Die Schifffahrt wurde stark von Escortfahrzeugen
geschützt, nur wenige Einzelfahrer wurden gesehen.
U 170 griff erfolglos am 7.4.44 nördlich der Bahamas ein
Schiff an. Rückkehr nach Lorient am 27.5.44.
4. 1.8.44: Nun mit einem Schnorchel versehen, verließ
U 170 den Stützpunkt in Richtung Zentralatlantik. Es
patrouillierte nördlich und westlich von Freetown vom
6.9.44 bis 5.10.44, aber ohne Erfolg. Es kehrte nach
Norden zurück und löste ein Wetterboot im Nordatlantik
Anfang November ab.
Auf der Fahrt am 28. und 31. Oktober griff U 170 ver-
geblich zwei Convoys südwestlich von Irland an.
Rückkehr nach Flensburg am 4.12.44.

*Am 9.5.45 ergab sich U 170 in Horten. Es fuhr dann
unter dem Kommando des I WO am 29.5.45 nach Loch
Ryan, Schottland. U 170 gehörte zu den 116 Booten, die
an die Royal Navy für die »Operation Deadlight« abgegeben wurden. Im November wurde es mit den Schlepper
HMS MASTERFUL durch den Nordkanal geschleppt. Das
Schleppen verlief nicht gut und U 170 wurde am 30.11.45
durch Artillerie vor Malin Head versenkt.*

U 171 Typ IX C

Bauwerft: AG.Weser, Bremen
Kiellegung: 1. Dezember 1940
Stapellauf: 22. Juli 1941
Indienststellung: 25. Oktober 1941
Feldpost-Nr.: M 29121
Versenkt am 9. Oktober 1942 südlich von Lorient
(47°30'N/03°30'W)

Kommandos:
4. U-Flottille Stettin von Oktober 1941–Juni 1942
(Schulboot)
10. U-Flottille Lorient von Juni 1942–9. Oktober 1942
(Frontboot)

Kommandant:
KptLt Günther Pfeffer, Oktober 1941–9. Oktober 1942

Feindfahrten: 1
Versenkte Schiffe: 3 (17.641 BRT)

1. 17.6.42: Auslaufen Kiel in den Golf von Mexiko. Auf dem Kurs wurde U 171 Mitte Juli im zentralen Nordatlantik von U 460 mit Kraftstoff versorgt. Das Boot passierte die Straße von Florida in den Golf von Mexiko. Am 26.7.42 versenkte es die mexikanische OAXACA (4.351 t) vor der Lavaca Bay, Texas, und am 13.8.42 versenkte das Boot den amerikanischen Tanker R.M. PARKER JR. (6.779 t) vor Terrebonne Bay, Louisiana. Am 4.9.42 versenkte das Boot den mexikanischen Tanker AMATLAN (6.511 t) vor der Küste von Mexiko südöstlich von La Pesca und fuhr zurück in den Atlantik durch die Mona-Passage. Es wurde von U 461 am oder um den 20. nordwestlich von den Azoren mit Kraftstoff versorgt. Einlaufend Lorient streifte U 171 am 9.10.42 20 Seemeilen südlich des Hafens eine Mine. 22 Mann wurden getötet und weitere 30 Mann, einschließlich Kommandant, wurden von deutschen Marinefahrzeugen aufgenommen.

U 172 Typ IX C

Bauwerft: AG.Weser, Bremen
Kiellegung: 11. Dezember 1940
Stapellauf: 5. August 1941
Indienststellung: 5. November 1941
Feldpost-Nr.: M 29596
Versenkt am 13. Dezember 1943 nordnordwestlich von den Kapverdischen Inseln (26°19'N/29°58'W)

Kommandos:
4. U-Flottille Stettin von November 1941–April 1942
(Schulboot)
10. U-Flottille Lorient von April 1942–13. Dezember 1943 (Frontboot)

Kommandanten:
KptLt Carl Emmermann, November 1941–Oktober 1943
OLtzS Hermann Hoffmann, Nov. 1942–13. Dez. 1943

Feindfahrten: 6
Versenkte Schiffe: 26 (15.779 BRT)

1. 22.4.42: Auslaufen Kiel nach Westfrankreich. Einlaufen in den neuen Stützpunkt Lorient am 3.5.42.
2. 11.3.42: Auslaufen in die Karibik. Auf dem Marsch versenkte U 172 den britischen Tanker ATHELKNIGHT (8.940 t) am 27. im Zentralatlantik. Das Boot stand Anfang Juni vor den Großen Antillen. Am 3. versenkte U 172 die amerikanische ILLINOIS (5.447 t) nordöstlich von Puerto Rico und am 5. nördlich von der Insel die amerikanische DELFINA (3.480 t). Das Boot passierte die Mona-Passage und versenkte am frühen Morgen des 8. die amerikanische SICILIEN (1.654 t) vor Isla Beata, Dominikanische Republik. U 172 lief in die westliche Karibik. Am 14. versenkte es die amerikanische LEBORE (8.289 t) ostnordöstlich von der Insel de San Andres und am Abend des 15. die norwegische BENNESTVET (2.438 t) östlich von Colorada, Costa Rica. Am 18. versenkte das Boot den amerikanischen Tanker MOTOREX (1.958 t) nordwestlich von Bocas del Torro, Panama, und am 23. das kolumbianische Segelschiff RESOLUTE (35 t) südwestlich von Roncador Cay. Überlebende der RESOLUTE behaupten, dass sie mit Maschinengewehren beschossen wurden. Anfang Juli begann U 172 seine Heimreise, und am 9. versenkte das Boot die amerikanische SANTA RITA (8.379 t) 800 Seemeilen südöstlich von den Bermudas. Ein Offizier des Schiffes wurde zur Befragung an Bord genommen.
Rückkehr nach Lorient am 21.7.42.

3. 19.8.42: Auslaufen in den Südatlantik. Gemeinsam mit U 68, U 156 und U 504 als »Eisbär«-Gruppe.

Ab 26., westlich von Spanien, wurde die Gruppe kurz gegen den nach Norden laufenden Convoy SL 119 angesetzt, während U 156 einen Nachzügler versenkte. Die vier Boote drehten nach Süden auf die Kapverdischen Inseln zu und operierten ab 4.9.42 unabhängig voneinander. Der Äquator wurde Mitte September überquert und U 68, U 172 und U 504 trafen am 24. auf U 459 600 Seemeilen südlich von St. Helena zur Versorgung. Die drei Boote wurden von U 159 aufgesucht und alle liefen südwärts. Sie erreichten das Gebiet vor Kapstadt am 4.10.42. Am Morgen des 7. versenkte U 172 zwei Schiffe, die amerikanische CHICASAW CITY (6.196 t) und die panamesische FIRETHORN (4.700 t) und am frühen Morgen des 8. die griechische PANTELIS (3.845 t). Alle drei wurden im selben Gebiet versenkt, direkt südwestlich von Kapstadt. Am 8. wurde das Boot bei einem Angriff eines südafrikanischen Marinefahrzeuges beschädigt. Am Morgen des 10. griff es das nach Norden laufende Truppentransportschiff ORADES 270 Seemeilen nordwestlich von Kapstadt an. Nach zwei Torpedotreffern stoppte die ORADES und setzte ihre Boote aus. Eines davon kenterte in der rauen See, 38 Mann verloren dabei ihr Leben. Es gab 1.300 Menschen an Bord mit vielen Kindern und Frauen.

Der Kapitän und 52 Freiwillige machten kurzfristig Reparaturen, und die ORADES lief nach Kapstadt zurück. Zweieinhalb Stunden nach der ersten Attacke traf U 172 das Passagierschiff wieder und es sank binnen drei Minuten. Die ORADES war das größte Schiff, das im Gebiet von Kapstadt versenkt wurde. Der Gesamtverlust an Menschen war 40, dabei zwei, die im Maschinenraum durch den Torpedotreffer getötet wurden, und 38 kamen bei dem umgekippten Rettungsboot ums Leben.

U 172 begann seine Heimreise Ende Oktober. Am Abend des 31. versenkte es die britische ALDINGTON COURT (4.891 t) 1.400 Seemeilen westnordwestlich von Kapstadt und weiter nördlich am 2.11.42 die britische LLANDILLO (4.966 t). Überlebenden wurde erlaubt, auf dem Bootsdeck Platz zu nehmen, da ihr Rettungsboot schwer beschädigt war.

U 172 operierte vor der Küste Brasiliens von Mitte November und versenkte am 23. die britische BENLOMOND (6.630 t) nordwestlich von Parnaiba. Es gab nur einen Überlebenden auf diesem Schiff, der nach 130 Tagen aufgefischt wurde.

U 172 fuhr seine Patrouille bei St. Paul Rocks und versenkte am 28. die amerikanische ALASKAN (5.364 t) nordöstlich von den Rocks. Das Boot wurde im selben Gebiet durch U 461 Anfang Dezember mit Brennstoff versorgt. Während der Übernahme erhielt U 461

Meldungen, dass ein nach Westen laufender Convoy weiter südlich nach Norden lief. U 172 sichtete einen nach Westen laufenden Convoy am 12. und glaubte, zwei Torpedotreffer erzielt zu haben, aber es gibt keine Informationen darüber.

Rückkehr nach Lorient am 27.12.42.

4. 21.2.43: Auslaufen in den Westatlantik.

U 172 fuhr zum Treffen mit anderen Booten im Gebiet westlich der Azoren. Die Boote waren ursprünglich für Operationen vor der US-Küste vorgesehen, aber wurden nun zur Bildung einer Linie befohlen, »Unverzagt« mit Namen, um den nach Osten laufenden Convoy UGS 6 zu empfangen. Am 4.3.43 versenkte U 172 die britische CITY OF PRETORIA (8.049 t) am Morgen des 4.3.43 und die norwegische THORSTRAND (3.041 t) am Abend des 6., beide westnordwestlich von den Azoren.

UGS 6 verließ New York am 5.; der Convoy wurde durch U 130 von der Gruppe »Unverzagt«, westlich von den Azoren, gesichtet. Es begann das Beschatten, U 130 wurde aber entdeckt und während der Nacht versenkt. Der Kontakt wurde erst am 14. wieder hergestellt. Die Gruppen »Unverzagt« und »Wohlgemut« bildeten eine neue Linie, die vom UGS 6 am 14. passiert wurde. Der »Tümmler«-Gruppe vor den Kanarischen Inseln wurde befohlen, eine 1.500 Seemeilen-Reise zu machen, um den Convoy vor dem Eintreffen in Gibraltar anzugreifen. Obwohl zuletzt sechs U-Boote am Convoy operierten, wurde dieses ein Fehlschlag: nur vier Schiffe wurden versenkt. Spät am 13. versenkte U 172 die amerikanische KEYSTONE (5.565 t) westlich und am 16. die amerikanische HARRISON (7.191 t) östlich der Azoren.

Der Schutzschirm hielt die Boote vom UGS 6 ab, und führte Wasserbombenangriffe auf mehr als zehn Seemeilen Entfernung vom Convoy durch. Die Operation endete angesichts der gewachsenen Luftbedrohung am 19. westlich von Spanien.

U 172 bewegte sich mit anderen Booten der UGS-Operation nach Süden, um eine neue Linie aus »Seeräuber«-Booten zu bilden. Sie standen südlich von den Kanarischen Inseln, um den nach Süden laufenden Convoy RS 3 zu treffen, der am 26. erwartet wurde. Er wurde am 28. gesichtet, und in einem dreitägigen Unternehmen wurden drei Schiffe versenkt. Die britische SILVERBEECH (5.319 t) wurde durch U 172 vor der marokkanischen Küste am 29. versenkt. Bei den Angriffen wurde das Boot beschädigt.

Am oder um den 3.4.43 wurde U 172 durch ein anderes Boot mit Brennstoff versorgt. Am 6. kam es zu einem Feuergefecht mit einer Sunderland südlich der Kanarischen Inseln.

Rückkehr nach Lorient am 17.4.43.

5. 29.5.43: Auslaufen in den Südatlantik. U 172 wurde

einige Zeit nach Mitte Juni von U 530 südwestlich von den Kanarischen Inseln mit Kraftstoff versorgt. Es versenkte am 28. südsüdwestlich der St. Paul Rocks die britische VERNON CITY (4.748 t), und am 28. fuhr es weiter an die brasilianische Küste.

Am 12.7.43 versenkte das Boot die amerikanische AFRICAN STAR (6.507 t) 250 Seemeilen südwestlich und am 15. die britische HARMONIC (4.558 t) 620 Seemeilen östlich von Rio. Der Kommandant von U 172 wartete, bis die Besatzung das Schiff verlassen hatte, dann wurde es versenkt. Er gab ihnen den Kurs an die Küste mit auf den Weg. Am 24. versenkte U 172 die britische FORT CHILCOTIN (7.133 t) 420 Seemeilen ostsüdöstlich von Bahia. Am 3.8.43 wurde U 604 bei einem Angriff 150 Seemeilen von Pernambuco entfernt schwer getroffen und konnte seine Heimreise nicht antreten. Ein Plan wurde für U 185 gemacht, sich 500 Seemeilen östlich von Pernambuco am 8. zur Übernahme der Besatzung U 604 einzufinden, und dann das Boot zu versenken.

Die Luftaufklärung in diesem Gebiet war so, dass ein neues Treffen arrangiert werden musste, 400 Seemeilen nordöstlich. U 172 wurde zum Treffen mit U 604 und U 185 auf der neuen Position angewiesen und traf am 1. ein. Die beiden Boote gaben Brennstoff ab und U 604 auch Ersatzteile, als eine Liberator der USN (LtCdr Prucher) ankam. U 172 tauchte, aber die beiden anderen Boote blieben an der Wasseroberfläche und schossen auf das Flugzeug, das zwei erfolglose Angriffe flog. Bei einem dritten Angriff wurde die Liberator von U 185 abgeschossen. U 185 übernahm die Besatzung von U 604 und das Boot wurde selbst versenkt. U 172 und U 185 trafen sich zwei Tage später wieder und 23 Mann von U 604 gingen an Bord U 172. U 172 wurde am 27. südwestlich von den Azoren durch U 847 mit Brennstoff versorgt.

Rückkehr nach Lorient am 7.9.43.

6. 22.11.43: Auslaufen in den Zentralatlantik. U 172 traf U 219 zur Versorgung. Sie trafen am 12.12.43 1.000 Seemeilen nordnordwestlich von den Kapverdischen Inseln zusammen. Kraftstoffübergabe wurde begonnen, als die Boote von einer Avenger des VC 19 (Lt E.C. Gaylord) vom Escortträger USS BOGUE gesichtet wurden, nur 40 Seemeilen im Süden. Der Träger war auf der Suche nach U 219. Die Boote tauchten, als Gaylord Wasserbomben löste. U 219 konnte entkommen, U 172 wurde beschädigt. Drei weitere Flugzeuge trafen ein und weitere Wasserbomben wurden geworfen. Die Zerstörer USS GEORGE E. BADGER (Lt E.M. Higgins) und USS DUPONT (Cdr J.G. Marshall) griffen mit Hedgehog-Bomben und Wasserbomben an, und zwangen das Boot in die Tiefe. Die Jagd wurde am 13. fortgesetzt und am Abend war U 172 einige Meilen entfernt aufgetaucht zu

sehen. Sie war auf der Fahrt nach Norden. Die GEORGE E. BADGER kam heran und eröffnete das Feuer. Bevor das Boot erneut tauchte, schoss es einen Geräuschtorpedo ab, der vorbei ging. Ein Asdic-Kontakt wurde gemacht, und die GEORGE E. BADGER und DUPONT machten Wasserbombenangriffe, bevor sie das Kampfgebiet verließen. Die Zerstörer GEORGE E. BADGER, CLEMSON (LtCdr E.W. Yancey) und die OSMOND INGRAM (LtCdr R.F. Miller) nahmen die Sache in die Hand. Weitere Wasserbombenangriffe wurden durchgeführt und U 172 zum Auftauchen gezwungen, schwer getroffen. Die OSMOND INGRAM kam dicht an das Boot heran. Bei einem Feuerwechsel wurde ein Mann getötet und weitere sechs verwundet. Als die anderen zwei Zerstörer das Feuer auf das Boot eröffneten, wurde es in Brand gesetzt, und die Besatzung verließ es. U 172 explodierte unter Wasser. Der Kommandant und 45 Mann der Besatzung wurden aufgefischt, 14 Männer waren gefallen. Die Aktion war in der Nähe des Convoys GUS 23 durchgeführt worden, die Zerstörer waren Teil des Geleitschutzes.

U 173 Typ IX C

Bauwerft: AG.Weser, Bremen
Kiellegung: 21. Dezember 1940
Indienststellung: 15. November 1941
Stapellauf: 11. August 1941
Feldpost-Nr.: M 41495
Versenkt am 16. November 1942 vor Casablanca (33°40'N/07°35'W)

Kommandos:
4. U-Flottille Stettin von November 1941–Juni 1942 (Schulboot)
2. U-Flottille Lorient von Juni 1942–16. November 1942 (Frontboot)

Kommandanten:
FregKpt Heinz-Ehler Beucke, Nov. 1941–Sept. 1942
OLtzS Hans-Adolf Schweichel, Sept. 1942–16. Nov. 1942

Feindfahrten: 2
Versenkte Schiffe: 1 (9.359 BRT) und 3 beschädigt

1. 15.6.42: Auslaufen Kiel in den Westatlantik. U 173 wurde Mitte Juli von U 460 im Zentralatlantik mit Kraftstoff versorgt. Es fuhr dann zur Patrouille südlich von Kuba und vor den Antillen. Von Anfang August an

patrouillierte das Boot in einem Gebiet südlich und südöstlich der Karibik.

Am 16. wurde das Boot aufgetaucht fahrend von einer Hudson der 53. Squadron (P/O Kennard) gesichtet und mit Wasserbomben angegriffen. Obwohl beschädigt, entkam das Boot. Am 28. wurde U 173 durch eine andere Hudson der 53. Squadron (F/Sgt Sillcock) angegriffen. Vier Wasserbomben beschädigten das Boot wieder schwer. Es wurde am Nachmittag ein weiteres Mal von einer B 18 der 1. Squadron (USAF) angegriffen. Es gab keine weiteren Schäden, aber das Boot wurde zurückbefohlen. Es wurde über Wasser fahrend am Morgen des 29. von einer Hudson der 53. Squadron (F/Sgt Badger) gesehen, angegriffen, aber es gab keine weiteren Schäden. Das rücklaufende Boot wurde Ende September westlich der Azoren von U 462 mit Kraftstoff versorgt. Rückkehr nach Lorient am 20.9.42.

2. 1.11.42: Auslaufen in den Zentralatlantik.

U 173 fuhr nach Süden, als gemeldet wurde, dass die Alliierten in Nordafrika am 8. gelandet waren. Allen nach Süden laufenden Booten wurde befohlen, mit hoher Fahrt an die marokkanische Küste zu fahren, als »Schlageter«-Gruppe. U 173 gehörte dazu.

Nach Ankunft im Operationsgebiet am 11. lief U 173 in die Fedala-Reede ein und griff Schiffe des Convoys UGF 1 vor Anker an. Es versenkte den amerikanischen Truppentransporter JOSEPH HEWES (9.359 t) und beschädigte den amerikanischen Flottentanker WINOOSKI (10.600 t) und den Zerstörer USS HAMBLETON. Am frühen Morgen des 15. beschädigte das Boot den amerikanischen Transporter ELECTRA (8.113 t) vor Casablanca. Das Boot wurde am nächsten Tag entdeckt und vor Casablanca mit Wasserbomben der Zerstörer USS WOOLSEY (Cdr B.L. Austin), SWANSON (LtCdr L.M. Markham) und QUICK (LtCdr R.B. Nickerson) versenkt. Es gab keinen Überlebenden, 57 Tote.

U 174 Typ IX C

Bauwerft: AG.Weser, Bremen
Kiellegung: 27. April 1941
Stapellauf: 21. August 1941
Indienststellung: 26. November 1941
Feldpost-Nr.: M 41607
Versenkt am 27. April 1943 ostsüdöstlich von Sable Island (43°35'N/56°18'W)

Kommandos:
4. U-Flottille Stettin von November 1941–Juli 1942 (Schulboot)
10. U-Flottille Lorient von Juli 1942–27. April 1943 (Frontboot)

Kommandanten:
FregKpt Ulrich Thilo, November 1941–Januar 1943
OLtzS Wolfgang Grandefeld, Jan. 1943–27. April 1943

Feindfahrten: 3
Versenkte Schiffe: 5 (30.813 BRT)

1. 30.7.42: Auslaufen Kiel in den Nordatlantik. Am 5.8.42 sichtete U 593 den nach Osten laufenden Convoy SC 94 900 Seemeilen südlich von Cape Farewell. U 174 war eines von sieben Booten, die an den Convoy ab 7. angesetzt wurden. Es feuerte Torpedos ab, aber ohne Erfolg. Elf Schiffe wurden versenkt, bevor diese Operation am 11. westnordwestlich von Irland beendet war.

Die Boote der SC 94-Operation, einschließlich U 174, trafen dann andere, neu hinzu gekommene Boote und bildeten eine neue Linie. Sie wurde mit »Lohs« bezeichnet und fuhr 600 Seemeilen westlich vom Nordkanal zum Empfang eines ON-Convoys, der am 13. erwartet wurde. Während der Nacht des 12./13., auf der Fahrt zur neuen Position, wurde der nach Norden laufende Convoy SC 95 gesichtet. Nur drei Boote kamen heran: U 256, U 438 und U 705. Ein Schiff wurde von U 705 versenkt. Nachdem der Kontakt verloren ging, formten die »Lohs«-Boote am 17. westlich von Schottland eine neue Linie.

Am 21. fuhr die Gruppe auf der Suche nach Convoys nach Norden und passierte am 22. den Convoy ONS 122 an der Linie im Süden. Der Konvoi wurde von U 135 einem weiter südwärts stehenden »Lohs«-Boot gesichtet. Es verfolgte ihn, aber verlor den Kontakt wegen schlechter Sicht, und erst am 24. wurde er wieder hergestellt. Früh am 25. hatten neun »Lohs«-Boote Kontakt, auch U 174. Vier Schiffe wurden versenkt, dann kam wieder Nebel auf, jeder weitere Angriff wurde unmöglich. Die Boote bewegten sich in ein Gebiet westlich der Azoren zur Brennstoffergänzung. Ende August versorgte U 174 drei Boote, U 432, U 660 und ein anderes. Rückkehr nach Lorient am 6.9.42.

2. 7.10.42: Auslaufen zur Operation im Zentralatlantik. Auf dem Weg nach Brasilien versenkte U 174 auf der anderen Seite von St. Paul Rocks drei Schiffe: am frühen Morgen des 31. die britische MARYLYN (4.555 t), 450 Seemeilen westsüdwestlich von den Rocks, am 1.11.42 die britische ELMDALE (4.872 t), 400 Seemeilen westlich der Rocks, und am 2. die niederländische ZAANDAM (10.909 t) 500 Seemeilen westlich von den Rocks. U 174 patrouillierte vor der Nordostküste Brasiliens, aber ohne Erfolg. Ende November fuhr es ostwärts in ein Versorgungsgebiet nördlich der Rocks. Ab 12. traf U 174 auf eine lange Linie von den St. Paul Rocks zur brasilianischen Küste. In den frühen Stunden des 15. versenkte es die amerikanische ALCOA RAMBLER (5.500 t) 200 Seemeilen nordöstlich von Natal, Brasilien. Als die Linie aufgegeben wurde, fuhr U 174 wieder an die Nordostküste Brasiliens und begann dann die Rückreise. Rückkehr nach Lorient am 9.1.43.

3. 18.3.43: Auslaufen in den Nordatlantik.

U 174 und U 161 wurden in ein Gebiet westlich der Azoren zum Treffen mit einem Blockadebrecher der Achse zur Übergabe von Radar-Ausrüstungen und Anweisungen befohlen. Am 23. traf U 161 die deutsche REGENSBURG und am 26. die italienische PIETRO ORSEOLO. U 174 verfehlte die deutsche KARIN, die versenkt worden war, traf aber später die IRENE (vorher die norwegische Prise SILVAPLANA). Als beide Boote ihren Befehl ausgeführt hatten, fuhren sie weiter nach Westen, und gaben dann die vorgesehene Zeit mit Funkspruch ab, zu der die Blockadebrecher die Biskaya anlaufen würden. U 161 und U 174 nahmen dann Kurs auf die US-Ostküste. Sie patrouillierten östlich von New York bis in ein Gebiet südlich von Nova Scotia, hatten aber keinen Erfolg. Am 25.4.43 trafen die beiden Boote auf einen nach Osten laufenden Convoy südlich von Cape Sable, aber sie wurden vertrieben.

Am 27. wurde U 174 über Wasser fahrend, acht Seemeilen entfernt von einer in Argentinien stationierten Ventura des VP 125 (Lt T. Kinascuk) erkannt. Als das Flugzeug heranflog, eröffnete das Boot das Feuer und beschädigte es. Das Boot tauchte, aber als es gerade unter Wasser verschwand, warf der Pilot vier Wasserbomben aus 25 Fuß Höhe. Drei davon explodierten nahe am Boot, die vierte direkt über ihm. Der Bug von U 174 kam aus dem Wasser, dann richtete sich das Boot auf und kam an die Oberfläche. Als das Flugzeug sich zu einem zweiten Angriff vorbereitete, hob sich der Bug des Bootes erneut, und begann dann über das Heck zu sinken. Schnell schnitt das Boot unter und was blieb, waren Wasserwirbel und Luftblasen. Marinefahrzeuge fanden keine Überlebenden, 53 Tote.

U 175 Typ IX C

Bauwerft: AG.Weser, Bremen
Kiellegung: 30. Januar 1941
Stapellauf: 2. September 1941
Indienststellung: 5. Dezember 1941
Feldpost-Nr.: M 41704
Versenkt am 17. April 1943 vor Fastnet (48°50'N/21°20'W)

Kommandos:
4. U-Flottille Stettin von Dezember 1941–August 1942 (Schulboot)
10. U-Flottille Lorient von August 1942–17. April 1943 (Frontboot)

Kommandant:
KptLt Heinrich Bruns, Dezember 1941–17. April 1943

Feindfahrten: 3
Versenkte Schiffe: 10 (40.603 BRT)

1. 15.8.42: Auslaufen Kiel in den Zentralatlantik. U 175 patrouillierte ein Gebiet südöstlich von Trinidad. Am 18.9.42 versenkte das Boot die britische NORFOLK (1.901 t) nördlich von Georgetown, Guyana. Das Boot griff auch die norwegische SÖRVANGEN (2.400 t) mit Artillerie an. Es wurde nicht getroffen, aber lief an der Küste von British Guyana auf Strand. Am 21. wurde die jugoslawische PRESEDNIK KOPAJTIC (1.793 t) vor Morawhanna, am 24. die amerikanische WEST CHETAC (5.627 t) nordnordöstlich von Georgetown, am 26. die panamesische TAMBUR (1.811 t) und am 28. die amerikanische ALCOA MARINER (5.590 t), die beiden letzten bei Boca Grande, Venezuela, versenkt.

Am 1.10.42 versenkte U 175 die britische EMPIRE TENNYSON (2.880 t) nordnordöstlich von Boca Grande. Während der nächsten drei Tage versenkte sie drei Schiffe vor Waini Point, Guyana, und zwar die panamesische ANEROID (5.074 t), und als weitere die amerikanische CARIBSTAR (2.592 t) am 4. und die amerikanische WILLIAM A. MCKENNEY (6.153 t) am 5. Oktober. Nach einem sehr erfolgreichen Einsatz kehrte U 175 am 17.10.42 in den neuen Stützpunkt Lorient zurück.

2. 1.12.42: Auslaufen in den Zentralatlantik. U 175 patrouillierte anfangs westlich von Dakar und fuhr dann etwas nach Süden zum Gebiet vor Freetown. Es hatte bis zum 23.1.42 keinen Erfolg, erst als es die amerikanische BENJAMIN SMITH (7.177 t) vor Cape Palmas, Elfenbeinküste, versenkte. Anfang Februar wurde das Boot südöstlich der Azoren durch U 118 mit Brennstoff versorgt.

Rückkehr nach Lorient am 24.2.43.

3. 10.4.43: Auslaufen in den Nordatlantik. Während der Nacht vom 14./15. sichtete U 262 den nach Osten laufenden Convoy HX 233 400 Seemeilen nördlich der Azoren. U 175 und andere Boote wurden zum Angriff an den Convoy angesetzt.

Die Geleitfahrzeuge vertrieben die verfolgenden Boote und auch U 262. Der Convoy wurde während der Nacht vom 16./17. von U 175 wieder gefunden, das einen festen Kontakt herstellte. Es wurde von dem US Coast Guard Kutter SPENCER entdeckt und mit zwei Wasserbomben beworfen. U 175 wurde mehrfach beschädigt und tauchte eine Stunde später einige Seemeilen hinter dem Convoy auf. Einige Handelsschiffe eröffneten das Feuer und die US Coast Guard Kutter DUANE und SPENCER fuhren auf das Boot zu.

U 175 eröffnete das Feuer, wobei ein Mann der Besatzung der SPENCER getötet wurde, bevor der Kutter das Boot rammte. Die Besatzung verließ das Boot. Eine Abordnung der SPENCER landete auf U 175 und sah sich um, bevor es sank, 500 Seemeilen westsüdwestlich von Fastnet. Der Kommandant und 12 Mann der Besatzung von U 175 waren tot, 41 wurden gefangen genommen und in Nordirland als Kriegsgefangene abgegeben.

U 176 Typ IX C

Bauwerft: AG.Weser, Bremen
Kiellegung: 6. Februar 1941
Stapellauf: 12. September 1941
Indienststellung: 15. Dezember 1941
Feldpost-Nr.: M 47665
Versenkt am 15. Mai 1943 südlich von Cay Sal Bank (23°21'N/80°18'W)

Kommandos:
4. U-Flottille Stettin von Dezember 1941–Juli 1942 (Schulboot)
10. U-Flottille Lorient von Juli 1942–15. Mai 1943 (Frontboot)

Kommandant:
KKpt Reiner Dierksen, Dezember 1941–15. Mai 1943

Feindfahrten: 3
Versenkte Schiffe: 11 (53.307 BRT)

1. 21.7.42: Auslaufen Kiel in den Nordatlantik.
U 176 versenkte die britische RICHMOND CASTLE (7.798 t) am 4.8.42 im Zentralatlantik. Am 5. sichtete U 593 den nach Osten laufenden Convoy SC 94 900 Seemeilen südlich von Cape Farewell. U 176 war eines von sieben Booten, die auf ihn angesetzt wurden, und ab 7. an ihn Angriffe versuchten.

Am Nachmittag des 8. versenkte U 176 drei Schiffe, die britische TREHATA (4.817 t), die britische KELSO (3.956 t) und die griechische MOUNT KASSION (7.914 t), alle drei südöstlich von Cape Farewell. Am frühen Morgen des 9. versenkte das Boot im selben Gebiet einen Nachzügler des Convoys. Es war die komplett unbeschädigte britische RADCHURCH (3.701 t). Das Schiff wurde von seiner Besatzung am frühen Nachmittag des 8. verlassen. Bevor die Operation gegen den Convoy SC 94 am 11. endete, waren westnordwestlich Irlands elf Schiffe versenkt worden. Die Boote, einschließlich U 176, trafen sich zur Bildung einer neuen Linie, »Lohs« genannt, mit anderen Booten 600 Seemeilen westlich des Nordkanals zum Empfang eines ON-Convoys am 13. Während der Nacht vom 12./13., auf dem Weg zur neuen Position, sichteten sie den Convoy SC 95 auf Nordkurs. Nur drei Boote kamen heran, U 256, U 438 und U 705. Ein Schiff wurde durch U 705 früh am 15. versenkt. Nachdem der Kontakt verloren gegangen war, formte die »Lohs«-Gruppe am 17. eine neue Linie westlich von Irland.

Ab 21. fuhr die Gruppe nach Norden auf der Suche nach Convoys, aber am 22. passierte der Convoy ONS 122 die Linie im Süden und wurde von dem am südlichsten stehenden Boot der »Lohs«-Gruppe, U 135, gesichtet. Es verfolgte den Convoy, aber verlor ihn bei schlechter Sicht, und erst am 24. wurde er wieder entdeckt. Am 25. kam U 176 an ihn heran und versenkte die britische EMPIRE BREEZE (7.457 t) im Zentral-Nordatlantik. Dieses Schiff wurde auch von U 438 getroffen. Vier Schiffe wurden versenkt, dann kam Nebel auf, der weitere Angriffe unmöglich machte.

Ende August fuhren die Boote in ein Gebiet westlich der Azoren zur Versorgung. U 176 wurde am 29./30. durch U 462 mit Kraftstoff versorgt. Die »Lohs«-Gruppe wurde am 6.9.42 umgebildet und fuhr in ein Gebiet nordöstlich von Cape Race.

Am 18. wurde der nach Osten laufende Convoy SC 100 gesichtet, aber nur drei Boote der »Lohs«-Gruppe kamen heran, U 755, U 373 und U 596. Nur U 596 hatte einen Erfolg. Schlechter werdendes Wetter und eine Kursänderung des Convoys waren der Grund für den Kontakt-Verlust, der dann ab 20. von der Gruppe »Pfeil« angegriffen wurde. Die Gruppe »Lohs« beendete die Operation am 22. September. U 176 kehrte am 2.10.42 nach dem neuen Stützpunkt Lorient zurück.

2. 9.11.42: Auslaufen in den Zentralatlantik. U 176 patrouillierte südlich und südwestlich der Kapverdischen Inseln und versenkte am 27. die niederländische POLYDORUS (5.922 t) südlich der Inseln. Dieses Schiff wurde nach einer Jagd von 50 Stunden versenkt, die längste Tour, die ein Uboot nach einem Einzelschiff im Zweiten Weltkrieg benötigte.

Von Anfang Dezember befand sich U 176 in einem Gebiet nördlich von St. Paul Rocks. Am oder um den 10. wurde das Boot von U 461 mit Kraftstoff versorgt. U 176 stoppte und enterte die schwedische SCANIA (1.629 t) am 12. westlich der Rocks. Nach einer Suche nach Dokumenten u.a. versenkte das Enterkommando das Schiff. Spät am 16. wurde die britische OBSERVER (5.881 t) 300 Seemeilen östlich von Natal, Brasilien, versenkt.

Nach der Versenkung wurde U 176 angegriffen und von einem Flugzeug beschädigt. Es setzte seine Patrouille vor der Küste Brasiliens bis Ende Dezember fort, dann fuhr es in den Zentralatlantik, um unabhängig zwischen Brasilien und Freetown zu operieren. Es hatte keinen weiteren Erfolg.

Rückkehr nach Lorient am 8.2.43.

3. 6.4.43: Auslaufen zur Operation im Gebiet der Großen Antillen. Anfang Mai passierte U 176 durch die Crooked Island-Passage in Richtung Norden von Kuba und griff am 13. einen kleinen Convoy vor Puerto Manati, Kuba, an. Es versenkte zwei Tanker, die amerikanische NICKELINER (2.249 t) und die kubanische MAMBI (1.983 t). Eine Jagd auf das Boot begann, durchgeführt vom Zerstörer USS BRENNAN, einigen U-Jägern und einem Blimp. U 176 konnte entkommen. Das Boot wurde am 15. von einer USN-Kingfisher vom VC 62 gesichtet, die vom Cayo Frances aus operierte. Es machte einen Wasserbombenangriff, als das Boot tauchte, und warf Rauchzeichen. Diese wurden vom U-Jäger (Kuba/CS 13) gesehen, der U 176 aufspürte und mit zwei Wasserbomben versenkte. Es gab keine Überlebenden, 53 Tote.

U 177 Typ IX D-2

Bauwerft: AG.Weser, Bremen
Kiellegung: 25. November 1940
Stapellauf: 1. Oktober 1941
Indienststellung: 14. März 1942
Feldpost-Nr.: M 16669
Versenkt am 6. Februar 1944 westsüdwestlich von Ascension (10°35'S/23°15'W)

Kommandos:
4. U-Flottille Stettin von März–September 1942 (Schulboot)
10. U-Flottille Lorient von Oktober–November 1942 (Frontboot)
12. U-Flottille Bordeaux von Dezember 1942–6. Februar 1944 (Frontboot)

Kommandanten:
KKpt Wilhelm Schulze, März 1942
KKpt Robert Gysae, April 1942–Oktober 1943
KKpt Heinz Buchholz, Oktober 1943–6. Februar 1944

Feindfahrten: 3
Versenkte Schiffe: 14 (87.388 BRT)

1. 17.9.42: Auslaufen Kiel in den Südatlantik. Am 23. ging ein Mann der Besatzung über Bord. Mitte bis Ende Oktober und von Beginn der Feindfahrt an patrouillierte U 177 vor der Küste nördlich von Kapstadt.

Am 2. versenkte das Boot die griechische AEGEUS (4.538 t) 110 Seemeilen westlich von St. Helena Bay. U 177 fuhr rund um das Kap, und in der zweiten Hälfte vom November operierte es in einem Gebiet östlich bis nordöstlich von Durban. Am 19. versenkte es den britischen Tanker SCOTTISH CHIEF (7.006 t), am 20. die amerikanische PIERCE BUTLER (7.191 t), am 28. die britische NOVA SCOTIA (6.796 t) und am 30. die britische LLANDAFF (10.799 t). Die NOVA SCOTIA hatte 765 italienische Zivilisten an Bord, Internierte auf dem Weg von Massawa nach Durban. Es waren ebenfalls an Bord 134 südafrikanische Soldaten, auf der Rückkehr vom Mittleren Osten. 750 Leben gingen verloren, einschließlich 91 Soldaten. Auf der Fahrt weiter nach Norden versenkte U 177 westlich von Maputo, Mozambique, zwei Schiffe, die griechische SARONIKOS (3.548 t) am 7.12.42 und die britische EMPIRE GULL (6.408 t) am 12. Zwei Tage später versenkte U 177 die niederländische SAWAHLOENTO (3.085 t) ostsüdöstlich von Durban. Es hatte seine Rückreise begonnen und nach Fahrt durch den Süden und den Zentralatlantik lief U 177 in den neuen Stützpunkt Bordeaux am 22.1.43 ein.

2. 1.4.43: Auslaufen in den Südatlantik. U 177 war eines von sieben Typ IX-D-Booten, die Kapstadt Ende April erreichten. Während des Mai patrouillierte das Boot südlich und westlich von Kapstadt. Es hatte bis 28. keinen Erfolg, stand dann aber dem Convoy CD 20 vor Quain Point, Kap Provinz, gegenüber. U 177 versenkte zwei Schiffe, die amerikanische AGWIMONTE (6.679 t) und den norwegischen Tanker STORAAS (7.886 t), beide in einem Nachtangriff.

Anfang Juni patrouillierte das Boot vor Saldanha Bay.

Mitte Juni verließen die Typ IX-D-Boote ihr Operationsgebiet und fuhren ostwärts in den Indischen Ozean zum Treffen mit dem Versorger Charlotte Schliemann, der von Japan kam. Die Versorgung der Boote erfolgte ab 22., 600 Seemeilen südlich von Mauritius. U 177 begab sich dann in ein neues Gebiet und versenkte die britische Jasper Park (7.129 t) 550 Seemeilen südsüdwestlich von Cap Sainte Marie, am 10. die amerikanische Alice F. Palmer (7.176 t), 120 Seemeilen südwestlich vom Kap, und am 29. die britische Cornish City (4.952 t), 400 Seemeilen ostsüdöstlich vom Kap. Während dieses Einsatzes führte U 177 Versuche mit der »Bachstelze« durch, die mit einer Leine gezogen wurde, und horizontal mit Rotorblättern ausgerüstet war. Der geschleppte Hubschrauber trug einen Aufklärer, und man hoffte, dass Schiffe damit früher erkannt werden. Mehr als 30 Flüge wurden durchgeführt, aber U 177 versenkte nur ein Schiff, das auf diese Art ausgemacht worden war, die griechische Efthalia Mari (4.195 t) am 5.8.43 östlich von Manantenina, Madagaskar. U 177 kehrte am 1.10.43 nach Bordeaux zurück.

3. 23.12.43: Auslaufen Bordeaux und Einlaufen La Pallice am 26.12.43.

4. 2.1.44: Auslaufen La Pallice in den Indischen Ozean. U 177 strebte nach Süden, und Anfang Februar war es im Südatlantik. Am 6. wurde es von einer USN Liberator der VN 107 (Lt C.I. Pinnell) gesichtet, die von Ascension kam. Das Flugzeug griff mit Wasserbomben an und U 177 wurde 640 Seemeilen westsüdwestlich von Ascension zerstört. Zehn Mann der Besatzung wurden aufgefischt und wurden Kriegsgefangene. Der Kommandant und 50 Mann waren tot.

U 178 Typ IX D-2

Bauwerft: AG.Weser, Bremen
Kiellegung: 24. Dezember 1940
Stapellauf: 28. Oktober 1941
Indienststellung: 14. Februar 1942
Feldpost-Nr.: M 36887
Selbst versenkt am 25. August 1944 in Bordeaux

Kommandos:
4. U-Flottille Stettin von Februar–August 1942 (Schulboot)
10. U-Flottille Lorient von September–Oktober 1942 (Frontboot)
12. U-Flottille Bordeaux von November 1942–20. August 1944 (Frontboot)

Kommandanten:
KptzS Hans Ibbeken, Februar 1942–Februar 1943
KKpt Wilhelm Dommes, März–November 1943
KptLt Wilhelm Spahr, November 1943–20. August 1944

Feindfahrten: 3
Versenkte Schiffe: 13 (87.024 BRT) und 1 beschädigt

1. 8.9.42.: Auslaufen Kiel in den Südatlantik. U 178 fuhr nach Süden durch den Südatlantik und versenkte am 10.10.42 die britische Duchess of Atholl (20.190 t) ostnordöstlich von Ascension. Das Boot war am 20. im Gebiet von Kapstadt und setzte sein Vorhaben im Gebiet vor der Ostküste Südafrikas fort. U 178 übernahm am 23. einen kranken Seemann von U 159 an Bord zur ärztlichen Behandlung. Am 1.11.42 versenkte es die britische Mendoza (8.233 t), am 4. zwei Schiffe vor Maputo, Mozambique, die norwegische Hai Hing (2.561 t) und die britische Trekieve (5.244 t).
Zurück im Süden, versenkte U 178 die britische Louise Moller (3.764 t) am 13., 320 Seemeilen ostsüdöstlich von Durban, und am 15. beschädigte es die britische Adviser (6.348 t) 240 Seemeilen südöstlich von Durban. Dieses Schiff wurde vom Schlepper Prudent nach Durban eingeschleppt und repariert. Der letzte Erfolg auf dieser Feindfahrt kam am 27., als das Boot die amerikanische Wadsworth (7.176 t) 340 Seemeilen südlich von George, Kap Provinz, versenkte.
U 178 kehrte am 9.3.43 nach Bordeaux zurück.

2. 7.3.43: Auslaufen Bordeaux und Rückkehr am 9.3.43.

3. 28.3.43: Auslaufen in den Indischen Ozean. U 178 kehrte in sein vorheriges Operationsgebiet vor der Ostküste Afrikas zurück. Auf der Fahrt nach dort wurde das Boot am 24.5.43 über Wasser von einer Catalina aus Port Elizabeth gesichtet. Das Flugzeug warf drei Wasserbomben, aber das Boot entkam ohne Schäden. Am 1.6.43 beschädigte U 178 die niederländische Salabangka (6.586 t) aus dem Convoy CD 20 vor Port Shepstone. Dieses Schiff wurde in Schlepp genommen, aber am selben Abend auf Land gesetzt. U 178 traf am 8. mit U 195 zusammen, um einen kranken Seemann zu übernehmen. Am oder um den 22. wurde U 178 vom Versorger Charlotte Schliemann 600 Seemeilen südlich von Mauritius versorgt. Am 4.7.43 befand sich das Boot am südlichen Ende des Mozambique Channel und versenkte zwei Schiffe, die norwegische Breiviken (2.669 t), einen Nachzügler vom Convoy DN 50, und die griechische Michael Livanos (4.774 t). U 178 fuhr nach Norden und versenkte am 11. die griechische Mary Livanos (4.771 t), vermutlich ein Schwesterschiff, vor Angoche, Mozambique.
Am frühen Morgen des 14. versenkte das Boot die ame-

rikanische ROBERT BACON (7.191 t) im selben Gebiet.
Am 16. wurde die britische CITY OF CANTON (6.692 t) nordöstlich von Nacale, Mozambique, versenkt.

U 178 war das einzige Boot vom Typ XI C, das nicht nach Bordeaux zurückkehrte. Am 22.7.43 wurde sein Kommandant, Korvettenkapitän Dommes, zu einem Treffen mit dem italienischen Uboot TORELLI südöstlich vom Kap der Guten Hoffnung befohlen. Sie trafen am 8.8.43 aufeinander und setzten in Richtung Penang ihre Reise fort, wo U 178 überholt wurde zur Rückkehr in den Indischen Ozean.
Einlaufen Penang am 27.8.43.

4. Auslaufen Penang und Einlaufen Singapur am 11.10.43.
5. Auslaufen Singapur und Rückkehr nach Penang am 25.10.43.

Dommes erhielt den Auftrag, in Penang einen Uboot-Stützpunkt aufzubauen. Er kehrte im November 1943 nach Bordeaux zurück und der I WO von U 178, Spahr, übernahm das Kommando des Bootes am 25.11.43. Er war zuvor auf U 47 bei Prien gefahren und hatte die Versenkung der ROYAL OAK miterlebt.
U 178 erhielt nicht die geplante Überholung in Penang, es fehlten Teile. Es wurde nach Bordeaux zurück befohlen, um für die nächste Feindfahrt hergestellt zu werden. Dommes kehrte im März 1944 nach Penang zurück und übernahm das Kommando des dortigen Uboot-Stützpunktes.

6. 27.11.43: Auslaufen Penang in den Indischen Ozean. U 178 patrouillierte um Indien herum, vor der Ostküste in der ersten Hälfte des Dezembers und vor der Westküste in der zweiten Hälfte. Am 27.12.43 versenkte U 178 die amerikanische JOSE NAVARRO (7.244 t) 200 Seemeilen westlich von Trivandrum, Kerala. Während des Januar 1944 operierte das Boot in einem Gebiet südwestlich von Indien, hatte aber keinen Erfolg. Am 27. wurde das Boot 100 Seemeilen südöstlich von Mauritius durch CHARLOTTE SCHLIEMANN mit Kraftstoff versorgt. U 178 operierte bis Februar im Gebiet von Mauritius. Am 27. gab es an U 532 südlich von Mauritius Kraftstoff ab. Am 11.2.44 hatte dieses Boot ein Treffen mit der CHARLOTTE SCHLIEMANN. Sie wurden von einer auf Mauritius stationierten Catalina entdeckt, die den Zerstörer HMS RELENTLESS herbeirief.
Als dieser in der Nacht des 11./12. die Szene erreichte, wurde die CHARLOTTE SCHLIEMANN selbst versenkt. U 532 nahm später die Tankerbesatzung auf. U 178 wurde dann zum Treffen mit UIT 22, 600 Seemeilen südlich von Kapstadt befohlen. Auf dem Kurs nach dort am 8.3.44 wurde U 178 350 Seemeilen südlich von Port Elizabeth durch eine Ventura der 25. (SAAF) Squadron geortet. Das Flugzeug warf fünf Wasserbomben gleich nach dem Tauchen des Bootes. Unbeschädigt überstand das Boot den Angriff, aber als es am Morgen danach auftauchte, sah es das Flugzeug wieder und tauchte erneut. Es fuhr mit hoher Geschwindigkeit über Wasser bei Nacht davon und tauchte am Morgen erneut.
Mittlerweile hatte UIT 22 den Treffpunkt erreicht, wurde aber von einer Catalina der 262. Squadron (F/Lt F.T. Roddick) gesehen. Es wurde angegriffen und kurz danach versenkt. U 178 erreichte den Treffpunkt 15 Stunden darauf, aber ein dicker Ölfilm war das einzige, was von UIT 22 übrig war. U 178 begann seine Rückreise.
Rückkehr nach Bordeaux am 25.5.44.

U 178 führte keine Feindfahrten mehr durch. Es stellte am 20.8.44 in Bordeaux außer Dienst.
Es fehlte an Batterien, und das Boot konnte innerhalb des Zeitraums, bevor die alliierten Landstreitkräfte ankamen, nicht seefähig gemacht werden.
Das Boot wurde am 25. selbst versenkt und später abgebrochen.

U 179 Typ IX D-2

Bauwerft: AG.Weser, Bremen
Kiellegung: 15. Januar 1941
Stapellauf: 18. November 1941
Indienststellung: 7. März 1942
Feldpost-Nr.: M 43332
Versenkt am 8. Oktober 1942 westnordwestlich von Kapstadt (33°38'S/17°05'E)

Kommandos:
4. U-Flottille Stettin von März–August 1942 (Schulboot)
10. U-Flottille Lorient von Aug.–Okt. 1942 (Frontboot)
12. U-Flottille Bordeaux von Oktober 1942 (Frontboot)

Kommandant:
KKpt Ernst Sobe, März 1942–8. Oktober 1942

Feindfahrten: 1
Versenkte Schiffe: 1 (6.558 BRT)

1. 15.8.42: Auslaufen Kiel in den Südatlantik. U 179 kam in seinem Operationsgebiet am Abend des 8.10.42 an und versenkte die britische CITY OF ATHENS (6.558 t), 80 Seemeilen westnordwestlich von Kapstadt.

Der Zerstörer HMS ACITVE fuhr in das Gebiet, um Überlebende von der CITY OF ATHENS aufzunehmen. Ein Sonar-Kontakt wurde zu U 179 hergestellt, und das Boot über Wasser mit Scheinwerfern gestellt. Das Boot tauchte, wurde aber mit Wasserbomben wieder zum Auftauchen gebracht, dann gerammt und durch die ACTIVE versenkt. Es gab keine Überlebenden, 61 Tote.

U 180 Typ IX D-1

Bauwerft: AG.Weser, Bremen
Kiellegung: 25. Februar 1941
Stapellauf: 10. Dezember 1941
Indienststellung: 16. Mai 1942
Feldpost-Nr.: M 44013
Versenkt am 26. August 1944 möglicherweise durch Minentreffer.

Kommandos:
4. U-Flottille Stettin von Mai 1942–Februar 1943 (Schulboot)
12. U-Flottille Bordeaux von Februar–November 1943 und April 1944–26. August 1944 (Frontboot)

Kommandanten:
FKpt Werner Musenberg, Mai 1942–Januar 1944
OLtzS Harald Lange (zeitweise), Okt.–Nov. 1943
OltzS Rolf Riesen, April 1944–26. August 1944

Feindfahrten: 2
Versenkte Schiffe: 2 (13.298 BRT)

U 180 war eines der beiden Typ IX D-1-Boote, das andere war U 195. Es wurde ausgedehnten Versuchen unterzogen, bevor es zur ersten Feindfahrt auslaufen durfte.

1. 9.2.43: Auslaufen Kiel in den Südatlantik. Auf Weisung Hitlers beförderte U 180 zwei Passagiere, den indischen Nationalisten Chandra Bose und den arabischen nationalen Führer Abid Hasan. Bose war in Berlin gewesen und wollte nun zurück in den Fernen Osten zur Aufstellung einer Armeee aus indischen Kriegsgefangenen, die sich in Händen der Japaner befanden. Sie sollten gegen die Engländer kämpfen, um Indien zu befreien. Die beiden Männer wurden an ein japanisches Uboot abgegeben. Bose war kein guter Passagier, war ständig seekrank und fiel einmal sogar über Bord.
U 180 fuhr in den Südatlantik und war im Gebiet vor

Kapstadt Anfang April. Es umrundete das Kap und früh am 18. versenkte es den britischen Tanker CORBIS (8.132 t) 800 Seemeilen ostsüdöstlich von Port Elizabeth. Am 25. wurden Bose und Hasan an das japanische Uboot I 29 300 Seemeilen südlich von Madagaskar übergeben. Zusätzlich gab U 180 Munition, Dokumente und eine Anzahl Bolde, die auf chemischem Wege bei Abschuss in die See eine Anzahl von Blasen entwickelten, und so ein Asdic-Echo, ähnlich einem Uboot, erzeugten. Von dem japanischen Uboot erhielt U 180 ein Wappen in Gold, einige Torpedos und übernahm zwei japanische Offiziere, die die Uboot-Praxis studieren sollten.
U 180 patrouillierte im Anschluss vor der Ostküste Südafrikas und fuhr dann nach Süden, umrundete das Kap und ging erneut in den Südatlantik.
Am 3.6.43 versenkte das Boot die griechische BORIS (5.166 t) 250 Seemeilen westnordwestlich von Ascension. Irgendwann nach Mitte Juni wurde das Boot von U 350 südwestlich von den Kanarischen Inseln mit Kraftstoff versorgt. Rückkehr nach Bordeaux am 2.7.43.

Während der ersten Feindfahrt erprobte das Boot seine Hochgeschwindigkeitsdieselmotoren. Sie waren sehr unzuverlässig und riefen gewaltige Abgaswolken hervor, wenn das Boot aufgetaucht fuhr.
Nach der Rückkehr nach Bordeaux wurde U 180 außer Dienst gestellt. Im November 1943 begann der Umbau. Die Maschinen wurden umgebaut und die Torpedorohre und einige Batterien ausgebaut. U 180 wurde mit einem Schnorchel versehen und wurde zum U-Tanker mit einem Fassungsvermögen von 252 Tonnen umgebaut. Es kehrte zur 12. U-Flottille im April 1944 zurück.

2. 24.8.44: Auslaufen Bordeaux zu Transportzwecken in den Fernen Osten. U 180 sank am 26. nach Auflaufen auf eine Mine 40 Seemeilen westlich von Lacanau-Océan. Es gab keine Überlebenden, 56 Tote.

U 181 Typ IX D-2

Bauwerft: AG.Weser, Bremen
Kiellegung: 15. März 1941
Stapellauf: 30. Dezember 1941
Indienststellung: 9. Mai 1942
Feldpost-Nr.: M 45435
Selbst versenkt am 16. Februar 1946 in Singapur

Kommandos:
4. U-Flottille Stettin von Mai–September 1942 (Schulboot)
10. U-Flottille Lorient von September–Oktober 1942 (Frontboot)
12. U-Flottille Bordeaux von November 1942–September 1944 (Frontboot)
33. U-Flottille Penang/Batavia von Oktober 1944–Mai 1945 (Frontboot)

Kommandanten:
KKpt Wolfgang Lüth, Mai 1942–Oktober 1943
KptzS Freiwald, November 1943–Mai 1945

Feindfahrten: 4
Versenkte Schiffe: 27 (138.779 BRT)

1. 12.9.42: Auslaufen Kiel in den Südatlantik. Am 18. wurde U 181 von einem auf den Shetlands stationierten Flugzeug angegriffen. Das Boot tauchte, wurde aber durch eine der Wasserbomben beschädigt. Marinefahrzeuge trafen ein und mehr als 30 Wasserbomben wurden während einer zehnstündigen Jagd geworfen, aber U 181 entkam.
Es passierte den Zentral- und Südatlantik, kreuzte den Äquator am 18.10.42, und versenkte am 3.11.42 490 Seemeilen südwestlich von Kapstadt die amerikanische EAST INDIAN (8.159 t). Das Boot drehte nach Osten unter dem Kap und versenkte am 8. die panamesische PLAUDIT (5.060 t) 160 Seemeilen südlich von Port Elizabeth.
U 181 ging an die Ostküste von Südafrika, versenkte am 10.11.42 die norwegische MELDAHL (3.799 t) 200 Seemeilen südwestlich von East London und am 13. die amerikanische EXCELLO (4.969 t) 120 Seemeilen ostnordöstlich von East London. Am Morgen des 15. wurde U 181 vom Zerstörer HMS INCONSTANT vor Durban über Wasser gesichtet. Die Jagd wurde bis zum Nachmittag fortgesetzt, als sich die Korvetten HMS JASMINE und INCONSTANT daran beteiligten. Am Abend hatte die INCONSTANT nur noch eine Wasserbombe, nachdem sie sieben Angriffe gefahren hatte. JASMINE machte einen Wasserbombenangriff am Abend, gegen Mitternacht wurde aufgegeben. U 181 war bis auf eine Tiefe von 570 Fuß abgetaucht. Außer Leckagen hatte es keine Schäden.
Das Boot war am 18. vor Maputo, Mozambique, und versenkte in den nächsten 12 Tagen sieben Schiffe, die norwegische GUNDA (2.241 t) am 19., die griechische CORINTHIAKOS (3.562 t) am 20., die amerikanische ALCOA PATHFINDER (6.797 t) am 22., die griechische MOUNT HELMOS (6.481 t) und die britische DORINGTON COURT (5.281 t) am 24., die griechische EVANTHIA (3.551 t) am 28. und die griechische CLEANTHIS (4.153 t)

am 30. Die letzten vier dieser Schiffe wurden durch Torpedos beschädigt und dann durch Artillerie versenkt. Die MOUNT HELMOS wurde 65 mal getroffen, die DORINGTON COURT 60 mal, bei 90 abgeschossenen Granaten, die EVANTHIA 107 mal und die CLEANTHIS 70 mal von 80 abgeschossenen Granaten. Alle 10-cm-Granaten von U 180 waren damit verschossen worden.
Das Boot begann seine Rückfahrt am 2.12.42 und versenkte an diesem Tag die panamesische AMARYLLIS (4.238 t) östlich vom Cape Lucia. Anfang Januar 1943 wurde U 181 zum Treffen mit der »Delphin«-Gruppe befohlen, um ab 7. westlich der Kanarischen Inseln gegenüber dem anvisierten Kurs des Tanker-Convoys TM 1 eine Abwehrlinie zu bilden. Das Boot kam bei der drei Tage dauernden Aktion nicht zum Zuge. Sieben Tanker wurden von der Gruppe versenkt.
Rückkehr in den neuen Stützpunkt Bordeaux am 18.1.43.
2. 23.3.43: Auslaufen in den Südatlantik. U 181, U 267, U 404, U 571 und U 662 waren auf der Suche nach dem nach Norden laufenden Convoy SL 126, der von einem Flugzeug am 27. westlich der Biskaya gesichtet worden war. Nur U 404 und U 662 fanden den Convoy, versenkten vier Schiffe und beschädigten eines. Als der Kontakt verloren ging, setzte U 181 die Fahrt nach Süden fort. Am frühen Morgen des 11.1.43 schoss U 181 zwei Torpedos auf die britische EMPIRE WHIMBREL (5.983 t) südwestlich von Monrovia ab. Das Schiff leitete ein Evakuierungsmaßnahme ein, doch gegen Abend kam das Boot erneut heran, erzielte zwei Torpedotreffer und die Besatzung musste in die Boote. Als das Schiff nicht sank, entschied Lüth, es mit Artillerie zu vernichten. Die Geschütze hatten mehr als vier Monate nicht mehr geschossen und der Lauf der 3,7-cm-Kanone spielte verrückt, als eine Granate festsaß und explodierte.
Drei Mann wurden durch umherfliegende Teile schwer verwundet und der Bordarzt musste beim Koch des Bootes das untere Bein amputieren. Der Mann starb bald darauf, und nach einer kurzen Andacht am nächsten Morgen wurde er auf See beigesetzt. Ein anderer verwundeter Mann, mit möglicherweise einem Lungenschaden, wurde am 12. auf das rücklaufende U 516 gegeben. Die EMPIRE WHIMBREL hatte mit 105 Schuss am 11. ihren Widerstand aufgegeben, und sank als das Bein des Kochs operiert wurde.
U 181 passierte den Südatlantik, umrundete das Kap und wandte sich nach Norden zum südlichen Ende vom Mozambique Channel vor Maputo. Am 11.5.43 versenkte das Boot die britische TINHOW (5.232 t). Im selben Gebiet stoppte das Boot am 27. die schwedische SICILIA (1.633 t) mit Schüssen vor den Bug. Es war bekannt, dass es sich um ein neutrales Schiff handelte. Der Kapitän und die Offiziere kamen an Bord U 181 zur Befragung. Lüth entschied sich

für die Versenkung und erlaubte der Besatzung, ihr Eigentum mitzuführen. Dann gingen sie in die Boote. Die SICILIA wurde danach mit einem Torpedo versenkt.

Am 7.6.43 versenkte U 181 die südafrikanische HARRIER (193 t) 200 Seemeilen östlich von Durban. Es fuhr dann ostwärts in den Indischen Ozean und wurde am 23. von der CHARLOTTE SCHLIEMANN 600 Seemeilen südlich von Mauritius mit Brennstoff versorgt. Am 2.7.43 versenkte das Boot die britische HOIHOW (2.798 t) nördlich von Reunion und am 15. und 16. zwei Schiffe zwischen Reunion und Madagaskar, die britische EMPIRE LAKE (2.852 t) und die britische FORT FRANKLIN (7.135 t). Am 4.8.43 versenkte U 181 östlich Mauritius die britische DALFRAM (4.558 t) und am 7. die britische UMVUMA (4.419 t) im selben Gebiet sowie am 12. die britische CLAN MACARTHUR (10.528 t) südwestlich von Reunion.

Am 15. wurde U 181 zu einem Treffen mit U 197 befohlen, und am 17. konferierten die beiden Kommandanten wegen der Rückkehr nach Frankreich. Es gab viele Funksprüche zwischen den Booten U 196, U 197 und U 181 während des 17. und am 18. U 181 und U 197 trafen am 19. südlich Cape Sainte-Marie, Madagaskar, zusammen. Kommandant Kapitänleutnant Bartels von U 197 sagte, er wünsche in diesem Gebiet zu bleiben. Lüth wollte auch U 196 treffen, was am 20., 300 Seemeilen südsüdwestlich von Madagaskar, geschah. Das Wetter war schlecht und das Angebot von U 196 Torpedos, Verpflegung und Kraftstoff abzugeben, wurde von U 181 angenommen. Die beiden Kommandanten trafen sich nicht persönlich zu Informationsgesprächen, Anweisungen wurden mit einzelnen Signalen gemacht. Am 20. erhielt U 181 ein Signal von U 197, das besagte, es sei von einem Flugzeug angegriffen worden und habe Schwierigkeiten beim Tauchen. Das Flugzeug, eine RAF Catalina der 259. Squadron (F/Lt O. Barnett) von St. Lucia, Natal, traf das Boot mit sechs Wasserbomben, was schwere Schäden verursachte. Da Lüth zwei verschiedene Positionen empfangen hatte, 250 Seemeilen entfernt, entschied er sich, bei U 196 zu bleiben, bis sich U 197 wieder melden sollte.

Mittlerweile wurde U 197 von der Catalina umflogen. Es übermittelte dann seine konkrete Position, aber eine halbe Stunde später gaben ihre vergeblichen Signale das Ende an. Eine zweite Catalina umrundete das Boot und machte Tiefangriffe. Robin schließlich beschoss U 197 im Tiefangriff und warf sechs Wasserbomben.

Das Boot wurde zerstört.

U 181 und U 196 fuhren in Richtung des Bootes, um es zu treffen, aber ihre Suche wurde ein Fehlschlag. Sie gaben am 24. auf und setzten ihre Heimfahrt fort. Nach einer Feindfahrt von 206 Tagen lief U 181 am 14.10.43 in Bordeaux ein.

3. 16.3.44: Auslaufen in den Indischen Ozean.

Auf dem Weg nach Süden traf U 181 mit dem rückkehrenden Boot U 188 am 22.4.44 zusammen, um wichtige Informationen über Operationen im Indischen Ozean zu erhalten. Am 1.5.44 versenkte U 181 die britische JANETA (5.312 t) 650 Seemeilen ostnordöstlich von den Martin Vaz Islands. Um den 9. befand sich das Boot nahe Kapstadt und am 17. umrundete es das Kap und setzte seine Operation in einem Gebiet südöstlich von Madagaskar fort, das es Anfang Juli erreichte.

U 181 war auf dem Marsch nach der Westküste Indiens, als es die niederländische GAROET (7.118 t) am 19.6.44 700 Seemeilen nordöstlich von Mauritius versenkte. Am 15.7.44 versenkte es die britische TANDA (7.174 t) nordwestlich von Mangalore. Es wurde an der Wasseroberfläche am 16. von einem Flugzeug gesichtet, und anschließend, sechs Stunden lang durch die indische Sloop HMIS SUTLEJ und Flugzeuge mit Wasserbombenangriffen eingedeckt. U 181 entkam und fuhr nach den Laccadives zur Durchführung von Reparaturen. Am 19., 300 Seemeilen westlich von Cochin, versenkte das Boot die britische KING FREDERICK (5.265 t).

U 181 nahm Kurs auf Penang. Nahe des Hafens, am 7.8.44, wurde das Boot durch Torpedos des britischen Ubootes HMS STRATEGEM verfehlt. U 181 lief in Penang am 8.8.44 ein.

Am 9.9.44 verließ U 181 Penang unter dem zeitweisen Kommando von Kapitänleutnant Herwartz von U 843, dessen Boot Reparaturen unterzogen wurde. Der Kommandant von U 181 war in Tokio.

Das Boot fuhr auf Grund, gerade als es vor Singapur war, und nachdem es bei der nächsten Tide wieder flott gemacht wurde, lief es dort für weitere Instandsetzungen und ebenso zur Übernahme von strategischem Rohmaterial ein. U 181 verließ Singapur am 25.9.44 in Richtung Batavia, wo es für die Heimreise ausgerüstet wurde.

4. 19.10.44: Auslaufen Batavia nach Westfrankreich. U 181 trug Material von Singapur mit sich. Am 2.11.44 versenkte das Boot den amerikanischen Turbinentanker FORT LEE (10.198 t) im südlichen Indischen Ozean.

Das Boot erreichte das Kap, aber es gab mehrere mechanische Fehler, so dass es nach Batavia zurück beordert wurde.

U 181 traf sich mit U 843 am oder um den 22.12.44 zur Übergabe seines überflüssigen Kraftstoffs. Die Übergabe war am 24. beendet, U 181 lief nach Batavia zurück und kehrte dort am 6.1.45 ein.

Eine Woche später verließ U 181 Batavia mit Kurs auf Penang, wurde aber unterwegs nach Singapur zur In-

standsetzung befohlen. Am 6.5.45 wurde das Boot von der japanischen Marine übernommen und hieß ab 15.7.45 I 501.
Es ergab sich in Singapur am 15.8.45 und wurde am 16.2.46 selbst versenkt.

U 182 Typ IX D-2

Bauwerft: AG.Weser, Bremen
Kiellegung: 7. April 1941
Stapellauf: 3. März 1942
Indienststellung: 30. Juni 1942
Feldpost-Nr.: M 05593
Versenkt am 16. Mai 1943 nordwestlich von Madeira
(33°55'N/20°35'W)

Kommandos:
4. U-Flottille Stettin von Juni–Dezember 1942
(Schulboot)
12. U-Flottille Bordeaux von Dezember 1942–16. Mai 1943 (Frontboot)

Kommandant:
KptLt Nicolai Clausen, Juni 1942–16. Mai 1943

Feindfahrten: 1
Versenkte Schiffe: 5 (30.071 BRT)

1. 9.12.42: Auslaufen Horten in den Südatlantik. Am 29. sichtete U 182 den nach Westen laufenden Convoy GUS 2 nahe der Kanarischen Inseln. Es begann ihn zu verfolgen, wurde aber lokalisiert und vertrieben.
Der Kontakt ging verloren. Die »Delphin«-Gruppe wurde zum Suchen befohlen, und der Convoy wurde möglicherweise südlich am Ende der »Delphin«-Linie am 5.1.43 gesichtet. Zu dieser Zeit war aber die Gruppe an dem nach Osten laufenden Tanker-Convoy TM 1 beschäftigt.
U 182 setzte seinen Südkurs fort und versenkte am 15. Dezember 250 Seemeilen südlich von den Kapverdischen Inseln die britische OCEAN COURAGE (7.173 t).
U 182 traf auf U 506, U 509 und U 516, die ebenfalls als »Seehund«-Gruppe, mit Kurs auf Kapstadt nach Süden liefen. Es verließ die Gruppe Anfang Februar 1943, umrundete das Kap und nahm Kurs auf die Ostküste Südafrikas.
Am 17.2.43 versenkte U 182 die britische LLANASHE (4.836 t) vor Cape Saint Francis. Von Anfang März kreuzte es zwischen Durban und dem südlichen Ende des Mozambique Channel. Am 10.3.43 versenkte U 182 die amerikanische RICHARD D. SPAIGHT (7.177 t) 350 Seemeilen ostnordöstlich von Durban und am 5.4.43 die britische ALOE (5.047 t) 250 Seemeilen weiter südlich.
U 182 begann kurz danach mit der Heimreise, umfuhr das Kap und fuhr in den Südatlantik. Am 1.5.43 versenkte das Boot die griechische ADELFOTIS (5.838 t) 600 Seemeilen westnordwestlich von Ascension.
Am 16. griff U 182 den Convoy UGS 8 nordwestlich von Madeira an, wurde geortet und mit zwei Wasserbomben eines der Geleitfahrzeuge, des Zerstörers USS MACKENZIE (Cdr D.B. Miller), vernichtet.
Es gab keine Überlebenden, 61 Tote.

U 183 Typ UC C-40

Bauwerft: AG.Weser, Bremen
Kiellegung: 28. Mai 1941
Stapellauf: 9. Januar 1942
Indienststellung: 1. April 1942
Feldpost-Nr.: M 44100
Versenkt am 23. April 1945 in der Javasee
(04°57'S/112°52'E)

Kommandos:
4. U-Flottille Stettin von April–September 1942
(Schulboot)
2. U-Flottille Lorient von Oktober 1942–September 1944 (Frontboot)
33. U-Flottille Penang/Batavia von Oktober 1944–23. April 1945 (Frontboot)

Kommandanten:
KKpt Heinrich Schäfer, April 1942–November 1943
KptLt Fritz Schneewind, November 1943–23. April 1945

Feindfahrten: 6
Versenkte Schiffe: 5 (26.253 BRT)

1. 19.9.42: Auslaufen Kiel in den Nordatlantik. U 183 traf auf die »Luchs«-Gruppe westlich von Irland Ende September. Am 29. sichtete das Uboot U 118 einen nach Westen laufenden Convoy 250 Seemeilen südlich von Island, und die »Luchs«-Gruppe wurde zum Angriff nordwestlich davon befohlen. Der Convoy wurde bis zum 2.10.42 nicht gefunden, und die Linie bewegte sich nach Südwest.

Am 3. wurde der nach Osten laufende Convoy HX 209 am nördlichen Ende der Linie gesichtet. Schlechtes Wetter machte jeden organisierten Angriff am 4. unmöglich. Am 5. wurde U 183 über Wasser fahrend von einer Catalina des USN VP 73 (Lt G.F. Swanson) südsüdwestlich von Reykjavik erkannt. Das Boot tauchte rechtzeitig und die vier geworfenen Wasserbomben gingen daneben. Das Flugzeug war auf dem Flug nach HX 209. Der Angriff auf den Convoy wurde am 6. aufgegeben.

U 183 fuhr dann gemeinsam mit U 518 in die Belle Isle Strait. Sie hatten Befehl, jede Schiffsbewegung zu melden, aber es tauchte kein Schiff auf. Anfang November fuhr U 183 nach Nova Scotia, Neufundland, und von Mitte des Monats patrouillierte es südlich von Neufundland. Es griff den Convoy ONS 146 am 3.12.42 vor Sable Island an und versenkte die britische EMPIRE DABCHICK (6.089 t). Bald nach Versorgung durch U 460 nordwestlich der Azoren lief U 183 heimwärts.

Rückkehr in den neuen Stützpunkt Lorient am 23.12.42.

2. 30.1.43: Auslaufen in die Karibik. U 183 traf anfangs auf die »Hartherz«-Gruppe westlich der Biskaya, um auf dem Kurs nach Gibraltar gegen Convoys zu fahren. Nach einer Woche, in der sich nichts tat, wurde die Gruppe aufgegeben. U 183 überquerte den Atlantik und machte Station nördlich der Großen Antillen. Es fuhr in die Karibik und patrouillierte südlich von Kuba und im Yucatan Channel. Am 11.3.43 versenkte es die honduranische OLANCHO (2.493 t) vor der Westspitze von Kuba. Ab Anfang April operierte das Boot nördlich in der Karibik aber ohne Erfolg. Am oder um den 13. wurde das Boot von U 117 südlich der Azoren mit Brennstoff versorgt.

Rückkehr nach Lorient am 3.5.43.

3. 3.7.43: Auslaufen in den Indischen Ozean als Teil der »Monsun«-Gruppe mit U 168, U 188, U 506, U 514, U 516, U 532 und U 533. Der Plan sah vor, daß die Boote durch U 462 östlich der St. Paul Rocks versorgt werden sollten. Aber sie verfehlten zweimal den Treffpunkt in der Biskaya-Bucht. Ein neuer Plan wurde für U 487 zur Versorgung der Gruppe südlich der Azoren ab 14.7.43 gemacht. Fünf der Boote suchten nach U 487 ab 14.7.43, aber konnten es nicht finden. Es war am 17. von einem Flugzeug versenkt worden. Drei »Monsun«-Boote wurden auf dem Kurs versenkt, U 506, U 509 und U 514. Die Versorgung von U 183, U 168 und U 188 wurde schließlich durch U 155 600 Seemeilen westnordwestlich von den Kapverdischen Inseln zwischen dem 21. und 27. durchgeführt. U 516 der »Monsun«-Gruppe versorgte U 532 und U 533 und kehrte dann in den Stützpunkt zurück. Die verbliebenen fünf Boote der »Monsun«-Gruppe fuhren in den Südatlantik, umrundeten das Kap und fuhren in den Indischen Ozean. Am 11.9.43 tra-

fen sie auf den deutschen Versorger BRAKE südlich von Mauritius und wurden mit Kraftstoff versorgt.

Die BRAKE kam von Penang. Die fünf Boote fuhren dann in eigene Operationsgebiete. U 183 patrouillierte zwischen den Seychellen und der Ostküste Afrikas. Es hatte keinen Erfolg.

Einlaufen Penang am 30.10.43.

4. 11.43: Auslaufen Penang nach Singapur, Rückkehr nach Penang im Januar 44.

5. 10.2.44: Auslaufen Penang nach Süden und Südwesten von Indien.

Am 29. versenkte das Boot die britische PALMA (5.419 t) vor Galle, Ceylon. Das Boot war am 9.3.44 vor dem Addu-Atoll, südwestlich von Ceylon. Es torpedierte die Hulk des britischen Tankers BRITISH LOYALTY (6.993 t), die dort vor Anker lag, und zuvor durch ein japanisches Kleinst-Uboot vor Diego Suarez beschädigt wurde. Das war am 30.5.42 vor Madagaskar geschehen. Das Schiff sank nach dem Angriff durch U 183, wurde später gehoben, aber zum Totalverlust erklärt.

Rückkehr nach Penang am 21.3.44.

6. 3.5.44: Auslaufen Penang und Rückkehr am 5.5.44.

7. 17.5.44: Auslaufen in Richtung Indien. U 183 versenkte am 5.6.44 nordöstlich der Salomon-Inseln die britische HELEN MOLLER (5.259 t) im Zentralen Indischen Ozean. Am 25. wurde U 183 von U 537 versorgt.

Rückkehr nach Penang am 7.7.44.

8. 11.44: U 183 fuhr nach Kobe, Einlaufdatum unbekannt.

9. 22.2.45: Auslaufen Kobe und Einlaufen Batavia am 9.3.45.

10. 21.4.45: Auslaufen Batavia. Am 23. wurde das Boot über Wasser laufend von dem amerikanischen Uboot USS BESUGO (Cdr H.E. Miller) in der Java-See gesehen. Das Boot führte zusätzlichen Kraftstoff in den Tauchtanks mit sich und konnte daher nicht tauchen. Es führte außerdem ein japanisches Emblem und es wehte eine japanische Flagge. Die BESUGO schoss sechs Torpedos und versenkte das Boot. Es gab nur einen Überlebenden, den Steuermann. Er identifizierte U 183 gegenüber der BESUGO. 55 Mann der Besatzung waren tot.

U 184 Typ IX C-40

Bauwerft: AG.Weser, Bremen
Kiellegung: 10. Juni 1941
Stapellauf: 21. Februar 1942
Indienststellung: 29. Mai 1942
Feldpost-Nr.: M 45477
Versenkt am 20. Januar 1942 östlich von Neufundland
(49°25'N/45°25'W)

Kommandos:
4. U-Flottille Stettin von Mai–November 1942
(Schulboot)
2. U-Flottille Lorient von November 1942 (Frontboot)
Kommandant:
KptLt Günther Dangschat, Mai 1942–20. Nov. 1942

Feindfahrten: 1
Versenkte Schiffe: 1 (3.192 BRT)

1. 22.10.42: Auslaufen Kiel, Einlaufen Bergen am
25.10.42.
2. 9.11.42: Auslaufen Bergen in den Nordatlantik.
U 184 wurde an den nach Westen laufenden Convoy
ONS 144 angesetzt, der von U 521 am 15. südöstlich von
Cape Farewell gesichtet worden war.
Der Convoy überfuhr die Linie der »Kreuzotter«-Gruppe
am selben Tag, und am Abend versenkte U 184 die britische WIDESTONE (3.192 t) und glaubte zwei andere
Schiffe versenkt zu haben. U 184 blieb am Convoy und
griff ihn am 19. wieder an. Das Boot ging verloren am
20., die Ursache ist nicht bekannt. Es war östlich von
Neufundland. Es gab keinen Überlebenden, 50 Tote.

U 185 Typ IX C-40

Bauwerft: AG.Weser, Bremen
Kiellegung: 1. Juli 1941
Stapellauf: 2. März 1942
Indienststellung: 13. Juni 1942
Feldpost-Nr.: M 05635
Versenkt am 24. August 1943 südwestlich der Azoren
(27°00'N/37°06'W)

Kommandos:
4. U-Flottille Stettin von Juni–Oktober 1942 (Schulboot)
10. U-Flottille Lorient von November 1942–24. August
1943 (Frontboot)

Kommandant:
KptLt August Maus, Juni 1942–24. August 1943

Feindfahrten: 3
Versenkte Schiffe: 9 (62.761 BRT) und 1 beschädigt

1. 27.10.42: Auslaufen Kiel in den Zentralen Atlantik.
Als Meldungen am 8.11.42 über die alliierte Landung in
Nordafrika eingingen, wurde alle Boote, einschließlich
U 185, mit genügend Brennstoff nach der Landungsstelle
befohlen, und sie liefen mit hoher Geschwindigkeit in
das Gebiet westlich von Gibraltar, wo sie sich als »Westwall«-Gruppe versammelten. Die Boote begannen mit
Ost-West-Patrouillen im Gebiet westlich von Gibraltar
und bis in den Bereich des Cape St. Vincent im Norden
und Casablanca im Süden. Vom 21. an fuhr die »Westwall«-Gruppe wegen der Luftangriffe und der Gegenwart
von Überwasserschiffen weiter nach Westen. Am 27. bildeten sie eine Nordsüdlinie, fuhren westwärts und dann
hinter den Azoren. Sie warteten ab 6.12.42 in einem
Gebiet beim 40° Längengrad. In den frühen Stunden des
7. versenkte U 185 die britische PETER MAERSK (5.476 t)
westlich der Azoren. Es war eines von vier Schiffen,
die in der Dunkelheit durch »Westwall«-Boote versenkt
wurden.
Keine Convoys kamen in Sicht und man erfuhr, dass
diese weiter im Süden passierten, zu weit entfernt von
den Booten, deren Kraftstoffbestand nicht reichte. So
begann am 12. die »Westwall«-Gruppe nach Osten zu
gehen. Am 16. wurde die Gruppe nördlich der Azoren
aufgelöst, und die Boote nahmen ab dem 19. Positionen
westlich von Portugal ein. Eine Suche nach Convoys in
der nächsten Woche erwies sich als ergebnislos, die
Boote fuhren nach Hause.
U 185 kehrte am 1.1.43 in den neuen Stützpunkt Lorient
zurück.
2. 8.2.43: Auslaufen nach den Großen Antillen. Am
Morgen des 10.3.43 griff U 185 den Convoy KG 123 am
südlichen Ende des Windward Channel an. Es versenkte
zwei Schiffe, den amerikanischen Tanker VIRGINIA
SINCLAIR (6.151 t) und die amerikanische JAMES SPRUNT
(7.177 t). U 185 wurde von einem Mariner-Flugboot
angegriffen und ernsthaft beschädigt, so dass es zur
Reparatur in eine ruhigere Gegend verlegen musste.
U 185 kehrte nach einem Gebiet südlich von Kuba und
Ende März in die Windward Passage zurück. Es hatte
keine weiteren Erfolge bis zum 6.4.43. An diesem Tag

versenkte das Boot die amerikanische JOHN SEVIER (7.176 t) aus einem Convoy südwestlich von Matthew Town, Great Inagua Island. Mitte April wurde das rücklaufende Boot von U 117 südlich der Azoren mit Brennstoff versorgt.

Das Boot kehrte am 3.5.43 nach Bordeaux zurück.

3. 9.6.43: Auslaufen an die Küsten Brasiliens. U 185 war eines von fünf Boote, U 159, U 415, U 564, U 634, die gemeinsam die Biskaya durchquerten.

Am 13. wurde U 564 durch eine Sunderland des 228. Squadron (F/O L.B. Lee) angegriffen. Das Boot wurde beschädigt, schoss aber das Flugzeug ab, möglicherweise mit Hilfe von U 358. Die britische Flugzeugbesatzung war tot. U 564 begann nach Brest zurückzulaufen und wurde von U 185 eskortiert. Am 14. wurden die beiden Boote von einer Whitley des 10. OTU geortet (Sgt A. Benson). Das Flugzeug machte einen Angriff mit Wasserbomben auf U 564 und beschädigte es schwer.

Die WHITLEY wurde ebenfalls beschädigt und zur Notlandung gezwungen.

Seine Besatzung wurde von einem französischen Fischerboot aufgenommen und als Kriegsgefangene nach Frankreich gebracht. Benson wurde mit dem DFM ausgezeichnet, die Nachricht erhielt er im Gefangenenlager.

U 185 machte Anstalten, U 564 zu schleppen, aber das ging nicht. Es übernahm den Kommandanten und 17 weitere Überlebende, die später an die Zerstörer Z 24 und Z 25 abgegeben wurden, bevor es seine Reise nach Westen fortsetzte.

Am 7.7.43 griff U 185 den Convoy BT 18 150 Seemeilen ostnordöstlich von Natal, Brasilien, an. Es torpedierte in zwei Angriffen vier Schiffe, versenkte die amerikanische WILLIAM BOYCE THOMPSON (7.061 t), die amerikanische JAMES ROBERTSON (7.176 t), die amerikanische THOMAS SINNICKSON (7.176 t) und beschädigte den amerikanischen Tanker S.B. HUNT (6.840 t).

Bei der Fortsetzung der Patrouille vor Brasilien versenkte U 185 die brasilianische BAGE (8.235 t), einen Nachzügler vom Convoy TJ 2 am 1.8.43 direkt vor Aracaju. Das Boot war am 6. auf See und versenkte die britische FORT HALKETT (7.133 t) 600 Seemeilen ostsüdöstlich von Recife, Brasilien.

U 185 traf mit dem schwer beschädigten U 604 am 8., 500 Seemeilen östlich von Pernambuco, zusammen, um die Besatzung zu übernehmen und das Boot zu versenken. U 604 erreichte die Position als erster, aber die Luftüberwachung war so stark, dass ein anderer Treffpunkt, 400 Seemeilen im Nordosten, ausgemacht wurde. U 172 wurde ebenfalls dahin beordert.

Die drei Boote trafen am 11. aufeinander. Während Ausrüstung und Brennstoff von U 604 an die anderen beiden Boote abgegeben wurden, erschien eine USN Liberator des VP 107, geflogen von (LtCdr Prucher). U 172 tauchte, aber die anderen beiden Boote blieben oben, eröffneten das Feuer auf das Flugzeug, das zwei ergebnislose Bombenangriffe machte. Bei dem dritten Angriff wurde die Liberator von U 185 unter Verlust der Besatzung abgeschossen.

U 185 übernahm die Besatzung von U 604 und das Boot wurde schnell versenkt. Während der Nacht vom 14./15. traf U 172 auf U 185 und übernahm 23 Mann der U 604-Besatzung.

U 185 fuhr nach Hause. Am 24. wurde es aufgetaucht fahrend von einer Wildcat (Lt M.G. O'Neill) und einer Avenger (Lt R. Williams) des VC 13 des Escortträgers USS CORE angegriffen. Die Wildcat griff das Boot im Tiefflug an und die Avenger warf Wasserbomben, die U 185 zwangen, Hart-Steuerbord zu fahren, wobei dicker Qualm aus dem Turm kam. Zwei weitere Flugzeuge kamen hinzu und flogen Angriffe, eines davon war eine Avenger des VC 13 (LtCdr C.W. Brewer). Das Boot sank bald darauf mit dem Heck zuerst. Das Flugzeug feuerte nicht auf die Männer, die das Boot verließen. 36 Überlebende, einige davon von U 604, wurden vom Zerstörer USS BARKER aufgenommen.

Als U 185 beim Fluten im Batterieraum Chlorgas entwickelte, ging der Kommandant von U 604, Kapitänleutnant Höltring, in den vorderen Torpedoraum, wo zwei schwer verwundete Männer seiner Besatzung lagen, unmöglich, sich zu bewegen. Sie baten, erschossen zu werden. Höltring tat es, und erschoss sich dann selbst.

Von U 185 waren 29 Mann seiner Besatzung gefallen. Der Untergang des Bootes war der vierte, den Lt. Williams miterlebte.

U 186 Typ IX C-40

Bauwerft: AG.Weser, Bremen
Kiellegung: 24. Juli 1941
Stapellauf: 11. März 1942
Indienststellung: 10. Juli 1942
Feldpost-Nr.: M 05693
Versenkt am 12. Mai 1943 nordwestlich der Azoren (41°54'N/31°48'W)

Kommandos:
4. U-Flottille Stettin von Juli–Dezember 1942 (Schulboot)
10. U-Flottille Lorient von Januar 1943–12. Mai 1943 (Frontboot)

Kommandant:
KptLt Siegfred Hesemann, Juli 1942–12. Mai 1943

Feindfahrten: 2
Versenkte Schiffe: 3 (18. 782 BRT)

1. 31.12.42: Auslaufen Kiel in den Nordatlantik. U 186 versenkte am 11.1.43 westlich von Rockall die britische OCEAN VAGABOND (7.174 t). Das Boot traf auf die »Habicht«-Gruppe westlich von Irland. Am 17. suchte die Gruppe im Westen nach Convoys, die mit Westkurs liefen. Am 19. wurde nichts gefunden, und die »Habicht«-Gruppe tat sich mit der »Falke«-Gruppe zusammen und bildete eine neue Linie als »Haudegen«, etwa 300 Seemeilen südöstlich von Cape Farewell.
Ein HX-Convoy wurde südöstlich vom 22. an gesucht, aber nicht gefunden, und die Gruppe fuhr am 26. zurück zur Linie südöstlich von Cape Farewell. Die Linie bewegte sich ab 1.2.43 südwestwärts in Richtung Neufundland. Am 2. sichtete das am nördlichen Ende der Gruppe stehende Boot den Convoy SG 19, und die fünf »Haudegen«-Boote U 186, U 223, U 268, U 358 und U 707 wurden detachiert, den Convoy anzugreifen. Ein Schiff wurde von U 223 versenkt, bevor der Kontakt verloren war. Nach zwei Tagen Suche brachten die Fjorde an der Küste von Grönland die Boote der »Haudegen«-Gruppe wieder zusammen.
Bis Mitte Februar war die Gruppe in einem Gebiet 300 Seemeilen nördlich von Cape Race positioniert. Am 15. wurde die Gruppe aufgelöst zur Versorgung, aber am 17. wurde der Convoy ONS 165 mit Kurs Südwest gesichtet. Es wurde entschieden, dass vier Boote mit ausreichend Brennstoff, U 186, U 223, U 358 und U 707, den Convoy als »Taifun«-Gruppe angreifen sollten. Ein Sturm unterband jedoch jeglichen Angriff und nur zwei Schiffe wurden versenkt, genauso wie zwei deutsche U-Boote verloren gingen.
Nach Ende der Operation am ONS 165 fuhren alle Boote am 20. zur Kraftstoffversorgung durch U 462 östlich von Neufundland. Am 21. wurde der nach Westen laufende Convoy ON 166 von der »Knappen«-Gruppe gesichtet, wie er südlich der Versorgungslinie passierte.
U 186 fuhr hinterher und torpedierte am Morgen des 23. zwei Schiffe. Die amerikanische HASTINGS (5.401 t) wurde versenkt und die britische EULIMA (6.207 t) beschädigt. Bei einem zweiten Angriff vier Stunden später konnte es die nun als Nachzügler laufende EULIMA auch versenken.
Im Februar wurde U 186 durch U 462 nördlich der Azoren mit Kraftstoff versorgt.
Rückkehr in den neuen Stützpunkt Lorient am 5.3.43.
2. 17.4.43: Auslaufen in den Nordatlantik.

U 186 traf auf die »Amsel«-Gruppe, die sich am 26. 1.400 Seemeilen westlich von Irland gebildet hatte.
Die Gruppe nahm Kurs nach Süden und suchte nach einem Convoy, der als HX 235 angesprochen wurde. Die »Amsel«-Linie traf am 29. auf den linken Flügel der »Specht«-Gruppe, und beide Gruppen fuhren nach Süden. Am 1.5.43 wurde die kombinierte Linie in einem Winkel 200 Seemeilen östlich von St. Johns aufgemacht. Am 3. bewegten sich die »Specht«-Boote nach Norden, um als »Fink«- und »Amsel«-Boote eine neue Linie zu bilden, nun verstärkt durch sechs neu hinzugekommene Boote. Sie bildeten vier neue kleinere Gruppen, »Amsel 1, 2, 3 und 4«, im selben Gebiet östlich von St. Johns. U 186 gehörte zu der am südlichsten Ende operierenden Gruppe »Amsel 4«.
»Amsel 1 und 2« fuhren nach Norden, um den Convoy ONS 5 anzugreifen, »Amsel 3 und 4«, vereinigt mit der »Rhein«-Gruppe wurden am 8. mit hoher Geschwindigkeit nach Südosten geschickt, um eine Linie für den Angriff auf HX 237 zu bilden. U 359 sichtete ein Schiff des Convoys am 9., aber bevor eine Linie gebildet wurde, ging der Kontakt wegen schlechter Sicht verloren. Die Boote machten unabhängig Jagd nach dem Convoy, bevor diese Operation am 10. morgens erfolglos beendet wurde.
Mittags sichtete U 403 einen Einzelfahrer und dann einen Schlepper, was zur Sichtung des Convoys am Nachmittags führte. Die »Rhein«-Boote waren zu dieser Zeit zu weit im Osten, so wurden sie befohlen, sich mit der »Elbe«-Gruppe zu vereinigen, um die Gruppen »Elbe 1 und 2« zu bilden und den langsameren Convoy SC 129 anzugreifen, der am 11. gefunden worden war. U 186 gehörte zur Gruppe »Elbe 2«.
Es gab eine starke Überwasser- und trägergestützte Escortstreitmacht. Am 12. wurde U 186 durch den Zerstörer HMS HESPERUS (Capt D.G. MacIntyre) zehn Seemeilen vom Convoy entfernt geortet. Er kam dicht heran, sichtete das Sehrohr vor seinem Bug. Zwei Wasserbombenangriffe wurden gemacht, die Öl und Teile des Bootes an die Wasseroberfläche brachten und das Ende des Bootes 400 Seemeilen nordwestlich der Azoren bewiesen.
Es gab keine Überlebenden, 53 Tote.

U 187 Typ IX C-40

Bauwerft: AG.Weser, Bremen
Kiellegung: 6. August 1941
Stapellauf: 16. März 1942
Indienststellung: 23. Juli 1942
Feldpost-Nr.: M 09265
Versenkt am 4. Februar 1943 im Zentralen Nordatlantik
(50°12'N/36°34'W)

Kommandos:
4. U-Flottille Stettin von Juni 1942–Januar 1943
(Schulboot)
10. U-Flottille Lorient von Januar 1943–4. Februar 1943
(Frontboot)

Kommandant:
KptLt Ralph Münnich, Juli 1942–4. Februar 1943

Feindfahrten: 1
Versenkte Schiffe: keines

1. 12.1.43: Auslaufen Kiel in den Nordatlantik. U 187 traf westlich von Irland auf die »Landsknecht«-Guppe. Nach vergeblichem Warten auf einen ON-Convoy löste sich die Gruppe am 28. auf. U 187 und andere Boote bildeten eine neue Linie »Pfeil« genannt, zum Empfang eines nach Osten laufenden SC-Convoys.
Am 4. sichtete U 187 den Convoy SC 118, als dieser die Linie durchfuhr. An diesem Tage war U 187 sieben Seemeilen vor dem Convoy, wurde lokalisiert und mit Wasserbomben durch die Zerstörer HMS BEVERLY (LtCDr R.A. Price) und VIMY (LtCDr J.N.K. Knight) 1.250 Seemeilen südsüdöstlich von Cape Farewell versenkt. Der Kommandant und acht Mann der Besatzung starben, 45 Mann wurden gefangen genommen.

U 188 Typ IX C-40

Bauwerft: AG.Weser, Bremen
Kiellegung: 18. August 1941
Stapellauf: 31. März 1942
Indienststellung: 5. August 1942
Feldpost-Nr.: M 10459
Selbst versenkt am 20. August 1944 in Bordeaux

Kommandos:
4. U-Flottille Stettin von August 1942–Januar 1943
(Schulboot)
10. U-Flottille Lorient von Februar 1943–20. August
1944 (Frontboot)

Kommandant:
KptLt Siegfried Lüdden, August 1942–20. August 1944

Feindfahrten: 3
Versenkte Schiffe: 15 (49.725 BRT) und 1 beschädigt
1 Zerstörer (1.190 t)

1. 4.3.43: Auslaufen Kiel in den Nordatlantik. U 188 lief einen Hafen in Norwegen an und verließ diesen wieder am 9. Es traf auf die »Seeteufel«-Gruppe am 21. südlich von Irland zur gemeinsamen Operation gegen den Convoy ONS 1.
Die Linie wurde gebildet und der Convoy wurde am 22. erwartet, aber nichts geschah. Daher drehte die Linie westwärts zum Empfang des Convoys ONS 1. Um den 26. fuhr die Linie südostwärts von Cape Farewell. Es kam zum Zusammentreffen mit der Gruppe »Seewolf« und es wurde 800 Seemeilen vom Cape eine Linie gebildet. Masten und ein Flugzeugträger wurden in der Mitte der »Seeteufel«-Gruppe am Nachmittag des 26. gesichtet, möglicherweise von einem ON-Convoy, der nicht erwartet wurde. Es wurde am 28. entschieden, dass die »Seeteufel«-Gruppe ihre Anstrengungen auf den nach Osten laufenden Convoy HX 230 konzentrieren sollte, der am 27. von U 305 der »Seewolf«-Gruppe gesichtet worden war. Das Wetter wurde allerdings schlecht und entwickelte sich zum Hurrikan. Die Boote setzten ihre Jagd fort und hofften, Nachzügler zu finden. Aber nur einer wurde aufgrund der Schwierigkeiten versenkt, bei schwerer See einen Angriff durchzuführen. U 188 machte keinen Angriff auf den Convoy. Am 20. wurde U 188 bei einem Wasserbombenangriff eines Escortfahrzeuges beschädigt. Als die Operation am 13. endete, waren die Boote der »Adler«-Gruppe und ein Teil der »Meise«-Gruppe nordöstlich von Neufundland. U 188 verließ die Gruppe um den 20.
Nahe ihres neuen Stützpunktes Lorient wurde U 188 am 2. Mai von einem Flugzeug angegriffen. Der Kommandant und ein Mann der Besatzung wurden verwundet. Rückkehr nach Lorient am 4.5.43.
2. 30.6.43: Auslaufen in den Indischen Ozean als Teil der »Monsun«-Gruppe mit U 168, U 183, U 506, U 509, U 514, U 516, U 532 und U 533. Der Plan war, U 462 sollte die Gruppe zur Versorgung östlich von St. Paul Rocks begleiten, aber versuchte zweimal vergeblich, die Biskaya zu überqueren. Ein neuer Plan wurde für U 487

zur Versorgung der Gruppe südlich der Azoren am 14.7.43 gemacht. Fünf der Boote suchten nach U 487 ab 14. bis zum 17., aber konnten das Boot nicht finden. Es war am 13. durch ein Flugzeug versenkt worden. Drei »Monsun«-Boote wurden ebenfalls auf ihrem Kurs versenkt: U 506, U 509 und U 514.

Die Versorgung von U 188, U 183 und U 168 wurde schließlich von U 155 600 Seemeilen westnordwestlich von den Kapverdischen Inseln sichergestellt. Das war zwischen dem 21. und 27. U 516 der »Monsun«-Gruppe versorgte U 532, sowie U 533 und kehrte dann in den Stützpunkt zurück. Die fünf verbliebenen Boote der Gruppe passierten den Südatlantik, umrundeten das Kap und fuhren in den Indischen Ozean. Am 11.9.43 trafen sie auf den deutschen Versorger BRAKE südlich von Mauritius. Er war aus Penang gekommen.

Die fünf Boote setzten dann ihren Einsatz in eigenen Gebieten fort. U 188 fuhr nach Norden zur Patrouille der Küste von Somalia. Am 21.9.43 versenkte das Boot die amerikanische CORNELIA P. SPENCER (7.176 t) 350 Seemeilen östlich von Mogadischu. Ende September griff U 188 ohne Erfolg auf einen Convoy an, als dieser den Golf von Oman verließ. Später lernte man, dass die Hitze der Arabischen See ihre Auswirkungen auf die Batterien der elektrischen Torpedos hatte; sie rief ein langsames Laufen der Torpedos hervor. U 188 lief in den Golf von Oman und beschädigte am 5.10.43 den norwegischen Tanker BRITANNIA (9.977 t) nördlich von Muscat.

U 188 schloss seine Feindfahrt entlang der indischen Küste ab und lief am 30.10.43 Penang an.

Im Dezember fuhr U 188 nach Singapur, wo es mit neuem strategischen Material, 100 t Zinn, 11 t Gummi, 18 t Wolfram, 500 kg Chinin und etwas Opium beladen wurde. Das Boot kehrte zur Ausrüstung für die Rückreise nach Penang zurück.

3. 8.1.44: Auslaufen in den Indischen Ozean. U 188 lief in die Arabische See und versenkte am 20. die britische FORT BUCKINGHAM (7.122 t) westnordwestlich von den Malediven. Das Boot hatte dann viele Erfolge und versenkte in zehn Tagen fünf Schiffe. Davon drei ostnordöstlich von Socotra, die britische FORT LA MAUNE (7.130 t) am 25., die britische SAMOURI (7.219 t) und die britische SURADA (5.427 t) am 26. Im Golf von Aden versenkte es am 29. die griechische OLGA E. EMBIRICOS (4.677 t) und am 3.2.44 die chinesische CHUNG CHENG (7.176 t) vor Socotra.

Am 7. versenkte U 188 vier Segelschiffe 270 Seemeilen östlich von Socotra. Zwei Tage später wurde die norwegische VIVA (3.798 t) im selben Gebiet versenkt. U 188 versenkte drei weitere Segelschiffe am 12. in der

Arabischen See. Das Boot setzte seine Patrouillentätigkeit in der Arabischen See fort, hatte aber keinen weiteren Erfolg. Ende Februar fuhr es nach Süden zur Versorgung mit Kraftstoff.

Am 11.3.44 trafen U 188, U 168 und U 532, nach Absuchen der Gegend auf feindliche Aktivitäten 1.000 Seemeilen südöstlich von Mauritius mit dem Versorger BRAKE zusammen. Früh am folgenden Tag, nachdem U 188 und U 532 versorgt waren, verschlechterte sich das Wetter und die vier Fahrzeuge fuhren nach Südwesten.

Am Vormittag erschien ein Flugzeug, und die drei Boote tauchten. Als U 188 zwanzig Minuten später auftauchte, wurden weitere Flugzeuge gesehen, die vom Escortträger HMS BATTLER stammten.

U 188 sah ein Schiff mit zwei Flugzeugen im Gefolge herankommen. Es war der Zerstörer HMS ROEBUCK, der die BRAKE unter Feuer nahm, und nach einer knappen Stunde sank. U 188 blieb unter Wasser, achteraus die BRAKE. Das Boot war kraftlos, hatte alle Torpedos verschossen. Die Besatzung der BRAKE wurde von U 168 aufgenommen. Mitte März trat U 188 seine Heimreise an. Am 22.4.44 traf es mit U 181, zum Austausch von wichtigen Informationen über den Indischen Ozean zusammen. Anfang Mai war eine Versorgung durch U 66 vorgesehen. Die Boote verfehlten sich aber und man stellte fest, dass U 66 während der Suche nach U 188 versenkt worden war.

U 188 war das einzige »Monsun«-Boot, dass sicher nach Hause kam und nur eines von drei Booten, die Frankreich mit strategischem Material wie Wolfram, Zinn, Gummi, und Chinin im Jahre 1944 erreichten.
Rückkehr nach Bordeaux am 19.6.44.

Als Bordeaux beim Eintreffen der Alliierten evakuiert wurde, konnte U 188 zur Seefahrt nicht klargemacht werden. Es fehlten die Batterien.
Es wurde außer Dienst gestellt und am 25.8.44 selbst versenkt. Das Boot wurde gehoben und im Jahre 1947 abgewrackt.

U 189 Typ IX C-40

Bauwerft: AG.Weser, Bremen
Kiellegung: 12. September 1941
Stapellauf: 1. Mai 1942
Indienststellung: 15. August 1942
Feldpost-Nr.: M 49108
Versenkt am 23. April 1943 östlich von Cape Farewell
(59°50'N/34°43'W)

Kommandos:
4. U-Flottille Stettin von August 1942–April 1943
(Schulboot)
2. U-Flottille Lorient von April 1943 (Frontboot)

Kommandant:
KptLt Hellmuth Kurrer, August 1942–23. April 1943

Feindfahrten: 1
Versenkte Schiffe: keines

1. 3.4.43: Auslaufen Kiel in den Nordatlantik. U 189
hatte Befehl, den Eiszustand in der Dänemarkstraße und
nördlich von Island zu melden, bevor es in den Atlantik
fuhr. Es traf auf die »Meise«-Gruppe nordöstlich von
Neufundland und erwartete den nach Norden laufenden
Convoy HX 234, der am 17. 150 Seemeilen von Cape
Race gesichtet worden war.
Die »Meise«-Gruppe bildete eine Nordwest-Südost-
Linie südlich von Grönland, die der HX 234 am 21. passieren musste. U 189 war eines der Boote, die den
Convoy angriffen. Nebel kam am Abend auf, gefolgt von
einem Schneesturm, und der Kontakt ging verloren. Er
wurde am 23. wieder hergestellt. An diesem Tage wurde
U 189 nahe HX 234 durch eine Liberator der 120.
Squadron (F/O J.K. Moffart) 600 Seemeilen östlich von
Cape Farewell gesichtet. Durch zwei Wasserbomben-
angriffe, der erste mit vier, der zweite mit zwei Bomben,
versenkte das Flugzeug U 189. Es gab keine Überlebenden, 54 Tote.

U 190 Typ IX C-40

Bauwerft: AG.Weser, Bremen
Kiellegung: 8. Oktober 1941
Stapellauf: 8. Juni 1942
Indienststellung: 24. September 1942
Feldpost-Nr.: M 49098

Kommandos:
4. U-Flottille Stettin von September 1942–Februar 1943
(Schulboot)
2. U-Flottille Lorient von Februar 1943–September 1944
(Frontboot)
33. U-Flottille Flensburg von Oktober 1944–Mai 1945
(Frontboot)

Kommandant:
KptLt Max Wintermeyer, September 1942–Juni 1944
OLtzS Hans-Edwin Reith, Juni 1944–Mai 1945

Feindfahrten: 6
Versenkte Schiffe: 1 (7.015 BRT)
1 Minensucher (590 t)

1. 20.2.43: Auslaufen Kiel in den Nordatlantik. U 190
traf auf die »Neuland«-Gruppe am 6.3.43 westlich von
Irland. Am 7. wurden die elf Boote vom nördlichen Ende
der Linie nach Norden zur Bildung einer neuen Linie,
»Ostmark« bezeichnet, befohlen. Vom 8. an war dies
Kurs des nach Osten laufenden Convoys SC 121.
Am späten Abend des 8. versenkte U 190 einen Nachzügler des Convoys, die britische EMPIRE LAKELAND
(7.015 t) 100 Seemeilen nordwestlich von Rockall. Die
Operation endete am 11., 12 Schiffe waren versenkt und
eines beschädigt worden von den Booten der »Burggraf«- und »Ostmark«-Gruppen. Boote der »Burggraf«-
und »Ostmark«-Gruppen mit genügend Kraftstoff, einschließlich U 190, bildeten dann die »Stürmer«-Gruppe
südlich von Island. Am 14. fuhr die Gruppe westwärts
nach Neufundlandbank auf der Suche nach Convoy
SC 122. Das Boot U 653 sichtete am 16. den Convoy
HX 229, den es anfangs als SC 122 meldete.
Während der Nacht des 16./17. kamen die »Stürmer«-
Boote von Norden kommend in Kontakt mit SC 122, der
auf einem Parallelkurs war, nach Osten laufend zum
HX 229. Beide Convoys wurden von drei Gruppen angegriffen, »Stürmer«, »Raubgraf« und »Dränger« bezeichnet. Für die folgenden vier Tage wurde die größte Geleitzugschlacht des Krieges geschlagen: 21 Schiffe wurden
versenkt und nur ein Boot ging verloren, U 334. U 190

hatte keinen Erfolg und vermerkte keinen Angriff.
Nach Ende der Operation am 20. versorgte es ein anderes Boot und fuhr heim.
Rückkehr nach Lorient am 30.3.43.

2. 1.5.43: Auslaufen in den Westatlantik. Vom 20. an patrouillierte das Boot vor der US-Ostküste, aber ohne Erfolg. Am 28. wurde es von einer USAF Liberator (Lt J.M. Vivian) 250 Seemeilen östlich von Cape Henry angegriffen. Während des Juni und die meiste Zeit im Juli patrouillierte U 190 zwischen Hatteras und den Bahamas. Eine merkliche Verstärkung der amerikanischen Luftüberwachung machte Uboot-Aktivitäten sehr schwierig, es wurden nur wenige Schiffe versenkt.
Rückkehr nach Lorient am 19.8.43.

3. 30.9.43: Auslaufen Lorient und Einlaufen Brest am 1.10.43.

4. 17.10.43: Auslaufen in den Zentralen Atlantik. U 190 patrouillierte vor der Nordküste Brasiliens, zwischen der Mündung des Amazonas und Natal.
Nach einer erfolglosen Einsatzfahrt kehrte U 190 am 15.1.44 nach Lorient zurück.

5. 7.3.44: Auslaufen Lorient und Rückkehr am 8.3.44.

6. 11.3.44: Auslaufen Lorient und Rückkehr am 12.3.44.

7. 16.3.44: Auslaufen in den Zentralen Atlantik. U 190 patrouillierte im Golf von Guinea und Mitte Mai passierte das Boot westlich Freetown. Rückkehr nach Lorient am 20.6.44.

8. 17.8.44: Nur mit einem Schnorchel versehen, verließ U 190 Lorient im Austausch für nicht komplettierte Boote in Norwegen. Einlaufen Flensburg am 4.10.44.

9. 10.2.45: Auslaufen Kiel und Ankunft in Horten am 14.2.45.

10. 19.2.45: Auslaufen Horten nach kanadischen Gewässern. Vom 25.3.45 patrouillierte U 190 in einem Gebiet südlich von Nova Scotia. Mitte April war das Boot vor Halifax und am Abend des 16. versenkte es den Minensucher HMCS ESQUIMALT. Bei sonnigem Wetter und bei ruhiger See starben viele Überlebende der ESQUIMALT an Entkräftung. Der Minensucher hatte keine Zeit, ein Notsignal abzugeben und um Hilfe zu senden, obwohl er nahe bei Halifax war. Von der 70 Mann starken Besatzung überlebten nur 26.
Bei Kriegsende am 4./5. Mai befand sich das Boot vor der Küste Kanadas. U 190 ergab sich am 11., und am 16. wurde es in die Bay Bulls, Neufundland, geleitet.

Im Juni 1945 stellte das Boot für die Royal Canadian Navy in Dienst. Während der Sommermonate lief es auf Tour in den St. Lawrence River und den Golf und besuchte Häfen, die in den Krieg mit den Ubooten verwickelt waren. Vom 7.9.45 bis 24.7.47 wurde U 190 als Anti-Uboot für den Dienst in dieser Sache benutzt. Dann wurde es außer Dienst gestellt. Am Trafalgar-Tag, 21.10.47, wurde U 190 in Schlepp genommen, zu dem Punkt, wo es die HMCS ESQUIMALT versenkt hatte. Nachdem es frei schwamm, wurde das treibende Boot Gegenstand von verschiedenen Formen der Uboot-Abwehr der RCN Marine und Luftwaffe. Es dauerte 19 Minuten, um U 190 zu versenken.

U 191 Typ IX C-40

Bauwerft: AG.Weser, Bremen
Kiellegung: 6. November 1941
Stapellauf: 3. Juli 1942
Indienststellung: 20. Oktober 1942
Feldpost-Nr.: M 49103
Versenkt am 23. April 1943 südöstlich von Cape Farewell (56°45'N/34°25'W)

Kommandos:
4. U-Flottille Stettin von Oktober 1942–März 1943 (Schulboot)
2. U-Flottille Lorient von März 1943–23. April 1943 (Frontboot)

Kommandant:
KptLt Helmut Fiehn, Oktober 1942–23. April 1943

Feindfahrten: 1
Versenkte Schiffe: 1 (3.025 BRT)

1. 11.3.43. Auslaufen Kiel, Einlaufen Bergen am 15.3.43
2. 17.3.43: Auslaufen Bergen in den Nordatlantik.
U 191 traf auf die »Seeteufel«-Gruppe, die am 21. südlich von Island zum Angriff auf den Convoy ONS 1 eine Linie bildete. Der Convoy wurde am 23. an der Linie erwartet, aber als das nicht erfolgte, bewegte sich die Linie westwärts in den Kurs des ONS 1. Um den 26. lief die Linie südostwärts vom Cape Farewell und traf die »Seeteufel«-Gruppe zur Bildung einer neuen Linie 800 Seemeilen südwärts vom Kap. Masten und Flugzeugträger wurden in der Mitte der Linie der »Seeteufel«-Gruppe am Nachmittag des 26. gesichtet, und man glaubte, es mit einem ON-Convoy tun zu haben, was sich nicht bestätigte.
Es wurde am 28. entschieden, dass sich die »Seeteufel«-Gruppe auf den Osten laufenden Convoy HX 230 konzentrieren sollte, der von U 305 der »Seewolf«-Gruppe am 27. gesichtet worden war. Allerdings wurde das Wet-

ter schlecht, und es entwickelte sich ein Hurrikan. Die Boote setzten ihre Absichten fort und hofften, einen Nachzügler zu finden, aber es wurde nur ein Schiff aufgrund der Schwierigkeiten, bei hoher See zu attackieren, versenkt. Die Operation wurde am 30. nordwestlich von Irland beendet.

Am 3.4.43 traf U 191 auf andere Boote und bildete 400 Seemeilen südöstlich von Cape Farewell die »Löwenherz«-Gruppe. Die Gruppe verlegte nach Westen und am 4. kam es zum Kontakt mit dem Convoy HX 231. Der Convoy wurde bis zum 7. angegriffen und sechs Schiffe versenkt, keines von U 191. Nachdem diese Aktion beendet war, formten die »Löwenherz«-Boote, die nicht nach Hause fuhren, die »Lerche«-Gruppe, die den Kontakt zum Convoy HX 232 am 11. im Zentralatlantik, 1.100 Seemeilen südöstlich von Cape Farewell, herstellte. Vier Schiffe sanken, bevor die Luftüberwachung weitere Angriffe verhinderte.

Mitte April wurde U 191 nördlich der Azoren von U 462 mit Brennstoff versorgt. Dann traf es auf die »Meise«-Gruppe, die nordöstlich von Neufundland wartete. Am 20. erfuhr man, dass der erwartete Convoy HX 234 die Linie nicht passieren würde. Die »Meise«-Boote fuhren daher nordwestwärts mit hoher Fahrt, und am 21. wurde der Convoy von U 306 gesichtet. Auf dem Weg zum Heranschließen an den Convoy sichtete U 706 den nach Westen laufenden Convoy ONS 3. Die »Meise«-Boote teilten sich und liefen hinter beiden Convoys her.

U 191 ging an denn ONS 3 heran und versenkte am 21. die norwegische SCEBELI (3.025 t) 400 Seemeilen südlich von Cape Farewell. Nebel und Schneestürme entwickelten sich am Abend und der Kontakt mit dem Convoy ging verloren. Am 23. sichtete U 732 den nach Westen laufenden Convoy ONS 4 südöstlich von Cape Farewell. U 191 kam an den Convoy heran, und als U 732 vertrieben wurde, übernahm U 191 das Beschatten.

U 191 wurde während des Nachmittags des 23., beim Senden der Meldung über den Convoy ONS 4, geortet. Der Zerstörer HMS HESPERUS (Cdr D. MacIntyre) kam mit hoher Fahrt an, gefolgt von der Korvette HMS CLEMATIS. Als der Zerstörer U 191 erreichte, tauchte U 191 und ging auf Tiefe. Eine erste Hedgehog-Salve ging vorbei, da die Sicherungsstifte der Wasserbomben nicht entfernt worden waren. CLEMATIS hatte zu dieser Zeit den Schauplatz erreicht und warf Wasserbomben. HESPERUS benutzte dann eine neue, eine Tonne schwere Wasserbombe, abgeschossen von ihrem Torpedorohr. Diese wurde von einer weiteren Hedgehog-Salve, diesmal hervorragend eingestellt, begleitet. Es gab eine große Unterwasserdetonation, die das Ende von U 191 750 Seemeilen südöstlich von Cape Farewell signalisierte. Es gab keine Überlebenden, 55 Tote.

U 192 Typ IX C-40

Bauwerft: AG.Weser, Bremen
Kiellegung: 27. November 1942
Stapellauf: 31. Juli 1942
Indienststellung: 16. November 1942
Feldpost-Nr.: M 50188
Versenkt am 5. Mai 1943 südlich von Grönland
(53°06'N/45°02'W)

Kommandos:
4. U-Flottille Stettin von November 1942–April 1943 (Schulboot)
10. U-Flottillee Lorient von April 1943–5. Mai 1943 (Frontboot)

Kommandant:
OLtzS Werner Happe, November 1942–5. Mai 1943

Feindfahrten: 1
Versenkte Schiffe: keines

1. 13.4.43: Auslaufen Kiel in den Nordatlantik.
U 192 traf auf die »Star«-Gruppe südwestlich von Island. Am 28. wartete die Gruppe auf den nach Westen laufenden Convoy ONS 5. An diesem Tag passierte der Convoy die Linie, aber schlechtes Wetter bereitete Schwierigkeiten heranzukommen und anzugreifen. Fünf Boote sichteten kurz den ONS 5 am 29., und ein Schiff sank durch U 258. Während der Nacht vom 29./30. kam U 192 hinzu, wurde aber von der Korvette HMS SNOWFLAKE vertrieben. In den ersten Stunden des 1. kam U 192 erneut heran und machte einen erfolglosen Angriff auf ein Schiff. Die »Star«-Gruppe wurde südlich des nach Osten laufenden Convoys SC 128 postiert, der 200 Seemeilen von Cape Race gemeldet worden war. Als der Convoy nicht gefunden wurde, bildeten am 3.5.43 die Boote der »Star«- und »Specht«-Gruppen eine neue Linie, »Fink« genannt, südlich von Grönland. Am 4. wurde ein nach Südwesten laufender Convoy im Zentrum der »Fink«-Linie gemeldet, der ONS 5, verzögert durch Sturm.

Nahe des Convoys am 5. operierend, wurde U 192 von der Korvette HMS LOOSESTRIFE (LtCdr H.A. Stonehouse) 800 Seemeilen südlich von Grönland lokalisiert. Nach einer mehrere Stunden während Jagd und sieben Hedgehog-Salven wurde U 192 mit einer Unterwasserdetonation vernichtet.
Es gab keine Überlebenden, 55 Tote.

U 193 Typ IX C-40

Bauwerft: AG.Weser, Bremen
Kiellegung: 22. Dezember 1941
Stapellauf: 24. August 1942
Indienststellung: 10. Dezember 1942
Feldpost-Nr.: M 50201
Versenkt am 28. April 1944 nordnordöstlich von Cabo Villano (43°58'N/09°43'W)

Kommandos:
4. U-Flottille Stettin von Dezember 1942–April 1943 (Schulboot)
2. U-Flottille Lorient von Mai 1943–März 1944 (Frontboot)
10. U-Flottille Lorient von April 1944 (Frontboot)

Kommandanten:
FregKpt Hans Pauckstadt, Dezember 1942–März 1944
OLtzS Dr. Ulrich Abel, März 1944–28. April 1944

Feindfahrten: 3
Versenkte Schiffe: 1 (10.172 BRT)

1. 11.5.43: Auslaufen Kiel und Einlaufen Bergen am 17.5.43.
2. 22.5.43: Auslaufen Bergen in den Zentralatlantik. U 193 Ende Mai westsüdwestlich der Azoren auf die »Trutz«-Gruppe. Zwei Convoys wurden erwartet, UGS 9 am 1.6.43 und GUS 7A am 2. Am 4. wurden die drei am weitesten im Süden stehenden Boote der Linie von trägergestützten Flugzeugen angegriffen. Man dachte, sie gehörten zum UGS 6. Die Linie schloss auf, um jeden Convoy zu empfangen, der südostwärts die Linie durchbrechen wollte. Als am Abend des 5. nichts gesichtet worden war, fuhr die »Trutz«-Gruppe nordwärts zur Versorgung mit Kraftstoff durch U 488. 14 Boote, ausgenommen U 193, wurden zwischen dem 7. und 12. westlich der Azoren versorgt. Später stellte man fest, dass der Convoy UGS 6 die »Trutz«-Linie wohlgehalten passiert hatte.
Die »Trutz«-Gruppe bildete am 16. drei parallel verlaufende Linien von Nord–Süd, 1.500 Seemeilen westsüdwestlich von den Azoren, benannt als «Trutz 1, 2 und 3». U 193 gehörte zur Gruppe »Trutz 3«. Nach einem sechs Tage dauernden Warten auf einen nach Osten und einen nach Westen laufenden Convoy, begannen die Linien am 22. in Suchformation nach Osten zu verlegen. Am selben Tag wurde der ostwärts laufende Karibik-Convoy 300 Seemeilen im Süden gesichtet. Es wurde entschieden, nicht anzugreifen. Mit der Zeit fand sich die Gruppe ein und schloss an den Convoy heran, der langsam in die Reichweite der afrikanischen Flugzeuge gelangte. Die »Trutz«-Gruppe fuhr weiter ostwärts bis zum 27. und passierte dann die Azoren südwestlich. Die Gruppe wurde am 29. aufgelöst, und die Boote bildeten die »Geier«-Gruppe 1, 2 und 3. Sie lief nach Portugal. U 193 lief nach Osten zur Einzeloperation zwischen den Kanarischen Inseln und der Küste Afrikas. Am 6.7.43 wurde das Boot angegriffen und durch ein Flugzeug nahe der Kanarischen Inseln beschädigt, wobei zwei Mann der Besatzung verwundet wurden.
Rückkehr nach Bordeaux am 23.7.43.
3. 21.9.43: Auslaufen Bordeaux und Einlaufen La Pallice am 21.9.43.
4. 27.9.43: Auslaufen La Pallice und Rückkehr am 28.9.43.
5. 12.10.43: Auslaufen in den Golf von Mexiko. Das Boot wurde Ende Oktober durch U 488 östlich der Bermudas versorgt. Es passierte die Straße von Florida in den Golf von Mexiko. Am 3.12.43 versenkte es den amerikanischen Turbinentanker TOUCHET (10.172 t) 300 Seemeilen westlich von Cape Romano, Florida. Das Boot fuhr an die Küste von Mexiko, vor Tampico. Später im Dezember passierte U 193 den Yucatan Channel, wandte sich an den Süden Kubas und verließ die Karibik durch die Windward Passage. Es wurde zweimal von USN-Flugzeugen angegriffen. Das rücklaufende Boot war am Eingang der Biskaya am 9.2.44, als es durch ein Flugzeug nordwestlich von Cape Finisterre angegriffen wurde. Die Beschädigungen waren so stark, dass es am 10. El Ferrol zur Reparatur anlaufen musste. Auslaufen am 20. und Rückkehr nach Lorient am 24.2.44.
6. 23.4.44: Auslaufen Lorient in den Nordatlantik. Bald nach Mitternacht am 28. wurde das Boot durch eine Wellington der 612. Squadron (F/O C.G. Punter) angegriffen. Die Leigh Light war nicht in Ordnung, und der Kontakt ging verloren. Einige Zeit später wurde U 193 geortet, es fuhr aufgetaucht. Nach einem Tiefangriff wurde das Boot mit Wasserbomben angegriffen. Es rollte zur Seite und sank 70 Seemeilen von Cabo Villano entfernt.
Es gab keine Überlebenden, 60 Tote. Für diesen Angriff erhielt F/O Punter das DFC.

U 194 Typ IX C-40

Bauwerft: AG.Weser, Bremen
Kiellegung: 17. Januar 1942
Stapellauf: 22. September 1942
Indienststellung: 8. Januar 1943
Feldpost-Nr.: M 36350
Versenkt am 24. Juni 1943 südsüdwestlich von
Reykjavik (58°15'N/25°25'W)

Kommandos:
4. U-Flottille Stettin von Januar–Juni 1943 (Schulboot)
10. U-Flottille Lorient von Juni 1943 (Frontboot)

Kommandant:
KptLt Hermann Hesse, Januar 1943–24. Juni 1943

Feindfahrten: 1
Versenkte Schiffe: keines

1. 12.6.43: Auslaufen Kiel in den Nordatlantik. U 194
wurde abgeteilt, um eine automatische Wetterboje auszu-
sezten. Es fuhr mit U 200 und U 420 aus. Nachdem sie
sich von U 200 getrennt hatten, das nach dem Südatlantik lief, liefen U 194 und U 420 Kristiansand an. U 194
lief am 14. wieder aus.
Am 24. wurde das Boot geortet und durch eine Catalina
des VP 84 (Lt J.W. Beach) 900 Seemeilen südsüdwestlich von Reykjavik versenkt. Das Flugzeug wurde durch
die Flak des Bootes beschädigt, kehrte aber mit einem
Verwundeten zum Flugplatz zurück.
Es gab keine Überlebenden vom U 194, 54 Tote.

U 195 Typ IX D-1

Bauwerft: AG.Weser, Bremen
Kiellegung: 15. Mai 1941
Stapellauf: 8. April 1942
Indienststellung: 5. September 1942
Feldpost-Nr.: M 49317
Kapitulation am 15. August 1945 in Surabaya

Kommandos:
4. U-Flottille Stettin von September 1942–März 1943
(Schulboot)
12. U-Flottille Bordeaux von April–September 1943 und

Mai–September 1944 (Frontboot)
33. U-Flottille Penang/Batavia von Oktober 1944–Mai
1945 (Frontboot)

Kommandanten:
KKpt Heinz Buchholz, September 1942–Oktober 1943
OLtzS Friedrich Steinfeldt, Oktober 1943–Mai 1945

Feindfahrten: 3
Versenkte Schiffe: 2 (14.391 BRT) und 1 beschädigt

*U 195 war eines der beiden Typ IX D-1-Boote, das ande-
re war U 180. Es wurde ausgedehnten Versuchen unterzogen, bevor es zur ersten Feindfahrt auslaufen durfte.*

1. 20.3.43: Auslaufen Kiel in das Gebiet von Kapstadt.
Auf der Fahrt durch den Südatlantik versenkte U 195 die
amerikanische JAMES W. DENVER (7.200 t) am 12.4.43
600 Seemeilen westlich der Kanarischen Inseln. Am
7.5.43 versenkte das Boot die amerikanische SAMUEL
JORDAN KIRKWOOD (7.191 t) nordwestlich von St.
Helena.
Fünf Tage später beschädigte U 195 die amerikanische
CAPE NEDDICK (6.797 t) 600 Seemeilen südsüdöstlich
von St. Helena. Der Kapitän sichtete das Boot und steuerte auf es zu, schoss mit einer Kanone mit der Absicht,
das Boot zu rammen. Das Boot tauchte, die CAPE
NEDDICK stoppte und fuhr dann im Zickzack weiter.
U 195 schoss einen zweiten Torpedo, der vorbei ging. Es
verließ den Ort des Geschehens, nachdem die CAPE
NEDDICK wieder schoss. Das beschädigte Schiff erreichte Walvis Bay mit eigener Kraft, und nach Reparatur fuhr
es weiter nach Kapstadt. Es erreichte schließlich sicher
Suez. U 195 operierte vor Kapstadt bis Anfang Juni, versenkte aber nichts mehr. Am 8. traf es mit U 178 zusammen, um einen Kranken zu übernehmen. Zwischen dem
6. und 12. Juli hatte U 195 600 Seemeilen südwestlich
der Azoren U 487 mit Kraftstoff versorgt. Rückkehr in
den neuen Stützpunkt Bordeaux am 23.7.43.

*Während der ersten Feindfahrt stellte man fest, dass die
Hochgeschwindigkeitsmotoren sehr unbefriedigend waren, sie entwickelten Abgaswolken bei Überwasserfahrt.
Nach Rückkehr in Bordeaux wurde U 195 außer Dienst
gestellt. Im November 1943 war die Umrüstung abgeschlossen, um das Boot in der Doppelrolle eines Front-
/Versorgungsbootes zu verwenden. Es nahm im April
1944 wieder bei der 12. U-Flottille seinen Dienst auf.*

2. 24.8.44: Mit Schnorchel ausgerüstet Auslaufen Bordeaux in den Fernen Osten. U 195 fuhr via Südatlantik,
umrundete das Kap und durchlief den Indischen Ozean.

Am 20.12.44 versorgte es U 843 mit Brennstoff, das sich auf der Heimreise befand. Einlaufen Batavia am 28.12.44.
3. 19.1.45: Auslaufen Batavia zur Rückfahrt nach Europa. Am oder um den 9.2.45 versorgte U 195 U 532, das auf dem Heimweg war. U 195 hatte einen Defekt und kehrte am 4.3.45 nach Batavia zurück.
4. 5.3.45: Auslaufen Batavia, Einlaufen Surabaya 7.3.45.

Nach der Kapitulation Deutschlands wurde U 195 von der japanischen Marine am 6.5.45 in Surabaya übernommen und stellte am 15.7.45 in Dienst als I 506. Das Boot kapitulierte in Surabaya am 15.8.45 und wurde 1947 abgebrochen.

U 196 Typ IX D-2

Bauwerft: AG.Weser, Bremen
Kiellegung: 10. Juni 1941
Stapellauf: 24. April 1942
Indienststellung: 11. August 1942
Feldpost-Nr.: M 49455
Versenkt am 30. November 1944 in der Sundastraße

Kommandos:
4. U-Flottille Stettin von September 1942–März 1943 (Schulboot)
12. U-Flottille Bordeaux von März 1943–September 1944 (Frontboot)
33. U-Flottille Penang/Batavia von Oktober–30. November 1944 (Frontboot)

Kommandanten:
KKpt Eitel-Friedrich Kentrat, Sept. 1942–Sept. 1944
OLtzS Werner Striegler, Sept. 1944–30. Nov. 1944

Feindfahrten: 3
Versenkte Schiffe: 3 (17.739 BRT)

1. 13.3.43: Auslaufen in den Indischen Ozean. Das Boot lief Kristiansand am 14. an und lief am folgenden Tag wieder aus. U 196 lief durch den Südatlantik und war Ende April im Gebiet von Kapstadt, blieb jedoch dort nur wenige Tage, hatte auch keinen Erfolg. Das Boot umrundete das Kap und versenkte am 11.5.43 die britische NAILSEA MEADOW (4.962 t) 100 Seemeilen vor der Küste von East London.
U 196 patrouillierte vor der Ostküste von Südafrika bis Mitte Juni, bis es zum Versorger CHARLOTTE SCHLIE-

MANN, die von Japan kam, Kurs nahm. Das geschah am 22. März, 600 Seemeilen südlich von Mauritius. Dann kehrte U 196 nach dem Osten zurück, und vom 8.7.43 an operierte es im Mozambique Channel. Es hatte dort bis zum 2.8.43 keinen Erfolg, bis es den nach Norden laufenden Convoy CB 21 sichtete. Es beschädigte die britische CITY OF ORAN (7.323 t) 50 Seemeilen östlich von Memba. Das Wrack dieses Schiffes wurde von einem Escortschiff am 3. versenkt. U 196 glaubte darüber hinaus ein zweites Schiff des Convoys beschädigt zu haben, aber es gibt keine Information darüber.
Das Boot kehrte dann nach Süden zurück und wurde am 14. von einer Ventura der 22. Squadron (SAAF) vor der Küste von Natal geortet. Das in Mtubatuba stationierte Flugzeug warf fünf Wasserbomben, die aber das Boot nicht beschädigten. Es kam zu einer dreitägigen Jagd, an der auch die Korvette HMS NIGELLA beteiligt war. U 196 wurde noch zweimal von einer Ventura am 15. angegriffen, aber sechs geworfene Wasserbomben riefen nur geringe Schäden hervor.
Es tauchte am 16. viermal auf und wurde jedesmal geortet. Ein weiterer Versuch wurde bald nach Mitternacht gemacht und es wurde nicht entdeckt. In der Dämmerung und am Nachmittag des 17. wurden zwei Angriffe von einer großen Gruppe Venturas geflogen, aber U 196 wurde nicht gefunden.
Am 20. traf U 196 mit U 180 300 Seemeilen südsüdwestlich von Madagaskar zur Übergabe von Schlüsselunterlagen zusammen, die U 181 von U 197 am 19. erhalten hatte. Das Wetter war schlecht und das Angebot von U 181, Torpedos, Lebensmittel und Kraftstoff abzugeben, wurde vom Kommandanten U 181, Korvettenkapitän Lüth, nicht angenommen. Die beiden Kommandanten trafen nicht zusammen und operative Instruktionen wurden unabhängig mit Signalen ausgetauscht.
Während die beiden Boote zusammentrafen, wurde am 20. ein Signal von U 197 aufgenommen, das von einem Flugzeug angegriffen tauchunfähig war. Nachdem zwei unterschiedliche Positionen von U 197 250 Seemeilen entfernt aufgenommen worden waren, entschied Lüth, mit U 196 zu warten, bis ein neues Signal kam.
Ein drittes Signal mit der genauen Positionsangabe wurde eine halbe Stunde später empfangen.
U 196 und U 181 fuhren, um U 197 zu treffen, aber die Suche hatte keinen Erfolg. Am 24. gaben sie auf. Nach einer 255 Tage während Feindfahrt, möglicherweise die längste eines Ubootes im Zweiten Weltkrieg, kehrte U 196 nach Bordeaux am 23.10.43 zurück.
2. 11.3.44: Auslaufen Bordeaux und Einlaufen La Pallice am 13.3.44.
3. 16.3.44: Auslaufen in den Indischen Ozean. U 196 passierte den Zentralatlantik und wurde am 23.4.44 von

Zerstörern geortet, die als Schutzschild des Escortträgers USS SOLOMONS fuhren. Das Boot wurde mit Hedgehog-Salven des Zerstörers USS GUSTAFSON belegt. Es entkam ohne Schäden.

U 196 passierte Kapstadt, umrundete das Kap, fuhr nach Norden und versenkte am 9.7.44 die britische SHAHZADA (5.454 t) in der zentralen Arabischen See.

Es blieb bei diesem einzigen Erfolg.

Einlaufen Penang am 10.8.44.

4. 30.11.44: Auslaufen Batavia in den Indischen Ozean. U 196 wurde bald nach Verlassen des Stützpunktes am nächsten Tag als Verlust gemeldet. Die Ursache des Verlustes in der Sunda Street ist unbekannt. Es gab keine Überlebenden, 65 Tote.

U 197 Typ IX D-2

Bauwerft: AG.Weser, Bremen
Kiellegung: 5. Juli 1941
Stapellauf: 21. Mai 1942
Indienststellung: 10. Oktober 1942
Feldpost-Nr.: M 49177
Versenkt am 20. August 1943 südsüdwestlich von Madagaskar (28°40'S/42°36'E)

Kommandos:
4. U-Flottille Stettin von Oktober 1942–April 1943 (Schulboot)
12. U-Flottille Bordeaux von April 1943–20. August 1943 (Frontboot)

Kommandant:
KptLt Robert Bartels, Oktober 1942–20. August 1943

Feindfahrten: 1
Versenkte Schiffe: 3 (21.267 BRT) und 1 beschädigt

1. 3.4.43: Auslaufen Kiel in den Indischen Ozean. U 197 lief in den Südatlantik und versenkte am 20.5.43 den niederländischen Tanker BENAKAT (4.763 t) nordnordöstlich von Ascension. Es schoss auf ein Fährflugzeug und musste vor einem Mitchell-Bomber tauchen, der Wasserbomben warf.

Am 22.6.433 erfolgte die Versorgung durch CHARLOTTE SCHLIEMANN 600 Seemeilen südlich von Mauritius. Der Versorger kam von Japan. Das Boot patrouillierte vor der Küste von Südafrika. Es wurde am 12.7.43 von einer Catalina der 262. Squdron von St. Lucia, Natal,

südöstlich von Inhambane, Mozambique, mit Bordwaffen und Wasserbomben angegriffen. Das Boot tauchte nach einer guten Flakabwehr und blieb unbeschädigt. Am 24. versenkte es den schwedischen Tanker PEGASUS (9.583 t) ostnordöstlich von Durban und am 30. beschädigte es die amerikanische WILLIAM ELLERY (7.181 t) 350 Seemeilen ostsüdöstlich von Durban. Dieses Schiff wurde nach Durban eingeschleppt.

U 197 setzte seine Patrouillen südlich des Mozambique Channels fort. Am 15.8.43 traf das Boot mit U 181 zusammen. Das Treffen war für den 17. vorgesehen, damit die beiden Kommandanten sich für die Rückreise nach Frankreich austauschen konnten. U 197 versenkte die britische EMPIRE STANLEY (6.921 t) am 17. südsüdöstlich von Cap Sainte Marie, Madagaskar. Es gab einen Funkspruch zwischen U 197, U 181 und U 196 während des 17. und 18. und der wurde aufgefangen. U 197 und U 181 trafen sich am 19. südlich von Cap Sainte Marie. Der Kommandant von U 197, Kapitänleutnant Bartels, meinte, er wolle in See bleiben. U 181 fuhr dann zum Treffen mit U 196 am 20. 300 Seemeilen südsüdwestlich von Madagaskar. Während die Boote zusammen waren, wurde ein Signal von U 197 empfangen, das besagte, dass U 197 von einem Flugzeug angegriffen worden und nicht mehr tauchfähig sei. Das Flugzeug, eine RAF Catalina der 259. Squadron (F/Lt L.O. Barnett) aus St. Lucia, Natal, warf sechs Wasserbomben, die große Schäden hervorriefen.

Bartels sandte schlechte Signale, gab zwei verschiedene Positionen des Bootes an U 197, 250 Seemeilen entfernt. Aus der Sicht des Kommandanten von U 181 sollte man warten mit U 196, bis die genaue Position von U 197 bekannt war. U 197 wurde von der Catalina umflogen. Es gab seine Position eine halbe Stunde später an. Eine zweite Catalina von der 265 Squadron (F/O C.E. Robin) kam ebenfalls an. Das zweite Flugzeug umkreiste das Boot und machte Tiefangriffe. Robin schließlich versenkte U 197 mit sechs Wasserbomben, 320 Seemeilen südsüdwestlich von Cap Sainte Marie. U 181 und U 196 trafen zum Treffen mit dem Boot ein aber fanden nichts mehr. Sie gaben am 24. auf und fuhren heimwärts. Es gab keine Überlebenden, 67 Tote.

U 198 Typ IX D-2

Bauwerft: AG.Weser, Bremen
Kiellegung: 1. August 1941
Stapellauf: 15. Juni 1942
Indienststellung: 3. November 1942
Feldpost-Nr.: M 49158
Versenkt am 12. August 1944 westnordwestlich von den
Seychellen (03°35'S/52°49'E)

Kommandos:
4. U-Flottille Stettin von November 1942–März 1943
(Schulboot)
12. U-Flottille Bordeaux von März 1943–12. August
1944 (Frontboot)

Kommandanten:
KptzS Werner Hartmann, November 1942–Januar 1944
OLtzS Burkhard Heusinger von Walddegg, Januar
1944–12. August 1944

Feindfahrten: 2
Versenkte Schiffe: 11 (59.690 BRT)

1. 9.3.43: Auslaufen Kiel in den Indischen Ozean. U 198
lief durch den Zentral- und Südatlantik, umrundete das
Kap und erreichte Mitte Mai sein Operationsgebiet vor
der Ostküse Südafrikas.
Am 17.5.43 griff es den nach Süden laufenden Convoy
LMD 17 vor Cape Saint Marie, Natal, an und versenkte
die britische NORTHMOOR (4.392 t) und beschädigte mög-
licherweise in einem zweiten Angriff ein anderes Schiff.
Das Boot wurde am 18. von einer Catalina der 262.
Squadron angegriffen. Es wurde jedoch nicht beschädigt.
Die Flak des Bootes zerstörte einen Motor des Flug-
zeuges.
U 198 patrouillierte in einem Gebiet südlich des Mozam-
bique Channels. Am 29.5.43 versenkte es die britische
HOPETARN (5.231 t) 500 Seemeilen südwestlich von Cap
Sainte Marie, Madagaskar, und nahm den 2. Offizier als
Gefangenen an Bord. Einen Convoy am 31. anlaufend,
wurde U 198 geortet und mit Wasserbomben durch eines
der Escortschiffe vertrieben.
Am 5.6.43 versenkte das Boot die britische DUMRA
(2.304 t) 190 Seemeilen nordöstlich von Durban und am
6. die amerikanische WILLIAM KING (7.176 t) 210 See-
meilen ostsüdöstlich von Durban. Der Leitende
Ingenieur und der Kapitän der WILLIAM KING wurden an
Bord genommen.
U 198 wurde 600 Seemeilen südlich von Madagaskar am

22. durch CHARLOTTE SCHLIEMANN mit Kraftstoff versorgt. Das Boot kehrte dann in das Operationsgebiet südlich des Mozambique Channel zurück. Es gab nur wenige Schiffe, die gefunden wurden, und U 198 hatte keinen
weiteren Erfolg. Erst am 6.7.43 versenkte das Boot die
griechische HYDRAIOS (4.476 t) vor Inharrime, südlich
von Mozambique, am 7. folgte die britische LEANA
(4.742 t) im selben Gebiet. U 198 wurde am 11. von einer
Ventura der 22. (SAAF) Squadron gesichtet, aber die
fünf geworfenen Wasserbomben führten zu keiner
Beschädigung. Am folgenden Tage musste das Boot dann
mehrfach tauchen, um Flugzeugen zu entgehen.
U 198 letzter Erfolg auf dieser Patrouille kam am 1.8.43,
als es den nach Süden laufenden Convoy BC 2 südlich
von Inharrime angriff. Es torpedierte die niederländische
MANGKALIHAT (8.457 t). Das Schiff wurde verlassen, am
2. wieder besetzt und in Schlepp genommen, aber ging
am 4. unter. Am oder um den 10.8.43 trat U 198 seine
Heimreise an und nach 201 Tagen in See lief es am
24.9.43 in Bordeaux ein.
2. 23.3.44: Auslaufen Bordeaux und Einlaufen La Pallice
am 25.3.44.
3. 20.4.44: Auslaufen in den Indischen Ozean.
U 198 passierte den Zentral- und Südatlantik und versenkte am 16.6.44 die südafrikanische COLUMBINE
(3.268 t) nordwestlich von Cape Columbine, nördlich
von Kapstadt. Das Boot operierte vor der Ostküste von
Südafrika ab Juli.
Am 6. wurde das Boot von einer Ventura 200 Seemeilen
vor Durban gesichtet. Der Bombenschacht des Flugzeuges wurde durch die Flak des Bootes beschädigt, so dass
es keine Wasserbomben werfen konnte.
Eine zweite Ventura wurde von der Flak des Bootes vertrieben, aber kam erneut heran, als es tauchte. Wasserbomben wurden geworfen, die einen Kraftstofftank trafen und die ein Dingi des Bootes aufschwimmen ließen.
Der Eindruck war, dass das Boot zerstört war, aber es
entkam.
Vor Inharrime versenkte U 198 am 15. die britische
DIRECTOR (5.107 t). Anfang August hatte es nach Norden
verlegt und versenkte am 6. die britische EMPIRE CITY
(7.295 t) 50 Seemeilen östlich von Quiterajo, Mozambique. Am 7. versenkte U 198 die britische EMPIRE DAY
(7.242 t) 200 Seemeilen östlich von Daressalam. Der
Leitende Ingenieur des Schiffes wurde an Bord genommen und starb beim Untergang des Bootes.
Das Boot wurde am 10. durch eine Avenger der 875.
Squadron (FAA) vom Escortträger HMS SHAH angegriffen, als es tauchte. Eine Fregatte kam hinzu, aber fand
nichts. Am nächsten Morgen wurde U 198 durch eine
andere Ventura des Trägers mit Wasserbomben angegriffen. Wieder tauchte es. Das Boot tauchte auf, eröffnete

das Feuer auf das Flugzeug und tauchte dann zwanzig Minuten später wieder.

Eine Catalina nahm den Kontakt mit U 198 einige Stunden später wieder auf, und die indische Sloop HMIS GODAVARI (Cdr J.N. Jefford) kam in der Dämmerung des 12. auf der Position an. Eine Suche von da an bis in den Nachmittag wurden von der Sloop und der Fregatte HMS FINDHORN (LtCdr J.C. Dawson) durchgeführt. Dann wurde das Boot wieder lokalisiert. Eine Hedgehog-Attacke wurde eingeleitet, die sofort Unterwasserexplosionen mit großen Ölflecken an der Wasseroberfläche hervorrief. U 198 wurde 200 Seemeilen nordnordwestlich von Victoria, Seychellen, zerstört.

U 199 Typ IX C-40

Bauwerft: AG.Weser, Bremen
Kiellegung: 13. Oktober 1941
Stapellauf: 12. Juli 1942
Indienststellung: 28. November 1942
Feldpost-Nr.: M 50247
Versenkt am 31. Juli 1943 südlich von Rio de Janeiro (23°54'S/42°54'W)

Kommandos:
4. U-Flottille Stettin von November 1942–Mai 1943 (Schulboot)
12. U-Flottille Bordeaux von Mai 1943–31. Juli (Frontboot)

Kommandant:
KptLt Hans-Werner Kraus, Nov. 1942–31. Juli 1943

Feindfahrten: 1
Versenkte Schiffe: 1 (4.161 BRT)

1. 13.5.43: Auslaufen Kiel in den Südatlantik. U 199 patrouillierte vor der Küste Brasiliens, zwischen Santos und Rio. Am 25.6.43 wurde das Boot von einem brasilianischen Flugzeug geortet, das nach U 513 suchte. Beide Boote entkamen. Zwei Tage später griff das Boot die amerikanische CHARLES WILLSON PEALE (7.176 t) 50 Seemeilen südlich von Rio an. Das Schiff schoss zurück, entkam einem Torpedo und erreichte Rio sicher.

Am 3.7.43 wurde U 199 von zwei brasilianischen Flugzeugen geortet. Am Abend wurde das Boot von einer USN Mariner des VP 74 (LtH. C. Carey) angegriffen. Das Flugzeug wurde abgeschossen, seine Besatzung war

tot. Am 4. und 6. versenkte das Boot vor Rio zwei Segelschiffe.

Am Morgen des 24. versenkte U 199 die britische HENZADA (4.161 t) 100 Seemeilen südwestlich von Rio. Das Boot wurde von einer USN Mariner des VP 74 (Lt N.F. Smith) am 31., 80 Seemeilen südlich von Rio gesichtet. Das Flugzeug warf sechs Wasserbomben und beschädigte das Boot so, dass es nicht mehr tauchen konnte. Andere Flugzeuge kamen hinzu. Eine brasilianische Hudson machte Tiefangriffe auf das Boot, so dass eine brasilianische Catalina (Cadet A.M. Torres) in der Lage war, zwei Wasserbomben zu werfen, die das Boot versenkten.

Der Kommandant und 11 Mann der Besatzung wurden gerettet, 50 Mann waren tot.

U 200 Typ IX D-2

Bauwerft: AG.Weser, Bremen
Kiellegung: 4. November 1941
Stapellauf: 20. August 1942
Indienststellung: 22. Dezember 1942
Feldpost-Nr.: M 49039
Versenkt am 24. August 1943 südsüdwestlich von Reykjavik (59°00'N/26°18'W)

Kommandos:
4. U-Flottille Stettin von Dezember 1942–Juni 1943 (Schulboot)
12. U-Flottille Bordeaux von Juni 1943 (Frontboot)

Kommandant:
KptLt Heinrich Schonder, Dezember 1942–24. Juni 1943

Feindfahrten: 1
Versenkte Schiffe: keines

1. 12.6.43: Auslaufen Kiel mit U 194 und U 420.
U 200 nahm Kurs auf den Indischen Ozean, um die »Monsun«-Gruppe in der Arabischen See Ende September zu verstärken. Es hatte eine Gruppe von Küstentruppen von der bekannten Division der Brandenburger mit an Bord.

Am 24. wurde U 200 gesichtet, mit Wasserbomben angegriffen und 800 Seemeilen südsüdwestlich von Reykjavik von einer Liberator der 120. Squadron (F/L A.W. Fraser) versenkt. Es gab keine Überlebenden, 62 Tote.

U 201 Typ VII C

Bauwerft: Germaniawerft, Kiel
Kiellegung: 20. Januar 1940
Stapellauf: 7. Dezember 1940
Indienststellung: 25. Januar 1941
Feldpost-Nr.: M 33584
Versenkt am 17. Februar 1943 ostnordöstlich von St. Johns (50°36′N/41°07′W)

Kommandos:
1. U-Flottille Kiel/Brest von Januar 1941–17. Februar 1943 (Schulboot/Frontboot)

Kommandanten:
KptLt Adalbert Schnee, Januar 1941–August 1942
OLtzS Günther Rosenberg, Sept. 1942–17. Februar 1943

Feindfahrten: 9
Versenkte Schiffe: 21 (101.546 BRT) und 2 beschädigt
1 Hilfskatapultschiff (5.155 BRT)
1 U-Abwehrtrawler (545 BRT)

1. 22.2.41: Auslaufen Kiel nach Westfrankreich. Auf der Fahrt nutzte U 201 die Chance, das verlassene Wrack des britischen Tankers CAPULET (8.190 t) 300 Seemeilen nordnordwestlich von Rockall am 2.5.41 zu versenken. Dieses Schiff war von U 552 torpediert worden und wurde brennend verlassen, als ein Angriff auf den nach Osten laufenden Convoy HX 121 am 28.4.41 befohlen wurde. U 201 versenkte das Schiff.
Am Abend des 8.5.41 griff U 201 den Convoy DB 318 an, der am Nachmittag des 9. 750 Seemeilen ostnordöstlich von Cape Farewell auftauchte. Es torpedierte zwei Schiffe, versenkte die britische GREGALIA (5.802 t) und beschädigte die britische EMPIRE CLOUD (5.969 t). Das letztere Schiff wurde von U 564 am 19.8.42 westlich von Grenada versenkt. U 201 wurde durch Wasserbombenangriffe der Korvette HMS NIGELLA und des U-Abwehrtrawlers HMS ST. APOLLO vertrieben.
Rückkehr nach dem neuen Stützpunkt Brest am 18.5.41.
2. 8.6.41: Auslaufen in den Nordatlantik. U 201 traf auf die »Kurfürst«-Gruppe südlich von Island. Nachdem keine Convoys gefunden wurden, wurde die Gruppe aufgelöst und einige »Kurfürst«-Boote trafen südöstlich von Grönland auf die »West«-Gruppe. U 201 gehörte nicht dazu. Als bekannt wurde, dass die Convoys umgeleitet wurden, um der »West«-Gruppe zu entgehen, wurden einige Boote, und mit ihnen auch U 201, in loser Formation über eine weite Strecke im zentralen Nordatlantik verteilt.

Vom 26. an war U 201 eines von drei Booten, die zu dem nach Osten laufenden Convoy HX 133 Kontakt aufnahmen, wurde aber am 28. vertrieben, ohne dass es zu einem Angriff kam. Das Boot blieb zur Operation im zentralen Nordatlantik, hatte aber keinen Erfolg mehr.
Rückkehr nach Brest am 19.7.41.
3. 14.8.41: Auslaufen in den Nordatlantik. Das Boot wurde zu einem Versammlungsgebiet westlich des Nordkanals beordert und auf den nach Süden laufenden Convoy OG 71 angesetzt, der am 17. westlich von Irland gesichtet worden war. Es hatte am Abend Kontakt und behielt ihn bis in die ersten Stunden des 19., als es westsüdwestlich von Irland die britische AGUILA (3.255 t) versenkte. Der Kontakt ging am 20. verloren, und trotz einer Sichtung durch eine Condor während des 21. Nachmittags wurde verfehlt, die Boote erfolgreich an den Convoy zu dirigieren. U 564 stellte den Kontakt am 22. wieder her und rief U 201 herbei. In den frühen Stunden des 23. versenkte U 201 nordwestlich Lissabon zwei Schiffe: die britische STORK (787 t) und die britische ALDERGROVE (1.974 t).
U 201 kehrte am 25.8.41 nach Brest zurück.
4. 14.9.41: Auslaufen zur Operation westlich und südwestlich von Irland.
U 124 sichtete am 20. nordnordöstlich von den Azoren den nach Süden laufenden Convoy OG 74 und rief U 201 herbei, dass auch in diesem Gebiet war. Es stellte den Kontakt her, wurde aber durch ein Marlet-Flugzeug des Escortträgers HMS AUDACITY angegriffen, zum Tauchen gezwungen und dann von der Sloop HMS DEPTFORD und der Korvette HMS ARBUTUS vertrieben. U 201 kam am späten Abend des 21., 800 Seemeilen nordnordöstlich der Azoren, wieder an den Convoy heran. Es versenkte drei Schiffe, die britische RUNA (1.575 t), die britische LISSA (1.511 t) und die britische RHINELAND (1.381 t).
Als der Kontakt am 22. verloren ging, wurden U 201 und U 124 an den anlaufenden Convoy HG 73 dirigiert, der Gibraltar am 17. verlassen hatte. U 201 kam an den Convoy heran und torpedierte zwei Schiffe, beschädigte das Katapultschiff SPRINGBANK (britisch, 5.155 t) und versenkte die norwegische SIREMALM (2.468 t) 700 Seemeilen westsüdwestlich von Fastnet. Die SPRINGBANK wurde von der Korvette HMS JASMINE versenkt. Am späten Abend des 27. versenkte U 201 die britische MARGARETA (3.103 t) etwas weiter östlich. Bei diesem Angriff wurde möglicherweise ein weiteres Schiff beschädigt. Die Operation endete am 28., U 201 hatte alle Torpedos verschossen.
Rückkehr nach Brest am 30.9.41.
5. 29.10.41: Auslaufen in den Westen von Irland.
Am 31. wurde der Convoy OS 10 von U 96 im zentralen Nordatlantik gesichtet. U 201 war eines der Boote, die an

ihn herangeführt wurden, aber es kam nicht mehr heran und der Kontakt ging verloren.

Am 5.11.41 traf U 201 auf die »Störtebecker«-Gruppe westlich von Spanien, um den Convoy HG 76 von Gibraltar zu erwarten. Als dieser nicht erschien, wurde die Gruppe am 7. auf den nach Norden laufenden Convoy SL 91 angesetzt, der trotz intensiver Suche bis zum 11. durch Luft- und Seeaufklärung nicht gesichtet wurde.

Die »Störtebecker«-Gruppe fuhr nun nach Westen auf eine neue Position im zentralen Nordatlantik. Am 15. wurde sie gegen den nach Süden laufenden Convoy OS 11 angesetzt, aber es kam zu keinem Kontakt.

Ab 17. wurde eine neue Linie, 500 Seemeilen lang, zwischen den Azoren und Irland gebildet. Diese Maßnahme war erfolglos. Am 19. wurden alle greifbaren Boote, »Störtebecker«, »Gödecke« und »Benecke« an den Convoy OG 77 herangeführt. U 201 gehörte zur Gruppe »Gödecke«. Ab 25., nachdem ab 22. die Mehrzahl der Boote im Nordatlantik, nach Gibraltar oder ins Mittelmeer geschickt worden waren, blieben nur drei Boote übrig, U 201, U 69 und U 402. Sie arbeiteten zusammen als »Letzte Ritter«-Gruppe. Der Convoy OG 77 war von Großbritannien am 26. ausgelaufen, und die drei Boote wurden auf ihn angesetzt, nachdem er am 28. durch Luftaufklärung gesichtet worden war. Sie verfehlten ihn jedoch, und am 1.12.41, mit nur wenig Kraftstoff, fuhren sie nach Hause.

Rückkehr nach Brest am 9.12.41.

Am 13.12.41 kam es zu einer plötzlichen Explosion an Bord von U 201 in Brest. Zwei Mann wurden getötet.

6. 24.3.42: Auslaufen in US-Gewässer.

U 201 gehörte zur fünften Welle vor der US-Küste in der »Operation Paukenschlag«. Am 18.4.42 torpedierte es 400 Seemeilen südöstlich von New York ein neutrales Schiff, den argentinischen Tanker VICTORIA (7.417 t). Die Besatzung verließ das Schiff, aber als es nicht sank, wurde es mit Hilfe der Zerstörer wieder bemannt, die die Besatzung aufgenommen hatten, und in den Hafen geschleppt. Dieser Zwischenfall führte zu diplomatischen Noten, die zwischen Argentinien und Deutschland ausgetauscht wurden.

U 201 fuhr weiter nach Süden und versenkte am 21. die norwegische BRIS (2.027 t) ostsüdöstlich von Cape Hatteras, die amerikanische SAN JACINTO (6.069 t) und die britische DERRYHEEN (7.127 t). Die erstere wurde nach einem Gefecht mit Geschützfeuer versenkt.

Rückkehr nach Brest am 21.5.42.

7. 27.6.42: Auslaufen in den Zentralatlantik. U 201 war eines von sechs Booten, die als Gruppe vorgesehen waren. Auf dem Weg zum Versammlungsgebiet südöstlich der Azoren versenkte U 201 die AVILA STAR (14.443 t) am 6.7.42 östlich von den Inseln.

Die Boote bildeten die »Hay«-Gruppe und begannen am 10. zwischen dem 20° und 25° W-Meridian zu suchen. Am 11. passierte der nach Süden laufende Convoy OS 33 die Linie südlich von Santa Maria, Azoren. Nach Einbruch der Dunkelheit trennte sich eine Gruppe von Schiffen nach Südamerika vom Convoy, der weiter nach Süden fuhr. U 201 und U 116 entschieden sich, diese Schiffe anzugreifen, und bald nach Mitternacht machten beide Boote Angriffe auf die britische CORTONA (7.093 t), und erzielten Treffer. Das Schiff, nach Buenos Aires bestimmt, sank durch einen weiteren Torpedo von U 201. Vier Stunden später versenkte das Boot die britische SIRIS (5.242 t) und in den frühen Stunden des 13. die britische SITHONIA (6.723 t). Insgesamt verlor der OS 33 sechs Schiffe, U 136 ging dabei verloren.

Nach dieser Operation gegen den Convoy am 13. westlich von den Kanarischen Inseln bildeten die restlichen Boote der »Hay«-Gruppe eine neue Linie. Sie nahmen ihre Position in den frühen Stunden des 15. ein.

U 201 versenkte den britischen Tanker BRITISH YEOMAN (6.990 t). Später am Tag bildeten die Boote wieder eine Linie im Süden, sie passierten zwischen den Kapverdischen Inseln und der afrikanischen Küste.

Nachdem die Linie am 21. Dakar passiert hatte, löste sie sich auf und die Boote wandten sich im Gebiet von Freetown unabhängigen Operationen zu. Am späten Abend des 25. versenkte U 201 den U-Abwehrtrawler HMS LAERTES 180 Seemeilen südsüdwestlich von Freetown.

U 201 kehrte am 8.8.42 nach Brest zurück.

8. 6.9.42: Unter dem Kommando eines neuen Kommandanten verließ U 201 den Stützpunkt in Richtung Zentralatlantik.

Auf dem Marsch wurde des Boot am oder um den 24. von U 460 südlich der Azoren mit Brennstoff versorgt.

Das Boot ging in ein Gebiet südöstlich von Trinidad und versenkte am 2.10.42 die amerikanische ALCOA TRANSPORT (2.084 t) vor Boca Grande, Venezuela. Nach weiterer Bewegung weiter nach Osten versenkte U 201 zwei Schiffe 600 Seemeilen nordöstlich von Cayenne, die amerikanische JOHN CARTER ROSE (7.191 t) direkt nach Mitternacht am 7. und die niederländische FLENSBURG (6.421 t) in den frühen Stunden des 9. Die JOHN CARTER ROSE wurde von einem Torpedoversager des Bootes U 201 und danach von zwei Torpedos von U 202 getroffen. Nach einer verfehlten Attacke mit einem anderen Torpedoversager von U 201 sank das Schiff durch Artilleriefeuer.

Rückkehr nach Brest am 26.10.42.

9. 27.12.42: Auslaufen Brest und Rückkehr am 29.12.42.

10. 3.1.43: Auslaufen in den Nordatlantik. U 201 traf auf die »Falke«-Gruppe 500 Seemeilen westlich von Irland. Am 7. wurde das Boot zu einer Nord-Süd-Patrouille, in Erwartung eines nach Westen laufenden Convoys abgeteilt. Der kam nicht, deshalb fuhr am 16. die Linie nordwestwärts. Vom 17. an traf die »Habicht«-Gruppe auf das südliche Ende und bildete mit der »Falke«-Gruppe eine 500 Seemeilen lange Linie, die sich dann in einem westwärts verlaufenden Suchkurs nach Convoys bewegte. Um den 19. war nichts gefunden worden, die beiden Gruppen brachen ab und die Boote liefen 300 Seemeilen südostwärts nach Cape Farewell.

Als ein nach Osten laufender Convoy von einem rücklaufendem Boot am 22. gemeldet wurde, wurden die Boote mit hoher Geschwindigkeit südostwärts befohlen. Schlechtes Wetter und schlechte Verständigung riefen einen Fehler im Finden des Convoys hervor, obwohl die Suche von allen Booten durchgeführt wurde. Während der Suche traf U 201 über mehrere Stunden auf eine Schule von Walen. Dieser Zwischenfall führte zur Instruktion von Spezialisten bei der Erkennung von bestimmten neutralen Unterwassergeräuschen, wie es bei Walen und Delphinen auftrat.

Die »Haudegen«-Boote formten eine neue Linie südlich Cape Farewell, und am 1.2.43 fuhren sie südwestwärts nach Neufundland. Einige Boote wurden zum Angriff auf die Convoys SG 19 und SC 118 detachiert. U 210 blieb bei der Hauptgruppe, die vom 6. an ihre Position in einem Winkel 300 Seemeilen nordöstlich von Cape Race einnahm.

Am 15. wurden die »Haudegen«-Boote mit nur wenig Kraftstoff zum Versorgen in ein Versorgungsgebiet befohlen. Am 17. sichtete U 69 den nach Westen laufenden Convoy ONS 165. Es wurde befohlen, den Convoy anzugreifen, die Versorgung auf später verschoben. U 210 und U 69 trafen auf den Convoy am 17., dabei wurden beide versenkt. U 201 wurde vom Zerstörer HMS FAME (Cdr S. Heathcote) geortet, der es nach dem Angriff mit Wasserbombenattacken zum Auftauchen zwang, es rammte und versenkte.

Der Zerstörer hatte eine Beschädigung des Schiffskörpers, die ihn vom Escortdienst befreite.

Das Boot wurde 850 Seemeilen ostnordöstlich von St. Johns zerstört. Es gab keine Überlebenden, 50 Tote.

U 202 Typ VII C

Bauwerft: Germaniawerft, Kiel
Kiellegung: 18. März 1940
Stapellauf: 10. Februar 1941
Indienststellung: 22. März 1941
Feldpost-Nr.: M 38859
Versenkt am 2. Juni 1943 südsüdöstlich von Cape Farewell (56°12'N/39°52'W)

Kommando:
1. U-Flottille Kiel/Brest von März 1941–2. Juni 1943 (Schulboot/Frontboot)

Kommandanten:
KptLt Hans-Heinz Linder, März 1941–September 1942
KptLt Günter Poser, September 1942–2. Juni 1943

Feindfahrten: 9
Versenkte Schiffe: 9 (34.596 BRT) und 4 beschädigt

1. 17.6.41: Auslaufen Kiel in den Nordatlantik. U 202 war eines der Boote, die in einer losen Form im Nordatlantik operierten. Am 23. sichtete U 202 den nach Osten laufenden Convoy HX 133 450 Seemeilen südlich von Cape Farewell, und die Boote griffen ihn vier Tage lang an. Sechs Schiffe sanken. Das Boot hatte auf seiner ersten Feindfahrt keinen Erfolg. Rückkehr in den neuen Stützpunkt Brest am 23.7.41.

2. 11.8.41: Auslaufen in den zentralen Nordatlantik. U 202 traf eine Gruppe von Booten, die in loser Formation südwestlich von Island den Convoy HX 145 angriffen, ihn jedoch verfehlten. Am 27. versenkte das Boot das britische Fischereifahrzeug LADY LOVE (230 t). Ab 28. traf das Boot auf eine neue Gruppe, »Markgraf«, südwestlich von Island. Viele Convoys wurden umgeleitet. Am 4.9.41 wurde die »Markgraf«-Gruppe zu einer neuen Linie weiter im Westen umgeformt, aber die Convoys wurden wieder umgeleitet. Ab dem 6. wurde die Gruppe im Südosten von Grönland über eine größere Fläche verteilt. Drei Convoys wurden im Süden erkannt, aber schlechtes Wetter hinderte den nach Osten laufenden Convoy SC 42 daran, seinen Kurs zu ändern. Der Convoy wurde am 9. von U 85 dicht beim Cape Farewell gesichtet. Der Angriff auf ihn war erfolglos, aber fünf weitere »Markgraf«-Boote kamen während der Nacht des 9./10. an den Convoy heran und es kam zur Versenkung von fünf Schiffen.

Am Nachmittag des 11. versenkte U 202 die schwedische SCANIA (1.980 t) ostnordöstlich von Cape Farewell. Das

Schiff war sechs Stunden zuvor von U 82 beschädigt worden. Obwohl die Operation bis zum 14. dauerte, wurden nach dem 11. keine weiteren Schiffe mehr versenkt. 16 Schiffe wurden bis dahin versenkt und zwei beschädigt.

Rückkehr nach Brest am 17.9.41.

3. 16.10.41: Auslaufen in den Nordatlantik. U 202 wurde angewiesen, gegen den Convoy SL 89 zu operieren, der am 20. von U 84 gesichtet worden war. Nach einer Vertreibung am 23. traf U 202 auf die »Schlageter«-Gruppe, die am 26. eine Linie 300 bis 400 Seemeilen südlich von Grönland bildete.

Am 1.11.41 sichtete U 374 den nach Osten laufenden Convoy SC 52. Die »Schlageter«-Boote, in Kombination mit anderen, gerade neu hinzu gekommenen Booten der »Raubtier«-Gruppe, wurde gegen den Convoy angesetzt. Bei einem Angriff am frühen Morgen des 3. versenkte U 202 zwei Schiffe nordöstlich von Notre Dame Bay, Neufundland, die britische FLYNDERBORG (2.022 t) und die britische GRETAVALE (4.586 t). Eine weitere Versenkung wurde von U 202 bei einem neuen Angriff vier Stunden später gemeldet, aber das war sicherlich das Wrack eines zuvor torpedierten Schiffes. Der Kontakt ging in der Nacht vom 4./5. verloren, als der Convoy den Schutz der Belle Isle Strait erreichte.

Rückkehr nach Brest am 13.11.41.

4. 13.12.41: Auslaufen ins Mittelmeer.

Während des Durchbruches durch die Straße von Gibraltar wurde das Boot angegriffen und durch eine Swordfish der 812. Squadron (FAA) beschädigt.

Rückkehr nach Brest am 27.12.41.

5. 1.3.42: Auslaufen in den Westatlantik als Teil der vierten Welle der »Operation Paukenschlag«.

U 202 überquerte den Atlantik und beschädigte am 22. die britische ATHELVISCOUNT (8.882 t) 700 Seemeilen südöstlich von Sable Island. Am 1.4.42 versenkte das Boot die britische LOCH DON (5.249 t) 500 Seemeilen nordöstlich von den Bermudas.

Auf der Heimreise wurde U 202 am 3. westlich der Azoren durch U A mit Kraftstoff versorgt.

Rückkehr nach Brest am 26.4.42.

6. 27.5.42: Auslaufen zu einer Spezialoperation an der US-Ostküste.

Am 12.6.42 erreichte U 202 seinen Anlaufpunkt am Amagansett, Long Island. Es wurden dort vier deutsche Agenten angelandet: Georg Dasch, Heinrich Heinck, Richard Quirin und Ernst Burger, Teil der »Operation Pastorius«, zur Ausübung von Sabotage gegen industrielle Anlagen und die Eisenbahn.

In den frühen Stunden des 13. wurden die Männer in einem Schlauchboot mit ihrer Ausrüstung auf vier hölzernen Flößen an Land gebracht. Nach dem Anlanden der Saboteure lief U 202 wieder hinaus in die See, kam dabei aber auf einer Sandbank fest. Nach vielen Stunden des Festsitzens kam es mit der Morgentide wieder frei. Bald nach der Landung kam ein junger Coast-Guard-Mann an den Strand und fand heraus, wer die vier Männer waren. Dasch übergab ihm Geld, um so das Schweigen der Männer zu erkaufen. Die Ausrüstung wurde dann im Sand vergraben und die vier Männer gingen nach Amagansett und nahmen den Zug nach New York.

Gleich nach Rückkehr zur Coast Guard-Station meldete jedoch der junge Mann die ganze Sache seinem Vorgesetzten. Eine Suche wurde am Strand durchgeführt und die Kästen entdeckt.

Dasch und Burger entschieden sich, die »Operation Pastorius« zu hintergehen, die weitere vier Agenten umfasste, die von U 584 bei Jacksonville/Florida am 17.6.42 an Land gesetzt wurden.

Dasch nahm mit dem FBI per Telefon Kontakt auf, aber seine Story, dass er aus Deutschland kam, wurde ihm nicht geglaubt. Er ging am 18. nach Washington, ergab sich dem FBI und wurde dann für fünf Tage verhört. Die drei Agenten in New York wurden gefangen gesetzt, und auch die vier Männer, die von U 584 angelandet wurden, zwei in New York, zwei in Chicago.

Dasch und Burger wurden freigelassen und 1948 nach Deutschland zurückgebracht. Die anderen sechs Agenten wurden exekutiert, und andere Deutschamerikaner, die ihnen geholfen hatten, zu Gefängnisstrafen verurteilt.

Nach Erfüllung der »Operation Pastorius« patrouillierte U 202 vor der US-Ostküste. Am 22.6.42 versenkte das Boot die argentinische RIO TERCERO (4.864 t) 150 Seemeilen südöstlich von New York. Das Boot tauchte auf und nahm den Kapitän dieses neutralen Schiffes zur Vernehmung an Bord. Er wurde schnell wieder auf sein Rettungsboot abgegeben, als ein Flugzeug erschien. Als U 202 tauchte, wurden Bomben geworfen. Später kam ein Blimp hinzu und warf weitere Bomben, aber das Boot entkam.

Am 1.7.42 versenkte das Boot die amerikanische CITY OF BIRMINGHAM (5.861 t) 250 Seemeilen östlich von Cape Hatteras. Das heimwärts laufende Boot wurde Anfang Juli westlich der Azoren von U 460 mit Brennstoff versorgt. Am 17. sichtete U 202 den nach Süden laufenden Convoy OS 34 nordnordöstlich von den Azoren. Es wurde während der Nacht von einer Korvette des Geleitschutzes vertrieben.

Rückkehr nach Brest am 25.7.42.

7. 6.9.42: Auslaufen in den Zentralatlantik.

Nach Versorgung durch U 460 am 20. südlich der Azoren fuhr U 202 in ein Gebiet südöstlich von Trinidad und versenkte am 1.10.42 die niederländische ACHILLES (1.815 t)

60 Seemeilen nordöstlich von Boca Grande, Venezuela. Am 7. wurden vom rücklaufenden Boot zwei Torpedos auf das amerikanische Schiff JOHN CARTER ROSE (7.191 t) 600 Seemeilen nordöstlich von Cayenne abgeschossen, aber nur einer traf und beschädigte das Schiff. Das Schiff wurde bald darauf durch Artillerie von U 201 versenkt.

Rückkehr nach Brest am 25.10.42.

8. 12.1.43: Auslaufen in den Zentralatlantik. Operation gegen nach dem Mittelmeer laufende Convoys.

Am oder um den 23. traf U 202 auf die »Delphin«-Gruppe südlich der Azoren. Gegen Ende Januar lief die Gruppe ostwärts in ein Gebiet nordwestlich der Kanarischen Inseln, dann wieder nach Osten in ein Gebiet westlich von Gibraltar.

Am 7.2.43, nördlich von den Kanarischen Inseln, sichtete U 521 einen kleinen Küstenconvoy, Gib No. 2.

Die fünf »Delphin«-Boote U 202, U 87, U 258, U 264 und U 558 wurden auf den wöchentlich escortierten Convoy angesetzt. Die Operation wurde allerdings, bevor die Geleitfahrzeuge am 9. verstärkt wurden, am 9. wegen der starken Luftüberwachung beendet. Nur U 264 konnte am 8. einen erfolglosen Angriff fahren.

Nach kurzer Pause wurde am 11. ein Convoy östlich von Madeira gemeldet, der tatsächlich eine Jagdgruppe war. Fünf »Delphin«-Boote, U 202, U 87, U 258, U 264 und U 558, wurden südwestlich von Madeira durch U 118 mit Brennstoff zwischen dem 12. und 14. versorgt. Dann liefen sie als »Rochen«-Gruppe zur Suche nach einem Convoy Richtung Gibraltar. Die Gruppe wandte sich westwärts für vier Tage, dann ging es zurück nach Osten am 20. Zwei Tage später wurden die Boote an den nach Westen laufenden Convoy UC 1, gesichtet von U 552 westnordwestlich von Madeira, herangeführt. U 202 nahm den Kontakt am späten Abend des 23., 500 Seemeilen südlich der Azoren, auf. Es torpedierte drei Tanker, versenkte dabei die amerikanische ESSO BATON ROUGE (7.989 t), beschädigte die britische EMPIRE NORSEMAN (9.811 t) und die britische BRITISH FORTITUDE (8.482 t). Die EMPIRE NORSEMAN wurde bald darauf von U 558 versenkt.

Am 1.3.43 wurden U 202 und vier andere Boote der »Rochen«-Gruppe von U 461 südwestlich der Azoren versorgt. Die fünf Boote bildeten ein Nord-Südlinie, »Tümmler«, die sich nach Osten in Richtung der Kanarischen Inseln am 5. bewegte. Diese Bewegung setzte sich fort bis zum 12., dann befanden sich die Boote zwischen den Kanarischen Inseln und der marokkanischen Küste. Ein kleiner, südlich laufender Convoy wurde am 11. gesichtet, aber als man feststellte, dass er zu schnell und seine Luftüberwachung zu stark war, wurden die Boote der »Tümmler«-Gruppe nach Nordosten

geschickt, um den Gibraltar-Convoy UGS 6 1.500 Seemeilen entfernt, anzugreifen.

Die Gruppe bekam keinen wirklichen Kontakt mit dem Convoy. Vom 18. wurde die Luftüberwachung sehr stark, sie kam von Gibraltar, und die Operation wurde am 19. aufgegeben. Nur vier Schiffe wurden bei dem achttägigen Einsatz versenkt.

U 202 wurde am 24. durch U 109 mit Kraftstoff versorgt. Rückkehr nach dem Stützpunkt am 26.3.43.

9. 29.4.43: Auslaufen in den Nordatlantik. U 202 traf auf die kleine »Lech«-Gruppe südöstlich von Cape Farewell. Am 15.5.43 wurden die Gruppen »Lech«, »Iller«, »Inn« und »Nahe« zusammengefasst zu den Gruppen »Donau 1« und »Donau 2«.

U 202 gehörte zur Gruppe »Donau 2«.

Die beiden Gruppen fuhren südwestwärts und am 16. drehten sie nach Südosten zum Empfang des Convoys SC 130, der am Abend des 18. im Zentralen Nordatlantik gesichtet worden war.

Der Convoy hatte eine starke Sicherung und Luftüberwachung, die jedes Beschatten oder jeglichen Angriff verhinderten. Drei Boote gingen verloren und der Einsatz endete am 20. Kein Schiff wurde versenkt. Der SC 130 war der letzte Convoy, der ernsthaft von Ubooten in der Atlantikschlacht angegriffen wurde.

Am 18. wurde der nach Osten laufende Convoy HX 239 200 Seemeilen südöstlich von Cape Race gesichtet. Er hatte Kurs in allgemein nordöstlich verlaufender Richtung.

Die »Donau«-Gruppen wurden ab 20. nach Südwesten geschickt, um an den Convoy heranzuschließen. Aktivitäten der Trägerflugzeuge hielten die Boote meistens unter Wasser und verhinderten jeden erfolgreichen Angriff auf den Convoy. Nachdem U 752 von einem Flugzeug versenkt worden war und andere Boote ernsthaft beschädigt wurden, wurde die Operation gegen den Convoy HX 239 am 23. aufgegeben.

Es wurde von Dönitz entschieden, für die nächste Zeit kurzfristig alle Angriffe auf Convoys im Nordatlantik einzustellen, bevor die Situation geklärt war. Boote mit wenig Kraftstoff, wozu auch U 202 gehörte, wurden über eine weite Fläche verstreut, um ihre Positionen per Funkverbindung mit den Ubooten im Nordatlantik zu überprüfen.

Am 27. wurde U 202 befohlen, in den Stützpunkt zur Versorgung mit Brennstoff zurückzukehren und dann nach Kiel zur Überholung zu fahren. Auf dem Heimweg am 1.6.43 sichtete es Schiffe. Es waren Einheiten der 2. Escortgruppe. Das Boot wurde 500 Seemeilen südsüdöstlich von Cape Farewell durch die Sloop HMS STARLING (Capt F.J. Walker) geortet und mit zehn Wasserbomben belegt. Die Sloops HMS WILD GOOSE

(LtCdr D.E.G. Wemyss) und HMS Kite (LtCdr W.F. Segrave) trafen auf die Starling für weitere Angriffe.

U 202 ging auf eine Tiefe von 750 Fuß und begann langsam davon zu fahren. Es war zu tief für Wasserbombenangriffe. Direkt nach Mitternacht wurde U 202 beim Auftauchen gesehen, Starling eröffnete das Feuer.

In sehr kurzer Zeit ergab sich das Boot und es wurde befohlen, es zu verlassen, damit Sprengladungen gesetzt werden konnten. Fünfzehn Stunden nach der Jagd sank U 202, bevor es geentert werden konnte.

Der Kommandant, ein Offizier und fünfzehn Mann wurden von der Starling und zwei Offiziere und zehn Mann von der Wild Goose aufgefischt. Einer der verwundeten Überlebenden starb später und wurde mit allen Ehren auf See beigesetzt. Achtzehn Männer der Besatzung von U 202 waren tot.

U 203 Typ VII C

Bauwerft: Germaniawerft, Kiel
Kiellegung: 28. März 1940
Stapellauf: 4. Januar 1941
Indienststellung: 18. Februar 1941
Feldpost-Nr.: M 36449
Versenkt am 25. April 1943 südlich von Cape Farewell (55°05'N/42°25'W)

Kommando:
1. U-Flottille Kiel/Brest von Februar 1941–25. April 1943 (Schulboot/Frontboot)

Kommandanten:
KptLt Rolf Mützelburg, Februar 1941–September 1942
OLtzS Hans Seidel (kurzzeitig), September 1942
KptLt Hermann Kottmann, Sept. 1942–25. April 1943

Feindfahrten: 11
Versenkte Schiffe: 22 (96.360 BRT) und 4 beschädigt
1 Patrouillenfahrzeug (364 t)

1. 5.6.41: Auslaufen Kiel in den Nordatlantik.
Als man feststellte, dass Convoys umgeleitet wurden, um der »West«-Gruppe zu entgehen, die zwischen Neufundland und Grönland stationiert war, wurde mit U 203 eine Reihe von Booten zu einer Operation in loser Formation über ein weites Gebiet im Nordatlantik entsandt.
Am 20. sichtete U 203 das amerikanische Schlachtschiff Texas innerhalb der von Deutschland erklärten Kriegs-

zone vor Grönland und verfolgte es 16 Stunden lang. Zu dieser Zeit war es noch Hitlers Politik, jede Provokation und Konfrontation mit den USA zu vermeiden. Wenn sich U 203 nicht daran gehalten hätte, hätte es die Texas mit ihrem Zickzackkurs gefahrlos angreifen können. Als Ergebnis dieses Zwischenfalls ordnete Dönitz an, jegliche Infragestellung von Hitlers Politik zu unterlassen.

Auf dem Kurs zu seiner neuen Position sichtete U 203 den nach Osten laufenden Convoy HX 133 am 23. südlich von Grönland. Am 24. versenkte es die norwegische Solöy (4.402 t) südsüdöstlich von Cape Farewell und beschädigte vermutlich ein weiteres Schiff des Convoys. Immer noch HX 133 verfolgend, griff U 203 den nach Westen laufenden Convoy OB 336 am 24. an. Es versenkte zwei Schiffe, die britische Kinross (4.956 t) und die niederländische Schie (1.967 t).

Rückkehr nach dem neuen Stützpunkt Brest am 29.6.41.

2. 10.7.41: Auslaufen in den Nordatlantik. U 203 traf andere Boote, die über ein weites Gebiet zwischen Grönland und Irland verteilt waren. Nach der Sichtung nur weniger Schiffe wurden sie ab 15. in einen anderen Seeraum umgeleitet.

Am 17. sichtete eine Condor des 1./KG 40 den nach Westen laufenden Convoy OB 346 nordwestlich des Nordkanals. Dieser Convoy umging eine Linie am 19. und eine weitere am 20., die aus dreizehn Booten bestand, wozu auch U 203 gehörte. An diesem Tage beschädigte U 203 die britische Canadian Star (8.293 t) westsüdwestlich von Irland. Dieses Schiff wurde schließlich durch U 221 am 18.3.43 im zentralen Nordatlantik versenkt.

Am 24. operierten U 203 und andere Boote westlich von Irland. In den frühen Stunden des 27. kam U 203 an den Convoy OG 69 heran und versenkte die britische Hawkinge (2.475 t) 800 Seemeilen südwestlich von Fastnet und beschädigte vermutlich ein anderes Schiff. Es machte einen weiteren Angriff auf den Convoy am Abend des 28. und versenkte die schwedische Norita (1.516 t), die britische Lapland (1.330 t) und glaubte ein weiteres Schiff, sowie einen der Zerstörer des Geleits getroffen zu haben. Der Convoy verlor sieben Schiffe.

Rückkehr nach St. Nazaire am 31.7.42.

3. 20.9.41: Auslaufen in den Ostatlantik. Das Boot wurde zum Angriff auf den nach Norden laufenden Convoy HG 73 befohlen, der Gibraltar am 17. verlassen hatte. Es kam in der Nacht vom 24./25. an ihn heran, machte aber keinen Angriff vor Mitternacht des 25. Dann versenkte es drei Schiffe, die norwegische Varangberg (2.842 t), die britische Avoceta (3.442 t) und die britische Cortes (1.374 t).

Nachdem alle Torpedos verschossen waren, kehrte das Boot am 30.9.41 nach Brest zurück.

4. 18.10.41: Auslaufen in den Nordatlantik.

U 203 war für ein Gebiet nordöstlich von Neufundland vorgesehen, ihm wurde aber etwas später befohlen, am 21. an den Convoy SL 89 westsüdwestlich von Irland heranzuschließen. Das Boot kam an und wurde aber am 23. vertrieben. Der Convoy verlor zwei Schiffe, beide versenkt durch U 82, das den Convoy am 20. entdeckt hatte.

Die Boote setzten ihre Fahrt nach Westen fort, und ab 27. bildeten sie eine Linie, »Schlageter« genannt, nordöstlich von Neufundland. Die Gruppe fuhr am 30. nach Süden und am 1.11.41 südostwärts, um den Convoy SC 52 abzufangen, der an diesem Tage von U 374 vor Belle Isle gesichtet worden war.

Die »Schlageter«-Boote und einige neu angekommen Boote wurden gegen den Convoy als »Raubritter«-Gruppe angesetzt. U 203 kam am Abend des 3. an und versenkte 80 Seemeilen ostnordöstlich von Belle Isle zwei Schiff, die britische EMPIRE GEMSBUCK (5.626 t) und die britische EVEROJA (4.830 t). Die Operation wurde bis zum Verlust des Kontaktes in der Nacht des 4./5. fortgesetzt. Der Convoy erreichte den Schutz der Belle Isle Strait.

Rückkehr nach Brest am 12.11.41.

5. 25.12.41: Auslaufen nach Gibraltar. U 203 war eines von sechs Booten, die für Mittelmeereinsätze vorgesehen waren. Anstatt nach dort zu fahren, versammelten sie sich nahe der Azoren als »Seydlitz«-Gruppe. Am 2.1.42 teilte sich die Gruppe. U 203, U 84 und U 552 wurden nach der Neufundlandbank beordert.

U 203 patrouillierte zwischen St. Johns und Halifax. Am 15.1.42 versenkte es das portugiesische Fischereifahrzeug CATALINA (632 t) direkt östlich vor Cape Race, am 17. die norwegische OCTAVIAN (1.345 t) südlich von Cape Breton und beschädigte am 21. die kanadische NORTH GASPE (888 t) südlich von Cape Race. In den frühen Stunden des 22. wurde das Patrouillenfahrzeug ROSEMONDE versenkt.

Rückkehr nach Brest am 29.1.42.

6. 12.3.42: Auslaufen in den Westatlantik. U 203 war bei der vierten Welle, die vor der Küste Amerikas in der »Operation Paukenschlag« Stellung bezog. Es wurde auf der Fahrt nach dort am 23. westlich der Azoren von U A mit Kraftstoff versorgt. Während einer Fünf-Tage-Periode im April torpedierte das Boot vier Schiffe.

Am 10. versenkte es den britischen Tanker DELFINO (8.072 t) vor Cape Hatteras und am 11. wurde der amerikanische Tanker HARRY F. SINCLAIR JR. (6.151 t) östlich von Cape Lookout beschädigt. Dieses Schiff trieb vier Tage steuerlos umher, bis es im Schlepp nach Baltimore kam. Es wurde repariert.

Am 12. beschädigte U 203 den panamesischen Tanker STANVAC MELBOURNE (10.013 t) vor Cape Fear. Das Schiff wurde schließlich am 15.9.42 östlich von Trinidad von U 151 versenkt. U 203 viertes Opfer war die britische EMPIRE THRUSH (6.160 t), die am 14. vor Cape Hatteras sank.

Rückkehr nach Brest am 30.4.42.

7. 3.6.42: Auslaufen Brest und Rückkehr am 4.6.42.

8. 4.6.42: Auslaufen Brest in den Westatlantik. U 203 fuhr in ein Gebiet östlich der Bahamas. Auf der Fahrt wurde es von U 459 um den 24. westlich der Azoren mit Brennstoff versorgt.

U 203 versenkte am 26. zwei Schiffe 400 bis 450 Seemeilen ostnordöstlich von Puerto Rico, die britische PUTNEY HILL (5.216 t) früh und die brasilianische PEDRINHAS (3.666 t) am Abend, sowie am 28. die amerikanische SAM HOUSTON (7.176 t) nordnordöstlich von Anguilla, Leeward Islands.

U 203 fuhr weiter nach Süden und versenkte am 9.7.42 die britische CAPE VERDE (6.914 t) vor Tobago. Der Tanker (panamesisch 10.013 t) STANVAC PALEMBANG wurde am 11. im gleichen Gebiet versenkt.

Rückkehr nach Brest am 29.7.42.

9. 17.8.42: Auslaufen in den Westatlantik.

U 203 war am 11.9.42 gerade südwestlich der Azoren. Der Kommandant und Männer der Besatzung badeten und erholten sich auf den Aufbauten. Mützelburg sprang vom Kommandoturm und wurde getötet, als er auf den Sattel aufschlug und sich das Genick brach. Er wurde auf See am 12. beigesetzt. Der I WO, Oberleutnant zur See Seidel, übernahm das Kommando und fuhr U 203 nach Brest zurück, das am 10.9.42 angelaufen wurde.

10. 15.10.42: Auslaufen in den Zentralatlantik. U 203 war eines von acht Booten, die sich östlich der Azoren versammelten. Sie bildeten am 23. eine Linie hinter dem Gebiet von Freetown, als »Streitaxt«-Gruppe.

Vor den Kanarischen Inseln griffen am 25. die Boote einen von zwei Zerstörern geleiteten Tanker an, ohne Erfolg. Am 27. sichtete U 409 den nach Norden laufenden Convoy SL 125 westlich der Kanarischen Inseln, als er im Begriff war, die Linie der »Streitaxt«-Boote zu kreuzen. Die Boote griffen an.

U 203 versenkte die britische HOPECASTLE (5.178 t) südwestlich von Madeira. Das Schiff war einige Stunden zuvor von U 509 torpediert worden. Früh am 30. versenkte U 203 einen Nachzügler des Convoys westnordwestlich von Madeira, die britische CORINALDO (7.131 t), die zuvor von Torpedos von U 509 und U 659 beschädigt wurde. Der Einsatz endete am 1.11.42 westlich von Lissabon. 12 Schiffe waren versenkt worden, eines beschädigt.

Rückkehr nach Brest am 6.11.42.

11. 6.12.42: Auslaufen zur Operation im Nordatlantik. U 203 fuhr in ein Gebiet westlich von Irland, wo es neu eingesetzte Boote und einige von der Operation gegen den Convoy HX 217 traf. Die Boote bildeten die »Raufbold«-Gruppe.

Am 15. sichtete U 609 den Convoy ON 153 in der Mitte der Linie. Am Morgen des 16. wurde ein Schiff versenkt, ein anderes durch U 610 beschädigt. Schlechtes Wetter kam auf und als der Einsatz für den 21. südwestlich von Irland angesetzt war, wurden ein Schiff und ein Zerstörer des Geleits, HMS FIREDRAKE, versenkt.

U 203 blieb ohne Erfolg.

Am 24. wurden die Boote U 203, U 356 und U 664 der »Raufbold«-Gruppe Teil der »Spitz«-Gruppe, die im Ostatlantik gebildet wurde. U 664 sichtete den Convoy ONS 154 am 26., und die »Spitz«- und »Ungestüm«-Gruppen wurden gegen ihn angesetzt. Am späten Abend des 28. machte U 203 einen erfolglosen Angriff auf den Convoy nördlich der Azoren.

Rückkehr nach Brest am 7.1.43.

12. 3.4.43: Auslaufen in den Nordatlantik. U 203 traf die »Lerche«-Gruppe südöstlich von Grönland und bildete am 11. die Angriffsgruppe gegen den nach Osten laufenden Convoy HX 232. Der Convoy passierte die Linie an diesem Tage und Angriffe wurden während der Nacht vom 11./12. gefahren. Drei Schiffe sanken, aber weitere Angriffe wurden wegen der konstanten Bedrohung durch Flugzeuge nicht mehr gemacht. U 203 machte keinen Angriff auf den Convoy. Als die anderen »Lerche«-Boote zur Versorgung mit Brennstoff fuhren, traf U 203 ab 17. auf die »Meise«-Gruppe östlich von Neufundland. Die Gruppe bewegte sich nordwärts auf der Suche nach Convoys und am 21. wurden zwei gesichtet, HX 234 und ONS 3. Die Gruppe teilte sich, U 203 griff mit fünf anderen Booten den ONS 3 an, die übrigen Boote fuhren gegen den HX 234.

Drei Schiffe des ONS 3 wurden am 21. versenkt, aber am Abend kam Nebel auf und es entwickelte sich ein Schneesturm. Der Kontakt ging verloren. Als er am 23. nicht wieder hergestellt werden konnte, wurde der Einsatz abgebrochen.

Am 25. wurde U 203 600 Seemeilen südlich von Cape Farewell durch eine Swordfish der 811. (FAA) Squadron vom Geleitträger HMS BITER gesichtet. Das Flugzeug rief den Zerstörer HMS PATHFINDER (Cdr E.A. Gibbs) herbei. Fünf Wasserbombenangriffe wurden vom Zerstörer innerhalb einer Zweistundenperiode gefahren.

Das Boot wurde an die Wasseroberfläche gebombt und durch Artillerie versenkt. Der Kommandant und 38 Mann wurden Kriegsgefangene, 11 Mann getötet.

U 204 Typ VII C

Bauwerft: Germaniawerft, Kiel
Kiellegung: 22. April 1940
Stapellauf: 23. Januar 1941
Indienststellung: 8. März 1941
Feldpost-Nr.: M 37084
Versenkt am 19. Oktober 1941 vor Cap Spartel
(35°46'N/06°02'W)

Kommando:
1. U-Flottille Kiel/Brest von März 1941–19. Oktober 1941 (Schulboot/Frontboot)

Kommandant:
KptLt Walter Kelle, März 1941–19. Oktober 1941

Feindfahrten: 3
Versenkte Schiffe: 6 (24.535 BRT)
1 Zerstörer (1.060 t)

1. 24.5.41: Auslaufen Kiel in den Nordatlantik. Am 1.6.41 versenkte U 204 das isländische Fischereifahrzeug HOLMSTEINN (16 t) nordwestlich vom Dyrafjord, Island.

U 204 traf auf die »Kurfürst«-Gruppe südlich von Irland. Am 10. versenkte es die belgische MERCIER (7.886 t) 800 Seemeilen südlich von St. Johns, Neufundland. Als keine Convoys gefunden wurden, löste sich die Gruppe auf.

U 204 traf später auf die »West«-Gruppe, die ab 20. in loser Formation über ein weites Gebiet im Nordatlantik operierte.

Rückkehr in den neuen Stützpunkt Brest am 27.6.41.

2. 22.7.41: Auslaufen in den Nordatlantik.

U 204 patrouillierte zwischen dem Nordkanal und südwestlich von Irland. Am 2.8.41 wurde der Kontakt mit dem nach Norden laufenden Convoy SL 81 hergestellt und versucht, mehrere Boote am 3. herbeizuführen.

Der Convoy-Geleitschutz war stark und verhinderte jeden Angriff bis zum 5., als fünf Schiffe versenkt werden konnten. U 204 versenkte die britische KUMASIAN (4.922 t) westlich von Mannin Bay, Connemara. Dieses Schiff war zuvor von U 74 beschädigt worden. Der Einsatz endete auch am 5., als die Boote von den Flugzeugen und den Geleitfahrzeugen vertrieben wurden.

Am 6. und 7. operierten U 204 und andere Boote ohne Erfolg gegen den nach Norden laufenden Convoy HG 68, und zwischen dem 8. und 10. suchten sie nach einem nach Süden laufenden Convoy, aber er wurde nicht gefunden.

Die Boote versammelten sich westlich des Nordkanals, und am 17. wurden sie gegen den nach Süden laufenden Convoy OG 71 angesetzt. U 201 machte später am Abend Kontakt und verfolgte ihn.

U 204 kam hinzu und in den ersten Stunden des 19. versenkte es den norwegischen Zerstörer BATH und die britische CISCAR (1.809 t) 400 Seemeilen südwestlich von Irland. Man glaubte auch einen Treffer auf einem anderen Schiff des Convoys erzielt zu haben. Bei dieser sehr erfolgreichen Operation wurden acht Schiffe und zwei Geleitfahrzeuge durch fünf Boote versenkt.

Rückkehr nach Brest am 22.8.41.

3. 30.9.41: Auslaufen in den östlichen Nordatlantik. Vom 23. an geleitete U 204 den deutschen Blockadebrecher RIO GRANDE, der auf dem Weg nach Japan war. Es blieb bei dem Schiff bis zum 29. und brachte ihn in den Atlantik. Am 3.10.41 wurde U 204 zum nach Süden laufenden Convoy OG 75 befohlen, aber der wurde nicht gefunden. Am 5. sichtete die Luftaufklärung die panamesische C. JON (744 t), die dann von U 204 300 Seemeilen südwestlich von Irland versenkt wurde. Der von Focke-Wulf Condor-Maschinen gesichtete Convoy OG 75 wurde nicht gefunden.

Während der Nacht vom 15. lief U 204 zur Versorgung durch das deutsche Schiff THALIA in Cadiz ein.

Das Boot fuhr dann auf eine Station nahe Cap Spartel, Marokko, als Teil der »Breslau«-Gruppe, die auf den Convoy HG 75 aus Gibraltar wartete. Am 19. wird U 204 geglaubt, dass es westsüdwestlich von Cap Spartel den britischen Tanker INVERLEE (9.158 t) versenkte. Im Anschluss wurde das Boot von der Sloop HMS ROCHESTER (Crd C.B. Allen) und der Korvette HMS MALLOW (Lt W.R.B. Noall) gejagt.

U 204 wurde durch Wasserbombenangriffe versenkt. Keine Überlebenden, 46 Tote.

U 205 Typ VII C

Bauwerft: Germaniawerft, Kiel
Kiellegung: 19. Juni 1940
Stapellauf: 20. März 1941
Indienststellung: 3. Mai 1941
Feldpost-Nr.: M 38350
Versenkt am 17. Februar 1943 westlich von Derna (32°56'N/22°01'E)

Kommandos:
3. U-Flottille Kiel/La Pallice von Mai–November 1941 (Schulboot/Frontboot)
29. U-Flottille La Spezia von November 1941–17. Februar 1943 (Frontboot)

Kommandanten:
KptLt Franz-Georg Reschke, Mai 1941–Oktober 1942
OLtzS Friedrich Bürgel, Oktober 1942–17. Februar 1943

Feindfahrten: 12
Versenkte Schiffe: 1 (2.623 BRT)
1 Kreuzer (5.450 t)

1. 21.7.41: Auslaufen Kiel und Einlaufen Drontheim am 23.7.41.

2. 24.7.41: Auslaufen Drontheim in ein Gebiet westlich von Irland. U 205 patrouillierte vom Nordkanal runter bis zu einem Gebiet südwestlich von Irland, wo es an den Convoy SL 81 angesetzt wurde, den es am 3.8.41 erreichte. Der Kontakt wurde bis zum 5. hergestellt, aber alle Boote wurden vertrieben. U 205 nahm an zwei erfolglosen Suchen nach Convoys zwischen dem 6. und 10. teil. Mit U 75 wurde U 205 zu einem Treffen mit dem rückkehrenden Hilfskreuzer Schiff 36/ORION detachiert. Sie trafen sich bei den Azoren während der Nacht vom 20./21. und geleiteten ihn am 23. bis zur Gironde-Mündung und weiter nach Bordeaux.

Rückkehr in den neuen Stützpunkt Lorient am 23.8.41.

3. 23.9.41: Auslaufen in den östlichen Nordatlantik. Der Convoy HG 73 hatte Gibraltar am 17. verlassen und wurde durch U 371 am 19. kurz gesichtet. Der Convoy wurde am 24. von einer Condor gemeldet und während der Nacht von U 124 angegriffen. Ein Schiff wurde versenkt. U 205 war eines der Boote, das am 26. von einem Flugzeug angegriffen wurde, als HG 73 westlich von Cape Finisterre stand. Es versuchte, den Kontakt zu halten, wurde aber wieder durch ein Flugzeug am 27. angegriffen und beschädigt. Das Boot trat die Heimreise an, und am 30. wurde einer seiner Offiziere durch einen Unfall getötet. Rückkehr nach Lorient am 2.10.41.

4. 3.11.41: Auslaufen ins Mittelmeer als Teil der »Arnauld«-Gruppe, bestehend aus den Booten U 205, U 81, U 433 und U 565. U 205 passierte die Straße von Gibraltar während der Nacht des 11./12. Während des Tages am 12. orteten italienische Flugzeuge die britische Task Force H mit Kurs nach Westen, rücklaufend von Malta nach Gibraltar. Zu dem Verband gehörten das Schlachtschiff MALAYA, der Flugzeugträger HMS ARGUS und HMS ARK ROYAL.

Beide Träger hatten Flugzeuge in der Luft, die nach Ubooten Ausschau hielten.

Am frühen Morgen des 13. fand U 205 die Force H und fuhr den ersten Angriff, feuerte drei Torpedos auf die ARK ROYAL.

Detanationen wurden gehört und Treffer vermutet, aber es waren alles Fehlschüsse. Einer explodierte im Kielwasser des Zerstörers HMS LEGION. Die ARK ROYAL wurde etwas später vom U 81 torpediert und sank im Schlepp. Beide Boote wichen den suchenden Flugzeugen aus und fuhren nach dem östlichen Mittelmeer.

Ab 28.11.41 operierte U 205 zwischen Alexandria und Tobruk, ohne Erfolg.

Rückkehr nach dem neuen Stützpunkt La Spezia am 10.12.41.

5. 5.1.42: Auslaufen ins östliche Mittelmeer.

U 205 operierte gegen die Versorgungsschifffahrt nach Tobruk, hatte aber keinen Erfolg bei dieser Feindfahrt. Es lief nach Messin am 8.2.42 und fuhr dann nach La Spezia am 10.2.42.

6. 17.3.42: Auslaufen La Spezia gegen den Schiffsverkehr von Tobruk. Am 20. verließ der Convoy MW 10 Alexandria mit Kurs auf Malta. Die Italiener schickten eine große Marinestreitmacht zum Angriff. Zusätzlich nahmen deutsche und italienische Flugzeuge daran teil. U 205, U 73 und U 431 waren Teilnehmer, hatten aber bei dem Unternehmen keinen aktiven Kontakt. U 205 versenkte am 26. den britischen Tanker SLAVOL (2.623 t) bei einem Convoy-Angriff vor Sidi Barrani.

Rückkehr nach Messina am 6.4.42.

7. 7.5.42: Auslaufen La Spezia gegen den Versorgungsverkehr nach Tobruk. Kein Erfolg und Rückkehr nach Salamis am 8.6.42.

8. 11.6.42: Auslaufen Salamis an die ägyptische Küste und vor die Cyrenaica.

Der Convoy MW 11 hatte Alexandria mit Kurs auf Malta am 11. verlassen und wurde durch deutsche und italienische Flugzeuge angegriffen. Deutsche Uboote haben an dieser Viertagoperation ebenfalls teilgenommen. Am 16. versenkte U 205 den britischen Flugabwehrkreuzer HMS HERMIONE 120 Seemeilen nördlich von Sidi Barrani. Der Kreuzer war auf der Rückreise nach Alexandria nach dem Geleit für den Convoy MW 11.

Rückkehr nach La Spezia am 23.6.42.

9. 3.8.42: Auslaufen La Spezia in das östliche Mittelmeer. Kein Erfolg.

Rückkehr nach Pola am 12.9.42.

10. 20.10.42: Auslaufen Pola ins östliche Mittelmeer.

Ab 5.11.42 war U 205 mit anderen Booten auf einer Warteposition westlich der Balearen nach Algier, und konzentriert auf die Schiffskonzentration in Gibraltar.

Am 7. führte U 205 einen erfolglosen Angriff auf einen Truppentransport im Convoy KM/FA 1 durch.

Rückkehr nach La Spezia am 19.11.42.

11. 20.11.42: Auslaufen La Spezia und Einlaufen Pola am 24.11.42.

12. 12.1.43: Auslaufen Pola zur Operation vor der Cyrenaica. Kein Erfolg.

Rückkehr nach Salamis am 26.1.43.

13. 2.2.43: Auslaufen Salamis in das östliche Mittelmeer. Am 7. meldete das Boot einen Angriff auf einen Convoy nordwestlich von Tobruk. Es gab die Versenkung eines Schiffes und die Beschädigung von zwei anderen Schiffen an. Es gibt jedoch keine Informationen darüber. Während des Angriffes auf den Convoy TX 1 vor der Küste der Cyrenaica, 50 Seemeilen westlich von Derna am 17., wurde U 205 geortet und von einer Bisley der 15. (SAAF) Squadron angegriffen. Der Zerstörer HMS PALADIN machte auch Wasserbombenangriffe, nach denen das Boot auftauchte und die Besatzung das Boot verließ. Zwei Mann der Besatzung der PALADIN enterten U 205 und nahmen einige Dokumente mit. Das Boot wurde von HMS GLOXINIA in Schlepp genommen ging aber vor dem Einlaufen in Derna unter.

Neun Männer waren tot, der Kommandant und 34 Mann wurden gefangen genommen. Später bargen Taucher eine Enigma-Maschine aus dem Boot.

U 206 Typ VII C

Bauwerft: Germaniawerft, Kiel
Kiellegung: 17. August 1940
Stapellauf: 4. April 1941
Indienststellung: 17. Mai 1941
Feldpost-Nr.: M 41306
Versenkt am 30. November 1941 westlich von St. Nazaire (46°56'N/07°16'W)

Kommando:
3. U-Flottille Kiel/La Pallice von Mai 1941–30. November 1941 (Schulboot/Frontboot)

Kommandant:
KptLt Herbert Opitz, Mai 1941–30. November 1941

Feindfahrten: 3
Versenkte Schiffe: 1 (3.081 BRT)
1 Korvette (925 t)

1. 5.8.41: Auslaufen Drontheim in den Nordatlantik. U 206 strebte in ein Gebiet westlich des Nordkanals, und am 9. glaubte es einen großen Fischtrawler südöstlich von Island versenkt zu haben; möglicherweise die britische OCEAN VICTOR (202 t). Das Boot traf eine Gruppe, die in loser Formation südwestlich von Island operierte. Am 12. sichtete U 129 einen nach Süden laufenden Convoy und U 206, U 563 und U 567 wurden auf ihn angesetzt, aber sie verfehlten ihn.

U 206 setzte seine Patrouille westlich des Nordkanals fort. Am 26. tauchte es und kam längsseits von zwei Dingis, in denen sechs Männer der Besatzung einer Whitley der 612. Squadron saßen (P/O Winter-Taylor). Das Flugzeug war etwa 300 Seemeilen von Cape Wrath nach einem Motorschaden niedergegangen, da es nicht auf Höhe gehalten werden konnte. Die Besatzung des Flugzeuges war seit etwa sieben Stunden in den Dingis, bevor sie von U 206 aufgefischt wurde.

Ab 1.9.41 war U 206 mit der »Kurfürst«-Gruppe westlich des Nordkanals. Die Gruppe sollte den nach Süden laufenden Convoy OG 73 abfangen und angreifen. Er war von einer Condor des 1./KG 40 am 1. gesichtet worden. Der Convoy wurde von U 83 und U 557 gefunden und die »Bosemüller«-Gruppe, vereint mit der »Kurfürst«-Gruppe, griffen gemeinsam den Convoy an. Allerdings verfehlten die Boote den Convoy, aber schon am 3. sichtete U 93 einen anderen.

U 206 verließ die Gruppe bald danach und landete seine sechs Gefangenen in St. Nazaire, wohin das Boot am 10.9.41 zurückkehrte.

Eine interessante Begleiterscheinung des Rettungsunternehmens war, dass der Kommandant des Bootes, Kapitänleutnant Opitz, eines der Dingis als Souvenir mitbrachte und es nach Hause in Ostpreußen schickte. Anfang 1945 verstaute seine Witwe Familiengegenstände von hohem Wert in dem Dingi und floh mit ihrem kleinen Sohn vor den angreifenden Russen.

2. 30.9.41: Auslaufen in den östlichen Nordatlantik. U 206 und andere Boote wurden an den nach Süden laufenden Convoy OG 75 angesetzt, der von Condor-Maschinen des 1./KG 40 am 2.10.41 westlich vom Nordkanal gesichtet worden war.

U 206 suchte nach ihm, fand aber nichts. OG 75 wurde wieder aus der Luft am 8. gesichtet und dann nahe Cape Finisterre gesehen. Der Kontakt ging verloren und wieder durch die Condor-Flugzeuge über die folgenden sechs Tage hergestellt. U 206 versenkte ein Geleitfahrzeug, die Korvette HMS FLEUR DE LYS am 14., direkt vor dem Eingang in die Straße von Gibraltar.

Ab 17. wartete U 206 nahe Cape Trafalgar als Mitglied der »Breslau«-Gruppe auf den Convoy HG 75, der von Gibraltar kommen sollte. Am 19. versenkte das Boot die

britische BARON KELVIN (3.081 t) nahe Tarifa an der Nordseite der Straße.

HG 75 fuhr am 22. ab, U 71 sichtete ihn bereits am 23. Ein Angriff von U 206 am 24. verfehlte, aber der Kontakt mit dem Convoy ging nicht verloren. U 206 wurde vertrieben und machte keine weiteren Angriffsversuche. Rückkehr nach St. Nazaire am 28.10.41.

3. 29.11.41: U 206 ging auf nicht bekannte Weise verloren. Möglicherweise durch eine Mine, und wahrscheinlich in den ersten Stunden des 30. im Beech Garden. Es gab keine Überlebenden, 46 Tote.

U 207 Typ VII C

Bauwerft: Germaniawerft, Kiel
Kiellegung: 14. August 1940
Stapellauf: 24. April 1941
Indienststellung: 7. Juni 1941
Feldpost-Nr.: M 43387
Versenkt am 11. September 1941 in der Dänemarkstraße (63°59'N/34°48'W)

Kommando:
7. U-Flottille Kiel/St. Nazaire von Juni 1941–11. September 1941 (Schulboot/Frontboot)

Kommandant:
OLtzS Fritz Meyer, Juni 1941–11. September 1941

Feindfahrten: 1
Versenkte Schiffe: 3 (11.297 BRT)

1. 24.8.41: Auslaufen Drontheim in den Nordatlantik. U 207 traf auf andere Boote, die sich südwestlich von Island versammelten. Sie bildeten die »Markgraf«-Gruppe. Als aber Convoys umgeleitet wurden, um der Gruppe zu entgehen, wurde diese am 4.9.41 auf eine Position 150 Seemeilen weiter nach Westen verlegt.

Da kein Convoy in Sicht kam, wurden die Boote über ein großes Gebiet südlich von Grönland verteilt. Einige Convoys wurden umgeleitet, aber der SC 42 war nicht in der Lage, wegen eines heftigen Sturms, weiter südlich den Kurs zu nehmen. Er nahm einen Kurs, der ihn dicht an Grönland heranführte, und zwar an die Eisbarriere.

Der Convoy wurde am 9. von U 85, nahe Cape Farewell, gesichtet. Einige erfolgreiche Angriffe wurden in der Nacht gefahren, der SC 42 wurde auch während des Tages am 10. verfolgt und angegriffen. U 207 kam am

Abend heran, und kurz nach Mitternacht versenkte es drei Schiffe, die britische STONEPOOL (4.815 t), die britische BERURY (4.924 t) und die kanadische RANDA (1.558 t). Die STONEPOOL war bereits früher im Krieg, am 13.10.39, durch U 42 beschädigt worden.

Einige Stunden nach den Versenkungen tauchte U 207 nahe dem Convoy auf. Es wurde von den Zerstörern HMS LEAMINGTON und HMS VETERAN (Lt J.D. Needham) gesichtet und mit Wasserbomben versenkt. Es gab keine Überlebenden, 41 Tote.

U 208 Typ VII C

Bauwerft: Germaniawerft, Kiel
Kiellegung: 05. Juli 1940
Stapellauf: 21. Mai 1941
Indienststellung: 5. Juli 1941
Feldpost-Nr.: M 45333
Versenkt am 7. Dezember 1941 westlich von Gibraltar, Position ist unbekannt

Kommandos:
5. U-Flottille Kiel von Juli–September 1941 (Schulboot)
1. U-Flottille Brest von September 1941–7. Dezember 1941 (Frontboot)

Kommandant:
OLtzS Alfred Schlieper, Juli 1941–7. Dezember 1941

Feindfahrten: 2
Versenkte Schiffe: 1 (3.872 BRT)

1. 28.9.41: Auslaufen Kiel in den Nordatlantik. U 208 und andere Boote versammelten sich südöstlich von Cape Farewell und bildeten dann eine Linie ab dem 7.10.41. Die Convoys ONS 23, ON 24, SC 48 und TC 14 wurden weiter im Süden umgeleitet, um diese Linie zu umgehen. Als mehrere Boote erschienen, und die Linie erweitert wurde, wurden die Convoys noch weiter nach Süden umgeleitet. Während der Nacht vom 14./15. sichtete U 553 den SC 48 und die Masse der Gruppe wurde auf ihn angesetzt. U 208, U 109, U 374 und U 573 nahmen Teil an dem Einsatz, sie wurden als »Mordbrenner«-Gruppe bezeichnet und am 16. zur Aufklärung vor die Belle Isle geschickt.

Die Boote erreichten das Gebiet am 20., fanden keine Schifffahrt und stellten bald fest, dass die Convoys ihnen weiter im Süden auswichen. Am 28. fuhren die vier »Mordbrenner«-Boote in ein Gebiet südöstlich von Neufundland, um Cape Race. Am 31. wurde die Gruppe an den nach Westen laufenden Convoy ON 28 herangeführt, aber sie hatten keinen Kontakt.

U 208 versenkte am frühen Morgen des 2.11.41 250 Seemeilen ostsüdöstlich von Cape Race die britische LARPOOL (3.872 t). Das Boot trat seine Heimfahrt am 3. an und kehrte am 12.11.41 in den neuen Stützpunkt Brest zurück.

2. 3.12.41: Auslaufen in das Gebiet von Gibraltar. Am 6. erhielt U 208 den Befehl, ins östliche Mittelmeer zu gehen. Es wurde am 7. mit Wasserbombenattacken durch die Zerstörer HMS HARVESTER und HMS HESPERUS beim Versuch, die Straße von Gibraltar zu durchbrechen, geortet und versenkt. Es gab keine Überlebenden, 45 Tote.

U 209 Typ VII C

Bauwerft: Germaniawerft, Kiel
Kiellegung: 28. November 1940
Stapellauf: 28. August 1941
Indienststellung: 11. Oktober 1941
Feldpost-Nr.: M 30549
Versenkt nach dem 9. Mai 1943 im Nordatlantik (52°00'N/38°00'W)

Kommandos:
6. U-Flottille Danzig von Oktober 1941–Juni 1942 (Schulboot)
11. U-Flottille Bergen von Juli 1942–Februar 1943 (Frontboot)
1. U-Flottille Brest von März–9. Mai 1943 (Frontboot)

Kommandant:
KptLt Heinrich Brodda, Oktober 1941–9. Mai 1943

Feindfahrten: 9
Versenkte Schiffe: 4 (1.420 BRT) (diese Angaben sind errechnet)

1. 11.3.42: Auslaufen Kiel und Einlaufen Helgoland am 12.3.42.
2. 15.3.42: Auslaufen Helgoland in nördliche Gewässer. Zwischen dem 24. und 31. März operierte U 209 ohne Erfolg gegen die Convoys QP 9 und PQ 13 in der Barentssee.
Rückkehr nach Kirkenes am 1.4.42.
3. 7.4.42: Auslaufen Kirkenes in die Arktis gegen

245

Convoys. Früh am 13. griff das Boot ohne Erfolg den nach Westen laufenden Convoy QP 10 an.
Rückkehr nach Bergen am 20.4.42.
4. 16.5.42: Auslaufen Bergen. Keine Details bekannt. Rückkehr nach Narvik am 2.6.42.
5. 4.6.42: Auslaufen Narvik und Einlaufen Bergen am 7.6.42.

Am 9.7.42 starben zwei Besatzungsmitglieder des Bootes nach einem Unfall in Bergen.

6. 17.7.42: Auslaufen Bergen und Einlaufen Kirkenes am 28.7.42.
7. 5.8.42: Auslaufen Kirkenes. Am 17. versenkte U 209 zwei sowjetische Schiffe westlich der Yugor Strait, den Schlepper KOMPLEKS (200 t) und den Schlepper KOMSOMOLEC (220 t). Es versenkte auch zwei sowjetische Flöße, die B-III (500 t) und die P-IV (500 t), alle mit Geschützfeuer.
U 209 beschoss die sowjetische Funkstelle auf Novaya Zemlya am 25. vor Cape Zhelania und Khodovarikha, am 28. August.
Rückkehr in den Skjomenfjord am 1.9.42.
8. 3.3.42: Auslaufen Skjomenfjord und Einlaufen Bergen am 6.9.42.
9. 12.10.42: Auslaufen Bergen und Einlaufen Narvik am 15.10.42.
10. 6.11.42: Auslaufen Narvik. Keine Details bekannt. U 209 lief am 10.12.42 wieder in Narvik ein.
11. 13.12.42: Auslaufen Bergen und Einlaufen Kiel am 24.12.42.
12. Auslaufen Kiel in den Nordatlantik. U 209 operierte gegen den nach Osten laufenden Convoy HX 234 südöstlich von Grönland ab 22. Nachdem der Kontakt am 24. verloren ging, wurde U 209 Teil der Gruppe »Star«, die eine Linie südlich von Island zum Empfang eines nach Westen laufenden Convoys einnahm.
Am 28. passierte der Convoy ONS 5 das nördliche Ende der Linie. Wetterbedingungen machten es schwierig, an den Convoy heran zu schließen. Der wurde am 29. kurz von fünf Booten gesichtet und U 258 versenkte ein Schiff. Das Unternehmen endete am Abend des 1.5.43 nahe Cape Farewell.
Die »Star«-Boote wurden dann sofort zum Treffen mit der »Specht«-Gruppe geschickt, zum Empfang des nach Norden laufenden Convoys SC 128, der am Abend des 1. gesichtet worden war. Der Kontakt ging während der Nacht verloren, und als er am 3. nicht wieder hergestellt werden konnte, formten die Boote eine neue Linie, »Fink« genannt, bestehend aus den Gruppen »Star« und »Specht«.
Die 29 Boote setzten ihre Suche nach dem Convoy

SC 128 fort, aber am 4. wurde klar, dass er umgeleitet worden war. »Fink« erhielt Order, eine neue Linie zu bilden, als ein neuer nach Westen laufender Convoy in Sicht kam. Das war der ONS 5, der sich auf Grund eines Sturms verspätet hatte. Bei Tageslicht erreichten am 5. fünfzehn Boote den Convoy, bevor Nebel aufkam und der Kontakt verloren ging. Im Nebel machten Geleitfahrzeuge fünfzehn Wasserbombenangriffe. Am Morgen des 6. wurde der ONS 5 wieder gesichtet, aber schlechtes Wetter beendete die Operation.
Soweit bekannt ist, machte U 209 keinen Angriff auf den Convoy. Am 7. wurde es angegriffen und durch Wasserbomben einer auf Neufundland stationierten Catalina (RCAF) der 5. Squadron (S/Ldr B.H. Moffitt) schwer beschädigt. U 209 wurde nach dem 9. vermisst und sein Verlust aus unbekanntem Grund war offensichtlich eine Folge des Schadens, den die Bomben der Catalina verursachten.
Es gab keine Überlebenden, 46 Tote.

U 210 Typ VII C

Bauwerft: Germaniawerft, Kiel
Kiellegung: 15. März 1941
Stapellauf: 23. Dezember 1941
Indienststellung: 21. Februar 1942
Feldpost-Nr.: M 37894
Versenkt am 6. August 1942 südlich von Cape Farewell (54°25'N/39°37'W)

Kommandos:
6. U-Flottille Danzig von Februar-Juli 1942 (Schulboot)
9. U-Flottille Brest von Juli 1942-06. August 1942 (Frontboot)

Kommandant:
KptLt Rudolf Lemcke, Februar 1942–6. August 1942

Feindfahrten: 1
Versenkte Schiffe: keines

1. 18.7.42: Auslaufen Kiel in den Nordatlantik. Am 29. wurde das Boot an den Convoy ON 115 herangeführt, der von U 164 im Nordatlantik gesichtet worden war. U 210 kam am 30. in Kontakt mit ihm, aber die Geleitfahrzeuge vertrieben jedes Boot.
Am 1.8.42 traf U 210 auf andere Boote zur Bildung einer Linie, »Pirat« genannt, die den Convoy ON 115 angrei-

fen sollte. Suchkurse wurden gefahren, und U 552 stellte ihn östlich von Cape Race fest. Die Boote wurden auf ihn angesetzt und er wurde bis zur Neufundlandbank verfolgt, bis dort Nebel am 3. die Operation beendete. Zwei Schiffe waren versenkt, eines beschädigt worden.

U 210 fuhr dann zum Treffen mit der »Steinbrinck«-Gruppe, die 400 Seemeilen nordöstlich von Neufundland am 7. für den Convoy SC 94 eine neue Linie bildete, der von U 593 am 5. gesichtet wurde. Die Boote kamen heran. Nahe am Convoy sichtete der kanadische Zerstörer HMCS ASSINIBOINE (LtCdr Stubbs) am 6. U 210. Nachdem das Boot durch Wasserbomben an die Wasseroberfläche gebombt worden war, wurde es mit Artillerie beschossen. Der Kommandant des Bootes, Kapitänleutnant Lemcke, fiel durch einen direkten Treffer im Turm des Bootes. Die ASSINIBOINE rammte dann das Boot, 700 Seemeilen südsüdöstlich von Cape Farewell. Mit mehreren Schäden am Schiffskörper verließ der Zerstörer den Convoy und lief in einen Hafen. Von der Besatzung des U 210 verloren sechs Mann ihr Leben, 37 Männer gingen in Gefangenschaft.

U 211 Typ VII C

Bauwerft: Germaniawerft, Kiel
Kiellegng: 29. März 1941
Stapellauf: 15. Januar 1942
Indienststellung: 7. März 1942
Feldpost-Nr.: M 44194
Versenkt am 19. November 1943 westnordwestlich von Lissabon (40°15'N/19°18'W)

Kommandos:
8. U-Flottille Danzig von März–August 1942 (Schulboot)
9. U-Flottille Brest von August 1942–19. November 1943 (Frontboot)

Kommandant:
KptLt Karl Hause, März 1942–19. November 1943

Feindfahrten: 5
Versenkte Schiffe: 1 (11.237 BRT) und 2 beschädigt
1 Zerstörer (1.350 t)

1. 8.8.42: Auslaufen Kiel und Einlaufen Arendal am 9.8.42.
2. 18.8.42: Auslaufen Arendal und Einlaufen Bergen am 24.8.42.

3. 26.8.42: Auslaufen Kiel in den Nordatlantik. U 211 strebte in ein Gebiet westlich von Irland und traf die »Vorwärts«-Gruppe, nachdem eine Operation gegen den nach Westen laufenden Convoy SC 97 beendet war. Am 4.9.42 vereinigte sich die »Vorwärts«-Gruppe mit der »Stier«-Gruppe zur Bildung einer neuen Linie südlich von Island in Erwartung eines ON-Convoys. Spät am 9. passierte der ON 127 das südliche Ende der Linie und wurde von U 584 gesichtet.

Angriffe gegen den Convoy begannen bei Tag am 10. und setzten sich fort bis zum Ende der Aktion am 14., dies wegen schlechter Sicht und ab 13. aufgrund der Luftüberwachung von Flugzeugen aus Neufundland. Insgesamt wurden sieben Schiffe und eine Korvette versenkt, weitere vier Schiffe beschädigt. Es war eine der wenigen Gelegenheiten des Krieges, dass alle Boote einen Torpedo abschossen. In den frühen Stunden des 12. beschädigte U 211 zwei Schiffe des Convoys, das britische Walfabrikschiff HEKTORIA (13.797 t) und die britische EMPIRE MOONBEAM (6.849 t) im Nordatlantik. Beide Schiffe wurden dann durch U 608 versenkt. Die »Vorwärts«-Boote wurden dann mit Brennstoff durch U 461 nordwestlich der Azoren zwischen dem 16. und 18. versorgt. Sie bildeten östlich von Neufundland Bank ab 20. eine Linie. Bald nach Mitternacht des 22. versenkte U 211 den amerikanischen Tanker ESSO WILLIAMSBURG (11.237 t).

Am 23. sichtete U 404 der »Vorwärts«-Gruppe den nach Osten laufenden Convoy RB 1 bei der Passage der Linie. Dieser Convoy bestand aus Dampfschiffen aus dem Great Lake Distrikt, der nach England ging. Die Boote meldeten ihn als Passagierschiffe mit Truppen an Bord. Die »Vorwärts«-Gruppe wurde bei ihren Angriffen von Booten der »Pfeil«-Gruppe unterstützt. Drei Schiffe wurden versenkt, desweiteren ein Zerstörer des Geleites. Während der Nacht vom 24./25. machte U 211 einen erfolglosen Angriff auf den Convoy.

Rückkehr in den neuen Stützpunkt Brest am 7.10.42.
4. 16.11.42: Auslaufen in den Nordatlantik. U 211 traf auf die »Panzer«-Gruppe, die am 29. in einer Position 800 Seemeilen westlich des Nordkanals in Erwartung eines ONS-Convoys versammelt wurde. Folgend einem möglichen Kontakt, fuhren die sechs »Panzer«-Boote westwärts, doch am 4.12.42 stoppten sie nordöstlich von St. Johns; sie hatte nichts gefunden. Am Abend des 4. nahm U 524 einen Funkspruch auf, der besagte, dass ein Convoy nach Nordosten laufe, und die »Panzer«-Boote fuhren mit hoher Geschwindigkeit nach Nordosten, ihn anzugreifen. Der nach Osten laufende Convoy HX 217 wurde von U 524 am Mittag des 6. gesichtet und von der »Panzer«- und »Draufgänger«-Gruppe angegriffen. Um diese Zeit wurde die Operation durch die gewachsene

Luftüberwachung beeinflusst, und am 11. südlich von Island beendet. Nur zwei Schiffe waren versenkt worden und eines beschädigt. Zwei Uboote gingen verloren. Mitte Dezember wurde die »Raufbold«-Gruppe westlich von Irland gebildet, zu der auch die Boote der »Panzer«-Gruppe U 211, U 135 und U 439 gehörten. Am 15. sichtete U 609 den nach Westen laufenden Convoy ON 153 und rief die anderen Boote herbei. U 211 war eines der Boote, die heran kamen, und in den ersten Stunden des 17. torpedierte das Boot den Zerstörer HMS FIREDRAKE, der später von der Korvette HMS SUNFLOWER versenkt wurde. Nach vier Tagen schlechten Wetters wurde der Einsatz am 21. im Nordatlantik beendet. U 211 kehrte am 29.12.42 nach Brest zurück.

5. 13.2.43: Auslaufen in den Atlantik. Am 20. wurde U 211 geortet und durch Wasserbomben, geworfen von einer Liberator der 1. Squadron (USAF) (Lt W. Johnson), in der Biskaya beschädigt.

Es kehrte am 25.2.43 nach Brest zurück.

6. 10.5.43: Auslaufen in den Atlantik. Mit dem Fehlschlag gegen Convoys im Nordatlantik wurde am 24. entschieden, Convoys zwischen den USA und dem Mittelmeer anzugreifen. Folglich wurden Boote mit ausreichend Brennstoff, wozu auch U 211 gehörte, in ein Gebiet westlich von den Azoren zum Empfang der Convoys UGS 9 und GUS 7A geschickt.

Eine Linie, »Trutz« genannt, wurde während der Nacht vom 30./31. auf dem 43°W-Meridian gebildet, die aus sechzehn Booten bestand. Am 4.6.43 wurden drei am weitesten im Süden stehende Boote von Flugzeugen eines Flugzeugträgers angegriffen, der als alliierter Schutz des Convoys angesehen wurde.

Die Boote schlossen heran, um zu verhindern, dass ein Schiff die Linie passierte.

Als aber bis zum Abend des 5. nichts gesichtet wurde, musste man annehmen, dass der Convoy die Linie vermutlich entweder im Norden oder Süden passiert hatte. Die Gruppe wurde aufgelöst und fuhr 600 Seemeilen nach Norden zur Versorgung durch U 488. Der UGS-Convoy wurde von einem Bomber am 8., 100 Seemeilen südlich von der »Trutz«-Gruppe, gesichtet. Die Versorgung der Boote hatte aber Vorrang.

Am 16. formierte sich die »Trutz«-Gruppe in drei parallele Nord-Süd-Linien: »Trutz 1«, »-2« und »-3«, 1.000 Seemeilen östlich der Bermudas. U 211 gehörte zur Gruppe »Trutz 3«. Die Boote warteten vom 16. bis zum 22. auf einen anderen Convoy, bekamen aber nichts in Sicht, und die Linie begann sich bis zum 27. nach Osten zu bewegen. Sie hielt dann 200 Seemeilen südwestlich der Azoren an. Um den 29. wurde festgestellt, dass der erwartete Convoy die Linien passiert hatte.

Die Boote bildeten drei neue Linien, »Geier 1«, »-2« und

»-3«, und ab 2.7.43 fuhren sie ostwärts zur Küste von Spanien, verteilt auf einen Eintagesintervall. U 211 gehörte zur Gruppe »Geier 2«. 500 Seemeilen von der Küste begannen Luftangriffe und um den 8. waren sie so stark, dass den Bootskommandanten die Rückreise in die Stützpunkte erlaubt wurde.

Rückkehr nach Lorient am 16.7.43.

7. 23.9.43: Auslaufen Lorient und Einlaufen Brest am 24.9.43.

8. 14.10.43: Auslaufen Brest in den östlichen Nordatlantik. Seit seiner letzten Feindfahrt war U 211 zum Flakboot umgebaut worden. Das Wachsen der Bewaffnung hatte den Brennstoffvorrat reduziert und beendete die Möglichkeit einer langen Feindfahrt.

U 211 war eines von acht Booten, die die »Schill«-Gruppe bildeten, eine mobile Streitmacht, die in der Lage war, in einem Nachtangriff auf einen MKS- oder KMS-Convoy vor der Nordwestküste Spaniens zum Erfolg zu kommen. U 211 und U 441 sowie U 593 gehöten zu dieser Gruppe.

Die »Schill«-Gruppe bildete am 27. eine Linie 400 Seemeilen westlich von Cape Ortegal, in Erwartung des nach Norden laufenden Convoys MKS 28/SL 138. Luftwaffenflugzeuge sichteten den Convoy am 27. und 28., aber am 29., dem Tag der geplanten Attacke, wurde er nicht gefunden, er hatte etwas nach Westen abgedreht. Am 30. fand ein Flugzeug ihn wieder, nordwestlich der »Schill«-Linie. Die Boote wurden angehalten anzugreifen, bei Tag über Wasser. Kontakt wurde am 31. hergestellt. Ein Schiff wurde am Morgen durch U 262 versenkt und U 306 ging verloren. Eine starke Luftüberwachung verwehrte jeden weiteren Angriff und der Einsatz wurde beendet. Eine Wiederholung des Angriffes war geplant, die Gruppe bewegte sich langsam südwärts ab 3.11.43. Man hoffte, einen KMS-Convoy zu finden. Am 5. begann die Luftwaffe nach dem nach Norden laufenden Convoy MKS 29 zu suchen, der am 7. gesichtet wurde. Die »Schill«-Linie wurde zum Empfang des Convoys umgebildet, der die Linie während des Abends des 8. passieren würde. Wieder verfehlte die Luftaufklärung die Sichtung des Convoys, mechanische Fehler und Defekte zwangen die Flugzeuge zum Rückflug. Zur angenommenen Zeit bewegten sich die Boote südwestwärts mit hoher Geschwindigkeit, aber als Zerstörer ausgemacht wurden, stellte man fest, dass der Convoy die Linie schon passiert hatte. Er wurde am Morgen des 9. durch Flugzeuge wieder gefunden. Ab 9. suchten zwei »Schill«-Boote 24 Stunden, aber sie fanden nichts. Die Operation wurde abgebrochen.

Am 15. sichtete ein Flugzeug den nach Norden laufenden Convoy MKS 30/SL 139 westlich von Gibraltar. U 211 war eines von sieben Booten von »Schill 1«, die sich in einer Linie, westlich von Lissabon auf dem Kurs des Convoys, befanden. Am Morgen des 18. wurde der Convoy südwestlich der Linie gemeldet, die nach Nordosten zum Angriff dirigiert wurde. Der Convoy passierte tatsächlich die Linie während des 18. nachmittags, aber ein Funkspruch von U 515 meldete, dass dieser Durchbruch von anderen Booten nicht bemerkt worden war. Obwohl die Boote ihren Angriff mit hoher Geschwindigkeit anstrebten, wurden sie durch Flugzeuge während der Nacht belästigt und kamen nicht zum Angriff.

U 211 wurde gortet und an der Wasseroberfläche durch eine Leigh Light Wellington der 179. Squadron (F/O D.F. McRae) während dieses Angriffs gesichtet. Es wurde mit Wasserbomben des Flugzeuges am 19., 700 Seemeilen westnordwestlich von Lissabon, versenkt. Es gab keine Überlebenden, 54 Tote.

U 212 Typ VII C

Bauwerft: Germaniawerft, Kiel
Kiellegung: 17. Mai 1941
Stapellauf: 11. März 1942
Indienststellung: 25. April 1942
Feldpost-Nr.: M 44245
Versenkt am 21. Juli 1944 südöstlich von Brighton (50°27'N/00°44'E)

Kommandos:
8. U-Flottille Danzig von April–September 1942 (Schulboot)
11. U-Flottille Bergen von Oktober 1942–Mai 1943 (Frontboot)
13. U-Flottille Drontheim von Juni–Oktober 1943 (Frontboot)
3. U-Flottille La Pallice von November 1943–21. Juli 1944 (Frontboot)

Kommandant:
KptLt Helmut Vogler, April 1942–21. Juli 1944

Feindfahrten: 13
Versenkte Schiffe: keines

1. 12.9.42: Auslaufen Kiel und Einlaufen Narvik am 26.9.42.
2. 10.10.42: Auslaufen Narvik in die norwegische See. Vom 13. an führten U 212 und U 586 eine Aufklärung nahe Jan Mayen durch, um Informationen für eine geplante Minenoperation zu sammeln, die von deutschen Zerstörern durchgeführt werden sollte.
Rückkehr nach Narvik am 5.11.42.
3. 19.11.42: Auslaufen Narvik. Es gibt keine Informationen über diesen Einsatz. Rückkehr nach Narvik am 25.12.42.
4. 28.12.42: Auslaufen Narvik und Einlaufen Bergen am 31.12.42.
5. 28.2.43: Auslaufen Bergen und Rückkehr am 1.3.43.
6. 8.3.43: Auslaufen Bergen, Details über den Einsatz sind unbekannt.
Rückkehr nach Narvik am 7.4.43.
7. 20.4.43: Auslaufen Narvik. Details dieses Einsatzes sind nicht bekannt.
Rückkehr nach Hammerfest am 16.5.43.
8. 3.6.43: Auslaufen Hammerfest. An einem Tage im Juni landete U 212 einen Aufklärungstrupp auf der Bäreninsel, der eine verlassene alliierte Wetterstation vernichtete. Rückkehr nach Narvik am 12.7.43.
9. 26.7.43: Auslaufen Narvik zum Minenlegen. Während der Nacht zum 31. legte U 212 Minen in der Pechora-See vor Kolguev Island.
Rückkehr nach Bergen am 10.8.43.
10. 11.10.43: Auslaufen Bergen in den Nordatlantik.
U 212 traf auf die »Siegfried«-Gruppe 500 Seemeilen östlich von Neufundland, die am 24. in Erwartung der Convoys HX 262 und SC 145 war. Als Flugzeuge eines Trägers am nächsten Tag gesehen wurden, wurde erkannt, dass der Convoy südlich der Linie passiert hatte, und die Gruppe hatte das Nachsehen. Am 27. wurde die Gruppe dreigeteilt in »Siegfried 1«, »-2« und »-3«, um in der Weite zu suchen. U 212 gehörte zur Gruppe 3.
Eine weitere Verteilung wurde am 1.11.43 durchgeführt, als die Boote in zwei größere Gruppen, »Körner« und »Jahn«, umgebildet wurden. U 212 war in der »Körner«-Gruppe, aber nicht so lange, denn am 3. wurde eine weitere Disposition der Boote vorgenommen, und in fünf kleine Gruppen unterteilt, »Tirpitz 1« bis »-5«.
Am 7., nach der vergeblichen Suche nach den Convoys HX 264 und SC 146, wurden die »Tirpitz«-Gruppen aufgelöst, und die Boote fuhren ostwärts. Ab 11. bildeten sie die »Eisenherz«-Gruppe, unterteilt in sieben Gruppen von jeweils drei Booten, aufgeteilt in zwei Linien, die bis zum 48° N nach Süden von Cape Farewell liefen. Als Convoys gefunden wurden, die südlich der Linie passierten, liefen die »Eisenherz«-Boote am 12. nach Südosten. Um den 14. befanden sie sich zwischen dem 50° und 43° N und warteten auf die Convoys HX 265 und SC 146. Als weder der eine noch der andere Convoy erschien, wurden die Gruppen am 16. aufgelöst und die Boote zur Verstärkung der »Schill«-Gruppe, die westlich von Spanien auf den nach Norden laufenden Convoy

MKS 30/SL 139 wartete, befohlen. U 212 gehörte zur Gruppe »Schill 3«.

Der Convoy wurde am 20. erwartet, dann sollte er die Linie durchbrechen. »Schill 3« tauchte an diesem Abend auf und fand den Convoy nicht. Der wurde erst am nächsten Morgen wieder entdeckt und mit Flugzeugen angegriffen. Ein Schiff wurde versenkt, ein anderes beschädigt, beide durch Gleitbomben. So endete das Unternehmen mit einer totalen Niederlage für die Uboote. Rückkehr nach La Pallice am 2.12.43.

11. 10.1.44: Auslaufen in den Nordatlantik. U 212 traf westlich der Britischen Inseln auf die »Rügen«-Gruppe, deren Boote über ein großes Gebiet verstreut waren. Am 26. wurde ein KMS-Convoy westlich des Nordkanals gesichtet. Die am südlichsten stehenden Boote der »Rügen«-Gruppe, einschließlich U 212, wurden umgesetzt in eine Linie, westlich von Irland, um den Convoy am 27. zu empfangen.

Der Convoy war weiter westlich als gemeldet und mit der Zeit hatten die »Hinein«-Boote das auch erkannt. Aber er war zu weit weg, um die Linie in den Kurs des Convoys zu dirigieren. Boote mit ausreichend 3,7-cm-Munition wurden mit hoher Geschwindigkeit über Wasser zum Angriff befohlen. Wieder gab es Verbindungsschwierigkeiten zwischen Flugzeugen und den Booten, was die Position des Convoys um Mitternacht des 27. betraf. Die richtige Meldung wurde nicht abgegeben, und die Suche durch die Boote brachte keinen Erfolg.

Die Operation wurde früh am 29. aufgegeben, als die Meldung über die Invasion in Westfrankreich einging. Sie kam von einem Flugzeug. Nachdem alle Boote davon in Kenntnis gesetzt worden waren, auch die »Hinein«-Gruppe, wurden sie mit hoher Geschwindigkeit nach der Küste der Biskaya zurückzukehren befohlen. Kurz darauf wurde die Invasionsflotte korrekt als spanische Fischereiflotte ausgemacht und die Boote kehrten in ihr Operationsgebiet zurück.

Von Anfang Februar wurde U 212 Teil der »Igel 1«-Gruppe westlich von Irland, die vom 4. an eine Operation in einem Gebiet südöstlich von Island begann. Am 10. fuhren die »Igel 1«- und »-2«-Gruppen mit einer langsamen Drehung nach Westen, die weiter ging als ursprünglich vorgesehen. Dies geschah wegen der U-Abwehrflugzeuge, die südwestlich von Irland gegen »Igel 1« und »-2« und nordwestlich von Schottland gegen die »Igel 1«-Gruppe flogen. Es war vorgesehen, dass die Gruppen mit Hilfe von Luftaufklärung einen ONS-Convoy zwischen dem 14. und 18. angreifen sollten. ONS 29, ON 224 und OS 68 wurden am 14. von einem Flugzeug westlich des Nordkanals gesichtet und die »Igel 1«- und »-2«-Gruppen wurden schnellstens zu einer Versammlung 600 Seemeilen im Südwesten von Irland befohlen. Am 18. wurden zwei parallele Linien, »Hai 1« und »Hai 2« vor den Convoys gebildet.

Sie wurden gefunden, mit der Feststellung, dass sie nach Süden gedreht und das südliche Ende der »Hai«-Linien passiert hatten. Schnell wurden die Boote nach Süden befohlen, getaucht bei Tage und mit hoher Fahrt über Wasser in den Stunden der Dunkelheit. Anstelle der Sichtung eines Convoys in der Dämmerung des 19. sahen die Boote nur Zerstörer. Die Operation wurde abgeblasen und die Boote tauchten, um den Trägerflugzeugen zu entgehen.

U 212 fuhr westwärts mit den anderen Booten und wurde mit der »Preussen«-Gruppe 400 bis 500 Seemeilen nördlich der Azoren zusammengefasst. Bevor diese Gruppe zum Angriff auf den nach Westen laufenden Convoy ON 225 angesetzt werden konnte, wurde U 212 als Wetterboot detachiert. Rückkehr nach La Pallice am 12.3.44.

12. 8.4.44: Auslaufen La Pallice und Rückkehr am 10.4.44.

13. 6.6.44: Nun mit Schnorchel ausgerüstet, verließ das Boot Brest als Teil der »Landwehr«-Gruppe. Die acht Schnorchelboote der Gruppe sollten nach einem Gebiet nördlich von Cherbourg gehen und dann in den Englischen Kanal. Alliierte Luftaktivitäten waren groß und am 7. wurde U 212 von zwei Mosquitos der 248. Squadron (F/O A.J.L. Brown) und (Lt D.J. Turner) angegriffen, jedes ausgerüstet mit einer 57-mm-Kanone. Sie bekam Treffer an den Backbord-Tauchbunkern, der 37-mm-Kanone und am Schnorchel. Rückkehr nach La Pallice am 9.6.44.

14. 12.6.44: Auslaufen La Pallice und Rückkehr nach dort. Ursache nicht bekannt. Rückkehr am 16.6.44.

15. 22.6.44: Auslaufen La Pallice zu einem Spezialeinsatz. U 212 war eines von vier Schnorchelbooten, die Anti-Tank- und Maschinenkanonenmunition nach Cherbourg bringen sollten, das vom Land abgeschnitten war. Die Boote wurden am 23. zurückgerufen, als bekannt wurde, dass die Hafeneinfahrt nach Cherbourg blockiert war. Rückkehr am 24.6.44.

16. 28.6.44: Auslaufen La Pallice in den Englischen Kanal. Auf der Fahrt nach dem Operationsgebiet wurde U 212 zurückgerufen, um zu warten, wie sich die Invasion entwickelte. Rückkehr nach Brest am 4.7.44.

17. 5.7.44: Auslaufen Brest in den Englischen Kanal. U 212 erreichte das Operationsgebiet am 14. Es wurde am 21. mit Wasserbombenangriffen der Zerstörer HMS Curzon (Lt A.A. Diggens) und Ekins (Lt G.G. Bonner-Davis) 47 Seemeilen südöstlich von Brighton versenkt. Es gab keine Überlebenden, 50 Tote

U 213 Typ VII D

Bauwerft: Germaniawerft, Kiel
Kiellegung: 1. Oktober 1940
Stapellauf: 24. Juli 1941
Indienststellung: 30. August 1941
Feldpost-Nr.: M 01954
Versenkt am 31. Juli 1941 östlich der Azoren
(36°45'N/22°50'W)

Kommandos:
5. U-Flottille Kiel von August 1941–Januar 1942
(Schulboot)
7. U-Flottille St. Nazaire von Januar–April 1942
(Frontboot)
9. U-Flottille Brest von April 1942–31. Juli 1942
(Frontboot)

Kommandant:
OLt Amelung von Varendorff, Aug. 1941–31. Juli 1942

Feindfahrten: 3
Versenkte Schiffe: keines

1. 24.1.42: Auslaufen Kiel zur Operation westlich der Britischen Inseln.
Ab Mitte Januar hatte Hitler sechs Boote zur Position westlich der Hebriden und bei den Färören zur Abwehr einer Invasion Norwegens befohlen. U 213 befand sich ab Anfang Februar dabei.
Am 4. operierten U 213, U 136 und U 591 gegen den nach Westen laufenden Convoy ON 63, der südwestlich von Rockall gesichtet worden war. Während des dreitägigen Einsatzes versenkte U 136 die Korvette HMS ARBUTUS am Abend des 5. U 213 verblieb im Gebiet der Hebriden und Färöern bis zum 22., als es eines von vier Booten wurde, die gegen den nach Osten laufenden Convoy HX 175, 800 Seemeilen westlich vom Nordkanal, eingesetzt wurden. Das Boot hatte keinen Erfolg während des zweitägigen Einsatzes. U 213 kehrte in sein Operationsgebiet zurück und fuhr am 20.3.42 in seinen neuen Stützpunkt Brest zurück.
2. 23.4.42: Nun zur 9. U-Flottille gehörig, verließ U 213 Brest in den Westatlantik.
Es lief Lorient am 24. an, um möglicherweise einen Agenten aufzunehmen und verließ es am nächsten Tag. Der Agent wurde in der Bay of Fundy am 14.5.42 abgesetzt, nahe Saint John, New Brunswick. Der Mann konnte keine Spionagetätigkeit ausüben, lebte von den Dingen, die ihm mitgegeben wurden, und als diese ver-

braucht waren, ergab er sich der Marineaufklärung, wurde interniert und nach dem Krieg nach Deutschland zurückgeführt.
U 213 traf auf die »Pfadfinder«-Gruppe am 21. vor der US-Ostküste. Die Boote bewegten sich in ein Gebiet 400 Seemeilen östlich von New York. Sehr wenige Schiffe wurden nahe der Küste gesehen und es war der »Pfadfinder«-Gruppe zu verdanken, die Passage der Schiffe zwischen der US-Ostküste, dem Zentralatlantik und Südamerika und ihre Routen vor der Küste aufzuklären. Die Gruppe löste sich nach einigen Tagen auf und die Boote gingen auf Positionen dichter an der Küste. U 213 operierte vor New York, aber ohne Erfolg.
Rückkehr nach Brest am 21.6.42.
3. 23.7.42: Auslaufen in den Atlantik. U 123 griff am 31. östlich von den Azoren einen Convoy an. An diesem Tag wurde es angegriffen und durch Wasserbombenangriffe der Sloops HMS ERNE (LtCdr E.D.J. Abbot), HMS ROCHESTER (Cdr C.B. Allen) und HMS SANDWICH (LtCdr Hill) 160 Seemeilen östlich von Santa Maria, Azoren, zerstört. Es gab keine Überlebenden, 50 Tote.

U 214 Typ VII D

Bauwerft: Germaniawerft, Kiel
Kiellegung: 5. Oktober 1940
Stapellauf: 18. September 1941
Indienststellung: 1. November 1941
Feldpost-Nr.: M 31973
Versenkt am 26. Juli 1944 südsüdöstlich von Start Point
(49°55'N/03°31'W)

Kommandos:
5. U-Flottille Kiel von November 1941–Mai 1942
(Schulboot)
9. U-Flottille Brest von Mai 1942–26. Juli 1944
(Frontboot)

Kommandanten:
KptLt Günther Reeder, November 1941–Mai 1943
LtzS Fischler Graf von Treuberg (kurzzeitig), Mai–Juli 1943
KptLt Rupprecht Stock, Juli 1943–Juli 1944
OLtzS Gerhard Conrad, Juli 1944

Feindfahrten: 11
Versenkte Schiffe: 3 (18.266 BRT) und 2 beschädigt

1. 18.5.42: Auslaufen Kiel nach Westfrankreich. Einlaufen in den neuen Stützpunkt Brest am 4.6.42.

2. 13.6.42: Auslaufen Brest, Rückkehr am 18.6.42. Der Grund ist nicht bekannt.

3. 9.8.42: Auslaufen in das Gebiet von Freetown, als Teil der »Blücher«-Gruppe.

U 214, U 566, U 594 und U 653 erreichten den Versammlungspunkt südöstlich von den Azoren ab 13. Bevor die Boote ihre Position erreichten, sichtete U 653 am 14. den nach Norden laufenden Convoy SL 118. Die Boote begannen mit der Verfolgung, aber die Geleitfahrzeuge verhinderten jeden Angriff vor dem Abend des 17. U 214 fuhr einen Angriff am Abend des 18. ostnordöstlich von den Azoren und versenkte zwei Schiffe, die niederländische BALINGKAR (6.318 t) und die britische HATARANA (7.522 t). Bei dem selben Angriff mit vier Torpedos beschädigte das Boot den Hilfskreuzer HMS CHESHIRE (16.552 t), der später repariert wurde und seinen Dienst wieder aufnahm. Der Convoy lebte von der sich verstärkenden Luftüberwachung, sie machte Angriffe schwieriger und am Morgen des 20. wurde die Operation beendet.

U 214 traf auf das rücklaufende U 505 und übernahm von ihm Brennstoff und andere Dinge. Es traf dann mit U 406 und U 556 zusammen, dazu das neu hinzukommende U 107. Die Boote bildeten die »Iltis«-Gruppe nordöstlich der Azoren. Die vier Boote liefen südwärts, bis am 26. U 214 den nordwärts laufenden Convoy SL 119 westlich von Lissabon sichtete. Die anderen »Iltis«-Boote und die »Eisbär«-Gruppe wurden an den Convoy herangeführt. Bevor die Operation am 29. endete, waren drei Schiffe versenkt. Am 29. fischte U 214 einen Überlebenden von einem der drei Schiffe aus dem Wasser.

Die Boote der »Iltis«-Gruppe, U 214, U 107 und U 406, waren die einzigen U-Boote, die weiter nach Süden fuhren, und sie warteten westlich von Lissabon, bis sie von U 87, U 333 und U 590 getroffen wurden. Am 9.9.42 fuhren die sechs Boote südwärts als »Iltis«-Gruppe mit Kurs auf Freetown. Ihr südlicher Schwenk lief in ein Gebiet nördlich der Kapverdischen Inseln. Nichts wurde gesichtet, und am 24. löste sich die Gruppe auf.
Rückkehr nach Brest am 9.10.42.

4. 30.11.42: Auslaufen in den Westatlantik. U 214 fuhr in ein Gebiet östlich der Karibik, östlich von Trinidad. Am Morgen des 30.12.42 versenkte das Boot die polnische PADEREWSKI (4.426 t) 100 Seemeilen von Galera Point, Trinidad. Am 3.1.43 lief U 214 in die Karibik ein und patrouillierte rund um Curaçao und Aruba, aber ohne Erfolg. Das Boot ging zurück in den Atlantik am oder um den 23. und operierte 500 Seemeilen nordöstlich der Karibik. Mitte Februar wurde U 214 durch U 118 südöst-

lich der Azoren mit Kraftstoff versorgt. Rückkehr nach Brest am 24.2.43.

5. 4.5.43: Auslaufen in den Atlantik. Am 8. wurde U 214 in der Biskaya von einer Whitley der 10. OTU (Sgt S.J. Barnett) mit Wasserbomben angegriffen. Bei dem Angriff wurde der Kommandant mehrfach verwundet und weitere Verwundete entstanden durch den Beschuss mit den Maschinenkanonen der Whitley. Einer der Offiziere, Lt Graf von Treuberg, übernahm das Kommando über das Boot. Rückkehr nach Brest am 10.5.43.

6. 18.5.43: Auslaufen in den Zentralatlantik. Am 4.6.43 legte das Boot 15 SMA-Minen vor Dakar. Als Ergebnis dieser Operation wurde die amerikanische SANTA MARIA (6.507 t) um den 20. beschädigt. Mitte Juni wurde U 214 von einem oder zwei Booten mit Brennstoff versorgt. Rückkehr nach Brest am 26.6.43.

7. 22.8.43: Auslaufen in die Karibik.

Am 9.9.43 wurde U 214 von einer Avenger (Lt J.W. Sterre) 90 Seemeilen südsüdwestlich von Santa Maria, Azoren, aufgetaucht gesichtet. Die Avenger kam vom Geleitträger USS CROATAN. Bevor ein anderes Flugzeug ankam, griff der Pilot das Boot mit Wasserbomben an und wurde dabei beschossen. Die Avenger wurde schwer beschädigt und das Boot entkam trotz der Suche durch neun Flugzeuge, die erst in der Dunkelheit abgebrochen wurde. U 214 legte 15 SMA-Minen vor Colon, Panama, am 6.10.43. Während der Nacht vom 12./13. wurde das Boot gesichtet und durch eine auf Guantanamo stationierte Mariner, die jedoch vertrieben wurde, angegriffen. Am 15. wurde ein Uboot, die USS DORADO, versenkt, möglicherweise durch eine Mine, die am 13. von U 214 gelegt worden war. Da kein Erfolg zu verzeichnen war, verließ U 124 die Karibik durch die Anega-Passage. Am 22. glaubte es nordöstlich der Leeward-Islands ein Schiff versenkt zu haben, aber darüber gibt es keine Informationen. Einige Tage später wurde U 214 durch U 488 nahe der Azoren mit Kraftstoff versorgt. Rückkehr nach Brest am 30.11.43.

8. 12.2.44: Auslaufen Brest und Rückkehr am 15.2.44.

9. 19.2.44: Auslaufen in den Zentralatlantik. U 214 patrouillierte westlich von Marokko, aber ohne Erfolg. Am 3.4.44 legte es Minen vor Casablanca. Es gibt keine Meldung über Versenkungen durch diese Aktion. Am 8. griff U 214 einen der Geleitzerstörer des Geleitschutzes des Geleitträgers USS GUADALCANAL an, aber der Torpedo ging vorbei. Rückkehr nach Brest am 29.4.44.

10. 11.6.44: Auslaufen Brest und Rückkehr am 14.6.44.

11. 16.6.44: Nun mit Schnorchel ausgerüstet, verließ das Boot Brest zu einer Minenunternehmung im Englischen Kanal. Am 26. legte es Minen vor Plymouth. Es gibt keine Information über versenkte Schiffe durch die Minen.

Rückkehr nach Brest am 2.7.44.

12. 22.7.44: Auslaufen zum Minenlegen vor Start Point. Die Alliierten hatten die 2. und 3. Escortgruppe am westlichen Eintritt in den Englischen Kanal ab Mitte Juli positioniert. Am 26. wurde U 214 geortet und durch die Fregatte HMS COOKE (LtCdr L.C. Hill) 18 Seemeilen südsüdöstlich von Start Point mit Wasserbomben angegriffen und versenkt.

Es gab keine Überlebenden, 48 Tote.

U 215 Typ VII D

Bauwerft: Germaniawerft, Kiel
Kielleguung: 15. November 1940
Stapellauf: 9. Oktober 1941
Indienststellung: 22. November 1941
Feldpost-Nr.: M 41815
Versenkt am 3. Juli 1942 südsüdwestlich von Cape Sable (41°48'N/66°33'W)

Kommandos:
5. U-Flottille Kiel von November 1941–Januar 1942 (Schulboot)
9. U-Flottille Brest von Juni 1942–3. Juli 1942 (Frontboot)

Kommandant:
KptLt Fritz Hoeckner, November 1941–3. Juli 1942.

Feindfahrten: 1
Versenkte Schiffe: 1 (7.191 BRT)

1. 9.6.42: Auslaufen Kiel in den Nordatlantik. U 215 patrouillierte in einem Gebiet südlich von Nova Scotia. Es hatte keinen Erfolg bis zum 3.7.42. An dem Tag griff es den Convoy BA 2 an und versenkte die amerikanische ALEXANDER MACOMB (7.191 t). Allerdings wurde U 215 in der Nähe des Convoys geortet und mit Wasserbomben des britischen U-Abwehrtrawlers LE TIGRE, 150 Seemeilen südsüdwestlich von Cape Sable, versenkt. Nach der Versenkung des Bootes fischte die LE TIGRE Überlebende der ALEXANDER MACOMB aus dem Wasser.

Es gab bei U 215 keine Überlebenden, 48 Tote.

U 216 Typ VII D

Bauwerft: Germaniawerft, Kiel
Kiellegung: 11. Januar 1941
Stapellauf: 23. Oktober 1941
Indienststellung: 15. Dezember 1941
Feldpost-Nr.: M 47679
Versenkt am 20. Oktober 1942 westsüdwestlich von Fastnet (49°21'N/19°25'W)

Kommandos:
5. U-Flottille Kiel von Dezember 1941–August 1942 (Schulboot)
9. U-Flottille Brest von August 1942–20. Oktober 1942 (Frontboot)

Kommandant:
KptLt Karl-Otto Schultz, Dez. 1941–20. Okt. 1942

Feindfahrten: 1
Versenkte Schiffe: 1 (4.989 BRT)

1. 29.8.42: Auslaufen Kiel in den Nordatlantik. Es traf auf die »Lohs«-Gruppe vor Neufundland. U 216 sichtete am 13.9.42 den nach Osten laufenden Convoy SC 99, aber verlor den Kontakt wieder, als es durch die Geleitfahrzeuge zum Tauchen gezwungen wurde. Der Convoy wurde am 14. durch U 440 wieder gefunden, aber auch dieses Boot wurde durch Geleitfahrzeuge vertrieben. Das Unternehmen wurde aufgegeben.

U 216 und andere neu angekommene Boote im Gebiet des Nordatlantiks südöstlich von Grönland bildeten die Gruppe »Pfeil«. Am 15. sichtete U 221 den nach Westen laufenden Convoy ON 129, aber der Kontakt ging infolge Nebel wieder verloren. Obwohl Schiffe des Geleitschutzes von zwei Booten am nächsten Tag gesehen wurden, wurde der Convoy durch die »Pfeil«-Boote nicht mehr gefunden.

Die Suche wurde am 18. aufgegeben, und nach einer Umgruppierung wurden die Boote nach Nordosten und am 19. nordwestwärts zum Angriff auf den nach Osten laufenden Convoy SC 100 befohlen. Als sich die Boote dem Convoy näherten, wurde das Wetter schlecht und entwickelte sich zu einem Hurrikan. Mit vielen Booten hinter dem Convoy wurde der Einsatz am 22. aufgegeben.

Die »Pfeil«-Gruppe war dann 500 Seemeilen südöstlich von Cape Farewell, und am 22. wurde sie als »Blitz«-Gruppe zum Angriff auf den nach Osten laufenden Convoy RB 1 nach Südwesten befohlen. Der Kontakt wurde am 24. hergestellt, und die Boote verfolgten den Convoy, bis der Einsatz am 26. beendet wurde. U 216 versenkte die britische BOSTON (4.989 t) am Nachmittag des 25. im Zentralen Nordatlantik. Der Convoy bestand aus Frachtern von den Great Lakes, die nach England gingen. Die Boote hatten sie als Truppentransporter gemeldet.

Am 26. sichtete U 617 den nach Westen laufenden Convoy ON 131, aber die »Blitz«-Gruppe war weit verteilt. Sie suchten den Convoy als »Tiger«-Gruppe, aber verfehlten ihn. Das schlechte Wetter hätte der Gruppe zum Vorteil beim Angriff auf den Convoy gereicht. Die Boote wurde am 29. zur Versorgung nordwestlich der Azoren befohlen, und U 216 erhielt Brennstoff von U 463 am oder um den 6.10.42. Ein verurteiltes Besatzungsmitglied von U 216 wurde an U 463 abgegeben.

Die »Tiger«-Gruppe bildete ab 8. eine neue Linie, »Wotan« genannt, östlich von Neufundland, und sie wartete auf einen SC-Convoy. In den Morgenstunden des 12. wurde die Gruppe nach Nordosten befohlen und lief mit hoher Geschwindigkeit zum Abfangen des Convoys SC 104, der das nördliche Ende der »Wotan«-Linie am Nachmittag passiert hatte. Der Convoy wurde während der Nacht vom 12./13. gesichtet und Angriffe in den ersten Stunden des 13. und 14. ergaben acht versenkte Schiffe, keines davon durch U 216.

Nachdem die Operation am 15. abgeschlossen war, erschienen mehr Flugzeuge zum Schutz des Convoys. Die »Wotan«-Boote wurden weiter zum Angriff auf den Convoy ON 137 befohlen, der westlich von Irland gesichtet worden war. Das schlechter werdende Wetter entwickelte sich am 17. zum Sturm und zwei Tage später wurde der Einsatz beendet.

U 216 nahm Kurs auf den Stützpunkt. Am 20. wurde das Boot durch eine Liberator der 224. Squadron (F/OD M. Sleep) 700 Seemeilen westsüdwestlich von Fastnet mit Wasserbomben angegriffen und zerstört.

Das Flugzeug wurde beschädigt, als die Wasserbomben nach dem Auftreffen explodierten. Der Pilot machte eine Notlandung in Predannack, und obwohl das Flugzeug in Brand geriet, konnte die Besatzung mit nur einem verwundeten Mann davonkommen. Sleep erhielt das DFC. Es gab keine Überlebenden auf U 212, 45 Tote.

U 217 Typ VII D

Bauwerft: Germaniawerft, Kiel
Kiellegung: 30. Januar 1941
Stapellauf: 15. November 1941
Indienststellung: 31. Januar 1941
Feldpost-Nr.: M 47721
Versenkt am 5. Juni 1943 westsüdwestlich von den Azoren (30°18'N/42°50'W)

Kommandos:
5. U-Flottille Kiel von Januar 1942–Juli 1942 (Schulboot)
9. U-Flottille Brest von Juli 1942–5. Juni 1943 (Frontboot)

Kommandant:
KptLt Kurt Reichenbach-Klinke, Jan. 1942–5. Juni 1943

Feindfahrten: 3
Versenkte Schiffe: 3 (10.651 BRT)

1. 14.7.42: Auslaufen Kiel in die Karibik. U 217 wurde an den nach Westen laufenden Convoy ON 115, der am 29. 480 Seemeilen von Cape Farewell von U 164 gesichtet worden war, herangeführt. U 217 konnte den Kontakt am 30. mit anderen Booten herstellen, aber sie wurden vertrieben. Am 1.8.42 bildeten U 217, U 164, U 210, U 511 und U 553 vor dem Convoy eine Linie, »Pirat« genannt. Der Convoy kam am Abend nicht an, und die Boote suchten im Norden und Süden. Die »Pirat«-Linie war von einigen Booten der ex-»Wolf«-Gruppe getroffen worden. Der Convoy wurde am 2. von U 552 gefunden, und bevor Angriffe am 3. gefahren werden konnten, wurden, bevor der Kontakt im Nebel der Neufundlandbank verloren ging, drei Schiffe versenkt.

U 217, U 164, U 511 und U 553 beendeten nun ihre Reise in den Osten der USA und in die Karibik. Anfang August wurde U 217 durch U 463 westlich der Azoren mit Brennstoff versorgt.

Das Boot fuhr in die Karibik und in den ersten Stunden des 19. lief es in den Hafen von Willemstad, Curaçao, und griff den dort vor Anker liegenden Tanker Esso CONCORD (amerikanisch, 7.699 t) an. Der Angriff war unbefriedigend, doch drei Detonationen wurden gehört. Die Torpedos hatten die Mole getroffen. Am Abend desselben Tages versenkte U 217 das britische Segelschiff SEAGULL D (75 t) direkt vor den Islas de Aves.

U 217 patrouillierte westlich von Trinidad und vor der Insel selbst, bevor es Mitte September die Karibik verließ. Das rücklaufende Boot wurde nordwestlich der Azoren von U 461 mit Kraftstoff versorgt. Rückkehr in den neuen Stützpunkt Brest am 16.10.42.

2. 24.11.42: Auslaufen in den Zentralatlantik. Am 14.12.42 stoppte U 217 die schwedische ETNA (2.619 t) 1.200 Seemeilen nordöstlich von Georgetown, Guinea. Ein Kommando durchsuchte das Schiff, dann wurde es verlassen und versenkt. Am 15. wurden U 217 und U 124 zu einem Convoy 600 Seemeilen östlich von Trinidad befohlen. Sie kamen heran und verfolgten ihn, und am Morgen des 16. glaubte U 124 zwei Tanker versenkt zu haben.

U 217 patrouillierte östlich der Karibik. Es glaubte am 20. ein Schiff versenkt und zwei weitere am 28. und 29. beschädigt zu haben, alle nördlich von Brasilien. Es gibt darüber keine Informationen. Durch den Januar 1943 patrouillierte U 217 vor der Küste Guineas und östlich von der Karibik. Es hatte bis zum 3.2.43 keinen Erfolg. Es versenkte die britische RHEXENOR (7.957 t) 1.400 Seemeilen nordöstlich von den Leeward Islands. U 217 übernahm einen Überlebenden. Mitte Februar wurde das Boot südöstlich der Azoren von U 118 mit Kraftstoff versorgt. Rückkehr nach Brest am 23.2.43.

3. 19.4.43: Auslaufen in den Nordatlantik. U 217 hatte freie Entscheidung für seine Aktivitäten, da es für eine Minenlegoperation vor Lands End für Anfang Mai vorgesehen war. Das war ein Fehlschlag. Es patrouillierte dann im St. Georgs Channel, und Ende Mai wurde es zu einem Sammelpunkt südwestlich der Azoren befohlen.

Während der Nacht vom 30/31. wurde die Linie »Trutz«, auf dem 43° W-Meridian, zwischen dem 32° und 38° N, gebildet, um dort die Convoys UGS 9 und GUS 7A zu erwarten. Am 4.6.43 wurden die drei am südlichsten Ende der Linie stehenden Boote durch Trägerflugzeuge angegriffen.

Am 5. wurde U 217 über Wasser fahrend von einer Avenger (Lt A. McAuslan) und einer Wildcat (Ens R.S. Rogers) des Escortträgers USS BOGUE gesichtet. Das Jagdflugzeug griff im Tiefflug an, brachte die Geschützbedienung zum Schweigen und zwang das Boot zum Tauchen. Die Avenger machte ebenfalls einen Angriff und bewarf das Boot mit Wasserbomben. U 217 tauchte mit dem Bug aus dem Wasser und die Wildcat machte einen neuen Tiefangriff. Das Boot rutschte nach achtern weg, und unterhalb der Tauchstelle trat Öl aus. U 217 war 1.300 Seemeilen westsüdwestlich der Azoren zerstört worden. Es gab keine Überlebenden, 50 Tote.

U 218 Typ VII D

Bauwerft: Germaniawerft, Kiel
Kiellegung: 17. März 1941
Stapellauf: 5. Dezember 1941
Indienststellung: 24. Januar 1942
Feldpost-Nr.: M 23260
Versenkt am 4. Dezember 1934 von Malin Head (55°33'N/07°25'W)

Kommandos:
5. U-Flottille Kiel von Januar–August 1942 (Schulboot)
9. U-Flottille Brest von September 1942–September 1944 (Minenlegboot)
8. U-Flottille Danzig von Oktober 1944–März 1945 (Frontboot)
11. U-Flottille Bergen von März 1945–12. Mai 1945 (Minenlegboot)

Kommandanten:
KptLt Richard Becker, Januar 1942–September 1944
KptLt Rupprecht Stock, September 1944–12. Mai 1945

Feindfahrten: 10
Versenkte Schiffe: 1 (200 t) und 2 beschädigt
1 Minensuchtrawler (352 t)

1. 25.8.42: Auslaufen Kiel in den Nordatlantik. U 218 traf auf die »Vorwärts«-Gruppe, die in einer langen Linie südlich von Island in Erwartung eines ON-Convoys positioniert war. Am Abend des 9.9.42 wurde der nach Westen laufende Convoy ON 127 von U 584 gesichtet, als er am südlichen Ende der Linie passierte. Angriffe auf den Convoy begannen am 10. bei Tageslicht, bis diese Aktion am 14. wegen schlechter Sicht beendet wurde, und weil jeweils ab 13. die Luftüberwachung von Flugzeugen aus Neufundland einsetzte. U 218 beschädigte den norwegischen Tanker FJORDAAS (7.361 t) in den frühen Stunden des 11. Dieses Schiff verließ den Convoy und kehrte nach dem Clyde zurück. Im Verlauf der Aktion gegen den Convoy ON 127 wurden sieben Schiffe und eine Korvette versenkt, weitere vier Schiffe beschädigt. Es war eine der wenigen Gelegenheiten, dass alle beteiligten Boote einen Torpedo verschossen. Die »Vorwärts«-Boote wurden zwischen dem 16. und 18. nordwestlich der Azoren von U 461 mit Kraftstoff versorgt. U 218 verließ im Anschluss die Gruppe und kehrte am 29.9.42 in den neuen Stützpunkt Brest zurück.

2. 25.10.42: Auslaufen in den Nordatlantik. U 281 und andere Boote trafen am 3.11.42 auf die »Natter«-Gruppe

255

westlich von Irland. Als die Gruppe sich am 4. nach Süden wandte, sichtete U 92 den nach Westen laufenden Convoy ON 143, aber da keines der »Natter«-Boote in Position war, ging der Kontakt verloren.

Als andere Boote erschienen, wurde eine Suche anberaumt, aber als der Convoy nicht gefunden wurde, wurde am 6. die Operation beendet. Der einzige Erfolg waren Nachzügler, die am 7. von U 566 und U 613 versenkt wurden. Am 8. wurde allen »Natter«-Booten befohlen, mit hoher Geschwindigkeit nach Gibraltar wegen der alliierten Invasion in Nordafrika zu laufen. U 218 operierte westlich von Gibraltar mit der »Westwall«-Gruppe, die während des Novembers nur wenig Erfolg hatte, aber mit großem Risiko wegen der Luftgefahr durch Flugzeuge aus Gibraltar handelte.

Am 16. wurde U 218 durch Wasserbomben beschädigt, geworfen vom Zerstörer HMS WRESTLER, einem Geleitschiff des Convoys MKF IY. Das Boot verließ die »Westwall«-Gruppe zur Heimreise. Rückkehr nach Brest am 21.11.42.

3. 7.1.43: Auslaufen in den Zentralen Atlantik. U 218 nahm Kurs auf eine Versammlung von Booten westlich von den Kanarischen Inseln. Ab 22. bildeten U 218, U 43 und U 521 die »Rochen«-Gruppe, die nach Süden lief. Allerdings wurden die Boote wegen Agentenmeldungen am 23. in das Gebiet des Cap Blanc befohlen. Einige Tage darauf trat U 66 zu der Gruppe. Die Boote warteten fünf Tage, und ab 28. bewegten sie sich an der Küste nach Norden. Um den 30. befanden sie sich östlich der Kanarischen Inseln. Am 7.2.43 wurde ein kleiner, nach Norden laufender Convoy, der Gib No. 2, von U 521 bei der Passage der Kanarischen Inseln mit Kurs auf Gibraltar gesichtet. Die »Rochen«-Boote und fünf südlich davon stehende Boote wurden von der »Delphin«-Gruppe dazu befohlen, gegen den Convoy zu operieren. Dieser hatte aber einen starken Geleitschutz und Luftüberwachung, was dazu führte, dass der Einsatz am 8. beendet wurde. Nur ein U-Abwehrtrawler wurde versenkt.

Nach einer kurzen Pause wurde ein Convoy am 11. östlich von Madeira, der in Wahrheit eine Jagd-Gruppe war, von den gleichen Booten angegriffen. Die Boote mit ausreichendem Brennstoff, einschließlich U 218, fuhren nach Westen, und fünf andere Boote, alles ex-»Delphin«-Boote, fuhren zur Versorgung durch U 118 südwestlich von Madeira. Die Boote bildeten am 16. südlich der Azoren eine neue »Rochen«-Gruppe mit einer Nord-Süd-Linie. Die Gruppe drehte nach Westen bis zum 20., und die Suche nach dem Convoy UC 1 begann. Dann drehte die Gruppe wieder nach Osten, aber es wurde nichts gesichtet. Die »Rochen«-Gruppe wurde am 21. zur Versorgung durch U 461 200 Seemeilen südlich von San

Miguel Island geteilt. Allerdings wurde schon am 22. ein nach Südwesten laufender Convoy, östlich des Versorgungsgebietes von U 522, gesichtet und die Boote wurden an ihn angesetzt. Bei der Aktion, die über fünf Tage ging, wurden nur drei Tanker versenkt, zwei wurden beschädigt. Der Geleitschutz aus zehn Kriegsschiffen erwies sich als zu stark. Kraftstoffbestand und Beschädigung der Boote zwangen zum Abbruch des Einsatzes am 27. Die Mehrzahl der Boote fuhr zur Versorgung durch U 461, U 218 lief nach Hause. Rückkehr nach Brest am 10.3.43.

4. 18.4.43: Auslaufen in den Nordatlantik. U 218 legte Minen im Nordkanal am 4.5.43, dann fuhr es nach Westen und traf ab 15. auf die Gruppe »Donau 2« südöstlich von Cape Farewell. Vier Tage später wurde es Teil der »Mosel«-Gruppe 400 Seemeilen südlich von Cape Farewell, die gegen den nach Osten laufenden Convoy HX 239 gerichtet war.

Am 21. dachte man, dass der Convoy die Linie im Süden passieren würde, was aus einem Kurs von Nachzüglern zu folgern war. Die »Mosel«-Gruppe wurde geteilt, die südlich stehenden Boote sollten die Nachzügler angreifen, die andere sollte nach Osten gehen, um den Convoy zu attackieren. U 218 gehörte zu den Booten, die den Convoy angreifen sollten. Trägerflugzeuge hielten jedoch die Boote unter Wasser und der Convoy konnte entkommen.

Mehrere Boote wurden durch Flugzeuge beschädigt, U 752 wurde versenkt.

Rückkehr nach Brest am 2.6.43.

5. 22.7.43: Auslaufen Brest und Rückkehr am 23.7.43.

6. 29.7.43: Auslaufen zum Minenlegen vor Trinidad. U 218 fuhr in Begleitung von U 383 als Schutzmaßnahme gegen Flugzeuge. Am 1.8.43 wurde U 383 angegriffen und durch eine Sunderland der 228. Squadron ernsthaft beschädigt. Es sank, bevor Hilfe kam. Am 2. wurde U 218 bei der Suche nach Überlebenden von einer Sunderland der 547. Squadron (F/O J.W. Hermiston) angegriffen. Wasserbomben riefen keine Beschädigungen hervor, aber das Maschinengewehrfeuer des Flugzeuges verwundete sechs Mann.

Rückkehr nach Brest am 6.8.43.

7. 19.9.43: Auslaufen zum Minenlegen im Zentralatlantik. U 218 wurde durch ein Marine-Flugzeug beim Erreichen der Antillen angegriffen. Es ging auf Patrouille in ein Gebiet östlich von der Karibik und legte am 26.10.43 zwölf SMA-Minen vor Trinidad. Es gab keine Verluste durch diese Minen. Danach patrouillierte das Boot südöstlich von Trinidad und glaubte, am 4.11.43 einen Frachtsegler versenkt zu haben, aber darüber gibt es keine Informationen. Rückkehr nach Brest am 8.12.43.

8. 12.2.44: Auslaufen zum Minenlegen in der Karibik. U 218 betrat die östliche Karibik, legte am 23.3.44 zwei Minen vor Port Castries, St. Lucia und wurde dann durch ein Flugzeug vertrieben. Das Boot fuhr in den Norden von Puerto Rico, und am 1.4.44 legte es zwölf Minen vor San Juan. Es wurde von lokalen Streitkräften vertrieben. Es gibt keine Meldungen über Versenkungen durch diese Minen.
Rückkehr nach Brest am 7.5.44.

9. 13.6.44: Nun mit einem Schnorchel ausgerüstet, lief U 218 in den Englischen Kanal.
U 218 legte am 1.7.44 südlich von Land's End 16 SMA-Minen. Die britische EMPIRE HALBERD (7.177 t) wurde am 6. beim Passieren der Minen beschädigt.
Das Boot hatte einen Schnorcheldefekt, und es gab durch Dieselabgase unter der Besatzung eine Kohlenoxydvergiftung.
Rückkehr nach Brest am 9.7.44.

10. 10.8.44: Auslaufen in den Englischen Kanal. U 218 legte am 18. Minen vor Start Point. Ein Opfer der Minen war der Minensuchtrawler HMS KURD (352 t). Er sank vor Lizard Head am 10.7.44.
Anfang August 1944 fuhr U 218 nach Norwegen. Einlaufen Bergen am 23.9.44.

11. 6.10.44: Auslaufen Bergen und Einlaufen Flensburg am 12.10.44.

12. 17.10.44: Auslaufen Flensburg und Einlaufen Kiel am 17.10.44.

U 218 ging nach Kiel zum Wechseln der Batterien, bevor es zur 8. U-Flottille stossen sollte.
Daraus wurde nichts, es blieb in Kiel.

13. 8.3.45: Auslaufen Kiel und Einlaufen Horten am 16.3.45.

14. 19.3.45: Auslaufen Horten und Einlaufen Bergen am 20.3.45.

15. 22.3.45: Auslaufen Bergen zum Minenlegen im Firth of Clyde. U 218 legte 13 SMA-Minen vor Ailea Craig am 18.4.45. Am 20. sank der Fischtrawler (britisch, 200 t) ETHEL CRAWFORD auf einer der Minen direkt westlich von Ailsea Craig.
Rückkehr nach Bergen am 8.5.45.

Am 12.5.45 ergab sich das Boot in Bergen. Es fuhr von dort am 30.5.45 unter dem Kommando des I WO nach Loch Ryan, Schottland. U 218 war eines der 116 Boote, die von der Royal Navy für die »Operation Deadlight« bestimmt waren. Anfang Dezember wurde es im Schlepp durch den Nordkanal von dem Zerstörer HMS SOUTHDOWN nach Malin Head gebracht, wo es am 4.6., 20 Seemeilen nördlich von Malin Head, versenkt wurde.

U 219 Typ VII B

Bauwerft: Germaniawerft, Kiel
Kiellegung: 31. Mai 1941
Stapellauf: 6. Oktober 1942
Indienststellng: 12. Dezember 1942
Feldpost-Nr.: M 49090
Kapitulation im August 1945 in Batavia

Kommandos:
4. U-Flottille Stettin von Dezember 1942–Juli 1943 (Schulboot)
12. U-Flottille Bordeaux von Juli 1943–September 1944 (Frontboot/Versorger)
33. U-Flottille Penang/Batavia von Oktober 1944–5. Mai 1945 (Frontboot)

Kommandant:
KKpt Walter Burghagen, Dezember 1942–5. Mai 1945

Feindfahrten: 3
Versenkte Schiffe: keines

1. 5.10.43: Auslaufen Kiel und Einlaufen Bergen am 9.10.43.

2. 17.10.43: Auslaufen Bergen, Einsatz als U-Tanker. U 219 durchfuhr den Nordatlantik und versorgte am 26. U 91, 500 Seemeilen östlich von Neufundland, mit Kraftstoff. Es drehte dann nach Süden, und am oder um den 10.11.43 wurde U 170 vor der Küste Brasiliens versorgt.
Das Boot durchfuhr dann den Zentralatlantik und versorgte U 510 westlich von den Kapverdischen Inseln am oder um den 24. und dann U 103 am 29. im Freetown-Gebiet. Ein Treffen mit U 172 wurde 1.000 Seemeilen nordnordwestlich der Kapverdischen Inseln arrangiert. Sie trafen am 12.12.43 zusammen, um die Versorgung in Angriff zu nehmen, als die Boote durch eine Avenger des VC 19 (Lt E.C. Gaylord) vom Escortträger USS BOGUE 40 Seemeilen im Süden geortet wurden. Sie waren auf der Suche nach U 219. Beide Boote tauchten, als das Flugzeug zu einer Wasserbombenattacke kam. U 219 entkam, aber U 172 wurde am Abend des 13. versenkt.
Rückkehr nach Bordeaux am 1.1.44.

3. 23.8.44: Nun mit einem Schnorchel ausgerüstet, lief U 219 für Transportzwecke in den Fernen Osten.
Auf der Reise nach dort wurde das Boot durch zwei Flugzeuge des Escortträgers USS TRIPOLI am 28.9.44 geortet, und von einer Avenger des VC 9 (Lt W.R. Gillespie) sowie einer Wildcat angegriffen. Die Avenger

wurde abgeschossen, die Besatzung fiel dabei. Zwei weitere Flugzeuge griffen dann ebenfalls an, aber das Boot entkam ohne Schäden. Einlaufen Batavia am 11.12.44.

Am 6.5.45 wurde U 219 in Batavia von der japanischen Marine übernommen und erhielt die Nummer I 505. Das Boot kapitulierte in Batavia im August 1945 und wurde 1948 abgewrackt.

U 220 Typ VII B

Bauwerft: Germaniawerft, Kiel
Kiellegung: 16. Juni 1941
Stapellauf: 16. Januar 1943
Indienststellung: 27. März 1943
Feldpost-Nr.: M 50753
Versenkt am 28. Oktober 1943 nordnordwestlich von den Azoren (48°53'N/33°30'W)

Kommandos:
4. U-Flottille Stettin von März–August 1943 (Schulboot)
12. U-Flottille August von 1943–28. Oktober 1943 (Frontboot für Minenlegen und Versorgung)

Kommandant:
OLtzS Bruno Barber, März 1943–28. Oktober 1943

Feindfahrten: 2
Versenkte Schiffe: 2 (7.199 BRT)

1. 26.8.43: Auslaufen Kiel und Einlaufen Bergen am 29.8.43.
2. 8.9.43: Auslaufen Bergen zum Minenlegen in kanadischen Gewässern.
U 220 legte 66 SMA-Minen vor St. Johns, Neufundland, am 9.10.43. Auf diese Minen liefen am 19. zwei Schiffe, die amerikanische DELISLE (3.478 t) und die britische PENOLVER (3.721 t). Nach Abschluss des Minenlegens fuhr U 220 zum Versorgen anderer Boote mit Kraftstoff. Am oder um den 23. wurde U 603 versorgt und während der Nacht des 27./28. U 256, beide Boote nordnordwestlich der Azoren. Die Versorgung eines dritten Bootes war für den nächsten Morgen, den 28., geplant, als die Boote 1.000 Seemeilen nordnordwestlich der Azoren durch zwei Flugzeuge des VC-1 des Escortträgers USS BLOCK ISLAND, eine Avenger (Lt F.M. Murray) und eine Wildcat (Ens H.L. Handshuh) geortet wurden. Ihr Angriff kam völlig überraschend und die Wasserbomben zerstörten

U 220. Das andere Boot blieb an der Wasseroberfläche und wurde von der Avenger beobachtet. Als das Boot dann tauchte, warf Murray einen Geräuschtorpedo, aber der verfehlte das Boot und es entkam.
Es gab keine Überlebenden von U 220, 51 Tote.

U 221 Typ VII C

Bauwerft: Germaniawerft, Kiel
Kiellegung: 6. August 1941
Stapellauf: 14. März 1942
Indienststellung: 9. Mai 1942
Feldpost-Nr.: M 45565
Versenkt am 27. September 1943 südwestlich von Irland (47°00'N/18°00'W)

Kommandos:
5. U-Flottille Kiel von Mai–September 1942 (Schulboot)
7. U-Flottille St. Nazaire von September 1942–27. September 1943 (Frontboot)

Kommandant:
KptLt Hans Trojer, Mai 1942–27. September 1943

Feindfahrten: 5
Versenkte Schiffe: 11 (69.589 BRT)

1. 1.9.42: Auslaufen Kiel in den Nordatlantik.
U 221 war mit anderen Booten auf dem Kurs nach Neufundland zum Treffen mit der »Lohs«-Gruppe. Die Boote wurden auf den Convoy SC 99 angesetzt, der am 13. westlich von Irland von U 216 gesichtet wurde. Die Boote wurden vertrieben, und der Kontakt ging am nächsten Tag verloren, dann fand U 440 ihn wieder. Die Boote wurden wieder vertrieben und der Angriff unterblieb. Im Gebiet westlich von Irland bildeten die Boote am 15. die »Pfeil«-Gruppe. An diesem Tag sichtete U 221 den Convoy ON 129, und die Boote bereiteten sich auf einen konzentrischen Angriff vor, aber die Verfolger verloren im Nebel den Kontakt. Am 16. wieder kurz gesichtet, änderte der Convoy seinen Kurs, die Operation wurde abgebrochen.
Die »Pfeil«-Gruppe wurde umgebildet und fuhr am 18. nach Nordosten und dann am 19. nach Nordwesten zum Treffen mit dem Convoy SC 100, der nach Osten lief. U 221 sichtete den Convoy, und die »Pfeil«-Gruppe traf auf die »Lohs«-Gruppe zum Angriff auf ihn. Als sich die Boote näherten, wurde das Wetter schlechter und ent-

wickelte sich am 21. zu einem Hurrikan. Mit vielen Booten, die zurückblieben, wurde der Einsatz gegen den Convoy zurück gerufen. Eine neue Linie, »Blitz« genannt, wurde 500 Seemeilen südöstlich von Cape Farewell gebildet, die sich zu einem unbekannten Convoy nach Südwesten bewegte, der nach Nordosten lief, welcher sich als RB 1 entpuppte. Auf dem Kurs, früh am 23., sichtete U 258 den Convoy SC 100, der sich aufgrund des Schlechtwetters verspätet hatte. U 221, U 258, U 615 und U 617 schlossen heran, während der Rest der Gruppe dem RB 1 hinterher lief. Starke Luftüberwachung zwang die vier Boote jedoch, den SC 100 zu verlassen.

Die Verluste des Convoys betrugen am 23. und 24. vier Schiffe. Die »Blitz«-Gruppe war nun weit verstreut, und bevor die Boote umgebildet werden konnten, sichtete U 617 den nach Westen laufenden Convoy ON 131. Sie suchten nach dem Convoy als »Tiger«-Gruppe, aber sie fanden ihn nicht. Das schlechte Wetter hat jede Änderung der Boote zu einer neuen Linie und zum Angriff auf den Convoy unterbunden. Am 29. wurden die Boote zur Versorgung durch U 116 in ein Gebiet nordwestlich von den Azoren befohlen. Die »Tiger«-Boote bildeten am 8.10.42 östlich von Neufundland eine neue Linie, »Wotan« genannt, in Erwartung eines SC-Convoys. In den ersten Stunden des 12. wurde die Gruppe nach Nordwesten befohlen. Sie lief mit hoher Geschwindigkeit zum Abfangen des nach Osten laufenden Convoys SC 104, der das nördliche Ende der Linie passiert hatte. Der Convoy wurde während der Nacht des 12./13. im Zentralen Nordatlantik, südlich von Cape Farewell, gesichtet, und am frühen Morgen des 13. versenkte U 221 drei Schiffe in zwei Angriffen, die norwegische FAGERSTEN (2.342 t), die britische ASHWORTH (5.227 t) und die norwegische SENTA (3.785 t). Bald nach Mitternacht versenkte es zwei weitere Schiffe, die britische SOUTHERN EMPRESS (12.398 t) und die amerikanische SUSANA (5.929 t). Als mehr Flugzeuge zum Schutz der Schiffe eintrafen, wurde die Operation am 15. abgebrochen. U 221 verließ die Gruppe.
Rückkehr nach St. Nazaire am 22.10.42.
2. 23.11.42: Auslaufen in den Nordatlantik.
U 221 traf eine neue Gruppe, »Draufgänger« genannt, westlich von Irland, in Erwartung eines OS-Convoys, aber der kam nicht. Am 7.12.42 wurde die Gruppe an den nach Nordosten laufenden Convoy HX 217 herangeführt. Als ab 10. in der Nähe Islands eine starke Luftüberwachung erschien, wurde der Einsatz abgeblasen. Zwei Schiffe waren versenkt worden.
Am 8. kollidierte U 221 mit U 254, das auftauchte, dabei schwer beschädigt wurde und nicht mehr tauchfähig war. Einige Mann der Besatzung verließen das Boot bei schwerer See und wurden von U 221 aufgenommen. Das

beschädigte Boot wurde angegriffen und von einer Liberator der 120. Squadron versenkt.
U 221 fuhr mit den Überlebenden nach Hause. Ein Untersuchungsausschuss stellte fest, dass keiner Schuld hatte. U 221 kehrte am 23.12.42 nach St. Nazaire zurück.
3. 27.2.42: Auslaufen in den Nordatlantik.
U 221 traf auf die »Neuland«-Gruppe westlich von Irland. Am 7.3.43 versenkte es die norwegische JAMAICA (3.015 t) 1.000 Seemeilen südwestlich von Irland. An diesem Tag begannen sich die »Neuland«-Boote nach Westen zu bewegen. Am 9. fuhr der südliche Teil der Linie, einschließlich U 221, nach dem Süden, auf der Suche nach dem Convoy HX 228, der am 10. das südliche Ende der Linie passierte. Die Boote griffen an und spät am 10. versenkte U 221 zwei Schiffe, die britische TUCURINACA (5.412 t) und die amerikanische ANDREA F. LUCKENBACH (6.565 t). Das Boote glaubte auch, einen Treffer auf der amerikanischen LAWTON B. EVANS (7.197 t) erzielt zu haben, aber dieses Schiff erreichte den Hafen unbeschädigt. Die Explosion eines Munitionsschiffes beschädigte die Sehrohre von U 221 und U 757. Kurz darauf wurde U 221 geortet und mit Wasserbomben beworfen, aber es konnte entkommen.
Am 13. wurde die HX 228-Operation beendet und U 221 und acht weitere Boote, die südlichen »Neuland«-Boote, bildeten die »Dränger«-Gruppe westlich von Irland.
Am Morgen des 16. sichtete U 653 einen Convoy, von dem man annahm, es sei der SC 122. Die »Dränger«-, »Raubgraf«- und »Stürmer«-Gruppen wurden zum Angriff befohlen, und es war die »Raubgraf«-Gruppe, die später am Morgen des 16. den Kontakt herstellte. Im Laufe des Tages erschien ein weiterer Convoy auf einem Parallelkurs und es wurde festgestellt, dass der Convoy, der angegriffen wurde, nicht der SC 112, sondern der HX 229 war. Die größte Convoyaktion des Krieges folgte dann mit mehr als vierzig Booten und 21 versenkten Schiffen. Am 17. kam U 221 unter Wasserbombenangriffe durch eine Liberator der 120. Squadron. Das Boot wurde geschüttelt, aber entkam unbeschädigt, ein Mann der Besatzung wurde verwundet. Am 18. versenkte U 221 vom HX 229 im Nordatlantik die amerikanische WALTER Q. GRESHAM (7.191 t) und die britische CANADIAN STAR (8.293 t). Am oder um den 21. wurde das Boot wahrscheinlich von U 406 mit Kraftstoff versorgt.
Rückkehr nach St. Nazaire am 28.3.43.
4. 3.5.43: Auslaufen in den Nordatlantik.
U 221 wurde gegen den nach Osten laufenden Convoy HX 237 angesetzt. Am 12. versenkte es einen Nachzügler des Convoys, den norwegischen Tanker SANDANGER (9.432 t) 900 Seemeilen nordöstlich von den Azoren. Mitte Mai wurde U 221 von U 461 im Zentralen Nordatlantik mit Kraftstoff versorgt.

Am 18. nahm U 221 an einer Gruppe, »Oder« genannt, teil, die auf den nach Osten laufenden Convoy HX 238 wartete. Nachdem der Convoy die Linie nördlich passiert hatte, wurden die »Oder«-Boote Teil einer neuen Gruppe, »Mosel« genannt, die sich am 21. 400 Seemeilen südlich von Cape Farewell bildete, um den Convoy HX 239 zu erwarten. Auf der weiteren Suche nach dem Convoy wurde die Gruppe Gegenstand vieler Angriffe durch Trägerflugzeuge. Nachdem viele Boote beschädigt waren, U 752 versenkt war, und der Convoy nicht gefunden wurde, wurde der Einsatz am 23. beendet. U 221 fuhr zu einer Versammlung südwestlich der Azoren. Convoy-Operationen im Nordatlantik waren gestoppt, und es wurde entschieden, nur Convoys zwischen den USA und dem Mittelmeer im Atlantik, außerhalb der Reichweite von landgestützten Flugzeugen, anzugreifen. Mit den Booten, die sich südwestlich der Azoren versammelt hatten, wurde die »Trutz«-Gruppe in der Nacht des 30./31. gebildet, um die Convoys UGS 9 und GUS 7A zu empfangen. Die Linie wurde bis zum Meridian 43°W gebildet und reichte vom 32° bis 38°N. Am 4.6.43 wurden die drei am südlichsten stehenden Boote durch Trägerflugzeuge angegriffen, die als Luftsicherung für den Convoy angesehen wurden. Die Boote kamen heran, um durch jede Lücke, die sich bot, Schiffe anzugreifen, aber als bis zum Abend des 5. nichts in Sicht kam, wurde angenommen, dass der Convoy die Linie entweder im Norden oder im Süden passiert hatte. Die Gruppe löste sich auf und fuhr 600 Seemeilen nach Norden zur Versorgung durch U 488. Der UGS-Convoy wurde 100 Seemeilen südlich der »Trutz«-Linie durch Boote am 8. gesehen. Die Fahrt zur Versorgung wurde verschoben und erst am 15. abgeschlossen. Die »Trutz«-Gruppe wurde in drei parallele Nord-Südlinien aufgeteilt, in »Trutz 1«, »-2« und »-3«, 1.000 Seemeilen östlich der Bermudas. U 221 gehörte zur Gruppe »Trutz 3«. Die Boote warteten für andere Convoys vom 16. bis zum 22., hatten aber nichts gesehen. Dann begann die Linie bis zum 27. nach Osten zu fahren. Sie kam dann 200 Seemeilen südwestlich von den Azoren zum Halten. Um den 29. wurde festgestellt, dass die Convoys GUS 8, UGS 10 und GUS 8A die Linie passiert hatten. U 221 verließ die Gruppe und patrouillierte mit U 558 im Gebiet von Lissabon.

Rückkehr nach St. Nazaire am 21.4.43.

5. 20.8.43: Auslaufen in den Nordatlantik.

U 221 wurde am 27. durch eine Halifax der 58. Squadron (F/O E.L. Hartley) 800 Seemeilen südwestlich von Irland angegriffen. Acht Wasserbomben wurden geworfen, und das Boot sackte ab und verschwand in der See. Während des Angriffs wurde der Steuerbordkraftstofftank des Flugzeuges getroffen und die Halifax geriet in Brand.

Der Funker und der ASV-Beobachter wurden durch das Flakfeuer des Bootes getötet. Hartley landete auf dem Wasser, und die sechs Überlebenden kletterten in ein Dingi. Dazu gehörte der G/Capt R. Mead, der Stationskommandant von RAF Holmesley South, der als 2. Pilot Erfahrungen sammeln wollte. Die sechs Mann wurden nach elf Tagen vom Zerstörer HMS Mahratta gefunden und aufgenommen. Für seinen Einsatz erhielt Hartley das DFC und F/Sgt K.E. Ladds, einer der Schützen, das DFM.

Von U 221 gab es keinen Überlebenden, 50 Tote.

U 222 Typ VII C

Bauwerft: Germaniawerft, Kiel
Kiellegung: 28. Juli 1941
Stapellauf: 28. März 1942
Indienststellung: 23. Mai 1942
Feldpost-Nr.: M 00832
Versenkt am 2. September 1942 in der Danziger Bucht (54°25'N/19°50'E)

Kommando:
8. U-Flottille Danzig von Mai 1942–2. September 1942 (Schulboot)

Kommandant:
KptLt Ralf von Jessen, Mai 1942–2. September 1942

Feindfahrten: keine
Versenkte Schiffe: keines

U 222 kam nicht zum Einsatz. Es ging am 2.9.42 in der Danziger Bucht durch Kollision mit U 626 während der Ausbildung verloren. Von U 222 gab es vier Überlebende einschließlich des Kommandanten. 42 Tote.

U 223 Typ VII C

Bauwerft: Germaniawerft, Kiel
Kiellegung: 21. Juli 1941
Stapellauf: 16. April 1942
Indienststellung: 6. Juni 1942
Feldpost-Nr.: M 01671
Versenkt am 30. März 1944 nordöstlich von Palermo
(38°48'N/14°10'E)

Kommandos:
8. U-Flottille Danzig von Juni 1942–Januar 1943
(Schulboot)
6. U-Flottille St. Nazaire von Februar–Oktober 1943
(Frontboot)
29. U-Flottille Toulon von Oktober 1943–30. März 1944
(Frontboot)

Kommandanten:
KptLt Karl-Jürg Wächter, Juni 1942–Dezember 1943
OLtzS Peter Gerlach, Dezember 1943–30. März 1944

Feindfahrten: 6
Versenkte Schiffe: 3 (17.526 BRT) und 1 beschädigt
1 Zerstörer (1.935 t)
1 Fregatte (1.300 t)

1. 12.1.43: Auslaufen Kiel in den Nordatlantik.
Mit anderen neu ankommenden Booten traf U 223 auf die »Haudegen«-Gruppe, die eine Linie südostwärts von Cape Farewell bildete. Am 23. sichtete ein rücklaufendes Boot eine britische Jagdgruppe, und die wurde als Schutzschirm des erwarteten HX-Convoys angesehen. Die »Haudegen«-Gruppe wurde mit hoher Geschwindigkeit nach Südosten zum Angriff befohlen. Schlechtes Wetter verhinderte die Boote, ihre Position zu erreichen, und als eine Suche weiter östlich nichts brachte, kehrte die Gruppe auf ihre Position südöstlich von Cape Farewell ab 26. zurück. Sie begann am 28. nach Südwesten mit Kurs auf Neufundland zu laufen und am 2.2.43 sichtete das am nördlichsten stehende Boot den kleinen nach Norden laufenden Convoy SG 19. Die fünf »Haudegen«-Boote U 233, U 186, U 268, U 358 und U 707 wurden als »Nordsturm«-Gruppe detachiert, diesen Convoy anzugreifen. Am frühen Morgen des 3. schoss U 223 fünf Torpedos, zwei davon versenkten den amerikanischen Armeetransporter DORCHESTER (5.649 t) westsüdwestlich von Cape Farewell. Von den 906 Männern an Bord wurden lediglich 229 Männer aus dem eisigen Wasser gerettet. Der Kontakt mit dem Convoy ging verloren und

konnte in einer zweitägigen Suche an der Westküste Grönlands nicht wieder hergestellt werden. Die fünf Boote trafen dann auf die »Haudegen«-Gruppe. »Haudegen« bildete in einem Winkel 300 Seemeilen nördlich Cape Race eine Linie zum Empfang eines Convoys. Allerdings zwang der geringe Kraftstoffbestand am 15. die Boote zur Zurückhaltung. Zwei Tage später wurde der nach Westen laufende Convoy ONS 165 von einem der rücklaufenden Boote gesichtet. Die »Haudegen«-Boote befanden sich noch immer östlich von Neufundland, einschließlich U 233, bildeten die »Taifun«-Gruppe und fuhren dem Convoy nach. Ein Sturm verhinderte einen organisierten Angriff, und als der Einsatz am 20. endete, waren nur zwei Schiffe versenkt worden, aber zwei Boote gingen verloren. Die »Taifun«-Boote fuhren zur Versorgung durch U 460 östlich von Neufundland. Einige hatten gerade die Versorgung beendet, als sie am 22. zum nach Westen laufenden Convoy ON 166 befohlen wurden. U 223 war noch auf dem Weg zur Versorgung. Am 23. versenkte es den panamesischen Tanker WINKLER (6.907 t) als Nachzügler, der zuvor von U 628 beschädigt worden war. Die Operation endete am 25. südöstlich von Neufundland, 14 Schiffe waren versenkt worden, eines beschädigt. U 223 fuhr ostwärts und wurde am 26. von U 462 nördlich der Azoren versorgt.
Rückkehr nach St. Nazaire am 6.3.43.

2. 15.4.43: Auslaufen in den Nordatlantik.
U 223 und andere Boote bildeten eine neue Linie, »Amsel« genannt, ab dem 26. im Zentralen Nordatlantik. Die Gruppe bewegte sich südwestwärts, und um den 1.5.43 traf sie auf die »Specht«-Gruppe und bildete mit ihr einen Bogen östlich von Neufundland. Der Convoy SC 128 passierte die »Specht«-Linie während des Abends vom 1., aber der Kontakt ging verloren. Als bis 3. nichts mehr gefunden wurde, fuhren die »Specht«-Boote nach Norden, um sich mit der »Star«-Gruppe zu vereinen und eine neue Linie zu bilden. Die »Fink«- und »Amsel«-Gruppen bestanden aus vier Untergruppen, »Amsel 1«, »-2«, »-3« und »-4«. U 223 gehörte zur »Amsel 2«-Gruppe.
Am 4. waren die elf Boote der »Amsel 1«- und »Amsel 2«-Gruppe in einer Linie vor dem Convoy ONS 5, der die »Fink«-Linie passiert hatte und von der Gruppe bearbeitet wurde. Insgesamt 41 Boote waren gegen den Convoy im Einsatz. Angriffe wurden in den ersten Stunden des 5. gefahren, ein Boot machte einen Angriff am Abend. Nebel kam am Nachmittag auf, was für die meisten Boote den Verlust des Kontaktes bedeutete. Die starke Geleitsicherung machte 15 Wasserbombenangriffe im Nebel. Der Convoy wurde in den ersten Stunden des 6. kurz gesichtet, aber schlechte Umstände zwangen

dazu, die Operation zu beenden. Während der Aktion wurden zwölf Schiffe versenkt, aber auch sechs U-Boote gingen verloren.

Am 7. wurden die Boote der »Amsel 1«-Gruppe und »-2« zur Bildung einer neuen Gruppe, »Elbe« genannt, befohlen. Östlich von Neufundland, auf dem 42°W-Meridian, warteten sie auf zwei nach Osten laufende Convoys. Die Linie wurde am 8. mit hoher Geschwindigkeit zum Empfang des SC 129 südostwärts befohlen. Nach dem Verfehlen des Convoys HX 237 wurde der »Rhein«-Gruppe befohlen, den SC 129 anzugreifen. Am 10. wurden die »Rhein«- und »Elbe«-Gruppen zur Bildung einer neuen und längeren Linie befohlen, »Elbe 1« und »-2«. U 223 gehörte zur Gruppe »Elbe 2«. Als die Boote mit der Aufstellung ihrer Formation zu Ende waren, passierte am Nachmittag des 11. der Convoy SC 129 die Linie. Bei einem Angriff am Abend wurden zwei Schiffe versenkt, beide durch U 402. Hinter dem Convoy wurde während der Nacht vom 11./12. U 223 durch den Zerstörer HMS HESPERUS geortet. An die Oberfläche gebombt, schoss das Boot fünf Torpedos auf den Zerstörer, die alle vorbei gingen.

Es machte auch einen vergeblichen Versuch, den Zerstörer HESPERUS zu rammen. Obwohl es unter dem Beschuss des Geschützfeuers der HESPERUS stand, überstand das Boot den Versuch des Zerstörers, es zu überrollen. U 223 konnte entkommen. In dem Durcheinander fiel ein verwundeter Seemann über Bord und wurde verloren. In der Annahme, das Boot ginge verloren, ordnete der Kommandant an, es zu verlassen. Ein anderes Besatzungsmitglied missachtete den Befehl, sprang über Bord und wurde ebenfalls als Verlust angesehen. Der Mann wurde aber Stunden später von U 359 aus dem Wasser gefischt, das kurz nach dem Vorfall in der Nähe auftauchte. Er wurde am 14. an U 223 wieder abgegeben. Rückkehr des schwer beschädigten Bootes nach St. Nazaire am 24.5.43.

Das Boot wurde bis September repariert.

3. 14.9.43: Auslaufen ins Mittelmeer.
U 223 passierte die Straße von Gibraltar am oder um den 26. Auf der Fahrt wurde es bei Nacht zweimal über Wasser überraschend von Flugzeugen angegriffen. Am 2.10.43 griff das Boot den Convoy MKS 27 vor der Ostküste Algeriens an, versenkte die britische STANMORE (4.970 t) und glaubte Treffer auf einem Zerstörer und ein anderes Schiff erzielt zu haben.
Das Boot kehrte nach dem neuen Stützpunkt Toulon am 16.10.43 zurück.
4. 20.11.43: Auslaufen vor die Küste Algeriens.
U 223 machte einen Fehlangriff auf einen Zerstörer am

4.12.43. Es griff den Convoy KMS 34 vor Algier am 11. an und beschädigte die Fregatte HMS CUCKMERE. Das Schiff wurde in einen Hafen von Algier geschleppt, aber niemals repariert.
Rückkehr nach Toulon am 17.1.243.
5. 19.1.44: Auslaufen vor die italienische Küste.
U 223 war gegen die alliierte Schifffahrt eingesetzt, die an der alliierten Landung bei Anzio teilnahm. Zwischen dem 25. und 30. glaubte das Boot eine Korvette und drei Landungsschiffe versenkt und zwei Zerstörer beschädigt zu haben. Es gibt aber keine Bestätigung darüber.
Rückkehr nach Toulon am 12.2.44.
6. 16.3.44: Auslaufen in ein Gebiet nördlich von Sizilien.
U 223 wurde am 29. 60 Seemeilen nordöstlich von Palermo geortet, und es begann eine lange Jagd durch die Zerstörer HMS BLENCATHRA (Lt E.G. Warren), HMS HAMBLEDON (Lt J.G. Toone), LAFOREY (Capt. H.T. Armstrong) und HMS TUMULT (LtCdr L. Lanyon). Zweiundzwanzig Wasserbombenangriffe wurden gefahren und U 223 dabei mehrfach beschädigt. An die Wasseroberfläche gebombt, torpedierte und versenkte es den Zerstörer LAFOREY bevor es selbst sank.
Der Zerstörer flog in die Luft, als der Torpedo das achtere Magazin traf. Zehn Offiziere und 172 Mann verloren ihr Leben. Von der Besatzung U 223 waren 24 Mann tot, 27 wurden Kriegsgefangene.

U 224 Typ VII C

Bauwerft: Germaniawerft, Kiel
Kiellegung: 23. Juli 1941
Stapellauf: 7. Mai 1942
Indienststellung: 20. Juni 1942
Feldpost-Nr.: M 05768
Versenkt am 13. Januar 1943 vor Cap Kramis, Algerien (36°28'N/00°49'E)

Kommandos:
5. U-Flottille Kiel von Juni–Oktober 1942 (Schulboot)
7. U-Flottille St. Nazaire von November 1942–13. Januar 1943 (Frontboot)

Kommandant:
OLtzS Hans-Carl Kosbadt, Juni 1942–13. Januar 1943

Feindfahrten: 2
Versenkte Schiffe: 2 (9.674 BRT)

1. 17.10.43: Auslaufen Kiel in den Nordatlantik.
U 224 traf auf die »Puma«-Gruppe südöstlich von Cape Farewell bei dem Angriff auf den nach Osten laufenden Convoy HN 212. Der Convoy wurde verfolgt, und der erste Angriff wurde am Abend des 27. gefahren.
Bevor dieser Einsatz am 29. endete, waren sechs Schiffe versenkt und eines beschädigt worden. U 224 versenkte einen Nachzügler, die britische BICISLAND (4.000 t) gleich nach Mitternacht des 28., südwestlich von Rockall.
Ab 1.11.42 bildeten U 224 und fünf andere Boote die »Natter«-Gruppe westlich von Irland. Zu dieser Zeit waren es die einzigen Boote, die im östlichen Nordatlantik operierten. Am 2. bewegte sich die Linie nach Süden und am 3. wurde sie durch sechs neu angekommene Boote verstärkt. Eines davon, U 92, sichtete den nach Westen laufenden Convoy ON 143 am 4., aber der Kontakt ging verloren. Er konnte bis zum 6. nicht wieder hergestellt werden, und der Einsatz wurde abgeblasen. Es wurde festgestellt, dass er am 7. durch U 117 wieder gefunden wurde, weiter im Westen stehend. Nur zwei Schiffe wurden als Nachzügler versenkt, denn nur vier Boote hatten ihn gefunden. Die Versenkungsmeldungen kamen von U 566 und U 613.
Den Informationen über die Invasion in Nordafrika folgend, wurden am 8. alle Boote mit ausreichend Brennstoff und hoher Geschwindigkeit mit Kurs auf Gibraltar befohlen, U 224 hatte nur noch wenig Kraftstoff und traf ab 9. auf die »Kreuzotter«-Gruppe im Zentralen Nordatlantik. Am 12. versenkte U 224 die panamesische BUCHANAN (5.614 t). Alle 73 Passagiere mit der Besatzung fuhren in vier Rettungsbooten, und es begann eine umfangreiche Suche durch Flugzeuge über die nächsten zwölf Tage.
Der nach Westen laufende Convoy ONS 144 passierte die Linie der »Kreuzotter«-Boote am 15. Bei der Operation, die östlich von Neufundland am 20. endete, wurden fünf Schiffe und eine Korvette versenkt, und das bei Nebel. Am oder um den 26. wurde U 224 westlich von den Azoren durch U 460 versorgt.
Rückkehr nach St. Nazaire am 9.12.42.
2. 3.1.43: Auslaufen ins Mittelmeer.
U 224 passierte erfolgreich die Straße von Gibraltar. Am 13. stand es vor einem Convoy, Bezeichnung TE 13, der nach Algerien ging. Es stand vor Cap Kramis, als es durch eine Korvette, HMS VILLE DE QUEBEC (LtCdr D.G. Jeffrey) geortet wurde. Das Boot ging auf Tiefe, wurde aber durch Wasserbomben beschädigt und an die Wasseroberfläche gezwungen. Die Korvette eröffnete das Feuer und rammte U 224 mit voller Fahrt, direkt vor dem Turm. Der I WO, der nach oben kam, um dem Rammen zu entgehen, war der einzige Überlebende des Bootes. In schwierigem Wasser, unter heftigen Wellenbewegungen,

wurde er von der VILLE DE QUEBEC aufgefischt. Von der Besatzung des Bootes fanden 48 Mann den Tod.

U 225 Typ VII C

Bauwerft: Germaniawerft, Kiel
Kiellegung: 3. September 1941
Stapellauf: 28. Mai 1942
Indienststellung: 11. Juli 1942
Feldpost-Nr.: M 10643
Versenkt am 15. Februar 1943 im Zentralen Nordatlantik

Kommandos:
5. U-Flottille Kiel von Juli–Dezember 1942 (Schulboot)
1. U-Flottille Brest von Januar 1943–15. Februar 1943 (Frontboot)

Kommandant:
OLtzS Wolfgang Leimkühler, Juli 1942–15. Febr. 1943

Feindfahrten: 2
Versenkte Schiffe: 1 (5.273 BRT) und 4 beschädigt

1. 5.12.42: Auslaufen Kiel in den Nordatlantik.
Vom 23. an war U 225 mit der neu aufgestellten Gruppe »Spitz« westlich von Irland. Die Boote liefen südwestwärts, und um den 26. trafen sie mit der »Ungetüm«-Gruppe zusammen. Während des Nachmittages des 26. passierte der nach Westen laufende Convoy ONS 154 das südliche Ende der Linie der »Spitz«-Boote.
Beide Gruppen fuhren wieder südlich, in ein Gebiet nördlich der Azoren zum Angriff. Drei Schiffe wurden versenkt und eines beschädigt, alle am 27. von U 356. Am Abend des 27. beschädigte U 225 den britischen Tanker SCOTTISH HEATHER (7.087 t). Er wurde getroffen, während er eine Korvette mit Brennstoff versorgte. Das Schiff wurde durch die Korvette HMCS CHILLIWACK in den Clyde geschleppt. Bei zwei Einzelangriffen auf den Convoy während der Nacht vom 28. beschädigte U 225 die britische VILLE DE ROUEN (5.083 t), den britischen Tanker PRESIDENT FRANCQUI (4.919 t) und die britische EMPIRE SHACKLETON (7.068 t) und versenkte die britische MELMORE HEAD (5.273 t). Die drei beschädigten Schiffe wurden durch U 662, U 336 und U 435 am 29. versenkt. Am Abend des 29. griff U 225 erfolglos das Marinehilfsfahrzeug HMS FIDELITY an.
Am 1.1.43 wurde U 225 westlich der Azoren durch U 463 mit Kraftstoff versorgt.

Rückkehr nach Brest am 8.1.43.

2. 2.2.43: Auslaufen in den Nordatlantik.

U 225 traf auf die »Ritter«-Gruppe, die ab 14. westlich von Irland gebildet und zum Angriff auf den Convoy HX 226 angesetzt wurde. Am 15. wurde das Boot durch eine Liberator der 120. Squadron (F/O R.T.F. Turner) versenkt. Es gab keine Überlebenden, 46 Tote.

U 226 Typ VII C

Bauwerft: Germaniawerft, Kiel
Kiellegung: 24. Juli 1941
Stapellauf: 18. Juni 1942
Indienststellung: 1. August 1942
Feldpost-Nr.: M 12559
Versenkt am 6. November 1942 östlich von Cape Race (44°49'N/41°13'W)

Kommandos:
5. U-Flottille Kiel von August–Dezember 1942 (Schulboot)
6. U-Flottille St. Nazaire von Januar 1943–6. November 1943 (Frontboot)

Kommandanten:
KptLt Rolf Borchers, August 1942–Juli 1943
OLtzS Albrecht Gänge, Juli 1943–6. November 1943

Feindfahrten: 3
Versenkte Schiffe: 1 (7.134 BRT) (mit U 628)

1. 31.12.42: Auslaufen Kiel in den Nordatlantik.

U 226 traf auf die »Falke«-Gruppe, die in einer Nord-Süd-Linie 500 Seemeilen westlich von Irland aufgestellt war. Als kein Convoy erschien, wurden die Boote der »Falke«- und »Habicht«-Gruppen mit genügend Kraftstoff am 19. zu einer neuen Gruppe, »Haudegen« genannt, umgebildet, die 300 Seemeilen südostwärts von Cape Farewell operierte. U 226 gehörte dazu.

Am 22. sichtete ein rücklaufendes Boot eine britische Jagdgruppe, die als Schutzschirm für einen HX-Convoy angesehen wurde. Die »Haudegen«-Gruppe wurde zum Angriff nach Südwesten befohlen.

Schlechtes Wetter hinderte die Boote daran, ihre vorgesehene Position zu erreichen, und als eine Suche weiter im Osten nichts brachte, begann die Gruppe am 1.2.43 sich nach Südwesten zu bewegen, in Richtung Neufundland. Einige Boote der Gruppe »Haudegen« wurden detachiert, den Convoy SC 118 und SG 19 anzugreifen. U 226 gehörte zur Hauptgruppe, doch am 6. bildeten diese Boote zwei neue Auffang-Linien in einem Winkel östlich von Neufundland.

Mit nur wenig Kraftstoff wurden die »Haudegen«-Boote am 15. in ein Versorgungsgebiet abgeteilt. Zwei Tage später sichtete U 69 den nach Westen laufenden Convoy ONS 165. Der Befehl zum Angriff wurde den Booten gegeben, die Versorgung verschoben. Ein Sturm verhinderte das Erreichen der geplanten Position und dadurch jeden organisierten Angriff auf den Convoy. Mit Ende der Operation am 20. waren nur zwei Schiffe versenkt worden, aber zwei Boote gingen verloren. U 226 und andere »Haudegen«-Boote fuhren ab 21. ostwärts zur Versorgung durch U 460. Als der nach Westen laufende Convoy ON 166 gemeldet wurde, wurden einige der Boote auf ihn angesetzt. U 226 und U 607 liefen hinter ONS 167 her, der nördlich des Versorgungspunktes passierte. Sie bekamen aber keinen Kontakt.

Rückkehr in den neuen Stützpunkt Lorient am 10.3.43.

2. 10.4.43: Auslaufen in den Nordatlantik.

Während der Nacht des 14./15. sichtete U 262 den nach Osten laufenden Convoy HX 233 400 Seemeilen nördlich der Azoren. U 226 und weitere Boote standen vor dem Convoy und wurden angewiesen, ihn zu suchen und anzugreifen. Am Morgen des 16. verloren die Verfolger den Kontakt, aber der Convoy wurde während der Nacht durch U 175 wieder gefunden.

Am Morgen des 17. traf U 628 mit einem Torpedo die britische FORT RAMPART (7.134 t) 900 Seemeilen ost-nordöstlich der Azoren. Vier Stunden später wurde dieses Schiff durch einen zweiten Treffer von U 226 versenkt. U 226 traf auf die »Specht«-Gruppe und bildete ab 20. nördlich der Azoren eine Linie.

Die Gruppe lief westwärts und am 23. befand sie sich in einer Nord-Süd-Linie östlich Neufundlands in Erwartung des Convoys SC 127. Als dieser nicht kam, fuhren die Boote mit hoher Geschwindigkeit nach Nordwesten und bildeten ab 25. südlich von Grönland eine neue Linie in der Richtung des Convoys ONS 4, der am 23. von U 732 gesichtet worden war. Die »Specht«-Boote fanden ihn nicht, er hatte den Kurs geändert.

Am 27. wurde die »Specht«-Gruppe nordöstlich von Neufundland gegen den Convoy HX 235 angesetzt, aber der wurde ebenfalls umgeleitet. Ab 29. formten die »Specht«- und »Amsel«-Gruppen nordöstlich von Neufundland eine neue Linie, um den nach Osten laufenden Convoy SC 128 abzufangen, der 200 Seemeilen östlich von Cape Race gemeldet wurde. Beide Gruppen bewegten sich bei der Suche nach Süden, aber als der Convoy bis zum 1.5.43 nicht gefunden wurde, fuhren die »Specht«-Boote wieder nach Norden, um am 3. eine

neue Linie zu formen, »Fink« genannt. Diese bestand aus den Booten der »Specht«- und »Star«-Gruppe südlich von Cape Farewell. Am Nachmittag des 4. passierte der nach Südwesten laufende Convoy ONS 5 die Linie.
In den ersten Stunden des 5. hatten elf Boote den Convoy gefunden und fuhren einige Angriffe. Diese zwangen die Verteidigung des Convoys. Später am Tag kam Nebel auf, und die meisten Boote verloren den Kontakt. Die mit Radar ausgerüsteten Geleitfahrzeuge machten fünfzehn Wasserbombenangriffe im Nebel. Die Operation wurde am Morgen des 6. aufgegeben. Zwölf Schiffe waren versenkt worden, aber auch sechs Boote gingen verloren.
U 226 nahm nicht teil und machten keinen Angriff. Nach dem Abbruch des Einsatzes fuhr es ostwärts zur Versorgung durch U 459 südöstlich von Grönland.
Rückkehr nach St. Nazaire am 17.5.43.
3. 28.9.43: Auslaufen St. Nazaire und Einlaufen Lorient am 30.9.43.
4. 5.10.43: Auslaufen Brest in den Nordatlantik.
U 226 traf auf die »Siegfried«-Gruppe, die am 24. 500 Seemeilen südlich von Neufundland auf die Convoys HX 262 und SC 145 wartete. Als kein Kontakt hergestellt werden konnte, wurde die Gruppe am 27. in drei kleinere Gruppen, »Siegfried 1«, »-2« und »-3« umgebildet.
U 226 gehörte zur Gruppe »Siegfried 3«. Am 31. wurden die Boote in zwei Gruppen aufgeteilt, »Körner« und »Jahn« bezeichnet. U 226 gehörte zur letzteren Gruppe. Am 3.11.43 gab es wieder eine Umgruppierung. Die zwei Gruppen wurden umgebildet in fünf kleinere Gruppen, »Tirpitz 1« bis »-5«. Man suchte den Convoy HX 264.
Am Abend des 5. wurde U 226 durch ein Flugzeug des Escortträgers HMS Tracker 800 Seemeilen von Cape Race gesichtet. In den frühen Stunden des 6. wurde es über Wasser fahrend von der Sloop HMS Kite (Cdr W.R. Segrave) gefunden. Als das Gebiet mit Leuchtkugeln erhellt wurde, tauchte das Boot und wurde von der Kite mit zwei Wasserbombenangriffen belegt.
Die Sloops HMS Starling (Capt. F.J. Walker) und Woodcock (LtCdr C. Gwinner) kamen hinzu, doch wegen der extremen Dunkelheit wurde entschieden, auf das Tageslicht zu warten.
HMS Woodcock begann eine Jagd mit Schleichfahrt und 26 Wasserbomben wurden geworfen, die auf eine Tiefe zwischen 600 und 800 Fuß eingestellt waren. Bald darauf kam Öl und anderes Material an die Wasseroberfläche, U 226 war zerstört.
Es gab keine Überlebenden, 51 Tote.

U 227 Typ VII C

Bauwerft: Germaniawerft, Kiel
Kiellegung: 8. November 1941
Stapellauf: 9. Juli 1942
Indienststellung: 22. August 1942
Feldpost-Nr.: M 51115
Versenkt am 30. April 1943 nördlich von den Färöern (64°05'N/06°40'W)

Kommandos:
5. U-Flottille Kiel von August 1942–April 1943 (Schulboot)
7. U-Flottille St. Nazaire von April 1943 (Frontboot)

Kommandant:
KptLt Jürgen Kuntze, August 1942–30. April 1943

Feindfahrten: 1
Versenkte Schiffe: keines

Während der Ausbildungsvorhaben wurde U 227 durch eine von der RAF gelegte Mine am 9.9.42 in der Danziger Bucht beschädigt.

1. 24.4.43: Auslaufen Kiel in den Nordatlantik.
U 227 wurde am 30. 400 Seemeilen nördlich der Färöer von einer Hampden der 455. (RAAF) Squadron geortet (F/Sgt J.S. Freeth). Das Boot wurde in zwei Angriffen zerstört, der erste mit sechs Wasserbomben, der zweite mit zwei. Es gab keine Überlebenden, 49 Tote.

U 228 Typ VII C

Bauwerft: Germaniawerft, Kiel
Kiellegung: 26. November 1941
Stapellauf: 30. Juli 1942
Indienststellung: 12. September 1942
Feldpost-Nr.: M 49245
Außerdienststellung am 5. Oktober 1944 in Bergen

Kommandos:
5. U-Flottille Kiel von September 1942–Februar 1943 (Schulboot)
6. U-Flottille St. Nazaire von März 1943–5. Oktober 1944 (Frontboot)

Kommandanten:
KptLt Erwin Christophersen, Sept. 1942–Sept. 1944
KptLt Herbert Engel, September 1944–5. Oktober 1944

Feindfahrten: 5
Versenkte Schiffe: keines

1. 6.2.43: Auslaufen Kiel in den Nordatlantik.
U 228 traf auf die »Burggraf«-Gruppe, die sich am 26. nördlich der Azoren gebildet hatte. Die Boote begannen einen Suchkurs nach Westen, und um den 4.3.43 waren sie östlich von Neufundland, wo sie auf die »Wildfang«-Gruppe stießen, die im Norden stationiert war. Beide Gruppen bildeten eine lange Linie ab 4. mit der Maßgabe, einen vermuteten SC-Convoy anzugreifen.
Während der Nacht vom 4./5. bewegte sich die Linie nordostwärts, aber der SC 121 passierte die Linie im Norden und wurde von einem Boot der »Neptun«-Gruppe gesichtet, die nördlich der »Wildfang«/»Burggraf«-Gruppe wartete. Siebzehn Boote, darunter U 228, detachiert von den Gruppen, warteten im Norden der Gruppen und fuhren zum Angriff auf SC 121 als »Westwärts«-Gruppe. Elf Boote der »Neuland«-Gruppe, die westlich von Irland stand, wurden nach Nordwesten zur Bildung einer Linie vor dem Convoy geschickt. Bei stürmischem Wetter und schwerer See wurden zwölf Schiffe versenkt und eines beschädigt. Kein Boot ging verloren. Der Einsatz endete am 11. nahe Rockall.
An diesem Tag machte U 228 einen erfolglosen Angriff auf ein Schiff des Convoys HX 228 und verfehlte am 17. nochmals, dieses Mal ein Geleitschiff des HX 229, den Zerstörer HMS VOLUNTEER. Bei einem Gegenangriff wurde U 228 durch Wasserbombenangriffe der HMS VOLUNTEER und HMS BEVERLY beschädigt. Am oder um den 19. wurde das Boot durch U 463 im Zentralen Nordatlantik versorgt.
Rückkehr nach St. Nazaire am 29.3.43.
2. 4.5.43: Auslaufen in den Nordatlantik.
Am 7. wurde U 228 von einem Flugzeug angegriffen und hatte zwei Verwundete. Vom 18. an war das Boot mit der »Oder«-Gruppe vereint, die sich im Zentralen Nordatlantik zur Operation gegen den nach Osten laufenden Convoy HX 238 versammelt hatte. Als allerdings der Convoy die Linie im Norden der »Oder«-Boote passiert hatte, bildeten die Boote als »Mosel«-Gruppe am 21., 400 Seemeilen südlich von Cape Farewell, zum Empfang des Convoys HX 239 eine neue Linie.
Als sie nach dem Convoy suchten, wurden die »Mosel«-Boote konstant durch Trägerflugzeuge angegriffen. Nachdem zahlreiche Boote beschädigt, U 752 versenkt und der HX 239 noch immer nicht gefunden worden war, wurde der Kampf am 23. abgebrochen.

Die »Mosel«-Boote bewegten sich nach einem Gebiet südwestlich der Azoren. Die Convoy-Operationen im Nordatlantik waren aufgrund der ernsten Situation aufgegeben worden. Nun wurde entschieden, Convoys zwischen den USA und dem Mittelmeer draußen im Atlantik, außerhalb der Reichweite der landgestützten Flugzeuge, anzugreifen. Von den Booten, die sich südwestlich der Azoren als neue Linie »Trutz« versammelten, wurden während der Nacht vom 30./31. zwei Convoys, UGS 9 und GUS 7A, gemeldet. Die Linie wurde ab dem 43° W-Meridian gebildet und verlief zwischen dem 32° und 38° N. Am 4.6.43 wurden die drei am südlichsten stehenden Boote durch Trägerflugzeuge angegriffen, die man als Teil des Schutzes für den Convoy ansah. Die Boote schlossen heran zum Angriff auf die Schiffe, aber als nichts gefunden wurde, stellte man fest, dass der Convoy die Linie am 5. entweder im Norden oder Süden passiert hatte.
Die Gruppe brach auseinander und fuhr 600 Seemeilen nach Norden zur Versorgung durch U 488. Der UGS-Convoy wurde durch Boote am 8., 100 Seemeilen südlich von der »Trutz«-Gruppe, gesichtet. Der Termin zur Versorgung war verschoben worden und die Angriffsmöglichkeit vorbei. Die Versorgung wurde am 15. vollendet, und die Gruppe bildete sich um in drei Linien, die nach Nord-Süd verliefen. Es waren die Gruppen »Trutz 1«, »-2« und »-3«, sie standen 1.000 Seemeilen östlich der Bermudas. U 228 gehörte zur Gruppe »Trutz 1«.
Die Boote warteten auf zwei weitere Convoys vom 16. bis zum 22. und bekamen nichts in Sicht. Dann begannen sie sich bis zum 27. nach Osten zu bewegen und stoppten etwa 200 Seemeilen südwestlich der Azoren. Um den 29. wurde realisiert, dass die erwarteten Convoys GUS 8, UGS 10 und GUS 8A die Linien passiert hatten. Ab 2.7.43 wurden drei neue Linien gebildet, »Geier 1«, »-2« und »-3«. U 228 gehörte zur Gruppe »Geier 1«.
Die Linien bewegten sich in einer nach Süden verlaufenden Formation auf die portugiesische Küste zu. Etwa 500 Seemeilen vor der Küste begannen die Luftangriffe und um den 8. waren sie so intensiv, dass den Kommandanten der Heimmarsch befohlen wurde.
Rückkehr nach Lorient am 19.7.43.
3. 18.9.43: Auslaufen Lorient und Einlaufen Brest am 19.9.43.
4. 27.10.43: Auslaufen Brest in den östlichen Nordatlantik.
U 228 traf auf die »Schill«-Gruppe am 3.11.43 westlich von Spanien. Die Gruppe begann auf der Suche nach einem KMS-Convoy langsam nach Süden zu driften. Die Luftaufklärung fand den MKS 29 am 7. und die »Schill«-Gruppe wurde an den Convoy angesetzt, der durch die Linie während der Nacht des 8. stieß.

Der gemeldet Kurs war allerdings falsch, er war zu weit im Osten angegeben. Der Convoy passierte das westliche Ende der Linie. Die Boote liefen südwestwärts zur Suche, aber sie fanden nichts.

Als Flugzeuge den Convoy am 9. wieder fanden, suchten zwei Boote bis zum nächsten Morgen, aber verfehlten ihn. Die Operation wurde aufgegeben. U 228 griff am 9. einen Nachzügler ostnordöstlich von den Azoren an, aber ohne Erfolg.

Die »Schill«-Gruppe wurde umbenannt in »Schill 1« und am 18. wurde sie in eine Linie westlich von Lissabon auf den Pfad des Convoys MKS 30/SL 139 gelegt, der am 15. westlich von Gibraltar von einem Flugzeug gesichtet worden war. Am Morgen des 18. passierte der Convoy die Linie, aber U 515 meldete das unbesehen. Die Boote versuchten mit hoher Geschwindigkeit heranzukommen, wurden aber von Flugzeugen die Nacht über bedrängt und konnten nicht angreifen.

Ab 22. bildeten U 228 und andere »Schill«-Boote die »Weddigen«-Gruppe in einer Ost-West-Richtung westlich von Cape Finisterre. Flugzeuge suchten im Norden einen nach Süden laufenden Convoy KMS 31 oder OS 59. Als diese nicht gefunden wurden, dachte man, dass sie weiter westlich passiert hatten. Die »Weddigen«-Boote fuhren daher am 23. nach Südwesten in der Hoffnung, ihn zu entdecken. Am Abend des 24. war nichts in Sicht gekommen, und die Gruppe wandte sich nach Südosten zum Angriff auf den Convoy MKS 31/SL 140. Der Convoy kam am 26. Flugzeugen in Sicht, Kurs West. Die Gruppe wurde am 27. zum Angriff befohlen, aber sie wechselte ihren Kurs nach Norden und passierte die »Weddigen«-Linie. Die Boote wandten sich nach Nordosten, getaucht am Tage, und mit hoher Geschwindigkeit über Wasser bei Nacht. Ihr Angriff wurde durch Flugzeuge und Geleitfahrzeuge gestört, die Operation wurde am 28. abgeblasen. Einige »Weddigen«-Boote, einschließlich U 228, fuhren nach Nordwesten als Gruppe auf eine Position nordnordöstlich von den Azoren, aber sie trennten sich nach dem Fehlschlag gegen einen nach Süden laufenden Convoy am 6.12.43.
Rückkehr nach Bordeaux am 20.12.43.

5. 24.2.44: Auslaufen Bordeaux und Einlaufen La Pallice am 26.2.44.

6. 4.3.44: Auslaufen La Pallice und Rückkehr am 7.3.44.

7. 11.3.44: Auslaufen La Pallice und Rückkehr am 13.3.44.

8. 19.3.44: Auslaufen La Pallice und Einlaufen St. Nazaire am 26.3.44.

9. 6.6.44: Auslaufen La Pallice als eines von 19 Booten ohne Schnorchel, als »Landwirt«-Gruppe.
Sie sollten in einer Doppellinie auf 200 m Tiefe zwischen Brest und Bordeaux liegen, und von Backbord aus im Falle einer alliierten Invasion die Landungsträger angreifen. Später schlossen sie sich auf 100 Meter Abstand zusammen, um mehr Kraft gegenüber einer Invasion zu haben. Die wartenden Boote waren konstanten Angriffen aus der Luft ausgesetzt, wenn sie nachts auftauchten. Am 11. glaubte U 228, es habe ein Flugzeug abgeschossen. Als die Invasion losging, wurden die Boote am 12. zurückgerufen und in sechsstündige Bereitschaft gelegt. Rückkehr nach St. Nazaire am 16.6.44.

10. 12.8.44: Nun mit Schnorchel versehen, verließ U 228 Frankreich in Richtung Norwegen. Einlaufen Bergen am 20.9.44.

Am 4.10.44 wurde Bergen von Flugzeugen des RAF Bomber Command angegriffen. U 228 wurde im Dock der Laksevaac schwer beschädigt. Es wurde am nächsten Tag außer Dienst gestellt und später abgebrochen.

U 229 Typ VII C

Bauwerft: Germaniawerft, Kiel
Kiellegung: 13. Dezember 1941
Stapellauf: 20. August 1942
Indienststellung: 3. Oktober 1942
Feldpost-Nr.: M 49281
Versenkt am 22. September 1943 südsüdöstlich von Cape Farewell (54°36'N/36°25'W)

Kommandos:
5. U-Flottille Kiel von Oktober 1942–Februar 1943 (Schulboot)
7. U-Flottille St. Nazaire von März 1943–22. September 1943 (Frontboot)

Kommandant:
OLtzS Robert Schetelig, Okt. 1942–22. Sept. 1943

Feindfahrten: 3
Versenkte Schiffe: 2 (8.352 BRT) und 1 beschädigt

1. 20.2.43: Auslaufen Kiel in den Atlantik.
Am 8.3.43 wurden die elf am nördlichsten stehenden Boote der »Neuland«-Gruppe zur Bildung einer »Ostmark«-Linie, südöstlich von Cape Farewell, vor dem nach Osten laufenden Convoy SC 121 detachiert. U 229 traf auf diese Linie. Der Convoy wurde am 7. durch die »Wildfang«- und »Burggraf«-Gruppe erkannt, er passier-

te die Ostmark-Linie nicht vor dem 8. In den frühen Stunden des 10. versenkte U 229 die britische NAILSEA COURT (4.946 t) südlich von Reykjavik und beschädigte die britische COULMORE (3.670 t). Bei einer morgendlichen Attacke schoss es an der britischen SCORTON aus demselben Convoy vorbei. Während des Nachmittags wurde der Geleitschutz verstärkt, und die letzten Verfolger vertrieben. In der viertägigen Operation wurden zwölf Schiffe versenkt und eines beschädigt. Von Mitte März war U 229 wahrscheinlich bei der »Stürmer«-Gruppe, die im östlichen Nordatlantik zur Operation gegen den Convoy SC 122 gebildet wurde. Der Kontakt wurde während der Nacht vom 16./17. hergestellt und erfolgreiche Angriffe durch die »Stürmer«-Boote während der nächsten drei Tage durchgeführt.

Vor Abschluss der Operation am 20., westlich von Irland, wurden 21 Schiffe vom SC 122 und HX 229 versenkt, gegenüber einem Boot, das verloren ging.

U 229 wandte sich dann dem Wetterdienst südlich von Grönland zu. Am 4.4.43 wurde es zur Operation mit der »Löwenherz«-Gruppe gegen den nach Osten laufenden Convoy HX 231 eingesetzt, der von U 530 gesichtet worden war. Am frühen Morgen des 5. versenkte U 229 einen Nachzügler des Convoys, die schwedische VAALAREN (3.406 t) ostsüdöstlich von Cape Farewell. Die Boote blieben bis zum 7., dann wurde das letzte von ihnen von Zerstörern vertrieben. Es waren Zerstörer von der 4. Escortgruppe. Sechs Schiffe wurden versenkt. U 229 wurde für die Heimreise von einem anderen Boot mit Kraftstoff versorgt.

Rückkehr nach St. Nazaire am 17.4.43.

2. 11.5.43: Auslaufen in den Nordatlantik.

Am 17. wurde das Boot an der Wasseroberfläche laufend durch eine Catalina von Reykjavik von der 190. Squadron (F/L F.J. Gosling) entdeckt. Mit zwei Wasserbombenangriffen wurde das Boot ernsthaft beschädigt und lief im Anschluss nach Hause.

U 229 durchlief die Biskaya mit dem rücklaufenden Boot U 161.

Rückkehr nach Bordeaux am 7.6.43.

3. 2.8.43: Auslaufen Bordeaux und Einlaufen La Pallice am 3.8.43.

4. 31.8.43: Auslaufen in den Nordatlantik.

U 229 war eines von 14 Booten, die zur Bildung einer Linie, »Leuthen« genannt, südsüdwestlich von Island ab 20.9.43 zum Empfang eines ONS-Convoys angesetzt waren. Sie wurden von sechs Booten verstärkt, die bis dahin nördlich der Azoren versammelt waren und nach Kraftstoffversorgung Kurs auf Norden genommen hatten. Geheimhaltung hatte bis dahin verhindert, dass es den Alliierten bekannt geworden war. Allerdings wurde am 19. das Boot U 341, das aufgetaucht fuhr, gesichtet,

angegriffen und durch kanadische Flugzeuge nahe am geplanten Punkt der Linie versenkt.

Früh am 20., bevor die »Leuthen«-Gruppe in Position war, wurde der ONS 202 gesichtet. Vier Boote kamen an ihn heran, aber nur eines war in der Lage, einen Unterwasserangriff zu fahren. Der Kontakt ging aufgrund der starken Sicherung und Luftüberwachung verloren. ON 202 traf mit dem Convoy ONS 18 während des Tages zusammen. Der Kontakt wurde am frühen Abend des Tages wieder hergestellt, aber nur fünf Boote kamen an die Convoys heran. Die anderen »Leuthen«-Boote griffen die Geleitfahrzeuge an. Sie glaubten, wenn die Geleitfahrzeuge während der Nacht vom 21./22. geteilt wären, wäre ein Angriff leichter. Spät am 20. machte U 229 einen erfolglosen Angriff auf den Zerstörer HMS ICARUS. Nebel kam früh am 21. auf und blieb den ganzen Tag.

In der Nähe des Convoys nahm der Zerstörer HMS KEPPEL (Cdr Evans) am 22. den Angriff eines der verfolgenden Boote auf sich. KEPPEL eröffnete das Feuer, und nach dem Rammen des Bootes in Höhe des Achterdecks, schoss er zehn Wasserbomben, die U 229 800 Seemeilen südsüdöstlich von Cape Farewell zerstörten. Der mehrfach beschädigte Zerstörer lief nach dem Hafen von St. John's, Neufundland. Es gab auf U 229 keine Überlebenden, 50 Tote.

U 230 Typ VII C

Bauwerft: Germaniawerft, Kiel
Kiellegung: 8. Januar 1942
Stapellauf: 10. September 1942
Indienststellung: 24. Oktober 1942
Feldpost-Nr.: M 49209
Selbst versenkt am 21. August 1944 nahe Hyeres

Kommandos:
5. U-Flottille Kiel von Oktober 1942–Februar 1943 (Schulboot)
9. U-Flottille Brest von Februar–November 1943 (Frontboot)
29. U-Flottille Toulon von Dezember 1943–21. August 1944 (Frontboot)

Kommandanten:
KptLt Paul Siegmann, Oktober 1942–August 1944
OLtzS Heinz-Eugen Eberbach, August 1944

Feindfahrten: 7
Versenkte Schiffe: 1 (2.868 BRT)
2 LSTs (3.250 t)
1 U-Jäger (335 t)

1. 4.2.43: Auslaufen Kiel, Einlaufen Stavanger am 8. U 230 war abgeteilt zur Operation im Nordatlantik und stieß zur »Burggraf«-Gruppe, die am 26. nördlich der Azoren aufgestellt worden war. Die Boote begannen nach Westen zu drehen, und am 4.3.43 waren sie östlich von Neufundland, wo sie auf die »Wildfang«-Gruppe stießen. Beide Gruppen bildeten eine lange Linie ab 4., und sie warteten auf einen SC-Convoy. Während der Nacht des 4./5. bewegte sich die Linie nordostwärts, aber der SC 121 passierte sie im Norden, wobei er von einem Boot der »Neptun«-Gruppe gesichtet wurde, das im Norden der »Wildfang«/»Burggraf«-Gruppe wartete. 17 Boote waren von den drei Gruppen detachiert und zum Angriff auf SC 121 als »Westmark«-Gruppe befohlen. Elf Boote der »Neuland«-Gruppe, die westlich von Irland standen, wurden zur Bildung einer Linie vor dem Convoy nach Nordwesten befohlen, nun »Ostmark«-Gruppe genannt.

In den frühen Stunden des 7. versenkte U 230 die britische EGYPTIAN (2.868 t) südsüdöstlich von Cape Farewell und bei einem späteren Angriff beschädigte es ein weiteres Schiff. Bei stürmischem Wetter und schwerer See wurden von der Gruppe zwölf Schiffe versenkt und eines beschädigt, kein Boot ging verloren. Die Operation endete am 11. nahe Rockall. Zwischen dem 17. und 19. nahm U 230 an der größten Convoy-Operation des Krieges teil. Es ging um den SC 122 und HN 229, aber das Boot hatte keinen Erfolg.
Rückkehr nach Brest am 31.3.43.

2. 24.4.43: Auslaufen in den Nordatlantik.
U 230 war eines von elf Booten, die Ende April nordwestlich von Cape Finisterre eine Linie bildeten. Am 3.5.43 sichtete ein Flugzeug einen nach Süden laufenden Convoy, und die Gruppe ging zum Angriff auf östlichen Kurs. Der Convoy bestand aus 15 LCT's und zwei Geleitfahrzeugen. Die See machte einen Angriff auf diese flachgehenden Boote unmöglich, die Operation wurde aufgegeben.

U 230 wurde zweimal durch Flugzeuge angegriffen, während es den Convoy verfolgte. Nahe am Convoy kollidierten U 439 und U 659. Beide Boote sanken sehr schnell.

Die »Drossel«-Gruppe ging nach Süden auf Suche nach zwei nach Norden laufenden Convoys, die am 5. erwartet wurden. SL 128 wurde durch Flugzeuge am 6. gefunden, aber eine falsche Standortangabe verhinderte den Kontakt der Boote mit ihm. Dieser kam erst am 7. zu-

stande. Nur ein Schiff wurde versenkt, dann erschien die Luftüberwachung. Der Einsatz wurde am 8. beendet.

Die Gruppe bewegte sich nach Westen mit hoher Geschwindigkeit, um den nach Osten laufenden Convoy HX 237 zum empfangen. Er wurde am 9. von einem Boot der »Rhein«-Gruppe gesichtet. Der Kontakt ging aber wegen schlechter Sicht wieder verloren. Der Convoy wurde von den »Drossel«-Booten am 11. nördlich der Azoren angegriffen. Ein starker Geleitschutz über Wasser und Trägerflugzeuge hielten die Boote auf Distanz. Am 12. wurde U 230 an der Wasseroberfläche von einer Swordfish der 811. (FAA) Squadron angegriffen, die vom Escortträger HMS BITER kam. Das Flugzeug warf eine Bombe, die das Boot verfehlte. Es kam dann im Tiefflug zu einem zweiten Angriff, im Angesicht der Flak des Bootes. Sein Flügel streifte den Turm des Bootes und das Flugzeug fiel ins Meer. Der Pilot wurde herausgeschleudert, und als er den Helfern zustrebte, explodierten die Bomben und zerstörten alles. U 230 wurde mehr als acht Stunden gejagt. Die Operation gegen HX 237 endete am 13. südwestlich von Irland. Drei Schiffe waren versenkt, aber auch drei Boote gingen verloren.
Rückkehr nach Brest am 24.5.43.

3. 5.7.43: Auslaufen zum Minenlegen vor der US-Ostküste.

U 230 legte am 31. acht TMC-Minen vor Norfolk, Virginia. Es gibt keine gemeldeten Versenkungen oder über das Finden der Minen. Das Boot setzte seine Patrouille bis Anfang August vor der Küste fort. Am 13. stand U 230 300 Seemeilen östlich von Barbados. Es wurde zum Treffen mit U 117 zur Versorgung am 17. angewiesen. Als dies nicht zustande kam, wurde dem Boot durch U 634 Kraftstoff gegeben. Beide Boote wurden dann zum Treffen mit U 847, am 27., 800 Seemeilen südwestlich der Azoren, für eine Kraftstofferänzung befohlen. U 230 erreichte den Treffpunkt früh am 27. und fand dort drei andere Boote wartend vor. U 847 traf ein, und die Versorgung lief an. Nach Abschluss der Versorgung wurde mit Funkspruch das Ende gemeldet. Die Meldung wurde aufgefangen und U 847 drei Stunden später versenkt.
Rückkehr nach Brest am 8.9.43.

4. 22.11.43: Auslaufen ins Mittelmeer. U 230 passierte die Straße von Gibraltar während der Nacht des 5./6.
Einlaufen in den neuen Stützpunkt Toulon am 16.12.43.

5. 19.1.44: Auslaufen Toulon nach der Anzio-Bucht. U 230 griff eine Gruppe Zerstörer am 25. an, aber ohne Erfolg. Am 16.2.44 versenkte es das LST 418 vor Anzio und am 20. LST 305 im selben Gebiet.
Rückkehr nach La Spezia am 24.2.44.

6. 6.4.44: Auslaufen La Spezia und Einlaufen Toulon am 9.4.44.

7. 11.4.44: Auslaufen Toulon in die Tyrrhenische See. U 230 versenkte den amerikanischen U-Jäger PC 558 am 9.5.44 nordnordöstlich von Palermo. Rückkehr nach La Spezia am 21.5.44.

8. 27.6.44: Auslaufen La Spezia und Einlaufen Toulon am 30.6.44.

9. 17.8.44: Auslaufen Toulon gegen die Invasionsschiffahrt. Am 15. waren die Alliierten in Südfrankreich gelandet. U 230 war das einzige operationsfähige Boot in dem Gebiet, die anderen waren durch Bombenangriffe auf die deutschen Stützpunkte in diesem Gebiet versenkt worden.

Die versuchten Angriffe verfehlten ihren Effekt, es fehlte der Schnorchel und das Wasser war zu niedrig zum Tauchen. Es wurde nicht geortet, aber lief am 21. auf Grund nahe Hyeres, östlich von Toulon.
Es war beim Aufladen der Batterien.
U 230 wurde gesprengt, um eine Kapitulation zu verhindern. Es gab keine Verwundeten.

U 231 Typ VII C

Bauwerft: Germaniawerft, Kiel
Kiellegung: 13. Januar 1942
Stapellauf: 1. Oktober 1942
Indienststellung: 14. November 1942
Feldpost-Nr.: M 50310
Versenkt am 13. Januar 1944 nordwestlich der Azoren (44°15'N/20°38'W)

Kommandos:
5. U-Flottille Kiel von November 1942–April 1943 (Schulboot)
3. U-Flottille La Pallice von Mai 1943–13. Januar 1944 (Frontboot)

Kommandant:
KptLt Wolfgang Wenzel, Nov. 1942–13. Januar 1944

Feindfahrten: 3
Versenkte Schiffe: keines

1. 13.4.43: Auslaufen Kiel in den Nordatlantik. U 231 wurde am 22. von einem Flugzeug angegriffen und verlor ein Besatzungsmitglied. Das Boot traf auf die »Star«-Gruppe, die südwestlich von Island ab 27. gebildet worden war, in Erwartung des nach Westen laufenden Convoys ONS 5. Zu dieser Zeit nahmen die ONS-Convoys mehr nördliche Kurse. Obwohl das nördliche Ende der »Star«-Linie auf 62° N war, passierte ONS 5 die Linie am 28. Die Boote bewegten sich nach Nordosten zum Abfangen, aber schlechtes Wetter und Navigationsfehler brachten nur fünf Boote dazu, den Convoy kurz zu sichten. Nur ein Schiff wurde versenkt. Als der Angriff am 1.5.43 nahe Cape Farewell abgebrochen wurde, wurden die »Star«-Boote nach Süden befohlen, um dort die »Specht«- und »Amsel«-Gruppe bei ihrer Operation gegen den nach Norden laufenden Convoy SC 128 zu treffen. Der Convoy wurde am 3. gefunden und eine neue Linie, »Fink« genannt, südlich von Cape Farewell mit der Vereinigung mit den »Star«- und »Specht«-Gruppen gebildet. Die 29 Boote setzten ihre Suche nach dem SC 128 fort, aber am 4. wurde festgestellt, dass der Convoy umgeleitet wurde. »Fink« hatte Befehl erhalten, eine neue Linie einzunehmen, als ein nach Südwesten laufender Convoy gesichtet wurde. Es war der ONS 5, der sich aufgrund eines Sturms verspätet hatte. Bei Tageslicht des 5. waren 15 Boote in Kontakt mit dem Convoy, dann kam kurz vor der Nacht Nebel auf und der Kontakt ging verloren. Im Nebel machten Geleitfahrzeuge 15 Wasserbombenangriffe. Am Morgen des 6. wurde ONS 5 erneut gesichtet, aber das Wetter zwang dazu, das Unternehmen abzubrechen. Bei einer zweiten Aktion gegen den ONS 5 wurden zwölf Schiffe versenkt, U 231 nahm an keinem Angriff teil.
Ab 8. war U 231 Teil der »Elbe«-Gruppe östlich von Neufundland, die zum Empfang von zwei nach Osten laufenden Convoys gebildet worden war. Die Gruppe wurde mit hoher Geschwindigkeit nach Südosten zum Angriff auf den Convoy HX 237 befohlen, aber als man feststellte, dass der Convoy nicht eingeholt werden konnte, fuhren die »Elbe«-Boote südwärts mit hoher Geschwindigkeit zum Abfangen des SC 129. Die «Elbe«-Gruppe vereinigte sich mit der »Rhein«-Gruppe am 10. und bildete eine neue Linie, geteilt in zwei Teile, »Elbe 1« und »-2«. U 231 gehörte zur »Elbe 1«.
Als die Boote beim Formieren waren, kam am 11. der Convoy SC 129. Alle »Elbe«-Boote griffen den Convoy an, aber die, die am 12. anliefen, wurden von den Escortfahrzeugen vertrieben. An 13. erschien der Escortträger HMS BITER vom Convoy HX 237 zum Schutz des Convoys SC 127, und das Unternehmen wurde am 14. abgebrochen. Zwei Schiffe wurden versenkt, zwei Boote gingen verloren und eines war beschädigt.
Am oder um den 17. wurde U 231 durch U 514 südöstlich von Grönland mit Kraftstoff versorgt. Es traf dann auf die »Mosel«-Gruppe 400 Seemeilen südlich von Cape Farewell zum Angriff auf den Convoy HX 239. Der passierte die Linie im Süden, und obwohl einige

»Mosel«-Boote, einschließlich U 231, nach Südwesten zum Angriff drehten, fanden sie den Convoy nicht. Am 21. wurde U 231 von einer Avenger (LtCor W.M. Drane) vom Escortträger USS Bogue angegriffen. Der Angriff, ausgeführt südöstlich von Cape Farewell, beschädigte das Boot schwer.

Rückkehr nach La Pallice am 31.5.43.

2. 27.9.43: Auslaufen in den Nordatlantik. U 231 traf auf die »Schlieffen«-Gruppe ostsüdöstlich von Cape Farewell. Am 15.10.43, während die Linie gebildet wurde, sichtete U 844 einen nach Westen laufenden Convoy westlich von Rockall. Man nahm an, dass es der ONS 20 wäre, tatsächlich aber war es der ONS 206. U 231 wurde eingeteilt, den Convoy bis zur Ankunft der »Schlieffen«-Boote zu beschatten.

Nachdem U 844 geortet war, wurde es vertrieben, aber das Finden des Convoys wurde schwierig, denn auf Island stationierte Flugzeuge suchten weiter das Gebiet ab, so dass auch entferntere Boote tauchen mussten. Nur das Verbleiben an der Wasseroberfläche konnte den Kontakt aufrecht erhalten, was jedoch nicht möglich war. Früh am 16. sichtete U 964 den gemeldeten Convoy ONS 20. U 426 kam am Abend heran und versenkte einen Nachzügler. Der Convoy änderte am 16. den Kurs nach Nordwesten.

Mittlerweile ordnete Dönitz an, dass die Boote an der Wasseroberfläche bleiben und sich den Weg an den Convoy freikämpfen sollten. Meldungen am 16. sprachen davon, dass Boote beschädigt waren und das erste versenkt worden war, wobei es sich um den Verfolger U 964 handelte. Mehrere Boote wurden in ihrem Bereich festgestellt, aber nur U 231 fand vier Überlebende. Die »Schlieffen«-Boote bewegten sich weiter nach Osten zur Bildung einer neuen Linie am 17., mit engerem Abstand zueinander. Der Convoy passierte die Linie am Morgen des 17., und die Boote wurden zum Angriff befohlen. Allerdings ging der Kontakt bald verloren und die am 17. nach Nordwesten führende Suche brachte den Convoy nicht mehr zurück.

Sie gaben am Abend des 17. auf, und die Boote fuhren weiter nach Westen, um der ständigen Bedrohung durch Flugzeuge zu entgehen. Als die Operation am 18. gegen Mittag beendet wurde und in der Abenddämmerung der Convoy durch U 608 wieder gesichtet wurde, hat man entschieden, nicht mehr anzugreifen.

U 231 und die verbliebenen »Schlieffen«-Boote bildeten dann neue Gruppen, »Siegfried 1«, »-2« und »-3«, wobei U 231 zur Gruppe »Siegfried 1« gehörte. Am 31. waren die Boote in zwei Gruppen umgebildet worden, »Körner« und »Jahn«. U 231 gehörte zur ersteren. Am 3.11.43 erfolgte eine neuerliche Umgruppierung, als die zwei Gruppen in fünf kleinere Untergruppen unterteilt

wurden, »Tirpitz 1« bis »-5«. Sie suchten den Convoy HX 264.

Mit wenig Kraftstoff in den Bunkern begann U 231 mit seiner Heimreise. Rückkehr nach La Pallice am 22.1.43.

3. 26.12.43: Auslaufen in den östlichen Nordatlantik. U 231 traf auf die »Borkum«-Gruppe westlich von Irland. In den ersten Tagen des Januar 1944 nahm die Gruppe an zwei fehlgeschlagenen Convoyoperationen teil. Ab 4. wurde die Gruppe in drei kleine Untergruppen geteilt, «Borkum 1«, »-2« und »-3«. U 231 gehörte zur Gruppe »Borkum 3«.

Ab 8. suchten Flugzeuge nach dem kombinierten Convoy MKS 35/SL 144, der am 9. westlich von Portugal gesichtet wurde. U 305 der Gruppe »Borkum 1« hatte den Kontakt mit dem Convoy während des Abends des 11. hergestellt. Die Gruppen liefen den Convoy an und obwohl sie trotz der Trägerflugzeuge des Escortträgers USS Block Island dranblieben, waren sie nicht in der Lage, konzentrierte Angriffe durchzuführen. Kein Schiff wurde versenkt. Die Gruppen gaben am 13. auf. An diesem Tag griff ein Flugzeug der Block Island, geführt von einer auf den Azoren stationierten Wellington der 172. Squadron (P/O W.N. Armstrong) U 231 750 Seemeilen nordöstlich von den Azoren an. Das Boot wurde mit Wasserbombenn versenkt.

Sieben Mann der Besatzung von U 231 gingen verloren, 43 wurden gefangen genommen. Zwischen den Überlebenden befand sich auch der Kommandant, Kapitänleutnant Wenzel. Nachdem er befohlen hatte, das Boot zu verlassen, versuchte er sich mit einem Schuss in den Mund selbst zu töten. Er hatte keinen Erfolg damit. Die Kugel ging in den Nacken.

U 232 Typ VII C

Bauwerft: Germaniawerft, Kiel
Kiellegung: 17. Januar 1942
Stapellauf: 15. Oktober 1942
Indienststellung: 28. November 1942
Feldpost-Nr.: M 49105
Versenkt am 8. Juli 1943 westsüdwestlich von Oporto (40°37'N/13°41'W)

Kommandos:
5. U-Flottille Kiel von November 1942–April 1943 (Schulboot)
9. U-Flottille Brest von Mai 1943–8. Juli 1943 (Frontboot)

Kommandant:
KptLt Ernst Ziehm, November 1942–8. Juli 1943

Feindfahrten: 1
Versenkte Schiffe: keines

Während der Ausbildungszeit wurde das Boot U 232 am 24.2.43 in der Danziger Bucht von U 649 gerammt, das mit 36 Mann unterging.

1. 8.5.43: Auslaufen Kiel in den Nordatlantik. Im letzten Teil des Mai 1943 erreichten die Convoyoperationen einen Punkt, an dem komplette Umbildungen für die Zukunft gemacht werden mussten. Es wurde entschieden, ab 24. zu versuchen, Convoys zwischen den USA und dem Mittelmeer im Atlantik, außerhalb der Reichweite landgebundener Flugzeuge, anzugreifen.
U 232 wurde in ein Versammlungsgebiet südwestlich der Azoren befohlen. Während der Nacht vom 30./31. wurde eine neue Linie, »Trutz« genannt, in Erwartung der Convoys UGS 9 und GUS 7A aufgestellt. Die Linie lief den 43° W-Meridian an und reichte vom 32° bis 38° N. Am 4.6.43 wurden die drei am südlichsten stehenden U-Boote durch Trägerflugzeuge angegriffen, von denen man annahm, sie seien Teil eines Convoyschutzes. Die Boote schlossen heran, um jedes Schiff anzugreifen, das die Linie passieren sollte. Aber als man am Abend noch nichts gesichtet hatte, wurde angenommen, dass der Convoy am 5. die Linie im Norden oder Süden passiert hatte. Die Gruppe wurde aufgelöst und fuhr 600 Seemeilen nach Norden zur Versorgung durch U 438. Der UGS-Convoy wurde am 8. 100 Seemeilen südlich der »Trutz«-Gruppe im Gebiet vom 5. gesichtet. Die Bewegung zur Kraftstoffversorgung wurde aufgeschoben, und die Möglichkeit des Angriffs fallen gelassen. Die Versorgung wurde schließlich um den 15. abgeschlossen, und die Gruppe in drei parallel verlaufende Nord-Süd-Linien, »Trutz 1«, »-2« und »-3«, 1.000 Seemeilen östlich der Bermudas, eingeteilt. U 232 gehörte zur Gruppe »Trutz 2«. Die Boote warteten auf zwei andere Convoys vom 16. bis 22., hatten aber in dieser Zeit nichts gesehen. Sie begannen mit einer Ostwärtsbewegung, die bis zum 27. dauerte, dann warteten sie 200 Seemeilen südwestlich der Azoren. Am 29. wurde festgestellt, dass die erwarteten Convoys die Linien passiert hatten. Die Boote bildeten drei neue Linien, »Geier 1«, »-2« und »-3« und ab 2.7.43 fuhren sie ostwärts nach der spanischen Küste. U 323 gehörte zur Gruppee »Geier 3«. Ca. 500 Seemeilen von der Küste entfernt begannen Luftangriffe, und um den 8. wurden die Kommandanten angewiesen, in ihre Stützpunkte zurückzukehren.
U 232 wurde am 8. aus einer Distanz von sieben See-meilen durch eine Liberator der 2. U-Abwehrsquadron (USAF) (Lt J.H. Dryden) 250 Seemeilen westsüdwestlich von Oporto mit Radar geortet. Beim ersten Anflug wurden bei heftigem Flakfeuer vier 650-1b-Wasserbomben aus 50 Fuß Höhe geworfen.
Beim zweiten Anflug trafen die Flakgranaten die Bombenöffnungen. Obwohl verwundet, konnte der Bomberpilot die Klappen aufmachen, und die letzten zwei Bomben wurden bei einem dritten Anflug abgeworfen. Sie brachen das Boot in zwei Teile. Es gab keine Überlebenden, 45 Tote.

U 233 Typ VII B

Bauwerft: Germaniawerft, Kiel
Kiellegung: 15. August 1941
Stapellauf: 8. Mai 1943
Indienststellung: 22. September 1943
Feldpost-Nr.: M 54276
Versenkt am 5. Juli 1944 südlich von Sable Island (42°16'N/59°49'W)

Kommandos:
4. U-Flottille Stettin von September 1943–Mai 1944 (Schulboot)
12. U-Flottille Bordeaux von Juni 1944–5. Juli 1944 (Frontboot)

Kommandant:
KptLt Hans Steen, September 1943–5. Juli 1944

Feindfahrten: 1
Versenkte Schiffe: keines

1. 27.5.44: Auslaufen Kiel zum Minenlegen. U 233 befand sich auf dem Weg zum Legen von 66 SMA-Minen vor Halifax, als es südlich von Sable Island am 5.7.44 durch ein Flugzeug des Escortträgers USS CARD lokalisiert wurde. Die Geleitzerstörer USS BAKER (LtCdr N.C. Hoffman) und USS THOMAS (LtCdr D.M. Kellogg) wurden auf das Boot angesetzt. Wasserbombenangriffe zwangen U 233 zum Auftauchen. Besatzungsmitglieder, die über den Turm das Boot verlassen wollten, wurden durch Geschützfeuer getötet. Nur die durch das vordere Luk kamen, wurden nicht getroffen. Neun Minuten nach dem Angriff rammte USS THOMAS das Boot. Die eingeschlossenen Männer im hinteren Torpedoraum und im

Diesel- und E-Maschinenraum waren verloren. Das Boot sank schnell. Der Kommandant und 31 Männer waren tot, 30 Männer wurden von USS Thomas aufgefischt und gefangen genommen.

U 234 Typ VII B

Bauwerft: Germaniawerft, Kiel
Kiellegung: 1. Oktober 1941
Stapellauf: 23. Dezember 1943
Indienststellung: 2. März 1944
Feldpost-Nr.: M 53388
Kapitulation am 14. Mai 1945 östlich vom Flemish Cap

Kommandos:
5. U-Flottille Kiel von März 1944–März 1944 (Schulboot)
33. U-Flottille Penang/Batavia von März 1945–14. Mai 1945 (Frontboot)

Kommandant:
KptLt Johann-Heinrich Fehler, März 1944–14. Mai 1945

Feindfahrten: 1
Versenkte Schiffe: keines

Am 14.5.43 wurde das Boot bei einem Luftangriff der USAF auf Kiel beschädigt. Es war noch in Bau auf der Germaniawerft.

1. 24.3.45: Auslaufen Kiel und Einlaufen Horten am 27.3.45. U 234 sollte mit zwölf Passagieren nach Japan laufen, einschließlich des Generals der Flieger Kessler und zwei Japanern. Chu-sa Tomanaga, ein Ubootkonstrukteur, und Chu-sa Soji, ein Luftwaffenexperte.
Außerdem trug das Boot 260 Tonnen an Gütern mit, einschließlich eines auseinander genommenen Turbo-Jägers Me 262.
Während der See-Erprobungen mit Schnorchel am 29. kollidierte U 234 mit U 1301 vor Norwegen. Es gab keine Ausfälle, U 234 ging in die Werft.
2. 5.4.45: Auslaufen Horten und Einlaufen Kristiansand am 6.4.45.
3. 16.4.45: Auslaufen Kristiansand. Zwei Tage später, das Boot fuhr westlich von Bergen, zwischen den Färöern und Island, konnte es, da am 5.5.45 die Funkverbindung aufgrund der Kollisionsschäden nicht ordentlich funktionierte, nicht die Befehle zur Kampfein-

stellung und zur Rückkehr nach Norwegen empfangen. Diese Meldung wurde erst am 8. aufgenommen. Die beiden Japaner starben in ihren Unterkünften durch eine Überdosis Luminal-Tabletten und wurden auf See beigesetzt. Da der Kommandant von U 234 keine Kapitulation gegenüber den Briten wollte, entschied er, nach den USA zu laufen und dort zu kapitulieren. Das Boot durchlief den Nordatlantik und ergab sich am 14. einem Geleitzerstörer, dem USS Sutton, östlich vom Flemish Cap. U 234 wurde zur Marinewerft in Kittery geleitet. Das liegt in Maine, und es war der 19. Mai 1945.
Nach Verhör und Inhaftierung in einem Marinegefängnis wurden der Kommandant und die Besatzung von U 234 nach dem Bostoner Staatsgefängnis geleitet. Ihre Behandlung dort und das anderer Uboot-Gefangener waren allgemein sehr schlecht, ein Ubootkommandant verübte nach brutaler Mißhandlung Selbstmord. Kapitänleutnant Fehler und seine Männer kehrten nach Aufenthalt in verschiedenen US-Gefangenenlagern nach Deutschland zurück, zuerst nach einem Lager bei Brüssel und dann in andere Camps in Belgien, wo die Lage ebenfalls sehr schlecht war. Sie wurden schließlich 1947 entlassen.
U 234 wurde von der US-Navy als Versuchsboot benutzt. Es wurde im November 1946 bei Versuchen vor Cape Cod versenkt.

U 235 Typ VII C

Bauwerft: Germaniawerft, Kiel
Kiellegung: 26. Feburar 1942
Stapellauf: 4. November 1942
Indienststellung: 19. Dezember 1942
Feldpost-Nr.: M 49124
Versenkt am 14. April 1945 vor Skagen, Kattegat (57°44'N/10°39'E)

Kommandos:
5. U-Flottille Kiel von Dezember 1942–14. Mai 1943 (Schulboot)
22. U-Flottille Gotenhafen von 29. Oktober 1943–März 1945 (Schulboot)
31. U-Flottille Wilhelmshaven von April 1945

Kommandanten:
OLtzS Goske von Möllendorff, Dez. 1942–Jan. 1943
OLtzS Klaus Becker, Januar–Mai 1943
OLtzS Hans-Erich Kummetz, Oktober 1943–März 1945
KptLt Friedrich Huisgen, April 1945

Feindfahrten: 1
Versenkte Schiffe: keines

Am 14.5.43 wurde U 235 durch einen Luftangriff durch USAF-Bomber auf Kiel versenkt. Es wurde gehoben und am 29.10.43 wieder in Dienst gestellt. Im April 1945 wurde das Boot kurz für Operationen freigestellt.

1. 10.4.45: Auslaufen Kiel, um zwischen Stavanger und Kristiansand einen Pendel-Dienst im Geleit von Covoys entlang der Küste Norwegens zu geben. Am 14. wurde es durch einen irrtümlichen Wasserbombenangriff vom deutschen MTB T17 vor Skagen/Kattegat versenkt.
Es gab keine Überlebenden, 47 Tote.

U 236 Typ VII C

Bauwerft: Germaniawerft, Kiel
Kiellegung: 16. April 1942
Stapellauf: 24. November 1942
Indienststellung: 9. Januar 1943
Feldpost-Nr.: M 49652
Selbst versenkt am 5. Mai 1945 vor Bogense, Dänemark (55°37'N/10°00'E)

Kommandos:
5. U-Flottille Kiel von Januar–14. Mai 1943 (Schulboot)
24. U-Flottille Gotenhafen von 29. September 1943–April 1944 (Schulboot)
21. U-Flottille Pillau von Mai 1944–März 1945 (Schulboot)
31. U-Flottille Wilhelmshaven von März 1945–5. Mai 1945 (Schulboot)

Kommandanten:
OLtzS Reimar Ziesmer, Januar 1943–Mai 1943
OLtzS Curt Hartmann, September 1943–Juli 1944
OLtzS Herbert Mumm, Juli 1944–5. Mai 1945

Feindfahrten: keine
Versenkte Schiffe: keines

Am 14.5.43 wurde U 236 bei einem Luftangriff der USAF auf Kiel versenkt. Es wurde gehoben, repariert und wieder in Dienst gestellt am 29.9.43. Am 3.5.45 verließ U 236 Kiel nach Norwegen. Am nächsten Tag wurde es von Beaufightern der 236. und 254. Squadron angegriffen und mit Raketen und Kanonengeschossen beschädigt. Am folgenden Tage erfolgte die Selbstversenkung.

U 237 Typ VII C

Bauwerft: Germaniawerft, Kiel
Kiellegung: 28. April 1942
Stapellauf: 17. Dezember 1942
Indienststellung: 30. Januar 1943
Feldpost-Nr.: M 49758
Versenkt am 4. April 1945 in Kiel

Kommandos:
5. U-Flottille Kiel von Januar 1943–14. Mai 1943 (Schulboot)
23. U-Flottille Danzig von 8. Oktober 1943–März 1945 (Versorgungsboot)
31. U-Flottille Wilhelmshaven von März 1945–4. April 1945 (Schulboot)

Kommandanten:
KptLt Hubert Northeimer, Januar–Mai 1942
OLtzS Lothar König, Oktober 1943–September 1944
OLtzS Johannes van Stipriaan, September–Oktober 1944
KptLt Karl-Heinz Menard, Oktober 1944–4. April 1945

Feindfahrten: keine
Versenkte Schiffe: keines

Am 14.5.43 wurde U 237 bei einem Luftangriff der USAF auf Kiel versenkt. Es wurde gehoben, repariert und am 8.10.43 wieder in Dienst gestellt. Während des Dienstes bei der 23. U-Flottille wurde U 237 als Versorgungsboot verwendet.
U 237 wurde bei einem Luftangriff der USAF auf Kiel am 4.4.45 in der Deutschen Werke-Werft zerstört.

U 238 Typ VII C

Bauwerft: Germaniawerft, Kiel
Kiellegung: 21. April 1942
Stapellauf: 7. Januar 1943
Indienststellung: 20. Februar 1943
Feldpost-Nr.: M 50141
Versenkt am 9. Februar 1944 westsüdwestlich von Fastnet (49°44'N/16°07'W)

Kommandos:
5. U-Flottille Kiel von Februar–Juli 1943 (Schulboot)
1. U-Flottille Brest von August 1943–9. Februar 1944
(Frontboot)

Kommandant:
KptLt Horst Hepp, Februar 1943–9. Februar 1944

Feindfahrten: 3
Versenkte Schiffe: 4 (23.048 BRT) und 1 beschädigt

1. 12.8.43: Auslaufen Kiel und Einlaufen Bergen am
16.8.43.
2. 24.8.43: Auslaufen Bergen und Einlaufen Drontheim
am 26.8.43.
3. 5.9.43: Auslaufen Drontheim in den Nordatlantik.
U 238 traf auf die »Leuthen«-Gruppe, die am 15. laut
Befehl südsüdwestlich von Island ab 20. zum Empfang
eines nach Westen laufenden Convoys gebildet worden
war.
Geheimhaltung wurde gewahrt, soweit es möglich war,
damit die Alliierten keine Kenntnis erhielten. Allerdings
wurde am 29. das nach Westen laufende U 341, das
eigentlich getaucht fahren sollte, gesichtet, angegriffen
und durch ein kanadisches Flugzeug, direkt östlich von
der geplanten Linie, versenkt. Anfang des 20., bevor die
»Leuthen«-Gruppe in Position war, wurde der Convoy
ON 202 ostsüdöstlich von Cape Farewell gesichtet. Vier
Boote kamen heran, U 238 wurde von HMS POLYANTHUS
vertrieben. Es verfolgte die Korvette drei Stunden hinter
dem Convoy und kam dann zu einem Unterwasserangriff. Es versenkte die amerikanische THEODORE
DWIGHT WELD (7.176 t) und beschädigte die amerikanische FREDERICK DOUGLASS (7.176 t). Nach dem Morgenangriff von U 238 ging der Kontakt wegen der starken
Luftüberwachung und des Überwassergeleitschutzes verloren. Der ON 202 traf mit dem Convoy ONS 18 zusammen, und der Kontakt mit dem kombinierten Convoy
wurde während des Abends am 20. wieder hergestellt.
Nur fünf Boote kamen an die Convoys heran, die anderen »Leuthen«-Boote sollten die Geleitfahrzeuge angreifen. In dem Glauben, dass die Geleite für die Convoys
wichtig sind, mussten sie in der Nacht des 21./22. geteilt
werden, um Erfolg zu haben. U 645 war eines, das mit
dem Convoy aufkam und am späten Abend des 20. die
FREDERICK DOUGLASS versenkte, die von U 238 am
Morgen torpediert worden war.
Nebel kam früh am 21. auf und blieb während der Nacht
und dem folgenden Tag. Als er sich am Morgen des 22.
aufzulösen begann, erschienen alliierte Flugzeuge, die
Boote aber blieben am Feind, um den Kampf fortzuset-
zen. Am späten Nachmittag verschwand der Nebel und

fünf Boote kamen heran, aber sie trafen auf eine starke
Sicherung.
In den frühen Stunden des 23. machte U 238 einen ent-
schlossenen Angriff und versenkte drei Schiffe, die nor-
wegische OREGON EXPRESS (3.642 t), die britische FORT
JEMSEG (7.134 t) und die norwegische SKJELBRED
(5.096 t). Bei dem selben Angriff könnte U 238 zwei
weitere Schiffe beschädigt haben.
Zu dieser Zeit war der Convoy dicht bei der Neufundland
Bank, einem Gebiet, das für Nebel bekannt ist. Die
Operation wurde später am Morgen des 23. aufgegeben.
Sechs Schiffe waren versenkt worden und eines beschä-
digt, drei Escortfahrzeuge wurden ebenfalls versenkt und
eines beschädigt. Zwei »Leuthen«-Boote gingen verlo-
ren. Dann verließ U 238 die Gruppe und fuhr zurück.
Rückkehr nach Brest am 8.10.43.
4. 11.11.43: Auslaufen in den östlichen Nordatlantik.
U 238 traf auf die »Schill 2«-Gruppe am 17. westlich von
Portugal. Am nächsten Tag bewegte sich die Gruppe
nach Norden an einen vermuteten Kurs des Convoys
MKS 30/SL 139 heran und bildete eine Linie, die der
Convoy am 19. passieren sollte.
Als die Boote am Abend auftauchten, wurde der Convoy
20 Seemeilen südlich der Linie gemeldet.
Allerdings beunruhigten die Geleitflugzeuge während
der Nacht die Boote fortwährend, trieben sie unter
Wasser und hielten sie auf Distanz. »Schill 2« nahm an
der Operation gegen MKS 30/SL 139 nicht länger teil.
Am 22. bildeten die Boote der »Schill 1«, »-2« und »-3«-
Gruppen, die nicht zurückgekehrt waren, die »Wed-
digen«-Gruppe, die eine Ost-West-Linie westlich von
Spanien in Erwartung der Convoys KMS 33 und OS 59
bildete.
Als die Convoys durch Flugzeuge nicht gefunden wurden, bewegte sich die Linie mit hoher Fahrt nach Südwesten, um eine mögliche Feind-Berührung zu erlangen.
Als bis zum Abend des 25. nichts gefunden wurde, fuhr
die »Weddigen«-Gruppe südostwärts zum Angriff auf
den Convoy MKS 31/SL 140.
Der kombinierte Convoy wurde am 26. gesichtet, Kurs
nach Westen, drehte aber später nach Norden, und am
nächsten Morgen wurde er östlich der Linie gemeldet.
Die Boote fuhren nordostwärts, am Tage getaucht, mit
hoher Fahrt über Wasser nachts. Angesichts alliierter
Luftaufklärung und der Aktivitäten der Geleitfahrzeuge
machten die Boote nur geringe Fortschritte und ihr
Einsatz wurde am 28. aufgehoben. U 238 hatte zwei
Mann eines Flugzeuges von einem notgelandeten britischen Flugzeug am 27. aus dem Wasser gefischt.
In der Dämmerung des 30. wurde das Boot über Wasser
fahrend, von einer Avenger (Lt J.E. Ogle) und einer
Wildcat des Escortträgers USS BOGUE gesichtet. Auf

dem Flug durch schweres Flakfeuer führte das Flugzeug einen Angriff durch, der Schäden, Verwundete und Tote ergab, problematisch genug für U 238, um zur Basis zurückzukehren. Zwei Männer der Besatzung wurden getötet und fünf verwundet.

Rückkehr nach Brest am 12.12.43.

5. 27.1.44: Auslaufen mit Kurs zum Westen Irlands. U 238 traf auf die »Igel 2«-Gruppe westlich von Irland, die ab 3.2.44 nach dem Convoy ON 223 suchte. Ab dem 4. patrouillierte die Gruppe südwestlich von Irland. Am 6. wurde sie gegen den kombinierten Convoy MKS 38/SL 147 eingesetzt, der von deutschen Flugzeugen an diesem Tag nördlich der Azoren gemeldet wurde.

Die Boote kamen mit dem Convoy am 8. in Kontakt. An diesem Tage trafen die Sloops der 2. Escortgruppe beim Convoy ein. Am Morgen des 9. wurde U 238 300 Seemeilen westsüdwestlich von Fastnet, zehn Seemeilen vor dem Convoy, lokalisiert. Die Sloops HMS KITE (LtCdr W.F.R. Segrave) und HMS MAGPIE (LtCdr R.S. Abram) griffen es an. Es tauchte, als es gesichtet wurde, mit Kurs auf den Convoy. Als es wegtauchte, vermutete Segrave, dass es ihn mit einem Torpedo angreifen würde und warf eine einzelne Wasserbombe, die eine ankommende Gnat-Maschine zwanzig Yards an der Backbordseite zu spüren bekam, als sie explodierte. Die Jagd nach U 238 von KITE und MAGPIE war noch im Gange, als HMS STARLING (Capt F.J. Walker) mit zwei weiteren Sloops ankam. Anhaltende Attacken wurden über den ganzen Vormittag gefahren, und KITE warf weitere 50 Wasserbomben in zwei Angriffen. Zuerst feuerte U 238 noch einen Torpedo, der eine Wasserbombe in der Nähe der KITE zur Explosion brachte und das Schiff schwer durchschüttelte. Dann übernahm MAGPIE wieder und warf weitere 26 Wasserbomben, jedoch mit keinem sichtbaren Erfolg. Der Kommandant dirigierte später die MAGPIE, eine Hedgehog-Attacke auszuführen, welcher dann eine Wasserbombenattacke von der HMS STARLING folgte. Die Hedgehogbomben riefen eine doppelte Unterwasserdetonation hervor. STARLING warf weitere zehn Wasserbomben, von dem vernichteten U 238 kam eine Rosenbildung an die Wasseroberfläche.

Insgesamt waren acht Hedgehog-Angriffe gemacht worden und 262 Wasserbomben geworfen worden.

Es gab keine Überlebenden, 50 Tote.

U 239 Typ VII C

Bauwerft: Germaniawerft, Kiel
Kiellegung: 21. Mai 1942
Stapellauf: 28. Januar 1943
Indienststellung: 13. März 1943
Feldpost-Nr.: M 50794
Außerdienststellung: 5. August 1944 in Kiel

Kommando:
5. U-Flottille Kiel von März 1943–24. Juli 1944 (Schulboot)

Kommandant:
OltS Ulrich Vöge, März 1943–24. Juli 1944

Feindfahrten: keine
Versenkte Schiffe: keines

U 239 kam nicht zum Einsatz und diente bei der 5. U-Flottille als Schulboot. Am 24.7.44 wurde das Boot, bei den Deutschen Werken liegend, durch einen Luftangriff der RAF auf Kiel schwer beschädigt. Ein Besatzungsmitglied wurde getötet.
Das Boot wurde am 5.8.44 außer Dienst gestellt und später abgewrackt.

U 240 Typ VII C

Bauwerft: Germaniawerft, Kiel
Kiellegung: 14. Mai 1942
Stapellauf: 18. Februar 1943
Indienststellung: 3. April 1943
Feldpost-Nr. M 50810
Versenkt am 16. Mai 1944 westlich von Kristiansand (63°05'N/03°10'E)

Kommandos:
5. U-Flottille Kiel von April 1943–Januar 1944 (Schulboot)
9. U-Flottille Brest von Januar 1944–16. Mai 1944 (Frontboot)

Kommandant:
OLtzS Günther Link, April 1943–16. Mai 1944

Feindfahrten: keine
Versenkte Schiffe: keines

1. 27.3.44: Auslaufen Kiel und Einlaufen Kristiansand am 28.3.44.
2. 13.5.44: Auslaufen Kristiansand mit Kurs auf Narvik. Das Boot wurde am 16., 150 Seemeilen westlich von Kristiansand, durch eine Sunderland der 330. Squadron (S-Lt C.T. Johnsen) gesichtet und in zwei Angriffen versenkt. Es wurden vier Wasserbomben geworfen. Das Flugzeug wurde durch Flakfeuer des Bootes schwer beschädigt und ein Mann seiner Besatzung getötet. Die Sunderland kam sicher in Sollum Voe, Shetlands, an.
Es gab keinen Überlebenden, 50 Tote.

U 241 Typ VII C

Bauwerft: Germaniawerft, Kiel
Kiellegung: 4. September 1942
Stapellauf: 25. Juni 1943
Indienststellung: 24. Juli 1943
Feldpost-Nr.: M 11631
Versenkt am 18. Mai 1944 westlich von Stadlandet, Norwegen (63°36'N/01°42'E)

Kommandos:
5. U-Flottille Kiel von Juli 1943–März 1944 (Schulboot)
3. U-Flottille La Pallice von April 1944–18. Mai 1944 (Frontboot)

Kommandant:
OLtzS Arno Werr, Juli 1943–18. Mai 1944

Feindfahrten: 1
Versenkte Schiffe: keines

1. 23.4.44: Auslaufen Kiel und Einlaufen Kristiansand am 24.4.44.
2. 30.4.44: Auslaufen Kristiansand und Einlaufen Bergen am 4.5.44.
3. 13.5.44: Auslaufen Bergen in den Nordatlantik. Am 18. wurde U 241 über Wasser fahrend westlich von Stadlandet durch eine Catalina der 210. Squadron (F/O B. Bastable) gesichtet, mit sechs Wasserbomben angegriffen und mit Kanonen des Flugzeuges beschossen. Es sank mit dem Heck zuerst.
Obwohl Männer im Wasser gesehen wurden, gab es keine Überlebenden, 51 Tote.

U 242 Typ VII C

Bauwerft: Germaniawerft, Kiel
Kiellegung: 10. Oktober 1942
Stapellauf: 20. Juli 1943
Indienststellung: 14. August 1943
Feldpost-Nr.: M 52339
Versenkt Ende April 1945, Position ist unbekannt.

Kommandos:
5. U-Flottille Kiel von August 1943–Mai 1944 (Schulboot)
FdU Mitte Norwegen von Juni–Juli 1944 (Frontboot)
8. U-Flottille Danzig von Juli 1944–Februar 1945 (Frontboot/Minenleger)
3. U-Flottille La Pallice von März 1945–30. April 1945 (Frontboot)

Kommandanten:
OLtzS Karl-Wilhelm Pancke, Aug. 1943–Febr. 1945
OLtzS Heinrich Riedel, Februar 1945–30. April 1945

Feindfahrten: 7
Versenkte Schiffe: 1 (1.495 BRT)

1. 21.5.44: Auslaufen Kiel und Einlaufen Stavanger am 25.5.44.

Anfang Juni 1944 traf U 242 die »Mitte«-Gruppe, die aus 22 Schnorchelbooten sechs Stunden auf einer Standby-Position vor den norwegischen Häfen Bergen, Stavanger und Kristiansand bestand, um einer Invasion im südlichen Norwegen und Dänemarks zu begegnen. Am 6., nach dem Meldungen über die alliierten Landungen in der Normandie eingingen, wurden die Boote wieder abberufen.

2. 8.6.44: Auslaufen Stavanger als eines von elf »Mitte«-Booten, die eine Aufklärungslinie zwischen Drontheim und Lindesnes bildeten. Die Boote wurden angehalten zum Tauchen, bis die Batterien leer waren, um den alliierten Flugzeugen zu entgehen. Zwei »Mitte«-Boote wurden durch Flugzeugangriffe versenkt, bevor der Befehl einging, der Ende Juni acht »Mitte«-Boote zurückrief, nachdem die Gefahr einer Invasion Norwegens vorüber war.
Rückkehr nach Bergen am 26.6.44.
3. 27.6.44: Auslaufen Bergen und Einlaufen Kiel am 1.7.44. U 242 wurde abgeteilt, um mit der 8. U-Flottille in der Ostsee zu operieren.

4. 11.7.44: Auslaufen Kiel und Einlaufen Reval, Estland, am 14.7.44.

5. 17.7.44. Auslaufen Reval und Einlaufen Grand Hotel, Finnland, am 17.7.44.

6. 18.7.44: Auslaufen Grand Hotel und Patrouille nahe Koivisto und in der Narvabucht. Einlaufen in Helsinki am 1.8.44.

7. 21.8.44: Auslaufen Helsinki. Am 25. glaubte das Boot am östlichen Ende des Golfes von Finnland ein Stationsfahrzeug mit einer Barke längsseits versenkt zu haben. Rückkehr nach Reval am 3.9.44.

8. 12.9.44: Auslaufen Reval und Einlaufen in einen baltischen Hafen, wo es bis zum 21. blieb. Dann lief es aus zum Minenlegen vor Porkkala, Finnland. Am 28. wurde die finnische RIGEL (1.495 BRT) durch eine der Minen versenkt. Rückkehr nach Windau am 28.9.44.

9. 30.9.44: Auslaufen Windau und Einlaufen Pillau am 2.10.44.

10. 5.10.44: Auslaufen Pillau und Einlaufen Danzig am 11.10.44.

11. 12.1.45: Auslaufen Danzig. U 242 brachte einen Funkoperateur mit einer Antenne und Sprengstoff an die finnische Küste am oder um den 23. Das Boot führte Aufklärungsfahrten im südlichen Teil des Golfes von Bothnia durch. Rückkehr nach Kiel am 30.1.45.

12. 23.2.45: Auslaufen Kiel und Einlaufen Horten am 25.2.45.

13. 28.2.45: Auslaufen Horten und Einlaufen Kristiansand am 1.3.45.

14. 4.3.45: Auslaufen Kristiansand in britische Küstengewässer. Ab Anfang April patrouillierte U 242 in der Irischen See. Es ging Ende April aus unbekannten Gründen verloren. Es gab keine Überlebenden, 44 Tote.

U 243 Typ VII C

Bauwerft: Germaniawerft, Kiel
Kiellegung: 1. November 1942
Stapellauf: 2. September 1943
Indienststellung: 2. Oktober 1943
Feldpost-Nr.: M 54310
Gesunken am 8. Juli 1944 westsüdwestlich von Lorient (47°06'N/06°40'W)

Kommandos:
5. U-Flottille Kiel von Oktober 1943–Mai 1944 (Schulboot)
1. U-Flottille Brest von Juni 1944–8. Juli 1944 (Frontboot)

Kommandant:
KptLt Hans Märtens, Oktober 1943–8. Juli 1944

Feindfahrten: 2
Versenkte Schiffe: keines

1. 21.5.44: Auslaufen Kiel und Einlaufen Flekkefjord am 23.5.44.

2. 8.6.44: Auslaufen Flekkefjord als eines von elf »Mitte«-Booten, die einen Aufklärungsstreifen zwischen Drontheim und Lindesnes bildeten. Bald nach dem Auslaufen wurde U 243 von einem Flugzeug angegriffen. Das Boot war inzwischen zur Operation im Nordatlantik entlassen worden. Am 11. wurde das Boot von einem Flugzeug angegriffen, das abgeschossen wurde. Als das Boot die Besatzung aus dem Wasser fischte, wurde festgestellt, dass es sich um eine Ju 88 gehandelt hatte. Rückkehr nach Bergen am 12.6.44.

3. 15.6.44: Auslaufen Bergen zum Einsatz in einem Gebiet nördlich der britischen Inseln.
U 243 wurde angewiesen, Angriffe im Gebiet westlich der britischen Inseln durchzuführen und sich auf den Weg nach dem englischen Kanal zu machen. Am 2.7.44 war U 243 eines von drei Booten, die den westlichen Kanal passierten, auf dem Kurs zum Invasionsgebiet. Die Boote wurden zurückgerufen und nach Brest befohlen, wo sie warten sollten, bis die Lage klarer sein würde. U 243 kam nie an. Am 8. wurde es von einer Sunderland der 10. (RAAF) Squadron (F/O W.B. Tilley) gesichtet und mit Wasserbomben angegriffen. Eine andere Sunderland der 10. Squadron und eine USN-Liberator der VP 105 erschienen und warfen mehrere Wasserbomben. Das Boot wurde 150 Seemeilen westsüdwestlich von Lorient zerstört. Tilley wurde die Versenkung zugeschrieben und er erhielt das DFC.
Der Kommandant von U 243, Kapitänleutnant Märtens, wurde am Kopf verwundet. Er war einer der 39 Überlebenden, die vom Zerstörer HMCS RESTIGOUCHE aufgenommen wurden. Märtens starb später durch die Verwundung. Elf andere Besatzungsmitglieder waren tot.

U 244 Typ VII C

Bauwerft: Germaniawerft, Kiel
Kiellegung: 27. Oktober 1942
Stapellauf: 2. September 1943
Indienststellung: 9. Oktober 1943
Feldpost-Nr.: M 54344
Versenkt am 30. Dezember 1945 nordwestlich von Malin Head (55°46'N/08°32'W)

Kommandos:
5. U-Flottille Kiel von Oktober 1943–Juli 1944 (Schulboot)
9. U-Flottille Brest von Juli–Oktober 1944 (Frontboot)
11. U-Flottille Bergen von November 1944–Mai 1945 (Frontboot)

Kommandanten:
KptLt Rupprecht Fischer, Oktober 1943–April 1945
OLtzS Hans-Peter Mackesprang, April–Mai 1945

Feindfahrten: 4
Versenkte Schiffe: keines

1. 18.7.44: Auslaufen Kiel und Einlaufen Horten am 20.7.44.
2. 24.7.44: Auslaufen Horten in den Nordatlantik. Am 25. wurde das Boot in Begleitung eines Geleitfahrzeuges von zwei Mosquitos der 333. (norwegischen) Squadron (Lt S. Breck und P/O J.A. Stiff) gesichtet. Das Geleitfahrzeug eröffnete das Feuer auf die Flugzeuge, aber als eines auf die deutsche Flagge feuerte, stoppte das Feuer. Die Mosquitos griffen dann mit Wasserbomben an. Vier wurden geworfen, dazu mit Kanonen geschossen. Ein Mann der Bedienung wurde getötet, acht verwundet.
U 244 kehrte am 31.7.44 nach Bergen zurück.
3. 9.9.44: Auslaufen Bergen in den Nordatlantik. U 244 patrouillierte vor Island und griff am 22.9.44 erfolglos einen Convoy vor Reykjavik an.
Rückkehr nach Bergen am 10.10.44.
4. 13.10.44: Auslaufen Bergen und Einlaufen Stavanger am 14.10.44.
5. 9.1.45: Auslaufen Bergen nach britischen Küstengewässern. U 244 patrouillierte später im englischen Kanal, und am 8.2.45 glaubte es ein Schiff südlich von Brighton versenkt zu haben. Es gibt keine Informationen darüber.
Rückkehr nach Bergen am 13.3.45.
6. 15.4.45: Auslaufen Bergen nach dem westlichen Ende des englischen Kanals. U 244 war westlich der britischen Inseln, als der Befehl zur Einstellung des Kampfes am 4.5.45 eintraf. Es lief nach Longh Foyle und kapitulierte am 14. in Lisahally.

U 244 war eines der 116 Boote, die der Royal Navy für die »Operation Deadlight« zur Verfügung gestellt wurden. Im Dezember wurde es im Schlepp von HMS ENCHANTER in See geschleppt und am 30. durch Geschützfeuer des polnischen Zerstörers PIORUN versenkt.

U 245 Typ VII C

Bauwerft: Germaniawerft, Kiel
Kiellegung: 19. November 1942
Stapellauf: 25. November 1943
Indienststellung: 18. Dezember 1943
Feldpost-Nr.: M 53307
Versenkt am 7. Dezember 1945 nordnordwestlich von Rathian Island (56°25'N/06°19'W)

Kommandos:
5. U-Flottille Kiel von Dezember 1943–Juli 1944 (Schulboot)
3. U-Flottille La Pallice von August–Oktober 1944 (Frontboot)
33. U-Flottille Flensburg von Oktober 1944–9. Mai 1945 (Frontboot)

Kommandant:
KKpt Friedrich Schumann-Hindenburg, Dezember 1943–9. Mai 1945

Feindfahrten: 3
Versenkte Schiffe: 3 (17.087 BRT) und 1 beschädigt

1. 6.8.44: Auslaufen Kiel und Einlaufen Horten am 8.8.44.
2. 14.8.44: Auslaufen Horten nach den britischen Küstengewässern. Von Anfang September fuhr U 245 als Wetterboot und fuhr dann Anfang Oktober zurück.
Rückkehr nach Flensburg am 24.10.44.
U 245 fuhr wieder raus am 25.10.44, möglicherweise nach Kiel.
3. 3.1.45: Auslaufen Flensburg und Einlaufen Helgoland am 6.1.45.
4. 14.1.45: Auslaufen Helgoland in ein Gebiet westlich der Doggerbank. U 245 fuhr dann nach Süden, und am Abend des 5.2.45 stieß es auf den Convoy TAM 71, zehn

Seemeilen von North Foreland, und versenkte die amerikanische HENRY G. PLANT (7.240 t). Am 15. beschädigte das Boot den niederländischen Tanker LISETA (2.628 t) nordöstlich von North Foreland.
Rückkehr nach Wilhelmshaven am 18.2.45.
5. 6.4.45: Auslaufen Wilhelmshaven und Einlaufen Helgoland am 7.4.45.
6. 9.4.45: Auslaufen Helgoland nach Südosten von England. Am 18. stieß das Boot auf den Convoy TAM 142 östlich von Pegwell Bay und versenkte zwei Schiffe, die norwegische KARMT (4.991 t) und die britische FILLEIGH (4.856 t) vor dem Südosten Englands. U 245 befand sich noch immer auf See, als der Befehl zur Kampfeinstellung am 4.5.45 einging. Es erreichte Bergen zur Kapitulation am 9.5.45.

U 245 fuhr am 30.5. unter dem Kommando des I WO nach Loch Ryan, Schottland.
Es gehörte zu den 16 Booten, die von der Royal Navy für die »Operation Deadlight« vorgesehen waren. Anfang Dezember 1945 wurde es im Schlepp von HMS ENCHANTER durch den Nordkanal gebracht. Das Boot wurde am 7. nordnordwestlich von Rathian Island versenkt, nachdem das Schleppseil bei schwerer See gekappt wurde.

U 246 Typ VII C

Bauwerft: Germaniawerft, Kiel
Kiellegung: 5. Dezember 1942
Stapellauf: 7. Dezember 1943
Indienststellung: 11. Januar 1944
Feldpost-Nr.: M 53307
Versenkt Anfang April 1945, Position ist unbekannt

Kommandos:
5. U-Flottille Kiel von Januar–Juli 1944 (Schulboot)
3. U-Flottille La Pallice von August–September 1944 (Frontboot)
11. U-Flottille Bergen von Oktober 1944–Anfang April 1945 (Frontboot)

Kommandant:
KptLt Ernst Raabe, Januar 1944–Anfang April 1945

Feindfahrten: 2
Versenkte Schiffe: keines

Obwohl nominell zur 3. U-Flottille seit August 1944 gehörend, hat U 246 keinerlei Operationen gemacht.

1. 28.9.44: Auslaufen Kiel und Einlaufen Horten am 30.9.44.
2. 4.10.44: Auslaufen Horten in den Nordatlantik. Am 23. wurde U 246 südwestlich von Irland lokalisiert und mit Wasserbomben durch Zerstörer der 6. Escortgruppe angegriffen. Es wurde beschädigt und fuhr nach Hause.
Rückkehr nach Bergen am 12.11.44.
3. 21.2.45: Auslaufen Bergen nach den britischen Küstengewässern. U 246 patrouillierte südlich von Irland und fuhr dann in das westliche Ende des englischen Kanals. Am 21.3.45 war das Boot eines von drei Booten, die die Convoys TBC 102 und BTC 103 angriffen. Es ist aber unklar, ob eines der Boote Erfolg hatte.
U 246 ging in der Zeit Anfang April aus unbekannten Gründen verloren. Es gab keine Überlebenden, 48 Tote.

U 247 Typ VII C

Bauwerft: Germaniawerft, Kiel
Kiellegung: 16. Dezember 1942
Stapellauf: 23. September 1943
Indienststellung: 23. Oktober 1943
Feldpost-Nr.: M 53355
Versenkt am 1. September 1944 vor Wolf Rock (49°54'N/05°49'W)

Kommandos:
5. U-Flottille Kiel von Oktober 1943–Mai 1944 (Schulboot)
9. U-Flottille Brest von Juni 1944–1. September 1944 (Frontboot)

Kommandant:
OLtzS Gerhard Matschulat, Okt. 1943–1. Sept. 1944

Feindfahrten: 2
Versenkte Schiffe: 1 (207 BRT)

1. 18.5.44: Auslaufen Kiel und Einlaufen Arendal am 20.5.44.
2. 27.5.44: Auslaufen Arendal. U 247 wurde für See-Erprobungen verwendet, um Vergleiche mit dem mit »Alberich«-Überzug versehenen U 480 zu gewinnen.
Rückkehr nach Bergen am 28.5.44.
3. 31.5.44: Auslaufen Bergen in die britischen Küsten-

gewässer. Ab 15.6.44 patrouillierte das Boot in den Minchen, und am 18. schoss es einen Torpedo an einem Schlachtschiff vorbei. Am 5.7.44 versenkte U 247 das britische Firschereifahrzeug NOREEN MARY (207 t) nördlich der Minch. Rückkehr nach Brest am 28.7.44.

4. 26.8.44: Auslaufen Brest in den englischen Kanal. Auf dem Marsch in das Gebiet wurde U 247 geortet und am 1.9.44 vor Wolf Rock durch die Fregatten HMCS SWANSEA (Cdr C.A. King) und HMCS ST. JOHN (LtCdr W.R. Stacey) der 9. Escortgruppe versenkt.

Es gab keine Überlebenden, 52 Tote.

U 248 Typ VII C

Bauwerft: Germaniawerft, Kiel
Kiellegung: 22. Dezember 1942
Stapellauf: 7. Oktober 1943
Indienststellung: 6. November 1943
Feldpost-Nr.: M 54366
Versenkt am 16. Januar 1945 nördlich von den Azoren (47°43'N/26°37'W)

Kommandos:
5. U-Flottille Kiel von Nov. 1943–Juli 1944 (Schulboot)
9. U-Flottille Brest von August–Okt. 1944 (Frontboot)
11. U-Flottille Bergen von November 1944–16. Januar 1945 (Frontboot)

Kommandanten:
OLtzS Bernhard Emde, November 1943–Oktober 1944
OLtzS Johann-Friedrich Loos, Nov. 1944–16. Jan. 1945

Feindfahrten: 2
Versenkte Schiffe: keines

1. 22.7.44: Auslaufen Kiel, Einlaufen Horten am 24.7.44.
2. 3.8.44: Auslaufen Horten und Einlaufen Bergen am 6.8.44.
3. 17.8.44: Auslaufen Bergen in den Nordkanal. U 248 kam nicht bis dahin, es wurde von alliierten U-Abwehrfahrzeugen vertrieben. Ende September befand es sich südlich von Island, und am 28. griff das Boot ein großes Schiff erfolglos an, hörte aber zwei Detonationen am Ende der Laufstrecke des Torpedos.
Rückkehr nach Drontheim am 14.10.44.
4. 3.12.44: Auslaufen Drontheim in die britischen Küstengewässer. Ab Anfang Januar war U 248 Wetterboot und löste U 1053 im Zentralen Nordatlantik ab. Am

4. wurde es vom Escortzerstörer USS HUBBARD geortet, aber eine Such-Gruppe fand das Boot nicht.

Am 8. machte U 248 einen Torpedoangriff auf eine Korvette, hörte aber lediglich nach langem Warten eine Detonation. Die Gruppe, die U 248 am 4. geortet hatte, fand es wieder am 16., 700 Seemeilen nördlich der Azoren. Das Boot tauchte auf 500 Fuß Tiefe, aber Wasserbomben und Hedgehog-Attacken der Geleitzerstörer USS VARIAN (LtCdr L.H. Myhre) und USS OTTER (LtCdr J.M. Irvine) zwangen das Boot aufzutauchen. Mit dem Erscheinen an der Oberfläche wurde es angegriffen und durch USS HUBBARD (LtCdr L.C. Mabley) und USS HAYTER (Cdr F. Huey), VARIAN und OTTER zerstört.

Es gab keine Überlebenden, 48 Tote.

U 249 Typ VII C

Bauwerft: Germaniawerft, Kiel
Kiellegung: 23. Januar 1943
Stapellauf: 23. Oktober 1943
Indienststellung: 20. November 1943
Feldpost-Nr.: M 54401
Versenkt am 13. Dezember 1945 nordwestlich von Tory Island (56°10'N/10°05'W)

Kommando:
5. U-Flottille Kiel von November 1943–Mai 1945 (Schulboot/Frontboot)

Kommandanten:
OLtzS Rudolf Lindschau, Oktober 1943–Juli 1944
KptLt Uwe Kock, Juli 1944–Mai 1945

Feindfahrten: 3
Versenkte Schiffe: keines

1. 20.2.45: Auslaufen Kiel, Einlaufen Kristiansand 27.2.45.
2. 2.3.45: Auslaufen Kristiansand und Einlaufen Bergen am 5.3.45.
3. 7.3.45: Auslaufen Bergen und Rückkehr am 16.3.45.
4. 21.3.45: Auslaufen Bergen in britische Küstengewässer. Am 23. wurde U 249 angegriffen und durch ein Flugzeug beschädigt und schoss eine Mosquito der 235. Squadron (F/Lt J.A. Williams) ab.
Rückkehr nach Bergen am 24.3.45.
5. 4.4.45: Auslaufen Bergen in die britischen Küstengewässer. U 249 operierte im Westeingang des englischen

Kanals. Es war das erste Boot, das den Befehl zur Kampfeinstellung empfing. Am 8.5.45 wurde U 249 von einer USN Liberator (Lt F.J. Schaum) bei den Scillies gesichtet, es führte eine schwarze Flagge.
Die Sloops HMS AMETHYST und MAGPIE kamen an und geleiteten das Boot in die Bucht von Portland. Das Boot wurde nach Loch Ryan als Suchboot N 86 überführt.

U 249 gehörte zu den 116 Booten, die der Royal Navy für die »Operation Deadlight« zur Verfügung gestellt wurden. Im Dezember 1945 wurde es durch den Zerstörer HMS SOUTHDOWN durch den Nordkanal geschleppt und dann durch das Uboot HMS TANTIVY am 13.12.45 nordwestlich von Tory Island versenkt.

U 250 Typ VII C

Bauwerft: Germaniawerft, Kiel
Kiellegung: 23. Januar 1943
Stapellauf: 11. November 1943
Indienststellung: 12. Dezember 1943
Feldpost-Nr.: M 54453
Versenkt am 30. Juli 1944 im Golf von Finnland

Kommandos:
5. U-Flottille Kiel von Dez. 1943–Juli 1944 (Schulboot)
8. U-Flottille Danzig von Juli 1944 (Frontboot)

Kommandant:
KptLt Werner-Karl Schmidt, Dez. 1943–30. Juli 1944

Feindfahrten: 1
Versenkte Schiffe: keines; 1 Patrouillenfahrzeug (58 t)

1. 15.7.44: Auslaufen Kiel und Einlaufen Reval, Estland, am 19.7.44.
2. 24.7.44: Auslaufen Reval und Einlaufen Grand Hotel, am 25.7.44.
3. 26.7.44: Auslaufen Grand Hotel in den Golf von Finnland. U 250 versenkte das sowjetische Patrouillenfahrzeug MO-105 am 30. nördlich von Primorsk. Es wurde dann sofort lokalisiert und mit Wasserbomben durch den sowjetischen U-Jäger MO-103 versenkt. Sechs Männer, einschließlich des Kommandanten, wurden gefangen genommen. 46 Mann waren tot.

Die Russen hoben das Boot am 25.9.44 und brachten es nach Kronstadt. Man fand geheime Dokumente und eine

Enigma M 4-Maschine sowie einen Akustik-Torpedo des Typs »Zaunkönig«. Ein britisches Expertenteam wünschte eine Durchsuchung des Bootes, seiner Ausrüstung und der Torpedos, was jedoch nicht erlaubt wurde.
Das Boot wurde später abgewrackt.

U 251 Typ VII C

Bauwerft: Bremer Vulkan, Vegesack
Kiellegung: 18. Oktober 1940
Stapellauf: 26. Juli 1941
Indienststellung: 20. September 1941
Feldpost-Nr.: M 15758
Versenkt am 19. April 1945 vor Göteborg
(56°37'N/11°51'E)

Kommandos:
6. U-Flottille Danzig von September 1941–Juni 1942 (Schulboot/Frontboot)
11. U-Flottille Bergen von Juni 1942–Juni 1943 (Frontboot)
13. U-Flottille Drontheim von Juni–Juli 1943 (Frontboot)
24. U-Flottille Memel von Juli–September 1943 (Schulboot)
21. U-Flottille Pillau von September 1943–März 1945 (Versorgungs-Uboot)
31. U-Flottille Kiel von März 1945–19. April 1945 (Schulboot)

Kommandanten:
KptLt Heinrich Timm, September 1941–September 1943
OLtzS Franz Säck, November 1943–April 1945
Von September–November 1943 kein Kommandant
OLtzS Joachim Sauerbier, April 1945–19. April 1945

Feindfahrten: 6
Versenkte Schiffe: 2 (11.408 BRT)

1. 18.4.42: Auslaufen Kiel in nördliche Gewässer. Einlaufen Kirkenes am 25.4.42.
2. 29.4.42: Auslaufen Kirkenes. Der Convoy QP 11 verließ Murmansk am 28. U 251 war eines von sieben Booten, die auf den Convoy angesetzt wurden. Der Kontakt wurde von einigen Booten am 30. hergestellt und erfolglose Angriffe gestartet, sowohl seitens der Escortfahrzeuge, als auch der Boote.
U 251 verfehlte einen Zerstörer.

Früh am 3.5.42 war das Boot erfolgreicher und versenkte die britische JUTLAND (6.153 t) nördlich von Vannöy, Norwegen. Das war die einzige Versenkung während des viertägigen Unternehmens.

U 251 kehrte am 7.5.42 nach Kirkenes zurück.

3. 9.5.42: Auslaufen Kirkenes und Einlaufen Skjomenfjord am 12.5.42.

4. 15.5.42: Auslaufen Skjomenfjord und Einlaufen Drontheim am 17.5.42.

5. 23.5.42: Auslaufen Drontheim und Rückkehr nach Skjomenfjord am 29.5.42.

6. 7.6.42: Auslaufen Skjomenfjord. Am 11. wurden U 251, U 376 und U 408 auf eine Position in der Dänemarkstraße befohlen. Sie sollten eine Gruppe bilden, um Convoys zu verfolgen und Kriegsschiffe anzugreifen, aber nur, wenn sie als solche klar erkannt werden. Am 1.7.42 wurde der nach Osten laufende Convoy PQ 17 östlich von Jan Mayen gesichtet, und U 251 und U 376 vereinigten sich mit U 88, U 355, U 457 und U 657. Sie bildeten die Gruppe »Eisteufel«.

Kurzer Kontakt wurde zum Convoy hergestellt am 2., am 3. wurden erfolglose Angriffe gefahren. Der Convoy löste sich am 5. auf, und die Versenkung von Schiffen des Convoys begann.

Dazu kamen Flugzeugangriffe. Am 10. versenkte U 251 die panamesische EL CAPITAN (5.255 t) nordöstlich von Kharlovka, Russland. Dieses Schiff wurde verlassen, nachdem es nach Angriffen einer Ju 88 am 9. durch Bombentreffer beschädigt worden war.

Zwischen dem 5. und 13. verlor der PQ 17 24 Schiffe, acht durch Uboote, acht durch Flugzeuge und weitere acht durch Uboote, die bereits durch Flugzeuge beschädigt wurden.

Die Deutschen verloren fünf Flugzeuge. U 251 kehrte am 15.7.42 nach Narvik zurück.

7. 14.8.42: Auslaufen Narvik zur Eiserkundung für den Schweren Kreuzer ADMIRAL SCHEER auf seinem Weg in die Kara-See zum Angriff auf Convoys und Küstenanlagen in der »Operation Wunderland«. U 251 und sechs andere Boote operierten gegen den nach Westen laufenden Convoy QP 14 zwischen dem 20. und 22. September, westlich der Südspitze von Spitzbergen. Vier Schiffe und zwei Geleitfahrzeuge wurden versenkt. U 251 hatte keinen Erfolg.

Rückkehr nach Narvik am 26.9.42.

8. 30.9.42: Auslaufen Narvik und Einlaufen Drontheim am 3.10.42.

9. 14.2.43: Auslaufen Drontheim. Es sind von diesem Einsatz keine Details bekannt.

Rückkehr nach Narvik am 1.3.43.

10. 18.3.43: Auslaufen Narvik. Es sind keine Details über diesen Einsatz bekannt.

Rückkehr nach Narvik am 21.4.43.

11. 8.5.43: Auslaufen Narvik. Es sind keine Details von diesem Einsatz bekannt.

Rückkehr nach Drontheim am 29.5.43.

12. 13.6.43: Auslaufen Drontheim und Einlaufen Kiel am 24.6.43.

U 251 kam im Juli 1943 zur 24. U-Flottille und diente als Schulboot bis September 1943, bis es zur 21. U-Flottille als Erprobungsboot geschickt wurde. Im März 1945 ging U 251 zur 31. U-Flottille, wieder als Schulboot. Im April kehrte es nach Kiel zurück.

13. 16.4.45: Auslaufen Kiel nach Norwegen. Am 19. wurde U 251 südlich von Göteborg durch Raketen- und Bombenangriffe von Mosquitos, Teile der 143., 235., 248. und 333. Squadron, versenkt, die deutsche Kriegsschiffe im Kattegat angriffen. 39 Männer, einschließlich des Kommandanten, verloren ihr Leben.

U 252 Typ VII C

Bauwerft: Bremer Vulkan, Vegesack
Kiellegung: 1. November 1940
Stapellauf: 14. August 1941
Indienststellung: 4. Oktober 1941
Feldpost-Nr.: M 32853
Versenkt am 14. April 1942 südwestlich von Island (47°00'N/18°14'W)

Kommando:
6. U-Flottille Danzig/St. Nazaire von Oktober 1941–14. April 1942 (Schulboot/Frontboot)

Kommandanten:
KptLt Günter Schiebusch, Oktober–Dezember 1941
KptLt Kai Lerchen, Dezember 1941–14. April 1942

Feindfahrten: 1
Versenkte Schiffe: 1 (1.355 BRT)

1. 26.3.42: Auslaufen Kiel und Einlaufen Helgoland am 28.3.42.

2. 30.3.42: Auslaufen Helgoland mit Kurs auf Island, wo Agenten am 8.4.42 abgesetzt wurden.

U 252 meldete am 10. die Versenkung eines Schiffes nordwestlich von Island. Das war die norwegische FANEFJELD (1.355 t), die gerade am 8. von Isafjördhur ausgelaufen war. Eine Schwimmweste wurde später gefunden.

Es schein, dass U 252 auf dem Marsch nach seinem Stützpunkt in Frankreich war, als es den Convoy OG 82 während der Nacht vom 13./14. südwestlich von Irland sichtete. Das Boot verfolgte den Convoy, meldete aber nichts weiter. Am späten Abend des 14. wurde U 252 an der Wasseroberfläche durch eine Korvette des Geleites, HMS VETCH, die mit hoher Fahrt heranschloss, gesichtet. Kommandant der Korvette war Lt K.M.B. Menzies. Dicht am Boot konnte die Korvette zwei Torpedos ausweichen, die vom Boot während des Tauchens geschossen wurden.

Kurze Zeit später tauchte U 252 kurz vor der VETCH auf, die erneut mit hoher Fahrt anlief. Der Führer des Escorts, die Sloop STORK (Capt. F.J. Walker) kam nun heran und machte einen Geschützfeuerangriff auf das Boot, bis es wieder tauchte. VETCH kam dazu und führte Wasserbombenangriffe durch. STORK machte ebenfalls zwei Wasserbombenangriffe. Etwas später machten VETCH und STORK einen weiteren Angriff.

Insgesamt wurden fünfzig Wasserbomben geworfen! Überreste des Bootes und menschliche Teile kamen an die Wasseroberfläche. Es gab keine Überlebenden, 44 Tote.

U 253 Typ VII C

Bauwerft: Bremer Vulkan, Vegesack
Kiellegung: 15. November 1940
Stapellauf: 30. August 1941
Indienststellung: 21. Oktober 1941
Feldpost-Nr.: M 33347
Versenkt am 25. September 1942 südwestlich von Jan Mayen (68°19'N/13°50'W)

Kommandos:
8. U-Flottille Königsberg/Danzig von Oktober 1941–August 1942 (Schulboot)
6. U-Flottille Kiel von September 1942–25. September 1942 (Frontboot)

Kommandant:
KptLt Adolf Friedrichs, Okt. 1941–25. Sept. 1942

Feindfahrten: 1
Versenkte Schiffe: keines

1. 12.9.42: Auslaufen Kiel in die nördlichen Gewässer. U 253 war kurzzeitig mit U 610 und U 620 ab 20. in der Dänemarkstraße stationiert. Das Schicksal des Bootes ist nicht bekannt, man glaubt, dass es am oder um den 25. durch eine Mine südwestlich von Jan Mayen unterging. Es gab keine Überlebenden, 46 Tote.

U 254 Typ VII C

Bauwerft: Bremer Vulkan, Vegesack
Kiellegung: 14. Dezember 1940
Stapellauf: 20. September 1941
Indienststellung: 8. November 1941
Feldpost-Nr.: M 41903
Versenkt am 8. Dezember 1942 ostsüdöstlich von Cape Farewell (57°25'N/35°19'W)

Kommandos:
8. U-Flottille Königsberg/Danzig von November 1941–Juli 1942 (Schulboot)
9. U-Flottille Brest von August 1942–8. Dezember 1942 (Frontboot)

Kommandanten:
KptLt Hans Gillardone, Nov. 1941–8. Dez. 1942
KptLt Odo Loewe (zeitweise), 21. September 1942–22. Oktober 1942

Feindfahrten: 3
Versenkte Schiffe: 3 (18.967 BRT)

1. 14.7.42: Auslaufen Kiel in den Nordatlantik. Am 22. traf U 252 auf U 609 bei der Verfolgung eines UR-Convoys, bis dieser Reykjavik erreichte. Danach blieben beide Boote westlich von Island. Am 1.8.42 machte U 254 einen erfolglosen Angriff auf einen US-Zerstörer, hörte lediglich eine Detonation am Ende der Laufstrecke. Es versenkte am 2. südlich von Island die britische FLORA II (1.218 t). Ab 7. operierten U 254 und andere Boote gegen den Convoy SC 94 im Zentralen Nordatlantik, südöstlich von Cape Farewell. U 254 machte am 9. wahrscheinlich einen Angriff auf den Convoy, aber ohne Erfolg. Als der Einsatz am 10. endete, hatte der Convoy elf Schiffe verloren.

U 254 kehrte in den neuen Stützpunkt Brest am 19.8.42 zurück.

2. 21.9.42: Auslaufen Brest in den Nordatlantik. U 254 traf auf die »Luchs«-Gruppe westlich von Irland, die auf einen ON-Convoy wartete. Am 29. sichtete U 118 den nach Westen laufenden Convoy 250 Seemeilen südlich von Island, und die »Luchs«-Boote wurden nach Südwesten zum Angriff befohlen. Als am Abend des 2.10.42 nichts gefunden wurde, schwenkte die Gruppe nach Südwesten.

Am 3. sichtete U 260 den nach Osten laufenden Convoy HX 209 am nördlichen Ende der »Luchs«-Linie.

Am Nachmittag des 3. traf U 254 auf einen Tanker des Convoys, die amerikanische ROBERT H. COLLEY (11.651 t), und versenkte ihn. Vor dem Angriff wurde das Schiff als verlassen und treibend gemeldet. Schlechtes Wetter verzögerte die Konzentration der »Luchs«-Boote für einen Angriff, und das, gekoppelt mit der Luftüberwachung am 4., veranlasste am 6. die Aufgabe des Einsatzes.

Vom 8. an wurden die Boote, die sich mit dem HX 209 beschäftigt hatten, zur »Panther«-Gruppe umgebildet, welche durch auswärts laufende Boote verstärkt wurden. Am Abend des 9. versenkte U 254 die britische PENNINGTON COURT (6.098 t) südsüdwestlich von Reykjavik.

Am Abend des 11. sichtete U 609 den nach Westen laufenden Convoy ONS 136 und acht Boote der »Panther«-Gruppe, einschließlich U 254, wurden auf ihn als »Leopard«-Gruppe angesetzt. Schlechtes Wetter und starker Wind verhinderten das Herankommen verschiedener Boote an den Convoy, und die Operation wurde am 14. aufgegeben. Nur zwei Schiffe waren versenkt worden.

Die »Leopard«-Boote wurden dann auf den ankommenden Convoy SC 104 angesetzt. Während der Nacht des 14./15. wurde U 254 lokalisiert und von der norwegischen Korvette POTENTILLA vertrieben und dann durch eine Wasserbombenattacke einer anderen norwegischen Korvette, der EGLANTINE, beschädigt.

Rückkehr nach Brest am 22.10.42.

3. 21.11.42: Auslaufen Brest in den Nordatlantik. U 254 traf fünf andere Boote zur Bildung der »Panzer«-Gruppe, die am 29. 800 Seemeilen westlich des Nordkanals auf einen ONS-Convoy wartete. Einem möglichen Kontakt folgend, verlegten die »Panzer«-Boote nach Südwesten, und am 4.12.42 stoppten sie nordöstlich von St. John's. Sie hatten nichts gefunden. Abends nahm U 524 einen Funkspruch auf, der besagte, dass ein Convoy nordöstlich der »Panzer«-Gruppe nach Nordosten lief, und die »Panzer«-Boote liefen mit hoher Geschwindigkeit dahin. Der nach Osten laufende Convoy HX 217 wurde am 6. von U 524 gesichtet, und die Gruppen »Panzer« und »Draufgänger« auf ihn angesetzt. Am 8. kollidierte U 254 mit U 221 der »Draufgänger«-Gruppe während eines Angriffes auf den Convoy.

Schwer beschädigt tauchte U 254 auf und war nicht mehr zum Tauchen in der Lage. Bald darauf wurde es mit Wasserbomben durch eine Liberator der 120. Squadron (S/Ltr T.M. Bulloch) ostsüdöstlich von Cape Farewell angegriffen. Einige der Besatzung von U 254 verließen das Boot bei schwerer See, aber nur vier wurden von U 221 aufgefischt. Die übrigen 41 Mann starben.

U 255 Typ VII C

Bauwerft: Bremer Vulkan, Vegesack
Kiellegung: 21. Dezember 1940
Stapellauf: 8. Oktober 1941
Indienststellung: 29. November 1941
Feldpost-Nr.: M 47763
Versenkt am 13. Dezember 1945 nordwestlich von Tory Island (55°50'N/10°05'W)

Kommandos:
8. U-Flottille Königsberg/Danzig von November 1941–Juni 1942 (Schulboot)
11. U-Flottille Bergen von Juni 1942–Mai 1943 (Frontboot)
13. U-Flottille Drontheim von Juni–November 1943 (Frontboot)
7. U-Flottille St. Nazaire von Dezember 1943–September 1944 (Frontboot)
13. U-Flottille Drontheim von März–Mai 1945 (Frontboot)
Außer Dienst Oktober 1944–März 1945

Kommandanten:
KptLt Reinhart Reche, November 1941–Juni 1943
OLtzS Erich Harms, Juni 1943–August 1944
LtzS Brischke, August–September 1944
OLtzS Helmuth Heinrich, März–Mai 1945

Feindfahrten: 10
Versenkte Schiffe: 11 (53.873 BRT)
1 Zerstörer (1.200 t)

1. 15.6.42: Auslaufen Kiel in den Nordatlantik. Am 1.7.43 sichteten U 255 und U 408 den Convoy PQ 17 östlich von Jan Mayen und führten andere Boote an ihn heran. Kurzer Kontakt wurde am 2. von anderen Booten hergestellt und einige nicht erfolgreiche Angriffe gefahren. Als bekannt wurde, dass deutsche Überwasserstreitkräfte sich zum Angriff auf den Convoy vorbereiteten, wurde am Abend des 4. entschieden, dass sich der

Convoy PQ 17 zerstreuen sollte. Es geschah so ab 5., und die Versenkungen durch Uboote und Flugzeuge nahmen ihren Anfang. Am 6. versenkte U 255 die amerikanische JOHN WITHERSPOON (7.191 t) südwestlich von Novaya Zemlya nach einer 30-stündigen Jagd. Im selben Gebiet versenkte es am 7. und 8. die amerikanische ALCOA RANGER (5.116 t) und die amerikanische OLOPANA (6.069 t). Am 13. versenkte das Boot die niederländische PAULUS POTTER (7.168 t). Dieses Schiff wurde geentert, und es wurden Dokumente gefunden. Es war nach Bombenangriffen durch U 88 am 5. verlassen worden. Mit dem letzten Torpedo von U 255 wurde es versenkt. Nach einer neuntägigen Operation gegen den PQ 17 waren 24 Schiffe versenkt, acht durch Flugzeuge, acht durch Uboote und weitere acht wurden nach schweren Bombenangriffen beschädigt und dann durch Uboote versenkt.

Rückkehr nach Narvik am 15.7.42.

2. 18.7.42: Auslaufen Narvik und Einlaufen Bergen am 20.7.42.

3. 4.8.42: Auslaufen Bergen und ab 11. Aufklärung vor Spitzbergen mit einem BV 138-Flugboot, das mit extra Brennstofftanks versehen war. Dieses war die Vorbereitung der »Operation Wunderland«, ein geplantes Unternehmen des Schweren Kreuzers ADMIRAL SCHEER in die Karasee, zum Angriff auf Convoys und Küstenanlagen. Am 17. nahm U 255 die Besatzung eines Flugbootes auf, das notlanden musste. Am 25.8.42 beschossen U 255 und U 209 die sowjetische Funkstation auf Cape Zhelania und am 29. eine andere Station auf Khodovarikha. Nach Ende des Unternehmens lief U 255 am 9.9.42 in den Neidenfjord ein.

4. 13.9.42: Auslaufen Neidenfjord in das Gebiet von Grönland. Am 20. operierte U 255 mit sechs anderen Booten gegen den Convoy QP 14, der von Archangelsk am 13. abfuhr.

Das Boot beschädigte die amerikanische SILVER SWORD (4.937 t) aus dem Convoy am 20. östlich von Shannon, Grönland. Das Schiff wurde dann vom Zerstörer HMS WORCHESTER mit Artillerie versenkt.

Am 23. wurde U 255 angegriffen und durch eine Catalina der 210. Squadron (F/Sgt J.W. Semmons) südlich von Jan Mayen beschädigt.

Rückkehr nach Bergen am 25.9.42.

5. 29.9.42: Auslaufen Bergen und Einlaufen Kiel am 3.10.42.

6. 7.1.43: Auslaufen Kiel und Einlaufen Hammerfest am 18.1.43.

7. 23.1.43: Auslaufen Hammerfest in nördliche Gewässer. U 255 versenkte zwei Eisbrecher in der Barentsee, am 26. die sowjetische MALYGIN (1.571 t) und am 29. die sowjetische UFA (1.892 t).

Der nach Westen laufende Convoy RA 52 lief am 29. von der Kola-Bucht aus. Er wurde erfolglos südwestlich von der Bäreninsel am 1.2.43 durch U 625 angegriffen. Am 3. kam U 255 hinzu und versenkte die amerikanische GREYLOCK (7.460 t) östlich von Jan Mayen.

Rückkehr nach Narvik am 9.2.43.

8. 22.2.43: Auslaufen Narvik in norwegische Gewässer. Am 23. sichtete ein deutsches Flugzeug den nach Osten laufenden Convoy JW 53. Die wartenden Uboote verfehlten ihn aufgrund schlechten Wetters und Luftangriffen am 25. und 26. U 255 machte am 26. einen erfolglosen Angriff.

Der rücklaufende Convoy RA 53 verließ die Kolabucht am 1.3.43. U 255 sichtete ihn am 2. und beschattete ihn. Es griff nicht an vor dem 5., versenkte dann die amerikanische EXECUTIVE (4.978 t) und beschädigte die amerikanische RICHARD BLAND (7.191 t) südwestlich von der Bäreninsel. Fünf Tage später kam U 255 erneut an den Convoy heran, und um diese Zeit sank die RICHARD BLAND, die in zwei Teile zerbrach, als drei Torpedos trafen. Das Heckteil sank sofort, das Vorschiff wurde von dem RN-Schlepper HORSA in Schlepp genommen. Nach fünf Tagen wurde es auf Land gesetzt bei Akueryri, Island, nachdem die HORSA zum Wrack wurde.

Rückkehr nach Narvik am 15.3.43.

9. 29.3.43: Auslaufen Narvik. Es sind keine Einzelheiten dieser Unternehmung bekannt. Einlaufen Bergen am 29.4.43.

10. 9.7.43: Auslaufen Bergen und Einlaufen Narvik am 16.7.43.

11. 19.7.43: Auslaufen Narvik zu einer Spezialunternehmung in Verbindung mit der »Operation Wunderland II«, die den Einsatz von Ubooten gegen sowjetische Convoys auf der sibirischen Route umfasste.

U 255 versenkte das sowjetische Rettungsschiff AKADEMIK SOKALSKIJ (300 t) nahe Sproyj Navolok. Am 1.8.43 baute das Boot an der Nordküste von Novaya Zemlya, nahe Sporyj Navolok, eine Basis auf.

Ab 4. versorgte es von hier ein BV 138-Flugboot mit Kraftstoff, das zwischen dem 5. und 11. bis zu Vilkitski Strait Aufklärung flog. Dies sollte zur Vorbereitung der Ubootangriffe der »Winking«-Gruppe auf Convoys dienen, die möglicherweise durch den Schweren Kreuzer Lützow, der im Altafjord lag, unterstützt wurden.

Es kamen keine Convoys in Sicht und das Unternehmen fand nicht statt.

Weitere Versuche, um an Informationen heranzukommen, wurden eingestellt, nachdem das Flugboot gesunken war. Jeder Versuch von U 255, die Besatzung zu retten, wurde aufgegeben. Zwischen dem 4. und 6. September wurden U 255 und U 601 zur Suche nach Convoys eingesetzt, aber sie fanden keinen.

Rückkehr nach Narvik am 19.9.43.

12. 5.10.43: Auslaufen Narvik und Einlaufen Bergen am 13.10.43.

13. 26.2.44: Auslaufen Bergen in den Nordatlantik.
Am 9.3.44 griff U 255 den nach Osten laufenden Convoy CU 16 südsüdwestlich von Reykjavik an und versenkte den Escortzerstörer USS LEOPOLD und schoss an USS JOYCE vorbei.
Nachdem zwei Besatzungsangehörige bei einem Luftangriff am 11. verwundet worden waren, traf U 255 auf die »Preußen«-Gruppe, deren Boote westlich der britischen Inseln operierten. Als eine geplante Operation auf Convoys keinen Erfolg hatte, wurde die Gruppe am 22. aufgelöst und die Boote, einschließlich U 255, operierten einzeln zwischen den britischen Inseln und dem 40° W.
Rückkehr nach St. Nazaire am 11.4.44.

14. 6.5.44: Auslaufen St. Nazaire. Rückkehr am 8.5.44.

15. 6.6.44: Auslaufen St. Nazaire als eines von 19 nicht mit Schnorchel versehenen Booten, die französische Häfen verließen und in die Biskaya als »Landwehr«-Gruppe liefen.
Ihr Befehl war, sich in einer Doppellinie auf 200 Meter Tiefe zwischen Brest und Bordeaux zu legen, und nach der alliierten Landungsflotte zur Invasion Ausschau zu halten und diese anzugreifen. Später bewegten sie sich auf eine Linie von 100 Meter Tiefe für ein schnelles Eingreifen auf jede Invasion.
Die wartenden Boote waren unter ständigen Luftangriffen, wenn sie nachts zur Batterieladung auftauchen mussten. Als die Invasion in diesem Gebiet nicht erfolgte, wurden am 12. die Boote zurückbefohlen, wo sie in sechsstündiger Bereitschaft liegen mussten.
Rückkehr nach St. Nazaire am 15.6.44.

Im August 1944 wurde U 255 aufgrund einer Beschädigung außer Dienst gestellt. Während der Schlussmonate 1944 wurde das Boot repariert und wieder mit einer Besatzung versehen, ausgebildet und von einem Stabsoffizier kommandiert.
Im Februar 1945 erhielt U 255 Brennstoff von U 868, das Versorgungsgüter und Munition aus Norwegen brachte. Im März 1945 erhielt U 255 weiteren Brennstoff von U 878, einem anderen Versorgungsboot aus Norwegen. U 255 war nun wieder klar für die Seefahrt.

16. 17.4.45: Auslaufen St. Nazaire. Am 18. warf U 255 acht TMC-Minen vor Les Sables d'Olonne.
Rückkehr nach St. Nazaire am 21.4.45.

17. 22.4.45: Auslaufen St. Nazaire und Einlaufen La Pallice am 24.4.45.

18. 28.4.45: Auslaufen La Pallice und Rückkehr nach St. Nazaire am 30.4.45.

19. 2.5.45: Auslaufen St. Nazaire und Einlaufen La Pallice am 3.5.45.

20. 5.5.45: Auslaufen La Pallice und Rückkehr nach St. Nazaire am 7.5.45.

21. 8.5.45: Auslaufen St. Nazaire. Kapitulation in Loch Alsh am 19.5.45.
U 255 verlegte nach Loch Ryan.

U 255 war eines von 116 Booten, die an die Royal Navy für die »Operation Deadlight« gingen. Im Dezember 1945 wurde es im Schlepp der Fregatte HMS CUBITT durch den Nordkanal geschleppt und am 13.12.45 nordwestlich von Tory Island von einem Flugzeug versenkt.

U 256 Typ VII C

Bauwerft: Bremer Vulkan, Vegesack
Kiellegung: 15. Februar 1941
Stapellauf: 28. Oktober 1941
Indienststellung: 18. Dezember 1941
Feldpost-Nr.: M 47855
Außerdienststellung am 23. Oktober 1944 in Bergen

Kommandos:
8. U-Flottille Königsberg/Danzig von Dezember 1941–Juli 1942 (Schulboot)
9. U-Flottille Brest von Juli 1942–Oktober 1944 (Frontboot)
Außer Dienst von November 1942–August 1943

Kommandanten:
KptLt Odo Loewe, Dezember 1941–November 1942
OLtzS Wilhelm Brauel, August 1942–August 1944
KKpt Heinrich Lehmann-Willenbrock, September–Oktober 1944

Feindfahrten: 5
Versenkte Schiffe: keines
1 Sloop (1.300 t)

1. 28.7.42: Auslaufen Kiel in den Nordatlantik.
U 256 war eines von acht Booten, die Kiel zwischen dem 21.7.42 und 1.8.42 zum Treffen mit der »Steinbrinck«-Gruppe 400 Seemeilen nordöstlich von Neufundland ab 7.8.42 zur Bildung einer Linie verließen. Zwei Tage bevor sie ihre Position erreichten, sichtete U 593 den nach Osten laufenden Convoy SC 94. Die Boote wurden

am 7. zum Angriff auf den Convoy befohlen, gemeinsam mit den »Steinbrinck«-Booten, die bereits angriffen; aber trotz schlechter Sicht, Abwehr durch die Geleitfahrzeuge und die Luftsicherung war die Gruppe erfolgreich: zehn Schiffe sanken. Zwei Boote wurden verloren, U 210 und U 379. Am Nachmittag des 9. machte U 256 einen erfolglosen Angriff auf den Convoy.

Nach dieser Aktion traf U 256 andere Boote in einer neuen Gruppe, »Lohs« genannt, 600 Seemeilen westlich vom Nordkanal. Man suchte den nach Osten laufenden Convoy SC 95. Dieser wurde am 15. durch U 256 mit Kurs Nord gesichtet. Nur U 256 und zwei weitere Boote bekamen Kontakt mit dem Convoy, und der Angriff von U 705 versenkt nur ein Schiff.

Der Kontakt ging verloren, und die »Lohs«-Gruppe wurde umgebildet. Am 22. sichtete U 135 den nach Westen laufenden Convoy ONS 122 im Zentralen Nordatlantik. Es wurde vertrieben, und der Kontakt wurde erst am 24. wieder hergestellt.

U 256 war eines von neun Booten, die während der Nacht vom 24./25. an den Convoy herangeführt wurden. Angriffe wurden in den ersten Stunden gefahren und vier Schiffe versenkt, keines durch U 256. Das Boot wurde durch eine Wasserbombe der norwegischen Korvette POTENTILLA und den britischen Zerstörer HMS VISCOUNT beschädigt.

Das Boot begann seine Rückfahrt nach dem Stützpunkt. Am 2.9.42 wurde es in der Biskaya angegriffen und von einer Wasserbombe, geworfen von einer Whitley der 502. Squadron (F/O E.G. Brooks), weiter beschädigt. Es wurde später nochmals von einer Whitley der 51. Squadron (F/L E.O. Tandy) angegriffen. Die Beschädigungen waren so groß, dass 30 Mann der Besatzung vom rücklaufenden U 438 übernommen und nach Brest mitgenommen wurden.

U 256 kam mit eigener Kraft am 3.9.42 im Stützpunkt Brest an.

U 256 wurde im November 1942 außer Dienst gestellt und nach Umbau zum Flakboot kam es am 16.8.43 wieder in Dienst. Sieben Boote wurden umgebaut: U 211, U 256, U 263, U 271, U 441, U 621 und U 953. Die umfangreiche Bewaffnung reduzierte das Fassungsvermögen an Brennstoff und verhinderte lange Seeausdauer der Boote.

2. 4.10.43: Auslaufen Brest in den Nordatlantik.
In Begleitung von U 271 nahm U 256 Kurs auf eine Position westlich der Azoren zum Schutz des U-Tankers U 488 während der Versorgung. Am 12. übernahm es diese Aufgabe. U 488 hatte sich aber weiter nördlich auf eine neue Versorgungsposition begeben, nachdem es

während der Nacht des 11./12. von einem Flugzeug des Escortträgers USS CARD entdeckt wurde. Die Versorgung fand zwischen dem 13. und 17. statt.

Nach einiger Zeit, nach dem 20.10.43, erreichte U 220 die Versorgungsposition, um den U-Tanker U 488 zu unterstützen. Am oder um den 27./28. wurde U 256 versorgt und U 603 am oder um den 23. Am 31. hatte der Zerstörer USS BORIE Radar-Kontakt mit U 256. Das Boot tauchte, und es erfolgten drei Wasserbombenangriffe in schwerer See. Nach Höhen einer Explosion wurde durch USS BORIE fälschlicherweise die Versenkung angenommen.

Rückkehr nach Brest am 17.11.43.

Die Umrüstung zum Flakboot erwies sich nicht als Erfolg versprechend. U 256 wurde in seinen Originalzustand rückgerüstet und nahm seinen ursprünglichen Dienst wieder auf.

3. 25.1.44: Auslaufen Brest in den Nordatlantik.
U 256 traf auf die »Igel 2«-Gruppe westlich von Irland für den nach Westen laufenden Convoy ON 223. Vom 4.2.44 bis zum 10. patrouillierten die »Igel 2«-Boote südwestlich von Irland, dann begannen sie nach Westen zu fahren.

Am 5. schoss U 256 vermutlich eine Liberator der 224. Squadron ab, und in den frühen Stunden des 10. schoss es ohne Erfolg einen Torpedo auf den Geleitschutz des nach Osten laufenden Convoys HX 277.

Die »Igel 1«- und »Igel 2«-Gruppen blieben auf Kurs West, mit der Absicht, einen ONS-Convoy zwischen dem 14. und 18. in Zusammenarbeit mit Aufklärungsflugzeugen zu finden und anzugreifen. Die Convoys ONS 29, ONS 234 und OS 64 wurden am 14. westlich vom Nordkanal von Flugzeugen gesichtet, und alle Boote westlich der britischen Inseln, einschließlich »Igel 1« und »Igel 2«, versammelten sich 600 Seemeilen südwestlich von Irland.

Am 18. wurden zwei Parallellinien, »Hai 1« und »Hai 2« vor den Convoys gebildet. Die Luftaufklärung während der Nacht des 17./18. verfehlte ihn und am 18. wurde festgestellt, dass der Convoy gedreht hatte und die Linie im Süden passieren würde.

Die Boote wurden sofort nach Süden befohlen, bei Tage getaucht und bei Nacht mit hoher Fahrt über Wasser. Anstelle Sichtung der Convoys fanden die Boote am 19. nur einige Zerstörer. Am Abend des 20. griff U 256 den Convoy ON 224 an. Es war wenig erfolgreich gegen die Sloop STARLING, aber es torpedierte und beschädigte die Sloop HMS WOODPECKER, die am 27. im Schlepp nach Falmouth unterging. Sie sank durch Geschützfeuer.

Die Operation gegen die Convoys war am 20. beendet

und die Boote tauchten, um den Flugzeugen der Träger zu entgehen. Die »Hai«-Gruppen wurden aufgelöst und 16 Boote, einschließlich U 256, bildeten ab 22. die »Preussen«-Gruppe westlich von Irland.

Die Gruppe war vom 26. an zwischen dem 22° und 30° W auf dem Kurs des Convoys ON 225 konzentriert, aber der wurde umgeleitet. Am 6.3.44 fuhren die »Preussen«-Boote auf der Suche nach dem Convoy nach Norden.

U 625 wurde durch eine Sunderland am 10. angegriffen und U 256 und U 741 wurden in das Gebiet westlich von Irland geschickt, um nach Überlebenden zu suchen. Obwohl Floßsäcke gefunden wurden, gab es keine Überlebenden. Während der Suche wurden die beiden Boote von einer Wellington der 407. (RCAF) Squadron (P/O F. M. O'Donnell) angegriffen, die aber abgeschossen wurde.

U 256 traf wieder für einige Tage auf die »Preussen«-Gruppe und fuhr dann nach Hause.

Rückkehr nach Brest am 22.3.44.

4. 6.6.44: Auslaufen Brest als Teil der »Landwirt«-Gruppe.

U 256 und sieben andere nicht mit Schnorchel ausgerüstete Boote wurden in ein Gebiet zwischen Lizard und Hartland Point zur Operation gegen alliierte Versorgungsschiffe im Englischen Kanal befohlen.

Für ein rechtzeitiges Erscheinen im Operationsgebiet fuhren die Boote am späten Abend raus und wurden aufgefordert, mit hoher Geschwindigkeit über Wasser zu fahren. Sie kamen alle unter heftige Luftangriffe, sobald sie ihren Geleitschutz von Brest verlassen hatten.

Am frühen Morgen des 7. waren U 256 und U 415 zusammen an der Wasseroberfläche auf dem Marsch, als sie von zwei Liberators der 53. Squadron (F/Os E. Allen und R. Buchan-Hepburn) angegriffen wurden.

Beide Boote eröffneten das Feuer. Eine Wellington der 179. Squadron (P/O W.J. Hill) erschien und griff mit ein. U 256 wurde ernsthaft beschädigt, schoss eine Liberator ab, dann tauchte es. U 415 wurde ebenfalls bei zwei Wasserbombenangriffen durch die Wellington schwer beschädigt.

Bevor es tauchte, schoss es die zweite Liberator ab, die brennend ins Meer stürzte. U 256 und U 415 trafen später wieder zusammen und kehrte am 8.6.44 nach Brest zurück.

5. 3.9.44: Nun mit Schnorchel ausgerüstet, verließ U 256 Brest zur Fahrt nach Norwegen, unter der Führung eines Stabsoffiziers der 9. U-Flottille, Korvettenkapitän Lehmann-Willenbrock. Das Boot lief durch den Nordatlantik, drehte nach Norden und passierte westlich von Island die Dänemarkstraße und fuhr dann östlich gen Norwegen zu.

Das ursprüngliche Ziel war Drontheim, aber es fuhr weiter im Süden nach Bergen, wo es am 17.10.44 einlief.

U 256 wurde am 23.10.44 in Bergen außer Dienst gestellt.

U 257 Typ VII C

Bauwerft: Bremer Vulkan, Vegesack
Kiellegung: 22. Februar 1941
Stapellauf: 19. November 1941
Indienststellung: 14. Januar 1942
Feldpost-Nr.: M 23394
Versenkt am 24. Februar 1944 nördlich der Azoren (47°19'N/26°00'W)

Kommandos:
5. U-Flottille Kiel von Januar–September 1942 (Schulboot)
3. U-Flottille La Pallice von September 1942–24. Februar 1944 (Frontboot)

Kommandanten:
KptLt Heinz Rahe, Januar 1942–24. Februar 1944

Feindfahrten: 5
Versenkte Schiffe: keines

1. 15.9.42: Auslaufen Kiel und Einlaufen Bergen am 18.9.42.

2. 21.9.42: Auslaufen Bergen in den Nordatlantik.

U 257 traf auf die »Luchs«-Gruppe westlich von Irland und wartete auf einen ON-Convoy. Am 29. sichtete U 118 einen nach Westen laufenden Convoy 250 Seemeilen südlich von Island, und die »Luchs«-Boote wurden an ihn herangeführt. Als bis zum Abend des 2.10.42 nichts gefunden wurde, drehte die Gruppe langsam nach Südwesten.

Am 3. sichtete U 260 den nach Osten laufenden Convoy HX 209 am nördlichen Ende der »Luchs«-Gruppe.

Schlechtes Wetter verhinderte eine Konzentration der Boote für einen Angriff, und eine starke Geleitsicherung hielt die Boote auf Distanz. Am 5. wurden U 582 und U 619 durch Luftangriffe versenkt, U 257 wurde beschädigt. Die Operation gegen den Convoy wurde am 6. abgebrochen und U 257 verließ die Gruppe.

Rückkehr nach La Pallice am 18.10.42.

3. 22.12.42: Auslaufen La Pallice in den Nordatlantik.

U 257 traf auf die »Falke«-Gruppe 500 Seemeilen westlich von Irland. Die Gruppe wurde auf die Convoys ONS 158 und ON 159 angesetzt, aber die wurden rechtzeitig umgeleitet.

Zwischen dem 7. und 15. Januar 1943 drehten die Boote der »Falke«-Gruppe westwärts auf der Suche nach Convoys. Sie drehten nach Norden am 16., aber sie fanden auch dort nichts. Am 19. vereinigte sich die »Falke«- mit der »Habicht«-Gruppe, und sie bildeten zwei neue Linien, »Haudegen« und »Landsknecht«. Die Boote der letzteren Gruppe hatten Boote mit wenig Kraftstoff. Dazu zählte auch U 257.

»Landsknecht« wurde verstärkt durch neu ankommende Boote, die Gruppe wartete westlich von Irland, aber es kam kein Convoy. Ende Januar gingen einige Boote auf Heimatkurs.

Am 1.2.43 war U 257 eines von fünf »Landsknecht«-Booten, die auf den nach Osten laufenden Convoy HX 224 angesetzt wurden, der von U 456 im Nordatlantik gesichtet wurde. Drei Schiffe wurden am 3. versenkt, U 265 wurde Opfer eines Geleitfahrzeuges. U 257 machte am 3. einen erfolglosen Angriff.

Bevor es nach Hause lief, wurde das Boot durch U 460 mit Kraftstoff versorgt.

Rückkehr nach La Pallice am 12.2.43.

4. 14.3.43: Auslaufen La Pallice in den Nordatlantik. U 257 traf auf die »Seewolf«-Gruppe südsüdöstlich von Cape Farewell, die am 25. zur Operation gegen den nach Osten laufenden Convoy SC 123 gebildet wurde. Der Convoy wurde am 26. nachmittags von U 564 gesichtet und einige »Seeteufel«-Boote wurden auf ihn angesetzt. Die »Seewolf«-Gruppe wartete im Süden.

Am 27. sichtete U 305 den nach Westen laufenden Convoy HX 230 und die »Seewolf«- und »Seeteufel«-Boote wurden auf ihn angesetzt. Angesichts eines schweren Sturms und eines starken Geleitschutzes kamen die 22 Boote nur zur Versenkung eines einzigen Schiffes durch U 610. Der Kontakt ging am 30. verloren, und der Einsatz wurde aufgegeben.

U 257 traf auf eine neue Gruppe, »Adler« genannt, ab 7.4.43 südlich von Grönland, und wartete auf den nach Osten laufenden Convoy SC 125. Der Convoy passierte 200 Seemeilen südlich von der »Adler«-Linie am 7. und es war unmöglich, ihn zu stellen. Die Gruppe wurde nach Südosten zum Angriff auf den Convoy HX 232 gedreht, aber am 10. wurde ein nach Westen laufender Convoy, ON 176, gemeldet. U 257 hatte keinen Kontakt vor Ende der Operation am 12.; es stand östlich von Neufundland. Die »Adler«-Boote wurden Teil der neuen »Meise«-Gruppe südlich von Grönland ab 14. und warteten auf den Convoy SC 126. Der wurde umgeleitet und passierte die Gruppe im Süden. Am 20. fuhren die »Meise«-

Boote nach Norden, vor den Convoy HX 234, der von U 306 am 21. gemeldet worden war.

U 257 nahm an dem Angriff auf HX 234 nicht teil. Es wurde am 25. durch U 487 im Zentralen Nordatlantik mit Kraftstoff versorgt. Am 3.5.43 wurde das Boot angegriffen und durch eine Sunderland der 461. Squadron (RAAF) (F/O R.D.J. Baird) beschädigt.

Rückkehr nach La Pallice am 7.5.43.

5. 12.6.43: Auslaufen La Pallice in den Zentralatlantik. U 257 lief durch die Biskaya zusammen mit U 68, U 155, U 600 und U 615 als Schutz gegen Luftangriffe. Am 14. wurden U 257, U 600 und U 615 durch eine Sunderland der 461. (RAAF) Squadron (F/O S. White) angegriffen. Wasserbomben wurden geworfen, aber es gab keine Schäden. Die Boote tauchten, aber als sie nach sechs Stunden wieder auftauchten, wurde U 600 durch eine Whitley der 10. OTU (P/O Orr) angegriffen und leicht beschädigt. U 257 und U 615 nahmen Kurs auf U 600 und es kam zum Schusswechsel, bevor es das Gebiet verließ. Vier Stunden später erschien eine Fortress der 220. Squadron (F/O C.E. Callender), ging zum Angriff auf U 600 über, wurde aber rechtzeitig abgeschossen. Es gab keine Überlebenden. Bald darauf erschien eine Wellington der 547. Squadron (W/O J.W. Hermiston) und griff sofort U 615 an, das leicht beschädigt wurde. Das Flugzeug wurde von den Booten vertrieben und flog nach einigen Runden nach Hause.

U 257 und U 600 setzten ihren Kurs nach Süden fort. Ende Juni wurde U 257 von U 488 westlich der Azoren mit Brennstoff versorgt. Es fuhr weiter durch den Zentralen Atlantik und mit acht anderen Booten patrouillierte es vor der afrikanischen Küste zwischen Dakar und dem Niger-Delta.

Vom 23.7.43 bis zum 2.8.43 war U 257 mit fünf anderen Booten auf einer langsamen Rückwärts- und dann wieder nach Voraus-Route in einer Ost-West verlaufenden Linie dicht an der Elfenbeinküste tätig, aber es kam nichts in Sicht. U 257 verließ sein Operationsgebiet am 6.8.43 und wurde auf der Rückfahrt zwischen dem 23. und 28., 800 Seemeilen südwestlich der Azoren, von U 847 mit Kraftstoff versorgt.

Rückkehr nach Lorient am 14.9.43.

6. 16.11.43: Auslaufen Lorient und Einlaufen St. Nazaire am 18.11.43.

7. 2.1.44: Auslaufen St. Nazaire in den Nordatlantik. U 257 wurde für Wetterbootmeldungen ab Februar abgeteilt. Am 24. wurde das rücklaufende Boot nördlich der Azoren von Escortfahrzeugen des nach Osten laufenden Convoys SC 153 geortet. Es wurde mit Wasserbomben von der Fregatte HMCS Waskesiu (LtCdr J.H.S. Macdonald) versenkt.

31 Mann der Besatzung fanden den Tod.

U 258 Typ VII C

Bauwerft: Bremer Vulkan, Vegesack
Kiellegung: 20. März 1941
Stapellauf: 13. Dezember 1941
Indienststellung: 4. Februar 1942
Feldpost-Nr.: M 23837
Versenkt am 20. Mai 1943 westsüdwestlich von Rockall
(55°18'N/27°49'W)

Kommandos:
5. U-Flottille Kiel von Februar–August 1942 (Schulboot)
3. U-Flottille La Pallice von September 1942–20. Mai 1943 (Frontboot)

Kommandanten:
KptLt Wilhelm von Mässenhausen, Februar 1942–20. Mai 1943
OLtzS Leopold Koch (zeitweise), 10. Januar 1943–4. März 1943

Feindfahrten: 3
Versenkte Schiffe: 1 (6.198 BRT)

1. 1.9.42: Auslaufen Kiel in den Nordatlantik.
Mit anderen Booten fuhr U 258 nach Neufundland zum Treffen mit der »Lohs«-Gruppe. Diese Boote wurden an den nach Osten laufenden Convoy SC 99 angesetzt, der am 13. von U 216 westlich von Irland gesichtet worden war. Als das Boot von den Geleitfahrzeugen vertrieben wurde, ging der Kontakt verloren. Der Convoy wurde am 14. wieder gefunden durch U 440, aber als das Boot wieder vertrieben wurde und auch noch Beschädigungen davontrug, wurde die Operation eingestellt.
U 258 und andere neu hinzugekommene Boote bildeten nun die »Pfeil«-Gruppe ab 15. in einem Gebiet im Zentralen Nordatlantik westlich von Irland. Am 15. sichtete U 221 den nach Westen laufenden Convoy ON 129, und die Boote bereiteten sich auf einen konzentrierten Angriff vor, aber der Verfolger verlor im Nebel den Kontakt. Kurz wieder gesichtet am 16., änderte der Convoy seinen Kurs und die Operation wurde aufgegeben.
Die »Pfeil«-Gruppe wurde umgeleitet und fuhr am 18. nordostwärts und dann am 19. nordwestwärts, um an den nach Osten laufenden Convoy SC 100 heranzukommen. Er wurde von U 221 gesichtet und die »Pfeil«-Gruppe traf auf die »Lohs«-Gruppe zum Angriff auf ihn. Als sich die Boote dem Convoy näherten, wurde das Wetter schlecht und entwickelte sich am 21. zu einem Hurrikan. Mit vielen Booten, die dieser Operation hinterher liefen,

wurde der Einsatz gegen den SC 100 am 22., 500 Seemeilen von Cape Farewell, aufgegeben.
Eine neue Linie, »Blitz«, wurde gebildet und fuhr nach Südwesten auf einen nicht identifizierten, nach Nordosten laufenden Convoy zu, der später als RB 1 bezeichnet wurde. Er lief auf einem Kurs am 23., als von U 258 erneut der SC 100 gesichtet wurde, der sich wegen des schlechten Wetters verspätet hatte. U 258, U 221, U 615 und U 617 liefen auf ihn zu, während der Rest der »Blitz«-Gruppe hinter dem RB 1 blieb.
Starke Luftüberwachung hielt die vier Boote vom Angriff auf SC 100 ab, der am 23. aufgegeben wurde. Auch U 258 hatte am 24. keinen Erfolg, hörte lediglich einige Detonationen von Torpedos am Ende ihrer Laufstrecke.
Die »Blitz«-Boote waren nun weit verstreut und bevor sie neu gebildet werden konnten, sichtete U 617 den Convoy ON 131. Sie suchten nach dem Convoy, jetzt als »Tiger«-Gruppe, aber verfehlten ihn. Das schlechte Wetter hatte die Gruppe gehindert, sich rechtzeitig zu formieren. Am 29. wurden alle Boote in ein Gebiet nördlich der Azoren zur Versorgung befohlen.
U 258 erhielt Kraftstoff von U 116. Neun der »Tiger«-Boote, einschließlich U 258, bildeten ab 8.10.42 östlich von Neufundland eine neue Linie, »Wotan«. Sie warteten auf einen SC-Convoy. Am 11. sichtete U 258 ein Escortfahrzeug mit Kurs auf Nordost. In den frühen Stunden des 12. wurde die Gruppe mit großer Fahrt nach Nordosten befohlen, um den nach Osten laufenden Convoy SC 104 anzugreifen, der das nördliche Ende der »Wotan«-Gruppe nachmittags passieren würde.
Der Convoy wurde während der Nacht vom 12./13. im Zentralen Nordatlantik, südlich von Cape Farewell, von U 221 gesichtet, U 258 war eines der Boote, die zum Angriff befohlen wurden, aber es wurde am 13. durch Geschützfeuer der norwegischen Korvette EGLANTINE vertrieben. Am 13. und 14. wurden acht Schiffe des Convoys versenkt. U 258 hatte Kontakt mit dem SC 104, wurde aber durch Geleitfahrzeuge am 14. und 15. vertrieben. Mit Erscheinen von mehr Flugzeugen als Geleitschutz des Convoys wurde die Operation am 15. beendet. U 258 sichtete den Convoy zuletzt am Morgen des 16. Oktober.
Rückkehr nach La Pallice am 27.10.42.
2. 2.12.42: Auslaufen La Pallice und Rückkehr am 6.12.42.
3. 10.1.43: Auslaufen La Pallice in den Zentralatlantik zur Operation gegen Convoys, die Kurs auf das Mittelmeer hatten. Am oder um den 24. traf U 258 auf die »Delphin«-Gruppe südlich der Azoren. Gegen Ende Januar bewegte sich die Gruppe nach Osten in ein Gebiet nordwestlich der Kanarischen Inseln, dann wieder nach Süden, westlich von Gibraltar.

Am 7.2.43, nördlich von den Kanarischen Inseln, sichtete U 521 einen kleinen Convoy, Gib No. 2. Die fünf südlich stehenden »Delphin«-Boote, U 258, U 87, U 202, U 264 und U 558, wurden an den nur schwach eskortierten Convoy herangeführt. Allerdings wurde die Operation am 8. bevor der Geleitschutz stärker wurde, aufgegeben, auch wegen der bedrohlichen Luftüberwachung ab 9. Nur U 264 machte einen Angriff am 8., aber das war ein Fehlschuss.

Nach kurzer Pause wurde östlich von Madeira ein gemeldeter Convoy als Angriffsziel ins Auge gefasst. Das war in Wahrheit eine UJagd-Gruppe. Die fünf »Delphin«-Boote wurden zwischen dem 12. und 14. südwestlich von Madeira durch U 118 mit Kraftstoff versorgt. Dann trafen sie am 16. auf die »Rochen«-Gruppe südlich der Azoren auf der Suche nach US-Gibraltar-Convoys.

Am 20.2.43 wurden U 258 und U 264 von der »Rochen«-Gruppe zum Geleit des erbeuteten Tankers HOHENFRIEDBERG (bis dahin HERBORG) detachiert. Sie trafen auf U 437 der »Robbe«-Gruppe. Der Tanker wurde 500 Seemeilen südwestlich von Cape Finisterre von einer USAF-Liberator gesichtet und vom Kreuzer HMS SUSSEX am 26. versenkt. U 264 schoss vier Torpedos auf die SUSSEX, die rechtzeitig gesehen wurden, der Kreuzer konnten ihnen noch ausweichen.

Rückkehr nach La Pallice am 4.3.43.

4. 1.4.43: Auslaufen in den Nordatlantik.

U 258 traf am 14. auf die »Meise«-Gruppe östlich von Neufundland zum Empfang des nach Osten laufenden Convoys SC 126. Aber der wurde umgeleitet und die Boote konnten ihn nicht finden. Ab 21. wurde südlich von Grönland zum Empfang des nach Osten laufenden Convoys HX 234 eine neue Linie gebildet. Der Convoy wurde an diesem Tag von U 306 gesichtet. Nebel und Schneesturm machten ein dichtes Herankommen für die Boote schwierig, und am 25. wurde das Unternehmen gegen HX 234, da alle Boote in Kontakt mit dem Convoy von Flugzeugen und Geleitfahrzeugen vertrieben wurden, aufgegeben.

Die »Meise«-Gruppe wurde aufgelöst und U 258 traf auf die neu gebildete »Star«-Gruppe östlich von Cape Farewell, um dort den nach Westen laufenden Convoy ONS 5 zu empfangen. Am 28. passierte der ONS 5 den Norden der Linie und wieder machte das Wetter Schwierigkeiten. In einem Unterwasserangriff versenkte U 258 am 29. die amerikanische MCKEESPORT (6.198 t) und glaubte zwei andere Schiffe getroffen zu haben. In der Dunkelheit wurde das Boot von einer auf Island stationierten USN-Catalina (Lt W.A. Sherlin) angegriffen, wobei der Bug durch Wasserbomben beschädigt wurde. Der Angriff auf ONS 5 wurde am 1.5.43 nahe Cape Farewell eingestellt. Die »Star«-Boote wurden nach Süden zur Suche nach SC 128 befohlen, den man auf dem Kurs nach Nordost vermutete. Ein Sturm kam aus dem Süden, und als kein Kontakt zustande kam, wurde die »Fink«-Gruppe am 3. aus den Gruppen »Star« und »Specht« gebildet. Sie bestand aus 29 Booten. Die Linie wurde auf dem vermuteten Kurs des Convoys SC 128 gebildet, aber als dieser bis zum 4. nicht kam, nahm man mit ONS 5 vorlieb, der verzögert durch den Sturm, wieder auftauchte.

Die Umstände für einen Angriff waren gut, aber am 5. kam Nebel auf und am 6. wurde die Operation eingestellt. Am 5. waren zwölf Schiffe versenkt worden, aber auch sechs Boote gingen verloren.

U 258 wurde durch U 459 südöstlich von Grönland mit Kraftstoff versorgt. Es traf dann mit U 381 und U 954 zusammen und bildete am 12. die »Inn«-Gruppe südsüdöstlich von Cape Farewell. Die drei »Inn«-Boote wurden Teil der »Donau 1«-Gruppe ab 15. An diesem Tag begannen die »Donau 1«- und »Donau 2«-Gruppen sowie die »Iller«-Gruppe eine Südwestkursänderung zu vollziehen, um dort auf der Suche nach Convoys erfolgreicher zu sein. Am 17. wurde der Convoy SC 130 150 Seemeilen südöstlich von Cape Farewell gesichtet, und die drei Gruppen fuhren südostwärts zum Treffen mit ihm. Der Convoy wurde während der Nacht des 18./19. durch U 304 gefunden und der Angriff begann. Vom 19. an hatte der SC 130 eine durchgehend starke Luftsicherung. Als die Operation am 20. beendet wurde, waren drei Boote gesunken, nur ein Schiff ging verloren. Der Convoy war der letzte, der in der Atlantikschlacht erbittert bekämpft wurde.

U 258 war eines von drei Booten, die bei dieser Operation verloren gingen. Es wurde am Morgen des 20. mit einer Wasserbombenattacke einer Liberator der 120. Squadron (S/L J.R.E. Proctor) 900 Seemeilen westlich von Rockall versenkt. Es gab keine Überlebenden, 49 Tote.

U 259 Typ VII C

Bauwerft: Bremer Vulkan, Vegesack
Kiellegung: 25. März 1941
Stapellauf: 30. Dezember 1941
Indienststellung: 18. Februar 1942
Feldpost-Nr.: M 40483
Versenkt am 15. November 1942 nördlich von Algier (37°20'N/03°05'E)

Kommandos:
5. U-Flottille Kiel von Februar–August 1942 (Schulboot)
3. U-Flottille La Pallice von September 1942–15. November 1942 (Frontboot)

Kommandant:
KptLt Klaus Köpke, Februar 1942–15. November 1942

Feindfahrten: 2
Versenkte Schiffe: keines

1. 29.8.42: Auslaufen Kiel in den Nordatlantik.
U 259 traf auf die »Lohs«-Gruppe 400 Seemeilen nordöstlich von Cape Race am 13.9.42. Am 18. wurde der nach Osten laufende Convoy SC 100 gesehen, aber nur drei Boote waren in der Lage, am 19. an ihn heranzukommen. Sie versenkten ein Schiff. Schlechtes Wetter und eine Kursänderung des Convoys führte dazu, dass die »Lohs«-Gruppe den Kontakt verlor. Die Operation endete am 22.
Rückkehr nach dem neuen Stützpunkt La Pallice am 5.10.42.
2. 5.11.42: Auslaufen ins Mittelmeer als eines von sieben Booten, die in der Biskaya die »Delphin«-Gruppe bildeten und zur Verstärkung nach dort entsandt wurden.
Alle Boote passierten die Straße von Gibraltar, U 259 während der Nacht vom 8./9. Nach dem Einfahren im Mittelmeer traf es andere Boote in einem Gebiet westlich von einer Linie, die von den Balearen bis Algier reichte. Viele von ihnen waren seit dem 5. dort, wartend auf Entwicklungen, die von der Versammlung von Schiffen in Gibraltar abhingen. Als U 259 die afrikanische Küste erreichte, hatten die alliierten Landungen in Nordafrika gerade ihren Anfang genommen. Das war am 8. November.
Das Boot wurde über Wasser am 15. nördlich von Algier durch eine Hudson der 500. Squadron (F/O M.A. Ensor) geortet. Angesichts des Unmöglichkeit, noch zu tauchen, entschied sich der Kommandant, es auszukämpfen.
Ensor warf vier Wasserbomben, die das Boot vernichteten, auch das Flugzeug beschädigten. In großer Bedrängnis flog Ensor auf die algerische Küste zu, aber kurz vor dem Land begann seine Maschine ihren Geist aufzugeben und er und seine Besatzung stiegen aus. Der Pilot und der obere Kanonier wurden von den Sloops HMS ERNE und LEITH aufgefischt, aber die anderen zwei Männer waren tot. Ensor erhielt das DSO-Kreuz für diesen Angriff.
Von der Besatzung U 259 gab es keine Überlebenden, 48 Tote.

U 260 Typ VII C

Bauwerft: Bremer Vulkan, Vegesack
Kiellegung: 7. Mai 1941
Stapellauf: 9. Februar 1942
Indienststellung: 14. März 1942
Feldpost-Nr.: M 44273
Selbst versenkt am 14. März 1945 ostsüdöstlich von Fastnet (51°15'N/09°05'W)

Kommandos:
8. U-Flottille Danzig von März–September 1942 (Schulboot)
6. U-Flottille St. Nazaire von Oktober 1942–Oktober 1944 (Frontboot)
33. U-Flottille Flensburg von Oktober 1944–14. März 1945 (Frontboot)

Kommandanten:
KptLt Hubertus Purkhold, März 1942–Februar 1944
OLtzS Klaus Becker, Februar 1944–14. März 1945

Feindfahrten: 9
Versenkte Schiffe: 1 (4.893 BRT)

1. 10.9.42: Auslaufen Kiel in den Nordatlantik.
U 260 traf auf die »Vorwärts«-Gruppe, die sich ab 20. östlich der Neufundlandbank gebildet hatte. Der Convoy RB 1 wurde am 23. von U 404 gesichtet. Er bestand aus Dampfschiffen vom Great Lake-Distrikt und wurde von den Booten als Truppentransport gemeldet. Drei Schiffe und ein Geleitzerstörer wurden versenkt. Während der Nacht vom 24./25. machte U 260 einen weiteren erfolglosen Angriff.
Die »Vorwärts«-Boote waren während des Angriffs weit zerstreut, und noch bevor sie sich auf den Convoy RB 1 neu orientieren konnten, wurde der ostwärts laufende Convoy ON 131 gesichtet, aber der Kontakt ging verloren.
Die meisten der »Vorwärts«-Boote gingen nun auf Heimat-Kurs, aber U 260 und andere spät eingetroffene Boote trafen auf die »Luchs«-Gruppe, die am 1.10.42 westlich von Irland gebildet wurde. Die Gruppe fuhr südwestwärts, und am 3. sichtete U 260 den nach Nordosten laufenden Convoy HX 209. Schlechtes Wetter und starke Winde hielten die Boote von jedem konzentrierten Angriff auf den Convoy am 5. ab, zwei Boote gingen durch Flugzeuge an diesem Tag verloren. Das Unternehmen gegen den Convoy wurde angesichts gewachsener Luftsicherung am 6. aufgegeben.

Ab 8. traf U 260 auf eine neue Linie, »Panther« genannt, westlich von Irland.

Teile der »Panther«-Gruppe nahmen an der Operation gegen die Convoys ONS 136 und ON 137 teil, aber U 260 war nicht daran beteiligt. Es fuhr südwärts, als die Gruppe sich auflöste, und um den 20. wurde es von U 463 im Zentralen Nordatlantik mit Kraftstoff versorgt. Am 22. war U 260 eines von sechs Booten, die an den nach Westen laufenden Convoy ON 139 herangeführt wurden. Die Geschwindigkeit des Convoys war so, dass nur eines der verfolgenden Boote, U 443, zu Angriff kam und zwei Schiffe versenkte.

Ende Oktober wurde U 260 in ein Gebiet vor Ponta Delgada, südlich der Azoren, geschickt, um Informationen über die alliierte Schifffahrt zu erlangen. Rückkehr nach Lorient am 15.11.42.

2. 14.12.42: Auslaufen in den Nordatlantik.

U 260 traf auf die »Spitz«-Gruppe, westlich von Irland, die sich ab 23. im Zentralen Nordatlantik gebildet hatte. Die Gruppe begann sich nach Süden zu bewegen, und am 26. wurde von U 664 der nach Westen laufende Convoy ONS 154 am südlichen Ende der Linie gesichtet. Die »Spitz«- und »Ungestüm«-Gruppen wurden zum Angriff befohlen, bei schlechter Sicht wurden durch U 356 und U 441 nur vier Schiffe versenkt.

Am Morgen des 28. machte U 260 einen starken Kontakt, der andere Boote dazu brachte, den Schirm der Geleitfahrzeuge zu durchbrechen. Während der Nacht vom 28./29. wurden sieben Schiffe versenkt. U 260 griff am 28. kurz vor Mitternacht an und versenkte die britische EMPIRE WAGTAIL (4.893 t) nördlich der Azoren. Es glaubte auch ein zweites Schiff versenkt und ein weiteres beschädigt zu haben, wofür es keine Informationen gibt. U 260 wurde von den Geleitfahrzeugen am 29. vertrieben. Am 31. waren nur noch fünf Boote in Kontakt. Die übrigen, mit wenig Kraftstoff, waren auf dem Weg nach Hause.

U 260 setzte seine Reise unabhängig fort und wurde um den 20. durch U 117 im Zentralen Nordatlantik mit Kraftstoff versorgt. Rückkehr nach St. Nazaire am 3.2.43.

3. 12.3.43: Auslaufen in den Nordatlantik. U 260 traf auf die »Seeteufel«-Gruppe südlich Islands für die Operation gegen den Convoy ONS 1. Als nichts gesehen wurde, bewegte sich die Gruppe am 22. nach Westen und war am 26. auf dem Kurs des Convoys. Am Nachmittag kamen Masten in Sicht, aber es wurde kein engerer Kontakt hergestellt. Stattdessen wurde entschieden, den nach Osten laufenden Convoy HX 230 anzugehen. Einige Boote waren am 28. nahe am Convoy, aber schlechtes Wetter verhinderte jeden Angriff. U 260 griff einen Frachter an, aber der Torpedo, den es abschoss, lief vorbei. Das Unternehmen gegen HX 230 endete am 30.

Während des Angriffs waren der Kommandant und die Brückenwache den Unbilden des Wetters ausgesetzt, und innerhalb von 30 Minuten wurden er und die Wache fast von den schweren Seen über Bord gerissen.

Ein Großteil des Wassers drang durch das Turmluk, die Sprachrohre und die Dieselluftansaugstutzen ins Boot. U 260 und andere »Seeteufel«-Boote trafen in neuen Gebieten zusammen und bildeten am 3.4.43 die »Löwenherz«-Gruppe südöstlich von Grönland. Am 4. wurde der nach Osten laufende Convoy HX 231 im Westen der Linie gesichtet. Die Verfolgung über die nächsten drei Tage brachte die Versenkung von sechs Schiffen und eines beschädigten mit sich. U 260 hatte keinen Erfolg. Ab dem 11. wurden U 260 und andere »Lerche«-Boote mit Kraftstoff durch U 487 im Zentralen Nordatlantik versorgt. Dann trafen sie auf die »Specht«-Gruppe nordöstlich von Neufundland. Ab 22. wartete die Gruppe auf den ostwärts laufenden Convoy SC 127, aber als der nicht kam, bewegten sich die Boote mit hoher Geschwindigkeit nach Nordwesten, um am 25. vor dem Convoy ONS 4 eine neue Linie zu bilden. Wieder wurde der Convoy umgeleitet. Ab 27. wurde die »Specht«-Gruppe gegen den HX 235 angesetzt, aber der war zu weit im Süden.

Vom 29. an bildeten die »Specht«- und »Amsel«-Gruppen eine Linie nordöstlich von Neufundland zum Angriff auf den nach Osten laufenden Convoy SC 128. Beide Gruppen fuhren nach Süden zur Suche, aber als am 1.5.43 der Convoy nicht gefunden wurde, fuhren die »Specht«-Boote wieder nach Norden und bildeten am 3. südlich von Cape Farewell aus Booten der »Specht«- und »Star«-Gruppen eine neue lange Linie, »Fink« genannt. Am Nachmittag des 4. passierte der Convoy ONS 5 die Linie der »Fink«-Boote im Zentrum.

Während der Nacht vom 4./5. wurden Angriffe gefahren und der Convoy teilte sich in eine Anzahl von kleinen eskortierten Gruppen.

Weitere Attacken wurden bei Tage am 5. durchgeführt, aber als am Nachmittag Nebel aufkam, ging der Kontakt verloren. Angesichts der Tatsache, dass zeitweise fünfzehn oder mehr Boote mit dem Convoy in Kontakt waren, war die Versenkung von zwölf Schiffen enttäuschend, speziell, da auch sechs Boote verloren gingen. U 260 machte keinen Angriff auf den Convoy.

Etwa um den 10. wurde U 260 von U 459 südöstlich von Grönland mit Kraftstoff versorgt.

U 260 kehrte am 22.5.43 nach St. Nazaire zurück.

4. 25.8.43: Auslaufen in den Nordatlantik.

U 260 und fünf Boote bezogen Positionen in einer Wartestation nördlich der Azoren ab 2.9.43. Zwischen dem 10. und 13. wurden U 260, U 305, U 338 und U 645 von U 460 versorgt und dann zusammen mit U 731, das nicht versorgt wurde, nach Norden verlegt. Dieses Treffen mit 14 anderen Booten, südsüdwestlich von Island am 21. wurde befohlen, um eine Linie zu bilden, »Leuthen« genannt.

Geheimhaltung war so weit als möglich oberstes Gebot, um den Alliierten keine Informationen zukommen zu lassen, wo sich die Boote versammelten. Allerdings wurde U 341, das eigentlich getaucht fahren sollte, gesichtet, angegriffen und von einem kanadischen Flugzeug östlich der geplanten Linie versenkt.

Früh am 20., bevor die »Leuthen«-Boote auf ihrer Position waren, wurde der nach Westen laufende Convoy ON 202 gesichtet. Vier Boote kamen heran, aber nur eines konnte einen Unterwasserangriff machen. Der Kontakt ging verloren, als die beiden verfolgenden Boote durch Geleitfahrzeuge und Flugzeuge vertrieben wurden. Während des Tages am 20. kamen ON 202 und ONS 18 heran. Der Kontakt mit dem kombinierten Convoy wurde bis in den Abend gehalten, nur fünf Boote gingen mit den Schiffen. Eines davon war U 260, dessen Angriff vorbeiging. Andere »Leuthen«-Boote wurden zum Angriff auf den Convoy befohlen, doch die Geleitfahrzeuge griffen ebenfalls an. Im Glauben, dass bei Vernichten des Geleits der Convoy während der Nacht vom 21./22. leicht zu bekämpfen sein würde, erfolgten weitere Angriffe.

Nebel kam auf in den frühen Stunden des 21. und blieb den ganzen Tag. U 260 griff erfolglos die Korvette HMS Narcissus an. Am frühen Morgen des 23. schoss es dicht an der Korvette HMCA Chamly vorbei. Die Operation wurde am Morgen des 23. eingestellt, aber weiterhin mehrfache Versuche gestartet, Geleitfahrzeuge zu versenken.

Tatsächlich wurden drei davon versenkt, ein weiteres beschädigt, aber drei Uboote waren verloren gegangen. Die »Leuthen«-Boote bildeten nach Erreichen ihrer neuen Linie die »Rossbach«-Gruppe südlich von Island ab dem 27. Die Gruppe verlegte am 1.10.43 nach Nordwesten zum Angriff auf den Convoy ONS 19 und dann vom 3. nach Osten zum Treffen mit dem Convoy ON 204. Keiner der Convoys wurde gefunden, und ab 5. begannen die »Rossbach«-Boote nach Südwesten zu drehen, um den Convoy SC 143 oder HX 259 zu suchen. Ersterer wurde von einem deutschen Flugzeug am 8. gesichtet, aber die Boote empfingen die Signale nicht und konnten deshalb die Convoys nicht finden. Die Operation endete am 9. U 260 wurde nach Süden geschickt, aber nahm bald darauf Kurs auf den Stützpunkt. Rückkehr nach St. Nazaire am 24.10.43.

5. 18.12.43: Auslaufen nach dem Westen der Britischen Inseln.

U 260 sollte auf die kleine »Rügen«-Untergruppe treffen, die aus drei Booten bestand und sich westlich von Irland aufhielt. Ihre Aufgabe war, konstant die Position zu wechseln, um ein Bild über viele Boote in einem weiten Gebiet vorzutäuschen. Falls Convoys gefunden wurden, waren die Gruppen jedoch zu klein für erfolgreiche Angriffe. Auflösung am 7.1.44, die Boote wurden anschließend einzeln eingesetzt.

Von Ende Januar war U 260 als Wetterboot südwestlich von Island in Fahrt. Um den 1.2.44 traf es auf einen Convoy vor Reykjavik, aber es gab keine weiteren Einsätze.

U 260 machte weiter als Wetterboot.

Rückkehr nach St. Nazaire am 27.2.44.

6. 6.6.44: U 260 war eines von 19 nicht mit Schnorchel ausgerüsteten Booten, die in die Biskaya als Teil der »Landwirt«-Gruppe ausliefen.

Sie sollten sich zwischen Brest und Bordeaux außerhalb des Hafens im Falle einer Invasion auf 200 m Tiefe legen und die Landungsfahrzeuge angreifen. Die Boote bewegten sich später auf 100 m Tiefe, um schneller einsatzbereit zu sein.

Die wartenden Boote waren ständigen Luftangriffen ausgesetzt, wenn sie nachts zum Auftauchen zur Batterieladung gezwungen waren. Als die Invasion nicht am 12. kam, wurden die Boote zurückbefohlen und in sechsstündige Bereitschaft gelegt.

Rückkehr nach Lorient am 16.6.44.

7. Auslaufen Lorient und Rückkehr am 23.7.44.

8. 7.8.44: Auslaufen Lorient nach La Pallice, nachdem die Alliierten gelandet waren.

Das Boot verließ den Stützpunkt zusammen mit U 608 und U 981 mit Kurs auf Lorient. Nur U 260 kam an. Die anderen beiden Booten wurden durch Flugzeuge in der Biskaya versenkt.

Einlaufen La Pallice am 13.8.44.

9. Auslaufen La Pallice zur Fahrt nach Norwegen. U 260 war zwischenzeitlich mit einem Schnorchel ausgerüstet worden. Die Ausrüstung fiel jedoch während der Fahrt laufend aus und einige Männer der Besatzung vergifteten sich mit Kohlenmonoxyd. U 260 lief am 17.10.44 in Flensburg ein.

10. 9.2.45: Auslaufen Kiel nach Horten. Einlaufen dort am 13.2.45.

11. 18.2.45: Auslaufen Horten in britische Küstengewässer.

Am 13.5.45 wurde das Boot ostsüdöstlich von Fastnet durch eine Mine erheblich beschädigt. Es konnte zwar auftauchen und die Motoren anlassen, aber der Kommandant wurde am 14. zur Selbstversenkung veranlasst. Die Besatzung nahm zwei Dingis und landete nahe Calley Head. Internierung durch irische Behörden.

U 261 Typ VII C

Bauwerft: Bremer Vulkan, Vegesack
Kiellegung: 17. Mai 1941
Stapellauf: 16. Februar 1942
Indienststellung: 28. März 1942
Feldpost-Nr.: M 45671
Versenkt am 15. September 1942 nordwestlich von Butt of Lewis (59°49'N/09°28'W)

Kommandos:
8. U-Flottille Danzig von März–September 1942 (Schulboot)
6. U-Flottille St. Nazaire von September 1942–15. September 1942 (Frontboot)

Kommandant:
KptLt Hans Lange, März 1942–15. September 1942

Feindfahrten: 1
Versenkte Schiffe: keines

1. 8.9.42: Auslaufen Kiel nach dem Norden der Britischen Inseln. Am 15. wurde U 261 angegriffen und mit Wasserbomben durch eine Whitley der 58. Squadron (Sgt B.F. Snell) nordwestlich des Butt of Lewis versenkt. Es gab keine Überlebenden, 43 Tote.

U 262 Typ VII C

Bauwerft: Bremer Vulkan, Vegesack
Kiellegung: 29. Mai 1941
Stapellauf: 10. März 1942
Indienststellung: 15. April 1942
Feldpost-Nr.: M 45835
Kapitulation im Mai 1945 in Kiel

Kommandos:
5. U-Flottille Kiel von April–September 1942 (Schulboot)
2. U-Flottille La Pallice von Oktober 1942–Oktober 1944 (Frontboot)
3. 33. U-Flottille Flensburg von November 1944–April 1945 (Frontboot)

Kommandanten:
KptLt Günter Schiebusch, April–Oktober 1942
KptLt Heinz Franke, Oktober 1942–Dezember 1943
OltzS Helmut Wieduwilt, Dez. 1943–Nov. 1944
KptLt Karl-Heinz Laudahn, Nov. 1944-April 1945

Feindfahrten: 9
Versenkte Schiffe: 3 (13.010 BRT)
1 Korvette (925 t)

1. 8.9.42: Auslaufen Kiel und Einlaufen Bergen am 12.9.42.
2. 24.9.42: Auslaufen Bergen in den Nordatlantik. Am 25. wurde U 262 von zwei Hudsons der 48. Squadron (P/O E. Tammes und P/O R. Horney) nahe der Färöer-Inseln angegriffen und beschädigt. Rückkehr nach Bergen am 28.9.42.
3. 3.10.42: Auslaufen Bergen nach Norden und Einlaufen Narvik am 9.10.42.
4. 5.11.42: Auslaufen Narvik in den Nordatlantik. U 262 wurde auf den Convoy ONS 144 angesetzt, der die »Kreuzotter«-Linie am 15. passierte, 600 Seemeilen westlich von Irland. Am Morgen des 18. versenkte das Boot die norwegische Korvette MONTBRETIA südsüdöstlich von Cape Farewell.
Der Ansatz gegen den ONS 144 dauerte fünf Tage und endete am 21., und angesichts des nebligen Wetters wurden fünf Schiffe versenkt. Boote mit genügend Kraftstoff, einschließlich U 262, bildeten eine neue Linie, »Drachen« genannt, ab 24. nordöstlich der Neufundlandbank. Die anderen »Kreuzotter«-Boote waren am 19. zur Versorgung mit Kraftstoff abgelaufen.
Am 26. versenkte U 262 die britische OCEAN CRUSADER (7.178 t) östlich von Neufundland. Die Gruppe sichtete keinen Convoy. Rückkehr in den neuen Stützpunkt La Pallice am 9.12.42.
5. 16.1.43: Auslaufen La Pallice in den Nordatlantik. U 262 traf westlich von Irland die »Landsknecht«-Gruppe. Ein ON-Convoy wurde erwartet, aber als dieser nicht kam, wurde die Gruppe am 28. aufgelöst. U 262 und einige andere Boote der »Landsknecht«-Gruppe bildeten am 2.2.43 eine Aufklärungslinie, »Pfeil« genannt, zur Suche eines nach Osten laufenden SC-Convoys.
Am 4. sichtete U 187 den Convoy SC 118. Einige »Haudegen«-Boote wurden an ihn herangeführt und andere Boote dieses Gebiets ebenfalls. Nach fünf Tagen Kampf, der am 9. endete, waren 20 Boote im Angriff auf den mit einer starken Geleitsicherung versehenen Convoy SC 118 beteiligt. Elf Schiffe wurden versenkt und drei Boote gingen verloren. U 262 versenkte die polnische ZAGLOBA (2.864 t). Das Boot wurde bald danach geortet und mit Wasserbomben durch die Zerstörer HMS

BEVERLEY und VIMY beschädigt. Es wurde nochmals beschädigt bei einem Angriff der französischen Korvette LOBELIA. Am oder um den 7. wurde U 262 durch U 465 mit Kraftstoff versorgt.

Rückkehr nach La Pallice am 15.2.43.

6. 27.3.43: Auslaufen La Pallice in Kanadische Gewässer. U 262 fuhr mit versiegelter Order. Es war als Boot im Hintergrund vorgesehen, falls das leitende Boot auf dem Weg durch die Biskaya versenkt werden sollte. Der Kommandant öffnete seine Befehle und ihm wurde klar, dass er einen Spezialauftrag hatte, Magpie genannt. Der Plan war, deutsche Kriegsgefangene aus dem Lager 70, das sich nahe Fredericton befand, in Neu Brunswick abzuholen. Die Ausgebrochenen sollten mit dem Boot am North Point, Prince Edward Island, zusammentreffen. Am 15.4.43 sichtete U 262 den nach Osten laufenden Convoy HX 233, 400 Seemeilen nördlich der Azoren. Sieben andere Boote wurden zum Angriff befohlen. U 262 wurde am Morgen des 16. angegriffen und vertrieben und setzte seinen Weg fort.

Während der Nacht des 26./27. stellte U 262 im Gebiet verstärkten Eisgang fest, es drohte ein Festkommen im Eis. Der Kommandant entschied sich, das Eis zu durchbrechen, zu tauchen und getaucht zum Treffpunkt zu fahren. Nach 16 Stunden wurde versucht, aufzutauchen, aber das Eis war zu dick.

Wieder tauchend fuhr Franke für einige Minuten zurück, und mit voller Kraft Druckluft auf die Tanks durchbrach er das Eis. Das Luk wurde kurzzeitig durch eine starke Eisscholle runter gehalten, aber das hat sich erledigt. Bemerkenswerte Beschädigungen an Aufbauten des Bootes sorgten für Beeinträchtigungen, auch die Bewaffnung war nicht mehr brauchbar. Bevor Franke weiter fuhr, überprüfte er die Batterien und durchlüftete das Boot.

Angesichts der großen Eisfelder erreichte U 262 Norm Point am Morgen des verabredeten Tages, dem 2. Mai 1943. Auf Sehrohrtiefe fahrend sah Franke zwei Patrouillenboote nahe bei und drei Flugzeuge über sich kreisen, die er als Übungsflugzeuge von einem lokalen Flugplatz ansah.

Franke legte sich auf Grund und beobachtete die Patrouillenboote. Obwohl er vermutete, dass der Fluchtplan falsch gelaufen war, tauchte Franke viermal zu verschiedenen Zeiten auf, auch nach Einbruch der Dunkelheit, aber es war nichts zu sehen, und er fuhr am Morgen des 16. zurück in die Cabot Strait, wie der Befehl vorsah. Der Plan der Flucht aus dem Lager 70 wurde aufgegeben, weil ein früherer Ausbruch strengere Überwachung nach sich zog.

U 262 erreichte die offene See und wurde im Zentralen Nordatlantik durch U 459 versorgt.

Rückkehr nach La Pallice am 25.5.43.

7. 24.7.43: Auslaufen La Pallice in den Zentralatlantik. Am 28. wurden U 262 und U 760 von zwei MAD-ausgerüsteten Catalinas, 150 Seemeilen nordwestlich von Cape Finisterre gefunden. Die Flugzeuge von Pembroke Dock kreisten und warteten auf Verstärkung. Die Boote tauchten jedoch und entkamen.

Am 8.8.43, westlich der Azoren, wurden U 262 und U 664 an der Wasseroberfläche durch zwei Flugzeuge des Escortträgers USS CARD geortet, eine Avenger (Lt A.H. Sallenger) und eine Wildcat (Ens J.F. Spranguel). Der Jäger machte einen Tiefangriff auf das nächstgelegene Boot und Sallenger folgte ihm. Die Avenger wurde durch Flak schwer beschädigt und der Funker getötet. Sallenger warf seine Wasserbomben dicht an das Boot, bevor er sein Flugzeug eine Seemeile entfernt wasserte. Der Pilot und der Bordschütze machten ihr Floß klar und bestiegen es.

Währenddessen drehte die Wildcat und machte einen weiteren Tiefangriff und wurde abgeschossen. Der Pilot wurde nicht gefunden, Sallenger und sein Bordschütze wurden vom Zerstörer USS BARRY aufgefischt. Immer noch machte USS CARD den Versuch, U 262, das einen erfolglosen Angriff auf den Zerstörer USS BORIE am 9.1. fuhr, zu versenken.

Rückkehr nach La Pallice am 2.9.43.

8. 14.10.43: Auslaufen La Pallice als eines von acht Booten einer mobilen Streitmacht, der »Schill«-Gruppe. Der Plan war, einen nächtlichen Angriff auf einen MKS- oder KMS-Convoy vor der Nordwestküste Spaniens zu machen. Unter den »Schill«-Booten waren drei Flak-Boote, U 211, U 441 und U 953. Die »Schill«-Gruppe bildete am 20., 400 Seemeilen westlich von Cape Ortegal, in Erwartung des nach Norden laufenden Convoys MKS 28/SL 138 eine Linie. Flugzeuge der Luftwaffe sichteten am 27. und 28. den Convoy, aber am 29., dem Tag des geplanten Angriffs, wurde er nicht gesehen, er war leicht nach Westen ausgewichen. Am 30. fanden Flugzeuge ihn wieder, er fuhr nordwestlich der »Schill«-Linie. Die Boote wurden zum Angriff befohlen. Am 31. versenkte U 262 bei einem morgendlichen Angriff die norwegische HALLFRIED (2.968 t) nordöstlich der Azoren. U 333 machte einen erfolglosen Angriff auf ein Geleitfahrzeug und U 306 ging verloren. Eine starke Luftüberwachung ließ das Unternehmen platzen.

Die »Schill«-Boote wurden am 3.11.43 zur Bildung einer neuen Linie befohlen und begannen nach Süden zu fahren; sie suchten nach dem nordwärtslaufenden Convoy MKS 29, der am 7. gesichtet wurde. Die »Schill«-Linie wurde umgebildet mit der Absicht, der Convoy würde die Linie am Abend des 8. durchbrechen. Wieder verfehlte die Luftaufklärung den Convoy, denn mechanische

Defekte zwangen, die Flugzeuge« zurückzufliegen. Zur vorgesehenen Zeit bewegten sich die »Schill«-Boote mit hoher Geschwindigkeit nach Südwesten, aber als nur Zerstörer in Sicht kamen, wurde realisiert, dass der Convoy die Linie passiert hatte. Er wurde am Morgen des 9. durch Flugzeuge wieder gefunden, aber obwohl zwei »Schill«-Boote 24 Stunden suchten, fanden sie nichts mehr und die Operation wurde abgeblasen. Am 15. sichteten Flugzeuge einen nach Norden laufenden Convoy westlich von Gibraltar. Es war der kombinierte Convoy MKS 30/SL 139. Die nun aus sieben Booten bestehende »Schill«-Gruppe bildete westlich von Lissabon eine Linie als »Schill 1«. Am 18. wurde der Convoy erwartet. Am 16. hatte die »Eisenhart«-Gruppe in ein Gebiet westlich von Portugal gedreht, war in zwei Ost-West-Linien, »Schill 2« und »-3«, umgebildet worden. Der Convoy wurde am 19. und 20. erwartet.

Es wurde durch Flugzeugmeldungen vom 18. erkannt, dass der Convoy nach Nordosten befohlen war, um die »Schill 1«-Linie im Osten zu passieren. Die Gruppe wurde daher im getauchten Zustand nach Nordost befohlen. Am Nachmittag wurde der Convoy weiter im Osten gemeldet, und am Abend wurde der »Schill 1«-Gruppe befohlen, aufzutauchen und eine Zick-Zack-Suche nach Nordosten durchzuführen. Eine Flugzeugmeldung gab dann die Position des Convoys weiter westlich an und als U 515 meldete, dass es vom Convoy am frühen Nachmittag überrannt wurde, wurde festgestellt, dass die Linie passiert worden war.

Die Boote liefen mit hoher Geschwindigkeit, bedrängt durch Nachtangriffe von Flugzeugen, doch nur U 262 bekam kurz vor der Dämmerung Kontakt, wurde aber vertrieben. Die anderen »Schill 1«-Boote waren zu weit weg und wurden wieder zum Tauchen befohlen. Nach Ende der »Schill«-Operation am 21., die als totaler Fehlschlag gilt, wurden die »Schill 1«, »-2«- und »-3«-Boote, die nicht in ihren Stützpunkt zurückkehrten, in einer neuen Linie, »Weddigen« genannt, zwischen dem 18° und 22° W nach dem Westen von Cape Finisterre umgeformt.

Am 23. fuhr die Gruppe nach Südwesten, und am Abend des 25. nach Südosten zum Angriff auf MKS 31/SL 140. Der Convoy wurde am 26. von einem deutschen Flugzeug gesichtet und die »Weddigen«-Boote zum Angriff auf ihn angesetzt, aber der Convoy drehte nach Norden, und als er von Flugzeugen wieder gefunden wurde, war er östlich der Gruppe. Die Boote drehten nach Nordosten, bei Tag getaucht, bei Nacht über Wasser fahrend. Aufgrund konstanter Angriffe durch Flugzeuge und Escortfahrzeuge war ihr Heranschließen an den Convoy zu langsam. U 262 wurde durch den Convoy kurz vor der Dämmerung am 27. überrannt, tauchte mitten zwischen

den Schiffen auf und schoss drei Torpedos, ohne Erfolg. An diesem Tag hat es wahrscheinlich ein Flugzeug abgeschossen. Die Operation wurde am 28. abgeblasen und U 262 verließ die »Weddigen«-Gruppe. Rückkehr nach La Pallice am 7.12.43.

9. 3.2.44: Auslaufen in den Nordatlantik. U 262 traf auf die »Preußen«-Gruppe, die am 22., 400–500 Seemeilen nördlich der Azoren, gebildet worden war. Am 26. war die Gruppe wartend zwischen dem 22° und 30° W auf dem erwarteten Kurs des nach Westen laufenden Convoys ON 225, aber es wurde festgestellt, dass der Convoy seinen Kurs geändert hatte; er umging die »Preußen«-Linie.
Die Boote liefen am 6.3.44 nordwärts auf der Suche nach Convoys und operierten einzeln westlich der Britischen Inseln und des 40° W im April. U 262 hatte keinen Erfolg. Rückkehr nach La Pallice am 29.4.44.

10. 6.6.44: U 262 war eines von 19 nicht mit Schnorchel ausgerüsteten Booten, die in die Biskaya als Teil der »Landwirt«-Gruppe fuhren. Sie sollten sich in einer Doppellinie auf 200 Meter Tiefe zwischen Brest und Bordeaux legen, und die alliierten Landungsboote zur Invasion erwarten und diese angreifen. Später verlegten sie dichter an die Küste auf 100 Meter Tiefe, um im Falle der Invasion schneller reagieren zu können.
Die wartenden Boote waren unter ständigen Attacken aus der Luft, wenn sie nachts auftauchten. Als keine Anlandung bis zum 12. kam, wurden die Boote in den Stützpunkt zurückgerufen und in sechsstündige Bereitschaft gelegt. U 262 kehrte nach La Pallice am 15.6.44 zurück.

Am 18.8.44., während das Boot im Dock lag, wurden bei einem Luftangriff auf La Pallice drei Besatzungsmitglieder getötet und ein weiteres verwundet.

11. 23.8.44: Auslaufen La Pallice in die britischen Küstengewässer.
Nun mit einem Schnorchel ausgerüstet, operierte das Boot im Bristol- und St. Georgs-Channel während des Septembers, aber ohne Erfolg.
Ab Ende des Monats fuhr es als Wetterboot im Atlantik bis Mitte Oktober. Einlaufen Flensburg am 5.11.44.

Das Boot fuhr später nach Gotenhafen. Im Dezember 1944 wurde das Boot bei einem Luftangriff auf den Hafen beschädigt, und blieb unrepariert.
Es wurde am 2.4.45 in Kiel außer Dienst gestellt und kapitulierte dort im Mai 1945. 1947 wurde es abgewrackt.

U 263 Typ II C

Bauwerft: Bremer Vulkan, Vegesack
Kiellegung: 8. Juni 1941
Stapellauf: 18. März 1942
Indienststellung: 6. Mai 1942
Feldpost-Nr.: M 02258
Versenkt am 20. Januar 1944 vor La Pallice
(46°10'N/01°14'W)

Kommandos:
5. U-Flottille Kiel von Mai–Oktober 1942 (Schulboot)
1. U-Flottille Brest von November 1942–20. Januar 1944 (Frontboot)

Kommandant:
KptLt Kurt Nölke, Mai 1942–20. Januar 1944

Feindfahrten: 1
Versenkte Schiffe: 2 (12.376 BRT)

1. 27.10.42: Auslaufen Kiel in den Atlantik. U 263 war in See, als die Meldung der alliierten Landung in Nordafrika am 8.11.42 einging. Es wurde nach einem Gebiet westlich von Gibraltar befohlen und traf dort auf die »Westwall«-Gruppe. Spät am 19. wurde der Convoy KRS 3 mit Kurs auf Gibraltar gesichtet. U 263 griff am 20. an und versenkte die norwegische PRINS HARALD (7.244 t) und die britische GRANGEPARK (5.132 t). Es schoss darüber hinaus einen Torpedo in das Schutznetz der britischen OCEAN PILGRIM (7.178 t).
Die »Westwall«-Gruppe wurde konstant von Flugzeugen angegriffen. Am 24. wurde U 263 angegriffen und von einer Hudwon der 233. Squadron (Sgt E.H. Smith) beschädigt. Es wurde am 26. wieder gefunden und von einer Fortress der 59. Squadron (F/L F.G. Tiller) angegriffen. In den frühen Stunden des 27. wurde U 263 erneut angegriffen und durch eine Halifax der 405. (RCAF) Squadron (F/L C.W. Palmer) weiter beschädigt. Diese Squadron war vom Bomber-Kommando an das Coastal Command entliehen. Palmer erhielt das DFC für diese Aktion.
U 263 kehrte nach La Pallice am 29.11.42 zurück.

Das Boot blieb in La Pallice für mehr als ein Jahr. Es wurde zum Flakboot umgebaut, eines von sieben Booten, wie U 211, U 256, U 271, U 441, U 621 und U 953.
Es verließ den Hafen am 19.1.44 und sank am nächsten Tag während der Durchführung einiger Tauch-Versuche. Es gab keine Überlebenden, 53 Tote.

U 264 Typ VII C

Bauwerft: Bremer Vulkan, Vegesack
Kiellegung: 21. Juni 1941
Stapellauf: 2. April 1942
Indienststellung: 22. Mai 1942
Feldpost-Nr.: M 02981
Versenkt am 19. Februar 1944 westsüdwestlich von Irland (48°31'N/22°05'W)

Kommandos:
5. U-Flottille Kiel von Mai–Oktober 1942 (Schulboot)
6. U-Flottille St. Nazaire von Dezember 1942–19. Februar 1944 (Frontboot)

Kommandant:
KptLt Hartwig Looks, Mai 1942–19. Februar 1944

Feindfahren: 5
Versenkte Schiffe: 3 (16.843 BRT)

1. 3.11.42: Auslaufen Kiel in den Nordatlantik. U 264 wurde an den ONS 144 herangeführt, der das Zentrum der »Kreuzotter«-Linie am 15. passiert hatte, 600 Seemeilen westlich von Irland. Am späten Abend des 17. versenkte U 264 die griechische MOUNT TAURUS (6.696 t) im Zentralen Nordatlantik.
Die Operation gegen ONS 144 dauerte fünf Tage und endete am 21. Wegen Nebel wurden nur fünf Schiffe und eine Korvette versenkt. Die Überlegenheit der »Kreuzotter«-Boote war wegen des geringen Kraftstoffbestandes eingeschränkt, und am 19. wurde die Operation abgebrochen; nur U 264, U 184, U 262 und U 611 blieben am Ball. Nach dem Ende der Operation lief U 264 nach seinem neuen Stützpunkt St. Nazaire. Rückkehr dort am 4.12.42.
2. 10.1.43: Auslaufen in den Zentralatlantik. U 264 traf am 24. auf die »Delphin«-Gruppe südlich der Azoren zur Operation gegen US-Gibraltar-Convoys. Gegen Ende Januar fuhr die Gruppe ostwärts in ein Gebiet nordwestlich von den Kanarischen Inseln, dann ostwärts in ein Gebiet westlich von Gibraltar.
Am 7.2.43 sichtete U 521 der »Rochen«-Gruppe einen kleinen Küstenconvoy, Gib No. 2, nordwestlich von den Kanarischen Inseln. Die fünf am südlichsten stehenden Boote der »Delphin«-Gruppe, U 264, U 87, U 202, U 258 und U 558, wurden an ihn herangeführt. Der Convoy war anfangs nur schwach geschützt. Allerdings wurde der Überwasserschutz ab 9. verstärkt, doch die Operation war wegen des erwarteten starken Geleit-

schutzes am 8. aufgegeben worden. U 264 machte am 8. einen erfolglosen Angriff auf den Convoy.

Nach kurzer Pause wurde am 11. ein Convoy östlich von Madeira gemeldet, der in Wahrheit eine Ujagd-Gruppe war. Die fünf Boote wurden zwischen dem 12. und 14. südlich der Azoren von U 118 versorgt. Sie trafen am 16. auf die »Rochen«-Gruppe südlich der Azoren, wieder auf der Suche nach US-Gibraltar-Convoys. Am 20.2.43 wurden U 264 und U 258 von der »Rochen«-Gruppe zum Geleit des erbeuteten Tankers HOHENFRIEDBERG (vormals HERBORG) detachiert. Sie trafen dann auf U 437 der »Rochen«-Gruppe. Der Tanker wurde durch eine USAF Liberator 500 Seemeilen südwestlich von Cape Finisterre gesichtet und vom brit. Kreuzer HMS SUSSEX am 26. versenkt. U 264 nahm die Besatzung der HOHENFRIEDBERG auf. Rückkehr nach St. Nazaire am 5.3.43.

3. 8.4.43: Auslaufen in den Nordatlantik. Während der Nacht vom 14./15. sichtete U 264 den nach Osten laufenden Convoy HX 233, 400 Seemeilen nördlich der Azoren. U 264 und andere Boote standen vor dem Convoy und wurden zum Angriff befohlen. Am Morgen des 16. verloren die Verfolger den Kontakt, der aber in der Nacht von U 175 wieder hergestellt wurde.

U 164 und andere Boote erreichten den Convoy, wurden aber von Geleitfahrzeugen angegriffen und vertrieben. Als die Operation am 18. beendet war, konnte nur ein Schiff versenkt gemeldet werden. U 264 traf dann auf die »Specht«-Gruppe, die am 20. nördlich der Azoren gebildet wurde.

Diese Gruppe fuhr nach Westen und war am 23. auf einer Nordostlinie östlich von Neufundland. Sie wartete auf den Convoy SC 127. Die »Specht«-Gruppe fuhr nach Nordwesten und ab 27. bildete sie südlich von Grönland auf dem Kurs des Convoys ONS 4 eine Linie, aber der Convoy hatte den Kurs gewechselt.

Am 29. traf die »Amsel«-Gruppe mit der »Specht«-Gruppe zusammen. Sie fuhren nach Süden und wurden am 1.5.43 in einem Gebiet östlich von Neufundland positioniert, wo sie auf den nach Norden laufenden Convoy SC 128 warteten. Dieser passierte die »Specht«-Linie. Als aber ein Kontakt aufgrund eines südlichen Sturms nicht hergestellt werden konnte, und als der Convoy nicht mehr gesichtet wurde, wurde durch die »Fink«-Boote am 3. eine neue Linie gebildet, die aus den Booten der »Specht«- und »Star«-Gruppen bestand. Die »Star«-Boote kamen von Süden, sie hatten den Angriff auf den Convoy ONS 5 am 1. aufgegeben.

Die 29 Boote setzten ihre Suche nach SC 128 fort, aber die wurde am 4. aufgegeben, nachdem man feststellte, dass er umgeleitet worden war. Die »Fink«-Gruppe hatte Befehl erhalten, eine neue Position einzunehmen, als ein nach Südwesten laufender Convoy gesichtet wurde. Es

war der ONS 5, dessen Ankunft sich wegen Sturms verzögert hatte.

In den frühen Stunden des 5. versenkte U 264 zwei Schiffe südlich von Cape Farewell, die amerikanische WEST MAXIMUS (5.561 t) und die britische HARPERLEY (4.586 t). Einige Stunden später versenkte U 264 das verlassene Wrack der britischen HARBURY (5.081 t), die zuvor von U 628 torpediert worden war.

Bei Tageslicht erreichten am 5. die 15 »Fink«-Boote den Convoy. Nebel kam auf, und die meisten Boote verloren den Kontakt. Im Nebel machten Geleitfahrzeuge 15 Wasserbombenangriffe. Am Morgen des 6. wurde ONS 5 wieder gesichtet, aber das Wetter verhinderte die Fortsetzung des Unternehmens. Zwölf Schiffe wurden versenkt, aber sechs Boote gingen dabei verloren.

Eine Anzahl kleiner Gruppen, »Nahe«, »Iller«, »Isar«, »Lech« und »Inn« wurden aus ehemaligen »Fink«-Booten gebildet. Ab 12. gehörte U 264 zur »Nahe«-Gruppe, mit U 92 und U 707. Nach einigen Tagen wurden die kleinen Gruppen mit den Gruppen »Donau 1« und »-2« südöstlich von Cape Farewell kombiniert. U 264 gehörte zur Gruppe »Donau 2«. Am 21.5.43 wurden die »Donau«-Gruppen an den nach Osten laufenden Convoy HX 239 herangeführt. Er wurde nicht gefunden und die Suche endete am 23.

Rückkehr nach Lorient am 1.6.43.

4. 4.8.43: Auslaufen Lorient und Einlaufen St. Nazaire am 4.8.43.

5. 15.9.43: Auslaufen St. Nazaire und Rückkehr am 16.9.43.

6. 22.9.43: Auslaufen St. Nazaire ins Mittelmeer. U 264 und U 455 verfehlten beide die Passage durch die Straße von Gibraltar. Sie wurden zur Versorgung befohlen und trafen dann auf die »Rossbach«-Gruppe südwestlich von Island.

Am 4.10.43 sichtete eine Avenger der VC 9 (Lt R.L. Stearns) vom Escortträger USS CARD U 264, U 422 und U 455 bei einem Versorgungsunternehmen mit U 460 nördlich der Azoren. U 264 war gerade fertig und U 422 war das nächste Boot. Ohne Warten auf weitere Flugzeuge, griff Stearns angesichts der kombinierten Flak der Boote an. Er warf eine 500-1b-Bombe zwischen U 460 und U 264. In Übereinstimmung mit Befehlen hätte das größere Boot, U 460, tauchen müssen; sein Kommandant wurde durch U 264 mehrfach aufgefordert, es zu tun.

Als drei weitere Flugzeuge erschienen, war nur U 455 getaucht. Eine Wildcat und eine Avenger machten Tiefangriffe auf die drei Boote und brachten die Flak von zwei Booten zum Schweigen. Fünf weitere Avenger und drei weitere Wildcats von der CARD kamen hinzu. Vier Flugzeuge griffen U 264 an, aber das tauchte und entkam, dasselbe gelang U 422. Beide Boote wurden beschädigt. Später am Tag tauchte U 422 auf, einige Seemeilen von der Position des Angriffs entfernt. Es wurde gesehen und von einer Avenger des VC 9 (Lt S.B. Holt) und einer Wildcat (Ens Horn) angegriffen und versenkt. U 460 war im Begriff zu tauchen, als Stearns weitere Bomben nach dem Boot warf und das Boot versenkte. Tatsächlich wurde das Boot nicht durch die Bomben versenkt, sondern durch einen Fehler beim Tauchen.

U 264 kehrte am 15.10.43 nach St. Nazaire zurück.

7. 5.2.44: Auslaufen St. Nazaire in den Nordatlantik. U 264, nun als erstes Boot mit einem Schnorchel ausgerüstet, machte Kontakt mit dem Convoy SL 147 am Morgen des 8. Es verfolgte ihn und wartete auf die Nacht, wurde aber zum Tauchen gezwungen und von einem Geleitfahrzeug vertrieben. Als es wieder auftauchte, war der Convoy verschwunden.

An den nächsten zehn Tagen suchte U 264 vergeblich nach Convoys. Es traf auf die »Hai«-Gruppe westsüdwestlich von Irland am 18., um die erwarteten Convoys ONS 224 und ONS 29 zu empfangen, aber die änderten den Kurs und passierten die Linie während der Nacht vom 18./19.

Die »Hai«-Boote waren sofort nach Süden befohlen, getaucht bei Tageslicht und mit hoher Fahrt über Wasser während der Nacht. Anstelle der Sichtung von Convoys in der Dämmerung des 19. sichteten die Boote nur einige Zerstörer und wurden mit Wasserbombenangriffen bedacht, um sie vom Convoy abzuhalten. Während des Morgens am 19. begann die 2. Escort-Gruppe die Jagd nach den Booten. Wasserbombenangriffe wurden den ganzen Tag gefahren. Beschädigungen von U 264 zwangen es, am späten Nachmittag aufzutauchen.

Der Kommandant, Kapitänleutnant Looks, befahl, das Boot zu verlassen, ließ Sprengladungen anbringen, salutierte und ging über Bord.

Die Besatzung von 52 Mann wurde aufgefischt.

U 265 Typ VII C

Bauwerft: Bremer Vulkan, Vegesack
Kiellegung: 3. Juli 1941
Stapellauf: 23. April 1942
Indienststellung: 6. Juni 1942
Feldpost-Nr.: M 03373
Versenkt am 3. Februar 1943 westsüdwestlich von Rockall (56°35'N/22°49'W)

Kommandos:
8. U-Flottille Danzig von Juni 1942–Jan. 1943 (Schulboot)
7. U-Flottille St. Nazaire von Jan. 1943–3. Febr. 1943 (Frontboot)

Kommandant:
OLtzS Leonhard Aufhammer, Juni 1942-3. Februar 1943

Feindfahrten: 1
Versenkte Schiffe: keines

1. 21.1.43: Auslaufen Kiel, Einlaufen Bergen 23.1.43.

2. 26.1.43: Auslaufen Bergen in den Nordatlantik. U 265 traf auf die »Landsknecht«-Gruppe westlich von Irland, auf Convoys wartend. Als Ende Januar keiner der erwarteten Convoys auftauchte, wurde die Gruppe aufgelöst. Eine Anzahl Boote kehrte in den Stützpunkt zurück, andere bildeten die »Pfeil«-Gruppe.

U 265 und vier andere »Landsknecht«-Boote wurden auf den nach Osten laufenden Convoy HX 224 angesetzt, der am 1.2.43 von U 456 südlich von Island gesichtet wurde. In den frühen Stunden des 3. kam U 265 an den Convoy heran. Es wurde geortet und mit Wasserbomben durch eine Fortress der 220. Squadron (P/O K. Ramsden), des Luftschutzes des Convoys HX 224, versenkt.

Es gab keine Überlebenden, 48 Tote.

U 266 Typ VII C

Bauwerft: Bremer Vulkan, Vegesack
Kiellegung: 1. August 1941
Stapellauf: 11. Mai 1942
Indienststellung: 24. Juni 1942
Feldpost-Nr.: M 05834
Versenkt am 15. Mai 1943 nördlich der Azoren (47°45'N/26°57'W)

Kommandos:
8. U-Flottille Danzig von Juni–Dez. 1942 (Schulboot)
7. U-Flottille St. Nazaire von Januar 1943–15. Mai 1943 (Frontboot)

Kommandanten:
OltzS Hannes Leinemann, Juni–September 1942
KptLt Ralf von Jessen, September 1942–15. Mai 1943

Feindfahrten: 2
Versenkte Schiffe: 4 (16.089 BRT)

1. 22.12.42: Auslaufen Kiel in den Nordatlantik.

U 266 traf auf die »Jaguar«-Gruppe, die in einem Gebiet nordöstlich von Neufundland ab 12.1.43 operierte und auf den nach Osten laufenden Convoy HX 223 wartete, der möglicherweise das westliche Ende der »Jaguar«-Linie am 22. passieren würde. U 266 sichtete am 26. nur einige Geleitfahrzeuge.

Sieben »Jaguar«-Boote griffen den Convoy SC 118 an, der am 4.2.43 von U 187 beim Passieren durch die Pfeil-Linie gesichtet wurde. Am 6. griff U 266 einen Nachzügler des Convoys an und versenkte ihn. Es war die griechische POLYKTOR (4.077 t). Das Boot fischte zwei Offiziere der POLYKTOR auf. Bald danach wurde U 266 von einem anderen Boot mit Brennstoff versorgt.

Rückkehr nach St. Nazaire am 17.2.43.

2. 14.4.43: Auslaufen in den Atlantik. U 266 traf auf die »Amsel«-Gruppe im Zentralen Atlantik und wartete auf den Convoy SC 127. Am 26. fuhr die Gruppe nach Südwesten und U 266 machte am 28. einen Unterwasserkontakt, aber es wurde mit vier anderen Booten der »Amsel«-Gruppe vertrieben.

Am 5. fuhren die »Amsel«-Gruppen 1 und 2 nach Norden zum Empfang des Convoys ONS 5. Der Kontakt wurde hergestellt, aber dann kam Nebel auf und der Kontakt ging wieder verloren, U 266 war das einzige erfolgreiche Boot der »Amsel«-Gruppe gegen den Convoy ONS 5. Am späten Abend des 5. versenkte es drei Schiffe östlich von Neufundland, die britische SELVISTAN (5.136 t), die britische GHARINDA (5.306 t) und die norwegische BONDE (1.570 t). Während der Operation gegen den Convoy wurden zwölf Schiffe versenkt, neun durch die »Fink«-Gruppe, es gingen sechs Boote verloren. Aus der »Amsel«-Gruppe 1 und 2 wurde die »Elbe«-Gruppe östlich Neufundlands gebildet, in Erwartung von zwei nach Osten laufenden Convoys. Am 8. wurde die Gruppe nach Südosten zum Angriff auf den Convoy HX 237 befohlen. Der Convoy war jedoch zu weit weg, um ihn abzufangen, und die »Elbe«-Boote fuhren mit hoher Fahrt nach Südosten gegen den Convoy SC 129. Am 10. bildeten die Boote im Verein mit der »Rhein«-Gruppe eine aus zwei Teilen bestehende Linie, »Elbe 1« und »-2«. Während sie noch bei der Bildung der Formation waren, passierte der Convoy die Linie am 11. Die Boote griffen an, doch am 12. wurden die meisten von ihnen von Geleitfahrzeugen vertrieben.

Um das Maß voll zu machen, traf der Escortträger HMS BITER auf das Geleit von Convoy HX 237, und auch auf den Convoy SC 129 mit seinen Geleitfahrzeugen, die dafür sorgten, dass die Operation am 14. abgebrochen wurde. Nur zwei Schiffe wurden versenkt.

U 266 sank in der Nacht des 14./15., zehn Seemeilen vor dem Convoy durch Wasserbomben einer Halifax der 58.

Squadron (W/Cdr W.E. Oulton). Es war das erste Boot, das von einem Flugzeug mit einer MK 24-Mine (Ziel-Torpedo) versenkt wurde.

Es gab keine Überlebenden, 47 Tote.

U 267 Typ VII C

Bauwerft: Bremer Vulkan, Vegesack
Kiellegung: 9. August 1941
Stapellauf: 23. Mai 1942
Indienststellung: 11. Juli 1942
Feldpost-Nr.: M 13807
Selbst versenkt am 4. Mai 1945 in der Flensburger Förde

Kommandos:
8. U-Flottille Danzig von Juli 1942–Jan. 1943 (Schulboot)
7. U-Flottille St. Nazaire von Februar 1943–Oktober 1944 (Frontboot)
33. U-Flottille Flensburg von Oktober 1944–Mai 1945 (Frontboot)

Kommandanten:
KptLt Otto Tinchert, Juli 1942–September 1944
OLtzS Ernst von Witzendorff (zeitweise), Juli–November 1943
OLtzS Bernhard Krieper, September–November 1944

Feindfahrten: 7
Versenkte Schiffe: keines

1. 12.1.43: Auslaufen Kiel in den Nordatlantik. U 267 traf auf die »Landsknecht«-Gruppe westlich von Irland. Ein ON-Convoy wurde erwartet, aber als der bis zum 28. nicht kam, wurde die Gruppe aufgelöst. Einige Boote, einschließlich U 267, bildeten am 2.2.43 die Aufklärungsgruppe »Pfeil« zum Empfang eines erwarteten SC-Convoys.

Am 4. wurde der SC 118 von U 187 gesichtet. Einige »Haudegen«-Boote wurden an ihn heranbefohlen und einige weitere Boote ebenfalls. Als der Kampf nach fünf Tagen am 9. endete, waren 20 Boote in Kontakt mit dem stark eskortierten SC 118. Elf Schiffe wurden versenkt, zwei Boote gingen verloren. U 267 nahm an den Angriffen auf den Convoy nicht teil, aber es hat wahrscheinlich den Zerstörer HMS VIMY am 6.2.43 beschädigt.

Einige Tage darauf wurde U 267 durch ein anderes Boot mit Kraftstoff versorgt.

Rückkehr nach dem neuen Stützpunkt St. Nazaire am 18.2.43.

2. 23.3.43: Auslaufen in den Nordatlantik. U 267 wurde mit anderen Booten an den Convoy SL 126 herangeführt, der am 26. von einem deutschen Aufklärungsflugzeug westlich der Biskaya gesichtet worden war. Zwei Boote machten Angriffe und vier Schiffe wurden versenkt, eines beschädigt. Als der Kontakt am 30. verloren ging, setzten die Boote ihren Einsatz in ihrem Operationsgebiet fort. Ab 7.4.43 war U 267 bei der »Adler«-Gruppe, die südlich von Grönland zum Empfang eines SC-Convoys gebildet worden war.

Der SC 125 passierte am 7. den Westen der Gruppe. Die »Adler«-Boote verfehlten den Convoy und wurden nach Süden zur Operation gegen den Convoy HX 232 befohlen.

Am Nachmittag des 10. sichtete jedoch U 404 den Convoy ON 175, und die »Adler«-Gruppe wurde auf ihn angesetzt. Am Morgen des 11. wurde ein Zerstörer versenkt und während der Nacht vom 11./12. ein Transport-Schiff.

Die Operation wurde am 12. wegen der sich verstärkenden Luftsicherung abgebrochen.

Die »Adler«-Boote wurden Teil der »Meise«-Gruppe, die nordöstlich von Neufundland bis zum 20. operierte, und fuhren mit hoher Geschwindigkeit nach Nordwesten zum Angriff auf den Convoy HX 234. Der Convoy wurde von U 306 am 21. gesichtet. Die Operation wurde am 25. abgeblasen, nur zwei Schiffe waren versenkt und eines beschädigt worden.

Dieses Resultat blamierte die neuen Kommandanten, die mit der veränderten Sichtweise und wegen mangelnder Erfahrung nicht klarkamen.

U 267 verließ die Gruppe zur Rückfahrt in den Stützpunkt. Bei dem Kurs zurück wurde das Boot gegen den Convoy ONS 5 eingesetzt. In der Nähe des Convoys während der Nacht des 5./6. wurde das über Wasser fahrende Boot von der Sloop HMS PELICAN mit Geschützfeuer zum Tauchen gezwungen. Mit beschädigtem Turm tauchte das Boot und entkam.

Ab 8.5.43 formten U 267 und »Amsel«-Boote der ONS 5-Operation östlich Neufundlands die »Elbe«-Gruppe, um zwei nach Osten laufende Convoys abzufangen. Die Gruppe wurde gegen den HX 237 nach Südosten befohlen, aber als man feststellte, dass der Convoy nicht mehr eingeholt werden konnte, liefen die »Elbe«-Boote mit hoher Fahrt auf den Convoy SC 129 zu. Die »Elbe«-Gruppe vereinigte sich mit der »Rhein«-Gruppe am 10. und bildete zwei Linien: »Elbe 1« und »-2«. U 267 gehörte zur Gruppe »Elbe 1«.

Als die Gruppe am 11. bei der Formierung der Linien war, passierte der SC 129. Alle »Elbe«-Boote fuhren zum Angriff auf den Convoy, aber die Boote, die am 12. erschienen, wurden von Geleitfahrzeugen vertrieben.

Am 13. traf der Träger HMS BITER vom HX 237-Geleit zum Schutz von SC 129 ein, und die Operation wurde am 14. abgebrochen. Zwei Schiffe wurden versenkt, zwei Boote wurden verloren und andere beschädigt.

Rückkehr nach St. Nazaire am 21.5.43.

3. 4.7.43: Auslaufen in den Nordatlantik.

U 267 wurde am 7. von einer Catalina der 210. Squadron (F/O J.A. Cruickshank) südwestlich von Cape Finisterre angegriffen.

Rückkehr nach St. Nazaire am 13.7.43.

4. 14.9.43: Auslaufen St. Nazaire und Rückkehr am 16.9.43.

5. 18.9.43: Auslaufen St. Nazaire und Rückkehr am 19.9.43.

6. 22.9.43: Auslaufen St. Nazaire und Rückkehr am 24.9.43.

7. 26.9.43: Auslaufen St. Nazaire und Rückkehr am 28.9.43.

8. 3.10.43: Auslaufen in den Nordatlantik.

U 267 traf südwestlich von Island auf die »Schlieffen«-Gruppe. Am 15. wurde ein nach Westen laufender Convoy, von dem man annahm, es sei der ONS 20, tatsächlich war es aber der ON 206, von U 844 gesichtet. Es wurde befohlen, Kontakt zu halten, und die »Schlieffen«-Gruppe an ihn heranzuführen. U 844 wurde von Geleitfahrzeugen geortet und vertrieben. Es wurde am nächsten Tag versenkt.

Es wurde dann schwierig, den Convoy wieder zu finden, denn auf Island stationierte Flugzeuge hielten die weit verstreuten Boote unter Wasser. Früh am 16. meldete U 964 den Convoy ONS 20. Dönitz entschied gegen den Rat seiner Stabsoffiziere, dass die Boote aufgetaucht bleiben und, wenn erforderlich, ihren Weg zum Convoy freikämpfen sollten.

Sehr schnell kamen Meldungen, dass Kämpfe stattfanden. U 964 ging verloren, andere Boote wurden beschädigt, aber der Befehl blieb bestehen. Am 16. wurde kurz ONS 20 gesehen, ging dann wieder verloren. Die »Schlieffen«-Gruppe fuhr nach Osten und konnte ONS 20 am 17. morgens wieder finden. Nach Eintreffen des Angriffsbefehls ging der Kontakt verloren und konnte nicht wieder hergestellt werden.

Als die »Schlieffen«-Boote ihre Suche während des Tages fortsetzten, wurden die Boote, einschließlich U 267, aus der Luft angegriffen, und die Operation wurde am 18. aufgegeben.

U 267 traf auf die »Siegfried«-Gruppe, die am 24. 500 Seemeilen östlich von Neufundland gebildet wurde. Sie wartete auf die Convoys HX 262 und SC 145 im getauchten Zustand bei Tage. Am 25. glaubte man, dass der HX 262 die Linie im Süden passierte, und obwohl die Gruppe nach Süden lief, wurde kein Kontakt hergestellt. Um die weite See abzudecken, wurde die »Siegfried«-Gruppe in drei kleine Untergruppen geteilt, »Siegfried 1«, »-2« und »-3«. U 267 gehörte zur Gruppe »Siegfried 2«. Die Gruppen setzten ihre Suche nach SC 145 in getauchtem Zustand fort, aber nur bis zum 29. Zwei Tage später wurden die Boote erneut umgebildet, dieses Mal in zwei Gruppen, »Jahn« und »Körner«. U 267 war in der »Körner«-Gruppe.

Am 3.11.43 wurden die Boote in fünf kleine Gruppen eingeteilt, »Tirpitz 1«, »-2«, »-3«, »-4« und »-5«. Sie suchten nach dem Convoy HX 264. Der passierte die Gruppen spät am 6., und am nächsten Tag wurde die Operation aufgegeben. Es erwies sich als unmöglich, wegen der Luftsicherung bei Tageslicht aufzutauchen.

U 267 wurde am 12. kurzzeitig der neu gebildeten »Eisenhart«-Gruppe zugeteilt.

Rückkehr nach St. Nazaire am 26.11.43.

9. 10.1.44: Auslaufen St. Nazaire und Rückkehr am 13.1.44.

10. 15.1.44: Auslaufen St. Nazaire und Rückkehr am 17.1.44.

11. 20.1.44: Auslaufen St. Nazaire und Rückkehr am 22.1.44.

12. 19.2.44: Auslaufen St. Nazaire und Rückkehr am 21.2.44.

13. 26.2.44: Auslaufen in den Atlantik. U 267 traf die »Preussen«-Gruppe, deren Boote westlich der Britischen Inseln operierten. Die Gruppe wurde am 22.3.44 aufgelöst, ab dann operierten die Boote einzeln zwischen den Britischen Inseln und dem 40° W.

U 267 sah keine Schiffe oder Convoys bei diesem Einsatz. Rückkehr nach St. Nazaire am 20.5.44.

14. 23.9.44: Auslaufen nach Norwegen. Es war das letzte Boot, das seinen Stützpunkt in Frankreich verließ. Einlaufen in Stavanger am 29.10.44.

15. 4.11.44: Auslaufen Stavanger und Einlaufen Flensburg am 11.11.44.

16. 24.2.45: Auslaufen Kiel nach Norwegen. Am 27. lief U 267 auf eine Mine und wurde beschädigt. Es lief in Frederikshavn, Dänemark, am 28.2.45, ein.

U 267 wurde am 4.5.45 in der Flensburger Förde selbst versenkt. Das Wrack wurde später gehoben und abgebrochen.

U 268 Typ VII C

Bauwerft: Bremer Vulkan, Vegesack
Kiellegung: 4. September 1941
Stapellauf: 9. Juni 1942
Indienststellung: 29. Juli 1942
Feldpost-Nr.: M 14594
Versenkt am 19. Februar 1943 westsüdwestlich von Lorient (47°03'N/05°56'W)

Kommandos:
8. U-Flottille Danzig von Juli 1942–Januar 1943 (Schulboot)
1. U-Flottille Brest von Januar 1943–19. Februar 1943 (Frontboot)

Kommandant:
OLtzS Ernst Haydemann, Juli 1942–19. Februar 1943

Feindfahrten: 1
Versenkte Schiffe: 1 (14.547 BRT)
3 LCTs (429 t)

1. 2.1.43: Auslaufen Kiel und Einlaufen Bergen am 7.1.43.
2. 10.1. 43: Auslaufen Bergen in den Nordatlantik. U 268 war auf dem Weg zum Treffen mit der »Habicht«-Gruppe westlich von Irland, als es an den Convoy HN 222 süd-südwestlich von Reykjavik am Nachmittag des 17. angesetzt wurde. Es versenkte das Walfabrikschiff (panamesisch, 14.547 t) VESTFOLD. An Bord der VESTFOLD befanden sich drei britische LCTs, No. 2339, 2267 und 2344, jedes 143 t groß.

Die »Habicht«- und »Falke«-Gruppen-Boote wurden aufgelöst, und die Boote mit wenig Kraftstoff bildeten am 19. die »Haudegen«-Gruppe. Sie bildeten eine Linie, 300 Seemeilen lang, die vom Cape Farewell nach Südosten lief. U 268 traf auf diese Linie. Schlechtes Wetter und mangelnde Erfahrung verhinderten das Finden von Convoys während des Januars 1943.

Am 1.2.43 bewegte sich die Linie südwestwärts mit Kurs auf Neufundland, und am 2. wurde der kleine, nach Norden laufende Convoy SG 19 gesichtet. Die fünf am nördlichsten stehenden Boote der »Haudegen«-Gruppe, U 268, U 186, U 358, U 223 und U 707, wurden als »Nordsturm«-Gruppe detachiert, um den Convoy anzugreifen. U 223 versenkte ein Schiff, dann ging der Kontakt verloren. Nach zwei Tagen Suche in den Eingängen der Fjorde in Grönland wurde diese aufgegeben. Vier der Boote liefen zum Wiedertreffen mit der »Haudegen«-Gruppe, U 268 fuhr nach Frankreich.

Am 19.2.43 wurde U 268 westsüdwestlich von Lorient durch eine Wellington der 172. Squadron (F/O G.D. Lundon) gesehen und erfolgreich mit einer Leigh Light angegriffen. Das Boot wurde versenkt.
Es gab keine Überlebenden, 45 Tote.

U 269 Typ VII C

Bauwerft: Bremer Vulkan, Vegesack
Kiellegung: 18. September 1941
Stapellauf: 24. Juni 1942
Indienststellung: 19. August 1942
Feldpost-Nr.: M 50929
Versenkt am 25. Juni 1944 südsüdwestlich von Portsland (50°01'N/02°59'W)

Kommandos:
8. U-Flottille Danzig von August 1942–März 1943 (Schulboot)
11. U-Flottille Bergen von März–Oktober 1943 (Frontboot)
6. U-Flottille St. Nazaire von November 1943–25. Juni 1944 (Frontboot)

Kommandanten:
KptLt Karl-Heinrich Hartfinger, Aug. 1942–Dez. 1943
KptLt Otto Hansen (zeitweise), 29. April 1943–9. September 1943
OLtzS Georg Uhl, Dezember 1943–25. Juni 1944

Feindfahrten: 5
Versenkte Schiffe: keines

1. 16.3.43: Auslaufen Kiel und Einlaufen Bergen am 21.3.43
2. 23.3.43: Auslaufen Bergen. Es sind keine Einzelheiten dieses Einsatzes bekannt. Einlaufen Narvik am 23.4.43.
3. 24.4.43: Auslaufen Narvik und Einlaufen Bergen am 27.4.43.
4. 6.7.43: Auslaufen Bergen und Einlaufen Hammerfest am 14.7.43.
5. 22.7.43: Auslaufen Hammerfest. Es sind keine Details über den Einsatz bekannt. Einlaufen Skjomenfjord am 4.9.43.
6. 5.9.43: Auslaufen Skjomenfjord und Rückkehr nach Bergen am 8.9.43.

7. 4.11.43: Auslaufen Bergen in den Nordatlantik. U 269 war eines der Boote, die getaucht Warteposition westlich der Britischen Inseln einnahmen. Am 5.12.43 versammelten sie sich als »Coronel«-Gruppe vor dem Nordkanal.
Am 6. sichtete U 269 einen nach Süden laufenden Convoy, gegen den einige Boote der »Weddigen«-Gruppe erfolglos operierten. U 269 wurde nahe am Convoy lokalisiert und beschädigt vertrieben.
Rückkehr nach dem neuen Stützpunkt St. Nazaire am 15.12.43.
8. 12.4.44: Auslaufen St. Nazaire und Einlaufen Lorient am 15.4.44.
9. 22.5.44: Nun mit einem Schnorchel versehen, lief U 269 aus Lorient zum Treffen mit U 441, U 764, U 953 und U 984 zur Bildung der »Dragoner«-Gruppe. Die Gruppe sollte im westlichen Teil des Englischen Kanals, nördlich von Ushant, in Zusammenarbeit mit Küstenradar gegen alliierte Kreuzer und Zerstörer operieren. Absicht war, die Effektivität des Schnorchels zu testen und Taktiken gegen die das Gebiet patrouillierenden Fahrzeuge und deren Konzentration in der Luft und auf dem Wasser zu prüfen. Die Boote und auch U 269 wurden zurückgerufen und erreichten am 28.5.44 Brest.
10. 6.6.44: Auslaufen Brest als »Landwirt«-Gruppe. U 269 war eines von acht Schnorchelboote, die in das Gebiet nördlich von Cherbourg befohlen wurden. Sie erreichten den Kanal und konnten den Invasionskräften Verluste zufügen. Dies war ein gefährliches und diffiziles Kommando, wenn man die Konzentration an Luft- und Überwasserstreitkräften bedenkt. U 269 glaubt, erfolglose Angriffe auf eine Zerstörergruppe im Westausgang des Kanals gemacht zu haben.
Am 15. lief es in St. Peter Port, Guernsey, zur Aufladung der Batterien, ein. U 275 kam bereits am 13. an und U 984 folgte am 18. Juni. Nach wenigen Stunden des Einlaufens griffen Flugzeuge des alliierten Jagdbomberkommandos den Hafen an, der ungeschützt war. Während des fünftägigen Angriffs durch die Flugzeuge wurde ein Patrouillenfahrzeug versenkt und zwei andere beschädigt. U 269 verließ am 18. St. Peter Port.
Während der Nacht des 25. wurde das Boot durch die Fregatte HMS BICKERTON (LtCdr E.M. Thorpe) südöstlich von Torquay lokalisiert. Die erste Wasserbombenattacke zwang das Boot, aufzutauchen. Die BICKERTON erfasste das Boot mit ihren Scheinwerfern und eröffnete das Feuer. Die Besatzung wurde beim Verlassen des Bootes beobachtet, U 269 sank sofort. 16 Mann, einschließlich des Kommandanten, starben, die übrigen wurden gefangen genommen.

U 270 Typ VII C

Bauwerft: Bremer Vulkan, Vegesack
Kiellegung: 15. Oktober 1941
Stapellauf: 11. Juli 1942
Indienststellung: 5. September 1942
Feldpost-Nr.: M 50815
Versenkt am 12. August 1944 westlich von la Rochelle
(46°19'N/02°56'W)

Kommandos:
8. U-Flottille Danzig von September 1942–März 1943
(Schulboot)
6. U-Flottille St. Nazaire von April 1943–12. August
1944 (Frontboot)

Kommandanten:
KptLt Paul-Friedrich Otto, September 1942–Juli 1944
OLtzS Heinrich Schreiber, Juli 1944–12. August 1944

Feindfahrten: 4
Versenkte Schiffe: keines
1 Fregatte (1.370 t)

1. 23.3.43: Auslaufen Kiel in den Nordatlantik. U 270
traf auf die »Löwenherz«-Gruppe, die am 3.4.43 südöstlich von Grönland gebildet wurde. Am 4. wurde der nach
Osten laufende Convoy HX 231 im Westen der Linie
gesichtet. Die Bedingungen waren hervorragend und der
Angriff auf den Convoy dauerte bis zum 7. Sieben
Schiffe wurden versenkt und vier beschädigt. Die Anwesenheit von Trägerflugzeugen machte die Angriffe
schwierig. Früh am 6. schoss U 270 Torpedos ab und
hörte zwei Detonationen, hatte aber keinen Erfolg. Die
Mehrzahl der »Löwenherz«-Boote, einschließlich U 270,
bildeten ab 10. eine neue Linie, »Lerche«, südöstlich von
Cape Farewell zum Empfang des nach Osten laufenden
Convoys HX 232. Der Convoy passierte am 11. die Linie
und erfolgreiche Angriffe wurden in den ersten Stunden
des 12. gemacht. Zwei Schiffe wurden versenkt, eines
beschädigt, das einige Stunden später versenkt wurde.
Weitere Attacken auf den Convoy wurden durch
Flugzeuge verhindert. Die Operation wurde am 13. westlich vom Nordkanal beendet. Zwischen dem 17. und 20.
wurden U 270 und andere »Lerche«-Boote durch U 487
im Zentralen Nordatlantik mit Kraftstoff versorgt. Dann
bildeten sie ab 20. die neue Linie »Specht« nördlich von
den Azoren. Ab 22. erwartete die Gruppe den nach Osten
laufenden Convoy SC 127, und als dieser nicht kam, fuhren die Boote mit hoher Geschwindigkeit nach Nord-

westen und bildeten ab 25. eine neue Linie vor dem
Convoy ONS 4. Wieder wurde der Convoy umdirigiert
und nicht gefunden.
Am 27. wurde die »Specht«-Gruppe nordöstlich von
Neufundland gegen den Convoy HX 235 eingesetzt, aber
der wurde nach Süden umgeleitet. Am 29. bildeten die
»Specht«- und »Amsel«-Gruppe eine neue Linie nord-
östlich von Neufundland, um den nach Osten laufenden
Convoy SC 128 abzufangen. Beide Gruppen fuhren nach
Süden auf der Suche nach dem Convoy, aber als er bis
zum 1.5.43 nicht gefunden wurde, wandten sich die
»Specht«-Boote mit einer neuen langen Linie nach Nor-
den. »Fink« wurde am 3. aus Booten der »Specht«- und
»Star«-Gruppe, südlich von Cape Farewell, gebildet. Der
Convoy SC 128 erschien nicht, aber am Nachmittag des
4. passierte der Convoy ONS 5 die Linie der »Fink«-
Boote. Während der Nacht des 4./5. wurden Angriffe
gefahren. Der Convoy teilte sich in mehrere kleine
Gruppen mit Geleitfahrzeugen. Bei Tageslicht wurden
am 5. weitere Angriffe gefahren. Dann kam Nebel auf
und der Kontakt ging verloren.
Im Nebel lokalisierten die Geleitfahrzeuge 15 U-Boote
und griffen sie an. U 270 war eines davon und wurde bei
einem Wasserbombenangriff beschädigt. Der Convoy
wurde am 6. wieder gesehen, aber als das Wetter sich
verschlechterte, wurde die Operation beendet.
U 270 kehrte am 15.5.43 nach dem neuen Stützpunkt St.
Nazaire zurück.
2. 26.5.43: Auslaufen St. Nazaire und Rückkehr am
2.7.43.
3. 24.7.43: Auslaufen St. Nazaire und Rückkehr am
25.7.43.
4. 7.9.43: Auslaufen St. Nazaire in den Nordatlantik.
U 270 war eines von 14 Booten, die am 20. südsüdwestlich von Island die »Leuthen«-Linie zum Empfang eines
Convoys ONS bildeten. Zu ihnen stießen sechs weitere
Boote, die sich nördlich der Azoren versammelt hatten
und nach der Versorgung nach Norden verlegten, um
ihren Platz in der Linie einzunehmen. Geheimhaltung
wurde Pflicht, um den Alliierten die Anwesenheit der
Boote zu verheimlichen. Sie hatten die Aufgabe, bis zum
Beginn der Aktion getaucht zu bleiben. Allerdings
erschien am 19. U 341 an der Wasseroberfläche fahrend
und wurde von einem kanadischen Flugzeug gesehen,
angegriffen und versenkt, kurz bevor die Aktion begann.
Früh am 20., bevor die »Leuthen«-Boote ihre Position
eingenommen hatten, kam der Convoy ON 202 in Sicht.
U 270 und drei andere Boote schlossen an ihn heran, aber
nur U 270 kam zum Angriff. Es beschädigte die Fregatte
HMS LAGAN am Heck. Die LAGAN wurde nach Großbritannien geschleppt, aber niemals repariert. U 270
wurde vom Zerstörer HMCS GATINEAU vertrieben.

Flugzeuge und ein starker Überwasserschutz hielten die meisten Boote von Angriffen ab. Während des Tages traf ON 202 mit dem Convoy ONS 18 zusammen. In der Dämmerung kamen fünf Boote heran, aber die meisten der »Leuthen«-Boote waren auf die Convoys angesetzt, im Glauben, dass der Geleitschutz bei Nacht am 21./22. zu durchbrechen sei. Angriffe wurden auf die Geleitfahrzeuge gemacht und zehn Zerstörer wurden während den Stunden der Dunkelheit des 20./21. als versenkt gemeldet. Nebel kam früh am 21. auf und blieb während der Nacht und am folgenden Tag haften. Am 22. gab es ein paar Aufhellungen, und als Flugzeuge erschienen, bekämpften die »Leuthen«-Boote diese über Wasser. An diesem Tag wurde der Druckkörper von U 270 durch vier Wasserbomben ernsthaft beschädigt, geworfen von einer Liberator der 10. (RCAF) Squadron (W/O J. Billings), aus Gander. Bei ihrem Angriff wurde ein Motor durch Flak zum Stillstand gebracht, und mit einem verwundeten Besatzungsmitglied hatte die Maschine das Gebiet wegen Brennstoff-Verlust verlassen. Rückkehr nach St. Nazaire am 6.10.43, nachdem die Operation am 23. mit der Versenkung von sechs Schiffen und drei Geleitfahrzeugen beendet wurde. Ein weiteres Geleitfahrzeug wurde beschädigt.

5. 8.12.43: Auslaufen in den Nordatlantik.

U 270, U 275 und U 305 gingen in eine Warteposition westlich der Biskaya. Am 20. trafen sie auf die Gruppe »Coronel 3« zur Bildung der »Borkum«-Gruppe, 400 Seemeilen nordwestlich von Cape Ortegal. Aufgabe war die Operation gegen den Convoy MKS 33/SL 142.

Deutsche Flugzeuge meldeten den Einsatz des Escortträgers USS CARD am 22. und 23., und die »Borkum«-Gruppe wurde an ihn herangeführt, um den rücklaufenden deutschen Blockadebrecher OSORNO zu decken, der von Flugzeugen der USS CARD am 23. gesichtet worden war. Angriffe wurden auf CARD und ihren Geleitschutz gefahren und ein Zerstörer von U 275 und U 382 versenkt. Während des Abends am 24. griffen die »Borkum«-Boote den nach Süden laufenden Convoy KMS 36/OS 62 nordöstlich von den Azoren an. Das führende Geleitschiff, HMS HURRICANE, wurde von U 415 versenkt.

U 270 und U 305 machten erfolglose Angriffe auf den Convoy bei Nacht am 25./26. Die »Borkum«-Gruppe fuhr dann zur Bildung einer neuen Linie am 30. zum Empfang des Convoys MKS 34/SL 143. Auf dem Weg nach dort fuhr die Gruppe versehentlich in die 6. Escortgruppe hinein und U 270 und U 275 wurden durch Fregatten angegriffen, konnten aber entkommen.

Deutsche Flugzeuge sichteten den Convoy MKS 34/SL 143 am 30. und 31. nordöstlich von den Azoren.

Der Convoy passierte die »Borkum«-Linie während der Nacht des 1./2. Januar. Escortfahrzeuge wurden erfolglos angegriffen. U 270 verfehlte einen Zerstörer am 3., glaubte aber, ihn versenkt zu haben.

Am 6.1.44 wurde U 270 angegriffen und durch eine Fortress der 206. Squadron (F/Lt A.J. Pinhorn) beschädigt. Das Flugzeug wurde abgeschossen, es gab keinen Überlebenden der Besatzung. U 270 kehrte am 17.1.44 nach St. Nazaire zurück.

6. 6.6.44: U 270 war eines von 19 nicht mit Schnorchel ausgerüsteten Booten, die St. Nazaire, Lorient und La Pallice als Teil der »Landwirt«-Gruppe verließen.

Sie sollten in einer Doppellinie auf 200 Meter Tiefe im getauchten Zustand zwischen Brest und Bordeaux abwarten und zum Angriff auf alliierte Landungsfahrzeuge in einer geplanten Invasion bereit sein. Später verlegten sie näher an die Küste und auf 100 Meter Tiefe, um schneller bereit zu stehen. Die Boote litten unter den ständigen Angriffen der Flugzeuge, wenn sie nachts auftauchten. Am 13. wurde U 270 zweimal angegriffen, zuerst durch eine Liberator der 53. Squadron (F/Lt J.W. Carmichael), die abgeschossen wurde, und dann durch eine Leigh Light Wellington der 172. Squadron (P/O L. Harms).

Das Boot wurde beschädigt und kehrte am 17.6.44 nach Lorient zurück.

7. 10.8.44: Auslaufen Lorient unter dem Kommando von Oberleutnant zur See Schreiber, der zuvor keine Feindfahrt mit einem Uboot mitgemacht hatte.

Das Boot diente zur Evakuierung wichtiger Mitglieder der 1. U-Flottille, da die alliierten Invasionstruppen nahe kamen. Es befanden sich 81 Mann an Bord, einschließlich einer zusammengewürfelten Besatzung.

Am 12., nahe am Hafen von La Pallice, wurde U 270 von einer Sunderland der 461. Squadron (RAAF) (F/O D.A. Little) angegriffen. Wasserbomben wurden geworfen und das Boot so beschädigt, dass es nicht mehr tauchen konnte. Der Kommandant setzte die Fahrt nach Süden fort, aber nach einer Stunde wurde der Befehl, das Boot zu verlassen, gegeben. Als die Besatzung sich an Oberdeck versammelte, kam eine Leigh Light Wellington der 179. Squadron mit eingeschaltetem Licht heran. Die Männer sprangen ins Wasser, aber es wurde kein Angriff geflogen.

U 270 wurde verlassen und sank am 13. in den ersten Stunden. Die 71 Überlebenden, einschließlich des Kommandanten, wurden von einem britischen Zerstörer aufgefischt.

U 271 Typ VII C

Bauwerft: Bremer Vulkan, Vegesack
Kiellegung: 21. Oktober 1941
Stapellauf: 29. Juli 1942
Indienststellung: 23. September 1942
Feldpost-Nr.: M 49368
Versenkt am 28. Januar 1944 westlich von Galway Bay
(53°15'N/15°25'W)

Kommandos:
8. U-Flottille Danzig von September 1942–Mai 1943
(Schulboot)
1. U-Flottille Brest von Juni 1943–28. Januar 1944
(Frontboot)

Kommandant:
KptLt Curt Barleben, September 1942-28. Januar 1944

Feindfahrten: 3
Versenkte Schiffe: keines

1. 29.5.43: Auslaufen Kiel in den Nordatlantik. Nach dem »Schwarzen Uboot-Monat« im Mai 1943, als 41 Boote verloren gingen, wurde entschieden, ein Funkverfahren anzuwenden, das nur wenige Boote betätigen durften. Dies sollte den Eindruck vermitteln, dass mehr Boote an Convoyrouten operierten, als überhaupt vorhanden waren. Während des Juni 1943 führten U 271 und andere Boote dieses Verfahren aus. Als eines der Boote versenkt wurde, wurde es schnell ersetzt, so dass die aktuelle Anzahl von Booten erhalten blieb.
Anfang Juli wurde das System aufgegeben.
Rückkehr nach Lorient am 16.7.43.

U 271 wurde umgebaut zum Flakboot, als eines von sieben. Die anderen waren U 211, U 256, U 263, U 441, U 621 und U 953. Die umfangreichere Bewaffnung reduzierte die Seeausdauer der Boote für längere Operationen.

2. 14.9.43: Auslaufen Lorient, Einlaufen Brest am 15.9.43.
3. 2.10.43: Auslaufen Brest in den Atlantik. U 271, in Begleitung von U 256, fuhr zur Kraftstoffversorgung westlich der Azoren, um U 488 gegen Luftangriffe während der Versorgung zu schützen. Die beiden Flakboote nahmen den Dienst am 12. auf, als U 488 nach Norden gelaufen war, nachdem es während der Nacht des 11./12. durch ein Flugzeug des Trägers USS CARD gesichtet worden war. Ernsthaft behindert durch schlechtes Wetter

und Luftangriffe wurde die Versorgung zwischen dem 13. und 17. durchgeführt.
Am 21. wurde U 271 von einer Avenger des Escortträgers USS CARD nordnordwestlich der Azoren in 35 Seemeilen Abstand vom Träger gesichtet.
Das Boot wurde durch Wasserbomben beschädigt, eine Bordkanone vernichtet und ein Kanonier verwundet. Es tauchte und entkam, bevor Flugzeuge vom Flugplatz Terceira auf den Azoren ankamen, U 271 entkam auch der Suche des Zerstörers USS BELKNAP.
Rückkehr nach Brest am 3.11.43.

Das Flakboot-Experiment stellte sich als nicht erfolgreich dar, und deshalb wurde U 271 in den alten Zustand umgebaut. Es nahm so seine normalen Aufgaben wieder wahr.

4. 8.1.44: Auslaufen Brest und Rückkehr am 10.1.44.
5. 12.1.44: Auslaufen Brest in ein Gebiet westlich der Britischen Inseln. U 271 traf auf die »Rügen«-Gruppe, deren Boote in der Mehrzahl einzeln westlich von Irland operierten.
Am 27. bildeten U 271 und fünf weitere Boote die Linie »Hinein« zum Angriff auf den Convoy KMS 40, dessen Passage man spät am 27. erwartete. Informationen von einem Aufklärungsflugzeug verfehlten die Meldung, dass er viel weiter westlich lief als angenommen. Als das bekannt wurde, wurden Boote mit 3,7-cm-Flak angewiesen, den Convoy mit hoher Fahrt anzugreifen.
U 271 war eines davon. Es wurde von einer USN Liberator des VP 103 (Lt C.A. Enloe) am 28. westlich von Gailway Bay gesichtet und mit sechs Wasserbomben versenkt.
Es gab keine Überlebenden, 51 Tote.

U 272 Typ VII C

Bauwerft: Bremer Vulkan, Vegesack
Kiellegung: 28. November 1941
Stapellauf: 15. August 1942
Indienststellung: 7. Oktober 1942
Feldpost-Nr.: M 49401
Versenkt am 12. November 1942 in der Ostsee

Kommando:
8. U-Flottille Danzig von Oktober 1942–12. November 1942 (Schulboot)

Kommandant:
OLtzS Horst Hepp, Oktober 1942–12. November 1942

Ging am 12.11.42 in der Ostsee nach einer Kollision mit dem deutschen Versorger HELA verloren. 28 Männer der Besatzung gingen mit unter, 19 überlebten, einschließlich des Kommandanten.

U 273 Typ VII C

Bauwerft: Bremer Vulkan, Vegesack
Kiellegung: 5. Dezember 1941
Stapellauf: 2. September 1942
Indienststellung: 21. Oktober 1942
Feldpost-Nr.: M 49267
Versenkt am 19. Mai 1943 südsüdwestlich von Reykjavik (59°25'N/24°33'W)

Kommandos:
8. U-Flottille Danzig von Oktober 1942–April 1943 (Schulboot)
9. U-Flottille Brest von Mai 1943–19. Mai 1943 (Frontboot)

Kommandanten:
OLtzS Hans Engel, Oktober 1942–März 1943
OLtzS Hermann Rossmann, März 1943–19. Mai 1943

Feindfahrten: 1
Versenkte Schiffe: keines

1. 8.5.43: Auslaufen Kiel und Einlaufen Bergen am 11.5.43.
2. 12.5.43: Auslaufen Bergen in den Nordatlantik. Auf der Fahrt nach seinem Operationsgebiet wurde U 273 von einer Hudson der 269. Squadron (F/O J.N.F. Bell) gesichtet. Der Kommandant entschied, den Kampf auszustehen. Gegen schweres Flakfeuer warf das Flugzeug vier Wasserbomben und es gab einen Wechsel an der Flak. Nach einiger Zeit tauchte U 273 und wurde nicht wieder gesehen. Bald danach wurden Wrackteile und Öl an der Wasseroberfläche entdeckt. Es gab keine Überlebenden, 46 Tote.

U 274 Typ VII C

Bauwerft: Bremer Vulkan, Vegesack
Kiellegung: 9. Januar 1942
Stapellauf: 19. September 1942
Indienststellung: 7. November 1942
Feldpost-Nr.: M 49305
Versenkt am 23. Oktober 1942 vor Reykjavik (57°14'N/27°15'W)

Kommandos:
8. U-Flottille Danzig von November 1942–Juli 1943 (Schulboot)
7. U-Flottille St. Nazaire von August 1943–23. Oktober 1943 (Frontboot)

Kommandant:
OLtzS Günther Jordan, Nov. 1942–23. Okt. 1943

Feindfahrten: 2
Versenkte Schiffe: keines

1. 12.8.43: Auslaufen Kiel und Einlaufen Bergen am 16.8.43.
2. 24.8.43: Auslaufen Bergen und Einlaufen Drontheim am 26.8.43.
3. 1.9.43: Auslaufen Drontheim in den Nordatlantik. Schäden durch Eis in der Dänemarkstraße. Rückkehr nach Drontheim am 13.9.43.
4. 13.10.43: Auslaufen in den Nordatlantik. Auf dem Kurs zum Treffen mit der »Siegfried«-Gruppe östlich von Neufundland wurde U 274 von einer Liberator der 224. Squadron (S/Ldr E.J. Wicht) südsüdwestlich von Reykjavik gesichtet. Nach Meldung der Position von U 274 flog die Liberator einen Raketenangriff auf das Boot, dem Wasserbomben folgten. Die Zerstörer HMS DUNCAN (LtCdr C. Gwinner) und VIDETTE (LtCdr R. Hart) kamen hinzu. Das getauchte Boot wurde lokalisiert und mit Hedgehog- und Wasserbombensalven vernichtet. Es gab keine Überlebenden, 48 Tote.

U 275 Typ VII C

Bauwerft: Bremer Vulkan, Vegesack
Kiellegung: 18. Januar 1942
Stapellauf: 8. Oktober 1942
Indienststellung: 25. November 1942
Feldpost-Nr.: M 50344
Versenkt am 10. März 1945 südlich von Seaford
(50°36'N/00°04'W)

Kommandos:
8. U-Flottille Danzig von November 1942–Mai 1943
(Schulboot)
3. U-Flottille La Pallice von Juni 1943–September 1944
(Frontboot)
11. U-Flottille Bergen von Oktober 1944–10. März 1945
(Frontboot)

Kommandanten:
OLtzS Helmut Bock, November 1942–Juni 1944
OLtzS Helmut Wehrkamp, Juni 1944–10. März 1945

Feindfahrten: 7
Versenkte Schiffe: 1 (4.934 BRT)
1 Zerstörer (1.090 t)

1. 12.8.43: Auslaufen Kiel und Einlaufen Bergen am
16.8.43.
2. 4.9.43: Auslaufen Bergen in den Nordatlantik. U 275
war eines von 14 Booten, die südsüdwestlich von Island
ab 20. in Erwartung eines ONS-Convoys eine Linie bildeten. Zu ihnen stießen sechs Boote, die sich nördlich der
Azoren zur Brennstoffversorgung versammelt hatten und
danach die Richtung der Boote genommen hatten, um
ihre Position einzunehmen. Geheimhaltung war vereinbart, um die Anwesenheit der Boote den Alliierten nicht
zu verraten. Sie sollten bis zum Eintreffen des Convoys
getaucht bleiben. Allerdings fuhr U 341 am 19. über
Wasser und wurde von einem kanadischen Flugzeug
gesichtet, angegriffen und versenkt, direkt östlich der
geplanten Linie.
Früh am 20., bevor die »Leuthen«-Boote ihre Position
eingenommen hatten, kam der Convoy ON 202 in Sicht.
Flugzeuge und starker Geleitschutz über Wasser machten
jeden Angriff während des Tages unmöglich. Während
des Tages traf ON 202 auf den ONS 18. In der Dunkelheit schlossen fünf Boote an den Convoy heran, und die
meisten der »Leuthen«-Boote waren darauf bedacht, den
Convoy anzugreifen. Sie glaubten, dass sich die Geleitfahrzeuge während der Nacht des 21./22. teilten.

Angriffe auf die Escortfahrzeuge wurden gefahren und
man glaubte, zehn Zerstörer während der Nacht vom
20./21. versenkt oder beschädigt zu haben. Nebel kam
auf und blieb die ganze Nacht und am folgenden Tag
bestehen. Am 22. gab es einige klare Stellen, aber als
Flugzeuge auftauchten, bekämpften einige »Leuthen«-
Boote diese über Wasser. Die Operation endete am 23.
Sechs Schiffe und drei Geleitfahrzeuge waren versenkt
worden, ein weiteres Geleitfahrzeug wurde beschädigt
und später repariert. U 275 nahm an keinem Angriff auf
den Convoy teil.
Die »Leuthen«-Boote, die nicht in den Stützpunkt
zurückliefen, trafen auf die neue Linie »Rossbach« ab
27. südöstlich von Cape Farewell. U 275 gehörte dazu.
Die Linie wurde 100 Seemeilen nach Nordwesten verlegt
und wartete dort bis zum 30., aber es gab keinen der
erwarteten Convoys ON 203 oder ONS 19. Beide passierten im Norden. Die »Rossbach«-Boote fuhren am
1.10.43 nordwärts in der Hoffnung, den ONS 204 zu treffen. Der Convoy wurde nicht gefunden.
Am 3. wurde U 275 von einer Hudson der 269. Squadron
(F/O Jones) angegriffen. Es entkam im Regen ohne
Schäden. Die »Rossbach«-Gruppe verlegte südwestwärts
am 5. für die Convoys SC 143 und HX 259. Die Rückruf-
Funksignale wurden von den Booten nicht aufgenommen. Trotz guten Wetters wurde der Convoy nicht gefun-
den und die Operation am 9. eingestellt.
Rückkehr nach dem neuen Stützpunkt La Pallice am
28.10.43.
3. 29.11.43: Auslaufen in den Nordatlantik.
U 275, U 270 und U 305 liefen auf eine Warteposition im
Westen der Biskaya. Ab 20.12.43 trafen sie mit den
Booten der Gruppe »Coronel 3« zusammen und bildeten
die »Borkum«-Gruppe, 400 Seemeilen nordwestlich von
Cape Ortegal, um gegen den Convoy MKS 33/SL 142 zu
operieren.
Deutsche Flugzeuge meldeten die Anwesenheit des
Escortträgers USS CARD am 22. und 23., und die
»Borkum«-Boote wurden zum Schutz des rückkehrenden deutschen Blockadebrechers ORONOS abgeteilt, der
von Flugzeugen der CARD am 23. gesehen wurde.
Angriffe auf CARD und ihre Geleitfahrzeuge wurden
nordöstlich der Azoren gemacht.
Am frühen Morgen des 24. schoss U 275 zwei Torpedos
auf den Zerstörer USS LEARY. Sie trafen das Heck des
Schiffes. Er wurde verlassen und als er 16 Minuten später sank, traf ein Torpedo den vorderen Maschinenraum,
geschossen von U 382.
60 Mann der Besatzung wurden getötet und von den 100,
die das Schiff verlassen konnten, wurden nur 59 aus dem
eiskalten Wasser vom Zerstörer USS SCHENK gefischt.
Der Kommandant der LEARY, Cdr Kyes, gab seine

Schwimmweste einem farbigen Messesteward und wurde nie mehr gesehen.

Während des Abends vom 24. griffen die »Borkum«-Boote den nach Süden laufenden Convoy KMS 36/OS 62 nordöstlich der Azoren an. Ein Zerstörer des Geleitschutzes wurde am gleichen Abend von U 415 versenkt und einige erfolglose Angriffe auf den Convoy in der Nacht des 25./26 gefahren.

Die »Borkum«-Boote machten dann Anstalten, am 30. für den Convoy MKS 34/SL 143 eine neue Linie zu bilden. Auf der Fahrt fuhr die Gruppe in die 6. Escortgruppe hinein und U 260 und U 275 wurden von Fregatten angegriffen, konnten aber entkommen. U 275 wurde auch von einem Flugzeug angegriffen.

Deutsche Flugzeuge sichteten den Convoy MKS 34/SL 143 am 30. und 31. nordöstlich der Azoren. Der Convoy passierte die »Borkum«-Linie während der Nacht des 1./2. Januar. Die Geleitfahrzeuge wurden angegriffen, aber drei »Borkum«-Boote schossen vorbei. U 275 glaubte, zwei Zerstörer in den ersten Stunden des 2. versenkt zu haben, aber das stimmte nicht.

Rückkehr nach La Pallice am 11.1.44.

4. 23.4.44: Auslaufen La Pallice und Einlaufen Brest am 26.4.44.

5. 20.5.44: Auslaufen Brest, Rückkehr am 23.5.44.

6. 6.6.44: Auslaufen Brest als Teil der »Landwirt«-Gruppe. U 275 war eines von acht Schnorchelbooten, die in ein Gebiet nördlich von Cherbourg, eingangs des Englischen Kanals fuhren, um zu prüfen, welche Verluste sie den Invasionsfahrzeugen zufügen könnten. Das war gefährlich und schwierig und setzte das rechtzeitige Erkennen von Flugzeugen und Überwasserfahrzeugen voraus. In den Morgenstunden des 11. griff U 275 erfolglos einen Zerstörer südlich von Start Point an.

U 275 fuhr nach St. Peter Port, Guernsey, am 13., um die Batterien aufzuladen. U 269 traf am 15. und U 984 am 18. ein. Einige Stunden nach dem Einlaufen griffen Jagdbomber den Hafen an, der bis dahin unbehelligt war. Während einer fünftägigen Periode versenkten die Flugzeuge ein Patrouillenfahrzeug und beschädigten zwei weitere.

U 275 verließ St. Peter Port, um an den Operationen im Kanal teilzunehmen. Am 18. wurde das Boot von einer USN Liberator der VP 110 (LtCdr J. Munson) vor dem westlichen Eingang in den Kanal angegriffen. Eine Wasserbombenattacke rief nur geringen Schaden hervor. Rückkehr nach Brest am 25.6.44.

7. 16.7.44: Auslaufen in den Englischen Kanal. Am 25. wurde U 275 angegriffen und durch eine Marinefahrzeug beschädigt. Einlaufen Boulogne am 2.8.44.

8. 13.8.44: Auslaufen Boulogne in den Englischen Kanal. Das Boot verblieb in seinem Operationsgebiet, bis es am

27. zurückgerufen wurde. Rückkehr nach Brest am 31.8.44.

9. 2.9.44: Auslaufen Brest nach Norwegen. Einlaufen Bergen am 18.9.44.

10. 2.12.44: Auslaufen Bergen. Es sind keine Einzelheiten bekannt. Rückkehr am 12.12.44 in Bergen.

11. 13.1.45: Auslaufen Bergen in britische Küstengewässer. Anfang Februar hatte U 275 Schwierigkeiten mit dem Schnorchel. Einlaufen St. Nazaire zur Reparatur am 10.2.45.

12. 25.2.45: Auslaufen St. Nazaire in den Englischen Kanal. Am 8.3.45 traf U 275 auf den Convoy ONA 289. Bei einem Morgenangriff versenkte das Boot die britische LORMASTON (4.934 t) nordwestlich von Fécamp.

U 275 wurde versenkt, als es am 10. südlich von Seaford eine Mine streifte.

Es gab keine Überlebenden, 49 Tote.

U 276 Typ VII C

Bauwerft: Bremer Vulkan, Vegesack
Kiellegung: 24. Februar 1942
Stapellauf: 24. Oktober 1942
Indienststellung: 9. Dezember 1942
Feldpost-Nr.: M 49169
Außerdienststellung am 29. September 1944 in Neustadt

Kommandos:
8. U-Flottille Danzig von Dezember 1942–Oktober 1943 (Schulboot
1. U-Flottille Brest von Januar–Juli 1944 (Frontboot)
31. U-Flottille Neustadt von Juli 1944–29. September 1944 (Frontboot)

Kommandanten:
OLtzS Jürgen Thimme, Dezember 1942–Oktober 1943
KptLt Rolf Borchers, Oktober 1943–Juli 1944
OLtzS Heinz Zwang, Juli 1944–29. September 1944

Feindfahrten: 4
Versenkte Schiffe: keines

1. 28.2.44: Auslaufen Kiel und Einlaufen Bergen am 2.3.44.

2. 13.3.44: Auslaufen Bergen und Einlaufen Drontheim am 16.3.44.

Früh im Jahre 1944 glaubte das deutsche Marinekommando an eine alliierte Invasion in Südnorwegen und Dänemark. Die Gruppe »Mitte« wurde am 16.2.44 gebildet und war auf »stand by« in Häfen in Südnorwegen, vier in Bergen, vier in Kristiansand und zwei in Stavanger. Im März wurde die Zahl der Boote von zehn auf 22 erhöht.

3. 22.3.44: Auslaufen Drontheim als Teil der Gruppe »Mitte«. U 276 patrouillierte vor der norwegischen Küste, immer unter Bedrohung durch Flugzeuge.
Einlaufen Drontheim am 6.4.44.
4. 18.4.44: Auslaufen Drontheim vor die norwegische Küste als Teil der Gruppe »Mitte«.
Rückkehr in den Stützpunkt am 2.5.44.
5. 24.5.44: Auslaufen Drontheim und Aufnahme von Überlebenden von U 476, das 150 Seemeilen vor der Küste Norwegens am 24. versenkt worden war. U 990 und U 276 nahmen 21 Überlebende auf. Während dieser Maßnahme wurde U 276 durch ein Flugzeug angegriffen, es hatte drei Verwundete.
Rückkehr nach Drontheim am 25.5.44.
6. 28.5.44: Auslaufen Drontheim und Einlaufen Stavanger am 31.5.44.
7. 8.6.44: Auslaufen Stavanger als eines von elf »Mitte«-Gruppen-Booten. Es hat schon früh in den ersten Stunden des 6. Informationen aufgefangen, dass die Invasion in Frankreich anfing.
Die Boote bildeten eine Aufklärungslinie von Drontheim bis Lindesnes. Als die erwartete Invasion Norwegens nicht kam, wurden U 276 und sieben andere Boote der Gruppe »Mitte« zurückgerufen.
Rückkehr nach Stavanger am 25.6.44.
8. 28.6.44: Auslaufen Stavanger und Einlaufen Bergen am 28.6.44.
9. 1.7.44: Auslaufen Bergen und Einlaufen Kiel am 6.7.44.

U 276 kam nicht wieder zum operativen Einsatz. Es war eines von acht Booten, die als Schulboot Anfang Juli abgeteilt wurden. Die Besatzungen wurden der 23. und 24. U-Flottille zugeteilt, um dort die neuen Typ XXI-Boote zu bemannen. U 276 kam im Juli 1944 zur 31. U-Flottille in Neustadt und diente dort als Arbeitsboot bis zur Außerdienststellung am 29.9.44.

U 277 Typ VII C

Bauwerft: Bremer Vulkan, Vegesack
Kiellegung: 3. März 1942
Stapellauf: 7. November 1942
Indienststellung: 21. Dezember 1942
Feldpost-Nr.: 49190
Versenkt am 1. Mai 1944 nordwestlich von Hammerfest (73°24'N/15°32'E)

Kommandos:
8. U-Flottille Danzig von Dez. 1942–Mai 1943 (Schulboot)
6. U-Flottille St. Nazaire von Juni–Oktober 1943 (Frontboot)
13. U-Flottille Drontheim von November 1943–1. Mai 1944 (Frontboot)

Kommandant:
KptLt Robert Lubsen, Dezember 1942–1. Mai 1944

Feindfahrten: 7
Versenkte Schiffe: keines

1. 22.6.43: Auslaufen Kiel, Einlaufen Bergen am 27.6.43.
2. 29.6.43: Auslaufen Bergen. Es sind keine Details über diesen Einsatz bekannt. Einlaufen Hammerfest am 17.8.43.
3. 29.8.43: Auslaufen Hammerfest. Es sind keine Einzelheiten über diesen Einsatz bekannt. U 277 hat britische Unterseeboote am 2.9.43 und während der Nacht vom 12./13. angegriffen. Zu dieser Zeit war U 277 mit der »Monsun«-Gruppe zwischen Spitzbergen und der Bäreninsel im Einsatz.
Rückkehr nach Narvik am 10.10.43.
4. 30.10.43: Auslaufen Narvik und Einlaufen Hammerfest am 31.10.43.
5. 8.11.43: Auslaufen Hammerfest und Rückkehr nach Narvik am 9.11.43.
6. 12.11.43: Auslaufen Narvik und Treffen mit der »Eisenhart«-Gruppe zwischen Spitzbergen und der Bäreninsel. Andere Boote der Gruppe waren U 307, U 354, U 360 und U 387.
Am 26.11.43 wartete die Gruppe auf den Convoy RA 54 B, der Archangelsk an diesem Tage verlassen hatte. Nur U 307 sichtete den Convoy, wurde aber vertrieben und beschädigt. RA 54 B erreichte Loch Ewe sicher am 9.12.43.
U 277 hatte ein anderes Treffen mit einem britischen Uboot am 8.12.43.
U 277, U 354, U 387 und U 636 warteten in der Passage

der Bäreninsel auf den nach Osten laufenden Convoy JW 55A. Er wurde am 18. durch U 636 kurz gesichtet, aber es kam nicht heran. U 277 lief nach Hammerfest zurück am 22.12.43.

7. 23.12.43: Auslaufen Hammerfest. Am 26. und 27. eine vergebliche Suche nach Überlebenden der SCHARNHORST, die am Abend des 26. gesunken war.
Rückkehr nach Hammerfest am 6.1.44.

8. 8.1.44: Auslaufen Hammerfest und Einlaufen Bergen am 18.1.44.

9. 20.3.44: Auslaufen Bergen. U 277 gehörte zur »Blitz«-Gruppe, die gegen den nach Osten laufenden Convoy JW 58 angesetzt war. Der Convoy, der am 27. von Island auslief, wurde von deutschen Flugzeugen am 30. gesichtet.

Kurz nach Mitternacht des 31. kamen die Gruppen »Blitz«, »Hammer« und »Thor« in Kontakt, mit ihnen einige andere Boote. In den frühen Stunden des 1.4.44 wurden die ersten Angriffe gefahren. U 277 machte einen erfolglosen Angriff auf ein Escortfahrzeug am 2. und 3. und hörte nur Detonationen am Ende der Laufzeit der Torpedos. Der Convoy kam in der Kola-Bucht ohne Verluste an.
Rückkehr nach Hammerfest am 6.4.44.

10. 11.4.44: U 277 traf auf die »Donner«-Gruppe. Am 30. war es mit U 278, U 307 und U 636 gegen den nach Westen laufenden Convoy RA 59 angesetzt. Angriffe wurden im Verlauf des Abends vom 30. gemacht, und ein Schiff durch U 711 der »Keil«-Gruppe versenkt. U 277 operierte gegen den Convoy und wurde nordwestlich von Hammerfest durch Wasserbomben einer Swordfish der 842. (FAA) Squadron des Escortträgers HMS FENCER versenkt.

Es gab keine Überlebenden, 50 Tote.

U 278 Typ VII C

Bauwerft: Bremer Vulkan, Vegesack
Kiellegung: 26. März 1942
Stapellauf: 2. Dezember 1942
Indienststellung: 16. Januar 1943
Feldpost-Nr.: M 49691
Versenkt am 31. Dezember 1945 nordwestlich von Malin Head (55°44'N/08°21'W)

Kommandos:
8. U-Flottille Danzig von Januar–September 1943 (Schulboot)

7. U-Flottille St. Nazaire von Oktober–Dezember 1943 (Frontboot)
11. U-Flottille Bergen von Januar–August 1944 (Frontboot)
13. U-Flottille Drontheim von September 1944–9. Mai 1945 (Frontboot)

Kommandant:
KptLt Joachim Franze, Januar 1943–9. Mai 1945

Feindfahrten: 9
Versenkte Schiffe: 1 (7.177 BRT)
1 Zerstörer (1.730 t)

1. 30.12.43: Auslaufen Kiel und Einlaufen Bergen am 5.1.43.

2. 8.1.44: Auslaufen Bergen in nördliche Gewässer. Am 12. verließ der nach Osten laufende Convoy JW 56A Loch Ewe. Er suchte Schutz vor einem Sturm am 16. und lief ein in Akureyi, Island. Der Convoy setzte seine Reise am 21. fort. U 278 gehörte zur »Isegrim«-Gruppe und wartete in der Passage der Bäreninsel. Ab Mittag am 25. kamen neun »Isegrim«-Boote in Kontakt mit dem Convoy. Am Abend versenkte U 278 die amerikanische PENELOPE BARKER (7.177 t) südwestlich der Bäreninsel und beschädigte wahrscheinlich ein zweites Schiff. Der Convoy erreichte am 1.2.44 die Einfahrt zur Kolabucht, hatte drei Schiffe verloren und ein Zerstörer war beschädigt worden.

Als die Operation beendet war, traf U 278 auf die »Werwolf«-Gruppe in der Passage der Bäreninsel in Erwartung des nächsten Convoys, JW 56 B.
Rückkehr nach Hammerfest am 18.1.44.

3. 29.1.44: Auslaufen Hammerfest. Nun mit Kraftstoff versorgt, traf U 278 auf andere »Werwolf«-Boote. JW 56 B wurde gegen Mittag des 29. gesichtet.
Ab 30. machte die Gruppe Angriffe auf die Escortfahrzeuge und verfehlte dabei den Convoy.
U 278 torpedierte und beschädigte südlich der Bäreninsel den Zerstörer HMS HARDY, das Heck wurde ihm weggeschossen. Die Besatzung der HARDY wurde durch den Zerstörer HMS VENUS übernommen, die HARDY später durch einen Torpedo versenkt.
Rückkehr nach Narvik am 19.2.44.

4. 4.3.44: Auslaufen Narvik und Treffen mit der »Boreas«-Gruppe. Am Abend des 5. griff das Boot einen Zerstörer des Geleitschutzes vom Convoy RA 57 an, aber es wurde nur die Detonation eines Endläufers gehört.
Später im März gehörte U 278 zur »Thor«-Gruppe, die auf den Convoy JW 58 wartete.
Der nach Osten laufende Convoy war am 27. von Island

ausgelaufen und am 30. von deutschen Flugzeugen gesichtet worden, außerdem auch von anderen Booten. Kurz nach Mitternacht kamen die »Thor«-, »Hammer«- und »Blitz«-Gruppen mit dem Convoy in Kontakt.

Am 2.4.44 griff U 287 einen Zerstörer des Convoys JW 58 an, aber der Torpedo ging vorbei. Der Convoy lief am 5. unversehrt die Kolabucht an. U 278 kehrte am 4.4.44 nach Hammerfest zurück.

5. 24.4.44: Auslaufen Hammerfest. U 278 traf auf die »Donner«-Gruppe, die gegen den nach Westen laufenden Convoy RA 59 angesetzt war. Ab 30. wurden erfolglose Angriffe über drei Tage durchgeführt. Am 1.5.44 verfehlte U 278 einen der Escortzerstörer. Nur ein Schiff wurde von U 711 versenkt.

Am 3. schoss U 278 vermutlich ein alliiertes Flugzeug ab. Rückkehr nach Bergen am 8.5.44.

6. 5.7.44: Auslaufen Bergen und Einlaufen Ramsund am 9.7.44.

7. 23.7.44: Auslaufen Ramsund und Einlaufen Hammerfest am 24.7.44.

8. 2.8.44: Auslaufen Hammerfest. U 278 und fünf andere Boote operierten als »Greif«-Gruppe an der sibirischen Seeroute während des August, hatten aber keinen Erfolg.

Am 9.4.44 landete U 278 eine Gruppe auf einer Arktikinsel und zerstörte eine verlassene sowjetische Funkstation. JW 60 verließ Loch Ewe am 15. und kam am 23. unversehrt in der Kolabucht an. Der Convoy war nicht gesichtet worden, weder von Aufklärern noch von der suchenden »Grimm«-Gruppe, zu der nun auch U 278 gehörte.

Der rücklaufende Convoy RA 60 fuhr von der Kolabucht während der Nacht des 27./28. ab und entging den Gruppen »Grimm« und »Zorn«; er erreichte Loch Ewe am 5.10.44. Rückkehr nach Narvik am 3.10.44.

9. 6.10.44: Auslaufen Narvik und Einlaufen Drontheim am 8.10.44.

10. 12.12.44: Auslaufen Drontheim und Einlaufen Bergen am 20.12.44.

11. 23.12.44: Auslaufen Bergen. U 278 fuhr in ein Gebiet nordöstlich von Schottland zwischen dem Pentland und Moray Firth. Das Boot sollte gegen britische Trägergruppen operieren, bekam aber nur Handelsschiffe und Patrouillenfahrzeuge zu Gesicht. Sie hat nur einige erfolglose Angriffe ausgetragen.

Rückkehr nach Narvik am 13.2.45.

12. 10.4.45: Auslaufen Narvik in nördliche Gewässer. Später im April operierte U 278 gegen den nach Osten laufenden Convoy JW 66, der Kola ohne Verluste am 25. erreichte. Vier Tage später vertrieb ein alliierter sowjetischer Marineverband die Boote nahe des Eingangs zur Kola-Bucht, U 278 war auch dabei.

Der rücklaufende Convoy RA 66 fuhr von dort ab, und U 278 nahm an der vermutlich letzten Convoyschlacht des Krieges teil. Allerdings kamen die Boote nicht an den Convoy heran. Deutsche Flugzeuge waren nicht in der Lage, Kontakt herzustellen, und der Einsatz wurde am 2.5.45 abgeblasen.

Am 4. war der Ubootkrieg zu Ende.

U 278 war noch immer in See. Mit anderen Booten wurde es nach Drontheim befohlen, lief am 9.5.45 in Narvik ein.

U 278 war eines von 14 Booten, die am 16. Narvik verließen, eskortiert durch die 9. Escortgruppe, um nach Loch Eriboll im Norden Schottlands zu fahren. Es gehörte zu den 116 Booten, die an die Royal Navy für die »Operation Deadlight« gingen. Ende Dezember 1945 wurde U 278 im Schlepp von Lisahally durch die Fregatte HMS CAWSAND BAY geschleppt. U 278 wurde durch Geschützfeuer des polnischen Zerstörers BLYSKAWICA nordwestlich von Malin Head am 31.12.45 versenkt.

U 279 Typ VII C

Bauwerft: Bremer Vulkan, Vegesack
Kiellegung: 31. März 1942
Stapellauf: 16. Dezember 1942
Indienststellung: 3. Februar 1943
Feldpost-Nr.: M 49699
Versenkt am 4. Oktober 1943 südwestlich von Reykjavik (60°51'N/28°26'W)

Kommandos:
8. U-Flottille Danzig von Februar–Juli 1943 (Schulboot)
9. U-Flottille Brest von August 1943–4. Oktober 1943 (Frontboot)

Kommandant:
KKpt Otto Finke, Februar 1943–4. Oktober 1943

Feindfahrten: 1
Versenkte Schiffe: keines

1. 4.9.43: Auslaufen Kiel in den Nordatlantik. U 279 landete einen Agenten in Island, lief dann in den Zentralen Nordatlantik zum Treffen mit der »Rossbach«-Gruppe, die gegen den nach Westen laufenden Convoy

ON 203 eingesetzt war. Während der Nacht vom 28./29. passierte der Convoy nördlich der »Rossbach«-Gruppe die Linie. Die Gruppe wurde nach Norden zum Angriff auf den nachfolgenden Convoy ONS 19 befohlen, aber der hatte schon am 30. die Linie nördlich passiert. An diesem Tag wurde U 279 durch eine Hudson der 258. Squadron angegriffen, konnte aber entkommen.

Am 1.10.43 passierte der stark geschützte Convoy HX 258 die Linie. Die Gruppe begann den Convoy zu suchen, konnte ihn aber nicht finden.

U 279 wurde am 4. südwestlich von Island durch ein USN-Flugzeug, das auf Island stationiert war, gesichtet. Es war eine Ventura des VP 128 (Cdr C.L. Westhofen). Das Boot tauchte und es kam zu keinem Angriff.

Das Flugzeug verließ das Gebiet, und als es vierzig Minuten später wieder kam, gab es von U 279 kein Anzeichen mehr. Die Ventura flog wieder weg und kam nach einer Stunde zurück. Bald darauf wurde das Boot an der Wasseroberfläche gesichtet und das Flugzeug machte trotz heftigen Flakfeuers Tiefangriffe. Westhofen warf drei Wasserbomben, 50 Fuß an der Steuerbordseite des Bootes. Das Boot feuerte weiter und beschädigte die Ventura. Flöße wurden im Wasser gesehen und U 279 sank bald darauf. Das Flugzeug hatte durch das Flakfeuer eine beschädigte Funkanlage und konnte daher keine Hilfe für die im Wasser treibenden Männer herbeirufen.

Es gab keine Überlebenden, 50 Tote.

U 280 Typ VII C

Bauwerft: Bremer Vulkan, Vegesack
Kiellegung: 30. April 1942
Stapellauf: 4. Januar 1943
Indienststellung: 13. Februar 1943
Feldpost-Nr.: M 50159
Versenkt am 16. November 1943 nördlich der Azoren (49°11'N/27°32'W)

Kommandos:
8. U-Flottille Danzig von Februar–Juli 1943 (Schulboot)
2. U-Flottille La Pallice von August 1943–16. November 1943 (Fronboot)

Kommandant:
OLtzS Walter Hungershausen, Febr 1943–16. Nov. 1943

Feindfahrten: 1
Versenkte Schiffe: keines

1. 12.10.43: Auslaufen Kiel in den Nordatlantik. U 280 traf auf die »Körner«-Gruppe, die ab 31. östlich von Neufundland auf der Suche nach dem Convoy HX 263 und ONS 21 gebildet worden war. Beide Convoys wurden um die »Körner«-Linie herumgeführt.

Die Boote der »Körner«- und »Jahn«-Gruppen wurden in fünf kleinere Gruppen, »Tirpitz 1«, »-2«, »-3«, »-4« und »-5« umgebildet, jede Gruppe mit vier oder fünf Booten. Sie suchten den nach Osten laufenden Convoy HX 264, der in diesem Gebiet um den 5.11.43 erwartet wurde. Zwei Boote wurden durch Geleitfahrzeuge zerstört, die aus der 2. Escort-Gruppe bestand, und der Convoy passierte die »Tirpitz«-Linien. Der Einsatz gegen den HX 264 endete am 7., die Geleitfahrzeuge hielten die Boote unter Wasser.

Die »Tirpitz«-Gruppen wurden aufgelöst, und die Boote bildeten die »Eisenhart«-Gruppe aus sieben plus drei Booten, die sich ab 11. auf dem Kurs nach Südosten von Cape Farewell in zwei Linien aufreihten. Die Linien kreuzten ein Gebiet, durch welches seit August 1943 die Convoys normalerweise immer liefen.

Meldungen machten deutlich, dass die Convoys nun weiter im Süden fuhren, deshalb wurden die »Eisenhart«-Boote am 12. zur Suche nach SC 146 und HX 265 nach Südosten beordert. Um den 16. wurde kein Convoy gefunden, und die Mehrzahl der Boote stand westsüdwestlich von Irland. Brennstoff wurde knapp und es wurde entschieden, die Operation zu beenden, und die Boote zum Treffen mit der »Schill«-Gruppe westlich von Spanien zu schicken.

Am 16. wurde U 280 von einer Liberator der 86. Squadron (F/O J.H. Bookless) nördlich der Azoren über Wasser gesichtet. Das Flugzeug von der Luftsicherung des HX 265 machte einen Anflug, und der Bugschütze traf den Ubootturm. Flak schoss einen der Flugzeugmotoren kaputt und auch die Wasserbomben wurden beschädigt. Bei einem zweiten Anflug setzte der Bugschütze das vordere Geschütz des Ubootes außer Gefecht. Mehrere Wasserbomben wurden geworfen, die leicht daneben lagen, aber U 280 zum Stoppen brachten, teilweise war es geflutet. Das Flugzeug umkreiste das Boot eine Stunde, dann kehrte es zum Convoy zurück. Nach einer weiteren Stunde flog es zurück nach Hause.

U 280 wurde nicht mehr gesehen und es wurde nichts mehr von ihm gehört. Sein Verlust wurde der Liberator zuerkannt.

Es gab keine Überlebenden, 49 Tote.

U 281 Typ VII C

Bauwerft: Bremer Vulkan, Vegesack
Kiellegung: 7. Mai 1942
Stapellauf: 16. Februar 1943
Indienststellung: 27. Februar 1943
Feldpost-Nr.: M 50190
Versenkt am 30. November 1945 nordnordwestlich von
Malin Head (55°33'N/07°38'W)

Kommandos:
8. U-Flottille Danzig von Februar–Juli 1943 (Schulboot)
7. U-Flottille St. Nazaire von August 1943–Oktober
1944 (Frontboot)
33. U-Flottille Flensburg von Oktober 1944–Mai 1945
(Frontboot)

Kommandant:
KptLt Heinz von Davidson, Februar 1943–Mai 1945

Feindfahrten: 4
Versenkte Schiffe: keines

1. 14.9.43: Auslaufen Kiel und Einlaufen Hatvik am
17.9.43.
2. 20.9.43: Auslaufen Hatvik und Einlaufen Bergen am
20.9.43.
3. 6.10.43: Auslaufen Bergen in den Nordatlantik. U 281
traf südwestlich von Island auf die »Schlieffen«-Gruppe.
Am 15. traf die Gruppe auf einen nach Westen laufenden
Convoy, von dem man annahm, es sei der ONS 20, aber
es war der ON 206, der vom Uboot U 844 gesichtet
wurde. Es wurde zur Verfolgung befohlen und auch die
»Schlieffen«-Gruppe wurde herangeführt. U 844 wurde
von Geleitfahrzeugen entdeckt und vertrieben. Am nächsten Tag wurde es versenkt.
Es wurde dann schwierig, den Convoy zu finden, denn
auf Island stationierte Flugzeuge hielten die
»Schlieffen«-Boote unter Wasser. Früh am 16. meldete
U 964 den ONS 20. Dönitz entschied gegen die
Erfahrungen einiger seiner Offiziere, dass die Boote aufgetaucht bleiben und, falls nötig, den Kampf über Wasser
ausfechten sollten. Sehr schnell wurden Meldungen über
diesen Kampf gemacht, U 964 sank und viele andere
Boote wurden beschädigt, aber der Befehl wurde aufrecht erhalten. Spät am 16. wurde ONS 20 kurz gesichtet
und dann wieder verloren. Die »Schlieffen«-Gruppe fuhr
weiter nach Osten und der Convoy wurde am 17. früh
erneut gesichtet. Ein Angriff wurde befohlen, aber der
Kontakt ging verloren und wurde nicht wieder herge-

stellt. Der Convoy verlor nur ein Schiff, einen Nachzüg-
ler, der spät am 15. von U 426 versenkt wurde. Die
»Schlieffen«-Boote und weitere setzten ihre Suche wäh-
rend des nächsten Tages fort, auch U 281, und alle wurden beschossen. Am 17. wurde das Boot von einer
Sunderland der 422. (RCAF) Squadron (F/Lt P.T.
Sargent) südwestlich von Island angegriffen. U 281
schoss das Flugzeug ab, und drei Mitglieder der
Besatzung wurden verwundet. Die Operation gegen den
ONS 20 wurde am 18. abgeblasen.
U 281 traf auf die »Siegfried«-Gruppe, die sich am 24.
500 Seemeilen östlich von Neufundland bildete.
Man erwartete die Convoys HX 262 und SC 145 in
getauchten Zustand während des Tages. Am 25. glaubte
man, dass HX 262 die Linie im Süden passierte, und
obwohl die Gruppe nach Süden drehte, kam es zu keinem
Kontakt.
Um ein weites Gebiet abzudecken, wurde die »Siegfried«-Gruppe in drei kleine Gruppen aufgeteilt, »Siegfried 1«, »-2« und »-3«. U 281 gehörte zur Gruppe »2«.
Die Gruppen setzten die Suche nach SC 145 fort, aber
der passierte am 29. Zwei Tage später wurden die Boote
umgebildet, dieses Mal in zwei Gruppen, »Jahn« und
»Körner«. U 281 gehörte zur Gruppe »Körner«.
Am 3.11.43 wurden die Boote in fünf kleine Gruppen
eingeteilt, »Tirpitz 1«, »-2«, »-3«, »-4« und »-5«. Sie
sollten nach dem Convoy HX 264 suchen. Der passierte
die Linie am 6., und am nächsten Tag wurde die Operation wegen der Überwachung durch Trägerflugzeuge und
der damit verbundenen Unmöglichkeit, bei Tag aufzutauchen, aufgegeben.
U 281 war kurz bei der »Eisenhart«-Gruppe am 12., dann
fuhr es nach Hause.
Rückkehr nach dem neuen Stützpunkt St. Nazaire am
26.11.43.
4. 5.1.44: Auslaufen in den Nordatlantik. U 281 traf auf
die »Rügen«-Gruppe westlich der Britischen Inseln, die
einzeln über ein weites Gebiet verstreut war. Am 26.
wurde ein KMS-Convoy westlich vom Nordkanal gesichtet. Die sechs am südlichsten stehenden »Rügen«-
Boote, einschließlich U 281, wurden zur Linie »Hinein«
westlich von Irland gebildet, um den Convoy ab 27.
anzugreifen.
Der Convoy war weiter westlich als gemeldet, doch mit
der Zeit hatten es die »Hinein«-Boote mitbekommen,
und sie wandten sich nach Westen auf den Kurs des
Convoys.
Booten mit 3,7-cm-Flak wurde befohlen, mit hoher
Geschwindigkeit über Wasser zu fahren. Verständigungs-
schwierigkeiten zwischen Flugzeugen und Booten über
die Position des Convoys führten dazu, dass der Convoy
zur Mitternacht des 27. unbehelligt die Linie passieren

konnte. Auch die Suche während der ganzen Nacht ergab nichts. Er wurde nicht gefunden. Die Operation wurde früh am 29. aufgegeben, als durch ein Flugzeug die Invasion in Westfrankreich gemeldet wurde. Nach Information aller Boote im Nordatlantik, einschließlich der »Hinein«-Gruppe, wurden diese mit hoher Fahrt in die Biskaya befohlen. Kurz darauf wurde die »Invasionsflotte« als eine Gruppe spanischer Fischtrawler erkannt und die Boote kehrten zurück in ihr Einsatzgebiet.

Ab 4.2.44 gehörte U 281 zur »Igel 2«-Gruppe südwestlich von Irland. Am 10. begannen die »Igel 1«- und »-2«-Gruppen langsam nach Westen zu fahren, die wegen der alliierten Anti-U-Boot-Aktivitäten, beides südwestlich von Irland und nordwestlich von Schottland, weiter westlich verlegt wurden. Man hoffte, einen ONS-Convoy zwischen dem 14. und 18. abzufangen, der durch die Luftaufklärung erkannt wurde.

ONS 29, ON 224 und OS 68 wurden durch Flugzeuge am 14. westlich des Nordkanals gesichtet, und die »Igel 1«- und »-2«-Gruppen wurden schnell 600 Seemeilen südwestlich von Irland versammelt. Am 18. wurden zwei Linien, »Hai 1« und »-2« vor den Convoys gebildet. Sie fanden heraus, dass der Convoy nach Süden gedreht hatte und am 17. die »Hai«-Linien passieren konnte. Die Boote wurden sofort nach Süden befohlen und fuhren mit Höchstfahrt, bei Tage unter Wasser und bei Nacht über Wasser. Anstatt, dass die irgend einen Convoy zu sehen bekamen, sahen sie nur einige Zerstörer. Die Operation wurde abgeblasen und die Boote tauchten, um der Gefahr von Trägerflugzeugen zu entgehen. U 281 fuhr mit anderen Booten nach Westen und bildete die »Preußen«-Gruppe 400 bis 500 Seemeilen nördlich der Azoren. Ab 26. konzentrierte sich die Gruppe zwischen dem 22° und 30° W, auf dem Kurs des ON 225, was aber widerrufen wurde, da er den Kurs wechselte. Rückkehr nach St. Nazaire am 5.3.44.

5. 6.6.44: U 281 war eines von 19 nicht mit Schnorchel versehenen Booten, die als Teil der »Landwirt«-Gruppe in die Biskaya liefen. Aufgabe der Boote war, sich zwischen Brest und Bordeaux in 200 Meter auf Grund zu legen, um im Falle einer Invasion durch die Alliierten gleich am Ort zu sein. Die Boote verholten später auf 100 Meter Tiefe für einen schnelleren Einsatz. Die wartenden Boote waren fortgesetzt konstanten Luftangriffen ausgesetzt, wenn sie des nachts auftauchten. Als die Invasion am 12. nicht kam, wurden die Boote zurückgerufen und lagen im Hafen in sechsstündiger Bereitschaft. Rückkehr nach St. Nazaire am 15.6.44.

6. 9.8.44: Auslaufen St. Nazaire und Einlaufen La Pallice am 14.8.44.

7. 4.9.44: Nun mit einem Schnorchel versehen, lief das Boot aus in britische Küstengewässer.

U 281 fuhr in ein Gebiet vor dem Bristol-Kanal. Später verlegte es nach dem Nordkanal, und ab Oktober war es nördlich der Minch. Das Boot hatte keinen Erfolg und wurde nach Norwegen befohlen. Einlaufen Kristiansand am 29.10.44.

8. 2.11.44: Auslaufen Kristiansand und Einlaufen Flensburg am 5.11.44.

U 281 kam zur 33. U-Flottille, und obwohl sie immer noch für Operationen ausgerüstet war, machte es keinen Einsatz mehr. Es kapitulierte in Kristiansand im Mai 1945 und verlegte am 29. von dort nach Loch Ryan, Schottland, unter der Führung des I WO. Es war eines der 116 Boote, die der Royal Navy für die »Operation Deadlight« übergeben wurden. Im November wurde U 281 von Loch Ryan durch den Nordkanal vom polnischen Zerstörer BLYSKAWICA geschleppt. Es sank im Schlepp am 30.11.45 nordwestlich von Malin Head.

U 282 Typ VII C

Bauwerft: Bremer Vulkan, Vegesack
Kiellegung: 2. Juni 1942
Stapellauf: 8. Februar 1943
Indienststellung: 13. März 1943
Feldpost-Nr.: M 50824
Versenkt am 29. Oktober 1943 südöstlich von Cape Farewell (55°28'N/31°57'W)

Kommandos:
8. U-Flottille Danzig von März–September 1943 (Schulboot)
9. U-Flottille Brest von September 1943–29. Oktober 1943 (Frontboot)

Kommandant:
OLtzS Rudolf Müller, März 1943–29. Oktober 1943

Feindfahrten: 1
Versenkte Schiffe: keines

1. 11.9.43: Auslaufen Kiel und Einlaufen Bergen 15.9.43.

2. 16.10.43: Auslaufen Bergen in den Nordatlantik. Treffen mit der »Siegfried«-Gruppe. U 282 erreichte den nach Osten laufenden Convoy SC 145 am 29. Es wurde von dem Geleitzerstörer HMS VIDETTE (LtCdr R. Hart) und den Korvetten HMS DUNCAN (LtCdr C. Gwinner) und Sᴜɴꜰʟᴏᴡᴇʀ (LtCdr J. Plomer) geortet und angegriffen. Sie versenkten U 282 mit Hedgehog- und Wasserbombenattacken südöstlich von Cape Farewell. Es gab keine Überlebenden, 48 Tote.

U 283 Typ VII C

Bauwerft: Bremer Vulkan, Vegesack
Kiellegung: 10. Juni 1942
Stapellauf: 17. Februar 1943
Indienststellung: 31. März 1943
Feldpost-Nr.: M 50857
Versenkt am 11. Februar 1944 westsüdwestlich von den Färöern (60°45'N/12°50'W)

Kommandos:
8. U-Flottille Danzig von März 1943–Januar 1944 (Schulboot)
9. U-Flottille Brest von Januar 1944–11. Februar 1944 (Frontboot)

Kommandanten:
OLtzS Heinz-Günther Scholz, März–August 1943
OLtzS Günter Ney, August 1943–11. Februar 1944

Feindfahrten: 1
Versenkte Schiffe: keines

1. 13.1.44: Auslaufen Kiel in den Nordatlantik. U 283 traf auf die »Stürmer«-Gruppe, die am 27. eine Linie nordwestlich vom Nordkanal bildete und auf einen ONS-Convoy wartete. U 183 stand am Nordende der Linie.
Ab 3.2.44 bildeten die »Stürmer«- und »Hinein«-Gruppe die Gruppen »Igel 1« und »-2« westlich von Irland. U 283 gehörte zur Gruppe »Igel 1«. Die Boote operierten einzeln südöstlich von Island bis zum 10., bis eine Drehung nach Westen befohlen wurde. Während der Nacht des 10./11. waren Flugzeuge des Coastal Command nicht im Einsatz. U 283 wurde von einer Leigh Light Wellington der 612. Squadron angegriffen, die abgeschossen wurde.
Kurz darauf wurde das Boot von einer Leigh Light Wellington der 407. (RCAF) Squadron (F/O P.W. Heron) über Wasser gesichtet. Das Flugzeug griff an, beleuchtete das Boot und warf Wasserbomben. Als der Pilot seinen zweiten Anflug machte, tauchte das Boot. Das Flugzeug umkreiste eine Stunde lang die Stelle, aber es wurde nichts mehr gesehen. Das Boot war zerstört.

U 284 Typ VII C

Bauwerft: Bremer Vulkan, Vegesack
Kiellegung: 1. Juli 1942
Stapellauf: 6. März 1943
Indienststellung: 14. April 1943
Feldpost-Nr.: M 04507
Selbst versenkt am 21. Dezember 1943 im Nordatlantik (55°04'N/30°23'W)

Kommandos:
8. U-Flottille Danzig von April–Oktober 1943 (Schulboot)
9. U-Flottille Brest von November 1943–21. Dezember 1943 (Frontboot)

Kommandant:
OLtzS Günther Scholz, April 1943–21. Dezember 1943

Feindfahrten: 1
Versenkte Schiffe: keines

1. 23.11.43: Auslaufen Kiel und Einlaufen Kristiansand am 26.11.43.
2. 28.11.43: Auslaufen in den Nordatlantik. U 284 traf eine Anzahl Boote, die sich vor dem Nordkanal auf der Suche nach Convoys westlich der Britischen Inseln versammelten.
Am 15.12.43 bildeten sie die Gruppe »Coronel 2« und setzten die Suche fort. Am 16. wurde U 284 durch schwere See mehrfach beschädigt, es gab Wassereinbruch, der die Maschinen irreparabel beschädigte.
Das Boot wurde am 21. im Nordatlantik, südöstlich von Cape Farewell selbst versenkt. Die Besatzung wurde von U 629 aufgenommen und kehrte am 5.1.44 nach Brest zurück.

U 280 Typ VII C

Bauwerft: Bremer Vulkan, Vegesack
Kiellegung: 7. Juli 1942
Stapellauf: 3. April 1943
Indienststellung: 15. Mai 1943
Feldpost-Nr.: M 15950
Versenkt am 15. April 1945 südwestlich von Irland (50°13'N/12°48'W)

Kommandos:
8. U-Flottille Danzig von Mai 1943–Juli 1944 (Schulboot)
7. U-Flottille St. Nazaire von August–September 1944 (Fronboot)
11. U-Flottille Bergen von Oktober 1944–15. April 1945 (Fronboot)

Kommandanten:
OLtzS Walter Otto, Mai 1943–April 1944
KptLt Konrad Bornhaupt, April 1944–15. April 1945

Feindfahrten: 3
Versenkte Schiffe: keines

1. 15.8.44: Auslaufen Kiel und vermutlich Schnorchelerprobungen auf der Fahrt nach Kristiansand, das am 20.8.44 angelaufen wurde.
2. 24.8.44: Auslaufen in ein Gebiet nördlich der Minch, als eines von mehreren Booten, die abwechselnd für sechs oder zwölf Tage dort operierten.
Am oder um den 12.9.44 erhielt U 285 Schäden der Art, die zum Verlassen des Operationsgebietes zwangen. Einlaufen in Bergen am 18.9.44.
3. 20.12.44: Auslaufen Bergen in britische Küstengewässer. U 285 patrouillierte im St. Georgs-Kanal und in der Irischen See, hatte aber keinen Erfolg. Rückkehr nach Bergen am 31.1.45.
4. 26.3.45: Auslaufen Bergen in britische Küstengewässer. Am 15.4.45 wurde U 285 südwestlich von Irland geortet und mit Wasserbombenattacken der Fregatten HMS GRINDALL (Cdr H. Dole) und KEATS (LtCdr N.F. Israel) von der 5. Escortgruppe versenkt. Es gab keine Überlebenden, 46 Tote.

U 286 Typ VII C

Bauwerft: Bremer Vulkan, Vegesack
Kiellegung: 3. August 1942
Stapellauf: 21. April 1943
Indienststellung: 5. Juni 1943
Feldpost-Nr.: M 10850
Versenkt am 29. April 1945 nördlich von Kila Inlet (69°29'N/33°37'E)

Kommandos:
8. U-Flottille Danzig von Juni 1943–Juli 1944 (Schulboot)
11. U-Flottille Bergen von August–Oktober 1944 (Frontboot)
13. U-Flottille Drontheim von November 1944–Februar 1945 (Frontboot)
11. U-Flottille Bergen von März 1945–29. April 1945 (Frontboot)

Kommandant:
OLtzS Willi Dietrich, Juni 1943–29. April 1945

Feindfahrten: 4
Versenkte Schiffe: keines
1 Zerstörer

Am 17.3.44, während der Ausbildungszeit in der Ostsee, kollidierte U 286 mit U 1013, mit 25 Männern seiner Besatzung, das unterging. Verwundete auf U 286, falls vorhanden, sind unbekannt.

1. 10.6.44: Auslaufen Kiel und Einlaufen Flekkefjord am 13.6.44.
2. 5.7.44: Auslaufen Flekkefjord in die Nordsee. U 286 lief zur Ablösung eines der Boote der »Mitte«-Gruppe vor Norwegen. Am 18. wurde das Boot von einem Flugzeug angegriffen. Zwei Mann der Besatzung wurden getötet und weitere sieben verwundet.
Einlaufen Kristiansand am 18.7.44.
3. 25.7.44: Auslaufen Kristiansand und Einlaufen Bergen am 26.7.44.
4. 7.8.44: Auslaufen Bergen und Einlaufen Horten am 10.8.44.
5. 14.8.44: Auslaufen Horten und Einlaufen Bergen am 16.8.44.
6. 11.11.44: Auslaufen Bergen und Einlaufen Drontheim am 13.11.44.
7. 18.11.44: Auslaufen Drontheim. U 286 traf die »Stock«-Gruppe westlich von der Bäreninsel, die auf den Convoy JW 62 wartete. Der Convoy wurde von deutschen Aufklärungsflugzeugen gesichtet, aber passierte die Passage bei der Bäreninsel unbehelligt. Die »Stock«-Gruppe fuhr an die Kola-Küste am 1.2.44 und es wurden Angriffe auf sowjetische Küstenconvoys gemacht. Daran war U 286 nicht beteiligt.
Rückkehr nach Harstad am 7.1.45.
8. 14.1.45: Auslaufen Harstadt in nördliche Gewässer. Am 16. griff U 286 den sowjetischen Convoy KB 1 nordöstlich von Kola Inlet an. Es versenkte den sowjetischen Zerstörer DEJATELNYJ (vormals HMS CHURCHILL).
Anfang Februar war U 286 mit der »Rasmus«-Gruppe in

der Passage der Bäreninsel. Am 6. wurde der nach Osten laufende Convoy JW 64 durch ein Flugzeug gesichtet. Luftangriffe wurden am 7. und 8. geflogen, leider ohne Erfolg. Zwölf Ju 88 wurden dabei abgeschossen.
Die Boote waren unmöglich in der Lage, den JW 64 anzugreifen. Die Stärke der Geleitfahrzeuge, wozu auch die Träger HMS Campania und HMS Nairana gehörten, widerstand den Angriffen. Die »Rasmus«-Boote wurden von der Kola Inlet abgezogen. Am 14. griffen einige »Rasmus«-Boote, nicht U 286, den sowjetischen Convoy BK 3 vor dem Kola Inlet an und versenkten zwei Schiffe. Zwei Tage später griff U 286 einen anderen Küsten-Convoy nahe der Seleneckij Insel an und glaubte ein Schiff versenkt und ein Patrouillenfahrzeug beschädigt zu haben, aber es gibt darüber keine Informationen. Ab 16. versuchten kombinierte britische und sowjetische Marinefahrzeuge im Hinblick auf die Erwartung des Convoys RA 64 die Boote vom Eingang des Kola Inlet zu vertreiben. U 286 war daran nicht beteiligt, auch nicht an den Angriffen auf den Convoy am 17.
Der Kontakt mit dem Convoy ging am folgenden Tag verloren. U 286 und andere Boote fuhren nach der Bäreninselpassage, um ihn wieder zu erwarten. RA 64 wurde am 20. durch deutsche Flugzeuge wieder gefunden und angegriffen. Zwölf Schiffe glaubte man versenkt oder beschädigt zu haben. U 286, U 307 und U 716 wurden an den Convoy herangeführt, aber sie fanden ihn nicht. Die Boote wurden von Flugzeugen vertrieben.
Rückkehr nach Harstad am 24.2.45.
9. 18.4.45: Auslaufen Harstad in die Barentsee. Der Convoy JW 66 fuhr am 16.4.45 ab vom Clyde und U 286 gehörte zur »Faust«-Gruppe, die westlich der Bäreninsel auf ihn wartete. Als die Luftaufklärung am 21. versagte, fuhren die »Faust«-Boote in ein Gebiet vor dem Kola Inlet.
Am 22. war U 286 vermutlich in Kontakt mit dem sowjetischen Convoy PK 9 (von Petsamo nach Kola). Angriffe wurden auf den Convoy gefahren, und einige Zeit später glaubten die Russen, U 286 durch den sowjetischen Zerstörer Karl Libknecht, eines der Geleitfahrzeuge des PK 9, versenkt zu haben. Das war nicht der Fall, denn Ende April war U 286 eines der Boote, die vor dem Kola Inlet auf das Erscheinen des Convoys RA 66 warteten.
Am 29. fuhren sowjetische und alliierte Kriegsschiffe in das Gebiet nördlich von Kola Inlet, um die Boote zu vertreiben. U 286 wurde im Nebel geortet und mit Wasserbomben der Fregatten HMS Loch Shin (Cdr J.P. de W. Kircat) und Anguilla (Lt D.J. Jackson) sowie des Geleitzerstörers HMS Cotton (LtCdr I.W.T. Beloe) versenkt.
Es gab keine Überlebenden, 51 Tote.

U 287 Typ VII C

Bauwerft: Bremer Vulkan, Vegesack
Kiellegung: 8. August 1942
Stapellauf: 13. August 1943
Indienststellung: 22. September 1943
Feldpost-Nr.: M 20576
Versenkt am 16. Mai 1945 in der Elbemündung

Kommandos:
24. U-Flottille Memel von September 1943–Februar 1945 (Schulboot)
31. U-Flottille Kiel von März 1945–16. Mai 1945 (Frontboot)

Kommandant:
OLtzS Heinrich Meyer, September 1943–16. Mai 1945

Feindfahrten: 1
Versenkte Schiffe: keines

1. 15.4.45: Auslaufen Kiel und Einlaufen Horten am 20.4.45.
2. 26.4.45: Auslaufen Horten und Einlaufen Kristiansand am 27.4.45.
3. 29.4.45: Auslaufen Kristiansand in britische Küstengewässer. U 287 befand sich in der Nordsee, als der Befehl zur Kampfeinstellung am 4.5.45 einging. Es befand sich auf dem Marsch nach Kiel, als es in der Elbmündung vor Altenbruch am 16.5.45 auf eine Mine lief.
Es sind keine Verluste bekannt.

(Anmerkung des Übersetzers: Nach stundenlanger Verfolgung durch Geleitfahrzeuge mit Wasserbombenserien, tauchte das Boot auf und empfing den Befehl zur Kampfeinstellung. Nach Diskussion mit der Besatzung entschied sich der Kommandant, das Boot in die Heimat zu überführen. Bei Helgoland wurden die Torpedos verschossen, dann fuhr das Boot in die Elbe hinein. Bei Altenbruch wurde das Boot dann am 16.5.45 von der eigenen Besatzung gesprengt.)

U 288 Typ VII C

Bauwerft: Bremer Vulkan, Vegesack
Kiellegung: 7. September 1942
Stapellauf: 15. April 1943
Indienststellung: 26. Juni 1943
Feldpost-Nr.: M 44937
Versenkt am 3. April 1944 östlich der Bäreninsel
(73°44'N/27°12'E)

Kommandos:
8. U-Flottille Danzig von Juni 1943–Januar 1944
(Schulboot)
13. U-Flottille Drontheim von Februar 1944–3. April
1944 (Frontboot)

Kommandant:
OLtzS Willy Meyer, Juni 1943–3. April 1944

Feindfahrten: 2
Versenkte Schiffe: keines

1. 26.2.44: Auslaufen Kiel in nördliche Gewässer. U 288
traf auf die »Boreas«-Gruppe in Erwartung des nach
Westen laufenden Convoys RA 57, der von Kola am
2.3.44 ausgelaufen war. Er machte einen weiten östlichen
Kurs, um den Booten zu entgehen, und wurde erst am 4.
gefunden. Über drei Tage wurden Angriffe gefahren, ein
Schiff versenkt und eine Anzahl fehlgeschlagener
Angriffe auf den Convoy gemacht.
U 288 kam nicht zum Schuss, zwei Boote gingen verlo-
ren. U 288 lief am 11.3.44 in Narvik ein.
2. 23.3.44: Auslaufen Narvik in die Barentssee.
Der große und wichtige nach Osten laufende Convoy
JW 58 hatte Loch Ewe am 27. verlassen und wurde am
30. von einer Ju 88 gesichtet. Die Ju 88 wurde dann von
Wildcats abgeschossen, genauso drei Condor-Maschinen
am 31.
Am 1.4.44 war U 288 bei der »Hammer«-Gruppe, die
gemeinsam mit der »Thor«- und »Blitz«-Gruppe auf den
JW 58 wartete. Kontakt wurde um Mitternacht des 1.
aufgenommen, und die drei Gruppen machten Angriffe
auf den Convoy. Der mächtige Geleitschutz, unter ande-
rem mit zwei Escortträgern, war aber zu gewaltig für die
Boote. Nach der Abkehr am 3. wurde U 288 von einer
Swordfish der 819. Squadron (FAA), des Trägers HMS
ACTIVITY gesichtet, als es tauchen wollte. Das Flugzeug
wartete, und als es zu keiner weiteren Sicht des Bootes
kam, warf der Pilot eine Markierungsbombe und setzte
seinen Flug fort. Später kehrte er zurück und fand U 288

auftauchend. Die Meldung über das gesichtete Boot führte eine Avenger und eine Wildcat vom Träger HMS
TRACKER heran. Um dem Flakfeuer von U 288 zu entgehen, umkreiste die Swordfish das Boot und wies die beiden Flugzeuge ein. Ein Tiefangriff der Wildcat brachte
die Flak zum Schweigen. Die Swordfish machte dann
einen Raketenangriff, dem Wasserbomben der Avenger
(Lt Tower) folgten. Das Boot explodierte und sank.
Es gab keine Überlebenden, 49 Tote.

U 289 Typ VII C

Bauwerft: Bremer Vulkan, Vegesack
Kiellegung: 12. September 1942
Stapellauf: 29. Mai 1943
Indienststellung: 10. Juli 1943
Feldpost-Nr.: M 53080
Versenkt am 31. Mai 1944 nordwestlich von Jan Mayen
(73°32'N/00°28'E)

Kommandos:
8. U-Flottille Danzig von Juli 1943–März 1944
(Schulboot)
3. U-Flottille La Pallice von April 1944 (Frontboot)
13. U-Flottille Drontheim von April 1944–31. Mai 1944
(Frontboot)

Kommandant:
KptLt Alexander Hellwig, Juli 1943–31. Mai 1944

Feindfahrten: 2
Versenkte Schiffe: keines

1. 1.4.44: Auslaufen Kiel und Einlaufen Bergen am
6.4.44.
2. 19.4.44: Auslaufen Bergen zu einer Spezialoperation.
U 289 führte diese Unternehmung zwischen dem 26. und
29. vor Heradsfloi durch, das an der Nordostküste von
Island liegt. Details sind nicht bekannt.
Rückkehr nach Narvik am 6.5.44.
3. 12.5.44: Auslaufen Narvik in nördliche Gewässer.
U 289 patrouillierte in der norwegischen See und wurde
am 31. durch den Zerstörer HMS MILNE (Capt M.
Richmond) nordwestlich von Jan Mayen versenkt. Es
gab keine Überlebenden, 51 Tote.

U 290 Typ VII C

Bauwerft: Bremer Vulkan, Vegesack
Kiellegung: 12. Oktober 1942
Stapellauf: 16. Juni 1943
Indienststellung: 24. Juli 1943
Feldpost-Nr.: M 53114
Selbst versenkt am 4. Mai 1945 in der Flensburger Förde

Kommandos:
8. U-Flottille Danzig von Juli 1943–April 1944
(Schulboot)
6. U-Flottille St. Nazaire von Mai–Juli 1944
(Frontboot)
11. U-Flottille Bergen im August 1944 (Frontboot)
8. U-Flottille Danzig von August 1944–Februar 1945
(Frontboot)
4. U-Flottille Stettin von Februar 1945–4. Mai 1945
(Frontboot)

Kommandanten:
KptLt Hartmut Strenger, Juli–Dezember 1943
OLtzS Helmut Herglotz, Januar 1944–April 1945
OLtzS Heinz Baum, April 1945–4. Mai 1945

Feindfahrten: 3
Versenkte Schiffe: keines

Während der Ausbildungszeit in der Ostsee kollidierte das Boot in der Nacht des 9./10. Februar 1944 mit U 958. Keines der Boote ging unter, aber der Turm von U 290 wurde beschädigt.

1. 18.5.44: Auslaufen Kiel und Einlaufen Egersund am 20.5.44.
2. 1.6.44: Auslaufen Egersund als eines von fünf ohne Schnorchel fahrende Boote in den Nordatlantik. Als in den frühen Stunden des 6. Neuigkeiten von der Invasionsküste kamen, wurden alle Boote, die westlich von Norwegen standen, angewiesen, zu warten, bis weitere Befehle kamen.
Am 14. wurde U 290 über Wasser von einer Mosquito der 333. (norwegischen) Squadron (Lt E.U. Johansen) gesichtet. Das Flugzeug flog vom Heck an und seine Bordwaffen brachten die Flak des Bootes zum Schweigen. Eine Wasserbombe wurde geworfen, die U 290 beschädigte und ihr den Bug aufriss. Es tauchte und ließ zwei tote Besatzungsangehörige in der See.
U 290 lief mit acht Verwundeten nach Bergen zurück. Rückkehr am 16.6.44.

3. 15.7.44: Auslaufen Bergen und Einlaufen Kristiansand am 17.7.44.
4. 12.8.44: Auslaufen Kristiansand und Einlaufen Kiel am 13.8.44.
5. 15.8.44: Auslaufen Kiel und Einlaufenn Gotenhafen am 17.8.44.
6. 7.9.44: Auslaufen Gotenhafen in die Ostsee. U 290 patrouillierte im Eingang des Golfes von Finnland, hatte aber keinen Erfolg. Rückkehr nach Danzig am 5.11.44.
7. 30.12.44: Auslaufen Danzig und Einlaufen Libau am 31.12.44.
8. 1.1.45: Auslaufen Libau. U 290 nahm an der letzten Phase des Ubootkrieges in der Ostsee teil.
Am 16. schoss es an einem Schiff von Paldiski, Estland, vorbei, am Eingang des Golfes von Finnland.
Rückkehr nach Kiel am 29.1.45.

U 290 unternahm keine weiteren Einsätze. Es traf auf die 4. U-Flottille als Schulboot und wurde am 4.5.45 in der Flensburger Förde selbst versenkt.

U 291 Typ VII C

Bauwerft: Bremer Vulkan, Vegesack
Kiellegung: 17. Oktober 1942
Stapellauf: 30. Juni 1943
Indienststellung: 4. August 1943
Feldpost-Nr.: M 53159
Versenkt am 21. Dezember 1945 nordwestlich von Tory Island (55°30'N/09°08'W)

Kommandos:
21. U-Flottille Pillau von August 1943 (Schulboot)
23. U-Flottille Danzig von August 1943–Juli 1944 (Versorgungsboot)
21. U-Flottille Pillau von Juli 1944–Februar 1945 (Schulboot)
31. U-Flottille Wilhelmshaven von März–Mai 1945 (Schulboot)

Kommandanten:
OLtzS Hans Keerl, August–November 1943
OLtzS Friedrich Stege, November 1943–Juli 1944
OLtzS Hermann Neumeister, Juli 1944–Mai 1945

Feindfahrten: keine
Versenkte Schiffe: keines

*U 291 kam nicht zum Einsatz. Es fuhr für die 21. und 31.
U-Flottille als Schulboot und für die 23. U-Flottille als
Versorgungsboot.*
*Es kapitulierte Anfang Mai 1945 in Wilhelmshaven und
fuhr von dort am 24.6.45 nach Loch Ryan, Schottland.*
*U 291 war eines von 116 Booten, die der Royal Navy für
die »Operation Deadlight« zur Verfügung gestellt wurden. Im Dezember wurde es von Loch Ryan durch den
Nordkanal vom polnischen Zerstörer KRAKOWIAK geschleppt und am 21.12.45 durch Geschützfeuer nordwestlich von Tory Island versenkt.*

U 292 Typ VII C-41

Bauwerft: Bremer Vulkan, Vegesack
Kiellegung: 12. November 1942
Stapellauf: 17. Juli 1943
Indienststellung: 25. August 1943
Feldpost-Nr.: M 54381
Versenkt am 27. Mai 1944 nordnordöstlich von den
Shetlands (62°37'N/00°57'E)

Kommandos:
8. U-Flottille Danzig von August 1943–April 1944
(Schulboot)
1. U-Flottille Brest von April 1944–27. Mai 1944
(Frontboot)

Kommandant:
OLtzS Werner Schmidt, August 1943–27. Mai 1944

Feindfahrten: 1
Versenkte Schiffe: keines

1. 6.5.44: Auslaufen Kiel und Einlaufen Larvik am
8.5.44.
2. 18.5.44: Auslaufen Larvik und Einlaufen Bergen am
22.5.44.
3. 24.5.44: Auslaufen Bergen in den Nordatlantik.
Am 27. wurde U 292 nordnordöstlich von den Shetlands
von einer Liberator der 59. Squadron (F/Lt V.E.
Camacho) gesichtet. Als das Flugzeug anflog, kam es
zum Schusswechsel mit dem Boot. Einer der Backbord-
motoren des Flugzeuges wurde beschädigt, sechs
Wasserbomben wurden geworfen und U 292 zerstört. Es
gab keine Überlebenden, 51 Tote.

U 293 Typ VII C-41

Bauwerft: Bremer Vulkan, Vegesack
Kiellegung: 17. November 1942
Stapellauf: 30. Juli 1943
Indienststellung: 8. September 1943
Feldpost-Nr.: M 54412
Versenkt am 13. Dezember 1945 nordwestlich von
Bloody Foreland (55°50'N/10°05'W)

Kommandos:
8. U-Flottille Danzig von September 1943–April 1944
(Schulboot)
9. U-Flottille Brest von April–Juli 1944 (Frontboot/ohne
Einsatz)
13. U-Flottille Drontheim von August 1944–11. Mai
1945 (Frontboot)

Kommandant:
KptLt Leonhard Klingspor, Sept. 1943–11. Mai 1945

Feindfahrten: 5
Versenkte Schiffe: keines, aber 1 beschädigt

1. 29.4.44: Auslaufen Kiel und Einlaufen Arendal am
1.5.44.
2. 19.5.44: Auslaufen Arendal und Einlaufen Bergen am
20.5.44.
3. 1.8.44: Auslaufenn Bergen und Einlaufen Stavanger
am 10.8.44.
4. 9.9.44: Auslaufen Stavanger und Einlaufen Drontheim
am 14.9.44.
5. 16.9.44: Auslaufen Drontheim und Einlaufen Narvik
am 22.9.44.
6. 25.9.44: Auslaufen Narvik in nördliche Gewässer.
U 293 war bei der »Zorn«-Gruppe, die auf den nach
Westen laufenden Convoy RA 60 angesetzt war. Der
Convoy fuhr am 27./28. von Kola ab, vermied das
Treffen mit der »Zorn«- und »Grimm«-Gruppe und lief
unbehelligt am 5.10.44 in Loch Ewe ein.
Rückkehr nach Hammerfest am 4.10.44.
7. 14.10.44: Auslaufen Hammerfest. Ende Oktober wartete das Boot mit der »Panther«-Gruppe auf JW 61. Der
nach Osten laufende Convoy passierte die Linie am 26.
Während der Nacht des 26./27. wurden Angriffe auf die
Geleitfahrzeuge gefahren, aber ohne Erfolg. Der Convoy
lief am 28. sicher die Kola-Einfahrt an. U 193 kehrte am
6.11.44 nach Narvik zurück.
8. 21.11.44: Auslaufen Narvik. Am 31. wurde der nach
Osten laufende Convoy JW 62 von Aufklärungsflug-

zeugen gesichtet. U 293 wartete mit der »Stock«-Gruppe auf ihn westlich der Bäreninsel. JW 62 passierte unbemerkt die Passage der Bäreninsel, und die »Stock«-Boote fuhren an die Kola-Küste.

Am 5.12.44 griff U 293 nahe der Kildin-Insel den sowjetischen Zerstörer DEJATELNYJ an, aber der Torpedo explodierte im Kielwasser.

Rückkehr nach Narvik am 19.12.44.

9. 1.1.45: Auslaufen Narvik. Der nach Osten laufende Convoy JW 63 verließ Loch Ewe am 30.12.44. U 193, U 310 und U 636 warteten auf ihn nördlich von Kola. Der Convoy lief am 8.1.45 unbehelligt in Kola ein und wurde von den Booten in der Passage der Bäreninsel und von denen nördlich von Kola nicht bemerkt.

Ab 15. war U 293 eines von sechs Booten, die gegen die sowjetische Küstenschifffahrt vor der Kola-Küste operierten. Am 20. sichtete U 293 einen kleinen Convoy, der von Kola nach Liinahamaari ging. Es beschädigte den sowjetischen Zerstörer RAZJARENNYJ nördlich von Rybachi Peninsula. Der Zerstörer wurde nach Liinahamaari durch den Minensucher T 117 eingeschleppt.

Am 6.2.45 war U 293 eines von vier Booten, die vor der Einfahrt nach Kola auf den nach Osten laufenden Convoy JW 64 warteten. Auf dem Weg nach dort bekämpfte der Convoy Luftangriffe und die Geleitfahrzeuge vertrieben die Boote der »Rasmus«-Gruppe, die in der Bäreninsel-Passage warteten. JW 64 erreichte die Kola-Einfahrt am 13. Eine Korvette des Geleitschutzes wurde angegriffen und durch U 992 beschädigt.

Rückkehr nach Narvik am 15.2.45.

10. 1.4.45: Auslaufen Narvik nach einem Gebiet westlich der Britischen Inseln.

U 293 hatte keinen Erfolg auf dieser Fahrt. Es befand sich noch in See, als der Befehl zur Kapitulation am 4.5.45 eintraf. In Befolgung von Instruktionen von der 9. Escortgruppe lief U 293 am 11.5.45 in Loch Alsh ein.

U 293 lief später zu einem Versammlungspunkt in Loch Ryan; es war eines von 116 Booten, die der Royal Navy für die »Operation Deadlight« zur Verfügung gestellt worden waren. Im Dezember 1945 wurde es durch den Nordkanal vom Schlepper HMS MASTERFUL geschleppt. Nach Beschädigungen durch praxisbezogene Angriffe durch Flugzeuge wurde U 293 durch Geschützfeuer am 13.12.45 nordwestlich von Bloody Foreland versenkt.

U 294 Typ VII C-41

Bauwerft: Bremer Vulkan, Vegesack
Kiellegung: 22. Dezember 1942
Stapellauf: 27. August 1943
Indienststellung: 6. Oktober 1943
Feldpost-Nr.: M 52122
Versenkt am 31. Dezember 1945 nordnordwestlich von Tory Island (55°44'N/08°40'W)

Kommandos:
8. U-Flottille Danzig von Oktober 1943–Juli 1944 (Schulboot)
11. U-Flottille Bergen von August–Oktober 1944 (Frontboot/ohne Einsatz)
13. U-Flottille Drontheim von November 1944–Februar 1945 (Frontoboot)
14. U-Flottille Narvik von März 1945–9. Mai 1945 (Frontboot)

Kommandant:
OLtzS Heinz Schütt, Oktober 1943–9. Mai 1945

Feindfahrten: 2 (?)
Vesenkte Schiffe: keines

1. 21.5.44: Auslaufen Kiel und Einlaufen Stavanger am 25.5.44.

2. 31.5.44: Auslaufen Stavanger als eines von fünf ohne Schnorchel ausgerüsteten Booten in den Nordatlantik. Als Neuigkeiten über die Invasion in der Normandie in den frühen Stunden des 6. gemeldet wurden, wurden alle westlich von Norwegen stehenden Boote angewiesen, auf zu erwartende Befehle zu warten. Ab Mitte Juni traf U 294 wahrscheinlich auf die »Mitte«-Gruppe, die eine Aufklärungslinie zwischen Drontheim und Lindesnes gebildet hatte. Die »Mitte«-Boote standen unter dem ständigen Angriff von Flugzeugen, wann immer sie auftauchten.

Als die befürchtete Invasion Norwegens nicht kam, wurde die »Mitte«-Gruppe auf fünf Boote reduziert, die zwischen dem 57° und 61° N patrouillierten.

U 294 kehrte am 23.6.44 nach Bergen zurück.

3. 12.7.44: Auslaufen Bergen und Einlaufen Flekkefjord am 13.7.44.

4. 31.8.44: Auslaufen Flekkefjord und Einlaufen Kiel am 2.9.44.

5. 9.9.44: Auslaufen Kiel und Einlaufen Flekkefjord am 13.9.44.

6. 18.9.44: Auslaufen Flekkefjord und zurück am 24.9.

7. 15.10.44: Auslaufen Flekkefjord und Einlaufen Kristiansand am 23.10.44.
8. 27.10.44: Auslaufen Kristiansand und Einlaufen Horten am 28.10.44.
9. 4.11.44: Auslaufen Horten und Einlaufen Tönsberg am 4.11.44.
10. 7.11.44: Auslaufen Tönsberg und Einlaufen Bergen am 17.11.44.
11. 15.3.45: Auslaufen Bergen und Einlaufen Drontheim am 18.3.45.
12. 20.3.45: Auslaufen Drontheim und Einlaufen Narvik am 22.3.45.
13. 8.4.45: Auslaufen Narvik. Vom 21. an waren U 294 und andere Boote auf dem Weg in ein Operationsgebiet vor dem Eingang nach Kola. Am 22. kamen U 294, U 481 und U 997 in Kontakt mit dem sowjetischen Convoy PK 9, der von Petsamo nach Kola lief. Es wurden Angriffe gefahren, die aber erfolglos blieben, da die Boote von den Geleitfahrzeugen vertrieben wurden. Rückkehr nach Harstad am 24.4.45.
14. 25.4.45: Auslaufen Harstad und Einlaufen Narvik am 26.4.45.

U 294 kapitulierte in Narvik am 9.5.45. Am 16. verließ das Boot Narvik mit einer Gruppe von 14 Booten, geleitet von der 9. Escortgruppe, nach Loch Eriboll.
Es gehörte zu den 116 Booten, die der Royal Navy für die »Operation Deadlight« zur Verfügung gestellt wurden. Am 31.12.45 wurde das Boot von Lisahally aus von der Fregatte HMS CUBITT geschleppt und am 31.12.45 durch Geschützfeuer des Zerstörers HMS OFFA nordnordwestlich von Tory Island versenkt.

U 295 Typ VII C-41

Bauwerft: Bremer Vulkan, Vegesack
Kiellegung: 31. Dezember 1942
Stapellauf: 13. September 1943
Indienststellung: 20. Oktober 1943
Feldpost-Nr.: M 52195
Versenkt am 17. Dezember 1945 nordwestlich von Bloody Foreland (56°14'N/10°37'W)

Kommandos:
8. U-Flottille Danzig von Oktober 1943–Juni 1944 (Schulboot)
11. U-Flottille Bergen von Juni–September 1944 (Frontboot)

13. U-Flottille Drontheim von Oktober 1944–9. Mai 1945 (Frontboot)

Kommandant:
KptLt Günter Wieboldt, Oktober 1943–9. Mai 1945

Feindfahrten: 5
Versenkte Schiffe: keines, jedoch 1 beschädigt

1. 10.6.44: Auslaufen Kiel und Einlaufen Egersund am 13.6.44.
2. 13.7.44: Auslaufen Egersund und Fahrt auf eine Warteposition vor der norwegischen Küste. Rückkehr nach Bergen am 17.7.44.
3. 28.7.44: Auslaufen Bergen und Einlaufen Kristiansand am 29.7.44.
4. 12.9.44: Auslaufen Kristiansand und Einlaufen Stavanger am 14.9.44.
5. 1.10.44: Auslaufen Stavanger und Einlaufen Drontheim am 5.10.44.
6. 6.10.44: Auslaufen Drontheim in nördliche Gewässer. Ende Oktober wartete U 295 mit der »Panther«-Gruppe auf den Convoy JW 61. Der Convoy passierte die Gruppe am 26. Oktober.
Angriffe wurden von U 295 am Nachmittag des 27. gefahren, aber ohne Erfolg. Ein Convoy DB 10, mit sowjetischen Geleitfahrzeugen, der vom Weißen Meer am 1.11.44 nach Kola lief, wurde von U 295 und U 310 erfolglos angegriffen.
Diesem Convoy folgte der rücklaufende Convoy RA 61, der Kola am 2. verließ. An diesem Tag torpedierte U 295 vor Kola den Geleitzerstörer HMS MOUNSEY, der beschädigt wurde, aber es schaffte, nach Polyarnoe mit zwölf Gefallenen und Verwundeten zurückzulaufen. Rückkehr nach Harstad am 9.11.44.
7. 18.11.44: Auslaufen Harstad in nördliche Gewässer. Der Convoy JW 62 verließ Loch Ewe am 29. Die »Stock«-Gruppe wartete auf ihn in der Passage der Bäreninsel, und die »Grube«-Gruppe, zu der auch U 295 gehörte, war vor Kola aufgestellt. JW 62 passierte die »Stock«-Boote, die dann zum Treffen mit der »Grube«-Gruppe befohlen wurde. Die »Grube«-Gruppe griff sowjetische Küsten-Convoys ab 2.12.44 an. Während der Nacht vom 4./5. wurde der Kontakt mit dem Convoy am Eingang zum Weißen Meer hergestellt. U 295 griff an, aber schoss an zwei Zerstörern nahe Jokanga vorbei. Das Boot wurde gejagt, aber entkam. Rückkehr nach Harstad am 18.12.44.
8. 7.1.45: Auslaufen Harstad zu einer Spezialunternehmung. U 295, U 716 und U 739 fuhren, jedes mit zwei BIBER-Kleinst-Ubooten als Oberdecksladung, in Richtung Kola, wo die BIBER-Angriffe auf das sowjetische

Schlachtschiff ARCHANGELSK und andere alliierte Kriegsschiffe machen sollten.

Technische Probleme mit den BIBERN zwangen zum Abbruch des Unternehmens. Rückkehr nach Narvik am 10.1.45.

9. 16.1.45: Auslaufen Narvik in nördliche Gewässer. Ende Januar operierte U 295 mit anderen Booten gegen die sowjetische Schifffahrt vor der Kola-Küste. Es hatte keinen Erfolg. Am 24. wurde das Boot durch eine Mine beschädigt. Rückkehr nach Narvik am 28.1.45.

10. 15.4.45: Auslaufen Narvik. Am 16. fuhr der Convoy JW 66 vom Clyde ab. U 295 war bei der »Faust«-Gruppe und wartete auf den Convoy westlich der Bäreninsel. Als die Aufklärung versagte, ihn zu finden, wurden die Boote auf eine Position vor der Kolabucht befohlen.

Starker Geleitschutz beim JW 66 sicherte die Ankunft in Kola am 25. Es gab keine Verluste. Einige der wartenden »Faust«-Boote griffen den sowjetischen Convoy PK 9 an. U 295 war an dieser Aktion beteiligt. Rückkehr nach Narvik am 7.5.45.

U 295 kapitulierte am 9.5.45 in Narvik und war eines von 14 Booten, die am 16. von Narvik nach Loch Eriboll im Geleit der 9. Escortgruppe verlegten. Es gehörte zu den 116 Booten, die der Royal Navy für die »Operation Deadlight« zur Verfügung gestellt wurden. Im Dezember 1945 wurde es im Schlepp von Loch Ryan durch den Zerstörer HMS PYTCHLEY über den Nordkanal geschleppt. Am 17.12.45 wurde es durch Geschützfeuer nordwestlich von Bloody Foreland versenkt.

U 296 Typ VII C-41

Bauwerft: Bremer Vulkan, Vegesack
Kiellegung: 23. Januar 1943
Stapellauf: 25. September 1943
Indienststellung: 3. November 1943
Feldpost-Nr.: M 53423
Versenkt am 22. März 1945 nördlich von Portrush (55°23'N/06°40'W)

Kommandos:
8. U-Flottille Danzig von November 1943–Juli 1944 (Schulboot)
9. U-Flottille Brest von August–September 1944 (Frontboot)
11. U-Flottille Bergen von Oktober 1944–22. März 1945 (Frontboot)

Kommandant:
KptLt Karl-Heinz Rasch, November 1943–22. März 1945

Feindfahrten: 3
Versenkte Schiffe: keines

1. 29.7.44: Auslaufen Kiel und Einlaufen Horten am 31.7.44.
2. 4.8.44: Auslaufen Horten und Einlaufen Bergen am 6.8.44.
3. 16.8.44: Auslaufen Bergen in die Shetlands/Färöer-Passage nördlich der Minch.
Rückkehr nach Drontheim am 29.9.44.
4. 4.11.44: Auslaufen Drontheim in britische Küstengewässer. Vom 14. an patrouillierte U 296 vor der Nordostküste Schottlands, hatte aber keinen Erfolg.
Rückkehr nach Stavanger am 25.12.44.
5. 26.1.45: Auslaufen Stavanger und Einlaufen Bergen am 27.1.45.
6. 28.2.45: Auslaufen Bergen in die britischen Küstengewässer. Ab Mitte März operierte U 296 im Gebiet des Nordkanals. U 483, U 1003 und U 1064 waren für den Einsatz in der Irischen See und im Firth of Clyde freigestellt. Am 22. wurde U 296 von einer Liberator der 120. Squadron (SLdr L.J. White) am Westausgang des Nordkanals angegriffen und versenkt. Zwei Geräuschtorpedos wurden geworfen und fanden nach 13 Minuten ihr Ziel. Es gab keine Überlebenden, 43 Tote.

U 297 Typ VII C-41

Bauwerft: Bremer Vulkan, Vegesack
Kiellegung: 27. Januar 1943
Stapellauf: 9. Oktober 1943
Indienststellung: 17. November 1943
Feldpost-Nr.: M 54472
Versenkt am 6. Dezember 1944 nordwestlich von Strathy Point (58°44'N/04°29'W)

Kommandos:
8. U-Flottille Danzig von November 1943–Oktober 1944 (Schulboot)
11. U-Flottille Bergen von November 1944-6. Dezember 1944 (Frontboot)

Kommandant:
OLtzS Wolfgang Aldegarmann, Nov. 1943–6. Dez. 1944

Feindfahrten: 1
Versenkte Schiffe: keine

Im Dezember 1943 wurde U 297 bei einer Kollision mit U 298 in der Ostsee beschädigt. Als Resultat verzögerte sich sein operativer Einsatz.

1. 11.11.44: Auslaufen Kiel und Einlaufen Horten am 18.11.44.
2. 25.11.44: Auslaufen Horten in britische Küstengewässer. U 297 patrouillierte südlich vom Hoy und vor Scapa Flow. Am 6.12.44 wurde es von den Zerstörern HMS GOODALL (LtCdr J.V. Fulton) und der Fregatte HMS LOCH INSH (LtCdr E.W.C. Dempster), die nach U 775 suchten, geortet und versenkt. Drei Wasserbombenangriffe versenkten das Boot nordwestlich des Strathy Point.
Es gab keine Überlebenden, 50 Tote.

U 298 Typ VII C-41

Bauwerft: Bremer Vulkan, Vegesack
Kiellegung: 23. Februar 1943
Stapellauf: 25. Oktober 1943
Indienststellung: 1. Dezember 1943
Feldpost-Nr.: M 54515
Versenkt am 29. November 1945 nordwestlich von Malin Head (55°35'N/07°54'W)

Kommandos:
8. U-Flottille Danzig von Dezember 1943–Juli 1944 (Schulboot)
U-Abwehrschule Bergen von Juni 1944–Mai 1945 (Schulboot)

Kommandanten:
OLtzS Ortwin Hensellek, Dezember 1943
OLtzS Otto Hohmann, Dezember 1943–Juli 1944
OLtzS Heinrich Gehrken, Juli 1944–Mai 1945

Feindfahrten: keine
Versenkte Schiffe: keines

Im Dezember 1943 kollidierte U 298 während der Ausbildung in der Ostsee mit U 297, und handelte sich dabei ein Loch an der Seite ein. Der Kommandant von U 298, Oberleutnant zur See Hensellek, wurde von einem Kriegsgericht verurteilt, und obwohl seine Ablösung

angeordnet wurde, kam es mangels Ersatzes nicht dazu. U 298 kam nicht zum operativen Einsatz, sondern diente bis Kriegsende als Schulboot, dann kapitulierte es in Bergen. Am 29.5.45 fuhr es nach Loch Ryan, Schottland. Kommandant war der I WO.
Es gehörte zu den 116 Booten, die der Royal Navy für die »Operation Deadlight« zur Verfügung gestellt wurden. Ende November wurde es durch den Zerstörer HMS FOWEY durch den Nordkanal geschleppt und am 29. durch Geschützfeuer nordwestlich von Malin Head versenkt.

U 299 Typ VII C-41

Bauwerft: Bremer Vulkan, Vegesack
Kiellegung: 1. März 1943
Stapellauf: 6. November 1943
Indienststellung: 15. Dezember 1943
Feldpost-Nr.: M 05506
Versenkt am 4. Dezember 1945 nordwestlich von Malin Head (55°39'N/07°50'W)

Kommandos:
8. Flottille Danzig von Dezember 1943–Juli 1944 (Schulboot)
11. U-Flottille Bergen von August–Oktober 1944 (Frontboot)
13. U-Flottille Drontheim von November 1944–Februar 1945 (Frontboot)
14. U-Flottille Narvik von März–Mai 1945 (Frontboot)

Kommandanten:
OLtzS Helmuth Heinrich, Dez. 1943–Dez. 1944
OLtzS Dietrich Zehle (zeitweise), 9. August 1944–28. Oktober 1944
OLtzS Bernhard Emde, Dezember 1944–Mai 1945

Feindfahrten: 3
Versenkte Schiffe: keines

1. 9.6.44: Auslaufen Kiel und Einlaufen Stavanger am 12.6.44.
2. 5.7.44: Auslaufen Stavanger und Fahrt auf eine Warteposition vor der Südostküste Norwegens, als Ablösung eines Bootes der Gruppe »Mitte«.
Am 16. wurde U 299 bei einem Angriff durch ein Flugzeug beschädigt, der Kommandant wurde dabei verwundet.

Rückkehr nach Bergen am 20.7.44.

3. 15.8.44: Auslaufen Bergen und Einlaufen Larvik am 17.8.44.

4. 30.9.44: Auslaufen Larvik und Einlaufen Kristiansand am 1.10.44.

5. 11.10.44: Auslaufen Kristiansand. Von diesem Einsatz sind keine Details bekannt. Rückkehr nach Bergen am 28.10.44.

6. 13.11.44: Auslaufen Bergen und Einlaufen Drontheim am 16.11.44.

7. 21.11.44: Auslaufen Drontheim zum Treffen mit der »Stock«-Gruppe westlich von der Bäreninsel in Erwartung des Convoys JW 62. Der Convoy wurde von einem deutschen Aufklärungsflugzeug gesichtet, aber passierte die Passage an der Bäreninsel unbemerkt von den wartenden Booten.

Die »Stock«-Gruppe fuhr nach der Kolabucht am 1.12.44 und es wurden Angriffe auf sowjetische Küstenconvoys durchgeführt. U 299 scheint daran nicht beteiligt gewesen zu sein.

Der JW 62 erreichte Kola ohne Verluste.

U 299 war später bei der »Stier«-Gruppe. Zum Abschluss seiner Patrouillen lief es am 31.12.44 in die Bogenbucht ein.

8. 18.1.45: Auslaufen Bogenbucht und Einlaufen Drontheim am 21.1.45.

9. 24.1.45: Auslaufen Drontheim und Einsatz als Geleitfahrzeug zwischen Drontheim, Bergen, Stavanger und Kristiansand. Am 4.4.45 machte das Boot Fehlangriffe auf zwei Zerstörer vor Lindesnes. Einlaufen Kristiansand am 15.4.45.

Das Boot kapitulierte in Kristiansand Anfang Mai und fuhr am 29. nach Loch Ryan.
Es gehörte zu 116 Booten, die der Royal Navy für die »Operation Deadlight« zur Verfügung gestellt wurden.
Anfang Dezember wurde es im Schlepp des Zerstörers HMS OBEDIENT durch den Nordkanal verlegt und wurde auf 40 Faden Tiefe nordwestlich von Malin Head versenkt.

U 300 Typ VII C-41

Bauwerft: Bremer Vulkan, Vegesack
Kiellegung: 9. April 1943
Stapellauf: 23. November 1943
Indienststellung: 29. Dezember 1943
Feldpost-Nr.: M 05631
Versenkt am 22. Februar 1945 südöstlich von Cape St. Vincent (36°29'N/08°20'W)

Kommandos:
8. U-Flottille Danzig von Dezember 1943–Juli 1944 (Schulboot)
7. U-Flottille St. Nazaire von August–September 1944 (Frontboot)
11. U-Flottille Bergen von Oktober 1944–22. Februar 1945 (Frontboot)

Kommandant:
OLtzS Fritz Hein, Dezember 1943–22. Februar 1945

Feindfahrten: 3
Versenkte Schiffe: 4 (17.370 BRT) und 1 beschädigt

1. 13.7.44: Auslaufen Kiel und Einlaufen Horten am 15.7.44.

2. 18.7.44: Auslaufen Horten in britische Küstengewässer. U 300 patrouillierte in der Minch, und Anfang August wurde es in das Gebiet von Reykjavik befohlen. Am 4. wurde das Boot durch eine Canso der 162. (RCAF) Squadron (F/O W.O. Marshall) vom Convoy UR 130 geortet.

Das Flugzeug kam zum Angriff und U 300 tauchte, aber Wasserbomben zwangen es zum Wiederauftauchen. Bevor die Canso einen weiteren Angriff machen konnte, konnte das beschädigte Boot im Nebel entkommen. Rückkehr nach Drontheim am 17.8.44.

3. 4.10.44: Auslaufen Drontheim in britische Küstengewässer. Ab 22. patrouillierte das Boot vor Reykjavik.

Am 10.11.44 griff es den Convoy UR 142 südsüdwestlich vom Hafen an und versenkte drei Schiffe, den britischen Tanker SHIRVAN (6.017 t), die isländische GODAFOSS (1.542 t) und den britischen Schlepper EMPIRE WORLD (260 t).

U 300 kehrte nach Stavanger am 2.12.44 zurück.

4. 21.1.45: Auslaufen Stavanger mit Kurs auf das Gebiet von Gibraltar. U 300 patrouillierte vor Gibraltar und griff am 17.2.45 den Convoy UGS 72 westlich der Straße an, beschädigte zwei Schiffe, die britische MICHAEL J. STONE (7.176 t) und den britischen Tanker REGENT LION

(9.551 t). Der Tanker wurde nach Tanger eingeschleppt, am 19. aber zum Verlust erklärt.

Am 22. wurde U 300 südöstlich von Cap St. Vincent lokalisiert und mit Wasserbomben durch die Minensucher HMS PINCHER (LtCdr T. Fraser) und RECRUIT (Cdr E.A. Dorn) sowie die bewaffnete Yacht/Minensucher USS EVADNE (LtCdr N.H. Richards) versenkt.

Elf Mann der Besatzung des Bootes gingen mit dem Boot unter, 42 Männer wurden Kriegsgefangene.

U 301 Typ VII C

Bauwerft: Flenderwerft, Lübeck
Kiellegung: 12. Februar 1941
Stapellauf: 25. März 1942
Indienststellung: 9. Mai 1942
Feldpost-Nr.: M 44381
Versenkt am 21. Januar 1943 westnordwestlich vom Capo del Falcone, Sardinien (41°27'N/07°04'E)

Kommandos:
5. U-Flottille Kiel von Mai–September 1942 (Schulboot)
1. U-Flottille Brest von Oktober–Dezember 1942 (Frontboot)
29. U-Flottille La Spezia von Januar 1943 (Frontboot)

Kommandant:
KptLt Willy-Rodèrich Körner, Mai 1942–21. Jan. 1943

Feindfahrten: 3
Versenkte Schiffe: keines

1. 1.10.42: Auslaufen Kiel in den Nordatlantik.
U 301 traf die »Panther«-Gruppe 700 bis 800 Seemeilen westlich des Nordkanals. Am 16. waren zwölf »Panther«-Boote am südlichen Ende der Linie und wurden zum Angriff auf den nach Westen laufenden Convoy ON 137 befohlen. U 301 und andere Boote im nördlichen Teil der »Panther«-Linie wurden in eine »Puma«-Linie südsüdwestlich von Island umgebildet. Die Gruppe wurde zum Angriff auf den Convoy ONS 138 nach Süden befohlen.
Um den 22. waren die Boote nahezu 400 Seemeilen südlich ihrer ursprünglichen »Puma«-Linie. Am 22. sichtete das am südlichsten befindliche Boot U 443 den Convoy ON 139. Die Gruppe wurde herangeführt und Angriffe befohlen, aber die Boote konnten den Convoy nicht

erreichen, der zwischen 10 und 12 Knoten schnell war. U 301 traf U 443 und beide verfolgten den ON 139, aber der Kontakt ging am 23. verloren.

Die »Puma«-Boote wurden zur Bildung einer neuen Linie nach Norden geführt. U 301 war nicht dabei, aber es traf auf U 260, U 382, U 620 und U 706, die gerade von U 463 mit Brennstoff versorgt worden waren.

Am 23. sichtete U 706 einige Schiffe auf einem Südwestkurs. Die fünf Boote wurden zum Angriff auf diese Schiffe angesetzt, von denen man annahm, sie seien ein Teil des Convoys OS 42. Alle Versuche der Boote, den Convoy am 23. und 24. zu treffen, wurden aufgegeben, der Geleitschutz war zu stark. Der Kontakt ging am 25. verloren und die weitere Suche war vergeblich.

U 301 lief am 7.11.42 in den neuen Stützpunkt Brest ein.

2. 3.12.42: Auslaufen Brest ins Mittelmeer.
U 301 passierte die Straße von Gibraltar während der Nacht des 9./10. und lief in den neuen Stützpunkt La Spezia am 14.12.42 ein.

3. 20.1.43: Auslaufen La Spezia.
Am 21. wurde U 301 westnordwestlich vom Capo de Falcone, Sardinien, durch einen Torpedo des britischen Ubootes HMS SAHIB (Cdr J.H. Bromage) versenkt.
Ein verwundeter Überlebender wurde aufgefischt, 45 Mann des Bootes waren tot.

U 302 Typ VII C

Bauwerft: Flenderwerft, Lübeck
Kiellegung: 2. April 1941
Stapellauf: 25. April 1942
Indienststellung: 16. Juni 1942
Feldpost-Nr.: M 03384
Versenkt am 6. April 1944 nordnordwestlich der Azoren (45°05'N/35°11'W)

Kommandos:
8. U-Flottille Danzig von Juni–November 1942 (Schulboot)
11. U-Flottille Bergen von Dezember 1942–Mai 1943 (Frontboot)
13. U-Flottille Drontheim von Juni–Oktober 1943 (Frontboot)
9. U-Flottille Brest von November 1943–6. April 1944 (Frontboot)

Kommandant:
KptLt Herbert Sickel, Juni 1942–6. April 1944

Feindfahrten: 7
Versenkte Schiffe: 4 (13.777 BRT)

1. 26.11.42: Auslaufen Kiel und Einlaufen Bergen am 1.12.42.
2. 2.1.43: Auslaufen Bergen und Einlaufen Narvik am 6.1.43.
3. 10.1.43: Auslaufen Narvik in nördliche Gewässer. Über diesen Einsatz sind keine Details bekannt. Rückkehr in den Kaafjord am 29.1.43.
4. Auslaufen Kaafjord. Am 16. landete U 302 einen Treffer auf einem Dampfer in der Barentssee, östlich der Bäreninsel, aber der Torpedo detonierte nicht.
Rückkehr nach Narvik am 21.2.43.
5. 14.3.43: Auslaufen Narvik und Rückkehr am 15.3.43.
6. 17.3.43: Auslaufen Narvik. Ganz zum Ende der Fahrt wurde U 302 von dem britischen Uboot HMS Tuna angegriffen. Die Torpedolaufbahn wurde erkannt, U 302 tauchte und entkam.
Rückkehr nach Narvik am 17.4.43.
7. 18.4.43: Auslaufen Narvik und Einlaufen Drontheim am 20.4.43.
8. 29.5.43: Auslaufen Drontheim und Einlaufen Hammerfest am 1.6.43.
9. 9.6.43: Auslaufen Hammerfest. Zwischen dem 20. und 24. führte U 302 eine Spezialoperation durch. Es war eine Rettungsaktion, um eine deutsche Wetterstation auf Spitzbergen abzuholen, und während der Fahrt kam es zu einem Gefecht mit sowjetischen Truppen. Am 24. wurde nahe Spitzbergen ein kleines sowjetisches Motorboot mit Artillerie versenkt.
Rückkehr nach Narvik am 19.7.43.
10. 25.7.43: Auslaufen Narvik und Einlaufen Skjomenfjord am 25.7.43.
11. 30.7.43: Auslaufen Skjomenfjord. Um den 1.8.43 traf U 302 auf U 354 und U 711 zur Bildung der »Wildfang«-Gruppe zur Operation gegen Sowjet-Convoys. Am 21. sichtete U 354 einen Convoy vor Port Dickson und beschattete ihn. Das Boot und U 302 folgten ihn bis in die Vilkinski Straße und griffen am 27. in der Karasee an.
U 354 beschädigte ein Schiff, U 302 versenkte am 28. die SKR 75/T 60 (ex-Dikson, sowjetisch 4.000 t) nahe Vostochnaya. Ab 4.9.43 führte die »Wiking«-Gruppe weitere Angriffe durch und suchte weiter nach dem Convoy, aber hatte keinen Erfolg.
Rückkehr nach Drontheim am 25.9.43.
12. 6.12.43: Auslaufen Drontheim in den Atlantik.
U 302 lief in ein Gebiet westlich der Britischen Inseln und traf auf die »Sylt«-Gruppe. Ab 22. bildeten die Gruppen »Sylt«, »Amrum« und »Föhr«, unterteilt in sechs Untergruppen von je drei Booten, eine neue Linie, »Rügen 1« bis »-6«. U 302 gehörte in die Gruppe

»Rügen 4«. Die Boote wechselten ihre Position ständig, um die Alliierten im Glauben zu lassen, dass die Uboote ihre Operationen über ein weites Gebiet fortsetzten. Drei Convoys wurden gefunden, am 23., 26. und 30., aber die kleine Anzahl Boote war nicht in der Lage, anzugreifen. Am 7.1.44 wurden die »Rügen«-Gruppen entlassen und die Boote verteilten sich über ein weites Gebiet westlich der britischen Inseln.
Rückkehr nach La Pallice am 30.1.44.
13. 11.3.44: Auslaufen La Pallice in ein Gebiet zwischen den britischen Inseln und dem 40° W, und U 302 gehörte nun kurz zur »Preußen«-Gruppe.
Am 24. machte es einen erfolglosen Angriff ostnordöstlich der Azoren auf einen Zerstörer.
Das Boot griff am 6.4.44 nordnordwestlich der Azoren den nach Westen laufenden Convoy SC 156 an und versenkte zwei Schiffe, den norwegischen Tanker SOUTH AMERICA (6.246 t) und die norwegische RUTH I (3.531 t). Kurz danach wurde das Boot durch Wasserbomben der Fregatte HMS SWALE (Cdr R.C. Boyle) des Geleitschutzes versenkt.
Es gab keine Überlebenden, 51 Tote.

U 303 Typ VII C

Bauwerft: Flenderwerft, Lübeck
Kiellegung: 14. Juni 1941
Stapellauf: 16. Mai 1942
Indienststellung: 7. Juli 1942
Feldpost-Nr.: M 05973
Versenkt am 21. Mai 1943 südlich von Toulon (42°50'N/06°00'E)

Kommandos:
8. U-Flottille Danzig von Juli–Dezember 1942 (Schulboot)
7. U-Flottille St. Nazaire von Januar–März 1943 (Frontboot)
29. U-Flottille La Spezia von April 1943–21. Mai 1943 (Frontboot)

Kommandant:
KptLt Karl-Franz Heine, Juli 1942–21. Mai 1943

Feindfahrten: 2
Versenkte Schiffe: 1 (4.959 BRT)

1. 31.12.42: Auslaufen Kiel in den Nordatlantik. U 303 traf auf die »Habicht«-Gruppe westlich von Irland. Am 17.1.43 fuhr die Gruppe westwärts und suchte nach Westen laufende Convoys. Am 19. wurde nichts gefunden, und die »Habicht«-Gruppe vereinigte sich mit den Booten der »Falke«-Gruppe zur Bildung einer neuen Linie, »Haudegen« genannt, 300 Seemeilen südöstlich von Cape Farewell.

Am 22. wurde die Gruppe auf einen nach Osten laufenden HX-Convoy angesetzt. Schlechtes Wetter unterband den Angriff, und die Boote liefen auf ihre Position südlich von Cape Farewell zurück.

Vom 1.2.43 begann sich die Linie nach Südwesten in Richtung Neufundland zu bewegen. Am 2. wurden die fünf nördlichen Boote zum Angriff auf den Convoy SG 19 abgeteilt, die restlichen Boote mit U 303 blieben auf ihrem ursprünglichen Kurs nach Neufundland. Ab 6. bildete die Gruppe zwei Linien in einem Winkel östlich von St. John's. Bis zum 15. hatten die »Haudegen«-Boote keinen Convoy gesehen und hatten nur noch wenig Kraftstoff. Sie wurden in ein Versorgungsgebiet befohlen.

Am 17. sichtete U 69 den nach Westen laufenden Convoy ONS 165, und die Boote, obwohl nach Osten laufend, wurden zum Angriff befohlen; die Versorgung sollte später erfolgen.

Allerdings ging der Kontakt im Sturm verloren, und das Unternehmen endete am 20. Zwei Schiffe wurden versenkt, zwei Boote gingen verloren.

U 303 und andere ex-»Haudegen«-Boote fuhren erneut nach Osten zu einem Treffen mit U 460 östlich von Neufundland, wo die Versorgung am 21. durchgeführt wurde. Am 22. passierte der nach Westen laufende Convoy ON 166 südlich des Versorgungsgebietes die Linie und einige der zu versorgenden Boote griffen an. In den frühen Stunden des 23. versenkte U 303 die amerikanische EXPOSITOR (4.959 t) nordnordwestlich der Azoren. Es war fünf Stunden früher von U 606 beschädigt worden. Eines der Escortfahrzeuge, die Korvette HMCS TRILLIUM, versuchte die EXPOSITOR zu versenken, aber schoss vorbei. Die Operation gegen ON 166 war ein Erfolg, 13 Schiffe wurden versenkt und nur ein Boot ging verloren. Ende Februar wurde U 303 durch U 462 nördlich von den Azoren mit Kraftstoff versorgt. Rückkehr nach dem neuen Stützpunkt Lorient am 8.3.43.

2. 1.4.43: Auslaufen Lorient ins Mittelmeer. U 303 passierte die Straße von Gibraltar in der Nacht vom 9./10. und lief in La Spezia am 15.4.43 ein.

3. 23.4.43: Auslaufen La Spezia und Einlaufen Toulon am 24.4.43.

4. 21.5.43: Auslaufen Toulon zum Probetauchen, offensichtlich nach Reparaturen.

U 303 führte Tieftauchversuche an diesem Tag südlich von Toulon durch. Dabei wurde das Boot vom britischen Uboot HMS SICKLE (Lt J.R. Drummond) versenkt. Der Kommandant und zehn Mann wurden von deutschen Flugbooten gerettet, 19 verloren ihr Leben.

U 304 Typ VII C

Bauwerft: Flenderwerft, Lübeck
Kiellegung: 26. Juni 1941
Stapellauf: 13. Juni 1942
Indienststellung: 5. August 1942
Feldpost-Nr.: M 14775
Versenkt am 28. Mai 1943 südöstlich von Cape Farewell (54°50'N/37°20'W)

Kommandos:
8. U-Flottille Danzig von August 1942–März 1943 (Schulboot)
11. U-Flottille Bergen von April 1943–28. Mai 1943 (Frontboot)

Kommandant:
OLtzS Heinz Koch, August 1942–28. Mai 1943

Feindfahrten: 1
Versenkte Schiffe: keines

1. 27.4.43: Auslaufen Kiel in den Nordatlantik.
U 304 traf drei andere Boote und bildete am 11.5.43 die kleine »Isar«-Gruppe südöstlich von Cape Farewell.
Am 12. meldete U 640 einen nach Westen laufenden Convoy südwestlich von Island. Die Gruppen »Isar«, »Lech« und »Inn« wurden nordöstlich geschickt zum Angriff, aber U 640 verlor am 13. den Kontakt.
Als der ONS 7 nicht gefunden wurde, trafen die drei kleinen Gruppen mit neu hinzu kommenden Booten zusammen, um die Gruppen »Donau 1« und »-2« ab 15. südöstlich von Grönland zu bilden. U 304 gehörte zur Gruppe »Donau 1«. Der Convoy ONS 7 passierte nördlich der »Donau«-Linie, und am Abend des 16. befand er sich südwestlich der Gruppe »Donau 2«.
Die Boote bewegten sich südwärts zum Treffen mit dem nach Osten laufenden Convoy SC 130, der von U 304 während der Nacht des 18./19. gesichtet wurde. Dies brachte U 645 und U 952 an ihn heran, dann ging der Kontakt am Morgen des 19. verloren. Fortgesetzte Luftüberwachung über dem Convoy verhinderte weitere

Angriffe und nach dem Verlust von zwei Booten durch Geleitfahrzeuge und eines durch Flugzeuge endete die Operation am 20.

Die übrigen »Donau«-Boote wurden nach Südwesten zum Angriff auf den Convoy HX 239 befohlen. Der Geleitschutz dieses Convoys wurde verstärkt durch den Escortträger HMS ARCHER, und eine starke Luftüberwachung sorgten dafür, dass die Operation am 23. abgeblasen wurde, bevor es überhaupt zum Angriff kam.

Am 24. hielt Dönitz kurzfristig alle Convoy-Operationen im Nordatlantik an. U 304 und andere Boote mit wenig Kraftstoff wurden über ein weites Gebiet verstreut eingesetzt, und ihre fortgesetzten Funksignale vermittelten den Eindruck, dass sich eine große Auswahl von Booten in See befand.

U 304 wurde am 28. nahe am Convoy HX 240 südöstlich von Cape Farewell geortet. Es sank nach Wasserbombenangriffen einer Liberator der 120. Squadron (F/O D.C. Fleming-Williams). Es gab keine Überlebenden, 46 Tote.

U 305 Typ VII C

Bauwerft: Flenderwerft, Lübeck
Kiellegung: 30. August 1941
Stapellauf: 25. Juli 1942
Indienststellung: 17. September 1942
Feldpost-Nr.: M 49638
Versenkt am 17. Januar 1944 südwestlich von Irland
(49°39'N/20°10'W)

Kommandos:
8. U-Flottille Danzig von September 1942–März 1943 (Schulboot)
1. U-Flottille Brest von April 1943–17. Januar 1944 (Frontboot)

Kommandant:
KptLt Rudolph Bahr, September 1942–17. Januar 1944

Feindfahrten: 4
Versenkte Schiffe: 2 (13.045 BRT)
1 Zerstörer (1.190 t)
1 Fregatte (1.370 t)

1. 27.2.43: Auslaufen Kiel in den Nordatlantik.
U 305 traf die »Stürmer«-Gruppe westnordwestlich von Irland, gebildet am 14.3.43 zur Operation gegen den nach Osten laufenden Convoy SC 122. Die Gruppe bewegte sich bis zum 16. westwärts, drehte dann nach Südwesten zum Angriff auf den Convoy. Kontakt wurde hergestellt im Zentralen Nordatlantik während der Nacht des 16./17. und erfolgreiche Angriffe wurden von der »Stürmer«-Gruppe während der nächsten drei Tage gefahren. Später am Abend des 17. torpedierte U 305 zwei Schiffe, die britische PORT AUCKLAND (8.789 t, beschädigt) und die britische ZOUAVE (4.256 t, versenkt).

Die PORT AUCKLAND wurde durch einen weiteren Torpedo von U 305 kurz nach Mitternacht versenkt.

U 305 wurde durch die Geleitfahrzeuge am 17. und 18. angegriffen und zum Tauchen gezwungen. Die Operation entwickelte sich zur größten Geleitzugschlacht des Krieges, nachdem ein zweiter, schnellerer Convoy, der HX 229, auf einem Parallelkurs und einige Seemeilen südlich an den SC 122 heranschloss, und ein willkommenes Ziel für die angreifenden »Stürmer«-, »Raubgraf«- und »Dränger«-Gruppen bildete.

Bevor die Operation gegen die beiden Convoys am 20. westlich von Irland endete, waren 21 Schiffe versenkt worden, nur ein Boot ging verloren.

U 305 und andere »Stürmer«-Boote trafen auf neu ankommende Boote und bildeten die »Seewolf«-Gruppe ab 25. südöstlich von Cape Farewell und südlich der »Seeteufel«-Linie, um gegen den gemeldeten nach Osten laufenden Convoy SC 123 zu operieren.

Ab 26. trafen die »Seewolf«- und »Seeteufel«-Gruppen zusammen, um eine Linie 800 Seemeilen südlich von Cape Farewell zu bilden.

U 305, am nördlichen Ende der »Seewolf«-Gruppe, sichtete am 27. den nach Osten laufenden Convoy HX 230. Es war eines von 22 Booten von den beiden Gruppen, die auf den Convoy angesetzt wurden. Allerdings hielt angesichts eines aufkommenden Sturms, der sich am 28. zum Hurrikan entwickelte, und ab 29. auch die starke Luftüberwachung die Boote davon ab, anzugreifen. Nur ein Schiff wurde von U 610 versenkt. Der Kontakt ging am 30. verloren, und die Operation wurde beendet.

Anfang April wurde U 305 durch U 463 im Zentralen Atlantik mit Kraftstoff versorgt.

Rückkehr in den neuen Stützpunkt Brest am 12.4.43.

2. 12.5.43: Auslaufen Brest in den Nordatlantik.
U 305 traf auf die »Oder«-Gruppe, um an dem geplanten Angriff auf den nach Osten laufenden Convoy SC 130 teilzunehmen.

Als der Convoy am 18. auf dem Weg im Norden der »Oder«-Linie aufkam, wurden Boote der mehr nördlich stehenden »Donau«-Gruppe zum Angriff auf den Convoy gesandt. Sie hatten keinen Erfolg, wurden unentwegt von Flugzeugen vertrieben, die von einer nahe gelegenen Basis kamen. Die Operation wurde am 20. aufgegeben, drei Boote waren verloren.

Ab 20. wurden die »Oder«-Boote Teil der größeren »Mosel«-Gruppe, die sich 400 Seemeilen südlich von Cape Farewell zur Operation gegen den Convoy HX 239 gebildet hatte. Man erfuhr, dass der Convoy südlich der Linie passieren würde. Die Boote teilten sich, der südliche Teil der Linie ging nach Süden, um Nachzügler zu bekämpfen, während der Rest, einschließlich U 305, nach Osten zum Angriff auf den Convoy lief. Am 22. sichtete U 305 einen Zerstörer und machte eine Meldung, bevor es von einem Flugzeug angegriffen wurde.

Die Boote fuhren Suchkurse nach Osten und Nordosten, aber angesichts ständiger Flugzeugangriffe fanden sie den Convoy HX 239 nicht. Der gesichtete Zerstörer war Teil des Geleitschutzes für den nach Westen laufenden Convoy ON 184, der die Linie am Abend des vorherigen Tages passiert hatte.

Das Boot wurde dann von einer Avenger des Escortträgers USS Bogue gesichtet und tauchte, bevor ein Angriff erfolgte. Nach einiger Zeit tauchte es wieder auf und wurde von einer anderen Avenger (Ens S.E. Doty) gesehen. Vier Wasserbombenangriffe trafen den Druckkörper des Bootes. Es tauchte tief und konnte der Suche durch den Zerstörer USS Osmond ausweichen, während Reparaturen durchgeführt wurden.

U 305 tauchte wieder auf, wurde durch eine andere Avenger (Lt R.L. Steams) angegriffen. Es tauchte wieder, entkam einer erneuten Suche durch Geleitfahrzeuge und lief nach Durchführung weiterer Notreparaturen nach Hause.

Rückkehr nach Brest am 1.6.43.

3. 23.8.43: Nach Instandsetzung verließ U 305 Brest in den Nordatlantik. Es lief nach einem Treffpunkt nördlich der Azoren und war eines von sechs Booten, die dort von U 460 zwischen dem 10. und 13. September mit Kraftstoff versorgt wurden. Diese Boote fuhren am 15. nach Norden, um dort 14 Boote zu treffen, die ab 20. die »Leuthen«-Gruppe südsüdwestlich von Island bildeten. Geheimhaltung war soweit als möglich vereinbart, um den Alliierten die Anwesenheit der Boote zu verheimlichen.

Allerdings wurde U 341 am 19., das eigentlich unter Wasser laufen sollte, gesichtet und von einem kanadischen Flugzeug versenkt, direkt vor der Linie.

Früh am 20., bevor die »Leuthen«-Boote ihre Position eingenommen hatten, kam der Convoy ON 202 in Sicht. Vier Boote kamen an ihn heran, aber nur eines konnte einen Unterwasserangriff fahren. Nach einem morgendlichen Angriff durch U 238 ging wegen des starken Geleitschutzes und der Luftüberwachung der Kontakt verloren. ON 202 traf während des Tages auf den Convoy ONS 18. Kontakt mit dem kombinierten Convoy wurde am frühen Abend des 20. hergestellt.

Nur fünf Boote kamen an den Convoy heran, die übrigen »Leuthen«-Boote waren mit Attacken auf die Geleitfahrzeuge beschäftigt. Man glaubte, wenn die Geleitfahrzeuge dezimiert würden, würde der Convoy in der Nacht des 21./22. aufgeteilt. Spät am Abend des 20. beschädigte U 305 den Zerstörer HMCA St. Croix. Einige Minuten später feuerte es einen weiteren Torpedo, der im Kielwasser der Fregatte HMS Itchen detonierte. U 305 versenkte St. Croix eine Stunde später.

Nebel kam früh am 21. auf und blieb während des ganzen Tages und weiter bis zum 23.

Als er sich bei Tageslicht langsam auflöste, erschienen wieder die Flugzeuge, doch die Boote blieben an der Wasseroberfläche und kämpften es aus.

Weitere Angriffe wurden in den ersten Stunden des 23. gemacht, und mehrere Schiffe sanken, bevor die Operation am Morgen aufgegeben wurde.

Sechs Schiffe wurden versenkt, eines beschädigt, drei Geleitfahrzeuge waren versenkt und eines beschädigt worden. Zwei Boote gingen verloren.

Am 27. traf U 305 auf die neu gebildete »Rossbach«-Gruppe im Zentralen Nordatlantik zum Einsatz gegen den Convoy ON 203. Der Convoy passierte die Linie und die Gruppe verfehlte auch den Convoy ONS 19, der die Linie im Norden passierte. Am 1.10.43 lief die »Rossbach«-Gruppe nach Norden in der Hoffnung, andere ONS-Convoys abzufangen. Am 4. wurde U 305 angegriffen und durch eine Ventura des VP 128 (Cdr C.L. Westhofen) südwestlich von Island beschädigt.

Rückkehr nach Brest am 22.10.43.

4. 8.12.43: Auslaufen Brest und Fahrt nach einer Warteposition westlich der Biskaya, zusammen mit U 270 und U 275.

Ab 20. trafen sie auf die »Coronel 3«-Gruppe, um die »Borkum«-Gruppe 400 Seemeilen nordwestlich von Cape Ortegal beim Angriff auf den Convoy MKS 33/SL 142 zu unterstützen.

Deutsche Flugzeuge meldeten den Einsatz des Escortträgers USS Card am 22. und 23., und die »Borkum«-Boote wurden auf ihn angesetzt, um den rückkehrenden Blockadebrecher Orsono, der von Flugzeugen des Trägers Card am 23. gesichtet worden war, zu sichern. U 305 sichtete den Träger während der Nacht des 23./24. und versenkte einen Zerstörer. Am Abend griffen die »Borkum«-Boote den nach Süden laufenden Convoy ONS 62/KMS 36 an und U 415 versenkte einen Geleitzerstörer. Die Gruppe setzte die Operation in dem Gebiet nordöstlich der Azoren zwischen dem 20° und 25°W fort und fuhr von einer Position zur anderen.

Ab 14.1.44 wurde die »Borkum«-Gruppe in drei kleinere Gruppen »Borkum 1«, »-2« und »-3« aufgeteilt. U 305 gehörte zur Gruppe »Borkum 1«. Das wurde gemacht, um das Orten der Linie zu erschweren und die Umleitung rücklaufender Convoys schwieriger zu machen.

Am 7. fuhr U 305 in die 5. Escortgruppe hinein und versenkte die Fregatte HMS TWEED nordöstlich der Azoren.

Ab 8. schützten Flugzeuge die »Borkum«-Gruppe, die nach dem Convoy MKS 35 suchte.

Der Convoy wurde am 9. gesichtet, konnte aber während des Tages am 10. nicht gefunden werden. U 305 traf auf den Convoy am Abend, aber die Schiffe waren zu weit entfernt, um heranzuschließen.

Die Gruppe wurde am 13. aufgelöst und die verbliebenen Boote konnten einzeln operieren.

Am 17. wurde U 305 südwestlich von Irland gesichtet und durch Wasserbombenangriffe des Zerstörers HMS WANDERER (LtCdr R.F. Whinney) und der Fregatte HMS GLENARM versenkt.

Es gab keine Überlebenden, 51 Tote.

U 306 Typ VII C

Bauwerft: Flenderwerft, Lübeck
Kiellegung: 16. September 1941
Stapellauf: 29. August 1942
Indienststellung: 21. Oktober 1942
Feldpost-Nr.: M 49352
Versenkt am 31. Oktober 1943 nordöstlich von den Azoren (46°19'N/20°44'W)

Kommandos:
8. U-Flottille Danzig von Oktober 1942–Februar 1943 (Schulboot)
1. U-Flottille Brest von März 1943–31. Oktober 1943 (Frontboot)

Kommandant:
KptLt Claus von Trotha, Okt. 1942–31. Okt. 1943

Feindfahrten: 3
Versenkte Schiffe: 2 (17.364 BRT) und 1 beschädigt

1. 25.2.43: Auslaufen Kiel und Einlaufen Bergen am 6.3.43.
2. 9.3.43: Auslaufen Bergen in den Nordatlantik. U 306 traf die »Seeteufel«-Gruppe südlich von Island zur Operation gegen einen Convoy auf dem Kurs von Island, den nach Westen laufenden Convoy ONS 1. Die Linie wurde am 22. gebildet, aber als der Convoy nicht kam, fuhr die Linie westwärts auf den Kurs des Convoys

ONS 1 zu. Am 24. sichtete U 306 einige Geleitfahrzeuge des ONS 1, aber war nicht in der Lage, heranzuschließen. Um den 26. fuhr die »Seeteufel«-Gruppe südöstlich vom Cape Farewell und traf mit der mehr südlich operierenden »Seewolf«-Gruppe zusammen und bildete eine Linie 800 Seemeilen südlich des Caps. Während des Nachmittags kamen Masten und Flugzeugträger in Sicht. Man dachte, es sei ein ON-Convoy, aber die starke Luftsicherung und die Anwesenheit von starken Geleitfahrzeugen verhinderten ein Aufschließen der Boote.

Am 27. sichtete U 306 am Nordende der »Seewolf«-Linie den nach Osten laufenden Convoy HX 230 und 22 Boote von den beiden Gruppen, einschließlich U 306, griffen an. Der aufkommende Sturm entwickelte sich am 28. zu einem Hurrikan, und nur fünf Boote waren in der Lage, kurzen Kontakt mit dem Convoy aufzunehmen. Torpedoangriffe waren aufgrund der Wetterlage unmöglich. Der Angriff dauerte drei Tage, das Wetter blieb schlecht, und man hoffte auf Nachzügler. Nur ein Schiff wurde versenkt. Die Operation ging am 30. zu Ende. Am oder um den 11.4.43 wurde U 306 durch U 462 nördlich der Azoren mit Kraftstoff versorgt. Dann fuhr es nach Westen und traf nordöstlich von Neufundland auf die »Meise«-Gruppe. Am 20. machte man die Erfahrung, dass der erwartete Convoy HX 234 die Linie westlich passieren würde. Die »Meise«-Boote fuhren mit hoher Fahrt nach Nordwesten, und schon am 21. wurde der Convoy von U 306 gesichtet. Es begann ihn zu verfolgen, und in den frühen Stunden des 22. versenkte es die britische AMERIKA (10.218 t) südlich von Cape Farewell. Während des Nachmittags des 23. versenkte es die amerikanische ROBERT GRAY (7.176 t) im selben Gebiet.

Obwohl elf andere Boote der »Meise«-Gruppe Kontakt am 23. hatten, wurde kein weiteres Schiff versenkt, nur eines beschädigt. Dieses schlechte Ergebnis war auf die Unerfahrenheit der Kommandanten zurückzuführen. Die Operation wurde am Morgen des 25. südlich von Island abgebrochen, es geschah wegen der starken Luftüberwachung über dem Convoy. U 306 wurde Ende April durch U 459 südöstlich von Grönland mit Kraftstoff versorgt.
Rückkehr in den neuen Stützpunkt Brest am 9.5.43.
3. 10.6.43: Auslaufen Brest in den Zentralatlantik.
U 306 lief mit U 84 und U 732 durch die Biskaya, gedacht als gegenseitiger Schutz vor Luftangriffen.
Ende Juni, auf dem Kurs in das Operationsgebiet, wurde U 306 von U 488 westlich der Azoren mit Kraftstoff versorgt.
Anfang Juli patrouillierte das Boot zwischen den Kapverdischen Inseln und der westafrikanischen Küste.
Am 16. sichtete es einen Convoy an der Küste von Westafrika. Es verfolgte ihn und glaubte, vier Schiffe in meh-

reren Angriffen versenkt bzw. beschädigt zu haben. Nur eines davon wurde bestätigt, die britische KAIPARA (5.882 t). Sie wurde am 16. südwestlich von Dakar beschädigt.

Dann trat U 306 die Heimreise an. Rückkehr nach Lorient am 11.8.43.

4. 23.9.43: Auslaufen Lorient und Einlaufen Brest am 24.9.43.

5. 7.10.43: Auslaufen Brest und Rückkehr am 10.10.43.

6. 14.10.43: Auslaufen Brest als eines von acht Booten, die eine bewegliche Kampfgruppe bildeten, die »Schill«-Gruppe. Der Plan war, einen Nachtangriff auf einen MKS- oder KMS-Convoy vor der Nordwestküste Spaniens zu machen. Zu den »Schill«-Booten gehörten die drei Flakboote U 211, U 441 und U 953.

Die »Schill«-Gruppe wurde am 27. 400 Seemeilen westlich von Cape Ortegal in Erwartung des MKS-Convoys 28/SL 138 gebildet. Flugzeuge der Luftwaffe sichteten ihn am 27. und 28., aber am 29., dem Tag für den geplanten Angriff, wurde er nicht gesehen. Er hatte den Kurs auf West gedreht.

Am 30. fanden Flugzeuge den Convoy wieder, er fuhr im Nordwesten der »Schill«-Gruppe. Die Boote wurden zum Angriff befohlen, am Tage über Wasser, und der Kontakt wurde am Morgen des 31. hergestellt. Ein Schiff wurde von U 262 versenkt, der einzige Erfolg bei dieser Operation.

U 306 wurde am Morgen des 31. gesichtet und mit Wasserbombenattacken der Zerstörer HMS WHITEHALL (LtCdr P.J. Cowell) und der Korvette HMS GERANIUM (Lt A.R.J. Tilston) versenkt.

Es gab keine Überlebenden, 51 Tote.

U 307 Typ VII C

Bauwerft: Flenderwerft, Lübeck
Kiellegung: 5. November 1941
Stapellauf: 30. September 1942
Indienststellung: 18. November 1942
Feldpost-Nr.: M 50406
Versenkt am 29. April 1945 vor Kola (69°24'N/33°37'E)

Kommandos:
8. U-Flottille Danzig von November 1942–April 1943 (Schulboot)
1. U-Flottille Brest von Mai–Oktober 1943 (Frontboot)
13. U-Flottille Drontheim von November 1943–29. April 1945 (Frontboot)

Kommandanten:
OLtzS Friedrich-Georg Herrle, November 1942–Dezember 1944
OLtzS Erich Krüger, Dezember 1944–29. April 1945

Feindfahrten: 14
Versenkte Schiffe: keines/eines möglicherweise

1. 29.6.43: Auslaufen Kiel. Es sind keine Einzelheiten bekannt. Einlaufen Hammerfest am 12.7.43.

2. 16.7.43: Auslaufen Hammerfest in nördliche Gewässer. Es sind keine Details bekannt. Rückkehr in den Stützpunkt am 21.8.43.

3. 2.9.43: Auslaufen Hammerfest. Anfang Oktober war U 307 Teil der »Monsun«-Gruppe und patrouillierte zwischen Spitzbergen und der Bäreninsel.
Rückkehr nach Hammerfest am 9.10.43.

4. 27.10.43: Auslaufen Hammerfest. Anfang November war U 307 wieder zwischen Spitzbergen und der Bäreninsel, dieses Mal als Teil der »Eisenhart«-Gruppe, mit U 277, U 354, U 360 und U 387. Die Boote warteten auf einen von Murmansk kommenden Convoy. Allerdings erreichten die nach Osten laufenden Convoys JW 54A und JW 54B Kola unbehelligt. Am 28.11.43 sichtete U 307 einige Geleitfahrzeuge am rücklaufenden Convoy RA 54B, wurde aber erkannt und durch Wasserbomben beschädigt. Der Convoy kam sicher in Loch Ewe an.
Rückkehr nach Hammerfest am 9.12.43.

5. 12.12.43: Auslaufen Hammerfest und Einlaufen Drontheim am 15.12.43.

6. 23.2.44: Auslaufen Drontheim in nördliche Gewässer. Ende Februar nahm U 307 an der Operation gegen den nach Osten laufenden Convoy JW 57 teil, der Kola am 28. erreichte.

Es traf auf U 315, U 472 und U 739 zur Bildung der »Boreas«-Gruppe zum Angriff auf den rücklaufenden Convoy RA 57. Eine sowjetische Kampfgruppe suchte nach Ubooten nördlich von Kola, als der Convoy am 2.3.44 seine Fahrt aufnahm. Aufklärungsflugzeuge fanden den Convoy am 4. und U 307 war bei den Booten, die an ihn herankamen. Einige Angriffe wurden am 4., 5. und 6. gefahren, mit dem Erfolg von einem Schiff, das versenkt wurde, und zwei möglicherweise beschädigten Zerstörern.
U 307 kehrte am 27.3.44 nach Narvik zurück.

7. 16.4.44: Auslaufen Narvik. Ende April gehörte U 307 zur »Donner«-Gruppe mit U 277, U 278 und U 636.
Die Boote sollten gegen den Convoy RA 59 operieren. Am Abend des 30. griff es den Convoy südlich der Bäreninsel an, meldete zwei Schiffe als versenkt und ein weiteres als beschädigt. Es gibt keine Informationen darüber. Am Nachmittag und Abend des 1.5.44 und am

Morgen des 2. machte U 307 erfolglose Angriffe auf Zerstörer des Geleitschutzes vom RA 59.

Rückkehr nach Narvik am 5.5.44.

8. 25.5.44: Auslaufen Narvik. Es gibt keine Informationen über diesen Einsatz.

Rückkehr am 12.7.44.

9. 2.8.44: Auslaufen Narvik und Einlaufen Hammerfest am 3.8.44.

10. 4.8.44: Auslaufen Hammerfest. Es sind keine Details über diesen Einsatz bekannt, außer, dass U 307 in den ersten Stunden des 18. einen Schusswechsel mit dem sowjetischen Kutter Ivan Papanin im Gebiet vom Van Mijen Fjord hatte, möglicherweise versenkte das Boot den Kutter.

Rückkehr nach Hammerfest am 23.8.44.

11. 24.8.44: Auslaufen Hammerfest. Es sind keine Details über diese Fahrt vorhanden. Einlaufen Tromsö am 31.8.44.

12. Auslaufen Tromsö als Geleit des früheren Fischereifahrzeuges Carl J. Busch auf dem Kurs nach der Nordaustlandet Island, Spitzbergen, zum Absetzen einer Wetterstation.

Es musste festgestellt werden, dass britische Zerstörer westlich von Spitzbergen auf sie warteten. Die beiden Fahrzeuge machten ihren Weg um die östliche Küste, nur, um einen alliierten Convoy nahe der Bäreninsel ausweichen zu können.

Nordaustlandet wurde am 13. erreicht, und die Hütte von den beiden Besatzungen errichtet.

Die Rückfahrt begann Anfang Oktober und beide Fahrzeuge kehrten am 7.10.44 nach Narvik zurück.

13. 8.10.44: Auslaufen Narvik und Einlaufen Drontheim am 10.10.44.

14. 15.1.45: Auslaufen Drontheim und Einlaufen Narvik am 20.1.45.

15. 24.1.45: Auslaufen Narvik. Anfang Februar war U 307 mit der »Rasmus«-Gruppe bei der Passage der Bäreninsel in Erwartung des nach Osten laufenden Convoys JW 64. Der Convoy wurde durch ein deutsches Wetterflugzeug am 6. gesichtet. Luftangriffe wurden am 7. und 10. geflogen, zwölf Ju 88 wurden abgeschossen.

Die »Rasmus«-Boote konnten wegen der starken Geleitsicherung, zu der auch der Escortträger HMS Campania gehörte, nicht angreifen. Auch der Träger HMS Nairana gehörte dazu. Die Boote drehten in ein Gebiet vor der Einfahrt nach Kola. Als der Convoy nach Kola hinein fuhr, torpedierte und beschädigte U 992 die Korvette HMS Denbigh Castle. Das war der einzige Erfolg dieser Unternehmung. Rückkehr nach Narvik am 16.2.45.

16. 20.2.45: Auslaufen Narvik. U 307 traf auf andere Boote in der Passage der Bäreninsel auf der Suche nach dem Convoy RA 64, aber sie verfehlten ihn. Der Convoy war von Flugzeugen am 20. gefunden und angegriffen worden.

Als U 307, U 286 und U 716 den Convoy fanden, wurden sie von den Geleitfahrzeugen vertrieben, vor allem durch die Luftsicherung. Am 23. versenkten Flugzeuge der 8./KG 26 ein Schiff, das letzte, das von deutschen Flugzeugen im Krieg versenkt wurde.

Rückkehr nach Narvik am 28.2.45.

17. 12.3.45: Auslaufen Narvik. U 307 traf auf die »Haudegen«-Gruppe, die in der Passage der Bäreninsel stationiert war und auf den Convoy JW 65 wartete, der den Clyde am 11. verlassen hatte. Luftaufklärung verfehlte den Convoy, und die wartenden Boote fuhren zum Eingang nach Kola und bildeten zwei Linien. Am Morgen des 20. passierte der Convoy die erste Linie während eines Schneesturms. Ein Schiff wurde torpediert und beschädigt.

Als die zweite Linie passiert wurde, sanken ein Schiff und eine Sloop des Geleitschutzes.

Nachdem der Convoy den Hafen angelaufen hatte, konzentrierten sich die Boote auf die beiden Escortträger HMS Campania und Trumpeter des Geleitschutzes vom Convoy JW 65, die man in der Barentssee vermutete. Aber das wurde zum Fehlschlag. Der rücklaufende Convoy RA 65 fuhr am 23. ab und U 307 und andere Boote bildeten am 25. eine Linie vor ihm, aber der Convoy kam nicht wie erwartet. Luftaufklärung verfehlte ihn am 27., und die Operation wurde eingestellt.

Rückkehr nach Narvik am 1.4.45.

18. 16.4.45: Auslaufen Narvik. U 307 traf auf die »Faust«-Gruppe, die westlich der Bäreninsel auf den Convoy JW 66 wartete. Der hatte am 16. den Clyde verlassen. Wieder verfehlte die Luftaufklärung den Convoy und die Boote verlegten auf eine Position vor der Kola-Einfahrt. JW 66 erreichte am 25. Kola ohne Verluste.

Einige Boote griffen den sowjetischen Convoy PK 9 am 22. an. U 307 mag daran beteiligt gewesen sein.

Am 29. verließ der rücklaufende Convoy RA 66 Kola. U 307 war im Einsatz auf ihn im Nebel vor der Einfahrt nach Kola, als es geortet wurde. Durch Wasserbomben zum Auftauchen gezwungen, wurde das Boot durch Geschützfeuer der Fregatte Loch Insh (LtCdr E.W.C. Dempster) versenkt.

14 Mann der Besatzung wurden aufgefischt, 37 Mann waren tot.

U 308 Typ VII C

Bauwerft: Flenderwerft, Lübeck
Kiellegung: 5. November 1941
Stapellauf: 31. Oktober 1942
Indienststellung: 23. Dezember 1942
Feldpost-Nr.: M 49231
Versenkt am 4. Juni 1943 nordöstlich von den Färöern
(64°28'N/03°09'W)

Kommandos:
8. U-Flottille Danzig von Dezember 1942–Mai 1943
(Schulboot)
6. U-Flottille St. Nazaire von Mai 1943–4. Juni 1943
(Frontboot)

Kommandant:
OLtzS Karl Mühlenpfort, Dezember 1942–4. Juni 1943

Feindfahrten: 1
Versenkte Schiffe: keines

1. 29.5.43: Auslaufen Kiel in den Atlantik.
Das Boot wurde über Wasser fahrend am 4.6.43 durch
das britische Uboot HMS Truculent (Lt R.A.
Alexander) nordöstlich von den Färöer-Inseln versenkt.
Sechs Torpedos wurden gefeuert, von denen zwei das
Boot trafen.
Es gab keine Überlebenden, 44 Tote.

U 309 Typ VII C

Bauwerft: Flenderwerft, Lübeck
Kiellegung: 21. Januar 1942
Stapellauf: 14. Dezember 1942
Indienststellung: 27. Januar 1943
Feldpost-Nr.: M 49703
Versenkt am 16. Februar 1945 nordnordwestlich von
Kinnairds Head (58°09'N/02°23'W)

Kommandos:
8. U-Flottille Danzig von Januar–Juli 1943 (Schulboot)
11. U-Flottille Bergen von August–Oktober 1943 (Front-
boot/ohne Einsatz)
9. U-Flottille Brest von November 1943–Oktober 1944
(Frontboot)

33. U-Flottille Flensburg von Oktober 1944–16. Februar
1945 (Frontboot)

Kommandanten:
OLtzS Hans-Gert Mahrholz, Januar 1943–August 1944
OLtzS Herbert Loeder, August 1944–16. Februar 1945

Feindfahrten: 8
Versenkte Schiffe: keines
1 beschädigt

1. 26.8.43: Auslaufen Kiel und Einlaufen Bergen am
1.9.43.
2. 13.9.43: Auslaufen Bergen und Einlaufen Drontheim
am 18.9.43.
3. 25.9.43: Auslaufen Drontheim in den Nordatlantik.
U 309 traf auf die »Rossbach«-Gruppe südwestlich von
Island, von wo aus nach Osten laufende Convoys gesucht
wurden. Da die »Rossbach«-Gruppe von mehreren Convoys umgangen wurde, verlegte sie am 5.10.43 nach
Süden, um den Convoys HX 259 und SC 143 aufzulau-
ern und eine neue Linie zu bilden.
Am 7. wurde festgestellt, dass der Convoy SC 143 in
dem Gebiet gesichtet wurde, als mehrere Zerstörer von
U 44 ausgemacht wurden. Während der Nacht des 7./8.
sichteten acht Boote nach Nordosten laufende Zerstörer.
Die Suche nach dem Convoy wurde fortgesetzt und bei
Tag am 8. wurde der SC 143 von einem Aufklärungsflugzeug gesichtet, aber seine Signale wurden von den
suchenden Booten nicht wahrgenommen. Die alliierte
Luftüberwachung verstärkte sich bei Tage und U 419,
U 610 und U 643 wurden versenkt. Die Operation endete am Morgen des 9. Oktober.
U 309 lief dann zum Treffen mit der »Schlieffen«-
Gruppe, die sich südöstlich von Grönland auf der Suche
nach dem nach Westen laufenden Convoys ONS 20
gebildet hatte. Am 14. drehte die Gruppe nach Norden,
aber am Abend des 15. sichtete U 844 einen nach Westen
laufenden Convoy, von dem man annahm, es sei der
ONS 20. Tatsächlich war es jedoch der ON 206. Das
Boot wurde angewiesen, den Kontakt aufrecht zu erhalten, und die »Schlieffen«-Boote heranzuführen, aber es
wurde von den Geleitfahrzeugen vertrieben und am folgenden Tag versenkt.
Es wurde schwierig, den Convoy zu finden, da die auf
Island stationierten Flugzeuge die weit verstreuten Boote
der »Schlieffen«-Gruppe unter Wasser hielten. Nachdem
U 964 den Convoy früh am 16. sichtete, entschied Dönitz
gegen die Bedenken seiner Stabsoffiziere, den Convoy
anzugreifen. Die Boote sollten an der Wasseroberfläche
bleiben, und falls erforderlich, den Weg zum Convoy
freikämpfen.

Am 16. während des Tages besagten Meldungen über den Angriff der Boote, dass sie beschädigt waren und dass U 964 versenkt worden war. Die »Schlieffen«-Boote liefen weiter ostwärts zur Bildung einer neuen Linie am 17., mit kleinerem Abstand zueinander. Der Convoy passierte die Linie am Morgen des 17. und die Boote wurden zum Angriff befohlen. U 309 schoss einen Fächer von vier Torpedos, aber es war nur die Detonation der Endläufer zu hören.

Der Kontakt ging verloren, obwohl eine Suche nach Nordwesten am 17. durchgeführt wurde. Der Kurswechsel des Convoys zur Mittagszeit an diesem Tag resultierte darin, dass die Suche niemals im richtigen Gebiet und zur richtigen Zeit stattgefunden hatte.

Sie wurde am Abend des 17. aufgegeben, und die Boote verlegten weiter nach Westen, um den fortgesetzten Angriffen der Flugzeuge zu entgehen. Die Operation endete am 18. Nur Nachzügler wurden versenkt, aber sechs Boote gingen verloren.

Die restlichen »Schlieffen«-Boote trafen neue Boote zur Bildung der »Siegfried«-Gruppe ab dem 24., 500 Seemeilen östlich von Neufundland. U 309 trat die Heimreise einige Tage später an und kehrte am 7.11.43 nach Brest zurück.

4. 19.12.43: Auslaufen Brest in den Westen der Britischen Inseln.

U 309 traf auf eine der kleinen »Rügen«-Gruppen, die westlich von Irland ab 22. operierten. Das Ziel war ständig ihre Position zu wechseln. Das geschah, um den Eindruck von vielen Booten zu vermitteln. Falls Convoys gefunden werden sollten, waren die Gruppen jedoch zu klein für einen Angriff.

Die »Rügen«-Gruppen wurden am 7.1.44 aufgelöst und die Boote, U 309 gehörte dazu, operierten dann einzeln in speziellen Gebieten.

Am 26. bildeten U 309 und andere ex-»Rügen«-Boote eine Linie, »Stürmer« genannt, nordwestlich vom Nordkanal in Erwartung des Convoys ON 221, der von einem deutschen Flugzeug am 27. gesichtet wurde. Technische Schwierigkeiten verhinderten das Flugzeug, die Boote an den Convoy heranzuführen, und eine Suche am 28. führte ins Nichts.

Am Morgen des 29. wurde die Operation nach der Meldung des Flugzeuges über die Invasion in Westfrankreich neu angesetzt. Nach Anweisung wurden alle Boote mit hoher Fahrt nach dem Nordatlantik befohlen. Die »Stürmer«-Gruppe wurde mit hoher Fahrt in die Biskaya geschickt. Kurz danach wurde die Invasionsflotte korrekt als spanische Fischereiflotte erkannt, und die Boote kehrten in ihr Operationsgebiet zurück.

Am 31. wurde die »Stürmer«-Gruppe wieder im Nordwesten vom Nordkanal positioniert. Ab Anfang Februar wurde die alliierte U-Abwehr merklich verstärkt, und die Boote wichen langsam weiter nach Westen aus. Rückkehr nach Bordeaux am 14.2.44.

5. 8.4.44: Auslaufen Bordeaux und Einlaufen La Pallice am 10.4.44.

6. 20.6.44: Auslaufen La Pallice als eines von vier Schnorchel-Booten, die Anti-Panzermunition und MG-Munition nach Cherbourg bringen sollten, das landseitig abgeschnitten war. Die Boote wurden am 23. zurückgerufen, da man feststellte, dass die Hafeneinfahrt nach Cherbourg blockiert war. Rückkehr nach Brest am 25.6.44.

7. 28.6.44: Auslaufen Brest in den Englischen Kanal. Auf dem Marsch nach dort wurde U 309 am 2.7.44 zurückgerufen, um die Lage im Invasionsgebiet abzuwarten, bis diese klarer war. Auf der Rückfahrt griff das Boot einen Zerstörer der 3. Escortgruppe südwestlich von Bolt Head erfolglos an. Rückkehr nach Brest am 6.7.44.

8. 12.7.44: Auslaufen in den Englischen Kanal. U 309 erreichte das Operationsgebiet am 19. und am nächsten Tag griff es erfolglos ein Schiff in einem Convoy südlich der Isle of Wight an. Am 24. beschädigte U 309 die britische SAMNEVA (7.219 t) nordöstlich von Barfleur. Rückkehr nach Brest am 3.8.44.

9. 7.8.44: Auslaufen Brest, Teilnahme an der Evakuierungs-Maßnahme von Ubooten aus dem nördlichen Biskaya-Bereich. U 309 und U 981 erreichten früh am 12. das Gebiet vor La Pallice, als U 981 auf eine Mine lief. Es konnte nun nicht mehr tauchen. Zwei Stunden später wurden die beiden Boote von einer Halifax angegriffen, die Tiefangriffe flog.

In diesem Moment liefen die E-Motoren von U 981 an und die beiden Boote schlichen langsam voraus.

Die Halifax machte einen neuen Angriff und bombte auf U 981. Eine zweite Mine explodierte an seiner Seite, und ein anderes Flugzeug warf weitere Bomben. Etwas mehr als zwanzig Minuten danach begann die Besatzung von U 981 das Boot zu verlassen. U 309 übernahm 40 Überlebende. Rückkehr nach La Pallice am 12.8.44.

10. 29.8.44: Auslaufen La Pallice zur Operation in britischen Küstengewässern.

U 309 fuhr in den Nordkanal, aber war nicht in der Lage, sein Operationsgebiet zu erreichen. Das lag an der alliierten Luftüberwachung und den Aktivitäten der U-Abwehrschiffe.

Die Biskaya-Stützpunkte waren nun geräumt. U 309 fuhr nach Norwegen und lief am 13.10.44 in Stavanger ein.

11. 15.10.44: Auslaufen Stavanger und Einlaufen Flensburg am 21.10.44.

12. 30.1.45: Auslaufen Kiel und Einlaufen Horten am 2.2.45.

13. 8.2.45: Auslaufen Horten in britische Küstengewässer. U 309 lief in den Moray Firth, das erste Uboot,
das dort in fünf Jahren operierte. Am 16. wurde es bei
einem Einsatz gegen den Convoy WN 74 nordnordwestlich von Kinnairds Head geortet. Das Boot wurde mit
Wasserbomben durch die Fregatte HMCS ST. JOHN
(LtCdr W.R. Stacey) versenkt.
Es gab keine Überlebenden, 47 Tote.

U 310 Typ VII C

Bauwerft: Flenderwerft, Lübeck
Kiellegung: 30. Januar 1942
Stapellauf: 31. Dezember 1942
Indienststellung: 24. Februar 1943
Feldpost-Nr.: M 50199
Kapituliert am 5. Mai in Drontheim

Kommandos:
8. U-Flottille Danzig von Februar 1943–Juli 1944
(Schulboot)
7. U-Flottille/FdU Mitte Norwegen von Juli–August
1944 (Frontboot/ohne Einsatz)
13. U-Flottille Drontheim von September1944–5. Mai
1945 (Frontboot)

Kommandanten:
OLtzS Klaus Friedland, Februar–September 1943
OLtzS Wolfgang Ley, September 1943–5. Mai 1945

Feindfahrten: 6
Versenkte Schiffe: 2 (14.395 BRT)

1. 12.6.44: Auslaufen Kiel und Einlaufen Marviken am
14.6.44.
2. 24.8.44: Auslaufen Marviken und Einlaufen Egersund
am 25.8.44.

*Im Juli und August befand sich U 310 in Marviken in
einer Wartegruppe Mitte, in Erwartung einer Invasion
Norwegens und Dänemarks. Ursprünglich aus 22 Booten
bestehend und klar zum Einsatz gegen alliierte Lan-
dungsversuche, wurde sie ihrer Anzahl nach Ende Juli
1944 reduziert.*

3. 13.9.44: Auslaufen Egersund. Es gibt keine Informationen über diesen Einsatz.
Rückkehr nach Narvik am 21.9.44.

4. 25.9.44: Auslaufen Narvik in nördliche Gewässer.
U 310 gehörte zur »Zorn«-Gruppe, die zum Angriff auf
den Convoy RA 60 südwestlich der Bäreninsel bereit
stand. Der Convoy verließ Kola in der Nacht des 27./28.
und wich den Booten aus. Allerdings wurde U 310 am
Nachmittag des 29. von dem Convoy überrollt und versenkte zwei Schiffe, die amerikanische EDWARD H.
CROCKETT (7.176 t) und die britische SAMSUVA (7.219 t).
Sie war aber nicht erfolgreich gegen die Geleitfahrzeuge.
Rückkehr nach Narvik am 3.10.44.
5. 14.10.44: Auslaufen Narvik. Ab 23. gehörte U 310 zur
»Panther«-Gruppe und wartete auf den nach Osten laufenden Convoy JW 61, der am 20. Loch Ewe verlassen
hatte. Der Convoy passierte die Linie am 26., und während der Nacht vom 26./27. wurden erfolglose Angriffe
von einigen »Panther«-Booten gegen die Geleitfahrzeuge gemacht. JW 61 traf am 28. in Kola ein.
Der Convoy DB 10 mit sowjetischen Geleitfahrzeugen
fuhr vom Weißen Meer nach Kola am 1.11.44. U 310 und
U 295 waren erfolglos bei ihrem Angriff auf den Convoy.
Rückkehr nach Harstad am 11.11.44.
6. 22.11.44: Auslaufen Harstad. Der Convoy JW 62 verließ Loch Ewe am 29. Die »Stock«-Gruppe wartete auf
ihn in der Passage der Bäreninsel und die »Grube«-
Gruppe mit U 310 stand vor der Kolaküste. Die Luftaufklärung lokalisierte den Convoy, aber der erreichte
Kola unbehelligt durch die Linie der »Stock«-Boote. Die
»Grube«-Boote griffen sowjetische Küstenconvoys ab
2.12.44 an. U 310 scheint an diesen Angriffen nicht teil-
genommen zu haben.
Rückkehr nach Harstad am 14.12.44.
7. 25.12.44: Auslaufen Harstad. Am 30. fuhr der nach
Osten laufende Convoy JW 63 von Loch Ewe ab. U 310,
U 293 und U 636 warteten auf ihn nördlich von Kola.
Der Convoy erreichte Kola am 8.1.45, ohne dass eines
der wartenden Boote in der Bäreninsel-Passage oder vor
Kola ihn zu Gesicht bekamen.
U 310 beschädigte möglicherweise ein Patrouillenfahrzeug am 31.12.44 nördlich von Kola.
Rückkehr in die Bogenbucht am 5.1.45.
8. 13.2.45: Auslaufen Bogenbucht. U 310 bezog mit
anderen Booten nördlich der Kolaküste Position. Am 16.
kam eine kombinierte sowjetisch-britische Kampfgruppe
und versuchte die Boote von Kola zu vertreiben.
Dann kam der Convoy RA 64, sowohl die Uboote als
auch Flugzeuge griffen ihn an. U 310 war nicht daran
beteiligt.
Am 23.3.45 verließ der Convoy RA 65 Kola. U 310 und
andere Boote machten den Versuch, vor dem Convoy am
25. eine Linie zu bilden. Die Schiffe passierten die Linie
jedoch nicht, und die Luftwaffe verfehlte den Convoy, so
dass das Unternehmen am 27. aufgegeben wurde.

Rückkehr nach Harstad am 30.3.45.
9. 3.4.45: Auslaufen Harstad und Einlaufen Drontheim am 7.4.45.

U 310 ging nicht mehr auf Feindfahrt. Es kapitulierte am 5.5.45 in Drontheim, fuhr nach England am 29. und wurde später abgewrackt.

U 311 Typ VII C

Bauwerft: Flenderwerft, Lübeck
Kiellegung: 21. März 1942
Stapellauf: 1. Februar 1943
Indienststellung: 23. März 1943
Feldpost-Nr.: M 50908
Versenkt am 22. April 1944 westlich von Irland (52°09'N/18°07'W)

Kommandos:
8. U-Flottille Danzig von März–November 1943 (Schulboot)
1. U-Flottille Brest von November 1943–22. April 1944 (Frontboot)

Kommandant:
KptLt Joachim Zander, März 1943–22. April 1944

Feindfahrten: 2
Versenkte Schiffe: 1 (10.342 BRT)

Von September 1943 nahm U 311 an Versuchen in der Ostsee teil, die Tests mit der Ausrüstung von Anti-Radar-Geräten ausführten.

1. 25.11.43: Auslaufen Kiel in den Atlantik. U 311 war eines der Boote, die getaucht westlich der Britischen Inseln warteten.
Anfang Dezember versammelten sie sich westlich vom Nordkanal als »Coronel«-Gruppe. Zwischen dem 5. und 15. operierten sie zwischen dem 20° und 35° W auf der Suche nach drei Convoys, ONS 24, HX 268 und ON 215. Als Luftaufklärung keinen der Convoys feststellte, wurde die »Coronel«-Gruppe in zwei kleinere Gruppen geteilt, »Coronel 1« und »-3«. U 311 gehörte zur Gruppe 1. Am 18. bildeten die Boote dieser Gruppe zwei neue Gruppen, »Föhr« und »Amrum«, im Nordatlantik. U 311 war in der Gruppe »Amrum«.

Ab 23. wurden die Boote nochmals umgebildet, in »Rügen 1« bis »-6«, westlich von Irland. U 311 gehörte zur Gruppe »Rügen 5«, gemeinsam mit U 92 und U 672. Diese kleinen Gruppen wechselten ständig ihre Positionen, um die Alliierten über das Gebiet, das sie befuhren, zu täuschen.
Als Convoys am 23., 26. und 30. in Sicht kamen, waren die Gruppen zu klein für einen Angriff. Ab 7.1.44 wurden die Gruppen aufgelöst und die Boote operierten einzeln. Rückkehr nach dem neuen Stützpunkt Brest am 26.1.44.
2. 7.3.44: Auslaufen Brest in den Nordatlantik. U 311 war eines der Boote, die zwischen den Britischen Inseln und dem 40° W eingesetzt waren. Am 12. schoss es eine Fortress der 206. Squadron ab, die wahrscheinlich Teil einer Luftsicherung des Convoys ON 227 war.
Am 17. griff U 311 den nach Osten laufenden Convoy CU 17 westsüdwestlich von Irland an und attackierte erfolglos einen Geleitzerstörer. Es hörte nur die Detonation eines Endläufers. Das Boot wurde am 18. geortet, möglicherweise durch den Zerstörer USS DANIEL T. GRIFFIN, aber trotzdem versenkte das Boot einen Tanker aus dem Convoy am Nachmittag des 19., die amerikanische SEAKAY (10.342 t). Danach entkam es. Das Boot setzte seine Patrouille bis zum 22.4.44 fort. Dann wurde es von zwei Fregatten, HMCS SWANSEA (Cdr. C.A. King) und HMCS MATANE, versenkt.
Es gab keine Überlebenden, 51 Tote.

U 312 Typ VII C

Bauwerft: Flenderwerft, Lübeck
Kiellegung: 10. April 1942
Stapellauf: 27. Februar 1943
Indienststellung: 21. April 1943
Feldpost-Nr.: M 13550
Versenkt am 29. Dezember 1945 nordnordwestlich von Malin Head (55°35'N/07°34'W)

Kommandos:
8. U-Flottille Danzig von April–November 1943 (Schulboot)
6. U-Flottille St. Nazaire von Dezember 1943 (Frontboot)
11. U-Flottille Bergen von Januar–August 1944 (Frontboot)
13. U-Flottille Drontheim von September 1944–8. Mai 1945 (Frontboot)

Kommandanten:
KptLt Kurt-Heinz Nicolay, April 1943–Dezember1944
OLtzS Friedrich-Georg Herrle, Dez. 1944–Febr. 1945
OLtzS Jürgen von Gaza, Februar 1945–8. Mai 1945

Feindfahrten: 9
Versenkte Schiffe: keines

Von September bis Januar 1944 war U 312 an Versuchen in der Ostsee beteiligt. Im Dezember 1943 wurde es nominell als Verstärkung der 6. U-Flottille zugeteilt.

1. 13.1.44: Auslaufen Kiel und Einlaufen Bergen am 17.1.44.
2. 23.1.44: Auslaufen Bergen in nördliche Gewässer. Anfang Februar war das Boot bei der »Werwolf«-Gruppe, die auf den Convoy RA 56 wartete. Der Convoy umging die Boote und erreichte Loch Ewe sicher am 11.2.44. Rückkehr nach Narvik am 4.2.44.
3. 7.2.44: Auslaufen Narvik. U 312 traf auf die »Werwolf«-Gruppe. Am 23. sichtete ein deutsches Aufklärungsflugzeug den nach Osten laufenden Convoy JW 57, der am 20. Loch Ewe verlassen hatte. Die »Werwolf«-Boote wurden auf ihn angesetzt. Kontakt wurde am 25. hergestellt, aber die Boote wurden vertrieben.
Am 27. griffen U 312 und andere Boote erfolglos Geleitfahrzeuge des JW 57 in der Barentssee östlich der Bäreninsel an. Der Convoy erreichte Kola am 28.
Rückkehr nach Hammerfest am 29.2.44.
4. 15.3.44: Auslaufen Hammerfest. Am 27. verließ JW 58 Loch Ewe mit einem starken Geleitschutz. Er wurde am 30. durch ein deutsches Flugzeug festgestellt. Drei Uboot-Gruppen, »Thor«, »Blitz« und »Hammer«, und fünf andere Boote wurden auf ihn angesetzt. U 312 gehörte zur Gruppe »Thor«. Die meisten Boote kamen in Kontakt mit den Geleitfahrzeugen ab den ersten Stunden des 2.4.44. Viele Angriffe wurden am 2. und 3. gefahren.
U 312 machte einen erfolglosen Angriff auf einen Zerstörer in den ersten Stunden des 3. in der norwegischen See, südwestlich von Spitzbergen. Der Convoy erreichte ohne Verluste Kola am 5. Zwei Boote gingen während des Einsatzes verloren.
U 312 scheint keinen Anteil an der Operation gegen den Convoy RA 58 gehabt zu haben, der Kola am 7. verließ.
Rückkehr nach Narvik am 12.4.44.
5. 29.4.44: Auslaufen Narvik. Es gibt keine Informationen über diesen Einsatz.
Rückkehr nach dem Stützpunkt am 13.5.44.
6. 14.5.44: Auslaufen Narvik und Einlaufen Drontheim am 17.5.44.
7. 7.9.44: Auslaufen Drontheim. Am 15. hatte der Convoy JW 60 Loch Ewe verlassen. U 312 war bei der

»Grimm«-Gruppe, die auf ihn wartete. Allerdings wurde der Convoy von den Ubooten und Flugzeugen nicht lokalisiert und erreichte Kola am 23. September.
Der Rück-Convoy RA 60 fuhr in der Nacht des 27./28. ab, und wieder konnte er die »Grimm«-Boote umfahren und kam am 5.10.44 in Loch Ewe an.
Rückkehr nach Narvik am 2.10.44.
8. 17.10.44: Auslaufen Narvik. Es sind keine Einzelheiten über diesen Einsatz bekannt.
Rückkehr in den Stützpunkt am 8.11.44.
9. 5.12.44: Auslaufen Narvik und Einlaufen Drontheim am 8.12.44.
10. 14.12.44: Auslaufen Drontheim in britische Küstengewässer.
U 312 fuhr in ein Gebiet vor Scapa Flow, um gegen britische Trägergruppen zu operieren. Am 28. beschädigte es das Ruder bei dem Versuch des Eintritts in den Hoxa Sound nach Scapa Flow, durch Grundberührung.
Es konnte entkommen und kehrte am 4.1.45 nach Drontheim zurück.
11. 12.3.45: Auslaufen Narvik. U 312 traf auf die »Hagen«-Gruppe in der Bäreninsel-Passage und wartete auf den nach Osten bestimmten Convoy JW 65, der den Clyde am 11. verlassen hatte. Als die Luftaufklärung beim Finden des Convoys am 17. versagte, wurden die 13 wartenden Boote nach Kola verlegt, wo sie zwei Linien mit sechs bzw. sieben Booten bildeten.
Am Morgen des 20. fuhr der Convoy durch die erste Linie. Es herrschte ein Schneesturm, doch am Mittag wurde bereits die zweite Linie durchfahren. Angriffe wurden gemacht und ein Schiff und ein Geleitfahrzeug versenkt. Nachdem der Convoy eingelaufen war, versuchten die Boote eine Operation gegen die Escortträger HMS CAMPANIA und TRUMPETER des Geleits für JW 65, die man in der Barentssee vermutete, aber das war falsch.
Der rücklaufende Convoy RA 65 fuhr am 23. ab und U 312 und andere Boote versuchten vor dem Convoy am 25. eine Linie zu bilden. Aber der RA 65 tat nichts, dem zu entsprechen.
Suchende Flugzeuge verfehlten ihn am 27., und die Operation wurde aufgegeben.
U 312 glaubte, einen bewaffneten sowjetischen Trawler in der Barentssee nordnordwestlich von Kola am 31. versenkt zu haben.
Rückkehr nach Harstad am 9.4.45.
12. 16.4.45: Auslaufen Harstad. Der Convoy JW 66 hatte am 16. den Clyde verlassen, war aber am 21. nicht gemeldet worden, weder von den Ubooten, die westlich der Bäreninsel auf ihn warteten, noch von den Aufklärungsflugzeugen. Die Boote der »Faust«-Gruppe fuhren in Richtung Kola und U 312 und andere Boote trafen sich dort.

U 312 nahm an dem Einsatz gegen den sowjetischen Convoy PK 9 nicht teil, der von einigen Booten am 22. angegriffen wurde.

U 312 war eines von 14 Booten, die vor Kola auf den Rücklauf-Convoy RA 66 warteten. Am 29., kurz vor dem Erscheinen des Convoys, versuchten alliierte und sowjetische Kriegsschiffe die wartenden Boote zu vertreiben. Eine britische Fregatte wurde versenkt, zwei Boote gingen verloren, die anderen verließen das Gebiet.

Als der Convoy auslief, kamen die Boote nicht heran. Der Kontakt ging verloren und konnte auch durch die Luftaufklärung nicht wieder hergestellt werden. Die Operation wurde aufgegeben. Das war zugleich der letzte Convoy-Angriff des Krieges.

Rückkehr nach Narvik am 8.5.45.

U 312 kapitulierte in Narvik am 9.5.45 und fuhr am 16. nach Loch Eriboll, eines einer Anzahl von Booten, die von der 9. Escortgruppe begleitet wurden.

Es gehörte zu den 116 Booten, die der Royal Navy für die »Operation Deadlight« zur Verfügung gestellt wurden. Ende Dezember 1945 wurde U 312 durch die Fregatte HMS CUBITT von einem Sammelpunkt bei Loch Ryan durch den Nordkanal geschleppt. U 312 sank am 29. nordnordwestlich von Malin Head.

U 313 Typ VII C

Bauwerft: Flenderwerft, Lübeck
Kiellegung: 11. Mai 1942
Stapellauf: 27. März 1943
Indienststellung: 20. Mai 1943
Feldpost-Nr.: M 44826
Versenkt am 21. Dezember 1945 nördlich von Tory Island (56°40'N/08°24'W)

Kommandos:
8. U-Flottille Danzig von Mai–Dezember 1943 (Schulboot)
11. U-Flottille Bergen von Januar–September 1944 (Frontboot)
13. U-Flottille Drontheim von September 1944–8. Mai 1945 (Frontboot)

Kommandant:
KptLt Friedhelm Schweiger, Mai 1943–8. Mai 1945

Feindfahrten: 11
Versenkte Schiffe: keines

1. 20.1.44: Auslaufen Kiel und Einlaufen Stavanger am 23.1.44.

2. 25.1.44: Auslaufen Stavanger in nördliche Gewässer. Ende Januar war U 313 mit der »Werwolf«-Gruppe in der Bäreninsel-Passage und wartete auf den nach Osten laufenden Convoy JW 56B. Der Convoy wurde von U 956 am 29. südwestlich der Bäreninsel gesichtet und ab dem Morgen des 30. machten die »Werwolf«-Boote, einschließlich U 313, Angriffe auf die Zerstörer. Versenkt wurde HMS HARDY durch HMS VENUS nach schwerer Beschädigung durch U 278. Die Boote verfehlten den Convoy mit seinen Schiffen und der erreichte Kola am 1.2.44.

Rückkehr nach Hammerfest am 2.2.44.

3. 7.2.44: Auslaufen Hammerfest. U 313 gehörte wieder zur »Werwolf«-Gruppe, die auf den Convoy JW 57 wartete. Der kam von Loch Ewe am 20. Aufklärungsflugzeuge fanden den Convoy am 23., den Kontakt stellten die »Werwolf«-Boote am 24. her. Es wurden Angriffe gefahren und am 25. versenkte U 990 den Zerstörer HMS MAHRATTA, der einzige Verlust bei diesem Convoy.

Rückkehr nach Hammerfest am 29.2.44.

4. 15.3.44: Auslaufen Hammerfest. Am 27. verließ der Convoy JW 58 Loch Ewe mit einem sehr starken Geleitschutz. Er wurde am 30. von einem deutschen Aufklärer entdeckt. Drei Uboot-Gruppen, »Thor«, »Blitz« und »Hammer«, sowie fünf andere Boote wurden auf ihn angesetzt. U 313 war bei der »Thor«-Gruppe.

Die meisten Boote hatten Kontakt mit den Geleitfahrzeugen am 2.4.44. Angriffe wurden gefahren am 2. und 3., auch einer durch U 313, aber sie waren alle erfolglos. U 288 und U 360 gingen verloren, der Convoy lief sicher am 5. in Kola ein.

Der Rück-Convoy RA 58 verließ Kola am 7., durch Luftaufklärung wurde er am 9. gesichtet. Die »Donner«- und »Keil«-Gruppe wurde angesetzt, U 313 mit der »Keil«-Gruppe. Das Boot griff am 10. südwestlich der Bäreninsel erfolglos einen Zerstörer an. Die Operation wurde am nächsten Tag abgebrochen, als die Boote zu weit hinter dem Convoy zurückblieben.

Rückkehr nach Narvik am 13.4.44.

5. 25.4.44: Auslaufen Narvik. U 313 war erneut bei der »Keil«-Gruppe und operierte Ende April gegen den nach Westen laufenden Convoy RA 59. Ab dem Abend des 30. wurden eine Reihe erfolgloser Angriffe gegen die Geleitfahrzeuge gemacht, aber nur ein Schiff wurde durch U 711 versenkt. U 313 nahm an diesen Angriffen nicht teil.

Rückkehr nach Narvik am 12.5.44.

6. 30.5.44: Auslaufen Narvik. Es sind keine Details dieses Einsatzes bekannt. Rückkehr nach Narvik am 3.7.44.
7. 6.9.44: Auslaufen Bergen. Es sind keine Einzelheiten über den Einsatz bekannt. Rückkehr nach Narvik am 14.9.44.
8. 20.9.44: Auslaufen Narvik. Einlaufen Skillefjord am 23.9.44.
9. 26.9.44: Auslaufen Skillefjord zu einem Spezialauftrag. Zwischen dem 28.9. und 10.10.44 versuchte U 313 in die Kolabucht zum Angriff auf das sowjetische Schlachtschiff ARCHANGELSK (ex-HMS ROYAL SOVEREIGN) einzudringen. Das Boot kam nicht durch die Netzsperre. Der vorherige Versuch durch U 315 wurde ebenfalls zum Fehlschlag.
Rückkehr nach Narvik am 3.11.44.
10. 23.11.44: Auslaufen Narvik. U 313 traf auf die »Stock«-Gruppe, die auf den nach Osten laufenden Convoy JW 62 westlich der Bäreninsel wartete. Obwohl lokalisiert durch Luftaufklärung, passierte der Convoy unbemerkt die Bäreninsel-Passage, wonach die »Stock«-Boote am 1.12.44 nach der Kolaküste verlegten.
Rückkehr nach der Bogenbucht am 6.12.44.
11. 11.12.44: Auslaufen Bogenbucht und Einlaufen Drontheim am 16.12.44.
12. 23.12.44: Auslaufen Drontheim in britische Küstengewässer. U 313 patrouillierte in einem Gebiet nordöstlich von Schottland zwischen Pentland und dem Moray Firth. Das Boot sollte gegen britische Trägergruppen operieren, bekam aber nur Handelsschiffe und Patrouillenboote zu sehen. Es machte erfolglose Angriffe darauf. Rückkehr nach Narvik am 17.2.45.
13. 16.3.45: Auslaufen Narvik in nördliche Gewässer. U 313 traf auf andere Boote vor Kola, die auf den Convoy JW 65 warteten. Am 17. bildeten sie zwei Linien mit sechs bzw. sieben Booten.
Am Morgen des 20. passierte der Convoy die erste Linie im Schneesturm und mittags die zweite Linie. Angriffe wurden gefahren, auch U 313 schoss einen Fächer mit drei Torpedos, deren Detonationen jedoch auf Endläufer hindeuteten. Ein Schiff und eine Sloop des Geleitschutzes wurden von U 968 versenkt. U 995 beschädigte ein Schiff.
Nachdem der Convoy Kola erreicht hatte, versuchten die Boote eine Operation gegen die Träger HMS CAMPANIA und TRUMPETER des Geleitschutzes vom JW 65, die man in der Barentssee vermutete, aber das erwies sich als falsch.
Der Rück-Convoy RA 65 fuhr am 23. ab und U 313 und andere Boote versuchten eine Linie am 25. vor ihm zu bilden, aber der RA 65 kam nicht wie erwartet. Luftaufklärung verfehlte ihn, und die Operation wurde am 27. abgeblasen.

Rückkehr nach Harstad am 29.3.45.
14. 17.4.45: Auslaufen Harstad. U 313 traf auf die »Faust«-Gruppe, die westlich der Bäreninsel auf den Convoy JW 66 wartete. Als die Luftaufklärung ihn am 21. nicht lokalisierte, liefen die »Faust«-Boote in Richtung Kola. Der JW 66 erreichte Kola ohne Verluste am 25. April.
Ende April war U 313 eines von 14 Booten, die vor Kola auf das Erscheinen des rücklaufenden Convoys RA 66 warteten. Am 29., kurz vor dem Antritt der Rückreise des Convoys, versuchten alliierte und sowjetische Kriegsschiffe die wartenden Boote zu vertreiben. Eine britische Fregatte wurde versenkt, zwei Boote gingen verloren, die übrigen verließen das Gebiet.
Als der Convoy auslief, kamen die Boote nicht heran. Der Kontakt ging verloren und konnte auch durch Luftüberwachung nicht wieder erlangt werden. Die Operation wurde aufgegeben. Das war der letzte Einsatz gegen einen Convoy in diesem Krieg.
U 313 war am 4.5.45 in See, als der Ubootkrieg endete. Es lief in Narvik am 8.5.45 ein.

U 313 kapitulierte am 9.5.45 und fuhr am 16. nach Loch Eriboll, von der 9. Escortgruppe eskortiert.
Es war eines von 116 Booten, die der Royal Navy für die »Operation Deadlight« zur Verfügung gestellt waren.
In der zweiten Hälfte des Dezembers 1945 wurde U 313 von dem Sammelpunkt in Loch Ryan vom Zerstörer HMS BLENCATHRA durch den Nordkanal geschleppt. Am 21. wurde das Boot auf eine Tiefe von 55 Faden nordwestlich von Tory Island versenkt.

U 314 Typ VII C

Bauwerft: Flenderwerft, Lübeck
Kiellegung: 9. Juni 1942
Stapellauf: 17. April 1943
Indienststellung: 10. Juni 1943
Feldpost-Nr.: M 46712
Versenkt am 30. Januar 1944 am Nordkap
(73°45'N/26°15'E)

Kommandos:
8. U-Flottille Danzig von Juni–Dezember 1943
(Schulboot)
11. U-Flottille Bergen von Dezember 1943–30. Januar 1944 (Frontboot)

Kommandant:
KptLt Georg-Wilhelm Basse, Juni 1943–30. Januar 1944

Feindfahrten: 2
Versenkte Schiffe: keines

1. 14.12.43: Auslaufen Kiel und Einlaufen Drontheim am 21.12.43.
2. 22.12.43: Auslaufen Drontheim in nördliche Gewässer. U 314 traf auf die »Eisenhart«-Gruppe. Am 24. wurde U 601 der Gruppe durch Luftaufklärung an den Convoy JW 55B herangeführt und das Boot und U 176 nahmen den Kontakt auf, wurden aber sehr schnell vertrieben. Am 25. wurde das deutsche Schlachtschiff SCHARNHORST mit Zerstörern gegen den Convoy JW 55B angesetzt. Am 26. wurde die SCHARNHORST in einer den ganzen Tag dauernden Schlacht mit britischen Kriegsschiffen so schwer beschädigt, dass sie am Abend sank. Während der Nacht des 26./27. suchte U 314 nach Überlebenden der SCHARNHORST, fand aber keine. Von der 1.800 Mann starken Besatzung wurden nur 36 von den britischen Zerstörern HMS SCORPION und MATCHLESS aufgefischt. U 314 torpedierte in der Bäreninsel-Passage weiter ohne Erfolg. Einlaufen Hammerfest am 14.1.44.
3. 25.1.44: Auslaufen Hammerfest.
U 314 traf auf die »Isegrim«-Gruppe in der Bäreninsel-Passage, wo man auf den nach Osten laufenden Convoy JW 56A wartete, der von Akureyri, Island, am 21. ausgelaufen war. Am Nachmittag des 25. schlossen die »Isegrim«-Boote an ihn heran und begannen mit Angriffen auf die Geleitzerstörer. Während dieser Aktion wurden drei Schiffe versenkt und der Zerstörer OBDURATE wurde beschädigt. Den Convoy JW 56A verlassend, bildeten die »Isegrim«-Boote als »Werwolf«-Gruppe in der Bäreninsel-Passage eine neue Linie zum Einsatz gegen den Convoy JW 56B. Er wurde am Morgen des 29. von U 956 gesichtet, und während der Nacht vom 29./30. wurden Angriffe auf die Geleitfahrzeuge gemacht. Als Resultat wurde der Zerstörer HMS HARDY schwer beschädigt und schließlich durch HMS VENUS versenkt.
Am Abend des 30. wurde U 314 von dem Zerstörer HMS METEOR (LtCdr D.J.P. Jewitt) geortet. Ein anderer Zerstörer, HMS WHITEHALL (LtCdr P.J. Cowell), kam zur Unterstützung heran und lokalisierte das Boot, das von der METEOR verloren worden war. Das Boot war an der Wasseroberfläche auf dem Weg zum Entkommen. Aber als der Zerstörer sich näherte, schoss es ihre Hecktorpedos ab und tauchte. Wasserbombenattacken wurden durchgeführt und nach vier Stunden verließen die Zerstörer das Gebiet mit der Vermutung, dass sie das Boot versenkt hatten.

U 314 war in der Tat versenkt worden. Es war das erste Boot, das in nördlichen Gewässern seit dem 6.4.43 versenkt wurde.
Es gab keine Überlebenden, 49 Tote.

U 315 Typ VII C

Bauwerft: Flenderwerft, Lübeck
Kiellegung: 7. Juli 1942
Stapellauf: 29. Mai 1943
Indienststellung: 10. Juli 1943
Feldpost-Nr.: M 53225
Außerdienststellung am 1. Mai 1945 in Drontheim

Kommandos:
8. U-Flottille Danzig von Juli 1943–Februar 1944 (Schulboot)
11. U-Flottille Bergen von März–September 1944 (Frontboot)
13. U-Flottille Drontheim von September 1944–1. Mai 1945 (Frontboot)

Kommandant:
OLtzS Herbert Zoller, Juli 1943–1. Mai 1945

Feindfahrten: 9
Versenkte Schiffe: 1 (6.998 BRT)
1 Fregatte (1.370 t)

1. 17.2.44: Auslaufen Kiel und Einlaufen Bergen am 20.2.44.
2. 21.2.44: Auslaufen Bergen in nördliche Gewässer. Am 23. wurde der nach Osten laufende Convoy JW 57 durch deutsche Aufklärungsflugzeuge gesichtet und verfolgt. Es wurden die »Werwolf«-Gruppe und eine weitere neue, die »Hartmut«-Gruppe, gebildet, mit den Booten U 315, U 366, U 472 und U 673, die auf ihn angesetzt wurden. Einige »Werwolf«-Boote hatten Kontakt am 25., aber zwei davon wurden versenkt, die anderen vertrieben. Kontakt wurde am 26. und 27. von Flugzeugen gehalten, aber Angriffe der Boote der »Werwolf«- und »Hartmut«-Gruppe waren erfolglos, U 315 war ebenfalls erfolglos. Nachdem JW 57 Kola am 28. erreicht hatte, drehten die Boote ab zur Neubildung. U 315, U 307, U 472 und U 739 bildeten die »Boreas«-Gruppe zur Operation gegen den rücklaufenden Convoy RA 57, der am 2.3.44 abfuhr.

Als der Convoy eine weite Umgehung machte, suchten sowjetische Kriegsschiffe nach Ubooten nördlich von Kola. »Boreas« wurde von sieben anderen Booten unterstützt.

Aufklärungsflugzeuge fanden den RA 57 am 4., Angriffe durch »Boreas«-Boote wurden gemacht, waren aber erfolglos. Ein Schiff wurde am 4. durch U 703 versenkt, das nicht zur »Boreas«-Gruppe gehörte.

Rückkehr nach Narvik am 9.3.44.

3. 23.3.44: Auslaufen Narvik. Am 30. meldete ein deutsches Flugzeug den großen und wichtigen Convoy JW 58. U 315 gehörte zur »Hammer«-Gruppe, die gemeinsam mit der »Thor«- und »Blitz«-Gruppe auf den Convoy wartete. Der Kontakt wurde um Mitternacht des 1.4.44 hergestellt, Angriffe wurden durch die drei Gruppen gemacht, aber der mächtige Geleitschutz mit zwei Escortträgern war zu stark für die angreifenden Boote.

Am 3. griff U 315 erfolglos einen der Zerstörer des Geleitschutzes an, aber es war nur die Detonation eines Endläufers zu vernehmen. Der Convoy lief Kola ohne Verluste am 5. an.

Rückkehr nach Narvik am 10.4.44.

4. 19.4.44: Auslaufen Narvik. Am 24. verließ der nach Westen laufende Convoy RA 59 Kola. Der Convoy wurde am 28. von einem deutschen Flugzeug gemeldet. Die »Donner«- und »Keil«-Gruppen, die auf nach Osten laufende Convoys warteten, wurden angesetzt. U 315 war bei der »Keil«-Gruppe. Einige Boote kamen an den Convoy heran und am Abend des 30. April und 1. und 2. Mai wurden Angriffe gemacht. Ein Schiff wurde durch U 711 versenkt, U 277, U 674 und U 959 gingen verloren. U 315 scheint keinen Anteil am Angriff auf den Convoy gehabt zu haben.

Rückkehr in die Bogenbucht am 14.5.44.

5. 25.5.44: Auslaufen Bogenbucht und Einlaufen Hammerfest am 26.5.44.

6. 30.5.44: Auslaufen Hammerfest. Es sind keine Einzelheiten über diesen Einsatz bekannt.

Einlaufen Bergen am 10.7.44.

7. 28.8.44: Auslaufen Bergen und Einlaufen Narvik am 4.9.44.

8. 8.9.44: Auslaufen Narvik zu einer speziellen Operation.

Zwischen dem 14. und 24. versuchte U 315 Kola anzulaufen und das sowjetische Schlachtschiff ARCHANGELSK (vormals HMS ROYAL SOVEREIGN) anzugreifen.

Das Boot war nicht in der Lage, die Netzsperre vor dem Hafen zu passieren. Ein ähnlicher Versuch durch U 313 später im September scheiterte ebenfalls.

Rückkehr in die Bogenbucht am 26.9.44.

9. 28.9.44: Auslaufen Bogenbucht und Einlaufen Hammerfest am 3.10.44.

10. 12.10.44: Auslaufen Hammerfest. U 315 traf auf die »Panther«-Gruppe, die auf den nach Osten laufenden Convoy JW 61 wartete, der Loch Ewe am 20. verlassen hatte. Der Convoy passierte die Linie am 26. Angriffe wurden auf die Geleitfahrzeuge während der Nacht des 26./27. gemacht. Sie waren alle erfolglos. Der Convoy kam am 28. in Kola an. Am 2.11.44 kam der Rück-Convoy RA 61, aber der starke Geleitschutz verhinderte, dass die wartende »Panther«-Gruppe zum Angriff kam.

Rückkehr nach Harstad am 10.11.44.

11. 19.11.44: Auslaufen Harstad und Einlaufen Narvik am 19.11.44.

12. 21.1.44: Auslaufen Narvik. U 315 traf auf die »Stock«-Gruppe, die auf den nach Osten laufenden Convoy JW 62 westlich der Bäreninsel wartete. Obwohl von der Luftaufklärung am 27. erfasst, passierte der Convoy unbemerkt die Passage der Bäreninsel.

Am 1.12.44 fuhren die Boote in Richtung Kola und machten einige Angriffe auf sowjetische Convoys. U 315 hatte keinen Anteil daran.

Rückkehr nach Harstad am 6.12.44.

13. 9.12.44: Auslaufen Harstad und Einlaufen Drontheim am 12.12.44.

14. 25.12.44: Auslaufen Drontheim in britische Küstengewässer.

Anfang Januar 1945 hatten U 315 einen Zusammenbruch der Dieselmotoren und kehrte am 6.1.45 nach Drontheim zurück.

15. 15.2.45: Auslaufen Drontheim in britische Küstengewässer. U 315 gehörte zu einer Anzahl von Booten, die nach dem englischen Kanal geschickt wurden, wo ein reger Schiffsverkehr war, und nur geringer Geleitschutz herrschte. Von Mitte März operierte U 315 westlich vom Cape Cornwall an. Mit einem Fächer von drei Torpedos versenkte das Boot die britische EMPIRE KINGSLEY (6.996 t). Es gab zwei Detonationen. Am Morgen des 29. beschädigte das Boot die Fregatte HMCS TEME, die eingeschleppt und nie repariert wurde.

Rückkehr nach Drontheim am 24.4.45.

Das Boot wurde am 1.5.45 in Drontheim außer Dienst gestellt. Später im Monat wurde es nach England verbracht und dort abgebrochen, wahrscheinlich im März 1947.

U 316 Typ VII C

Bauwerft: Flenderwerft, Lübeck
Kiellegung: 11. August 1942
Stapellauf: 19. Juni 1943
Indienststellung: 5. August 1943
Feldpost-Nr.: M 53274
Selbst versenkt am 2. Mai 1945 vor Travemünde

Kommandos:
22. U-Flottille Gotenhafen von August 1943 (Schulboot)
23. U-Flottille Danzig von September 1943–Februar 1945 (Schulboot)
31. U-Flottille Wesermünde von Februar 1945–2. Mai 1945 (Schulboot)

Kommandanten:
OLtzS Hermann Stuckmann, August 1943–Mai 1944
OLtzS Gottfried König, Mai 1944–2. Mai 1945

Feindfahrten: keine
Versenkte Schiffe: keines

U 316 kam nicht zum Einsatz, war aber Schulboot bei der 22., 23. und 31. U-Flottille. Es wurde am 2.5.45 vor Travemünde selbst versenkt, damit es nicht in alliierte Hände fiel.

U 317 Typ VII C

Bauwerft: Flenderwerft, Lübeck
Kiellegung: 12. September 1942
Stapellauf: 1. September 1943
Indienststellung: 23. Oktober 1943
Feldpost-Nr.: M 53454
Versenkt am 26. Juni 1944 westlich von Stadlandet (62°03'N/01°45'E)

Kommandos:
4. U-Flottille Stettin von Oktober 1943–Mai 1944 (Schulboot)
9. U-Flottille/FdU Mitte Norwegen von Mai 1944–26. Juni 1944 (Frontboot)

Kommandant:
OLtzS Peter Rahlf, Oktober 1943–26. Juni 1944

Feindfahrten: 1
Versenkte Schiffe: keines

1. 31.5.44: Auslaufen Kiel und Einlaufen Egersund am 2.6.44.
2. 21.6.44: Auslaufen Egersund zur Ablösung eines anderen Bootes der Patrouille des FdU Mitte vor Norwegen. Am 26. wurde das Boot von einer Liberator der 86. Squadron (F/Lt G.W.T. Parker) gesichtet. Es wurde zweimal angegriffen. Beim zweiten Angriff fielen drei Wasserbomben längsseits von U 317 an der Steuerbordseite, was das Boot zur Seite schlug und zum Sinken brachte. Es gab keine Überlebenden, 50 Tote.

Das Abwehrfeuer des Bootes beschädigte das Flugzeug. Der Pilot erreichte seine Basis in Train, im Nordosten von Schottland, war aber wegen schlechter Sicht nicht mehr in der Lage, zu landen. Er wandte sich zur sicheren Landung nach Stornaway. Parker erhielt das DFC.

U 318 Typ VII C

Bauwerft: Flenderwerft, Lübeck
Kiellegung: 14. Oktober 1942
Stapellauf: 25. September 1943
Indienststellung: 13. November 1943
Feldpost-Nr.: M 54549
Versenkt am 21. Dezember 1945 nördlich vom Bloody Foreland (55°47'N/08°24'W)

Kommandos:
4. U-Flottille Stettin von November 1943–Juni 1944 (Schulboot)
FdU Mitte Norwegen von Juni–Juli 1944 (Frontboot/ ohne Einsatz)
11. U-Flottille Bergen von August–November 1944 (Frontboot)
13. U-Flottille Drontheim von November 1944–Februar 1945 (Frontboot)
14. U-Flottille Narvik von März 1945–10. Mai 1945 (Frontboot)

Kommandant:
OLtzS Josef Will, November 1943–10. Mai 1945

Feindfahrten: 5
Versenkte Schiffe: keines

Nach Ende der Ausbildungszeit lief U 318 von Stettin nach Kiel und dann weiter nach Bergen, wo es dem FdU Mitte zugeteilt wurde. Von Mitte Juni bis Ende Juli war das Boot klar in Bergen und dann in Egersund zum Einsatz gegen Invasionsabsichten im Rahmen der Gruppe Mitte. Ursprünglich aus 22 Booten bestehend, und klar zum Angriff auf eine Landung in Norwegen, wurde die Gruppe nach und nach ab Ende Juli 1944 reduziert.

1. 12.6.44: Auslaufen Kiel und Einlaufen Bergen am 17.6.44.
2. 25.6.44: Auslaufen Bergen und Einlaufen Egersund am 26.6.44.
3. 28.7.44: Auslaufen Egersund und Fahrt nach Arendal, wo es für einige Zeit als Boot der Gruppe Mitte blieb. Rückkehr nach Stavanger am 9.11.44.
4. 12.11.44: Auslaufen Stavanger und Einlaufen Drontheim am 16.11.44.
5. 18.11.44: Auslaufen Drontheim in nördliche Gewässer. U 318 traf auf die »Stock«-Gruppe, die auf den nach Osten laufenden Convoy JW 62 westlich der Bäreninsel wartete. Obwohl von der Luftaufklärung erfasst, passierte der Convoy ungesehen die Passage der Bäreninsel. Am 1.12.44 fuhren die Boote in Richtung Kola und einige von ihnen machten Angriffe auf sowjetische Küstenconvoys. U 318 nahm daran nicht teil, aber zwischen dem 5. und 7. war es an Angriffen auf sowjetische Anti-Uboot-Kräfte beteiligt.
Am 6. griff U 318 ein Patrouillenfahrzeug in der Barentssee an, aber es war lediglich eine Enddetonation zu hören. Es ist nicht klar, ob U 318 an der Operation gegen den Rück-Convoy RA 62 teilnahm, der Kola am 9. verließ.
Rückkehr nach der Bogenbucht am 19.12.44.
6. 21.12.44: Auslaufen Bogenbucht und Einlaufen Drontheim am 24.12.44.
7. 24.1.45: Auslaufen Drontheim und Einlaufen Narvik am 28.1.45.
8. 1.2.45: Auslaufen Narvik und Einlaufen Harstad am 2.2.45.
9. 3.2.45: Auslaufen Harstad. U 318 fuhr mit U 293, U 992 und U 995 auf eine Position vor Kola und wartete auf den nach Osten laufenden Convoy JW 64. Auf dem Kurs hatte der Convoy Luftangriffe abgewehrt, und die Geleitfahrzeuge hatten die Boote der »Rasmus«-Gruppe vertrieben, die in der Passage der Bäreninsel postiert waren. Der Convoy passierte die vier wartenden Boote und lief am 13. in Kola ein. U 318 fuhr mit anderen Booten auf eine Position nördlich der Kola-Küste. Ab 16. versuchten britische und sowjetische Kampfgruppen die Boote von der Einfahrt nach Kola zu vertreiben, um den

Weg für den rücklaufenden Convoy RA 64 freizumachen.
Ab 17. griffen deutsche Flugzeuge und einige Uboote den Convoy an. Zwei Schiffe wurden versenkt, die Sloop HMS Lark wurde beschädigt und lief auf Land. U 318 war nicht dabei.
Rückkehr nach Narvik am 6.3.45.
10. 14.3.45: Auslaufen Narvik. Es sind keine Details über den Einsatz bekannt. Rückkehr nach Harstad am 24.3.45.
11. 1.5.45: Auslaufen Harstad. U 318 scheint eines der Boote gewesen zu sein, das auf den nach Westen laufenden Convoy RA 66 angesetzt war. Nach dem Verlassen von Kola am 29.4.45 ging der Kontakt verloren und konnte auch von Flugzeugen nicht wieder hergestellt werden. So endete die letzte Convoyschlacht des Krieges. Am 4.5.45, dem Ende des Ubootkriegs, stand U 318 noch immer in See.
Einlaufen Narvik am 10.5.45.

U 318 kapitulierte in Narvik und fuhr am 16.5.45 nach Loch Eriboll, als eines der Boote, die von der 9. Escort-Gruppe begleitet wurden.
Es war eines der 116 Boote, die der Royal Navy für die »Operation Deadlight« zur Verfügung gestellt wurden.
In der zweiten Hälfte des Dezembers 1945 wurde U 318 im Schlepp von einem Versammlungspunkt in Loch Ryan durch den Nordkanal vom Schlepper HMS Freedom geschleppt. Nach Kappen der Schleppverbindung wurde es am 21. nördlich von Bloody Foreland mit Artilleriefeuer versenkt.

U 319 Typ VII C-41

Bauwerft: Flenderwerft, Lübeck
Kiellegung: 18. November 1942
Stapellauf: 16. Oktober 1943
Indienststellung: 4. Dezember 1943
Feldpost-Nr.: M 54585
Versenkt am 15. Juli 1945 westsüdwestlich von Lindesness (57°40'N/05°00'E)

Kommandos:
4. U-Flottille Stettin von Dezember 1943–Juni 1944 (Schulboot)
6. U-Flottille St. Nazaire von Juni 1944–15. Juli 1944 (Frontboot)

Kommandant:
OLtzS Johannes Clemens, Dezember 1943–15. Juli 1944

Feindfahrten: 1
Versenkte Schiffe: keines

1. 9.6.44: Auslaufen Kiel und Einlaufen Stavanger am 12.6.44.
2. 5.7.44: Auslaufen Stavanger. U 319 fuhr auf eine Warteposition vor der norwegischen Küste zur Ablösung eines Bootes der Gruppe »Mitte«. Am 15. wurde U 319 von einer Liberator der 206. Squadron (F/O D.W. Thynne) gesehen und mit Wasserbomben westsüdwestlich von Lindesness versenkt.
Es gab keine Überlebenden, 51 Tote.

Das Boot hat wahrscheinlich das Flugzeug abgeschossen. Es kam nicht zum Stützpunkt zurück. Ein totes Besatzungsmitglied wurde von einem Dingi am 16.7.44 übernommen.

U 320 Typ VII C-41

Bauwerft: Flenderwerft, Lübeck
Kiellegung: 1. Dezember 1942
Stapellauf: 6. November 1943
Indienststellung: 30. Dezember 1943
Feldpost-Nr.: M 06051
Versenkt am 8. Mai 1945 nordwestlich von Bergen (61°43'N/01°53'E)

Kommando:
4. U-Flottille Stettin von Dezember 1943–8. Mai 1945 (Schulboot/Frontboot)

Kommandanten:
OLtzS Siegfried Breinlinger, Dezember 1943–Juli 1944
OLtzS Heinz Emmrich, Juli 1944–8. Mai 1945

Feindfahrten: 1
Versenkte Schiffe: keines

U 320 diente als Schulboot bei der 4. U-Flottille bis Mitte April 1945, dann kam es zum Einsatz.

1. 16.4.45: Auslaufen Kiel und Einlaufen Horten am 21.4.45.

2. 27.4.45: Auslaufen Horten in britische Küstengewässer. Bei Ende des Ubootkrieges am 4.5.45 befand sich das Boot in See. Das Boot war auf dem Marsch nach Norwegen, als es am 7. nordwestlich von Bergen von einer Catalina der 210. Squadron (F/Lt K. Murray) gesichtet und angegriffen wurde. Nach schwerer Beschädigung durch Wasserbomben wurde das Boot am nächsten Tag selbst versenkt. Es war das letzte Boot, das im Krieg mit Beteiligung von Alliierten versenkt wurde. Opfer sind unbekannt.

U 321 Typ VII C-41

Bauwerft: Flenderwerft, Lübeck
Kiellegung: 21. Januar 1943
Stapellauf: 27. November 1943
Indienststellung: 20. Januar 1944
Feldpost-Nr.: M 44228
Versenkt am 2. April 1945 südwestlich von Irland (50°00'N/12°57'W)

Kommandos:
4. U-Flottille Stettin von Januar 1944–Februar 1945 (Schulboot)
11. U-Flottille Bergen von März 1945–2. April 1945 (Frontboot)

Kommandanten:
KptLt Ulrich Drews, Januar–August 1944
OLtzS Fritz Berends, August 1944–2. April 1945

Feindfahrten: 1
Versenkte Schiffe: keines

1. 1.3.45: Auslaufen Kiel und Einlaufen Horten am 9.3.45.
2. 15.3.45: Auslaufen Horten zur Operation in britischen Gewässern.
U 321 wurde am 2.4.45 südwestlich von Irland geortet und mit Wasserbomben durch eine Wellington der 304. (polnischen) Squadron (WO R. Marczak) versenkt.
Es gab keine Überlebenden, 41 Tote.

U 322 Typ VII C-41

Bauwerft: Flenderwerft, Lübeck
Kiellegung: 13. Februar 1943
Stapellauf: 18. Dezember 1943
Indienststellung: 5. Februar 1944
Feldpost-Nr.: M 49889
Versenkt am 25. November 1944 nordwestlich der Orkneys (60°18'N/04°52'W)

Kommandos:
4. U-Flottille Stettin von Februar–Oktober 1944 (Schulboot)
11. U-Flottille Bergen von November 1944–25. November 1944

Kommandant:
OLtzS Gerhard Wysk, Februar 1944–25. November 1944

Feindfahrten: 1
Versenkte Schiffe: keines

1. 2.11.44: Auslaufen Kiel und Einlaufen Horten am 6.11.44.
2. 15.11.44: Auslaufen Horten in den Atlantik. U 322 kam am 24. bei einer Attacke einer Sunderland der 330. (norwegischen) Squadron (Lt J. Buer) westlich der Shetlands in Schwierigkeiten. Das Flugzeug meldete die Position des Bootes und am 25. wurde es durch Hedgehog-Angriffe der Fregatte HMS Ascension (LtCdr A. Wilkinson) nordwestlich der Orkneys versenkt.
Es gab keine Überlebenden, 52 Tote.

U 323 Typ VII C-41

Bauwerft: Flenderwerft, Lübeck
Kiellegung: 12. März 1943
Stapellauf: 8. Januar 1944
Indienststellung: 2. März 1944
Feldpost-Nr.: M 49909
Selbst versenkt am 3. Mai 1945 in Nordenham

Kommando:
4. U-Flottille Stettin von März 1944–3. Mai 1945 (Schulboot)

Kommandanten:
OLtzS Max Bokelberg, März–Juli 1944
KptLt Siegfried Pregel, Juli 1944–Februar 1945
OLtzS Hans-Jürgen Dobinsky, Febr. 1945–3. Mai 1945

Feindfahrten: keine
Versenkte Schiffe: keines

U 323 kam nicht zum Einsatz, es verblieb bei der 4. U-Flottille als Schulboot, und wurde in Nordenham bei Wilhelmshaven am 3.5.45 selbst versenkt.

U 324 Typ VII C-41

Bauwerft: Flenderwerft, Lübeck
Kiellegung: 24. März 1943
Stapellauf: 12. Februar 1944
Indienststellung: 5. April 1944
Feldpost-Nr.: M 00111
Kapitulation im Mai 1945 in Bergen

Kommandos:
4. U-Flottille Stettin von April 1944–März 1945 (Schulboot)
11. U-Flottille Bergen von März–Mai 1945 (Frontboot/ohne Einsatz)

Kommandant:
OLtzS Ernst Edelhoff, April 1944–Mai 1945

Feindfahrten: keine
Versenkte Schiffe: keines

1. 6.3.45: Auslaufen Kiel und Einlaufen Horten am 16.3.45.
2. 22.3.45: Auslaufen Horten und Einlaufen Bergen am 30.3.45.

Nach Durchlaufen der Ausbildung bei der 4. U-Flottille kam das Boot Ende März 1945 zur 11. U-Flottille.
Allerdings kam es zu keinem Einsatz vor der Kapitulation in Bergen im Mai 1945. Es wurde im März 1947 abgewrackt.

U 325 Typ VII C-41

Bauwerft: Flenderwerft, Lübeck
Kiellegung: 13. April 1943
Stapellauf: 25. März 1944
Indienststellung: 6. Mai 1944
Feldpost-Nr.: M 14243
Versenkt am 30. April 1945 nördlich von Anglesey
(Position ist unbekannt)

Kommandos:
4. U-Flottille Stettin von Mai–November 1944
(Schulboot)
11. U-Flottille Bergen von Dezember 1944–30. April
1945 (Frontboot)

Kommandant:
OLtzS Erwin Dohm, Mai 1944–30. April 1945

Feindfahrten: 2
Versenkte Schiffe: keines
1 beschädigt

1. 1.12.44: Auslaufen Kiel und Einlaufen Horten am
4.12.44.
2. 9.12.44: Auslaufen Horten in britische Küstengewässer. U 325 operierte ohne Erfolg im englischen
Kanal. Rückkehr nach Drontheim am 14.2.45.
3. 20.3.45: Auslaufen Drontheim in britische Küstengewässer. Wieder Einsatz im englischen Kanal, aber ohne
Erfolg. Am Nachmittag des 23.4.45 griff es den Küstenconvoy TBC 135 an und beschädigte die britische
RIVERTON (7.345 t) westlich von Trevose Head.
U 325 wechselte nach Norden durch den St. Geroge's
Channel in die Irische See. Am 30. wurde es nördlich von
Anglesey gesichtet und dreimal von einer Sunderland der
201. Squadron (F/L K.H. Foster) angegriffen, jedoch
ohne sichtbaren Erfolg. Als Fahrzeuge der 14. Escort-
gruppe eintrafen, setzte das Flugzeug seine Patrouille
fort. Spätere Attacken mit Wasserbomben durch die
Zerstörer HMS HESPERUS (Cdr D. Macintyre) und HMS
HAVELOCK (LtCdr R. Hart) brachten das Boot an die
Wasseroberfläche. U 325 wurde zerstört und der Sunder-
land wurde die Unterstützung des Angriffes zuerkannt.
Es gab keine Überlebenden, 44 Tote.

U 326 Typ VII C-41

Bauwerft: Flenderwerft, Lübeck
Kiellegung: 26. April 1943
Stapellauf: 22. April 1944
Indienststellung: 6. Juni 1944
Feldpost-Nr.: M 14594
Versenkt am 25. April 1945 westlich von Brest

Kommandos:
4. U-Flottille Stettin von Juni 1944–Februar 1945
(Schulboot)
11. U-Flottille Bergen von März 1945–25. April 1945

Kommandant:
KptLt Peter Matthes, Juni 1944–25. April 1945

Feindfahrten: 1
Versenkte Schiffe: keines

1. 23.2.45: Auslaufen Kiel und Einlaufen Horten am
25.2.45.
2. 4.3.45: Auslaufen Horten und Einlaufen Stavanger am
10.3.45.
3. 14.3.45: Auslaufen Stavanger und Einlaufen Bergen
am 22.3.45.
4. 28.3.45: Auslaufen Bergen in britische Küstengewässer. U 326 lief in ein Gebiet südlich von Irland. Am
25.4.45 wurde der Schnorchel des Bootes von einer USN
Liberator des VP 103 (Lt D.D. Nott) westlich von Brest
ausgemacht. Das Flugzeug warf Geräuschtorpedos, die
drei Minuten rannten. Dann verloren sie wahrscheinlich
den Kontakt, drehten in Kreisen und versenkten das
Boot.
Es gab keine Überlebenden, 43 Tote.

U 327 Typ VII C-41

Bauwerft: Flenderwerft, Lübeck
Kiellegung: 15. April 1943
Stapellauf: 27. Mai 1944
Indienststellung: 18. Juli 1944
Feldpost-Nr.: M 36449
Gesunken vermutlich am 12. Februar 1945, Position
unbekannt

Kommandos:
4. U-Flottille Stettin von Juli 1944–Januar 1945 (Schulboot)
11. U-Flottille Bergen von Januar 1945–12. Februar 1945 (Frontboot)

Kommandant:
KptLt Hans Lemcke, Juli 1944–12. Februar 1945

Feindfahrten: 1
Versenkte Schiffe: keines

1. 20.1.45: Auslaufen Kiel und Einlaufen Horten am 24.1.45.
2. 28.1.45: Auslaufen Horten und Einlaufen Kristiansand 29.1.45.
3. 30.1.45: Auslaufen Kristiansand in britische Küstengewässer. U 317 fuhr in ein Gebiet am westlichen Eingang des englischen Kanals. Es ging vermutlich am 12.2.45 verloren. Die Ursache des Unterganges und die Position sind unbekannt.
Es gab keine Überlebenden, 46 Tote.

U 328 Typ VII C-41

Bauwerft: Flenderwerft, Lübeck
Kiellegung: 15. Mai 1943
Stapellauf: 15. Juli 1944
Indienststellung: 19. September 1944
Feldpost-Nr.: M 43571
Versenkt am 30. November 1945 nordwestlich von Bloody Foreland (55°50'N/10°05'W)

Kommandos:
4. U-Flottille Stettin von September 1944–April 1945 (Schulboot)
11. U-Flottille Bergen von Februar–Mai 1945 (Frontboot)

Kommandanten:
OLtzS zur See Peter Lawrence, Sept.–Dez. 1944
OLtzS Hans-Ulrich Scholle, Februar–Mai 1945

Feindfahrten: keine
Versenkte Schiffe: keines

1. 25.4.45: Auslaufen Kiel und Einlaufen Bergen am 30.4.45.

U 328 kam nicht mehr zum Einsatz. Es kapitulierte im Mai 1945 in Bergen und fuhr am 30. zu einem Sammelpunkt in Loch Ryan. Es gehörte zu den 116 Booten, die der Royal Navy für die »Operation Deadlight« zur Verfügung gestellt wurden. Ende November wurde das Boot durch den Zerstörer HMS SOUTHDOWN durch den Nordkanal geschleppt.
Am 30.11.45 wurde U 328 durch Flugzeuge nordwestlich von Bloody Foreland versenkt.

Die U-Boote 329 und 330 wurden am 30.9.43 sistiert.

U 331 Typ VII C

Bauwerft: Nordseewerke, Emden
Kiellegung: 26. Januar 1940
Stapellauf: 20. Dezember 1940
Indienststellung: 31. März 1941
Feldpost-Nr.: M 37182
Versenkt am 17. November 1942 nordwestlich von Algier (37°05'N/02°24'E)

Kommandos:
1. U-Flottille Kiel/Brest von März–September 1941 (Schulboot/Frontboot)
23. U-Flottille Salamis von Oktober 1941–April 1942 (Frontboot)
29. U-Flottille La Spezia von April 1942–17. November 1942 (Frontboot)

Kommandant:
KptLt Hans-Dietrich von Tiesenhausen, März 1941–17. November 1942

Feindfahrten: 10
Versenkte Schiffe: 1 (9.135 BRT) und 1 beschädigt
1 Schlachtschiff (31.000 t)

1. 2.7.41: Auslaufen Kiel in den Nordatlantik. U 331 gehörte zu einer Reihe von Booten, die in loser Formation südöstlich von Grönland operierten. Bis zum 7. wurde kein Schiff und kein Convoy gesichtet. Dann sichtete eine Condor des 1./KG 40 den nach Westen laufenden Convoy OB 346 nordwestlich vom Nordkanal. Eine Linie aus fünf Booten wurden am 19. vom Convoy umgangen, eine neue am 20. aus U 331 mit zwölf anderen Booten gebildet. Aber die waren nicht sehr erfolgreich. Nur zwei Schiffe wurden mit Artillerie beschädigt.

In der Nacht des 1./2. August wurde U 331 durch den deutschen Versorger THALIA in Cadiz mit Brennstoff versorgt. Ab 6. traf es sich mit anderen Booten zwischen Gibraltar und den Azoren und wartete auf den Convoy HG 69. Der verließ Gibraltar am 9. und wurde von U 79 am 10. gesichtet, aber die Geleitsicherung verhinderte jeden Angriff. Die Boote wurden rasch vertrieben. U 331 machte am 12. und in der Nacht vom 12./13. Angriffe, wurde aber jedes Mal vertrieben. Das Unternehmen wurde am 16. abgebrochen, kein Schiff ging verloren. U 331 lief am 19.8.41 in Lorient ein und wurde zeitweise der 2. U-Flottille zugeteilt.

2. 4.9.41: Auslaufen Lorient ins Mittelmeer.
U 331 passierte die Straße von Gibraltar während der Nacht vom 29./30. Es war eines von sechs Booten der »Goeben«-Gruppe und der erste Typ VII-Boote, die ins Mittelmeer kamen. Es waren die Boote U 75, U 79, U 97, U 331 und U 559. Sie alle liefen ostwärts, um zwischen Alexandria und Tobruk zu operieren.
Am 10.10.41 kam es zu einem Schusswechsel mit drei Leichtern vor der Küste des Golfs von Sollum. Einer der Leichter, A 18, wurde beschädigt und ein Besatzungsmitglied von U 331 getötet, ein weiteres verwundet.
Das Boot tauchte, später tauchte es auf, um den Gefallenen in See zu bestatten.
Rückkehr nach Salamis am 11.10.41.

3. 12.11.41: Auslaufen Salamis zu einem Spezialeinsatz. Während der Nacht des 17./18. wurde eine Demobilitätsgruppe aus sieben Soldaten bei Gibeisa, Libyen, an Land gesetzt, die die Eisenbahnlinie von Alexandria sprengen sollte. Die Männer wurden westlich von El Alamein mit einem Dingi ausgesetzt. Zwei Mann, einer der Besatzung und ein Soldat, blieben beim Dingi. Sie wurden von britischen Soldaten entdeckt, die aber von dem deutschen Soldaten während des Kampfes mit einem Messer getötet wurden. Die Zerstörungsmannschaft kehrte zurück, und die acht Mann verbargen sich bis zur Dunkelheit am 18.
U 331 kehrte zurück, um die Landegruppe wieder aufzunehmen, aber auf dem Weg zum Boot drehte das Dingi und die Männer fielen ins Wasser; sie schwammen zum Ufer zurück und wurden sofort gefangen genommen. Der Ubootmann wurde vernommen und erzählte dabei die ganze Geschichte. Die Sprengkörper wurden gefunden und entschärft. Nachdem U 331 die ganze Nacht gewartet hatte, fuhr es wieder nach Hause. Am 25. traf U 331 auf eine große britische Marinestreitmacht, die Alexandria verlassen hatte. U 331 schoss vier Torpedos auf das Schlachtschiff HMS BARHAM, das später explodierte.
Der Abschuss der Torpedos versetzte das Boot in eine unausgeglichene Balance und es durchbrach die Wasseroberfläche, tauchte dann wieder auf eine Tiefe von 250 Meter. Der Kommandant glich die Balance aus, steuerte

dann in eine sichere Tiefe und schlich davon. Von der Besatzung HMS BARHAM wurden 450 Überlebende aufgefischt, 862 waren tot.
Rückkehr nach Salamis am 3.12.41.

Von Tiesenhausen fuhr direkt danach nach Berlin und wurde als Held behandelt, obwohl der Verlust der BARHAM nicht bestätigt wurde. Offiziell wurde ihr Untergang von Tiesenhausen zugeschrieben und er erhielt das Ritterkreuz.

4. 14.1.42: Auslaufen Salamis mit Kurs auf Tobruk. Zu bestimmten Zeiten dieses Einsatzes griff U 331 beim Kampf in dem flachen Wasser ein und saß schließlich im Grund fest. Um nun wieder frei zu kommen, wurden die Zündpistolen der Torpedos entfernt, und die Torpedos zur Gewichtserleichterung verschossen. Schließlich wurde auch Öl abgepumpt und U 331 konnte wieder auftauchen. Am 27. nahm das Boot fünf italienische Flieger auf. Rückkehr nach La Spezia am 28.2.42.

5. 4.4.42: Auslaufen La Spezia zum Minenlegen.
Am 15. legte U 331 Minen vor Beirut. Es fuhr am Abend in den Hafen ein und machte erfolglose Torpedoattacken auf die norwegische LYDER SAGEN (3.994 t), die dort ankerte. Spät am 16. versenkte U 331 möglicherweise zwei kleine Segelschiffe vor der Küste Libanons. Bei einer dieser Aktionen wurde ein Besatzungsangehöriger verletzt. Er verlor einen Finger
Rückkehr nach Salamis am 19.4.42.

6. 9.5.42: Auslaufen Salamis mit Kurs auf Tobruk. U 331 wurde bei einem Wasserbombenangriff durch ein Flugzeug am 20. beschädigt. Nach Auftauchen stellte man fest, dass das Boot nicht mehr tauchfähig war. Es fuhr zur Reparatur nach Messina, das es am 21.5.42 erreichte.

7. 25.5.42: Auslaufen Messina vor die Küste Libyens. Am 4.6.42 machte das Boot einen Angriff auf einen Geleitzerstörer, aber es wurde nur ein Enddetonierer gehört.
Rückkehr nach La Spezia am 15.6.42.

U 331 machte eine Generalüberholung durch und bekam eine neue Bewaffnung.

8. 5.8.42: Auslaufen La Spezia. Am 8. wurde U 331 an der Wasseroberfläche durch eine Hudson der 233. Squadron vor den Balearen erwischt. Drei Bomben wurden geworfen, aber kein Treffer erzielt. Das Boot tauchte, aber kam zurück an die Wasseroberfläche, um den Kampf aufzunehmen. Das Flugzeug verließ das Kampffeld nach dem Schusswechsel. Zwei Männer der Bootsbesatzung wurden verwundet.
Rückkehr nach La Spezia am 10.8.42.

9. 12.8.42: Auslaufen La Spezia zur Operation zwischen Algier und den Balearen. Rückkehr in den Stützpunkt am 19.9.42.

10. 7.11.42: Auslaufen La Spezia zur algerischen Küste. Am Nachmittag des 9. sichtete das Boot den Transporter LEEDSTOWN (amerikanisch, 9.135 t) nahe Algier. Er war zuvor durch die Luftwaffe beschädigt worden. Nach zwei Treffern wurde das Schiff verlassen. Am 10. wurde das Boot durch einen Zerstörer erkannt und mit Wasserbomben über sieben Stunden lang verfolgt. Am 17. war das Boot auf dem Kurs nach Westen und fuhr an der Wasseroberfläche nordwestlich von Algier, als es von einer Hudson der 500. Squadron (S/Ldr I.C. Patterson) erkannt wurde. Als das Flugzeug zwei Stunden danach zurückkam, sah es das Boot wieder an der Wasseroberfläche.

Das Flugzeug setzte zum Tiefangriff aus der Sonne aus 10.000 Fuß Höhe an und warf unentdeckt vier Wasserbomben, die das Boot schüttelten. Das Boot konnte nicht mehr tauchen. Weitere Schäden riefen Wasserbombenangriffe hervor, die von zwei herankommenden Hudsons, ebenfalls von der 500. Squadron (SGt Young und F/Lt Barwood) kamen. Patterson umkreiste U 331 und schoss auf jedes Besatzungsmitglied, das versuchte, an die Maschinenkanone zu kommen.

Zwei Stunden nach der ersten Attacke setzte von Tiesenhausen die weiße Flagge. Patterson umkreiste eine weitere Stunde, bevor er zurückflog zur Kraftstoffübernahme in Maison Blanche, nur 20 Seemeilen entfernt. Während dieser Zeit fischte von Tiesenhausen Männer aus dem Wasser und versorgte Verwundete.

Nach der Rückkehr von Patterson umkreiste er das beschädigte Boot und wartete auf den Zerstörer HMS WILTON.

Allerdings kamen drei Albacores und drei Martlets vom Escortträger HMS FORMIDABLE heran. Sie waren nicht orientiert über die Kapitulation des Bootes. Eine Martlet ignorierte die kreisende Hudson und machte einen Tiefangriff. Viele Männer wurden dabei getötet, die meisten im Turm, und auch von Tiesenhausen wurde verwundet. Dieser Zwischenfall war tragisch und wurde komplettiert durch die Lancierung eines Torpedos durch eine Albacore auf das Boot. Er traf, rief eine Detonation hervor und versenkte es. Von Tiesenhausen und 16 Mann überlebten. 33 Männer fanden den Tod.

Patterson bekam umgehend das DSO, sein Navigator und Schütze das DFC und sein Funker das DFM.
Es kann davon ausgegangen werden, dass die Piloten der Albacores und Martlets wegen ihrer Aktion später vor ein Kriegsgericht gekommen sind.

U 332 Typ VII C

Bauwerft: Nordseewerke, Emden
Kiellegung: 16. Dezember 1939
Stapellauf: 20. März 1941
Indienststellung: 7. Juni 1941
Feldpost-Nr.: M 41468
Versenkt am 29. April 1943 nordwestlich von Cape Ortegal (45°08'N/09°33'W)

Kommando:
3. U-Flottille Kiel/La Pallice von Juni 1941–29. April 1943 (Schulboot/Frontboot)

Kommandanten:
KptLt Johannes Liebe, Juni 1941–Januar 1943
OLtzS Eberhard Hüttemann, Januar 1943–29. April 1943

Feindfahrten: 7
Versenkte Schiffe: 9 (49.849 BRT) (einschließlich 2.982 BRT eines Schiffes, das mit U 603 geteilt wurde)

1. 30.10.41: Auslaufen Kiel in den Atlantik. U 332 lief durch die Dänemarkstraße, wo es eine Eisprüfung durchführte, um Informationen zum geplanten Ausbruch des Schweren Kreuzers ADMIRAL SCHEER zu sammeln.

Ab 13. lief U 332 auf Cape Race zu, bis es Befehl erhielt, die neu gebildete »Störtebecker«-Gruppe im Zentralen Nordatlantik am 17. zu treffen. Die 500 Seemeilen lange Linie lag zwischen Irland und den Azoren, um Convoys von Gibraltar mit Nordkurs abzufangen.

Die Linie erwies sich als erfolglos. Am 19. wurden alle Boote in drei Linien eingeteilt, »Störtebecker«, »Gödecke« und »Benecke«, zum Empfang des Convoys OG 77. U 332 gehörte zur »Benecke«-Gruppe.

Am 22., bevor die Gruppen gebildet wurden, sind alle mit genügend Brennstoff ausgerüsteten Boote in ein Gebiet bei Gibraltar befohlen worden. U 332 erreichte das Gebiet und wurde am 6.12.41 von einer Catalina der 202. Squadron (F/Lt H. Garnell) direkt südwestlich von Portugal angegriffen und beschädigt.

Einlaufen in neuen Stützpunkt La Pallice am 16.12.41.

2. 27.1.42: Auslaufen La Pallice in den Nordatlantik. Am 31. wurde der deutsche Blockadebrecher SPREEWALD aufgrund eines Fehlers nordöstlich der Azoren von U 333 versenkt. U 332 war eines der Boote, die nach Überlebenden suchten. Die Suche wurde bis zum 4.2.42 fortgesetzt, und die meisten der an Bord der SPREEWALD befindlichen Seeleute wurden gerettet. U 332 übernahm einige Überlebende. Rückkehr nach La Pallice am 8.2.42.

3. 17.2.42: Auslaufen in den Atlantik. U 332 fuhr zuerst in das Gebiet von Neufundland, dann nach Süden, um vor der US-Ostküste zu operieren. Am 13.3.42 versenkte das Boot zwei Schiffe, das amerikanische Segelschiff ALBERT F. PAUL (735 t) nordöstlich der Bahamas und die jugoslawische TREPCA (5.042 t) östlich von Cape Henry. Am Abend des 16. beschädigte U 332 den amerikanischen Tanker AUSTRALIA (11.628 t) östlich von Albemarle Sound. Es war immer noch schwimmend, sank ganz langsam, als der USCG-Kutter DIONE erschien. Deren Kapitän vermutete richtig, dass U 332 noch in der Nähe war, und wartet auf die Chance, das Ende der AUSTRALIA zu erleben. Die DIONE machte Kontakt mit dem Boot und warf Wasserbomben, aber das Boot entkam.

Vor Cape Hatteras versenkte U 332 am Nachmittag des 19. die amerikanische LIBERATOR (7.720 t).

Rückkehr nach La Pallice am 10.4.42.

4. 24.5.42: Auslaufen in den westlichen Nordatlantik. U 332 operierte anfangs 300 Seemeilen östlich von New York. Ab Mitte Juni war es im Gebiet von Hatteras, hatte aber keinen Erfolg. Erst am Morgen des 28. versenkte es die amerikanische RAPHAEL SEMMES (6.027 t) südlich der Bermudas.

Nach einer anderen Patrouille vor Hatteras, wieder ohne Erfolg, trat U 332 seine Heimreise an. Am 19.7.42 versenkte es die griechische LEONIDAS M. (4.573 t) ostnordöstlich der Bermudas und nahm dessen beide überlebenden Offiziere als Gefangene mit an Bord.

U 332 wurde Ende Juli westlich der Azoren von U 461 mit Kraftstoff versorgt.

Rückkehr nach La Pallice am 1.8.42.

5. 5.9.42: Auslaufen in die Karibik. Am oder um den 20. wurde U 332 durch U 460 südlich der Azoren mit Kraftstoff versorgt. Am 29. versenkte es die britische REGISTAN (6.008 t) östlich von Barbados.

Ab Anfang Oktober operierte U 332 südöstlich von Trinidad. Am 9. wurde das Boot von einer B18 der 99. Squadron (USAF) angegriffen und beschädigt, und am Nachmittag kam es zu einem Angriff einer anderen B 18, was weitere Schäden hervorrief. Am Abend des 10. wurde U 332 wieder mit Wasserbomben durch eine Hudson der 53. Squadron (W/Cdr Leggate) angegriffen und erhielt einige Schäden.

Am 17. und 18. verfolgte U 332 einen Convoy, der ab Port of Spain, Trinidad, nach Osten lief, aber ohne Erfolg. Am Morgen des 19. versenkte das Boot die britische ROTHLEY (4.996 t) östlich von Windward Island.

U 332 setzte seine Patrouillen in einem südöstlichen Gebiet der Karibik für weitere drei Wochen fort, dann fuhr es nach Osten durch den Zentralen Atlantik. Mitte November wurde das Boot nahe der Kapverdischen Inseln von U 462 mit Kraftstoff versorgt. Es operierte südwestlich der Inseln, hatte aber keinen Erfolg. Am oder um den 21. wurde U 332 für die Heimfahrt versorgt, wahrscheinlich wieder von U 462.

Rückkehr nach La Pallice am 6.12.42.

6. 28.1.43: Auslaufen in den Atlantik. U 332 traf westlich der Biskaya auf die »Harherz«-Gruppe zur Operation gegen Convoys von Großbritannien nach Gibraltar. Nach einer Woche, in der nichts gesehen wurde, löste sich die Gruppe am 8.2.43 auf.

Ab 14. gehörte U 332 zur »Ritter«-Gruppe, die sich westlich von Irland zum Angriff auf den Convoy HX 226 gebildet hatte. Während der Nacht vom 15./16. passierte der Convoy HX 226 ebenfalls die Linie nach einem weiten Ausholen im Norden.

Die Gruppe war nach Westen gelaufen, aber als bekannt wurde, dass die Convoys ON 166 und ONS 167 auf Südkurs von der »Ritter«-Gruppe waren, wurde der Westkurs gestoppt und die Boote fuhren südostwärts und bildeten ab 20. auf dem 30° Meridian eine Nord-Süd-Linie mit der »Neptun«-Gruppe.

ON 166 wurde am Morgen des 20. von U 604 gesichtet, wurde aber vertrieben, bevor die »Ritter«- und »Knappen«-Gruppe herankommen konnte. U 332 kam an den Convoy heran und torpedierte den norwegischen Tanker STIGSTAD (5.965 t) im Zentralen Nordatlantik. Innerhalb weniger Minuten wurde die STIGSTAD von zwei Torpedos durch U 603 getroffen und sank in weiteren 15 Minuten.

Der Convoy wurde über 1.100 Seemeilen verfolgt, und als die Operation am 25. östlich von Neufundland endete, waren 14 Schiffe versenkt und eines beschädigt worden.

Ab 25. wurden die »Ritter«-Boote nördlich der Azoren von U 462 versorgt. U 332 traf die »Burggraf«-Gruppe, die ab 26. im Zentralen Nordatlantik gebildet wurde, nördlich der Azoren. Die Boote begannen eine Drehung nach Westen und um den 4.3.43 waren sie östlich von Neufundland, wo sie die »Wildfang«-Gruppe trafen, die im Norden stationiert war. Beide Gruppen bildeten eine lange Linie ab 4. und warteten auf einen SC-Convoy.

Während der Nacht des 4./5. bewegte sich die Linie nordostwärts, aber der SC 121 passierte im Norden, wurde von U 405 der »Neptun«-Gruppe gesichtet, die nördlich der »Wildfang«-/»Burggraf«-Gruppe wartete.

17 Boote, einschließlich U 332, wurden von den drei Gruppen ab 6. zum Angriff auf SC 121 als »Westmark«-Gruppe detachiert. Eine andere Linie mit elf »Neuland«-Booten wurde ab 8. südöstlich Grönlands und vor dem Convoy gebildet.

Die Operation wurde bei stürmischem Wetter und bei schwerer See durchgeführt. Zwölf Schiffe wurden versenkt, eines beschädigt. Kein Boot ging verloren. Der Einsatz gegen SC 121 wurde am 11. nach Rockall beendet.

Das rücklaufende Boot U 332 wurde spät am 21. angegriffen und mit Wasserbomben durch eine Leigh Light Wellington der 172. Squadron (F/O I.D. Prebbe) in der Biskaya beschädigt.

Rückkehr nach La Pallice am 24.3.43.

7. 26.4.43: Auslaufen in den Atlantik. U 332 traf auf die »Drossel«-Gruppe nordwestlich von Cape Finisterre. Am 29. wurde es nordwestlich von Cape Ortegal geortet und durch Wasserbomben von einer Liberator der 224. Squadron (F/Lt A.R. Laughland) versenkt.

Es gab keine Überlebenden, 45 Tote.

U 333 Typ VII C

Bauwerft: Nordseewerke, Emden
Kiellegung: 11. März 1940
Stapellauf: 14. Juni 1941
Indienststellung: 25. August 1941
Feldpost-Nr.: M 02500
Versenkt am 31. Juli 1944 südwestlich von Bishop Rock (49°39'N/07°28'W)

Kommandos:
5. U-Flottille Kiel von August–Dezember 1941 (Schulboot)
3. U-Flottille La Pallice von Dezember 1941–31. Juli 1944 (Frontboot)

Kommandanten:
KptLt Erich Cremer, August 1941–Oktober 1942 und Juni 1943–Juni 1944
OLtzS Werner Schwaff, November 1942–Mai 1943
KptLt Hans Fiedler, Juni 1944–31. Juli 1944

Feindfahrten: 11
Versenkte Schiffe: 8 (41.051 BRT) und 2 beschädigt

1. 27.12.41: Auslaufen Kiel in den Nordatlantik. U 333 passierte die Enge zwischen den Färöern und den Shetlands am 31. Nach Einbruch der Dunkelheit am 2.1.42 wurde der amerikanische Tanker ALGONQUIN (10.800 t) gesichtet. Er wich den vier Torpedos aus, die von U 333 gefeuert wurden. Nach dem Auftauchen eines Flugzeuges, das auf den Ruf des Schiffes erschien, tauchte das Boot und fuhr davon.

Es setzte seine Fahrt nach Westen bei sehr schlechtem Wetter fort und kam zum Erfolg. Am frühen Nachmittag des 18. sichtete und versenkte es die britische CALEDONIAN MONARCH (5.851 t) von dem aufgelösten Convoy SC 63 mit zwei Torpedoangriffen im Zentralen Nordatlantik, westlich von Rockall. Vier Tage später sichtete U 333 einen Nachzügler des Convoys ON 53 südlich von Cape Race, die griechische A. POLEMIS (3.429 t) und versenkte das Schiff. Cremer passierte, gab an die Überlebenden Medikamente, Biskuits und Zigaretten und wies die Rettungsboote nach Halifax.

Am 24. versenkte das Boot die norwegische RINGSTAD (4.765 t) aus dem Convoy ONS 55 südöstlich von Cape Race und am 31. ein Schiff, das sich als deutscher Blockadebrecher SPREEWALD erwies.

Bei Ausbruch des Krieges befand sich das Schiff vor der pazifischen Küste der USA. Getarnt als niederländisches Schiff, lief es nach Yokohama und nach dem Einlaufen dort ging es weiter nach Darien, Mandschurei. Nach zwei Jahren Liegezeit fuhr die SPREEWALD Ende 1941 mit einer Ladung strategischen Materials, Gummi, Wolfram und Chinin nach Europa. Bei einem Treffen mit dem Versorger KULMERLAND übernahm es 300 britische Zivilisten, Besatzungen von versenkten Schiffen durch den Hilfskreuzer KORMORAN.

Es fuhr als Norweger ELG, und die SPREEWALD eilte auf eine vorgesehen Position zum Treffen mit U 575 zum Geleit in einen Hafen der Biskaya. Am 31.1.42 wartete U 575, aber die SPREEWALD war in einer falschen Position und hatte kein vorgesehenes Funksignal geschickt. Dies war eine komplette Ignoranz ihrer Identität. Cremer versenkte die SPREEWALD nordnordöstlich der Azoren.

An diesem Tag fischte U 105 24 überlebende deutsche Seeleute und 58 britische Gefangene, auf. Die meisten anderen an Bord der SPREEWALD wurden gerettet. Das Resultat der Suche durch neun Boote, zu denen auch U 333 gehörte, die bis zum 4.2.42 währte, war erfolgreich. Dönitz befahl, dass keiner der Überlebenden um die Versenkung der SPREEWALD durch ein Uboot etwas erfahren dürfte. Rückkehr nach La Pallice am 9.2.42.

Cremer kam vor ein Kriegsgericht, angeklagt wegen Ungehorsams beim Einsatz, mangelndem militärischem Gehorsam und Tötung von Menschen. Er wurde freigesprochen, weil die SPREEWALD in der falschen Position angetroffen wurde.

2. 30.3.42: Auslaufen La Pallice an die US-Küste. Am späten Abend des 2.4.42 wurde U 333 an der Wasseroberfläche fahrend von einem Flugzeug mit zwei Wasserbomben angegriffen und tauchte danach mit Schäden. Am 22. wurde es durch U 459 500 Seemeilen nordöstlich von den Bermudas versorgt. Ein Schiff wurde am 30. gesichtet, der britische Tanker BRITISH PRESTIGE (7.106 t). U 333 verfolgte das Schiff bis zur Dunkelheit. Zwei Torpedos gingen vorbei und als Cremer einen dritten vorbereitete, begann das Schiff Zick-Zack zu fahren, kam auf das Boot zu und rammte es. Ziemliche Schäden waren am Bug, am Turm, an der Brücke und an den Ausbauten zu verzeichnen.

Notwendige Reparaturen wurden am Morgen des 1.5.42 durchgeführt und U 333 fuhr auf Florida zu, erreichte es in seinem Angriffsgebiet am 4. Am Morgen des 6. versenkte das Boot vor Port Salerno die niederländische AMAZONE (1.294 t), den amerikanischen Tanker HALSEY (7.088 t) und beschädigte den amerikanischen Tanker JAVA ARROW (8.327 t), der bis auf Grund sank, aber später gerettet wurde.

Später am 6. wurde U 333 mit Wasserbomben von zwei USN-Patrouillenbooten, PC 450 und PC 451, und dem Zerstörer USS VIGILANT angegriffen. Die Angriffe dauerten 15 Stunden, dann verließen die Fahrzeuge das Gebiet, um ihrer Aufgabe als Geleitschutz wieder nachzukommen. Das Boot tauchte auf und fand sich nahe dem Zerstörer USS DALLAS. Der erkannte das Boot und warf Wasserbomben, die aber keine weiteren Schäden verursachten. Bald darauf verließ die DALLAS das Gebiet, um Geleitsicherung vor Charleston zu fahren. Am Morgen des 10. versenkte U 333 die britische CLAN SKENE (5.214 t) östlich von Savannah. Rückkehr nach La Pallice am 26.5.42.

3. 11.8.42: Nach einer langen Reparaturzeit lief U 333 in den Zentralatlantik aus. Es traf auf die »Blücher«-Gruppe, die sich ab 13. südöstlich der Azoren versammelte. Am nächsten Tag, bevor die sieben Boote der Gruppe alle da waren, wurde die Ankunft des nach Norden laufenden Convoys SL 118 gemeldet.

Der Kontakt mit dem Convoy wurde am 17. gemacht und U 566 versenkte ein Schiff am frühen Abend. Während der Aktion am 18. wurde U 333 von einer Liberator gesehen und zum Tauchen gezwungen. Zwei der Geleitfahrzeuge des Convoys SL 118 kamen hinzu und bewarfen das Boot mit Wasserbomben. Das währte zwei Tage und verursachte Schäden an der Welle des Bootes. Während die beiden Geleitfahrzeuge mit dem Boot beschäftigt waren, versenkte U 214 zwei Schiffe und beschädigte am Abend des 18. ein weiteres.

In dem beschädigten Zustand war das Boot nicht mehr in der Lage, den Convoy anzugreifen.

Rückkehr nach La Pallice am 24.8.42.

4. 1.9.42: Auslaufen in den Zentralatlantik. U 333 traf auf die »Iltis«-Gruppe mit U 87, U 107, U 214, U 406 und U 590. Die Boote versammelten sich ab 4. westlich von Lissabon. Fünf Tage später begannen die Boote, sich in

einer Linie in Richtung der Kapverdischen Inseln nach Süden zu bewegen. Zwischen dem 12. und 24. patrouillierten sie südwestlich der Kanarischen Inseln, bekamen aber kein Schiff zu sehen.

Vom 25. an wurden die »Iltis«-Boote vor den Kapverdischen Inseln durch U 460 versorgt, dann kehrten U 214 und U 406 nach Norden zurück, die übrigen vier Boote setzten ihre Suche südlich des Gebietes von Freetown fort.

U 333 erreichte sein Operationsgebiet am 6.10.42.

Am Abend dieses Tages verließ die Korvette HMS CROCUS Freetown, um nach Ubooten zu suchen. In den frühen Stunden des 7. hatte sie Radarkontakt und sichtete U 333 bald von hinten. Die Korvette eröffnete das Feuer, und bevor U 333 sich versah, wurde es zweimal gerammt. Das Boot kam unter fortgesetztes Feuer der Artillerie der Korvette. Es tauchte und kam auf den Grund, die CROCUS setzte mit ihren Wasserbombenattacken fort. Als U 333 in der Dunkelheit auftauchte, konnte es, unbemerkt von der CROCUS, ausweichen.

U 333 hatte drei Tote, einer wurde vermisst, Cremer und zwei Offiziere waren verwundet. Die Verwundung Cremers war schwer und in einer Notoperation durch den Leitenden Ingenieur wurde ein Granatsplitter entfernt. Die Toten wurden auf See beigesetzt.

Am 7. traf U 333 auf U 107. An Bord des Bootes befand sich ein Kapitän zur Belehrung, Kapitänleutnant Kasch, und der stieg um auf U 333, um das Boot zurückzuführen.

Am 10. oder um das Datum wurde U 333 von U 459 mit Kraftstoff versorgt. Ein Arzt stieg über und Cremer wurde gut versorgt. U 333 fuhr nun zurück in den Stützpunkt. Das Boot kam durch das Uboot HMS GRAPH (zuvor U 570) in einen Angriff in der Biskaya am 21., aber alle vier Torpedos gingen vorbei.

Rückkehr nach La Pallice am 23.10.42.

5. 20.12.42: U 333 unter dem Kommando von Oberleutnant zur See Schwaff lief aus in den Nordatlantik. Es traf auf die »Falke«-Gruppe 500 Seemeilen westlich von Irland, wo es auf einen ON-Convoy wartete.

Die Gruppe wurde dann angesetzt gegen die Convoys ONS 158 und ON 159, aber beide wurden umgeleitet und umgingen die Boote.

Zwischen dem 7. und 15. Januar drehte die »Falke«-Gruppe auf der Suche nach Convoys nach Westen.

Am 16. drehte sie nach Norden, aber es kam nichts in Sicht. Drei Tage später wurden die »Falke«- und »Habicht«-Gruppe in zwei neue Linien, »Haudegen«- und »Landsknecht«-Gruppe aus Booten mit wenig Kraftstoff, gebildet. U 333 gehörte dazu. »Landsknecht«, verstärkt durch neu hinzu kommende Boote, wartete westlich von Irland auf Convoys, aber es wurde keiner gefunden.

Rückkehr nach La Pallice am 5.2.43.

6. 2.3.43: Auslaufen in den Nordatlantik. Das Boot wurde am späten Abend des 4. in der Biskaya von einer Leigh Light Wellington der 172. Squadron (F/O G.D. Lundon) angegriffen. Das Flugzeug wurde abgeschossen, es gab keine Überlebenden. Während des Angriffes wurden vier Wasserbomben geworfen, zwei trafen das Boot. Eine explodierte und rief einigen Schaden hervor, die andere explodierte nicht. Lundon hatte zwei Wochen zuvor U 268 versenkt. Am 11. war U 333 eines von mehreren Booten, die auf den nach Westen laufenden Convoy HX 228 angesetzt wurden, der am 10. von U 336 gesichtet worden war. U 333 hatte keinen Erfolg gegen den Convoy, aber andere hatten am 13., bevor das Unternehmen beendet war, vier Schiffe und einen Zerstörer versenkt, zwei beschädigt.

Ab 15. wurden die Boote vom HX 228 umgebildet zur Gruppe »Dränger«, westlich von Irland, um gegen den Convoy HX 229 zu operieren. Am Morgen des 16. sichtete U 653 einen Convoy, von dem man dachte, es sei der SC 122. Die Gruppen »Dränger«, »Stürmer« und »Raubgraf« wurden zum Angriff befohlen, und es war die »Raubgraf«-Gruppe, die später am Morgen den Kontakt herstellte. Während des Tages erschien ein zweiter Convoy auf einem Parallelkurs, der schneller war. Es wurde dann realisiert, dass der Convoy unter dem Angriff nicht SC 122, sondern der HX 229 war. Die volle Streitmacht der drei Gruppen wurde gegen die beiden Convoys eingesetzt. Am Abend des 19. versenkte U 333 die griechische CARRAS (5.234 t) westlich von Irland. Sie war ein Nachzügler des SC 122, der von U 666 am Morgen des Tages beschädigt worden war.

Die Operation gegen den Convoy SC 122/HX 229 war das größte Convoy-Unternehmen des Krieges. 40 Boote nahmen teil und 21 alliierte Schiffe wurden versenkt. Die Operation wurde in den frühen Stunden des 20. aufgegeben, nur ein Boot ging verloren.

Einige der »Dränger«- und »Stürmer«-Boote gingen zur Kraftstoffübernahme durch U 463, während die restlichen Boote am 25. südsüdöstlich von Cape Farewell die »Seewolf«-Gruppe im Zentralen Nordatlantik südlich der »Seeteufel«-Linie bildeten, um gegen den nach Osten laufenden Convoy SC 123 zu operieren. Dieser Convoy wurde am Nachmittag des 26. von U 564 falsch gemeldet, nach Westen laufend. Einige der »Seeteufel«-Boote wurden an ihn herangeführt, bekamen aber keinen Kontakt.

Das gelang nur zwei Booten. Am 26. bewegte sich die »Seewolf«-Linie nach Norden und traf auf die »Seeteufel«-Gruppe zur Bildung einer 800 Seemeilen langen Linie südwärts von Cape Farewell. Am nördlichen Ende der »Seewolf«-Linie sichtete U 305 den nach Osten lau-

fenden Convoy HX 230 am 27. 22 Boote beider Gruppen wurden auf ihn angesetzt.

Angesichts eines heftigen Sturms, der sich am 28. zu einem Hurrikan entwickelte, wurden die Boote von einer starken Luftüberwachung ab 29. eingeschränkt. Nur ein Schiff wurde von U 610 versenkt. Der Kontakt ging am 30. verloren, und die Operation war beendet.

Die meisten der »Seewolf«-Boote hatten dann nur noch wenig Kraftstoff, und ab 31. wurden sie im Zentralen Nordatlantik durch U 463 versorgt. U 333 bekam am 3.4.43 Kraftstoff.

Rückkehr nach La Pallice am 13.4.43.

7. 2.6.43: Mit Cremer, der wieder das Kommando über das Boot übernommen hatte, Auslaufen in den Zentralatlantik.

Ab 24. Mai waren alle Boote aus dem Nordatlantik zurückgerufen worden, und die Boote mit geringem Kraftstoffbestand fuhren in ein Gebiet südwestlich der Azoren, von wo aus sie US-Gibraltar-Convoys angreifen konnten. U 333 marschierte nach dort.

Mitte Juni wurde U 333 durch ein anderes Boot mit Kraftstoff versorgt und fuhr dann nach Süden. Kein Convoy kam in Sicht. Am 29. wurde ein nach Osten laufender Convoy gesichtet. U 333 verfolgte ihn, wurde aber über Wasser fahrend geortet, als die Dunkelheit einfiel. Von einem Scheinwerfer erhellt, wurde das Boot angegriffen, tauchte und entkam.

Am 13.7.43 wurde U 333 an der Wasseroberfläche vor der Küste Westafrikas von einer Hudson, die Squadron ist nicht bekannt, gesehen. Das Flugzeug machte keinen Angriff, aber es umkreiste das Boot und forderte Unterstützung an. Eine weitere Hudson traf ein und machte einen langsamen Anflug, flog durch das Flakfeuer auf U 333 zu und warf vier Wasserbomben, aber die fielen weit ab. Als das Flugzeug quer zum Kurs des Bootes flog, wurde gesehen, dass die Hudson getroffen wurde. Nach weiterer Umkreisung des Bootes und der Absendung von Signalen flog das Flugzeug davon, vertrieben von der 8,8-cm-Kanone des Ubootes.

Der Luftverdichter fiel aus. Es erhielt Hilfe Mitte Juli von U 600 und U 618, was aber nur kurze Entlastung brachte. Am 5.8.43 traf U 333 mit U 571 zusammen und erhielt einen Ersatzkompressor, der die volle Einsatzbereitschaft des Bootes wieder herstellte.

Eine Woche später war U 333 gefährlich leer an Kraftstoff und fuhr zu einem Treffen auf einem Punkt südlich der Azoren. Als der Hilfstanker U 129 am 18. erschien, warteten sieben Boote auf ihn.

Rückkehr nach La Pallice am 31.8.43.

8. 21.10.43: Auslaufen La Pallice.

U 333 war eines von acht Booten, die eine mobile Streitmacht bildeten, die »Schill«-Gruppe. Der Plan war, einen

Nachtangriff auf einen MKS- oder KMS-Convoy vor der Nordwestküste Spaniens zu starten. Zu den »Schill«-Booten gehörten auch drei Flakboote, U 211, U 441 und U 953. Die »Schill«-Linie wurde am 27. 400 Seemeilen westlich von Cape Ortegal in Erwartung des nach Norden laufenden Convoys MKS 28/SL 138 gebildet. Flugzeuge der Luftwaffe sichteten ihn am 27. und 28., aber am 29. wurde er nicht mehr gesehen. Er hatte leicht nach Westen gedreht. Am 30. fanden die Flugzeuge den Convoy wieder, nordwestlich der »Schill«-Linie. Die Boote wurden zum Angriff an der Wasseroberfläche befohlen und am 31. wurde der Kontakt hergestellt. Bei einem morgendlichen Angriff war U 333 erfolglos gegen einen der Escortzerstörer, der Torpedo detonierte nahe am Ziel. Eine starke Luftsicherung zwang zum Abbruch des Einsatzes.

Die »Schill«-Boote wurden zur Bildung einer neuen Linie befohlen und fuhren am 3.11.43 nach Süden, um nach den KMS-Convoy zu suchen. Während der Nacht des 3./4. sichtete U 333 den Convoy im Nebel. Von einem Zerstörer entdeckt, feuerte Cremer einen Torpedo auf ihn. Es gab keine Detonation, der Schuss ging vorbei. Das Tauchen des Bootes erfolgte sofort und ebenso das Wasserbombenwerfen. U 333 kroch weg, hatte nur geringe Schäden. Am 5. begann die Luftwaffe mit der Suche nach dem Convoy MKS 29 und sichtete ihn am 7.

Die »Schill«-Gruppe wurde umgebildet, man erwartete, dass der Convoy die Linie am 8. passieren würde. Wieder verlor die Luftaufklärung am Tage danach, als mechanische Defekte die Flugzeuge zum Abbruch der Suche zwangen. Zum vermuteten Erscheinen des Convoys bewegten sich die »Schill«-Boote nach Südwesten mit hoher Fahrtstufe, aber sie sahen nur Zerstörer und mussten erkennen, dass der Convoy die Linie passiert hatte.

Er wurde am Morgen des 9. von Flugzeugen wieder gefunden, aber obwohl zwei »Schill«-Boote 24 Stunden suchten, fanden sie nichts. Der Einsatz wurde abgeblasen. Am 15. sichteten Flugzeuge einen nach Norden laufenden Convoy westlich von Gibraltar, den kombinierten MKS 30/SL 139. Die »Schill«-Gruppe, nun mit sieben Booten und »Schill 1« genannt, wartete in einer Linie westlich von Lissabon, die der Convoy am 18. durchlaufen musste.

Am Morgen des 18. sichtete Cremer den Convoy durch sein Sehrohr. U 333 wurde sehr schnell lokalisiert und die Fregatte HMS Exe lief zum Angriff an. Als Cremer sich vorbereitete, um die Schiffe des Convoys anzugreifen, wurde er plötzlich von Auswirkungen explodierender Wasserbomben konfrontiert.

Kurz danach wurde das Boot nach oben getrieben, streifte den Boden der Exe und verbog das Sehrohr.

Das Boot tauchte wieder und der Convoy lief über es hinweg. Wasserbomben und Hedgehogattacken setzten sich über neun Stunden fort, und U 333 wurde ernsthaft beschädigt. Irgendwann wurden Reparaturen durchgeführt und Cremer tauchte auf.

Das Boot lief langsam zurück nach La Pallice, wo es am 1.12.43 eintraf.

9. 10.2.44: Auslaufen La Pallice und Rückkehr am 12.2.44.

10. 14.2.44: Auslaufen La Pallice in den Nordatlantik. U 333 traf auf die »Preußen«-Gruppe westlich von Irland und blieb bei ihr für zwei Wochen, dann kam der Befehl während der Nacht des 6./7., dass die Boote unabhängig zwischen den Britischen Inseln und dem 40° W operieren sollten. U 333 fuhr nach Norden und patrouillierte westlich vom Nordkanal. Es war nahe am Eingang des Kanals am Morgen des 21., als es von einem Flugzeug entdeckt wurde, das es sofort an die 2. Escortgruppe meldete. Einige Stunden darauf kamen die Attacken mit Wasserbomben, geworfen in einer Linie der Escortfahrzeuge und quer zum Kurs von U 333.

Das Boot lag still auf dem Boden für mehrere Stunden, bis das Fehlen der Luft es zum Auftauchen zwang. Allerdings war U 333 in den Meeresboden eingegraben und zehn Mann mussten viele Male vom Bug zum Heck laufen, um es frei zu bekommen. Nach einigen Versuchen kam es frei und tauchte auf, frische Luft kam ins Boot. Die 2. Escortgruppe war abgefahren und U 333 lief nach Westen und später nach Süden, und hoffte auf einen Gibraltar-Convoy.

Es gab viele alliierte Anti-Uboot-Aktivitäten, aber keine Convoys wurden gesehen. U 333 setzte Funksprüche ab, dann machte es sich auf den Heimweg.

Rückkehr nach La Pallice am 20.4.44.

11. 6.6.44: U 333 fuhr als eines von 19 nicht mit einem Schnorchel ausgerüsteten Booten der »Landwirt«-Gruppe hinaus. Diese sollten sich auf 200 Meter Tiefe zwischen Brest und Bordeaux auf den Boden legen. Sie sollten außerhalb der Häfen im Falle der Invasion die alliierten Landungsschiffe angreifen. Die Boote verlegten später auf eine Linie von 100 Meter, um schneller auf die Landung reagieren zu können.

Die wartenden Boote waren ständig Flugzeugangriffen ausgesetzt, wenn sie nachts auftauchten. Am 10. wurde U 333 von einer Sunderland der 10. (RAAF) Squadron (F/Lt H.A. McGregor) angegriffen. Das Boot wurde von Wasserbomben und den Maschinenkanonenangriffen nicht getroffen.

In den frühen Stunden des 12. wurde U 333 von einer Sunderland der 228. Squadron (F/Lt M.E. Slaughter) angegriffen. Das Flugzeug wurde von der Flak des Bootes getroffen, ein Motor fing Feuer und das Flugzeug krachte in die See, seine Wasserbomben explodierten, keiner überlebte den Absturz.

Die »Landwirt«-Boote wurden in die Häfen zurückgerufen und blieben dort in Sechsstunden-Bereitschaft liegen. U 333 lief in Lorient am 13.6.44 ein.

12. 23.7.44: Auslaufen Lorient unter seinem neuen Kommandanten Kapitänleutnant Fiedler.

U 333 war eines von zwischenzeitlich mit Schnorchel ausgerüsteten Booten, die im englischen Kanal operierten.

Am Nachmittag des 31. wurde das Boot von der Fregatte HMS LOCH KILLIN westsüdwestlich von Bishop Rock geortet. Sie wurde von der Sloop HMS STARLING begleitet und die Suche nach dem Uboot begann.

LOCH KILLIN machte zwei Attacken und es kam Öl nach oben. STARLING (Cdr D.E.G. Wemyss) warf eine Serie von Wasserbomben.

Nach einer Stille folgte eine gewaltige Unterwasserexplosion mit mehr Öl an der Wasseroberfläche.

Die beiden Schiffe setzten ihre Angriffe fort, bis das Ende des Bootes keinen Zweifel mehr erlaubte. Es war das erste Opfer des Tintenfisches, einer neuen, nach voraus geschossenen Wasserbombe.

Es gab keine Überlebenden, 45 Tote.

U 334 Typ VII C

Bauwerft: Nordseewerke, Emden
Kiellegung: 16. März 1940
Stapellauf: 15. August 1941
Indienststellung: 9. Oktober 1941
Feldpost-Nr.: M 33704
Versenkt am 14. Juni 1943 südwestlich von Reykjavik (58°16'N/28°20'W)

Kommandos:
8. U-Flottille Königsberg von Oktober 1941–März 1942 (Schulboot)
3. U-Flottille La Pallice von März–Juni 1942 (Frontboot)
11. U-Flottille Bergen von Juli 1942–14. Juni 1943 (Frontboot)

Kommandanten:
KptLt Hilmar Siemon, Oktober 1941–April 1943
OLtzS Heinz Ehrlich, April 1943–14. April 1943

Feindfahrten: 4
Versenkte Schiffe: 2 (14.372 BRT)

1. 18.3.42: Auslaufen Kiel in nördliche Gewässer. Es sind keine Einzelheiten dieses Einsatzes bekannt, außer, dass am 13.4.42 ein Mann über Bord gespült wurde. Einlaufen Drontheim am 14.4.42.

Obwohl U 334 nominell zur 3. U-Flottille in La Pallice gehörte, hat es während dieser Zeit nie damit zu tun gehabt.

2. 7.6.42: Auslaufen Drontheim und Rückkehr am 10.6.42.

3. 15.6.42: Auslaufen Drontheim. U 334 traf andere Boote bei Jan Mayen, die auf den nächsten Convoy warteten. Am 1.7.42 wurde das Bot an den nach Osten laufenden Convoy PQ 17 herangeführt, der östlich von Jan Mayen gesichtet worden war. Ein kurzer Kontakt wurde von einigen Booten am 2. und 3. hergestellt, und es wurden einige erfolglose Angriffe gefahren.

Als man vermutete, dass deutsche Überwasserstreitkräfte sich auf den Convoy am Abend des 4. vorbereiteten, wurde der Convoy aufgelöst.

Sehr spät am 4. versenkte U 334 die amerikanische WILLIAM HOOPER (7.177 t) südöstlich von Hopen Island. Das Schiff war früher am Tag durch eine He 111 des II./KG 26 beschädigt worden.

Die Schiffe des PQ 17 verstreuten sich am 5. und das Versenken durch Uboote und Flugzeuge nahm seinen Anfang.

Am Abend versenkte U 334 die britische EARLSTON (7.195 t) in der Barentssee. Das Schiff war zuvor durch Bomben einer Ju 88 vom III./KG 30 beschädigt worden. U 334 nahm den Kapitän der EARLSTON an Bord. Er wurde unter Deck gebracht und das Boot fuhr über Wasser davon, zusammen mit U 456. Kurz darauf wurden sie von einer Ju 88 attackiert, die zwei Bomben auf U 334 warf, die das Rudergeschirr beschädigten und ein Tauchen unmöglich machten. Das Boot wurde durch U 456 zum Neidenfjord geleitet. Einlaufen am 6.7.42.

4. 9.7.42: Auslaufen Neidenfjord und Rückkehr nach Drontheim am 14.7.42.

5. 31.10.42: Auslaufen Drontheim. Es sind keine Details über diese Fahrt bekannt. Einlaufen Narvik am 1.12.42.

6. 2.12.42: Auslaufen Narvik und Einlaufen Drontheim am 4.12.42.

7. 12.12.42: Auslaufen Drontheim und Einlaufen Bergen am 16.12.42.

8. 5.6.43: Auslaufen Bergen in den Nordatlantik.

U 334 sollte den Funkverkehr ausüben, und man hoffte, damit die Alliierten davon zu überzeugen, dass sich viele Boote im Nordatlantik aufhielten.

Am 14. wurde das Boot südwestlich von Reykjavik von

Einheiten der 1. Escortgruppe entdeckt, die den nach Osten laufenden Convoy ONS 10 geleiteten. Es wurde durch Wasserbombenattacken der Sloop HMS PELICAN (Cdr J.G. Gould) und der Fregatte HMS JED (LtCdr R.C. Freaker) versenkt.

Es gab keine Überlebenden, 47 Tote.

U 335 Typ VII C

Bauwerft: Nordseewerke, Emden
Kiellegung: 3. Januar 1941
Stapellauf: 15. Oktober 1941
Indienststellung: 17. Dezember 1941
Feldpost-Nr.: M 47884
Versenkt am 3. August 1942 nordwestlich von den Shetlands (62°48'N/00°12'W)

Kommandos:
8. U-Flottille Königsberg/Danzig von Dezember 1941–Juli 1942 (Schulboot)
6. U-Flottille St. Nazaire von Juli 1942–3. August 1942 (Frontboot)

Kommandant:
KptLt Hans-Hermann Pelkner, Dezember 1941–3. August 1942

Feindfahrten: 1
Versenkte Schiffe: keines

1. 30.7.42: Auslaufen Kiel in den Nordatlantik. Das Boot wurde am 3.8.42 nordwestlich von den Shetlands durch das britische Uboot HMS SARACEN (Lt M.G.R. Lumby) beim Auftauchen entdeckt.
Nachdem das Boot nach einem Torpedoschuss versenkt worden war, schaute die SARACEN nach Überlebenden: drei Mann waren es. Als die SARACEN anlief, hob einer der Männer den Arm und verschwand, der zweite Mann war ein Körper und der dritte, ein Signäler, wurde aufgefischt. Er sagte, dass es sich bei den anderen Männern um den Kommandanten des Bootes und den I WO gehandelt hatte.
41 Männer gingen mit dem Boot unter.

U 336 Typ VII C

Bauwerft: Nordseewerke, Emden
Kiellegung: 28. März 1941
Stapellauf: 1. Dezember 1941
Indienststellung: 14. Februar 1942
Feldpost-Nr.: M 40923
Versenkt am 5. Oktober 1943 südwestlich von Reykjavik (60°40'N/26°30'W)

Kommandos:
5. U-Flottille Kiel von Februar–November 1942 (Schulboot)
1. U-Flottille Brest von Dezember 1942–5. Oktober 1943 (Frontboot)

Kommandant:
KptLt Hans Hunger, Februar 1942–5. Oktober 1943

Feindfahrten: 4
Versenkte Schiffe: 1 (4.919 BRT)

1. 12.11.42: Auslaufen Kiel und Rückkehr am 13.11.42.
2. 28.11.42: Auslaufen Kiel in den Nordatlantik. U 336 erreichte das Gebiet südwestlich von Island bei der abschließenden Etappe der »Draufgänger«-Gruppe gegen den nach Osten laufenden Convoy HX 217.
Ab 13.12.42 erreichte das Boot mit anderen neu hinzu gekommenen Booten und einigen der ex-»Draufgänger«-Gruppe die Bildung einer neuen Gruppe, »Ungestüm« genannt, um gegen Convoys, die den Nordkanal verließen, zu operieren.
Am 13. wurde der HX 218 östlich von Neufundland durch U 373 gesichtet. Die »Ungestüm«-Boote fuhren mit hoher Fahrt nach Westen und am 16. wurde eine Linie südöstlich von Cape Farewell auf dem angenommenen Kurs des Convoys gebildet. HX 218 passierte die Linie unbemerkt.
Nachdem U 373 den Convoy ONS 152 im Südosten der »Ungestüm«-Boote gesichtet hatte, bewegten sich die Boote auf diesen zu. Kurzer Kontakt wurde hergestellt, aber schlechtes Wetter und schlechte Sicht beeinflussten den Angriff. Eine Suche nach Nachzüglern wurde fortgesetzt und als Resultat ein Schiff durch U 591 versenkt. Die Operation endete am 22.
Ab 24. bildeten die weit verstreuten Boote der »Ungestüm«-Gruppe eine neue Linie im Zentralen Nordatlantik. Am 25. fuhr die Linie nordostwärts zum Treffen mit der »Spitz«-Gruppe. Südlich der »Spitz«-Linie wurde der Convoy ONS 154 gesichtet.

Beide Gruppen fuhren nach Süden zum Treffen, und der Kontakt wurde am 27. hergestellt. Angesichts schlechter Sicht wurden vier Schiffe versenkt, eines beschädigt. Der Angriff auf ONS 154 wurde fortgesetzt bis zum 31., dann endete alles nordwestlich der Azoren. Am Morgen des 29. versenkte U 336 den belgischen Tanker PRESIDENT FRANCQUI (4.919 t). Dieses Schiff war zuerst von einem Torpedo von U 225 getroffen worden, mit wenig Effekt. U 336 traf dann mit drei Torpedos, die alle Versager waren. Ein weiterer Torpedo von U 225 stoppte das Schiff und es wurde in stündlichen Intervallen von zwei Treffern mit fehlerhaften Torpedos verfolgt. U 336 versenkte schließlich die PRESIDENT FRANCQUI nach vielen Stunden und der anfänglichen Attacke durch U 225. Während der Operation gegen den ONS 154 wurden 13 Schiffe und ein Spezialschiff der Marine versenkt, ein anderes Schiff wurde beschädigt.

Am oder um den 1.1.43 wurde U 336 durch U 117 nördlich der Azoren mit Kraftstoff versorgt.

Es lief am 8.1.43 in den neuen Stützpunkt Brest ein.

3. 2.3.43: Auslaufen in den Nordatlantik. U 336 traf auf Boote der »Neuland«-Gruppe westlich von Irland.

Das südliche Ende der Linie, mit U 336, begann am 7. nach Westen zu fahren. An diesem Tag wurde U 336 von einer Avenger (Lt A.C. McCasslan) des Escortträgers USS BOGUE entdeckt. Das Boot tauchte bei Sichtung des Flugzeuges. In zwei Attacken mit Wasserbomben hatten diese keine Wirkung. Der Pilot holte einen Zerstörer an die Tauchstelle des Bootes heran, aber es entkam. Dies war das erste Mal, dass ein Trägerflugzeug ein Uboot sichtete.

Die südliche »Neuland«-Gruppe setzte ihre Fahrt nach Westen bis zum 9. fort, dann drehte sie nach Norden auf der Suche nach dem Convoy HX 229. Diese Gruppe nahm an der größten Convoyschlacht des Krieges gegen die nach Osten laufenden Convoys HX 129 und SC 122 vom 16. bis 19. teil, während der 21 Schiffe versenkt und zwei weitere Schiffe beschädigt wurden. Ein Boot ging verloren. U 336 nahm daran nicht teil. Der Convoy wurde am 10. von U 336 gesichtet und machte am Abend einen erfolglosen Angriff auf einen Tanker. Am 13., als die Operation endete, hatten die »Neuland«-Boote vier Schiffe und einen Escortzerstörer versenkt.

Nach dieser Aktion endete das Unternehmen und die »Dränger«-Boote fuhren nach Westen und begannen ab 25. als neue Linie, »Seewolf« genannt, südsüdöstlich von Cape Farewell zu wirken. Die Gruppe fuhr am 26. auf der Suche nach dem nach Osten laufenden Convoy HX 230 nach Norden, aber ein Sturm, der sich später zum Hurrikan entwickelte, zwang am 30. zum Abbruch des Unternehmens. Die »Seewolf«-Boote fuhren dann in ein Versorgungsgebiet im Zentralen Nordatlantik, nörd-

lich der Azoren, zum Treffen mit U 463. U 336 wurde am oder um den 3.4.43 versorgt. Am 4. nahm es Überlebende der JONATHAN STURGES auf, die am 24.2.43 von U 707 im Zentralen Nordatlantik versenkt worden war. Rückkehr nach Brest am 11.4.43.

4. 8.5.43: Auslaufen in den Atlantik.

U 336 traf auf die »Oder«-Gruppe im Zentralen Nordatlantik, die ab 18. eine Linie zum Empfang des Convoys SC 130 bildete. Tatsächlich kam der Convoy nicht zu weit im Süden, und er wurde von den Gruppen »Donau 1« und »-2« nördlich der »Oder«-Linie empfangen. Die Operation war erfolglos wegen der fortgesetzten Luftsicherung ab 19. Sie wurde am 20. aufgegeben.

Ab 19. bildete die »Oder«-Gruppe, verstärkt durch Neuankömmlinge, 400 Seemeilen südlich von Cape Farewell gegen den Convoy HX 239 eine neue Linie. Als der Kurs des Convoys von nördlich auf Nordost am 21. geändert wurde, teilte sich die »Mosel«-Gruppe in zwei Teile. Die im Süden stehenden Boote fuhren nach Südosten, um Nachzügler abzufangen, während die nördlichen Boote der »Donau«-Gruppe den Hauptconvoy angriffen.

Am Abend des 21. passierte der nach Westen laufende Convoy ON 184 die »Mosel«-Linie. Gegen Mittag des 22. meldete U 305 einen Zerstörer, der wahrscheinlich zum Geleitschutz des Convoys HX 239 gehörte. Die »Mosel«-Boote begannen sich nach Süden und Nordosten auszudrehen, aber es wurde nichts gefunden.

Sie wurden konstant von trägergestützten Flugzeugen angegriffen, und nachdem U 752 verloren ging und andere Boote beschädigt worden waren, wurde die Operation abgebrochen. Die Convoy-Operationen wurden von Dönitz am 24. eingestellt und Boote mit Kraftstoffmangel, wozu auch U 336 gehörte, in ein Gebiet südwestlich der Azoren zur Operation gegen US-Gibraltar-Convoys befohlen.

Die »Trutz«-Gruppe wurde am 1.6.43 gebildet, um den Convoy UGS 9 und den Convoy GUS 4A anzugreifen. Aber der Convoy wurde umgeleitet und passierte die Linie im Süden. Zwischen dem 6. und 13. fuhren die »Trutz«-Boote nach Norden und wurden von U 488 westlich der Azoren versorgt.

Es war die letzte erfolgreiche Versorgungsoperation des Krieges.

Ab 16. bildete die Gruppe drei parallel laufende Linien, »Trutz 1«, »-2« und »-3«, 1.000 Seemeilen östlich der Bermudas. U 336 war bei der Gruppe »Trutz 2«. Die Boote warteten auf den Convoy GUS 8, aber als er und auch der Convoy GUS 10 gemeldet wurde, begann die Linie sich am 22. nach Osten zu bewegen, immer auf der Suche nach den Convoys.

Die Suche dauerte bis zum 27., dann standen die Boote 200 Seemeilen südwestlich der Azoren. Sie warteten bis zum 29., aber der Convoy kam nicht, und die Boote fuhren zur Küste Spaniens.

Ab 2.7.43 bildete die »Trutz«-Gruppe drei neue Linien, »Geier 1«, »-2« und »-3« und fuhr weiter ostwärts in einer Suchformation. U 336 gehörte zur Gruppe »Geier 3«. Bei 500 Seemeilen von der Küsten entfernt begannen Luftangriffe, und um den 8. war es so, dass den Kommandanten erlaubt wurde, auf Wunsch heimzufahren. Die ganze Operation von der »Trutz«-Gruppe war ein Fehlschlag, fünf Boote gingen verloren, kein Schiff wurde versenkt. Rückkehr nach Lorient am 17.7.43.

5. 26.8.43: Auslaufen Lorient und Einlaufen Brest am 27.8.43.

6. 14.9.43: Auslaufen in den Nordatlantik. U 336 traf auf die »Rossbach«-Gruppe, die südöstlich von Grönland am 27. zur Operation gegen den nach Westen laufenden Convoy ON 203 gebildet wurde.

Dieser Convoy passierte nördlich von der Linie, und die »Rossbach«-Boote fuhren nach Norden, um ihn anzugreifen. Der gemeldet Convoy ONS 19 passierte ebenfalls im Norden die Linie am 30.

ON 204 wurde auch gemeldet und es war während des Suchens nach diesem Convoy am 5.10.43, dass U 336 von einer Hudson der 269. Squadron (F/Sgt G.C. Allsop) entdeckt wurde. Das Flugzeug griff mit acht Raketen an, die trafen. Die Flak des Bootes war zerstört, Rauch wurde gesehen und U 336 zum Stoppen gebracht.

Das Heck des Bootes hob sich und als das Boot versank, feuerte sein Geschütz erneut. Einige Körper wurden in der See gesehen. Es gab keinen Überlebenden, 50 Tote.

U 337 Typ VII C

Bauwerft: Nordseewerke, Emden
Kiellegung: 1. April 1941
Stapellauf: 25. März 1942
Indienststellung: 6. Mai 1942
Feldpost-Nr.: M 45912
Versenkt am 15. Januar 1943, Position ist unbekannt.

Kommandos:
5. U-Flottille Kiel von Mai–Dezember 1942 (Schulboot)
6. U-Flottille St. Nazaire von Dezember 1942–15. Januar 1943 (Frontboot)

Kommandant:
OLtzS Kurt Ruwiedel, Mai 1942–15. Januar 1943

Feindfahrten: 1
Versenkte Schiffe: keines

1. 24.12.42: Auslaufen Kiel in den Nordatlantik. U 337 traf auf die »Jaguar«-Gruppe nordöstlich von Neufundland. Es ging am 15.1.43 auf einer unbekannten Position verloren, auch die Ursache ist nicht bekannt.
Es gab keinen Überlebenden, 47 Tote.

U 338 Typ VII C

Bauwerft: Nordseewerke, Emden
Kiellegung: 4. April 1941
Stapellauf: 20. April 1942
Indienststellung: 25. Juni 1942
Feldpost-Nr.: M 06256
Versenkt am 20. September 1943 südwestlich von Island (57°40'N/29°48'W)

Kommandos:
8. U-Flottille Danzig von Juni 1942–Februar 1943 (Schulboot)
7. U-Flottille St. Nazaire von Februar 1943–20. September 1943 (Frontboot)

Kommandant:
KptLt Manfred Kinzel, Juni 1942–20. September 1943

Feindfahrten: 3
Versenkte Schiffe: 4 (21.927 BRT) und 1 beschädigt

1. 23.2.43: Auslaufen Kiel in den Nordatlantik. U 338 traf auf die »Neuland«-Gruppe westlich von Irland.
Am 7.3.43 wurde U 338 mit zehn anderen Booten nach dem nördlichen Sektor der Linie geschickt, um im Nordwesten als »Ostmark«-Gruppe gegen den Convoy SC 121, der am 6. südlich von Grönland gesichtet worden war, zu wirken. 17 Boote der »Wildfang«-, »Neptun«- und »Burggraf«-Gruppe operierten gegen den SC 121, genauso wie die »Ostmark«-Boote. Zwölf Schiffe wurden versenkt und eines beschädigt, bevor der Einsatz am 11., südlich von Irland, beendet wurde. U 338 hatte keinen Erfolg.

Die »Ostmark«-Boote von der SC 121-Operation wurden von neu ankommenden und drei »Burggraf«-Booten getroffen und bildeten ab 14. die »Stürmer«-Gruppe im Zentralen Nordatlantik zur Operation gegen den SC 122.

Die Gruppe verlegte nach Westen bis zum 6. und drehte dann nach Südwesten, um den Convoy abzufangen.

Zum Kontakt kam es in der Nacht vom 16./17., und von den »Stürmer«-Booten wurden Angriffe an den drei folgenden Tagen gemacht. In den frühen Stunden des 17. versenkte U 338 die britische KINGSBURY (4.898 t), die britische KING GRUFFYDD (5.072 t) und die niederländische ALDERAMIN (7.886 t). Außerdem beschädigte es die britische CEDAR LAKE (7.134 t), die neun Stunden später von U 665 versenkt wurde. Am Nachmittag des 17. versenkte U 338 die panamesische GRANVILLE (4.071 t). Das Boot wurde dann vertrieben und erhielt Schäden durch Wasserbomben der Korvette HMS LAVENDER und des Zerstörers USS UPSHUR.

Die Operation entwickelte sich zur größten Convoyschlacht des Krieges, nachdem ein zweiter, schnellerer Convoy, HX 229, auf einem Parallelkurs und mit einigen Seemeilen Abstand erschien. Er kam an den SC 122 heran und beide Convoys bildeten ein Ziel für die angreifenden Boote der »Stürmer«-, »Raubgraf«- und »Dränger«-Gruppe. Es waren 40 Boote im Einsatz, und als die Operation am 20. westlich von Irland endete, waren 21 Schiffe versenkt, nur ein Boot ging verloren.

Am 19. kam U 338 unter Wasserbombenangriffe durch eine Fortress der 120. Squadron (F/Lt Knowles) und wurde schwer beschädigt. Es fuhr heim, doch auf der Fahrt am 22. wurde U 338 von einer Halifax der 58. Squadron (F/O L. McCullock) gesehen. Als das Flugzeug zum Angriff ansetzte, wurde es durch die Flak von U 338 abgeschossen. Ein Besatzungsmitglied wurde vom Boot aufgefischt.

Rückkehr im neuen Stützpunkt St. Nazaire am 24.3.43.

2. 15.6.43: Auslaufen in den Nordatlantik. U 338 wurde am 17. von einer Fortress der 206. Squadron (F/O L.G. Clark) angegriffen. Ein Mann der Besatzung wurde getötet, drei weitere verwundet.

Rückkehr nach St. Nazaire am 21.6.43.

3. 25.8.43: Auslaufen in den Nordatlantik.

U 338 und fünf weitere Boote gingen auf eine Warteposition nördlich der Azoren ab 2.9.43.

Zwischen dem 10. und 13. wurden U 338, U 260, U 305, U 386 und U 645 von U 460 mit Kraftstoff versorgt, um dann mit U 731, das nicht versorgt werden musste, nach Norden zu verlegen. Es gab ein Treffen mit 14 Booten zur Bildung der »Leuthen«-Gruppe südsüdwestlich von Island am 21. zum Empfang des nächsten nach Westen laufenden Convoys.

Der ON 202 wurde südsüdwestlich von Island am 20. gesichtet und die Fregatte HMS LAGAN wurde beschädigt. Allerdings vertrieb eine starke Luftüberwachung und der Geleitschutz die beiden verfolgenden Boote, und der Kontakt ging verloren.

Am späten Nachmittag des 20. gab U 339 den Funkspruch ab ›Bleibe zur Abwehr der Flugzeuge oben‹, aber es waren zu wenig Boote, um mit genügend Flak die angreifenden Flugzeuge abzuwehren.

Bald danach wurde U 338 von einer Liberator der 120. Squadron erkannt, das die Korvette HMCS DRUMHELLER des Geleitschutzes für ON 202 herbeirief.

Nach Wasserbombenattacken der Korvette kam U 338 nicht wieder nach oben.

Es gab keine Überlebenden, 52 Tote.

U 339 Typ VII C

Bauwerft: Nordseewerke, Emden
Kiellegung: 7. Juli 1941
Stapellauf: 30. Juni 1942
Indienststellung: 25. August 1942
Feldpost-Nr.: M 50708
Selbst versenkt am 3. Mai 1945 in Wilhelmshaven

Kommandos:
8. U-Flottille Danzig von August 1942–März 1943 (Schulboot)
11. U-Flottille Bergen von März 1943 (Frontboot)
22. U-Flottille Gotenhafen von April 1943–Februar 1945 (Schulboot)

Kommandanten:
OLtzS Georg-Wilhelm Basse, August 1942–Mai 1943
OLtzS Werner Remus, Mai 1943–Februar 1945

Feindfahrten: 1
Versenkte Schiffe: keines

1. 16.3.43: Auslaufen Kiel, Einlaufen Bergen am 20.3.43.
2. 22.3.43: Auslaufen Bergen in den Atlantik.
Am 26. wurde U 339 über Wasser fahrend von einer Catalina der 190. Squadron (P/O J. Fish) ostnordöstlich von Island gesichtet.
Angesichts heftigen Flakfeuers des Bootes warf es vier Wasserbomben beim ersten Anflug und zwei beim nächsten. U 339 wurde schwer beschädigt. Rückkehr nach Drontheim am 28.3.43.
3. 3.4.43: Auslaufen Drontheim und Rückkehr nach Kiel am 9.4.43.

U 339 kam nicht mehr zum Einsatz. Es setzte seine Schulboottätigkeit bei der 22. U-Flottille fort.

Es wurde am 23.2.45 in Gotenhafen außer Dienst gestellt und am 3.5.45 in Wilhelmshaven selbst versenkt, um es vor der Übernahme durch die Alliierten zu bewahren.

U 340 Typ VII C

Bauwerft: Nordseewerke, Emden
Kiellegung: 1. Oktober 1941
Stapellauf: 20. August 1942
Indienststellung: 16. Oktober 1942
Feldpost-Nr.: M 49695
Selbst versenkt westlich von Gibraltar am 2. November 1943 (35°33'N/06°37'W)

Kommandos:
8. U-Flottille Danzig von Oktober 1942–April 1943 (Schulboot)
6. U-Flottille St. Nazaire von April 1943–2. November 1943 (Frontboot)

Kommandanten:
OLtzS Hans-Joachim Klaus, Oktober 1942–2. November 1943

Feindfahrten: 3
Versenkte Schiffe: keines

1. 29.4.43: Auslaufen Kiel in den Nordatlantik. U 340 und andere Boote, U 636, U 657, U 731 und U 760, bildeten die »Iller«-Gruppe zur Verfolgung des Convoys ONS 7, der am 12.5.43 südwestlich von Island von U 640 gesichtet worden war. Der Kontakt wurde von U 640 am 13. verloren, das Boot am folgenden Tag versenkt. Die »Iller«-Boote verfehlten den Convoy und wurden am 15. auf eine neue Position südöstlich von Grönland befohlen. Sie trafen auf die »Inn«-, »Lech«-, »Isar«- und »Nahe«-Gruppe zur Bildung der »Donau 1« und »-2«-Gruppe in Erwartung des Convoys ONS 7, der von Osten kam, und des HX 238 aus dem Westen. U 340 gehörte zur Gruppe »Donau 1«.
Die »Donau«-Gruppen bewegten sich nach Westen und nahmen eine Linie südostwärts von Cape Farewell ab 16. ein. Der ONS 7 passierte die Linie in der Nacht vom 17./18., und der HX 238 passierte das südliche Ende der »Donau«-Linie um die gleiche Zeit. Der Convoy SC 130 nahm den gleichen Kurs und die »Donau«-Gruppen fuhren am 18. nach Süden.
Der Convoy wurde in der Nacht des 18./19. von U 304

gesichtet und die »Donau«-Boote zum Heranschließen befohlen. U 130 hatte fortgesetzt Luftsicherung, und die Flugzeuge machten ihre Angriffe aus niedrigen Wolken heraus, so dass die Verfolgung unmöglich wurde. Das Unternehmen wurde am 20. aufgegeben, drei Boote gingen verloren, U 258, U 381 und U 954.
Rückkehr nach Bordeaux am 31.5.43.
2. 6.7.43: Auslaufen Bordeaux in den Zentralen Atlantik. U 340 patrouillierte zwischen Freetown und den Kanarischen Inseln für drei Wochen, hatte aber keinen Erfolg.
Das rücklaufende Boot fischte fünf Besatzungsmitglieder eines deutschen Flugzeuges aus dem Wasser und hatte später Verwundete nach einem Flugzeugangriff vor der spanischen Küste. Beides geschah am oder um den 24.8.43.
Rückkehr am 2.9.43.
3. 17.10.43: Auslaufen St. Nazaire nach dem Mittelmeer. U 340 war eines von vier Booten, die nach Toulon bestimmt waren. Am 30. wurde es bei Nacht südwestlich von Cape Spartel von einer Leigh Light Wellington der 179. Squadron (F/O Pickering) geortet. Das Boot wurde angeleuchtet und die Flak eröffnete das Feuer auf das Flugzeug. Sechs Wasserbomben wurden geworfen, denen eine Markierung folgte, nachdem der Kontakt verloren ging. U 340 hatte nur leichte Schäden und setzte seine Fahrt in Richtung der Straße von Gibraltar fort.
Nach Beginn der Dunkelheit wurde das Boot am 31. über Wasser fahrend von einer anderen Wellington erkannt. Diese kam ebenfalls von der 179. Squadron (F/O A.H. Ellis). Von Licht umgeben, besetzte das Boot seine Flak, aber ohne Effekt. Sechs Wasserbomben wurden geworfen, U 340 war danach nicht mehr zu sehen, weder von Flugzeugen noch von Überwasserfahrzeugen, die das Gebiet erreichten.
Nach Reparatur war das Boot auf Kurs in den frühen Stunden des 1.11.43. Dann wurde es von dem Zerstörer HMS WICHERINGTON vor dem Leuchtturm von Malabata geortet. Andere Fahrzeuge machten mit bei den Wasserbombenattacken, aber es gab keine Schäden.
Vorwärts fahrend unter Wasser, tauchte das Boot am frühen Abend zur Ladung der Batterien auf. Zwei Stunden darauf wurden die Sloop HMS FLEETWOOD und die Korvetten HMS BLUEBELL und POPPY gesehen. Diese warfen Wasserbomben, aber das Boot tauchte und legte sich auf den Boden. Der Kontakt ging verloren, und nach einiger Zeit fuhren die drei Schiffe in ihr Gebiet in der Straße von Gibraltar.
Nach fünf Stunden tauchte das beschädigte Boot in den ersten Stunden des 2. auf, und es ist möglich, dass der Kommandant die Selbstversenkung befahl. Die Besatzung verließ das Boot, Sprengladungen explodierten, das

Boot versank. Ein Mann war tot, der Kommandant und 47 Männer wurden von drei spanischen Fischereifahrzeugen aufgenommen.

Bald nach Sonnenaufgang erschien die FLEETWOOD (Cdr W.B. Piggot) wieder, um einen Überblick über die Fischereifahrzeuge zu gewinnen. Als das Signal zum Stoppen gegeben wurde, verweigerten sie diesen Befehl und liefen auf die FLEETWOOD zu, nachdem diese mit ihrer 10,2-cm-Kanone drohte.

Was aussah wie zum Trocknen ausgebreitete Netze, zeigte sich als Versteck für die Überlebenden.

Entermannschaften der FLEETWOOD gingen an Bord der Trawler, entdeckten die Besatzung von U 340 und übernahm sie. Sie wurden später in Gibraltar als Kriegsgefangene an Land gebracht.

Den Fischern wurden Zigaretten und Tabak gegeben und die FLEETWOOD erhielt im Tausch dafür Sardinen. Das war möglicherweise ein guter Abschluss des Unternehmens für beide Seiten.

U 341 Typ VII C

Bauwerft: Nordseewerke, Emden
Kiellegung: 28. Oktober 1941
Stapellauf: 10. Oktober 1942
Indienststellung: 28. November 1942
Feldpost-Nr.: M 49708
Versenkt am 19. September 1943 südsüdwestlich von Reykjavik (58°40'N/25°30'W)

Kommandos:
8. U-Flottille Danzig von November 1942–Mai 1943 (Schulboot)
3. U-Flottille La Pallice von Mai 1943–19. September 1943 (Frontboot)

Kommandant:
OLtzS Dietrich Epp, Nov. 1942–19. Sept. 1943

Feindfahrten: 2
Versenkte Schiffe: keines

1. 25.5.43: Auslaufen Kiel in den Nordatlantik. Nach den schweren Uboot-Verlusten im Mai 1943 und dem zeitweiligen Rückzug der Boote aus dem Nordatlantik wurde entschieden, einen Funkkontakt herzustellen, der den Alliierten den Eindruck vermitteln sollte, dass immer noch mehr Boote auf den Convoyrouten warteten, als es

tatsächlich der Fall war. Während des Juni 1943 führten U 341 und andere Boote diese Maßnahme durch. Wenn ein Boot versenkt wurde, wurde es schnell ersetzt, so dass jeweils die Zahl von sechs Booten erhalten blieb. Anfang Juli wurde dieses Schema aufgegeben.

U 341 lief in den neuen Stützpunkt La Pallice am 10.7.43 ein.

2. 31.8.43: Auslaufen in den Nordatlantik. U 341 war eines von 14 Booten, die am 20.9.43 eine Linie bildeten, »Leuthen« genannt, zum Empfang eines Convoys ONS. Sie wurden von sechs anderen Booten ergänzt, die sich nördlich der Azoren versammelten und nach Versorgung nach Norden ausholten zur Einbindung in die Linie.

Geheimhaltung war oberstes Gebot, um nach Möglichkeit das Dasein der Boote den Alliierten zu verbergen.

Es gab den Befehl, unter Wasser zu bleiben. Am 19. lief U 341 unter Mißachtung des Befehls über Wasser südsüdwestlich von Reykjavik, sehr nahe an der Position der »Leuthen«-Linie, und wurde von einer Liberator der 10. (RCAF) Squadron (F/Lt R.F. Fisher) entdeckt. Bei einem ersten Angriff warf Fisher sechs Wasserbomben aus einer Höhe von 50 Fuß. Der Steuerbordflügel des Flugzeuges wurde durch das Flakfeuer des Bootes beschädigt.

Weitere vier Wasserbomben wurden beim zweiten Angriff geworfen und U 341 versank.

Es gab keinen Überlebenden, 50 Tote.

Die Liberator war eine von drei der 10. (RCAF) Squadron, die nach dem Geleit von HMS RENOWN mit dem rückkehrenden Mr. Churchill von der Konferenz in Quebec auf Island landeten. Das Flugzeug war auf dem Rückflug nach Gander, als es U 341 sichtete und versenkte.

Fisher und die Mehrheit seiner Besatzung wurden einen Monat später, am 20.10.43, getötet, als ihr Flugzeug in einer rauhen Landschaft notlanden musste.

Alle 26 Mann an Bord wurden getötet, das Wrack entdeckte man erst im Juni 1946.

U 342 Typ VII C

Bauwerft: Nordseewerke, Emden
Kiellegung: 7. Dezember 1941
Stapellauf: 10. November 1942
Indienststellung: 12. Januar 1943
Feldpost-Nr.: M 50454
Versenkt am 17. April 1944 südwestlich von Reykjavik
(60°23'N/29°20'W)

Kommandos:
8. U-Flottille Danzig von Januar 1943–März 1944
(Schulboot)
7. U-Flottille St. Nazaire von März 1944–17. April 1944
(Frontboot)

Kommandant:
OLtzS Albert Hossenfelder, Januar 1943–17. April 1944

Feindfahrten: 1
Versenkte Schiffe: keines

1. 14.3.44: Auslaufen Kiel und Einlaufen Bergen am 17.3.44.
2. 3.4.44: Auslaufen Bergen in den Nordatlantik. U 342 sollte unabhängig zwischen den Britischen Inseln und 40° W als Wetterboot operieren. Es wurde aufgetaucht am 17. südwestlich von Reykjavik durch eine Canso der 162. Squadron (RCAF) (F/O F.C. Cooke) gesichtet.
Als das Flugzeug aus der Sonne heraus zum Angriff ansetzte, kam es unter Flakfeuer des Bootes, obwohl es sich noch zwei Seemeilen entfernt befand. Der Bordschütze der Canso brachte die Flak zum Schweigen.
Drei Wasserbomben wurden geworfen und das Boot tauchte. Der Versuch, einen Geräuschtorpedo zu lösen, mißlang, weil der Abwurfmechanismus versagte. Der Torpedo wurde nicht gebraucht. U 342 kam nicht wieder hoch, es war vernichtet worden.
Es gab keine Überlebenden, 51 Tote.

F/O Cooke erhielt das DFC für diesen Erfolg.

U 343 Typ VII C

Bauwerft: Nordseewerke, Emden
Kiellegung: 1. April 1942
Stapellauf: 21. Dezember 1942
Indienststellung: 18. Februar 1943
Feldpost-Nr.: M 50232
Versenkt am 10. März 1944 nördlich von Bizerta
(38°07'N/09°41'E)

Kommandos:
8. U-Flottille Danzig von Febr.–Okt. 1943 (Schulboot)
3. U-Flottille La Pallice von Oktober 1943–Januar 1944
(Frontboot)
29. U-Flottille Toulon von Februar 1944–10. März 1944
(Frontboot)

Kommandant:
OLtzS Wolfgang Rahn, Februar 1943–10. März 1944

Feindfahrten: 3
Versenkte Schiffe: keines

1. 14.10.43: Auslaufen Kiel, Einlaufen Drontheim 19.10.43.
2. 22.10.43: Auslaufen Drontheim in den Nordatlantik. Ab 11.11.43 gehörte U 343 zur »Eisenhart«-Gruppe, die aus sieben Gruppen, jede mit drei Booten, in zwei Linien südostwärts von Cape Farewell bis zum 48° N gebildet worden war. Die Linie kreuzte ein Gebiet, das von den meisten Convoys seit August 1943 durchfahren wurde. Meldungen besagten, dass die Convoys nun weiter im Süden passierten, deshalb wurden die »Eisenhart«Boote ab 12. nach Südosten befohlen, um die Convoys SC 146 und HX 265 zu suchen. Bis zum 16. wurde kein Convoy entdeckt, die Mehrzahl der Boote waren westsüdwestlich von Irland. Kraftstoff wurde zum Problem und es wurde entschieden, das Unternehmen der »Eisenhart«-Gruppe zu beenden und die Boote zu einem Treffen mit der Gruppe »Schill 2« zum Angriff auf den Convoy MKS 30/SL 139 westlich von Spanien zu schicken.
Die »Schill 2«-Gruppe wurde am Abend des 19. vor dem Convoy gebildet. Die Boote tauchten wie geplant und waren 20 Seemeilen nördlich des Covoys. Der Überwassergeleitschutz und fortgesetzte Angriffe von Flugzeugen vertrieben die Boote und hielten sie die meiste Zeit unter Wasser. Im Glauben, dass das Tageslicht eine größere Aktivität der Luftsicherung mit sich bringen würde, wurde entschieden, dass die Boote der »Schill 2«-Gruppe bei Dunkelheit tauchen und keine weiteren Angriffe fahren sollten.

Rückkehr in den neuen Stützpunkt La Pallice am 26.11.43.

3. 26.12.43: Auslaufen La Pallice ins Mittelmeer. U 343 passierte die Straße von Gibraltar während der Nacht des 3./4. Januar 1944. Während der Dunkelheit am 8. wurde U 343 von einer Leigh Light Wellington der 179. Squadron (F/O W.F.M. Davidson) über Wasser fahrend gesichtet. Durch heftiges Flakfeuer fliegend, warf das Flugzeug Wasserbomben, wurde aber durch das Flakfeuer beschädigt und krachte brennend in die See. Der Pilot war der einzige Überlebende. Das Flakfeuer sehend, kam eine Catalina der 202. Squadron (F/Lt J. Finch) herbei und sah U 343. Das Flugzeug wurde ebenfalls beim Anflug von der Flak getroffen, aber sechs geworfene Wasserbomben beschädigten das Boot. Die beschädigte Catalina flog nach Gibraltar zurück.
U 343 setzte seine Patrouille für weitere zehn Tage fort und lief am 19.1.44 in den neuen Stützpunkt Toulon ein.

Am 4.2.44 wurde das Boot bei einem Angriff der USAF auf Toulon beschädigt.

4. 4.3.44: Auslaufen Toulon ins westliche Mittelmeer. Am 10. wurde das Boot durch Wasserbomben des Marine-Trawlers HMS Mull (Lt R.R. Simpson) nördlich von Bizerta versenkt.
Es gab keine Überlebenden, 51 Tote.

U 344 Typ VII C

Bauwerft: Nordseewerke, Emden
Kiellegung: 7. Mai 1942
Stapellauf: 29. Januar 1943
Indienststellung: 26. März 1943
Feldpost-Nr.: M 50920
Versenkt am 22. August 1944 nordnordöstlich vom Nordkap (72°49'N/30°41'E)

Kommandos:
8. U-Flottille Danzig von März 1943–März 1944 (Schulboot)
3. U-Flottille La Pallice von April 1944–Mai 1944 (Frontboot)
11. U-Flottille Bergen von Juni 1944–22. August 1944 (Frontboot)

Kommandant:
KptLt Ulrich Pietsch, März 1943–22. August 1944

Feindfahrten: 3
Versenkte Schiffe: keines
1 Sloop (1.350 t)

1. 27.4.44: Auslaufen Kiel und Einlaufen Flekkefjord am 1.5.44.
2. 14.5.44: Auslaufen Flekkefjord und Einlaufen Bergen am 15.5.44.
3. 20.5.44: Auslaufen Bergen. Es sind keine Einzelheiten dieses Einsatzes bekannt.
Einlaufen Narvik am 27.5.44.
4. 31.5.44: Auslaufen Narvik. Es sind keine Einzelheiten dieses Einsatzes bekannt.
Einlaufen Bogenbucht am 8.7.44.
5. 3.8.44: Auslaufen Bogenbucht in nördliche Gewässer. U 344 traf auf die »Trutz«-Gruppe mit U 363, U 394, U 668 und U 997. Am 20. sichtete ein deutsches Flugzeug den nach Osten laufenden Convoy JW 59 östlich von Jan Mayen, der die »Trutz«-Gruppe früh am 21. erreichte.
In den frühen Stunden griff U 344 die Geleitfahrzeuge nordöstlich von Jan Mayen an. Der erste Angriff war erfolglos, aber beim zweiten versenkte es die Sloop HMS Kite (LtCdr A.N.G. Campbell); es gab nur einen Überlebenden.
Die Boote kamen unter den Schirm von Trägerflugzeugen und fielen hinter den Convoy zurück.
Am 22. wurde U 344 von einer Swordfish der 825. (FAA) Squadron (Lt G. Bennett) des Escortträgers HMS Vindex angegriffen. Als das Boot tauchte, beschädigte eine der drei geworfenen Wasserbomben die Minenschächte im Bug. Als diese explodierten, versank das Boot.
Es gab keine Überlebenden, 50 Tote.

U 345 Typ VII C

Bauwerft: Nordseewerke, Emden
Kiellegung: 9. Juli 1942
Stapellauf: 11. März 1943
Indienststellung: 4. Mai 1943
Feldpost-Nr.: M 45333
Versenkt am 27. Dezember 1945 vor Warnemünde

Kommando:
8. U-Flottille Danzig von Mai–Dezember 1943 (Schulboot)

Kommandant:
OLtzS Ulrich Knackfuss, Mai 1943–23. Dezember 1943

Feindfahrten: keine
Versenkte Schiffe: keines

Nach Abschluss seines Ausbildungsprogramms wurde U 345 nach Kiel zur Vorbereitung seines Einsatzes verlegt.
Es wurde bei einem Bombenangriff der USAF auf Kiel am 13.12.43 schwer beschädigt. Außerdienststellung am 23.12.43. U 345 wurde später gehoben und fuhr nach Warnemünde, wo es im Mai 1945 kapitulierte. Am 27.12.45, auf dem Weg nach England, lief das Boot auf eine Mine vor Warnemünde und ging unter.
Opfer sind nicht bekannt.

U 346 Typ VII C

Bauwerft: Nordseewerke, Emden
Kiellegung: 28. August 1942
Stapellauf: 13. April 1943
Indienststellung: 7. August 1943
Feldpost-Nr.: M 51973
Versenkt am 20. September 1943 vor Hela
(54°25'N/19°50'E)

Kommando:
8. U-Flottille Danzig von Juni 1943–20. September 1943 (Schulboot)

Kommandant:
OLtzS Arno Leisten, Juni 1943–20. September 1943

Feindfahrten: keine
Versenkte Schiffe: keines

U 346 ging bei einem Tauchunfall während seiner Ausbildungszeit vor Hela, Danzig, verloren. Vermutlich war es Sabotage. Es gab einige Überlebende, aber der Kommandant und 35 Mann waren tot.

U 347 Typ VII C

Bauwerft: Nordseewerke, Emden
Kiellegung: 19. Oktober 1942
Stapellauf: 24. Mai 1943
Indienststellung: 7. Juli 1943
Feldpost-Nr.: M 53298
Versenkt am 17. Juli 1944 westlich von den Lofoten (68°35'N/06°00'E)

Kommandos:
8. U-Flottille Danzig von Juli 1943–Februar 1944 (Schulboot)
9. U-Flottille Brest von März–Mai 1944 (Frontboot/ohne Einsatz)
11. U-Flottille Bergen von Juni 1944–17. Juli 1944 (Frontboot)

Kommandant:
OLtzS Johann de Buhr, Juli 1943–17. Juli 1944

Feindfahrten: 2
Versenkte Schiffe: keines

1. 27.3.44: Auslaufen Kiel, Einlaufen Stavanger 30.3.44.
2. 9.5.44: Auslaufen Stavanger und Einlaufen Narvik am 13.5.44.

Für die Zeit von Ende März bis Mitte Mai war U 347 für operative Zwecke vorgesehen unter Zuteilung zur Flottille in Brest. Allerdings befand sich das Boot während dieser Zeit in Stavanger und Narvik und führte dort Einsätze durch.

3. 15.5.44: Auslaufen Narvik. Es sind keine Einzelheiten über diese Zeit vorhanden. Rückkehr nach Narvik am 8.6.44.
4. 23.6.44: Auslaufen Narvik und Rückkehr am 23.6.44.
5. 3.7.44: Auslaufen Narvik in nördliche Gewässer.
U 347 befand sich auf der Fahrt zum Treffen mit der »Trutz«-Gruppe östlich von Jan Mayen am 17. Es wurde von einer Catalina der 210. Squadron (F/O J.A. Cruickshank) westlich von den Lofoten entdeckt.
Bei ihrem ersten Angriff versagte der Abwurfmechanismus, und die Wasserbomben hingen fest. Als die Catalina wieder angriff, explodierte eine Granate des Bootes im Flugzeug, die den Navigator tötete, den Piloten und weitere Besatzungsmitglieder verwundete. Cruickshank setzte seinen Flug fort, warf Wasserbomben und versenkte U 347.

Es gab keine Überlebenden, 49 Tote.

Cruickshank, der 22 Wunden hatte, starb nach dem Angriff, und der zweite Pilot, F/Sgt J. Garnett, übernahm das Steuer und flog das Flugzeug in fünf Stunden zurück nach Sollum Voe, Shetlands. Cruickshank wurde mit dem VC und Garnett mit dem DFM ausgezeichnet.

U 348 Typ VII C

Bauwerft: Nordseewerke, Emden
Kiellegung: 17. November 1942
Stapellauf: 25. Juni 1943
Indienststellung: 10. August 1943
Feldpost-Nr.: M 54464
Zerstört am 31. März 1945 in Hamburg

Kommandos:
8. U-Flottille Danzig von August 1943–März 1944 (Schulboot)
9. U-Flottille FdU Mitte, Norwegen, von April–Juli 1944 (Frontboot/ohne Einsatz)
8. U-Flottille Danzig von Juli 1944–Februar 1945 (Frontboot)
5. U-Flottille Kiel von Februar–März 1945 (Schulboot)

Kommandanten:
OLtzS Hans-Norbert Schunck, August 1943–März 1945
OLtzS Sigurd Seeger (zeitweise), Juni–Juli 1944

Feindfahrten: 9
Versenkte Schiffe: keines

1. 1.4.44: Auslaufen Kiel und Einlaufen Kristiansand am 2.4.44.
2. 4.4.44: Auslaufen Kristiansand und Einlaufen Bergen am 6.4.44.
3. 23.4.44: Auslaufen Bergen. Es sind keine Einzelheiten dieses Einsatzes bekannt, aber vermutlich gehörte das Boot zu den Booten der Anti-Invasionsgruppe vor Norwegen, Gruppe »Mitte«.
Rückkehr nach Bergen am 15.5.44.
4. 20.5.44: Auslaufen Bergen. Es sind keine Einzelheiten über diese Fahrt bekannt. Das Boot gehörte vermutlich zur Gruppe »Mitte«.
Rückkehr nach Bergen am 11.6.44.
5. 18.6.44: Auslaufen Bergen und Einlaufen Drontheim am 21.6.44.

6. 26.6.44: Auslaufen Drontheim und Rückkehr nach Kiel am 1.7.44.

U 348 verließ als Verstärkung der 8. U-Flottille Kiel zum Einsatz in der Ostsee.

7. 11.7.44: Auslaufen Kiel und Einlaufen Reval, Estland, am 14.7.44.
8. 17.7.44: Auslaufen Reval. Es sind keine Einzelheiten über diese Fahrt bekannt.
Rückkehr in den Stützpunkt am 21.7.44.
9. 25.7.44: Auslaufen Reval und Einlaufen Riesholm am 27.7.44.
10. 29.7.44: Auslaufen Riesholm. Es sind keine Einzelheiten über diese Fahrt bekannt. U 348 lief in Grand Hotel am 3.8.44 ein.
11. 10.8.44: Auslaufen Grand Hotel. Es sind keine Einzelheiten über diese Fahrt bekannt. Einlaufen Helsinki am 17.8.44.
12. 19.8.44: Auslaufen Helsinki und Einlaufen Mösholm am 19.8.44.
13. 24.8.44: Auslaufen Mösholm. Es sind keine Einzelheiten über diese Fahrt bekannt. Rückkehr in den Stützpunkt am 1.9.44.

Am 2.9.44 brach Finnland die diplomatischen Beziehungen zu Deutschland ab und kapitulierte am 4.
Vom 2. September an wurde den Ubooten die Verwendung finnischer Häfen verboten. Die Deutschen begannen ihre Truppen zu evakuieren, dazu – soweit es ging – das entsprechende Material.

14. 4.9.44: Auslaufen Mösholm vor den Eingang zum Golf von Finnland. Das Boot hatte keinen Erfolg.
Rückkehr nach Reval am 14.9.44.
15. 16.9.44: Auslaufen Reval. Es sind keine Einzelheiten über diese Fahrt bekannt.
Einlaufen in Libau, Lettland, am 4.10.44.
16. 5.10.44: Auslaufen Libau und Einlaufen Danzig am 7.10.44.
17. 3.1.45: Auslaufen Danzig zur letzten Operation in der Ostsee.
U 348, U 242 und U 1001 führten Aufklärungseinsätze im Bottnischen Meerbusen und im Golf von Finnland durch.
Einlaufen Hela am 27.1.45.

Das Boot kehrte im Februar 1945 nach Kiel zur Übernahme der Aufgabe als Schulboot der 5. U-Flottille zurück.
Ende März 1945 war es bei den Deutschen Werken in Hamburg-Finkenwärder. Es war eines von fünf Booten,

die dort von RAF-Bomben während eines Angriffs am 31. zerstört wurden. Drei Mann der Besatzung von U 348 wurden dabei getötet.

U 349 Typ VII C

Bauwerft: Nordseewerke, Emden
Kiellegung: 29. Dezember 1942
Stapellauf: 22. Juli 1943
Indienststellung: 8. September 1943
Feldpost-Nr.: M 52238
Selbst versenkt am 5. Mai 1945 in der Geltinger Bucht

Kommandos:
22. U-Flottille Gotenhafen ab September 1943 (Schulboot)
23. U-Flottille Danzig von Oktober 1943–Februar 1945 (Schulboot)
31. U-Flottille Hamburg von März 1945–5. Mai 1945 (Schulboot)

Kommandanten:
OLtzS Ernst Lottner, September–Dezember 1943
OLtzS Wolfgang Dähne, Dezember 1943–5. Mai 1945

Feindfahrten: keine
Versenkte Schiffe: keines

U 348 kam nicht zum Einsatz, es fuhr von der Indienststellung an als Schulboot.
Es wurde am 5.5.45 in der Geltinger Bucht selbst versenkt. Ein Mann ging dabei verloren. Das Boot wurde gehoben und 1948 abgewrackt.

U 350 Typ VII C

Bauwerft: Flensburger Schiffsbau
Kiellegung: 15. Februar 1943
Stapellauf: 17. August 1943
Indienststellung: 7. Oktober 1943
Feldpost-Nr.: M 53500
Zerstört am 31. März 1945 in Hamburg

Kommandos:
22. U-Flottille Gotenhafen von Oktober 1943–Februar 1945 (Schulboot)
31. U-Flottille Hamburg von Februar 1945–31. März 1945 (Schulboot)

Kommandant:
OLtzS Erich Niester, Oktober 1943–31. März 1945

Feindfahrten: keines
Versenkte Schiffe: keines

Während der Ausbildung östlich von Hela wurde das Boot am 22.1.44 vom Minensuchboot R 75 gerammt, welches dabei sank.
U 350 kam nicht zum Einsatz, es fuhr als Schulboot ab der Indienststellung.
Ende März 1945 war das Boot bei den Deutschen Werken in Hamburg-Finkenwärder. U 350 war eines von fünf Booten, die am 31. dort bei einem Angriff von RAF-Bombern zerstört wurden.

U 351 Typ VII C

Bauwerft: Flensburger Schiffsbau
Kiellegung: 4. März 1940
Stapellauf: 27. März 1941
Indienststellung: 20. Juni 1941
Feldpost-Nr.: M 33940
Selbst versenkt am 5. Mai 1945 in Höruphaff, Flensburg

Kommandos:
26. U-Flottille Pillau von Juni 1941–März 1942 (Schulboot)
24. U-Flottille Memel von März 1942–Juni 1944 (Schulboot)
22. U-Flottille Gotenhafen von Juli 1944–Februar 1945 (Schulboot)
4. U-Flottille Stettin von März 1945–5. Mai 1945 (Schulboot)

Kommandanten:
OLtzS Karl Hause, Juni–Dezember 1941
OLtzS Günther Rosenberg, Dez. 1941–Aug. 1942
OLtzS Eberhard Zimmermann, August 1942–Mai 1943
OLtzS Götz Roth, Mai–September 1943
OLtzS Helmut Wicke, Januar–Juni 1944

OLtzS Hans-Jürgen Schley, Juli 1944–März 1945
OLtzS Hugo Strehl, März 1945–5. Mai 1945

Feindfahrten: keine
Versenkte Schiffe: keines

*U 351 kam nicht zum Einsatz und fuhr bis zum 5.5.45 als
Schulboot. Es wurde in Höruphaff bei Flensburg selbst
versenkt, um es nicht in alliierte Hände fallen zu lassen.
Das Boot wurde gehoben und 1948 abgewrackt.*

U 352 Typ VII C

Bauwerft: Flensburger Schiffsbau
Kiellegung: 11. März 1940
Stapellauf: 7. Mai 1941
Indienststellung: 28. August 1941
Feldpost-Nr.: M 45428
Selbst versenkt am 9. Mai 1942 vor Cape Lookout
(34°12'N/76°35'W)

Kommando:
3. U-Flottille Kiel/La Pallice von August 1941–9. Mai
1942 (Schulboot/Frontboot)

Kommandant:
KptLt Hellmut Rathke, August 1941–9. Mai 1942

Feindfahrten: 2
Versenkte Schiffe: keines

1. 15.1.42: Auslaufen Kiel und Einlaufen Bergen am
19.1.42.
2. 20.1.42: Auslaufen Bergen in den Atlantik. U 352 war
eines von zwölf Booten, die sich westlich von Rockall
zur »Schlei«-Gruppe versammelten, um einen Südwest-
schwenk auf den Convoyrouten im Hintergrund vor den
aussichtsreichen Meldungen von der US-Küste zu operieren. Die »Schlei«-Boote wurden in die Stützpunkte
Westfrankreichs zur Ausrüstung für den Einsatz im Westatlantik befohlen.
Weitere Befehle wurden dann empfangen, dass acht
Boote in das Gebiet von den Färöern, Island und Schottland gehen sollten. U 352, U 435, U 586 und U 591 hatten einen eigenen Auftrag und liefen nordwärts. Ab 25.
wurde ihnen befohlen, eine mögliche Convoy-Ansamm-
lung in diesem Gebiet versuchen zu lokalisieren. U 586
und U 591 patrouillierten westlich der Färöer und

Hebriden und U 352, U 435 und U 455 klärten im Seydis
Fjord an der Ostküste von Island auf. Da sie keine
Schiffsaktivitäten feststellen konnten, kehrten die Boote
zu ihrer normalen Tätigkeit zurück. U 352 führte Wetter-
beobachtungen durch und ab Mitte Februar patrouillierte
es vor Reykjavik. Rückkehr nach St. Nazaire am 26.2.42.
3. 7.4.42: Auslaufen St. Nazaire nach der US-Ostküste.
Ende April wurde U 352 500 Seemeilen nordöstlich der
Bermudas von U 459 mit Kraftstoff versorgt und setzte
seine Operation im Gebiet südöstlich von Hatteras fort.
Am Abend des 5.5.42 sichtete es 300 Seemeilen vor
Cape Hatteras die schwedische FREDEN. Das Boot feuerte zwei Torpedos, die vorbei gingen. Der Kapitän des
Schiffes entschied, das Schiff zu verlassen, die FREDEN
stoppte, und die ersten Besatzungsmitglieder gingen in
die Rettungsboote. Dann entschied der Kapitän, das
Schiff wieder zu besetzen und setzte seine Reise nach
Norden fort. U 352 folgte der FREDEN, aber irgendwas
passierte, als es stoppte, damit die Besatzung das Schiff
verlassen konnte. Bei der Feststellung, dass es das Schiff
verloren hatte, führte Kapitänleutnant Rathke eine Suche
durch, und als diese erfolglos blieb, setzte er den Weg
nach Norden fort. Die FREDEN wurde am 6. wieder gesehen, diesesmal hinter dem Boot. Ein dritter Torpedo
wurde geschossen, aber der lief unter dem Schiff hindurch.
Der vierte Torpedo wurde am späten Abend des 6. abgefeuert, aber der lief am Bug vorbei. U 352 tauchte kurz
auf und der Kapitän der FREDEN stellte fest, dass eine
Versenkung seines Schiffes nicht zu verhindern sei. Er
drehte sein Schiff mit dem Heck auf das Uboot und zeigte ein schmales Ziel. Rathke war demoralisiert und
beschloss, die FREDEN zu verlassen; er entschied, sie
ihrem Schicksal zu überlassen.
U 352 fuhr von der gestoppten FREDEN weg, deren
Besatzung in zwei Rettungsboote ging. Nachdem sie die
ganze Nacht getrieben waren, sahen sie ihr Schiff trei-
bend in der Dämmerung. Die Besatzung ging wieder an
Bord und fuhr nach New York, eine unbegreifliche
Geschichte für beide Seiten.
Am Morgen des 7. wurde U 352 über Wasser von einem
Flugzeug gesichtet. Das Boot tauchte und blieb nach
Bombenwürfen unbeschädigt. Am Nachmittag des 9. be-
fand sich U 352 südlich von Cape Lookout, als es ein
Schiff entdeckte, auf das Rathke sehr schnell zwei Tor-
pedos schoss. Beide gingen vorbei, einer explodierte 200
Yards vom Schiff, das sich als USCG-Kutter ICARUS her-
aus stellte.
U 352 legte sich schnell auf den Grund des flachen
Wassers nachdem Rathke feststellte, wer ihn angegriffen
hatte. ICARUS warf fünf Wasserbomben, die das Geschütz
von U 352 hinwegrissen, Beschädigungen des Turms und

der Decksausrüstung hervorriefen. Er beschloss seinen Männern zu befehlen, das Boot zu verlassen.

Nachdem er auftauchte, wurden die Männer durch Beschuss von der ICARUS in Deckung gehalten.

Der I WO des Bootes wurde getötet. Das Boot fuhr langsam mit einem Elektromotor weiter und tauchte.

ICARUS (LtCdr M. Jester) warf zwei weitere Wasserbomben, sie trieben U 352 zum Auftauchen. Der Leitende Ingenieur des Bootes, Oberleutnant (Ing. Tretz) stieg wieder nach unten, um die Selbstversenkung zu vollenden. Das sinkende Boot wurde weiter von der 3-Inch-Kanone der ICARUS beschossen, und die im Wasser treibenden Männer waren höchst gefährdet. Das war einer der Zwischenfälle des Ubootkrieges, dass Überlebende in See durch US-Kriegsschiffe getötet wurden.

ICARUS begann das Kampffeld zu verlassen und, unglaublich, meldete weder, dass Überlebende im Wasser schwammen, noch, wo der Untergang erfolgte. Nach Abgabe von fünf Meldungen an verschiedene Kommandos kam die Genehmigung zur Aufnahme der Männer und ihre Verbringung nach Charleston. ICARUS fuhr zurück, die Überlebenden wurden an Bord genommen. Rathke war der letzte Mann, der aus dem Wasser gezogen wurde, und er verweigerte die Hilfe ausgestreckter Hände.

Von der Besatzung U 352 waren 16 Männer tot, 33 wurden gerettet und in gingen in Gefangenschaft.

Einer davon starb bald danach.

U 353 Typ VII C

Bauwerft: Flensburger Schiffsbau
Kiellegung: 30. März 1940
Stapellauf: 11. November 1941
Indienststellung: 31. März 1942
Feldpost-Nr.: M 44455
Versenkt am 16. Oktober 1942 im Zentralen Nordatlantik (53°54'N/29°30'W)

Kommandos:
5. U-Flottille Kiel von März–September 1942 (Schulboot)
1. U-Flottille Brest von September 1942–16. Oktober 1942 (Frontboot)

Kommandant:
OLtzS Wolfgang Römer, März–16. Oktober 1942

Feindfahrten: 1
Versenkte Schiffe: keines

1. 22.9.42: Auslaufen Kiel in den Nordatlantik. U 353 traf auf die »Panther«-Gruppe, die am 8.10.42 700 bis 800 Seemeilen westlich vom Nordkanal gebildet wurde, zum größten Teil aus »Luchs«-Booten, die vom HX 209 kamen. Am 11. sichtete U 620 den nach Westen laufenden Convoy ONS 136 im Zentrum der »Panther«-Linie. Acht Boote, auch U 353, wurden zum Angriff auf ihn als »Leopard«-Gruppe detachiert.

Schlechtes Wetter und hohe See hielt die meisten Boote vom Heranschließen an den Convoy ab, und die Operation wurde am 14. abgeblasen. Nur zwei Schiffe wurden versenkt, keines von den Booten der »Leopard«-Gruppe.

Ab 14. wurden die »Leopard«-Boote auf den nach Osten laufenden Convoy SC 104 angesetzt. Sie trafen auf die »Wotan«-Gruppe, die den Convoy angriff. Allerdings vertrieben die Geleitfahrzeuge die Boote, sie hielten sie für lange Zeit unter Wasser. Am Abend des 15. traf eine Luftsicherung ein und vertrieb die Boote. Der Kontakt wurde am Morgen des 16. wieder hergestellt, aber wieder verhinderte die Luftsicherung jeden Angriff auf den Convoy.

Um Mittag des 16. wurde U 353 von dem Zerstörer HMS FAME (Cdr Heathcote) entdeckt. Es wurde durch Wasserbomben an die Wasseroberfläche getrieben und dann von der FAME gerammt. Das getroffene Boot wurde von passierenden Handelsschiffen des Convoys beschossen, und die Besatzung verließ das Boot. Ein Enterkommando der FAME ging an Bord und fand einige Dokumente. Dann ging U 353 unter.

Sechs Mann der Besatzung waren tot, 39, einschließlich Kommandanten, wurden gefangen genommen.

U 354 Typ VII C

Bauwerft: Flensburger Schiffsbau
Kiellegung: 15. April 1940
Stapellauf: 6. Januar 1942
Indienststellung: 22. April 1942
Feldpost-Nr.: M 46036
Versenkt am 24. August 1944 nordwestlich der Bäreninsel (74°54'N/15°26'E)

Kommandos:
5. U-Flottille Kiel von April–September 1942
(Frontboot)
1. U-Flottille Brest von September 1942–Oktober 1942
(Frontboot/ohne Einsatz)
11. U-Flottille Bergen von Oktober 1942–Mai 1943
(Frontboot)
13. U-Flottille Drontheim von Juni 1943–24. August
1944 (Frontboot)

Kommandanten:
KptLt Karl-Heinz Herbschleb, April 1942–Februar 1944
KptLt Hans-Jürgen Sthamer, Febr. 1944–24. Aug. 1944

Feindfahrten: 11
Versenkte Schiffe: 2 (9.590 BRT) und 2 beschädigt
1 Fregatte (1.300 t)

In der Zeit von September bis Oktober 1942 wurde U 354
zur Verstärkung der 1. U-Flottille einsatzbereit gemeldet.
Allerdings befand sich das Boot zu dieser Zeit noch in
Kiel und Bergen und kam nicht zum Einsatz.

1. 10.10.42: Auslaufen Kiel und Einlaufen Bergen am
13.10.42.
2. 17.10.42: Auslaufen Bergen und Einlaufen Skjomenfjord am 20.10.42.
3. 29.10.42: Auslaufen Skjomenfjord in nördliche
Gewässer.
Im August 1942 baten die Russen, zwei ihrer Handelsschiffe, die in Island lagen, nach Archangelsk zu schicken, einzeln, ungeschützt mit einem Tag Abstand in der
Durchführung. Beide kamen unversehrt an.
Im Oktober wurde entschieden, den Versuch mit sechs
britischen Schiffen, sechs amerikanischen und einem
russischen Schiff zu wiederholen, alle unabhängig voneinander, ungeleitet auf die 200 Seemeilenreise zu schicken. Sie verließen Reykjavik in Richtung Murmansk
zwischen dem 20. Oktober und 2. November 1942.
Als Schutz wurden sechs Trawler auf den Generalkurs
gelegt und Uboote patrouillierten entlang und nördlich der
Bäreninsel. Der Versuch endete im Glauben, dass Ein-
zelschiffe erfolgreich nach Russland durchbrechen konnten. Von den 13 Schiffen wurden vier versenkt, drei wurden zurückgerufen, fünf kamen sicher an und eines lief auf
ein Riff und wurde schließlich durch U 625 und Bomben
einer Ju 88 des II./KG 30 versenkt. Am 4.11.42 versenkte
U 354 eines der Schiffe westlich vom Hammerfest, die
amerikanische WILLIAM CLARK (7.176 t), die zuvor von
einer Ju 88 des II./KG 30 beschädigt worden war.
U 354 setzte seinen Einsatz ohne Erfolg fort. Am
11.11.42 ging ein Mann über Bord.

Rückkehr nach Narvik am 30.11.42.
4. 19.12.42: Auslaufen Narvik. Der nach Osten laufende
Convoy JW 51B verließ Loch Ewe am 22. Er wurde von
deutschen Flugzeugen am 24. gesichtet, genauso von
U 354 am selben Tag. Das Boot verfolgte den Convoy
und hatte am 30. noch immer Kontakt. Am Abend des
Tages verließ eine deutsche Kampfgruppe Norwegen
zum Angriff auf den Convoy.
Inzwischen hatte sich U 354 vor den Convoy gesetzt und
am Abend des 30. machte es zwei Angriffe und glaubt
Treffer auf drei Schiffen erzielt zu haben, aber es gibt
keine Informationen darüber. Das Boot wurde geortet
und kam in Sicht des Zerstörers HMS OBDURATE, der
zum Rammen anlief. Das Boot taucht und entkam. Die
deutsche Kampfgruppe schloss an den Convoy bei
schlechtem Wetter am Morgen des 31., 300 Seemeilen
nordwestlich Kolas, heran. Die Geleitfahrzeuge boten
eine gute Abwehr und es gab Verluste auf beiden Seiten.
Dann drehten die Deutschen ab. Es war ein vierstündiges
Gefecht. Der Convoy lief am 3.1.43 in Kola ein. U 354
setzte seine Patrouille fort und griff am 5.1.43 zwei
Schiffe in der Barentssee an, verfehlte die sowjetische
VANZETTI (2.363 t) und versenkte die britische KRASNYJ
PARTIZAN (2.414 t).
Rückkehr nach Narvik am 15.5.43.
5. 18.1.43: Auslaufen Narvik und Einlaufen Drontheim
am 20.1.43.
6. 11.3.43: Auslaufen Drontheim. Es sind keine Einzelheiten dieser Fahrt bekannt. Rückkehr nach Narvik am
4.4.43.
7. 28.4.43: Auslaufen Narvik und Einlaufen Hammerfest
am 30.4.43.
8. 9.5.43: Auslaufen Hammerfest. Es sind keine Einzelheiten dieser Fahrt bekannt. Rückkehr nach Drontheim
am 15.6.43.
9. 25.7.43: Auslaufen Drontheim und Einlaufen
Skjomenfjord am 27.7.43.
10. 4.8.43: Auslaufen Skjomenfjord. U 354, U 302 und
U 711 patrouillierten als »Wiking«-Gruppe auf der
Suche nach sowjetischen Convoys. Bis zum 21. kamen
keine in Sicht. Dann sah das Boot vier Schiffe und zwei
Patrouillenboote vor Port Dikson. U 354 und U 302 verfolgten die Schiffe bis in die Vilkitski Strait und am
Abend des 27. beschädigte U 354 die sowjetische
PETROVSKIJ (3.771 t) nahe Kolosovykh in der Kara-See.
U 302 versenkte ein Schiff am Morgen des 28.
Ab 4.9.43 führte die »Wiking«-Gruppe weitere Suchen
nach Convoys durch, hatte aber keinen Erfolg.
Rückkehr nach Narvik am 22.9.43.
11. 22.10.43: Auslaufen Narvik und Einlaufen Tromsö
am 23.10.43.
12. 25.10.43: Auslaufen Tromsö. Ende Oktober erreichte

U 354 eine Wetterstation auf Hopen Island. Ab Mitte November war es mit der »Eisenbart«-Gruppe in der Passage zwischen Spitzbergen und der Bäreninsel in Erwartung der Murmansk-Convoys nach einer Pause von acht Monaten.

Am 26. verließ der nach Westen laufende Convoy RA 54B Archangelsk. Der Convoy wurde am 28. von U 307 der »Eisenbart«-Gruppe kurz gesichtet. Es wurde aber schnell geortet und vertrieben, nachdem es durch Wasserbomben beschädigt wurde. Schlechtes Wetter und mangelhafte Sicht ermöglichten es dem Convoy RA 54B unbeobachtet durch Uboote und Flugzeuge zu passieren und am 9.12.43 sicher Loch Ewe anzulaufen.
Rückkehr nach Hammerfest am 6.12.43.

13. 7.12.43: Auslaufen Hammerfest.

Der nach Osten laufende Convoy JW 55A lief am 12. aus, doch in der Passage der Bäreninsel warteten die Boote U 354, U 277, U 387 und U 636. U 636 sichtete am 18. kurz den Convoy, war aber nicht in der Lage, ihn zu erreichen. Die »Eisenhart«-Boote wurden nicht gegen den RA 55A eingesetzt, auch nicht gegen den JW 55B; ausgenommen U 601 und U 716, die mit den Geleitfahrzeugen Kontakt bekamen, aber vertrieben wurden.
Rückkehr nach Narvik am 5.1.44.

14. 3.1.44: Auslaufen Narvik und Einlaufen in Drontheim am 4.1.44.

15. 2.3.44: Auslaufen Drontheim und Einlaufen Narvik am 5.3.44.

16. 8.3.44: Auslaufen Narvik. Der nach Osten laufende Convoy JW 58 hatte am 27. Loch Ewe verlassen und wurde am 30. von deutschen Flugzeugen gesichtet. Drei kleine Gruppen Uboote warteten auf ihn, »Thor«, »Blitz« und »Hammer«. U 354 war bei der »Hammer«-Gruppe. Die meisten der Boote erlangten Kontakt in den ersten Stunden des 1.4.44, und die Operation wurde fortgesetzt bis zum Abend des 3.

Alle Angriffe auf den Convoy waren erfolglos. U 354 machte einen erfolglosen Angriff auf einen Zerstörer am Abend des 1., aber hörte lediglich eine Detonation. Der Convoy lief am 5. Kola ohne Verluste an. U 354 hatte keinen Anteil am Angriff auf den Convoy RA 58, der am 7. Kola verließ.
Rückkehr nach Narvik am 12.4.44.

17. 18.4.44: Auslaufen Narvik. U 354 traf auf die »Keil«-Gruppe, die südlich der Bäreninsel auf den nächsten nach Osten laufenden Convoy wartete. Spät am 28. sichteten deutsche Flugzeuge den nach Westen laufenden Convoy RA 59.

Die »Keil«- und »Donner«-Gruppen wurden eingesetzt. Viele Attacken wurden durchgeführt, die meisten auf Escortfahrzeuge. Ab dem Abend des 30. bis zum Nachmittag des 2.5.44 wurde nur ein Schiff durch U 711 ver-

senkt. Während der ganzen Aktion wurden U 277, U 674 und U 959 durch Swordfish-Flugzeuge versenkt, die vom Escortträger HMS FENCER kamen. U 354 hatte keinen Anteil an den Angriffen.
Rückkehr nach Narvik am 4.5.44.

18. 6.5.44: Auslaufen Narvik und Einlaufen Bergen am 10.5.44.

19. 24.6.44: Auslaufen Bergen und Einlaufen Bogenbucht am 28.6.44.

20. 30.6.44: Auslaufen Bogenbucht. Es sind keine Einzelheiten über diesen Einsatz bekannt, außer, dass U 354 irgendwann in dieser Zeit eine Wetterbeobachtungsgruppe von der Hopen Insel aufnahm.
Rückkehr nach Narvik am 28.7.44.

21. 21.8.44: Auslaufen Narvik. U 354 fuhr nordwärts und sicherte am Nachmittag des 22. eine Trägergruppe vor Vannoy, deren Flugzeuge Angriffe auf die Tirpitz im Kaafjord geflogen hatten. Es torpedierte und beschädigte den Escortträger HMS NABOB und die Fregatte HMS BICKERTON, bevor es von Flugzeugen vertrieben wurde.

U 354 setzte seinen Weg fort zum Treffen mit der »Trutz«-Gruppe, die gegen den nach Osten laufenden Convoy JW 59 operierte. Am 24. wurde das Boot nordwestlich der Bäreninsel nahe am Convoy durch Wasserbombenattacken einer Swordfish der 825. (FAA) Squadron (SubLt A.I.R. Shaw) des Escortträgers HMS VINDEX, der Sloops HMS MERMAID (LtCdr J.P. Mosse) und PEACOCK (LtCdr R.B. Stannard) (VC) der Fregatte HMS LOCH DUNVEGAN (Cdr F.E. Wheeler) und des Zerstörers HMS KEPPEL (Cdr I.J. Tyson) versenkt. U 354 versuchte während des Kampfes, die MERMAID anzugreifen.

Es gab keine Überlebenden, 51 Tote.

U 355 Typ VII C

Bauwerft: Flensburger Schiffsbau
Kiellegung: 4. Mai 1940
Stapellauf: 5. Juli 1941
Indienststellung: 29. Oktober 1941
Feldpost-Nr.: M 34321
Versenkt am 1. April 1944 westsüdwestlich von der Bäreninsel (73°07'N/10°21'E)

Kommandos:
5. U-Flottille Kiel von Oktober 1941–Juni 1942 (Schulboot)

11. U-Flottille Bergen von Juli 1942–1. April 1944
(Frontboot)

Kommandant:
KptLt Günter La Baume, Oktober 1941–1. April 1944

Feindfahrten: 8
Versenkte Schiffe: 1 (5.082 BRT)

1. 1.6.42: Auslaufen Kiel und Einlaufen Skjomenfjord am 6.6.42.
2. 16.6.42: Auslaufen Skjomenfjord in nördliche Gewässer.
Am Morgen des 1.7.42 wurde der nach Osten laufende Convoy PQ 17 60 Seemeilen östlich von Jan Mayen von U 255 und U 408 gesichtet. U 355, U 88, U 251, U 376, U 457, U 657 wurden auf ihn in Form einer Linie eingesetzt, »Eisteufel« genannt. Diese reichte weit nach Osten, um gegen den Convoy zu operieren. Am 2. sichtete U 88 den nach Westen laufenden Convoy QP 13, aber das erste Ziel der Gruppe blieb der PQ 17, folglich wurde kein Angriff gestartet.
Kurzer Kontakt mit PQ 17 wurde am 2. und 3. gemacht und erfolglose Angriffe auf Geleitfahrzeuge durchgeführt. Am 2. wurde U 355 geortet und mit sechs Wasserbomben belegt, aber es entkam.
Als erkannt wurde, dass deutsche Überwasserstreitkräfte sich zum Einsatz gegen den Convoy vorbereiteten, wurde von der Admiralität entschieden, den Convoy am 4. abends aufzulösen; die Schiffe sollten einzeln russische Häfen anlaufen. Sie verstreuten sich am 5., und das Versenken durch Uboote und Flugzeuge begann.
Am Abend des 7. versenkte U 355 die britische HARTLEBURY (5.082 t) nahe Malyye Karmakuly, Novaya Zemlya. In dem neuntägigen Kampf wurden 24 Schiffe versenkt, acht von Flugzeugen, acht durch Uboote und weitere acht durch Uboote; es waren solche, die zuvor durch Flugzeuge beschädigt worden waren.
Rückkehr nach Narvik am 12.7.42.
3. 25.7.42: Auslaufen Narvik. Es sind keine Einzelheiten über diese Fahrt bekannt.
Rückkehr nach Narvik am 24.8.42.
4. 26.8.42: Auslaufen Narvik und Einlaufen Bergen am 29.8.42.
5. 6.10.42: Auslaufen Bergen und Einlaufen Drontheim am 9.10.42.
6. 11.11.42: Auslaufen Drontheim und Rückkehr nach Bergen am 13.11.42.
7. 26.1.43: Auslaufen Bergen und Rückkehr nach Narvik am 29.1.43.
8. 2.2.43: Auslaufen. Es sind keine Einzelheiten dieses Einsatzes bekannt.

Rückkehr nach Narvik am 6.3.43.
9. 17.3.43: Auslaufen. Es sind keine Einzelheiten dieses Einsatzes bekannt.
Rückkehr nach Hammerfest am 17.4.43.
10. Auslaufen Hammerfest und Einlaufen Drontheim am 29.4.43.
11. 27.4.43: Auslaufen Drontheim.
Im Juli 1943 vernichtete das Boot eine verlassene alliierte Wetterstation auf Spitzbergen. Es führte auch Aufklärung auf der Insel durch, um dortige alliierte Aktivitäten zu erkennen.
Es wurde nur wenig gefunden. Rückkehr nach Narvik am 5.8.43.
12. 16.8.43: Auslaufen Narvik. Es sind keine Einzelheiten dieser Fahrt bekannt.
Einlaufen Hammerfest am 5.9.43.
13. 6.9.43: Auslaufen Hammerfest und Rückkehr nach dort am 9.9.43.
14. 2.10.43: Auslaufen Hammerfest. Es sind keine Einzelheiten über diese Fahrt bekannt. Rückkehr nach Hammerfest am 25.10.43.
15. 27.10.43: Auslaufen Hammerfest und Einlaufen Narvik am 28.10.43.
16. 31.10.43: Auslaufen Narvik und Einlaufen Drontheim am 2.11.43.
17. 4.11.43: Auslaufen Drontheim und Einlaufen Bergen am 7.11.43.
18. 20.3.44: Auslaufen Bergen und Einlaufen Narvik am 23.3.44.
19. 25.3.44: Auslaufen. Der nach Osten laufende Convoy JW 58 hatte Island am 27. verlassen und wurde am 30. von deutschen Flugzeugen gesichtet. U 355 gehörte zur »Blitz«-Gruppe, einer von drei Gruppen, die den Convoy angreifen sollten. Kurz nach Mitternacht am 31. bekamen die Gruppen »Blitz«, »Thor« und »Hammer« Befehl anzugreifen, genau wie andere Boote. In den frühen Stunden des 1.4.44 wurden erste Angriffe auf Geleitfahrzeuge durch U 968 und U 674 gemacht. Sie waren erfolglos.
Später am Tage wurde U 355 über Wasser westsüdwestlich der Bäreninsel von einer Avenger der (FAA) 846. Squadron des Escortträgers HMS TRACKER entdeckt und mit Raketen angegriffen. Das Boot erlitt Beschädigungen. Der Zerstörer HMS BEAGLE (LtCdr N.R. Murch) kam hinzu und versenkte U 355 mit Wasserbomben.
Es gab keine Überlebenden, 52 Tote.

U 356 Typ VII C

Bauwerft: Flensburger Schiffsbau
Kiellegung: 11. Mai 1940
Stapellauf: 16. September 1941
Indienststellung: 20. Dezember 1941
Feldpost-Nr.: M 47956
Versenkt am 27. Dezember 1942 nördlich von den Azoren (45°30'N/25°40'W)

Kommando:
6. U-Flottille Danzig/St. Nazaire von Dezember 1941–
27. Dezember 1942 (Schulboot/Frontboot)

Kommandanten:
KptLt Georg Wallas, Dezember 1941–November 1942
OLtzS Günther Ruppelt, Nov. 1942-27. Dez. 1942

Feindfahrten: 2
Versenkte Schiffe: 3 (13.649 BRT) und 1 beschädigt

1. 3.9.42: Auslaufen Kiel in den Nordatlantik. U 356 und andere Boote fuhren in ein Gebiet westlich von Irland. Als U 216 den nach Osten laufenden Convoy SC 99 am 13. sichtete, wurden diese Boote auf ihn angesetzt, aber nur U 440 kam heran, wurde beschädigt und vertrieben. Als U 216 ebenfalls vertrieben wurde, ging der Kontakt verloren, und die Operation wurde am 14. eingestellt.
U 356 fuhr westwärts in den Zentralen Nordatlantik und traf andere Boote. Sie bildeten die »Pfeil«-Gruppe südöstlich von Grönland ab 15. An diesem Tag sichtete U 221 der »Pfeil«-Gruppe den nach Westen laufenden Convoy ON 129, und die Boote bereiteten sich für einen konzentrierten Angriff vor, aber U 221 verlor den Kontakt im Nebel. Kurz wieder entdeckt am 16., änderte der Convoy seinen Kurs und die Operation wurde abgebrochen.
Die »Pfeil«-Gruppe wurde umgebildet und fuhr nach Nordosten am 18. und dann nordwestwärts am 19., um an den nach Osten laufenden Convoy SC 100 heran zu kommen, der von U 221 am 20. gesichtet wurde. Die Gruppen »Pfeil« und »Lohs« wurden zum Angriff befohlen, aber als sie sich dem Convoy näherten, wurde das Wetter immer schlechter und entwickelte sich am 21. zum Hurrikan. Mit vielen Booten, die hinter dem Convoy zurück blieben, wurde die Operation am 22., 500 Seemeilen südöstlich von Cape Farewell, aufgegeben.
Die »Pfeil«-Boote bildeten eine neue Linie, »Blitz« genannt, und spät am 22. wurden sie mit hoher Geschwindigkeit, um den Convoy RB 1 anzugreifen, nach

Südwesten befohlen. Allerdings sichtete U 617 früh am 23. den Convoy SC 100, der aufgrund eines Sturms sich verzögert hatte. U 221, U 258, U 615 und U 617 empfingen ihn, während U 356, U 216 und U 618 sich mit dem RB 1 befassen sollten. In den frühen Stunden des 24. beschädigte U 356 einen Nachzügler des Convoys ON 131.
Der Kontakt zum RB 1 wurde kurz danach hergestellt, und die drei Boote verfolgten den Convoy bis zum 26. U 216 versenkte einen Dampfer, ein Angriff von U 356 war erfolglos.
Am 26. sichtete U 617 den nach Westen laufenden Convoy ON 131, aber die »Blitz«-Boote waren zu weit verstreut. Als »Tiger«-Gruppe suchten sie nach dem Convoy, aber sie verfehlten ihn. Schlechtes Wetter verhinderte jede Information der Gruppe, um ihr genügend Zeit zum Angriff geben. Am 29. wurden die »Tiger«-Boote zur Kraftstoffversorgung nordwestlich der Azoren befohlen. U 256 erhielt Kraftstoff von U 116 am oder um den 2.10.42.
Die »Tiger«-Gruppe bildeten eine neue Linie, »Wotan« genannt, ab 8. östlich von Neufundland in Erwartung eines SC-Convoys. In den frühen Stunden des 12. wurde die Gruppe mit hoher Fahrt nordostwärts zum Empfang des nach Osten laufenden Convoys SC 104 geschickt, der das nördliche Ende der »Wotan«-Linie am Nachmittag passieren sollte. Am 12. sichtete U 356 den nach Westen laufenden Convoy ON 135, aber der wurde nicht angegriffen. Der SC 104 wurde während der Nacht des 12./13. kontaktiert und bei Angriffen in den frühen Stunden des 13. und 14. wurden acht Schiffe versenkt, U 356 versenkte keines.
Nach Ende der Operation am 15., als mehr und mehr Flugzeuge den Convoy sicherten, wurden die »Wotan«-Boote weiter östlich zum Angriff auf ON 137 befohlen, der westlich von Irland auftauchte. Das Wetter wurde am 17. zum Sturm, und zwei Tage später wurde der Einsatz widerrufen. U 356 fuhr zurück und wurde Ende Oktober von U 463 mit Kraftstoff versorgt.
Rückkehr nach St. Nazaire am 4.11.42.
2. 5.12.42: Auslaufen in den Nordatlantik. U 356 traf die »Raufbold«-Gruppe, die am 15. westlich von Irland gebildet wurde. An dem Tag wurde der nach Westen laufende Convoy ON 153 von U 609 gesichtet, als er gerade die Mitte der »Raufbold«-Linie passierte. In den frühen Stunden des 16. meldete U 356 einen Angriff auf einen Tanker des Convoys, der nach drei Detonationen sank. Es gibt keine Einzelheiten darüber und es ist möglich, dass es sich um die Detonation eines Endläufers handelte. Nach vier Tagen schlechten Wetters endete der Angriff am 21. im Zentralen Nordatlantik. Zwei Schiffe und ein Zerstörer wurden versenkt, ein Schiff beschädigt.

Die »Raufbold«-Gruppe wurde aufgelöst und U 356, U 203 und U 664 gingen zur »Spitz«-Gruppe, die am 23. westlich von Irland gebildet wurde. Die Linie fuhr nach Südwesten, und erst am 26. sichtete U 664 am südlichen Ende der Linie den nach Südwesten laufenden Convoy ONS 154.

Die Gruppen »Spitz« und »Ungestüm« wurden am 27. gegen den Convoy nordnordöstlich der Azoren zum Angriff befohlen. U 356 versenkte drei Schiffe, die britische EMPIRE UNION (5.952 t), die britische MELROSE ABBEY (2.473 t), die britische KING EDWARD (5.224 t), und es beschädigte die niederländische SOEKABOEMI (7.051 t), die am Abend des 27. von U 441 versenkt wurde.

Nach dem zweiten Angriff wurde U 356 geortet und mit Wasserbombenattacken des Zerstörers HMCS ST. LAURENT (LtCdr G.H. Stephen), der Fregatte HMCS ST. JOHN und den drei Fregatten HMCS CHILLIWACK (LtCdr L.L. Foxal), BATTLEFORD (Lt F.A. Becic) und NAPANEE (Lt S. Henderson) versenkt.

Es gab keine Überlebenden, 46 Tote.

C.E. Sheen) gesichtet. Das Boot tauchte. Der Zerstörer HMS HESPERUS (Cdr C. Macintyre) kam hinzu und warf Wasserbomben. U 357 ging auf Tiefe, doch die beiden Zerstörer warfen viele Stunden lang Wasserbomben. Nachdem es dunkel war, tauchte U 357 auf und wurde vom Zerstörer VANESSA erneut gesehen. Der Zerstörer nahm Fahrt auf, um zu Rammen, aber nach verschiedenen Manövern konnte er das Boot nur streifen, erzielte aber keine Schäden. HESPERUS kam wieder hinzu und begann das Boot zu jagen. Nach mehreren Drehungen rammte der Zerstörer das Boot und teilte es in zwei Teile. Sechs Überlebende wurden von der HESPERUS aufgenommen, die schwer beschädigt wurde: der Schiffskörper war verbeult, das Vorschiff geflutet. Er kam nach Liverpool zurück und es gab ein großes Willkommen. Als das volle Ausmaß des Schadens an der HESPERUS festgestellt wurde, was bedeutete, dass der Zerstörer drei Monate im Dock zubringen musste, wurde befohlen, weiterhin keine Rammangriffe zu fahren.

Der Kommandant und 37 Mann der Besatzung von U 357 gingen mit unter.

U 357 Typ VII C

Bauwerft: Flensburger Schiffsbau
Kiellegung: 10. Mai 1940
Stapellauf: 31. März 1942
Indienststellung: 18. Juni 1942
Feldpost-Nr.: M 06392
Versenkt am 26. Dezember 1942 westsüdwestlich von Rockall (57°10'N/15°40'W)

Kommandos:
8. U-Flottille Danzig von Juni–November 1942 (Schulboot)
6. U-Flottille St. Nazaire von Dezember 1942–26. Dezember 1942 (Frontboot)

Kommandant:
KptLt Adolf Kellner, Juni 1942–26. Dezember 1942

Feindfahrten: 1
Versenkte Schiffe: keines

1. 15.12.42: Auslaufen Kiel in den Nordatlantik. Am 26. sichtete U 357 den nach Osten laufenden Convoy HX 219. Die Funkmeldung wurde aufgenommen, und das Boot wurde vom Zerstörer HMS VANESSA (LtCdr

U 358 Typ VII C

Bauwerft: Flensburger Schiffsbau
Kiellegung: 1. Juli 1940
Stapellauf: 21. April 1942
Indienststellung: 15. August 1942
Feldpost-Nr.: M 50646
Versenkt am 1. März 1944 nordnordöstlich der Azoren (45°46'N/23°16'W)

Kommandos:
8. U-Flottille Danzig von August 1942–Februar 1943 (Schulboot)
7. U-Flottille St. Nazaire von Februar 1943–1. März 1944 (Frontboot)

Kommandant:
KptLt Rolf Manke, August 1942–1. März 1944

Feindfahrten: 5
Versenkte Schiffe: 4 (17.753 BRT)
1 Fregatte (1.600 t)

1. 12.1.43: Auslaufen Kiel und Einlaufen Kristiansand am 14.1.43.
2. 16.1.43: Auslaufen Kristiansand in den Nordatlantik.

Früh am 22. sichtete U 358 den Convoy UR 59 westlich der Färöers. Es versenkte die schwedische NEVA (1.456 t) und fuhr weiter nach Westen. Mit anderen, neu zulaufenden Booten traf es die »Haudegen«-Gruppe, die sich von Cape Farewell nach Südosten erstreckte.

Am 22. sichtete ein rücklaufendes Boot eine britische U-Jagdgruppe und nahm an, es sei der Geleitschutz für einen erwarteten Convoy. Die »Haudegen«-Gruppe wurde nach Südosten befohlen und lief mit hoher Fahrt nach dort. Schlechtes Wetter verhinderte die Boote, rechtzeitig ihre Position einzunehmen. Als die Suche nach Osten keinen Erfolg brachte, fuhr die Linie am 26. zurück in ein Gebiet südöstlich von Cape Farewell. An diesem Tag versenkte U 358 am nördlichen Ende der Linie die norwegische NORTIND (8.221 t), ein Nachzügler vom HX 223 südöstlich von Cape Farewell.

Die »Haudegen«-Gruppe fuhr am 1.2.43 nach Südwesten, mit Kurs auf Neufundland. Am 2. wurde der kleine, nach Norden laufende Convoy SG 19 am nördlichen Ende der Linie gesichtet und U 358, U 186, U 268 und U 707 zum Angriff als »Nordsturm«-Gruppe detachiert. U 223 versenkte ein Schiff, dann ging der Kontakt verloren. Nach zwei Tagen vergeblichen Suchens entlang der Küste von Grönland trafen die Boote wieder mit der »Haudegen«-Gruppe zusammen.

Bis Mitte Februar war die Gruppe in einem Winkel von 300 Seemeilen nördlich von Cape Race positioniert.

Am 15. wurde beschlossen, zur Kraftstoffversorgung zu laufen, aber am 17. sichtete U 69 den Convoy ONS 165 mit südwestlichem Kurs. Obwohl die meisten »Haudegen«-Boote nur noch wenig Kraftstoff hatten, wurde entschieden, dass die Boote den Convoy angehen sollten, und die Kraftstoffversorgung danach erfolgen sollte. Die mit genügend Kraftstoff versehenen Boote U 186, U 223, U 358 und U 707 sollten den Convoy als »Taifun«-Gruppe angreifen. Ein Sturm verhinderte jedoch konzentrierten Angriff und nur zwei Schiffe wurden versenkt, aber auch zwei Boote gingen verloren. Die Operation wurde am 20. beendet.

Die »Taifun«-Gruppe und die vier übrig gebliebenen »Haudegen«-Boote, die am Einsatz gegen den Convoy ONS 165 teilgenommen hatten, wurden durch U 460 östlich von Neufundland mit Kraftstoff versorgt.

Am 22. passierte der Convoy ON 166 den Süden des Versorgungsgebietes, und die Boote trafen sich zum Angriff auf ihn. 14 Schiffe wurden versenkt und eines beschädigt. Ein Boot ging verloren. Die Operation wurde am 25. bei schlechter Sicht südöstlich von Neufundland beendet.

U 358 fuhr ostwärts und wurde am 27. von U 462 mit Kraftstoff versorgt.

Rückkehr nach St. Nazaire am 8.3.43.

3. 11.4.43: Auslaufen in den Nordatlantik. Während der Nacht vom 15./16. sichtete U 262 den nach Osten laufenden Convoy HX 232 südwestlich von Irland. Es wurde von Geleitfahrzeugen vertrieben und setzte seinen Weg nach Westen fort. Die Boote U 358, U 175, U 226, U 264, U 382, U 614 und U 628 wurden auf den Convoy angesetzt. Er wurde von U 175 während der Nacht vom 16./17. wieder gefunden und U 382 und U 628 wurden herangeführt, bevor sie versenkt wurden. Der Geleitschutz wurde am 17. verstärkt und die Boote vertrieben. Die Operation wurde am 18. aufgegeben.

Die Boote vom HX 233 trafen versorgte Boote nach deren Operation gegen den Convoy HX 232, um eine neue Linie zu bilden. Das war die Gruppe »Specht«, am 20. nördlich der Azoren. Die Gruppe fuhr nach Westen und befand sich am 23. in einer Nord-Südlinie östlich von Neufundland. Sie wartete auf den Convoy SC 127. Als der nicht kam, bewegten sich die Boote nordwärts mit hoher Fahrt zur Bildung einer neuen Linie am 25., südlich von Grönland, auf den Kurs des Convoys ONS 4, der am 23. von U 732 gesichtet wurde. Die »Specht«-Gruppe verfehlte den Convoy, der umgeleitet worden war.

Am 27. waren die »Specht«-Boote nordöstlich von Neufundland gegen den Convoy HX 235 eingesetzt, aber der wurde nach Süden umgeleitet. Ab 29. bildeten die »Specht«- und »Amsel«-Gruppe eine Linie nordöstlich von Neufundland, um den Convoy SC 128 anzugreifen, der 200 Seemeilen von Cape Race gemeldet worden war. Beide Gruppen fuhren nach Süden auf ihrer Suche, aber als der Convoy bis zum 1.5.43 nicht gefunden wurde, fuhren die »Specht«-Boote wieder nach Norden und bildeten am 3. eine neue Linie, »Fink« genannt, zusammen mit der »Specht«- und »Star«-Gruppe südlich von Cape Farewell.

Am Nachmittag des 4. passierte der nach Südwesten laufende Convoy ONS 5 die »Fink«-Linie. In den ersten Stunden des 5. hatten elf Boote den Convoy gefunden, doch ihre Angriffe gaben dem Convoy die Möglichkeit, sich zu zerstreuen.

In den frühen Stunden des 5. versenkte U 358 die britische BRISTOL CITY (2.864 t) und beschädigte die britische WENTWORTH (5.212 t), die später von U 628 versenkt wurde, als die Korvette HMS LOOSESTRIFE es versucht hatte, aber nicht konnte. Nebel kam auf am Nachmittag, und die Boote verloren den Kontakt.

Die mit Radar ausgerüsteten Korvetten machten 15 Wasserbombenattacken im Nebel. Die Operation wurde am Morgen des 6. abgebrochen. Zwölf Schiffe wurden versenkt, sechs Boote gingen verloren.

Rückkehr nach St. Nazaire am 15.5.43.

4. 10.6.43: Auslaufen in den Zentralen Atlantik.

Im Juli traf U 358 auf andere Boote, die vor der afrikanischen Küste operierten, zwischen Dakar und dem Niger-Delta. Nur wenige Schiffe wurden gesehen. Ab dem 23. Juli bis 2. August bildeten U 257, U 358, U 382 U 508, U 600 und U 618 einen Aufklärungsstreifen nahe der Elfenbeinküste und fuhren als Jagdgruppen vom Osten nach Westen und zurück. Kein Schiff kam in Sicht. U 358 begann seine Heimreise nach Norden am oder um den 7.8.43 und kehrte am 1.9.43 nach St. Nazaire zurück.

5. 23.10.43: Auslaufen in den östlichen Nordatlantik. Am oder um den 3.11.43 traf U 358 die »Schill«-Gruppe westlich von Spanien. Die Linie war gerade nach der Aktion gegen den Convoy MK 28/SL 138 gebildet worden. Die »Schill«-Boote fuhren langsam südwärts auf der Suche nach einem KMS-Convoy.

Die Luftaufklärung fand den MKS 29 am 7., und die Boote wurden eingesetzt, so dass der Convoy die Linie während der Nacht passieren musste. Allerdings war der gemeldete Kurs falsch, zu weit östlich.

Der Convoy passierte im Westen der Linie, und die Boote wurden nach Südwesten auf die Suche geschickt. Aber es wurde nichts gefunden. Als Flugzeuge den Convoy am 9. wieder entdeckten, fuhren zwei Boote auf die Suche nach ihm bis zum Morgen des 10., aber sie verfehlten ihn und die Operation wurde eingestellt.

Die »Schill«-Gruppe wurde umgebildet in »Schill 1« und am 18. wurde westlich von Lissabon auf dem vermuteten Kurs des Convoys MKS 30/SL 139, der am 15. westlich von Gibraltar von Flugzeugen gesichtet wurde, eine Linie gebildet. Am Morgen des 18. wurde der Convoy vor der Südostlinie gemeldet, welcher im Nordosten abgefangen werden sollte. Der Convoy passierte tatsächlich die Linie während des Nachmittags des 18. U 515 meldete dieses, aber der Spruch des Bootes wurde vor dem späten Abend nicht empfangen.

Die Boote versuchten dann mit hoher Fahrt doch noch heranzukommen, wurden jedoch während der Nacht durch Flugzeuge belästigt und kamen nicht zum Zuge.

Am 22. wurde die »Schill 1«-Gruppe aufgeteilt und U 358, U 228 und U 262 trafen mit Booten der Gruppen »Schill 2« und »-3« zusammen, sie bildeten eine neue Ostwest-Linie, »Weddigen« genannt, westlich von Cape Finisterre.

Flugzeuge suchten im Norden nach dem nach Süden laufenden Convoy KMS 33/OS 59. Als sie ihn nicht fanden, dachte man, er würde weiter im Westen passieren. Die »Weddigen«-Boote fuhren am 23. südwestlich und hofften auf eine Begegnung. Am Abend des 24. hatte sich nichts ergeben, und die Gruppe drehte nach Südosten zum Angriff auf MKS 31/SL 140. Der Convoy wurde aus der Luft gesehen am 26., Kurs West. Die »Weddigen«-Gruppe wurde am 27. auf den Convoy angesetzt, aber der

wechselte den Kurs und passierte die Linie im Osten. Die Boote fuhren nach Nordosten, am Tag getaucht, mit hoher Überwasserfahrt nachts. Ihr Fortkommen wurde von Flugzeugen und Geleitfahrzeugen behindert, und die Operation am 28. aufgegeben. Sieben »Weddigen«-Boote, einschließlich U 358, fuhren als Gruppe Richtung Nordwesten auf eine Position nordnordöstlich der Azoren, mit Blick auf ein Treffen mit der «Coronel«-Gruppe.

Nach dem Fehlschlag der Operation gegen einen nach Süden laufenden Convoy am 6.12.43 wurde jedoch die »Weddigen«-Gruppe aufgelöst. U 228, U 353, U 424 und U 843 liefen in den Stützpunkt zurück, U 107 und U 618 trafen auf die »Coronel«-Gruppe.

Rückkehr nach St. Nazaire am 16.12.43.

6. 14.2.44: Auslaufen nach dem Westen der britischen Inseln. U 358 traf auf die »Preußen«-Gruppe, die am 20. 400 bis 500 Seemeilen nördlich der Azoren gebildet wurde. Am 25. dachte man, dass der nach Westen laufende Convoy ON 225 direkt westlich des Nordkanals kommen würde. So hatte es ein Funkspruch am 24. angegeben.

Ab 26. konzentrierte sich die »Preußen«-Gruppe auf das Gebiet zwischen dem 22° und 30° W, auf den vermuteten Kurs des Convoys. Am 29. wurde U 358 nordnordöstlich der Azoren geortet, gejagt und mit Wasserbomben durch die Fregatten HMS AFFLECK, GARLIES, GORE und GOULD angegriffen. Am Nachmittag des 1.3.44 war das Boot noch nicht wieder aufgetaucht und GARLIES und GORE hatten nach 34 Stunden den Kurs auf Gibraltar genommen. Drei Stunden später versenkte U 358 die GOULD. Nun in einer gefährlichen Lage, tauchte das Boot bald danach und wurde von der AFFLECK (Cdr.C. Gwinner) mit Artillerie und Wasserbomben versenkt.

Die 38-Stunden-Jagd war wahrscheinlich die längste im Ubootkrieg.

Es gab keine Überlebenden, 50 Tote.

U 359 Typ VII C

Bauwerft: Flensburger Schiffsbau
Kiellegung: 9. Juni 1941
Stapellauf: 11. Mai 1942
Indienststellung: 5. Oktober 1942
Feldpost-Nr.: M 49818
Versenkt am 28. Juli 1943 südwestlich von Puerto Rico (15°57'N/68°30'W)

Kommandos:
8. U-Flottille Danzig von Oktober 1942–Februar 1943 (Schulboot)
7. U-Flottille St. Nazaire von März 1943–28. Juli 1943 (Frontboot)
Versenkt am 28. Juli 1943 südwestlich von Puerto Rico (15°57'N/68°30'W)

Kommandant:
OLtzS Heinz Förster, Oktober 1942–28. Juli 1943

Feindfahrten: 3
Versenkte Schiffe: keines
1 wahrscheinlich beschädigt

1. 4.2.43: Auslaufen Kiel in den Nordatlantik.
U 359 traf auf die »Neptun«-Gruppe, gebildet am 18. südwestlich von Island gegen den ostwärts laufenden Convoy HX 226. Der Convoy wurde nicht entdeckt, er war umgeleitet worden und passierte die »Neptun«-Linie im Norden.
Am 20. fuhr die Gruppe südwestwärts. Er wurde umgangen von dem rücklaufenden Convoy SC 120, aber U 759 sichtete am Ende der nördlichen Linie HX 227 am Morgen des 27., und die »Neptun«-Boote griffen an. Ein Schiff wurde versenkt und ein anderes wahrscheinlich von U 405 beschädigt, aber schlechtes Wetter behinderte Angriffe anderer Boote.
Auf der Suche nach dem Convoy sichtete U 608 am 1.3.43 den herankommenden nach Westen laufenden Convoy ON 168. Der Kontakt ging verloren, als die Verfolger vertrieben wurden. Als die »Neptun«-Boote U 359, U 405, U 448 und U 659 den Convoy nicht fanden, stellten sie die Operation am 3. ein.
Am 5. gingen die »Neptun«-Boote auf Warteposition südlich von Cape Farewell und nördlich der »Wildfang«- und »Burggraf«-Gruppe. U 405 der »Neptun«-Gruppe sichtete am 6. den nach Osten laufenden Convoy SC 121 und 17 Boote aus den drei Gruppen wurden als »Westmark«-Gruppe auf ihn angesetzt. U 359 war mit dabei, hatte aber keinen Erfolg. Nachdem es die Operation am 8. verlassen hatte, fuhr es ostwärts in den Zentralen Nordatlantik und wurde nördlich der Azoren am 10. von U 119 mit Kraftstoff versorgt. An diesem Tag sichtete U 336 den nach Osten laufenden Convoy HX 228. U 359 und einige versorgte Boote der »Neptun«-Gruppe wurden an ihn herangeführt. Am Morgen des 11. torpedierte und beschädigte U 359 wahrscheinlich einen Nachzügler des Convoys.
Rückkehr in den neuen Stützpunkt St. Nazaire am 18.3.43.
2. 19.4.43: Auslaufen in den Nordatlantik. U 359 traf die

»Amsel«-Gruppe, die sich am 26. 1.400 Seemeilen westlich von Irland gebildet hatte. Die Gruppe verlegte nach Süden und suchte nach einem Convoy, von dem man annahm, es sei der nach Osten laufende HX 235. Die »Amsel«-Linie traf auf den linken Flügel der »Specht«-Gruppe und beide Gruppen fuhren zusammen nach Süden.
Am 1.5.43 wurde die kombinierte Linie in einem Winkel 200 Seemeilen östlich von St. John's, Neufundland, gebildet. Die »Specht«-Boote fuhren am 3. nach Norden, um eine neue Linie zu treffen. Die »Fink«- und »Amsel«-Boote, verstärkt durch sechs Neuankömmlinge, bildeten vier neue, kleinere Gruppen, »Amsel 1«, »-2«, »-3« und »-4« im selben Winkel östlich von St. John's. U 359 war in der südlichsten Gruppe, »Amsel 4«.
»Amsel 1« und »-2« fuhren nach Norden, um den Convoy ONS 5 zu greifen, und am 7. wurden »Amsel 3« und »-4«, vereint zur »Rhein«-Gruppe, mit hoher Fahrt am 8. zur Bildung einer Linie am 9. für den Empfang des Convoys HX 237 befohlen. U 359 sichtete ein Schiff des Convoys am 9., bevor die Linie stand, aber verlor es bei schlechter Sicht. Die Boote suchten unabhängig von einander nach dem Convoy und kamen wieder am Morgen des 10. zusammen.
Am Mittag sichtete U 40 ein schnelles Schiff und dann einen Schlepper. Beide Fahrzeuge führten zu dem Convoy, der am Nachmittag lokalisiert wurde.
Die »Rhein«-Boote waren zu weit im Osten, so wurden sie befohlen, sich mit den »Elbe«-Booten zu vereinen und die »Elbe 1«- und »Elbe 2«-Gruppe zu bilden. Sie sollten den langsameren Convoy angreifen, der von U 504 am 11. entdeckt wurde. U 359 gehörte zur »Elbe 2«-Gruppe. Der Convoy hatte eine starke Sicherung über Wasser und durch Escortträgerflugzeuge, die die Boote auf Distanz hielten.
Am 12. fischte U 359 ein Besatzungsmitglied von U 233 auf, das früher am Tag über Bord gegangen war. Der Mann wurde am 14. an U 223 zurückgegeben. Die Operation gegen SC 129 endete am 14. westlich von Irland. Zwei Schiffe wurden versenkt, zwei Boote gingen verloren.
Rückkehr nach St. Nazaire am 20.5.43.
3. 29.6.43: Auslaufen in die Karibik. U 359 wurde am oder um den 10.7.43, 600 Seemeilen südwestlich der Azoren, von U 487 mit Kraftstoff versorgt. Der Tanker ging am 13. unter.
U 359 setzte seine Fahrt nach Westen fort und lief in die Karibik ein. Es hatte keinen Erfolg während es dort patrouillierte. Dann wurde es südwestlich von Puerto Rico am 28. von einer USN Mariner des VP 32 (Lt D.C. Pinholster) geortet. Als das Flugzeug ankam, eröffnete das Boot mit seiner Flak das Feuer. Es drehte nach

Backbord. Vier Bomben wurden geworfen, die das Boot streiften. Das Flugzeug überflog den Turm des Bootes. Bei einem zweiten Anflug feuerte das Flugzeug mit seinen Kanonen, aber das Flakfeuer des Bootes setzte zwei Bordschützen außer Gefecht und verwundete zwei Kanoniere. Nach Verbrauch aller Bomben flog Pinholster nach Hause. Auf dem Rückflug sah die Besatzung des Flugzeuges eine Explosion, die von U 359 kam. Eine große Öllache, entdeckt am folgenden Tag, deutete auf den Verlust des Bootes hin.

Es gab keine Überlebenden, 47 Tote.

U 360 Typ VII C

Bauwerft: Flensburger Schiffsbau
Kiellegung: 9. August 1941
Stapellauf: 28. Juli 1942
Indienststellung: 12. November 1942
Feldpost-Nr.: M 50507
Versenkt am 2. April 1944 nordwestlich von Hammerfest (73°29'N/13°04'E)

Kommandos:
5. U-Flottille Kiel von November 1942–Juni 1943 (Schulboot)
13. U-Flottille Drontheim von Juli 1943–2. April 1944 (Frontboot)

Kommandanten:
OLtzS Klaus-Jürgen Bühring, Nov. 1942–Mai 1943
KptLt Klaus Becker, Mai 1943–2. April 1944

Feindfahrten: 5
Versenkte Schiffe: keines
2 beschädigt

1. 7.8.43: Auslaufen Kiel und Einlaufen Bergen am 10.8.43.
2. 12.8.43: Auslaufen Bergen und Einlaufen Narvik am 15.8.43.
3. 16.8.43: Auslaufen in nördliche Gewässer. Es sind keine Einzelheiten über diesen Einsatz bekannt, außer dass unter der Besatzung eine Diphtherie-Epidemie ausbrach. Einlaufen Hammerfest am 24.9.43.
4. 6.10.43: Auslaufen und Mitte November Stationierung des Bootes mit der »Eisenbart«-Gruppe zwischen Spitzbergen und der Bäreninsel. Convoys zwischen Großbritannien und der Sowjetunion wurden ab März 1943

erwartet und nur wenige sowjetische Schiffe wurden in den sieben Monaten bis 1.11.43 versenkt, als alliierte Convoys ab Archangelsk fuhren. Fortgesetzter Nebel und mistiges Wetter half dem Convoy RA 54A, der Loch Ewe ohne Verluste erreichte.
Rückkehr nach Narvik am 19.11.43.
5. 23.11.43: Auslaufen. U 360 traf auf die »Eisenbart«-Gruppe. Der Convoy RA 54B verließ Archangelsk am 26., und die Geleitfahrzeuge wurden von U 307 am 28. gesichtet. Das Boot wurde sehr schnell entdeckt, mit Wasserbomben beschädigt und vertrieben. Der Convoy kam sicher am 9.12.43 in Loch Ewe an.
Rückkehr nach Narvik am 30.11.43.
6. 27.12.43: Auslaufen. Ab Ende Januar 1944 war U 360 mit der »Isegrim«-Gruppe in der Bäreninsel-Passage. Ab 25. operierte die Gruppe gegen den nach Osten laufenden Convoy JW 56A ostsüdöstlich der Passage.
Bald nach Mitternacht des 26. beschädigte U 360 die britische FORT BELLINGHAM (7.153 t), das Schiff des Convoy-Kommodores. Das Schiff wurde am frühen Morgen des 26. von U 957 versenkt.
U 360 wurde von HMS OBDURATE vertrieben, nachdem es einen Fehlschuss auf den Zerstörer losgelassen hatte. Einige Zeit später lokalisierte die OBDURATE U 360 wieder und fuhr darauf zu. U 360 schoss einen Torpedo, der den Schiffskörper der OBDURATE beschädigte und die Steuerbordseite zerstörte, wodurch er nicht mehr manövrierfähig war. Lecks wurden entdeckt und Notreparaturen durchgeführt, so dass der Zerstörer mit einer Schraube zum Convoy zurückkam. U 360 kehrte am 28.1.44 nach Hammerfest zurück.
7. 30.1.44: Auslaufen Hammerfest und Einlaufen Drontheim am 3.2.44.
8. 29.3.44: Auslaufen Drontheim. Der nach Osten laufende Convoy JW 58 verließ Loch Ewe am 27. und wurde von deutschen Flugzeugen am 30. entdeckt. Drei Uboot-Gruppen, »Thor«, »Blitz« und »Hammer«, warteten auf ihn.
Zusätzlich wurden U 360, U 361, U 716, U 739 und U 990 mit angesetzt.
Obwohl zahlreiche Angriffe am 1., 2. und 3. April gemacht wurden, waren sie wenig erfolgreich. Flugzeuge der Escortträger HMS ACTIVITY und TRACKER schossen deutsche Flugzeuge ab, zerstörten U 288 und beschädigte U 355, das bald danach von HMS BEAGLE versenkt wurde.
Am 2.4.44 wurde U 360 nordwestlich von Hammerfest mit Hedgehogattacken des Zerstörers HMS KEPPEL (Cdr I.J. Tyson) versenkt.

Es gab keine Überlebenden, 51 Tote.

U 361 Typ VII C

Bauwerft: Flensburger Schiffsbau
Kiellegung: 12. September 1941
Stapellauf: 9. September 1942
Indienststellung: 18. Dezember 1942
Feldpost-Nr.: M 49274
Versenkt am 17. Juli 1944 westlich von den Lofoten
(68°36'N/08°30'E)

Kommandos:
8. U-Flottille Danzig von Dezember 1942–Februar 1944
(Schulboot)
11. U-Flottille Bergen von März 1944–17. Juli 1944
(Frontboot)

Kommandant:
KptLt Hans Seidel, Dezember 1942–17. Juli 1944

Feindfahrten. 3
Versenkte Schiffe: keines

1. 22.2.44: Auslaufen Kiel in nördliche Gewässer.
U 361 traf auf die »Boreas«-Gruppe südöstlich der Bäreninsel Anfang März, um gegen den nach Westen laufenden Convoy RA 57 zu operieren. Der Convoy verließ Kola am 2.3.44 und nach einer weiten Kurve nach Osten wurde er am 4. von deutschen Flugzeugen entdeckt. Einige Boote kamen zum Angriff auf die Geleitfahrzeuge. U 703 vesenkte ein Schiff, aber U 366 und U 973 wurden durch Trägerflugzeuge versenkt. RA 57 kam in Loch Ewe am 10.3.44 an. U 361 hatte keinen Anteil an den Angriffen gegen den Convoy.
Rückkehr nach Narvik am 27.3.44.
2. 31.3.44: Auslaufen Narvik. Der nach Osten laufende Convoy JW 58 verließ Loch Ewe am 27. und wurde am 30. von deutschen Flugzeugen gesichtet. Drei Uboot-Gruppen, »Thor«, »Blitz« und »Hammer«, warteten auf den Convoy.
Zusätzlich kamen die Boote U 361, U 360, U 716, U 739 und U 990 hinzu.
Trotz vieler Angriffe auf die Geleitfahrzeuge waren diese ziemlich erfolglos. U 361 nahm an den Attacken nicht teil. Flugzeuge der Escortträger HMS ACTIVITY und TRACKER schossen deutsche Flugzeuge ab, zerstörten U 288 und beschädigten U 355, das später von HMS BEAGLE versenkt wurde.
Der rücklaufende, mit Westkurs fahrende Convoy RA 58 verließ Kola am 7., aber er wurde von Aufklärungsflugzeugen vor dem 9. nicht gefunden. Zwei U-Boot-Gruppen, »Donner« und »Keil«, warteten auf ihn. U 361, U 313, U 362 und U 703 kamen heran und griffen die Geleitfahrzeuge am 10. an, aber ohne Erfolg.
Der Kontakt ging verloren und als der Convoy durch Flugzeuge am 11. wiedergefunden wurde, waren die Boote zu weit ab. Die Operation wurde aufgegeben.
Rückkehr nach Narvik am 24.4.44.
3. 27.6.44: Auslaufen. U 361 war auf dem Kurs, um am 17. östlich von Jan Mayen auf die »Trutz«-Gruppe zu treffen, als es von einer Liberator der 86. Squadron (P/O M.G. Moscley) westlich der Lofoten gesichtet wurde.
Das Boot wurde mit Wasserbomben versenkt.
Es gab keine Überlebenden, 52 Tote.

U 362 Typ VII C

Bauwerft: Flensburger Schiffsbau
Kiellegung: 9. November 1941
Indienststellung: 4. Februar 1943
Stapellauf: 21. Oktober 1942
Feldpost-Nr.: M 50254
Vesenkt am 5. September 1944 nahe Krakowa Island, Karasee

Kommandos:
8. U-Flottille Danzig von Februar 1943–Februar 1944
(Schulboot)
13. U-Flottille Drontheim von März 1944–5. September 1944 (Frontboot)

Kommandant:
OLtzS Ludwig Franz, Februar 1943–5. September 1944

Feindfahrten: 5
Versenkte Schiffe: keines

1. 6.2.44: Auslaufen Kiel und Einlaufen Bergen am 10.2.44.
2. 14.2.44: Auslaufen Bergen. U 362 traf auf die »Werwolf«-Gruppe. Am 23. sichtete ein deutsches Flugzeug den nach Osten laufenden Convoy JW 57, der Loch Ewe am 20. verlassen hatte. Die »Werwolf«-Boote wurden zum Angriff befohlen. Am 25. kam es zum ersten Kontakt. Die Boote wurden vertrieben, aber U 990 vesenkte einen Escortzerstörer. Weitere Attacken wurden auf die Geleitfahrzeuge am 26. und 27. gemacht, aber die waren erfolglos. U 362 fuhr einen Angriff auf einen Zerstörer am Nachmittag des 27., aber es wurde nur eine Deto-

nation gehört. Der Convoy kam am 28. in Kola an. Rückkehr nach Narvik am 1.3.44.

3. 9.3.44: Auslaufen Narvik und Einlaufen Drontheim am 12.3.44.

4. 5.4.44: Auslaufen Drontheim und Einlaufen Narvik am 7.4.44.

5. 8.4.44: Auslaufen Narvik. Der nach Westen rücklaufende Convoy RA 58 verließ Kola am 7., aber wurde nicht vor dem 9. von Aufklärern gefunden. Zwei Uboot-Gruppen, »Donner« und »Keil«, warteten auf ihn. U 362, U 313, U 361 und U 703 kamen heran und griffen die Geleitfahrzeuge am 10. an, aber ohne Erfolg. Der Kontakt ging verloren, und als er durch Aufklärungsflugzeuge am 11. wieder gefunden wurde, waren die Boote zu weit weg. Die Operation wurde eingestellt. Rückkehr nach Drontheim am 13.4.44.

6. 14.5.44: Auslaufen Drontheim. Es sind keine Einzelheiten dieser Fahrt bekannt. Einlaufen Skjomenfjord am 7.6.44.

7. 14.7.44: Auslaufen Skjomenfjord. Es sind keine Einzelheiten der Fahrt bekannt. Einlaufen Hammerfest am 20.7.44.

8. 2.8.44: Auslaufen Hammerfest. Während des August operierten U 362, U 278, U 365, U 711, U 739 und U 957 als »Greif«-Gruppe in der Kara-See, entlang der sibirischen Küste, aber es gab keinen Erfolg. Am 5.9.33 versuchten U 362 und U 739 einen sowjetischen Convoy nahe von Krakowa Island anzugreifen. U 362 wurde mit Wasserbomben des sowjetischen Minensuchers T 116 vom Geleitschutz versenkt. Das Boot wurde am 6.9.44 offiziell zum Verlust erklärt. Es gab keine Überlebenden, 51 Tote.

U 363 Typ VII C

Bauwerft: Flensburger Schiffsbau
Kiellegung: 23. Dezember 1941
Stapellauf: 17. Dezember 1942
Indienststellung: 18. März 1943
Feldpost-Nr.: M 50947
Vesenkt am 31. Dezember 1945 nordwestlich von Malin Head (55°45'N/09°18'W)

Kommandos:
8. U-Flottille Danzig von März 1943–Mai 1944 (Schulboot)
11. U-Flottille Bergen von Juni–September 1944 (Fronboot)

13. U-Flottille Drontheim von September 1944–9. Mai 1945 (Frontboot)

Kommandanten:
OLtzS Wolf-Werner Wilzer, März–August 1943
KptLt Werner Nees, September 1943–9. Mai 1945

Feindfahrten: 7
Versenkte Schiffe: keines

1. 21.5.44: Auslaufen Kiel und Einlaufen Marviken am 23.5.44.

2. 27.5.44: Auslaufen Marviken und Einlaufen Bergen am 28.5.44.

3. 29.5.44: Auslaufen Bergen. Es sind keine Einzelheiten über diese Fahrt bekannt. Einlaufen Bogenbucht am 29.6.55.

4. 4.8.44: Auslaufen Bogenbucht. Ab Mitte August befand sich U 363 bei der »Trutz«-Gruppe und wartete auf den nach Osten laufenden Convoy JW 59. Früh am 21. passierte der Convoy die Linie, und die Boote griffen an. U 363 und andere Boote wurden von Trägerflugzeugen vertrieben. Sie wurden wieder vertrieben am 23., aber es gelang ihnen dennoch, einige Angriffe auf Geleitfahrzeuge am 24. zu machen, aber ohne Erfolg. U 363 schoss drei Torpedos am frühen Morgen des 24. auf einen Zerstörer ab, aber es wurde nur die Endlaufdetonation gehört. Der Convoy kam in Kola am 25. an, die »Trutz«-Gruppe kehrte in die Bäreninsel-Passage zur Operation gegen den rücklaufenden Convoy RA 59A zurück. Der Convoy fuhr am 28. ab, aber wurde weder von den Ubooten noch von Flugzeugen entdeckt. Er lief am 6.9.44 in Loch Ewe ein. U 363 lief Narvik am 2.9.44 an.

5. 28.9.44: Auslaufen Narvik. U 363 gehörte zur »Zorn«-Gruppe und nahm Teil an der Operation gegen den nach Westen laufenden Convoy RA 60. Der Convoy verließ Kola in der Nacht des 27./28. er umging die »Isegrim«- und die »Zorn«-Gruppe, die südwestlich von der Bäreninsel standen. Der Convoy kam am 5.10.44 in Loch Ewe an. U 363 kehrte am 6.10.44 nach Narvik zurück.

6. 15.10.44: Auslaufen Narvik. Ende Oktober war U 363 mit der »Panther«-Gruppe auf Wartestation auf den nach Osten laufenden Convoy JW 61, der am 26. die Linie passierte. Erfolglose Attacken wurden während der Nacht vom 26./27. gegen die Geleitfahrzeuge gemacht. JW 61 erreichte am 28. sicher Kola. Der rücklaufende Convoy RA 61 fuhr am 2.11.44 ab, doch seine starke Geleitsicherung hielt die Boote der »Panther«-Gruppe auf Distanz. Rückkehr nach Kilborn am 11.11.44.

7. 28.11.44: Auslaufen Kilborn. U 363 traf auf die »Stock«-Gruppe, die westlich von der Bäreninsel auf den nach Osten laufenden Convoy JW 62 wartete, der am 31. von einem deutschen Flugzeug gesichtet wurde.

Der Convoy passierte ungesehen die Bäreninsel-Passage, die »Stock«-Boote fuhren an die Kolaküste. Am 2.12.44 griff U 363 den sowjetischen Convoy PK 20 an und beschädigte die sowjetische PROLETARIJ (1.123 t) nördlich von Zyp Navolok.

Am 4. griffen U 363 und andere Boote einen nach Westen laufenden sowjetischen KP-Convoy vor Kola an, ohne Erfolg. Rückkehr nach Narvik am 8.12.44.

8. 10.12.44: Auslaufen Narvik und Einlaufen Drontheim am 11.12.44.

9. 7.3.45: Auslaufen Drontheim und Einlaufen Harstad am 10.3.45.

10. 12.3.45: Auslaufen Harstad. U 363 traf auf die »Hagen«-Gruppe, die in der Bäreninsel-Passage auf den nach Osten laufenden Convoy JW 65 wartete, der am 11. vom Clyde ausgelaufen war. Als Flugzeuge den Convoy verfehlten, wurden am 17. die 13 Boote zum Eingang von Kola verlegt und in zwei Linien mit sechs und sieben Booten aufgeteilt. Am Morgen des 20. passierte der UW 65 im Schneesturm die erste Linie und traf auf die zweite am Mittag. Angriffe wurden gemacht, ein Schiff und eine Sloop wurden versenkt.

Nachdem der Convoy den Hafen angelaufen hatte, versuchten die Boote gegen die Escortträger HMS CAMPANIA und TRUMPETER zu operieren. Man nahm an, sie seien in der Barentssee, aber das war eine falsche Annahme. Am 23. verließ der rücklaufende Convoy RA 65 Kola. U 363 und andere Boote versuchten am 25. eine Linie vor dem Convoy zu bilden, aber der Convoy fuhr anders als erwartet. Als die Luftaufklärung ihn nicht lokalisierte, wurde die Operation am 27. eingestellt. Rückkehr nach Harstad am 31.3.45.

11. 18.4.45: Auslaufen. U 363 traf auf die »Faust«-Gruppe westlich der Bäreninsel, die auf den Convoy JW 66 wartete, der den Clyde am 16. verlassen hatte. Als die Luftaufklärung ihn verfehlte, fuhren die Boote auf eine Position vor der Einfahrt nach Kola. Einige der wartenden Boote griffen den sowjetischen Convoy PK 9 während der Nacht vom 21./22. an. U 363 nahm nicht daran teil. Der Convoy JW 66 umging die wartenden Boote und lief unversehrt Kola am 25. an.

Ende April war U 363 eines von 14 Booten, die vor Kola auf das Erscheinen des rücklaufenden Convoys RA 66 warteten. Am 29., kurz vor der Abfahrt des Convoys, trieben alliierte und sowjetische Kriegsschiffe die wartenden Boote weg. Eine britische Fregatte wurde versenkt, zwei Boote gingen verloren, die übrigen liefen ab. Als der Convoy sich in Bewegung setzte, war kein Boot in der Nähe. Der Kontakt war verloren und konnte auch durch Luftaufklärung nicht hergestellt werden. Die

Operation wurde aufgegeben. So endete die letzte Convoyschlacht des Krieges. U 363 war am 4.5.45 noch immer in See, dem Tag, als der Ubootkrieg endete. Rückkehr nach Narvik am 8.5.45.

U 363 kapitulierte am 9.5.45 in Narvik und fuhr am 16. nach Loch Eriboll, als eines von vielen Booten, die von der 9. Escortgruppe begleitet wurden.

Es gehörte zu den 116 Booten, die der Royal Navy für die »Operation Deadlight« zur Verfügung gestellt wurden. Ende Dezember 1945 wurde das Boot im Schlepp des Schleppers HMS SAUCY nach einem Sammelpunkt in Lisahelly geschleppt. Das Boot wurde am 31.12.45 nordwestlich von Malin Head durch Geschützfeuer versenkt.

U 364 Typ VII C

Bauwerft: Flensburger Schiffsbau
Kiellegung: 12. Februar 1942
Stapellauf: 21. Januar 1943
Indienststellung: 3. Mai 1943
Feldpost-Nr.: M 18837
Versenkt am 30. Januar 1944 westsüdwestlich von La Rochelle (45°25'N/05°15'W)

Kommandos:
5. U-Flottille Kiel von Mai–Oktober 1943 (Schulboot)
7. U-Flottille St. Nazaire von Oktober 1943–30. Januar 1944 (Frontboot)

Kommandant:
OLtzS Paul-Hermann Sass, Mai 1943–30. Januar 1944

Feindfahrten: 1
Versenkte Schiffe: keines

1. 23.11.43: Auslaufen Kiel und Einlaufen Marviken am 26.11.43.

2. 26.11.43: Auslaufen Marviken in den Atlantik. U 364 traf eine Gruppe von Booten, die sich nördlich des Nordkanals versammelt hatten und auf der Suche nach Convoys westlich der Britischen Inseln waren. Am 15.12.43 bildeten U 364, U 284, U 471, U 741, U 976 und U 981 die Gruppe »Coronel 2« und setzten die Suche nach Convoys fort.

Am 19. wurden die Gruppen »Coronel 1« und »-2« umgebildet zur »Sylt«-, »Amrum«- und »Föhr«-Gruppe. U 364 gehörte zur Gruppe »Sylt«. Ab 22. wurden die

Boote westlich von Irland umgebildet in sechs kleinere Gruppen, »Rügen 1« bis »-6«. U 364 gehörte zur Gruppe »Rügen 1«. Diese kleinen Gruppen, meistens aus drei Booten bestehend, waren immer in Bewegung, sie wechselten ihre Positionen und bildeten immer neue Formationen, alles mit der Absicht, die Alliierten über das Gebiet, in dem sie operierten, zu täuschen. Als drei Convoys Ende Dezember auftauchten, waren die Gruppen zu klein, um Attacken durchführen zu können. Die Gruppen operierten einzeln als »Rügen«-Gruppe.

Am 30. war U 364 auf dem Marsch nach St. Nazaire. Es wurde angegriffen und mit Wasserbomben durch eine Wellington der 172. Squadron (F/Sgt L.D. Richards) westsüdwestlich von La Rochelle versenkt. Das Flugzeug kam nicht zum Stützpunkt zurück, seine Besatzung ging verloren. Es wird angenommen, dass die Wellington durch Flak zum Absturz gebracht wurde.

Von U 364 gab es keine Überlebenden, 49 Tote.

U 365 Typ VII C

Bauwerft: Flensburger Schiffsbau
Kiellegung: 21. April 1942
Stapellauf: 9. März 1943
Indienststellung: 8. Juni 1943
Feldpost-Nr.: M 52253
Versenkt am 13. Dezember 1944 nordwestlich von den Lofoten (70°43'N/08°07'E)

Kommandos:
5. U-Flottille Kiel von Juni 1943–Februar 1944 (Schulboot)
9. U-Flottille Brest von März–Juni 1944 (Frontboot)
13. U-Flottille Drontheim von Juni 1944–13. Dezember 1944 (Frontboot)

Kommandanten:
KptLt Helmar Wedemeyer, Juni 1943–November 1944
OLtzS Diether Todenhagen, Juni 1944–13. Dez. 1944

Feindfahrten: 8
Versenkte Schiffe: 1 (5.685 BRT) und 2 beschädigt
2 Minensucher (1.250 t)

1. 19.2.44: Auslaufen Kiel und Einlaufen Bergen am 22.2.44.

2. 26.3.44: Auslaufen. Es sind keine Einzelheiten über diese Fahrt bekannt. Rückkehr nach Bergen am 5.4.44.

3. 8.4.44: Auslaufen Bergen. Es sind keine Einzelheiten über diese Fahrt bekannt.
Rückkehr nach Bergen am 24.4.44.

4. 1.5.44: Auslaufen. Es sind keine Einzelheiten dieser Fahrt bekannt.
Rückkehr nach Bergen am 21.5.44.

5. 3.5.44: Auslaufen Bergen und Einlaufen Skjomenfjord am 7.6.44.

6. 23.6.44: Auslaufen Skjomenfjord. Im Juli war U 365 östlich von Jan Mayen mit der »Trutz«-Gruppe. Die Gruppe wurde später im Juli aufgelöst und die Boote liefen zurück. U 365 lief in Hammerfest am 22.7.44 ein.

7. 5.8.44: Auslaufen in die Karasee. U 355, U 278, U 362, U 711, U 739 und U 957 wurden zur Patrouille der sibirischen Seeroute als »Greif«-Gruppe eingesetzt. Am 12. griff U 365 den Convoy BD 5 in der Karasee, nördlich von Mys Kharasavey an und torpedierte die sowjetische MARINA RASKOVA (5.685 t). Im Glauben, das Schiff sei auf eine Mine gelaufen, stoppten die Geleitfahrzeuge und U 365 versenkte die beiden sowjetischen Minensucher TSC 114 und TSC 118. Dann versenkte es die beschädigte MARINA RASKOVA. Am 15.8.44 verließ der nach Osten laufende Convoy JW 59 Loch Ewe, und am 20. wurde er von deutschen Aufklärern östlich von Jan Mayen entdeckt. Am 21. passierte er die »Trutz«-Linie und U 344 versenkte eine Sloop.

U 365 und U 711 kamen von der Karasee, trafen auf U 354 und U 703 und bildeten eine Linie vor dem Convoy am 22. Die Überwassergeleitfahrzeuge und die Luftsicherung hielten die wartenden Boote vom Convoy weg, so dass der Kontakt verloren ging. Die Operation wurde am 25. beendet, der Convoy kam sicher an.

U 365 kehrte am 25.8.44 nach Hammerfest zurück.

8. 27.8.44: Auslaufen Hammerfest und Einlaufen Narvik am 28.8.44.

9. 28.9.44: Auslaufen. U 365 war eines der »Zorn«-Boote, die auf dem Kurs des Convoys RA 60 westlich der Bäreninsel lagen. Der Convoy fuhr in der Nacht des 27./28. und ging der »Zorn«- und »Isegrim«-Gruppe aus dem Weg.
Rückkehr in die Bogenbucht am 3.10.44.

10. 7.10.44: Auslaufen Bogenbucht und Einlaufen Tromsö am 8.10.44.

11. 12.10.44: Auslaufen. Während des ersten Teils dieser Patrouille glaubt man, dass U 365 einen Wetterbeobachtungstrupp auf Spitzbergen landete. Ende Oktober war U 365 bei der »Panther«-Gruppe, die auf den nach Osten laufenden Convoy JW 61 wartete. Der passierte die Linie während der Nacht vom 26./27. und einige Boote, einschließlich U 365, fuhren erfolglose

Angriffe auf die Geleitfahrzeuge. JW 61 kam am 28. sicher in Kola an. Der rücklaufende Convoy RA 61 fuhr am 2.11.44 ab, aber seine starke Geleitsicherung hielt die »Panther«-Boote auf Distanz und er kam am 9. sicher in Loch Ewe an.

Rückkehr nach Kilbotn am 11.11.44.

12. 22.11.44: Auslaufen. Am 31. wurde der Convoy JW 62 von deutschen Flugzeugen entdeckt. U 365 war bei der »Stock«-Gruppe und wartete westlich der Bäreninsel. Der Convoy passierte die Bäreninsel ungesehen, und die »Stock«-Boote fuhren am 1.12.44 zur Kola-Küste zurück.

Zwischen dem 5. und 7. führten U 365 und sechs andere Boote Angriffe auf die sowjetischen U-Jagd-Gruppen durch. Am 5. glaubte U 365 einen Treffer auf ein sowjetisches Handelsschiff nördlich der Kildin-Insel erzielt und am 6. das sowjetische Parouillenboot BO 226 versenkt zu haben. Vor Verlassen der Kola-Bucht durch den rücklaufenden Convoy RA 62 am 9. versuchten alliierte und sowjetische Marineeinheiten die wartenden Boote zu vertreiben. Nachdem der Convoy abgefahren war, war U 365 das einzige Boot, das den Convoy lokalisierte. Es griff die britische SAN VENANCIO am 10. an, hörte aber nur die Detonation eines Endläufers, doch am 11. beschädigte das Boot den Zerstörer HMS CASSANDRA nördlich von Varde, Norwegen. U 365 verfolgte noch immer den Convoy und wurde am 13. nordwestlich der Lofoten von zwei Swordfish des 813. (FAA) Squadron des Escortträgers HMS CAMPANIA angegriffen und versenkt.

Es gab keine Überlebenden, 50 Tote.

U 366 Typ VII C

Bauwerft: Flensburger Schiffsbau
Kiellegng: 22. Mai 1942
Stapellauf: 16. April 1943
Indienststellung: 16. Juli 1943
Feldpost-Nr.: M 53317
Versenkt am 5. März 1944 nordwestlich vom Nordkap (72°10'N/14°45'E)

Kommandos:
5. U-Flottille Kiel von Juli 1943–Februar 1944 (Schulboot)
13. U-Flottille Drontheim von Februar 1944–5. März 1944 (Fronboot)

Kommandant:
OLtzS Bruno Langenberg, Juli 1943–5. März 1944

Feindfahrten: 2
Versenkte Schiffe: keines

1. 15.2.44: Auslaufen Kiel und Einlaufen Bergen am 18.2.44.

2. 20.2.44: Auslaufen Bergen in nördliche Gewässer. Am 23. wurde der nach Osten laufende Convoy JW 57 von deutschen Flugzeugen entdeckt und verfolgt. Die »Werwolf«-Gruppe wurde auf ihn angesetzt und die neugebildete »Hartmut«-Gruppe mit U 366, U 315, U 472 und U 673 war ebenfalls eingesetzt.

Einige »Werwolf«-Boote hatten Kontakt am 25. und ein Zerstörer wurde versenkt. Allerdings gingen auch zwei Boote verloren und die anderen wurden vertrieben. Der Kontakt wurde am 26. und 27. durch Flugzeuge aufrecht erhalten, aber Angriffe auf die Geleitfahrzeuge durch die »Werwolf«- und »Hartmut«-Boote waren erfolglos. U 366 griff spät am 26. einen Zerstörer an, es war aber nur die Detonation eines Endläufers zu hören.

Der Convoy lief am 28. in Kola ein.

Rückkehr nach Hammerfest am 29.2.44.

3. 4.3.44: Auslaufen. Der nach Westen laufende Convoy RA 57 verließ Kola am 2. und wurde am 4. früh durch Flugzeuge nordnordwestlich vom Nordkap entdeckt.

U 366 war auf dem Marsch zur »Boreas«-Gruppe, die den Kontakt mit RA 57 hergestellt hatte. Das Boot war am 5. nahe am Convoy, als es durch eine Swordfish der 816. (FAA) Squadron (SubLt J.F. Mason) vom Escortträger HMS CHASER gesichtet wurde. U 366 wurde mit Raketen versenkt.

Es gab keine Überlebenden, 51 Tote.

U 367 Typ VII C

Bauwerft: Flensburger Schiffsbau
Kiellegung: 6. Juli 1942
Stapellauf: 11. Juni 1943
Indienststellung: 27. August 1943
Feldpost-Nr.: M 54488
Versenkt am 15. März 1945 vor Hela, Danziger Bucht

Kommandos:
23. U-Flottille Danzig von Oktober 1943–Februar 1945 (Schulboot)

31. U-Flottille Danzig von Januar 1945–15. März 1945 (Schulboot)

Kommandanten:
OLtzS Ulrich Hammer, August 1943–Januar 1944
OLtzS Klaus Becker, Januar–März 1944
OLtzS Hasso Stegemann, März–15. März 1945

Feindfahrten: keine
Versenkte Schiffe: keines

U 367 kam nicht zum Einsatz. Es fuhr als Schulboot für die 23. und 31. U-Flottille in der Ostsee.
Am 15.3.45 sank es vor Hela nach einer Explosion, möglicherweise durch eine Mine, die vom sowjetischen Uboot L 21 am 8.3.45 gelegt wurde.
Es gab keine Überlebenden, 43 Tote.

U 368 Typ VII C

Bauwerft: Flensburger Schiffsbau
Kiellegung: 20. August 1942
Stapellauf: 16. November 1943
Indienststellung: 7. Januar 1944
Feldpost-Nr.: M 45428
Versenkt am 17. Dezember 1945 nordwestlich von Bloody Foreland (56°14'N/10°37'W)

Kommandos:
21. U-Flottille Pillau von Januar 1944–Februar 1945 (Schulboot)
31- U-Flottille Wilhelmshaven von März 1945–7. Mai 1945 (Schulboot)

Kommandanten:
OLtzS Wolfgang Schaiper (Schäfer), Jan. 1944–Jan. 1945
OLtzS Herbet Giesewatter, Januar 1945–7. Mai 1945

Feindfahrten: keine
Versenkte Schiffe: keines

U 368 kam nicht zum Einsatz. Es fuhr als Schulboot für die 21. und 31. U-Flottille bis Kriegsende. Am 7.5.45 kapitulierte das Boot in Wilhelmshaven und fuhr am 23.6.45 zu einem Sammelpunkt in Loch Ryan.
U 368 war eines von 116 Booten, die der Royal Navy für die »Operation Deadligth« zur Verfügung gestellt wurden. Mitte Dezember wurde das Boot durch den Nordkanal vom Schlepper HMS MASTERFUL geschleppt. Am 17.12.45 wurde es durch Geschützfeuer nordwestlich von Bloody Foreland versenkt.

U 369 Typ VII C

Bauwerft: Flensburger Schiffsbau
Kiellegung: 6. Oktober 1942
Stapellauf: 17. August 1943
Indienststellung: 15. Oktober 1943
Feldpost-Nr.: M 53519
Versenkt am 30. November 1945 vor Malin Head (55°32'N/07°28'W)

Kommandos:
22. U-Flottille Gotenhafen von Oktober 1943–Februar 1945 (Schulboot)
31. U-Flottille Wilhelmshaven von März 1945–9. Mai 1945 (Schulboot)

Kommandanten:
KptLt Ludwig Schaafhausen, Oktober 1943–April 1945
OLtzS Hans-Norbert Schunck, April 1945–9. Mai 1945

Feindfahrten: keine
Versenkte Schiffe: keines

U 369 kam nicht zum Einsatz und fuhr als Schulboot für die 22. und 31. U-Flottille bis Kriegsende.
Am 9.5.45 kapitulierte es in Kristiansand und fuhr am 29. nach Scapa Flow, dann weiter zu einem Sammelpunkt in Loch Ryan.
U 369 gehörte zu den 116 Booten, die der Royal Navy für die »Operation Deadlight« zur Verfügung gestellt wurden. Ende November wurde es im Schlepp durch den Zerstörer HMS RUPERT durch den Nordkanal geschleppt. Am 30.11.45 erfolgte die Versenktung vor Malin Head.

U 370 Typ VII C

Bauwerft: Flensburger Schiffsbau
Kiellegung: 21. November 1942
Stapellauf: 24. September 1943
Indienststellung: 19. November 1943
Feldpost-Nr.: M 06266
Selbst versenkt am 5. Mai 1945 in der Geltinger Bucht

Kommandos:
4. U-Flottille Stettin von November 1943–Juni 1944
(Schulboot)
1. U-Flottille FdU Mitte von Juni–Juli 1944
(Frontboot/ohne Einsatz)
8. U-Flottille Königsberg von Juli 1944–Februar 1945
(Frontboot)
4. U-Flottille Stettin von Februar 1945–5. Mai 1945
(Schulboot)

Kommandant:
OLtzS Karl Nielsen, November 1943–5. Mai 1945

Feindfahrten: 6
Versenkte Schiffe: keines
1 beschädigt, 1 Patrouillenfahrzeug (56 t)

1. 9.6.44: Auslaufen Kiel und Einlaufen Marviken am
10.6.44.

*Im Juni lag das Boot in Bereitschaft in Marviken als Teil
der Anti-Invasionsgruppe »Mitte«, die ursprünglich aus
22 Booten bestand, klar zum Angriff auf jede Landung in
Norwegen. Die Gruppe wurde reduziert ab Ende Juli
1944.*

2. 29.6.44: Auslaufen Marviken und Rückkehr nach Kiel
am 1.7.44.

*Im Juli 1944 wurde U 370 zur Operation mit der 8. U-
Flottille in die Ostsee befohlen.*

3. 9.7.44: Auslaufen Kiel und Einlaufen Reval am
12.7.44.
4. 13.7.44: Auslaufen Reval und Einlaufen Grand Hotel
am 14.7.44.
5. 17.7.44: Auslaufen. U 370 operierte im Golf von
Finnland im Gebiet der Koivisto- und Narva-Bucht.
Rückkehr nach Grand Hotel am 24.7.44.
6. 26.7.44: Auslaufen Grand Hotel und Einlaufen Nord
Altaskär am 27.7.44.

7. 28.7.44: Auslaufen. Am 31. versenkte U 370 das
sowjetische Patrouillenboot MO 107 im östlichen Golf
von Finnland. Einlaufen Helsinki am 3.8.44.
8. 9.8.44: Auslaufen Helsinki Einlaufen Grand Hotel am
12.8.44.
9. 20.8.44: Auslaufen. Es sind keine Einzelheiten über
diesen Einsatz bekannt. Rückkehr nach Grand Hotel am
30.8.44.

*Am 2.9.44 brach Finnland die diplomatischen Be-
ziehungen mit Deutschland ab und kapitulierte am 4.
September. Ab 2. evakuierten die Deutschen ihr Personal
und vom vielen Material so viel es ging aus finnischen
Häfen. Weitere Uboot-Operationen wurden von Danzig,
Gotenhafen und Memel aus durchgeführt.*

10. 3.9.44: Auslaufen Grand Hotel. U 370 übernahm
einen deutschen Funktrupp am 3. an einem bestimmten
Punkt der finnischen Küste.
Rückkehr nach Kopli am 6.9.44.
11. 13.9.44: Auslaufen. Es sind keine Einzelheiten über
diesen Einsatz bekannt, außer dass ein Mann der
Besatzung am 23. über Bord ging.
Einlaufen Memel am 28.9.44.
12. 2.10.44: Auslaufen. Am 8. meldete U 370 die Versenkung eines sowjetischen Kanonenbootes, aber darüber gibt es keine Informationen. Am folgenden Tag griff
das Boot an und beschädigte den finnischen Schlepper
No. 74 nahe Hangö, am Eingang zum Golf von Finnland.
Rückkehr nach Danzig am 25.10.44.

*U 370 kam nicht mehr zum Einsatz bis zum 5.1.45.
Ende Januar wurden Uboot-Operationen in der Ostsee
aufgegeben. U 370, U 475, U 676 und U 745 setzten
Operationen während des Februar fort. U 745 ging am
4. verloren und U 676 am 19. U 370 und U 475 kehrten
im März nach Danzig zurück, am 5. bzw. 17. Es gab keine
weiteren Ostsee-Einsätze.*

13. 7.3.45: Auslaufen Danzig und Einlaufen Kiel am
10.3.45.

*U 370 wurde am 5.5.45 in der Geltinger Bucht selbst ver-
senkt. Später erfolgte die Hebung und der Abbruch,
wahrscheinlich im Jahre 1948.*

U 371 Typ VII C

Bauwerft: Howaldtswerke, Kiel
Kiellegung: 17. November 1939
Stapellauf: 27. Januar 1941
Indienststellung: 15. März 1941
Feldpost-Nr.: M 40472
Versenkt am 4. Mai 1944 nordnordöstlich von Bougle
(37°49'N/05°39'E)

Kommandos:
1. U-Flottille Kiel/Brest von März–Oktober 1941
(Schulboot/Frontboot)
23. U-Flottille Salamis von November 1941–April 1942
(Frontboot)
29. U-Flottille La Spezia/Toulon von April 1942–4. Mai
1944 (Frontboot)

Kommandanten:
KptLt Heinrich Driver, März 1941–April 1942
KptLt Heinz-Joachim Neumann (zeitweise), April–Mai
1942
KptLt Waldemar Mehl, Mai 1942–März 1944
OLtzS Horst-Arno Fenski, März 1944–4. Mai 1944

Feindfahrten: 10
Versenkte Schiffe: 9 (57.346 BRT) und 6 beschädigt
1 U-Jagdtrawler (545 t)
1 Minensucher (656 t)
1 Zerstörer (1.830 t)

1. 5.6.41: Auslaufen Kiel in den Nordatlantik. U 371
glaubte, am 12. im Zentralen Nordatlantik ein großes
Schiff versenkt zu haben, aber es gibt keine Infor-
mationen darüber.
U 371 war eines der Boote, die zur Operation in loser
Form über ein weites Gebiet im Zentralen Nordatlantik
entsandt worden waren. Man hoffte, dass einige umge-
leitete Convoys gefunden würden, die der »West«-
Gruppe zu entgehen versuchten.
Am 23. sichtete U 203 den nach Osten laufenden Convoy
HX 133 südlich von Grönland. Es versenkte ein Schiff in
der Nacht vom 23./24. und verlor dann den Kontakt. Am
Morgen des 24. traf U 371 auf einen Nachzügler des
Convoys HX 133, die norwegische VIGRID (4.765 t) und
versenkte das Schiff südsüdöstlich von Cape Farewell. In
einem Fünftagekampf verlor HX 13 sechs Schiffe und
zwei wurden beschädigt.
U 371 kehrte am 1.7.41 in den neuen Stützpunkt Brest
zurück.

2. 23.7.41: Auslaufen in den Atlantik. U 371 griff in den
ersten Stunden des 27. südwestlich von Irland den nach
Süden laufenden Convoy OS 1 an. Es hielt Kontakt für
drei Tage, dann versenkte es die britische SHAHRISTAN
(6.935 t) und die niederländische SITOEBONDO (7.049 t)
in den ersten Stunden des 30. südöstlich der Azoren.
Ab 6.8.41 traf U 371 auf U 79, U 93, U 94, U 109, U 124,
U 126 und U 331 in einem Gebiet zwischen Gibraltar
und den Azoren, in Erwartung des nach Norden laufenden Convoys HG 69. Der Convoy verließ Gibraltar am 9.
und wurde am 10. von U 79 entdeckt. Der Geleitschutz
verhinderte jeden Angriff, und die Boote wurden schnell
vertrieben. Der Convoy verlor ein Schiff, das von einer
Condor des I./KG 40 versenkt wurde. Die Operation
gegen den HG 69 wurde am 16. aufgegeben.
Rückkehr nach Brest am 19.8.41.
3. 16.9.41: Auslaufen ins Mittelmeer. U 371 gehörte zur
»Goeben«-Gruppe mit sechs Booten, der ersten Gruppe,
die nach dort geschickt wurden. Es passierte die Straße
von Gibraltar in der Nacht vom 21./22. und ging ins östliche Mittelmeer. Am 27. nahm es 42 Überlebende des
italienischen U-Jagdschiffes ALBATROS auf, dass vor
Sizilien vom britischen Uboot HMS UPRIGHT versenkt
wurde.
Die »Goeben«-Gruppe operierte gegen die britische Ver-
sorgungsschifffahrt zwischen Alexandria und Tobruk.
U 371 hatte keinen Erfolg, doch am 20.10.41 wurde das
Boot durch Wasserbombenattacken beschädigt.
Rückkehr in den neuen Stützpunkt Salamis am 24.10.41.
4. 4.12.41: Auslaufen. U 371 gehörte zu einer Anzahl von
Booten, die vor der ägyptischen Küste und der Küste der
Cyrenaica in der zweiten Hälfte des Dezembers operier-
ten. Während der Nacht des 18./19. verfehlte U 371 einen
Kreuzer und einige Zerstörer einer Kampfgruppe vor
Alexandria. Von dem Fächer mit vier Torpedos wurden
drei Detonationen nach kurzem Lauf gehört. Am 20. kam
U 371 zu keinem Erfolg gegen Zerstörer.
Rückkehr nach Salamis am 10.1.42.
5. 4.3.42: Auslaufen und Einsatz gegen den britischen
Versorgungsverkehr nach Tobruk, aber ohne Erfolg.
Rückkehr nach Salamis am 25.3.42.
6. 21.4.42: Auslaufen Salamis. Es sind keine Einzelheiten dieser Fahrt bekannt. Rückkehr Salamis am 9.5.42.
7. 1.7.42: Auslaufen Salamis. Es gibt keine Informationen über diese Fahrt. Rückkehr nach Pola am 7.7.42.
8. 5.9.42: Auslaufen Pola. U 371 operierte erfolglos im
östlichen Mittelmeer. Rückkehr nach Salamis am
18.9.42.
9. 12.10.42: Auslaufen Salamis und Einlaufen Pola am
16.10.42.
10. 1.12.42: Auslaufen Pola und Einlaufen Messina am
4.12.42.

11. 7.12.42: Auslaufen Messina. U 371 war im westlichen Mittelmeer eingesetzt. Am 7.1.43 griff es den Convoy MKS 5 östlich von Algier an, versenkte den Ujagdtrawler HMS JURA und beschädigte die britische VILLE DE STRASBOURG (7.159 t). Das Schiff wurde später bei einem deutschen Bombenangriff auf Algier versenkt. Rückkehr nach La Spezia am 10.1.43.

12. 14.2.43: Auslaufen La Spezia. Am 23. versenkte U 371 die britische FINTRA (2.089 t) vor der östlichen Küste Algeriens. Am Nachmittag des 28. griff das Boot zwei Schiffe an, beschädigte die amerikanische DANIEL CARROL (7.176 t), der zweite Torpedo traf, aber detonierte nicht. Rückkehr nach La Spezia am 3.3.43.

13. 7.4.43: Auslaufen La Spezia. U 371 patrouillierte vor der Küste östlich von Algier. Am Nachmittag des 27. versenkte es die niederländische MEROPE (1.162 t) ostnordöstlich von Cap Bengut.
Rückkehr nach dem neuen Stützpunkt Toulon am 11.5.43.

14. 3.7.43: Auslaufen in das westliche Mittelmeer. Am frühen Nachmittag des 10. griff es den nach Gibraltar laufenden Convoy ET 22A nördlich von Cap Carbon an. Es beschädigte die amerikanische MATTHEW MAURY (7.176 t) und den amerikanischen Tanker GULFPRINCE (6.561 t).
Rückkehr nach Toulon am 12.7.43.

15. 22.7.43: Auslaufen. Am 7.8.43 versenkte U 371 die britische CONTRACTOR (6.004 t) aus dem Convoy GTX 5 nördlich von Cap Takouch, Algerien.
Rückkehr nach Toulon am 11.8.43.

16. 21.8.43: Auslaufen. Es sind keine Einzelheiten über diese Fahrt bekannt. Rückkehr in den Stützpunkt am 3.9.43.

17. 7.10.43: Auslaufen. Am 11. in den frühen Morgenstunden versenkte U 371 den Minensucher HMS HYTHE nördlich von Bougie. Am Nachmittag des 12. versenkte es die amerikanische JAMES RUSSELL LOWELL (7.176 t) aus dem Convoy GUS 18, nördlich von Cap de Fer. Bei demselben Angriff glaubte das Boot, ein zweites Schiff versenkt zu haben, aber darüber gibt es keine Informationen.
Früh am 13. versenkte U 371 den Zerstörer USS BRISTOL nördlich von Cap Bougaroún, weitere Erfolge waren nicht zu verzeichnen.
Rückkehr nach Toulon am 28.10.43.

18. 15.11.43: Auslaufen. Es sind keine Einzelheiten über diesen Einsatz bekannt. Rückkehr nach Toulon am 23.11.43.

19. 22.1.44: Auslaufen. Ab Mitte Februar patrouillierte U 371 in einem Gebiet vor dem Anzio-Brückenkopf. Am 1.2.44 griff es ergebnislos zwei Zerstörer an, und am 3. schoss es an einem LST vorbei.

Rückkehr nach Toulon am 13.2.44.

20. 4.3.44: Auslaufen und Patrouille vor der Ostküste Algeriens. Am 17. griff es den Convoy SNF 17 im Golf de Bejaia an und versenkte am Morgen zwei Schiffe, die amerikanische MAIDEN CREEK (5.031 t) und die niederländische DEMPO (17.024 t). Danach wurde U 371 von Geleitfahrzeugen gejagt, aber konnte entkommen.
Rückkehr nach Toulon am 25.3.44.

21. 23.4.44: Auslaufen. Am 3.5.44 beschädigte U 371 den Escortzerstörer USS MENGES im Golf de Bejaia. Das Boot war vom Convoy GUS 38 überrannt worden. Es tauchte auf und wurde durch die MENGES geortet.
Ein Geräuschtorpedo traf die MENGES hinten, beschädigte die Schrauben und das Ruder und forderte 40 Opfer.
Das Boot tauchte und wurde für viele Stunden von den Escortzerstörern USS PRIDE und JOSEPH E. CAMPBELL gejagt. Zu ihnen stieß später der Zerstörer HMS BLANKNEY, der Minensucher USS SUSTAIN und die französischen Escortzerstörer SENEGALAIS und L'ALCYON. U 371 tauchte auf 525 Fuß und lief auf die Küste zu. Es tauchte tiefer auf 666 Fuß und kam schließlich in flaches Wasser nahe der Bucht von Bougie im Nordnordosten.
Die Suche nach dem Boot wurde über ein größeres Gebiet verstärkt. U 371 lag auf dem Grund, bis es aufgrund schlechter Luft und leerer Batterien in den frühen Stunden des 4. zum Auftauchen gezwungen wurde.
Als U 371 die Wasseroberfläche durchbrach, war die SENEGALAIS am Warten und eröffnete das Feuer. Der Kommandant von U 371 befahl, das Boot zu verlassen und bereitete die Selbstversenkung vor.
Seine letzte Aktion war der Abschuss eines Geräuschtorpedos, der die SENEGALAIS traf und beschädigte.
Sie wurde dann in einen Hafen geschleppt und repariert. Von der Besatzung U 371 gingen vier Mann verloren, 49, einschließlich Kommandanten, wurden aufgefischt und gefangen genommen.

U 372 Typ VII C

Bauwerft: Howaldtswerke, Kiel
Kiellegung: 17. November 1939
Stapellauf: 8. März 1941
Indienststellung: 19. April 1941
Feldpost-Nr.: M 41556
Versenkt am 4. August 1942 westlich von Jaffa (32°00'N/34°00'E)

Kommandos:
1. U-Flottille Kiel/Brest von April–Dezember 1941 (Schulboot/Frontboot)
29. U-Flottille La Spezia von Januar 1942–4. August 1942 (Frontboot)

Kommandant:
KptLt Heinz-Joachim Neumann, April 1941–4. August 1942

Feindfahrten: 8
Versenkte Schiffe: 2 (8.346 BRT) und 1 beschädigt
1 Uboot-Begleitschiff (14.650 t)

1. 17.6.41: Auslaufen Kiel und Einlaufen Horten am 18.6.41.
2. 22.6.41: Auslaufen Horten und Einlaufen Drontheim am 25.6.41.
3. 9.7.41: Auslaufen Drontheim in den Nordatlantik. U 372 traf andere Boote bei der Suche nach Convoys westlich des Nordkanals. Es nahm nicht teil an dem Fehlschlag gegen einen Convoy zwischen dem 17. und 21. Am 2.8.41 sichtete U 204 den nach Norden laufenden Convoy SL 81 und U 372 war eines von mehreren Booten, die am 3. erschienen. Der Geleitschutz war stark und verhinderte alle Angriffe, die vor der Nacht des 4./5. gemacht werden sollten.

In den ersten Stunden des 5. versenkte U 371 zwei Schiffe, die britische BELGRAVIAN (3.136 t) und die britische SWIFTPOOL (5.205 t). Es mag auch die britische VOLTURO getroffen haben, aber es gibt keine Bestätigung dafür.

Nachdem es am 5. vom SL 81 vertrieben wurde, nahm U 372 an der erfolglosen Operation gegen den Convoy HG 68 am 6. und 7. teil.

Ab 8. traf U 372 andere Boote bei der Suche nach einem nach Süden laufenden Convoy, den man aber nicht fand.
Rückkehr nach dem neuen Stützpunkt Brest am 13.8.41.
4. 10.9.41: Auslaufen in den Atlantik.

Ab 18. war U 372 mit der »Brandenburg«-Gruppe südöstlich von Cape Farewell auf Patrouille. Am 18. sichtete U 74 dieser Gruppe den nach Osten laufenden Convoy SC 44. Schlechter Funkkontakt behinderte jeden organisierten Angriff und nur vier »Brandenburg«-Boote kamen heran. U 372 gehörte nicht dazu. Vier Schiffe und eine Korvette wurden versenkt.

Am Nachmittag des 19. versenkte U 372 das verlassene Wrack der britischen BARON PENTLAND (3.410 t), die von U 652 am 10. beschädigt wurde, aber wegen der Holzladung nicht unterging.

Die »Brandenburg«-Boote wurden ab 23. zur Bildung einer neuen Linie südöstlich von Cape Farewell befohlen. Nachdem einige die Gruppe zur Heimreise verlassen hatten, wurde sie am 26. aufgelöst.
Rückkehr nach Brest am 13.10.41.
5. 13.11.41: Auslaufen in den Atlantik. U 372 strebte nach einem Gebiet vor Neufundland, wo es die neue Gruppe »Steuben« traf, mit U 43, U 105, U 434, U 574 und U 575.

Allerdings wurden alle Boote am 23. mit genügend Kraftstoff entweder im Gebiet von Neufundland oder auf dem Weg von dort nach Osten in ein Gebiet westlich von Gibraltar befohlen.

Auf dem Kurs war U 372 eines von mehreren Booten, die an den OS 12 herangeführt wurden, der nördlich der Azoren am 28. von U 43 entdeckt worden war. Keines der Boote, die an den Convoy heranschlossen, hatte Erfolg.

Am 6.12.41 wurde U 372 ins Mittelmeer befohlen und passierte die Straße von Gibraltar während der Nacht vom 8./9. Es marschierte ins östliche Mittelmeer, in das Gebiet von Tobruk. Am 16.12.41 lief U 372 im neuen Stützpunkt La Spezia ein.
6. 17.1.42: Auslaufen. Es sind keine Einzelheiten über diesen Einsatz bekannt.
Rückkehr nach La Spezia am 31.1.42.
7. 16.3.42: Auslaufen. Es sind keine Einzelheiten über diesen Einsatz bekannt.
Rückkehr nach La Spezia am 30.3.42.
8. 22.4.42: Auslaufen. Am Morgen des 1. Mai und am Abend des 4. griff U 372 zwei Patrouillenfahrzeuge vor der Küste von Bardia an. Resultate waren nicht feststellbar, aber Torpedotreffer wurden angenommen und nach dem Angriff am 4. wurde ein Schwall Öl festgestellt.
Rückkehr nach La Spezia am 14.5.42.
9. 15.6.42: Auslaufen zur Patrouille des östlichen Mittelmeers. Am 30. versenkte es das Uboot-Begleitschutz HMS MEDWAY vor Alexandria.
Rückkehr nach Salamis am 12.7.42.
10. 27.7.42: U 372 befand sich erneut im östlichen Mittelmeer und wurde am 4.8.42 westlich von Jaffa von einer Wellington der 221. Squadron (F/Sgt Gray) geortet. Das Boot befand sich auf dem Weg, einen Agenten an der libanesischen Küste, nahe Beirut, abzusetzen. Die Zerstörer HMS SIKH (Capt St. J.A. Micklethwaite) und ZULU (Cdr R.D. White) und die Geleitzerstörer HMS CROOME (Lt H.D.M. Slater) und TETCOTT (Lt H.R. Rycroft) kamen heran und versenkten das Boot mit Wasserbomben.
Die Besatzung wurde gefangen genommen.

U 373 Typ VII C

Bauwerft: Howaldtswerke, Kiel
Kiellegung: 8. Dezember 1939
Stapellauf: 5. April 1941
Indienststellung: 22. Mai 1941
Feldpost-Nr.: M 43458
Versenkt am 8. Juni 1944 südsüdwestlich von Ushant (48°10'N/05°31'W)

Kommando:
3. U-Flottille Kiel/La Pallice von Mai 1941–8. Juni 1944
(Schulboot/Frontboot/Frontboot zum Minenlegen)

Kommandanten:
KptLt Paul-Karl Loeser, Mai 1941–September 1943
OLtzS Detlef von Lehsten, Oktober 1943–8. Juni 1944

Feindfahrten: 12
Versenkte Schiffe: 3 (10.263 BRT)

1. 19.7.41: Auslaufen Kiel und Einlaufen Horten am 20.7.41.
2. 30.7.41: Auslaufen Horten und Einlaufen Drontheim am 1.8.41.
3. 4.9.41: Auslaufen Drontheim in den Nordatlantik.
Die »Markgraf«-Gruppe war über ein weites Gebiet südöstlich von Grönland verteilt, und die Convoys wurden umgeleitet, um die Boote zu umgehen.
Der nach Osten laufende Convoy SC 42 konnte wegen schlechten Wetters nicht umgeleitet werden, und ab 9.9.41 waren die »Markgraf«-Boote im Kontakt mit der Ostküste Grönlands.
U 373 kam mit dem Convoy vom 10. bis 14. in Kontakt, als die Operation abgebrochen wurde. Nebel kam während der Nacht des 12./13. auf, doch die Geleitfahrzeuge und die Luftsicherung hielten die Boote ab, den Convoy anzugreifen. U 373 hatte keinen Erfolg, aber während der sechstägigen Operation wurden 16 Schiffe versenkt. Zwei Boote, U 207 und U 501, gingen verloren.
Ab 16. war U 373 mit der »Brandenburg«-Gruppe südöstlich von Grönland. Am 18. sichtete U 74 den nach Osten laufenden Convoy SC 44, aber wegen schlechtem Funkverkehr kam kein organisierter Angriff auf den Convoy zustande, und nur vier Boote wurden über den Convoy informiert, U 94, U 373, U 552 und U 562. Vier Schiffe und eine Korvette wurden durch U 74 und U 552 versenkt.
Die »Brandenburg«-Boote bildeten eine neue Linie südöstlich von Cape Farewell ab 23. Nachdem einige Boote ihre Heimreise antraten, wurde die Gruppe am 26. aufgelöst.
Rückkehr nach Brest am 2.10.41.
4. 30.10.41: Auslaufen in den Nordatlantik.
U 373 wurde an den nach Süden laufenden Convoy OS 10 herangeführt, der am 31. 500 Seemeilen westlich von Irland von U 95 gesichtet wurde. Der Verfolger versenkte nur ein Schiff, doch nur U 98 kam heran, hatte aber keinen Erfolg.
Am 5.11.41 traf U 373 auf die »Störtebecker«-Gruppe westlich von Spanien in Erwartung des Convoys HG 76, der am 1. Gibraltar verlassen hatte. Als der bis zum 7. nicht erschien, wurde die Gruppe an den nach Norden laufenden Convoy SL 91 herangeführt, aber am 11. verfehlte eine Luftaufklärung den Convoy.
Die »Störtebecker«-Gruppe fuhr nun westwärts auf eine neue Position im Zentralen Nordatlantik. Am 15. wurde sie an den nach Süden laufenden Convoy OS 11 herangeführt, aber es kam zu keinem Kontakt. Der Convoy wurde umgeleitet.
Rückkehr nach Lorient am 21.11.41.
5. 25.12.41: Auslaufen in den Atlantik. U 373 lief auf eine Position südlich der Azoren, um das rückkehrende deutsche Schiff Else Essberger zu empfangen und entlang der spanischen und portugiesischen Küste in die Biskaya zu geleiten. Nachdem das Schiff sicher in einen Hafen eingelaufen war, wahrscheinlich war es Bordeaux, kehrte U 373 am 15.1.42 nach La Pallice zurück.
6. 25.2.42: Auslaufen La Pallice und Rückkehr am 26.2.42.
7. 1.3.42: Auslaufen in den Atlantik.
U 373 lief nach Westen in ein Gebiet von Neufundland. Dann drehte es nach Süden, und am 17. versenkte es die griechische Lycabettus (4.292 t) südsüdöstlich von Halifax.
Als eines von elf Booten der vierten Welle der »Operation Paukenschlag« patrouillierte das Boot vor der US-Ostküste. In den frühen Stunden des 22. versenkte es die britische Thursobank (5.575 t) ostsüdöstlich von New York. U 373 hatte keine weiteren Erfolge.
Rückkehr nach La Pallice am 17.4.42.
8. 18.5.42: Auslaufen in US-Gewässer.
U 373 legte am 11.6.42 vor der Delaware-Bucht 15 TMB-Minen. Am Abend des 14. landete das Boot einen Treffer, auf einem, wie man annahm, Hilfspatrouillenfahrzeug, aber der Torpedo war ein Fehlschuss. Am Morgen des 15. traf U 373 einen Frachter und obwohl es stoppte, wurde keine Beschädigung erkannt.
Am 24. wurde der amerikanische Schlepper John R. Williams (396 t) versenkt, nachdem er auf eine Mine gelaufen war, die am 11. durch U 373 geworfen wurde. Nur vier Mann überlebten von den 18 Mann Besatzung.

Rückkehr nach La Pallice am 8.7.42.

9. 6.8.42: Auslaufen in den Atlantik.

U 373 war eines von einer Anzahl neu ankommender Boote, die auf andere Boote der Operation gegen den Convoy SC 94 trafen und mit ihnen eine Linie bildeten, »Lohs« genannt, 600 Seemeilen westlich vom Nordkanal. Ein ON-Convoy wurde am 13. erwartet. Auf dem Kurs auf ihre neue Position sichteten einige der SC 94-Boote den SC 95 mit nördlichem Kurs. Nur U 256, U 438 und U 705 konnten herankommen. Ein Schiff wurde versenkt, bevor der Kontakt verloren ging.

Die »Lohs«-Linie wurde am 17. westlich von Schottland gebildet. Am 21. fuhr die Gruppe nordwärts auf der Suche nach Convoys und am 22. passierte der ONS 122 im Süden und wurde durch die »Lohs«-Boote gesichtet. U 135 verfolgte den Convoy, aber der Kontakt ging bei schlechter Sicht verloren und wurde vor dem 24. nicht wieder hergestellt. Früh am 25. kamen neue »Lohs«-Boote in Kontakt mit dem Convoy. Die Voraussetzungen waren gut, bis plötzlich Nebel aufkam und weitere Angriffe nicht mehr gemacht werden konnten. Vier Schiffe wurden versenkt, aber zwei Boote wurden beschädigt; sie kehrten in ihren Stützpunkt zurück.

Die verbliebenen »Lohs«-Boote fuhren nach Süden zur Kraftstoffversorgung westlich der Azoren durch U 462 oder U 174. U 373 erhielt Kraftstoff von U 462 am oder um den 29.

Die »Lohs«-Gruppe wurde umgebildet und formte ab 6.9.42 eine neue Linie 400 Seemeilen nordöstlich von Cape Race. Sie warteten auf einen nach Osten laufenden Convoy. Der SC 100 wurde 150 Seemeilen südöstlich von Cape Race am 18. erwartet und die »Lohs«-Boote fuhren nach Süden zum Empfang, aber schlechtes Wetter verhinderte mehr als drei Angriffe von den Booten. U 373 war eines davon, es schoss nachmittags am 20. einen Dreierfächer auf die Korvette HMCS ROTHERN, hatte aber keinen Erfolg. Die Operation war am 22. beendet.

Rückkehr nach La Pallice am 4.10.42.

10. 22.11.42: Auslaufen in den Atlantik. U 373 traf auf zwei ex »Drachen«-Gruppe-Boote, U 445 und U 663, im Zentralen Nordatlantik. Nach Kraftstoffversorgung durch U 450 am oder um den 5.12.42 nordwestlich der Azoren, bildeten die drei Boote die »Büffel«-Linie östlich von Neufundland.

Die Linie lag auf dem Kurs des erwartenden Convoy HX 218. Am 13. sichtete U 373 den Convoy. Die »Ungestüm«-Gruppe wurde mit hoher Fahrt nach Westen geschickt, um ihn zu treffen, aber U 373 wurde von Flugzeugen vertrieben. Der Kontakt ging verloren.

Im Glauben, dass der Convoy HX 218 nach Süden gedreht hatte, wurde eine Suche nach ihm nach Südwesten

ausgedehnt, was dazu führte, dass U 373 am 16. den ONS 152 entdeckte, der zum Ziel der »Ungestüm«-Boot wurde. Das Wetter verschlechterte sich, die Sicht ebenfalls, und der kurze Kontakt mit ONS 152 ging verloren. Eine Suche nach Nachzüglern brachte keinen Erfolg. Nachdem die Operation am 22. beendet worden war, traf U 373 auf die »Ungestüm«-Gruppe. Am 26. wurde die Gruppe nach Südwesten zum Angriff auf ONS 154 befohlen, der seine Fahrt wegen Sturms verzögert hatte. Die »Spitz«- und »Ungestüm«-Gruppen griffen den Convoy an und mit Wetterverbesserung wurden in der Nacht vom 28./29. und während des folgenden Tages viele Angriffe gemacht. Während der fünftägigen Operation wurden 14 Schiffe versenkt und eines beschädigt.

Rückkehr nach La Pallice am 3.1.43.

11. 25.2.43: Auslaufen in den Nordatlantik.

U 373 traf auf die »Neuland«-Gruppe, die sich am 6.3.43 westlich von Irland bildete. Am 7. fuhr der südliche Teil der Linie, einschließlich U 373, nach Westen, um den nach Osten laufenden Convoy HX 228 zu empfangen. Der Convoy wurde 300 Seemeilen westlich der »Neuland«-Linie am 8. vermutet. Um den Kurs des Convoys nicht zu verändern, verlegte die »Neuland«-Gruppe am 9. nordwärts. Er wurde am 10. von U 336 gesichtet.

Einige der »Neuland«-Boote kamen an den Convoy heran, während der Nacht des 10./11. und in einer Dreitage-Operation wurden vier Schiffe und ein Escortzerstörer versenkt, zwei andere Schiffe beschädigt. U 373 nahm an den Attacken nicht teil.

Nach Ende der Operation am 13., westlich von Irland, wurden U 373 und acht andere Boote zur Bildung der »Dränger«-Gruppe im Zentralen Nordatlantik ab 15. zusammen gestellt, um gegen den Convoy HX 229 zu operieren. Die Gruppe nahm an der größten Convoyschlacht des Krieges, gegen HX 229 und SC 122, ab 19. teil. Während dieser Zeit wurden 21 Schiffe versenkt. U 373 nahm an keinem Angriff auf die Convoys teil.

Nach Ende der Aktion fuhren die »Dränger«-Boote nach Westen und wurden ab 25. Teil einer neuen Linie, »Seewolf« genannt, südsüdöstlich von Cape Farewell. Die Gruppe fuhr nach Norden am 26. auf der Suche nach dem nach Osten laufenden Convoy HX 230, aber ein Sturm, der später zum Hurrikan wurde, verhinderte den Angriff auf den Convoy. Die Operation wurde am 30. beendet.

Die »Seewolf«-Boote fuhren dann zur Versorgung in ein Gebiet im Zentralen Atlantik, nördlich der Azoren. U 373 wurde am oder um den 3.4.43 versorgt.

Rückkehr nach La Pallice am 13.4.43.

12. 7.7.43: Auslaufen in den Zentralen Atlantik. Am 24. wurde das nach Süden laufende U 373 gesichtet und von einer Avenger (Lt Williams) und einer Wildcat (Lt Steiger) des Escortträgers USS CORE 130 Seemeilen westlich von Madeira angegriffen. Wasserbomben wurden geworfen und Tiefangriffe geflogen. Zwei Mann von U 373 wurden getötet und sieben andere verwundet. Das Boot erhielt solche Schäden, dass es nötig wurde, in den Stützpunkt zurück zu fahren. Steiger wurde getötet, als seine Wildcat ins Wasser stürzte.

U 373 war auf dem Weg zum Minenlegen in der Mündung des Wadi Sebou, wo es nach Port Lyautey, französisches Marokko, ging.

Rückkehr nach La Pallice am 16.8.43.

13. 2.10.43: Auslaufen in den Atlantik. U 373 traf auf die »Siegfried«-Gruppe, die am 24. 500 Seemeilen östlich von Neufundland gebildet wurde und auf den Convoy HX 262 und SC 145 wartete.

Als kein Kontakt hergestellt wurde, wurde die Gruppe in drei kleinere Gruppen, »Siegfried 1«, »-2« und »-3« am 27. umgebildet. U 373 war in der Gruppe »Siegfried 3«. Bei der konstanten Suche nach Convoys über ein weites Gebiet des Nordatlantiks wurden die Boote in kleinere und noch kleinere Gruppen geteilt. Von den drei Gruppen der »Siegfried«-Gruppe fuhr U 373 in einer von fünf Gruppen der »Tirpitz«-Gruppe und zuletzt in einer der sieben Gruppen der »Eisenhart«-Gruppe. Convoys kamen so gut wie gar nicht in Sicht und wenn doch, waren die Uboot-Gruppen zu klein, um anzugreifen.

Rückkehr nach La Pallice am 26.11.43.

14. 1.1.44: Auslaufen in den Nordatlantik. U 373 wurde von einer Leigh Light Wellington der 612. Squadron (W/Cdr J.B. Russell) in den ersten Stunden des 3. über Wasser entdeckt. Es wurde angestrahlt und mit Wasserbomben beworfen. Fünf Minuten nachdem U 373 tauchte, machte die Wellington einen Radar-Kontakt, aber hatte keine Wasserbomben mehr. Russell rief eine Liberator der 24. Squadron (F/O H.R. Facey) herbei. Dieses Flugzeug machte einen Wasserbombenangriff, aber es gab kein positives Resultat. U 373 war beschädigt und fuhr heim. Rückkehr nach Brest am 5.1.44.

15. 16.3.44: Auslaufen Brest und Rückkehr am 18.3.44.

16. 7.6.44: Auslaufen Brest als Teil der »Landwirt«-Gruppe. U 373 hatte Befehl, sich zwischen The Lizard und Hartland Point aufzuhalten, um gegen alliierte Invasionsschiffe zu operieren, die den Kanal überqueren wollten.

Gleich anderen acht nicht mit einem Schnorchel ausgerüsteten Booten, die Brest 24 Stunden früher zur selben Operation verlassen hatten, fuhr es spät am Abend hinaus.

In der Nacht vom 8. wurde das Boot im Mondlicht gesichtet und mit Wasserbomben durch eine Liberator der 224. Squadron (F/O K.O. Moore) vor Brest versenkt.

30 Minuten früher hatte Moore U 629 versenkt. Nach seinem Heimflug wurde er mit dem DSO ausgezeichnet. Von der Besatzung U 373 gingen vier Mann verloren, der Kommandant und 46 Mann wurden gerettet.

U 374 Typ VII C

Bauwerft: Howaldtswerke, Kiel
Kiellegung: 13. Dezember 1939
Stapellauf: 10. Mai 1941
Indienststellung: 21. Juni 1941
Feldpost-Nr.: M 45441
Versenkt am 12. Januar 1942 südlich am Fuß von Italien (37°50'N/16°00'E)

Kommandos:
5. U-Flottille Kiel von Juli–August 1941 (Schulboot)
1. U-Flottille Brest von September–Dezember 1941 (Frontboot)
29. U-Flottille La Spezia von Dezember 1941–12. Januar 1942 (Frontboot)

Kommandant:
OLtzS Unno von Fischel, Juni 1941–12. Januar 1942

Feindfahrten: 3
Versenkte Schiffe: 1 (5.120 BRT)
1 bewaffnete Yacht (525 t)
1 U-Jagdtrawler (477 t)

1. 29.9.41: Auslaufen Kiel in den Nordatlantik. U 374 und andere Boote versammelten sich südöstlich von Cape Farewell und formten am 7.10.41 eine Linie. Die Convoys ONS 23, ON 24, SC 48 und TC 14 wurden umgeleitet, um den Booten zu entgehen. Als mehrere Boote hinzu kamen und die Linie erweitert wurde, wurden die Convoys noch weiter nach Süden geschickt. Während der Nacht des 14./15. sichtete U 553 den SC 48, und die meisten Boote wurden gegen ihn angesetzt. Allerdings nahmen U 374, U 109, U 208 und U 573 nicht an der Aktion teil. Sie wurden als »Mordbrenner«-Gruppe ab 16. bezeichnet und klärten bei der Belle Island auf. Die Boote kamen am 20. in das Gebiet, fanden keine Schifffahrt und stellten fest, dass die Convoys ihnen ausgewichen waren.

Am 28. wurden die vier »Mordbrenner«-Boote in ein Gebiet südöstlich von Neufundland geschickt, beim Cape Race. Am Morgen des 31. versenkte U 374 die britische KING MALCOM (5.120 t) östlich von Cape St. Francis. Am 1.11.41 sichtete das Boot den nach Osten laufenden Convoy SC 52, verfolgte ihn und führte Boote aus dem Gebiet südlich von Grönland heran. U 374 verfehlte es, den Geleitschutz zu durchbrechen.

Es wurde geortet und mit Wasserbomben durch die Korvette HMCS BUCTOUCHE beworfen, aber es entkam, da es auf Grund ging. Der Kontakt ging während der Nacht des 4./5. verloren und wurde nicht wieder hergestellt. Der Convoy hatte den Schutz der Belle Isle Strait erreicht.

2. 6.12.41: Auslaufen ins Mittelmeer. U 374 passierte die Straße von Gibraltar in der Nacht des 10./11. In den frühen Stunden des 11. versenkte es zwei Hilfsfahrzeuge südlich von Gibraltar, die bewaffnete Yacht HMS ROSABELLE und den U-Jagdtrawler HMS LADY SHIRLEY. Rückkehr nach La Spezia am 14.12.41.

3. 18.12.41: Auslaufen ins östliche Mittelmeer. U 374 patrouillierte vor der Küste Ägyptens und der Cyrenaica, hatte aber keinen Erfolg.

Das rücklaufende Boot wurde am 12.1.42 durch einen Torpedo des britischen Ubootes HMS UNBEATEN (Lt E. Woodward) vier Seemeilen vor der Küste, südlich des Schuhs von Italien, versenkt. 42 Mann von U 374 gingen mit unter, ein Mann wurde von UNBEATEN aufgefischt.

U 375 Typ VII C

Bauwerft: Howaldtswerke, Kiel
Kiellegung: 14. März 1940
Stapellauf: 7. Juni 1941
Indienststellung: 19. Juli 1941
Feldpost-Nr.: M 00016
Versenkt am 30. Juli 1943 ostsüdöstlich von Pantellaria (36°40'N/12°28'E)

Kommandos:
5. U-Flottille Kiel von Juli–Oktober 1941 (Schulboot)
3. U-Flottille La Pallice von November–Dezember 1941 (Frontboot)
29. U-Flottille La Spezia von Januar 1942–30. Juli 1943 (Frontboot)

Kommandant:
KptLt Jürgen Könenkamp, Juli 1941–30. Juli 1943

Feindfahrten: 10
Versenkte Schiffe: 7 (22.734 BRT) und 1 beschädigt
1 Hafendienstboot (191 t)

1. 12.11.41: Auslaufen Kiel in den Nordatlantik. U 375 fuhr in ein Gebiet westlich vom Nordkanal. Am 22. wurden die Boote, die zur Operation im Zentralen Nordatlantik weilten, in ein Gebiet von Gibraltar befohlen, wenn ihr Kraftstoffbestand es erlaubte. U 375 fuhr in das Gebiet und patrouillierte westlich von Gibraltar.

Der Plan war, die freie Bewegung der alliierten Schifffahrt durch die Straße durch die Anwesenheit von Ubooten zu stoppen, sowohl nach Osten, als auch nach Westen.

Am 6.12.41 wurde U 375 ins Mittelmeer befohlen und es fuhr am 9./10. nachts durch die Straße von Gibraltar.

Es lief ins östliche Mittelmeer zur Operation gegen den Versorgungsverkehr nach Tobruk.

Rückkehr nach dem neuen Stützpunkt La Spezia am 26.12.41.

2. 17.1.41: Auslaufen La Spezia und Einlaufen Messina am 19.1.42.

3. 25.1.42: Auslaufen ins östliche Mittelmeer. U 375 operierte gegen die Schifffahrt nach Tobruk. Bald nach Mitternacht des 30. griff das Boot vor der ägyptischen Küste nahe Matruh einen Zerstörer an. Nach langer Laufzeit der Torpedos wurde zwar ein Treffer vernommen, aber es folgte keine Detonation.

Rückkehr nach La Spezia am 10.2.42.

4. 27.4.42: Auslaufen und Operation vor der algerischen Küste, jedoch ohne Erfolg.

Rückkehr nach La Spezia am 6.5.42.

5. 29.6.42: Auslaufen zur Patrouille im östlichen Mittelmeer. Am frühen Morgen des 6.7.42 versenkte das Boot die norwegische HERO (1.376 t) westlich von Haifa. Am 23. griff U 375 das Hafendienstboot HMS VASSILIKI an und versenkte es mit Artillerie südöstlich von Cap Greco, Zypern. Das Fahrzeug war auf dem Weg von Beirut nach Famagusta. Rückkehr nach Salamis am 3.8.42.

6. 22.8.42: Auslaufen zur Operation vor der Küste vor Palästina. Am Abend des 26. torpedierte und beschädigte die britische EMPIRE KUMARI (6.188 t) nahe Gaza schwer. Das Schiff wurde nach Haifa geschleppt und später zum Totalverlust erklärt.

Während der ersten Woche im September patrouillierte U 375 weiter im Norden. Am Nachmittag des 3. versenkte es die polnische ARNON (588 t) vor Halba im Norden des Libanon und versenkte wahrscheinlich ein Segelschiff palästinensischen Ursprungs. Am 6. wurde das ägyptische Segelschiff TURKIAN (108 t) und am 7. das polnische Segelschiff SALINA (108 t) versenkt, beide vor der syrischen Küste, möglicherweise durch U 375.

Rückkehr nach Pola am 29.9.42.

7. 14.11.42: Auslaufen. Die Invasion in Nordafrika zeigte mit Nachdruck die Überlegenheit des Westens. Am Abend des 1.12.42 beschädigte U 375 den Minenleger

HMS Manxman vor der algerischen Küste, nahe Sidi Lakhdar.

Rückkehr nach La Spezia am 23.12.42.

8. 4.2.43: Auslaufen. Es gibt keine Einzelheiten über diese Fahrt. Rückkehr nach Salamis am 2.3.43.

9. 17.3.43: Auslaufen zur Operation vor der algerischen Küste, kein Erfolg. Einlaufen Toulon am 19.4.43.

10. 27.6.43: Auslaufen zur Patrouille der algerischen Küste. Am Abend des 4.7.43 griff es den Convoy KMS 180 westlich von Algier an und versenkte die britische Essylt (5.634 t) und die britische City of Venice (8.762 t). Rückkehr nach Toulon am 7.7.43.

11. 10.7.43: Auslaufen. Es sind keine Einzelheiten bekannt. Es war die letzte Feindfahrt von U 375. Am 30. wurde das Boot durch Wasserbomben des U-Jägers USN PC 624 ostsüdöstlich von Pantelleria versenkt.

Es gab keine Überlebenden, 45 Tote.

U 376 Typ VII C

Bauwerft: Howaldtswerke, Kiel
Kiellegung: 3. April 1940
Stapellauf: 10. Juli 1941
Indienststellung: 21. August 1941
Feldpost-Nr.: M 03110
Versenkt am 10. April 1943 westsüdwestlich von Brest (46°48'N/08°00'W)

Kommandos:
6. U-Flottille Danzig/St. Nazaire von August 1941–Juni 1942 (Schulboot/Frontboot)
11. U-Flottille Bergen von Juli 1942–Februar 1943 (Frontboot)
3. U-Flottille La Pallice von März 1943–10. April 1943 (Frontboot)

Kommandant:
KptLt Friedrich-Karl Marks, Aug. 1941–10. April 1943

Feindfahrten: 7
Versenkte Schiffe: 2 (10.146 BRT)

1. 11.3.42: Auslaufen Kiel und Einlaufen Helgoland am 12.3.42.

2. 15.3.42: Auslaufen Helgoland in nördliche Gewässer. U 376, U 209, U 378 und U 655 standen als Gruppe wartend auf den nach Westen laufenden Convoy QP 9. Er verließ Kola am 21. und passierte die Boote ungesehen.

Der nächste erwartete Convoy war der nach Osten laufende PQ 13. Auf dem Weg war der Convoy durch einen Sturm am 24. zerstreut worden. Am Morgen des 27. wurden einige Schiffe des PW 13 durch deutsche Aufklärungsflugzeuge entdeckt.

Am 28. wurden Uboote, Zerstörer und Flugzeuge zum Angriff auf den Convoy befohlen. In dem folgenden Dreitagekampf gingen zwei Schiffe des PQ 13 verloren, eines davon, die britische Induna (5.086 t) wurde am Morgen des 30. nordöstlich von Kola durch U 375 versenkt. Der deutsche Zerstörer Z 26 wurde durch britische Marineschiffe versenkt.

Einlaufen Kirkenes am 1.4.42.

3. 7.4.42: Auslaufen zur Operation. Am 17. schoss U 376 einen Dreierfächer auf den Kreuzer HMS Edinburgh, der den nach Osten laufenden Convoy PQ 14 in der Barentssee sicherte, ostsüdöstlich von der Bäreninsel. Drei Detonationen wurden vernommen, aber es war kein Erfolg zu sehen.

Rückkehr nach Kirkenes am 20.4.42.

4. 29.4.42: Auslaufen. Es sind keine Einzelheiten dieser Fahrt bekannt.

Rückkehr nach Kirkenes am 6.5.42.

5. 7.5.42: Auslaufen. Es sind keine Einzelheiten über diese Fahrt bekannt.

Rückkehr nach Bergen am 13.5.42.

6. 7.6.42: Auslaufen. Am 11. wurden U 376, U 251 und U 408 zur Patrouille der Dänemarkstraße, zum Beschatten von Convoys und zum Angriff auf Kriegsschiffe, aber nur, wenn sie als solche erkannt werden sollten, gemacht. Am 1.7.42 wurde der nach Osten laufende Convoy PQ 17 östlich von Jan Mayen erkannt und U 376 und U 251 trafen auf U 88, U 355, U 457 und U 657, um eine Linie zu bilden, »Eisteufel« genannt, die etwas weiter östlich verlief.

Kurzer Kontakt mit dem Convoy wurde am 2. und 3. gemacht und es wurden einige erfolglose Angriffe gefahren. Der Convoy wurde am 5. aufgelöst und das Versenken der Schiffe durch Uboote und Flugzeuge begann. In den frühen Stunden des 10. ostnordöstlich von Kola versenkte U 376 die amerikanische Hoosier (5.060 t), die zuvor von einem Flugzeug beschädigt worden war. Der Versuch der Korvette HMS La Malouine, das Schiff zu versenken, schlug fehl. In der neuntägigen Operation gegen den PQ 17 wurden 24 Schiffe versenkt, acht durch Flugzeuge, acht durch Uboote und weitere acht durch Uboote, die zuvor von den Flugzeugen beschädigt worden waren.

Am 13. griff U 376 ein Rettungsboot der Charlton auf, die von U 88 am 5. versenkt wurde.

Versorgungsgüter, Decken, Karten und ein Kompass wurden an das Boot übergeben. Schließlich, nach 19

Tagen Treiben, landeten die Überlebenden in Norwegen und wurden gefangen genommen.

U 376 kehrte am 15.7.42 nach Narvik zurück.

7. 18.7.42: Auslaufen Narvik und Einlaufen Bergen am 20.7.42.

8. 23.7.42: Auslaufen Bergen und Einlaufen Wilhelmshaven am 27.7.42.

9. 27.9.42: Auslaufen Wilhelmshaven und Einlaufen Kiel am 28.9.42.

10. 22.10.42: Auslaufen Kiel und Einlaufen Bergen am 25.10.42.

11. 31.10.42: Auslaufen Bergen und Einlaufen Skjomenfjord am 3.11.42.

12. 5.11.42: Auslaufen Skjomenfjord und Einlaufen Narvik am 8.12.42.

13. 20.12.42: Auslaufen Narvik und Einlaufen Bergen am 13.12.42.

14. 26.1.43: Auslaufen Bergen, Rückkehr am 28.1.43.

15. 30.1.43: Auslaufen Bergen mit dem Befehl nach Peterhead zu fahren, und mit dem zur selben Zeit ausgelaufenen U 377 nach Scapa Flow zu laufen. Dieses waren die ersten Versuche des Eindringens in britische Küstengewässer nach zwei Jahren.

Am 31. ging ein Steuermannsgast über Bord. Es kehrte zurück zu einer Ablösung, und setzte seine Fahrt fort.

U 377 erreichte Schottland zuerst, nahm Radar-Signale auf, und gelangte in Sicht der Küste. Erhöhte die Aufmerksamkeit, um patrouillierenden Marinefahrzeugen zu entgehen. Als der Kommandant meldete, eventuell in eine gefährliche Lage zu kommen, wurde er in den Atlantik befohlen, und U 376 übernahm die Aufklärung in den Küstengewässern.

U 376 erlebte die gleiche frühe Radar-Detektion von Land aus und nach Meldung der gefährlichen Situation wurde es ebenfalls in den Atlantik geschickt. Es traf auf die »Neptun«-Gruppe, die am 18.2.43 südwestlich von Island gebildet worden war, um gegen den nach Osten laufenden Convoy HX 226 zu operieren. Der Convoy wurde nicht lokalisiert, er wurde umgeleitet und passierte die »Neptun«-Linie im Norden.

Am 20. fuhr die Gruppe südwestwärts. Sie wurde umgangen durch den rücklaufenden Convoy SC 120, aber U 759 am nördlichen Ende der Linie sichtete am Morgen des 27. den Convoy HX 227 und die »Neptun«-Boote griffen an. Ein Schiff wurde versenkt, ein anderes wahrscheinlich durch U 405 beschädigt, aber schlechtes Wetter verhinderte weitere Angriffe durch andere Boote. Die Operation wurde am 3. aufgegeben.

Während der Suche nach HX 227 am 1.3.43 sichtete U 608 der »Neptun«-Gruppe den anlaufenden ON 168. Nachdem die Verfolger vertrieben waren, wurde der Convoy nicht mehr gefunden.

Rückkehr in den neuen Stützpunkt La Pallice am 13.3.43.

16. 6.4.43: Auslaufen in den Atlantik. U 376 wurde in der Nacht des 10. von einer Leigh Light Wellington der 172. Squadron (P/O G.H. Whitley) westsüdwestlich von Brest erkannt und mit Wasserbomben versenkt.

Es gab keine Überlebenden, 47 Männer fanden den Tod.

U 377 Typ VII C

Bauwerft: Howaldtswerke, Kiel
Kiellegung: 8. April 1941
Stapellauf: 12. August 1941
Indienststellung: 2. Oktober 1941
Feldpost-Nr.: M 16791
Versenkt am 15. Januar 1944 (?) nahe der Azoren (?)

Kommandos:
6. U-Flottille Danzig/St. Nazaire von Oktober 1941–Juni 1942 (Schulboot/Frontboot)
11. U-Flottille Bergen von Juni 1942–Februar 1943 (Frontboot)
9. U-Flottille Brest von März 1943–Januar 1944 (Frontboot)

Kommandanten:
KptLt Otto Köhler, Oktober 1941–Juni 1943
OLtzS Gerhard Kluth, Juni 1943–Januar 1944

Feindfahrten: 11
Versenkte Schiffe: keines

1. 14.2.42: Auslaufen Kiel in nördliche Gewässer.
Es sind keine Einzelheiten über diesen Einsatz bekannt.
Rückkehr nach Narvik am 28.2.42.

2. 6.3.42: Auslaufen. Am 5. hatten deutsche Flugzeuge den nach Osten laufenden Convoy PQ 12 südlich von Jan Mayen gesichtet. U 377, U 134, U 403 und U 584 bildeten eine Linie zum Abfangen. Der Convoy wurde jedoch nicht gefunden, und die Boote verfehlten auch den nach Westen laufenden Convoy PQ 8.
Rückkehr nach Narvik am 19.3.42.

3. 22.3.42: Auslaufen Narvik und Rückkehr am 25.3.42.

4. 5.4.42: Auslaufen. Der Convoy QP 10 verließ Kola am 10. und U 377 war eines der vielen Boote, die den Versuch machten, gegen ihn zu operieren. Bei schlechtem Wetter wurden alle Versuche, an den Convoy heranzukommen, aufgegeben, weil die Geleitfahrzeuge es zusätzlich verhinderten. Nur U 435 hatte Erfolg und versenkte am 13. zwei Schiffe.

Rückkehr nach Narvik am 19.4.42.

5. 25.5.42: Auslaufen Narvik zur Operation gegen den Convoy PQ 16. U 377 war das erste Boot, das den Kontakt herstellte. Nachdem es lokalisiert worden war, wurde es mit Wasserbomben durch eines der Escortfahrzeuge vertrieben. Rückkehr nach Narvik am 29.5.42.

6. 31.5.42: Auslaufen Narvik und Einlaufen Drontheim am 2.6.42.

7. 18.7.42: Auslaufen Drontheim nach einer Reparatur. Es setzte eine Wetterbeobachtungsgruppe in Spitzbergen an Land. Rückkehr nach Drontheim am 25.7.42.

8. 30.8.42: Auslaufen nach einer Instandsetzungszeit. Deutsche Flugzeuge sichteten den nach Osten laufenden Convoy PQ 18 am 12.9.42, und U 377 wurde mit anderen Booten auf ihn angesetzt. Am Abend des 16. machte es einen erfolglosen Angriff auf ein Schiff des Convoys, in der Barentssee westlich von Stolbovay, Novaya Zemlya. Nur die Detonation eines Endläufers war zu hören. Rückkehr in den Skjomenfjord am 24.9.42.

9. 7.10.42: Auslaufen. Am 13. nahm U 377 eine Wetterbeobachtungsgruppe, »Nussbaum« genannt, in der Signe Bay, Spitzbergen, auf. Bevor es am 19.1. wegfuhr, hatte die Besatzung von U 377 geholfen, ein Wetterstation zu errichten.

U 377 kehrte nach Narvik am 24.10.42 zurück.

10. 27.10.42: Auslaufen Narvik. Es sind keine Einzelheiten dieses Einsatzes bekannt. Rückkehr des Bootes am 13.11.42.

11. 15.11.42: Auslaufen Narvik und Einlaufen Drontheim am 18.11.42.

12. 20.11.42: Auslaufen Drontheim und Einlaufen Bergen am 25.11.42.

13. 30.1.43: Auslaufen Bergen. U 377 erhielt die Weisung, nach Scapa Flow zu gehen, und U 376 nach Peterhead.

Es war nach mehr als zwei Jahren das erste Mal, dass britische Küstengewässer angelaufen wurden.

Bevor U 377 Land sichtete, wurde es vom Radar erfasst und musste Aktivitäten entwickeln, den patrouillierenden Booten auszuweichen. Als der Kommandant des Bootes meldete, dass sein Boot durch Radar geortet wurde, wurde ihm nicht geglaubt. Das Boot wurde weg befohlen. Es umrundete die Nordküste Schottlands und lief dann in den Atlantik. U 376, das Bergen mit U 377 verlassen hatte, übernahm die Aufklärung in den britischen Küstengewässern.

Ab 14.2.43 war U 377 mit der »Ritter«-Gruppe westlich von Irland, die sich gegen den Convoy HX 226 gebildet hatte. Während der Nacht des 15./16. passierte der Convoy SC 119 den Norden der Gruppe und am 18. passierte der Convoy HX 226 den Norden nach einer zweiten Kehrtwendung.

Die Gruppe war auf dem Weg nach Westen, aber man erkannte, dass die Convoys ON 166 und ONS 167 im Süden der »Ritter«-Gruppe umgeleitet worden waren. Ihre Bewegung nach Westen wurde angehalten, deren Boote nach Südosten verlegt und eine Nord-Süd-Linie auf dem 30°-Meridian ab 20. gebildet.

ON 166 wurde von U 604 am Morgen des 20. gesichtet, aber während der Nacht vertrieben, bevor die »Knappen«- und »Ritter«-Gruppen heranschließen konnten.

U 377 nahm an der Operation gegen den ON 166 teil, traf am 20. auf die »Neptun«-Gruppe, nordöstlich der »Ritter«-Gruppe. Am Morgen des 27. sichtete U 759 am nördlichen Ende der Linie den Convoy HX 227 und die »Neptun«-Boote griffen an. Ein Schiff wurde versenkt, ein anderes wahrscheinlich durch U 405 beschädigt, aber schlechtes Wetter verhinderte jeden weiteren Angriff der Boote.

Am oder um den 5.3.43 wurde U 377 durch U 119 mit Kraftstoff versorgt. Rückkehr nach Brest am 18.3.43.

14. 15.4.43: Auslaufen in den Nordatlantik. U 377 traf auf die »Amsel«-Gruppe, die am 26. 1.400 Seemeilen westlich von Irland gebildet wurde. Die Gruppe verlegte nach Süden und suchte nach einem Convoy, von dem man annahm, es sei der HX 235. Am 28. hatte U 377 Kontakt durch Unterwasserhorchgerät mit dem Convoy SC 127. Aber das Boot wurde mit vier anderen »Amsel«-Booten vertrieben. Die »Amsel«-Gruppe traf sich mit der »Specht«-Gruppe am 29., und sie drehten nach Süden auf der Suche nach dem Convoy SC 128 östlich von Neufundland. Ein Sturm aus Süden machte den Kontakt unmöglich, und am 3.5.43 wurde die »Amsel«-Gruppe aufgelöst und die einzelnen Boote mit anderen, neu eingetroffenen Boote in kleinere Gruppen »Amsel 1«, »-2«, »-3« und »-4« in einem Winkel rund um Cape Race ab 4. aufgeteilt. U 377 gehörte zur Gruppe »Amsel 2«.

Am 5. fuhren die »Amsel 1« und »-2«-Gruppe nach Norden, um den anlaufenden Convoy ONS 5 zu empfangen. Der Kontakt wurde hergestellt, aber am späten Nachmittag kam Nebel auf und der Kontakt ging wieder verloren.

Am 7. wurde aus der »Amsel 1«- und »-2«-Gruppe die »Elbe«-Gruppe östlich von Neufundland, um zwei nach Osten laufende Convoys zu empfangen. Am 8. wurde die Gruppe nach Südosten zum Convoy HX 237 geschickt. Der Convoy war zu weit entfernt, so dass die »Elbe«-Boote mit hoher Geschwindigkeit nach Südosten fuhren, um den Convoy SC 129 den Weg abzuschneiden. Am 10. bildeten die Boote der »Rhein«- und »Elbe«-Gruppe eine aus zwei Reihen bestehende Linie, »Elbe 1« und »-2«. Während sie sich formierten, passierte der SC 129. U 377 gehörte zur Gruppe »Elbe 2«.

Am 12. wurde der Kontakt mit dem Convoy wieder hergestellt, aber der Geleitschutz hinderte die verfolgenden Boote am Heranschließen. Einige Boote trugen schwere Schäden davon, U 186 ging verloren. Mit Erscheinen des Escortträgers HMS BITER wurde die Operation am 14. aufgegeben. U 377 wurde am 27. von U 229 zur Heimreise mit Kraftstoff versorgt.

Rückkehr nach Brest am 7.6.43.

15. 26.8.43: Auslaufen Brest und Rückkehr am 30.8.43.

16. 6.9.43: Auslaufen in den Atlantik. U 377 war eines von 14 Booten, die ab 20. die Linie »Leuthen« südsüdwestlich von Island, zum Empfang eines ONS-Convoys bildeten. Es kamen sechs andere Boote hinzu, die sich nördlich der Azoren gesammelt hatten und nach Versorgung mit Kraftstoff nach Norden liefen, um ihren Platz in der Linie einzunehmen. Geheimhaltung war erstes Gebot, um den Alliierten ihre Anwesenheit zu verbergen. Sie waren angewiesen, im getauchten Zustand zu warten.

Am 19. wurde U 341 allerdings an der Wasseroberfläche fahrend von einem kanadischen Flugzeug gesehen und versenkt, direkt auf der Position der Linie. Früh am 20., bevor die »Leuthen«-Boote ihre Position eingenommen hatten, sichtete U 270 den Convoy ON 202 ostsüdöstlich von Cape Farewell. Luft- und Überwassersicherungen des Convoys hinderten die meisten Boote am Zustandekommen eines Angriffs. Während des Tages traf der ON 202 mit dem Convoy ONS 18 zusammen. Nach Einbruch der Dunkelheit schlossen fünf Boote an den Convoy heran, aber die meisten der »Leuthen«-Boote waren damit beschäftigt, Geleitfahrzeuge anzugreifen. Sie glaubten, wenn sie während der Nacht vom 21./22. diese versenken würden, könnten die Convoys leichter angegriffen werden. Zehn Zerstörer wurden während dieser Nacht als versenkt bzw. wahrscheinlich versenkt gemeldet.

In den frühen Morgenstunden des 21. verfehlte U 377 einen Zerstörer mit einem Torpedo. Es wurde dann durch die französischen Korvetten RENONCULE und ROSELYS vertrieben.

Nebel kam früh am 21. auf und blieb die Nacht über und den folgenden Tag. Als er sich während des Tages am 22. lichtete, erschienen alliierte Flugzeuge. Die Boote blieben aufgetaucht, um den Kampf über Wasser auszufechten. Am frühen Morgen des 22. machte U 377 einen Angriff auf ein Schiff des Convoys ON 202, das aber ein Misserfolg wurde.

Am späten Nachmittag des 22. klarte es auf, fünf Boote kamen heran, aber wurden von Geleitfahrzeugen vertrieben. Die Sicht ließ am frühen Morgen des 23. nach, als sich der Convoy Neufundland Bank näherte. Die Operation wurde am 23. morgens abgeblasen. Sechs Schiffe waren versenkt und eines beschädigt worden. U 229 und U 338 gingen verloren.

Während der Aktion wurde U 377 zweimal von Flugzeugen angegriffen: Am 22. beim Auftauchen nach einem Unterwasserangriff von einer Liberator der 10. (RCAF) Squadron (F/Lt J.R. Martin) zwölf Seemeilen hinter dem Convoy. Vier Wasserbomben wurden geworfen. U 377 blieb aufgetaucht und schoss zurück. Als das Boot tauchte, warf Martin zwei Geräuschtorpedos ab, die brachten aber keine Schäden. U 402 kam heran, es hatte einen Funkspruch aufgefangen und wollte helfen. Die Liberator, jetzt ohne Wasserbomben, griff im Tiefflug an. Die Bordschützen feuerten, bis U 402 im Nebel verschwand. Der Kommandant von U 377 wurde an beiden Armen verwundet.

In den frühen Stunden des 25. wurde U 377 von einem Flugzeug angegriffen, wahrscheinlich mit Raketen. Bootskörper und Turm wurden beschädigt.

Rückkehr nach Brest am 10.10.43.

17. 15.12.43: Auslaufen in den Atlantik. U 377 traf auf die »Borkum«-Gruppe, die am 20. 400 Seemeilen nordwestlich von Cape Ortegal gebildet wurde. Während der Nacht des 24. traf die »Borkum«-Gruppe nordöstlich der Azoren auf den nach Süden laufenden Convoy KMS 36/OS 62. Ein Geleitzerstörer wurde von U 415 am Abend versenkt und einige Fehlangriffe gegen den Convoy in der Nacht des 25./26. gemacht.

Die »Borkum«-Gruppe lief dann am 30. zur Bildung einer neuen Linie zum Empfang des Convoys MKS 34/SL 143. Auf dem Kurs dahin rannte die Gruppe in die 6. Escortgruppe hinein, zwei Boote wurden angegriffen, aber sie entkamen. MKS 34/SL 143 wurde durch deutsche Flugzeuge am 30. und 31. erkannt, aber er passierte die »Borkum«-Linie am 1.4.44. Die Gruppe nahm an einer fehlgeschlagenen Aktion gegen einen nach Süden laufenden Convoy am 2. und 3. teil. Um die Ortung der Linie schwieriger zu machen, wurde die »Borkum«-Gruppe in drei kleinere Gruppen unterteilt, »Borkum 1«, »-2« und »-3«. U 377 gehörte zur Gruppe »Borkum 3«. Am 5., 6. und 7. trafen die Boote auf die 5. Escortgruppe, erst am 7. versenkte U 305 der Gruppe »Borkum 1« eine Fregatte.

Ab 8. suchten deutsche Flugzeuge nach dem kombinierten Convoy MKS 35/SL 144. Er wurde am 9. westlich Portugals gefunden. Der Kontakt wurde am Abend des 11. hergestellt. Die »Borkum«-Gruppe kam an den Convoy heran, aber obwohl sie ihren eigenen Kampf mit dem Escortträger USS BLOCK ISLAND hatte, war sie nicht in der Lage, den Convoy gemeinsam anzugreifen. Kein Schiff wurde versenkt.

Die drei Gruppen lösten sich am 13. auf. Man glaubte, dass U 377 einen Angriff auf einen Zerstörer der Trägergruppe von USS Santee am 15. nordöstlich der Azoren machte.

Man glaubt auch, dass das Boot an diesem Tag verloren ging, wahrscheinlich infolge eines Unfalls mit einem seiner Geräuschtorpedos, oder dass durch den Zerstörer HMS Wanderer versenkt wurde.

Es gab keine Überlebenden, 52 Tote.

U 378 Typ VII C

Bauwerft: Howaldtswerke, Kiel
Kiellegung: 3. Mai 1940
Stapellauf: 13. September 1941
Indienststellung: 30. Oktober 1941
Feldpost-Nr.: M 34668
Versenkt am 20. Oktober 1943 nördlich der Azoren
(47°40'N/28°27'W)

Kommandos:
8. U-Flottille Königsberg von Oktober 1941–Februar 1942 (Schulboot)
3. U-Flottille La Pallice von März 1942–Juni 1942 (Frontboot) und Mai 1943–20. Oktober 1943 (Frontboot)
11. U-Flottille Bergen von Juli 1942–Mai 1943 (Frontboot)

Kommandanten:
KptLt Alfred Hoschatt, Oktober 1941–September 1942
KptLt Hansjürgen Zetzsche, September–Oktober 1942
KptLt Erich Mäder, Oktober 1942–20. Oktober 1943

Feindfahrten: 8
Versenkte Schiffe: keines
1 Zerstörer (1.920 t)

1. 11.3.42: Auslaufen Kiel und Einlaufen Helgoland am 12.3.42.
2. 15.3.42: Auslaufen Helgoland in nördliche Gewässer. U 378, U 209, U 376 und U 655 warteten als Gruppe auf den nach Westen laufenden Convoy QP 9. Er verließ Kola am 21. und passierte die Boote ungesehen.
Der nächste erwartete Convoy war der nach Osten laufende PQ 13. Auf der Fahrt wurde der Convoy durch einen Sturm am 24. auseinander gerissen. Am Morgen des 27. wurden einige Schiffe des Convoys durch deutsche Flugzeuge entdeckt. Am 28. wurden Uboote, Zerstörer und Flugzeuge zum Angriff auf den Convoy angesetzt.

In der Dreitageoperation wurden zwei Schiffe des PQ 13 durch Uboote, der deutsche Zerstörer Z 26 durch den Kreuzer HMS Trinidad versenkt. 88 Männer vom Zerstörer Z 26 wurden durch Z 24 und Z 25 und weitere acht Überlebende von U 378 aufgenommen.
Rückkehr nach Kirkenes am 1.4.42.
3. 7.4.42: Auslaufen Kirkenes und Teilnahme an der Operation gegen den nach Osten laufenden Convoy PQ 14 und den nach Westen laufenden Convoy QP 10. Es gab keinen Erfolg.
Rückkehr nach Kirkenes am 20.4.42.
4. 29.4.42: Auslaufen. Es sind keine Einzelheiten über diesen Einsatz bekannt. Rückkehr nach Kirkenes am 6.5.42.
5. 8.5.42: Auslaufen Kirkenes und Einlaufen Drontheim am 12.5.42.
6. 12.9.42: Auslaufen nach einer Instandsetzung aus Drontheim. Deutsche Flugzeuge entdeckten den nach Osten laufenden Convoy PQ 18 am 12. und U 378 gehörte zu den auf ihn angesetzten Booten. Zwischen dem 12. und 16. verlor der Convoy drei Schiffe durch Uboote, aber die Hauptangriffe wurden durch Flugzeuge durchgeführt. Diese wurden am 16. wegen schlechtem Wetter unterbrochen, aber am 17. fortgesetzt, wie auch am 18. Insgesamt wurden zehn Schiffe versenkt, aber auch 44 deutsche Flugzeuge abgeschossen. Es gab danach nie wieder Angriffe mit Lufttorpedos.
Am 21. wurde U 378 von einer Catalina der 330. (norwegischen) Squadron aus Island, die den Convoy QP 14 begleitete, gesehen. Das Boot eröffnete das Feuer und beschädigte die Treibstofftanks des Flugzeuges. Als U 378 tauchte, warf die Catalina vier Wasserbomben, aber erzielte keinen Treffer. Das Flugzeug verlor Treibstoff, ging nieder auf die See. Seine Besatzung wurde vom Zerstörer HMS Marne vom Geleitschutz des Convoys QP 14 aufgenommen. Das Flugzeug war zerstört.
Rückkehr nach Skjomenfjord am 26.9.42.
7. 17.10.42: Auslaufen Skjomenfjord und Einlaufen Drontheim am 19.10.42.
8. 7.11.42: Auslaufen Drontheim und Einlaufen Skjomenfjord am 9.11.42.
9. 11.11.42: Auslaufen Skjomenfjord. Es sind keine Einzelheiten über diesen Einsatz bekannt, aber U 378 war sicherlich in einem schwer beschädigten Zustand, als es am 12.12.42 Narvik anlief.
10. 15.12.42: Auslaufen Narvik und Einlaufen Drontheim am 17.12.42.
11. 7.3.43: Auslaufen Drontheim nach einer längeren Instandsetzungsphase. Einlaufen Hammerfest am 1.4.43.
12. 15.3.43: Auslaufen. Es sind keine Einzelheiten dieses Einsatzes bekannt, nur, dass U 378 im Gebiet des

Nordkaps war. Es gab dort aber keine Convoys, nach denen man suchen konnte. Diese waren über den Sommer eingestellt. Das Eintreffen der TIRPITZ in Narvik erscheint möglich. Rückkehr nach Drontheim am 1.4.43.

13. 12.4.43: Auslaufen in den Atlantik. U 378 traf auf die »Star«-Gruppe, die eine Linie ab 27. südwestlich von Island bildete und auf den nach Westen laufenden Convoy ONS 5 wartete. Zu dieser Zeit nahmen die ONS-Convoys Kurse mehr nördlich ein. Obwohl das nördliche Ende der »Star«-Gruppe immer noch auf dem Kurs 62°N war, passierte der ONS 5 sie am 28. Die Boote fuhren nach Nordosten, um ihn abzufangen, aber schlechtes Wetter und navigatorische Fehler resultierten darin, dass der Convoy nur kurz von fünf Booten gesehen wurde. Nur ein Schiff wurde versenkt.

Als diese Aktion am 1.5.43 nahe Cape Farewell aufgegeben wurde, wurden die »Star«-Boote nach Süden befohlen, um dort die »Specht«- und »Amsel«-Gruppen bei ihrer Operation gegen den nach Norden laufenden Convoy SC 128 zu treffen. Der Convoy war am 3. nicht gefunden worden, und eine neue Linie, »Fink« genannt, wurde südlich von Cape Farewell durch Zusammenschluss der »Star«- und »Specht«-Gruppen gebildet. Die 29 »Fink«-Boote setzten ihre Suche nach dem Convoy SC 128 fort, aber am 4. stellte man fest, dass er umgeleitet worden war. Die »Fink«-Gruppe erhielt Befehl, eine neue Position einzunehmen, als ein nach Südwesten laufender Convoy gesichtet wurde. Es war der ONS 5, der sich wegen eines Sturms verspätet hatte. Bei Tageslicht am 5. kamen 15 Boote in Kontakt mit dem Convoy, aber mit Einbruch der Nacht kam Nebel auf und der Kontakt ging verloren. Im Nebel machten Geleitfahrzeuge 15 Wasserbombenattacken.

Am Morgen des 6. wurde der ONS 5 wieder gesichtet, aber schlechtes Wetter verhinderte die Operation, die dann aufgegeben wurde.

Bei dem zweiten Angriff auf ONS 5 wurden zwölf Schiffe versenkt. Es scheint, dass U 378 daran nicht beteiligt war. Am 10. wurde das Boot mit Kraftstoff von U 459 südöstlich von Grönland versorgt. Ab 15. war U 378 mit der »Donau 2«-Gruppe südöstlich von Cape Farewell. Vier Tage später wurde es Teil der »Mosel«-Gruppe 400 Seemeilen südlich von Cape Farewell, die zur Operation gegen den nach Osten laufenden Convoy HX 239 gebildet wurde.

Am 21. dachte man, dass der Gegner im Süden die Linie passieren würde, folgend dem Kurs von Nachzüglern. Die »Mosel«-Gruppe wurde in zwei Teile aufgesplittet, die südlichen Boote sollten Nachzügler angreifen, die anderen Boote, einschließlich U 378, waren auf den Convoy fixiert. Trägerflugzeuge hielten die Boote unter Wasser, so dass der HX 239 nicht mehr gefunden wurde.

Mit mehreren Booten, die beschädigt waren, und dem versenkten U 752 wurde der Einsatz am 23. beendet.

Ab 24. hielt Dönitz zeitweise Operationen gegen Convoys im Nordatlantik an. U 378 und andere Boote der »Mosel«- und der »Donau«-Gruppe mit begrenztem Kraftstoffbestand vermittelten im Nordatlantik eine große Uboot-Präsenz auf den Hauptrouten der Convoys. U 378 lief am 4.6.43 in den neuen Stützpunkt La Pallice ein.

14. 6.9.43: Auslaufen. U 378 war eines von 14 Booten, die die »Leuthen«-Gruppe bildeten.

Das war ab 20. südsüdwestlich von Island zum Empfang eines ONS-Convoys. Sie wurden von sechs Booten unterstützt, die sich nördlich der Azoren versammelt hatten, und nach Kraftstoffversorgung zur Einnahme ihres Platzes in der Linie nach Norden liefen. Geheimhaltung war befohlen, damit die Alliierten von den Booten keine Wahrnehmung erhalten konnten. Allerdings wurde am 19. das nach Westen laufende U 341 gesichtet, das den Befehl zur Unterwasserfahrt nicht befolgte. Es wurde angegriffen und von einem kanadischen Flugzeug nahe der geplanten Position des Angriffs versenkt.

Früh am 20., bevor die »Leuthen«-Boote ihre Position einnahmen, kam der Convoy ON 202 in Sicht. Vier Boote kamen heran, aber nur eines kam zum Angriff. Dieser morgendliche Kontakt ging wegen der starken Luftsicherung und des ebenso starken Überwassergeleitschutzes verloren.

Der ON 202 traf auf den Convoy ONS 18. Der Kontakt mit dem kombinierten Convoy wurde am Morgen des 20. hergestellt.

Nur fünf Boote kamen an den Convoy heran, die anderen »Leuthen«-Boote waren mit dem Angriff auf die Geleitschiffe beschäftigt. Man glaubte, dass die Geleitfahrzeuge in der Nacht des 21./22. geteilt werden konnten. U 378 glaubte einen erfolglosen Angriff auf einen Zerstörer während der Nacht des 20./21. gemacht zu haben. Nebel kam früh am 21. auf und blieb während des ganzen Tages und die folgende Nacht. Als er während des Tages am 22. dünner wurde, erschienen wieder alliierte Flugzeuge und die Boote blieben oben, um es auszukämpfen. Weitere Attacken auf den Convoy wurden in den ersten Stunden des 23. gemacht und mehr Schiffe versenkt, bevor die Operation am Morgen abgeblasen wurde. Sechs Schiffe waren versenkt worden und eines beschädigt. Drei Geleitfahrzeuge wurden versenkt, eines beschädigt. Zwei Boote gingen verloren.

Am 27. traf U 378 auf die neu gebildete »Rossbach«-Gruppe im Zentralen Nordatlantik zur Operation gegen den Convoy ON 203. Der Convoy passierte den Norden der Linie. Die Gruppe verfehlte auch den Convoy ONS 19, der ebenfalls den Norden passierte.

Am 1.10.43 fuhr die »Rossbach«-Gruppe nach Nord-westen zum Empfang des Convoys ONS 19 und wech-selte dann ab 3. nach Osten zum Treffen mit dem Convoy ON 204. Kein Convoy wurde gefunden. Ab 5., als sie südwestlich von Island waren, begannen die Boote eine Drehung nach Südwesten, um den Convoy SC 143 oder HX 259 zu suchen bzw. um sie am 8. zu erwarten.

Am Abend des 7. wurden zwei Zerstörer gesichtet, die nach Osten fuhren. Einer war der polnische ORKAN, er war U 758 mit knapper Not entkommen. Während des Angriffs auf die Zerstörer am Abend wurde U 378 von einem Flugzeug angegriffen. Man vermutete richtig, dass der Convoy dicht dabei war, und er wurde in der Nacht gesucht. Es kamen Zerstörer in Sicht, alle liefen nach Nordosten.

Am Morgen des 8. versenkte U 378 die ORKAN südsüd-westlich von Reykjavik im Zentralen Nordatlantik. Der Convoy wurde nicht gefunden und die Suche am 9. auf-gegeben. Ein Schiff des Convoys wurde am Morgen des 9. von U 645 versenkt, das einzige Schiff des Convoys SC 143, das gesehen wurde.

Mittlerweile knapp an Kraftstoff wurden U 378, U 402, U 584, U 603, U 641 und U 731 nach Süden zur Ver-sorgung geschickt. Ab 11. wurden die Boote in mehreren Anläufen an verschiedenen Punkten in einem Gebiet 300 bis 600 Seemeilen nördlich und nordwestlich von den Azoren durch U 459 mit Kraftstoff versorgt. Jede Ver-sorgung litt unter schlechtem Wetter oder unwillkomme-ner Anwesenheit von Trägerflugzeugen.

Am 13. wurde U 378 von einer Avenger (Lt H. Fryatt) des Escortträger USS CARD entdeckt. Das Boot wurde mit Wasserbomben und Akustik-Torpedos attackiert. Obwohl es beschädigt war, konnte es entkommen. U 378 wurde am 17. von U 488 vollständig aufgetankt. Wäh-rend die weiteren Boote auf ihr Auftanken warteten, wurde U 402 versenkt und U 731 beschädigt, beide am 13. von trägergestützten Flugzeugen.

Am 20. wurde U 378 an der Oberfläche überrascht und mit den automatischen Kanonen von einer Avenger (Lt R.W. Hayman) und einer Wildcat (LtCdr C.W. Brewer), beide vom VC 13, angegriffen. Die Wildcat griff das Boot im Tiefflug an, gefolgt von der Avenger, die das Boot zuerst streifte und dann Wasserbomben warf.

Bald nach dem letzten Angriff rollte das Boot nach Backbord, das Heck kam hoch und dann ging U 378 langsam unter. Weniger als eine Minute später warf die Avenger einen Geräuschtorpedo. Es gab einen weißen Schwall und eine Druckwelle, aber sonst wies kein ande-res Zeichen auf ein Versenken hin. Von den Flugzeugen wurde nichts mehr wahrgenommen in der rauen See. U 378 wurde nicht mehr gesehen.

Es gab keine Überlebenden, 48 Tote.

U 379 Typ VII C

Bauwerft: Howaldtswerke, Kiel
Kiellegung: 27. Mai 1940
Stapellauf: 29. Oktober 1941
Indienststellung: 16. November 1941
Feldpost-Nr.: M 42090
Versenkt am 8. August 1942 ostsüdöstlich von Cape Farewell (57°11'N/30°57'W)

Kommandos:
8. U-Flottille Königsberg/Danzig von November 1941–Juni 1942 (Schulboot)
1. U-Flottille Brest von Juli 1942–8. August 1942 (Frontboot)

Kommandant:
KptLt Paul Hugo Kettner, Nov. 1941–8. Aug. 1942

Feindfahrten: 1
Versenkte Schiffe: 2 (8.904 BRT)

1. 25.6.42: Auslaufen Kiel in den Nordatlantik. U 379 traf auf die »Wolf«-Gruppe 600 Seemeilen westlich vom Nordkanal. Die Gruppe machte einen Rundkurs in Richtung der Neufundlandbank und ging dann nach Süden.

Ein Convoy wurde am 13.7.42 am nördlichen Ende der Linie entdeckt.

Einige der mehr im Süden stehenden Boote fuhren eini-ge Stunden nach Nordosten, doch als man feststellte, dass der Convoy nach Westen lief, wurde davon gelas-sen, denn er war zu weit weg. Als keine anderen Convoys bis zum 19. in Sicht kamen, wurde die »Wolf«-Gruppe nach Süden befohlen. Drei Tage später, als die Boote sich zur Versorgung klar machten, wurde ein anderer nach Westen laufender Convoy wurde am 23. gesichtet, es war der ON 113, der bereits am 13. gemeldet worden war. Bei der beginnenden Aktion mit schlechter Sicht und starkem Geleitschutz verlor der Convoy nur zwei Schiffe, U 90 ging verloren. Der Kontakt riss am 26. ab und nach einer fruchtlosen Suche wurde die Operation am 27. aufgege-ben.

Die »Wolf«-Boote fuhren nach Süden in ein Versor-gungsgebiet westlich der Azoren. Acht Boote der Gruppe wurden von U 461 am 29. und 30. Juli mit Kraftstoff ver-sorgt, U 379 nicht vor dem 3.8.42.

Die Gruppe wurde nicht vor Ende der Versorgung umge-bildet, aber sechs Boote liefen bereits früher auf den Convoy ON 115 zu, der am 29. von U 210 gemeldet worden war. Eine Linie, »Pirat« genannt, wurde vor dem Convoy am 1.8.42 östlich von Neufundland gebildet. Die sechs »Wolf«-Boote bildeten diese Linie.

Der Convoy wurde am 2. östlich von Cape Race von U 552 gesichtet. Die Boote wurden an ihn heranbefohlen und das wurde vor der Neufundlandbank durchgeführt, wo Nebel dazu führte, dass die Operation am 3. eingestellt wurde. Zwei Schiffe wurden versenkt und eines beschädigt.

Nach der Versorgung nahm U 379 Kurs nach einer neuen Position, 400 Seemeilen nordöstlich von Neufundland, um dort andere ex »Wolf«-Boote auf einer Linie, »Steinbrinck« genannt, am 7. zu treffen. Zwei Tage, bevor es seine Position erreichte, meldete U 593 den nach Osten laufenden Convoy SC 94 am nördlichen Ende der geplanten »Steinbrinck«-Linie. Die Boote kamen an den Convoy heran, und eine Anzahl der Boote kam zum Einsatz.

Am Nachmittag des 8. ostsüdöstlich von Cape Farewell versenkte U 379 die amerikanische KAIMOKU (6.367 t) und beschädigte die britische ANNEBERG (2.537 t), die später von der Korvette HMS DIANTHUS versenkt wurde. U 379 wurde entdeckt und dann über mehr als drei Stunden gejagt. Nach Beschädigung durch Wasserbomben tauchte es auf und wurde von der DIANTHUS (LtCdr C.E. Bridgeman) gerammt. Weitere Wasserbomben wurden geworfen und das Boot sank, nachdem es viermal gerammt worden war.

Fünf Überlebende wurden aufgefischt, der Kommandant und 39 Mann gingen mit dem Boot unter.

U 380 Typ VII C

Bauwerft: Howaldtswerke, Kiel
Kiellegung: 1. Oktober 1940
Stapellauf: 15. November 1941
Indienststellung: 22. Dezember 1941
Feldpost-Nr.: M 47957
Versenkt am 11. März 1944 in Toulon

Kommandos:
5. U-Flottille Kiel von Dezember 1941–August 1942 (Schulboot)
6. U-Flottille St. Nazaire von September–November 1942 (Frontboot)
29. U-Flottille La Spezia/Toulon von Dezember 1942–11. März 1944 (Frontboot)

Kommandanten:
KptLt Josef Röther, Dezember 1941–November 1943
KptLt Albrecht Brandi, November 1943–11. März 1944

Feindfahrten: 11
Versenkte Schiffe: 3 (21.241 BRT) und 1 beschädigt

1. 4.8.42: Auslaufen Kiel und Einlaufen Drontheim am 11.8.42.
2. 22.8.42: Auslaufen Drontheim in den Atlantik. Ab 31. war U 380 mit der Gruppe »Stier« westlich von Irland. Am 4.9.42 vereinigte sich die »Stier«-Gruppe mit der »Vorwärts«-Gruppe und bildete eine lange Linie westlich von Irland, in Erwartung eines nach Westen laufenden Convoys.

Am Abend des 9. passierte der ON 127 das südliche Ende der Linie und wurde dabei von U 584 gesichtet.

Der Kontakt ging in der Nacht verloren, aber kam wieder früh am 10. zustande. In den ersten Stunden des 12. schoss U 380 vier Torpedos auf Schiffe des Convoys, aber die drei Detonationen, die zu hören waren, wiesen auf keinen Untergang oder eine Beschädigung hin. Die Operation gegen den ON 127 wurde bis zum 14. fortgesetzt. Wegen schlechter Sicht und unwillkommener Beeinträchtigung durch Flugzeuge aus Neufundland ab 13. erfolgte die Aufgabe. Sieben Schiffe wurden versenkt und es war eine der wenigen Gelegenheiten im Kriege, dass alle Uboote einen Torpedo verschossen. Ab 16. wurden die »Stier«/»Vorwärts«-Boote durch U 461 nordwestlich von den Azoren mit Kraftstoff versorgt. Auf der Fahrt zu einer neuen »Vorwärts«-Linie östlich von Neufundland versenkte U 380 einen Nachzügler des Convoys ON 129, die norwegische OLAF FOSTENES (2.994 t) am frühen Morgen des 18.

Die »Vorwärts«-Linie war am 22. auf Position, und am nächsten Tag passierte der Convoy RB 1 die Linie und wurde durch U 404 gesichtet. Dieser Convoy bestand aus Frachtern des Great Lake Distriktes, der nach England ging. Die Boote meldeten sie als Passagierschiffe mit Truppen an Bord. Die »Vorwärts«-Boote wurden bei ihrem Angriff auf den Convoy durch Boote der »Pfeil«-Gruppe unterstützt. Drei Schiffe und ein Zerstörer wurden versenkt. U 380 machte keinen Angriff. Es erhielt Kraftstoff von einem anderen Boot zur Heimfahrt.

Rückkehr nach St. Nazaire am 7.10.42.
3. 5.11.42: Auslaufen ins Mittelmeer. U 380 gehörte zu den sieben Booten, die die Stützpunkte an der Biskaya zur Verstärkung der Mittelmeer-Uboote verließen. Sie wurden bekannt als »Delphin«-Gruppe und alle passierten die Straße von Gibraltar zwischen dem 7. und 11. U 380 passierte die Straße vermutlich in der Nacht vom 10./11. Das Boot traf eine Gruppe Uboote, die westlich

von den Balearen bis nach Algier eine Linie bildete, um Angriffe auf die Schifffahrt, die bei der Invasion Nordafrikas benötigt wurden, zu machen. Am frühen Nachmittag des 11. versenkte U 380 den niederländischen Transporter NIEUW ZEELAND (11.069 t) östlich von Algier. In den frühen Stunden des 14. und am Morgen des 15. machte U 380 erfolglose Angriffe auf zwei Schiffe im selben Gebiet.

Rückkehr in den neuen Stützpunkt La Spezia am 19.11.42.

4. 28.11.42: Auslaufen. Es sind keine Einzelheiten von diesem Einsatz bekannt. Rückkehr nach La Spezia am 23.12.42.

5. 1.2.43: Auslaufen. Es sind keine Einzelheiten dieses Einsatzes bekannt. Rückkehr nach La Spezia am 6.2.43.

6. 10.3.43: Auslaufen in das westliche Mittelmeer. Am Abend des 15. versenkte das Boot die britische OCEAN SEAMAN (7.178 t) aus dem Convoy ET 14, westlich von Algier. Rückkehr nach La Spezia am 5.4.43.

7. 5.5.43: Auslaufen. Es sind keine Einzelheiten dieses Einsatzes bekannt, außer, dass eine kleine Gruppe deutscher Soldaten von der Küste Tunesiens aufgenommen wurde.

Rückkehr nach La Spezia am 16.5.43.

8. 7.6.43: Auslaufen La Spezia. Es sind keine Einzelheiten über diesen Einsatz bekannt. Rückkehr nach dem neuen Stützpunkt Toulon am 6.7.43.

9. 11.8.43: Auslaufen. U 380 patrouillierte vor der Küste Siziliens. Am Abend des 23. beschädigte es die amerikanische PIERRE SOULE (7.191 t) nördlich vom Golfo di Castellammare. Rückkehr nach Toulon am 7.9.43.

10. 30.9.43: Auslaufen. Am 5.10.43 meldete das Boot die Versenkung eines Tankers 60 Seemeilen von Salerno. Es gibt keine Informationen darüber. Rückkehr nach Toulon am 11.10.43.

11. 28.10.43: Auslaufen. Es gibt keine Einzelheiten über diesen Einsatz. Rückkehr nach Toulon am 11.11.43.

12. 20.12.43: Auslaufen zur Patrouille im westlichen Mittelmeer. Am 23. machte U 380 einen erfolglosen Angriff auf den französischen Zerstörer LE FANTASQUE vor Algier. Nur eine Endlaufdetonation wurde vernommen.

In den frühen Stunden des 11.1.44 schoss U 380 an einem Zerstörer vorbei und später an einem Frachter, beide östlich von Gibraltar.

Rückkehr nach Toulon am 21.1.44.

U 380 machte keine Feindfahrt mehr. Am 4.2.44 wurde es bei einem Angriff der USAF auf Toulon beschädigt und am 11.3.44 durch Bomber der USAF versenkt. Zwei Mann der Besatzung wurden bei diesem Angriff getötet, der Rest ging in Gefangenschaft.

U 381 Typ VII C

Bauwerft: Howaldtswerke, Kiel
Kiellegung: 15. März 1941
Stapellauf: 14. Januar 1942
Indienststellung: 25. Februar 1942
Feldpost-Nr.: M 43526
Versenkt am 19. Mai 1943 südöstlich von Cape Farewell (54°41'N/34°45'W)

Kommandos:
5. U-Flottille Kiel von Februar–September 1942 (Schulboot)
7. U-Flottille St. Nazaire von Oktober 1942–19. Mai 1943 (Frontboot)

Kommandant:
KptLt Graf Wilhelm-Heinrich von Pückler und Limpurg, Februar 1942–19. Mai 1943

Feindfahrten: 3
Versenkte Schiffe: keines

1. 1.10.42: Auslaufen Kiel in den Nordatlantik. U 381 traf auf die »Panther«-Gruppe westlich von Irland.

Am 16. wurden zwölf Boote der »Panther«-Gruppe und zehn der »Wotan«-Gruppe zum Angriff auf den nach Westen laufenden Convoy ON 137, der von U 704 im Zentralen Nordatlantik gesichtet worden war, befohlen. Das Wetter wurde schlecht und die Verfolger verloren den Kontakt, nachdem sie zum Teil beschädigt und vertrieben wurden.

Die Boote suchten weiter, aber der Convoy wurde nicht mehr gesehen. Ein Sturm kam am 17. auf, die »Wotan«-Boot fuhren am 18. nach Hause, die Operation wurde am 19. aufgegeben. U 381 und die »Panther«-Boote fuhren westwärts und bildeten am 24. eine neue Linie, »Veilchen« genannt, 1.400 Seemeilen östlich von Neufundland. Am 30. wurde der nach Osten laufende Convoy SC 107 von U 552 südlich von Cape Race gesichtet. Die »Veilchen«-Gruppe wurde auf ihn angesetzt. Der Convoy wurde am 1.11.42 von U 381 gesichtet.

Der erste erfolgreiche Angriff fand in den frühen Stunden des 2. statt. Erste Angreifer am Abend des 1. wurden vertrieben, und ein Angriff von U 381 auf den Zerstörer HMCS RESTIGOUCHE ging ins Leere.

In den frühen Stunden des 4. schoss U 381 drei Torpedos auf den Convoy, es glaubte zwei Treffer bei einem Schiff und einem weiteren Schiff erzielt zu haben. Es gibt keine Informationen darüber.

Am 5. wurden die letzten Boote, auch U 381, von Liberators der 120. Squadron vertrieben. Andere hatten wegen Kraftstoffmangel und fehlenden Torpedos abgebrochen. Während des Einsatzes wurden 15 Schiffe versenkt, zwei Boote gingen verloren.

Am oder um den 12. wurde U 381 nördlich der Azoren von U 117 mit Kraftstoff versorgt.

Rückkehr in den neuen Stützpunkt St. Nazaire am 21.11.42.

2. 19.12.42: Auslaufen in den Atlantik. U 381 traf auf die »Delphin«-Gruppe (4 Boote) westlich von Gibraltar zur Operation gegen US-Gibraltar-Convoys mit Nachschub für die alliierten Armeen in Nordafrika. Am 29. wurde die Gruppe nach Westen zur Suche nach dem Convoy GUS 2 befohlen. Nichts kam vier Tage lang in Sicht, dann wurden die Boote in Richtung Brasilien geschickt.

Am 3.1.43 meldete U 514 den Convoy TM 1 900 Seemeilen südlich der »Delphin«-Gruppe mit Kurs auf Gibraltar.

Die »Delphin«-Boote drehten nach Süden, um ihn abzufangen, und am 8. wurde der Convoy im Zentrum der Linie entdeckt. Vier Boote trafen auf die Gruppe, weitere vier, die auf dem Heimweg waren, und weitere vier, die zu Gruppe stießen, so dass zwölf Boote auf ihn angesetzt werden konnten.

Am 9. bei Tage wurde U 381 vom Zerstörer HMS HAVESTER und der Korvette HMS PIMPEREL angegriffen, aber es konnte unbeschädigt entkommen. Am 10. waren nur noch vier Boote im Kontakt, und mit dem nächsten Tag endete die Operation südwestlich von Madeira. Sieben Tanker wurden versenkt. U 381 war nicht daran beteiligt.

Nach einer Kraftstoffversorgung durch U 463 wurde die »Delphin«-Gruppe am 16. südlich der Azoren zur Operation gegen US-Mittelmeer-Convoys umgebildet. Die Boote liefen westwärts zum Treffen mit einem UGS-Convoy, aber sie drehten am 18. wieder nach Osten. Vom 21. bis zum 29. warteten die »Delphin«-Boote südwestlich der Azoren, aber als sich nichts tat, fuhren die Boote weiter ostwärts. Sie bildeten nordwestlich der Kanarischen Inseln ab 31. eine Linie und fuhren zur Bildung einer neuen Linie am 6.2.43 westlich von Gibraltar.

Ab 11. fuhren die »Delphin«-Boote nach Norden zur Bildung einer neuen Position westlich von Portugal.

Ein nach Süden laufender Convoy wurde am 12., 200 Seemeilen westlich von Cape Finisterre, gemeldet. Die »Delphin«-Boote wurden an ihn heranbefohlen, aber die Operation wurde zum Fehlschlag, da die Luftsicherung des Convoys die Boote unter Wasser hielt. Die Situation der Boote verschlechterte sich, je näher der Convoy an Gibraltar herankam. Angriffe wurden unmöglich, zwei Boote gingen verloren. Am 14. wurde U 181 von einer Catalina der 202. Squadron (F/Lt H.R. Sheardown) nordwestlich von Lissabon angegriffen und beschädigt.

Rückkehr nach St. Nazaire am 19.2.43.

3. 31.3.43: Auslaufen in den Nordatlantik. U 381 traf auf die »Meise«-Gruppe östlich von Neufundland. Eine Linie wurde am 14.4.43 zum Empfang des nach Osten laufenden Convoys SC 126 gebildet, aber der wurde umgeleitet, und die Suche ergab kein Ergebnis.

Ab 21. wurde eine neue Linie südlich von Grönland zum Empfang des nach Osten laufenden Convoys HX 234 gebildet. Der Convoy wurde am 21. von U 306 gesichtet, aber Nebel und Schneesturm machten ein Heranschließen schwierig, und am 25. wurde die Operation gegen den HX 234 eingestellt, nachdem alle Boote, die Kontakt hielten, vom Geleitschutz und von Flugzeugen vertrieben worden waren.

Die »Meise«-Gruppe wurde aufgelöst, U 381 traf auf die neu gebildete »Star«-Gruppe östlich von Cape Farewell. Sie erwartete einen nach Westen laufenden ONS-Convoy. Am 28. passierte der ONS 5 den Norden der Gruppe und wieder machte schlechtes Wetter es schwierig, heranzuschließen. Am Morgen des 29. fuhren nur U 258 und U 532 Angriffe und versenkten ein Schiff. Am 1.5.43 wurde der Angriff auf ONS 5 nahe Cape Farewell eingestellt.

Die »Star«-Boote wurden nach Süden zum Suchen nach SC 122 befohlen, den man auf dem Weg nach Nordosten vermutete. Ein Sturm kam aus dem Süden heran, und als der Kontakt nicht hergestellt werden konnte, wurde eine neue Linie gebildet, »Fink« genannt, die aus den Booten der »Star«- und »Specht«-Gruppe, bestehend aus 29 Booten, gebildet wurde. Der Convoy kam nicht, aber der ONS 5, der sich aufgrund eines Sturms verspätet hatte, wurde am 4. wieder gefunden.

Angriffsaussichten waren gut, aber am 5. kam Nebel auf, und die meisten Boote verloren am frühen Abend den Kontakt. Am Morgen des 6. wurde die Operation beendet. Am 5. waren zwölf Schiffe versenkt, doch auch sechs Boote während der zweitägigen Schlacht verloren worden.

U 381 wurde südöstlich von Grönland von U 459 mit Kraftstoff versorgt. Es traf auf U 258 und U 954 und bildete südsüdöstlich von Cape Farewell am 12. die »Inn«-Gruppe. Die drei Boote der »Inn«-Gruppe wurden Teil der »Donau 1«-Gruppe ab 15. An diesem Tag begannen die »Donau 1«- und »-2«-Gruppen sowie die »Iller 1«-Gruppe eine Suche nach Südwesten nach Convoys.

Am 17. wurde der Convoy SC 130 150 Seemeilen südöstlich von Cape Farewell gemeldet und die Gruppen fuhren nach Südosten, um ihn abzufangen. Der Convoy wurde in der Nacht des 18./19. von U 304 gesichtet und die Boote nahmen Kurs auf ihn.

U 381 wurde am 19. mit Wasserbombenattacken des Zerstörers HMS DUNCAN (Cdr R.W. Gretton) und der Korvette HMS SNOWFLAKE (Lt H.G. Chesterman) in Sichtweite des Convoys SC 130 südöstlich von Cape Farewell versenkt.

Es gab keine Überlebenden, 47 Tote.

U 382 Typ VII C

Bauwerft: Howaldtswerke, Kiel
Kiellegung: 15. März 1941
Stapellauf: 21. März 1942
Indienststellung: 25. April 1942
Feldpost-Nr.: M 46120
Selbstversenkt am 3. Mai 1945 in Wilhelmshaven

Kommandos:
5. U-Flottille Kiel von April–September 1942 (Schulboot)
7. U-Flottille St. Nazaire von Oktober 1942–Oktober 1944 (Frontboot)
33. U-Flottille Flensburg von November 1944–20. März 1945 (Frontboot/ohne Einsatz)

Kommandanten:
KptLt Herbert Juli, April 1942–März 1943
OLtzS Leopold Koch, März–September 1943
OLtzS Rudolf Zorn, September 1943–Januar 1944
OLtzS Ernst-August Gerke (zeitweise), Januar–Juli 1944
OLtzS Hans-Dietrich Wilke, August 1944–Januar 1945
OLtzS Günther Schimmel, Januar 1945–20. März 1945

Feindfahrten: 6
Versenkte Schiffe: keines
2 beschädigt

1. 10.9.42: Auslaufen Kiel und Einlaufen Bergen am 17.9.42.
2. 19.9.42: Auslaufen Bergen in den Nordatlantik. U 382 traf auf die »Luchs«-Gruppe, die westlich von Irland auf einen ON-Convoy wartete. Am 29. sichtete U 118 einen nach Westen laufenden Convoy 250 Seemeilen südlich von Island und die »Luchs«-Boote wurden im Nordwesten auf ihn angesetzt. Als am Abend des 2.10.42 nichts gesehen wurde, schwenkte die Gruppe nach Südwesten. Am 3. sichtete U 260 den nach Osten laufenden Convoy HX 209 am nördlichen Ende der »Luchs«-Linie. Schlechtes Wetter behinderte den konzentrierten Angriff

der »Luchs«-Boote und das in Zusammenhang mit der Luftsicherung ab 4. veranlasste zum Abbruch des Einsatzes am 6. Oktober. Ab 8. kamen die »Luchs«-Boote vom HX 209 und bildeten die »Panther«-Gruppe, die durch dort operierende Boote verstärkt wurde. Am Abend des 11. sichtete U 620 den nach Westen laufenden Convoy ONS 136 und acht Boote der »Panther«-Gruppe, einschließlich U 382, wurden an ihn als »Leopard«-Gruppe herangeführt.

Am Nachmittag des 12. schoss U 382 einen Dreiertorpedofächer auf einen Zerstörer der Sicherung des ONS 136. Es glaubte, eine Detonation gehört zu haben, der später eine Kesselexplosion folgte. Es gibt keine Informationen darüber. Schlechtes Wetter und starker Wind hielten die meisten Boote davon zurück, den Convoy anzugreifen, und die Operation wurde am 14. abgebrochen. Nur zwei Schiffe wurden versenkt.

Die »Leopard«-Boote wurden dann nach Westen gegen den anlaufenden SC 104 geschickt, und trafen die »Wotan«-Gruppe, die acht Schiffe des Convoys während der Nacht des 12./13. und vom 13./14. versenkt hatte. Ab 14. wurde der Geleitschutz des SC 104 durch Geleitfahrzeuge des ONS 104 verstärkt, und ab dem Abend des 15. gab es auch eine Luftsicherung. Weitere Angriffe wurden als überflüssig angesehen, so dass am 16. die »Leopard«- und »Wotan«-Gruppen auf den neu gesichteten Convoy ON 137 angesetzt wurden.

Das Wetter wurde schlecht, die Boote fanden den Convoy nicht. Ein Sturm kam am 17. auf und zwei Tage später wurde die Operation abgebrochen. U 332 lief nach Süden und wurde nordnordwestlich der Azoren von U 463 mit Kraftstoff versorgt.

Rückkehr in den neuen Stützpunkt St. Nazaire am 31.10.42.
3. 7.2.43: Auslaufen St. Nazaire in das Gebiet von Gibraltar.
U 382 war eines von sechs Booten, die sich westlich von Portugal am 11. versammelten. Der deutsche Marinestab fürchtete eine alliierte Invasion, und die Boote wurden für die Abwehr versammelt. Als am 12. jedoch ein nach Süden laufender Convoy von U 382 gesichtet wurde, 200 Seemeilen westlich von Cape Finisterre, wurden die Boote an diesen herangeführt. Die Luftsicherung, die sich mit dem Näherkommen von Gibraltar verstärkte, hielt die Boote unter Wasser, und es wurden keine Angriffe gefahren.

Ab 16., als die Invasion vergessen war, formten die Boote die »Robbe«-Gruppe und bildeten nordöstlich der Azoren eine Nord-Südlinie. Am 17. fuhr die Gruppe nach Westen, um das nördliche Gebiet der Azoren aufzusuchen. Nachdem nichts gefunden wurde, begann am 20. die Rückwärtsbewegung nach Osten, und am 21. richteten sie ihren Kurs auf das Gebiet von Gibraltar, ausgenommen U 382 und U 569, die nach der »Rochen«-Gruppe zu einem Angriff auf den UC 1 westlich von Madeira liefen.

Spät am Abend des 23. schoss U 382 vier Torpedos auf Schiffe des Convoys. Es traf und beschädigte den norwegischen Tanker MURENA (8.252 t). Eine zweite Torpedodetonation nahe einem anderen Schiff brachte kein Resultat. Bei dieser Aktion wurde U 382 beschädigt. Nach Kraftstoffversorgung durch U 461 Ende Februar südwestlich der Azoren fuhr U 382 heimwärts.
Rückkehr nach Lorient am 8.3.43.

4. 8.4.43: Auslaufen Lorient in den Nordatlantik. U 382 und fünf andere Boote wurden an den nach Osten laufenden Convoy HX 233 herangeführt, der am späten Abend des 15. südwestlich von Irland von U 262 gesichtet worden war.

Am Morgen des 16. verloren die Verfolger den Kontakt, aber der Convoy wurde in der Nacht wieder gefunden. Bei der Aktion wurde ein Schiff versenkt. U 382 wurde lange Zeit von der 3. Escortgruppe gejagt und erlitt Beschädigungen.
Rückkehr nach St. Nazaire am 24.4.43.

5. 19.6.43: Auslaufen in den Zentralen Atlantik. Zwischen dem 6. und 12. Juli wurde U 382 durch U 487 600 Seemeilen südwestlich von den Azoren mit Kraftstoff versorgt. Ab 23. war es eines von sechs Booten, die vor der Elfenbeinküste patrouillierten, dann auf der Suche südlich von Liberia bis 2.8.43. Es sah keinen Erfolg.
Rückkehr nach St. Nazaire am 7.9.43.

6. 8.12.43: Auslaufen in den Atlantik. U 382 traf auf die »Coronel«-Gruppe vor dem Nordkanal. Am 15. wurde die Gruppe vergrößert und dann in drei Teile getrennt, »Coronel 1«, »-2« und »-3«. U 382 gehörte zur Gruppe »Coronel 3«, die nach Süden zum Finden des nach Westen laufenden Convoys ONS 25 geschickt wurde.

Am 20. begannen die »Coronel 3«-Boote sich als »Borkum«-Gruppe in ein Gebiet 400 Seemeilen nordwestlich von Cap Ortegal zum Empfang des Convoys MKS 33/SL 142 zu bewegen. Als der Convoy nicht gefunden wurde, wurden die »Borkum«-Boote zur Operation gegen die Trägergruppen USS CARD und CORE befohlen, als Maßnahme zum Schutz des Blockadebrechers OSORNO. Das Schiff traf sicher in der Girondemündung am 26. ein, aber als es ein Wrack streifte, wurde das Schiff auf Land gesetzt, um die wertvolle Ladung zu sichern. Am 22. und 23. wurde ein gesicherter Träger von deutschen Flugzeugen gesichtet. Angriffe wurden auf die Geleitfahrzeuge von den »Borkum«-Booten am Abend des 23. gemacht. Am frühen Morgen des 24. verschoss U 275 zwei Torpedos und traf das Heck

des Zerstörers USS LEARY. Der wurde sofort verlassen und als er sank, wurde er noch 16 Minuten später von einem Torpedo von U 382 im vorderen Maschinenraum getroffen.

Am Abend des 24. trafen die »Borkum«-Boote auf den nach Süden laufenden Convoy OS 62/KMS 36, U 415 versenkte einen Zerstörer des Geleitschutzes. Es gab keine weiteren Versenkungen. Die Gruppe setzte ihre Operation im Gebiet nordöstlich der Azoren zwischen dem 20° und 25°W fort, indem sie von einer Position in die andere wechselte.

Am 28. wurde die »Borkum«-Gruppe zur Suche nach dem Convoy MKS 34/SL 143 angehalten, der von einem Flugzeug am 30. und 31. gesichtet wurde. Auf dem Marsch in ihr neues Gebiet trafen einige »Borkum«-Boote auf die 6. Escortgruppe. Beide Gruppen machten erfolglose Angriffe aufeinander.

MKS 34/SL 143 passierte die »Borkum«-Linie am 1.4.44. Am Abend des Tages machte U 332 einen erfolglosen Angriff auf eine Korvette des Geleitschutzes. Es hörte eine Enddetonation und nahm an, es sei eine Kesselexplosion. Am 4. wurde die »Borkum«-Gruppe in drei kleinere Gruppen geteilt, »Borkum 1«, »-2« und »-3«. U 382 gehörte zur Gruppe »Borkum 1«. Dies wurde gemacht, um die Ortung der Linie und das Abweichen vom Kurs bei rücklaufenden Convoys zu erschweren.

Ab 8. unterstützten Flugzeuge die »Borkum«-Gruppe. Sie suchten nach dem Convoy MKS 35/SL 144. Der Convoy wurde von einem Flugzeug am 9. westlich von Portugal gesichtet, konnte aber am 9. während des Tages nicht mehr gefunden werden. U 305 hatte die Chance, den Convoy am Abend des 11. zu entdecken, aber die weit verstreuten Boote der »Borkum«-Gruppe konnten nicht heranschließen. Die Gruppen wurden am 13. aufgelöst und operierten weiter unabhängig für sich alleine. U 382 ging nach dem Gebiet westlich von Irland. Am oder um den 18. wurde es angegriffen und von einem Flugzeug beschädigt.
Rückkehr nach St. Nazaire am 26.1.44.

7. 6.6.44: U 382 war eines von 19 Booten, die über keinen Schnorchel verfügten. Es fuhr in die Biskaya und gehörte zur »Landwirt«-Gruppe.

Diese Boote sollten sich zwischen Brest und Bordeaux, außerhalb der Häfen, für den Fall einer alliierten Invasion in 200 Meter Tiefe auf Grund legen, deren Fahrzeuge angreifen und versenken. Die Boote verlegten später auf 100 Meter Tiefe, damit sie schneller am Feind sein konnten.

Die wartenden Boote waren ständigen Angriffen aus der Luft ausgesetzt, wenn sie nachts zur Lufterneuerung und Batterieaufladung auftauchten. Als die Invasion nicht stattfand, wurden die Boote am 12. in die Häfen zurück-

gerufen und in sechsstündige Bereitschaft gelegt.
U 382 kehrte am 15.6.44 nach La Pallice zurück

Am 24.8.44 wurde das Boot kurzzeitig in La Pallice außer Dienst gestellt.

8. 10.9.44: U 382 war nicht mehr voll einsatzfähig, als es La Pallice zur Fahrt nach Norwegen antrat.
Einlaufen Bergen am 19.10.44.
9. 22.10.44: Auslaufen Bergen nach Deutschland. Am 24. rammte U 382 U 673 vor Stavanger. Es beteiligte sich an den Rettungsmaßnahmen. Es ging kein Mann der Besatzung von U 673 verloren.
U 382 lief am 26. Kristiansand an und fuhr später weiter nach Flensburg, wo es am 5.11.44 einlief.

Im Januar 1945 fuhr U 382 nach Wilhelmshaven. Es wurde dort bei einem Bombenangriff auf die 4. Einfahrt versenkt. Am 20.3.45 gehoben, wurde es außer Dienst gestellt. U 382 wurde am 3.5.45 in Wilhelmshaven selbst versenkt.

U 383 Typ VII C

Bauwerft: Howaldtswerke, Kiel
Kiellegung: 15. März 1941
Stapellauf: 22. April 1942
Indienststellung: 6. Juni 1942
Feldpost-Nr.: M 41101
Versenkt am 1. März 1943 südsüdwestlich von Fastnet
(47°24'N/12°10'W)

Kommandos:
8. U-Flottille Danzig von Juni–September 1942
(Schulboot)
9. U-Flottille Brest von Oktober 1942–1. August 1943
(Frontboot)

Kommandant:
KptLt Horst Kremser, Juni 1942–1. August 1943

Feindfahrten: 4
Versenkte Schiffe: keines
1 beschädigt

1. 17.10.42: Auslaufen Kiel in den Nordatlantik.
Am Nachmittag des 24. torpedierte und traf U 383 nördlich von Rockall ein Schiff, von dem man dachte, es sei

ein isländischer Frachter. Das Wrack wurde später gesehen. Das Schiff kann der britische Trawler NORTHERN SPRAY (655 t) gewesen sein, der Ende Oktober von einem Torpedo beschädigt wurde. Es scheint, dass U 383 das einzige Boot war, das in diesem Gebiet operierte.
U 383 traf auf die »Puma«-Gruppe südöstlich von Cape Farewell zur Operation gegen den nach Osten laufenden Convoy HX 212. Der Convoy wurde angegriffen, die ersten Attacken kamen am Abend des 27. In einer Zweitageoperation wurden sechs Schiffe versenkt und eines beschädigt, keines durch U 383.
Ab 1.11.42 bildeten U 383 und fünf Boote die »Natter«-Gruppe westlich von Irland. Zu dieser Zeit waren sie die einzigen Boote, die im östlichen Nordatlantik operierten.
Am 2. verlegte die Linie nach Süden und am 3. wurden sie durch sechs Neuankömmlinge verstärkt.
Am 4. sichtete eines davon, U 92, den ON 143, aber die Boote, die von Norden anliefen, kamen nicht heran. Ohne Unterstützung verlor U 92 den Kontakt, und als die »Natter«-Gruppe am 6. nicht herankam, wurde das Unternehmen abgebrochen.
Den Nachrichten über die alliierten Landungen in Nordafrika folgend, wurden alle Boote mit ausreichend Kraftstoff am 8. mit hoher Fahrt in Richtung Gibraltar befohlen. U 383 hatte nur wenig Kraftstoff und traf am 9. auf die »Kreuzotter«-Gruppe im Zentralen Nordatlantik. Die Gruppe verlegte nach Norden am 13., und zwei Tage später passierte der Convoy ONS 144 die Linie.
Bei der Operation, die am 20. östlich von Neufundland beendet wurde, wurden fünf Schiffe und eine Korvette versenkt. Am Morgen des 18. schoss U 383 an einem Schiff des Convoys vorbei.
Mit sehr wenig Kraftstoff fuhren sechs Boote der »Kreuzotter«-Gruppe, einschließlich U 383, am 21. südostwärts in ein Gebiet nordwestlich der Azoren, wo sie um den 27. von U 460 versorgt wurden.
Rückkehr nach dem neuen Stützpunkt Brest am 9.12.42.
2. 6.1.43: Auslaufen in den Nordatlantik. U 383 traf auf die »Habicht«-Gruppe westlich von Irland. Am 17. fuhr die Gruppe nach Westen und suchte ON-Convoys. Als bis zum 19. nichts gefunden wurde, verlegten die »Habicht«-Boote mit denen der »Falke«-Gruppe und bildeten die »Haudegen«-Gruppe 300 Seemeilen südöstlich von Cape Farewell.
Am 22. wurde die Gruppe nach Südosten befohlen, um einen nach Osten laufenden Convoy abzufangen. Schlechtes Wetter beeinträchtigte die Operation, und die Boote fuhren auf eine Position südlich von Cape Farewell. Auf dem Rückweg sichtete U 383 am 26. die Geleitfahrzeuge des HX 223, der durch Sturm am Weiterkommen gehindert worden war.
Ab 1.2.43 begann die »Haudegen«-Gruppe eine Süd-

westbewegungen mit Kurs auf Neufundland. Am 2. wurden die fünf Boote der Gruppe, U 186, U 233, U 268, U 358 und U 707, als »Nordsturm«-Gruppe zum Angriff auf den Versorgungsconvoy SG 18 südsüdwestlich von Grönland detachiert. Die anderen Boote der »Haudegen«-Gruppe, einschließlich U 383, setzten ihre südwestliche Fahrt fort.

Am 4. sichtete U 187 von der »Pfeil«-Gruppe den Convoy SC 118 östlich von Neufundland, und die fünf »Haudegen«-Boote U 438, U 613, U 624, U 704 und U 752 wurden auf ihn angesetzt. Sie trafen nach der Aktion nicht wieder zusammen.

Am 6. wurden die verbliebenen »Haudegen«-Boote in zwei Linien aufgeteilt, sie besetzten einen Winkel östlich von St. John's. Sie wurden verstärkt durch fünf »Nordsturm«-Boote, die von Norden kamen. Um den 15. hatten die »Haudegen«-Boote sehr wenig Kraftstoff und warteten auf die Convoys HX 225 und SC 119. Sie wurden zur Versorgung in ein anderes Gebiet befohlen. Am 17. sichtete U 69 den nach Westen laufenden Convoy ONS 165, und die Boote, obwohl nach Osten laufend, wurden zum Angriff befohlen. Die Kraftstoffversorgung sollte danach erfolgen. Der Kontakt ging allerdings im Sturm verloren, und die Operation wurde am 20. aufgegeben. Zwei Schiffe wurden versenkt, zwei Boote gingen verloren.

U 383 und andere ex-»Haudegen«-Boote fuhren zum Treffen mit U 460 östlich von Neufundland, wo die Versorgung am 21. durchgeführt wurde. Am 23. passierte der Convoy ONS 167 nahe dem Versorgungspunkt die Boote, und es scheint, dass das versorgte Boot U 383 auf die Boote der »Sturmbock«-Gruppe traf, um den Convoy anzugreifen. Der Convoy verlor nur zwei Schiffe, beide von den Verfolgern versenkt, von U 664 am Abend des 21. Februar.

Nach Ende der Operation am Abend des 25. wurde U 383 mit Kraftstoff von U 462 nordnordwestlich der Azoren versorgt.

Rückkehr nach Brest am 10.3.43.

3. 17.4.43: Auslaufen in den Nordatlantik. U 383 traf auf die »Amsel«-Gruppe, die am 26. 1.400 Seemeilen westlich von Irland gebildet worden war. Die Gruppe fuhr nach Süden und suchte nach dem Convoy HX 235. Am 28. hatte U 377 Horchkontakt mit dem SC 127, aber es konnte mit vier anderen »Amsel«-Booten nichts unternehmen, da sie vertrieben wurden.

Die »Amsel«-Linie setzte ihren westlichen Kurs fort.

Die »Amsel«- traf mit der »Specht«-Gruppe am 29. zusammen, und sie drehten nach Süden auf der Suche nach dem SC 128 östlich von Neufundland. Ein Sturm aus dem Süden machte jeden Kontakt unmöglich. Am 3.5.43 teilte sich die »Amsel«-Gruppe, ihre Boote wur-

den mit neu ankommenden Booten vereinigt, um vier kleine Gruppen, »Amsel 1«, »-2«, »-3« und »-4« in der Position rund um Cape Race zu formen. Ab 4. war U 383 in der Gruppe »Amsel 2«.

Am 7. wurden die beiden Gruppen »Amsel 1« und »-2« umgebildet in die »Elbe«-Gruppe, östlich von Neufundland. Man erwartete nach Osten laufende Convoys. Am 8. wurden die Boote nach Südosten zum Angriff auf den HX 237 befohlen. Der Convoy war allerdings zu weit entfernt, so dass sie nach Südosten mit hoher Fahrt befohlen wurden, um den Convoy SC 129 den Weg abzuschneiden. Die »Rhein«- und »Elbe«-Gruppen schlossen sich am 10. zusammen, um eine Linie in zwei Teilen zu bilden: »Elbe 1« und »Elbe 2«. Während sich die Boote am 11. noch zu ihren Standorten bewegten, passierte der Convoy SC 129 die Linie. U 383 gehörte zur »Elbe 2«-Gruppe.

Während der Nacht vom 11./12. kam U 383 an den Convoy heran, wurde jedoch vom Zerstörer HMS WHITEHALL vertrieben. Der Geleitschutz war stark, er erschwerte den verfolgenden Booten das Herankommen. Nur U 402 konnte angreifen. Es versenkte zwei Schiffe am Abend des 11. Zwei Boote gingen verloren. Die Operation endete am 14. südwestlich von Irland, nachdem der Escortträger HMS BITER hinzu gekommen war. Nach der Aktion wurde U 383 von U 119 nördlich der Azoren mit Kraftstoff versorgt.

Rückkehr nach Brest am 25.5.43.

4. 29.7.43: Auslaufen in den Atlantik. U 383 fuhr gemeinsam mit U 218 durch die Biskaya als Schutz gegen Flugzeuge.

Am 1.8.43, nachdem die Boote sich gegenseitig unterstützten, wurde U 383 angegriffen und durch Wasserbomben, geworfen von einer Sunderland der 228. Squadron (F/Lt S. White) ernsthaft beschädigt. Die Boote U 218, U 454 und U 706 wurden zur Unterstützung befohlen, und drei Motorboote wurden ebenfalls geschickt. U 454 wurde gesehen und am frühen Tag versenkt. U 218 wurde von einem Flugzeug am nächsten Morgen angegriffen, als es nach Überlebenden von U 383 suchte. U 706 wurde am 2. versenkt.

Die Torpedoboote meldeten eine große Öllache an der Stelle, wo U 383 getaucht war.

Es gab keine Überlebenden, 54 Tote.

Die angreifende Sunderland wurde vom Flakfeuer von U 383 beschädigt, konnte aber den Flugplatz erreichen. Der Pilot (F/Lt White) erhielt das DFC.

U 384 Typ VII C

Bauwerft: Howaldtswerke, Kiel
Kiellegung: 28. März 1941
Stapellauf: 28. Mai 1942
Indienststellung: 18. Juli 1942
Feldpost-Nr.: M 50536
Versenkt am 20. März 1943 südwestlich von Rockall
(54°18'N/26°15'W)

Kommandos:
5. U-Flottille Kiel von Juli–Dezember 1942 (Schulboot)
3. U-Flottille La Pallice von Januar 1943–20. März 1943
(Frontboot)

Kommandant:
OLtzS Hans-Achim von Rosenberg-Gruszczynski, Juli
1942–20. März 1943

Feindfahrten: 2
Versenkte Schiffe: 2 (13.407 BRT)

1. 12.12.42: Auslaufen Kiel in den Nordatlantik. U 384
traf auf die »Falke«-Gruppe, 500 Seemeilen westlich
Irland, wo man auf einen ON-Convoy wartete. Die
Gruppe wurde gegen die Convoys ONS 158 und ON 159
angesetzt, aber beide wurden umgeleitet und entgingen
den Booten.
Ab 7.1.43 wandte sich die »Falke«-Gruppe nach Westen
und suchte nach Convoys. Am Abend des 9. versenkte
U 384 die amerikanische LOUISE LYKES (6.155 t) west-
südwestlich von Rockall. Der Schwenk nach Westen
wurde bis zum 15. fortgesetzt, aber es kam nichts in
Sicht. Die Gruppe drehte am nächsten Tag nach Norden,
aber es wurde nichts gefunden.
Am 19. bildeten die Gruppen »Falke« und »Habicht«
zwei neue Linien, »Haudegen« und »Landsknecht«. Die
letztere wurde aus Booten mit wenig Kraftstoff gebildet.
Dazu gehörte auch U 384.
»Landsknecht«, verstärkt durch neu hinzugekommene
Boote, wartete eine Woche westlich von Irland, aber kein
Convoy erschien. Am 28. wurde die Gruppe aufgelöst.
Boote mit ausreichend Kraftstoff gingen zur »Pfeil«-
Gruppe, die anderen, auch U 384, liefen heimwärts.
Rückkehr in den neuen Stützpunkt La Pallice am 3.2.43.
2. 6.3.43: Auslaufen in den Nordatlantik. U 384 traf auf
die »Stürmer«-Gruppe, die am 14. im Zentralen Nord-
atlantik gegen den nach Osten laufenden Convoy SC 122
gebildet wurde. Die Gruppe fuhr bis zum 16. nach
Westen, um dann nach Südwesten auf den Convoy zuzu-

drehen. Während des Morgens sichtete U 653 der
»Raubgraf«-Gruppe den Convoy SC 122, der aber tat-
sächlich der Convoy HX 229 war. Die elf am südlichsten
stehenden »Stürmer«-Boote, mit U 384, gingen auf ihn
zu.
Während der Nacht vom 16./17. hatte die »Stürmer«-
Gruppe, von Norden kommend, Kontakt mit dem nach
Osten laufenden Convoy SC 122, der mit langsamer
Fahrt auf einem Parallelkurs zum HX 229 lief, der aber
weiter zurück war. Bevor die Operation am 20. endete,
waren die beiden Convoys dicht genug für Angriffe der
»Stürmer«-, »Dränger«- und »Raubgraf«-Gruppe.
Am Nachmittag des 17. griff U 384 den Convoy HX 229
an. Es versenkte die britische CORACERO (7.552 t), zwei
andere Detonationen wurden gehört, von denen man
annahm, es waren zwei weitere Treffer auf Schiffe des
Convoys. Der Kontakt ging am nächsten Morgen verloren, wurde aber wieder hergestellt. Die Boote nahe am
Convoy kamen unter die Luftsicherung. Es war die größte Convoyschlacht des Krieges. 40 Boote versenkten 21
Schiffe, U 384 war der einzige Bootsverlust.
Am 20. wurde U 384 durch Wasserbomben einer Fortress
der 206. Squadron, 800 Seemeilen südwestlich von
Rockall, versenkt. Es gab keine Überlebenden, 47 Tote.

U 385 Typ VII C

Bauwerft: Howaldtswerke, Kiel
Kiellegung: 14. Mai 1941
Stapellauf: 8. Juli 1942
Indienststellung: 29. August 1942
Feldpost-Nr.: M 50427
Versenkt am 11. August 1944 westlich von La Rochelle
(48°16'N/02°45'W)

Kommandos:
5. U-Flottille Kiel von August 1942–Februar 1944
(Schulboot)
6. U-Flottille St. Nazaire von März 1944–11. August
1944 (Frontboot)

Kommandant:
KptLt Hans-Guido Valentiner, Aug. 1942–11. Aug. 1944

Feindfahrten: 2
Versenkte Schiffe: keines

1. 21.3.44: Auslaufen Kiel und Einlaufen Marviken am 23.3.44.

2. 4.4.44: Auslaufen Marviken in den Nordatlantik. U 385 war eines der Boote, die zur kurzen Operation zwischen Irland und Neufundland eingesetzt wurden. Am 15. feuerte es einen Dreierfächer auf ein großes Schiff, vermutlich ein Passagierschiff, südlich von Reykjavik. Zwei Detonationen wurden gehört und man dachte, es sei eine Kesselexplosion, aber das Schiff blieb unbeschädigt.

Ab Anfang Mai fuhr U 385 als Wetterbeobachtungsboot. Am 27. startete es einen erfolglosen Angriff auf einen Zerstörer nordwestlich von Rossan Point, Irland. Rückkehr nach St. Nazaire am 4.6.44.

3. 9.8.44: Nun mit einem Schnorchel ausgerüstet, Auslaufen in den englischen Kanal.

Am 11. wurde das Boot angegriffen und durch eine Sunderland der 461. (RAAF) Squadron (P/O I.F. Southhall) westlich von La Rochelle beschädigt. Es wurde dann durch Geschützfeuer der Sloop HMS STARLING versenkt.

Ein Mann der Besatzung von U 385 wurde getötet, der Kommandant und die übrige Besatzung kamen in Gefangenschaft.

U 386 Typ VII C

Bauwerft: Howaldtswerke, Kiel
Kiellegung: 14. Mai 1941
Stapellauf: 19. August 1942
Indienststellung: 10. Oktober 1942
Feldpost-Nr.: M 50010
Versenkt am 19. Februar 1944 nordnordöstlich von den Azoren (48°51'N/22°41'W)

Kommandos:
5. U-Flottille Kiel von Oktober 1942–April 1943 (Schulboot)
6. U-Flottille St. Nazaire von Mai 1943–18. Februar 1944 (Frontboot)

Kommandanten:
OLtzS Hans-Albrecht Kandler, Oktober 1942–Juni 1943
OLtzS Fritz Albrecht, Juni 1943–19. Febr. 1944

Feindfahrten: 4
Versenkte Schiffe: 1 (1.997 BRT)

1. 15.4.43: Auslaufen Kiel in den Nordatlantik. Auf dem Marsch in das Operationsgebiet versenkte U 385 einen Nachzügler vom Convoy RU 71, die britische ROSENBORG (1.997 t) am 24. nördlich von Rockall.

U 386 traf auf die »Star«-Gruppe, die südwestlich von Island am 27. zum Abfangen des nach Westen laufenden Convoys ONS 5 eine Linie bildete. Zu dieser Zeit nahmen die ONS-Convoys einen mehr nördlichen Kurs als angenommen. Obwohl das nördliche Ende der »Star«-Linie auf 62° N lag, passierte der ONS 5 die Linie am 28. Die Boote fuhren nach Nordosten, aber schlechtes Wetter und Navigationsfehler ergaben, dass der Convoy von fünf Booten zwar kurz gesichtet wurde, und deshalb nur ein Schiff verlor. Während der Nacht des 28./29. wurde U 386 geortet und durch Wasserbomben der Korvette HMS SUNFLOWER beschädigt. Rückkehr nach St. Nazaire am 11.5.43.

2. 29.6.43: Auslaufen in den Atlantik. U 386 wurde angegriffen und durch eine Liberator der 53. Squadron (W/O L.I. Esler) am 3.7.43 nordwestlich von Cape Ortegal beschädigt. Rückkehr nach St. Nazaire am 8.7.43.

3. 29.8.43: Auslaufen in den Nordatlantik. U 386 und fünf andere Boote nahmen eine Position nördlich der Azoren am 2.9.43 ein. Einige Male Anfang September wurde U 386 von einem Flugzeug nachts angegriffen. Zwischen dem 10. und 13. wurden U 386, U 260, U 305, U 338 und U 645 von U 460 mit Kraftstoff versorgt und dann mit U 731, das nicht versorgt worden war, zum Treffen mit 14 anderen Booten zur Bildung der »Leuthen«-Linie südsüdwestlich von Island am 21. zum Abfangen des nächsten nach Westen laufenden Convoys geschickt.

Bevor die Linie gebildet werden konnte, sichtete U 270 den ON 202 am frühen Morgen des 20. September. Flugzeuge und eine starke Geleitsicherung verhinderten die meisten Boote an der Durchführung von Angriffen am Tage.

Während des Tages traf der ON 202 mit dem ONS 18 zusammen. In der Dämmerung kamen fünf Boote heran, aber die meisten »Leuthen«-Boote waren damit beschäftigt, die Geleitfahrzeuge anzugreifen, im Glauben, dass der Convoy während der Nacht des 21./22. geteilt werden könnte. Die Angriffe wurden gemacht und man glaubte, zehn Zerstörer während der Nacht des 20./21. versenkt oder vermutlich versenkt zu haben.

Am 20. wurde U 386 von einer auf Island stationierten Liberator der 120. Squadron (F/O J. Moffat) sechs Seemeilen vom Convoy entfernt angegriffen. Diesem Angriff folgten Wasserbombenangriffe des Zerstörers HMS KEPPEL und der französischen Korvette ROSELYS. U 386 wurde beschädigt.

Rückkehr nach St. Nazaire am 8.10.43.

4. 26.12.43: Auslaufen in den Atlantik. Anfang Januar war U 386 eines von 20 Booten, die einzeln über ein großes Gebiet westlich der Britischen Inseln operierten. Sie fanden nichts. Erst am Abend des 23. schoss es einen Torpedo auf einen Trawler nördlich von Malin Head. Es wurde zwar eine Detonation gehört, aber Schäden wurden nicht erkannt, bzw. es wurde nichts bekannt. Der Trawler wurde nicht identifiziert.

Am 26. bildeten U 386 und die ex-»Rügen«-Gruppe eine Linie, »Stürmer«, nordwestlich vom Nordkanal, um den Convoy ON 221 abzufangen, der von einem deutschen Flugzeug am 27. gesichtet wurde.

Technische Schwierigkeiten zwangen das Flugzeug zum Heimflug und die Suche nach dem Convoys am 28. brachte nichts.

Die Operation wurde am Morgen des 29. aufgegeben, nachdem ein Flugzeug die Invasion in Westfrankreich meldete. Nach dieser Information wurden alle Boote, auch die »Stürmer«-Gruppe, mit hoher Fahrt in die Biskaya befohlen. Kurz darauf wurde die Invasionsflotte als spanische Trawler erkannt, und die Boote kehrten wieder nach Nordwesten vom Nordkanal zurück. Ab 31. befand sich die »Stürmer«-Gruppe wieder in ihrem Operationsgebiet. Ab Anfang Februar wurde die alliierte U-Abwehrkomponente merklich verstärkt, und die Boote begannen am 4. nach Westen auszuweichen, als »Igel 1«- und »-2«-Gruppe. U 386 war bei der Gruppe »Igel 1«, die nordwestlich von Schottland stand. »Igel 2« war südwestlich von Irland. Ab 10. fuhren beide Gruppen weiter nach Westen, um westlich der Britischen Inseln auf einen ONS-Convoy zu warten, der zwischen dem 14. und 18. erwartet wurde.

Die Geleitzüge ONS 29, ON 224 und OS 68 wurden von einem Flugzeug am 14. westlich vom Nordkanal gesichtet, und die Gruppen »Igel 1« und »-2« wurden schnell zur Versammlung in ein Gebiet 600 Seemeilen südwestlich von Irland geschickt. Am 18. wurden zwei Linien, »Hai 1« und »-2«, vor den Convoys gebildet.

Es wurde herausgefunden, dass die Convoys am 17. nach Süden gedreht hatten, und im Süden auch das Ende der »Hai«-Linie passierten. Die Boote wurden sofort mit hoher Fahrt nach Süden geschickt, bei Tage getaucht, bei Nacht über Wasser fahrend. Am 19. sahen sie aber nur Zerstörer. Die Operation wurde abgebrochen, und die Boote tauchten, um den Flugzeugen des Escortträgers HMS STRIKER zu entgehen.

Während der frühen Stunden des 19. wurde U 386 von der Fregatte HMS SPEY des ONS 29-Escorts geortet.

Es sank nach Wasserbombenangriffen. 33 Mann gingen mit unter, die restlichen, einschließlich des Kommandanten, wurden gefangen genommen.

U 387 Typ VII C

Bauwerft: Howaldtswerke, Kiel
Kiellegung: 5. September 1941
Stapellauf: 1. Oktober 1942
Indienststellung: 24. November 1942
Feldpost-Nr.: M 51018
Versenkt am 9. Dezember 1944 vor Kola
(69°41'N/33°12'E)

Kommandos:
5. U-Flottille Kiel von November 1942–Juni 1943 (Schulboot)
7. U-Flottille St. Nazaire von Juli–Oktober 1943 (Frontboot)
13. U-Flottille Drontheim von Oktober 1943–9. Dezember 1944

Kommandanten:
KKpt Rudolf Büchler, Nov. 1942–9. Dez. 1944

Feindfahrten: 10
Versenkte Schiffe: keines

1. 22.6.43: Auslaufen Kiel und Einlaufen Marviken am 24.6.43.

2. 27.6.43: Auslaufen Marviken und Einlaufen Bergen am 30.6.43.

3. 3.7.43: Auslaufen Bergen. Es sind keine Einzelheiten dieses Einsatzes bekannt.
Rückkehr nach Narvik am 21.8.43.

4. 18.9.43: Auslaufen Narvik in nördliche Gewässer. U 387 landete Ende September eine Wetterbeobachtungsgruppe auf St. Georg's Island in der Barentssee. Anfang Oktober war es mit der »Monsun«-Gruppe zwischen Spitzbergen und der Bäreninsel.
Rückkehr nach Narvik am 4.10.43.

5. 4.10.43: Auslaufen Narvik und Rückkehr am 6.10.43.

6. 22.10.43: Auslaufen Narvik. Mitte November war U 387 mit der »Eisenbart«-Gruppe zwischen Spitzbergen und der Bäreninsel. Am 26. verließ der nach Westen laufende Convoy RA 54B Archangelsk und passierte die »Eisenbart«-Gruppe meist ungesehen. Nur U 307 sichtete einige Geleitfahrzeuge kurz am 28. Es wurde entdeckt und vertrieben, beschädigt.
Rückkehr nach Hammerfest am 6.12.43.

7. 7.12.43: Auslaufen Hammerfest. Mitte Dezember waren U 387, U 277, U 354 und U 636 auf Warteposition östlich der Bäreninsel auf den nach Osten laufenden Convoy JW 55A. Der Convoy passierte die Boote, und nur U 636 bekam am 18. kurz Geleitfahrzeuge in Sicht. U 387 suchte vergeblich nach Überlebenden der SCHARNHORST am 27. Das Schlachtschiff wurde am Abend des 26. von britischen Kriegsschiffen versenkt, und nur 36 Mann ihrer Besatzung wurden von britischen Zerstörern gerettet. Rückkehr nach Narvik am 5.1.44.

8. 7.1.44: Auslaufen Narvik und Einlaufen Drontheim am 9.1.44.

9. 12.1.44: Auslaufen Drontheim und Einlaufen Bergen am 16.1.44.

10. 13.4.44: Auslaufen Bergen und Einlaufen Narvik am 18.4.44.

11. 20.4.44: Auslaufen Narvik. Ende April operierte U 387 gegen den nach Westen laufenden Convoy RA 59 in der Dänemarkstraße. Am Abend des 30. machte es zwei erfolglose Angriffe auf Zerstörer des Geleites. Rückkehr nach Narvik am 5.5.44.

12. 20.5.44: Auslaufen Narvik. Es sind keine Einzelheiten über diesen Einsatz bekannt. Rückkehr nach Skjomenfjord am 8.6.44.

13. 23.6.44: Auslaufen Skjomenfjord und Einlaufen Narvik am 24.6.44.

14. 11.7.44: Auslaufen Narvik. U 387 war auf dem Marsch zur »Trutz«-Gruppe östlich von Jan Mayen, als es am 19. westlich von Tromsö durch eine Sunderland der 330. (norwegischen) Squadron (Lt B. Thurmann-Nielsen) gesichtet wurde. Das Flugzeug warf Wasserbomben, bevor es das Flakfeuer unterflog. Nach einigen Minuten wurde das Boot tauchend gesehen. Rückkehr des beschädigten Bootes nach Narvik am 21.7.44.

15. 25.7.44: Auslaufen Narvik und Einlaufen Drontheim am 27.7.44.

16. 28.9.44: Auslaufen Drontheim. U 387 war bei der »Zorn«-Gruppe, die auf den nach Westen laufenden Convoy RA 60 südwestlich der Bäreninsel angesetzt war. Der Convoy verließ Kola in der Nacht des 27./28., umlief die »Zorn«-Boote und auch die Boote der »Grimm«-Gruppe. Er kam sicher in Loch Ewe am 5.10.44 an. Rückkehr nach Narvik am 3.10.44.

17. 9.10.44: Auslaufen Narvik. Am 20. verließ der Convoy JW 61 Loch Ewe. U 387 war mit der »Panther«-Gruppe mit 19 Booten auf Warteposition östlich der Bäreninsel. Der Convoy passierte die »Panther«-Linie während der Nacht des 26./27., und zwischen dem Abend des 26. und dem Nachmittag des 27. machten einige »Panther«-Boote erfolglose Angriffe auf die Geleitfahrzeuge des JW 61, der am 28. Kola erreichte. Am 2.11.44 fuhr der rücklaufende Convoy RA 61 aus Kola ab, aber ein starker Geleitschutz hinderte die »Panther«-Boote, Angriffe zu fahren. Der Convoy lief am 9. sicher in Loch Ewe ein. Rückkehr nach Narvik am 10.11.44.

18. 21.11.44: Auslaufen Narvik. U 387 wartete mit der »Grube«-Gruppe vor der Kola-Küste auf den nach Osten laufenden Convoy JW 62, der von Flugzeugen gesichtet worden war, aber Kola am 7.12.44 sicher erreichte. Dies abgesehen von Angriffen auf Geleitfahrzeuge. Kurz vor dem auslaufenden Convoy RA 62 machte eine alliierte und sowjetische Kampfgruppe Jagd auf die wartenden Boote vor Kola und vertrieb sie. U 387 wurde vor der Einfahrt am 9. geortet und mit Wasserbomben durch die Korvette HMS BAMBOROUGH CASTLE (Lt M.S. Work) versenkt.

Die Russen glaubten, das Boot durch Rammen ihres Zerstörers ZHIVUCHI versenkt zu haben, aber das ist kompletter Unsinn.

U 388 Typ VII C

Bauwerft: Howaldtswerke, Kiel
Kiellegung: 12. September 1941
Stapellauf: 12. November 1942
Indienststellung: 31. Dezember 1942
Feldpost-Nr.: M 49299
Versenkt am 20. Juni 1943 ostsüdöstlich von Cape Farewell (57°36'N/31°20'W)

Kommandos:
5. U-Flottille Kiel von Dezember 1942–Juni 1943 (Schulboot)
9. U-Flottille Brest von Juni 1943 (Frontboot)

Kommandant:
OLtzS Peter Sues, Dezember 1942–20. Juni 1943

Feindfahrten: 1
Versenkte Schiffe: keines

1. 8.6.43: Auslaufen Kiel in den Nordatlantik. U 388 war eines von acht Booten, die über ein weites Gebiet verteilt waren und Funkverkehrsübungen machten, um den Eindruck einer großen Anzahl von Ubooten zu vermitteln. Am 20. wurde U 388 ostsüdöstlich von Cape Farewell von einer auf Island stationierten USN Catalina des VP 84 (Lt E.W. Wood) gesehen und versenkt. Es war das erste Mal, dass ein Fido-Geräuschtorpedo eingesetzt wurde.
Es gab keine Überlebenden, 47 Tote.

U 389 Typ VII C

Bauwerft: Howaldtswerke, Kiel
Kiellegung: 5. Dezember 1941
Stapellauf: 11. Dezember 1942
Indienststellung: 6. Februar 1943
Feldpost-Nr.: M 50300
Versenkt am 4. Oktober 1943 westsüdwestlich von
Reykjavik (62°43'N/27°17'W)

Kommandos:
5. U-Flottille Kiel von Februar–Juli 1943 (Schulboot)
9. U-Flottille Brest von August 1943–4. Oktober 1943
(Frontboot)

Kommandant:
KptLt Siegfried Hellmann, Februar 1943–4. Okt. 1943

Feindfahrten: 1
Versenkte Schiffe: keines

1. 31.8.43: Auslaufen Kiel und Einlaufen Bergen am
3.9.43.
2. 9.9.43: Auslaufen Bergen und Einlaufen Drontheim
am 10.9.43.
3. 18.9.43: Auslaufen in den Atlantik. U 389 und andere
Boote trafen am 27. auf die »Leuthen«-Gruppe zur Bildung einer Linie, »Rossbach«, südöstlich von Cape
Farewell. Die Linie wurde 100 Seemeilen nach Nordwesten verlegt und wartete bis zum 30., bekam aber von
den erwarteten Convoys ON 203 und ONS 19 nichts in
Sicht, da beide im Norden passiert hatten.
In der Hoffnung, auf andere ON-Convoys zu treffen, fuhr
die »Rossbach«-Gruppe am 1.10.43 nordwärts. An die-
sem Tag passierte der Convoy HX 258 südlich der Linie.
Vom 3. an drehten die Boote nach Osten, um den gemel-
deten Convoy ON 204 abzufangen.
Am Abend des 4. wurde U 389 westsüdwestlich von
Reykjavik von einer Liberator der 120. Squadron (F/Lt
J.F. McEvan) gesichtet.
Das Flugzeug brachte die Flak des Bootes zum
Schweigen und warf drei Wasserbomben. Es versenkte
das Boot. Männer wurden im Wasser gesehen und die
Liberator warf drei Dingis ab, aber es gab keine Überle-
benden, 48 Tote.

McEwan erhielt das DFC für diese Aktion.

U 390 Typ VII C

Bauwerft: Howaldtswerke, Kiel
Kiellegung: 6. Dezember 1941
Stapellauf: 23. Januar 1943
Indienststellung: 13. März 1943
Feldpost-Nr.: M 50970
Versenkt am 5. Juli 1944 nordöstlich von Barfleur
(49°52'N/00°48'W)

Kommandos:
5. U-Flottille Kiel von März–November 1943
(Schulboot)
9. U-Flottille St. Nazaire von Dezember 1943–5. Juli
1944 (Frontboot/Torpedotransporter)

Kommandant:
OLtzS Heinz Geissler, März 1943–5. Juli 1944

Feindfahrten: 4
Versenkte Schiffe: keines
1 beschädigt
1 U-Jagdtrawler (545 t)

Von September 1943 war U 390 eingesetzt als Versuchs-
boot in der Ostsee. Es wurden Geräte zur Abwehr des
Flugzeug-Radars getestet.

1. 1.2.12.43: Auslaufen Kiel und Einlaufen Bergen am
5.12.43.
2. 7.12.43: Auslaufen Bergen in den Atlantik. U 390 traf
eine Anzahl Boote, die vor dem Nordkanal auf der Suche
nach Convoys westlich der Britischen Inseln waren. Es
traf auf die »Rügen«-Gruppe, die aus sechs kleinen
Gruppen, »Rügen 1« bis »-6« am 22. westlich von Irland
gebildet worden war. U 390 gehörte zur Gruppe »Rügen
3«. Diese kleinen Gruppen, sie bestanden aus je drei
Booten, bewegten sich unaufhörlich, wechselten ihre
Position und Formation, um die Alliierten zu
verwirren.
Als die Convoys UC 8, TU 5 und CU 9 Ende Dezember
gesichtet wurden, erwiesen sich die Gruppen als zu klein,
um anzugreifen. Ab 7.1.44 wurden die Gruppen aufgelöst und die Boote operierten einzeln und unabhängig
von einander. Am Morgen des 19. machte U 390 einen
erfolglosen Angriff auf vier Schiffe des Convoys südwestlich von Rockall.
Am 26. bildete U 390 mit anderen Booten der ex-
»Rügen«-Gruppe die Linie »Stürmer« nordwestlich vom
Nordkanal. Sie warteten auf den Convoy ON 221, der

von einem deutschen Flugzeug am 27. gesichtet wurde. Technische Probleme zwangen das Flugzeug heimzufliegen und die Boote mussten den Convoy selber suchen. Er wurde nicht gefunden.

Am 29. wurde die Operation abgebrochen, und der Meldung über eine Invasion an der Atlantikküste folgend, wurden alle Boote vom Nordatlantik, einschließlich der »Stürmer«-Gruppe, mit hoher Fahrt in die Biskaya befohlen. Kurz darauf wurde die Invasionsflotte als spanische Trawler-Flotte erkannt und die Boote kehrten in ihr Operationsgebiet zurück.

Am 31. befand sich die »Stürmer«-Gruppe wieder nordwestlich des Nordkanals. Ab Anfang Februar wurde die alliierte Ubootabwehr merklich verstärkt, und die Boote fuhren langsam nach Westen weg. U 390 kehrte am 13.2.44 nach dem neuen Stützpunkt St. Nazaire zurück.

3. 21.6.44: Nun mit einem Schnorchel ausgerüstet, war U 390 eines von vier Booten, die PAK- und Maschinengewehrmunition nach Cherbourgh transportierten, das an der Landseite abgeschnitten war.

Sie wurden zurückgerufen, da man feststellte, dass auch der Hafen blockiert war.

Rückkehr nach Brest am 24.6.44.

4. 27.6.44: Auslaufen in den englischen Kanal. Am 5.7.44 traf U 390 auf einen Convoy nordöstlich von Barfleur. Wahrscheinlich torpedierte es zwei Schiffe, versenkte den U-Jagdtrawler HMS GANILLY und beschädigte die amerikanische SEA PORPOISE (7.934 t). Es ist auch möglich, dass die beiden Schiffe durch eine Mine sanken, d.h. dass sie nicht torpediert wurden.

Das Boot wurde kurz danach geortet und mit Wasserbomben des Zerstörers HMS WANDERER (LtCdr R.F. Whinney) und der Fregatte HMS TAVY versenkt.

Ein Mann der Besatzung, der Leitende Ingenieur, wurde von der WANDERER aufgenommen, 48 Tote.

U 391 Typ VII C

Bauwerft: Howaldtswerke, Kiel
Kiellegung: 9. Januar 1942
Stapellauf: 5. März 1943
Indienststellung: 24. April 1943
Feldpost-Nr.: M 22133
Versenkt am 13. Dezember 1943 nordnordwestlich von Cape Ortegal (45°45'N/09°38'W)

Kommandos:
5. U-Flottille Kiel von April–September 1943 (Schulboot)
3. U-Flottille La Pallice von Oktober 1943–13. Dezember 1943 (Frontboot)

Kommandant:
OLtzS Gert Dültgen, April 1943–13. Dezember 1943

Feindfahrten: 1
Versenkte Schiffe: keines

1. 23.10.43: Auslaufen Kiel in den Nordatlantik.
U 391 traf auf die »Eisenhart«-Gruppe, die aus sieben Untergruppen mit drei Booten und in zwei Linien ab 11.11.43 nach Südosten von Cape Farewell gebildet wurde. Die Linie kreuzte ein Gebiet, das seit August 1943 von den Convoys durchfahren wurde.

Meldungen besagten, dass Convoys nach dem Süden umgeleitet wurden, folglich wurden die »Eisenhart«-Boote am 12. nach Südosten auf die Suche nach den Convoys SC 146 und HK 265 geschickt. Bis 16. waren keine Convoys gefunden und die Mehrzahl der Boote war im Westsüdwesten von Irland versammelt. Nun wurde der Kraftstoff für einige der »Eisenhart«-Boote zum Problem und es wurde entschieden, die Operation zu beenden, und die Boote mit genügend Kraftstoff, einschließlich U 391, nach dem Westen von Spanien zur Verstärkung der »Schill«-Gruppe zu schicken.

U 391 traf die Gruppe »Schill 3« auf dem vermuteten Kurs des nach Norden laufenden Convoys MKS 30/SL 139, der am 20. erwartet wurde. »Schill 3« tauchte am Abend auf, aber ein Convoy kam nicht in Sicht. Der wurde erst am nächsten Morgen festgestellt und von Flugzeugen angegriffen. Ein Schiff wurde versenkt, eines beschädigt, beide durch Gleitbomben.

Am 22. bildeten die verbliebenen 14 Boote der drei »Schill«-Gruppen eine Ost-West-Linie, »Weddigen«, westlich von Spanien. Am 25. drehte die Linie südostwärts auf den nach Norden laufenden Convoy MKS 31/SL 140 zu.

Konstant durch Geleitfahrzeuge und Flugzeuge gestört sowie mit ungenügenden Informationen von Aufklärungsflugzeugen konnte die »Weddigen«-Gruppe keinen konzentrierten Angriff durchführen, und die Operation wurde am 28. abgebrochen.

Nach Einbruch der Dunkelheit des 28. wurde U 391 nördlich von Madeira vom Radar einer Wellington der 179. Squadron geortet (S/Ldr R.G. Nott). Das Flugzeug kam heran und sichtete das Boot über Wasser fahrend. Beim dritten Anflug leuchtete es das Boot an und warf sechs Wasserbomben. Flakfeuer wurde bemerkt, und als die Wellington davonflog, blieb das Boot an der Wasseroberfläche. Die Beschädigungen des Bootes sind nicht bekannt, aber sie waren leichter Natur, U 391 konnte seine Feindfahrt fortsetzen.

Die »Weddigen«-Gruppe begann gegen den Convoy KMS 34/OS 60 zu operieren, aber der wurde nicht gefunden, weder durch Flugzeuge noch durch die Uboote. Die Gruppe wurde nach Nordwesten zum Treffen mit der »Coronel«-Gruppe zu einer gemeinsamen Operation gegen den Convoy ONS 24 am 6.12.43 geschickt. Aber auch das war erfolglos.

Am 7. wurde die »Weddigen«-Gruppe aufgelöst und U 391 lief in seinen Stützpunkt zurück. Spät am 12. wurde es von einer Leigh Light Liberator der 53. Squadron (F/Lt J. Baron) gesichtet, konnte aber tauchen, bevor ein Angriff gestartet wurde. In den frühen Stunden des 13. wurde U 391 erneut gefunden und mit Wasserbomben einer anderen Liberator der 53. Squadron (S/Ldr G. Crawford) nordnordwestlich von Cape Ortegal versenkt. Es gab keine Überlebenden, 51 Tote.

jede mit drei bzw. vier Booten. U 392 gehörte zur Gruppe »Rügen 4«. Die Gruppen wechselten ständig ihre Positionen und Formationen, um die Alliierten über das Gebiet zu täuschen, das sie kontrollierten.

Am 26. griff U 392 einen Convoy südwestlich von Rockall an und glaubte einen Treffer auf einem Zerstörer erzielt zu haben, hörte auch eine andere Detonation von einem Dreierfächer. Als die Convoys UC 8, TU 5 und CU 9 durch die verschiedenen »Rügen«-Gruppen Ende Dezember gesichtet wurden, war die Stärke der Gruppen zu klein, um angreifen zu können. Ab 7.1.44 wurden die Gruppen aufgelöst, die Boote operierten für sich alleine. Rückkehr nach dem neuen Stützpunkt Brest am 20.1.44.

2. 29.2.44: Auslaufen ins Mittelmeer.

Am 16.3.44 wurde U 392 von drei USN-Catalinas des VP 63 (Lt R.C. Spears, V.A. Lingle und M.J. Vopacek) südwestlich von Punta de Tarifa, am Westeingang der Straße von Gibraltar, gesehen. Zwei der Flugzeuge machten Wasserbombenangriffe, so auch die Fregatte HMS AFFLECK (Cdr C. Gwinner) und der Zerstörer HMS VANOC (LtCr P.R. Ward). U 392 wurde zerstört. Es gab keine Überlebenden, 52 Tote.

U 392 Typ VII C

Bauwerft: Holwaldtswerke, Kiel
Kiellegung: 10. Januar 1942
Stapellauf: 10. April 1943
Indienststellung: 29. Mai 1943
Feldpost-Nr.: M 45441
Versenkt am 16. März 1944 südwestlich von Punta de Tarifa (35°55'N/05°41'W)

Kommandos:
5. U-Flottille Kiel von Mai–November 1943 (Schulboot)
1. U-Flottille Brest von Dezember 1943–16. März 1944 (Frontboot)

Kommandant:
OLtzS Henning Schürmann, Mai 1943–16. März 1944

Feindfahrten: 2
Versenkte Schiffe: keines

1. 2.12.43: Auslaufen Kiel nach dem Westen der Britischen Inseln. U 392 traf die »Anrum«-Gruppe, die am 18. im Zentralen Nordatlantik gebildet wurde. Ab 23. wurden die Gruppen »Amrum«, »Föhr« und »Sylt« unterteilt in sechs kleinen Gruppen, »Rügen 1« bis »-6«,

U 393 Typ VII C

Bauwerft: Howaldtswerke, Kiel
Kiellegung: 8. April 1942
Stapellauf: 15. Mai 1943
Indienststellung: 3. Juli 1943
Feldpost-Nr.: M 52294
Selbst versenkt am 5. Mai 1945 in der Geltinger Bucht

Kommandos:
5. U-Flottille Kiel von Juli 1943–Oktober 1944 (Schulboot) und April 1945–5. Mai 1945 (Schulboot)
24. U-Flottille Gotenhafen von November 1944–März 1945 (Erprobungsboot)

Kommandanten:
OLtzS Alfred Radermacher, Juli 1943–September 1944
OLtzS Walter Zenker, September 1944–Januar 1945
OLtzS Joachim Seeger, Januar–März 1945
OLtzS Friedrich-Georg Herrle, März 1945–5. Mai 1945

Feindfahrten: keine
Versenkte Schiffe: keines

1. 3.5.45: Auslaufen Kiel nach Norwegen. U 393 wurde an der Wasseroberfläche fahrend von Thyphoons der 2. TAF am 4. vor dem Vejle Fjord, Dänemark, gesehen. Es wurde durch Raketen und Kanonenfeuer schwer beschädigt. Das Boot wurde am 5.5.45 in der Geltinger Bucht selbst versenkt. Der Kommandant und ein Mann wurden bei dem Angriff getötet.

U 394 Typ VII C

Bauwerft: Howaldtswerke, Kiel
Kiellegung: 31. März 1942
Stapellauf: 19. Juni 1943
Indienststellung: 7. August 1943
Feldpost-Nr.: M 53379
Versenkt am 2. September 1944 westlich von Tromsö (69°47'N/04°41'E)

Kommandos:
5. U-Flottille Kiel von Aug. 1943–März 1944 (Schulboot)
1. U-Flottille Brest von März–Mai 1944 (Frontboot)
11. U-Flottille Bergen von Juni 1944–2. September 1944 (Frontboot)

Kommandanten:
KptLt Wolfgang Borger, Aug. 1943–2. Sept. 1944
OLtzS Ernst-Günther Unterhorst (zeitweise), August bis September 1943

Feindfahrten: 3
Versenkte Schiffe: keines

1. 29.4.44: Auslaufen Kiel und Einlaufen Arendal am 1.5.44.
2. 15.5.44: Auslaufen Arendal und Einlaufen Bergen am 16.5.44.
3. 18.5.44: Auslaufen Bergen, Einlaufen Narvik am 25.5.44.
4. 1.6.44: Auslaufen Narvik. Es sind keine Einzelheiten dieses Einsatzes bekannt. Rückkehr nach Hammerfest am 8.7.44.
5. 27.7.44: Auslaufen Hammerfest in nördliche Gewässer. Der nach Osten laufende Convoy JW 59 fuhr von Loch Ewe am 15.8.44 ab.
Der Convoy wurde von deutschen Flugzeugen am 20. östlich von Jan Mayen gesehen. U 394 war bei der »Trutz«-Gruppe, die am 21. mit dem JW 59 Kontakt bekam. Flugzeuge der Escortträger HMS VINDEX und

STRIKER hielten die »Trutz«-Boote unter Wasser und weg vom Convoy. U 394 hielt den Kontakt, wurde dann aber vertrieben. JW 59 lief am 25. sicher in Kola ein.
Die »Trutz«-Boote drehten zurück zur Passage der Bäreninsel, ohne U 344, das am 22. verloren ging. Die Boote warteten auf den rücklaufenden Convoy RA 59A. Obwohl sichernde Flugzeuge Uboote sichteten, wurde der Convoy nicht angegriffen und erreichte Loch Ewe am 6.9.44.
Am frühen Morgen des 2. September wurde U 394 westlich von Tromsö von einer Swordfish der 825. (FAA) Squadron des Trägers HMS VINDEX gesehen. Es warf ein Ruchzeichen und rief nach Hilfe. Weniger als drei Stunden später erschienen die Sloops HMS MERMAID und PEACOCK und die Zerstörer HMS KEPPEL und WHITEHALL. MERMAID machte drei Wasserbombenangriffe in den nächsten Stunden, dann ging der Kontakt verloren.
Später am Nachmittag machten HMS MERMAID (LtCdr J.P. Mosse), KEPPEL (Cdr I.J. Tyson) und WHITEHALL (LtCdr P.J. Cowell) systematische Angriffe mit 62 Wasserbomben. Drei tiefsitzende Explosionen wurden eine Stunde später vernommen und nach einem letzten Wasserbombenangriff der MERMAID kamen Teile des zerstörten Bootes an die Wasseroberfläche.
Es gab keine Überlebenden, 50 Tote.

U 395 nach Fliegerbomben auf die Bauwerft nicht fertiggestellt.

U 396 Typ VII C

Bauwerft: Howaldtswerke, Kiel
Kiellegung: 6. Juni 1942
Stapellauf: 27. August 1943
Indienststellung: 16. Oktober 1943
Feldpost-Nr.: M 52277
Versenkt am 23. April 1945 nordnordwestlich von Cape Wrath (59°29'N/05°22'W)

Kommandos:
5. U-Flottille Kiel von Okt. 1943–Mai 1944 (Schulboot)
1. U-Flottille Brest von Juni–Sept. 1944 (Frontboot)
11. U-Flottille Bergen von Oktober 1944–23. April 1945 (Frontboot)

Kommandanten:
KptLt Ernst-Günther Unterhorst, Okt. 1943–März 1945

KptLt Hilmar Siemon, März 1945–23. April 1945

Feindfahrten: 3
Versenkte Schiffe: keines

1. 20.6.44: Auslaufen Kiel in norwegische Gewässer. U 396 löste eines der Boote der Gruppe »Mitte« ab, die vor Norwegen zur Abwehr einer vermuteten Invasion der Alliierten stationiert waren. Am 28. wurde das Boot von einer Catalina der 210. Squadron (F/O J.C. Campbell) westlich von Drontheim gesichtet und mit Wasserbomben angegriffen.
Das Boot wurde leicht beschädigt und es gab einen Schusswechsel, aber es entkam. Rückkehr nach Bergen am 3.7.44.
2. 15.7.44: Auslaufen Bergen und Einlaufen Drontheim am 20.7.44.
3. 6.8.44: Auslaufen Drontheim. Es sind keine Einzelheiten dieses Einsatzes bekannt.
Rückkehr am 16.8.44.
4. 21.10.44: Auslaufen Drontheim in den Nordatlantik. Ab Anfang November war U 396, nun mit einem Schnorchel ausgerüstet, auf Station als Wetterbeobachtungsboot. Es war eine erfolglose Patrouille.
Rückkehr nach Drontheim am 19.12.44.
5. 13.3.45: Auslaufen Drontheim in Gewässer um die Britischen Inseln. Ab Anfang April war das Boot im Einsatz zur Wetterbeobachtung. Nach zwei Wochen lief es zur Patrouille in ein Gebiet nordwestlich der Hebriden.
Am 23. hatte eine Liberator der 86. Squadron (F/Lt J.T. Lawrence) Radar-Kontakt mit dem Boot nordnordwestlich von Cape Wrath. Nach Verlust des Kontaktes wurde eine Sonarboje gelegt und ein Torpedo abgeworfen, jedoch ohne sichtlichen Erfolg. U 396 kam allerdings nicht zurück und sein Verlust wurde der 86. Squadron zuerkannt.
Es gab keine Überlebenden, 45 Tote.

U 397 Typ VII C

Bauwerft: Howaldtswerke, Kiel
Kiellegung: 29. August 1942
Stapellauf: 6. Oktober 1943
Indienststellung: 20. November 1943
Feldpost-Nr.: M 53543
Selbst versenkt am 5. Mai 1945 in der Geltinger Bucht

Kommandos:
5. U-Flottille Kiel von November 1943–Mai 1944 (Schulboot)
7. U-Flottille St. Nazaire von Juni 1944 (Frontboot)
23. U-Flottille Danzig von Juli 1944–Februar 1945 (Schulboot)
31. U-Flottille Wesermünde von Februar 1945–5. Mai 1945 (Schulboot)

Kommandanten:
OLtzS Fritz Kallipke, November 1943–Juli 1944
OLtzS Friedrich Stege, Juli 1944–April 1945
KptLt Gerhard Groth, April 1945–5. Mai 1945

Feindfahrten: 1
Versenkte Schiffe: keines

1. 31.5.44: Auslaufen Kiel und Einlaufen Stavanger am 2.6.44.

U 197 traf auf die am 16.2.44 gebildete Gruppe »Mitte«, 22 ohne Schnorchel ausgerüstete Boote, die in sechsstündiger Bereitschaft in Bergen, Stavanger und Kristiansand zur Abwehr einer Invasion im südlichen Norwegen und in Dänemark bereit standen. Am 6.6.44, als die Meldung über die alliierten Landungen in Westfrankreich einliefen, erlahmte die Bereitschaft der Boote.

2. 8.6.44: Auslaufen Stavanger als eines von elf »Mitte«-Booten, die zur Aufklärung zwischen Drontheim und Lindesnes eingesetzt wurden.
Die Boote waren gehalten, im getauchten Zustand zu fahren, bis zum Aufladen der Batterien, um der Aufmerksamkeit der alliierten Flugzeuge zu entgehen. Zwei »Mitte«-Boote wurden von Flugzeugen versenkt, dann kam der Rückruf für acht Boote, einschließlich U 397, zur Rückkehr in den Hafen Ende Juni, nachdem die Wahrscheinlichkeit einer alliierten Invasion vorbei war. Rückkehr nach Stavanger am 25.6.44.
3. 28.6.44: Auslaufen Stavanger und Einlaufen Kiel am 4.7.44.

U 397 kam nicht mehr zum Einsatz. Es war eines von acht »Mitte«-Booten, die zu Schulbootaufgaben Anfang Juli abgeteilt wurden. Ihre Besatzungen wurden an die 23. und 24. U-Flottille zur Besetzung der neuen Typ XXI-Boote abgegeben.
U 397 ging bis März 1945 zur 23. U-Flottille und gehörte dann zur 31. U-Flottille bis zum 5.5.45, als es in der Geltinger Bucht selbst versenkt wurde.

U 398 Typ VII C

Bauwerft: Howaldtswerke, Kiel
Kiellegung: 26. August 1942
Stapellauf: 6. November 1943
Indienststellung: 18. Dezember 1943
Feldpost-Nr.: M 54603
Versenkt am 23. April 1945 vor der Ostküste Schottlands

Kommandos:
5. U-Flottille Kiel von Dezember 1943–Juli 1944
(Schulboot)
3. U-Flottille La Pallice von August–Oktober 1944
(Frontboot)
33. U-Flottille Flensburg von November 1944–23. April
1945 (Frontboot)

Kommandanten:
KKpt Johann Reckhoff, Dez. 1943–Nov. 1944
OLtzS Wilhelm Cranz, November 1944–23. April 1945

Feindfahrten: 3
Versenkte Schiffe: keines

1. 8.8.44: Auslaufen Kiel und Einlaufen Horten am
10.8.44.
2. 23.8.44: Auslaufen Horten in britische Küstengewässer. U 398 patrouillierte westlich der Hebriden und
später vor dem Nordkanal, ohne Erfolg.
Rückkehr nach Bergen am 15.10.44.
3. 19.10.44: Auslaufen Bergen und Einlaufen Flensburg
am 24.10.44.
4. 8.3.45: Auslaufen Kiel. Es sind keine Einzelheiten
über diesen Einsatz bekannt.
Rückkehr nach Horten am 16.3.45.
5. 14.4.45: Auslaufen Horten in britische Küstengewässer. Es wird angenommen, dass U 398 am oder um
den 23.4.45 vor der Küste Schottlands verloren ging.
Der Grund dafür ist unbekannt.
Es gab keine Überlebenden, 45 Tote.

U 399 Typ VII C

Bauwerft: Howaldtswerke, Kiel
Kiellegung: 24. November 1942
Stapellauf: 4. Dezember 1943
Indienststellung: 22. Januar 1944
Feldpost-Nr.: M 46386
Versenkt am 26. März 1945 westlich von Lizard
(49°56'N/05°22'W)

Kommandos:
5. U-Flottille Kiel von Jan. 1944–Jan. 1945 (Schulboot)
11. U-Flottille Bergen von Februar 1945–26. März 1945
(Frontboot)

Kommandanten:
OLtzS Kurt van Meeteren, Januar–Juni 1944
OLtzS Heinz Buhse, Juni 1944–26. März 1945

Feindfahrten. 1
Versenkte Schiffe: 1 (362 BRT) und 1 beschädigt

1. 25.1.45: Auslaufen Kiel und Einlaufen Horten am
28.1.45.
2. 6.2.45: Auslaufen Horten in britische Küstengewässer.
U 399 operierte im englischen Kanal. Im März war es am
westlichen Ende des Kanals. Am Nachmittag des 21.
sichtete das Boot den Convoy TBC 103 nordöstlich von
Eddystone Rocks. Es beschädigte die amerikanische
JAMES EAGAN LAYNE (7.176 t). Am Morgen des 26. griff
U 399 den Convoy BTC 108 westlich von Lizard an und
versenkte die niederländische PACIFIC (362 t). 15 Minuten später wurde das Boot von der Fregatte HMS
DUCKWORTH (Cdr R.G. Mills) der 3. Escortgruppe geor-
tet und mit Waserbomben versenkt.
Es gab keine Überlebenden, 46 Tote.

U 400 Typ VII C

Bauwerft: Howaldtswerke, Kiel
Kiellegung: 18. November 1942
Stapellauf: 8. Januar 1944
Indienststellung: 18. März 1944
Feldpost-Nr.: M 49932
Versenkt am 17. Dezember 1944 südlich von Cork
Harbour (51°16'N/08°05'W)

Kommandos:
5. U-Flottille Kiel von März–Oktober 1944 (Schulboot)
11. U-Flottille Bergen von November 1944–17. Dez. 1944 (Frontboot)

Kommandant:
OLtzS Horst Creutz, März 1944–17. Dezember 1944

Feindfahrten: 1
Versenkte Schiffe: keines

1. 5.11.44: Auslaufen Kiel und Einlaufen Aarhus am 6.11.44.
2. 9.11.44: Auslaufen Aarhus und Einlaufen Horten am 10.11.44.
3. 15.11.44: Auslaufen Horten und Einlaufen Kristiansand am 16.11.44.
4. 18.11.44: Auslaufen Kristiansand in britische Küstengewässer. Im Dezember patrouillierte U 400 im St. George's Kanal. Spät am 17. versuchte es einen Convoy 30 Seemeilen südlich von Cork Harbour anzugreifen.
Das Boot wurde von HMS NYASALAND und von einer Fregatte, die die RIMUTAKA sicherte und den Herzog und die Herzogin von Glucester mit ihren zwei Söhnen von England nach Sydney begleitete, wo der Herzog als Generalgouverneur von Australien residierte, geortet.
Die NYASALAND machte Wasserbombenangriffe, denen 20 Minuten später eine Hedgehogsalve folgte.
U 400 wurde zerstört.
Es gab keine Überlebende, 50 Tote.

U 401 Typ VII C

Bauwerft: Danziger Werft
Kiellegung: 8. April 1940
Stapellauf: 16. Dezember 1940
Indienststellung: 10. April 1941
Feldpost-Nr.: M 41587
Versenkt am 3. August 1941 westsüdwestlich von Irland (50°27'N/19°50'W)

Kommando:
1. U-Flottille Kiel/Brest von April 1941–3. August 1941 (Schulboot/Frontboot)

Kommandant:
KptLt Gero Zimmermann, April 1941–3. August 1941

Feindfahrten: 1
Versenkte Schiffe: keines

1. 28.6.41: Auslaufen Königsberg und Einlaufen Drontheim am 3.7.41.
2. 9.7.41: Auslaufen Drontheim in den Nordatlantik.
U 401 war eines von 15 Booten, die bisher einzeln zwischen Grönland und den Azoren über ein weites Gebiet operierten. Am 15. bildeten sie eine dichter verbundene Gruppe.
Am 17. sichtete eine Condor des 1./KG 40 den nach Westen laufenden Convoy OB 346 westlich vom Nordkanal. Der Convoy wurde nochmals gesichtet am 18., und fünf Boote bildeten am 19. eine Linie. Die Linie wurde umfahren, genauso wie eine Linie aus 13 Booten, mit U 401, die sich am 20. bildete.
Am 24. wurde U 401 mit fünf anderen Booten an den Convoy SL 80 südwestlich von Irland herangeführt. Obwohl von Flugzeugen am 25. wieder gesichtet, kamen die Boote nicht in Kontakt und die Operation wurde am 26. aufgegeben.
Die Boote wurden ab 30. zur Umgruppierung in den Zentralen Nordatlantik befohlen. Am 1.8.41 wurden sie an den nach Norden laufenden Convoy SL 81 herangeführt. Der Kontakt wurde am 2. von U 204 westsüdwestlich von Irland hergestellt, und am nächsten Tag wurden U 401 und sieben andere Boote an ihn heran dirigiert.
U 401 wurde nahe des Convoys am 3. geortet und durch Wasserbomben der Zerstörer HMS WANDERER (Cdr A.F.St.G. Orpen) und ST. ALBANS (Cdr F.E. Wilmot Sitwell) sowie der Fregatte HMS HYDRANGEA (Lt J.E. Woolfenden) versenkt.
Es gab keine Überlebenden, 44 Tote.

U 402 Typ VII C

Bauwerft: Danziger Werft
Kiellegung: 22. April 1940
Stapellauf: 28. Dezember 1940
Indienststellung: 21. Mai 1941
Feldpost-Nr.: M 43571
Versenkt am 13. Oktober 1943 nördlich der Azoren (48°56'N/29°41'W)

Kommando:
3. U-Flottille Kiel/La Pallice von Mai 1941–13. Oktober 1943 (Schulboot/Frontboot)

Kommandant:
KKpt Freiherr Siegfried von Forstner, Mai 1941–13. Oktober 1943

Feindfahrten: 8
Versenkte Schiffe: 14 (70.434 BRT) und 3 beschädigt
1 bewaffnete Yacht (602 t)

1. 26.10.41: Auslaufen Kiel in ein Gebiet südlich von Island.
Ab 4.11.41 wurden U 402, U 105, U 434 und U 574 in ein Aufklärungsgebiet südlich von Island befohlen, um dort für den beabsichtigten Ausbruch des Schweren Kreuzers ADMIRAL SCHEER zu bleiben. Die SCHEER-Operation erfolgte nicht, so dass ab 13. die vier Boote nach Westen mit Kurs auf Cape Race fuhren. Am 18. wurde U 402 zur »Störtebecker«-Gruppe im Zentralen Nordatlantik gegen den Convoy OS 11 befohlen. Die Gruppe bildete am 17. eine Linie 500 Seemeilen lang, zwischen Irland und den Azoren. OS 11 wurde umgeleitet und umfuhr die Linie. Am 19. wurde die »Störtebecker«-Gruppe zur Bildung einer dreigeteilten Linie befohlen, »Gödecke«, »Benecke« und »Störtebecker«, um den Convoy OG 77 zu erwarten. U 402 gehörte zur »Benecke«-Gruppe mit U 96, U 332 und U 552. Am 22., bevor die Gruppen gebildet werden konnten, wurde allen Boote mit genügend Kraftstoff befohlen, zum Gebiet von Gibraltar oder ins Mittelmeer zu gehen.
Um den 25. waren nur drei Boote im Nordatlantik, U 402, U 69 und U 201. Sie bildeten die Gruppe »Letzte Ritter« zur Operation gegen den Convoy OG 77. Der Convoy verließ Großbritannien am 26., und als er von deutschen Flugzeugen am 28. gesichtet wurde, wurde die Gruppe auf ihn angesetzt. Der OG 77 wurde nicht gefunden, so dass von der »Letzte Ritter«-Gruppe am 1.12.41 die Boote mit wenig Kraftstoff nach Hause fuhren.
Rückkehr nach St. Nazaire am 9.12.41.
2. 11.1.42: Auslaufen in das Gebiet westlich von Gibraltar.
U 402 fuhr gemeinschaftlich nordöstlich von den Azoren. U 402 beschädigte die britische LLANGIBBY CASTLE (12.503 t), die nach Horta geschleppt wurde. Nach Notreparatur fuhr die LLANGIBBY CASTLE am 2.2.42 mit drei Geleitfahrzeugen aus und U 402, U 582 und U 572, die zwischen den Azoren und Gibraltar operierten, wurden zum Angriff befohlen. Ihre Versuche zwischen dem 2. und 4. Februar waren erfolglos, U 581 wurde am 2. versenkt.
Rückkehr nach St. Nazaire am 11.2.42.
3. 26.3.42: Auslaufen in den Westatlantik. U 402 war eines von zwölf Booten der fünften Welle in der Operation »Paukenschlag«. Auf der Fahrt versenkte U 402 am

Abend des 13.4.42 die britische EMPIRE PROGRESS (5.249 t) 550 Seemeilen südlich von Cape Race.
Ab Mitte April operierte U 402 300 Seemeilen östlich von Hatteras. Später im Monat fuhr es weiter nach Süden, und in den ersten Stunden des 30. versenkte das Boot die sowjetische ASHKHABAD (5.284 t) in flachem Gewässer nahe Cape Lookout, North Carolina. Am 2.5.42 versenkte U 402 die bewaffnete Yacht USS CYTHERA westlich von Cape Clear. Die beiden Torpedos des Bootes brachten die Wasserbomben der Yacht zur Entzündung, und es gab nur zwei Überlebende von 71 Mann Besatzung. Die beiden wurden von U 402 aus dem Wasser gefischt, und das Boot fuhr heimwärts.
Rückkehr nach St. Nazaire am 20.5.42.
4. 16.6.42: Auslaufen nach der US-Ostküste. Auf der Fahrt wurde das Boot am oder um den 30. von U 460 im Zentralen Nordatlantik mit Kraftstoff versorgt. Es patrouillierte östlich von Hatteras im Juli, aber es hatte keinen Erfolg. Zu dieser Zeit wurde ein effektiveres Convoysystem eingeführt, und der Geleitschutz war gut. Am 14. wurde U 402 von einem Coast Guard-Flugzeug vor Cape Hatteras gesichtet. Es wurde durch Wasserbomben beschädigt, aber konnte entkommen. Es war eines der letzten sieben Boote, die vor der US-Ostküste operierten. Am 19. erhielten alle den Befehl, zurück zu laufen. Rückkehr nach St. Nazaire am 5.8.42.
5. 4.10.42: Auslaufen in den Nordatlantik. U 402 traf auf die »Panther«-Gruppe westlich von Irland. Am 12. wurden die zwölf Boote der Gruppe im Süden und zehn der »Wotan«-Gruppe zum Angriff auf den nach Westen laufenden Convoy ON 137, der von U 704 im Zentralen Nordatlantik entdeckt worden war, befohlen. Das Wetter wurde schlecht, die Verfolger verloren den Kontakt und wurden vertrieben.
Die Boote suchten, aber der Convoy wurde nicht gefunden. Am 17. entwickelte sich ein Sturm, die »Wotan«-Boote liefen am 18. nach Hause und die Operation wurde am 19. aufgegeben. U 402 und die »Panther«-Boote fuhren nach Westen und bildeten am 24. eine neue Linie, »Veilchen«, 400 Seemeilen östlich von Neufundland.
Am 30. sichtete U 552 direkt südlich von Cape Race den nach Osten laufenden Convoy SC 107. Die »Veilchen«-Gruppe erhielt den Befehl anzugreifen. Der Convoy wurde von U 381 entdeckt, U 402 und U 704 kamen heran, wurden aber vertrieben. Am frühen Morgen des 2.11.42 kam U 402 wieder heran und fuhr mehrere Angriffe. Es versenkte vier Schiffe, die britische DALCROY (4.558 t), die griechische RINOS (4.649 t), die britische EMPIRE LEOPARD (5.676 t) und die britische EMPIRE ANTELOPE (4.945 t). U 402 beschädigte auch die britische EMPIRE SUNRISE (7.459 t), die später von U 84 versenkt wurde.

Am 5. wurden die letzten Boote von Liberators der 120. Squadron vertrieben. Andere hatten die Operation wegen Kraftstoffmangel und fehlender Torpedos aufgegeben. Der Einsatz wurde am 6. eingestellt. Während der Operation wurden 15 Schiffe versenkt, zwei Boote gingen verloren.

Einige Zeit nach dem 8. wurde U 402 durch U 117 nordwestlich von den Azoren mit Kraftstoff versorgt. Rückkehr nach La Pallice am 20.11.42.

6. 14.1.43: Auslaufen in den Nordatlantik. Nachdem der erwartete Convoy nicht erschien, wurde die Gruppe »Landsknecht« am 28. aufgelöst.

U 402 und andere Boote bildeten eine Aufklärungsgruppe, »Pfeil«, am 2.2.43 zum Empfang eines nach Osten laufenden SC-Convoys. Die Linie verschob sich nach Südwesten in Richtung auf Neufundland. Am 4. wurde der Convoy SC 118 von U 187 gemeldet, als er im Zentralen Nordatlantik die Mitte der »Pfeil«-Linie passierte. Fünf »Haudegen«-Boote wurden zum Treffen mit der »Pfeil«-Gruppe und zum Angriff auf den Convoy befohlen.

Früh am 7. fing U 402 an, anzugreifen. In mehreren Anläufen versenkte es fünf Schiffe, die britische TOWARD (1.571 t), den amerikanischen Tanker ROBERT E. HOPKINS (6.625 t), die britische AFRIKA (8.597 t), die amerikanische HENRY R. MALLORY (6.063 t) und die griechische KALLIOPI (4.965 t). Das Boot beschädigte auch die norwegische DAGHILD (9.272 t), die Anfang des 8. von U 608 versenkt wurde.

Während der frühen Stunden des 8. machte U 402 einen weiteren Angriff auf den SC 118 und versenkte die britische NEWTON ASH (4.625 t). Nachdem alle Torpedos verschossen waren, wurde U 402 zur Verfolgung des Convoys befohlen. Über Wasser fahrend wurde es in der Nacht von zwei Geleitfahrzeugen überrascht. Nach dem Tauchen wurde es Ziel von sieben Wasserbombenangriffen, die es schwer beschädigten. Während des Unternehmens wurden elf Schiffe versenkt, zwei Boote gingen verloren. Am oder um den 12. wurde U 402 von U 460 mit Kraftstoff im Zentralen Nordatlantik versorgt. Rückkehr nach La Pallice am 23.2.42.

7. 21.4.43: Auslaufen in den Nordatlantik. U 402 traf auf die Gruppe »Amsel 1«, die am 4.5.43 östlich von Neufundland auf dem Kurs des nach Südwesten laufenden Convoys ONS 5 eine Linie bildete.

Während der Nacht des 4./5. lokalisierten elf Boote der »Amsel 1«- und »-2«-Gruppen sowie der »Fink«-Gruppe den Convoy und führten Angriffe durch. Der Convoy wurde in mehrere kleinere Gruppen aufgelöst.

Am Nachmittag des 5. kam Nebel auf und der Kontakt ging verloren. Nachdem er am Morgen des 6. wieder hergestellt worden war, wurde die Operation aufgegeben.

Zwölf Schiffe waren versenkt worden, doch sechs Boote gingen verloren. U 402 machte keinen Angriff auf den ONS 5.

Am 7. wurden die »Amsel 1«- und »-2«-Gruppen und einige »Fink«-Boote zur Bildung der »Elbe«-Gruppe östlich von Neufundland befohlen, um gegen zwei nach Osten laufende Convoys zu operieren. Die Gruppe wurde nach Südosten befohlen, um den Convoy HX 237 abzufangen. Als man feststellte, dass der Convoy zu weit weg war, drehten die »Elbe«-Boote mit hoher Fahrt nach Südosten, um den langsameren Convoy SC 129 zu erreichen.

Die »Elbe«- und »Rhein«-Gruppen kombinierten sich am 10. zur »Elbe 1«- und »-2«-Gruppe. U 402 war bei »Elbe 2«.

Als die Boote sich am 11. formierten, passierte der Convoy SC 129 die Linie. Am Abend des 11. versenkte U 402 bei einem Einzelangriff zwei Schiffe, die britische ANTIGONE (4.545 t) und die norwegische GRADO (3.082 t), beide nordwestlich von den Azoren. Beide Gruppen machten Kontakt mit dem Convoy am 12., aber die elf Boote, die ihn verfolgten, wurden vertrieben. Einige Boote erhielten Beschädigungen, U 186 und U 226 wurden versenkt. Als der Escortträger HMS BITER zur Unterstützung des Geleitschutzes vom SC 129 erschien, wurde die Operation am 14. aufgegeben. U 402 hatte als einziges Boot Erfolg gehabt. Am oder um den 15. wurde es südöstlich Grönlands von U 459 mit Kraftstoff versorgt.

Rückkehr nach La Pallice am 26.5.43.

8. 26.8.43: Auslaufen La Pallice und Rückkehr am 27.8.43.

9. 4.9.43: Auslaufen in den Atlantik. U 402 war eines von 14 Booten, die am 20. die Linie »Leuthen« bildete, südsüdwestlich von Island, um einen ONS-Convoy abzufangen. Sie trafen auf sechs andere Boote, die sich nördlich der Azoren nach Kraftstoffergänzung versammelt hatten, und die sich nach Norden begaben, um ihren Platz in der Linie einzunehmen. Geheimhaltung war angeordnet, um die Anwesenheit der Boote zu verbergen.

Allerdings hielt sich U 341 nicht an den Befehl, der besagte, dass die Boote getaucht bleiben sollten. Es wurde gesichtet, angegriffen und durch ein kanadisches Flugzeug versenkt. Das geschah in der Nähe der Linie.

Früh am 20., noch bevor die »Leuthen«-Boote ihre Position eingenommen hatten, wurde der Convoy ON 202 gesichtet. Vier Boote kamen heran, aber nur eines war in der Lage, anzugreifen. Am Morgen ging der Kontakt verloren, es waren Flugzeuge in der Luft und es gab eine starke Geleitsicherung. ON 202 traf während des Tages auf den ONS 18. Kontakt mit dem kombinierten Convoy kam wieder am frühen Abend des 20.

Nur fünf Boote kamen an die Convoys heran, die übrigen »Leuthen«-Boote waren damit beschäftigt, die Geleitfahrzeuge anzugreifen. Man glaubte, dadurch würde in der Nacht vom 21./22. der Convoy aufgeteilt werden. Nebel kam auf früh am 21. und blieb über den ganzen Tag und die folgende Nacht. Als er sich während des 22. lichtete, erschienen alliierte Flugzeuge und die Boote blieben aufgetaucht, um über Wasser zu kämpfen.

U 377 wurde von einer Liberator der 10. (RCAF) Squadron zwölf Seemeilen hinter dem Convoy angegriffen. U 402 kam zur Unterstützung herbei. Das Flugzeug flog einen Tiefangriff und es wurde gefeuert, bis U 402 im Nebel verschwand.

Einige Angriffe wurden in den frühen Stunden des 23. auf den Convoy gemacht, und weitere Schiffe versenkt, bevor die Operation später am Morgen aufgegeben wurde. Sechs Schiffe wurden versenkt, eines beschädigt, doch zwei Boote gingen verloren. U 402 nahm an keiner Aktion des Kampfes teil.

Am 27. traf U 402 auf die neu gebildete »Rossbach«-Gruppe im Zentralen Nordatlantik. Es ging um den Convoy ON 203. Der Convoy passierte die Linie und die Gruppe verfehlte auch den ONS 19, der im Norden der Linie passierte.

Am 1.10.43 fuhr die »Rossbach«-Gruppe nach Norden, um den ONS 19 abzufangen. Am 3. wandte sie sich nach Osten gegen den Convoy ON 204. Kein Convoy wurde gefunden, und ab 5., als die Boote südwestlich von Island standen, begannen sie auf der Suche nach den Convoys SC 143 oder HX 259, die am 8. erwartet wurden, nach Südwesten zu schwenken. Die Convoys wurden nicht gefunden, und die Suche wurde am 9. aufgegeben.

Nun knapp mit Kraftstoff liefen U 402, U 378, U 584, U 603, U 641 und U 731 nach Süden zur Versorgung. U 402 traf auf den U-Tanker U 488 am 11. westlich der Azoren. Allerdings wurden aufgrund der Sichtung eines Flugzeuges des Escortträgers USS Card während der Nacht des 11./12. U 488 und U 402 gezwungen, einen neuen Treffpunkt im Nordnordwesten von den Azoren anzusteuern, wo sie unter dem Schutz der Flakboote U 256 und U 271 am 12. versorgt werden konnten.

U 402 erhielt Kraftstoff und verließ das Gebiet. Am 13. wurde es von einer Avenger des VC 9 (LtCdr H.M. Avery) von USS Card, 25 Seemeilen südlich des Trägers, entdeckt. Es war unmöglich, den Geräuschtorpedo zu benutzen, da das Boot aufgetaucht blieb. Avery rief nach Unterstützung. Es erschien eine Wildcat (Ens B.C. Sheela), das Boot musste tauchen. Avery erkannte seine Chance, warf den Torpedo und zerstörte das Boot. Es gab keine Überlebenden, 50 Tote.

U 403 Typ VII C

Bauwerft: Danziger Werft
Kiellegung: 20. April 1940
Stapellauf: 26. Februar 1941
Indienststellung: 25. Juni 1941
Feldpost-Nr.: M 43616
Versenkt am 17. August 1943 vor Dakar
(14°11'N/17°40'W)

Kommandos:
5. U-Flottille Kiel von Juni–August 1941 (Schulboot)
7. U-Flottille St. Nazaire von September 1941–Juni 1942 (Frontboot)
11. U-Flottille Bergen von Juli 1942–März 1943 (Frontboot)
9. U-Flottille Brest von März 1943–17. August 1943 (Frontboot)

Kommandanten:
KptLt Heinz-Ehlert Clausen, Juni 1941–Mai 1943
KptLt Karl-Franz Heine, Juni 1943–17. August 1943

Feindfahrten: 9
Versenkte Schiffe: 2 (12.946 t)

Obwohl U 403 nominell im September 1941 zur 7. U-Flottille gehörte, verblieb es bis Februar 1942 in Kiel, wo es für Operationen ausgerüstet wurde.

1. 23.2.42: Auslaufen Kiel und Einlaufen Helgoland am 26.2.42.
2. 1.3.42: Auslaufen Helgoland in nördliche Gewässer. Am 5. wurde der nach Osten laufende Convoy PQ 12 durch Luftaufklärung 70 Seemeilen südlich von Jan Mayen entdeckt. U 403, U 134, U 377 und U 584 bildeten eine Linie zum Abfangen. Der Convoy wurde nicht gefunden, und die Boote verfehlten auch den nach Westen laufenden QP 8.
Rückkehr nach Narvik am 19.3.42.
3. 23.3.42: Auslaufen Narvik und Einlaufen Harstad am 23.3.42.
4. 4.4.42: Auslaufen Harstad. Der nach Osten laufende Convoy PQ 14 verließ Reykjavik am 8., erst am 15. wurde er durch ein deutsches Flugzeug entdeckt. Am 16. kam der Convoy unter heftige Luftangriffe, und am Nachmittag versenkte U 403 die britische Empire Howard (6.985 t). Die Ladung des Schiffes war Munition, es flog in die Luft und brach auseinander. Als 40 Mann der Besatzung über Bord sprangen, wurden

Wasserbomben vom U-Abwehrtrawler HMS Northern Wave geworfen, die mehrere Männer im Wasser töteten. Die Empire Howard war das Führungsschiff des Convoy-Kommodores, und obwohl er im Wasser gesehen wurde, war Captain Rees nicht unter den Überlebenden. Das Opfer von U 403 war der einzige Verlust des Convoys.
Rückkehr nach Harstad am 21.4.42.

5. 10.5.42: Auslaufen Harstad und Einlaufen Bergen am 13.5.42.

6. 17.7.42: Auslaufen Bergen. Es sind keine Einzelheiten darüber bekannt. Rückkehr nach Skjomenfjord am 28.7.42.

7. 2.8.42: Auslaufen Skjomenfjord. Es sind keine Einzelheiten darüber bekannt. Rückkehr am 20.8.42.

8. 26.8.42: Auslaufen Skjomenfjord. Ab dem frühen Morgen des 20.9.42 operierten U 403 und sechs andere Boote gegen den nach Westen laufenden Convoy QP 14. U 403 nahm an den Angriffen auf den Convoy nicht teil, aber am 20. traf es das sowjetische Uboot S1, offensichtlich ohne Erfolg.
Rückkehr nach Narvik am 21.9.42.

9. 24.9.42: Auslaufen Narvik und Einlaufen Drontheim am 26.9.42.

10. 9.1.43: Auslaufen Drontheim in den Nordatlantik.
U 403 traf auf die »Falke«-Gruppe, die in einer Nord-Süd-Linie 500 Seemeilen westlich von Irland gebildet wurde. Als kein Convoy gefunden wurde, wurden einige Boote der »Falke«-Gruppe und die der »Habicht«-Gruppe, die über genügend Kraftstoff verfügten, am 19. zur Bildung einer neuen Gruppe, »Haudegen«, veranlasst. Die Boote bildeten eine neue Linie 300 Seemeilen südostwärts von Cape Farewell. U 403 gehörte dazu.
Am 22. sichtete ein rücklaufendes Boot eine britische Jagdgruppe und man vermutete, dass dieses der Schutz eines erwarteten HX-Convoys war. Die »Haudegen«-Gruppe wurde mit hoher Geschwindigkeit zum Angriff südostwärts geschickt. Schlechtes Wetter behinderte die Boote die geplante Position zu erreichen, und als eine Suche weiter östlich nichts brachte, begann am 1.2.43 die Gruppe sich südwestwärts in Richtung Neufundland zu bewegen. Am oder um den 27. Januar wurde U 403 beschädigt, aber darüber gibt es keine detaillierten Angaben.
Einige »Haudegen«-Boote wurden zum Angriff auf die Convoys SC 118 und SG 19 detachiert. U 403 stand mit der Hauptgruppe östlich von Neufundland. Am 6. Februar bildeten diese Boote zwei Linien auf der Position östlich von Neufundland, wo sie bis zum 15. auf die Convoys HX 225 und SC 119 warteten. Keiner erschien. Mit nur wenig Kraftstoff wurden die »Haudegen«-Boote in ein Versorgungsgebiet am 15. befohlen. Zwei Tage

später sichtete U 69 den nach Westen laufenden Convoy ONS 165. An die Boote erging der Befehl, anzugreifen, die Versorgung sollte später erfolgen. Am Morgen des 19. versenkte U 403 die griechische Zeus (5.961 t) östlich von Neufundland. Diese Schiffe und ein Nachzügler, der am Morgen des 20. von U 525 versenkt wurde, waren der einzige Erfolg gegen ONS 165. Ein Sturm verhinderte jeden organisierten Angriff, und als der Convoy sich der Küste näherte, wurde die Operation am 20. abgebrochen. Zwei Boote gingen verloren.
U 403 und andere »Haudegen«-Boote fuhren dann ab 21. ostwärts zur Versorgung durch U 460, östlich von Neufundland. Als der Convoy ON 166 gemeldet wurde, als er südlich der Versorgungsstation passierte, gingen versorgte »Haudegen«-Boote auf ihn los.
Der Einsatz von U 403 gegen den Convoy war nur kurz und ohne Erfolg. Es brach die Verfolgung ab und kehrte zu U 460 zurück zur Versorgung.
Rückkehr nach dem neuen Stützpunkt Brest am 2.3.43.

11. 19.4.43: Auslaufen in den Nordatlantik.
U 403 traf auf die »Amsel«-Gruppe, die am 26. 1.400 Seemeilen westlich von Irland gebildet wurde. Die Gruppe verlegte nach Süden und suchte einen Convoy, man vermutete den HX 235. Die »Amsel«-Linie traf am 29. auf den linken Flügel der »Specht«-Gruppe und beide Gruppen fuhren zusammen nach Süden.
Am 1.5.43 wurde die kombinierte Linie in einem Winkel 200 Seemeilen von St. John's gebildet.
Am 3. fuhren die »Specht«-Boote nach Norden zum Treffen mit einer neuen Linie, »Fink«. Die »Amsel«-Boote, nun verstärkt durch sechs neu angekommene Boote, bildeten neun kleinere Gruppen, »Amsel 1«, »-2«, »-3« und »-4«, im selben Winkel östlich von St. John's. U 403 gehörte zur südlichsten Gruppe, »Amsel 4«.
»Amsel 1« und »-2« fuhren nach Norden zum Empfang des Convoys ONS 5, und am 7. vereinigten sich die Gruppen »Amsel 3« und »-4« als »Rhein«-Gruppe, die nach Südosten zum Angriff auf den Convoy HX 237 befohlen wurde. Bevor die Linie gebildet werden konnte, sichtete am südlichen Ende der »Rhein«-Linie U 359 ein Schiff des Convoys, aber es verlor es wegen schlechter Sicht. Die Boote fuhren unabhängige Einzelsuchen durch, bevor sie sich am 10. wieder zur Linie bildeten. Gegen Mittag sah U 40 ein schnelles Einzelschiff mit Ostkurs und später einen Hochseeschlepper mit gleichem Kurs.
Das Boot folgte dem Schlepper und kam in Kontakt mit dem Convoy HX 237.
Bei der Verfolgung des Convoys wurde U 403 von einer Swordfish des Escortträgers HMS Biter angegriffen. Das Boot lief vom Flugzeug weg, wurde aber zum Tauchen getrieben und verlor den Kontakt zum Convoy.

Am Abend des 11. glaubte U 403 einen Treffer auf einer bewaffneten Yacht erzielt zu haben. Sinkgeräusche wurden vernommen, aber die Identität des Fahrzeuges ist unbekannt.

Die verbliebenen Boote der »Rhein«-Gruppe waren zu weit im Osten, um den HX 237 zu erreichen. So wurde befohlen, sich mit der »Elbe«-Gruppe zu vereinigen, und die Gruppen »Elbe 1« und »-2« zu bilden und auf den langsameren Convoy SC 129 zu operieren. Der wurde am 11. gefunden. U 403 traf keine der Gruppen und fuhr nach Hause.

Am 14. wurde das Boot von einer Liberator der 86. Squadron angegriffen, aber es entkam unbeschädigt. Am oder um den 15. wurde es von U 459 südöstlich von Grönland mit Kraftstoff versorgt.

Rückkehr nach Brest am 31.5.43.

12. 13.7.43: Auslaufen in den Zentralen Atlantik.

U 403 war im Einsatz vor der Westküste Afrikas. Am 30. war es bei der Kraftstoffübernahme von U 43 südwestlich von den Azoren. Die beiden Boote wurden gesichtet vor dem Convoy GUS 10 durch eine Avenger (Lt R.F Richmond) und eine Wildcat (Lt E. van Vranken) der VC 29 des Escortträgers USS SANTEE.

Der Jäger machte einen Tiefangriff auf beide Boote und die Avenger warf Wasserbomben auf U 403. Es begann Drehkreise zu laufen, dann aber tauchte es und ließ Öl an der Wasseroberfläche. Die Avenger widmete sich U 43, das nach Backbord drehte und tauchte. Richmond warf einen Geräuschtorpedo, der U 43 mit Mann und Maus zerstörte. Am 16.8.43 wurde U 403 von einer Hudson der 200. Squadron angegriffen, aber blieb ohne Beschädigungen. Am nächsten Tag wurde es durch Wasserbomben von einer Hudson der 200. Squadron (F/O P.R. Hobart) und einer Wellington der 697. Squadron (französisch) versenkt.

Es gab keine Überlebenden, 50 Tote.

U 404 Typ VII C

Bauwerft: Danziger Werft
Kiellegung: 16. April 1940
Stapellauf: 6. April 1941
Indienststellung: 6. August 1941
Feldpost-Nr.: M 03340
Versenkt am 28. Juli 1943 nordnordwestlich von Cape Ortegal (45°53'N/09°25'W)

Kommando:
6. U-Flottille Danzig/St. Nazaire von August 1941–28. Juli 1943 (Schulboot/Frontboot)

Kommandanten:
KKpt Otto von Bülow, August 1941–Juli 1943
OLtzS Adolf Schönberg, 23. Juli 1943–28. Juli 1943

Feindfahrten: 7
Versenkte Schiffe: 14 (71.450 BRT) und 1 beschädigt
1 Zerstörer (1.120 t)

1. 17.1.42: Auslaufen Kiel in den Nordatlantik. U 404 war eines von zwölf Booten der »Schlei«-Gruppe, die Deutschland verlassen und sich westlich von Rockall versammelte, um im Südwesten die Suche nach Convoys auf deren festgestellter Route zu machen. Die vorgesehene Operation wurde abgesagt, die Boote wurden zur Vorbereitung einer Verwendung in US-Gewässern zurückgerufen.

Rückkehr nach Lorient am 1.2.42.

2. 14.2.42: Auslaufen in den Westatlantik. U 404 patrouillierte anfänglich südlich von Nova Scotia, und am 5.3.42 versenkte es die amerikanische COLLAMER (5.112 t), einen Nachzügler des Convoys HX 178, östlich von Halifax. Das Boot fuhr nach Süden und operierte vor der US-Ostküste. Am 13., vor New Jersey, nördlich von Atlantic City, versenkte U 404 ein neutrales Schiff, die chilenische TOLTEN (1.858 t), die es erst nach dem Angriff als chilenisch identifizierte. Zwei weitere Schiffe wurden versenkt, die amerikanische LEMUEL BURROWS (7.610 t) vor Atlantic City am 14. und die britische SAN DEMETRIO (8.073 t) am frühen Morgen des 17. östlich von Cape Henry.

Rückkehr nach Brest am 4.4.42.

3. 6.5.42: Auslaufen in US-Gewässer. U 404 traf auf sieben Boote, um am 21. die »Pfadfinder«-Gruppe 400 Seemeilen östlich von New York zu bilden. Nur wenige Schiffe wurden nahe der Küste gesehen, die Sehrohre der Gruppe waren auf den Schiffsverkehr zwischen den Häfen der Ostküste und Mittel- bzw. Südamerika gerichtet, und darauf, in welchem Abstand sie von der Küste fuhren. Die Gruppe löste sich nach wenigen Tagen auf, die meisten Boote fuhren dicht an der Küste.

U 404 fuhr südwärts und versenkte am Morgen des 30. die amerikanische ALCOA SHIPPER (5.491 t) nördlich der Bermudas. Am 1.6.42 stoppte das Boot die amerikanische WEST NOTUS (5.492 t) westnordwestlich der Bermudas mit Artillerie und beschädigte das Geschütz des Schiffes, die Aufbauten und seine Steuerung. Nachdem die Mannschaft das Schiff verlassen hatte, landete ein Enterkommando auf dem Schiff und versenkte es mit

Sprengmitteln. Der Kurs auf Cape Hatteras wurde an einen Offizier im Rettungsboot gegeben. Alle Überlebenden wurden aufgenommen. Im gleichen Gebiet versenkte U 404 am 3. die neutrale schwedische ANNA (1.345 t), die ohne Beleuchtung im Zickzack lief.

Später im Monat fuhr U 404 wieder dicht an Land. Am Morgen des 24. versenkte es die jugoslawische LJUBICA MARKOVIC (3.289 t) vor Cape Lookout und im gleichen Gebiet am 25. die amerikanische MANUELA (4.772 t) und die panamesische NORDAL (3.845 t).

U 404 fuhr die Küste weiter entlang und versenkte am 27. die norwegische MOLDANGER (6.827 t) 220 Seemeilen ostsüdöstlich von der Delaware Bucht. Kurz danach wurde das Boot durch ein Flugzeug angegriffen und beschädigt.

Rückkehr nach St. Nazaire am 14.7.42.

4. 23.8.42: Auslaufen in den Nordatlantik.

Ab 31. bildete U 404 mit fünf Booten die »Stier«-Gruppe westlich von Irland. Sie war beteiligt an einer fehlgeschlagenen Operation gegen einen ONS-Convoy am 1. und 2. September. Am 4. schloss sich die »Stier«-Gruppe mit der »Vorwärts«-Gruppe zusammen und bildete eine lange Linie westlich von Irland in Erwartung von nach Westen laufenden Convoys.

Am Abend des 9. passierte der ON 127 das südliche Ende der Linie und wurde von U 584 entdeckt.

Der Kontakt ging während der Nacht verloren, wurde aber früh am 10. wieder hergestellt. Bald nach Mitternacht des 10. beschädigte U 404 den norwegischen Tanker MARIT II (7.417 t) im Zentralen Nordatlantik. Am frühen Morgen des 12. wurde der norwegische Tanker DAGHILD (9.272 t) beschädigt. Dieses Schiff wurde am 7.2.43 durch U 402 erneut beschädigt und dann durch U 614 versenkt.

Die Angriffe auf ON 127 wurden bis zum 14. fortgesetzt. Flugzeuge von Neufundland schützten die Schiffe, zwangen zur Aufgabe der Operation. Sieben Schiffe wurden versenkt und es war eine der wenigen Operationen im Kriege, dass alle beteiligten Boote einen Torpedo feuerten.

U 404 wurde von U 461 am oder um den 20. nordwestlich von den Azoren mit Kraftstoff versorgt. Dann traf es auf die neue »Vorwärts«-Linie östlich von der Neufundlandbank. Der nach Osten laufende Convoy RB 1 passierte die Linie am 23., von U 404 gesichtet. Der Convoy bestand aus Frachtern des Great Lake-Distriktes und ging nach England. Die Boote meldeten sie als Passagierschiffe mit Truppen. Die »Vorwärts«-Gruppe wurde zum Angriff von Booten der »Pfeil«-Gruppe unterstützt.

Am Morgen des 26. versenkte U 404 den Zerstörer HMS VETERAN und traf wahrscheinlich ein Schiff mit demselben Fächer. Am 29. bildeten U 404, U 216, U 410 und

U 584 die »Letzte Ritter«-Gruppe im Zentralen Nordatlantik.

Am 1.10.42 liefen U 216 und U 410 zur Kraftstoffversorgung und U 404 und U 584 fuhren heim.

Rückkehr nach St. Nazaire am 13.10.42.

5. 21.12.42: Auslaufen in den Nordatlantik. U 404 traf auf die »Falke«-Gruppe 500 Seemeilen westlich von Irland, die auf einen ON-Convoy wartete. Die Gruppe wurde gegen den ONX 158 und ON 159 angesetzt, aber beide wurden umgeleitet und wichen den Booten aus. Ab 7.1.43 fuhr die »Falke«-Gruppe westwärts auf der Suche nach Convoys. Das wurde bis zum 15. fortgesetzt. Aber es kam nichts in Sicht. Die Gruppe drehte am nächsten Tag nach Norden, aber man fand nichts.

Am 19. wurden die »Falke«- und »Habicht«-Gruppen umgebildet zu zwei neuen Linien, »Haudegen« und »Landsknecht«, letztere bestand aus Booten mit wenig Kraftstoff. Dazu gehörte U 404. Die »Landsknecht«-Boote, verstärkt durch neu hinzu gekommene Boote, warteten westlich von Irland für eine Woche, aber es kam kein Convoy des Weges. Am 28. wurde die Gruppe aufgelöst. U 404 fuhr heim.

Rückkehr nach St. Nazaire am 6.2.43.

6. 21.3.43: Auslaufen in den Atlantik. Nachdem deutsche Flugzeuge den Convoy SL 126 am 27. westlich von der Biskaya gesichtet hatten, wurden U 404, U 181, U 267, U 571 und U 662 auf ihn angesetzt.

U 404 bekam am 28. Kontakt, aber es griff erst am Abend des 29. an und versenkte die britische NAGARA (8.791 t) und am 30. die britische EMPIRE BOWMAN (7.031 t). Nach dieser Aktion setzte U 404 seine Fahrt nach Westen fort und traf auf die »Adler«-Gruppe, die am 7.4.43 südlich von Cape Farewell gegen den Convoy SC 125 gebildet worden war. Der Convoy passierte 200 Seemeilen südlich die »Adler«-Linie am 7. und die Boote waren nicht in der Lage, anzugreifen. Die Gruppe fuhr nach Südosten zum Empfang des Convoys HX 232, aber am 10. sichtete U 404 den nach Westen laufenden Convoy ON 176 und einige »Adler«-Boote kamen am 11. an ihn östlich von Neufundland heran. In den frühen Stunden des 12. schoss U 404 einen Viererfächer und versenkte die britische LANCASTRIAN PRINCE (1.914 t). Drei Detonationen wurden ohne sichtbares Resultat gehört. Die »Adler«-Boote hatten keinen weiteren Erfolg, und die Operation wurde am 13. beendet, als die Luftsicherung sich verstärkte.

Die »Adler«-Boote wurden von der »Meise«-Gruppe zur Bildung einer Linie am 14. nordöstlich von Neufundland aufgenommen und blieben in dem Gebiet bis zum 19. Dann fuhren die Boote nach Norden, um am 21. eine neue Linie südlich von Grönland zum Empfang des nach Osten laufenden Convoys HX 234 zu bilden. An diesem

Tag wurde der Convoy von U 306 gesichtet. Nebel und Schneesturm machten das Heranschließen schwierig. Am 24. wurde die Operation gegen den HX 234 widerrufen, als alle Boote im Kontakt mit ihm waren und von Flugzeugen und Geleitfahrzeugen vertrieben wurden.

U 732 der »Meise«-Gruppe sichtete am 23. den nach Osten laufenden Convoy ONS 4 und U 404, U 108, U 191 und U 514 wurden auf ihn angesetzt, aber sie fanden ihn nicht. Am Morgen des 25. sichtete U 404 einen Escortträger, die HMS BITER, und mit dem Verschießen eines Viererfächers wurden vier Detonationen gehört. Die Torpedos wurden von der BITER gesehen und waren vermutlich zu früh detoniert. U 404 glaubte vier Treffer erzielt zu haben und das deutsche Oberkommando machte eine Mitteilung, aber der FdU verbot die Veröffentlichung.

Ende April wurde U 404 durch U 487 im Zentralen Nordatlantik mit Kraftstoff versorgt.

Rückkehr nach St. Nazaire am 3.5.43.

7. 24.7.43: Auslaufen in den Atlantik.

Am 28. wurde U 404 nordnordwestlich von Cape Ortegal von einer Liberator der 4. Squadron (USAF) (Lt A.J. Hammer) gesichtet. Das Flugzeug, das dem Coastal Command zugeteilt war, warf Wasserbomben, die das Boot beschädigten. Eine weitere Liberator von der 224. Squadron (F/O R.V. Sweeny) kam hinzu. Angesichts schweren Flakfeuers warf das zweite Flugzeug noch einige Wasserbomben und versenkte damit U 404. Die Liberator wurde vom Flakfeuer des Bootes beschädigt. Es gab keine Überlebenden, 50 Tote.

U 405 Typ VII C

Bauwerft: Danziger Werft
Kiellegung: 8. Juli 1940
Stapellauf: 4. Juni 1941
Indienststellung: 17. September 1941
Feldpost-Nr.: M 35435
Versenkt am 1. November 1943 nordnordwestlich von den Azoren (49°00'N/31°14'W)

Kommandos:
8. U-Flottille Königsberg von September 1941–Februar 1942 (Schulboot)
1. U-Flottille Brest von März–Juni 1942 (Frontboot)
11. U-Flottille Bergen von Juli 1942–Februar 1943 (Frontboot)

6. U-Flottille St. Nazaire von März 1943–1. November 1943 (Frontboot)

Kommandant:
KKpt Rolf-Heinrich Hopman, September 1941–1. November 1943

Feindfahrten: 8
Versenkte Schiffe: 2 (11.841 BRT)
1 LCT (143 t)
2 PT-Boote (70 t)

1. 26.2.42: Auslaufen Kiel und Einlaufen Drontheim am 5.3.42.

2. 7.3.42: Auslaufen Drontheim zur Patrouille der Küste Norwegens, um die Rückkehr schwerer deutscher Einheiten zu decken.
Rückkehr nach Drontheim am 22.3.42.

3. 26.4.42: Auslaufen Drontheim in nördliche Gewässer. Der Convoy QP 11 verließ Murmansk am 28. und wurde am nächsten Tag von deutschen Flugzeugen gesichtet. U 405 und sechs andere Boote wurden auf ihn angesetzt. Kontakt wurde durch einige Boote am 30. hergestellt und erfolglose Angriffe gemacht, sowohl auf die Schiffe als auch Geleitfahrzeuge. U 405 nahm an diesen Angriffen teil. Die Aktion war ein Kampf zwischen den beiden Marinekampfgruppen.
Rückkehr nach Bergen am 15.5.42.

4. 20.5.42: Auslaufen Bergen und Einlaufen Kiel am 22.5.42.

5. 16.7.42: Auslaufen Kiel in nördliche Gewässer. U 405 patrouillierte ohne Erfolg das Gebiet zwischen Island und Jan Mayen. Rückkehr nach Skjomenfjord am 16.8.42.

6. 26.8.42: Auslaufen Skjomenfjord. U 405 ging nach dem Westen von Jan Mayen und dann nach Nordosten von Spitzbergen. Am 11.9.42 wurde das Boot an den nach Osten laufenden Convoy PQ 18 zum Angriff auf ihn am 13. herangeführt. Rauch wurde am 12. gesehen und bei der Überwasserfahrt kam U 405 nahe an den Convoy heran.

Es machte am Morgen des 13. einen Angriff und hat wahrscheinlich die amerikanische OLIVER ELLSWORTH getroffen. Aber das ist ungewiss, denn die Versenkung wird U 408 und U 589 zugeschrieben. Während der Verfolgung des PQ 18 wurde am Nachmittag von U 405 die Besatzung einer He 115 aufgefischt. Das Flugboot hatte die Besatzung einer Ju 88 gesehen, das beim Angriff auf den Convoy abgeschossen worden war. Die He 115 war bei der Wasserlandung beschädigt worden. Nach Aufnahme der Besatzung machte sich U 405 auf die Suche nach den Männern der Ju 88. Ein schwerverletzter Mann wurde aus der See gefischt. Die beiden anderen Männer der Besatzung wurden in ein Dingi gezogen. Die See war zu rau, das Dingi längsseit zu nehmen. Ein Seemann von U 405 schwamm im eisigen Wasser mit einer Leine auf das Dingi zu, so dass es aufgenommen werden konnte. Ein Mann war zwischenzeitlich tot, der andere schwer verwundet. Der Versuch, die beiden verletzten Männer zu retten, schlug fehl, sie starben drei Stunden später, und wurden am 14. auf See beigesetzt.

U 405 hatte sich vom Convoy entfernt, verlor den Kontakt und hatte ihn erst am 16. wieder gefunden.

Am Nachmittag machte es einen erfolglosen Angriff auf einen Zerstörer des Geleitschutzes. Diesem folgte eine lange Periode von Wasserbombenangriffen, so dass U 405 auf 800 Fuß tauchte. Am 17. liefen die Angreifer schließlich weg. Der Convoy PQ 18 erreichte Archangelsk am 17. und hatte 13 Schiffe verloren, drei durch Uboote, die übrigen durch Torpedobomber.

Befehle, den nach Westen laufenden Convoy QP 14 anzugreifen, erreichten U 405. Der Kontakt wurde hergestellt, aber das Boot wurde durch Flugzeuge und Geleitfahrzeuge angegriffen. Das Boot konnte entkommen.

Rückkehr nach Skjomenfjord am 20.9.42.

7. 22.9.42: Auslaufen Skjomenfjord und Einlaufen Bergen am 24.9.42.

8. 7.11.42: Auslaufen Bergen und Einlaufen Skjomenfjord am 9.11.42.

9. 11.11.42: Auslaufen Skjomenfjord. Es sind keine Einzelheiten dieses Einsatzes bekannt.

Rückkehr nach Bergen am 15.12.42.

10. 7.2.43: Auslaufen in den Nordatlantik. U 405 traf auf die »Neptun«-Gruppe, die am 18. südwestlich von Island gebildet wurde. Sie sollte gegen den nach Osten laufenden Convoy HX 226 operieren. Der Convoy wurde nicht gefunden, er war umgeleitet worden und passierte die Linie im Norden. Am 20. fuhr die Gruppe nach Südwesten. Sie sollte den rücklaufenden Convoy SC 120 angreifen, aber dann sichtete U 759 im Norden der Linie den Convoy HX 227 am Morgen des 27. und die »Neptun«-Boote griffen an. Am Abend des 28. versenkte U 405 die amerikanische WADE HAMPTON (7.176 t). Es transportierte zwei Lend-Lease PT-Boote, RPT 1 und RPT 3. Kurz nach Mitternacht glaubte U 405 zwei Treffer auf einem anderen Schiff erzielt zu haben, es gibt aber keine Informationen darüber. Kein anderes der »Neptun«-Boote machte Angriffe, schlechtes Wetter verhinderte jeden dichten Kontakt.

Auf der Suche nach HX 227 am 1.3.43 sichtete U 608 den nach Westen laufenden Convoy ON 168. Der Kontakt ging nach Vertreibung der Verfolger verloren, und

als U 359, U 405, U 448 und U 659 den Convoy nicht fanden, wurde die Operation am 3. abgebrochen.

Am 5. nahmen die »Neptun«-Boote eine Warteposition südlich vom Cape Farewell und nördlich der »Wildfang«- und »Burggraf«-Gruppe ein. U 405 sichtete den Convoy SC 121 am 6., und 17 Boote, bestehend aus drei Gruppen und als »Westmark«-Gruppe bezeichnet, wurden auf ihn angesetzt. Am Abend des 9. versenkte U 405 die norwegische BONNEVILLE (4.665 t) südlich von Reykjavik. An Bord des Schiffes befand sich LCT 234. Die Operation gegen SC 121 endete am 11. Zwölf Schiffe waren versenkt und eines beschädigt worden.

U 405 wurde am oder um den 14. nördlich der Azoren von U 119 mit Kraftstoff versorgt.

Rückkehr nach St. Nazaire am 23.3.43.

11. 2.5.43: Auslaufen in den Nordatlantik. U 405 wurde durch ein Flugzeug angegriffen und beschädigt und kehrte am 21.5.43 zurück nach St. Nazaire.

12. 29.8.43: Auslaufen St. Nazaire und Rückkehr am 31.8.43.

13. 25.9.43: Auslaufen St. Nazaire, Rückkehr 27.9.43.

14. 10.10.43: Auslaufen in den Atlantik. U 405 traf auf die »Siegfried«-Gruppe, die am 24. 500 Seemeilen östlich von Neufundland gebildet wurde, und die auf HX 262 und SC 145 wartete. Als kein Kontakt hergestellt wurde, bildete die Gruppe am 27. drei kleinere Gruppen, »Siegfried 1«, »-2« und »-3«. U 405 gehörte zur Gruppe »Siegfried 1«.

Am 29. befanden sich U 405 und U 608 nahe am Convoy SC 145, als sie von einer Swordfish des Escortträgers HMS FENCER vertrieben wurden. U 405 wurde beschädigt. Der Convoy passierte unbehelligt. Am Morgen des 30. schoss U 405 zwei Torpedos auf ein Schiff, es war jedoch nur eine Endlaufdetonation zu hören. In den frühen Stunden des 1.11.43 hatte der Zerstörer USS BORIE einen Radar-Kontakt mit dem über Wasser fahrenden U 405 nordnordwestlich der Azoren. Das Boot tauchte, dann kam die BORIE heran und warf alle in den Magazinen vorhandenen Wasserbomben. Alle gingen wegen mechanischer Störungen daneben.

U 405 tauchte auf und es kam zum Schusswechsel, der das Boot beschädigte und Männer verwundete. BORIE rammte das Boot und beide Fahrzeuge verkeilten sich miteinander. Die amerikanischen Seeleute benutzten jede greifbare Waffe und töteten etwa 30 Deutsche ohne eigene Verluste. BORIE war durch das Rammen beschädigt und hatte Wassereinbruch. U 405 kam wieder frei und fuhr davon. BORIE versuchte eine neue Rammposition zu erreichen und feuerte weiter. Ihre Kanonen riefen weitere Schäden am Boot hervor. Mit neuen Wasserbomben kam die BORIE erneut zum Rammen. Das Boot drehte nach Backbord und BORIE schoss drei Wasserbomben, die den Turm trafen und das Boot stoppten. U 405 versuchte dann wegzulaufen, aber BORIE griff mit allen Waffen an. Während des Kampfes wurde das Buggeschütz des Bootes weggeschossen. Weitere Treffer stoppten das Boot, die Besatzung kam nach oben. U 405 sank mit dem Heck zuerst und explodierte unter Wasser. Deutsche Matrosen in Rettungsflössen schossen Leuchtraketen, die von den in der Nähe liegenden Ubooten gesehen und beantwortet wurden. BORIE fuhr schnell weg, um den Torpedos dieser Uboote auszuweichen und überfuhr dabei einige deutsche Überlebende.

Der schwer beschädigte Zerstörer sank nach Ausbau aller losen Ausrüstungsteile. Flugzeuge des USS CARD sichteten die BORIE 14 Seemeilen vom Träger. Der Zerstörer USS GOFF wurde zur Unterstützung geschickt, aber schwere See verhinderte ein Längsseitgehen. Kurz vor Sonnenuntergang befahl Lt C.H. Hutchins, den Zerstörer zu verlassen, aber die hohe See machte es unmöglich, Rettungsboote und Flöße zur Rettung abzuteilen.

USS GOFF und BARRY nahmen schließlich 127 Überlebende auf, denn die Rettungsaktion war wegen der Gefahr durch Uboote für USS CARD, ohne ihren Geleitschutz durch Zerstörer, begrenzt.

Die BORIE sank am 2. November durch vier Wasserbomben, die von einer Avenger geworfen wurden.

Von U 405 gab es keine Überlebenden, 49 Tote.

U 406 Typ VII C

Bauwerft: Danziger Werft
Kiellegung: 6. September 1940
Stapellauf: 16. Juni 1941
Indienststellung: 22. Oktober 1941
Feldpost-Nr.: M 42202
Versenkt am 18. Februar 1944 nordnordöstlich von den Azoren (48°32'N/23°36'W)

Kommandos:
8. U-Flottille Königsberg/Danzig von Oktober 1941–April 1942 (Schulboot)
7. U-Flottille St. Nazaire von Mai 1942–18. Februar 1944 (Frontboot)

Kommandant:
KptLt Horst Dieterichs, Oktober 1941–18. Februar 1944

Feindfahrten: 8
Versenkte Schiffe: 1 (7.452 BRT) und 3 beschädigt

1. 4.4.42: Auslaufen Kiel nach Westfrankreich. Einlaufen in den neuen Stützpunkt St. Nazaire am 19.4.42.

2. 5.5.42: Auslaufen in den Nordatlantik. U 406 war Teil einer geplanten Gruppenoperation mit U 94, U 96, U 124, U 569 und U 590 als Gruppe »Hecht« im Gebiet von Neufundlandbank.

Die Boote waren am 11. im Einsatz, als U 569 den nach Westen laufenden Convoy ONS 92 im Zentralen Nordatlantik sichtete. Angriffe wurden durch U 94, U 124 und U 569 in der Nacht vom 12./13. gemacht. U 406 griff eine Korvette an, aber der Torpedo verfehlte das Ziel. Der Kontakt ging am 13. verloren.

Die »Hecht«-Linie wurde früh am 14. vor dem verlorenen Convoy neu gebildet, aber er wurde nicht wieder gefunden. Am Abend begann die Gruppe eine Bewegung in Jagdformation, die bis zum 16. dauerte. Nach zwei Tagen fuhr die Gruppe nach Südwesten. Am 20. sichtete U 406 den nach Süden laufenden Convoy ONS 94, den es für einige Stunden verfolgte. Dann wurde es vertrieben. Die anderen Boote kamen nicht heran, und der Convoy ging verloren. Die »Hecht«-Boote fuhren auf eine Versorgungsstation 600 Seemeilen südlich von Cape Race, wo sie 25. von U 116 versorgt wurden.

Die Gruppe wurde umgebildet, und am 30. begann sie mit einer Drehung quer zum Convoy-Kurs. Die Boote patrouillierten anfangs südlich der Neufundlandbank, dann begannen sie in ein Gebiet 600 Seemeilen südostwärts zu fahren.

Auf der Fahrt nach dort sichtete U 590 am 31. den nach Westen laufenden Convoy ONS 96, aber da das Wetter schlecht wurde und der Convoy sich Neufundland näherte, wurde die Aktion am 2.6.42 beendet, die Boote fuhren weiter ostwärts.

Während des Abends vom 8.6.42 sichtete U 124 den nach Westen laufenden Convoy ONS 100 im Zentralen Nordatlantik und versenkte eine französische Korvette. Am 9. bekamen alle »Hecht«-Boote Kontakt, aber U 406, U 96 und U 590 blieben wegen Schäden an den Dieselmotoren zurück. Der Kontakt mit dem Convoy ging verloren, wurde aber am 10. durch U 94 wieder hergestellt. Als die Operation am 12. abgebrochen wurde, waren vier Schiffe versenkt.

Die »Hecht«-Boote schlossen ihre Suche nach Nordosten ab. Am 16. sichtete U 94 den nach Westen laufenden Convoy ONS 102. Zum Angriff befohlen, fanden die Boote einen starken Geleitschutz und U 94 und U 590 wurden beschädigt. Die Operation wurde am 17. aufgegeben und die »Hecht«-Boote fuhren nach Hause. Rückkehr nach St. Nazaire am 1.7.42.

3. 9.8.42: Auslaufen in den Zentralatlantik. U 406, U 214, U 333, U 566, U 594 und U 653 befanden sich im Gebiet von Freetown. Die Boote trafen sich ab

13. im Sammelpunkt südöstlich von den Azoren. Bevor alle ankamen, sichtete U 653 den nach Norden laufenden Convoy SL 118, der das Warte-Gebiet am 14. anlief. Die Boote begannen mit der Verfolgung, aber der Geleitschutz verhinderte jeden Angriff bis zum Abend des 17. Drei Schiffe wurden am 17. und 18. versenkt und eines beschädigt. U 406 versenkte die britische City of Manila (7.452 t) am Nachmittag des 19. Es war der letzte Angriff auf den SL 118. Die Verstärkung der Luftsicherung machte die Angriffe schwieriger und die Operation endete am 20., als der Kontakt verloren ging. U 406 übernahm Kraftstoff von U 653, das mit Beschädigungen durch Flugzeugangriffe am 18. nach Hause fuhr. U 406, U 214 und U 566 fuhren in ein Gebiet nordöstlich der Azoren, wo sie auf U 107 trafen, und bildeten die »Iltis«-Gruppe am 23. Sie strebten nach Süden und am 26. sichtete U 214 den nach Norden laufenden Convoy SL 119 westlich von Lissabon. Die anderen »Iltis«-Boote und die »Eisbär«-Gruppe wurden auf den Convoy angesetzt. Bevor die Operation am 29. beendet wurde, waren drei Schiffe versenkt worden.

Von der »Iltis«-Gruppe waren U 406, U 214 und U 107 die einzigen Boote, die noch immer nach Süden marschierten und westlich von Lissabon warteten; sie trafen dort U 87, U 333 und U 590. Am 9.9.42 fuhren die sechs Boote südwärts als »Iltis«-Gruppe, das Ziel war Freetown. Ihr südlicher Trip brachte sie in ein Gebiet nördlich der Kapverdischen Inseln. Nichts wurde gesichtet, und die Gruppe löste sich am 24. auf. Zwischen dem 25. und 27. wurde U 406 von U 460 mit Kraftstoff versorgt. Rückkehr nach St. Nazaire am 8.10.42.

4. 14.12.42: Auslaufen in den Atlantik. U 406 traf auf die »Spitz«-Gruppe, die ab 23. westlich von Irland gebildet worden war. Die Boote liefen nach Südwesten, und um den 26. trafen sich die »Spitz«- und die »Ungestüm«-Gruppe.

Während des Nachmittags am 26. passierte der nach Westen laufende Convoy ONS 154 das südliche Ende der »Spitz«-Linie und wurde von U 664 gesichtet. Beide Gruppen fuhren nach Süden in ein Gebiet nördlich der Azoren zum Abfangen des Convoys und versenkten drei Schiffe und beschädigten ein weiteres am 27. früh, alle von U 356. Am Abend des 28. beschädigte U 406 drei Schiffe nördlich der Azoren, die britische Baron Cochrane (3.385 t), die britische Lynton Grange (5.029 t) und die britische Zarian (4.871 t). Diese drei Schiffe wurden dann in den frühen Stunden des 29. von U 123, U 628 und U 591 versenkt. Die Operation endete am 31. nordwestlich der Azoren, 14 Schiffe waren versenkt und eines beschädigt worden. U 406 wurde Ende Januar 1943 westlich der Azoren von U 463 mit Kraftstoff versorgt.

Rückkehr nach St. Nazaire am 12.1.43.

5. 22.2.43: Auslaufen in den Atlantik. U 406 traf auf die »Neuland«-Gruppe westlich von Irland. Am 7.3.43 drehte der südliche Teil der Gruppe, einschließlich U 406, nach Westen, wechselnd auf einen Kurs nach Norden am 9., auf der Suche nach dem Convoy HX 228, der das südliche Ende der Linie am 10. passierte. Die Angriffe auf den Convoy begannen am Abend des 10., und in den frühen Stunden des 11. beschädigte U 406 vermutlich die britische Jamaica Producer (5.464 t) im Zentralen Nordatlantik. Dieses Schiff wurde durch eine innere Explosion beschädigt und anschließend in einen Hafen geschleppt. Während der Operation gegen HX 228 wurden vier Schiffe und ein Zerstörer versenkt.

Nach Ende der Aktion am 13. bildeten U 406 und acht Boote der südlichen Linie der »Neuland«-Boote westlich von Irland die »Dränger«-Gruppe zur Operation gegen den Convoy HX 229. Am Morgen des 16. sichtete U 653 den Convoy von dem man dachte, es sei der SC 122. Die Gruppen »Dränger«, »Stürmer« und »Raubgraf« wurden auf ihn angesetzt, und es war die »Raubgraf«-Gruppe, die am Morgen des 16. den Kontakt herstellte. Später am Tag traf ein zweiter Convoy ein, der auf einem Parallelkurs lief und schneller war. Es wurde festgestellt, dass der angegriffene Convoy nicht der SC 122 war, sondern der HX 229.

Die größte Geleitzugschlacht des Krieges wurde geschlagen, mehr als 40 Boote nahmen an ihr teil. 21 alliierte Schiffe wurden versenkt. Es scheint, dass U 406 keinen Angriff auf einen Convoy machte.

Am oder um den 21. wurde U 406 durch U 221 mit Kraftstoff zur Heimreise versorgt.

Rückkehr nach Bordeaux am 30.3.43.

6. 25.4.43: Auslaufen Bordeaux in den Atlantik. U 406 traf auf die »Drossel«-Gruppe, die eine Linie nordwestlich von Cape Finisterre bildete. Am 3.5.43 sichtete ein Flugzeug einen nach Süden laufenden Convoy, aber als die Gruppe ostwärts zum Angriff drehte, stellte man fest, dass er aus 15 LCT's und zwei Geleitfahrzeugen bestand. Der Zustand der See und der Gebrauch von Torpedos auf diese flachgehenden Boote waren nicht möglich, die Operation wurde abgeblasen.

Am 5. wurde U 406 wahrscheinlich durch die Kollision mit U 600 beschädigt. Beide Boote liefen zurück in den Stützpunkt.

Rückkehr nach St. Nazaire am 11.5.43.

7. 26.6.43: Auslaufen in den Zentralatlantik. Zwischen dem 6. und 12. Juli wurde U 406 durch U 487 600 Seemeilen südwestlich der Azoren mit Kraftstoff versorgt. Es war eines von sieben Booten, die zwischen Trinidad und der Mündung des Amazonas operierten. U 406 blieb ohne Erfolg.

Am 23.8.43 wurde das Boot durch einen Flugzeugangriff beschädigt. Ein Besatzungsmitglied wurde getötet, drei andere verwundet.

Rückkehr nach St. Nazaire am 15.9.43.

8. 20.12.43: Auslaufen St. Nazaire und Rückkehr am 22.12.43.

9. 25.12.43: Auslaufen St. Nazaire und Rückkehr am 27.12.43.

10. 29.12.43: Auslaufen St. Nazaire und Rückkehr am 31.12.43.

11. 5.1.44: Auslaufen in den Nordatlantik. U 406 traf auf die »Rügen«-Gruppe, die mit 18 Booten einzeln westlich von Irland operierte. Ab 25. bildeten U 406 und zwölf andere »Rügen«-Boote die »Stürmer«-Gruppe nordwestlich vom Nordkanal in Erwartung eines ONS-Convoys. Deutsche Flugzeuge sichteten den ON 221 am 27. Technische Probleme verhinderten einen Ansatz der Boote, der Convoy wurde am 28. nicht gefunden.

Die Operation wurde am Morgen des 29. abgebrochen, weil man einer Meldung über eine Invasion, die von deutschen Flugzeugen gemeldet wurde, Glauben schenkte.

Aufgrund dieser Meldung wurden alle Boote im Nordatlantik, einschließlich der »Stürmer«-Gruppe, mit hoher Fahrt in die Biskaya befohlen. Kurz darauf wurde die Invasionsflotte richtig als spanische Fischereiflotte erkannt, und die Boote kehrten in ihr Operationsgebiet zurück.

Am 31. war die »Stürmer«-Gruppe wieder im Gebiet nordwestlich vom Nordkanal. Ab Anfang Februar wurden die alliierten Uboot-Abwehrmaßnahmen merklich verbessert, und die Boote setzten sich langsam nach Westen ab.

U 406 traf auf die »Igel 1«-Gruppe westlich von Irland am 3.2.44. Die Boote operierten einzeln südöstlich Islands vom 4. bis zum 10., dann erfolgte eine langsame Drehung nach Westen. In Kooperation mit Flugzeugen wurde ein Angriff auf einen ONS-Convoy in wenigen Tagen geplant. Flugzeuge sichteten den ONS 29 am 14. westlich des Nordkanals. Alle Boote, die westlich der Britischen Inseln standen, wurden in ein Gebiet 600 Seemeilen südwestlich von Irland zur Bildung von zwei Linien vor dem Convoy befohlen, »Hai 1« und »-2«. Der ONS 29 drehte am 17. nach Süden und die »Hai«-Boote wandten sich zum Abfangen ebenfalls nach Süden.

Während des Abends am 18. befand sich U 406 dicht am Convoy. Es wurde entdeckt und mit Wasserbomben und Artillerie durch die Fregatte HMS SPEY (Cdr H.G. Boys-Smith) nordnordöstlich der Azoren versenkt. Zwölf Mann der Besatzung gingen mit dem Boot unter, 41 kamen in Gefangenschaft.

Für die letzte Feindfahrt hatte man U 406 mit Geräten ausgerüstet, um die britischen Radar-Methoden zu erforschen, und beim Verlassen von St. Nazaire befanden sich Dr. Karl Greven und zwei Assistenten an Bord. Greven, ein an Land verwendeter technischer Offizier, trug silberne Rangstreifen. In der Kriegsmarine hieß es ›Wenn ein Silberling einsteigt, geht das Boot verloren‹. Dr. Greves und seine Assistenten waren unter den Überlebenden.

U 407 Typ VII C

Bauwerft: Danziger Werft
Kiellegung: 12. September 1940
Stapellauf: 16. August 1941
Indienststellung: 18. Dezember 1941
Feldpost-Nr.: M 08300
Versenkt am 19. September 1944 südlich von Island of Milos (36°27'N/24°33'W)

Kommandos:
5. U-Flottille Kiel von Dezember 1941–August 1942 (Schulboot)
9. U-Flottille Brest von Sept.–Nov. 1942 (Frontboot)
29. U-Flottille La Spezia/Toulon von Dezember 1942–19. September 1944 (Frontboot)

Kommandanten:
KptLt Ernst-Ulrich Brüller, Dezember 1941–Januar 1944
OLtzS Hubertus Korndörfer, Januar–September 1944
OLtzS Hans Kolbus, September 1944

Feindfahrten: 12
Versenkte Schiffe: 4 (34.068 BRT) und 3 beschädigt

1. 15.8.42: Auslaufen Kiel in den Atlantik. U 407 traf auf die »Vorwärts«-Gruppe, die sich am 27. westlich von Irland gebildet hatte Die Gruppe machte eine Drehung nach Südwesten, und am 31. sichtete U 609 am nördlichen Ende der Linie den nach Osten laufenden Convoy SC 97. Als andere Boote aus dem Süden eintrafen, wurden sie von den Geleitfahrzeugen vertrieben.

Am nächsten Morgen, dem 1.9.42, erschien das erste Flugzeug und von da an zwang die ständige Luftsicherung zum fortgesetzten Tauchen. Der Kontakt ging wegen den Aktionen des Convoys und am Fehlen des Mondlichts während der Nacht verloren. Die Operation wurde am Morgen des 2. abgebrochen.

Zwei Tage später vereinigte sich die »Vorwärts«-Gruppe mit der »Stier«-Gruppe zur Bildung einer neuen langen »Vorwärts«-Linie westlich von Irland, in Erwartung des nach Westen laufenden Convoys ON 127.

Der Convoy passierte das südliche Ende der Linie während des Abends vom 9. und wurde von U 584 gesichtet. Der Kontakt ging nachts verloren, aber wurde bald nach Tagesanbruch am 10. wieder hergestellt. Angriffe auf den Convoy begannen unmittelbar danach, bis die Aktion am 14. wegen schlechter Sicht und ab 13. wegen einsetzender Luftsicherung durch Flugzeuge von Neufundland aus abgebrochen wurde. U 407 machte einen erfolglosen Angriff auf den Convoy in der Nacht vom 12./13.

Während der Operation gegen den ON 127 wurden sieben Schiffe und eine Korvette versenkt und vier Schiffe beschädigt. Es war einer jener Aktionen des Krieges, bei der alle Uboote einen Torpedo abschossen.

Die »Vorwärts«-Boote wurden durch U 461 nordwestlich der Azoren zwischen dem 16. und 18. mit Kraftstoff versorgt. Die Gruppe bildete am 20. nordwestlich von Neufundland eine Linie und am 23. passierte der nach Osten laufenden Convoy RB 1 diese, gesichtet von U 404. Dieser Convoy bestand aus Frachtern des Great Lake Distriktes und fuhr nach England. Die Boote meldeten die Schiffe als Truppentransporter.

Die »Vorwärts«-Gruppe wurde zum Angriff von einigen Booten der »Pfeil«-Gruppe unterstützt. Drei Frachter und ein britischer Geleitzerstörer wurden versenkt. U 407 fuhr keinen Angriff auf den RB 1, aber am 1.10.42 hatte es einen erfolglosen Angriff auf HMS QUEEN MARY.

Rückkehr nach dem neuen Stützpunkt Brest am 9.10.42.

2. 2.11.42: Auslaufen ins Mittelmeer. U 407 war eines von sieben Booten, die die Biskayahäfen zur Verstärkung der Uboote im Mittelmeer verließen. Sie wurden bekannt als »Delphin«-Gruppe und kamen alle sicher durch die Straße von Gibraltar zwischen dem 7. und 11. November. In den frühen Stunden des 11. torpedierte U 407 den britischen Transporter VICEROY OF INDIA (19.627 BRT) östlich von Oran. Es hatte die britischen Truppen in Algier in den frühen Stunden des 8. verstärkt und fuhr leer nach Gibraltar zurück. Die meisten ihrer Besatzung wurden vom Zerstörer HMS BOADICEA aufgenommen, nur 40 Mann blieben an Bord zur Reparatur. Der Zerstörer schleppte den Transporter, aber er begann langsam zu sinken. Die Besatzung verließ das Schiff und ging an Bord der BOADICEA. Vier Männer starben, als der Torpedo von U 407 die Backbordseite des Maschinenraums traf.

U 407 lief Pola am 26.11.42 an.

3. 17.1.43: Auslaufen Pola. Am 6.2.43 machten U 407 und U 596 erfolglose Angriffe auf den Convoy MKS 7 östlich von Oran.

U 407 schoss an den Korvetten HMS NASTURTIUM und PENTSTEMON vorbei.

Rückkehr nach La Spezia am 26.2.43.

4. 21.4.43: Auslaufen. Auf dieser Operation war U 407 vor Algier, hatte aber keinen Erfolg.

Rückkehr nach Neapel am 8.5.43.

5. 12.5.43: Auslaufen. Es sind keine Einzelheiten dieses Einsatzes bekannt.

Rückkehr nach Toulon am 28.5.43.

6. 7.7.43: Auslaufen Toulon. U 407 kam gegen die alliierte Schifffahrt vor Sizilien zum Einsatz. Am 23. beschädigte das Boot den Kreuzer NEWFOUNDLAND südöstlich von Syracuse. Er wurde sicher nach Malta geschleppt.

Rückkehr nach Salamis am 30.7.43.

7. 17.8.43: Auslaufen Salamis in das östliche Mittelmeer. U 407 operierte vor der Küste Palästinas und des Libanon, hatte aber keinen Erfolg.

Rückkehr nach Pola am 8.9.43.

8. 9.9.43: Auslaufen Pola und Rückkehr am 12.9.43.

9. 11.11.43: Auslaufen Pola zur Patrouille der Küste der Cyrenaica. Am 28. beschädigte U 407 westlich von Derna den Kreuzer HMS BIRMINGHAM. Obwohl schwer getroffen mit 27 Toten und vielen Verwundeten, kam der Kreuzer am 30. sicher nach Alexandria.

Rückkehr nach Pola am 12.12.43.

Am 9.1.44 wurden bei einem Luftangriff auf den Stützpunkt Pola fünf Mann der Bootsbesatzung getötet und einer verwundet.

10. 29.1.44: Auslaufen zum Einsatz im östlichen Mittelmeer. Am 27.2.44 versenkte das Boot das ägyptische Segelschiff ROD EL FARAG (55 t) westlich von Beirut, und am 29. beschädigte es den britischen Tanker ENSIS (6.207 t) vor Al Ladhiqiah, Syrien.

Rückkehr nach Salamis am 12.3.44.

11. 13.4.44: Auslaufen. Am 16. griff U 407 den Convoy UGS 37 an und beschädigte die amerikanische THOMAS G. MASARYK (7.176 t) und versenkte die amerikanische MEYER LONDON (7.210 t). Das beschädigte Schiff wurde nach Alexandria geschleppt und zum Totalverlust erklärt.

Rückkehr nach Salamis am 10.5.44.

12. 21.8.44: Auslaufen Salamis. Nun mit Schnorchel ausgerüstet, operierte das Boot wieder vor Derna und Benghasi, hatte aber keinen Erfolg.

Rückkehr nach Salamis am 4.9.44.

13. 9.9.44: Auslaufen. Es war die erste Feindfahrt unter dem neuen Kommandanten, Oberleutnant zur See Hans Kolbus. U 407 war vermutlich auf der Rückfahrt nach Salamis, als es am Abend des 18. geortet wurde.

Rauch aus dem Schnorchel wurde auf eine Distanz von

acht Seemeilen von dem polnischen Zerstörer GARLAND entdeckt. Eine Hedgehog-Salve wurde ausgeführt, jedoch ohne sichtbaren Erfolg, der Kontakt mit dem Boot ging verloren. Die Zerstörer HMS TROUBRIDGE (Capt C.L. Firth) und TERPSICHORE (Cdr A.C. Bohague) trafen auf die GARLAND, und eine organisierte Suche begann. U 407 wurde lokalisiert, es fuhr getaucht mit Schleichfahrt nach Norden. Es wurde während der Nacht für zehn Stunden verfolgt und dabei Wasserbombenattacken durchgeführt.

Schließlich tauchte U 407 am frühen Morgen südlich von Milos auf. Es kam unter Geschützfeuer der Zerstörer und viele Männer wurden beim Verlassen des Bootes gesehen. Die meisten der Besatzung hatten das Boot verlassen. U 407 wurde um 05:00 Uhr mit Artillerie versenkt. Es war das letzte Boot, das auf See im Mittelmeer versenkt wurde.

Sechs Männer der Besatzung waren tot, 48, einschließlich des Kommandanten, wurden gefangen genommen.

U 408 Typ VII C

Bauwerft: Danziger Werft
Kiellegung: 30. September 1940
Stapellauf: 16. Juli 1941
Indienststellung: 19. November 1941
Feldpost-Nr.: M 47966
Versenkt am 5. November 1942 nördlich von Island (67°40'N/18°32'W)

Kommandos:
5. U-Flottille Kiel von November 1941–April 1942 (Schulboot)
9. U-Flottille Brest von Mai–Juni 1942 (Frontboot)
11. U-Flottille Bergen von Juli 1942–5. November 1942 (Frontboot)

Kommandant:
KptLt Reinhard von Hymen, November 1941–5. November 1942

Feindfahrten: 3
Versenkte Schiffe: 1 und 1 anteilig

1. 21.5.42: Auslaufen Kiel in nördliche Gewässer. Einlaufen Skjomenfjord am 1.6.42.

2. 7.6.42: Auslaufen, am 11. wurden U 408, U 251 und U 376 zur Patrouille und zur Verfolgung von Convoys und Bekämpfung von Kriegsschiffen in die Dänemarkstraße befohlen, aber nur, wenn die genaue Identität festgestellt worden war.

Am Morgen des 1.7.42 sichteten U 408 und U 255 den nach Osten laufenden Convoy PQ 17 60 Seemeilen östlich von Jan Mayen. Sie verfolgten den Convoy, andere Boote wurden herangeführt und weiter östlich vom PQ 17 wurde eine Linie gebildet.

U 408 hielt den Kontakt mit dem Convoy, aber hat ihn offensichtlich nicht angegriffen.

Am Morgen des 9. meldete U 457 einen kleinen Convoy, Teil des aufgelösten PQ 17, und U 408, U 376 und U 703 wurden auf ihn angesetzt. U 408 machte einen erfolglosen Angriff mit zwei Torpedos am späten Nachmittag. In der neuntägigen Operation gegen PQ 17 wurden 24 Schiffe versenkt, acht durch Uboote, acht durch Uboote auf Schiffe, die von Flugzeugen beschädigt worden waren, und acht durch Flugzeuge.

Rückkehr nach Skjomenfjord am 16.7.42.

3. 18.7.42: Auslaufen Skjomenfjord und Einlaufen Bergen am 20.7.42.

4. 3.9.42: Auslaufen Bergen und Einlaufen Skjomenfjord am 5.9.42.

5. 10.9.42: Auslaufen Skjomenfjord. Am 2. verließ der Convoy PQ 18 Loch Ewe. Der Convoy wurde am 12. von deutschen Flugzeugen entdeckt und U 408 war eines der Boote, die am 13. auf ihn angesetzt wurden.

Die angreifenden Boote schlossen morgens am 13. in der Grönlandsee, westlich von Spitzbergen, an den Convoy heran. U 408 versenkte zwei Schiffe, die amerikanische OLIVER ELLSWORTH (7.191 t) und die sowjetische STALINGRAD (3.559 t). Die Versenkung der OLIVER ELLSWORTH muss eventuell geteilt werden mit U 589.

Drei Schiffe wurden versenkt.

Am 13. verließ der nach Westen laufende Convoy QP 14 Archangelsk. U 408 war eines von sieben Booten, die auf ihn angesetzt wurden, aber es hatte keinen Erfolg gegen den Convoy. Am 20. befand sich U 408 an der Wasseroberfläche, um den QP 14 zu verfolgen. Es wurde von dem britischen Uboot P 614 (Lt D.J. Beckley) entdeckt. P 614 schoss Torpedos, aber diese wurden durch die Ausgucks gesehen. Es tauchte, die Torpedos detonierten, richteten aber keinen Schaden an. Am Morgen des 22. machte das Boot einen erfolglosen Angriff auf einen Zerstörer und ein Schiff des Convoys. In dieser Dreitageoperation wurden ein Zerstörer, vier Schiffe und ein Minensucher versenkt. Rückkehr nach Skjomenfjord am 26.9.42.

6. 31.10.42: Auslaufen Narvik, U 408 wurde am 5.11.42 nördlich von Island von einer in Reykjavik stationierten

USN Catalina des VP 84 (Lt R.C. Millard) gesichtet. Es sank nach Wasserbombenangriffen.
Es gab keine Überlebenden, 45 Tote.

U 409 Typ VII C

Bauwerft: Danziger Werft
Kiellegung: 26. Oktober 1940
Stapellauf: 23. September 1941
Indienststellung: 21. Januar 1942
Feldpost-Nr.: M 24443
Versenkt am 12. Juli 1943 nordnordöstlich von Cap Bengut (37°12'N/04°00'E)

Kommandos:
5. U-Flottille Kiel von Januar–August 1942 (Schulboot)
9. U-Flottille Brest von September 1942–Juni 1943 (Frontboot)
29. U-Flottille La Spezia von Juli 1943 (Frontboot)

Kommandant:
OLtzS Hanns-Ferdinand Massmann, Januar 1942–12. Juli 1943

Feindfahrten: 6
Versenkte Schiffe: 3 (16.199 BRT) und 1 beschädigt

1. 18.8.42: Auslaufen Kiel in den Nordatlantik. U 409 traf auf die »Vorwärts«-Gruppe, die am 27. westlich von Irland gebildet worden war. Die Gruppe machte am 31. eine Drehung nach Südwesten und U 609 sichtete am nördlichen Ende der Linie den nach Osten laufenden Convoy SC 97. Als andere »Vorwärts«-Boote von Süden herankamen, wurden sie von den Geleitfahrzeugen vertrieben. Am nächsten Morgen, dem 1.9.42, erschien das erste Flugzeug, und von da an hielten Flugzeuge die Boote unter Wasser. In der Nacht des 1./2. ging der Kontakt verloren, und die Operation wurde am nächsten Morgen abgebrochen.
U 409 verließ die »Vorwärts«-Gruppe am 4. und kehrte nach dem neuen Standort Brest am 9.9.42 zurück.
2. 13.10.42: Auslaufen in den Zentralen Nordatlantik.
U 409 war eines von acht Booten, die sich östlich der Azoren versammelten. Sie bildeten am 23. eine Linie vor Freetown als »Streitaxt«-Gruppe. In den frühen Stunden des 30. beschädigte U 409 nordnordwestlich von Madeira den britischen Tanker BULLMOUTH (7.519 t).

Das Schiff wurde kurz darauf von U 659 versenkt. Am späten Abend des 30. versenkte U 409 nordnordöstlich von Madeira die britische SILVERWILLOW (6.373 t). Als der Einsatz gegen den SL 125 am 1.11.42 westlich von Lissabon beendet wurde, waren zwölf Schiffe versenkt und eines beschädigt worden.
Rückkehr nach Brest am 5.11.42.
3. 7.12.42: Auslaufen in den Nordatlantik. U 409 traf auf die »Raufbold«-Gruppe, die Mitte Dezember westlich von Irland gebildet wurde. Am 15. sichtete U 609 den nach Westen laufenden Convoy QN 153 und rief andere Boote herbei. Wegen schlechten Wetters ab 17. wurde der Kontakt erst am 21. hergestellt. Der Einsatz endete im Zentralen Nordatlantik. Zwei Schiffe und ein Zerstörer waren versenkt worden, ein Schiff beschädigt. U 409 hatte keinen Erfolg.
Rückkehr nach Brest am 6.1.43.
4. 14.2.43: Auslaufen in den Nordatlantik. Am 21. sichtete U 664 den Convoy ONS 167 westsüdwestlich von Irland. U 409 und andere Boote wurden zur Bildung einer »Sturmbock«-Gruppe und zur Operation gegen ihn befohlen. Die Boote standen weit weg und nur U 664 hatten Erfolg, es versenkte zwei Schiffe des Convoys.
Ab 24. bildeten die »Sturmbock«-Boote eine neue Linie, »Wildfang« genannt, östlich von Neufundland, auf dem erwarteten Kurs des Convoys ONS 167. Der Convoy wurde nicht wieder gesehen und die Operation endete wegen schlechter Sichtverhältnisse am 25. U 409 übernahm zwei Offiziere des Tankers EULIMA am 24. Das Schiff war am Morgen des 23. von U 186 versenkt worden.
Ab 4.3.43 trafen die »Wildfang«-Boote südlich von Grönland mit der »Burggraf«-Gruppe zusammen. U 405 der »Neptun«-Gruppe sichtete am 6. den ostwärts fahrenden Convoy SC 121 und 17 Boote, eingeteilt in drei Gruppen und als »Westmark«-Gruppe bezeichnet, wurden auf ihn angesetzt. Am späten Abend des 9. versenkte U 409 zwei Schiffe des Convoys, die amerikanische MALANTIC (3.837 t) und den britischen Tanker ROSEWOOD (5.989 t), und traf möglicherweise ein drittes Schiff südlich von Reykjavik. Die ROSEWOOD brach auseinander und der USCG-Kutter BIBB versenkte das Wrack.
Nach Ende der SC 121-Operation fuhr U 409 zur Kraftstoffversorgung durch U 463 in den Zentralen Nordatlantik.
Es versah dann Wetterbeobachtungsdienste südlich von Grönland. Rückkehr nach Brest am 12.4.43.
5. 18.5.43: Auslaufen Brest und Rückkehr am 21.5.43.
6. 26.5.43: Auslaufen ins Mittelmeer. U 409 durchbrach die Straße von Gibraltar in der Nacht vom 4./5. Juni.
Einlaufen Toulon am 11.6.43.

7. 29.6.43: Auslaufen. Am 12.7.43 wurde U 409 durch Wasserbombenattacken des Zerstörers HMS INCONSTANT (LtCdr W.S. Clouston) nordnordöstlich von Cap Bengut nach einer dreistündigen Jagd versenkt.

Zwölf Männer der Besatzung wurden getötet, 37, einschließlich des Kommandanten, kamen in Gefangenschaft.

U 410 Typ VII C

Bauwerft: Danziger Werft
Kiellegung: 9. Januar 1941
Stapellauf: 14. Oktober 1941
Indienststellung: 23. Februar 1942
Feldpost-Nr.: M 43581
Außerdienststellung in Toulon am 22. März 1944

Kommandos:
5. U-Flottille Kiel von Februar–August 1942 (Schulboot)
7. U-Flottille St. Nazaire von September 1942–Mai 1943 (Frontboot)
29. U-Flottille La Spezia/Toulon von Juni 1943–22. März 1944 (Frontboot)

Kommandanten:
KKpt Kurt Sturm, Februar 1942–Januar 1943
OLtzS Horst-Arno Fenski, Januar 1943–22. März 1944

Feindfahrten: 7
Versenkte Schiffe: 7 (46.754 BRT) und 1 beschädigt
1 Kreuzer (5.270 t)
1 LSr (1.625 t)

1. 27.8.42: Auslaufen Kiel in den Nordatlantik.
U 410 traf auf die »Lohs«-Gruppe am 13.9.42, die 400 Seemeilen nordöstlich von Cape Race gebildet wurde und auf den nach Osten laufenden Convoy SC 100 wartete. SC 100 wurde 150 Seemeilen südöstlich vom Cape am 18. erwartet. Die »Lohs«-Boote wandten sich nach Süden, aber schlechtes Wetter hinderte, dass mehr als drei Boote zum Angriff kamen. Durch schlechtes Wetter und Kurswechsel des Convoys verloren die »Lohs«-Boote den Kontakt zum SC 100, der dann ab 20. von der »Pfeil«-Gruppe angegriffen wurde. Die »Lohs«-Gruppe beendete die Operation am 22.
Am 23. sichtete U 404 den Convoy RB 1, als dieser östlich von Neufundland die »Vorwärts«-Linie passierte.

Der Convoy bestand aus Dampfern des Great Lake Distrikts und fuhr nach England. Die Boote meldeten die Schiffe als Truppentransporter. Die »Vorwärts«-Boote wurden beim Angriff durch U 410 und einige Boote der »Pfeil«-Gruppe verstärkt. U 410 machte zwei erfolglose Angriffe auf den Convoy. Am 29. bildeten U 410, U 216, U 404 und U 584 die »Letzte Ritter«-Gruppe im Zentralen Nordatlantik. Zwei Tage später liefen U 410 und U 216 zur Kraftstoffversorgung, und U 404 und U 584 fuhren nach Hause. U 410 wurde um den 4.10.42 nordwestlich der Azoren von U 118 versorgt.

Dann traf es auf die neue Linie »Wotan«, die zum Empfang eines SC-Convoys am 8. östlich von Neufundland gebildet wurde. In den frühen Stunden des 12. wurde die Gruppe mit hoher Fahrt nach Nordosten befohlen, um den nach Osten laufenden Convoy SC 104 zu empfangen, der das nördliche Ende der »Wotan«-Linie am Nachmittag passiert hatte. Der Convoy kam in der Nacht des 12./13. in Sicht und Angriffe wurden in den frühen Stunden des 13. gemacht. Am 14. waren acht Schiffe versenkt. U 410 glaubte, am Morgen des 15. ein beschädigtes Schiff versenkt zu haben, das in den frühen Stunden des 14. von U 221 beschädigt wurde.

Am Morgen des 16. versenkte U 410 einen Nachzügler vom Convoy ONS 136, die britische NEWTON PINE (4.212 t), südöstlich von Cape Farewell. Die »Wotan«-Boote wurden auf den Convoy ON 137 angesetzt, der am 16. von U 704 gesichtet wurde. Wenige Boote kamen trotz schlechten Wetters heran, die Operation wurde am 19. abgebrochen.

Rückkehr nach St. Nazaire am 28.10.42.

2. 3.12.42: Auslaufen in den Nordatlantik.
U 410 traf auf die »Raufbold«-Gruppe, die sich Mitte Dezember westlich von Irland gebildet hatte. Am 15. sichtete U 609 den nach Westen laufenden Convoy ON 153 und rief andere Boote herbei. Wegen schlechtem Wetter ab 17. wurde der Kontakt am 21. hergestellt, und der Einsatz endete im Zentralen Nordatlantik.
Zwei Schiffe und ein Zerstörer waren versenkt und ein Schiff beschädigt worden. U 410 hatte keinen Erfolg.

Am 25. traf es auf den deutschen Blockadebrecher RHAKOTIS 400 Seemeilen südwestlich der Azoren, um ihn nach Bordeaux zu geleiten. Am 29. traf U 410 auf U 659. Dieses Boot scheint nicht an dem Einsatz, der nun folgte, teilgenommen zu haben. Früh am Neujahrstag 1943 wurde die RHAKOTIS, die von Japan kam, von zwei RAF Whitleys angegriffen. Sie wurde später am selben Tag 200 Seemeilen nordwestlich von Cape Finisterre von zwei RAAF Sunderlands verfolgt. Am späten Abend des 1. kam der Kreuzer HMS SCYLLA heran und versenkte die RHAKOTIS mit Artillerie. Der Kreuzer verließ dann das Gebiet sehr schnell.

Die RHAKOTIS hatte einige Gefangene an Bord, Seeleute von Schiffen, die von Ubooten versenkt worden waren. Alle überlebten den Untergang und es gab 155 Besatzungsangehörige und Gefangene, die sich in allem teilten. 75 waren in zwei Rettungsbooten, die La Coruna, Spanien, am 3. und 4. erreichten. U 410 nahm etwa 80 Mann von zwei anderen Rettungsbooten an Bord, einschließlich Angus MacDonald, ein Überlebender der CITY OF CAIRO, die am 6.11.42 von U 68 versenkt wurde. Es war unmöglich, während der langen Reise mit dem Haufen Passagieren zu tauchen, und U 410 fuhr über Wasser nach St. Nazaire.

Torpedos wurden wegen der Seetüchtigkeit verschossen, was blieb, war eine begrenzte Tauchfähigkeit. Am frühen Morgen des 3. wurde U 410 durch eine Wellington angegriffen und tauchte im Alarm. Von den vier geworfenen Wasserbomben war eine, die nicht explodierte, die anderen schüttelten das Boot, es gab aber keine Schäden.

Aufgetaucht, wurde U 410 später von einer Whitley angegriffen. Das Boot musste wieder alarmtauchen und sank bis auf den Grund, ohne größere Schäden. Notreparaturen waren effektiv, U 410 tauchte auf und lief am 4.1.43 in St. Nazaire ein.

Nach seiner Ankunft standen SA und SS an der Pier und Sturm weigerte sich, ins Dock zu gehen, um zu verhindern, dass die Gefangenen von der SA und SS geschlagen wurden. Nachdem diese Gruppen weg waren, lief er ein. Angus MacDonald beendete seine Dienstzeit in der Handelsmarinesektion der Lager ›Marlag‹ und ›Milag Nord‹ in Wesermünde. Er erhielt das BEM für seine außergewöhnliche Courage und sein ehrenhaftes Verhalten in der Gefangenschaft.

3. 9.2.43: Auslaufen in den Zentralen Atlantik. U 410 war eines von sechs Booten, die sich westlich von Portugal am 11. versammelten. Es herrschte beim deutschen Marinestab die Meinung vor, dass die Alliierten eine Landung in Portugal machen wollten.

Am 12. wurde 200 Seemeilen westlich von Cape Finisterre ein nach Süden laufender Convoy gesichtet, und die wartenden Boote wurden auf ihn angesetzt. Die Luftsicherung verstärkte sich mit dem Erreichen Gibraltars, sie zwang die Boote unter Wasser, Angriffe wurden nicht gemacht.

Ab 16., als die »Invasion« vergessen war, bildeten die Boote die »Robbe«-Gruppe in einer Nord-Südlinie nordöstlich der Azoren. Am 17. drehte die Gruppe nach Westen auf Suchkurs in ein Gebiet nördlich der Azoren. Als man nichts fand, begann ein Rückkurs nach Osten am 20., und ab 21. fuhren die Boote Richtung Gibraltar. Fünf Boote, U 410, U 103, U 107, U 445 und U 511, wurden am 28. am Eingang der Straße stationiert. Am 4.3.43 wurden sie gegen den nach Süden laufenden Convoy KMS 10 angesetzt, aber die Aktivitäten der Alliierten waren derart, dass die Boote am 5. weiter nach Westen befohlen wurden. Am Nachmittag des 6. kam U 410 westsüdwestlich von Cape St. Vincent mit dem Convoy zusammen und versenkte die britische FORT BATTLE RIVER (7.133 t) und beschädigte die britische FORT PASKOYAC (7.134 t). Bei diesem Einsatz wurde U 410 durch Wasserbomben der Korvette HMCS SHEDIAC und einer Catalina leicht beschädigt.

Am 12. wurde der nach Süden laufende Convoy OS 44 von deutschen Flugzeugen nördlich der »Robbe«-Gruppe gesichtet. Nur U 107 war in der Lage, an den Convoy in der Nacht des 12./13. heranzuschließen, und versenkte vier Schiffe. Am 13. wurde der Convoy MKS 9 gemeldet, aber U 410 und U 445 verfehlten ihn. Sie und U 107 fuhren zurück in das Gebiet westlich von Lissabon, aber bald nach Hause am oder um den 20.

Rückkehr nach Lorient am 27.3.43.

4. 26.4.43: Auslaufen ins Mittelmeer. U 410 passierte die Straße von Gibraltar während der Nacht des 5./6. Mai. Einige Zeit später wurde das Boot angegriffen und durch Flugzeuge beschädigt.

Einlaufen La Spezia am 13.5.43.

5. 7.8.43: Auslaufen La Spezia. U 410 patrouillierte vor Algerien und Tunesien. Es suchte Convoys. Am 26. griff es Schiffe des einlaufenden Convoys UGS 14 östlich von Bone an und versenkte die amerikanische JOHN BELL (7.242 t) und die amerikanische RICHARD HENDERSON (7.194 t).

Rückkehr nach Toulon am 30.8.43.

6. 12.9.43: Auslaufen zur Operation, wieder vor der Küste Algeriens und Tunesiens. U 410 setzte die Suche nach Convoys fort. Am 26. versenkte das Boot die norwegische CHRISTIAN MICHELSEN (7.176 t) vom UGS 17 östlich von Bone.

Am Abend des 30. griff U 410 den nach Westen laufenden Convoy MKS 26 vor Cap Bougaroun, Algerien, an. Es versenkte die britische FORT HOWE (7.133 t) und den britischen Tanker EMPIRE COMMERCE (3.722 t).

Rückkehr nach Toulon am 3.10.43.

7. 3.2.44: Auslaufen. Auf dieser Feindfahrt operierte U 410 vor der Küste südlich Rom, wo viele Landungsfahrzeuge der Alliierten nach ihrer Landung bei Anzio am 22.1.44 vorhanden waren.

Es versenkte die britische FORT ST. NICHOLAS (7.154 t) am 15. im Golf von Salerno. U 410 machte am 17. einen erfolglosen Angriff auf einen Zerstörer und früh am 18. versenkte es den Kreuzer HMS PENELOPE im Golf von Gaeta.

Im selben Gebiet verfehlte das Boot am Abend des 19.

einen Zerstörer, aber am 20. versenkte es das LST 348. Rückkehr nach Toulon am 28.2.44.

Am 11.3.44 wurde U 410 bei einem Bombenangriff der USAF auf Toulon mehrfach beschädigt. Bei dem Angriff wurde ein Besatzungsmitglied getötet.
Das Boot wurde am 22.3.44 in Toulon außer Dienst gestellt.

U 411 Typ VII C

Bauwerft: Danziger Werft
Kiellegung: 28. Januar 1941
Stapellauf: 15. November 1941
Indienststellung: 18. März 1942
Feldpost-Nr.: M 44599
Versenkt am 13. November 1942 südsüdwestlich von Cape St. Vincent (36°00'N/09°35'W)

Kommandos:
8. U-Flottille Danzig von März–August 1942 (Schulboot)
6. U-Flottille St. Nazaire von September 1942–13. November 1942 (Frontboot)

Kommandanten:
OLtzS Gerhard Litterscheid, März–Oktober 1942
KptLt Johann Spindlegger, Okt. 1942–13. Nov. 1942

Feindfahrten: 2
Versenkte Schiffe: keines

1. 18.8.42: Auslaufen Kiel in den Atlantik. U 411 traf auf die »Vorwärts«-Gruppe, die sich am 27. westlich von Irland gebildet hatte. Die Gruppe machte eine Drehung nach Südwesten, und am 31. sichtete U 509 am nördlichen Ende der Linie den nach Osten laufenden Convoy SC 97. Als weitere Boote vom Süden hinzu kamen, wurden sie vom Geleitschutz vertrieben.
Am nächsten Morgen, dem 1.9.42, erschien das erste Flugzeug, und von da an wurden die Boote unter Wasser gehalten. Der Einsatz gegen den Convoy wurde wegen der Luftsicherung und des Fehlens des Mondlichtes fraglich. Die Operation wurde am Morgen des 2. abgeblasen. Zwei Tage später verband sich die »Vorwärts«-Gruppe mit der »Stier«-Gruppe und bildete eine lange Linie westlich von Irland, in Erwartung des nach Westen laufenden Convoys ON 127. Der Convoy passierte das süd-

liche Ende der Linie am 9. während des Abends und wurde von U 584 gesichtet. Der Kontakt ging in der Nacht verloren, aber wurde am 10. bei Tage wieder hergestellt. Die Angriffe auf den ON 127 begannen und wurden fortgesetzt. Am 14. wurde die Operation wegen schlechter Sicht und des Schutzes durch Flugzeuge von Neufundland abgebrochen. U 411 machte einen erfolglosen Angriff gegen eine Korvette in der Nacht des 13./14. Insgesamt sieben Schiffe und eine Korvette wurden versenkt und vier Schiffe beschädigt. Es war eine der wenigen Gelegenheiten im Krieg, dass alle Boote mit einem Torpedo dabei waren. Die »Vorwärts«-Boote wurden von U 461 nordwestlich der Azoren zwischen dem 16. und 18. mit Kraftstoff versorgt. U 411 traf nicht auf die Linie, als diese östlich von Neufundland am 20. neu gebildet wurde.
Rückkehr nach St. Nazaire am 30.9.42.
2. 7.11.42: Auslaufen in den Atlantik.
Nach Erhalt der Meldungen, dass die Alliierten am 8. in Nordafrika gelandet waren, wurden einige Boote, einschließlich U 411 und im Atlantik stehende Boote mit genügend Kraftstoff, mit hoher Fahrt in ein Gebiet westlich von Gibraltar befohlen, wo sie als »Westwall«-Gruppe versammelt wurden. Die Boote begannen mit Ost-West-Patrouillen im Gebiet westlich von Gibraltar bis zum Cape St. Vincent im Norden und Casablanca im Süden. Am 13. wurde U 411 mit Wasserbomben durch eine Hudson der 500. Squadron (S/Ldr J.B. Ensor) versenkt.
Es gab keine Überlebenden, 46 Tote.

U 412 Typ VII C

Bauwerft: Danziger Werft
Kiellegung: 7. März 1941
Stapellauf: 15. Dezember 1941
Indienststellung: 29. Januar 1942
Feldpost-Nr.: M 06991
Versenkt am 22. Oktober 1942 nordöstlich von den Färöern (63°55'N/00°24'W)

Kommandos:
8. U-Flottille Danzig von April–Oktober 1942 (Schulboot)
9. U-Flottille Brest von Oktober 1942 (Frontboot)

Kommandant:
KptLt Walther Jahrmärker, April 1942–22. Oktober 1942

Feindfahrten: 1
Versenkte Schiffe: keines

1. 17.10.42: Auslaufen Kiel in den Nordatlantik.
Am 22. wurde das Boot über Wasser fahrend von einer
Leigh Light Wellington der 179. Squadron (F/Sgt A.D.S.
Martin) gesichtet. Das Boot wurde beleuchtet und nord-
östlich vor Fastnet mit vier Wasserbomben zerstört.
Es gab keine Überlebenden, 48 Tote.

U 413 Typ VII C

Bauwerft: Danziger Werft
Kiellegung: 25. April 1941
Stapellauf: 15. Januar 1942
Indienststellung: 3. Juni 1942
Versenkt am 20. August 1944 südsüdöstlich von
Brighton (50°21'N/00°01'W)

Kommandos:
8. U-Flottille Danzig von Juni–Oktober 1942
(Schulbboot)
1. U-Flottille Brest von November 1942–20. August
1944 (Frontboot)

Kommandanten:
KptLt Gustav Poel, Juni 1942–April 1944
OLtzS Dietrich Sachse, April 1944–20. August 1944

Feindfahrten: 8
Versenkte Schiffe: 4 (31.399 BRT)
1 Zerstörer (1.100 t)

1. 22.10.42: Auslaufen Kiel und Einlaufen Marviken am
24.10.42.
2. 28.10.42: Auslaufen Marviken in den Nordatlantik.
U 413 befand sich in See, als die Meldung über die
Landung der Alliierten in Nordafrika am 8. einlief. Alle
Boote mit genügend Kraftstoff wurden mit hoher Fahrt
in Richtung Gibraltar befohlen.
Auf dem Marsch nach dort lief U 413 der Convoy
MKF 1 westlich von Lissabon über den Weg. Das Boot
versenkte die britische WARWICK CASTLE (20.107 t) am
Morgen des 14. Der Truppentransporter war auf der
Rückfahrt nach Großbritannien. 60 Mann der Besatzung
von 295 Mann gingen mit unter und 54 von dem 133
Mann starken Dienstpersonal ebenfalls.
U 413 traf auf die »Westwall«-Gruppe vor Gibraltar. Am

19. verfehlte das Boot den nach Süden laufenden Convoy
KRS 3 und später am Tag wurde es durch eine Hudson
der 608. Squadron (F/O A.F. Wilcox) angegriffen und
schwer beschädigt. Rückkehr in den neuen Stützpunkt
Brest am 25.11.42.
3. 27.12.42: Auslaufen in den Nordatlantik. U 413 traf
auf die »Jaguar«-Gruppe, die in ihrem Operationsgebiet
nordöstlich von Neufundland am 12.1.43 gebildet wurde,
und auf einen HX-Convoy wartete. Der HX 233 passierte vermutlich das westliche Ende der »Jaguar«-Gruppe
am 22. An diesem Tag sichtete U 413 den SC 177 südsüdwestlich von Cape Farewell, und am Abend versenkte es einen Nachzügler, die griechische MOUNT MYCALE
(3.556 t). Schwierigkeiten mit den Funkanlagen behinderten die anderen »Jaguar«-Boote, den Convoy anzugreifen. Die Suche nach ihm war ergebnislos.
Am oder um den 1.2.43 wurde U 413 nordöstlich von
Neufundland mit Kraftstoff versorgt, wahrscheinlich
durch ein anderes U-Boot. Es traf dann auf die
»Pfeil«-Gruppe im Zentralen Nordatlantik. Am 4. wurde
der nach Osten laufende Convoy SC 118 von U 187
gesichtet, als er die »Pfeil«-Linie passierte. Einige
»Haudegen«-Boote wurden an ihn herangeführt und desgleichen einige andere Boote. Am Abend des 5. versenkte U 413 einen Nachzügler, die amerikanische WEST
PORTAL (5.376 t).
Bei der fünftägigen Operation, die am 9. westlich von
Irland beendet wurde, waren 20 Boote im Einsatz gegen
den stark gesicherten Convoy SC 118. Elf Schiffe wurden versenkt, drei Boote gingen verloren.
Rückkehr nach Brest am 17.2.43.
4. 29.3.43: Auslaufen in den Nordatlantik.
U 413 traf auf die »Meise«-Gruppe östlich von Neufundland. Eine Linie wurde dort am 14.4.43 zum Abfangen
des nach Osten laufenden Convoys SC 126 gebildet, aber
der wurde umgeleitet und trotz Suchens nicht gefunden.
Ab 21. wurde eine neue Linie zum Abfangen des
Convoys HX 234 südlich von Grönland gebildet. Der
Convoy wurde an dem Tage von U 306 entdeckt. Nebel
und Schneesturm machten ein Heranschließen an den
Convoy schwierig, und am 25. wurde die Operation
gegen den HX 234 abgebrochen, nachdem alle Boote, die
Kontakt hatten, von den Geleitfahrzeugen und Flugzeugen vertrieben wurden. Nur zwei Schiffe wurden ver-
senkt und eines beschädigt.
Die »Meise«-Gruppe löste sich auf. Am 25. machte
U 413 einen erfolglosen Angriff auf ein Schiff. Von den
beiden Torpedos wurden nur Enddetonationen gehört.
Die Boote trafen auf die neu gebildete »Star«-Gruppe
östlich von Cape Farewell, die auf einen nach Westen
laufenden ONS-Convoy wartete. Am 28. passierte der
ONS 5 die Gruppe am nördlichen Flügel und wieder

machte schlechtes Wetter Schwierigkeiten. Am Morgen des 29. fuhren zwei Boote Angriffe und vernichteten ein Schiff. Am 1.5.43 wurde die Operation gegen den ONS 5 nahe Cape Farewell aufgegeben. Die »Star«-Boote wurden nach Süden auf die Suche nach dem SC 128 geschickt. Den vermutete man auf dem Weg nach Nordosten. Ein Sturm aus südlicher Richtung kam auf, und als der Kontakt mit dem Convoy nicht zustande kam, bildeten die Boote eine neue Linie, »Fink« genannt. Diese wurde aus den Booten der »Star«- und »Specht«-Gruppe am 3. gebildet und bestand aus 29 Booten. Die Linie wurde auf dem vermuteten Kurs des SC 128 gebildet. Der Convoy erschien nicht, aber dafür erschien am 4. der ONS 5. Der hatte wegen eines Sturms diese Verzögerung. Die Konditionen für einen Angriff waren gut, aber am 5. kam Nebel auf und die meisten Boote verloren den Kontakt. Am Morgen des 6. wurde die Operation abgebrochen. Am 5. waren zwölf Schiffe versenkt worden, es gingen aber auch sechs Boote in der zweitägigen Operation verloren.

Bald danach wurde U 413 durch U 461 im Zentralen Nordatlantik mit Kraftstoff versorgt. Es traf am 15. auf die Gruppe »Donau 2« südöstlich von Cape Farewell. Während der Nacht vom 18./19. wurde der nach Osten laufende Convoy SC 130 südöstlich von Grönland von U 304 gesichtet und die »Donau«-Boote wurden zum Heranschließen befohlen. Der Convoy hatte fortgesetzte Luftsicherung, und Flugzeugangriffe aus den niedrigen Wolken heraus machten die Verfolgung meistens unmöglich. Die Operation wurde am 20. abgeblasen, es war kein Schiff versenkt worden. Drei Boote gingen verloren, U 258, U 381 und U 954. Mit letzterem ging der zweite Sohn von Admiral Dönitz unter. Der Convoy erreichte Großbritannien am 25. und war vermutlich der letzte Convoy, der in der Atlantikschlacht hart angegriffen wurde.

Die übrigen »Donau«-Boote fuhren südwestwärts zum Empfang des nach Osten laufenden Convoys HX 239, der am 23. von U 413 und U 664 gemeldet wurde. Der Convoy wurde nicht gefunden und Flugzeuge von Flugzeugträgern hielten die Boote unter Wasser. Die Suche wurde am 23. eingestellt und am nächsten Tag alle Operationen gegen Nordatlantik-Convoys aufgegeben. Die »Donau«-Gruppe wurde aufgelöst, Boote mit genügend Kraftstoff fuhren nach Süden, um nach US-Gibraltar-Convoys zu suchen. Boote mit wenig Kraftstoff, einschließlich U 413, liefen in den Nordatlantik auf eine Linie zwischen dem 25° und 45° W, um die alliierten Funksignale zu erreichen, die den Eindruck einer größeren Uboot-Streitmacht vortäuschen sollten.
Rückkehr nach Brest am 13.6.43

5. 4.9.43: Auslaufen in den Atlantik. U 413 hatte einige technische Ausfälle und kehrte am 18.9.43 nach Brest zurück.

6. 27.9.43: Auslaufen Brest und Rückkehr am 28.9.43.

7. 2.10.43: Auslaufen in den Nordatlantik. U 413 traf auf die »Schlieffen«-Gruppe südwestlich von Island. Am 15. wurde ein nach Westen laufender Convoy, von dem man dachte, es sei der ONS 20, aber tatsächlich war es der ON 206, von U 844 gesichtet. Es wurde angewiesen, den Kontakt zu halten und die »Schlieffen«-Gruppe herbei zu rufen. U 844 wurde durch Geleitfahrzeuge lokalisiert und vertrieben, es ging am nächsten Tag verloren. Es wurde dann schwierig, den Convoy zu finden, da aus Island kommende Flugzeuge auf die weit verteilten »Schlieffen«-Boote achteten und sie zum Tauchen brachten. Früh am 16. meldete U 964 den ONS 20.

Dönitz entschied gegen den Einspruch einiger Stabsoffiziere, dass die Boote aufgetaucht operieren und sich, wenn erforderlich, ihren Weg zum Convoy freischießen sollten.

Sehr schnell wurden Meldungen bekannt, dass Gefechte durchgeführt wurden. U 964 ging verloren und viele andere Boote wurden mehrfach beschädigt, aber der Befehl blieb bestehen. Spät am 16. wurde der ONS 20 kurz gesehen, dann ging er wieder verloren. Die »Schlieffen«-Gruppe verlegte weiter nach Osten und der ONS 20 wurde am 17. früh wieder gesichtet. Ein Angriff wurde befohlen, aber wieder ging der Kontakt verloren. Er konnte nicht wieder hergestellt werden. Der Convoy verlor nur ein Schiff, einen Nachzügler, der am 15. durch U 426 versenkt wurde. Als die »Schlieffen«-Boote ihre Suche während des Tages fortsetzten, kamen manche Boote unter Flugzeugangriffe. Die Operation wurde am 18. abgeblasen.

U 413 traf auf die »Siegfried«-Gruppe, die am 24. 500 Seemeilen östlich von Neufundland gebildet wurde, zum Empfang der Convoys HX 262 und SC 145. Die Boote sollten tagsüber unter Wasser bleiben. Am 25. wurde vermutet, dass der HX 262 die Linie im Süden passieren würde, und obwohl die Gruppe nach Süden verlegte, kam es zu keinem Kontakt.

Um ein noch größeres Gebiet zu kontrollieren, wurde die »Siegfried«-Gruppe in drei kleinere Gruppen geteilt, »Siegfried 1«, »-2« und »-3«. U 413 gehörte zur Gruppe »Siegfried 2«. Die Gruppen fuhren südwärts, sie suchten nach dem SC 145. Aber der hatte bereits am 29. die Linie passiert. Zwei Tage später wurden die Boote wieder umgebildet, diesmal in zwei Gruppen, »Jahn« und »Körner«. U 413 war in der »Körner«-Gruppe.

Am 3.11.43 wurden die Boote in fünf kleine Gruppen eingeteilt, »Tirpitz 1«, »-2«, »-3«, »-4« und »-5«. Man suchte nach dem Convoy HX 264. Er passierte die Linie spät am 6., doch am nächsten Tag wurde die Operation

beendet; es erwies sich als unmöglich, während des Tages wegen der Trägerflugzeuge aufgetaucht zu bleiben. U 413 wurde kurz der neu formierten »Eisenhart«-Gruppe bis zum 12. zugeteilt.
Rückkehr nach Brest am 21.11.43.

Für diese Feindfahrt waren U 413 und U 631 mit einem Grenzwellenempfänger, der ein 100- bis 200-Meterband überdeckte und mit Presskohle arbeitete, ausgerüstet worden. Die Boote wurden an jedes Ende der Linie positioniert. Ihre Aufgabe war, Wechsel des Kurses eines Convoys zu melden. Bei der Suche nach ONS 20 am 17.10.43 wurden nur zwei Meldungen über die Bewegung des Convoys mit richtigenn Angaben abgegeben, beide von U 413. Beide Meldungen wurden ignoriert, die Horchanlage von U 91 und deren Daten wurden für richtiger gefunden. Als Ergebnis ging der Kontakt mit dem Convoy verloren und wurde nicht wieder hergestellt.

8. 26.1.44: Auslaufen in den Nordatlantik.
U 413 operierte anfänglich südwestlich von Irland. Am Morgen des 11.2.44 traf es auf den Convoy KMS 41/OS 67 und machte mehrere erfolglose Angriffe auf Zerstörer des Geleitschutzes, hörte aber lediglich die Detonationen der Endläufer. Es entkam der Jagd, die sich mit der Verwendung von »Aphrodite-Ballons« und Anti-Radar-Folien anschloss.
U 413 patrouillierte vor der Nordküste Cornwalls, als es am 20. gesichtet und von einem Fischereifahrzeug gemeldet wurde. Zerstörer kamen herbei und begannen das Boot zu jagen. U 413 war in der Lage, den Zerstörer HMS WARWICK westsüdwestlich von Trevorse Head zu versenken und dann zu entkommen.
Im März operierte es südlich und südwestlich von Irland. Am Abend des 21. schoss es an einem Zerstörer vorbei und griff vergeblich ein Schiff südwestlich von Irland an.
Rückkehr nach Brest am 27.3.44.
9. 6.6.44: Auslaufen Brest mit der »Landwirt«-Gruppe. U 413 war eines von sieben Booten, die noch ohne Schnorchel waren, und die in ein Gebiet zwischen The Lizzard und Hartland Point zur Operation gegen die alliierten Versorgungsschiffe im englischen Kanal eingesetzt wurden.
Für das frühe Erreichen des Einsatzgebietes fuhren die Boote am späten Abend hinaus und wurden angewiesen, über Wasser zu bleiben und mit hoher Fahrt zu laufen. Sie kamen alle unter Flugzeugangriffe, meistens kurz nach Verlassen der Geleitfahrzeuge von Brest.
Nachdem vier Boote Schäden meldeten und eine Rückfahrt vorgeschlagen wurde, wurde entschieden, dass am 7. die verbliebenen fünf Boote mit U 413 ihr Einsatz-

gebiet bei Tageslicht und unter Wasser anlaufen sollten. In den frühen Stunden des 8. kämpfte U 413 mit einer Halifax der 502. Squadron (F/O J. Spurgeon). Nach einem Feuerwechsel kehrte das Flugzeug mit einem zerstörten Backbordmotor in seinen Stützpunkt zurück. U 413 fuhr ebenfalls zurück. Einlaufen Brest am 9.6.44.
10. 2.8.44: Auslaufen in den englischen Kanal. Nun mit einem Schnorchel ausgerüstet, fuhr U 413 nach dem alliierten Invasionsgebiet am östlichen Ende des Kanals. Am Abend des 19. kam es mit dem Convoy ETC 72 südöstlich von der Isle of Wight in Berührung. Es versenkte die britische SAINT ENOGAT (2.360 t). Das Boot wurde kurz darauf gesehen, aber es konnte entkommen. Es wurde vom Zerstörer HMS FORESTER (Cdr G.W. Gregorie) verfolgt, der am folgenden Morgen vom Zerstörer HMS VIDETTE (Cdr G.S. Woolley) unterstützt wurde. Hinzu kam der Escortzerstörer HMS WENSLEYDALE (LtCdr W.P. Goodfellow). Zwischen diesen wurde es am 20. südsüdöstlich von Brighton lokalisiert, angegriffen und zerstört.
Der Kommandant und 45 Mann der Besatzung gingen mit unter. Der einzige Überlebende war der Leitende Ingenieur, der nach vorne gegangen war, um Schäden zu begutachten. Er konnte durch das vordere Torpedoluk aus einer Tiefe von 90 Fuß entkommen.

U 414 Typ VII C

Bauwerft: Danziger Werft
Kiellegung: 14. Juni 1941
Stapellauf: 25. März 1942
Indienststellung: 1. Juli 1942
Feldpost-Nr.: M 15421
Versenkt am 25. Mai 1943 westlich von Tenes (36°31'N/00°40'E)

Kommandos:
8. U-Flottille Danzig von Juli–Dezember 1942 (Schulboot)
6. U-Flottille St. Nazaire von Januar–April 1943 (Frontboot)
29. U-Flottille La Spezia von April 1943–25. Mai 1943 (Frontboot)

Kommandant:
OLtzS Walther Huth, Juli 1942–25. Mai 1943

Feindfahrten: 3
Versenkte Schiffe: 1 (5.979 BRT) und 1 beschädigt

1. 7.1.43: Auslaufen Kiel in den Nordatlantik. U 414 traf auf die »Falke«-Gruppe, die in einer Nord-Südlinie 500 Seemeilen westlich von Irland stand. Als kein Convoy am 19. gefunden wurde, wurden einige Boote der »Falke«-Gruppe, einschließlich U 414, und Boote der »Habicht«-Gruppe, die über genügend Kraftstoff verfügten, zur Bildung einer neuen Gruppe, »Haudegen«, zu einer Linie, 300 Seemeilen lang südostwärts von Cape Farewell herangezogen. Am 22. sichtete ein rücklaufendes Boot eine britische Jagd-Gruppe, und diese wurde als Geleitschutz eines HX-Convoys angesehen.
Schlechtes Wetter behinderte die Boote, ihre geplante Position zu erreichen, und als eine Suche im Osten keinen Erfolg brachte, begann die Gruppe sich nach Südwesten in Richtung Neufundland zu bewegen. Einige »Haudegen«-Boote wurden zum Angriff auf die Convoys SC 118 und SG 19 detachiert. U 414 stand bei der Hauptgruppe östlich von Neufundland. Am 6. Februar bildeten diese Boote zwei Linien, die in einem Winkel östlich von Neufundland positioniert wurden. Sie warteten dort bis zum 15. auf die Convoys HX 225 und SC 119, aber keiner kam.
U 414 verließ die Gruppe am 5. und kehrte nach seinem neuen Stützpunkt St. Nazaire am 19.2.43 zurück.
2. 1.4.43: Auslaufen ins Mittelmeer. U 414 passierte die Straße von Gibraltar während der Nacht vom 8./9. April. Einlaufen in La Spezia am 14.4.43.
3. 13.5.43: Auslaufen vor die algerische Küste. Am 18. griff U 414 den kombinierten Convoy UGS 8/KMS 14 an, versenkte die britische Empire Eve (5.979 t) und beschädigte die britische FORT ANNE (7.134 t). Beide Schiffe gehörten zum Convoy KMS 14, und der Angriff erfolgte westsüdwestlich von Ténès.
U 414 wurde im selben Gebiet am 25. geortet und mit Wasserbomben durch die Korvette HMS VETCH (LtK M.B. Menzies) versenkt.
Es gab keine Überlebenden, 47 Tote.

U 415 Typ VII C

Bauwerft: Danziger Werft
Kiellegung: 12. Juli 1941
Stapellauf: 9. Mai 1942
Indienststellung: 5. August 1942
Feldpost-Nr.: M 50314
Versenkt am 14. Juli 1944 vor Brest (48°22'N/04°29'W)

Kommandos:
8. U-Flottille Danzig von August 1942–Februar 1943 (Schulboot)
1. U-Flottille Brest von März 1943–14. Juli 1944 (Frontboot)

Kommandanten:
KptLt Kurt Neide, August 1942–März 1944
OLtzS Herbet Werner, April 1944–14. Juli 1944

Feindfahrten: 7
Versenkte Schiffe: 2 (10.403 BRT)
1 Zerstörer (1.340 t)

1. 27.2.43: Auslaufen Kiel und Einlaufen Bergen am 4.3.43.
2. 7.3.43: Auslaufen Bergen in den Nordatlantik. U 415 traf südlich von Irland auf die »Seeteufel«-Gruppe zur Operation gegen einen Convoy auf dem Kurs von Irland zum Treffen mit dem nach Westen laufenden Convoy ONS 1. Die Linie wurde gebildet und der Convoy am 22. erwartet, aber als er nicht kam, fuhr die Linie westwärts in den Kurs des Hauptconvoys ONS 1.
Am 24. sichtete U 306 einige Geleitfahrzeuge des ONS 1 nördlich der »Seeteufel«-Linie, aber die Boote konnten keinen Kontakt herstellen. Am 26. lief die »Seeteufel«-Linie nach Südosten von Cape Farewell und traf die südliche »Seewolf«-Gruppe, um eine Linie 800 Seemeilen südlich des Capes zu bilden. Am Nachmittag des 26. kamen Masten und ein Flugzeugträger im Zentrum der »Seeteufel«-Linie in Sicht. Dies wurde als eine starke Luftsicherung durch Geleitfahrzeuge eines ON-Convoys angesehen, die die Boote hinderte, anzugreifen.
Am 27. sichtete U 305 am nördlichen Ende der »Seewolf«-Linie den nach Osten laufenden Convoy HX 230. Die »Seewolf«- und »Seeteufel«-Boote, einschließlich U 415, wurden auf ihn angesetzt. Ein aufkommender Sturm entwickelte sich zum Hurrikan, und am 28. kamen nur fünf Boote zu einem kurzen Kontakt mit dem Convoy. Torpedoangriffe waren wegen der schweren See unmöglich. Der Angriff setzte sich über drei Tage fort,

das Wetter blieb schlecht, und es gab die Hoffnung auf Nachzügler. Nur ein Schiff wurde während der Operation versenkt, die am 30. abgebrochen wurde.

Um Mitte April wurde U 415 nördlich der Azoren von U 462 mit Kraftstoff versorgt und fuhr dann nach Westen zum Treffen mit der »Meise«-Gruppe nordöstlich von Neufundland. Am 20. wurde erkannt, dass der nach Osten laufende Convoy HX 234 die Linie im Westen passieren würde. Die »Meise«-Boote liefen mit hoher Fahrt nordwärts und der Convoy wurde früh am 21. von U 306 gesichtet. Als die Boote an HX 234 heranschlossen, sichtete U 706 den nach Westen laufenden Convoy ONS 3.

Das Boot, U 191, U 209, U 438 und U 613 verließen die Gruppe und gingen an den ONS 3 heran. Am Morgen des 21. versenkte U 415 zwei Schiffe des Convoys, die britische Ashantian (4.917 t) und die britische Wanstead (5.486 t), beide südlich von Grönland. Der andere Erfolg gegen den ONS 3 war ein Schiff, das von U 191 versenkt wurde. Am Abend kam Nebel und ein Schneesturm auf, der Kontakt ging verloren. Als dieser nicht wieder hergestellt werden konnte, wurde die Operation am 23. abgebrochen.

Am 25. wurde U 415 im Zentralen Nordatlantik durch U 487 mit Kraftstoff versorgt. Das rücklaufende Boot wurde kurz nach Mitternacht am 1.5.43 durch eine Leigh Light Wellington der 172. Squadron (F/Sgt P.W. Phillips) angegriffen. Das Flugzeug warf sechs Wasserbomben, beschädigte das Boot und wurde selbst von der Flak des Bootes getroffen. Die Wellington konnte ihren Stützpunkt sicher anfliegen.

Am Morgen des 2. wurde U 415 durch eine Sunderland der 461. Squadron (F/Lt E.C. Smith) angegriffen und beschädigt und am Nachmittag erfolgte ein weiterer Angriff durch eine Whitley der 612. Squadron (F/Sgt N. Earnshaw). U 415 blieb während des Angriffes über Wasser. Nach dem ersten Angriff tauchte das Boot, dann kam das Flugzeug wieder heran, warf zwei Wasserbomben und beschädigte das Boot erneut.

Es entkam und kehrte in den neuen Stützpunkt Brest am 5.5.43 zurück.

3. 12.6.43: Auslaufen in den Zentralen Atlantik.

U 415 war eines von fünf Booten, das mit U 159, U 185, U 564 und U 634 zusammen die Biskaya durchfuhren. Am 13. wurde U 564 angegriffen und durch eine Sunderland, die abgeschossen wurde, beschädigt. U 564 begann nach Brest zurückzulaufen, geleitet von U 185. Wieder erfolgte ein Flugzeugangriff, U 564 wurde versenkt, U 185 übernahm die Überlebenden.

U 415 setzte seine Fahrt über den Atlantik fort und Ende Juni wurde es westlich von den Azoren vom rücklaufenden Boot U 535 mit Kraftstoff versorgt. Ursprünglich nördlich von Guinea im Einsatz, hatte U 415 keinen Erfolg. Es war eines von sechs Booten, die zwischen Trinidad und der Mündung des Amazonas operierten. Mitte Juli wurde U 415 60 Seemeilen vor der Mündung des Orinoco erkannt. Eine intensive Suche durch Flugzeuge von Trinidad begann und ein Mariner-Flugzeug machte am 24. einige Angriffe. Nach dem Verbrauch seiner letzten Bomben flog der Pilot davon. Später operierte U 415 vor Trinidad.

Zwischen dem 23. und 27. August wurde das rücklaufende U 415 800 Seemeilen südwestlich von den Azorenn durch U 847 mit Kraftstoff versorgt. U 847 war eigentlich auf dem Kurs in den Indischen Ozean und wurde zum Einsatz als U-Tanker abgeteilt, nachdem mehrere U-Tanker versenkt worden waren.

Rückkehr nach Brest am 8.9.43.

4. 27.10.43: Auslaufen. U 415 kehrte am 2.11.43 nach Brest zurück, Gründe dafür sind nicht bekannt.

5. 21.11.43: Auslaufen. Eine Operation durch Boote, die getaucht auf Warteposition westlich der Britischen Inseln lagen. Anfang Dezember versammelten sich die Boote westlich des Nordkanals und bildeten die »Coronel«-Gruppe, die ohne Erfolg nach dem nach Westen laufendenn Convoy ONS 24 suchte.

Die Luftaufklärung verfehlte ihn, und er passierte den Norden der »Coronel«-Gruppe.

Mitte Dezember wurde die Gruppe vergrößert und in zwei Untergruppen, »Coronel 1« und »-3« aufgeteilt. U 415 war in der Gruppe »Coronel 3«. Man wartete auf den Convoy ON 214, aber wieder verfehlten ihn die Aufklärer der Luftwaffe, und es passierte die Linie im Süden. Am 20. traf die Gruppe »Coronel 3« mit einigen neu angekommenen Booten zusammen und bildete 400 Seemeilen westlich von Cape Ortegal die »Borkum«-Gruppe zur Operation gegen den Convoy MKS 33/SL 142.

Deutsche Flugzeuge meldeten den Einsatz des Escortträgers USS Card, und am 22. und 23. wurden die »Borkum«-Boote auf ihn angesetzt, um den deutschen Blockadebrecher Osorno, der von Flugzeugen der Card gesehen wurde, am 23. zu sichern. Während der Nacht des 23./24. sichtete U 305 den Träger, wurde aber vertrieben.

In den frühen Stunden des 24. schoss U 415 einen Dreierfächer, aber die Torpedos liefen vorbei, auch an dem Zerstörer USS Decatur. Am Abend des 24. griff es den Geleitschutz des OS 62 an und versenkte den Zerstörer HMS Hurricane nordöstlich der Azoren.

Das rücklaufende U 415 wurde früh am 5.1.44 südwestlich von Lorient von einer Halifax der 58. Squadron (F/Lt L.J.M. Christi) angegriffen und beschädigt.

Rückkehr nach Brest am 6.1.44.

6. 2.3.44: Auslaufen in den Nordatlantik. U 451 traf am

3. auf die »Preussen«-Gruppe. Deren Boote operierten einzeln über ein großes Gebiet westlich von Irland. Am 17. wurde U 415 angegriffen und durch Geleitfahrzeuge des Convoys CU 17, 500 Seemeilen westlich von Fastnet, beschädigt.
Rückkehr nach Brest am 31.3.44.
7. 6.6.44: Auslaufen Brest mit der »Landwirt«-Gruppe. U 415 und sieben andere nicht mit einem Schnorchel ausgerüstete Boote sollten zwischen The Lizard und Hartland Point gegen die alliierte Versorgungsschifffahrt operieren, die die Landung an der französischen Küste unterstützten. Zu einer frühen Ankunft wurden sie am späten Abend mit hoher Fahrt und über Wasser fahrend hinaus befohlen. Sie kamen alle unter heftige Luftangriffe, nachdem sie ihren Stützpunkt Brest verlassen hatten.
In den frühen Stunden des 7. fuhren U 415 und U 256 zusammen an der Wasseroberfläche und wurden von zwei Liberators der 53. Squadron (F/O E. Allen und R.H. Buchan-Hepburn) angegriffen. Beide Boote eröffneten das Feuer. Eine Wellington der 159. Squadron (P/O W.J. Hill) kam hinzu und griff ebenfalls an.
U 256 wurde ernsthaft beschädigt, schoss eine Liberator ab und tauchte. U 415 wurde bei zwei Wasserbombenangriffen durch die Wellington schwer getroffen. Bevor es tauchen konnte, schoss das Boot die zweite Liberator ab, die flammend ins Wasser tauchte.
U 415 und U 256 trafen später wieder zusammen und kehrten am 8.6.44 nach Brest zurück.
8. 11.7.44: Auslaufen Brest und Rückkehr am 13.7.44.

Am 14. lief U 415 auf eine Mine und sank im Hafen von Brest, westlich des Torpedonetzes. Zwei Männer der Besatzung verloren dabei ihr Leben, acht wurden verwundet.

U 416 Typ VII C

Bauwerft: Danziger Werft
Kiellegung: 11. August 1941
Stapellauf: 9. Mai 1942
Indienststellung: 4. November 1942
Feldpost-Nr.: M 49853
Verloren am 12. Dezember 1944 westlich von Brüsterort

Kommandos:
8. U-Flottille Danzig von November 1942–März 1943 (Schulboot)

23. U-Flottille Danzig von Oktober 1943–Juli 1944 (Schulboot)
21. U-Flottille Pillau von Juli 1944–12. Dezember 1944 (Schulboot)

Kommandanten:
OLtzS Christian Reich, November 1942–April 1943
OLtzS Rudolf Zorn, Oktober–November 1943
KptLt Heinz Zwang, November 1943–Mai 1944
OLtzS Eberhard Rieger, Juli 1944–12. Dezember 1944

Feindfahrten: keine
Versenkte Schiffe: keines

Am 30.3.43 wurde U 416 durch einen Minentreffer vor Bornholm beschädigt, vermutlich gelegt vom sowjetischen Uboot L 3 im Jahre 1942. Es wurde nach Stettin geschleppt und am 8.4.43 außer Dienst gestellt. Verluste sind nicht bekannt.
Das Boot stellte am 4.10.43 als Schulboot wieder in Dienst. Es gehörte bis Juli 1944 zur 23. U-Flottille und wechselte dann zur 21. U-Flottille.
Am 12.12.44 ging das Boot infolge einer Kollision mit dem Minensucher M 203 westlich Brüsterort verloren, vor der Küste von Pillau. 36 Mann der Besatzung gingen mit unter.

U 417 Typ VII C

Bauwerft: Danziger Werft
Kiellegung: 16. September 1941
Stapellauf: 6. Juni 1942
Indienststellung: 26. September 1942
Feldpost-Nr.: M 49394
Versenkt am 11. Juni 1943 nordwestlich von den Färöern (63°20'N/10°30'W)

Kommandos:
8. U-Flottille Danzig von September 1942–Mai 1943 (Schulboot)
6. U-Flottille St. Nazaire von Juni 1943 (Frontboot)

Kommandant:
OLtzS Wolfgang Schreiner, Sept. 1942–11. Juni 1943

Feindfahrten: 1
Versenkte Schiffe: keines

1. 3.6.43: Auslaufen Kiel in den Nordatlantik. Am 11. wurde U 417 über Wasser fahrend von einer Fortress der 206. Squadron (W/Cdr R.B. Thompson) gesichtet. Als das Flugzeug ankam, wurde es von der Flak des Bootes mehrfach beschädigt. Vier Wasserbomben wurden geworfen, das Boot verschwand unter der Wasseroberfläche, und es ließ einige Männer an der Oberfläche zurück. U 417 wurde zerstört.

Thompson musste sein Flugzeug im Wasser landen, seine Besatzung nahm das Dingi.

Eine Catalina krachte während der Rettungsmaßnahmen ins Wasser. Das Schicksal seiner Besatzung ist ungewiß. Thompson und seine Besatzung wurden drei Tage später durch eine Catalina der 190. Squadron (S/Ldr J.A. Holmes) aufgenommen.

Es gab vom U 417 keine Überlebenden.

U 418 Typ VII C

Bauwerft: Danziger Werft
Kiellegung: 21. Oktober 1941
Stapellauf: 11. Juli 1942
Indienststellung: 21. Oktober 1942
Feldpost-Nr.: M 50558
Versenkt am 1. Juni 1943 westsüdwestlich von Brest
(47°05'N/09°55'W)

Kommandos:
8. U-Flottille Danzig von Oktober 1942–April 1943
(Schulboot)
1. U-Flottille Brest von Mai 1943–1. Juni 1943
(Frontboot)

Kommandant:
OLtzS Gerhard Lange, Oktober 1942–1. Juni 1943

Feindfahrt: 1
Versenkte Schiffe: keines

1. 24.4.43: Auslaufen Kiel in den Nordatlantik. Am 6.5.43 sichtete U 418 den nach Westen laufenden Convoy ONS 6 vor Island. Anstrengungen, andere Boote heran zu dirigieren, scheiterten an der aktiven Luftsicherung der Alliierten. Am 11. traf U 418 auf U 304, U 645 und U 952 zur Bildung der »Isar«-Gruppe südlich von Cape Farewell.

Am 12. sichtete U 640 den nach Westen laufenden Convoy ONS 7. Die Gruppen »Isar«, »Lech« und »Inn« fuh-

ren nach Nordosten, um ihn abzufangen, aber sie verloren am 13. den Kontakt. Als der Convoy nicht gefunden wurde, trafen die drei kleinen Gruppen »Donau 1« und »-2« ab 15. südöstlich von Grönland. U 418 war in der Gruppe »Donau 1«.

Der ONS 7 passierte die Linie im Norden, und am 16. Ende des Tages war er weit im Südwesten der Gruppe »Donau 2«. Die Boote drehten nach Süden zum Abfangen des nach Osten laufenden Convoys SC 130. Der Convoy wurde während der Nacht vom 18./19. von U 304 entdeckt, doch nur zwei Boote kamen an ihn heran, bevor der Kontakt am 19. verloren ging. Fortgesetzte Luftsicherung frustrierte jedes Angreifen durch die Boote und nachdem zwei von ihnen von den Geleitfahrzeugen versenkt und ein weiteres Flugzeug zum Opfer gefallen war, wurde die Operation am 20. beendet.

Am 18. wurde der HX 239 200 Seemeilen südöstlich vom Cape Race festgestellt. Die übrigen »Donau«-Boote wurden nach Südwesten geschickt, um auf den Convoy zu treffen. Der Geleitschutz des HX 239 wurde vom Escortträger HMS ARCHER begleitet, und die Stärke des Geleitschutzes führte zur Einstellung der Operation gegen ihn am 23., noch bevor ein Angriff auf die Schiffe erfolgte.

Am 24. befahl Dönitz kurzfristig alle Operationen gegen Convoys im Nordatlantik einzustellen. U 418 und andere ex »Donau«-Boote mit begrenztem Kraftstoffbestand waren über ein weites Gebiet verstreut. Ihre fortgesetzten Funksignale vermittelten den Eindruck, dass eine große Anzahl von Ubooten noch immer auf dem Kurs der Convoyrouten vorhanden war.

U 418 wurde am 1.6.43 westsüdwestlich von Brest durch einen Raketenangriff durch eine Beaufighter der 236. Squadron (F/O M.C. Bateman) versenkt.

Es gab keine Überlebenden, 48 Tote.

U 419 Typ VII C

Bauwerft: Danziger Werft
Kiellegung: 7. November 1941
Stapellauf: 22. August 1942
Indienststellung: 18. November 1942
Feldpost-Nr.: M 51062
Versenkt am 8. Oktober 1943 südsüdwestlich von Island
(56°31'N/27°05'W)

Kommandos:
8. U-Flottille Danzig von November 1942–Juli 1943
(Schulboot)
11. U-Flottille Bergen von August 1943–6. Oktober 1943
(Frontboot)

Kommandant:
OLtzS Dietrich Giersberg, Nov. 1942–8. Okt. 1943

Feindfahrt: 1
Versenkte Schiffe: keines

1. 31.8.43: Auslaufen Kiel, Einlaufen Bergen am 3.9.43.
2. 13.9.43: Auslaufen in den Nordatlantik. U 419 traf auf
die »Rossbach«-Gruppe, die am 27. südöstlich vom Cape
Farewell zur Operation gegen den ON 203 gebildet worden war. Die Linie bewegte sich 100 Seemeilen nach
Nordwesten und warteten bis zum 30., aber sah kein
Zeichen vom ON 203 oder ONS 19. Beide passierten im
Norden.
Die Gruppe fuhr nach Nordosten am 1.10.43 auf eine
Position südwestlich von Island zum Empfang des
ON 204. Dieser Convoy umging die Boote. Als man fest-
stellte, dass ein Angriff zwecklos war, fuhren die »Ross-
bach«-Boote südwestwärts am 5., um eine neue Linie
gegen nach Osten laufende Convoys zu bilden. Am 7.
wurde der SC 143 in dem Gebiet festgestellt, und obwohl
Aufklärungsflugzeuge den Convoy sichteten, wurden
ihre Funksignale von den Booten nicht empfangen und
der SC 143 wurde nicht gefunden.
U 419 wurde am 8. nahe am Convoy, südsüdwestlich von
Island, von einer Liberator der 86. Squadron (F/Lt J.
Wright) gesehen und mit Wasserbomben versenkt. 15
Überlebende wurden an Wrackteilen gesehen, aber 20
Minuten später konnte nur ein Mann, der Kommandant
mit einem gebrochenen Bein, aus dem Wasser gefischt
werden. Von der Besatzung des Bootes waren 48 Mann
tot.

U 420 Typ VII C

Bauwerft: Danziger Werft
Kiellegung: 3. Dezember 1941
Stapellauf: 12. August 1942
Indienststellung: 16. Dezember 1942
Feldpost-Nr.: M 49312
Versenkt am 26. Oktober 1943 ostnordöstlich von St.
John's (50°49'N/41°01'W)

Kommandos:
8. U-Flottille Danzig von Dezember 1942–Juni 1943
(Schulboot)
11. U-Flottille Bergen von Juni 1943–26. Oktober 1943
(Frontboot)

Kommandanten:
OLtzS Hans-Jürgen Reese, Dez. 1942–26. Okt. 1943

Feindfahrten: 2
Versenkte Schiffe: keines

1. 12.6.43: Auslaufen Kiel in den Nordatlantik. U 420
fuhr mit U 194 und U 200. Nachdem U 200 verlassen
wurde, liefen U 420 und U 194 in Kristiansand ein, das
sie am 14. wieder verließen. Nach den schweren Ver-
lusten im Mai 1943 und dem zeitweisen Abzug der Boote
vom Nordatlantik, wurde entschieden, ein Funksignal-
system zu versuchen, um den Alliierten zu vermitteln,
dass die Boote auf den Convoyrouten operierten, mehr
als gewöhnlich.
Während des Juni 1943 waren U 420 und andere Boote
mit der Durchführung dieser Weisung beschäftigt.
Wenn ein Boot verloren ging, wurde es schnell ersetzt,
um die Zahl von sechs Booten zu erhalten. U 420 ersetz-
te U 334, das am 14. versenkt worden war. Dieses
Schema wurde Anfang Juli aufgegeben.
Am 3.7.43 wurde U 420 angegriffen und durch eine
Liberator der 10. (RCAF) Squadron (P/O R.R. Steven-
son) von Gander schwer beschädigt. Zwei Männer der
Bootsbesatzung wurden getötet und einer verwundet.
Rückkehr nach Lorient am 16.7.43.
2. 7.10.43: Auslaufen Lorient und Einlaufen Brest am
8.10.43.
3. 9.10.43: Auslaufen in den Nordatlantik.
U 420 traf auf die »Siegfried«-Gruppe, die am 24. 500
Seemeilen östlich von Neufundland zum Empfang der
Convoys HX 262 und SC 145 während des Tageslichtes
im getauchten Zustand gebildet wurde. Am 25. glaubte
man, dass der HX 262 den Süden der Linie passieren
würde, und obwohl die Gruppe nach Süden fuhr, kam es
zu keinem Kontakt.
Am 26. wurde U 420 über Wasser fahrend ostnordöstlich
von St. John's von einer Liberator der 10. (RCAF)
Squadron (L/Lt R.M. Aldwinkle) gesehen und angegriffen, aber fünf der sechs geworfenen Wasserbomben
explodierten wegen Versagens der Zünder nicht. U 420
hatte eine gute Flak und blieb aufgetaucht. Die Liberator
kreiste eine Stunde und hatte dann nur noch wenig
Treibstoff. Sicher, dass das Boot mithörte, funkte
Aldwinkle, dass er zurückkäme. Auf einen Abstand von
fünf Seemeilen meldete der Bordschütze, dass das Boot

immer noch nicht tauchte. Aldwinkle flog zurück, warf seine letzten beiden Wasserbomben und einen Geräuschtorpedo. Eine große Explosion markierte das Ende von U 420.

Es gab keine Überlebenden, 50 Tote.

U 421 Typ VII C

Bauwerft: Danziger Werft
Kiellegung: 20. Januar 1942
Stapellauf: 24. August 1942
Indienststellung: 13. Januar 1943
Feldpost-Nr.: M 49743
Außerdienststellung am 27. Juni 1944 in Toulon

Kommandos:
8. U-Flottille Danzig von Januar–Oktober 1943 (Schulboot)
9. U-Flottille Brest von November 1943–März 1944 (Frontboot)
29. U-Flottille Toulon von April 1944–Juni 1944 (Frontboot)

Kommandant:
OLtzS Hans Kolbus, Januar 1943–27. Juni 1944

Feindfahrten: 2
Versenkte Schiffe: keines

Während der Ausbildung in der Ostsee wurde U 421 am 5.5.43 bei einem Minentreffer mehrfach beschädigt.

1. 6.11.43: Auslaufen Kiel in den Atlantik.
U 421 war eines von den Booten, die im getauchten Zustand westlich der Britischen Inseln auf Position lagen. Anfang Dezember versammelten sie sich westlich vom Nordkanal als »Coronel«-Gruppe, die nach dem nach Westen laufenden Convoy ONS 24 suchte. Das war aber erfolglos, da die Luftaufklärung ihn nicht fand. Der Convoy passierte den Norden der Gruppe.
Mitte Dezember wurde die »Coronel«-Gruppe vergrößert und in zwei Untergruppen geteilt, »Coronel 1« und »-3«. Man wartete auf den Convoy ON 214. U 421 war in der Gruppe »Coronel 1«. Luftaufklärung verfehlte den Convoy, der die Linie im Süden passierte. Ab 19. wurde die Gruppe auf sechs Boote reduziert, U 421, U 92, U 544, U 625, U 653 und U 672, die die Suche nach Convoys westlich der Britischen Inseln als »Föhr«-

Gruppe fortsetzte. Der nach Osten laufende Convoy HX 270 passierte südlich der Gruppe zwischen dem 20. und 22.

»Föhr« traf dann auf die »Amrum«- und »Sylt«-Gruppen und mit U 744 und U 390 bildete sie dann sechs kleine Untergruppen, »Rügen 1« bis »-6«. U 421 war in der Gruppe »Rügen 6«. Diese Gruppen waren ständig in Bewegung, wechselten ihre Position und Formation, um den Alliierten den Eindruck zu vermitteln, dass sie ein großes Gebiet kontrollierten. Als drei Convoys gesichtet wurden, der UC 8 am 23., der TU 5 am 26. und der CU 9 am 30., waren die Gruppen zu klein, um anzugreifen. Am Morgen des 30. machte U 421 einen erfolglosen Angriff auf einen Zerstörer des Geleitschutzes südwestlich von Irland.
Rückkehr in den neuen Stützpunkt Brest am 8.1.44.
2. 19.2.44: Auslaufen ins Mittelmeer. U 421 passierte die Straße von Gibraltar während der Nacht des 25./26. Februar.
Die Boote wurden gegen den Convoy UGS 36 am 31. eingesetzt, aber kamen nicht zum Angriff.
Rückkehr nach Toulon am 1.4.44

Am 29.4.44 wurde U 421 bei einem Bombenangriff der USAF auf Toulon schwer beschädigt.
Außerdienststellung am 27.6.44.

U 422 Typ VII C

Bauwerft: Danziger Werft
Kiellegung: 11. Februar 1942
Stapellauf: 10. Oktober 1942
Indienststellung: 10. Februar 1943
Feldpost-Nr.: M 50330
Versenkt am 4. Oktober 1943 nördlich der Azoren (43°18'N/28°58'W)

Kommandos:
8. U-Flottille Danzig von Februar–Juli 1943 (Schulboot)
1. U-Flottille Brest von August 1943–4. Oktober 1943 (Frontboot)

Kommandant:
OLtzS Wolfgang Poeschel, Febr. 1943–4. Okt. 1943

Feindfahrt: 1
Versenkte Schiffe: keines

1. 13.8.43: Auslaufen Kiel und Einlaufen Bergen am 16.8.43.

2. 8.9.43: Auslaufen in den Nordatlantik. U 422 war eines von 14 Booten, die als »Leuthen«-Gruppe südsüdwestlich von Island am 20. eine Linie zum Empfang eines ONS-Convoys bildeten. Sie wurden dann von sechs anderen Booten verstärkt, die sich nach Versorgung nördlich der Azoren versammelt hatten und dann nach Norden marschierten, um ihre Position in der Gruppe einzunehmen. Das ganze Unternehmen wurde geheim gehalten, man wollte verhindern, dass die Alliierten Kenntnis davon erhielten. Die Boote warteten getaucht auf den Convoy. Allerdings tauchte U 341 am 19. auf und fuhr unter Mißachtung der Befehle durch das Gebiet. Es wurde gesehen, angegriffen und von einem kanadischen Flugzeug nahe der geplanten Linie versenkt. Früh am 20., bevor die »Leuthen«-Boote ihre Position eingenommen hatten und klar zum Angriff waren, wollte man, dass die Geleitfahrzeuge geteilt würden, würde der Convoy während der Nacht des 21./22. ebenfalls geteilt werden. Nebel kam früh am 21. auf, blieb den ganzen Tag und die Nacht. Als er am 22. dünner wurde, kehrten die alliierten Flugzeuge zurück, und die Boote blieben aufgetaucht und kämpften es aus.

Früh am 23. wurde U 422 vom Radar einer Liberator der 10. (RCAF) Squadron (S/Ldr J.F. Green) erfaßt.

Zwei Wasserbomben wurden geworfen, das Boot wurde beschädigt. Es gab einige Verwundete unter der Besatzung. Bevor U 422 im Nebel untertauchte und dann tauchte, warf Green zwei Geräuschtorpedos, jedoch ohne sichtbaren Erfolg.

Nur fünf Boote kamen an den Convoy heran, die anderen »Leuthen«-Boote griffen die Geleitfahrzeuge an.

Am oder um den 27. fuhr U 422 in ein Versorgungsgebiet. Am 4.10.43 sichtete eine Avenger des VC 9 (Lt R.L. Stearns) des Escortträgers USS CARD U 422, U 264 und U 455 auf ihrer Versorgungsstation mit U 460 nördlich der Azoren. U 264 war gerade fertig und U 422 war als nächstes Boot an der Reihe. Bei dem Angriff sank U 460, vermutlich durch einen Tauchfehler. Die anderen drei Boote konnten nach Wasserbomben- und Tiefangriffen entkommen.

Fünf Stunden später tauchte U 422 auf, fünf Seemeilen entfernt, wahrscheinlich, um nach Überlebenden von U 460 zu schauen. Es wurde von einer Avenger (Lt S.B. Holt) und einer Wildcat (Ens Horn) des VC 9 von USS CARD gesehen und versenkt.

Es gab keine Überlebenden, 49 Tote.

U 423 Typ VII C

Bauwerft: Danziger Werft
Kiellegung: 16. März 1942
Stapellauf: 7. November 1942
Indienststellung: 3. März 1943
Feldpost-Nr.: M 50367
Versenkt am 17. Juni 1944 westnordwestlich vom Alesund (63°06'N/02°05'E)

Kommandos:
8. U-Flottille Danzig von März 1943–Juni 1944 (Schulboot)
3. U-Flottille La Pallice von Juni 1944 (Frontboot)

Kommandanten:
OLtzS Joachim Methner, März–September 1943
OLtzS Hinrich Kelling (zeitweise), Sept.–Okt. 1943
OLtzS Klaus Hackländer, Oktober 1943–17. Juni 1944

Feindfahrt: 1
Versenkte Schiffe: keines

1. 9.6.44: Auslaufen Kiel in den Nordatlantik. U 423 sollte nach Ende der Feindfahrt zur 3. U-Flottille in La Pallice stoßen. Das Boot wurde aber gesichtet und mit Wasserbomben durch eine Catalina der 33. (norwegischen) Squadron (Lt G.F. Krafft) am 17. westnordwestlich vom Alesund versenkt.

Es gab keine Überlebenden, 53 Tote.

U 424 Typ VII C

Bauwerft: Danziger Werft
Kiellegung: 16. April 1942
Stapellauf: 28. November 1942
Indienststellung: 7. April 1943
Feldpost-Nr.: M 51006
Versenkt am 11. Februar 1944 südwestlich von Irland (50°00'N/18°14'W)

Kommandos:
8. U-Flottille Danzig von April–September 1943 (Schulboot)
1. U-Flottille Brest von Oktober 1943–11. Februar 1944 (Frontboot)

Kommandant:
OLtzS Günter Lüders, April 1943–11. Februar 1944

Feindfahrten: 2
Versenkte Schiffe: keines

1. 2.10.43: Auslaufen Kiel und Einlaufen Drontheim am 10.10.43.
2. 22.10.43: Auslaufen in den Nordatlantik. U 424 traf auf die »Eisenhart«-Gruppe, die aus sieben Untergruppen mit je drei Booten in zwei Linien ab 11.11.43 nach Südosten von Cape Farewell gebildet wurde. Die Linien kreuzten das Gebiet, das die meisten Convoys seit August 1943 durchliefen.
Meldungen besagten, dass die Convoys nach Süden umgeleitet wurden, so wurden die »Eisenhart«-Boote am 12. auf die Suche nach SC 146 und HX 265 nach Südosten geschickt. Um den 16. wurde kein Convoy entdeckt und die Mehrzahl der Boote befand sich westsüdwestlich von Irland. Kraftstoff wurde zum Problem für manche »Eisenhart«-Boote, und es wurde entschieden, die Operation zu beenden und die Boote mit genügend Kraftstoff, einschließlich U 424, zur Verstärkung der »Schill«-Gruppe westlich von Spanien zu entsenden. U 424 traf auf die Gruppe »Schill 3« auf dem Kurs des nach Norden laufenden Convoys MKS 30/SL 139, der am 20. erwartet wurde. »Schill 3« tauchte am Abend auf, entdeckte aber den Convoy nicht. Der wurde am nächsten Morgen von Flugzeugen angegriffen, wobei ein Schiff versenkt und eines beschädigt wurde. Beide Male durch Gleitbomben. Am 22. bildeten die verbliebenen 14 Boote der drei »Schill«-Gruppen eine Ost-West-Linie, »Weddigen«, westlich von Spanien. In den frühen Stunden des 23. wurde U 424 Objekt einer längeren Periode von Wasserbombenangriffen der 4. Escortgruppe, die die Boote unter Wasser hielt. Am 23. fuhr die Linie nach Südwesten, aber es wurde nichts gefunden, und sie drehte am 25. nach Südosten zum Abfangen des nach Norden laufenden Convoys NKS 31/SL 140. Konstant durch Geleitfahrzeuge und Flugzeuge bedrängt und mit unklaren Informationen von Aufklärungsflugzeugen konnte die »Weddigen«-Gruppe keinen konzentrierten Angriff durchführen. Die Operation wurde am 28. eingestellt.
Die »Weddigen«-Gruppe fuhr zur Operation gegen den Convoy KMS 34/OS 60, der aber nicht gefunden wurde, weder von Flugzeugen noch von Ubooten. Die Gruppe wurde zum Treffen mit der »Coronel«-Gruppe zur gemeinsamen Operation gegen den Convoy ONS 24 am 6.12.43 nach Nordwesten geschickt, aber die war erfolglos. Am 7. wurde die »Weddigen«-Gruppe aufgelöst und U 424 fuhr heimwärts. Rückkehr nach dem neuen Stützpunkt Brest am 15.12.43.

3. 29.1.44: Auslaufen in den Atlantik. U 424 traf auf die Gruppe »Igel 2«, die ab 4.2.44 südwestlich von Irland patrouillierte. Am 6. wurden die Boote gegen den kombinierten Convoy MKS 38/SL 147 eingesetzt, der nördlich der Azoren von deutschen Flugzeugen festgestellt wurde. Die Boote kamen mit dem Convoy am 7. in Berührung. An diesem Tag trafen die Sloops der 2. Escortgruppe beim Convoy ein.
Am 11. wurde U 424 von den Geleitfahrzeugen geortet. Die Sloops HMS WILD GOOSE (Wr D.E.G. Wemyss) und WOODPECKER (Cdr H.L. Pryse) führten Angriffe durch, bei denen 106 Wasserbomben geworfen und viele Hedgehog-Salven gefeuert wurden. U 424 wurde südwestlich von Irland zerstört.
Es gab keine Überlebenden, 50 Tote.

U 425 Typ VII C

Bauwerft: Danziger Werft
Kiellegung: 23. Mai 1942
Stapellauf: 19. Dezember 1942
Indienststellung: 21. April 1943
Feldpost-Nr.: M 34178
Versenkt am 17. Feburar 1945 nördlich von Kola (69°39'N/33°50'E)

Kommandos:
8. U-Flottille Danzig von April–Oktober 1943 (Schulboot)
9. U-Flottille Brest von November–Dezember 1943 (Frontboot)
11. U-Flottille Bergen von Januar–September 1944 (Frontboot)
13. U-Flottille Drontheim von September 1944–17. Februar 1945 (Frontboot)

Kommandant:
KptLt Heinz Bentzien, April 1943–17. Februar 1945

Feindfahrten: 9
Versenkte Schiffe: keines

1. 20.11.43: Auslaufen Kiel und Einlaufen Bergen am 24.11.43.
2. 28.12.43: Auslaufen Bergen in nördliche Gewässer. Der nach Osten laufende Convoy JW 56A verließ Loch Ewe am 12.1.44, und nach einer Sturmfahrt am 16. lief er

in Akureyri, Island, ein. Am 21. fuhr er weiter, ließ fünf Schiffe, die beschädigt waren, zurück.

Der Convoy JW 56B verließ Loch Ewe am 22. Die »Isegrim«-Gruppe mit zehn Booten, einschließlich U 425, wartete auf diese Convoys in der Passage der Bäreninsel. Am 25. wurde der Kontakt mit UW 56A hergestellt, alle Boote griffen den Convoy und die Geleitfahrzeuge ebenso an. Am Abend des 25. griff U 425 einen Zerstörer an, aber es wurde nur die Detonation eines Endläufers vernommen. In dieser Operation wurden zwei Schiffe und ein Zerstörer versenkt; ein Schiff wurde beschädigt. Nachdem JW 56A nach Kola lief, bildete die »Isegrim«-Gruppe, umgebildet in die »Werwolf«-Gruppe, in Erwartung des Convoys JW 56B in der Passage eine neue Linie. Der Kontakt wurde am 29. hergestellt. Am Abend des 30. griff U 425 wieder erfolglos die Geleitfahrzeuge an und hörte nur eine End-Detonation. Bevor der JW 56B Kola am 1.2.44 anlief, war ein Zerstörer versenkt worden. Die Boote verfehlten den Convoy. Rückkehr nach Hammerfest am 2.2.44.

3. 6.2.44: Auslaufen Hammerfest. Der nach Osten laufende Convoy JW 57 verließ Loch Ewe am 20. und wurde durch Aufklärer am 23. entdeckt. Die »Werwolf«-Gruppe wurde eingesetzt. U 425, U 601, U 713, U 739 und U 990 schlossen am 24. an den Convoy heran. Sie wurden am Abend des 25. vertrieben. U 990 versenkte HMS MAHRATTA. Weitere Angriffe wurden am 26. und 27. durch die »Werwolf«- und »Hartmut«-Boote durchgeführt, aber sie waren ohne Erfolg.

Rückkehr nach Hammerfest am 29.2.44.

4. 1.3.44: Auslaufen Hammerfest und Einlaufen Bergen am 8.3.44.

5. 27.4.44: Auslaufen Bergen und Einlaufen Narvik am 1.5.44.

6. 11.5.44: Auslaufen. Es sind keine Einzelheiten dieser Fahrt bekannt. Rückkehr nach Narvik am 7.6.44.

7. 13.6.44: Auslaufen Narvik und Einlaufen Hammerfest am 14.6.44.

8. 18.7.44: Auslaufen. Es sind keine Einzelheiten dieser Fahrt bekannt. Rückkehr nach Narvik am 8.8.44.

9. 21.8.44: Auslaufen Narvik und Einlaufen Hammerfest am 23.8.44.

10. 29.8.44: Auslaufen. U 425 und fünf Boote bildeten die »Dachs«-Gruppe für Minenleg-Operationen. Am 2.9.44 griff U 425 erfolglos einen Frachter an. Während des frühen Septembers legte es Minen in der Pechora See. Rückkehr nach Hammerfest am 5.9.44.

11. 6.9.44: Auslaufen Hammerfest und Einlaufen Narvik am 8.9.44.

12. 11.9.44: Auslaufen Narvik und Einlaufen Hammerfest am 13.9.44.

13. 14.9.44: Auslaufen. Der nach Osten laufenden JW 60 verließ Loch Ewe am 15. U 425 war bei der »Grimm«-Gruppe und wartete auf Convoys. Er passierte ungesehen durch suchende Flugzeuge und die wartenden Boote und lief Kola am 23. an.

Der Rück-Convoy RA 60 umging die Boote der »Grimm«- und »Zorn«-Gruppen und kam sicher am 5.10.44 in Loch Ewe an.

Rückkehr nach Narvik am 3.10.44.

14. 15.10.44: Auslaufen Narvik. Es sind keine Einzelheiten über diese Fahrt bekannt.

Rückkehr nach Hammerfest am 24.10.44.

15. 24.10.44: Auslaufen. Am 20. verließ JW 61 Loch Ewe. Die »Panther«-Gruppe mit U 425 wartete auf ihn, aber der schwer gesicherte Convoy passierte die Linie. Erfolglose Angriffe wurden auf die Geleitfahrzeuge am 26. und 27. gemacht. Der Convoy kam am 28. in Kola an.

Rückkehr nach Narvik am 12.11.44.

16. 6.2.45: Auslaufen. Am 6. wurde der nach Osten laufende Convoy JW 64 durch ein deutsches Wetterbeobachtungsflugzeug gesichtet. Die »Rasmus«-Gruppe, zu der auch U 425 gehörte, wartete in der Passage der Bäreninsel. Nach erfolglosen Angriffen auf den Convoy durch Bomber und Torpedoflugzeuge am 7. und 10. verfehlten die Boote ihn mit seinem Geleitschutz. Nachdem JW 64 passiert hatte, fuhren sie auf eine Position vor Kola, um dort auf den rücklaufenden Convoy zu warten. U 425 und neun andere Boote warteten nördlich der Einfahrt. Am 16. starteten sowjetische und alliierte Streitkräfte eine Operation, um die Boote vor dem Auslaufen des RA 64 zu vertreiben. U 425 wurde geortet und mit Wasserbomben der Sloop HMS LARK (Cdr H.L. Pryse) und der Korvette HMS ALNWICK CASTLE versenkt.

53 Mann der Besatzung des Bootes gingen mit unter, der einzige Überlebende wurde von der ALNWICK CASTLE aufgenommen.

U 426 Typ VII C

Bauwerft: Danziger Werft
Kiellegung: 20. Juni 1942
Stapellauf: 6. Februar 1943
Indienststellung: 12. Mai 1943
Feldpost-Nr.: M 46323
Versenkt am 8. Januar 1944 westsüdwestlich von Brest (46°47'N/10°42'W)

Kommandos:
8. U-Flottille Danzig von Mai–September 1943
(Schulboot)
11. U-Flottille Bergen von Oktober 1943 (Frontboot)
1. U-Flottille Brest von November 1943–8. Januar 1944
(Frontboot)

Kommandant:
OLtzS Christian Reich, Mai 1943–8. Januar 1944

Feindfahrten: 2
Versenkte Schiffe: 1 (6.625 BRT)

1. 14.9.43: Auslaufen Kiel und Einlaufen Bergen am
17.9.43.
2. 5.10.43: Auslaufen in den Nordatlantik.
U 426 traf auf die »Schlieffen«-Gruppe südwestlich von
Island. Am 15. wurde von U 844 ein nach Westen laufender Convoy gesichtet, von dem man annahm, es sei
der ONS 20, aber es war der ON 206. Es wurde befohlen,
den Kontakt herzustellen und die »Schlieffen«-Boote an
ihn heranzuführen. U 844 wurde vom Geleitschutz lokalisiert, vertrieben und am nächsten Tag versenkt.
Am Abend des 15. versenkte U 426 einen Nachzügler
vom ONS 20, die britische ESSEX LANCE (6.625 t) im
Zentralen Nordatlantik. Es war sehr schwer, den Convoy
zu finden, auf Island stationierte Flugzeuge hielten die
weit verstreuten Boote der »Schlieffen«-Gruppe ständig
unter Wasser.
Früh am Morgen des 16. meldete U 964 den ONS 20.
Dönitz entschied, dass entgegen den Bedenken seiner
Stabsoffiziere die Boote über Wasser bleiben und sich
den Weg zum Convoy freikämpfen sollten. Sehr schnell
kamen Meldungen über den Kampf. U 964 ging verloren
und zahlreiche andere Boote wurden beschädigt, der
Befehl wurde nicht widerrufen.
Spät am 16. wurde der ONS 20 kurz gesichtet, dann wieder verloren. Die »Schlieffen«-Gruppe fuhr weiter nach
Osten, und der Convoy wurde früh am 17. wieder entdeckt. Der Angriff wurde befohlen, aber wieder wurde
der Kontakt verloren, und diesmal blieb es dabei. Als die
»Schlieffen«-Boote ihre Suche nach dem Convoy fortsetzten, wurden sie aus der Luft angegriffen. Die
Operation wurde am 18. abgebrochen. Die Versenkung
durch U 426 war der einzige Erfolg gegen den Convoy.
U 426 traf auf die »Siegfried«-Gruppe, die sich am 24.
500 Seemeilen östlich von Neufundland in Erwartung
der Convoys HX 262 und SC 145 bildete. Die Boote
blieben tagsüber unter Wasser.
Keiner der Convoys wurde gefunden. U 426 war später
Mitglied der »Siegfried 2«-, »Jahn«-, »Tirpitz«- und
»Eisenhart«-Gruppen.

Mit anderen »Eisenhart«-Booten wurde U 426 befohlen,
die »Schill 2«-Gruppe westlich von Spanien für den be-
vorstehenden Angriff auf den Convoy MKS 30/SL 139
zu treffen. Die Linie wurde vor dem Convoy gebildet,
um am Abend des 19.11.43 aufzutauchen. Die Boote
tauchten wie vorgesehen auf und waren 20 Seemeilen
nördlich vom Convoy. Allerdings trieben der Überwassergeleitschutz und die Flugzeuge die Boote weg und
zwangen sie für lange Zeit unter Wasser. Am 18. wurden
zwei Besatzungsangehörige von U 426 bei einem Luftangriff verwundet. Einer davon starb später.
Im Wissen, dass ein Auftauchen bei Tageslicht noch größere Luftaktivitäten ausüben würden als sonst, wurde
entschieden, dass die »Schill«-Boote bei Tagesanbruch
tauchen und nichts mehr gegen den Convoy unternehmen sollten.
Rückkehr nach Brest am 29.11.43.
3. 3.1.44: Auslaufen in den Nordatlantik.
Am 8. wurde U 426 über Wasser laufend von einer Sunderland der 10. (RAAF) Squadron (F/O J.P. Roberts)
westsüdwestlich von Brest beobachtet. Reich entschied
sich, aufgetaucht zu bleiben und den Kampf aufzunehmen.
Beim ersten Anflug fielen die Wasserbomben wegen
eines Schadens am Lösemechanismus daneben. Das
Flugzeug griff im Tiefflug an und tötete zwei Mann an
Oberdeck.
Sechs Wasserbomben wurden beim zweiten Anflug
geworfen und das mehrfach beschädigte Boot sank mit
dem Heck zuerst. Die Sunderland kam zum weiteren
Angriff im Tiefflug. Es wurden viele Männer des Bootes
im Wasser gesehen.
Es gab keine Überlebenden, 50 Tote.

U 427 Typ VII C

Bauwerft: Danziger Werft
Kiellegung: 27. Juli 1942
Stapellauf: 6. Februar 1943
Indienststellung: 2. August 1943
Feldpost-Nr.: M 52216
Versenkt am 21. Dezember 1945 nordwestlich von Tory
Island (56°04'N/09°38'W)

Kommandos:
8. U-Flottille Danzig von Juni 1943–Juli 1944
(Schulboot)

7. U-Flottille FdU Mitte/Norwegen von Juni–Juli 1944 (Frontboot/ohne Einsatz)
11. U-Flottille Bergen von August–November 1944 (Frontboot/ohne Einsatz)
13. U-Flottille Drontheim von November 1944–Februar 1945 (Frontboot)
14. U-Flottille Narvik von März–Mai 1945 (Frontboot)

Kommandant:
OLtzS Karl Gabriel Guderus, Juni 1943–Mai 1945

Feindfahrten: unbekannt
Versenkte Schiffe: keines

1. 20.6.44: Auslaufen Kiel und Einlaufen Stavanger am 23.6.44.
2. 4.7.44: Auslaufen Stavanger und Einlaufen Drontheim am 6.7.44.

Im Juni und Juli lag U 427 in Bereitschaft als Teil der Anti-Invasionsgruppe Mitte. Ursprünglich aus 22 Booten bestehend, wurde die Gruppe ab Ende Juli 1944 reduziert.

3. 14.8.44: Auslaufen Drontheim und Einlaufen Stavanger am 17.8.44.
4. 25.9.44: Auslaufen Stavanger und Rückkehr am 1.10.44.
5. 30.10.44: Auslaufen Stavanger und Rückkehr am 8.11.44.
6. 11.11.44: Auslaufen Stavanger und Einlaufen Drontheim am 14.11.44.
7. 4.12.44: Auslaufen Drontheim und Rückkehr nach Stavanger am 23.2.45.
Während dieser Periode von 81 Tagen verrichtete U 427 eine von 18 Geleitoperationen vor der norwegischen Küste. Am 11./12. Januar 1945 griff ein britischer Kreuzerverband einen deutschen Convoy vor Egersund an, in deren Verlauf zwei Dampfer, die BAHIA CAMERONES und CHARLOTTE schwer beschädigt und verlassen wurden. Ein Angriff von U 427 auf die britischen Kriegsschiffe war erfolglos.
8. 23.2.44: Auslaufen Stavanger und Einlaufen Bergen am 24.2.45.
9. 9.4.45: Auslaufen Bergen. Einzelheiten dieser Fahrt sind nicht bekannt. Rückkehr nach Narvik am 20.4.45.
10. 21.4.45: Auslaufen. U 427 traf auf andere Boote, die vor Kola auf den rücklaufenden Convoy RA 66 warteten. Bevor dieser auslief, versuchten alliierte und sowjetische Kriegsschiffe die Boote zu vertreiben. U 286 und U 307 gingen verloren.
Am 29. griff U 427 erfolglos die beiden kanadischen Zerstörer HMCS IROQUOIS und HAIDA an. Damit begann eine lange Jagd auf das Boot und viele Wasserbomben wurden geworfen. Das Boot konnte jedoch entkommen. Rückkehr nach Kilbotn am 2.5.45.

U 427 fuhr nach Narvik und kapitulierte dort am 9.5.45. Es fuhr am 16. nach Loch Eriboll als eines der Boote, die von der 9. Escortgruppe geleitet wurden.
Das Boot gehörte zu den 116 Booten, die der Royal Navy für die »Operation Deadligth« zur Verfügung gestellt wurden. Im letzteren Teil des Dezembers 1945 wurde U 427 durch den Schlepper HMS ENCHANTER von Loch Ryan durch den Nordkanal zu einem Sammelpunkt geschleppt. Das Boot wurde durch Geschützfeuer am 21. nordwestlich von Tory Island versenkt.

U 428 Typ VII C

Bauwerft: Danziger Werft
Kiellegung: 13. August 1942
Stapellauf: 11. März 1943
Indienststellung: 26. Juni 1943
Feldpost-Nr.: M 55375
Versenkt am 4. Mai 1945 im Nord-Ostsee-Kanal

Kommandos:
8. U-Flottille Danzig von Juni 1943 (Schulboot)
23. U-Flottille Danzig von September 1943–Februar 1945 (Schulboot)
31. U-Flottille Hamburg von März 1945–4. Mai 1945 (Stromboot)

Kommandanten:
OLtzS Helmut Münster, September 1943–Mai 1944
OLtzS Hans-Ulrich Hanitsch, Mai 1944–4. Mai 1945

Feindfahrten: keine
Versenkte: Schiffe: keines

U 428 wurde ursprünglich als italienisches Uboot S 1 am 26.6.43 im Tausch für ein Transportschiff in Dienst gestellt. Nach der Kapitulation Italiens am 8.9.43 wurde das Boot von der Kriegsmarine am 9. als U 428 übernommen. Es ging als Schulboot zur 23. U-Flottille. Im März 1945 wechselte es zur 31. U-Flottille und diente als Stromboot. U 428 wurde am 4.5.45 im Nord-Ostsee-Kanal, nahe Rendsburg-Audorf, selbst versenkt.
Das Wrack wurde nach 1945 gehoben und abgewrackt.

U 429 Typ VII C

Bauwerft: Danziger Werft
Kiellegung: 14. September 1942
Stapellauf: 30. März 1943
Indienststellung: 14. Juli 1943
Feldpost-Nr.: M 55421
Versenkt am 30. März 1945 in Wilhelmshaven

Kommandos:
8. U-Flottille Danzig von Juli 1943 (Schulboot)
23. U-Flottille Danzig von September 1943–Februar 1945 (Schulboot)
31. U-Flottille Hamburg von Februar 1945–30. März 1945 (Schulboot)

Kommandanten:
OLtzS Ernst-August Racky, Sept. 1943–Okt. 1944
OLtzS Martin Kuttkat, Oktober 1944–30. März 1945

Feindfahrten: keine
Versenkte Schiffe: keines

U 429 wurde ursprünglich am 14.7.43 im Tausch gegen ein Transportschiff als S 4 für Italien in Dienst gestellt. Nach der Kapitulation Italiens am 8.9.43 wurde das Boot am 9. als U 429 von der Kriegsmarine übernommen. Es diente als Schulboot bei der 23. U-Flottille. Im März 1945 wechselte es als Schulboot zur 31. U-Flottille. Am 30.3.45 fiel es amerikanischen Bomben in Wilhelmshaven zum Opfer.

U 430 Typ VII C

Bauwerft: Danziger Werft
Kiellegung: 5. Oktober 1942
Stapellauf: 22. April 1943
Indienststellung: 4. August 1943
Feldpost-Nr.: M 55389
Zerstört am 30. März 1945 in Bremen

Kommandos:
8. U-Flottille Danzig von August 1943 (Schulboot)
21. U-Flottille Pillau von September 1943–Februar 1945 (Schulboot)
31. U-Flottille Hamburg von Februar 1945–30. März 1945 (Schulboot)

Kommandanten:
LtzS Richard Nachtigal, September 1943–Januar 1944
OLtzS Ulrich Hammer, Januar 1944–30. März 1945

Feindfahrten: keine
Versenkte Schiffe: keines

U 430 wurde ursprünglich als S 6 im Tausch gegen ein Transportschiff für Italien am 4.8.43 in Dienst gestellt. Nach der Kapitulation Italiens am 8.9.43 wurde es am 9. als U 430 von der Kriegsmarine übernommen. Es fuhr als Schulboot bei der 21. U-Flottille. Im Februar 1945 wechselte es als Schulboot zur 31. U-Flottille. Am 30.3.45 wurde das Boot bei einem Bombenangriff der USAF auf die Deschimag-Werft in Bremen zerstört. Ein Mann wurde dabei getötet.

U 431 Typ VII C

Bauwerft: Schichau, Danzig
Kiellegung: 4. Januar 1940
Stapellauf: 2. Februar 1941
Indienststellung: 5. April 1941
Feldpost-Nr.: M 40228
Versenkt am 21. Oktober 1943 südöstlich von Cartagena (37°23'N/00°35'W)

Kommandos:
3. U-Flottille Kiel/St. Nazaire von April–Dezember 1941 (Schulboot/Frontboot)
29. U-Flottille La Spezia/Toulon von Januar 1942–21. Oktober 1943

Kommandanten:
KptLt Wilhelm Dommes, April 1941–Dezember 1942
OLtzS Dietrich Schöneboom, Dezember 1942–21. Oktober 1943

Feindfahrten: 15
Versenkte Schiffe: 8 (16.167 BRT) und 1 beschädigt
2 Zerstörer (3.548 t)
1 Patrouillenfahrzeug (313 t)
1 LCT (296 t)

1. 19.6.41: Auslaufen Kiel und Einlaufen Horten am 20.6.41.

2. 25.6.41: Auslaufen Horten und Einlaufen Drontheim am 28.6.41.

3. 10.7.41: Auslaufen in den Nordatlantik.

U 431 war eines von 15 Booten, die einzeln über ein großes Gebiet zwischen Grönland und den Azoren operierten. Ab 15. kamen sie zusammen, um eine dichtere Gruppe zu bilden.

Am 17. sichtete eine Condor des I./KG 40 den nach Westen laufenden Convoy OB 346 westlich vom Nordkanal.

Der Convoy wurde am 18. nochmals von Flugzeugen entdeckt und die fünf nahe stehenden Boote bildeten am 19. eine Linie quer zu ihm. Diese Linie wurde umgangen, genauso die aus 13 Booten gebildete Linie mit U 431, die am 20. gebildet wurde.

Am 24. wurden U 431, U 74, U 94, U 401 und U 565 an den Convoy SL 80 befohlen. Obwohl Flugzeuge den Convoy am 25. sichteten, verfehlten ihn die Boote am 26., und die Operation wurde abgeblasen. Die Boote wurden im Zentralen Nordatlantik Ende Juli umgruppiert und am 1.8.41 wurden sie auf den Convoy SL 81 angesetzt. Der Convoy wurde am 2. westsüdwestlich von Irland von U 204 entdeckt und U 431 und sieben andere Boote wurden angesetzt.

Die Geleitfahrzeuge hielten die Boote vom Convoy ab und es kam zu keinen Angriffen auf ihn. Erst am 5. wurden fünf Schiffe versenkt. Die Operation wurde im Laufe des Tages abgebrochen, als die letzten Boote vertrieben wurden. U 431 nahm an der verfehlten Convoy-Operation zwischen dem 6. und 10. August nicht teil.

Rückkehr in den neuen Stützpunkt St. Nazaire am 11.8.41.

4. 13.9.41: Auslaufen in den Nordatlantik.

U 431 traf auf die »Brandenburg«-Gruppe südöstlich von Grönland.

Am 18. sichtete U 74 den Convoy SC 44, aber aufgrund schlechter Funkverbindungen konnte kein organisierter Angriff durchgeführt werden; nur vier Boote nahmen die Meldung von U 74 auf. Vier Schiffe und eine Korvette wurden versenkt.

Die »Brandenburg«-Gruppe, mit U 431, wurde zur Bildung einer neuen Linie südöstlich von Cape Farewell befohlen. Nachdem einige Boote heimgefahren waren, wurde die Gruppe am 26. aufgelöst.

Am späten Abend des 2.10.41 versenkte U 431 die britische HATASU (3.198 t) 600 Seemeilen östlich von Cape Race. Rückkehr nach St. Nazaire am 12.10.41.

5. 16.11.41: Auslaufen ins Mittelmeer.

U 431 passierte die Straße von Gibraltar während der Nacht des 24./25. und lief ins östliche Mittelmeer.

Am Abend des 10.12.41 machte U 431 einen erfolglosen Angriff auf einen Zerstörer. Am Abend des 13. beschädigte das Boot den britischen Tanker MYRIEL (3.560 t) westlich von Alexandria.

Rückkehr nach La Spezia am 20.12.41.

6. 18.1.42: Auslaufen La Spezia und Einlaufen Messina am 22.1.42.

7. 25.1.42: Auslaufen ins östliche Mittelmeer. Am Abend des 29. direkt nordöstlich von Bardia Versenkung des britischen Patrouillenfahrzeuges SOTRA.

Rückkehr nach La Spezia am 10.2.42.

8. 18.3.42: Auslaufen zur Operation gegen die Versorgungsschifffahrt nach Tobruk. Am 20. verließ der Convoy MW 10 Alexandria mit Kurs Malta. Die Italiener schickten eine große Kampfgruppe zum Angriff. Zusätzlich beteiligten sich italienische und deutsche Flugzeuge sowie Uboote an der Aktion. U 431, U 73 und U 205 wurden eingesetzt, aber es scheint, dass sie an der Operation nicht teilnahmen. Der Convoy kam früh am 23. in Malta an, wo die beladenen Schiffe schnell von deutschen Flugzeugen zerstört wurden.

Ab 27. operierte U 431 mit U 205 und U 453 gemeinsam gegen die Versorgungsschifffahrt nach und von Tobruk. Sie hatten keinen Erfolg.

Rückkehr nach La Spezia am 15.4.42.

9. 14.5.42: Auslaufen zur Operation gegen die Versorgungsschifffahrt nach Tobruk. Am Abend des 20. griff U 431 den Convoy AT 46 nahe Sollum an und versenkte den britischen Tanker EOCENE (4.216 t). Am 27. glaubte es zwei Schiffe im selben Gebiet getroffen zu haben, wofür es keinen Beweis gibt.

Rückkehr nach Salamis am 30.5.42.

10. 4.6.42: Auslaufen zur Patrouille vor der ägypt. Küste. Spät am 10. traf es vor der Küste westlich von Alexandria auf den Convoy AT 49. Es versenkte die britische HAVRE (2.073 t). Am 15. versenkte das Boot nahe Tobruk mit Artillerie ein Landungsboot, vermutlich LCT 119.

Rückkehr nach La Spezia am 20.6.42.

11. 2.9.42: Auslaufen ins östliche Mittelmeer. Am 20. versenkte U 431 vermutlich zwei Segelschiffe mit Artillerie. Rückkehr nach La Spezia am 27.9.42.

12. 29.9.42: Auslaufen. Es sind keine Einzelheiten von dieser Feindfahrt bekannt, ausgenommen, dass U 431 am 29.10.42 vier Torpedos am Flugzeugträger HMS FURIOUS östlich von Cartagena vorbeischoss.

13. 7.11.42: Auslaufen ins westliche Mittelmeer. U 431 traf auf andere Boote, die westlich von den Balearen bis Algier eine Linie bildeten. Die Deutschen waren durch die große Zahl von Schiffen in Gibraltar beunruhigt. Mit der Zeit erreichte U 431 sein Operationsgebiet, das der alliierten Landung in Nordafrika, und das Boot fing an, die Invasionsflotte zu bekämpfen.

Am 10. versenkte U 431 in den frühen Stunden den Zerstörer HMS MARTIN nordöstlich von Algier. Am Morgen des 13. versenkte das Boot den niederländischen Zerstörer ISAAC SWEERS der Force R nordwestlich von Algier. Beim selben Angriff wurde vermutlich auch der britische Tanker DINGLEDALE beschädigt.
Rückkehr nach Pola am 22.11.42.

14. 7.1.43: Auslaufen ins östliche Mittelmeer. Im letzten Teil des Januars versenkte U 431 vier Segelschiffe mit Artillerie zwischen Cypern und Haifa, am 23. die ägyptische ALEXANDRIA (100 t), am 25. die syrische MOUYASSAR (47 t), die syrische OMAR EL KATTAB (38 t) und die syrische HASSAN (80 t).
Rückkehr nach Pola am 8.2.43.

15. 11.3.42: Auslaufen zur Operation gegen Convoys vor der algerischen Küste. Am 18. griff U 431 einen Frachter nordöstlich von Algier an, aber es wurde nur eine End-Detonation vernommen. Es griff am 26. in den frühen Stunden den ankommenden Convoy KMS 10 an und versenkte die britische CITY OF PERTH (6.415 t) südsüdöstlich von Cabo de Gat, Spanien. U 431 mag bei dem Angriff zwei weitere Schiffe des Convoys versenkt haben.
Rückkehr nach Toulon am 29.3.43.

16. 20.5.43: Auslaufen ins westliche Mittelmeer. Am 21.6.43 glaubte U 431 zwei Kreuzer angegriffen zu haben, die den Convoy MKS 15, nordnordöstlich von Cap des Trois Fourches, sicherten.
Die Torpedos gingen vorbei. Einer der Kreuzer war vermutlich der Zerstörer HMS LANCE.
Rückkehr nach Toulon am 27.6.43.

17. 9.8.43: Auslaufen vor die Küste Siziliens. Am 22. griff U 431 die Kreuzer HMS AURORA und PENELOPE nordnordwestlich von Palermo an, aber verfehlte sie.
Rückkehr nach Toulon am 1.9.43.

18. 26.9.43: Auslaufen vor die Küste Italiens.
U 431 war eines der Boote, die gegen die alliierte Schifffahrt im Brückenkopf von Salerno operierten.
Es hatte keinen Erfolg. Mitte Oktober befand sich das Boot im westlichen Mittelmeer. Am 19.10.43 glaubte es, zwei Schiffe versenkt, ein weiteres wahrscheinlich versenkt und ein viertes beschädigt zu haben.
Es gibt darüber keine Informationen, weder für das Versenken des Schiffes am 20. noch für die übrigen.
In der Nacht des 21. wurde U 431 durch eine Leigh Light Wellington der 179. Squadron (Sgt D.M. Cornish) südöstlich von Cartagena versenkt.
Es gab keine Überlebenden, 52 Tote.

U 432 Typ VII C

Bauwerft: Schichau, Danzig
Kiellegung: 14. Januar 1940
Stapellauf: 3. Februar 1941
Indienststellung: 26. April 1941
Feldpost-Nr.: M 41658
Versenkt am 11. März 1943 im Zentralen Nordatlantik (51°35'N/28°20'W)

Kommando:
3. U-Flottille Kiel/La Pallice von April 1941–11. März 1943 (Schulboot/Frontboot)

Kommandanten:
KptLt Heinz-Otto Schultze, April 1941–Januar 1943
KptLt Hermann Eckardt, Januar 1943–11. März 1943

Feindfahrten: 8
Versenkte Schiffe: 19 (67.172 BRT) und 1 beschädigt
1 Zerstörer (1.400 t)
1 Patrouillenboot (310 t)

1. 30.7.41: Auslaufen Kiel und Einlaufen Horten am 31.7.41.
2. 9.8.41: Auslaufen Horten und Einlaufen Drontheim am 12.8.41.
3. 25.8.41: Auslaufen in den Nordatlantik.
U 432 traf auf andere Boote, die sich in einem Gebiet südwestlich von Island versammelten. Am 28. bildeten sie die »Markgraf«-Gruppe. Als Convoys umgeleitet wurden, um den Booten auszuweichen, fuhr die Gruppe am 4.9.41 auf eine Position 150 Seemeilen weiter westlich. Da kein Convoy in Sicht kam, wurde entschieden, die »Markgraf«-Gruppe am 6. über ein weites Feld südöstlich von Grönland zu verstreuen. Einige Convoys wurden umgeleitet, um den Booten zu entkommen, aber der SC 42 war nicht in der Lage, so schnell auf eine südliche Route umzuschwenken. Grund dafür war ein heftiger Sturm, und daher nahm er eine Route nahe an der Eisgrenze von Grönland.
Der Convoy wurde am 9. von U 85, nahe Cape Farewell, gesichtet. Früh am 10. versenkte U 432 drei Schiffe, die britische MUNERIC (5.229 t), die niederländische WINTERSWIJK (3.205 t) und die norwegische STARGAARD (1.113 t), am Morgen des 11. die schwedische GARM (1.231 t). Der Kontakt wurde hergestellt bis zum 14., aber nach dem 11. gab es keine weiteren Erfolge. 16 Schiffe gingen verloren, zwei wurden beschädigt.
Rückkehr nach dem neuen Stützpunkt Brest am 19.9.41.

4. 11.10.41: Auslaufen in den Zentralen Nordatlantik. U 432 wurde zum Treffen mit einer neuen Gruppe befohlen, die sich südöstlich von Cape Farewell bildete. Der nach Osten laufende Convoy SC 48 wurde in der Nacht des 14./15. von U 553 gesichtet. Die Boote, einschließlich U 432, wurden auf ihn angesetzt.

Verfolgende Boote wurden vertrieben, der Geleitschutz war zu stark. Obwohl fortgesetzt vertrieben wurde, setzten die Boote ihre Angriffe auf den Convoy fort. U 432 versenkte zwei Schiffe früh am 17. im Zentralen Nordatlantik, die griechische EVROS (5.283 t) und den norwegischen Tanker BARFONN (9.739 t). Die Operation gegen den SC 48 endete am Morgen des 18. Neun Schiffe, ein Zerstörer und eine Korvette wurden versenkt, ein Zerstörer beschädigt. U 432 traf andere Boote zur Bildung der »Reißwolf«-Gruppe am 22., 450 Seemeilen südöstlich von Grönland.

Die Anwesenheit der Gruppe war bekannt, und die Convoys wurden zum Ausweichen vor den Booten umgeleitet. Am 27. wurde die Gruppe auf den ON 28 angesetzt, der von U 74 500 Seemeilen westlich von Irland gesichtet wurde.

U 432 verließ die Gruppe um diese Zeit und fuhr heimwärts. Früh am 28. wurde es auf den HG 75 angesetzt, der von U 563 und U 564 der »Breslau«-Gruppe, die im Kontakt mit dem Convoy seit dem 24. stand, gesichtet wurde. U 432 griff den Convoy am frühen Morgen des 28. ostnordöstlich der Azoren an und versenkte die britische ULEA (1.574 t). Es glaubte auch an die Versenkung eines zweiten Schiffes, aber darüber gibt es keine Informationen.

Rückkehr nach St. Nazaire am 2.11.41.

5. 10.12.41: Auslaufen in den Nordatlantik. U 432 war eines der Boote, die am 11. in das östliche Mittelmeer liefen. Während der Nacht vom 16./17. wurde es bei einem Angriff durch ein Swordfish-Flugzeug der 812. (FAA) Squadron beim Versuch, die Straße von Gibraltar zu passieren, beschädigt.

Rückkehr nach La Pallice am 23.12.41.

6. 21.1.42: Auslaufen in den Westatlantik.

U 432 war eines der Boote, die als dritte Welle der »Operation Paukenschlag« nach den USA liefen.

Es fuhr als Geleitschutz für den deutschen Blockadebrecher DOGGERBANK. Nach Erledigung dieser Aufgabe wurde das Boot zur weiteren Operation Anfang Februar von einem rücklaufenden Boot mit Kraftstoff versorgt.

Nach Passieren des Gebietes von Nova Scotia fuhr U 432 nach Süden in US-Gewässer und befand sich am 14. im Operationsgebiet. Am frühen Morgen des 15. versenkte U 432 das neutrale brasilianische Schiff BUARQUE (5.152 t) ostsüdöstlich von Cape Henry. Das Schiff stand komplett in Flammen und seine brasilianische Flagge

wurde angeleuchtet. Ein anderes brasilianisches Schiff wurde mit einem Schuss vor den Bug am Abend des 18. östlich von Parramore Island gestoppt. Die Besatzung stieg in ihre Rettungsboote. Der Kapitän und der Funkoffizier der brasilianischen OLINDA (4.053 t) wurden zur Befragung an Bord genommen. Nach Rückkehr der Männer in ihr Rettungsboot wurde die OLINDA versenkt. Früh am 19. wurde die britische MIRAFLORES (2.158 t) und am 21. vermutlich die amerikanische AZALEA CITY (5.529 t) versenkt. U 432 fuhr weiter nach Süden und versenkte zwei Schiffe östlich von Cape Hatteras, die amerikanische NORLAVORE (2.713 t) am 24. und die amerikanische MARORE (8.215 t) am 27.

Rückkehr nach La Pallice am 16.3.42.

7. 30.4.42: Auslaufen in den Westatlantik.

U 432 lief in ein Gebiet südlich von Nova Scotia und versenkte am 17.5.42 den amerikanischen Fischtrawler FOAM (324 t) 100 Seemeilen südlich von Halifax. Das Boot fuhr nach Süden und traf sieben andere Boote zur Bildung der »Pfadfinder«-Gruppe am 21., 400 Seemeilen östlich von New York. Sehr wenige Schiffe wurden nahe der Küste gesehen, und die Sehrohre der Gruppe waren auf die Passage der Schifffahrt zwischen den Häfen der US-Ostküste und Mittel- und Südamerika gerichtet. Es wurde beobachtet, wie weit die Kurse von der Küste entfernt waren.

Früh am 23. versenkte U 432 die britische ZURICHMOOR (4.455 t) östlich von New York. Die »Pfadfinder«-Gruppe wurde bald danach aufgelöst, die meisten Boote gingen dichter an die Küste heran. U 432 fuhr nach Norden in den Golf von Maine und später in das Cape Sable-Gebiet. Am 31. versenkte es die britische LIVERPOOL PACKET (1.188 t) südwestlich von dem Cape und am 3.6.42 die Fischereifahrzeuge (amerikanisch) BEN und JOSEPHINE (102 t) und die amerikanische AEOLUS (41 t) südwestlich von Yarmouth, Nova Scotia.

Am Nachmittag des 9. beschädigte U 432 die norwegische KRONPRINSEN (7.073 t) südwestlich von Cape Sable. Bei diesem Angriff mag das Boot ein zweites Schiff beschädigt haben. Im letzten Teil des Juni wurde U 432 durch U 459 westlich der Azoren mit Kraftstoff versorgt.

Rückkehr nach La Pallice am 2.7.42.

8. 15.8.42: Auslaufen in den Nordatlantik. U 432 traf auf die »Lohs«-Gruppe östlich von Neufundland zum letzten Einsatz des Gruppenangriffes auf den Convoy ON 122. Nach Ende der Operation am 26. fuhr die »Lohs«-Gruppe nach Süden zur Kraftstoffergänzung durch U 174 und U 462. Ende August wurde U 432 durch U 174 westlich der Azoren mit Kraftstoff versorgt.

Die Gruppe bildete ab 6.9.42 400 Seemeilen nordöstlich von Cape Race eine neue Linie zum Empfang von nach Osten laufenden Convoys. Am 17. wurde der SC 100 im

Süden gemeldet und die »Lohs«-Boote fuhren zum Abfangen. Nur ein Schiff wurde von U 596 versenkt, dann verließ die Gruppe die Operation am 22., nachdem Winde Hurrikanstärke erreichten. Boote der »Pfeil«-Gruppe kamen am 20. an den Convoy heran. In den ersten Stunden des 24. versenkte U 432 einen Nachzügler vom SC 100, die amerikanische PENNMAR (5.868 t) ostsüdöstlich von Cape Farewell.

Rückkehr nach La Pallice am 4.10.42.

9. 30.11.42: Auslaufen in den Zentralen Atlantik.

U 432 und U 618 fuhren in ein Gebiet westlich von Gibraltar und trafen dann auf die »Westwall«-Gruppe, die auf der Suche nach UGS-Convoys im Bereich landgebundener Flugzeuge nach Westen verlegt hatte. Die beiden Boote kamen mit keiner Information über Convoys nach Nordafrika an. Mitte Dezember operierte U 432 entlang der marokkanischen Küste und am 17. versenkte es das französische Patrouillenfahrzeug POITOU, war aber erfolglos gegen zwei Truppentransporter.

Das Boot fuhr nach Norden zur Patrouille von Huelva an der Südküste Spaniens.

Rückkehr nach La Pallice am 5.1.43.

10. 14.2.43: Auslaufen in den Nordatlantik.

Am 21. sichtete U 664 den Convoy ONS 167 westsüdwestlich von Irland. U 432 und vier andere Boote bildeten die »Sturmbock«-Gruppe zur Operation gegen ihn. Die Boote waren weit weg und nur U 664 kam zum Erfolg; es versenkte zwei Schiffe des Convoys. Ab 24. bildeten die »Sturmbock«-Boote die neue Linie »Wildfang« östlich von Neufundland auf dem angenommenen Kurs des ONS 167. Der Convoy wurde nicht wieder gesehen, und die Operation endete bei schlechter Sicht am 25.

Ab 4.3.43 verband sich die »Wildfang«-Gruppe mit der »Burggraf«-Gruppe südlich von Grönland. U 405 von der »Neptun«-Gruppe sichtete am 6. den Convoy SC 121 und 17 Boote, die drei Gruppen bildeten und als »Westmark«-Gruppe bezeichnet wurden, wurden zum Angriff befohlen. U 432 gehörte dazu.

Am 10. sichtete U 336 der »Neuland«-Gruppe den Convoy HX 228 im Zentralen Nordatlantik und U 432 und viele andere Boote der »Westmark«-Gruppe wurden an ihn angesetzt. Während der Nacht des 10./11. wurde der Zerstörer HMS HARVESTER vom Geleitschutz in einem Kampf schwer beschädigt, der mit der Versenkung von U 444 endete.

Am Morgen des 11. kam U 432 mit der HARVESTER zusammen, die hinter dem Convoy zurückgefallen war und dann stoppte, da ihre zweite Schraube nicht mehr drehte. U 432 versenkte den Zerstörer. Eine Stunde später wurde das Boot von der französischen Korvette ACONIT (Lt J. Leavasseur) gesehen, die nach der HARVESTER suchte. An die Wasseroberfläche durch Wasserbomben der ACONIT getrieben, wurde U 432 mit Artillerie und durch Rammen versenkt.

Von der Besatzung des Bootes waren 26 Mann, einschließlich des Kommandanten, tot, 20 Mann gingen in Gefangenschaft.

U 433 Typ VII C

Bauwerft: Schichau, Danzig
Kiellegung: 4. Januar 1940
Stapellauf: 15. März 1941
Indienststellung: 24. Mai 1941
Feldpost-Nr.: M 41779
Versenkt am 16. November 1941 südlich von Malaga (36°13'N/04°24'W)

Kommando:
3. U-Flottille Kiel/La Pallice von Mai 1941–16. November 1941 (Schulboot/Frontboot)

Kommandant:
OLtzS Hans Ey, Mai 1941–16. November 1941

Feindfahrten: 2
Versenkte Schiffe: keines, 1 vermutlich beschädigt

1. 25.8.41: Auslaufen Bergen in den Nordatlantik. U 433 war eines von 14 Booten, die sich südwestlich von Island versammelten und die »Markgraf«-Gruppe bildeten. Die Anwesenheit der Boote war bekannt, und einige Convoys wurden umgeleitet, um ihnen zu entgehen. Am 4.9.41 wurde der »Markgraf«-Gruppe befohlen, eine neue Linie weiter südlich zu bilden, was die Umleitung der Convoys begünstigte.

Es wurde entschieden, dass die Boote ab 6. über ein großes Gebiet südöstlich von Grönland auf die möglichen Convoy-Routen verteilt werden. Einige Convoys wurden klar auf Kurs gehalten, aber der Kurs des SC 42 konnte nicht geändert werden, das Wetter war zu schlecht. Der Convoy wurde am 9. von U 85 nahe Cape Farewell gesichtet. Die Meldung brachte vier »Markgraf«-Boote, U 81, U 82, U 432 und U 652, heran.

U 433 kam am 10. dazu, machte während der Nacht erfolglose Angriffe auf zwei Geleitfahrzeuge und traf einen brennenden Nachzügler nordöstlich von Cape Farewell, vermutlich die norwegische BESTUM (2.215 t), die aber nicht unterging. Während der Nacht vom 12./13. kam Nebel auf und der Kontakt ging verloren. U 433 blieb in dem Gebiet, bis die Operation am 14. endete. 16 Schiffe wurden versenkt, zwei Boote, U 501 und U 207, gingen verloren.

Rückkehr nach St. Nazaire am 25.9.41.

2. 4.11.41: Auslaufen St. Nazaire und Rückkehr am 6.11.41.

3. 8.11.41: Auslaufen ins Mittelmeer. U 433 war Teil der »Arnauld«-Gruppe mit U 81, U 205, U 565. Es passierte die Straße von Gibraltar während der Nacht des 14./15. Am 16. versuchte U 433 einen nach Osten laufenden Convoy anzugreifen, der gerade Gibraltar verließ. Das Boot wurde geortet und mit Wasserbomben und Artillerie der Korvette HMS MARIGOLD (Lt J. Renwick) südlich von Malaga versenkt.

Von der Besatzung des Bootes wurden sechs Mann getötet und 38, einschließlich Kommandanten, wurden gefangen genommen.

U 434 Typ VII C

Bauwerft: Schichau, Danzig
Kiellegung: 20. Januar 1940
Stapellauf: 1. April 1941
Indienststellung: 21. Juni 1941
Feldpost-Nr.: M 43633
Versenkt am 18. Dezember 1941 westlich von Cape St. Vincent (36°15'N/15°48'W)

Kommando:
7. U-Flottille Kiel/St. Nazaire von Juni 1941–18. Dezember 1941 (Schulboot/Frontboot)

Kommandant:
KptLt Wolfgang Heyda, Juni 1941–18. Dezember 1941

Feindfahrten: 1
Versenkte Schiffe: keines

1. 26.10.41: Auslaufen Kiel und Einlaufen Frederikshavn am 26.10.41.

2. 29.10.41: Auslaufen Frederikshavn und Einlaufen Kristiansand am 30.10.41.

3. 2.11.41: Auslaufen in den Nordatlantik. Ab 4. wurden U 434, U 105, U 402 und U 574 in ein Aufklärungsgebiet südlich von Island befohlen und blieben dort zur Unterstützung des Ausbruchs des Schweren Kreuzers

ADMIRAL SCHEER. Die SCHEER-Operation fand nicht statt, und ab 13. fuhren die vier Boote nach Südwesten zum Cape Race. U 434, U 105 und U 574 gingen in ein Gebiet vor Neufundland, wo sie mit U 43, U 372 und U 575 als »Steuben«-Gruppe zusammentrafen.

Allerdings wurden am 23. alle Boote mit genügend Kraftstoff auf dem Weg oder im Gebiet von Neufundland nach Osten mit dem Ziel westlich von Gibraltar befohlen. Auf dem Marsch nach dort wurde U 434 auf den nach Süden laufenden Convoy OS 12 angesetzt, der am 28. nördlich der Azoren von U 434 gesichtet wurde. Keines der Boote kam zum Erfolg, obwohl sie an den Convoy herankamen.

Am oder um den 13.12.41 wurde U 434 in Vigo vom deutschen Versorger BESSEL mit Kraftstoff versorgt. Dann traf es auf die »Seeräuber«-Gruppe westlich von Gibraltar und wurde auf den Convoy HG 76 angesetzt.

Der Convoy fuhr entlang der marokkanischen Küste und wurde von Flugzeugen nicht gefunden. Erst am 17. bekam U 434 am Abend Kontakt, westlich von Cape St. Vincent.

Als es früh am 18. auftauchte, wurde es vom Zerstörer HMS STANLEY (LtCdr D.B. Swan) des Geleitschutzes gesichtet. Aus sechs Seemeilen Entfernung kam STANLEY heran, das Boot tauchte. Es feuerte einen Torpedo auf den Zerstörer, aber der ging vorbei. Über einem Ölkreis drehend, warf STANLEY zwei Wasserbomben. Sie wurde dabei unterstützt durch den Zerstörer BLANKNEY (Lt M.V. Thorburn), der auch Wasserbomben warf. Beide Zerstörer setzten ihre Angriffe fort, trafen das Boot schwer, so dass ein Torpedo im Heckrohr explodierte. Mit Wassereinbruch wurde U 434 zum Auftauchen gezwungen. Die Besatzung verließ das Boot, dann sank es. Die Überlebenden wurden von HMS EXMOOR, STANLEY und BLANKNEY aufgenommen. Drei Mann waren tot, 42, einschließlich des Kommandanten, gingen in Gefangenschaft.

U 435 Typ VII C

Bauwerft: Schichau, Danzig
Kiellegung: 11. April 1940
Stapellauf: 31. Mai 1941
Indienststellung: 30. August 1941
Feldpost-Nr.: M 03593
Versenkt am 9. Juli 1943 westnordwestlich von Lissabon (39°48'N/12°22'W)

Kommandos:
5. U-Flottille Kiel von August–Dezember 1941 (Schulboot)
1. U-Flottille Brest von Januar–Juni 1942 (Frontboot)
11. U-Flottille Bergen von Juli 1942–Januar 1943 (Frontboot)
1. U-Flottille Brest von Februar 1943–9. Juli 1943 (Frontboot)

Kommandant:
KptLt Siegfried Strelow, August 1941–9. Juli 1943

Feindfahrten: 8
Versenkte Schiffe: 8 (46.853 BRT) und 1 beschädigt
1 Minensucher (830 t)
1 Spezialschiff (2.456 t)
1 Marinetanker (3.313 t)

1. 20.1.42: Auslaufen Kiel in den Nordatlantik.
U 435 war eines von zwölf Booten, die sich westlich von Rockall als »Schlei«-Gruppe versammelten, um eine südwestliche Drehung über die Convoyrouten zu machen. Allerdings wurden die »Schlei«-Boote mit den guten Ergebnissen der Operationen vor der US-Ostküste konfrontiert und sie wurden angehalten, sich auf Operationen im westlichen Atlantik vorzubereiten.
Ein weiterer Befehl wurde dann gegeben, dass acht Boote in das Gebiet von Island/Färöer/Schottland gehen sollten. U 435, U 352, U 455, U 586 und U 591 ließen ihre vorgegebenen Befehle unbeachtet und liefen nordwärts.
Ab 25. klärten U 435, U 352 und U 455 den Seydisfjord an der Ostküste Islands auf, um einen möglichen Versammlungsort für Convoys zu entdecken. Da man keine ungewöhnlichen Aktivitäten der Schifffahrt fand, kehrten die Boote zum normalen Dienst zurück. U 435 lief am 16.2.42 in Kirkenes ein.
2. 18.2.42: Auslaufen Kirkenes und Einlaufen Drontheim am 22.2.42.
3. 16.3.42: Auslaufen. Am Morgen des 27. sichtete ein deutsches Flugzeug den nach Osten laufenden Convoy PQ 13, der durch einen Sturm zerstreut worden war. U 435 und vier andere Boote, deutsche Zerstörer und Flugzeuge wurden zum Angriff befohlen. Am frühen Nachmittag des 30. versenkte U 435 die amerikanische EFFINGHAM (6.421 t) nordöstlich von Kola. Die Operation endete an diesem Tag, fünf Schiffe waren versenkt und eines beschädigt. Die Deutschen verloren einen Zerstörer, die Royal Navy hatte einen beschädigten Zerstörer.
Rückkehr nach Kirkenes am 5.4.42.
4. 7.4.42: Auslaufen. Am 10. verließ der Convoy QP 10

Kola. Er wurde am 11. durch deutsche Flugzeuge angegriffen. Während der Nacht vom 12./13. machte U 435 erfolglose Angriffe auf den Zerstörer HMS PUNJABI, versenkte aber die panamesische OCCIDENTE (6.008 t) und die sowjetische KIEV (5.823 t), beide ostsüdöstlich von der Bäreninsel.
Rückkehr nach Kiel am 26.4.42.
5. 18.6.42: Auslaufen Kiel und Einlaufen Hela am 20.6.42.
6. 25.6.42: Auslaufen Hela und Einlaufen Kiel am 26.6.42.
7. 18.7.42: Auslaufen Kiel und Einlaufen Narvik am 25.7.42.
8. 25.7.42: Auslaufen. Zwischen dem 11. und 15. landete U 435 die »Knospe«-Wetterbeobachtungseinheit auf Spitzbergen, die Informationen für eine deutsche Unternehmung gegen die Schifffahrt auf der sibirischen Route sammelte. Am 24. nahm das Boot eine Abteilung von Signehamma, Spitzbergen, auf. Ob es die Einheit war, die früher im Monat gelandet war, ist nicht bekannt.
Rückkehr zum Skjomenfjord am 31.8.42.
9. 16.9.42: Auslaufen. Ab 20. operierten U 435 und sechs andere Boote gegen den nach Westen laufenden Convoy QP 14. Am frühen Morgen des 20. griff U 435 den Convoy westlich der Südspitze Spitzbergens an und versenkte den Minensucher LEDA.
Es verfolgte den Convoy, und am 22. versenkte es drei Schiffe westlich von Jan Mayen, die amerikanische BELLINGHAM (5.345 t), die britische OCEAN VOICE (7.174 t) und den Marinetanker GREY RANGER (3.313 t).
Rückkehr nach Skjomenfjord am 28.9.42.
10. 30.9.42: Auslaufen Skjomenfjord und Einlaufen Bergen am 3.10.42.
11. 30.11.42: Auslaufen Bergen in den Nordatlantik.
U 435 traf im Gebiet südwestlich Islands bei der »Draufgänger«-Gruppe ein, die zur Operation gegen den nach Osten laufenden Convoy HX 217 bereitstand. Ab 13.12.42 bildeten U 435 und andere neu hinzu gekommene Boote mit einigen der ex-»Draufgänger«-Gruppe die neue Gruppe »Ungestüm«, um gegen Convoys, die den Nordkanal verließen, zu operieren.
Am 13. wurde der HX 218 von U 373 östlich von Neufundland gesichtet. Die »Ungestüm«-Boote fuhren nach Westen. Am 16. wurde eine Linie südöstlich von Cape Farewell auf dem erwarteten Kurs des Convoys gebildet. Der HX 28 passierte ungesehen die Linie der wartenden Boote.
Nachdem U 373 den ONS 152 im Südosten der »Ungestüm«-Linie gesichtet hatte, fuhren die Boote auf ihn zu. Kurzer Kontakt wurde hergestellt, aber schlechtes Wetter und schlechte Sicht verhinderten jeden Angriff. Eine Suche nach Nachzüglern wurde fortgesetzt, der ein

Schiff durch U 591 zum Opfer fiel. Die Operation wurde am 22. beendet.

Ab 24. bildeten die weit verstreuten Boote der »Ungestüm«-Gruppe eine neue Linie im Zentralen Nordatlantik. Am 25. fuhr die Linie nordwestwärts zum Treffen mit der »Spitz«-Gruppe, die im Nordwesten stand.

Der Convoy ONS 154 wurde am 26. von U 664, südlich der »Spitz«-Linie, nordnordöstlich der Azoren, entdeckt. Beide Gruppen fuhren nach Süden zum Abfangen, doch erst am 27. bekamen sie Kontakt. Wegen schlechter Sicht wurden an diesem Tag nur vier Schiffe versenkt und eines beschädigt. Der Angriff auf den ONS 154 wurde bis zum 31. fortgesetzt, dann endete die Operation nordwestlich der Azoren. U 435 schoss früh am 29. an einem Zerstörer vorbei, aber es versenkte die britische EMPIRE SHACKLETON (7.068 t) nördlich der Azoren.

Dieses Schiff war zuvor von U 123 und U 225 beschädigt worden.

Am Nachmittag des 29. versenkte U 435 die norwegische NORSE KING (5.701 t) und am Abend das Marine-Spezialschiff HMS FIDELITY. Nach dieser Versenkung meldete Strelow, dass 300 bis 400 Überlebende in überladenen Flößen im Wasser trieben, und dass das schlechte Wetter bedeutete, dass nur wenige überleben würden.

Anfang Januar wurde U 435 und fünf andere Boote durch U 117 nördlich der Azoren mit Kraftstoff versorgt.

Rückkehr nach Brest am 10.1.43.

12. 18.2.43: Auslaufen in den Atlantik. U 435 traf auf die »Burggraf«-Gruppe im Zentralen Nordatlantik, westlich von Irland. Ab 26. fuhr die Gruppe nach Westen, ab 4.3.43 traf sie mit der »Wildfang«-Gruppe zusammen und bildete eine lange Linie östlich von Neufundland in Erwartung eines SC-Convoys, den man am 5. erwartete. Der Convoy SC 121 schlüpfte jedoch während der Nacht durch die Linie, und die »Neptun«-Gruppe, zusammen mit Booten der »Burggraf«-, »Neuland«- und »Wildfang«-Gruppe griffen ihn an. Die übrigen »Burggraf«- und »Wildfang«-Boote, auch U 435, bildeten die »Raubgraf«-Gruppe am 7. östlich von Neufundland, um den HX 228 abzufangen. Eine Suche über die nächsten Tage ergab nichts, der Convoy hatte die Linie im Süden passiert. Am 13. kam der ON 170 kurz in Sicht, aber schlechtes Wetter und starke Luftsicherung hinderte die Boote, anzugreifen. Die Operation wurde abgeblasen. Nun, nordöstlich von Neufundland, wurden die »Raubgraf«-Boote zur Verfolgung des SC-Convoys befohlen, lt. Meldung am 14. Der Kontakt wurde am 16. hergestellt und der Convoy, von dem man dachte, es sei der SC 122, es war tatsächlich der HX 229, wurde später am Tag angegriffen.

U 435 beschädigte die amerikanische WILLIAM EUSTIS (7.196 t) und glaubte, am 17. früh und zwei Stunden spä-

ter Treffer auf drei Schiffen erzielt zu haben, aber darüber gibt es keine Informationen.

Die WILLIAM EUSTIS wurde sieben Stunden später von U 91 versenkt.

Die Viertage-Operation war die größte Convoyaktion des Krieges, es wurden 21 Schiffe aus den beiden Convoys versenkt.

Rückkehr nach Brest am 25.3.43.

13. 20.5.43: Auslaufen in den Atlantik. Mit den Fehlschlägen der Convoy-Operationen im Nordatlantik wurde am 24. Mai entschieden, sich auf den Angriff auf Convoys, von den USA nach dem Mittelmeer, zu konzentrieren.

So wurden Boote mit genügend Kraftstoff in ein Gebiet südwestlich der Azoren befohlen, um dort auf die Convoys UGS 9 und GUS 7A zu warten.

Eine Linie, »Trutz« genannt, wurde in der Nacht des 30./31. auf dem 43° Meridian westsüdwestlich der Azoren gebildet. Sie bestand aus 16 Booten. Am 4.6.43 wurden die drei am südlichsten stehenden Boote von Trägerflugzeugen angegriffen, von denen man annahm, sie gehörten zur Luftsicherung des Convoys. Die Boote schlossen heran, um jedes Schiff abzufangen, das die Linie passieren wollte. Aber es kam nichts in Sicht und am 5. dachte man, dass er die Linie im Norden oder Süden passiert hatte.

Die Gruppe wurde aufgelöst und bewegte sich 600 Seemeilen nach Norden, um von U 488 mit Kraftstoff versorgt zu werden. Der UGS Convoy wurde am 8. 100 Seemeilen südlich des Gebietes, wo die »Trutz«-Gruppe am 5. stand, gesichtet. Die Fahrt zur Versorgung hatte aber Vorrang.

Am 15. wurde die »Trutz«-Gruppe aufgeteilt in drei Nord-Süd-Linien, die parallel verliefen. U 435 war in der Gruppe »Trutz 3«. Die Boote warteten auf zwei Convoys, einen nach Osten laufenden am 17. und einen nach Westen laufenden am 20. Am 22., nachdem sich in den sechs Tagen nichts getan hatte, begann die Linie nach Osten zu verlegen. Das dauerte bis zum 27., dann hielten sie 200 Seemeilen südwestlich der Azoren an. Den erwarteten, nach Osten laufenden Convoy sichtete man am 22., 300 Seemeilen nördlich der »Trutz«-Linie.

Ab 27. warteten die Linien auf einen anderen Convoy, aber am 29. stellte man fest, dass er die Linie schon passiert hatte.

Die Boote bildeten sich um in drei neue Linien, »Geier 1«, »-2« und »-3«, und am 2.7.43 fuhren sie im Abstand von einem Tag auf die Küste Spaniens zu. U 435 war in der Gruppe »Geier 3«.

Im Abstand von 500 Seemeilen von der Küste entfernt, begannen die Angriffe, doch am 8. wurde den Kommandanten erlaubt, nach Hause zu fahren, wenn sie es wollten.

Am 9. wurde U 435 angegriffen und von einer Wellington der 179. Squadron (F/O E.J. Fisher) west-nordwestlich von Lissabon versenkt.
Es gab keine Überlebenden, 48 Tote.

U 436 Typ VII C

Bauwerft: Schichau, Danzig
Kiellegung: 25. April 1940
Stapellauf: 21. Juni 1941
Indienststellung: 27. September 1941
Feldpost-Nr.: M 17108
Versenkt am 26. Mai 1943 westlich von Cape Ortegal (43°49'N/15°56'W)

Kommandos:
5. U-Flottille Kiel von September 1941–Januar 1942 (Schulboot)
7. U-Flottille St. Nazaire von Februar–Juni 1942 (Frontboot)
11. U-Flottille Bergen von Juli–August 1942 (Frontboot)
6. U-Flottille St. Nazaire von September 1942–28. Mai 1943 (Frontboot)

Kommandant:
KptLt Günther Seibicke, September 1941–26. Mai 1943

Feindfahrten: 8
Versenkte Schiffe: 4 (29.808 BRT) und 2 beschädigt

1. 2.2.42: Auslaufen Kiel in nördliche Gewässer. Es sind keine Einzelheiten über diesen Einsatz bekannt.
Rückkehr nach Kirkenes am 17.2.42.
2. 18.2.42: Auslaufen. Am 1.3.42 glaubte U 436 nordöstlich von Cape Teriberskij ein Schiff versenkt zu haben. Es gibt keine Informationen darüber.
Rückkehr nach Kirkenes am 24.3.42.
3. 7.4.42: Auslaufen. Es sind keine Einzelheiten bekannt.
Rückkehr nach Kirkenes am 20.4.42.
4. 29.4.42: Auslaufen. Am 28. verließ der nach Westen laufende Convoy QP 11 Murmansk, U 436 und eine Anzahl anderer Boote versammelten sich zum Abfangen. Am 30. schoss U 436 vier Torpedos auf den Kreuzer HMS EDINBURGH, aber alle gingen vorbei. Der Kreuzer wurde am Abend von U 456 beschädigt. Nach weiteren Beschädigungen durch deutsche Zerstörer versenkte HMS FORESIGHT den Kreuzer. Die Operation gegen den

QP 11 wurde zum Wettkampf zwischen zwei Marine-kampfgruppen, dabei hatte U 456 den einzigen Uboot-erfolg zu verzeichnen.
Rückkehr nach Drontheim am 4.5.42.
5. 12.5.42: Auslaufen. Der nach Osten laufende Convoy PQ 16 verließ Reykjavik am 21. und ab 24. bekam er einen starken Geleitschutz. Er wurde am 25. von deutschen Flugzeugen entdeckt und kam unter heftige Luftangriffe. Am 26. machte U 436 erfolglose Angriffe, schoss an einem Frachter und einer Korvette vorbei. Der Convoy verlor 43.205 BRT an Schiffen, alle durch Luftangriffe, außer einem Schiff, das durch U 703 versenkt wurde.
Rückkehr nach Skjomenfjord am 27.5.42.
6. 30.5.42: Auslaufen Skjomenfjord und Einlaufen Drontheim am 1.6.42.
7. 7.6.42: Auslaufen Drontheim und Einlaufen Kiel am 11.6.42.
8. 12.6.42: Auslaufen Kiel und Einlaufen Danzig am 13.6.42.
9. 20.9.42: Auslaufen Danzig und Einlaufen Kiel am 21.9.42.
10. 6.10.42: Auslaufen in den Atlantik. Am oder um den 22. traf U 436 auf die »Puma«-Gruppe im Zentralen Nordatlantik. Die Gruppe wandte sich westwärts bis zum 24., als U 606 zwei Zerstörer meldete, die zum Geleitschutz eines ONS-Convoys gehörten.
Die »Puma«-Boote fuhren mit hoher Geschwindigkeit nach Nordwesten zum Abfangen.
Am 26. sichtete U 436 den nach Osten laufenden Convoy HX 212 im Zentrum der Linie. Es begann mit der Verfolgung und am Abend des 27. versenkte es die britische SOURABAYA (10.107 t), beschädigte die norwegische FRONTENAC (7.350 t), sowie die amerikanische GURNEY E. NEWLIN (8.225 t). Letzteres Schiff wurde durch U 606 am nächsten Morgen versenkt. Am Abend des 29. versenkte U 436 die britische BARRWHIN (4.998 t).
Am 1.11.42 wurden U 436, vier andere Boote von der HX 212-Operation mit dem neu angekommenen Boot U 98 zur Bildung einer neuen Linie, »Natter«, westlich von Irland befohlen. Während der nächsten drei Tage wurde die Gruppe durch sieben neue Boote verstärkt. Die Boote liefen nach Süden und bildeten am 5. eine neue Linie.
U 92 sichtete am 4. den nach Westen laufenden Convoy ON 143, aber ohne »Natter«-Boote zur Unterstützung ging der Kontakt verloren. Die Suche wurde mit anderen Booten durchgeführt, aber da der Convoy nicht gefunden wurde, hat man die Operation am 6. eingestellt. Der einzige Erfolg war die Versenkung von zwei Nachzüglern, die von U 566 und U 613 während des Nachmittags am 7., nachdem die Meldung über die Entdeckung des

Convoys durch U 117 die vier Boote in die Lage versetzte, an ihn heran zu kommen.
Rückkehr nach Lorient am 12.11.42.
11. 17.12.42: Auslaufen in den Atlantik.
U 436 traf auf die »Delphin«-Gruppe westlich von Gibraltar zur gemeinsamen Operation gegen US-Mittelmeer-Convoys mit Versorgungsgütern für die alliierten Truppen in Nordafrika. Am 29. wurde die Gruppe nach Westen befohlen, um den Convoy GUS 2 zu suchen. Nichts kam in vier Tagen in Sicht, dann drehten die Boote Richtung Brasilien.
Doch am 3.1.43 meldete U 514 einen Tanker-Convoy, TM 1, 900 Seemeilen südlich der »Delphin«-Gruppe mit vermutlichem Kurs auf Gibraltar. Die »Delphin«-Boote drehten nach Süden zum Abfangen, doch erst am 8. wurde der Convoy von U 381 entdeckt. Vier Boote trafen auf die Gruppe, so dass mit dem in diesem Gebiet stehenden nun zwölf Boote für den Angriff vorhanden waren.
Am Abend des 8. torpedierte U 436 zwei Tanker des TM 1 südlich der Azoren, beschädigte die norwegische ALBERT L. ELLSWORTH (8.309 t) und versenkte die britische OLTENIA II (6.394 t). Am folgenden Abend kam U 436 wieder heran an die ALBERT L. ELLSWORTH, jetzt ein Nachzügler am Convoy, und versenkte das Schiff. Sieben Tanker wurden versenkt, die Operation fand am 11. nahe Madeira ihren Abschluss. Irgendwann während der Aktion litt U 436 unter Wasserbombenattacken des Zerstörers HMS HAVELOCK.
Die »Delphin«-Gruppe wurde südlich der Azoren am 16. umgebildet, sechs Boote waren, wie auch U 436, von U 463 mit Kraftstoff versorgt worden. Die Gruppe fuhr nach Westen, um auf einen UGS Convoy zu treffen, aber sie drehte am 18. zurück nach Osten. Vom 21. bis 29. warteten die »Delphin«-Boote südwestlich der Azoren, aber da kein Convoy in Sicht kam, fuhr die Gruppe weiter nach Osten. Ab 31. war die Linie nordwestlich von den Kanarischen Inseln, fuhr dann aber am 6.2.43 auf eine neue Position westlich von Gibraltar.
Ab 11. bewegte sich die »Delphin«-Gruppe nach Norden, um Positionen westlich von Portugal einzunehmen. Ein nach Süden laufender Convoy wurde am 12., 200 Seemeilen westlich von Cape Finisterre, gemeldet.
Die »Delphin«-Gruppe erhielt Befehl, heranzuschließen, aber die Operation wurde zum Fehlschlag, da Flugzeuge die Boote unter Wasser hielten. Die Lage verschlimmerte sich noch, je näher der Convoy an Gibraltar heran kam. Die Angriffe wurden unmöglich, zwei Boote gingen dabei verloren.
Rückkehr nach St. Nazaire am 19.2.43.
12. 25.4.43: Auslaufen in den Atlantik. U 436 war eines von elf Booten, die Ende April nordwestlich von Cape Finisterre eine Linie bildeten, »Drossel« genannt.

Am 3.5.43 sichtete ein Flugzeug einen nach Süden laufenden Convoy, und die Gruppe drehte nach Osten zum Angriff. Es wurden 15 LCT's und zwei Geleitfahrzeuge festgestellt. Der Zustand der See machte Torpedoangriffe auf diese flachgehenden Boote unmöglich, und die Operation wurde aufgegeben.
Die »Drossel«-Gruppe fuhr südwärts und suchte nach zwei Richtung Norden laufenden Convoys, die man am 5. erwartete. Der SL 128 wurde durch Flugzeuge am 6. gesichtet, aber eine falsche Positionsangabe hielt die Boote davon ab, Kontakt vor dem 7. herzustellen. Nur ein Schiff wurde durch U 89 versenkt, dann erschienen Flugzeuge. Die Operation wurde am 8. beendet.
U 436 machte einen erfolglosen Angriff auf den Convoy mittags am 7. Die Gruppe lief mit hoher Fahrt nach Westen zum Abfangen des nach Osten laufenden Convoys HX 237. Dieser war am 9. von der »Rhein«-Gruppe gesichtet worden, ging aber wegen schlechter Sicht wieder verloren. Der Convoy wurde am 11. von der »Drossel«-Gruppe nördlich der Azoren aufgefangen. Eine starke Geleitsicherung und Trägerflugzeuge hielten die Boote auf Distanz. Bevor die Operation am 13. endete, waren drei Schiffe versenkt worden, aber auch drei Boote gingen verloren.
U 436 lief heimwärts. Am 26., nahe am Convoy KX 10, wurde das Boot gesehen und mit Wasserbomben von zwei Geleitfahrzeugen der Fregatte HMS TEST (LtCdr F.B. Collison) und der indischen Korvette HMIS HYDERABAD (Lt T. Cooper) versenkt.
Es gab keine Überlebenden, 47 Tote.

U 437 Typ VII C

Bauwerft: Schichau, Danzig
Kiellegung: 16. April 1940
Stapellauf: 15. Juni 1941
Indienststellung: 25. Oktober 1941
Feldpost-Nr.: M 36400
Außerdienststellung am 5. Oktober 1944 in Bergen

Kommando:
6. U-Flottille Danzig/St. Nazaire von Oktober 1941–
5. Oktober 1944 (Schulboot/Frontboot)

Kommandanten:
KptLt Werner-Karl Schulz, Okt. 1941–Dez. 1942
KptLt Hermann Lamby, Dez. 1942–5. Okt. 1944

Feindfahrten: 11
Versenkte Schiffe: keines

1. 4.4.42: Auslaufen Kiel nach Westfrankreich. Eintreffen St. Nazaire am 18.4.42.
2. 29.4.42: Auslaufen zu einem Spezialauftrag. U 437 traf auf den rückkehrenden Blockadebrecher MÜNSTERLAND.
Rückkehr nach St. Nazaire am 18.5.42.
3. 6.6.42: Auslaufen in den Atlantik. Mit anderen Booten wurde U 437 auf den nach Norden laufenden Convoy HG 84 angesetzt, der am 11. von einer Condor westlich von Portugal gemeldet worden war. Die Boote bildeten die »Endrass«-Gruppe für die Operation gegen den Convoy am 14., der am Nachmittag von einem Flugzeug gesichtet wurde. Nur ein Boot hatte Erfolg, U 552, das fünf Schiffe während der Nacht versenkte.
Alle anderen »Endrass«-Boote, die den HG 84 erreichten, wurden vertrieben, sowohl von Geleitfahrzeugen als auch von Flugzeugen. Die Operation endete am 16. Das gute Wetter, ruhige See und gute Sicht waren unvorteilhaft für die Uboote.
Ende Juni wurden fünf »Endrass«-Boote und U 437 auf der Fahrt an die Ostküste der USA und in das karibische Operationsgebiet durch U 459, westlich der Azoren, mit Kraftstoff versorgt. U 437 operierte südlich von Kuba. In den frühen Stunden des 18.7.42 machte es einen erfolglosen Angriff auf zwei Schiffe vor Haiti. Es hörte die Detonationen und vernahm Geräusche eines sinkenden Schiffes, aber es gibt keine Informationen darüber. Am Abend des 20. machte das Boot einen weiteren erfolglosen Angriff auf ein großes Schiff im selben Gebiet. Von dem Dreierfächer wurden zwar Detonationen gehört, aber das Schiff ist unbekannt.
U 437 fuhr zur Operation vor den Großen Antillen und nahe nördlich der Antillen, aber es hatte wieder keinen Erfolg. Rückkehr nach St. Nazaire am 12.8.42.
4. 17.9.42: Auslaufen in den Atlantik. U 437 wurde an den nach Westen laufenden Convoy ON 131 herangeführt, der am 26. südlich von Island von U 617 gesichtet wurde. Die Verfolger verloren den Kontakt und schlechtes Wetter rief den Abbruch hervor.
U 437 traf westlich von Irland auf die »Luchs«-Gruppe, die auf einen nach Westen laufenden ON-Convoy wartete.
Am 29. sichtete U 118 einen nach Westen laufenden Convoy 250 Seemeilen südlich von Island, und die »Luchs«-Boote wurden nach Nordwesten zum Angriff befohlen. Als am 2.2.42 bis zum Abend nichts gesichtet wurde, drehte die Gruppe nach Südwesten. Am 3. sichtet U 260 den nach Osten laufenden Convoy am nördlichen Ende der »Luchs«-Linie.

Schlechtes Wetter verhinderte den konzentrierten Angriff der Boote, und dieser Vorteil in Verbindung mit der Luftsicherung ab 4. brachte am 6. den Abbruch der Operation mit sich. Nur ein Schiff wurde versenkt.
U 437 sichtete einen nach Südwesten fahrenden ON-Convoy in der Nacht vom 3./4. 120 Seemeilen südöstlich von HX 209, aber die mit Funkspruch gemeldet Sichtung wurde wegen schlechter Umstände abgeblasen. Dieser Convoy war näher an den »Luchs«-Booten und hätte ein besseres Angriffsziel geboten.
Ab 8. bildeten die vom HX 209 kommenden Boote die »Panther«-Gruppe westlich von Irland, der von anderen Booten gemeldet worden war. Während der Nacht des 11. sichtete U 620 den nach Westen laufenden Convoy ONS 136, und acht »Panther«-Boote, mit U 437, wurden auf ihn als »Leopard«-Gruppe angesetzt. Schlechtes Wetter und Wind hielten die meisten Boote davon ab, an den Convoy heranzukommen, und die Operation wurde am 14. abgebrochen. Nur zwei Schiffe wurden versenkt. Die »Leopard«-Boote wandten sich dann nach Westen zur Suche nach SC 104, der den Angriffen der »Wotan«-Gruppe ausgesetzt war. Als der Convoy gefunden wurde, trieben Geleitfahrzeuge die »Leopard«-Boote weg. Spät am 15. fanden sie den nach Westen laufenden Convoy ON 137. Der Convoy wurde von U 704 der »Panther«-Gruppe am späten Morgen des 16. gesichtet, aber das schlechte Wetter störte den Einsatz, der am 19. abgebrochen wurde.
U 437 wurde am oder um den 22. im Zentralen Nordatlantik von U 463 mit Kraftstoff versorgt und verlegte nach Westen zum Treffen mit der »Veilchen«-Gruppe, die sich östlich von Neufundland am 24. gebildet hatte. Am 28. sichtete U 437 den ON 140, aber es kam zu keinem Einsatz; die Gruppe setzte ihr Warten auf nach Osten laufende Convoys fort.
Am 30. sichtete U 522 den SC 107 im Zentralen Nordatlantik nahe Cape Race. Die »Veilchen«-Gruppe lief zum Abfangen und der Convoy passierte die Linie am 1.11.42. Die ersten erfolgreichen Angriffe wurden in den frühen Stunden des 2. gemacht. Die Operation endete am 5., als die letzten Boote von Flugzeugen vertrieben worden waren. 15 Schiffe wurden versenkt, zwei Boote gingen verloren. U 437 fuhr heimwärts am oder um den 3. Am Abend des 4. griff es im Zentralen Nordatlantik einen Einzelläufer an, aber die beiden abgefeuerten Torpedos blieben ohne Ergebnis.
Rückkehr nach St. Nazaire am 15.11.42.
5. 4.2.43: Auslaufen in den Zentralen Atlantik. U 437 traf auf die »Robbe«-Gruppe, die am 16. in einer Nord-Süd-Linie nordöstlich der Azoren gebildet wurde. Am 17. fuhr die Gruppe nach Westen zur Suche in einem Gebiet nördlich der Azoren.

Das Boot wurde von der Gruppe zum Treffen mit U 258 und U 264 detachiert, die beide von der »Rochen«-Gruppe zum Geleit des erbeuteten Tankers HOHENFRIED-BERG (vormals HERBORG) in einen französischen Hafen abgestellt waren. Der Tanker wurde 500 Seemeilen südwestlich von Cape Finisterre von einer USAF Liberator entdeckt und vom Kreuzer HMS SUSSEX am 26. versenkt. U 264 übernahm die Besatzung der HOHENFRIED-BERG.

Rückkehr nach St. Nazaire am 5.3.43.

6. 26.4.43: Auslaufen in den Nordatlantik. Das Boot wurde von einer Leigh Light Wellington der 172. Squadron (P/O P.H. Stembridge) am frühen Morgen des 29. angegriffen. Es wurde bei einer Wasserbomben-attacke beschädigt und kehrte am 30.4.43 nach St. Nazaire zurück.

7. 24.7.43: Auslaufen St. Nazaire und Rückkehr am 25.7.43.

8. 1.8.43: Auslaufen St. Nazaire und Rückkehr am 3.8.43.

9. 18.9.43: Auslaufen St. Nazaire und Rückkehr am 19.9.43.

10. 23.9.43: Auslaufen in den Nordatlantik. U 437 traf auf die »Schlieffen«-Gruppe ostsüdöstlich von Cape Farewell. Am 15.10.43 wurde während der Bildung der Gruppe von U 844 westlich von Rockall ein nach Westen laufender Convoy gesichtet, von dem man annahm, dass es der ONS 20 war, aber es war der ON 206.

Die Boote wurden zur Verfolgung befohlen und als »Schlieffen«-Boote an ihn herangeführt.

Nachdem U 844 lokalisiert und vertrieben worden war, wurde das Finden des Convoys schwierig, denn Flugzeuge aus Island erschwerten das Suchen. Die weit verstreuten Boote mussten tauchen, doch nur über Wasser fahrend konnten sie den Kontakt aufrechterhalten, aber daraus wurde nichts.

Früh am 16. sichtete U 964 den Convoy ONS 20 und meldete ihn. Dieser änderte jedoch seinen Kurs im Verlauf des Tages.

Inzwischen hatte Dönitz befohlen, dass die Boote über Wasser bleiben und den Kampf durchstehen sollten. Am 16. während des Tages liefen Meldungen von Booten ein, dass sie angegriffen wurden, dass sie beschädigt worden waren, und dass als erstes Boot U 964 verloren ging.

Die »Schlieffen«-Boote fuhren am 17. weiter ostwärts zur Bildung einer neuen Linie mit kleinerem Abstand zueinander. ONS 20 passierte die Linie im Norden am frühen Morgen des 17., und der Angriff wurde befohlen. Allerdings ging der Kontakt bald danach verloren und obwohl die Suche nach Nordwesten ausgedehnt wurde, stellte man fest, dass man nicht auf dem richtigen Kurs war.

Sie wurden am Abend des 17. gestoppt und die Boote verholten weiter nach Westen, um der fortgesetzten Belästigung durch Flugzeuge zu entgehen. Die Operation endete am Mittag des 18., doch als in der Dämmerung dieses Abends der Convoy von U 608 erneut gesichtet worden war, verzichtete man auf eine weitere Verfolgung.

U 437 und andere »Schlieffen«-Boote trafen auf die »Siegfried«-Gruppe, die am 24. 500 Seemeilen östlich von Neufundland gebildet worden war und im getauchten Zustand während des Tages auf die Convoys HX 262 und SC 145 wartete. Am 25. glaubte man, dass der HX 262 den Süden der Linie passierte, und die Gruppe fuhr nach Süden. Aber es kam zu keinem Kontakt.

Um ein weites Gebiet zu überwachen, wurde die »Siegfried«-Gruppe in drei kleinere Gruppen geteilt, in »Siegfried 1«, »-2« und »-3«. U 437 war in der Gruppe »Siegfried 2«. Die Gruppen setzten ihre Fahrt nach Süden fort, sie suchten den Convoy SC 145, aber der passierte die Linie bereits am 29. Zwei Tage später wurden die Boote erneut umgebildet, diesmal in zwei Gruppen, »Jahn« und »Körner«. U 437 war in der Gruppe »Jahn«.

Am 3.11.43 wurden die Boote nochmals in fünf kleine Gruppen umgebildet: »Tirpitz 1«, »-2«, »-3«, »-4« und »-5«. Sie suchten den Convoy HX 264. Der passierte spät am 6., und die Operation wurde aufgegeben. Es war unmöglich, an ihn wegen der Trägerflugzeuge heranzukommen.

Rückkehr nach St. Nazaire am 19.11.43.

11. 20.1.44: Auslaufen St. Nazaire und Rückkehr am 22.1.44.

12. 29.1.44: Auslaufen St. Nazaire und Rückkehr am 31.1.44.

13. 2.2.44: Auslaufen in den Atlantik.

U 437 lief in ein Gebiet südwestlich von Irland. Am Abend des 11. griff es den Geleitschutz des Convoys OS 67 an, aber es war nur eine End-Detonation zu hören. Das Boot wurde entdeckt, konnte aber mit Hilfe des Aphrodite-Ballons und Anti-Radar-Folien entkommen.

U 437 war kurz bei der »Hai«-Gruppe, die in zwei Parallel-Gruppen, »Hai 1« und »-2«, ab 18. westsüdwestlich von Irland auf dem Kurs der Convoys ONS 29, ON 224 und OS 68 gebildet wurden. Luftaufklärung verfehlte die Convoys und man fand, dass die Convoys den Kurs geändert hatten und den Süden der Linien passieren würden. Die Boote wurden dann sofort mit hoher Fahrt nach Süden befohlen, bei Tage getaucht, bei Nacht über Wasser fahrend. Anstelle der Sichtung eines Convoys in der Dämmerung des 19. wurden nur einige Zerstörer gesehen. U 437 schoss einen Torpedo auf einen Zerstörer, aber der Angriff war erfolglos, es war nur eine End-Detonation zu hören.

Die Operation war ein Fehlschlag und endete am 20., die Boote tauchten, um den Flugzeugen zu entkommen. Die »Hai«-Gruppe wurde aufgelöst und 16 Boote, mit U 437, bildeten ab 22. die »Preussen«-Gruppe westlich von Irland. Die Gruppe wurde ab 26. zwischen dem 22° und 30°W auf dem angenommen Kurs des Convoys ON 225 konzentriert, aber der wurde umgeleitet.

Die Boote fuhren am 6.3.44 auf der Suche nach Convoys nach Norden und operierten einzeln westlich der britischen Inseln.

Die »Preussen«-Gruppe wurde am 22. aufgelöst, und die Boote operierten unabhängig zwischen den britischen Inseln und dem 40° W.

Rückkehr nach St. Nazaire am 3.4.44.

14. 6.6.44: Als eines von 19 Boten, die über keinen Schnorchel verfügten, fuhr U 437 als Teil der »Landwirt«-Gruppe in die Biskaya. Sie sollten sich in einer Doppellinie auf 200 Meter Tiefe zwischen Brest und Bordeaux aufhalten, um alliierte Landungsfahrzeuge bei Bedarf anzugreifen. Sie verlegten später auf eine Tiefe von 100 Meter.

Die wartenden Boote waren unter ständigen Luftangriffen, wenn sie nachts auftauchten. Als die Invasion ausblieb, fuhren die Boote am 12. in ihre Stützpunkte zurück und blieben dort in sechsstündiger Bereitschaft liegen.

Rückkehr nach St. Nazaire am 15.6.44.

15. 9.8.44: Auslaufen St. Nazaire und Einlaufen Bordeaux am 13.8.44.

16. 23.8.44: Auslaufen Bordeaux mit Kurs auf Norwegen. U 437 war eines der Boote, die nicht mehr komplett für eine Feindfahrt ausgerüstet waren. Es verließ die Biskaya.

Am 21.9.44 Einlaufen Bergen.

Am 4.10.44 wurde U 437 bei einem Angriff der RAF auf Bergen schwer beschädigt. Am folgenden Tag stellte es außer Dienst und wurde 1946 abgewrackt.

U 438 Typ VII C

Bauwerft: Schichau, Danzig
Kiellegung: 25. April 1940
Stapellauf: 2. Juli 1941
Indienststellung: 22. November 1941
Feldpost-Nr.: M 42302
Versenkt am 6. Mai 1943 östlich von Belle Isle
(52°00'N/45°10'W)

Kommandos:
8. U-Flottille Königsberg/Danzig von November 1941–Juli 1942 (Schulboot)
9. U-Flottille Brest von August 1942–6. Mai 1943 (Frontboot)

Kommandanten:
KptLt Rudolf Franzius, November 1941–März 1943
KptLt Heinrich Heinsohn, März 1943–6. Mai 1943

Feindfahrten: 4
Versenkte Schiffe: 2 und 2 in Teilung (13.554 BRT) sowie 1 beschädigt

1. 1.8.42: Auslaufen Kiel in den Nordatlantik.

U 438 war eines von acht Booten, die Kiel zwischen dem 21.7.42 und 1.8.42 zum Treffen mit einer neuen Linie, »Steinbrinck«, 400 Seemeilen nordöstlich von Neufundland, ab 7.8.42 verließen. Zwei Tage, bevor die ersten Boote ihre Position erreichten, sichtete U 593 den nach Osten laufenden Convoy SC 94. Die immer noch nach Osten laufenden Boote wurden am 7. zusammen mit Booten der »Steinbrinck«-Gruppe, die bereits auf Position waren, zum Angriff befohlen.

Der Convoy wurde fünf Tage lang belästigt, und trotz schlechter Sicht und vieler Nahangriffe der Geleitfahrzeuge gegen ihn ab 7. wurden zehn Schiffe versenkt. Am Nachmittag des 10. machte U 438 Angriffe auf zwei Schiffe westlich von Rockall. Es versenkte die griechische CONDYLIS (4.439 t) und drei Stunden später die britische OREGON (6.008 t), beide in Zusammenarbeit mit U 660.

Nach dieser Aktion traf U 438 auf andere Boote einer neuen Gruppe, »Lohs«, 600 Seemeilen westlich vom Nordkanal, auf der Suche nach dem nach Osten laufenden Convoy SC 95. Der Convoy wurde am 15. von U 256 mit Nordkurs gesichtet. Nur U 438 und zwei andere Boote bekamen Kontakt, doch ihre Angriffe sorgten lediglich für die Versenkung eines Schiffes. Der Kontakt ging verloren und die »Lohs«-Gruppe wurde umgebildet. Am 22. sichtete U 135 den nach Westen laufenden Convoy ONS 122 im Zentralen Nordatlantik. Das Boot wurde vertrieben, und der Kontakt wurde vor dem 24. nicht wieder hergestellt. U 438 war eines von neun Booten, die während der Nacht vom 24./25. mit dem Convoy in Berührung kamen. In den ersten Stunden des 25. teilte sich U 438 die Versenkung der britischen EMPIRE BREEZE (7.457 t) mit U 176 und versenkte einige Minuten später die norwegische TROLLA (1.598 t). Es könnte auch noch ein drittes Schiff beschädigt haben.

Am 2.9.42 nahm U 438 ein Drittel der Besatzung von U 256 auf. Das Boot war durch Flugzeugangriffe in der

Biskaya beschädigt worden. U 438 lief am 3.9.42 im neuen Stützpunkt Brest ein.

2. 6.10.42: Auslaufen in den Nordatlantik. Treffen mit der »Panther«-Gruppe westlich von Irland. Am 16. wurden die zwölf südlichsten Boote der Gruppe und zehn der »Wotan«-Gruppe auf den nach Westen laufenden Convoy ON 137 zum Angriff befohlen, der von U 704 im Zentralen Nordatlantik gesichtet wurde. Das Wetter wurde schlecht, die Verfolger verloren den Kontakt nach Beschädigung und Vertreibung. Die Boote suchten, aber der Convoy wurde nicht mehr gefunden. Ein Sturm entwickelte sich am 17. Die »Wotan«-Boote fuhren ab 18. heimwärts, die Operation wurde am 19. beendet.

Die »Panther«-Boote fuhren nach Westen und bildeten am 24. eine neue Linie, »Veilchen«, 400 Seemeilen östlich von Neufundland. Am 30. wurde der Convoy SC 107 von U 552 südlich von Cape Race gesichtet und die »Veilchen«-Gruppe zum Angriff angesetzt. Der Convoy wurde schließlich von U 381 gesichtet. Die ersten Angriffe auf den Convoy wurden durch Vertreiben der Boote abgewehrt, doch weitere Angriffe begannen dann in den frühen Stunden des 2.11.42.

U 436 beschädigte die britische HARTINGTON (5.496 t), die zuvor, 30 Minuten früher, von U 552 beschädigt worden war. Das Schiff wurde schließlich von U 521 vier Stunden später versenkt. Die letzten Boote nahe am Convoy wurden durch Liberators der 120. Squadron am 5. vertrieben. Andere hatten wegen der Kraftstofflage und fehlender Torpedos schon zuvor abgebrochen. Als die Operation am 6. beendet war, waren 15 Schiffe versenkt, zwei Boote gingen verloren.

Am oder um den 8. wurde U 438 nördlich der Azoren von U 117 mit Kraftstoff versorgt.

Rückkehr nach Brest am 19.11.42.

3. 31.12.42: Auslaufen in den Nordatlantik. U 438 traf auf die »Habicht«-Gruppe westlich von Irland. Am 17.1.43 fuhr die Gruppe nach Süden auf der Suche nach ON-Convoys. Um den 19. war nichts gefunden, und die »Habicht«-Gruppe schloss sich mit der »Falke«-Gruppe zu einer Linie zusammen, »Haudegen«, die 300 Seemeilen südöstlich von Cape Farewell operierte.

Am 22. wurde die Gruppe nach Südosten zum Abfangen eines nach Osten laufenden Convoys befohlen. Schlechtes Wetter verhinderte das Abfangen, und die Boote kehrten auf eine Position südlich von Cape Farewell zurück. Auf dem Weg nach dort sichtete am 26. U 383 die Geleitfahrzeuge des HX 223, die sich wegen Sturms verspätet hatten. Der Convoy wurde nicht gefunden.

Ab 1.2.43 begann die »Haudegen«-Gruppe eine südwestlich Bewegung in Richtung Neufundland. Am 2. wurden die fünf nördlichsten Boote der Gruppe zum Angriff auf den Convoy SG 19 als »Nordsturm«-Gruppe abgeteilt.

Am 4. sichtete U 187 der »Pfeil«-Gruppe den Convoy SC 118 östlich von Neufundland, und die südlichen »Haudegen«-Boote, U 438, U 613, U 624, U 704 und U 752, wurden zum Verlassen der Linie und zum Angriff auf den Convoy befohlen, der bis dahin unter dem Angriff der »Pfeil«-Gruppe stand. Nach Ende der SC 118-Operation am 9. westnordwestlich von Irland fuhren fünf »Haudegen«-Boote heimwärts.

Rückkehr nach Brest am 16.2.43.

4. 29.3.43: Auslaufen in den Nordatlantik. U 438 traf östlich von Neufundland auf die »Meise«-Gruppe. Am 14.4.43 wurde eine Linie zum Angriff auf den nach Osten laufenden Convoy SC 126 befohlen, aber der wurde umgeleitet, und die weitere Suche nach ihm war erfolglos. Ab 21. wurde südlich Grönlands zum Abfangen des HX 234 eine neue Linie gebildet.

Der Convoy wurde früh an diesem Tag von U 306 ausgemacht. Mit Heranschließen an ihn sichtete U 706 den nach Westen laufenden Convoy ONS 3. Das Boot und U 191, U 203, U 415, U 438 und U 613 wurden von anderen »Meise«-Booten abgeteilt und gingen auf ONS 3 los.

Drei Schiffe des Convoys wurden am Morgen des 21. versenkt. Am Abend kam Nebel auf und Schneesturm sorgte dafür, dass der Kontakt verloren ging. Als dieser am 23. nicht wieder hergestellt werden konnte, wurde die Suche eingestellt. U 438 hatte gegen den ONS 3 keinen Erfolg.

Nach einigen Tagen traf U 438 auf die »Specht«-Gruppe nordöstlich von Neufundland. Am 29. schloss sich die »Amsel«-Gruppe mit der »Specht«-Gruppe zusammen und sie fuhren nach Süden. Am 1.5.43 bildeten beide Gruppen östlich von Neufundland in Erwartung des nach Norden laufenden Convoys SC 128 eine Linie. Er passierte die »Specht«-Linie, und der Kontakt war in einem südlichen Sturm verloren. Als der Convoy nicht mehr gesehen wurde, wurde am 3. eine neue Linie, »Fink«, aus den »Specht«- und »Star«-Gruppen gebildet. Die »Star«-Gruppe war nach Aufgabe der Operation gegen den ONX 5 vom Süden gekommen.

Der SC 128 wurde am Nachmittag des 4. immer noch nicht gefunden und neue Befehle waren noch nicht eingegangen, als ein nach Südwesten laufender Convoy im Zentrum der »Fink«-Linie gesichtet wurde, der sich aufgrund eines Sturmes verspätet hatte. Es war der ONS 5.

Einige Zeit nach dem 4. wurde U 438 an der Wasseroberfläche fahrend von einer RCAF Canso gesichtet. Es blieb über Wasser und focht den Kampf aus; es gelang ihm zu entkommen. Früh am 6., in Gegenwart des Convoys ONS 5, wurde U 438 von Kriegsschiffen der 1. Escortgruppe, die von St. John's als Geleitschutz für den Convoy ONS 5 kamen, angegriffen. Das Boot sank nach

Angriffen mit Wasserbomben und Artillerie durch die Sloop HMS PELICAN (Cdr J.G. Gould).
Es gab keine Überlebenden, 48 Tote.

U 439 Typ VII C

Bauwerft: Schichau, Danzig
Kiellegung: 1. Oktober 1940
Stapellauf: 10. August 1941
Indienststellung: 20. Dezember 1941
Feldpost-Nr.: M 47968
Versenkt am 4. Mai 1943 westlich von Cape Ortegal (43°32'N/13°20'W)

Kommandos:
5. U-Flottille Kiel von Dez. 1941–Okt. 1942 (Schulboot)
1. U-Flottille Brest von November 1942–4. Mai 1943 (Frontboot)

Kommandanten:
KptLt Wolfgang Sporn, Dezember 1941–Februar 1943
OLtzS Helmut von Tippelskirch, Febr. 1943–4. Mai 1943

Feindfahrten: 4
Versenkte Schiffe: keines

1. 12.11.42: Auslaufen Kiel in den Nordatlantik.
U 439 traf fünf Boote zur Bildung der »Panzer«-Gruppe, die am 29. 800 Seemeilen westlich des Nordkanals auf einen ONS-Convoy wartete. Einem möglichen Kontakt folgend, fuhren die »Panzer«-Boote nach Westen und stoppten am 4.12.42 nordöstlich von St. John's. Gefunden hatten sie nichts. An diesem Abend nahm U 524 der »Draufgänger«-Gruppe Funksprüche auf, aus denen man entnahm, dass ein Convoy im Nordosten der »Panzer«-Gruppe war, und die Boote liefen mit hoher Fahrt nach Nordosten.
Der nach Osten laufende Convoy HX 217 wurde von U 524 am 6. mittags entdeckt, und beide Gruppen, »Draufgänger« und »Panzer«, waren betroffen. Schlechte Sicht sorgte dafür, dass der Kontakt verloren ging, doch am Morgen des 7., als U 135, U 254, U 439 und U 465 herankamen, wurden die vier Boote von einer Liberator der 120. Squadron (S/Ldr T.M. Bulloch) vertrieben.
Die »Panzer«-Boote erfassten den HX 217, aber schlechte Sicht in der Nacht behinderte sie. Viele Boote der »Panzer«- und »Draufgänger«-Gruppe hatten Kontakt mit dem Convoy, sie wurden aber von der Luftsicherung,

die stärker geworden war, daran gehindert anzugreifen, und am 10. wurde die Operation abgebrochen. Am 11. waren zwei Schiffe versenkt worden, zwei Boote gingen verloren.
Drei »Panzer«-Boote, U 439, U 135 und U 211, trafen westlich von Irland am 15. auf die »Raufbold«-Gruppe. An diesem Tag sichtete U 609 den nach Westen laufenden Convoy ON 153 im Zentrum der Linie. In dieser ersten Nacht wurde ein Schiff versenkt und eines beschädigt, beide durch U 610. Schlechtes Wetter kam auf, und als die Operation am 21. südwestlich von Irland endete, waren ein Schiff und ein Zerstörer versenkt, HMS FIREDRAKE. U 439 machte keinen Angriff auf den Convoy.
Rückkehr nach Brest am 24.12.42.
2. 28.1.43: Auslaufen Brest und Rückkehr am 2.2.43.
3. 22.2.43: Auslaufen in den Nordatlantik. U 439 traf auf die »Neuland«-Gruppe westlich von Irland. Am 7.3.43 wurde U 439 mit anderen zehn Booten des nördlichen Flügels der Linie als »Ostmark«-Gruppe nach Nordwesten geschickt, um eine Linie am 8. vor dem nach Osten laufenden Convoy SC 121 zu bilden, der am 6. südlich von Grönland gesichtet wurde.
17 Boote der »Wildfang«-, »Neptun«- und »Burggraf«-Gruppe operierten gegen SC 121, wie auch die »Ostmark«-Boote. Zwölf Schiffe wurden versenkt und eines beschädigt, dann wurde die Operation am 11. südlich von Island beendet. U 439 hatte keinen Erfolg.
Die »Ostmark«-Boote von der SC 121-Operation wurden durch neu hinzu gekommene und drei »Burggraf«-Boote als »Stürmer«-Gruppe am 14. im Zentralen Nordatlantik zur Operation gegen den SC 122 gebildet. Die Gruppe fuhr nach Westen bis zum 16., dann drehte sie südwestwärts zum Angriff auf den Convoy.
Kontakt wurde während der Nacht vom 16./17. hergestellt und einige »Stürmer«-Boote machten während der folgenden drei Tage erfolgreiche Angriffe. U 439 hatte keinen Erfolg. Am 17. wurde das Boot durch eine Liberator der 86. Squadron mit Wasserbomben angegriffen. Es entkam aber unbeschädigt. Zwei Tage später wurde es durch Wasserbomben des Zerstörers HMS HARVESTER beschädigt.
Rückkehr nach Brest am 28.3.43.
4. 27.4.43: Auslaufen in den Atlantik.
U 439 traf auf die »Drossel«-Gruppe, die eine Linie nordwestlich von Cape Finisterre bildete.
Am 3.5.43 meldete die Luftaufklärung einen nach Süden laufenden Convoy mit elf Frachtern und sechs Geleitfahrzeugen im Nordosten der Gruppe. Die Boote fuhren nach Osten zum Abfangen, aber als am Nachmittag der Convoy gefunden wurde, stellte man fest, dass es sich um 15 LCT's und zwei Geleitfahrzeuge handelte. Die Möglichkeiten waren schlecht, der Torpedoangriff auf

diese Boote unmöglich. Früh am 4. versuchten U 439 und U 659 einen Angriff. Beide liefen über Wasser, als sie kollidierten. Möglicherweise wurden ihre Ausgucks abgelenkt, als eines der Geleitfahrzeuge, MGB 657, auf ein drittes Uboot feuerte. U 659 sank sofort und U 439, mit Löchern im Vorschiff, übernahm Wasser von den schweren Seen und ging ihrer Vorbestimmung nach in die Tiefe. Das andere Geleitfahrzeug fuhr langsam in die Öllache hinein und übernahm zwölf Überlebende, drei von U 659 und neun von U 439.

40 Mann von U 439 und der Kommandant gingen mit dem Boot unter.

U 440 Typ VII C

Bauwerft: Schichau, Danzig
Kiellegung: 1. Oktober 1940
Stapellauf: 10. August 1941
Indienststellung: 20. Dezember 1941
Feldpost-Nr.: M 25447
Versenkt am 31. Mai 1943 nordwestlich von Cape Finisterre (45°38'N/13°04'W)

Kommandos:
5. U-Flottille Kiel von Januar–August 1942 (Schulboot)
1. U-Flottille Brest von September 1942–31. Mai 1943 (Frontboot)

Kommandanten:
KptLt Hans Geissler, Januar 1942–April 1943
OLtzS Werner Schwaff, April 1943–31. Mai 1943

Feindfahrten: 5
Versenkte Schiffe: keines

1. 1.9.42: Auslaufen Kiel in den Nordatlantik.
Mit anderen Booten lief U 440 nach Neufundland zum Treffen mit der »Lohs«-Gruppe. Diese Boote wurden auf den nach Osten laufenden Convoy SC 99, der am 13. von U 216 westlich von Irland gesichtet worden war, angesetzt. Der Kontakt ging jedoch verloren, und die Boote wurden vertrieben. Der Convoy wurde am 14. von U 440 wieder entdeckt, aber das Boot wurde ebenfalls vertrieben und dabei beschädigt. Die Operation wurde eingestellt. Rückkehr in den neuen Stützpunkt Brest am 21.9.42.
2. 19.10.42: Auslaufen in den Zentralen Atlantik.
U 440 und U 103 wurden am 28. an den nach Norden

fahrenden Convoy SL 125 herangeführt, der bereits von der »Streitaxt«-Gruppe südwestlich von Madeira angegriffen wurde. U 103 versenkte ein Schiff, U 440 blieb bei der Operation ohne Erfolg, die am 1.11.42 vor Cape St. Vincent endete. Zwölf Schiffe wurden versenkt und eines beschädigt.
Die »Streitaxt«-Boote warteten südwestlich von Cape St. Vincent bis zum 4. auf einen Convoy, der am 2. nördlich der Azoren mit Kurs auf Gibraltar gemeldet wurde. U 440, wahrscheinlich beschädigt, war das einzige Boot, das Kontakt hatte, aber es fuhr heimwärts.
Rückkehr nach Brest am 13.11.42.
3. 12.12.42: Auslaufen in den Nordatlantik.
U 440 traf auf die »Spitz«-Gruppe, die am 23. westlich von Irland gebildet wurde. Die Boote fuhren nach Südwesten, und am 26. trafen sich die »Spitz«- und »Ungestüm«-Gruppe.
Am Nachmittag des 26. passierte der nach Westen laufende Convoy ONS 154 das südliche Ende der »Spitz«-Linie und wurde dabei von U 664 gesichtet. Der Kontakt wurde in der Nacht des 26./27. hergestellt und die ersten Versenkungen gemacht. Der Kontakt ging verloren, wurde aber am Nachmittag des 27. wieder hergestellt.
Er ging dann wieder verloren bis zum Morgen des 28., wurde wieder hergestellt durch U 260. Es brachte neun Boote heran, auch U 440 am Tage und drei zusätzliche am Abend. Weitere Versenkungen nahmen ihren Anfang. Die Operation gegen ONS 154 endete am 31. nordwestlich der Azoren. 14 Schiffe waren versenkt worden, eines beschädigt, keines von U 440, obwohl es Torpedos verschoss. Es nahm an keiner Gruppenoperation mehr teil.
Rückkehr nach Brest am 26.1.43.
4. 27.2.43: Auslaufen in den Nordatlantik.
U 440 traf auf die »Neuland«-Gruppe, die am 6.3.43 westlich von Irland gebildet wurde. Am 7. fuhr das südliche Ende der Linie mit U 440 nach Westen zum Abfangen des nach Osten laufenden Convoys HX 228. Vom Convoy war bekannt, dass er 300 Seemeilen westlich der »Neuland«-Linie am 8. passieren würde. Im Glauben, dass er einen Kurswechsel machen würde, fuhren die »Neuland«-Boote am 9. nach Norden zum Abfangen. Er wurde am 10. durch das am südlichsten stehende Boot U 336 gesichtet.
Einige der »Neuland«-Boote kamen während der Nacht des 10./11. an den Convoy heran, und in einer Dreitageoperation wurden vier Schiffe und ein Geleitzerstörer versenkt, zwei Schiffe beschädigt.
U 440 meldete zwei Angriffe auf Nachzügler in der Nacht des 11./12., aber es waren lediglich Enddetonationen zu hören. Nach Ende der HX 228-Operation am 13., westlich von Irland, bildete U 440 mit acht Booten

der »Neuland«-Gruppe die »Dränger«-Gruppe im Zentralen Nordatlantik zur Operation gegen HX 229. Die Gruppe nahm an der größten Convoyschlacht des Krieges teil, gegen HX 229 und SC 122 zwischen dem 16. und 19. Es wurden 21 Schiffe versenkt. U 440 nahm an den Angriffen auf die Convoys nicht teil.

Nach Ende der Aktion fuhren die »Dränger«-Boote nach Westen und ab 25. wurden sie Teil einer neuen Linie, »Seewolf«, südsüdöstlich von Cape Farewell. Die Gruppe fuhr am 26. nach Norden und suchte nach dem Convoy HX 230, aber ein Sturm, der sich zum Hurrikan entwickelte, beendete die Operation am 30.

Die »Seewolf«-Boote fuhren dann in ein Versorgungsgebiet im Zentralen Nordatlantik, nördlich der Azoren, zum Treffen mit U 463. U 440 wurde am 2.4.43 mit Kraftstoff versorgt.

Rückkehr nach St. Nazaire am 11.4.43.

5. 26.5.43: Auslaufen in den Nordatlantik. U 440 wurde geortet und mit Wasserbomben nordwestlich von Cape Finisterre am 31. durch eine Sunderland der 201. Squadron (F/Lt D.M. Gall) versenkt.

Es gab keine Überlebenden, 46 Tote.

U 441 Typ VII C

Bauwerft: Schichau, Danzig
Kiellegung: 15. Oktober 1940
Stapellauf: 13. Dezember 1941
Indienststellung: 21. Februar 1942
Feldpost-Nr.: M 25534
Versenkt am 18. Juni 1944 vermutlich im Englischen Kanal

Kommandos:
5. U-Flottille Kiel von Februar–September 1942 (Schulboot)
1. U-Flottille Brest von September 1942–18. Juni 1944 (Frontboot)

Kommandanten:
KptLt Klaus Hartmann, Februar 1942–16. Mai 1943 und Oktober 1943-18. Juni 1944
KptLt Götz von Hartmann, 17. Mai 1943–30. Sept. 1943

Feindfahrten: 10
Versenkte Schiffe: 1 (7.051 BRT)

1. 17.9.42: Auslaufen Kiel in den Nordatlantik.
U 441 war wahrscheinlich zum Treffen mit der »Luchs«-Gruppe westlich der Britischen Inseln bestimmt, aber es lief aus unbekannten Gründen am 27.9.42 in Drontheim ein.

2. 1.10.42: Auslaufen Drontheim in den Nordatlantik. U 441 traf auf die »Panther«-Gruppe, die am 8. 700 bis 800 Seemeilen westlich des Nordkanals gebildet wurde. Am Abend des 11. sichtete U 620 den nach Westen laufenden Convoy ONS 136 und acht Boote im Zentrum der langen »Panther«-Linie wurden auf den Convoy als »Leopard«-Gruppe angesetzt.

Am 16. bildete U 441 mit einigen Booten des nördlichen Teils der »Panther«-Linie südsüdwestlich von Island die »Puma«-Gruppe. Die Gruppe wurde nach Südwesten zum Abfangen des Convoys ONS 138 befohlen.

Am 22. waren die Boote fast 400 Seemeilen südlicher ihrer ursprünglichen »Puma«-Linien-Position.

Am 22. sichtete das südlichste Boot der Linie, U 443, den Convoy ON 139. Die Gruppe wurde an den Convoy herangeführt, aber die Boote konnten nicht herankommen, denn der Convoy lief 10 bis 12 Knoten schnell.

Nur das verfolgende Boot U 443 kam heran und versenkte zwei Schiffe.

Die »Puma«-Gruppe schwenkte nach Westen bis zum 24., als U 606 zwei Zerstörer meldete, die Teil eines Geleitschutzes eines nach Westen laufenden ONS-Convoys waren. Die Boote drehten mit hoher Fahrt zum Abfangen nach Nordwesten. Am 26. sichtete U 436 den nach Osten laufenden Convoy HX 212. Es verfolgte ihn und führte andere Boote heran, aber sie wurden von den Geleitfahrzeugen vertrieben. U 441 kam am 28. heran, wurde aber mit den anderen Booten von Flugzeugen der 120. Squadron aus Island vertrieben. Als das auch am 29. passierte, wurde die Operation abgebrochen. U 441 machte erfolglose Angriffe auf den Zerstörer HMCS St. Laurent und auf ein Schiff des Convoys.

Rückkehr nach dem neuen Stützpunkt Brest am 7.1.42.

3. 7.12.42: Auslaufen Brest und Rückkehr am 11.12.42.

4. 13.12.42: Auslaufen in den Nordatlantik.

U 441 lief nach Süden in ein Gebiet westlich von Spanien und traf andere Boote auf der Suche nach Convoys zwischen dem 19. und 23. Am 23. wurden die Boote in den Atlantik geschickt. Am Abend des 27. versenkte U 441 die niederländische Soekaboemi (7.051 t) nördlich der Azoren. Dieses Schiff war ein Nachzügler vom ONS 154, er wurde früher von U 356 getroffen und beschädigt.

Am 1.1.43 traf U 441 auf die »Falke«-Gruppe, die 500 Seemeilen westlich Irlands auf einen ON-Convoy wartete. Die Gruppe wurde gegen die Convoys ONS 158 und ON 159 eingesetzt, aber die wurden umgeleitet und umgingen die Boote. Zwischen dem 7. und 15. wandte sich die »Falke«-Gruppe westwärts auf der Suche nach Convoys. Am Morgen des 9. schoss U 441 vermutlich am norwegischen Schiff WASHINGTON EXPRESS vorbei. Rückkehr nach Brest am 22.1.43.

5. 27.2.43: Auslaufen in den Nordatlantik.
U 441 traf auf die »Neuland«-Gruppe, die am 6.3.43 westlich von Irland aufgestellt wurde. Am 7. fuhr der südliche Teil der Linie und U 441 nach Westen zum Abfangen des nach Osten laufenden Convoys HX 228. Der Convoy wurde 300 Seemeilen westlich der »Neuland«-Linie am 8. erkannt. In der Annahme eines Kurswechsels des Convoys fuhr die »Neuland«-Linie am 9. zum Abfangen nach Norden. Der Convoy wurde am 10. vom südlichsten Boot der Gruppe, U 336, gesichtet. Einige der »Neuland«-Boote kamen an den Convoy während der Nacht vom 10./11. heran, und in einer Dreitage-Operation wurden vier Schiffe und ein Geleitzerstörer versenkt, zwei Schiffe beschädigt.
U 441 war daran nicht beteiligt.
Nachdem die Operation am 13. westlich Irlands beendet war, wurden U 441 und acht andere Boote ab 15. als »Dränger«-Gruppe im Zentralen Nordatlantik zur Operation gegen den Convoy HX 229 gebildet. Die Gruppe nahm an der größten Geleitzugschlacht des Krieges teil, gegen den HX 229 und SC 122 zwischen dem 16. und 19. März 1943.
Bei dieser Aktion wurden 21 Schiffe versenkt. Am frühen Morgen des 19. feuerte U 441 fünf Torpedos auf Schiffe des HX 229, aber es wurden nur drei Detonationen vernommen, kein Resultat.
Nach dem Kampf fuhren die »Dränger«-Boote westwärts, und ab 25. wurden die Boote Teil einer neuen Linie, »Seewolf«, südsüdöstlich von Cape Farewell. Die Gruppe drehte am 26. nach Norden auf der Suche nach dem nach Osten laufenden Convoy HX 230, aber Sturm, der später zum Hurrikan ausartete, ließ die Operation missglücken. Sie wurde am 30. abgebrochen.
Die »Seewolf«-Boote drehten dann zur Versorgung in ein Gebiet im Zentralen Nordatlantik, nördlich der Azoren, zum Treffen mit U 463.
U 441 wurde am oder um den 3.4.43 versorgt.
Rückkehr nach Brest am 11.4.43.

U 441 war eines von sieben Booten, die zwischen Mai und November 1943 zu Flakbooten umgebaut wurden. Die anderen sechs Boote waren U 211, U 256, U 263, U 271, U 621 und U 953. Die gewachsene Bewaffnung reduzierte den Kraftstoffbestand und machte die Boote für lange Operationen unbrauchbar.
U 441 war das erste umgebaute Boot.

6. 22.5.43: Auslaufen als Flakboot zur ersten Operation. Auf der Überwasserfahrt in der Biskaya wurde U 441 am 24. durch eine Sunderland der 228. Squadron (F/O H.J. Debden) angegriffen. U 441 schoss das Flugzeug ab, obwohl ein der 2-cm-Kanonen nicht funktionierte. Die Flugzeugbesatzung ging verloren. U 441 wurde beschädigt und es gab Verwundete unter der Besatzung.
Rückkehr nach Brest am 25.5.43.

7. 8.7.43: Auslaufen. Das Boot hatte zusätzlich 16 Mann an Bord, einen Doktor, zwei Wissenschaftler und eine Spezialcrew für die Geschütze. U 441 kreuzte in der Biskaya aufgetaucht, wurde aber erst am 12. angegriffen. Es kam unter Beschuss von drei Beaufightern der 248. Squadron. Anstatt zu tauchen, blieb der Kommandant oben, um den Kampf auszufechten. Die Flugzeuge griffen das Boot an und alle Waffen erwiderten das Feuer. Zehn Mann der Besatzung wurden getötet, weitere 13, einschließlich Kommandanten, verwundet.
Der Arzt des Bootes, Paul Pfaffinger, der einzige unverwundete Offizier, fuhr das Boot nach Versorgung der Verwundeten und nachdem er das Boot unter Wasser brachte, nach Hause. Für diese Tat erhielt er am 28.8.43 das Deutsche Kreuz.
Rückkehr nach Brest am 13.7.43.

8. 17.10.43: Auslaufen als Teil einer aus acht Booten bestehenden Gruppe, der »Schill«-Gruppe, zur Durchführung einer Nachtattacke auf einen MKS- oder KMS-Convoy vor der Nordwestküste Spaniens.
So wie U 441 waren noch zwei Flakboote in der Gruppe, U 211 und U 953. Die »Schill«-Gruppe wurde am 27. 400 Seemeilen westlich von Cape Ortegal zum Abfangen des nach Norden laufenden Convoys MKS 28/SL 138 gebildet. Luftwaffenaufklärer sichteten ihn am 27. und 28., aber am 29., dem geplanten Tag des Angriffs, war er nicht mehr zu sehen, er hatte den Kurs leicht nach Westen geändert.
Am 30. fanden Flugzeuge im Nordwesten der »Schill«-Gruppe den Convoy wieder. Die Boote wurden angewiesen, sich über Wasser bei Tageslicht an ihn heranzumachen. Der Kontakt wurde am 31. hergestellt. Bei einem Angriff am Morgen wurde ein Schiff versenkt. Bei dem Kampf ging U 306 verloren und U 441 wurde durch Geleitfahrzeuge angegriffen und beschädigt.
Rückkehr nach Brest am 8.11.43.

Das Flakboot-Experiment war ein Misserfolg, U 441 wurde rückgerüstet und kehrte zum normalen Einsatz zurück.

9. 18.1.44: Auslaufen in den Nordatlantik.
U 441 wurde an einen KMS-Convoy herangeführt, der am 26. westlich vom Nordkanal gesichtet wurde, aber er

wurde bei schlechtem Wetter und schlechter Sicht nicht gefunden. U 441 traf auf die »Stürmer«-Gruppe, die am 29. mit hoher Fahrt in die Biskaya befohlen wurde. Da gab es die Meldung eines Flugzeuges über eine Invasion in Westfrankreich, und alle Boote im Nordatlantik wurden nach dort geschickt. Kurz danach wurde die angenommene Invasionsflotte aber richtigerweise als spanische Fischereiflotte erkannt und die Boote kehrten in ihr Operationsgebiet zurück.

Am 31. war die »Stürmer«-Gruppe wieder nordwestlich vom Nordkanal. Ab Anfang Februar wurde die alliierte Uboot-Abwehr verstärkt und die wartenden Boote fuhren langsam weiter nach Westen.

U 441 traf auf die Gruppe »Igel 1« westlich von Irland ab 3.2.44. Die Boote operierten einzeln südöstlich von Island zwischen dem 4. und 10., als eine weitere Drehung nach Westen begann. In Zusammenarbeit mit Flugzeugen wurde für die kommenden Tage ein Angriff auf einen ONS-Convoy geplant.

Flugzeuge sichteten die Convoys ONS 29, ON 224 und OS 68 am 14. westlich vom Nordkanal. Alle Boote sammelten sich dann westlich der Britischen Inseln in einem Gebiet 600 Seemeilen südwestlich von Irland und bildeten zwei Linien, »Hai 1« und »-2«, vor einem Convoy, der am 17. nach Süden drehte. Die »Hai«-Boote liefen nach Süden zum Abfangen, tagsüber getaucht, bei Nacht aufgetaucht. Anstelle der Sichtung eines Convoys in der Dämmerung am 19. sahen die Boote nur Zerstörer. Die Operation wurde am 19. eingestellt, die Boote blieben unter Wasser, um den Flugzeugen des Escortträgers HMS STRIKER zu entgehen.

U 441 traf auf die »Preussen«-Gruppe, die am 22. 400 bis 500 Seemeilen nördlich der Azoren gebildet wurde. Am 25. dachte man, dass der ON 225 direkt westlich vom Nordkanal auftauchte, was als Funkmeldung vom 24. angekündigt wurde. Ab 26. konzentrierte sich die »Preussen«-Gruppe auf ein Gebiet zwischen dem 22° und 30° W, auf dem vermuteten Kurs des Convoys.

In den frühen Stunden des 1.3.44 griff U 441 erfolglos einen Zerstörer nördlich der Azoren an. Es wurde dann selbst angegriffen und beschädigt. Rückkehr nach Brest am 14.3.44.

10. 1.5.44: Auslaufen und Rückkehr am 3.5.44.

11. 20.5.44: Nun mit einem Schnorchel ausgerüstet, verließ U 441 Brest und traf mit U 269, U 764, U 953 und U 984 zur Bildung der »Dragoner«-Gruppe zusammen. Die Operation wurde im Englischen Kanal, nördlich von Ushant, durchgeführt. Mit Hilfe eines Land-Radars waren sie ausgestattet gegen alliierte Kreuzer und Zerstörereinheiten. Sie galt auch der Erprobung des Schnorchels und der Taktiken im Gebiet, das von zahlreichen gegnerischen Flugzeugen überwacht wurde.

Einige Erfahrung wurde gesammelt, aber die Resultate reichten nicht aus.

Die Boote wurden zurückgerufen, Einlaufen Brest am 28.5.44.

12. 6.6.44: Auslaufen Brest als Teil der »Landwirt«-Gruppe. U 441 war eines von acht Schnorchelbooten, die in ein Gebiet nördlich von Cherbourg gingen, um den Englischen Kanal zu befahren und um festzustellen, was sie gegen die Invasionsflotte machen konnten. Das war eine schwierige Sache und auch gefährlich, denn man war der konzentrierten Luft- und Seeüberwachung ausgesetzt.

Am 18. ging U 441 aus unbekannten Gründen verloren, vermutlich im Englischen Kanal. Keine Überlebenden, 58 Tote.

U 442 Typ VII C

Bauwerft: Schichau, Danzig
Kiellegung: 19. Oktober 1940
Stapellauf: 12. Januar 1942
Indienststellung: 22. März 1942
Feldpost-Nr.: M 41243
Versenkt am 12. Februar 1943 westsüdwestlich von Lissabon (37°11'N/11°56'W)

Kommandos:
5. U-Flottille Kiel von März–September 1942 (Schulboot)
7. U-Flottille St. Nazaire von Oktober 1942–12. Februar 1943 (Frontboot)

Kommandant:
KKpt Hans-Joachim Hesse, März 1942–12. Febr. 1943

Feindfahrten: 2
Versenkte Schiffe: 4 (25.417 BRT)

1. 17.9.42: Auslaufen Kiel in den Nordatlantik.

Am 25. griff U 442 am Nachmittag westsüdwestlich von den Färöern einen kleinen Convoy an und versenkte die britische EMPIRE BELL (1.744 t).

U 442 traf auf die »Luchs«-Gruppe westlich von Irland, die auf einen ON-Convoy wartete. Am 29. sichtete U 118 250 Seemeilen südlich von Island einen nach Westen laufenden Convoy. Die »Luchs«-Boote wurden nach Nordwesten befohlen zum Abfangen. Als nichts gefunden wurde, drehten die Boote am Abend des 2.10.42 südwestwärts. Am 3. sichtete U 260 den nach Osten laufenden Convoy HX 209 am nördlichen Ende der »Luchs«-Linie. Schlechtes Wetter verzögerte einen konzentrierten Angriff der Boote und im Zusammenhang mit der Luftüberwachung ab 4. wurde entschieden, die Operation am 6. abzubrechen. Nur ein Schiff wurde von U 254 versenkt.

Ab 8. bildeten die Boote, die vom HX 209 kamen, die »Panther«-Gruppe, die aus Booten gebildet wurde, die dort operierten. Am Abend des 11. sichtete U 620 den nach Westen laufenden Convoy ONS 136 und acht Boote der »Panther«-Gruppe, mit U 442, wurden als »Leopard«-Gruppe an ihn angesetzt. Schlechtes Wetter und heftiger Wind hinderte die meisten Boote, an den Convoy heranzukommen, und am 14. wurde die Operation abgebrochen; nur zwei Schiffe waren versenkt worden.

Die »Leopard«-Boote wurden dann zum Einsatz gegen den SC 104 befohlen, der schon unter den Angriffen vieler Boote der »Wotan«-Gruppe stand. Am Nachmittag des 15. wurde U 442 angegriffen und durch die norwegische Korvette ACANTHUS beschädigt. Der Kontakt mit dem SC 104 ging spät am 15. verloren und wurde früh am 16. wieder hergestellt, aber Flugzeuge vertrieben die Boote.

Am 16. sichtete U 704 der »Panther«-Gruppe den nach Westen laufenden Convoy ON 137. Der Angriff wurde für die »Panther«- und »Wotan«-Gruppe sowie einige »Leopard«-Boote befohlen. Dazu gehörte auch U 442. Allerdings wurde das Wetter so schlecht, dass die Boote nicht an den Convoy herankamen. Die Operation wurde am 19. abgebrochen, die Verfolger hatten den Kontakt verloren und die Suche blieb ohne Ergebnis.

Mit anderen »Panther«-Booten ging U 442 nach Süden und wurde von U 463 im Zentralen Nordatlantik am oder um den 23. mit Kraftstoff versorgt. Dann fuhr es westwärts zum Treffen mit der »Veilchen«-Gruppe, die sich am 24. östlich von Neufundland bildete.

Am 30. sichtete U 552 nahe Cape Race den Convoy SC 107. Die »Veilchen«-Gruppe ging nach Süden zum Angriff und der Convoy passierte die Linie am 1.11.42, gesichtet von U 381. Am Morgen des 2. griff U 442 den Convoy an und hörte nahe der griechischen PARTHENON (3.189 t) seine Torpedos detonieren, die am Abend von U 552 versenkt wurde.

In den ersten Stunden des 4. versenkte U 442 die britische HATIMURA (6.690 t), die drei Stunden zuvor von U 132 beschädigt worden war. U 442 und andere Boote operierten noch gegen den SC 107-Convoy am Morgen des 5. und wurden von Liberators der 120. Squadron vertrieben. Die Operation wurde am 6. eingestellt.

U 442 lief am 16.11.42 in den neuen Stützpunkt St. Nazaire ein.

2. 20.12.42: Auslaufen in den Atlantik.
U 442 traf auf die »Delphin«-Gruppe westlich von Gibraltar zur Operation gegen US-Mittelmeer-Convoys mit Versorgungsgütern für die alliierten Armeen in Nordafrika. Am 29. wurde die Gruppe auf eine Drehung nach Westen zur Suche nach dem Convoy GUS 2 befohlen. Nichts wurde in den vier Tagen gesehen und die Boote wurden in Richtung Brasilien geschickt.

Allerdings meldete U 514 am 3.1.43 den Tanker-Convoy TM 1 einige 900 Seemeilen südlich der »Delphin«-Gruppe mit dem möglichen Kurs auf Gibraltar. Die »Delphin«-Boote drehten nach Süden zum Abfangen, und am 8. wurde der Convoy von U 381 im Zentrum der Linie gesehen. Vier Boote trafen die Gruppe, was die Zahl der Boote auf zwölf erhöhte, die zum Angriff zur Verfügung standen.

Am 9. griff U 442 die britische EMPIRE LYTTON (9.807 t) an und beschädigte sie westlich der Kanarischen Inseln. Es fuhr zwei weitere Angriffe und versenkte am Abend des 9. den Tanker. Die Operation endete am 11. südwestlich von Madeira, sieben Tanker wurden versenkt.

Nach Versorgung durch U 463 bildete sich die »Delphin«-Gruppe am 16. südlich der Azoren um, um die US-Mittelmeer-Convoys besser bekämpfen zu können. Die Boote fuhren westwärts zum Treffen mit einem nach Osten laufenden UGS-Convoy, aber am 18. drehte man wieder nach Osten.

Ab 21. warteten die »Delphin«-Boote südwestlich der Azoren, U 442 versenkte am 27. südlich der Azoren einen Nachzügler des UGS 4, die amerikanische JULIA WARD HOWE (7.176 t).

Die »Delphin«-Gruppe ging am 29. nach Osten. Sie fuhr nordwestlich von den Kanarischen Inseln vom 31.1. bis 4.2.43. Dann bewegte sie sich am 6. zu einer Position westlich von Gibraltar.

Der nördliche Sektor der »Delphin«-Linie ging wieder ab 10. nach Norden auf eine Position westlich von Portugal. Der südliche Sektor bewegte sich am 7. nach Süden zum Abfangen des Convoys Gib No.2. Früh am 12. wurde der nach Süden laufende Convoy KMS 9 gemeldet, und die nördlichen »Delphin«-Boote, mit U 442, liefen zum Abfangen. Später am Tag wurde U 442 angegriffen und mit Wasserbomben durch eine Hudson der 48. Squadron (F/O G.R. Mayhew) westsüdwestlich von Lissabon versenkt. Für diese Aktion erhielt Mayhew das DFC.

Es gab keine Überlebenden, 48 Tote.

U 443 Typ VII C

Bauwerft: Schichau, Danzig
Kiellegung: 10. Februar 1941
Stapellauf: 31. Januar 1942
Indienststellung: 18. April 1942
Feldpost-Nr.: M 44676
Versenkt am 23. Februar 1943 nordwestlich von Algier (36°55'N/02°25'E)

Kommandos:
8. U-Flottille Danzig von April–September 1942
(Schulboot)
9. U-Flottille Brest von Oktober–Dezember 1942
(Frontboot)
29. U-Flottille La Spezia von Januar 1943–23. Februar
1943 (Frontboot)

Kommandant:
OLtzS Konstantin von Puttkamer, April 1942–
23. Februar 1943

Feindfahrten: 3
Versenkte Schiffe: 3 (19.435 BRT)
1 Korvette (1.050 t)

1. 1.10.42: Auslaufen Kiel in den Nordatlantik.
U 443 traf auf die »Panther«-Gruppe, die 700 bis 800
Seemeilen westlich des Nordkanals stationiert war.
Am 16. waren zwölf »Panther«-Boote am südlichen
Ende der Linie zum Angriff auf den nach Westen laufen-
den Convoy ONS 138 befohlen. U 443 und andere Boote
am nördlichen Ende der »Panther«-Linie wurden in die
»Puma«-Gruppe südsüdwestlich von Island integriert.
Die Gruppe wurde nach Süden zum Abfangen des Con-
voys ONS 138 geschickt. Am 22. waren die Boote nahe-
zu 400 Seemeilen südlich der ursprünglichen »Puma«-
Linie positioniert. Am Abend des 22. sichtete U 443 als
südlichstes Boot der Linie den Convoy ON 139 im
Zentralen Nordatlantik. Es versenkte zwei Schiffe, die
britische WINNIPEG II (9.807 t) und den britischen Tanker
DONAX (8.036 t). Obwohl zum Heranschließen befohlen,
konnten die »Puma«-Boote den Convoy nicht erreichen,
er war 10 bis 12 Knoten schnell.
Mit U 301 versuchte U 443 den Convoy ON 139 zu verfolgen, aber der Kontakt ging am 23. verloren. Das Boot
kehrte nicht zur »Puma«-Gruppe zurück, die zur Neubildung nach Norden lief.
Rückkehr nach Brest am 4.11.42.
2. 29.11.42: Auslaufen ins Mittelmeer. Passage der

Straße von Gibraltar in der Nacht vom 4./5.12. und
Einsatz im westlichen Mittelmeer.
Am Nachmittag des 11. versenkte U 443 die Korvette
HMS BLEAN des Geleitschutzes vom Convoy KMF 4 vor
Oran. Bei einem Angriff auf den Convoy TE 9 westlich
von Algier am 14. versenkte U 443 die britische
EDENCRAG (1.592 t).
Rückkehr nach dem neuen Stützpunkt La Spezia am
22.12.42.
3. 16.2.43: Auslaufen La Spezia und Patrouille vor der
algerischen Küste. Am 23. wurde U 443 nordwestlich
von Algier gesehen. Das Boot wurde mit Wasserbomben
durch die Zerstörer HMS BICESTER (LtCdr S.W.F.
Bennett), LAMERTON (LtCdr C.R. Purse) und WHEAT-
LAND (LtCdr P. de L. Brooke) versenkt.
Es gab keine Überlebenden, 48 Tote.

U 444 Typ VII C

Bauwerft: Schichau, Danzig
Kiellegung: 10. Februar 1941
Stapellauf: 1. Januar 1942
Indienststellung: 9. Mai 1942
Feldpost-Nr.: M 46179
Versenkt am 11. März 1943 im Zentralen Nordatlantik
(51°14'N/29°18'W)

Kommandos:
8. U-Flottille Danzig von Mai–Dezember 1942
(Schulboot)
3. U-Flottille La Pallice von Januar 1943–11. März 1943
(Frontboot)

Kommandant:
OLtzS Albert Langfeld, Mai 1942–11. März 1943

Feindfahrten: 2
Versenkte Schiffe: 1 (7.197 BRT)

*Am 6.8.42 rammte U 444 während der Ausbildung in der
Ostsee vor Warnemünde U 612 am Heck.*
*Es hatte keine Schäden, aber U 612 sank mit zwei Mann
seiner Besatzung.*

1. 17.12.42: Auslaufen Kiel in den Nordatlantik. U 444
traf auf die »Falke«-Gruppe 500 Seemeilen westlich von
Irland, wo sie auf einen ON-Convoy wartete. Die Gruppe

wurde auf ONS 153 und ON 159 angesetzt, aber die wurden umgeleitet, um die Boote zu umgehen.

Am 7.1.43 drehten die »Falke«-Boote nach Westen, sie suchten nach Convoys. Bis zum 15. wurde nichts gesehen. Die Gruppe drehte am nächsten Tag nach Norden, aber fand wieder nichts.

Am 19. bildeten die »Falke«- und »Habicht«-Gruppen zwei neue Linien, »Haudegen« und »Landsknecht«. Letztere bestand aus Booten mit wenig Kraftstoff, dazu gehörte auch U 444.

»Landsknecht«, verstärkt durch neu hinzukommende Boote, wartete westlich von Irland für eine Woche, aber kein Convoy erschien. Am 28. wurde die Gruppe aufgelöst. Boote mit genügend Kraftstoff stießen zur »Pfeil«-Gruppe, die anderen fuhren mit U 444 fuhren heim. Rückkehr zum neuen Stützpunkt La Pallice am 3.2.43.

2. 1.3.43: Auslaufen in den Nordatlantik. U 444 traf auf die »Neuland«-Gruppe, die sich am 6. westlich von Irland bildete. Am 7. fuhr der südliche Teil der Linie mit U 444 zum Abfangen des nach Osten laufenden Convoys HX 228 nach Westen. Vom Convoy wurde bekannt, dass er 300 Seemeilen westlich der »Neuland«-Linie am 8. auftauchte. In der Annahme, dass er die Route ändern würde, fuhr die »Neuland«-Gruppe zum Abfangen am 9. nach Norden. Der HX 228 wurde am 10. durch das südlichste Boot der Linie, U 336, gesichtet. U 444 war das erste »Neuland«-Boot, das an den Convoy während der Nacht des 10./11. herankam. In den frühen Stunden des 11. beschädigte es die amerikanische WILLIAM C. GORGAS (7.197 t) im Zentralen Nordatlantik. Das Wrack des Schiffes wurde später von U 757 versenkt.

Bald nach der Torpedierung der WILLIAM C. GORGAS wurde U 444 vom Zerstörer HMS HARVESTER (Cdr A.A. Tait) gesichtet. Das Boot tauchte, wurde aber durch Wasserbomben der HARVESTER zum Auftauchen gezwungen. Das Boot wurde dann durch den Zerstörer gerammt. Eine der Schraubwellen der HARVESTER fraß sich in der Bootshülle fest und beschädigte sie. U 444 machte den Versuch, frei und weg zu kommen. Nach etwa zehn Minuten klappte es auch. Unmöglich zu tauchen, lief es langsam weg, wurde aber später von der französischen Korvette ACONIT (LtCdr Levasseur) wieder gefunden, die auf die Suche nach der Harvester geschickt worden war. Das Boot wurde von der ACONIT gerammt und versenkt. Nach Notreparatur an einer Maschine folgte die HARVESTER dem Convoy mit langsamer Fahrt, aber am folgenden Morgen, es war der 11., brach die andere Schraubenwelle. Während der Zerstörer bewegungslos lag, wurde er durch U 432 versenkt.

Von der Besatzung des Bootes U 444 waren 41 Männer, einschließlich Kommandanten, verloren. Vier Mann wurden gefangen genommen.

U 445 Typ VII C

Bauwerft: Schichau, Danzig
Kiellegung: 10. April 1941
Stapellauf: 1. Februar 1942
Indienststellung: 30. Mai 1942
Feldpost-Nr.: M 06411
Versenkt am 24. August 1944 südwestlich von Brest (47°21'N/05°50'W)

Kommandos:
8. U-Flottille Danzig von Mai–Oktober 1942 (Schulboot)
6. U-Flottille St. Nazaire von November 1942–
24. August 1944 (Frontboot)

Kommandanten:
OLtzS Heiko Fenn, Mai 1942-Januar 1944
OLtzS Rupprecht Fischler, Graf von Treuberg, Januar 1944–24. August 1944 (Frontboot)

Feindfahrten: 9
Versenkte Schiffe: keines

1. 3.11.42: Auslaufen Kiel und Einlaufen Marviken am 5.11.42.

2. 8.11.42: Auslaufen Marviken in den Nordatlantik. U 445 traf auf die »Drachen«-Gruppe, die sich am 24. nordöstlich von Neufundland gebildet hatte. Der Befehl für die Gruppe sah aus, dass die Boote unabhängig nach Einzelfahrern suchen sollten. Einige wurden gefunden, zwei davon versenkt, keines von U 445. Kein Convoy kam in Sicht.

Am oder um den 5.12.42 wurden U 445, U 373 und U 663 durch U 460 östlich von Neufundland mit Kraftstoff versorgt, dann stießen die drei Boote zur »Büffel«-Gruppe und bildeten eine Linie auf dem vermuteten Kurs des nach Osten laufenden Convoys HX 218. Am 13. sichtete U 373 den Convoy. Die »Ungestüm«-Gruppe wurde mit hoher Fahrt nach Westen befohlen, aber die Verfolger wurden durch Flugzeuge vertrieben und der Kontakt ging verloren. Im Glauben, dass der HX 218 nach Süden gedreht hatte, begann eine Suche nach Südosten durch die »Büffel«-Gruppe, was dazu führte, dass U 373 am 16. den Convoy ONS 152 ausmachte. Dieser Convoy wurde nun zum Hauptziel der »Ungestüm«-Gruppe, und die fuhr nach Westen auf ihn zu. Allerdings wurde das Wetter schlecht und die mangelhafte Sicht verhinderte den Angriff. Der Kontakt ging verloren und bei der Suche nach Nachzüglern fand sich nur ein Schiff.

Nachdem die Operation am 22. beendet wurde, verblieb U 445 noch kurze Zeit bei der »Ungestüm«-Gruppe, dann fuhr es heimwärts.

Rückkehr nach dem neuen Stützpunkt St. Nazaire am 3.1.43.

3. 7.2.43: Auslaufen in den Zentralen Atlantik.

U 445 war eines von sechs Booten, die sich am 11. westlich von Portugal versammelten. Die Deutschen hatten das Gefühl, dass die Alliierten beabsichtigten, in Portugal zu landen.

Am 12. wurde 200 Seemeilen westlich von Cape Finisterre ein nach Süden laufender Convoy gesichtet, und die wartenden Boote wurden an ihn angesetzt. Die Luftsicherung, die sich beim Näher kommen nach Gibraltar verstärkte, hielt die Boote unter Wasser, Angriffe waren unmöglich.

Ab 16., die »Invasion« war inzwischen vergessen, bildeten die Boote die »Robbe«-Gruppe in einer Nord-Süd-Linie nordöstlich der Azoren. Am 17. fuhr die Gruppe westwärts zur Suche in einem Gebiet nördlich der Azoren. Als man nichts fand, begann am 20. eine Rückbewegung nach Osten und am 21. liefen die Boote in das Gebiet von Gibraltar.

U 445, U 103, U 107, U 410 und U 511 wurden ab 28. am Eingang der Straße positioniert. Der Convoy XK 2 verließ Gibraltar am 28. U 445 wurde am 1.3.43 gesehen und von der Korvette HMS COLUMBINE vertrieben. Am 4. wurde die Boote auf den Convoy KMS 10 angesetzt, aber die alliierte Luftsicherung war so aktiv, dass sie am 5. weiter nach Westen verholten. Nur U 410 machte einen Angriff auf KMS 10 und wurde nach der Versenkung von zwei Schiffen angegriffen und beschädigt. Am 12. wurde der nach Süden laufende OS 44 von deutschen Flugzeugen nördlich der »Robbe«-Gruppe gesichtet. Nur U 107 kam während der Nacht des 12./13. an den Convoy heran, und versenkte vier Schiffe. Am 13. wurde der Convoy MKS 9 gemeldet, aber U 445 und U 410 verfehlten ihn. Es kehrte mit U 410 nach dem Gebiet westlich von Lissabon zurück und verblieb dort bis zur Heimfahrt am 20. Rückkehr nach St. Nazaire am 27.3.43.

4. 27.4.43: Auslaufen St. Nazaire und Rückkehr am 30.4.43.

5. 10.7.43: Auslaufen in den Zentralen Atlantik.

U 445, U 607, U 613 wurden in der Biskaya am 13. durch eine Halifax der 58. Squadron (F/O A.R.D. Clutterbuck) angegriffen. Dazu kam eine Sunderland der 228. Squadron (F/O R.D. Hanbury). U 445 und U 613 tauchten, aber U 607 wurde von der Sunderland versenkt. Als es tauchte, kam U 445 unter die Attacke der Halifax, entkam aber unbeschädigt.

Das Boot patrouillierte vor Freetown ab Ende Juli für vier Wochen, hatte aber keinen Erfolg.

Rückkehr nach St. Nazaire am 15.9.43.

6. 9.11.43: Auslaufen St. Nazaire und Rückkehr am 10.11.43.

7. 29.12.43: Auslaufen. U 445 wurde am 2.1.44 durch eine Halifax der 58. Squadron (F/O T.A. Griffiths) angegriffen und nordnordöstlich von Cape Ortegal beschädigt. Für diese Aktion erhielt Griffiths das DFC.

U 445 kehrte am 10.1.44 zur Reparatur nach St. Nazaire zurück.

8. 1.2.44: Auslaufen in den Nordatlantik.

U 445 traf auf die Gruppe »Igel 2« südwestlich von Irland. Am 6. wurden die Boote auf den kombinierten Convoy KMS 38/SL 147 angesetzt, der am 6. von deutschen Flugzeugen nördlich der Azoren gemeldet wurde. Einige der Boote kamen am 7. an den Convoy heran, hatten aber wegen des starken Geleitschutzes keinen Erfolg. Weiter westlich griff U 445 am Abend des 13. einen Zerstörer der 3. Escortgruppe an, aber es wurde nur die Detonation eines Endläufers vernommen. Es wurde dann selbst angegriffen und beschädigt.

Rückkehr nach St. Nazaire am 27.2.44.

9. 6.6.44: Auslaufen St. Nazaire als eines von 19 nicht mit Schnorchel ausgerüsteten Booten, die von französischen Häfen ausliefen und als »Landwirt«-Gruppe in die Biskaya verholten. Sie hatten den Auftrag, sich in einer Doppellinie auf 200 Meter Tiefe zwischen Brest und Bordeaux zu legen mit der Maßgabe, die alliierten Invasionskräfte bei Bedarf anzugreifen. Sie verlegten zur schnellen Bereitschaft später auf eine Tiefe von 100 Meter. Die Boote standen laufend unter Angriffen aus der Luft, wenn sie nachts auftauchten. Als die Invasion nicht kam, wurden die Boote am 12. in die Häfen zurück befohlen, wo sie dann in sechsstündiger Bereitschaft blieben.

Rückkehr nach La Pallice am 15.6.44.

10. 12.8.44: Auslaufen zum Transport von Munition nach Brest und Lorient. Einlaufen Lorient am 17.8.44.

11. 22.8.44: Auslaufen Lorient zum Marsch nach Norwegen. Am 24. wurde das Boot durch Wasserbomben des Geleitzerstörers HMS LOUIS (Cdr L.B.A. Majendie) südwestlich von Brest versenkt.

Es gab keine Überlebenden, 53 Tote.

U 446 Typ VII C

Bauwerft: Schichau, Danzig
Kiellegung: 10. April 1941
Stapellauf: 11. April 1942
Indienststellung: 20. Juni 1942
Feldpost-Nr.: M 06578
Versenkt am 21. September 1942 vor Kahlberg, Ost-preußen, Ostsee

Kommando:
8. U-Flottille Danzig von Juni 1942–21. September 1942
(Schulboot)

Kommandant:
OLtzS Hellmuth Richard, Juni 1942–21. Sept. 1942

Feindfahrten: keine
Versenkte Schiffe: keines

Am 21.9.42 lief U 446 während seiner Ausbildung in der Ostsee vor Kahlberg auf eine von den Briten geworfene Mine. 23 Mann der Besatzung und der Kommandant gingen mit unter.
Das Boot wurde vier Tage später am 8.11.42 gehoben und in Lübeck außer Dienst gestellt. Es wurde Anfang Mai 1945 in Kiel selbst versenkt, 1947 erfolgte der Abbruch.

U 447 Typ VII C

Bauwerft: Schichau, Danzig
Kiellegung: 1. Juli 1941
Stapellauf: 30. April 1942
Indienststellung: 11. Juli 1942
Feldpost-Nr.: M 17865
Versenkt am 7. Mai 1943 südwestlich von Cape Vincent (35°30'N/11°55'W)

Kommandos:
8. U-Flottille Danzig von Juli 1942–Februar 1943
(Schulboot)
9. U-Flottille Brest von März 1943–7. Mai 1943
(Frontboot)

Kommandant:
OLtzS Friedrich Bothe, Juli 1942-7. Mai 1943

Feindfahrten: 2
Versenkte Schiffe: keines

1. 20.2.43: Auslaufen Kiel in den Nordatlantik. Auf dem Weg nach dort wurde U 447 angegriffen und durch eine Sunderland der 201. Squadron leicht beschädigt.
U 447 traf auf die »Neuland«-Gruppe am 6.3.43 westlich von Irland. Am 7. wurden die elf am nördlichen Ende der Linie befindlichen Boote mit U 447 nach Norden geschickt, um dort eine neue Linie, »Ostmark«, zu bilden, um am 8. auf dem vermuteten Kurs des nach Osten laufenden Convoys SC 121 zu liegen.
Bei stürmischen Wetter und schwerer See griffen die »Ostmark«- und »Westmark«-Gruppen den Convoy an; es wurden zwölf Schiffe versenkt und eines beschädigt. Kein Boot ging verloren. U 447 hatte keinen Erfolg. Die Operation fand am 11. nahe Rockall ihr Ende.
Rückkehr nach dem neuen Stützpunkt Brest am 24.3.43.
2. 27.4.43: Auslaufen in den Atlantik. U 447 traf auf die »Drossel«-Gruppe, die eine Linie nordwestlich von Cape Finisterre bildete. Am 3.5.43 meldete die Luftaufklärung einen nach Süden laufenden Convoy mit elf Frachtern und sechs Geleitfahrzeugen nordöstlich der Gruppe. Die Boote fuhren ostwärts zum Abfangen, aber als man den Kontakt am Nachmittag herstellte, fand man, dass es sich um 15 LCT's mit zwei Geleitfahrzeugen handelte.
Das Seeverhalten war schlecht, und das Schießen mit Torpedos auf diese flachgehenden Boote war unmöglich. Die Operation wurde abgeblasen. U 447 hatte einen Schusswechsel mit einem LCT am 5. und schoss einen Sperrballon ab.
U 447 verließ die »Drossel«-Gruppe und nahm Kurs auf Gibraltar, um ins Mittelmeer zu laufen. Am 7. wurde es von zwei Hudson-Flugzeugen der 233. Squadron gesichtet (Sgt J.V. Holland und J.W. McQueen) südwestlich von Cape St. Vincent. Das Boot wurde mit Wasserbomben versenkt.
Es gab keine Überlebenden, 48 Tote.

U 448 Typ VII C

Bauwerft: Schichau, Danzig
Kiellegung: 1. Juli 1941
Stapellauf: 10. Mai 1942
Indienststellung: 1. August 1942
Feldpost-Nr.: M 19297
Versenkt am 14. April 1944 nordnordöstlich von den Azoren (46°22'N/19°35'W)

Kommandos:
8. U-Flottille Danzig von August 1942–Januar 1943 (Schulboot)
7. U-Flottille St. Nazaire von Februar 1943–14. April 1944 (Frontboot)

Kommandant:
OLtzS Helmut Dauter, August 1942–14. April 1944

Feindfahrten: 5
Versenkte Schiffe: keines

1. 30.1.43: Auslaufen Kiel und Einlaufen Bergen am 4.2.43.
2. 6.2.43: Auslaufen in den Nordatlantik.
U 448 traf auf die »Neptun«-Gruppe, die ab 18. südwestlich von Island zur Operation gegen den nach Osten laufenden Convoy HX 226 gebildet worden war. Der Convoy wurde nicht festgestellt, er war umgeleitet worden und passierte die Linie im Norden.
Am 20. verlegte die Gruppe südwestwärts. Sie wurde umgangen durch den umgeleiteten SC 120, aber U 759, am nördlichen Ende der Linie, sichtete den HX 227 am Morgen des 27. und die »Neptun«-Boote liefen heran.
Ein Schiff wurde versenkt und ein weiteres wahrscheinlich durch U 405 beschädigt, aber schlechtes Wetter verhinderte Angriffe der anderen Boote.
Auf der Suche nach Convoys am 1.3.43, sichtete U 608 den nach Westen laufenden Convoy ON 168. Der Kontakt ging verloren, als die Verfolger vertrieben wurden.
Als die »Neptun«-Boote U 359, U 405, U 448 und U 659 den Convoy nicht fanden, wurde die Operation am 3. aufgegeben.
Am 5. nahmen die »Neptun«-Boote eine Warteposition südlich vom Cape Farewell ein, und nördlich der »Wildfang«- und »Burggraf«-Gruppe sichtete U 405 am 6. März 17 Boote, die als »Westmark«-Gruppe auf drei Gruppen verteilt waren, wurden zum Angriff angesetzt.
U 448 war dabei, hatte aber keinen Erfolg.
Es verließ die Aktion gegen den SC 121 und verlegte nach Osten in den Zentralen Nordatlantik und wurde am oder um den 11. von U 119 nördlich der Azoren mit Kraftstoff versorgt.
Am 22. wurde das Boot erkannt und durch eine Wellington der 172. Squadron westlich von Nantes mit Wasserbomben angegriffen, aber es blieb unbeschädigt. Rückkehr in den neuen Stützpunkt St. Nazaire am 25.3.43.
3. 17.4.43: Auslaufen in den Nordatlantik.
U 448 traf auf die »Amsel«-Gruppe, die am 26. 1.400 Seemeilen westlich von Irland aufgestellt worden war. Die Gruppe verlegte nach Süden auf der Suche nach einem Convoy, von dem man annahm, es sei der HX 235. Die »Amsel«-Linie verband sich mit der »Specht«-Gruppe am 29. und beide Gruppen liefen zusammen nach Süden.
Am 1.5.43 wurden die beiden kombinierten Linien in einem Winkel 200 Seemeilen östlich von St. John's aufgestellt. Am 3. fuhren die »Specht«-Boote nordwärts zum Treffen mit einer neuen Linie, »Fink« und die »Amsel«-Boote, verstärkt durch Neuankömmlinge, bildeten vier neue, kleinere Gruppen, »Amsel 1«, »-2«, »-3« und »-4«, östlich von St. John's. U 448 gehörte zur Gruppe »Amsel 3«.
»Amsel 1« und »-2« fuhren nach Norden zum Abfangen des Convoys ONS 5 und die Gruppen »Amsel 3« und »-4«, jetzt als »Rhein«-Gruppe zusammengefasst, wurden am 8. mit hoher Fahrt nach Südosten geschickt, um ab 9. eine Linie vor dem HX 237 zu bilden.
U 359 sichtete am 9. ein Schiff aus dem Convoy, bevor die Linie gebildet werden konnte, aber der Kontakt ging aufgrund schlechter Sichtverhältnisse verloren. Die Boote machten sich unabhängig von einander auf die Suche, bevor sie sich am 10. zur Linie formierten. Mittags am 10. sichtete U 403 ein schnellfahrendes Schiff und dann einen Schlepper, was auf einen Convoy hinwies, der dann nachmittags lokalisiert wurde.
Die »Rhein«-Boote waren dann aber zu weit im Osten, und wurden daher zur Vereinigung mit der »Elbe«-Gruppe befohlen. Sie bildeten die »Elbe 1« und »-2«-Gruppe zum Abfangen des langsameren Convoys SC 129, der am 11. von U 462 gefunden wurde. U 448 gehörte zur Gruppe »Elbe 2«. Der Convoy hatte einen starken Geleitschutz und zusätzliche Luftsicherung durch Trägerflugzeuge. Diese hielten die Boote auf Distanz. Die Operation gegen SC 129 wurde am 14. südwestlich von Irland gestoppt. Zwei Schiffe wurden versenkt, zwei Boote gingen verloren. U 448 hatte keinen Erfolg.
Am 14. übernahm das Boot zwei Männer von U 456, das während der Aktion gegen den SC 129 versenkt wurde.
U 448 übernahm südöstlich von Grönland Kraftstoff von U 459.

Rückkehr nach St. Nazaire am 26.5.43.

4. 1.8.43: Auslaufen St. Nazaire und Rückkehr am 3.8.43.

5. 6.9.43: Auslaufen in den Nordatlantik. Rückkehr St. Nazaire am 12.9.43 wegen defekter Radar-Anlage.

6. 14.9.43: Auslaufen in den Nordatlantik. Am oder um den 25. wurde U 448 nördlich von den Azoren von U 460 mit Kraftstoff versorgt. Es traf auf die »Rossbach«-Gruppe, die am 27. südöstlich von Cape Farewell gegen den ON 203 aufgestellt wurde. Die Linie wechselte 100 Seemeilen nach Nordwesten und wartete dort bis zum 30., aber weder der ON 203 noch der ONS 19 wurden entdeckt. Die Gruppe wechselte am 1.10.43 nach Nordosten auf eine Position südwestlich von Island, um den ON 204 abzufangen. Dieser Convoy umging die Boote ebenfalls, und als man feststellte, dass ein Angriff zwecklos war, ging die »Rossbach«-Gruppe am 5. nach Südwesten, um dort eine neue Linie gegen ostwärts laufende Convoys zu bilden.

Am 7. wurde der SC 143 in dem Gebiet ausgemacht, als ein Zerstörer von U 448 gesehen wurde. Obwohl ein Aufklärungsflugzeug den Convoy gesichtet hatte, kamen seine Funksignale bei den Booten nicht an. Der Hauptconvoy wurde nicht gefunden, aber es wurden einige Angriffe durchgeführt, bevor die Operation am 9. ihren Abschluss fand. Ein Zerstörer wurde versenkt, und drei Boote gingen dabei verloren.

U 448 traf am 15. auf die »Schlieffen«-Gruppe ostsüdöstlich von Cape Farewell. Während die Linie gebildet wurde, sichtete U 844 einen nach Westen laufenden Convoy westlich von Rockall, von dem man dachte, es sei der ONS 20. Es war aber der ON 206. Das Boot wurde zur Verfolgung und zum Heranholen der »Schlieffen«-Boote an den Convoy angehalten. Nachdem U 844 lokalisiert und vertrieben wurde, hat sich das Finden des Convoys erschwert, denn die auf Island stationierten Flugzeuge hielten die weit verstreuten Boote unter Wasser und nur das Verbleiben an der Wasseroberfläche konnte den Kontakt aufrecht erhalten, was jedoch nicht möglich war.

Früh am 16. sichtete und meldete U 964 den Convoy ONS 20, der seinen Kurs später am Tag nach Nordwesten änderte. Dönitz hatte befohlen, dass die Boote unter Wasser bleiben und sich den Weg freischießen sollten. Während des Tages am 16. gingen Meldungen von den Booten ein, die angegriffen und beschädigt wurden. Das erste Boot, das unterging, war U 964. Die »Schlieffen«-Boote fuhren weiter nach Osten zur Bildung einer neuen Linie am 17., mit kleinerem Abstand zwischen den Booten. Der ONS 20 passierte den Norden der Linie früh am Morgen des 17. und Angriffe wurden befohlen. Allerdings ging der Kontakt bald danach verloren, und

obwohl U 309 den Convoy am Morgen wieder sichtete, wurden die Boote konstant von Flugzeugen belästigt. An diesem Tag wurde U 448 angegriffen und durch Flugzeuge beschädigt. Ein Mann der Besatzung wurde dabei getötet, zwei andere verwundet. Die Operation gegen den ONS 20 endete am 18. mittags. Das rücklaufende U 448 griff erfolglos einen Zerstörer südsüdwestlich von Irland am 26. an. Eine Detonation wurde vernommen, aber kein Resultat erzielt.

Rückkehr nach St. Nazaire am 3.11.43.

7. 14.2.44: Auslaufen in den Nordatlantik. U 448 traf auf die »Preussen«-Gruppe, die am 22. westlich von Irland gebildet wurde. Die Boote der Gruppe konzentrierten sich ab 26. zwischen dem 22° und 30° W auf dem vermuteten Kurs des Convoys ON 225, aber der wurde umgeleitet.

Anfang März verließ U 448 die »Preussen«-Gruppe und operierte vier Wochen alleine vor der Nordwest- und Westküste Islands, jedoch ohne Erfolg. Ab Anfang April fuhr es weiter nach Süden und fungierte als Wetterbeobachtungsboot.

Am 14. wurde das rücklaufende Boot beim Versuch, den Escortträger HMS Biter nordnordöstlich der Azoren anzugreifen, gesehen. Es wurde mit Wasserbomben der Sloop HMS Pelican (Cdr J.S. Dalison) und der Fregatte HMCS Swansea (Cdr C.A. King) versenkt.

Zehn Männer der Besatzung gingen mit dem Boot unter, der Kommandant und die übrigen wurden gefangen genommen.

U 449 Typ VII C

Bauwerft: Schichau, Danzig
Kiellegung: 17. Juli 1941
Stapellauf: 13. Juni 1942
Indienststellung: 22. August 1942
Feldpost-Nr.: M 50203
Versenkt am 24. Juni 1943 nordwestlich von Cape Finisterre (45°00'N/11°59'W)

Kommandos:
8. U-Flottille Danzig von August 1942–April 1943 (Schulboot)
7. U-Flottille St. Nazaire von Mai 1943–24. Juni 1943 (Frontboot)

Kommandant:
OLtzS Hermann Otto, August 1942–24. Juli 1943

Feindfahrten: 1
Versenkte Schiffe: keines

1. 1.6.43: Auslaufen Kiel in den Nordatlantik.
U 449 wurde am 15. südwestlich von Island durch eine Liberator der 120. Squadron (F/Lt S.E. Esler) angegriffen und beschädigt. Das rücklaufende Boot wurde von U 119 und U 650 auf dem gefährlichen Weg durch die Biskaya begleitet.
Ab 20. blockierte die 20. Britische Marine-Unterstützungsgruppe die Biskaya in Zusammenarbeit mit den Coastal Command-Flugzeugen. Die drei einlaufenden Boote wurden von einem Flugzeug gesichtet und meldeten es an die 2. Escortgruppe.
Die Boote wurden am 24. nordwestlich von Cape Finisterre abgefangen. U 449 wurde durch Wasserbomben der Sloops HMS KITE (LtCdr W.F.R. Segrave), WILD GOOSE (Capt. F.J. Walker), WREN (LtCdr R.M. Aubrey) und WOODPECKER (LtCdr R.G.S. Hugonin) versenkt. U 119 sank früher durch Wasserbomben von HMS STARLING und U 650 wurde angegriffen und durch eine Liberator der 86. Squadron schwer beschädigt.
Es gab keine Überlebenden, 49 Tote.

U 450 Typ VII C

Bauwerft: Schichau, Danzig
Kiellegung: 22. Juli 1941
Stapellauf: 4. Juli 1942
Indienststellung: 12. August 1942
Feldpost-Nr.: M 49979
Versenkt am 10. März 1944 südlich von Anzio
(40°11'N/12°27'E)

Kommandos:
8. U-Flottille Danzig von September 1942–Mai 1943 (Schulboot)
9. U-Flottille Brest von Juni–November 1943 (Frontboot)
29. U-Flottille Toulon von Dezember 1943–10. März 1944 (Frontboot)

Kommandant:
OLtzS Kurt Böhme, September 1942–10. März 1944

Feindfahrten: 3
Versenkte Schiffe: keines

1. 27.5.43: Auslaufen Kiel in den Nordatlantik.
U 450 wurde am 6.6.43 südlich von Island von einer Fortress der 220. Squadron (SLdr H. Warren) angegriffen. Das Boot hatte sieben Verwundete.
Nach der Notreparatur hatte U 450 ein Treffen mit U 645. Es befand sich ein Arzt an Bord und hatte den Befehl, U 450 nach einem französischen Hafen zu begleiten.
Am 18. wurden die beiden Boote von einer Liberator der 59. Squadron (F/O G.B. Lynch) gesichtet.
U 645 feuerte auf das Flugzeug, als U 450 tauchte, und ging dann ebenfalls auf Tiefe.
Die Boote wurden am 20. erneut von Beaufightern der 236. und 248. Squadron gesichtet, aber sie konnten, bevor sie angegriffen wurden, tauchen.
Rückkehr nach Brest am 22.6.43.
2. 18.9.43: Auslaufen Brest und Rückkehr am 19.9.43.
3. 29.9.43: Auslaufen Brest und Rückkehr am 30.9.43.
4. 7.10.43: Auslaufen Brest und Rückkehr am 8.10.43.
5. 14.10.43: Auslaufen Brest und Rückkehr am 15.10.43.
6. 17.10.43: Auslaufen ins Mittelmeer. Bevor Cape Finisterre erreicht wurde, wurde U 450 von einer Wellington der 179. Squadron gesichtet. Sechs Wasserbomben wurden geworfen, die das Boot streiften, aber nicht beschädigten. Sechs Tage später, nach Umrundung von Cape St. Vincent, wurde U 450 von einer Wellington der 179. Squadron gesichtet (S/Ldr D.B. Hodgkinson). Nach Beleuchtung durch eine Leigh Light blieb das Boot aufgetaucht und schoss das Licht aus. Die sechs geworfenen Wasserbomben schüttelten das Boot kräftig, beschädigten es aber nicht. Nach Tauchen des Bootes flog das beschädigte Flugzeug nach seinem Flugplatz zurück.
U 450 lief weiter mit Kurs auf Gibraltar. Am 31. wurde es nahe Cape Spartel vom Radar erfasst und mit Wasserbomben des Zerstörers HMS VELOX angegriffen. Ergebnisse sind nicht bekannt. Während der Nacht vom 1./2. passierte das Boot die Straße von Gibraltar.
Einlaufen nach Toulon am 8.11.43.
7. 14.2.44: Auslaufen an die italienische Küste. Am 10.3.44 wurde U 450 südlich Anzio durch Wasserbomben der Zerstörer HMS BLANKNEY (Lt B.H. Brown), BLENCATHRA, BRECOR (LtCdr N.R.H. Rodney) und EXMOOR (Cdr J. Jefferis) versenkt.
Ein Mann wurde getötet, die übrige Besatzung ging in Gefangenschaft.

U 451 Typ VII C

Bauwerft: Deutsche Werke, Kiel
Kiellegung: 18. Mai 1940
Stapellauf: 5. März 1941
Indienststellung: 3. Mai 1941
Feldpost-Nr.: M 41858
Versenkt am 21. Dezember 1941 südsüdwestlich von
Cape Spartel (35°35'N/06°08'W)

Kommando:
3. U-Flottille Kiel/La Pallice von Mai 1941–21. Dezember 1941 (Schulboot/Frontboot)

Kommandant:
KptLt Eberhard Hoffmann, Mai 1941–21. Dez. 1941

Feindfahrten: 4
Versenkte Schiffe: keines
1 Patrouillenfahrzeug (550 t)

1. 23.6.41: Auslaufen Kiel und Einlaufen Horten am 24.6.41.
2. 6.7.41: Auslaufen Horten und Einlaufen Drontheim am 11.7.41.
3. 24.7.41: Auslaufen Drontheim und Einlaufen Kirkenes am 28.7.41
4. 30.7.41: Auslaufen zum Eingang des Weißen Meeres am 1.8.41. Am 7. machte es einen erfolglosen Angriff auf ein Wachboot und am 10. versenkte U 451 das sowjetische Patrouillenfahrzeug SKR 27/ZEMČUG westlich von Kildin.
Rückkehr nach Kirkenes am 12.8.41.
5. 19.8.41: Auslaufen zur Operation vor der Kola-Küste. Da kein Erfolg erzielt wurde, Rückkehr nach Kirkenes am 12.9.41.
6. 16.9.41: Auslaufen Kirkenes und Einlaufen Kiel am 26.9.41.
7. 25.11.41: Auslaufen Kiel und Einlaufen Lorient am 12.12.41.
8. 15.12.41: Auslaufen ins Mittelmeer. Bei Erreichen der Straße von Gibraltar wurde U 451 in der Nacht des 21. durch Wasserbomben einer Swordfish der 812. (FM) Squadron (SubLt P. Wilkinson) südsüdwestlich von Cape Spartel versenkt.
44 Mann der Besatzung, einschließlich Kommandant, gingen mit dem Boot unter, ein Überlebender wurde gefangen genommen.

U 452 Typ VII C

Bauwerft: Deutsche Werke, Kiel
Kiellegung: 25. Mai 1940
Stapellauf: 29. März 1941
Indienststellung: 29. Mai 1941
Feldpost-Nr.: M 41942
Versenkt am 25. August 1941 südlich von Island (61°30'N/15°30'W)

Kommando:
3. U-Flottille Kiel von Mai 1941–25. August 1941 (Schulboot/Frontboot)

Kommandant:
KptLt Jürgen March, Mai 1941–25. August 1941

Feindfahrt: 1
Versenkte Schiffe: keines

1. 13.8.41: Auslaufen Kiel und Einlaufen Drontheim 17.8.41.
2. 19.8.41: Auslaufen in den Nordatlantik. U 452 wurde durch Wasserbomben des Marinetrawlers HMS VASCAMA (Lt R. Walgate) und einer Catalina der 209. Squadron (F/O E.A. Jewiss) versenkt.
Es gab keine Überlebenden, 42 Tote.

U 453 Typ VII C

Bauwerft: Deutsche Werke, Kiel
Kiellegung: 20. Juli 1940
Stapellauf: 30. April 1941
Indienststellung: 26. Juni 1941
Feldpost-Nr.: 43787
Versenkt am 21. Mai 1944 östlich von Loori, Kalabrien (38°13'N/16°38'E)

Kommandos:
7. U-Flottille Kiel von Juni–November 1941 (Schulboot)
29. U-Flottille La Spezia/Pola/Salamis von Dezember 1941–21. Mai 1944 (Frontboot)

Kommandanten:
KptLt Gert Hetschko, Juni–Juli 1941

KptLt Egon Reiner von Schlippenbach, Juli 1941–
Dezember 1943
OLtzS Dierk Lührs, Dezember 1943–21. Mai 1944

Feindfahrten: 18
Versenkte Schiffe: 6 (22.807 BRT) und 2 beschädigt
1 Zerstörer (1.705 t)
1 Minensucher (815 t)

1. 12.11.41: Auslaufen Kiel ins Mittelmeer.
U 453 passierte die Britischen Inseln auf nördlichem
Kurs und ging am 8./9. Dezember durch die Straße von
Gibraltar. Am 13. versenkte es den spanischen Tanker
BADALONA (4.202 t) vor Motril, Südspanien. Einlaufen in
den neuen Stützpunkt La Spezia am 17.12.41.
2. 17.1.42: Auslaufen, es gibt keine Informationen über
diese Fahrt. Rückkehr nach Pola am 1.2.42.
3. 22.3.42: Auslaufen ins östliche Mittelmeer.
Gemeinsam mit U 205 und U 431 operierte U 453 gegen
den Schiffsverkehr nach und von Tobruk. Am 7.4.42
beschädigte es die britische SOMERSETSHIRE (9.716 t), die
als Lazarettschiff benutzt wurde, aber vom Kommandanten des Bootes als solches nicht erkannt wurde. Zur
Zeit des Angriffs befand sich kein Patient an Bord. Das
beschädigte Schiff kam in Alexandria am 8. an.
4. 25.5.42: Auslaufen ins östliche Mittelmeer. U 453 operierte wieder gegen die Versorgungsschifffahrt von und
nach Tobruk. Am 4.6.42 machte es einen erfolglosen
Angriff auf den Convoy TA 40 westlich von Alexandria,
und am 10. schoss es an einem anderen Schiff vorbei.
Das Boot kehrte am 14.6.42 nach Salamis zurück.
5. 18.6.42: Auslaufen Salamis. Es sind keine Einzelheiten von diesem Einsatz bekannt. Rückkehr nach Pola
am 21.7.42.
6. 31.8.42: Auslaufen Pola. Es sind keine Einzelheiten
über diesen Einsatz bekannt.
Rückkehr nach Salamis am 10.9.42.
7. 17.9.42: Auslaufen Salamis. Es sind keine Einzelheiten über diesen Einsatz bekannt. Bei einem Artilleriegefecht hatte U 453 einen Toten und drei Verwundete zu
beklagen.
Rückkehr nach La Spezia am 15.10.42.
8. 29.11.42: Auslaufen La Spezia. Es sind keine Einzelheiten über diese Fahrt bekannt. Rückkehr nach La
Spezia am 17.12.42.
9. 11.1.43. Auslaufen ins westliche Mittelmeer. U 453
patrouillierte vor der Küste von Algerien. Am 20. versenkte es die belgische JEAN JADOT (5.859 t) vor Cap
Tenes.
Rückkehr nach Pola am 16.2.43.
10. 1.4.43: Auslaufen ins westliche Mittelmeer. Am
Abend des 20. griff U 453 den Convoy UGS 7 westlich

von Algier an. Es meldete einen großen Frachter als versenkt und zwei Schiffe als beschädigt, aber es gibt keine
Informationen darüber. Am 23. wurde U 453 von einer
Hudson der 500. Squadron (W/O R. Obee) gesichtet. Als
das Flugzeug ankam, wurde es durch die Flak des Bootes
beschädigt und der Pilot ernsthaft verwundet. Es wurden
keine Wasserbomben geworfen. Der Navigator, Sgt A.F.
Bushell, flog die Maschine heim. Nachdem die Besatzung aufgefordert worden war, das Flugzeug zu verlassen, setzte er die Hudson auf dem Kurs nach Hause im
Wasser auf und verließ dann ebenfalls die Maschine. Er
erhielt für diese Tat das CGM. Rückkehr nach Pola am
5.5.43.
11. 23.6.43: Auslaufen ins östliche Mittelmeer.
In den frühen Stunden des 1.7.43 beschädigte U 453 die
britische OLIGARCH (6.894 t), einen Marinetanker aus
dem Convoy GTX 3, nordwestlich von Derna. Am 6.
griff U 453 den Truppen und Nachschub transportieren-
den Convoy MWS 36 bei der Invasion Siziliens an und
versenkte die britische SHAHJEHAN (5.454 t) westlich von
Derna. Rückkehr nach Pola am 24.7.43.
12. 31.7.43: Auslaufen zur Patrouille der Küste Siziliens.
Am 5.8.43 machte es einen erfolglosen Angriff auf ein
von sechs Zerstörern geleitetes Schlachtschiff. Es waren
aber nur zwei Enddetonationen zu hören.
Rückkehr nach Pola am 14.8.43
13. 21.10.43: Auslaufen zum Minenlegen vor Brindisi
am 25. Es gibt keine Meldung über Verluste durch die
Minen. Rückkehr nach Pola am 27.10.43.
14. 2.11.43: Auslaufen und am 11. Minenlegenn vor Bari.
Der Zerstörer HMS QUAIL wurde durch einen Treffer
dieser Minen am 15. mehrfach beschädigt. Er wurde in
einen Hafen geschleppt, aber es erfolgte keine Reparatur.
Er sank schließlich im Schlepp von Bari nach Taranto am
18.6.44.
Der Minensucher HMS HEBE sank am 22.11.43 auf einer
Mine von U 453. Rückkehr nach Pola am 13.11.43.
15. 24.11.43: Auslaufen. U 453 legte am 28. mehrere
Minen vor Bari. Es gibt keine Meldungen über Erfolge
dieser zweiten Minen-Operation.
Rückkehr nach Pola am 1.12.43.
16. 12.1.44: Auslaufen ins östliche Mittelmeer. U 453
versenkte am 1.2.44 zwei kleine Segelschiffe durch
Rammen vor der syrischen Küste, westlich von Bassit,
die libanesische SALEM (81 t) und die ägyptische YAHIA
(64 t). Das Boot meldete die Versenkung durch Rammen
von zwei anderen Schiffen südlich von Zypern am 4.,
aber darüber ist nichts bekannt.
Rückkehr nach Salamis am 9.2.44.
17. 8.3.44: Auslaufen. U 453 patrouillierte im Ionischen
Meer am 18., als es auf einen Convoy südlich von
Taranto stieß und ihn angriff. Es meldete Treffer auf drei

Schiffen, aber es sind keine Einzelheiten darüber bekannt. Rückkehr nach Pola am 25.3.44.

18. 30.4.44: Auslaufen zur Patrouille östlich von Sizilien am 3.5.44. U 453 glaubte einen Treffer auf einem Schiff eines nach Westen laufenden Convoys erzielt zu haben, aber es gibt keine Informationen darüber.

Am 18. griff U 453 den Convoy HA 43 vor Rocella Ionica, Kalabrien, an und versenkte die britische MISSANABIE (7.147 t), das letzte Schiff, das im Mittelmeer von einem Uboot versenkt wurde. U 453 wurde dann von italienischen Torpedobooten gejagt, die den Convoy sicherten. Die Jagd durch britische Kriegsschiffe wurde für zwei Tage fortgesetzt. Später am 20. wurde das Boot mit Wasserbomben durch die Zerstörer HMS LIDDESDALE (lt C.J. Bateman), TENACIOUS (LtCdr D.F. Townsend) und TERMAGANT (LtCdr J. Scatchard) angegriffen. U 453 tauchte bald nach Mitternacht auf und wurde dann durch Artillerie versenkt.

Drei Mann der Besatzung wurden getötet, alle anderen gingen in Gefangenschaft.

U 454 Typ VII C

Bauwerft: Deutsche Werke, Kiel
Kiellegung: 27. Juli 1940
Stapellauf: 30. April 1941
Indienststellung: 24. Juli 1941
Feldpost-Nr.: M 45537
Versenkt am 1. August 1943 nordwestlich von Cape Ortegal (45°36'N/10°23'W)

Kommandos:
5. U-Flottille Kiel von Juli–Oktober 1941 (Schulboot)
7. U-Flottille St. Nazaire von November 1941–1. August 1943 (Frontboot)

Kommandant:
KptLt Burkhard Hackländer, Juli 1941–1. August 1943

Feindfahrten: 10
Versenkte Schiffe: keines, 2 beschädigt
1 Zerstörer (1.870 t)

1. 1.12.41: Auslaufen Kiel in nördliche Gewässer. Es sind keine Einzelheiten über den Einsatz bekannt. Rückkehr nach Kirkenes am 12.12.41.

2. 25.12.41: Auslaufen und mit U 134 und U 584 Bildung der »Ulan«-Gruppe südlich der Bäreninsel. Es war die erste Gruppe, die gegen Murmansk-Convoys operierte.

Die Gruppe hatte ihren ersten Erfolg am 2.1.42, als U 134 ein britisches Schiff aus dem nach Osten laufenden Convoy PQ 7A versenkte, das erste nicht russische Schiff, das in den nördlichen Gewässern versenkt wurde.

Am Morgen des 17. beschädigte U 454 den sowjetischen Minensuchtrawler RT 68/ENE vor Kola, im Geleit eines sowjetischen Küstenconvoys.

Am frühen Abend kam U 454 in Berührung mit dem Convoy PQ 8, nordöstlich vom Eingang nach Kola.

Bei dem ersten Angriff beschädigte das Boot die britische HARMATRIS (5.395 t). Es glaubte, auch einen Zerstörer getroffen zu haben, aber darüber ist nichts bekannt.

Die HARMATRIS wurde durch RN-Schlepper nach Murmansk geschleppt und am 20. gedockt. Später am Abend griff U 454 den Convoy PQ 8 an, versenkte den Zerstörer HMS MATABELE und meldete die Versenkung eines Schiffes sowie die Beschädigung eines weiteren. Aber es gibt keine Information darüber. Von der Besatzung der MATABELE wurden nur zwei aufgefischt, über 200 Mann gingen mit ihm unter.

Rückkehr nach Kirkenes am 20.1.42.

3. 27.1.42: Auslaufen Kirkenes und Einlaufen Drontheim am 3.2.42.

4. 24.2.42: Auslaufen Drontheim. Es sind keine Einzelheiten über diesen Einsatz bekannt, nur dass ein Mann der Besatzung am 26. über Bord ging. Rückkehr nach Kirkenes am 15.3.42.

5. 24.3.42: Auslaufen. Am Morgen des 27. sichtete ein deutscher Aufklärer den nach Osten laufenden Convoy PQ 13, der durch einen Sturm zerstreut worden war. Am 28. wurden U 454, U 435, U 456, U 585 und U 589 auf den Convoy angesetzt, desgleichen auch deutsche Zerstörer und Flugzeuge.

Die Uboote versenkten zwei Schiffe des PQ 13 und beschädigten ein weiteres, alle am 30. Aber der Hauptteil des Verlustes lag auf den Schultern britischer und deutscher Marinestreitkräfte. Die Deutschen verloren einen Zerstörer, bei den Briten wurde einer beschädigt.

U 454 hatte keinen Erfolg und kehrte am 2.4.42 nach Kirkenes zurück.

6. 8.4.42: Auslaufen. Es sind keine Einzelheiten über diesen Einsatz bekannt. Rückkehr nach Kirkenes am 20.4.42.

7. 23.4.42: Auslaufen Kirkenes und Einlaufen Bergen am 29.4.42.

8. 30.4.42: Auslaufen Bergen und Einlaufen Kiel am 3.5.42.

9. 4.7.42: Auslaufen Kiel in den Nordatlantik. U 454 traf auf die »Wolf«-Gruppe, die am 12. 600 Seemeilen westlich vom Nordkanal gebildet wurde. Die

Gruppe machte eine Drehung in Richtung der Neufundlandbank und lief dann nach Süden. Ein Convoy wurde am nördlichen Ende der Linie am 13. gesichtet. Einige der im Süden stehenden Boote fuhren für einige Stunden nach Nordosten, als der Convoy gefunden wurde und man feststellte, dass er nach Westen lief, wurde nichts weiter unternommen, er war zu weit weg.

Als am 19. nichts weiter gesehen wurde, wurde entschieden, dass die »Wolf«-Boote nach Süden gehen sollten.

Drei Tage später waren die Boote im Versorgungsgebiet, ein anderer nach Westen laufender Convoy tauchte auf, und eine neue Linie wurde gebildet.

Der Convoy wurde am 23. gesichtet, es war der ON 113, der ursprünglich bereits am 13. gesichtet worden war. Bei der sich anbahnenden Aktion bei schlechter Sicht und starkem Geleitschutz verlor der Convoy nur zwei Schiffe, U 90 ging verloren. Der Kontakt ging am 26. verloren und nach einer fruchtlosen Suche wurde die Operation am 27. eingestellt. Die »Wolf«-Gruppe ging in ein Versorgungsgebiet westlich der Azoren. Acht Boote und U 454 wurden zwischen dem 29. und 30. versorgt.

Die Gruppe wurde nicht umgebildet, aber nach der Versorgung gingen sieben Boote nach Norden an den Convoy ON 115 heran, der am 29. von U 210 gemeldet worden war. Eine Linie, »Pirat«, wurde vor dem Convoy am 1.8.42 östlich von Neufundland gebildet, die sechs ex-»Wolf«-Boote stießen hinzu.

Der Convoy wurde am 2. von U 552 östlich von Cape Race gesichtet. Die Boote erhielten Befehl, heranzuschließen, und der Convoy wurde bei der Neufundlandbank gestellt. Es kam Nebel auf, so dass die Operation am 3. abgeblasen wurde. Zwei Schiffe wurden versenkt, ein weiteres beschädigt.

U 454 hatte keinen Erfolg.

Mit U 43 und U 552, die im Kampf mit dem Convoy ON 115 beschädigt worden waren, fuhren fünf ex-»Wolf«-Boote auf eine neue Position 400 Seemeilen nordöstlich von Neufundland am 7. um eine neue Linie, »Steinbrinck«, zu bilden. Zwei Tage, bevor sie ihre Position erreichten, meldete U 593 den nach Osten fahrenden Convoy SC 94 am nördlichen Ende der geplanten »Steinbrinck«-Linie. Die Boote kamen an den Convoy heran, eine Anzahl anderer Boote kam ebenfalls hinzu.

Als die Operation am 11. südlich von Island endete, waren elf Schiffe versenkt worden, zwei Boote gingen verloren. Rückkehr nach dem neuen Stützpunkt St. Nazaire am 17.8.42.

10. 15.9.42: Auslaufen St. Nazaire und Rückkehr am 16.9.42.

11. 26.9.42: Auslaufen in den östlichen Atlantik.

U 454 traf auf die große »Panther«-Gruppe, die am 8.10.42 westlich von Irland gebildet wurde. Am 11. wurden acht Boote als »Leopard«-Gruppe detachiert und auf den nach Westen laufenden Convoy ONS 136 angesetzt. Am 16. wurden zwölf andere »Panther«-Boote mit U 454 und zehn Booten der »Wotan«-Gruppe zum Angriff auf den nach Westen laufenden Convoy ON 137 befohlen, der an diesem Tage von U 704 gesichtet worden war.

Das Wetter wurde schlecht und die Verfolger verloren den Kontakt, nachdem sie beschädigt worden waren oder tauchen mussten. Die Boote suchten, aber nachdem sich am 17. ein Sturm entwickelt hatte und der Convoy am 19. nicht gefunden wurde, erfolgte die Aufgabe der Operation.

Einige Boote der »Panther«-Gruppe, mit U 454, fuhren nach Westen und bildeten ab 24. eine neue Linie, »Veilchen«, 400 Seemeilen östlich von Neufundland. Am 30. wurde der nach Osten laufende Convoy SC 107 vom neu ankommenden U 522 nahe Cape Race gesichtet. Die Boote wurden zum Angriff auf den Convoy befohlen, der am 1.11.42 die »Veilchen«-Linie passierte. Der Angriff auf SC 107 setzte sich bis zum 6. fort. U 454 und andere Boote hatten noch immer Kontakt, wurden dann aber von Liberators der 120. Squadron vertrieben.

Zu dieser Zeit waren die meisten Boote knapp an Kraftstoff und Torpedos. 15 Schiffe wurden versenkt, zwei Boote gingen verloren. Am 8. wurde U 454 nordwestlich der Azoren von U 177 mit Kraftstoff versorgt. Während dieser Aktion wurde einer der Offiziere von U 117 verletzt. U 454 traf auf die »Kreuzotter«-Gruppe beim Angriff auf den Convoy ONS 144 südlich von Island. Der Convoy hatte die »Kreuzotter«-Linie am 15. passiert. U 454 machte erfolglose Angriffe gegen zwei Schiffe des Convoys am Morgen des 18.

Die Operation gegen den ONS 144 dauerte fünf Tage und endete am 21. östlich von Neufundland. Trotz Nebels wurden fünf Schiffe und eine Korvette versenkt, keines von U 454. Es traf nun auf die »Drachen«-Gruppe nordöstlich von Neufundland. Die Boote wurden unabhängig und einzeln auf die Suche geschickt. Nach mehreren Tagen, als kein Schiff gesehen wurde, lief U 454 heimwärts. Rückkehr nach St. Nazaire am 7.12.42.

12. 18.1.43: Auslaufen in den Nordatlantik. U 454 traf auf die »Landsknecht«-Gruppe westlich von Irland.

Nachdem die Boote eine Woche auf einen erwarteten ON-Convoy gewartet hatten, der jedoch nicht kam, wurde die Gruppe am 28. aufgelöst. Ab 2.2.43 gehörte U 454 zur neu formierten Aufklärungsgruppe »Pfeil«, die auf einen SC-Convoy wartete. Die Linie verlegte südwestwärts nach Neufundland. Am 4. wurde der SC 118 beim Passieren der Linie im Zentralen Nordatlantik von U 187 gemeldet. Fünf Boote der »Haudegen«-Gruppe wurden zum Treffen mit der »Pfeil«-Gruppe und zum Angriff auf den Convoy befohlen.

U 454 scheint keinen Erfolg gehabt zu haben; ein Angriffs-Versuch wurde durch die französische Korvette Lobelia verhindert. 20 Boote griffen den Convoy an. Sie versenkten elf Schiffe, aber es gingen auch drei Boote verloren und zwei wurden beschädigt. Ab 14. traf U 454 auf die »Ritter«-Gruppe im Zentralen Nordatlantik zur Operation gegen den nach Osten laufenden Convoy HX 226. In der Nacht des 15./16. passierte der Convoy SC 119 den Norden der Gruppe. Am 18. fuhr die Gruppe nach Westen, aber als man feststellte, dass die Convoys ON 166 und ONS 167 südlich der »Ritter«-Linie durchliefen, wurde die Bewegung nach Westen gestoppt, und die Boote liefen südostwärts und bildeten ab 20. eine Nord-Süd-Linie auf dem 30°-Meridian.

ON 166 wurde am Morgen des 20. von U 604 gesichtet, es wurde aber erkannt und vertrieben, bevor die »Ritter«- und »Knappen«-Boote heran kamen. U 454 hatte mit dem Convoy Kontakt am 21., wurde aber ebenfalls vertrieben und durch Geleitfahrzeuge in Zusasmmenarbeit mit Flugzeugen am 23. beschädigt.

U 454 wurde von U 462 nordwestlich der Azoren mit Kraftstoff versorgt.

Rückkehr nach St. Nazaire am 8.3.43.

13. 17.4.43: Auslaufen in den Nordatlantik., U 454 traf auf die »Amsel«-Gruppe, die am 26. 1.400 Seemeilen westlich von Irland gebildet wurde. Die Gruppe verholte nach Süden auf der Suche nach einem Convoy, der als der nach Osten laufende HX 235 angesprochen wurde. Die »Amsel«-Gruppe hakte sich am 29. in den linken Flügel der »Specht«-Gruppe ein und beide Gruppen liefen nach Süden. Am 1.5.43 war die kombinierte Linie in einem Winkel 200 Seemeilen östlich von St. John's, Neufundland, aufgestellt. Am 3. fuhren die »Specht«-Boote nach Norden, um eine neue Linie, »Fink«, zu bilden. Die »Amsel«-Boote, verstärkt durch sechs neu angekommene Boote, bildeten vier neue kleinere Gruppen, »Amsel 1«, »-2«, »-3« und »-4«.

Sie lag im selben Winkel östlich von St. John's. U 454 war bei der südlichsten Gruppe, »Amsel 4«.

»Amsel 1« und »-2« gingen nach Norden zum Abfangen des Convoys ONS 5 und am 7. vereinigten sich die Gruppen »Amsel 3« und »-4« als »Rhein«-Gruppe, die am 8. mit hoher Fahrt zur Bildung einer Linie am 9. gegen den HX 237 nach Südwesten befohlen wurde.

U 359 sichtete ein Schiff des Convoys am 9., bevor die Linie gebildet wurde, aber es verlor den Kontakt aufgrund schlechter Sichtverhältnisse.

Die Boote führten am Morgen des 10. unabhängig die Suche nach dem Convoy durch. Mittags sichtete U 403 einen schnellen Einzelfahrer und dann einen Schlepper, was zum Convoy am Nachmittag führte. Die »Rhein«-Boote waren zu dieser Zeit zu weit im Osten. Sie wurden zur Vereinigung mit der »Elbe«-Gruppe zur Bildung der »Elbe 1« und »-2«-Gruppe befohlen, um den langsameren Convoy SC 129 anzugreifen, der von U 504 am 11. gesichtet worden war. U 454 gehörte zur Gruppe »Elbe 2«. Der Convoy hatte einen starken Geleitschutz und eine Luftsicherung von trägergestützten Flugzeugen, die die Boote auf Distanz hielten.

Die Operation gegen den SC 129 endete am 14. südwestlich von Irland. Zwei Schiffe wurden versenkt, zwei Boote gingen verloren.

Rückkehr nach La Pallice am 23.5.43.

14. 26.7.43: Auslaufen in den Atlantik.

U 454 hatte einen Kompaßausfall und lief zurück nach La Pallice zur Reparatur. Auslaufen dann am 29.

Am 1.8.43 wurde das Boot an der Wasseroberfläche laufend von einer Sunderland der 10. Squadron (RAAF) (F/Lt K.G. Fry) nordwestlich von Cape Ortegal gesichtet. Das Flugzeug wurde beim Anflug getroffen und ein Motor fing Feuer. Allerdings blieb Fry bei seinem Angriff und warf Wasserbomben, bevor er ins Wasser krachte. Sechs Mann der zwölfköpfigen Flugzeugbesatzung kamen um. U 454 brach nach dem Angriff in zwei Teile und ging unter. 34 Mann der Besatzung wurden getötet und 13, mit dem Kommandanten, wurden durch die Sloop HMS Kite aufgenommen.

U 455 Typ VII C

Bauwerft: Deutsche Werke, Kiel
Kiellegung: 3. September 1940
Stapellauf: 21. Juni 1941
Indienststellung: 21. August 1941
Feldpost-Nr.: 03850
Versenkt am 6. April 1944 vor La Spezia
(44°04'N/09°51'E)

Kommandos:
5. U-Flottille Kiel von August–Dezember 1941 (Schulboot)
7. U-Flottille St. Nazaire von Januar 1942–Februar 1944 (Frontboot/Minenleger)
29. U-Flottille Toulon von März 1944–6. April 1944 (Frontboot)

Kommandanten:
KptLt Hans-Heinrich Giessler, Aug. 1941–Okt. 1942
KptLt Hans-Martin Scheibe, Okt. 1942–6. April 1944

Feindfahrten: 10
Versenkte Schiffe: 3 (17.685 BRT)

1. 15.1.42: Auslaufen Kiel in den Nordatlantik.
U 455 war eines von zwölf Booten, die sich westlich von Rockall als »Schlei«-Gruppe sammelten, um zu einer südwestlichen Suche über die Convoyrouten zu starten. Allerdings wurden die »Schlei«-Boote in den Stützpunkten Westfrankreichs für den Einsatz im Westatlantik hergerichtet, da die interessanten Meldungen von der US-Küste eingingen. Befehle gingen ein. Sie besagten, dass acht Boote in das Gebiet Island/Färöer/Schottland gehen sollten. Fünf »Schlei«-Booten, U 455, U 352, U 435, U 586 und U 591, wurde ihr ursprünglicher Auftrag entzogen, sie fuhren nordwärts.
Ab 25. untersuchten U 455, U 352 und U 435 den Seydis Fjord an der Ostküste Islands. Sie versuchten einen möglichen Sammelpunkt für nach Norden laufende Convoys ausfindig zu machen. Da nichts gefunden wurde, kehrten die Boote zur normalen Aufgabe zurück. U 455 patrouillierte im Island/Färöer/Norwegen-Gebiet.
Rückkehr nach Bergen am 30.3.42.
2. 21.3.42: Auslaufen Bergen nach Westfrankreich. Einlaufen in den neuen Stützpunkt St. Nazaire am 30.3.42.
3. 16.4.42: Auslaufen in den Westatlantik. U 455 war eines von 13 Booten, die in kanadischen und US-Gebieten operieren sollten. Am 1.5.42 sichtete U 575 einen Convoy 80 Seemeilen südwestlich von Cape Sable mit nordöstlichem Kurs. U 455 und drei andere Boote waren zwischen 600–1.000 Seemeilen östlich davon.
Den Verfolgern war es unmöglich, einen Kontakt herzustellen, und obwohl sie den Convoy am 2. wieder fanden, wurden sie von Flugzeugen vertrieben.
U 455, U 553, U 588 und U 593 erhielten am 3. Befehl zur Bildung einer Linie, südwärts von Cape Race laufend. Als erkannt wurde, dass der Convoy dicht an der Küste stand, verlegte die Linie nach Norden auf die Küste zu. Die Operation wurde am 4. abgeschlossen, und die vier Boote blieben südlich von Halifax. Am Morgen des 3. versenkte U 455 den britischen Tanker BRITISH WORKMAN (6.994 t) südsüdöstlich von Cape Race.
Mitte Mai fuhr U 455 in ein Gebiet südlich von New York. Am Abend des 18. griff es erfolglos ein großes Passagierschiff an. Von vier geschossenen Torpedos wurde nur eine Detonation vernommen. Dann traf das Boot am 21. sieben andere Boote zur Bildung der »Pfadfinder«-Gruppe, 400 Seemeilen östlich von New York. Es waren nur wenige Schiffe nahe der Küste zu sehen, und die Sehrohre waren auf den Verkehr zwischen der US-Ostküste mit ihren Häfen und den möglichen Zielen in Zentral- und in Südamerika gerichtet, und wie die Routen der Schiffe verliefen.

Die Gruppe löste sich nach wenigen Tagen auf, die meisten Boote gingen dichter an die Küste.
U 455 setzte die Patrouille 400 Seemeilen östlich von New York fort, war kurz vor New York selbst, aber lief Anfang Juni heimwärts. Am 11. versenkte es den britischen Tanker GEO H. JONES (6.914 t) nordnordöstlich der Azoren.
Rückkehr nach St. Nazaire am 16.6.42.
4. 22.8.42: Auslaufen in den Nordatlantik.
U 455 nahm Kurs auf das Gebiet von Neufundland/Nova Scotia und lief dann am 18.9.42 nach Süden zum Minenlegen vor Charleston, North Carolina. Es gibt keine Meldungen über die Versenkung oder Beschädigung von Schiffen durch die Minen.
Ende September fuhr U 455 nach Norden in den Golf von St. Lawrence. Da man nichts sah, drehte das Boot in das Gebiet von Cape Race, aber auch dort fand es nichts.
Rückkehr nach St. Nazaire am 28.10.42.
5. 28.11.42: Auslaufen in den Nordatlantik.
U 455 traf die neue Gruppe »Draufgänger« westlich von Irland, die auf einen ONS-Convoy wartete, der aber nicht kam. Am 7.12.42 wurde die Gruppe an den nach Nordosten laufenden Convoy HX 217 angesetzt. In Reichweite von Island zwang jedoch die starke Luftüberwachung ab 10. zur Aufgabe der Operation. Zwei Schiffe wurden versenkt.
Ab 13. traf sich U 455 mit drei anderen »Draufgänger«-Booten, mit neu ankommenden Booten und U 524 zur Bildung der »Ungestüm«-Gruppe, um gegen Convoys beim Nordkanal zu operieren. Am 13. wurde der nach Osten laufende Convoy HX 218 östlich Neufundland von U 373 gesichtet. Die »Ungestüm«-Boote liefen mit hoher Fahrt nach Westen, und am 16. wurde eine Linie südöstlich von Cape Farewell über den vermuteten Weg des Convoys gebildet. Der HX 218 passierte die Linie der wartenden Boote.
Auf der Suche nach dem HX 218 sichtete U 373 den nach Westen laufenden Convoy ONS 152 am 16. südöstlich der »Ungestüm«-Boote, und die Gruppe wurde auf ihn angesetzt. Es kam zu einem kurzen Kontakt, aber schlechtes Wetter und schwache Sicht behinderten das Unternehmen. Bei der Suche nach Nachzüglern fand sich ein Schiff, das von U 591 versenkt wurde. Die Operation endete am 22. Dezember. Ab 24. bildeten die weit verstreuten Boote der »Ungestüm«-Gruppe eine neue Linie im Zentralen Nordatlantik.
Am folgenden Tag fuhr die Linie nordostwärts zum Treffen mit der »Spitz«-Gruppe und fuhr weiter nach Nordwesten. Der ONS 154-Convoy wurde südlich der »Spitz«-Linie gesichtet.
Beide Gruppen liefen nach Süden, um ihn abzufangen. Der Kontakt wurde am 27. hergestellt. Angesichts

schlechter Sichtverhältnisse an dem Tag wurden nur vier Schiffe versenkt und eines beschädigt, keines durch U 455. Der Angriff auf ONS 154 setzte sich bis zum 31. fort und war nordwestlich der Azoren beendet. U 455 hielt den Kontakt bis zur Nacht des 30./31., aber es gelang nicht, weitere Boote heranzubringen. Anfang Januar 1943 wurde U 455 durch U 463 westlich der Azoren mit Kraftstoff versorgt.
Rückkehr nach St. Nazaire am 24.1.43.
6. 23.3.43: Auslaufen in den Zentralen Atlantik. U 455 legte zwölf Minen mit seinen Torpedorohren am Ankerplatz von Casablanca am 10.4.43. Es ist jedoch über Verluste durch die Minen nichts bekannt, ausgenommen die französische ROUENNAIS (3.777 t), die am 25.4.43 unterging.
Das Boot operierte im Gebiet der Kanarischen Inseln. Am 16.4.43 fischte es einige Besatzungsmitglieder von U 167 bei Gran Canaria auf. Das Boot wurde am 6. nach Beschädigungen durch Flugzeuge am 5. selbst versenkt. Die Besatzung ging an Land. U 159 übernahm den Rest der Besatzung von U 167.
Rückkehr nach St. Nazaire am 23.4.43.
7. 30.5.43: Auslaufen in den Atlantik.
Am 2.6.43 wurde U 455 zweimal durch Flugzeuge angegriffen, durch eine Beaufighter der 248. Squadron (Sgt P.T. Wilkinson) und eine Halifax der 58. Squadron (F/Sgt Johnson). Es wurde vermutlich beschädigt.
U 455 operierte unabhängig, anfangs westlich der Azoren und ab Ende Juni westlich von Lissabon. Am 20.7.43 schoss das Boot fünf Torpedos auf einen Frachter. Zwei Detonationen wurden gehört, aber ein Resultat gab es nicht. Rückkehr nach St. Nazaire am 31.7.43.
8. 20.9.43: Auslaufen ins Mittelmeer.
U 455 und U 264 schafften es nicht, die Straße von Gibraltar zu durchbrechen, und beide wurden nach Kraftstoffversorgung der »Rossbach«-Gruppe zugeteilt. Diese befand sich südwärts von Island. Am 4.10.43 sichtete eine Avenger des VC 9 (Lt R.L. Stearns) vom Escortträger USS CARD U 455, U 264 und U 422 bei der Kraftstoffübernahme durch U 460 nördlich der Azoren. U 264 war gerade fertig damit, U 442 war das nächste Boot. Ohne zu warten, bis weitere Flugzeuge hinzu kamen, griff Stearns angesichts des kombinierten Flakfeuers die Boote an. Er warf eine 500-1b-Bombe zwischen U 460 und U 264. Eigentlich sollte das große Boot U 460 als erstes Boot tauchen, sein Kommandant hatte mehrfach den Befehl an U 264 weitergegeben. Als drei weitere Flugzeuge erschienen, war nur U 455 getaucht. Eine Wildcat und eine Avenger griffen die übrigen drei Boote im Tiefflug an und brachten die Flak zum Schweigen. Bei dieser Aktion ging U 460 unter, und später am Tag wurde auch U 422 versenkt. U 455 lief nach

Norden und traf auf die »Rossbach«-Gruppe, aber die war nach der Operation gegen den SC 143 aufgelöst worden. U 455 traf auf keine andere Gruppe. Es wurde vermutlich Mitte Oktober beschädigt, Einzelheiten sind nicht bekannt.
Rückkehr nach Lorient am 11.11.43.
9. 6.1.44: Auslaufen ins Mittelmeer. Das Boot passierte die Straße von Gibraltar während der Nacht des 21./22. Einlaufen im neuen Stützpunkt Toulon am 3.2.44.
10. 22.2.44: Auslaufen zum Minenlegen. U 455 ging am 6.4.44 verloren. Ursache dafür ist ein unbekannter Vorfall vor La Spezia. Es ist möglich, dass das Boot durch die Detonation einer seiner eigenen Minen zerstört wurde.
Es gab keine Überlebenden, 51 Tote.

U 456 Typ VII C

Bauwerft: Deutsche Werke, Kiel
Kiellegung: 10. September 1940
Stapellauf: 21. Juni 1941
Indienststellung: 18. September 1941
Feldpost-Nr.: M 17549
Versenkt am 13. Mai 1943 nördlich der Azoren
(46°39'N/26°54'W)

Kommandos:
6. U-Flottille Danzig/Norwegen von September 1941–Juni 1942 (Schulboot/Frontboot)
11. U-Flottille Bergen von Juni–November 1942 (Frontboot)
1. U-Flottille Brest von Dezember 1942–13. Mai 1943 (Frontboot)

Kommandant:
KptLt Max-Martin Teichert, Sept. 1941–13. Mai 1943

Feindfahrten: 11 (?)
Versenkte Schiffe: 5 (31.448 BRT) und 1 beschädigt
1 Kreuzer (11.500 t)

1. 31.1.42: Auslaufen Kiel in nördliche Gewässer. Rückkehr nach Kirkenes am 15.2.42.
2. 24.2.42: Auslaufen, es sind keine Einzelheiten bekannt. Rückkehr nach Kirkenes am 22.3.42.
3. 29.3.42: Auslaufen. Am Morgen des 27. sichteten deutsche Flugzeuge den nach Osten laufenden Convoy PQ 13, der sich wegen eines Sturms zerstreut hatte. Am 28. wurden U 456, U 435, U 454, U 585 und U 589 auf

den Convoy angesetzt, so auch deutsche Zerstörer und Flugzeuge.

Am 30. beschädigte U 456 den Tanker (honduranisch) MANA (3.283 t) vor Kola. Die Uboote versenkten zwei Schiffe des PQ 13, aber der Hauptkampf fand zwischen deutschen und britischen Marineeinheiten statt. Die Deutschen verloren einen Zerstörer, bei den Briten wurde ein Zerstörer beschädigt.

Rückkehr nach Kirkenes am 2.4.42.

4. 7.4.42: Auslaufen. Der Convoy QP 10 verließ Kola am 10. und U 456 war eines von mehreren Booten, die sich zum Angriff auf den Convoy vorbereiteten. Nur U 435 hatte Erfolg. Es versenkte am 13. zwei Schiffe des Convoys.

Rückkehr nach Kirkenes am 20.4.42.

5. 29.4.42: Auslaufen. Der Convoy QP 11 verließ Murmansk am 28. U 456 und andere Boote warteten auf ihn. Die deutsche Luftaufklärung sichtete ihn am 29. Am Nachmittag des 30. traf U 456 den Kreuzer HMS EDINBURGH als Geleitschutz vom QP 13 mit seinen letzten beiden Torpedos nordöstlich von Kola. Es beschädigte den Kreuzer schwer. Es wurden große Anstrengungen gemacht, den Kreuzer nach Murmansk zu schleppen. Über die nachfolgenden drei Tage wurde ein Kampf durchgeführt, um den Kreuzer zu retten, insbesondere durch die Zerstörer HMS FORESIGHT und FORESTER, die drei deutsche Zerstörer abwehrten. Während des Kampfes wurde der deutsche Zerstörer HERMANN SCHOEMANN so schwer vom einzigen noch intakten Turm der EDINBURGH getroffen, dass er sank. Die FORESIGHT und FORESTER wurden beschädigt und EDINBURGH von einem weiteren Torpedo getroffen. Die überlebende Besatzung der HERMANN SCHOEMANN wurde übernommen, 200 Mann durch die Zerstörer Z 24 und Z 25 am 2., weitere 60 Mann wurden in Flößen und Booten später am Tag von U 88 gerettet. Die EDINBURGH sank am 3. nach dem letzten Torpedo der FORESIGHT.

Rückkehr nach Kirkenes am 4.5.42.

6. 7.5.42: Auslaufen Kirkenes und Einlaufen Bergen am 12.5.42.

7. 25.6.42: Auslaufen Bergen. Am 1.7.42 sichteten U 255 und U 408 den nach Osten laufenden Convoy PQ 17 östlich von Jan Mayen. Sie wiesen andere Boote an diesen heran. Dazu gehörte auch U 456. Ein kurzer Kontakt wurde am 2. und 3. hergestellt, und es wurden einige erfolglose Angriffe durchgeführt. U 456 verfolgte den Convoy. Als festgestellt wurde, dass sich deutsche Überwasserkriegsschiffe auf den Angriff des Convoys vorbereiteten, wurde am 4. entschieden, dass sich der PQ 17 auflösen sollte. Das geschah am 5. früh, und das Versenken durch Uboote und Flugzeuge nahm seinen Anfang. Am Nachmittag versenkte U 456 die amerikan-

sche HONOMU (6.977 t) in der Barentsee südöstlich von Spitzbergen.

In der neuntägigen Operation gegen den PQ 17 wurden 24 Schiffe versenkt, acht durch Flugzeuge, acht durch Uboote und acht weitere, zuvor von Flugzeugen beschädigte Schiffe, durch Uboote.

Rückkehr in den Neidenfjord am 6.7.42.

8. 4.8.42: Auslaufen Neidenfjord. Es sind keine Einzelheiten bekannt. Rückkehr nach Neidenfjord am 10.8.42.

9. 15.8.42: Auslaufen. Am 20. versuchte U 456 den sowjetischen Eisbrecher SKR 18/FEDOR LITKE vor Belusha zu torpedieren.

Rückkehr nach Kirkenes am 19.9.42.

10. 21.9.42: Auslaufen Kirkenes und Einlaufen Drontheim am 27.9.42.

11. 23.11.42: Auslaufen Drontheim. Es sind keine Einzelheiten bekannt. Rückkehr nach Bergen am 4.12.42.

12. 14.1.43: Auslaufen Bergen in den Nordatlantik. U 456 traf auf die »Landsknecht«-Gruppe westlich von Irland. Nach dem Warten für eine Woche auf einen ON-Convoy, der dann nicht kam, wurde die Gruppe am 28. aufgelöst. Auf dem Marsch zu einer neuen Gruppe sichtete U 456 den nach Osten laufenden Convoy HX 224 am 1.2.43 im Zentralen Nordatlantik. Es hielt bei schlechtem Wetter den Kontakt für drei Tage und brachte vier andere ex-»Landsknecht«-Boote, U 257, U 632, U 614 und U 632, heran.

U 456 versenkte die amerikanische JEREMIAH VAN RENSSELAER (7.177 t) früh am 2. und den britischen Tanker INVERILEN (9.456 t) früh am 3. Bei dem letzteren Angriff hat U 456 vermutlich die Sloop HMS LONDONDERRY beschädigt. U 632 versenkte einen Tanker als Nachzügler des Convoys spät am 3. Die Operation gegen HX 224 endete am 3. westlich vom Nordkanal.

Am 4. passierte der nach Osten laufende Convoy SC 118 die Linie der »Pfeil«-Boote. Die »Pfeil«-Boote wurden an ihn herangeführt, wie auch die fünf östlichen Boote der »Haudegen«-Gruppe und U 456 und U 614, die vom HX 224 kamen. 20 Boote nahmen am Angriff gegen den SC 118 teil und als die Operation am 9. westlich vom Nordkanal endete, waren elf Schiffe versenkt worden, zwei Boote gingen verloren.

U 456 wurde von U 460 am oder um den 11. im Zentralen Nordatlantik versorgt. Am 23. versenkte das Boot wahrscheinlich die britische KYLECLARE (700 t) südwestlich von Irland.

Rückkehr nach Bergen am 26.2.43.

13. 24.4.43: Auslaufen in den Atlantik. U 456 war eines von elf Booten, die Ende April die Linie »Drossel«, nordwestlich von Cape Finisterre, bildeten. Am 3.5.43 sichtete ein Flugzeug einen nach Süden laufenden Convoy, und die Gruppe drehte nach Osten, um ihn anzugreifen. Es stellte sich heraus, dass es sich um 15 LCT's und zwei Geleitfahrzeuge handelte. Der Zustand der See machte Torpedoangriffe auf diese flachgehenden Boote unmöglich, die Operation wurde aufgegeben.

Die »Drossel«-Gruppe fuhr südwärts auf der Suche nach zwei nordwärts laufenden Convoys, die man am 5. erwartete. SL 128 wurde am 6. durch Flugzeuge gefunden, aber eine falsche Positionsangabe verhinderte das Herankommen der Boote bis zum frühen Morgen des 7. Nur ein Schiff wurde versenkt, dann endete die Operation am 8., nachdem die Flugsicherung erschien.

Die Gruppe lief mit hoher Fahrt nach Westen zum Abfangen des nach Osten laufenden Convoys HX 237. Er wurde am 9. durch Boote der »Rhein«-Gruppe gesichtet, aber sie verloren den Kontakt wegen schlechter Sichtverhältnisse. Der Convoy wurde am 11. nördlich der Azoren von den »Drossel«-Booten gestellt, und U 456 versenkte die britische FORT CONCORD (7.138 t) früh am 12. U 403 mag dieses Schiff auch getroffen haben, aber es gibt keine Informationen darüber. Am 12. wurde U 456 durch einen Angriff einer Liberator der 86. Squadron (F/Lt J. Wright) beschädigt. Das Flugzeug rief Überwasserfahrzeuge herbei und man glaubt, dass U 456 beim Versuch, tiefer zu tauchen, in der Absicht den Kriegsschiffen zu entkommen, verloren ging.

U 457 Typ VII C

Bauwerft: Deutsche Werft, Kiel
Kiellegung: 26. Oktober 1940
Stapellauf: 4. Oktober 1941
Indienststellung: 5. November 1941
Feldpost-Nr.: M 36700
Versenkt am 16. September 1942 westlich von Novaya Zemlya (75°05'N/43°15'E)

Kommandos:
6. U-Flottille Danzig von November 1941–Juni 1942 (Schulboot)
11. U-Flottille Bergen von Juli 1942–16. September 1942 (Frontboot)

Kommandant:
KKpt Karl Brandenburg, Oktober 1941–16. Sept. 1942

Feindfahrten: 4
Versenkte Schiffe: 3 (24.570 BRT)

1. 30.5.42: Auslaufen Kiel und Einlaufen Drontheim am 3.6.42.

2. 18.6.42: Auslaufen Dronteim und Treffen mit anderen Booten bei Jan Mayen, um auf den nächsten Convoy zu warten. Rückkehr nach Drontheim am 22.6.42.

3. 28.6.42: Auslaufen Drontheim in nördliche Gewässer. Am 17.7.42 sichteten U 255 und U 408 den nach Osten laufenden Convoy PQ 17 östlich von Jan Mayen und führten andere Boote an ihn heran. U 457, U 88, U 251, U 355, U 376 und U 657 bildeten die »Eisteufel«-Linie weiter im Osten zur Operation gegen den Convoy. Kurzer Kontakt mit dem PQ 17 wurde am 2. und 3. hergestellt und einige erfolgose Angriffe gemacht.

Am Morgen des 4. versenkte U 457 die geflutete amerikanische CHRISTOPHER NEWPORT (7.176 t), die nach einem Torpedotreffer durch eine He 115 früher am Tag verlassen worden war.

Als man annahm, dass deutsche Überwasserstreitkräfte sich auf den Angriff vorbereiteten, wurde am Abend des 4. von der Admiralität entschieden, dass der PQ 17 aufgelöst werden und die Schiffe nach russischen Häfen laufen sollten. Der Konvoi löste sich am 5. auf, die Versenkungen durch die Uboote und Flugzeuge nahmen ihren Anfang.

Am Nachmittag des 7. versenkte U 457 den Marinetanker ALDERSDALE (8.402 t), der nach Bomben durch eine Ju 83 des KG 30 am 5. verlassen wurde.

In der neuntägigen Operation gegen den PQ 17 wurden 24 Schiffe versenkt, acht durch Flugzeuge, acht durch Uboote und acht durch von Flugzeugen beschädigte Schiffe, ebenfalls durch Uboote.

U 457, U 255 und U 703 trafen mit U 251, U 376 und U 408 zu einem Kurs in der östlichen Barentsee zusammen. Es galt restliche Schiffe des PQ 17 zu finden.

Am Morgen des 9. meldete U 457 eine Gruppe von Schiffen und führte andere Boote heran. Der kleine Convoy wurde bei Tageslicht am 9. von Ju 88 des KG 30 angegriffen und die beschädigten EL CAPITAN und HOOSIER von U 255 und U 376 in den frühen Stunden des 10. versenkt.

Am 14. hatte U 457 ein Gefecht mit einem sowjetischen Uboot. Rückkehr nach Narvik am 16.7.42.

4. 18.7.42: Auslaufen Narvik und Einlaufen Drontheim am 20.7.42.

5. 8.8.42: Auslaufen. Es sind keine Einzelheiten bekannt. Rückkehr nach Narvik am 7.9.42.

6. 10.9.42: Auslaufen. Der nach Osten laufende Convoy PQ 18 wurde am 12. durch deutsche Flugzeuge gesichtet, und U 457 war eines der Boote, die auf ihn angesetzt wurden. Am frühen Morgen des 14. torpedierte das Boot nördlich der Bäreninsel den britischen Tanker ATHELTEMPLAR (8.992 t) und entkam durch Untertauchen des

Convoys. Die ATHELTEMPLAR wurde von ihrer Besatzung verlassen und blieb hinter dem Convoy brennend zurück. Der Minensucher HARRIER wurde angewiesen, den Tanker zu versenken, aber der schwamm weiter.

Das blieb so, bis er einige Stunden später endlich unterging. Bei dem Angriff auf PQ 18 glaubte Korvettenkapitän Brandenburg ein zweites Schiff versenkt zu haben und zwei Treffer auf einen Zerstörer des Geleits erzielt zu haben, aber darüber gibt es keine Informationen. Am 16. wurde U 457 durch Wasserbomben des Zerstörers HMS IMPULSIVE westlich von Novaya Zemlya versenkt.

Es gab keine Überlebenden, 45 Tote.

U 458 Typ VII C

Bauwerft: Deutsche Werke, Kiel
Kiellegung: 26. Oktober 1940
Stapellauf: 4. Oktober 1941
Indienststellung: 12. Dezember 1941
Feldpost-Nr.: M 42437
Versenkt am 22. August 1943 südöstlich von Pantellaria (36°25'N/12°39'E)

Kommandos:
8. U-Flottille Königsberg/Danzig von Dezember 1941–Juni 1942 (Schulboot)
3. U-Flottille La Pallice von Juli–Oktober 1942 (Frontboot)
29. U-Flottille La Spezia von November 1942–22. August 1943 (Frontboot)

Kommandant:
KptLt Kurt Diggins, Dezember 1941–22. August 1943

Feindfahrten: 7
Versenkte Schiffe: 2 (7.584 BRT)

1. 21.6.42: Auslaufen Kiel in den westlichen Atlantik. U 458 versenkte am 20. im Zentralen Nordatlantik das einzelfahrende norwegische Motorschiff MOSFRUIT (2.714 t). Bald darauf wurde das Boot von U 460 mit Kraftstoff versorgt. Es gehörte zu einer aus sieben Booten bestehenden Gruppe, die vor der Ostküste Amerikas operierte. Zu dieser Zeit wurde ein brauchbares Convoysystem eingeführt, und das Uboot-Abwehrsystem

stellte sich als gut heraus. U 458 patrouillierte südlich von Hatteras bis zum 19.7.42, dann wurden die Boote wegen der fehlenden Erfolge und des Verlustes von U 215 und U 576 abgezogen.

U 458 fuhr nordwärts in ein Gebiet südöstlich von Nova Scotia. Am 28. sichtete U 132 den Convoy ON 113 südwestlich von Sabel Island. Obwohl U 458 und U 754 heran kamen, waren sie nicht in der Lage, einen Angriff zu machen. U 754 wurde am 31. durch Flugzeuge versenkt, und am 2.8.42 wurde U 458 zweimal durch Hudsons der 113. (RCAF) Squadron angegriffen und beschädigt. Am 5. versenkte U 458 südsüdwestlich von Cape Race die britische ARLETTA (4.870 t). Es patrouillierte in einem Gebiet südlich von Neufundland und fuhr Mitte August heimwärts.

Rückkehr nach St. Nazaire am 27.8.42.

2. 1.10.42: Auslaufen ins Mittelmeer. U 458, U 593, U 605 und U 660 liefen als »Tümmler«-Gruppe, und sie alle passierten die Straße von Gibraltar in der Nacht vom 10./11. U 458 lief in den neuen Stützpunkt La Spezia am 15.10.42 ein.

3. 26.10.42: Auslaufen ins westliche Mittelmeer.

Ab Anfang November traf U 458 auf andere Boote, die westlich eine Linie zwischen den Balearen und Algier bildeten. Die Deutschen waren beunruhigt über die große Zahl von Schiffen in Gibraltar. Am 8. landeten die Alliierten in Nordafrika und die Boote griffen die Landungsschiffe an.

Am 8. glaubte U 458 einen Torpedotreffer auf einem Kreuzer nordnordöstlich von Algier erzielt zu haben, aber das ist nicht belegbar. Am 13. wurde das Boot von einer Hudson der 500. Squadron (F/O M.A. Ensor) angegriffen und schwer beschädigt. Es kam wieder zurück und lief am 15.11.42 in La Spezia ein.

4. 6.2.43: Auslaufen La Spezia. U 458 operierte mit anderen Booten vor der algerischen Küste gegen die alliierte Schifffahrt, die Angriffe waren jedoch erfolglos. Rückkehr nach Toulon am 11.3.43.

5. 19.5.43: Auslaufen Toulon und Rückkehr am 19.5.43.

6. 25.5.43: Auslaufen Toulon. Es sind keine Einzelheiten bekannt. Rückkehr am 31.5.43.

7. 21.6.43: Auslaufen Toulon. Bei einem Kampf wurde U 458 durch ein Geleitfahrzeug gerammt und beschädigt. Es sind keine Einzelheiten bekannt. Rückkehr nach Toulon am 6.7.43.

8. 14.8.43: Auslaufen. U 458 patrouillierte in einem Gebiet südlich von Sizilien, als es südöstlich von Pantellaria durch Wasserbomben der Geleitzerstörer HMS EASTON (Lt C.D. Newton) und des Griechen PINDOS versenkt wurde. Von der Besatzung des Bootes gingen acht mit unter, 39, einschließlich Kommandant, wurden gefangen genommen.

U 459 Typ XIV

Bauwerft: Deutsche Werke, Kiel
Kiellegung: 23. November 1940
Stapellauf: 13. September 1941
Indienststellung: 15. November 1941
Feldpost-Nr.: M 42590
Versenkt am 24. Juli 1943 nordwestlich von Cape Ortegal (45°53'N/10°08'W)

Kommandos:
4. U-Flottille Stettin von November 1941–März 1942 (Schulboot)
10. U-Flottille Lorient von April–Oktober 1942 (Frontversorgungsboot)
12. U-Flottille Bordeaux von November 1942–24. Juli 1943 (Frontversorgungsboot)

Kommandant:
KKpt Georg von Wilamowitz-Möllendorf, November 1941–24. Juli 1943

Feindfahrten: 6
Versenkte Schiffe: keines

Der Typ XIV wurde speziell als Tanker zum Auffüllen des Kraftstoffbestandes der in See operierenden Boote entworfen.
Sie hatten keine Torpedorohre, nur zwei 3,7-cm- und eine 2-cm-Flak zur Abwehr von Flugzeugangriffen.
U 459 war der erste von zehn Tankern, die zwischen November 1941 und März 1943 in Dienst gestellt wurden.
Die anderen U-Tanker waren U 460, U 461, U 462, U 463, U 464, U 487, U 488, U 489 und U 490.

1. 21.3.42: Auslaufen Kiel und Einlaufen Helgoland am 22.3.41.
2. 29.3.42: Auslaufen in den Nordatlantik. Am 20.4.42 kam das Boot auf der Position 500 Seemeilen nordöstlich der Bermudas an. Zwischen dem 21.4.42 und 6.5.42 versorgte es U 571, U 572 und U 582 sowie U 69, U 98, U 103, U 108, U 333, U 352, U 558, U 564, U 566, U 594, U 751 und U 753.
Rückkehr nach St. Nazaire am 15.5.42.
3. 6.6.42: Auslaufen in den Nordatlantik. Mitte Juni kam U 459 auf einem Versorgungspunkt westlich der Azoren an. 16 Boote wurden versorgt, U 203 auf dem Kurs in die Karibik; U 754 auf dem Marsch in US-Gewässer; U 106, U 502, U 558, U 594 auf dem Rückmarsch aus der Karibik; U 135, U 432, U 566 und U 653 auf dem Rückmarsch aus US-Gewässern; U 84, U 134, U 437, U 571 und U 575 der »Endrass«-Gruppe, die von der Operation gegen den Convoy HG 84 kamen.
Rückkehr nach St. Nazaire am 19.7.42.
4. 18.8.42: Auslaufen in den Südatlantik. Zwischen dem 24. und 25. September 1942 wurden U 68, U 159, U 172 und U 504 der »Eisbär«-Gruppe 600 Seemeilen südlich von St. Helena versorgt. Anfang Oktober wurden wahrscheinlich U 126 und U 161 nahe Freetown betankt. Ab dem 11. versorgte es U 107, U 125, U 333, U 506, U 552 südwestlich von Freetown. Ein Arzt von U 459 stieg über auf U 333, dessen Kommandant, Kapitänleutnant Cremer, am 7. schwer verwundet worden war.
Ende Oktober wurde U 459 durch U 462 westlich der Kapverdischen Inseln versorgt.
Rückkehr nach St. Nazaire am 4.11.42.
5. 20.12.42: Auslaufen in den Südatlantik. U 459 lief nach Süden zu den Booten der »Seehund«-Gruppe, die vor Kapstadt operierte. Ab Ende Januar 1943 versorgte es U 160, U 506, U 509 und U 516 600 Seemeilen südlich von St. Helena mit Kraftstoff.
Rückkehr nach Bordeaux am 7.3.43.
6. 20.4.43: Auslaufen in den Nordatlantik. Während des Mai führte U 459 im Zentralen Nordatlantik die Versorgung durch. Versorgt wurden U 258, U 378, U 381, U 569, U 650 für weitere Operationen und U 129, U 168, U 226, U 260, U 306, U 402, U 403, U 448, U 466, U 525, U 648 und U 709 für die Heimfahrt.
Am 30. wurde das Boot von einer Whitley der 10. OTU (Sgt L.O. Slade) angegriffen. Das Flugzeug wurde abgeschossen.
Rückkehr nach Bordeaux am 3.6.43.
7. 22.7.43: Auslaufen in den Atlantik. U 459 verließ Bordeaux zusammen mit U 117. Beide Boote hatten Kurs auf ihre Versorgungsstation. Sie wurden durch Zerstörer bis zu einer Position 180 Seemeilen nördlich von Cape Ortegal geleitet und setzten ihre Fahrt ab 24. unabhängig fort.
An diesem Tag wurde U 459 von einer Wellington der 172. Squadron (F/O W.H.T. Jennings) gesehen. Die Flak des Bootes beschädigte das Flugzeug schwer, es krachte auf das Deck des Bootes. Es gab nur einen Überlebenden, einen Bordschützen, der ins Wasser geschleudert wurde.
Eine Wasserbombe des Flugzeugs, die an Deck lag, explodierte, als sie über Bord geschubst wurde, und beschädigte die Ruderanlage des Bootes. Das Boot fuhr im Drehkreis und wurde von einer Wellington der 547. Squadron gesehen (F/O J. Whyte).
Das Flugzeug griff an und warf sieben Wasserbomben. Die Besatzung verließ das Boot. 19 Mann waren tot,

auch der Kommandant. 41 Mann wurden vom polnischen Zerstörer ORKAN aufgenommen, auch der Bordschütze des Flugzeuges. Es wird erzählt, dass der Kommandant den Überlebenden zuwinkte, bevor er ins Boot stieg, um die Flutventile zu öffnen. Von Wilamowitz-Möllendorf war 50 Jahre alt und diente schon 1914/1918 in der Kriegsmarine.

U 460 Typ XIV

Bauwerft: Deutsche Werke, Kiel
Kiellegung: 30. November 1940
Stapellauf: 13. September 1941
Indienststellung: 24. Dezember 1941
Feldpost-Nr.: M 47974
Versenkt am 4. Oktober 1943 nördlich der Azoren
(43°13'N/28°58'W)

Kommandos:
4. U-Flottille Stettin von Dezember 1941–Juni 1942 (Schulboot)
10. U-Flottille Lorient von Juni–Oktober 1942 (Frontversorgungsboot)
12. U-Flottille Bordeaux von November 1942–4. Oktober 1943 (Frontversorgungsboot)

Kommandanten:
KptLt Friedrich Schäfer, Dezember 1941–August 1942
KptLt Ebe Schnoor, August 1942–4. Oktober 1943

Feindfahrten: 6
Versenkte Schiffe: keines

1. 7.6.42: Auslaufen Kiel in den Westatlantik. U 460 lief auf ein Versorgungsgebiet nördlich der Azoren.
Ab Ende Juni versorgte es U 89 und U 132 für weitere Operationen; U 173, U 508 und U 509 für die Fahrt in die Karibik; U 171, U 402, U 458 und U 576 auf dem Kurs in US-Gewässer; U 126 auf der Rückfahrt aus der Karibik und U 202 und U 584 auf der Rückfahrt aus US-Gewässern.
Rückkehr nach St. Nazaire am 31.7.42.
2. 27.8.42: Auslaufen in den Westatlantik. Die erste Versorgungsstation des Bootes war westlich bis südwestlich der Azoren, dort wurden Mitte September die Boote U 201, U 202 und U 332 auf der Fahrt in die Karibik und U 511 auf der Rückfahrt von dort versorgt.
Die zweite Versorgungsstation war nördlich von den

Kapverdischen Inseln. Ab 25.9.42 wurden U 87, U 107, U 333 und U 590 für weitere Operationen und U 109, U 406 und U 507 für ihre Heimfahrt aufgetankt.
Rückkehr nach St. Nazaire am 12.10.42.
3. 11.11.42: Auslaufen in den Nordatlantik. U 460 wandte sich auf eine Versorgungsposition nordwestlich der Azoren und zwischen dem 26.11.42 und 5.12.42 versorgte es U 373, U 445, U 611, U 623 und U 663 für weitere Operationen und U 67, U 84, U 106, U 183, U 224, U 383, U 518, U 606, U 608 und U 753 für die Heimfahrt.
Rückkehr nach St. Nazaire am 19.12.42.
4. 27.1.43: Auslaufen in den Nordatlantik. U 460 ging in ein Versorgungsgebiet im Zentralen Nordatlantik. Östlich von Neufundland, zwischen dem 15. Februar und dem 25., versorgte es U 89, U 135, U 608 für weitere Operationen und U 186, U 226, U 303, U 402, U 403, U 454, U 456, U 525, U 594, U 606, U 607, U 614 und U 632 für die Heimfahrt.
Rückkehr in die neue Basis nach Bordeaux am 5.3.43.
5. 24.4.43: Auslaufen in den Zentralen Atlantik. U 460 wurde Anfang Mai durch das rücklaufende U 117 mit Kraftstoff versorgt. Es fuhr in das Versorgungsgebiet westlich von Freetown, und im letzten Teil des Monats Mai versorgte es U 105, U 126, U 154, U 511, U 513 und U 515 zur Fortführung ihrer Operationen und U 123 für die Heimfahrt.
Das rücklaufende U 460 gab seinen überflüssigen Kraftstoff an U 118 westlich der Azoren am oder um den 9.6.43 ab. Am 14. versorgte es das rücklaufende U 92.
Rückkehr nach Bordeaux am 25.6.43.
6. 23.8.43: Auslaufen Bordeaux und Rückkehr am 25.8.43.
7. 30.8.43: Auslaufen in den Nordatlantik.
U 460 war für ein Treffen mit Versorgung von U 536 am 7.9.43 vorgesehen.
Dieses Boot war auf dem Marsch nach Kanada, um dort einige geflüchtete Gefangene aufzunehmen. Der Befehl wurde geändert und U 460 versorgte fünf Boote der »Leuthen«-Gruppe, U 260, U 305, U 338, U 386 und U 645. Das geschah zwischen dem 10. und 13. September nördlich der Azoren.
Im selben Gebiet versorgte U 460 am 15. U 170 und U 536 und um den 26. U 448, U 603 und U 610.
Am 4.10.43 war das Boot auf einer Versorgungsstation nördlich der Azoren mit U 264, U 422 und U 455.
Die vier Boote wurden von einer Avenger des VC 9 (Lt R.L. Stearns) gesehen. U 264 hatte gerade die Versorgung beendet. Ohne das Erscheinen weiterer Flugzeuge abzuwarten, griff Stearns trotz starken Flakfeuers an. Er warf eine 500-1b-Bombe zwischen U 450 und U 264. Eigentlich sollte das große Boot U 450 als erstes Boot

tauchen, aber trotz des Befehls vom Kommandanten von U 264, so zu verfahren, blieb es oben. Als drei weitere Flugzeuge erschienen, war nur U 455 getaucht. Eine Wildcat und eine Avenger griffen im Tiefflug an. Sie brachten die Flak der zwei Boote zum Schweigen. In der Aktion wurde U 460 versenkt, möglicherweise durch einen Fehler beim Tauchen. U 442 wurde durch ein Flugzeug fünf Stunden später versenkt, als es auftauchte, um nach Überlebenden von U 460 zu suchen, aber es gab keine.

U 461 Typ XIV

Bauwerft: Deutsche Werke, Kiel
Kiellegng: 7. Dezember 1940
Stapellauf: 8. November 1941
Indienststellung: 30. Januar 1942
Feldpost-Nr.: M 26683
Versenkt am 30. Juli 1943 nordwestlich von Cape Ortegal (45°42'N/11°00'W)

Kommandos:
4. U-Flottille Stettin von Januar–Juni 1942 (Schulboot)
10. U-Flottille Lorient von Juni–Oktober 1942 (Frontversorgungsboot)
12. U-Flottille Bordeaux von Nov. 1942–30. Juli 1943

Kommandanten:
OLtzS Hinrich-Oscar Bernbeck, Januar–April 1942
KKpt Wolf Stiebler, April 1942–30. Juli 1943

Feindfahrten: 6
Versenkte Schiffe: keines

1. 21.6.42: Auslaufen Kiel in den Nordatlantik. U 461 fuhr in ein Versorgungsgebiet westlich der Azoren und versorgte zwischen dem 29.7.42 und 3.8.42 die Boote U 43, U 71, U 86, U 379, U 454, U 552, U 597, U 607 und U 704 für weitere Operationen und U 161 und U 332 für die Heimfahrt.
Rückkehr nach St. Nazaire am 16.8.42.
2. 7.9.42: Auslaufen in den Nordatlantik. U 461 lief auf eine Versorgungsstation nordwestlich der Azoren und versorgte zwischen dem 16. und 28. U 91, U 96, U 211, U 380, U 404, U 407 und U 584 für weitere Operationen und U 92, U 164, U 171, U 217, U 218, U 411, U 558 und U 594 für ihre Heimfahrt.
Rückkehr nach St. Nazaire am 17.10.42.

3. 19.11.42: Auslaufen in den Zentralen Atlantik. U 461 lief in ein Versorgungsgebiet nördlich von St. Paul Rocks und zwischen dem 5. und 9. Dezember wurden U 126, U 128, U 134, U 159, U 161, U 174 und U 176 für weitere Operationen und U 154, U 163 und U 172 zur Heimreise versorgt.
Am 9. traf U 461 zwei Rettungsboote mit Überlebenden der TEESBANK, die am 5. von U 128 versenkt wurde.
Es wurde etwas Verpflegung übergeben, und der Kapitän der TEESBANK wurde als Gefangener an Bord genommen. Die anderen Überlebenden wurden am 14., 90 Seemeilen von Land entfernt, aufgefischt. Nach einer Fahrt nach Norden versorgte U 461 noch U 129 und U 508 südlich der Azoren Mitte Dezember für die Heimfahrt.
Rückkehr nach St. Nazaire am 3.1.43.
4. 13.2.43: Auslaufen in den Zentralen Atlantik. Südlich der Azoren versorgte das Boot am 21. U 522, und ab 27. U 43, U 66, U 106, U 202, U 504, U 521 und U 558 für Operationen und U 87 und U 382 für die Heimfahrt.
Rückkehr nach St. Nazaire am 22.3.43.
5. 20.4.43: Auslaufen in den Nordatlantik. Zwischen dem 1. Mai und dem 16. versorgte U 461 im Zentralen Nordatlantik die Boote U 221, U 413, U 552, U 603, U 642 und U 707 für weitere Operationen und U 108, U 532, U 598, U 610, U 631, U 662 und U 706 für ihre Heimfahrt. Rückkehr nach Bordeaux am 30.5.43.
6. 22.7.43: Auslaufen Bordeaux und Rückkehr wegen eines lecken Tanks am 23.7.43.
7. 27.7.43: Auslaufen in den Zentralen Atlantik. U 461, U 462 und U 504 fuhren mit einem Zerstörergeleit durch die Biskaya. Das verließ die Boote am 29. U 461 und U 462 befanden sich auf der Fahrt nach den Kapverdischen Inseln zur Versorgung von Booten, die in den Indischen Ozean gingen. Früh am nächsten Morgen wurden die Boote von einer Liberator der 53. Squadron (F/O W.J. Irving) etwa 150 Seemeilen von Cape Ortegal erkannt. Bevor das Flugzeug wegen zu geringer Treibstoffmenge heimflog, brachte es eine Sunderland der 228. Squadron (F/O S. White) und eine Catalina der 210. Squadron zum Ansatz. Die Sunderland führte eine Liberator der 19. (USAF) Squadron und eine Halifax der 502. Squadron (F/O W.S. Biggar) heran. Die Catalina flog, um die 2. Escortgruppe zu suchen, davon.
Die drei Boote begannen nun, Drehkreise zu laufen und eröffneten das Feuer auf die Flugzeuge.
Nachdem sie aus großer Höhe einen erfolglosen Bombenangriff gemacht hatte, verließ die Halifax beschädigt den Kampfplatz. Bald darauf erschien eine Halifax der 502. Squadron (F/O A. van Rossum) und griff trotz heftigen Flakfeuers an. Ihre Wasserbomben beschädigten U 462.
Die USAF-Liberator versuchte die Boote anzugreifen, aber ein Treffer im Bombenschacht brachte das Flugzeug

dazu, einen Tiefangriff auf U 461 zu fliegen. Irvings Liberator griff U 461 an, wurde aber schwer von der Flak beschädigt und landete in Portugal. Die Besatzung wurde interniert.

Die Boote begannen sich zu trennen. Eine neu ankommende Sunderland der 461. (RAAF) Squadron (F/Lt D. Marrows) flog einen Tiefangriff und traf U 461 mit sieben Wasserbomben. Es versank.

Marrow, der für diese Aktion das DFC erhielt, warf ein Dingi für Überlebende ins Wasser.

U 462 und U 504 wurden bald danach von einem Flugzeug bzw. der 2. Escortgruppe versenkt.

Von der Besatzung von U 461 starben 54 Mann, 15 mit dem Kommandanten, wurden gefangen genommen.

U 462 Typ XIV

Bauwerft: Deutsche Werke, Kiel
Kiellegung: 13. Dezember 1940
Stapellauf: 29. November 1941
Indienststellung: 5. März 1942
Feldpost-Nr.: M 26839
Versenkt am 30. Juli 1943 nordwestlich von Cape Ortegal (45°42'N/11°00'W)

Kommandos:
4. U-Flottille Stettin von März–Juli 1942 (Schulboot)
10. U-Flottille Lorient von August–Oktober 1942 (Frontversorgungsboot)
12. U-Flottille Bordeaux von November 1942–30. Juli 1943 (Frontversorgungsboot)

Kommandant:
OLtzS Bruno Vowe, März 1942–30. Juli 1943

Feindfahrten: 7
Versenkte Schiffe: keines

1. 23.7.42: Auslaufen Kiel in den Nordatlantik. Zwischen Mitte August und Anfang September versorgte das Boot im Gebiet westlich der Azoren U 94, U 135, U 176, U 373, U 512, U 516, U 558, U 569 und U 755 für weitere Operationen und U 66, U 98, U 163, U 173 und U 600 für die Heimfahrt.
Rückkehr nach St. Nazaire am 21.9.42.

Am 3.10.42 starb ein Mann von U 462 bei einem Unfall im Hafen.

2. 18.10.42: Auslaufen in den Zentralen Atlantik. Zwischen Ende Oktober und Mitte November führte U 462 eine Versorgung südlich von den Azoren und bei den Kapverdischen Inseln durch. Es versorgte U 134, U 332, U 552 und UD 3 für weitere Operationen und U 87, U 125, U 156, U 459, U 505, U 516, U 590 und UD 5 für die Heimreise.
Ein verwundeter Wachoffizier von U 505 wurde zur Behandlung durch den Arzt auf U 462 übernommen.
Rückkehr nach St. Nazaire am 7.12.42.

3. 20.1.43: Auslaufen St. Nazaire und Rückkehr am 22.1.43.

4. 19.2.43: Auslaufen in den Nordatlantik. Ende Februar/Anfang März befand sich U 462 in einem Versorgungsgebiet nördlich von den Azoren. Es versorgte U 91, U 468, U 600, U 621 und U 653 für weitere Operationen und U 186, U 223, U 303, U 332, U 358, U 383, U 454, U 603, U 604, U 628, U 707 und U 753 für die Heimreise.
Rückkehr nach dem neuen Stützpunkt Bordeaux am 11.3.43.

5. 1.4.43: Auslaufen in den Nordatlantik. Im Gebiet nördlich der Azoren Mitte April versorgte U 462 die Boote U 134, U 191, U 306, U 415, U 598 und U 631 für weitere Operationen und U 563 für die Heimreise.
Rückkehr nach Bordeaux am 24.4.43.

6. 17.6.43: Auslaufen in den Atlantik. U 462 wurde am 21. nördlich von Cape Ortegal mit Kanonen und Maschinengewehren von vier Mosquitos, drei von der 151. Squadron und eine von der 546. (RAAF) Squadron, angegriffen. Das Boot wurde leicht beschädigt, hatte einen Toten und vier Verwundete. Rückkehr nach Bordeaux am 23.6.43.

7. 28.6.43: Auslaufen. Für gegenseitigen Schutz lief U 462 in Begleitung von U 160 durch die Biskaya.
U 462 war auf dem Marsch nach den Kapverdischen Inseln, um Boote der »Monsun«-Gruppe zu versorgen. Am 2.7.43 wurden die beiden Boote von einer Liberator der 224. Squadron (WO E.J.J. Spiller) gesichtet und U 462 mit Wasserbomben beschädigt.
Rückkehr nach Bordeaux am 6.7.43.

8. 27.7.43: Auslaufen. U 462 fuhr wieder in Richtung Kapverdische Inseln, diesmal mit U 461 und U 504.
Das Zerstörergeleit lief später am 29. zurück. U 461 und U 462 marschierten in Richtung Kapverdische Inseln zur Versorgung von Booten, die in den Indischen Ozean laufen sollten.
Am folgenden Morgen, dem 30., wurden die Boote durch eine Liberator der 53. Squadron (F/O W.J. Irving) 150 Seemeilen nordwestlich Cape Ortegal geortet.
Bevor es wegen Treibstoffmangels heim flog, rief das Flugzeug eine Sunderland der 228. Squadron (F/O S.

White) und eine Catalina der 210. Squadron herbei. Die Sunderland erhielt Hilfe durch eine Liberator der 19. (USAF) Squadron und eine Halifax der 502. Squadron (F/O W.S. Biggar). Die Catalina flog zur Suche nach der 2. Escortgruppe.

Die Boote liefen Drehkreise und eröffneten das Feuer auf die Flugzeuge. Nach einem Bombenangriff aus großer Höhe, der erfolglos war, verließ die Halifax nach Flaktreffer den Kampfplatz. Kurz danach kam eine Halifax der 502. Squadron (F/O A. van Rossum) und griff trotz heftigen Flakfeuers an. Ihre Wasserbomben beschädigten U 462 schwer. Das Boot wurde wieder von dem Flugzeug angegriffen und musste nun stoppen. Ein allgemeiner Angriff auf U 462 wurde durch die anderen Flugzeuge durchgeführt, und das trotz heftigen Flakfeuers des Bootes.

Als U 462 zu sinken begann, wurde es von den Schiffen der von der Catalina herbeigerufenen 2. Escortgruppe unter Feuer genommen. Die Besatzung verließ das Boot. Drei Mann wurden getötet und 64 Mann mit Kommandant gingen in Gefangenschaft.

U 463 Typ XIV

Bauwerft: Deutsche Werke, Kiel
Kiellegung: 1. März 1941
Stapellauf: 20. Dezember 1941
Indienststellung: 2. April 1942
Feldpost-Nr.: M 41387
Versenkt am 16. Mai 1943 nordwestlich von Cape Ortegal (45°57'N/11°40'W)

Kommandos:
4. U-Flottille Stettin von April–Juli 1942 (Schulboot)
10. U-Flottille Lorient von Juli–Oktober 1942 (Frontversorgungsboot)
12. U-Flottille Bordeaux von November 1942–16. Mai 1943 (Frontversorgungsboot)

Kommandant:
KKpt Leo Wolfbauer, April 1942–16. Mai 1943

Feindfahrten: 5
Versenkte Schiffe: keines

1. 11.7.42: Auslaufen Kiel in den Westatlantik. Von Ende Juli bis Mitte August versorgte U 463 westlich von den Azoren die Boote U 164, U 217, U 510, U 564, U 598,

U 600, U 654 und U 658 für weitere Operationen und U 84, U 129, U 134 und U 154 für die Heimreise. Rückkehr nach St. Nazaire am 3.9.42.

2. 28.9.42: Auslaufen in den Nordatlantik. U 463 versorgte im Zentralen Nordatlantik drei Wochen lang ab 7.10.42 die Boote U 216, U 260, U 437, U 442, U 620, U 661, U 662, und U 753 für weitere Operationen und U 69, U 356, U 382, U 610 und U 706 für die Heimreise.

Während der Versorgung von U 706 am 27.10.42 gingen zwei Besatzungsangehörige über Bord. Einer wurde von U 463 gerettet. Rückkehr nach Brest am 11.11.42.

3. 6.12.42: Auslaufen in den Westatlantik.

Von Mitte Dezember bis Mitte Januar 1943 versorgte U 462 westlich der Azoren die Boote U 103, U 123, U 130, U 381, U 436, U 442, U 571, U 575 und U 620 für weitere Operationen und U 225, U 406, U 455, U 524, U 653 und U 664 für ihre Heimfahrt. Rückkehr nach St. Nazaire am 26.1.43.

4. 4.3.43: Auslaufen in den Atlantik. Zwischen dem 19. März und 10. April versorgte U 463 im Zentralen Nordatlantik die Boote U 84, U 591, U 610 und U 618 für weitere Operationen und U 86, U 89, U 228, U 305, U 333, U 336, U 373, U 409, U 440, U 523, U 526, U 527, U 590, U 641, U 642 und U 666 für die Heimreise. Rückkehr nach Bordeaux am 17.4.43.

5. 10.5.43: Auslaufen Le Verdon-sur-Mer in den Zentralen Nordatlantik. U 463 wurde angegriffen und sank am 16. nordwestlich von Cape Ortegal durch eine Halifax der 58. Squadron (F/O A.J.W. Birch). Es gab keine Überlebenden, 56 Tote.

U 464 Typ XIV

Bauwerft: Deutsche Werke, Kiel
Kiellegung: 8. März 1941
Stapellauf: 20. Dezember 1941
Indienststellung: 30. April 1942
Feldpost-Nr.: M 46289
Versenkt am 21. August 1942 westlich der Färöer (61°25'N/14°40'W)

Kommandos:
4. U-Flottille Stettin von April–August 1942 (Schulboot)
10. U-Flottille Lorient von August 1942 (Frontversorgungsboot)

Kommandant:
KptLt Otto Harms, April 1942–21. August 1942

Feinfahrten: 1
Versenkte Schiffe: keines

1. 4.8.42: Auslaufen Kiel und Einlaufen Bergen am 9.8.42
2. 14.8.42: Auslaufen in den Nordatlantik.
U 464 war auf dem Marsch in ein Gebiet östlich von Neufundland zur Versorgung. Am 21. wurde das Boot von einer Catalina des VP 73 (Lt R. B. Hopgood) westlich der Färöers gesichtet. Kapitänleutnant Harms entschied, dass das Boot aufgetaucht bleiben sollte, um den Kampf durchzustehen. Das Flugzeug warf fünf Wasserbomben, eine davon traf das Boot direkt. Das Flugzeug wurde durch die Flak leicht beschädigt. Zwei Mann von U 464 wurden bei dem Kampf getötet. U 464 wurde schwer beschädigt, hatte eine Schlagseite nach Backbord und konnte nicht mehr tauchen. Es wurde durch das isländische Fischereifahrzeug SKATEFELLINGUR gesichtet, das seinen Kurs änderte und das sinkende Boot ansteuerte. 52 Mann der Bootsbesatzung, mit dem Kommandanten, wurden an Bord genommen und später an den britischen Zerstörer HMS CASTLETON als Gefangene abgegeben.

U 465 Typ VII C

Bauwerft: Deutsche Werke, Kiel
Kiellegung: 17. Mai 1941
Stapellauf: 30. März 1942
Indienststellung: 20. Mai 1942
Feldpost-Nr.: M 04059
Versenkt am 2. Mai 1943 nordnordwestlich von Cap Ortegal (44°48'N/08°58'W)

Kommandos:
8. U-Flottille Danzig von Mai–September 1942 (Schulboot)
6. U-Flottille St. Nazaire von Oktober 1942–2. Mai 1943 (Frontboot)

Kommandant:
KptLt Heinz Wolf, Mai 1942–2. Mai 1943

Feinfahrten: 4
Versenkte Schiffe: keines

1. 29.10.42: Auslaufen Kiel und Einlaufen Arendal am 29.10.42.
2. 16.11.42: Auslaufen Arendal in den Nordatlantik. U 465 traf fünf andere Boote zur Bildung der »Panzer«-Gruppe, die am 29. auf einer Position 800 Seemeilen westlich vom Nordkanal auf einen ONS-Convoy wartete. Einem möglichen Kontakt folgend, fuhren die »Panzer«-Boote nach Westen und am 4.12.42 hielten sie nordöstlich von St. John's an. Sie hatten nichts gefunden. Am Abend nahm U 524 der »Draufgänger«-Gruppe Funksprüche auf, die einen Convoy im Nordosten vermuten ließen, und die »Panzer«-Gruppe fuhr mit hoher Fahrt zum Abfangen nach Nordosten.
Der nach Osten laufennde Convoy HX 217 wurde von U 524 mittags am 6. gesichtet, und die Gruppen »Panzer« und »Draufgänger« gingen ihn an. Schlechte Sicht sorgte dafür, dass der Kontakt verloren ging, erst morgens am 7. kamen U 465, U 135, U 254 und U 439 heran. Die vier Boote wurden aber von einer Liberator der 120. Squadron (S/Ldr T.M. Bulloch) vertrieben.
Die »Panzer«-Boote blieben am HX 217 dran, aber schlechte Sicht sorgte dafür, dass nachts nicht angegriffen werden konnte. Viele Boote der »Panzer«- und »Draufgänger«-Gruppe kamen zum Kontakt mit dem Convoy, aber eine verstärkte Luftsicherung ab 10. zwang zur Aufgabe der Operation am 11. Zwei Schiffe wurden versenkt, aber auch zwei Boote gingen verloren. Bei dem Kampf wurde U 465 angegriffen und von einem Geleitfahrzeug beschädigt, aber es kehrte in den Stützpunkt zurück. Rückkehr nach St. Nazaire am 21.12.42.
3. 16.1.43: Auslaufen in den Nordatlantik. U 465 traf westlich von Irland auf die »Landsknecht«-Gruppe. Ein ON-Convoy wurde erwartet, aber der kam nicht bis zum 28., und die Gruppe wurde aufgelöst. Einige Boote und U 465 bildeten die »Pfeil«-Gruppe am 2.2.43. Sie warteten auf einen nach Osten laufenden SC-Convoy. Am 4. wurde der SC 118 von U 187 gesichtet, als er die »Pfeil«-Linie passierte. Einige »Haudegen«-Boote wurden auch an ihn angesetzt. In der Fünftage-Operation kamen 20 Boote in Kontakt mit dem Convoy. Elf Schiffe wurden versenkt, zwei Boote gingen verloren. U 465 machte keinen Angriff, aber am 6. wurde es angegriffen und durch eine Liberator der 120. Squadron (S/Ldr D.J. Isted) beschädigt, der kurz nach Auffangen eines Signals mit Angabe der Position das Boot lokalisiert hatte.
Bevor es nach Hause fuhr, gab U 465 vermutlich Kraftstoff an U 262 am oder um den 7. ab.
Rückkehr nach St. Nazaire am 18.2.43.
4. 7.4.43: Auslaufen in den Atlantik. U 465 wurde angegriffen und am 10. durch eine Catalina der 210. Squadron (F/Lt F. Squire) beschädigt. Das Boot lief zurück und erreichte St. Nazaire am 14.4.43.

5. 29.4.43: Auslaufen in den Atlantik. U 465 wurde am 2.5.43 nordnordwestlich von Cape Ortegal durch eine Sunderland der 461. (RAAF) Squadron (F/Lt E.C. Smith) gefunden und mit Wasserbomben versenkt. Es gab keine Überlebenden, 48 Tote.

U 466 Typ VII C

Bauwerft: Deutsche Werke, Kiel
Kiellegung: 24. Mai 1941
Stapellauf: 30. März 1942
Indienststellung: 17. Juni 1942
Feldpost-Nr.: M 06641
Selbst versenkt in Toulon am 19. August 1944

Kommandos:
5. U-Flottille Kiel von Juni–Dezember 1942 (Schulboot)
3. U-Flottille La Pallice von Januar 1943–März 1944 (Frontboot)
29. U-Flottille Toulon von April 1944–19. August 1944 (Frontboot)

Kommandant:
KptLt Gerhard Thäter, Juni 1942–19. August 1944

Feindfahrten: 5
Versenkte Schiffe: keines

1. 12.1.43: Auslaufen Kiel in den Nordatlantik. U 466 traf auf die »Haudegen«-Gruppe, die mit einer Linie südostwärts von Cape Farewell lag. Am 22. sichtete ein rückkehrendes Boot eine britische Jagdgruppe, die man als Teil des Geleitschutzes eines HX-Convoys ansah. Die »Haudegen«-Gruppe wurde mit hoher Fahrt zum Abfangen nach Südosten geschickt.
Schlechtes Wetter verhinderte, dass die Boote ihre geplante Position erreichten. Als die Suche weiter im Osten keinen Convoy ausmachte, kehrte die Linie in das Gebiet südöstlich von Cape Farewell am 26. zurück. An diesem Tag sichteten U 266 der »Jaguar«-Gruppe und U 383 der »Haudegen«-Gruppe Geleitfahrzeuge des Convoys, der sich wegen eines Sturms verspätet hatte. Allerdings gab eine Suche nach ihm kein Ergebnis. Am 1.2.43 fuhren die »Haudegen«-Boote südwärts in Richtung Neufundland. U 466 verließ die Gruppe und fuhr heimwärts. Rückkehr nach La Pallice am 11.2.43.
2. 17.4.43: Auslaufen in den Nordatlantik.

U 466 traf auf die »Amsel«-Gruppe, die am 26. 1.400 Seemeilen westlich von Irland gebildet wurde.
Die Gruppe verlegte südwärts auf der Suche nach einem Convoy, von dem man annahm, es sei der HX 235.
Die »Amsel«-Gruppe traf auf den linken Flügel der »Specht«-Gruppe am 29., und beide Gruppen fuhren nach Süden. Am 1.5.43 befand sich die Linie 200 Seemeilen östlich von St. John's. Am 3. fuhren die »Specht«-Boote nach Norden, um die neue Linie »Fink« zu bilden, und die »Amsel«-Boote, nun durch sechs neu hinzu gekommene Boote verstärkt, bildete vier kleinere Gruppen, »Amsel 1«, »-2«, »-3« und »-4«. U 466 gehörte zur Gruppe »Amsel 4«.
»Amsel 1« und »-2« liefen nach Norden zum Abfangen des Convoys ONS 5 und am 7., aus der »Amsel 3«- und »-4«-Gruppe wurde die »Rhein«-Gruppe, die mit hoher Fahrt nach Südosten geschickt wurde, um am 8. eine Linie für den erwarteten Convoy HX 237 zu bilden.
Bevor die Linie gebildet werden konnte, sichtete U 359 am südlichsten Ende der »Rhein«-Linie ein Schiff des Convoys, aber der Kontakt ging bei schlechter Sicht verloren. Die Boote führten unabhängig Suche nach dem Convoy durch, bevor sie sich am Morgen des 10. wieder formierten. U 403 fand später den HX 237, aber die anderen Boote, mit U 466, waren für einen Angriff auf den Convoy zu weit entfernt.
Die »Rhein«- und »Elbe«-Gruppen wurden auf Befehl zur Gruppe »Elbe 1« und »-2« zusammengeführt und wurden auf den langsamen Convoy SC 129 angesetzt, der am 11. gefunden wurde. U 466 gehörte zur Gruppe »Elbe 2«.
Der SC 129 hatte einen starken Geleitschutz und eine Luftsicherung durch Trägerflugzeuge. Beides hielt die Boote auf Abstand. Die Operation endete am 14. westlich von Irland. Zwei Schiffe wurden versenkt, zwei Boote gingen verloren.
Am oder um den 16. wurde U 466 südlich von Grönland von U 469 mit Kraftstoff versorgt.
Rückkehr nach La Pallice am 26.5.43.
3. 29.6.43: Auslaufen in den Zentralen Atlantik.
Auf der Fahrt ins Operationsgebiet wurde U 466 von U 487 am 12.7.43 südwestlich der Azoren mit Kraftstoff versorgt. Das Boot setzte dann seine Patrouille vor der Guinea-Küste fort, hatte aber keinen Erfolg. Am 23. bekam U 466 die Meldung über eine große Luftaufklärung. An diesem Tag wurde das Boot zweimal von Flugzeugen angegriffen, erst durch eine USN-Liberator, 160 Seemeilen vor Cayenne, und später von einer B 18 der Armee. Nachdem das Boot weiter gefahren war, erfolgte am nächsten Morgen ein Angriff durch eine USAF-Liberator. Das Boot erzielte Treffer auf dem Flugzeug, die die Bombenhalterung beschädigten. Vier

Wasserbomben fielen dicht am Heck von U 466 und verursachten Schäden am Boot, fünf Mann wurden verwundet. Es tauchte und entkam, aber es wurde stets von Flugzeugen bedroht, wenn es zum Batterieladen auftauchte. Nachdem Ende Juli drei U-Tanker in der Biskaya versenkt worden waren, war es unmöglich für die Boote, weiter vor Guinea zu operieren. Sie wurden zurückgerufen. Rückkehr nach La Pallice am 16.8.43.

4. 29.9.43: Auslaufen La Pallice und Rückkehr am 30.9.43.

5. 16.10.43: Auslaufen. U 466 war eines von acht Booten, die die »Schill«-Gruppe bildeten, eine Kampfgruppe, die in der Lage war, nachts einen MKS- oder KMS-Convoy vor der Nordwestküste Spaniens anzugreifen. Drei Flakboote gehörten zur Gruppe, U 211, U 441 und U 953. Die »Schill«-Linie wurde am 27. 400 Seemeilen westlich von Cape Ortegal gebildet. Man wartete auf den nach Norden laufenden Convoy MKS 28/SL 138.
Ein Flugzeug der Luftwaffe sichtete am 27. und 28. den Convoy, aber am 29., dem geplanten Tag des Angriffs, war er nicht mehr zu sehen. Er hatte seinen Kurs leicht nach Westen verändert. Am 30. wurde er von Flugzeugen wieder gefunden. Er stand nordwestlich der »Schill«-Linie. Den Booten wurde befohlen, über Wasser an ihn heranzuschließen, und der Kontakt wurde am 31. hergestellt. Ein Schiff wurde morgens bei einem Angriff von U 262 versenkt, U 306 ging verloren. U 466 hatte Sehrohrprobleme, die von Schäden durch einen Wasserbombenangriff stammten.
Eine Wiederholung des Angriffs war geplant, und die Gruppe bewegte sich ab 3.11.43 langsam südwärts und hoffte auf das Finden eines KMS-Convoys. Am 5. begann die Luftwaffe mit der Suche nach dem nach Norden laufenden Convoy MKS 29, der am 7. gesichtet wurde. Die »Schill«-Linie wurde umgebildet im Glauben daran, dass der Convoy während des Abends am 8. diese passieren würde. Wieder verfehlte die Luftaufklärung den Convoy, technische Probleme zwangen die Flugzeuge, zurückzufliegen.
Zur angenommenen Zeit machte U 466 einen erfolglosen Angriff auf einen Zerstörer des Geleits. Aber es wurde lediglich eine Detonation vernommen.
Es wurde geortet und mit Wasserbomben beschädigt. Rückkehr nach La Pallice am 19.11.43.

6. 4.3.44: Auslaufen ins Mittelmeer. U 466 passierte in der Nacht vom 22./23. die Straße von Gibraltar.
Einlaufen im neuen Stützpunkt Toulon am 30.3.44.

Am 5.7.44 wurde das Boot bei einem Angriff der USAF auf Toulon beschädigt. Es war immer noch nicht einsatzbereit, als die Alliierten in Südfrankreich landeten. Um der Kapitulation zu entgehen, wurde U 466 am 19.8.44 selbst versenkt.

U 467 Typ VII C

Bauwerft: Deutsche Werke, Kiel
Kiellegung: 22. Juni 1941
Stapellauf: 16. Mai 1942
Indienststellung: 15. Juli 1942
Feldpost-Nr.: M 19456
Versenkt am 25. Mai 1943 ostsüdöstlich von Vik, Island (62°25'N/14°52'W)

Kommandos:
5. U-Flottille Kiel von Juli 1942–März 1943 (Schulboot)
11. U-Flottille Bergen von April 1943–25. Mai 1943 (Frontboot)

Kommandant:
KptLt Heinz Kummer, Juli 1942–25. Mai 1943

Feindfahrten: 2
Versenkte Schiffe: keines

1. 20.3.43: Auslaufen Kiel und Einlaufen Bergen am 23.3.43.
2. 27.3.43: Auslaufen in nördliche Gewässer. Es sind keine Einzelheiten bekannt. Rückkehr nach Bergen am 29.4.43.
3. 20.5.43: Auslaufen in den Nordatlantik. Das Boot wurde am 25. durch eine Catalina (USN) des VP 84 (Lt R.C. Millard) ostsüdöstlich von Vik, Island, angegriffen und mit Wasserbomben versenkt.
Es gab keine Überlebenden, 46 Tote.

U 468 Typ VII C

Bauwerft: Deutsche Werke, Kiel
Kiellegung: 1. Juli 1941
Stapellauf: 16. Mai 1942
Indienststellung: 12. August 1942
Feldpost-Nr.: M 49533
Versenkt am 11. August 1943 südwestlich von Dakar (12°20'N/20°07'W)

Kommandos:
5. U-Flottille Kiel von August 1942–Januar 1943
(Schulboot)
3. U-Flottille La Pallice von Febr. 1943–11. Aug. 1943
(Frontboot)

Kommandant:
OLtzS Klemens Schamong, Aug. 1942–11. Aug. 1943

Feindfahrten: 3
Versenkte Schiffe: keines, 1 beschädigt

1. 28.1.43: Auslaufen Kiel und Einlaufen Kristiansand
am 30.1.43.
2. 1.2.43: Auslaufen in den Nordatlantik. U 468 traf auf
die »Ritter«-Gruppe im Zentralen Nordatlantik, die am
14. zur Operation gegen den erwarteten Convoy HX 226
gebildet wurde. In der Nacht des 15./16. passierte der
Convoy SC 119 den Norden der Linie, und am 18. passierte der HX 226 nach einer weiten Umleitung ebenfalls
die Linie.
Die Gruppe fuhr dann nach Westen, aber man stellte fest,
dass die Convoys ON 166 und ONS 167 nach Süden ausgewichen waren. Die Westbewegung wurde gestoppt,
und die Boote fuhren südostwärts und bildeten eine
Nord-Süd-Linie als »Neptun«-Gruppe ab 20. auf dem
30°-Meridian. Vier Boote bildeten die »Knappen«-
Gruppe im Süden der »Ritter«-Gruppe zur Operation
gegen die beiden Convoys.
ON 166 wurde am Morgen des 20. von U 604 gesichtet,
aber das Boot wurde vertrieben, bevor die »Ritter«- und
»Knappen«-Boote heranschließen konnten. Der Convoy
wurde auf 1.100 Seemeilen begleitet. Als die Operation
am 25. östlich von Neufundland beendet war, waren 14
Schiffe versenkt und eines beschädigt worden. U 468
hatte keinen Erfolg bei dieser Aktion. Ab 25. wurden die
»Ritter«-Boote durch U 462 nördlich von den Azoren
versorgt. Die Boote trafen dann auf die »Burggraf«-
Gruppe, die am 26. im Zentralen Nordatlantik gebildet
wurde. Sie begannen einen Bogen nach Westen zu laufen, und am 4.3.43 waren sie östlich von Neufundland,
wo sie auf die »Wildfang«-Gruppe trafen. Die beiden
Gruppen bildeten am 4. eine lange Linie. Man erwartete
einen SC-Convoy.
Nachdem ein Teil der Linie zur Operation gegen den
nach Osten laufenden Convoy SC 121 detachiert wurde,
bildeten die restlichen »Burggraf«-Boote, mit U 468, ab
7. die neue »Raubgraf«-Linie ostnordöstlich von Neufundland. Am 9. fuhr die Gruppe nach Norden zum Abfangen des nach Südwesten laufenden Convoys ON 170.
Am Abend des 12. sichtete U 468 den beschädigten britischen Tanker EMPIRE LIGHT (6.537 t) südlich von

Grönland und versenkte ihn. Der Tanker trieb seit dem 7.
nach der Torpedierung durch U 638 auf dem Wasser. Die
»Raubgraf«-Boote operierten gegen ON 170 am 13. und
14. Es regnete und schneite und der Geleitschutz war
stark.
Die Operation endete mit der gemeldeten Ankunft des
SC 122. Am Abend des 15. sichtete ein Boot der
»Raubgraf«-Gruppe einen Zerstörer. Die Suche wurde
erfolglos beendet. Am folgenden Tag fand U 653 den
Convoy südöstlich der »Raubgraf«-Linie und dachte, es
sei der SC 122. Die »Dränger«-, »Stürmer«- und »Raubgraf«-Boote wurden zum Angriff befohlen.
Am Morgen des 16. bekam die »Raubgraf«-Gruppe
Kontakt. Später am 16. erschien ein zweiter Convoy; er
lief parallel und war schneller. Es wurde dann erkannt,
dass der Convoy nicht der SC 122 war. Es war der
HX 229. Die größte Convoyschlacht des Krieges wurde
dann mit mehr als 40 Ubooten geschlagen. 21 alliierte
Schiffe wurden versenkt. Die Operation war am 20.
beendet. U 468 hatte keinen Erfolg.
Rückkehr in den neuen Stützpunkt La Pallice am
27.3.43.
3. 19.4.43: Auslaufen in den Nordatlantik. U 468 traf auf
die »Amsel 3«-Gruppe östlich von St. John's, Neufundland. Am 7.5.43 verband sich die Gruppe »Amsel 3« mit
»Amsel 4« zur »Rhein«-Gruppe, die südostwärts mit
hoher Fahrt befohlen wurde, um am 8. eine Linie zu bilden, die ab 9. den Convoy HX 237 abfangen sollte.
U 359 sichtete am 9. ein Schiff des Convoys. Die Linie
war noch nicht gebildet. Der Kontakt ging wegen
schlechter Sicht wieder verloren. Die Boote liefen unabhängige Suchkurse, bevor sie sich am Morgen des 10.
neu bildeten. Nachmittags sichtete U 403 einen schnellen
Einzelfahrer und einen Schlepper, was dazu führte, dass
der Convoy wieder gefunden war.
Die »Rhein«-Boote waren zu dieser Zeit zu weit im
Osten, so wurden sie zur Kombination mit der »Elbe«-
Gruppe zur Bildung der Gruppen »Elbe 1« und »-2«,
zum Abfangen des langsameren Convoys SC 129, der die
Boote am 11. passierte, befohlen. U 468 gehörte zur
Gruppe »Elbe 1«. Der Kontakt wurde am 12. hergestellt,
aber der Convoy hatte einen starken Geleitschutz und
Luftsicherung durch Trägerflugzeuge, die die Boote auf
Distanz hielten. Die Operation gegen den SC 129 wurde
am 14. südwestlich von Irland eingestellt. Zwei Schiffe
wurden versenkt, aber zwei deutsche Boote gingen auch
verloren.
U 468 wurde vermutlich vor einem Treffen mit der
»Mosel«-Gruppe mit Kraftstoff versorgt. Die »Mosel«-
Gruppe wurde am 19., 400 Seemeilen südlich von Cape
Farewell, zur Operation gegen den HX 239 gebildet.
Man stellte fest, dass die südliche Sektion der Linie

Nachzügler erwartete, während der Rest, einschließlich U 468, nach Osten lief, um den Convoy anzugreifen.

Am Abend des 21. passierte der nach Westen laufende Convoy ON 184 unbeobachtet die »Mosel«-Linie. Früh am 22. wurde U 468 über Wasser fahrend von einer Avenger (Lt R.C. Kuhn) vom Escortträger USS BOGUE, der 55 Seemeilen südöstlich den ON 184 geleitete, gesehen. Das Flugzeug griff an, wurde aber durch die Flak vertrieben. U 468 unternahm einige Reparaturen und sobald diese abgeschlossen waren, entkam es, bevor andere Flugzeuge oder Geleitfahrzeuge ankamen. Am frühen Nachmittag wurde U 468 20 Seemeilen vom Convoy entfernt von einer Swordfish der 819. (FAA) Squadron des Escortträgers EMS ARCHER der 4. Escortgruppe entdeckt.

Das Flugzeug rief zwei Zerstörer herbei, aber U 468 konnte davonfahren, bevor sie ankamen.

Rückkehr nach La Pallice am 29.5.43.

4. 7.7.43: Auslaufen in den Zentralen Atlantik. U 468 operierte ohne Erfolg vor Freetown. Der Originalplan sah vor, dass das Boot von U 462 im August für weitere Operationen mit Kraftstoff versorgt werden sollte. Aber der U-Tanker wurde am 30.7.43 versenkt. Das Boot verblieb im Freetown-Gebiet bis zum 9.8.43 und fuhr dann heimwärts.

Nachdem U 468 erfolglos von einer Catalina angegriffen worden war, wurde es Objekt einer Suche durch eine Liberator der 200. Squadron (F/O L.A. Trigg). Es wurde vom Flugzeug am 11. geortet. Es fuhr 240 Seemeilen südwestlich von Dakar über Wasser. Mit der Entscheidung, aufgetaucht zu bleiben, nahm U 468 gutliegendes und heftiges Flakfeuer auf die Liberator auf. Das Flugzeug wurde in Brand geschossen, aber Trigg behielt seinen Kurs auf das Boot bei und warf Wasserbomben, die das Boot trafen, bevor sie ins Wasser gingen. Dann krachte die Maschine ins Meer. Es gab keine Überlebenden.

U 468 sank 20 Minuten später, der Kommandant und sechs Männer krochen in ein Dingi, das von der Liberator abgeworfen wurde. Als Trigg nicht zurückkam, begann die Suche nach ihm. Am 12. wurde das Dingi von einer Sunderland gesichtet. Die Überlebenden wurden am nächsten Morgen von einem britischen Kriegsschiff aufgenommen. Durch die Aussagen der Überlebenden des Bootes wurde Trigg später mit dem VC ausgezeichnet. Im Kampf wurden 46 Männer des Bootes getötet.

U 469 Typ VII C

Bauwerft: Deutsche Werke, Kiel
Kiellegung: 1. Oktober 1941
Indienststellung: 7. Oktober 1942
Stapellauf: 8. August 1942
Feldpost-Nr.: M 50034
Versenkt am 25. März 1943 südöstlich von Vik, Island (62°12'N/16°40'W)

Kommandos:
5. U-Flottille Kiel von Oktober 1942–März 1943 (Schulboot)
3. U-Flottille La Pallice von März 1943 (Frontboot)

Kommandant:
OLtzS Emil Claussen, Oktober 1942–25. März 1943

Feindfahrten: 1
Versenkte Schiffe: keines

1. 16.3.43: Auslaufen Kiel in den Nordatlantik. U 469 war auf dem Marsch zum Treffen mit der »Seewolf«-Gruppe südöstlich von Grönland, als es mit Wasserbomben durch eine Fortress der 206. Squadron (F/Lt W. Roxburgh) am 25. südöstlich von Vik, Island, versenkt wurde.

Es gab keine Überlebenden, 46 Tote.

U 470 Typ VII C

Bauwerft: Deutsche Werke, Kiel
Kiellegung: 11. Oktober 1941
Stapellauf: 8. August 1942
Indienststellung: 7. Januar 1943
Feldpost-Nr.: M 49435
Versenkt am 16. Oktober 1943 südwestlich von Island (58°20'N/29°20'W)

Kommandos:
5. U-Flottille Kiel von Januar–Juni 1943 (Schulboot)
11. U-Flottille Bergen von Juli 1943–16. Oktober 1943 (Frontboot)

Kommandant:
OLtzS Günther Grave, Januar 1943–16. Oktober 1943

Feindfahrten: 1
Versenkte Schiffe: keines

Im März 1943 führte U 470 im Vergleich mit U 958 Versuche mit dem Anti-Sonar-Überzug ›Alberich‹ vor Arendal, Norwegen, durch.

1. 9.9.43: Auslaufen Kiel und Einlaufen Bergen am 12.9.43.
2. 28.9.43: Auslaufen in den Nordatlantik.
U 470 traf auf die »Schlieffen«-Gruppe südwestlich von Island. Am 15.10.43 wurde der nach Westen laufende Convoy ONS 20, der in Wirklichkeit der ON 206 war, von U 844 gesichtet. Es wurde befohlen, den Convoy zu verfolgen, und die »Schlieffen«-Gruppe heranzuführen. Am nächsten Tag wurde das Boot versenkt. Es wurde dann schwierig, den Convoy zu finden, denn die auf Island stationierten Flugzeuge hielten die weit verstreuten Boote unter Wasser. Früh am Morgen des 16. meldete U 964 den Convoy ONS 20. Dönitz entschied gegen den Rat seiner Stabsoffiziere, dass die Boote aufgetaucht bleiben sollten und, wenn möglich, ihren Weg zum Convoy durchkämpfen sollten.
Am 16. wurde U 470 gesichtet und 35 Seemeilen südlich vom Convoy durch eine Liberator der 120. Squadron (F/Lt H.F. Kerrigan) angegriffen. Eine andere Liberator der 120. Squadron (F/Lt B.E. Peck) kam dazu, aber bevor sie das Boot mit Wasserbomben bewerfen konnten, wurde es durch eine weitere Liberator der 50. Squadron angegriffen (P/O W.G. Loney). Peck machte den Angriff trotz heftigen Flakfeuers. Kerrigan flog einen zweiten Angriff, ihm folgten Peck und Loney. U 470 wurde versenkt. Die Zerstörer HMS VIDETTE und DUNCAN wurden zur Aufnahme der Überlebenden geschickt, die weit verstreut in der See treibend gesichtet worden waren. Nur zwei wurden aufgefischt. Die beiden Zerstörer liefen zum Convoy zurück, eine weitere Suche wurde nicht durchgeführt. 46 Mann des Bootes waren tot.

U 471 Typ VII C

Bauwerft: Deutsche Werke, Kiel
Kiellegung: 25. Oktober 1941
Stapellauf: 6. März 1943
Indienststellung: 5. Mai 1943
Feldpost-Nr. M 46834
Versenkt am 6. August 1944 in Toulon

Kommandos:
5. U-Flottille Kiel von Mai–Oktober 1943 (Schulboot)
1. U-Flottille Brest von November 1943–April 1944 (Frontboot)
29. U-Flottille Toulon von Mai 1944–6. August 1944 (Frontboot)

Kommandant:
KptLt Friedrich Kloevekom, Mai 1943–6. August 1944

Feindfahrten: 3
Versenkte Schiffe: keines

1. 27.11.43: Auslaufen Kiel in den Atlantik.
U 471 traf eine Anzahl Boote, die sich auf der Suche nach Convoys westlich der Britischen Inseln vor dem Nordkanal versammelt hatten. Am 15.12.43 bildeten sie die Gruppe »Coronel« und setzten die Suche fort.
Am 19. wurden die Gruppen »Coronel 1« und »-2« zur »Sylt«-, »Amrum«- und »Föhr«-Gruppe umgebildet. U 471 gehörte zur Gruppe »Sylt«. Ab 22. wurden die Boote westlich von Irland nochmals umgebildet, diesmal in sechs kleine Gruppen von je drei Booten, »Rügen 1« bis »-6«. U 471 gehörte zur Gruppe »Rügen 3«.
Am 23. entdeckte U 471 300 Seemeilen westlich von Rockall den nach Westen laufenden Convoy TU 5.
Der Convoy wurde durch die Task-Gruppe 58 gesichert. U 471 feuerte einen Torpedo auf das Schlachtschiff USS ARKANSAS, der jedoch vorbei ging. Das Boot konnte für einen weiteren Angriff nichts machen. Später am Tag wurde U 471 von einer Liberator des Coastal Command angegriffen. Es erhielt einige Schäden, drei Mann der Besatzung wurden verwundet.
Die kleinen »Rügen«-Gruppen, jede bestand aus drei Booten, waren zu klein, um den Convoy erfolgreich anzugreifen. Sie verpaßten auch zwei andere Convoys, die am 26. und 30. auftauchten. Ab 7.1.44 wurden die Gruppen aufgelöst und die Boote operierten einzeln als »Rügen«-Gruppe.
Am frühen Morgen des 13. schoss U 471 einen Torpedo auf ein Schiff westlich von Irland, aber es wurde nur eine Detonation gehört, ein Resultat war nicht erkennbar. Rückkehr nach dem neuen Stützpunkt Brest am 30.1.44.
2. 16.3.44: Auslaufen ins Mittelmeer. U 471 passierte die Straße von Gibraltar vermutlich in der Nacht vom 5./6. April. Einlaufen in Stützpunkt Toulon am 12.4.44.
3. 18.5.44: Auslaufen. Es sind keine Einzelheiten bekannt. Rückkehr nach Toulon am 15.6.44.

Am 5.7.44 wurde U 471 bei einem Bombenangriff der USAF auf Toulon schwer beschädigt. Das Boot sank bei einem erneuten Angriff der USAF am 6.8.44.

Das Boot wurde nach Kriegsende gehoben und kam für die französische Marine 1946 als MILLE *in Dienst. Am 9.7.63 wurde es als Q 339 außer Dienst gestellt.*

U 472 Typ VII C

Bauwerft: Deutsche Werke, Kiel
Kiellegung: 15. November 1941
Stapellauf: 6. März 1943
Indienststellung: 26. Mai 1943
Feldpost-Nr.: M 52015
Versenkt am 4. März 1944 nördlich vom Nordkap
(73°05'N/26°40'E)

Kommandos:
5. U-Flottille Kiel von Mai–Dezember 1943 (Schulboot)
11. U-Flottille Bergen von Januar 1944–4. März 1944
(Frontboot)

Kommandant:
OLtzS Wolfgang-Friedrich Freiherr von Forstner, Mai
1943–4. März 1944

Feindfahrten: 2
Versenkte Schiffe: keines

1. 18.1.44: Auslaufen Kiel in nördliche Gewässer. Ende Januar war U 472 mit der »Werwolf«-Gruppe in der Passage der Bäreninsel und wartete auf den nach Osten laufenden Convoy JW 56B. Der Convoy wurde am 29. südwestlich der Bäreninsel von U 956 gesichtet, und am Morgen des 31. machten die meisten »Werwolf«-Boote Angriffe auf die Zerstörer des Geleitschutzes. Früh am 30. griff U 472 erfolglos den norwegischen Zerstörer STORD an. Die »Werwolf«-Boote verfehlten jedes Schiff des Convoys, der am 1.2.44 sicher in Kola einlief.
Rückkehr nach Hammerfest am 2.2.44.
2. 4.2.44: Auslaufen Hammerfest und Einlaufen Narvik am 5.2.44.
3. 24.2.44: Auslaufen: Am 23. wurde der nach Osten laufende Convoy JW 57 von deutschen Flugzeugen entdeckt und verfolgt. Die »Werwolf«-Gruppe wurde eingesetzt und bildete die neue »Hartmut«-Gruppe, bestehend aus U 472, U 315, U 366 und U 673. Sie wurde auf den Convoy angesetzt.
Einige Boote der »Werwolf«-Gruppe bekamen Kontakt am 25., aber zwei von ihnen wurden versenkt, die ande-

ren vertrieben. Angriffe beider Gruppen auf die Geleitfahrzeuge waren erfolglos. U 472 nahm daran nicht teil.
Nachdem JW 57 Kola am 28. erreicht hatte, drehten die Boote zur Neubildung ab. U 472, U 307, U 315 und U 739 bildeten die »Boreas«-Gruppe zur Operation auf den rücklaufenden Convoy RA 57, der am 2.3.44 abfuhr. Als der Convoy einen weiten Bogen nach Osten machte, suchten sowjetische Kriegsschiffe nach Ubooten nördlich vom Eingang nach Kola.
Die »Boreas«-Boote wurden durch sieben andere Boote verstärkt. Die Luftaufklärung fand den RA 57 erst am 4. Angriffe wurden gemacht und ein Schiff versenkt. U 472 griff erfolglos einen Zerstörer nördlich von Norwegen an.
Später am Tag wurde U 472 neun Seemeilen vom Convoy entfernt von einer Swordfish der 816. (FAA) Squadron (SubLt P.J. Beresford) vom Escortträger HMS CHASER gesichtet und mit Raketen beschädigt. Es kam dann unter Beschuss vom Zerstörer HMS ONSLAUGHT (Lt M.S. Ollivant). Bevor der Zerstörer U 472 versenken konnte, versenkte dessen Kommandant das Boot selbst.
22 Mann gingen mit dem Boot unter, weitere 29, auch der Kommandant, wurden gefangen genommen. Zwei starben nach dem Auffischen aus dem Wasser.

U 473 Typ VII C

Bauwerft: Deutsche Werke, Kiel
Kiellegung: 1. Dezember 1941
Stapellauf: 17. April 1943
Indienststellung: 16. Juni 1943
Feldpost-Nr.: M 52367
Versenkt am 6. Mai 1944 nordnordöstlich der Azoren
(49°29'N/21°22'W)

Kommandos:
5. U-Flottille Kiel von Juni–Dezember 1943 (Schulboot)
9. U-Flottille Brest von Januar 1944–6. Mai 1944
(Frontboot)

Kommandant:
KptLt Heinz Sternberg, Juni 1943–6. Mai 1944

Feindfahrten: 2
Versenkte Schiffe: keines
1 Zerstörer (1.400 t)

1. 19.3.44: Auslaufen Kiel und Einlaufen Bergen am 22.3.44.

2. 27.3.44: Auslaufen in den Nordatlantik.

U 473 erhielt den Befehl, nach Westfrankreich zum Treffen mit der »Landwirt«-Gruppe zu marschieren. Es war entschieden worden, dass am 22. 15 Typ VII-Boote sich in der Biskaya bereithalten sollten, um für den Fall einer alliierten Invasion klar zu sein. Anfang April wurde die Zahl der »Landwirt«-Boote auf 21 erhöht und U 473 und fünf andere Atlantikboote wurden vom Atlantik zum Treffen mit der Gruppe zurückgerufen.

Rückkehr nach Lorient am 18.4.44.

3. 24.4.44: Auslaufen in den Nordatlantik.

U 473 gehörte zu einer Anzahl von Booten, die einzeln zwischen den Britischen Inseln und 40° W operierten.

Am 3.5.44 traf es einen Convoy südwestlich von Irland, und zur Mittagszeit beschädigte es den Geleitzerstörer USS Donnell, der abgeschleppt werden musste. Eine Reparatur erfolgte nicht.

Sloops der 2. Escortgruppe kamen aus 200 Seemeilen Entfernung von der Szene, und nach einer 18-stündigen Jagd wurde U 473 gezwungen, gleich nach Mitternacht am 5. aufzutauchen. Es wurde sofort von den Sloops HMS Starling (Capt F.J. Walker), Wild Goose (LtCdr R.W. Trethewey) und Wren (LtCdr S.R.J. Woods) unter Feuer genommen. Viele Männer der Bootsbesatzung wurden beim Verlassen des Bootes gesehen. Sternberg drehte auf die Sloops zu und schoss alle noch vorhandenen Torpedos ab. Sie gingen alle vorbei. Er machte dann den Versuch, die Starling zu rammen, was aber nicht klappte. U 473 drehte dann auf die Wild Goose zu, aber das Boot ging unter, bevor es heran kam.

24 Männer, auch Kapitänleutnant Sternberg, wurden getötet, weitere 30 wurden von der Starling und Wild Goose aufgenommen und in Gefangenschaft gebracht.

U 474 Typ VII C

Bauwerft: Deutsche Werke, Kiel
Kiellegung: 1. Dezember 1941
Stapellauf: 17. April 1942
Indienststellung: (siehe unten)
Feldpost-Nr.: M 52395
Selbst versenkt am 3. Mai 1945 in Kiel

Feindfahrten: keine
Versenkte Schiffe: keines

Am 25.7.43, kurz vor der Indienststellung, wurde U 474 bei einem Luftangriff auf Kiel schwer beschädigt. Anfang 1945 war das Boot umfassend repariert, aber nicht fertiggestellt. Am 3.5.45 wurde es dann in Kiel selbst versenkt und 1946 abgewrackt.

U 475 Typ VII C

Bauwerft: Deutsche Werke, Kiel
Kiellegung: 5. September 1942
Stapellauf: 28. Mai 1943
Indienststellung: 7. Juli 1943
Feldpost-Nr.: M 53401
Selbst versenkt am 3. Mai 1945 in Kiel-Wil

Kommandos:
5. U-Flottille Kiel von Juli 1943–Juli 1944 (Schulboot)
8. U-Flottille Danzig von Juli 1944–Februar 1945 (Frontboot)
4. U-Flottille Stettin von Februar 1945–3. Mai 1945 (Frontboot)

Kommandant:
KptLt Otto Stoeffler, Juli 1943–3. Mai 1945

Feindfahrten: mindestens 9
Vesenkte Schiffe: keines
1 beschädigt
1 Patrouillenboot (720 t)

1. 4.7.44: Auslaufen Kiel und Einlaufen Helsinki am 7.7.44.

U 475 war eines von 13 Booten, die anfingen, in der Ostsee ab Ende Juni 1944 zu operieren. Es waren die Boote U 242, U 250, U 348, U 370, U 479, U 481, U 679, U 717, U 745, U 748, U 1001 und U 1193.
Die Boote machten Hafenkontrollen, vornehmlich im Gebiet von Koivisto und der Narwa-Bucht; sie lösten einander ab.

2. 11.7.44: Auslaufen Helsinki. Am 28. beschädigte das Boot das sowjetische Patrouillenfahrzeug MO 304 am östlichen Ende des Golfes von Finnland. Es wurde eingeschleppt und repariert. Rückkehr nach Helsinki am 29.7.44.

3. 31.7.44: Auslaufen Helsinki und Einlaufen Esplanade am 5.8.44.

4. 16.8.44: Auslaufen Esplanade, Rückkehr am 21.8.44.
5. 25.8.44: Auslaufen Esplanade und Einlaufen Helsinki am 31.8.44.

Am 2.9.44 brach Finnland die diplomatischen Beziehungen mit Deutschland ab und ergab sich am 4. Ab 2. evakuierten die Deutschen ihre Truppen und das Material so gut es ging aus finnischen Häfen.
Die weiteren Operationen in der Ostsee wurden von Danzig, Gotenhafen und Memel aus durchgeführt.

6. 3.9.44: Auslaufen Helsinsi und Einlaufen Danzig am 6.9.44.
7. 14.10.44: Auslaufen. Am 31. versenkte U 474 das sowjetische Patrouillenboot SB 2 am Eingang des Finnischen Golfes. Rückkehr nach Danzig am 17.11.44.
8. 22.11.44: Auslaufen und erfolglose Patrouille im Bottnischen Meerbusen. Rückkehr nach Danzig am 4.12.44.

U 475 lief zu keinem neuen Einsatz mehr aus. Ab Ende Januar wurden Uboot-Operationen in der Ostsee eingestellt. U 475, U 370, U 676 und U 745 setzten im Februar ihre Operation in der Ostsee fort. U 745 ging am 4., U 676 am 9. verloren. U 370 und U 475 kehrten am 5. bzw. 17. nach Danzig zurück. Es gab keine Operationen mehr.

9. 19.3.45: Auslaufen Danzig und Einlaufen Kiel am 21.3.45.

U 475 wurde am 3.5.45 in Kiel selbst versenkt. 1947 erfolgte der Abbruch.

U 476 Typ VII C

Bauwerft: Deutsche Werke, Kiel
Kiellegung: 19. September 1942
Stapellauf: 5. Juni 1943
Indienststellung: 28. Juli 1943
Feldpost-Nr. M 54552
Versenkt am 24. Mai 1944 nordnordwestlich von Kristiansand (65°08'N/04°53'E)

Kommandos:
5. U-Flottille Kiel von Juli 1943–April 1944 (Schulboot)
3. U-Flottille FdU Mitte Norwegen von April 1944–24. Mai 1944 (Frontboot)

Kommandant:
OLtzS Otto Niethmann, Juli 1943–24. Mai 1944

Feindfahrt: 1
Versenkte Schiffe: keines

Am 18.11.43, während der Ausbildung in der Ostsee, kollidierte U 475 mit U 718 20 Seemeilen nordöstlich von Bornholm. U 718 ging unter, nur sieben Mann seiner Besatzung von 50 überlebten.

1. 25.4.44: Auslaufen Kiel und Einlaufen Egersund am 29.4.44.
U 476 traf auf die Gruppe »Mitte«, die aufgrund der Befürchtung der Deutschen, dass die Alliierten landen wollten, gebildet wurde.
2. 16.5.44: Auslaufen Egersund und Einlaufen Bergen am 17.5.44.
3. 20.5.44: Auslaufen Bergen nach Nordnorwegen zum Treffen mit der Arktik-Flottille.
Am 24. wurde U 476 nordnordwestlich von Kristiansund von einer Catalina der 210. Squadron (Capt F.W.L. Maxwell, SAAF) gesichtet. Angesichts heftigen Flakfeuers warf das Flugzeug trotz Beschädigung Wasserbomben. Das Boot drehte sich und sank mit dem Heck zuerst. Es tauchte dann auf und begann langsam zu sinken. U 476 befand sich 150 Seemeilen vor der norwegischen Küste, und U 276 lief von Drontheim aus, um Überlebende aufzunehmen. U 276 und U 990, die sich auf dem Marsch nach Narvik befanden, fischten 21 Überlebende von U 476 einschließlich Kommandant aus dem Wasser.
35 Mann des Booten gingen in der schweren See verloren. U 990 versenkte das immer noch schwimmende U 476 mit einem Torpedo. U 990 ging selbst am 25. unter, und zwischen den 52 Überlebenden, die vom deutschen Vorpostenboot V 5901 aufgenommen wurden, befanden sich auch welche von U 476. Der Kommandant von U 476 gehörte dazu.

U 477 Typ VII C

Bauwerft: Deutsche Werke, Kiel
Kiellegung: 17. Oktober 1942
Stapellauf: 3. Juli 1943
Indienststellung: 18. August 1943
Feldpost-Nr.: M 54593
Versenkt am 3. Juni 1944 nordwestlich von Alesund (63°59'N/01°37'E)

Kommandos:
5. U-Flottille Kiel von August 1943–Mai 1944
(Schulboot)
6. U-Flottille St. Nazaire von Mai 1944–3. Juni 1944
(Frontboot)

Kommandant:
OLtzS Karl-Joachim Jenssen, August 1943–3. Juni 1944

Feindfahrt: 1
Versenkte Schiffe: keines

1. 13.5.44: Auslaufen Kiel und Einlaufen Kristiansand
am 15.5.44.
2. 28.5.44: Auslaufen. Am 3.6.44 wurde das Boot auf
dem Weg zu einem Convoy von einer Canso der 162.
(RCAF) Squadron (F/Lt R.E. MacBride) nordwestlich
vom Alesund gesichtet. Das Flugzeug kam trotz heftigen
Flakfeuers heran und warf vier Wasserbomben, die das
Boot trafen. Beim Sinken des Bootes auf ebenem Kiel
flog das Flugzeug Tiefangriffe und schoss mit seinen
Maschinengewehren. Obwohl Männer im Wasser gesehen wurden, gab es keine Überlebenden, 51 Tote.

U 478 Typ VII C

Bauwerft: Deutsche Werke, Kiel
Kiellegng: 28. Oktober 1942
Stapellauf: 17. Juli 1943
Indienststellung: 8. September 1943
Feldpost-Nr.: M 52306
Versenkt am 30. Juni 1944 westnordwestlich von
Alesund (63°27'N/00°50'W)

Kommandos:
5. U-Flottille Kiel von September 1943–Juni 1944
(Schulboot)
3. U-Flottille La Pallice von Juni 1944 (Frontboot)

Kommandant:
OLtzS Rudolf Rademacher, Sept. 1943–30. Juni 1944

Feindfahrt: 1
Versenkte Schiffe: keines

1. 20.6.44: Auslaufen Kiel und Einlaufen Kristiansand
am 22.6.44.
2. 25.6.44: Auslaufen in den Atlantik. Am 30. wurde

U 478 nordöstlich der Färöer von einer Canso der 162.
(RCAF) Squadron gesichtet. Aber bevor das Flugzeug
angreifen konnte, tauchte das Boot. Drei Stunden später
kam eine andere Canso der 162. Squadron (F/Lt R.E.
MacBride) hinzu, die das Boot an der Wasseroberfläche
ortete. Beschädigt durch das Flakfeuer des Bootes war es
der Canso nicht möglich, Wasserbomben zu werfen, der
Mechanismus versagte. Allerdings rief MacBride eine
Liberator der 86. Squadron (F/O N.E.M. Smith) herbei.
U 478 wurde durch sechs Wasserbomben zerstört,
obwohl auch dieses Flugzeug beim Angriff beschädigt
wurde. Smith gelang es, nach dem Stützpunkt zurückzukehren. Er erhielt das DFC.
Es gab keine Überlebenden, 52 Tote.

U 479 Typ VII C

Bauwerft: Deutsche Werke, Kiel
Kiellegung: 1. Dezember 1942
Stapellauf: 14. August 1943
Indienststellung: 27. Oktober 1943
Feldpost-Nr.: M 53594
Versenkt am 12. Dezember 1944 im Golf von Finnland

Kommandos:
5. U-Flottille Kiel von Oktober 1943–Juli 1944 (Schulboot)
8. U-Flottille Danzig von August 1944–12. Dezember
1944 (Frontboot)

Kommandant:
OLtzS Friedrich Sons, Okt. 1943–12. Dez. 1944

Feindfahrten: 7
Versenkte Schiffe; keines

1. 9.6.44: Auslaufen Kiel und Einlaufen Arendal am
10.6.44.

*U 479 traf auf die Gruppe »Mitte«, die aus Booten be-
stand, die für den Fall einer alliierten Invasion Norwegens in Bereitschaft lagen.*

2. 28.6.44: Auslaufen Arendal und Einlaufen Kiel am
29.6.44.
3. 8.7.44: Auslaufen Kiel und Einlaufen Helsinki am
11.7.44.
4. 13.7.44: Auslaufen Helsinki und Einlaufen Esplanade
am 25.7.44.

5. 27.7.44: Auslaufen Esplanade und Rückkehr nach Helsinki am 1.8.44.

6. 3.8.44: Auslaufen Helsinki und Rückkehr am 11.8.44.

7. 16.8.44: Auslaufen Helsinki und Rückkehr am 25.8.44.

8. 30.8.44: Auslaufen Helsinki. U 479 wurde am 16.9.44 von einer finnischen Küstenbatterie beschossen. Rückkehr nach Danzig am 23.9.44.

9. 27.10.44: Auslaufen Danzig. Im November operierte U 479 im Bottnischen Meerbusen. Es ging am 12.12.44 im Golf von Finnland verloren, vermutlich durch den Treffer einer russischen Mine. Es gab keine Überlebenden, 51 Tote.

U 480 Typ VII C

Bauwerft: Deutsche Werke, Kiel
Kiellegung: 8. Dezember 1942
Stapellauf: 14. August 1943
Indienststellung: 6. Oktober 1943
Feldpost-Nr.: M 53621
Versenkt am 24. Februar 1945 südwestlich von Land's End (49°55'N/06°08'W)

Kommandos:
5. U-Flottille Kiel von Oktober 1943–Mai 1944 (Schulboot)
9. U-Flottille Brest von Juni–Oktober 1944 (Fronboot)
11. U-Flottille Bergen von Oktober 1944–24. Februar 1945 (Frontboot)

Kommandant:
OLtzS Hans-Joachim Förster, Okt. 1943–24. Febr. 1945

Feindfahrten: 3
Versenkte Schiffe: 3 (14.490 BRT)
1 Korvette (925 t)
1 Minensucher (850 t)

1. 18.5.44: Auslaufen Kiel und Einlaufen Arendal am 19.5.44.

Das mit einem ›Alberich‹-Schutz überzogene Boot wurde für Erprobungen Ende Mai vor der norwegischen Küste benutzt, im Vergleich mit den nicht damit ausgerüsteten Booten U 247 und U 999.

2. 7.6.44: Auslaufen Arendal.

U 480 war ein Schnorchel-Boot und wurde zur Operation nordwestlich der Britischen Inseln befohlen. Allerdings wurde der Befehl geändert und das Boot in den englischen Kanal geschickt. Am 13. schoss es eine Canso der 162. (RACAF) Squadron (F/Lt L. Sherman) ab.

Anfang Juli war U 480 eines von drei Booten, die mit Kurs auf das Invasionsgebiet durch den westlichen Kanal liefen. Die Boote wurden zurückgerufen und nach Brest befohlen, wo sie warten sollten, bis die Lage sicherer war. U 243 und U 678 wurden versenkt.

U 480 lief Brest am 7.7.44 an.

3. 3.8.44: Auslaufen Brest in den englischen Kanal. Am Abend des 18. griff U 480 erfolglos einen Convoy nordöstlich von Barfleur an. Es war nur eine Enddetonation zu hören. Die Fortsetzung der Patrouille in diesem Gebiet artete in den drei Tagen in eine Jagd nach einem unbedingten Erfolg aus. Am 21. versenkte das Boot die Korvette HMCS ALBERNI, am 22. den Minensucher HMS LOYALTY und am 23. beschädigte es die britische FORT YALE (7.134 t). Das Schiff wurde in einen Hafen geschleppt, aber nie repariert.

U 480 tauchte, als es vom Convoy FTM 74 überfahren wurde, am Nachmittag des 25. Nach der Versenkung des britischen Nachzügler ORMINSTER (5.712 t) wurde das Boot sieben Stunden lang gejagt, aber es entkam. Vermutlich aufgrund ihres ›Alberich‹-Überzuges, der sie nicht auf den Radarschirmen erscheinen ließ.

Rückkehr nach Drontheim am 4.10.44.

4. 6.1.45: Auslaufen Drontheim in englische Küstengewässer. Ende Januar wurde U 480 nach dem englischen Kanal befohlen. Am 24.2.45 stand es am Westeingang des Kanals, als es auf den Convoy BTC 78 traf.

U 480 versenkte zwischen den Scillies und Land's End die britische ORISKANY (1.644 t).

Eine Jagd nach dem Boot begann, und es wurde am 24. südwestlich von Land's End von den Fregatten HMS DUCKWORTH (Cdr R.G. Mills) und ROWLEY (LtCdr F.J.G. Jones) der 3. Escortgruppe versenkt.

Es gab keine Überlebenden, 48 Tote.

U 481 Typ VII C

Bauwerft: Deutsche Werke, Kiel
Kiellegung: 6. Februar 1943
Stapellauf: 25. September 1943
Indienststellung: 10. November 1943
Feldpost-Nr.: M 54648
Versenkt am 30. November nordwestlich von Tory Island
(56°11'N/10°00'W)

Kommandos:
5. U-Flottille Kiel von November 1943–Juli 1944
(Schulboot)
8. U-Flottille Danzig von August–Dezember 1944
(Frontboot)
5. U-Flottille Kiel von Dezember 1944–9. Mai 1945
(Schulboot/Frontboot)

Kommandanten:
OLtzS Ewald Pick, November 1943–Februar 1944
KptL Klaus Andersen, Februar 1944–9. Mai 1945

Feindfahrten: 5
Versenkte Schiffe: 4 (Tonnage unbekannt)
1 Minenleger (108 t)
2 Minensucher (52 t)

1. 19.6.44: Auslaufen Kiel und Einlaufen Helsinki am
23.6.44.

*U 481 war eines von 13 Booten, die ihre Operationen
Ende Juni 1944 in der Ostsee begannen. Es waren
U 242, U 250, U 348, U 370, U 475, U 479, U 679,
U 717, U 745, U 748, U 1001 und U 1193.*
*Die Boote machten kurze Patrouillen, insbesondere im
Gebiet von Koivisto und der Narwa-Bucht. Sie lösten
sich nach einigen Tagen immer ab.*

2. 25.6.44: Auslaufen Helsinki und Einlaufen Reval am
26.6.44.
3. 5.7.44: Auslaufen. Am 30. vesenkte das Boot zwei
kleine sowjetische Minensucher, KT 804 und KT 807 im
Golf von Finnland vor Nordestland. Rückkehr nach
Reval am 4.8.44.
4. 10.8.44: Auslaufen. Es sind keine Einzelheiten
bekannt. Rückkehr nach Köniugsberg am 21.8.44.

*Am 2.9.44 brach Finnland die diplomatischen Beziehun-
gen mit Deutschland ab und kapitulierte am 4. Ab 2. evakuierten die Deutschen ihre Truppen und das Material
über finnische Häfen. Weitere Uboot-Operationen wurden von Danzig, Gotenhafen und Memel aus unternommen.*

5. 22.9.44: Auslaufen Königsberg. Am 15.10.44 versenkte das Boot drei finnische Segelschiffe nahe Odensholm,
die ENDLA (68 t), die DAN (47 t) und die MARIA. Alle drei
Schiffe wurden mit Artillerie und durch Rammen versenkt. Rückkehr nach Danzig am 26.10.44.
6. 2.11.44: Auslaufen. Im November operierte U 481 im
Bottnischen Meerbusen. Am 19. meldete es die Versenkung der sowjetischen Barge 112600 (Nr. 4532) mit
Torpedo und Artillerie am Eingang des Golfs von
Finnland. Im selben Gebiet versenkte das Boot am 28.
den sowjetischen Minenleger T 387.
Rückkehr nach Danzig am 22.12.44.
7. 28.12.44: Auslaufen Danzig und Einlaufen Königsberg am 28.12.44.
8. 26.1.45: Auslaufen Königsberg und Einlaufen Kiel am
1.2.45.

*Während des Aufenthaltes in Kiel erhielt das Boot einen
Schnorchel. Die Besatzung machte einige Zeit Ausbildung und anschließend war das Boot wieder einsatzbereit.*

9. 1.4.45: Auslaufen Kiel und Einlaufen Horten am
3.4.45.
10. 7.4.45: Auslaufen Horten in nördliche Gewässer. Am
19. meldete U 481 die Versenkung eines sowjetischen
Trawlers, vermutlich SKA 222, nördlich von Norwegen.
Es traf dann auf die »Faust«-Gruppe westlich der Bären-
insel in Erwartung des nach Osten laufenden Convoys
JW 66, der den Clyde am 16. verlassen hatte. Als die
Luftaufklärung den Convoy verfehlte, fuhren die Boote
auf eine Position nördlich von Kola.
Einige der wartenden Boote griffen den sowjetischen
Küstenconvoy PK 9 während der Nacht des 21./22. an.
U 481 fuhr erfolglos gegen Zerstörer des Geleitschutzes
östlich von Hamninberg, Norwegen.
Der JW 66 kam unversehrt am 25. in Kola an.
Ende April war U 481 eines von 14 Booten, die vor Kola
auf das Erscheinen des rücklaufenden Convoys RA 66
warteten. Am 29., kurz vor dem Auslaufen des Convoys,
unternahmen alliierte und sowjetische Kriegsschiffe den
Versuch, die wartenden Boote zu vertreiben. Eine briti-
sche Fregatte wurde versenkt, zwei Boote gingen verloren, die anderen verließen das Gebiet.
Als der Convoy auslief, kamen die Boote nicht heran.
Der Kontakt ging verloren und konnte nicht wieder hergestellt werden. Dieses war der letzte Convoyansatz des
Krieges.

Rückkehr nach Narvik am 4.5.45.

U 481 kapitulierte am 9.5.45 in Narvik. Es fuhr am 16. nach Loch Eriboll und wurde dabei von der 9. Escortgruppe geleitet. Es war eines der 116 Boote, die der Royal Navy für die »Operation Deadlight« zur Verfügung gestellt wurden. Ende November 1945 wurde U 481 vom Versammlungspunkt in Loch Ryan vom Schlepper HMS ENFORCER durch den Nordkanal geschleppt und am 30.11.45 nordwestlich von Tory Island durch Geschützfeuer versenkt.

U 482 Typ VII C

Bauwerft: Deutsche Werke, Kiel
Kiellegung: 13. Februar 1943
Stapellauf: 25. September 1943
Indienststellung: 1. Dezember 1943
Feldpost-Nr.: M 54717
Versenkt am 16. Januar 1945 nordwestlich von Machrihanish (55°30'N/05°53'W)

Kommandos:
5. U-Flottille Kiel von Dez. 1943–Juli 1944 (Schulboot)
9. U-Flottille Brest von August-September 1944 (Frontboot)
11. U-Flottille Bergen von Oktober 1944–16. Januar 1945 (Frontboot)

Kommandant:
KptLt Hartmut Graf von Matuschka, Dezember 1943–16. Januar 1945

Feindfahrten: 2
Versenkte Schiffe: 4 (31.611 BRT) und 1 beschädigt
1 Escortträger (11.420 t)
1 Korvette (1.060 t)

1. 6.8.44: Auslaufen Kiel und Einlaufen Horten am 8.8.44.
2. 14.8.44: Auslaufen Horten und Einlaufen Bergen am 16.8.44.
3. 16.8.44: Auslaufen Bergen in britische Küstengewässer. U 482 operierte zwischen den Färöern und Shetland. Am Nachmittag des 30. August war es westlich des Nordkanals und griff den Convoy CU 36 nördlich von Malin Head an. Es versenkte den amerikanischen Turbinentanker JACKSONVILLE (10.448 t). Am 19.9.44

versenkte das Boot die Korvette HMS HURST CASTLE nördlich von Tory Island, am 3. traf es auf den Convoy ONS 251 nordwestlich von Tory Island und versenkte darauf die norwegische FJORDHEIM (4.115 t).
Am 3. wurde das Boot gesichtet und von einer Sunderland angegriffen, aber es konnte entkommen, weil der Bombenabwurfmechanismus des Flugzeuges versagte. Am frühen Morgen des 8. griff das Boot den Convoy HXF 305 nordnordöstlich von Tory Island an und versenkte zwei Schiffe, die britische PINTO (1.346 t) und den britischen Tanker EMPIRE HERITAGE (15.702 t).
U 482 war eines der ersten Typ VII-Boote mit einem Schnorchel. Auf dieser Feindfahrt lief es 2.729 Seemeilen, davon nur 256 Seemeilen über Wasser.
Rückkehr nach Bergen am 26.9.44.
4. 18.11.44: Auslaufen Bergen in britische Küstengewässer. Ab Anfang Dezember operierte U 482 im Nordkanal, aber ohne Erfolg bis zum 15.1.45, bis es den norwegischen Tanker SPINANGER (7.429 t) und den Escortträger HMS THANE beschädigte. Letzterer wurde zwar nach Greenock eingeschleppt, aber niemals repariert. Gleich nach diesen Angriffen wurde von der 22. Escortgruppe nach dem Boot gesucht. U 482 wurde lokalisiert und mit Wasserbomben früh am 16. durch die Fregatte HMS LOCH CRAGGIE (LtCdr S.L.L. Davies) und die Sloops HMS AMETHYST (Lt N. Scott-Elliot), HART (Cdr M.B. Sherwood), PEAKOCK (LtCdr R.B. Stannard) und STARLING versenkt.
Es gab keine Überlebenden, 48 Tote.

U 483 Typ VII C

Bauwerft: Deutsche Werke, Kiel
Kiellegung: 20. März 1943
Stapellauf: 30. Oktober 1943
Indienststellung: 22. Dezember 1943
Feldpost-Nr.: M 13974
Versenkt am 16. Dezember 1945 nordwestlich von Tory Island (56°10'N/10°05'W)

Kommandos:
5. U-Flottille Kiel von Dezember 1943–Juli 1944 (Schulboot)
3. U-Flottille Brest von August–September 1944 (Frontboot)
11. U-Flottille Bergen von September 1944–Mai 1945 (Frontboot)

Kommandant:
KptLt Hans-Joachim von Morstein, Dez. 1943–Mai 1945

Feindfahrten: 2
Versenkte Schiffe: keines
Fregatte (1.300 t)

1. 31.8.44: Auslaufen Kiel und Einlaufen Horten am 2.9.44.
2. 5.9.44: Auslaufen Horten und Einlaufen Stavanger am 8.9.44.
3. 3.10.44: Auslaufen Stavanger in britische Küstengewässer. U 483 führte Wetterbeobachtungsdienste durch. Ab Mitte Oktober operierte es westlich des Nordkanals. Am 23. schoss es einen Dreierfächer auf einen Monitor. Zwei Detonationen wurden vernommen, offenbar Endläufer.
Am 1.11.44 beschädigte es die Fregatte HMS WHITAKER nördlich von Malin Head. Sie wurde nach Belfast eingeschleppt, aber zum Totalverlust erklärt.
Auf seiner ersten Feindfahrt hatte das Boot Probleme mit dem Schnorchel, etwas Kohlenmonoxyd sorgte für Vergiftung innerhalb der Besatzung. Ein Mann starb an Atemnot.
Rückkehr nach Bergen am 21.11.44.
4. 7.2.45: Auslaufen Bergen in britische Küstengewässer. Ab Ende Februar operierte U 483 im Nordkanal. Mit U 296, U 1003 und U 1064 wurde ihm später erlaubt, entweder im Firth of Clayde oder in der Irischen See zu operieren. Am oder um den 9.3.45 wurde U 483 vermutlich lokalisiert und durch Wasserbomben beschädigt und gerammt.
Rückkehr nach Drontheim am 26.3.45.

U 483 kapitulierte in Drontheim am 9.5.45. Am 29. verließ es Drontheim zum Versammlungsgebiet in Loch Ryan unter Führung des 1 WO. Es war eines von 116 Booten, die der Royal Navy für die »Operation Deadlight« zur Verfügung gestellt wurden. Mitte Dezember 1945 wurde U 483 im Schlepp von HMS ENCHANTER von Loch Ryan durch den Nordkanal geschleppt. U 483 wurde durch Artillerie am 16.12.45 vor Tory Island versenkt.

U 484 Typ VII C

Bauwerft: Deutsche Werke, Kiel
Kiellegung: 27. März 1943
Stapellauf: 20. November 1943
Indienststellung: 19. Januar 1944
Feldpost-Nr.: M 49010
Versenktam 9. September 1944 westlich von Tiree (56°30'N/07°40'W)

Kommandos:
5. U-Flottille Kiel von Januar–Juli 1944 (Schulboot)
3. U-Flottille La Pallice von August 1944–9. September 1944 (Frontboot)

Kommandant:
KKpt Wolf-Axel Schaefer, Jan. 1944–9. Sept. 1944

Feindfahrt: 1
Versenkte Schiffe: keines

1. 8.8.44: Auslaufen Kiel und Einlaufen Horten am 10.8.44.
2. 14.8.44: Auslaufen in britische Küstengewässer. U 484 kreuzte vor Nordschottland und später westlich der Hebriden. Am 9.9.44 wurde es von einer Sunderland der 423. (RCAF) Squadron gesichtet, durch Wasserbomben der Fregatte HMS HELMSDALE (Cdr C.W. McCullen) und der Korvette HMS PORCHESTER CASTLE (Lt A.G. Scott) westlich von Tiree versenkt.
Es gab keine Überlebenden, 52 Tote.

U 485 Typ VII C

Bauwerft: Deutsche Werke, Kiel
Kiellegung: 1. Mai 1943
Stapellauf: 15. Januar 1944
Indienststellung: 23. Feburar 1944
Feldpost-Nr.: M 49981
Versenkt am 8. Dezember 1945 nordwestlich von Tory Island (56°10'N/10°05'W)

Kommandos:
5. U-Flottille Kiel von Februar–Oktober 1944 (Schulboot)
11. U-Flottille Bergen von November 1944–14. Mai 1945 (Frontboot)

Kommandant:
KptLt Friedrich Lutz, Februar 1944–14. Mai 1945

Feindfahrten: 3
Versenkte Schiffe: keines

1. 6.11.44: Auslaufen Kiel und Einlaufen Horten am 9.11.44.
2. 25.11.44: Auslaufen Horten und Einlaufen Bergen am 28.11.44.
3. 29.11.44: Auslaufen in britische Küstengewässer. U 485 fuhr in den Englischen Kanal am oder um den 18.12.44. Es war das letzte Boot, das sich dort aufhielt. Es machte einen erfolglosen Angriff auf einen Zerstörer. Das Boot verließ Anfang Januar 1945 den Kanal und fuhr zurück. Es hatte keinen Erfolg. Auf dieser ersten Feindfahrt hatte U 485, mit ›Alberich‹ überzogen, Probleme mit dem Schnorchel.
Einige der Besatzung vergifteten sich mit Kohlenmonoxyd. Rückkehr nach Bergen am 30.1.45.
4. 1.2.45: Auslaufen Bergen und Einlaufen Drontheim am 3.2.45.
5. 25.3.45: Auslaufen Drontheim. Ab Mitte April patrouillierte das Boot vor La Pallice. Einlaufen dort am 24.4.45.
6. 29.4.45: Auslaufen La Pallice in das Gibraltargebiet. Als der Uboot-Krieg am 4.5.45 endete, befand sich U 485 noch in See. Am 14. lief es in Gibraltar ein und kapitulierte.

U 485 verlegte später nach einem Versammlungspunkt in Loch Ryan. Es war eines der 116 Boote, die der Royal Navy für die »Operation Deadlight« zur Verfügung gestellt wurden. Anfang Dezember 1945 wurde das Boot von HMS BUSTER von Loch Ryan durch den Nordkanal geschleppt. Das Boot wurde am 8.12.45 vom Uboot HMS TANTIVY nordwestlich von Tory Island mit Artillerie versenkt.

U 486 Typ VII C

Bauwerft: Deutsche Werke, Kiel
Kiellegung: 8. Mai 1943
Stapellauf: 12. Februar 1944
Indienststellung: 22. März 1944
Feldpost-Nr.: M 50011
Versenkt am 12. April 1945 nordwestlich von Bergen (60°44'N/04°39'E)

Kommandos:
5. U-Flottille Kiel von März–Oktober 1944 (Schulboot)
11. U-Flottille Bergen von November 1944–12. April 1945 (Frontboot)

Kommandant:
OLtzS Gerhard Meyer, März 1944–12. April 1945

Feindfahrten: 2
Versenkte Schiffe: 2 (17.651 BRT)
2 Fregatten (2.170 t)

U 486 war mit ›Alberich‹ überzogen und hatte einen Schnorchel.

1. 6.11.44: Auslaufen Kiel und Einlaufen Horten am 9.11.44.
2. 17.11.44: Auslaufen Horten und Einlaufen Egersund am 20.11.44.
3. 26.11.44: Auslaufen Egersund in den englischen Kanal. U 486 operierte am westlichen Ende des Kanals ab 15.12.44. Am 18. versenkte das Boot die britische SILVERLAUREL (6.142 t) vom Convoy BTC 10 südwestlich von Plymouth. Am 21. machte es einen erfolglosen Angriff auf einen Zerstörer.
Nachdem es weiter in den Kanal verlegte, torpedierte U 486 den Truppentransporter (belgisch) LEOPOLDVILLE (11.509 t) am 24. vor Cherbourg. Das Schiff transportierte Truppen von England nach Cherbourg zur Verstärkung. Die LEOPOLDVILLE hatte den Convoy WEP 3 bald nach dem Verlassen Southamptons getroffen, der von den Zerstörern HMS ANTHONY und BRILLIANT und drei anderen Kriegsschiffen gesichert wurde. Nachdem der Transporter 5,5 Seemeilen vor der Einfahrt nach Cherbourg torpediert worden war, setzten andere Schiffe und Geleitfahrzeuge ihre Fahrt fort. Nur BRILLIANT blieb.
Die LEOPOLDVILLE konnte, obwohl befohlen, den Hafen nicht mehr erreichen. Deshalb kam bei Dunkelheit die BRILLIANT längsseits zur Übernahme der Truppen, eine schwierige Operation in der schweren See. Mit den übernommenen Männern lief die BRILLIANT nach Cherbourg ein, um sie von Bord zu geben.
Inzwischen wurde auf der LEOPOLDVILLE der Befehl zum Verlassen des Schiffes gegeben. Die Masse der Besatzung tat es, ohne den Versuch zu machen, den Truppen zu helfen. Im Glauben, dass die LEOPOLDVILLE in keiner extremen Gefahr war, rief der Kapitän der BRILLIANT keine anderen Schiffe herbei, um weitere Truppen zu übernehmen. Aber sie suchte nach dem Uboot.
Viele kleine Fahrzeuge kamen von Cherbourg, um Truppen abzuholen, die an Deck versammelt waren. Es kam zu einer Explosion, das Schiff sank innerhalb von

zehn Minuten. Mehr als 1.000 Männer wurden im kalten Wasser in der Dunkelheit gelassen und Hunderte wurden von den kleinen Booten in der Nacht aus dem Wasser gefischt. U 486 entkam den suchenden Kriegsschiffen und versenkte am Nachmittag des 26. die Fregatte HMS CAPEL der 1. Escortgruppe. Etwa 15 Minuten später torpedierte das Boot die Fregatte HMS AFFLECK, die nach dem Boot suchte. Die AFFLECK lief mit eigener Kraft Cherbourg an, wurde später nach Portsmouth geschleppt, aber nie repariert.
Rückkehr nach Bergen am 15.1.45.
4. 9.4.45: Auslaufen Bergen in britische Küstengewässer. U 486 hatte Schnorchelprobleme und der Kommandant entschloss sich, heimzufahren.
Am 12. wurde es beim Auftauchen im Eingang eines Fjordes nordwestlich von Bergen durch das britische Uboot HMS TAPIR (Lt J.C. Roxburgh) gesichtet. Das Boot wurde mit einem Torpedo versenkt.
Es gab keine Überlebenden, 48 Tote.

U 487 Typ XIV

Bauwerft: Deutsche Werke, Kiel
Kiellegng: 13. Dezember 1941
Stapellauf: 17. Oktober 1942
Indienststellung: 21. Dezember 1941
Feldpost-Nr.: M 49344
Versenkt am 13. Juli 1943 südsüdwestlich der Azoren (27°15'N/34°18'W)

Kommandos:
4. U-Flottille Stettin von Dezember 1942–März 1943 (Schulboot)
12. U-Flottille Bordeaux von April 1943–13. Juli 1943 (Frontversorgungsboot)

Kommandant:
OLtzS Helmut Metz, Dezember 1942–13. Juli 1943

Feindfahrt: 2
Versenkte Schiffe: keines

1. 27.3.43: Auslaufen Kiel in den Nordatlantik. U 487 versorgte im Zentralen Nordatlantik zwischen dem 17. und 20. April die Boote U 168, U 260, U 270, U 584 und U 630 der »Lerche«-Gruppe und U 662 der »Adler«-Gruppe für weitere Operationen.
Ab 25. versorgte U 487 die Boote U 84, U 257, U 404,

U 415, U 571 und U 618 der »Meise«-Gruppe für die Heimreise.
Rückkehr nach dem neuen Stützpunkt Bordeaux am 12.5.43.
2. 15.6.43: Auslaufen in den Zentralen Atlantik. U 487 fuhr in eine Versorgungsposition 600 Seemeilen südwestlich der Azoren. Zwischen dem 6. und 12. Juli versorgte es die Boote U 359, U 382, U 406, U 466, U 591, U 598, U 604 und U 662 für weitere Operationen und U 195 für die Heimreise.
Ab 14. sollte U 487 Boote der »Monsun«-Gruppe 700 Seemeilen südlich der Azoren versorgen, als Ersatz für U 462, das beschädigt am 2.7.43 nach Hause fuhr. Nach der Versorgung von neun Booten stellte man fest, dass der Kraftstoff von U 487 nicht reichte, um alle »Monsun«-Boote aufzutanken. Um den Auftrag zu erfüllen, musste U 487 Kraftstoff von U 160 übernehmen, das nur soviel behielt, dass es heimfahren konnte. Diese Art Abgabe von Kraftstoff wurde nie mehr gemacht. Am 13. wurde U 487 südsüdwestlich der Azoren von zwei Flugzeugen der VC 13 des Escorttruägers USS CORE geortet. Es war eine Avenger (Lt R. Williams) und eine Wildcat (Lt E. Steiger). Die Flugzeuge kamen heran, und unter dem Schutz der Wolken machte Steiger einen Tiefangriff und warf vier Wasserbomben, die das Boot trafen. U 487 begann Drehkreise zu laufen, verlor Öl und seine Besatzung schoss mit der Flak auf die kreisenden Flugzeuge. Die Wildcat kam zu einem zweiten Angriff herunter und wurde abgeschossen. Steiger ging verloren, der einzige Kriegsverlust der USS CORE.
Eine andere Wildcat (LtCdr C. Brewer) kam herbei und griff U 487 an. Eine weitere Avenger kam dazu und warf ihre vier Wasserbomben. Das Boot wurde durch die Explosionen hochgehoben und hing dann in einem spitzen Winkel unterhalb der Wasseroberfläche.
Von U 487 waren 31 Mann, einschließlich Kommandant, tot, vier Offiziere und 29 Mann wurden vom Zerstörer USS BARKER aufgefischt und gefangen genommen.

U 488 Typ XIV

Bauwerft: Deutsche Werke, Kiel
Kiellegung: 3. Januar 1942
Stapellauf: 17. Oktober 1942
Indienststellung: 1. Februar 1943
Feldpost-Nr.: M 49793
Versenkt am 26. April 1944 westlich der Kapverdischen Inseln (17°45'N/38°05'W)

Kommandos:
4. U-Flottille Stettin von Februar–April 1943
(Schulboot)
12. U-Flottille Bordeaux von Mai 1943–26. April 1944
(Frontversorgungsboot)

Kommandanten:
OLtzS Erwin Bartke, Februar 1943–Februar 1944
OLtzS Bruno Studt, Februar 1944–26. April 1944

Feindfahrten: 3
Versenkte Schiffe: keines

1. 18.5.43: Auslaufen Kiel in den Nordatlantik.
Zwischen dem 7. und 12. Juli versorgte U 488 14 Boote der »Trutz«-Gruppe westlich der Azoren, U 211, U 221, U 228, U 232, U 336, U 435, U 558, U 603, U 608, U 641, U 642, U 666, U 951 und U 953, alle für weitere Operationen. U 488 übernahm von den rückfahrenden Booten von U 170, U 535 und U 536 entbehrliches Öl.
Ende Juni versorgte U 488 die Boote U 257, U 306, U 571, U 590, U 618, U 634, U 653 und U 732 für weitere Operationen.
Rückkehr nach Bordeaux am 10.7.43.
2. 7.9.43: Auslaufen in den Nordatlantik.
Zwischen dem 28.9.43 und 4.10.43 versorgte U 488 die Boote U 68, U 103 und U 135 westlich der Azoren für weitere Operationen. Am oder um den 11.10.43 traf U 488 vermutlich U 378, U 402, U 584 und U 731 westlich der Azoren. Als sie allerdings wegen Sichtung durch Flugzeuge des Escortträgers USS CARD in der Nacht des 11./12. gestört wurden, fuhren die Boote in ein neues Versorgungsgebiet nordnordwestlich von den Azoren, wo sie unter dem Schutz der Flakboote U 256 und U 271 ab 12. versorgt werden konnten. U 402 war fertig, verließ das Gebiet und wurde am nächsten Tag versenkt. Zu dieser Zeit wurde U 488 wahrscheinlich von Flugzeugen angegriffen und beschädigt.
Zwischen dem 15. und 17. versorgte U 488 die Boote U 378, U 641, U 731 und U 758 für ihre Heimfahrt. Dann fuhr es südwestwärts und Ende Oktober/Anfang November versorgte es östlich der Bermudas U 129, U 193 und U 530 für weitere Operationen und U 214 zur Heimreise.
Während dieser Zeit starben zwei Mann der Besatzung, einer aufgrund einer Krankheit, einer nach einem heftigen Luftangriff. Rückkehr nach Bordeaux am 12.12.43.
3. 22.2.44: Auslaufen in den Zentralen Atlantik.
Ende März versorgte U 488 westlich der Azoren U 843, Mitte April nordwestlich der Kapverdischen Inseln U 123 und zwischen dem 16. und 20. April U 129, U 537, U 543 westlich bzw. nordwestlich von Island.

Während der Nacht des 19./20. wurde ein Funkspruch vom Escortträger USS CORATAN dechiffriert, der U 66 befahl, U 488 am 26. zu treffen. Flugzeuge des Trägers sichteten U 66 kurz im Mondschein während der Nacht des 25./26., aber der Kontakt ging verloren.
Am 26. machte der Zerstörer USS FROST (Cdr F.D. Giambattista) einen Geräuschkontakt mit U 488.
Mit den drei anderen Zerstörern des Geleitschutzes USS BARBER (LtCdr E.T.B. Sullivan), HUSE (LtCdr W.C. Frey) und SNOWDEN (LtCdr N.W. Swanson) wurden Hedgehog-Attacken gemacht, die ein endgültiges Resultat brachten.
U 488 wurde danach nicht mehr gehört. Durch den Verlust dieses U-Tankers war eine Seeversorgung nicht mehr durchführbar, ausgenommen, dass in See befindliche Boote sich gegenseitig versorgten.
Boote in See wurden nun gewarnt, dass sie für ihre Heimreise genügend Kraftstoff sparten.
Es gab keine Überlebenden, 65 Tote.

U 489 Typ XIV

Bauwerft: Deutsche Werke, Kiel
Kiellegung: 28. Januar 1942
Stapellauf: 24. Dezember 1942
Indienststellung: 8. März 1943
Feldpost-Nr.: M 50390
Vesenkt am 4. August 1943 südöstlich von Vik, Island (61°11′N/14°38′W)

Kommandos:
4. U-Flottille Stettin von März–Juli 1943 (Schulboot)
12. U-Flottille Bordeaux von Juli 1943–4. August 1943 (Frontversorgungsboot)

Kommandant:
OLtzS Adalbert Schmandt, März 1943–4. August 1943

Feindfahrt: 1
Versenkte Schiffe: keines

1. 22.7.43: Auslaufen Kiel in den Nordatlantik.
Am 3.8.43 wurde das Boot von einer Hudson der 269. Squadron (F/Sgt E.L.J. Brame) gesichtet. Obwohl mit Maschinengewehrfeuer und Wasserbomben angegriffen, wurde das Boot nur leicht beschädigt.
Früh am 4. wurde U 489 an der Wasseroberfläche laufend von einer Sunderland der 423. (RCAF) Squadron

(F/O A.A. Bishop) gesichtet, als es seine Batterien auflud. Das Flugzeug griff trotz heftigen Flakfeuers an und warf sechs Wasserbomben, die das Boot schwer beschädigten. Die Sunderland hatte einen Brand in der Küche und ihr Querruder war beschädigt. Bishop entschied sich, auf dem Wasser zu landen, aber er konnte die Balance nicht halten und das Flugzeug überschlug sich. Der Besatzung war es unmöglich, ein Dingi abzulassen, und nur sechs von ursprünglich zwölf Mann wurden später von den Zerstörern HMS CASTLETON und ORWELL aufgenommen. Einmal auf der See gelandet, sahen die Besatzungsangehörigen, dass das Boot sank und die Männer nahmen ihre Schwimmwesten, aber die Uboot-Besatzung machte keine Anstalten, sie aufzufischen. Die Deutschen wurden ebenfalls von der CASTLETON und ORWELL aufgenommen. Nur der Leitende Ingenieur des Bootes ging verloren. Es gab 58 Überlebende von U 489, darunter drei Luftwaffenangehörige von einem Flugzeug, das vor der norwegischen Küste abgeschossen wurde.

U 490 Typ XIV

Bauwerft: Deutsche Werke, Kiel
Kiellegung: 21. Februar 1942
Stapellauf: 24. Dezember 1942
Indienststellung: 27. März 1943
Feldpost-Nr.: M 51045
Versenkt am 12. Juni 1944 westnordwestlich von den Azoren (42°47'N/40°08'W)

Kommandos:
4. U-Flottille Stettin von März 1943–März 1944 (Schulboot)
12. U-Flottille Bordeaux von April 1944–12. März 1944 (Frontversorgungsboot)

Kommandant:
OLtzS Wilhelm Gerlach, März 1943–12. März 1944

Feindfahrt: 1
Versenkte Schiffe: keines

U 490 war der letzte der gebauten U-Tanker. Er hatte als einziges Boot einen Unterwasserschlauch, aber der wurde nie benutzt.

1. 4.5.44: Auslaufen Kiel in den Indischen Ozean, wo es

die Versorgung der dort operierenden Boote vornehmen sollte. Am 11.6.44 wurde U 490 von einem Flugzeug des VC 25 des Escortträgers US CROATAN gesichtet. Das Boot wurde von zwei Geleitfahrzeugen der CROATAN, von USS FROST und HUSE, 700 Seemeilen westnordwestlich der Azoren, angegriffen. Das Boot tauchte tief, und die folgende Jagd dauerte Stunden.
Dann fuhren die Kriegsschiffe weg. Früh am 12. trieben die Atemluft und fast leere Batterien U 490 zurück an die Oberfläche, wo die drei Geleitzerstörer USS FROST (LtCdr J.H. McWhorter), HUSE (LtCdr J.H. Batcheller) und INCH (LtCdr D.A. Tufts) warteten.
Die Kriegsschiffe kamen heran und eröffneten das Feuer. Der Kommandant von U 490 blinkte mit der Morselampe hinüber, dass er sich ergeben wollte. Der Captain der CROATAN ließ weiter schießen. Bald nach Öffnen der Flutventile durch den Leitenden Ingenieur versank das Boot mit dem Heck voran. Ein Mann der Besatzung starb, die anderen 59, mit Kommandant, wurden von den Geleitfahrzeugen aufgenommen und Gefangene.

Die Typ XIV-Boote U 491, U 492 und U 493 waren zu 75 % bis 80 % fertig gestellt. Dann wurde der Bau 1944 gestoppt. Die Typ XIV-Boote U 494–U 500 waren in Auftrag gegeben, aber ihr Bau wurde nie begonnen.

U 501 Typ IX C

Bauwerft: Deutsche Werke, Hamburg
Kiellegung: 12. Februar 1940
Stapellauf: 25. Januar 1941
Indienststellung: 30. April 1941
Feldpost-Nr.: M 34178
Versenkt am 10. September 1941 östlich von Skjoldungen, Grönland (62°50'N/37°50'W)

Kommando:
2. U-Flottille Wilhelmshaven/Lorient von April 1941–10. September 1941 (Schulboot/Frontboot)

Kommandant:
KKpt Hugo Förster, April 1941–10. September 1941

Feindfahrt: 1
Versenkte Schiffe: 1 (2.000 BRT)

1. 2.7.41: Auslaufen Kiel, Einlaufen Horten am 3.7.41.

2. 12.7.41: Auslaufen Horten und Einlaufen Drontheim am 15.7.41.

3. 7.8.41: Auslaufen in den Nordatlantik. U 501 war eines von 21 Booten, die eine neue Gruppe bildeten und in loser Formation südlich und südwestlich von Island operierten. U 501 sichtete den nach Westen laufenden Convoy ON 5 südlich von Island. Es griff den Convoy nicht an, aber U 568 versenkte eine Korvette des Geleitschutzes am frühen 12. August.

Am 27. wurden die Boote in ein Gebiet südlich von Island zum Abfangen des Convoys HX 145 befohlen. Der Convoy wurde nicht gefunden, und ab 28. bildeten U 501 und andere Boote südwestlich von Island die »Markgraf«-Gruppe.

Am 4.9.41 wurde die Gruppe 150 Seemeilen nach Westen befohlen. Kein Convoy wurde hier gesehen, aber früh am 5. versenkte U 501 die norwegische EINVIK (2.000 t) östlich von Cape Farewell. Das Schiff war ein Nachzügler vom Convoy SC 41. Ab 6. wurde die »Markgraf«-Gruppe über ein weites Gebiet südöstlich von Grönland eingesetzt. Die Convoys ON 12 S und HX 148 machten weite Schwenks, um die Boote zu umgehen, aber der SC 42 konnte wegen eines schweren Sturms den Kurs nicht ändern. Er steuerte einen Kurs, der ihn dicht an die Grönlandeisbarriere heranführte. Der Convoy wurde am Nachmittag des 9. nahe Cape Farewell von U 85 gesichtet. Die »Markgraf«-Boote schlossen heran und machten in der Nacht vom 9./10. Angriffe. Der Kontakt blieb am Tage des 10. erhalten. An diesem Tag erreichte das erste auf Island stationierte Flugzeug die Szene. Es war eine Catalina der 209. Squadron. Es griff U 501 sofort an, das Boot tauchte noch rechtzeitig.

Zwei Korvetten, HMCS CHAMBLY und MOOSEJAW, kamen von St. John's zum Geleit des Convoys. CHAMBLY feuerte fünf Wasserbomben, die U 501 zwangen, aufzutauchen. MOOSEJAW kam zum Ort des Geschehens und kollidierte mit U 501. Zu diesem Zeitpunkt sprang der Kommandant des Bootes, Korvettenkapitän Förster, vom Turm des Bootes auf das Deck der MOOSEJAW. Die Überlebenden von U 501 waren ebenfalls dabei, das Boot zu verlassen.

Die CHAMBLY kam längsseits und ihr Kapitän befahl, die Maschinen zu stoppen. Ein Enterkommando der CHAMBLY ging an Bord von U 501. Es war aber klar, dass das Boot sank und die letzten Deutschen und Kanadier stiegen aus. Ein Mann der CHAMBLY ging verloren, versank vermutlich mit dem Boot.

Zwölf Männer von U 501 waren tot, weitere 46 und Kapitän Förster gingen in Gefangenschaft.

U 502 Typ IX C

Bauwerft: Deutsche Werft, Hamburg
Kiellegung: 2. April 1940
Stapellauf: 18. Februar 1941
Indienststellung: 31. Mai 1941
Feldpost-Nr.: M 40307
Versenkt am 5. Juli 1942 nordnordwestlich von Cape Ortegal (45°50'N/06°40'W)

Kommando:
2. U-Flottille Wilhelmshaven/Lorient von Mai 1941–5. Juli 1942 (Schulboot/Frontboot)

Kommandant:
KptLt Jürgen von Rosenstiel, Mai 1941–5. Juli 1942

Feindfahrten: 3
Versenkte Schiffe: 14 (81.205 BRT) und 2 beschädigt

1. 29.9.41: Auslaufen Kiel in den Nordatlantik.
Es traf eine Gruppe von Booten, die sich südöstlich von Cape Farewell versammelte. U 502 beschädigte einen Nachzügler des Convoys HX 152 am Nachmittag des 7.10.41 südlich von Reykjavik, das britische Walfabrikschiff SVEND FOYN (14.795 t). Als die Gruppe sich südöstlich von Cape Farewell bildete, wurden die Convoys ONS 23, ON 24, SC 48 und TC 14 umgeleitet, um die Gruppe im Süden zu passieren. Als mehrere Boote ankamen, um die Linie zu verlängern, wurden die vier Convoys und ONS 25 noch weiter nach Süden geschickt.
Während der Nacht vom 14./15. wurde der Convoy SC 48 von U 553 600 Seemeilen westlich vom Nordkanal gesichtet und acht Boote, mit U 502, wurden an ihn herangeführt und zum Angriff befohlen. Die Verfolger des Convoys wurden vertrieben, der Geleitschutz verstärkt. Die Operation endete am Morgen des 18. Neun Schiffe wurden versenkt, ein Zerstörer und eine Korvette sanken, ein weiterer Zerstörer wurde beschädigt. U 502 hatte keinen Erfolg.
Es traf auf die »Reisswolf«-Gruppe 450 Seemeilen südöstlich von Grönland am 22. Die Anwesenheit der Gruppe war bekannt und die meisten Convoys wurden umgeleitet. Am 27. wurde die Gruppe auf den nach Westen laufenden Convoy ON 28 angesetzt, der 500 Seemeilen westlich von Irland von U 74 gesichtet wurde. Kontakt wurde von einigen Booten hergestellt, auch von U 502, aber musste am 30. wegen Kraftstoffmangels abgebrochen werden.
Zusammen mit anderen rücklaufenden Booten wurde

U 502 auf den nach Süden laufenden Convoy OS 10, der von U 96 spät am 31. nordnordöstlich von den Azoren gesichtet wurde, angesetzt.

Die Verfolger verloren am 2.11.41 den Kontakt, und als die Luftaufklärung den Convoy am 4. verfehlte, wurde die Suche aufgegeben.

Rückkehr in den neuen Stützpunkt Lorient am 9.11.41.

2. 18.12.41: Auslaufen Lorient und Rückkehr am 22.12.41.

3. 19.1.42: Auslaufen in die Karibik. U 502 gehörte mit fünf Booten zur »Neuland«-Gruppe. Geplant war, dass die Boote auf ihrer Position bis Mitte Februar bleiben sollten.

Es sollten Angriffe bei Nacht auf einige Häfen und Ölstationen durchgeführt werden. Am Morgen des 14.2.42 meldete U 502 einen Torpedotreffer auf einem Tanker nahe Aruba und glaubte an die Versenkung des brennenden Schiffes, aber es gibt keine Informationen darüber.

Am Morgen des 16. versenkte U 502 drei Tanker 25 Seemeilen südwestlich von Punta Macolla im Golf von Venezuela, die brit. TIA JUANA (2.395 t), die venezuelanische MONAGAS (2.650 t) und die brit. SAN NICOLAS (2.391 t). Am Abend des 16. traf U 502 mit U 67 zusammen, um die Ölanlagen von Aruba zu beschießen. Aber daraus wurde aufgrund eines black-outs bei der Positionsbestimmung und durch aktive Patrouillenboote nichts.

Früh am 22. versenkte U 502 den Tanker KONGSGAARD (norwegisch, 9.467 t) nördlich von Punta Curaçao. Am 23. versenkte U 502 den panamesischen Tanker THALIA (8.329 t) und beschädigte die amerikanische SUN (9.002 t), die schließlich von U 506 am 16.5.42 im Golf von Mexiko versenkt wurde.

Rückkehr nach Lorient am 16.3.42.

4. 22.4.42: Auslaufen in die Karibik. U 502 versenkte am 11.5.42 nordöstlich von San Juan, Puerto Rico, die britische CAPE OF GOOD HOPE (4.963 t). Dann fuhr es um die Karibik, vermutlich durch die Anegada-Passage.

Am 24. versenkte U 502 ein neutrales Schiff, die brasilianische GONCALVES DIAS (4.996 t) nördlich von Aruba und am 28. die amerikanische ALCOA PILGRIM (6.759 t) südwestlich von Puerto Rico, am 2.6.42 die niederländische POSEIDON (1.928 t) und früh am 4. den amerikanischen Tanker M.F. ELLIOTT (6.940 t), beide nördlich der Isla de Margarita, Venezuela. U 502 fischte einen Überlebenden der M.F. ELLIOTT auf. Er wurde zur Rettung durch ein suchendes Flugzeug in ein Dingi gesetzt.

Am 9. griff U 502 den Convoy TA 5 nördlich von Caracas an und versenkte zwei Schiffe, die belgische BRUXELLES (5.085 t) und den amerikanischen Tanker FRANKLIN K. LANE (6.589 t). U 502 wurde danach durch Geleitfahrzeuge angegriffen, aber es entkam unbeschädigt.

Früh am 15. versenkte U 502 die amerikanische SCOTTSBURG (8.001 t), später am Tag die panamesische COLD HARBOUR (5.010 t) und am Abend die amerikanische WEST HARDAWAY (5.702 t), alle westsüdwestlich von Grenada. Ende Juni wurde U 502 westlich der Azoren von U 459 mit Kraftstoff versorgt. Am 5.7.42 wurde das Boot angegriffen und mit Wasserbomben nordnordwestlich von Cape Ortegal durch eine Leigh Light Wellington der 172. Squadron (P/O W.B. Howell) versenkt. U 502 war das erste Boot, das durch Leigh Light, und auch das erste Boot, das in der Biskaya seit September 1941 versenkt wurde.

Es gab keine Überlebenden, 52 Tote.

U 503 Typ IX C

Bauwerft: Deutsche Werft, Hamburg
Kiellegung: 30. April 1940
Stapellauf: 5. April 1941
Indienststellung: 10. Juli 1941
Feldpost-Nr.: M 43854
Versenkt am 15. März 1942 von Cape Race
(46°15'N/53°15'W)

Kommando:
2. U-Flottille Wilhelmshaven/Lorient von Juli 1941–15. März 1942 (Schulboot/Frontboot)

Kommandant:
KptLt Otto Gericke, Juli 1941–15. März 1942

Feindfahrt: 1
Versenkte Schiffe: keines

1. 15.2.42: Auslaufen Kiel und Einlaufen Helgoland am 16.2.42.

2. 19.2.42: Auslaufen Helgoland und Einlaufen Bergen am 22.2.42.

3. 28.2.42: Auslaufen Bergen in den Nordatlantik.
U 503 marschierte zur Operation in ein Gebiet von Neufundland. Am 15.3.42 wurde das Boot von einer Hudson (USN) des VP 82 (CPO D.F. Mason) südlich von Cape Race gesichtet. Das in Arnetia stationierte Flugzeug war auf der Suche nach dem Convoy ON 72, als es das Boot erkannte. Mason griff an und warf vier Wasserbomben aus 50 Fuß Höhe, als U 502 tauchte.
Das Heck des Bootes kam aus der See, und die kreisen-

de Hudson sah Öl und Luftblasen, gefolgt von Aus-
rüstungsteilen. U 503 war zerstört.
Es gab keine Überlebenden, 51 Tote.

U 504 Typ IX C

Bauwerft: Deutsche Werke, Hamburg
Kiellegung: 30. April 1940
Stapellauf: 24. April 1941
Indienststellung: 20. Juli 1941
Feldpost-Nr.: M 45926
Versenkt am 30. Juli 1943 nordwestlich von Cape
Ortegal (45°33'N/10°47'W)

Kommandos:
4. U-Flottille Stettin von Juli–Dezember 1941
(Schulboot)
2. U-Flottille Lorient von Januar 1942–30. Juli 1943
(Frontboot)

Kommandanten:
KKpt Fritz Poske, Juli 1941–Januar 1943
KKpt Wilhelm Luis, Januar 1943–30. Juli 1943

Feindfahrten: 7
Versenkte Schiffe: 16 (82.135 BRT)

1. 6.1.42: Auslaufen Kiel nach Westfrankreich. Einlaufen
in den neuen Stützpunkt Lorient am 20.1.42.
2. 25.1.42: Auslaufen in US-Gewässer.
U 504 gehörte zu einer Anzahl von Booten der dritten
Welle der »Operation Paukenschlag«. Ab Mitte Februar
patrouillierte es am nördlichen Ende der Straße von
Florida. Früh am 22. versenkte das Boot den amerikanischen Tanker REPUBLIC (5.287 t) und früh am 23. den
amerikanischen Tanker W.D. ANDERSON (10.227 t),
beide von Juno Beach, Florida.
Am 26. wurde der niederländische Tanker MAMURA
(8.245 t) durch U 504 nordnordöstlich der Bahamas versenkt.
Es begann eine Jagd nach dem Boot, und am 28. warf ein
Flugzeug von Key West zwei Wasserbomben auf ein
Objekt. Überwasserschiffe kamen hinzu und führten
Angriffe durch. Später wurde festgestellt, dass es ein Wal
gewesen war. U 504 hatte das Gebiet verlassen.
Östlich von Antigua versenkte es am 15.3.42 die britische MANAQUI (2.802 t). Rückkehr nach Lorient am
1.4.42.

3. 2.5.42: Auslaufen nach Gibraltar. Anfangs operierte
U 504 am westlichen Ende der Karibik, nachdem es sie
durch den Yucatan-Kanal betreten hatte. Am 29. versenkte es die britische ALLISTER (1.597 t) südlich von
Grand Cayman.
Anfang Juni fuhr es nach Westen und versenkte in einer
Woche fünf Schiffe östlich der Halbinsel Yucatan
Peninsula, am 8. die honduranische TELA (3.901 t) und
die britische ROSENBORG (1.512 t), am 11. die niederlän-
dische CRIJNSSEN (4.282 t) und die amerikanische
AMERICAN (4.846 t) sowie am 14. die lettische REGENT
(3.280 t).
Rückkehr nach Lorient am 7.7.42.
4. 19.8.42: Auslaufen in den Südatlantik. U 504 fuhr
gemeinsam mit U 68, U 156 und U 172 als »Eisbär«-
Gruppe. Ab 26., westlich von Spanien, operierte die
Gruppe kurz gegen den nach Norden laufenden Convoy
SC 119. In dieser Zeit vesenkte U 156 einen Nachzügler.
Die vier Boote drehten nach Süden auf die Kapver-
dischen Inseln zu, und Mitte September trafen U 68,
U 172 und U 504 mit U 459 am 24. 600 Seemeilen süd-
lich von St. Helena zur Kraftstoffergänzung zusammen.
Die drei Boote trafen auf U 159, und sie alle setzten die
Fahrt nach Süden in ihr Operationsgebiet ab 4.10.42 vor
Kapstadt fort.
Zwischen diesem Datum und Mitte November wurden
24 Schiffe von den vier »Eisbär«-Booten versenkt, sechs
davon von U 504. Am 17.10.42 versenkte es die britische
EMPIRE CHAUCER (5.970 t) südlich von Kapstadt. U 504
und U 159 patrouillierten vor der Südküste Südafrikas
und dann vor der Ostküste so weit es ging auf die Höhe
von Durban.
Am 23. versenkte U 504 die britische CITY OF JOHANNES-
BURG (5.669 t) und am 26. die amerikanische ANNE
HUTCHINSON (7.176 t), beide östlich von East London.
Die ANNE HUTCHINSON brach auseinander. Der hintere
Teil sank am 29., der vordere Teil wurde am 1.11.42 nach
Port Elizabeth geschleppt. Das Schiff wurde zum
Totalverlust erklärt.
Am 31.10.42 versenkte U 504 zwei Schiffe, die britische
EMPIRE GUIDON (7.041 t) östlich von Durban und die bri-
tische REYNOLDS (5.113 t) südsüdwestlich von
Madagaskar. Rückkehrend nach Süden benutzte U 504
seine beiden letzten Torpedos, um am 3.11.42 die brasili-
anische PORTO ALEGRE (5.187 t) östsüdöstlich von Port
Elizabeth zu versenken. Mit den erfolgreichen
Operationen der »Eisbär«-Gruppe kehrten die vier Boote
aus dem Südatlantik nach Norden zurück.
Rückkehr nach Lorient am 11.12.42.
5. 19.1.43: Auslaufen in den Zentralen Atlantik.
Anfangs war U 504 als U-Tanker für andere Boote eingesetzt. Am oder um den 12.2.43 versorgte es U 108

nördlich von den Kanarischen Inseln zur Heimfahrt. Mitte Februar traf es auf die »Rochen«-Gruppe südlich der Azoren, die nach einem US-Gibraltar-Convoy suchte. Die Gruppe drehte nach Westen am 16., aber nach vier Tagen ging es wieder nach Osten.

Am 22. wurden die Boote auf den nach Westen laufenden Convoy UC 1 angesetzt, der von U 522 westnordwestlich von Madeira entdeckt wurde. Der Kontakt wurde spät am 23. hergestellt, und in der Operation wurden zwei Tanker versenkt und zwei beschädigt. Der Angriff auf UC 1 endete am 27. und die »Rochen«-Gruppe wurde von U 461 südwestlich von den Azoren am 1.3.43 versorgt.

Die fünf »Rochen«-Boote bildeten dann eine Nord-Süd-Linie, »Tümmler«, die anfing, nach Osten zu drehen, auf die Kanarischen Inseln zu. Diese Bewegung setzte sich bis zum 11. fort, bis sich die Boote zwischen den Kanarischen Inseln und der marokkanischen Küste befanden.

Ein kleiner südwärts laufender Convoy wurde am 11. gesichtet, aber die Meldung kam zu spät, er war zu schnell und die Luftüberwachung zu stark. Die »Tümmler«-Boote wurden nach Nordosten zum Abfangen des nach Gibraltar laufenden Convoys UGS 6 geschickt, der sich von 1.500 Seemeilen entfernt befand. Die Gruppe machte keinen wirklichen Kontakt mit dem Convoy. Ab 18. wurde eine starke Luftsicherung von Gibraltar aus festgestellt, und die Operation wurde am 19. eingestellt. Nur vier Schiffe wurden in einem sechstägigen Kampf der »Unverzagt«- und »Wohlgemut«-Gruppe versenkt.

Rückkehr nach Lorient am 24.3.43.

6. 21.4.43: Auslaufen in den Nordatlantik.

U 504 traf auf die Gruppe »Amsel 1« am 4.5.43 östlich von Neufundland, die eine Linie vor dem südwärts laufenden Convoy ONS 5 bildete. Während der Nacht vom 4./5. lokalisierten die ersten Boote der Gruppen »Amsel 1« und »-2« sowie »Fink« den Convoy. Angriffe wurden gemacht, und der Convoy teilte sich in mehrere kleine geschützte Gruppen. Am späten Nachmittag des 5. kam Nebel auf und der Kontakt ging verloren. Nachdem er am frühen Morgen des 6. kurz wieder hergestellt wurde, hat man die Operation aufgegeben. Zwölf Schiffe wurden versenkt, sechs Boote gingen verloren. U 504 war ohne Erfolg.

Ab 8. wurden die Gruppen »Amsel 1« und »-2« umgebildet zur »Elbe«-Gruppe östlich von Neufundland, um auf zwei nach Osten laufende Convoys zu warten. Am 8. wurde die Gruppe nach Südosten zum Angriff auf den HX 237 befohlen, aber der Convoy war zu weit weg. Nun fuhren die »Elbe«-Boote südostwärts, wieder mit hoher Fahrt, um den langsameren SC 129 abzufangen.

Am 10. vereinigte sich die »Rhein«- und die »Elbe«-Gruppe und bildeten die Gruppen »Elbe 1« und »-2«, U 504 gehörte zur Gruppe »Elbe 2«. Während die Boote ihre Linie einnahmen, passierte der Convoy am 11. Er wurde von U 504 gesichtet, aber es wurde lokalisiert und vertrieben. Der Kontakt wurde am 12. wieder hergestellt, aber die elf Boote als Verfolger wurden vertrieben. Einige Boote wurden beschädigt, U 186 ging verloren. Nachdem der Escortträger HMS BITER angekommen war, wurde die Operation am 14. südwestlich von Irland aufgegeben. Zwei Schiffe wurden versenkt und zwei Boote gingen wieder verloren.

Rückkehr nach Bordeaux am 29.5.43.

7. 27.7.43: Auslaufen in den Zentralen Atlantik.

U 504, U 461 und U 462 durchliefen die Biskaya im Geleit von Zerstörern, das bis zum 29. dauerte. Früh am nächsten Morgen wurden die drei Boote von einer Liberator der 53. Squadron (F/O W.J. Irving) 150 Seemeilen nordwestlich von Cape Ortegal gesehen. Bevor das Flugzeug aus Treibstoffmangel abdrehen musste, rief es eine Sunderland der 228. Squadron (F/O S. White) und eine Catalina der 210. Squadron herbei. Die Sunderland erhielt Unterstützung durch eine Liberator der 19. Squadron (USAF) und eine Halifax der 502. Squadron (F/O W.S. Biggar). Die Catalina flog weg zur Suche nach der 2. Escortgruppe.

Die drei Boote begannen nun Drehkreise zu fahren und eröffneten das Feuer auf die Flugzeuge. In dem entstehenden Gefecht wurden U 461 und U 462 durch Flugzeugangriffe versenkt, und als es unterging, kam U 462 unter den Beschuss der Sloops der 2. Escortgruppe, die hinzu kam.

Inzwischen war U 504 getaucht. Eine Jagd begann nach dem Boot. HMS KITE (Capt F.J. Walker) lokalisierte das Boot auf 50 Faden Tiefe und fuhr Angriffe, die das Boot auf größere Tiefe trieben. In den nächsten Stunden wurde der Kampf mit Schleichfahrt und Wasserbombenangriffen von HMS KITE, WILD GOOSE (LtCdr D.E.G. Weymss), WOODPECKER (LtCdr R.E.S. Hugonin) und WREN (LtCdr R.M. Aubrey) ausgetragen. Schließlich kamen Öl und Wrackteile nach oben, auch Bekleidungsstücke. U 504 war zerstört. Die Sloops fuhren dann zur Aufnahme von Überlebenden der Boote U 461 und U 462.

Es gab keine Überlebenden, 53 Tote.

U 505 Typ IX C

Bauwerft: Deutsche Werke, Hamburg
Kiellegung: 12. Juni 1940
Stapellauf: 24. Mai 1941
Indienststellung: 26. August 1941
Feldpost-Nr.: M 46074
Kapitulation am 4. Juni 1944 westnordwestlich von Cape Blanc (21°30'N/19°20'W)

Kommandos:
4. U-Flottille Stettin von August 1941–Januar 1942 (Schulboot)
2. U-Flottille Lorient von Januar 1942–4. Juni 1944 (Frontboot)

Kommandanten:
KKpt Axel-Olaf Loewe, August 1941–September 1942
KptLt Peter Zschech, September 1942–24. Oktober 1943
OLtzS Paul Meyer (zeitweise), 24. Okt.–15. Nov. 1943
OLtzS Harald Lange, 15. November 1943–4. Juni 1944

Feindfahrten: 9
Versenkte Schiffe: 8 (44.962 BRT)

1. 19.1.42: Auslaufen Kiel nach Westfrankreich. Einlaufen in der neuen Basis Lorient am 3.2.42.
2. 11.2.42: Auslaufen in den Zentralen Atlantik.
U 505 sollte vor Freetown operieren und kam am oder um den 2.3.42. in dem Gebiet an. Am Abend des 5. versenkte es die britische BENMOHR (5.920 t) und am 6. die norwegische SYDHAV (7.587 t), beide südwestlich von Freetown.
Am 28. wurde U 505 von einer Korvette mit Wasserbomben belegt, konnte aber durch Tauchen entkommen.
Anfang April wechselte U 505 weiter nach Osten und versenkte am 3. die amerikanische WEST IRMO (5.775 t) und am nächsten Abend die niederländische ALPHACCA (5.759 t), beide südlich der Elfenbeinküste.
Auf seiner Patrouille verschoss U 505 14 Torpedos, und mit acht Treffern versenkte es vier Schiffe mit insgesamt 25.041 BRT. Es fuhr 12.937 Seemeilen, nur 316 davon getaucht, und tauchte 24 mal, um Flugzeugen auszuweichen. Es wurde nur zweimal gebombt.
Rückkehr nach Lorient am 7.5.42.
3. 7.6.42: Auslaufen in die Karibik.
Bevor es sein Operationsgebiet erreichte, versenkte U 505 zwei Schiffe nördlich von den Leeward Islands, die amerikanische SEA TRUSH (5.447 t) am 28. und die amerikanische THOMAS MCKEAN (7.191 t) am 29. Dieses Schiff wurde durch Artillerie versenkt, nachdem seine Besatzung in die Rettungsboote gegangen war. U 505 betrat die Karibik am 21.7.42 und versenkte das kolumbianische Segelschiff ROAMAR (110 t) mit Artillerie östlich der Isla de San Andreas. Einige Tage zuvor wurde der Kommandant von U 505, Korvettenkapitän Loewe, krank. Er bat, nach Lorient zurückkehren zu dürfen, was ihm erlaubt wurde. Nach Ankunft dort war seine Krankheit wieder weg. Das rücklaufende Boot traf mit U 214 nördlich der Azoren am 20.8.42 zusammen und gab seinen überflüssigen Kraftstoff an U 214 ab. Während seines karibischen Aufenthaltes tauchte U 505 wegen Flugzeugen 30 mal, wurde jedoch nur einmal gebombt. Es fuhr 12.842 Seemeilen, davon 498 getaucht.
Rückkehr nach Lorient am 25.8.42.
4. 4.10.42: Auslaufen in den Zentralen Atlantik. Neuer Kommandant war Kapitänleutnant Zschech.
Am 7.11.42 versenkte U 505 die britische OCEAN JUSTICE (7.173 t) östlich von Trinidad. Am 10. wurde es von einer von Trinidad kommenden Hudson der 53. Squadron (F/Sgt Sillcock) überrascht. Vier Wasserbomben wurden geworfen, eine davon traf das Geschütz auf dem Achterdeck. Die daraus resultierende Explosion verwundete den Wachoffizier und einen Mann der Besatzung. Die Hudson krachte in die See, alle vier Besatzungsmitglieder waren tot.
Nach Notreparatur blieb U 505 an der Wasseroberfläche, es konnte nicht mehr tauchen. Es wurde von zwei Flugzeugen nicht gesehen und weitere Reparaturen in der Nacht erlaubten ein limitiertes Tauchen. Während der nächsten Tage traf U 505 mit einem anderen Boot zusammen, um Morphium für die Verwundeten zu erhalten, dann mit U 68 für Ersatzteile und mit U 462 zur Kraftstoffergänzung und medizinischer Hilfe durch den Arzt auf dem Boot. Der verwundete Wachoffizier wurde an U 462 abgegeben. Auf dem Heimweg unternahm der Kommandant einen Angriff auf ein ungesichertes Schiff, aber alle sechs abgeschossenen Torpedos gingen vorbei. Auf dieser Feindfahrt wurden 10.876 Seemeilen zurückgelegt, davon nur 626 getaucht.
Rückkehr nach Lorient am 12.12.42.
5. 1.7.43. Auslaufen in den Atlantik, aber das Boot kehrte wegen kleinerer Defekte zurück.
Am 3. lief es wieder aus. Es wurde am 8. durch ein Flugzeug angegriffen, und obwohl keine ernsthaften Schäden am Metox und am Erkennungsgerät zu verzeichnen waren, lief Zschech zurück, er blieb dicht an der spanischen und französischen Küste. Er wurde dabei von Zerstörern mit Wasserbomben angegriffen, aber konnte entkommen. Er benutzte dazu Abwehrmittel.
Rückkehr nach Lorient am 13.7.43.
6. 1.8.43: Auslaufen Lorient und Rückkehr am 2.8.43.

7. 14.8.43: Auslaufen Lorient und Rückkehr am 15.8.43.
8. 21.8.43: Auslaufen Lorient und Rückkehr am 22.8.43.

Bei diesen drei Ausläufterminen kehrte U 505 jedes Mal wegen starker Geräusche, die beim Tauchen von mehr als 50 Meter Tiefe auftraten, zurück. Sabotage wurde vermutet und Werftinspektoren fanden Beweise. Mehrere französische Arbeiter wurden festgenommen und später erschossen.

9. 18.9.43: Auslaufen in den Atlantik. Am 23. vollführte Zschech ein Alarmtauchen, um einem Flugzeug zu entkommen. Er überlastete die Hauptballastpumpe, deren Armaturen verbrannten. Die Pumpe war wichtig für schnelles Tauchen oder das Auftauchen und folglich, das sechste Mal innerhalb von drei Monaten, kehrte U 505 zurück. Einlaufen Lorient am 30.9.43.
10. 9.10.43: Auslaufen in den Atlantik. Am 23. wurde U 505 durch Überwasserkriegsschiffe lokalisiert und das Ziel genauer Wasserbombenangriffe. Während dieser Angriffe verübte Zschech Selbstmord durch Erschießen. Der 1.WO Oberleutnant zur See Paul Meyer übernahm das Kommando und entkam durch das Schießen von Täuschkörpern. Zschech wurde auf See beigesetzt, als Meyer nach einigen Stunden auftauchen konnte.
Rückkehr nach Lorient am 7.11.43
11. 25.12.43: Auslaufen unter einem neuen Kommandanten.
Am 28. wurde U 505 zur Aufnahme von Überlebenden des deutschen Torpedobootes T 25 befohlen, das von britischen Zerstörern in der Biskaya versenkt wurde. 34 Mann, mit dem Kommandanten von T 25, wurden aufgenommen. Einlaufen Brest am 2.1.44.

Beim Einlaufen in Brest brannte eine der Antriebsmaschinen des Bootes aus, das Boot wurde für mehr als zehn Monate aufgelegt.

12. 16.3.44: Auslaufen in den Zentralen Atlantik.
U 505 sollte vor Freetown operieren. Ab 24.4.44 suchte Lange nach Zielen, aber es war nichts zu finden. Es gab viele Ausfälle, aber sie konnten alle behoben werden, obwohl er leicht nach Frankreich hätte zurücklaufen können. Vor der Fahrt zum Stützpunkt zurück, am 24.5.44, patrouillierte U 505 vor Las Palmas. Während der Nacht vom 29./30. tauchte das Boot mehrmals aufgrund von Naxos-Warnungen von Flugzeugen. In der Annahme, dass diese von einem Flugzeugträger stammten, fuhr Lange für zwei Tage ostwärts an die afrikanische Küste, dann drehte er nach Norden. Am 30. war der Escortträger USS GUADALCANAL etwa 700 Seemeilen südwestlich von U 505, aber der Erkennungsdienst an Bord des

Trägers sah das Boot näher dran. GUADALCANAL drehte nach Norden, und am 3.6.44 waren beide Fahrzeuge nur noch 80 Seemeilen von einander entfernt.
Am Morgen des 4. wurde U 505 lokalisiert und alle Kriegsschiffe und Flugzeuge waren auf seine Zerstörung angesetzt. Das Boot wurde mit zwölf Wasserbomben des Zerstörers USS CHATELAIN zum Auftauchen gebracht. Lange gab den Befehl zum Verlassen des Bootes und machte dann den Versuch, es zu versenken. Als er am Luk gesehen wurde, explodierte dicht bei ihm eine Flugzeugkanonengranate. Zu dieser Zeit machte U 505 leichte Drehkreise nach rechts und versank über das Heck. Die Besatzung verließ das Boot und es grenzt an ein Wunder, dass nur ein Mann beim Tiefangriff durch ein Flugzeug getötet wurde. Lange, wieder bei Bewußtsein, wurde in ein Floß gelegt. Er drängte seine Besatzung, drei Hurras am sinkenden U 505 auszurufen. Es gab 59 Überlebende.
Der Zerstörer USS PILLSBURY ließ ein Boot herab und landete ein Enterkommando auf dem immer noch kreisenden U 505. Ungetrübt wegen Selbstversenkungskörper stiegen die US-Matrosen hinab ins Boot und durchsuchten es. Es war total verlassen worden. Ingenieurexperten kamen an Bord und U 505 wurde so sicher wie möglich gemacht, dass es nicht unterging. 13 Sprengmittel wurden drei Wochen später gefunden, aber keines davon wurde von der Besatzung des Bootes scharf gemacht, man war sicher, es würde schnell untergehen. Es war ursprünglich die Absicht, dass die PILLSBURY (LtCdr G.W. Casselman) U 505 schleppen sollte, aber das Boot wurde dann von der GUADALCANAL selbst geschleppt.
Direkt nach Kriegsende machte U 505 eine Kriegsanleihetour vor der Küste des Atlantiks und des Golfes.
Nachdem Japan kapituliert hatte, ging das Boot in die Marinewerft Portsmouth, New Hampshire. Es wurde niemals von der US Navy benutzt, aber es verblieb dort für die nächsten neun Jahre. 1953 wurde entschieden, U 505 an das Museum of Science and Industry in Chicago zu geben und dort zur Erinnerung an die amerikanischen Seeleute, die in zwei Kriegen im Atlantik ihr Leben lassen mussten, aufzustellen. Die Reise von U 505 begann am 14.5.54 über den St. Lawrence River, Weiland Canal und die Great Lakes. Es erreichte das Museum im Juni und wurde zur Erinnerung am 25.9.54 aufgestellt.

U 506 Typ IX C

Bauwerft: Deutsche Werke, Hamburg
Kiellegung: 11. Juli 1940
Stapellauf: 20. Juni 1941
Indienststellung: 15. September 1941
Feldpost-Nr.: M 18699
Versenkt am 12. Juli 1943 westlich von Vigo
(42°30'N/16°30'W)

Kommandos:
4. U-Flottille Stettin von September 1941–Januar 1942
(Schulboot)
10. U-Flottille Lorient von Februar 1942–12. Juli 1943
(Frontboot)

Kommandant:
KptLt Erich Würdemann, September 1941–12. Juli 1943

Feindfahrten: 5
Versenkte Schiffe: 14 (73.493 BRT) und 3 beschädigt

1. 2.3.42: Auslaufen Hamburg und Einlaufen Helgoland am 3.3.42.
2. 9.3.42: Auslaufen Helgoland nach Westfrankreich. Am 18. sichtete U 507 den nach Westen laufenden Convoy ONS 76, 200 Seemeilen westlich vom Nordkanal. Es war unmöglich, den Convoy zu verfolgen, um die Boote U 506, U 593 und U 753 heranzuführen. Die Operation wurde am 20. aufgegeben.
Rückkehr in den neuen Stützpunkt Lorient am 25.3.42.
3. 6.4.42: Auslaufen in US-Gewässer.
Ab Ende April operierte U 506 vor der Küste Floridas. Am 3.5.42 versenkte das Boot die nicaraguanische SAMA (567 t) vor Fort Lauderdale. Einige Tage später lief U 506 in den Golf von Mexiko, es war das zweite Boot mit diesem Kurs, direkt nach U 507, das am 6. dort einlief.
Die beiden Boote machten einen gemeinsamen Angriff auf den amerikanischen Tanker AURORA (7.0501) am 10. südlich von Grand Isle. Das Boot tauchte dann auf und beschoss das Schiff, das Feuer wurde eingestellt, als die Besatzung es verließ. Dann kam U 507 herbei und eröffnete das Feuer auf die AURORA. Das Schiff sank jedoch nicht und wurde später nach Algiers, Louisiana, geschleppt. Nach Reparatur lief es als JAMESTOWN wieder aus.
Da keine neuen Ziele in Sicht kamen, fuhr U 507 für zwei Tage ins Mississippi-Delta, während U 506 im Gebiet südlich der Grand Isle blieb. Am 13. und 14. ver-

senkte es zwei Tanker, die amerikanische GULFPENN (8.862 t) und die amerikanische DAVID MCKELVY (6.821 t). Das letztere Schiff brannte aus, und das treibende Wrack strandete einige Tage später an der Küste von Louisiana.
Am 16. griff U 506 zwei Tanker an und beschädigte sie, die amerikanische WILLIAM MCTARNAHAN (7.302 t) und die amerikanische SUN (9.002 t). Die WILLIAM C. MCTARNAHAN wurde später nach Mobile geschleppt und lief nach Reparatur als ST. JAMES wieder aus. Im selben Gebiet versenkte U 506 am 17. die amerikanische GULF OIL (5.189 t). Das Boot fuhr weiter nach Westen und versenkte am 19. die amerikanische HEREDIA (4.732 t) südlich der Isles Dernières und am 20. den Tanker (amerikanisch) HALO (6.986 t) südlich der Timbalier Bay.
U 506 fuhr durch die Straße von Florida in den Atlantik. Am 28. versenkte es die britische YORKMOOR (4.457 t) nordnordöstlich der Bahamas und am 31. die britische FRED W. GREEN (2.292 t) südöstlich der Bermudas.
Rückkehr nach Lorient am 15.6.42.
4. 28.7.42: Auslaufen in den Zentralen Atlantik.
U 506 operierte anfangs südwestlich von Freetown und versenkte am 21.8.42 die britische CITY OF WELLINGTON (5.733 t). Am 5.9.42 versenkte es die britische MYRMIDON (6.278 t) südlich der Elfenbeinküste und am 13. südsüdwestlich von Monrovia die schwedische LIMA (4.959 t).
Am 12.9.42 sank der Truppentransporter LACONIA nordöstlich von Ascension Island. Zusätzlich zur Besatzung und den Passagieren hatte die LACONIA 1.800 italienische Kriegsgefangene an Bord, die von Südafrika nach Großbritannien unterwegs waren. Als der Kommandant von U 156 die Lage überblickte, entschied er sich, eine Rettungsaktion zu starten, und U 506, U 507 und das italienische Uboot CAPELLINI wurden abgeteilt, zu helfen. Während der Nacht des 14./15. kam U 506 an. Am Morgen des 16. hatte U 506 mehr als 200 Überlebende an Bord.
Die Rettungsaktion wurde in Frage gestellt, als eine US-Liberator ankam und in drei Angriffen Bomben warf, die ein Rettungsboot voll mit Überlebenden trafen und U 156 beschädigte.
Angesichts des Befehls, alle Rettungsmaßnahmen abzubrechen, entschieden sich die Ubootkommandaten, ihre Hilfe weiter zu vollziehen. Am 17. kam der Vichy-französische Kreuzer GLOIRE mit den Sloops ANNAMITE und DUMONT D'URVILLE an, um die Überlebenden vom U 506, U 507 und der CAPELLINI zu übernehmen. U 505 wurde von einem Flugzeug angegriffen und tauchte. Es hatte noch 198 Gefangene an Bord. Nach 30 Minuten tauchte das Boot auf und begann seine Passagiere an die ANNAMITE abzugeben. U 505 verließ das Gebiet und

kehrte nach Freetown zurück. Von den 2.732 Menschen an Bord der LACONIA wurden 1.111 gerettet, aber die deutsche Uboot-Führung verbot jede Rettung für die Zukunft. Am 30.9.42 versenkte U 506 die britische SIAM II (6.637 t) südwestlich von Monrovia. Es war der letzte Erfolg auf dieser Feindfahrt. Am oder um den 11.10.42 wurde U 506 südwestlich von Freetown von U 459 mit Kraftstoff versorgt.

Rückkehr nach Lorient am 7.11.42.

5. 14.12.42: Auslaufen in den Zentralen Atlantik.

Vom 1.1.43 an befand sich U 506 auf einer Warteposition zwischen den Kanarischen und den Kapverdischen Inseln. Mitte Januar traf es U 160, U 182, U 509 und U 516 zur Bildung der »Seehund«-Gruppe zur Operation in südafrikanischen Gewässern. Am 29. und 30. wurden U 506, U 509 und U 516 durch U 459 600 Seemeilen südlich von St. Helena mit Kraftstoff versorgt. Ab Anfang Februar operierte die »Seehund«-Gruppe vor Kapstadt.

Ende Februar patrouillierte U 506 vor der Südküste der Cap-Provinz. Am 7.2.43 versenkte es die britische SABOR (5.212 t) und am 9. die britische TABOR (4.768 t), beide südlich von Knysna.

U 506 trat seine Heimfahrt am 19.3.43 an. Es traf mit U 160, U 509 und U 516 zusammen, und Anfang April fuhren sie durch den Südatlantik nach Norden. Ende April wurden sie südlich der Azoren von U 117 mit Kraftstoff versorgt.

Rückkehr nach Lorient am 8.5.43.

6. 5.7.43: Auslaufen in den Südatlantik.

U 506 gehörte zur »Monsun«-Gruppe für Operationen südlich des Kaps und im Indischen Ozean.

Am 12. wurde das Boot durch eine in Port Lyautey stationierte Liberator der 1. A/S Squadron (USAF) (Lt E. Salm) westlich von Vigo versenkt.

48 Männer, einschließlich Kommandant, wurden getötet, sechs Männer wurden gefangen genommen.

U 507 Typ IX C

Bauwerft: Deutsche Werke, Hamburg
Kiellegung: 11. September 1940
Stapellauf: 15. Juli 1941
Indienststellung: 8. Oktober 1941
Feldpost-Nr.: M 19192
Versenkt am 13. Januar 1943 nordnordöstlich von Camxim, Brasilien (01°38'S/39°52'W)

Kommandos:
4. U-Flottille Stettin von Oktober 1941–Februar 1942 (Schulboot)
2. U-Flottille Lorient von März 1942–13. Januar 1943 (Frontboot)

Kommandant:
KKpt Harro Schacht, Oktober 1941–13. Januar 1943

Feindfahrten: 4
Versenkte Schiffe: 19 (77.144 BRT)

1. 7.3.42: Auslaufen Hamburg und Einlaufen Helgoland am 8.2.42.

2. 12.3.42: Auslaufen Helgoland und Marsch nach Westfrankreich.

Am 18. sichtete U 507 den nach Westen laufenden Convoy ONS 76, 200 Seemeilen westlich des Nordkanals. In den frühen Stunden des 19. feuerte es sechs Torpedos, und obwohl vier Detonationen und eine davon nach einer Kesselexplosion klang, war kein Resultat feststellbar. U 507 konnte den Kontakt nicht aufrecht erhalten, es konnte die Boote U 506, U 593 und U 753 nicht heranführen. Die Operation endete am 20.

Rückkehr nach Lorient am 25.3.42.

3. 4.4.42: Auslaufen in den Westatlantik.

Ende April operierte U 507 vor Kuba, und am 30. versenkte es die amerikanische FEDERAL (2.881 t) nördlich von Gibara. Am 4.5.42 passierte U 507 die Straße von Florida und lief in den Golf von Mexiko ein. Es war das erste Boot, das dies tat. Am Abend des 4. versenkte es die amerikanische NORLINDO (2.686 t) und früh am 5. den amerikanischen Tanker MUNGER T. BALL (5.104 t), beide westlich von Key West, und drei Stunden später den amerikanischen Tanker JOSEPH M. CUDAHY (6.950 t), der etwas nördlicher unterging.

Am 6. versenkte U 507 die amerikanische ALCOA PURITAN (6.759 t) südöstlich von Port Eads, Louisiana. Nachdem sie anschließend südostwärts fuhr, versenkte sie am 8. die honduranische ONTARIO (3.099 t) mit Bordkanonen und die norwegische TORNY (2.424 t) mit Torpedo. Am 12. war U 507 zum Gebiet von Port Eads zurückgekehrt und versenkte den amerikanischen Tanker VIRGINIA (1.073 t), direkt vor Burrwood.

Das letzte Opfer von U 507 im Golf war die honduranische AMAPALA (4.148 t), die am 16. gesichtet wurde.

Das Boot eröffnete das Feuer auf den Frachter. Als das Schiff getroffen wurde, verließ die Besatzung das Schiff und stieg in die Rettungsboote. Schacht kam an eines der Boote heran und instruierte den 2. Offizier der AMAPALA, einige Besatzungsangehörige von U 507 nach seinem Schiff zu bringen, um Sprengladungen anzubringen.

Wegen der Sprachschwierigkeiten gab es keine gute Verständigung. In dieser Situation bemerkte der 2. Offizier, dass ein Flugzeug der USN erschien, und dass das Rettungsboot bemerkt wurde. Die Besatzung von U 507 stieg schnell in das Turmluk, das Boot tauchte und fuhr davon. Es war unter Wasser, bevor das Flugzeug einen Angriff auf das Boot machen konnte, aber das Flugzeug warf Wasserbomben, die jedoch keinen Schaden anrichteten. Die MAPALA wurde später in Schlepp genommen, ging aber vor Erreichen eines Hafens unter. Nachdem alle Torpedos verschossen waren, lief U 507 heimwärts. Rückkehr nach Lorient am 4.6.42.

4. 4.7.42: Auslaufen in den Zentralen Atlantik.
U 507 operierte zwischen den Kapverdischen Inseln und Brasilien, hatte aber keinen Erfolg. Ab Anfang August war es vor der Küste Brasiliens.
Am 16. versenkte U 507 drei Schiffe südlich von Aracaju, die brasilianische BAEPENDY (4.801 t), die brasilianische ARARAQUARA (4.872 t) und die brasilianische ANNIBAL BENEVOLO (1.905 t), U 507 fuhr die Küste runter bis auf eine Position südlich von El Salvador und versenkte weitere vier Schiffe, am 17. die brasilianische ITAGIBA (2.169 t) und die brasilianische ARARA (1.075 t), am 19. das brasilianische Segelschiff JACYRA (90 t) und am 22. die schwedische HAMMAREN (3.220 t). Das letzte Schiff war vom Convoy OS 36. Schacht schoss vier Torpedos vorbei und konnte es auch durch Artillerie nicht versenken. Erst mit einem fünften Torpedo hatte er Erfolg.
Die Versenkung von sechs brasilianischen Schiffen resultierte darin, dass Brasilien am 22.8.42 Deutschland den Krieg erklärte. Brasilien vermeldete, dass die Schiffe innerhalb seiner territoriellen Gewässer versenkt wurden, aber die Deutschen erklärten, dass sie sich außerhalb befanden.
Ende August wurde U 507 nach Freetown befohlen und Anfang September befand es sich südlich von Liberia.
Am 12.9.42 versenkte U 156 den Truppentransporter LACONIA nordöstlich der Insel Ascension. Zusätzlich zu den Passagieren und der Besatzung befanden sich 1.800 italienische Kriegsgefangene an Bord, die von Südafrika nach Großbritannien verlegt werden sollten.
Als der Kommandant von U 156 die Lage überblickte, entschied er sich zur Rettungsmaßnahme. U 507, U 506 und das italienische Uboot CAPELLINI wurden zur Unterstützung befohlen. Auf der Fahrt nach dort traf U 507 auf vier Rettungsboote der LACONIA im Verlauf des Nachmittags am 15. Schacht nahm die Frauen an Bord, gab den anderen Insassen Hilfe und nahm das Rettungsboot in Schlepp.
U 507 kam an diesem Tag in das Gebiet des Untergangs und nahm 164 Italiener und zwei britische Offiziere an Bord, die als Kriegsgefangene nach Frankreich mitgenommen wurden.
Die Rettungsaktion wurde unterbrochen, als eine US-Liberator erschien und bei drei Angriffen Bomben warf, wodurch ein Rettungsboot mit Überlebenden zerstört und U 156 beschädigt wurde.
Im Gegensatz zu den Befehlen, Rettungsmaßnahme einzustellen, setzten die Ubootkommandaten ihre Hilfe fort. Am 17. erschien der Vichy-französische Kreuzer GLOIRE mit den Sloops ANNAMITE und DUMONT D'URVILLE zum Treffen mit U 506, U 507 und CAPELLINI, um die Überlebenden zu übernehmen, die die Boote an Bord hatten bzw. schleppten. U 507 wurde am 17. von einem US-Flugzeug angegriffen. Nach Abgabe der Überlebenden verließ das Boot das Gebiet. Zwischen dem 25. und 27. wurde es nördlich von den Kapverdischen Inseln von U 460 mit Kraftstoff versorgt. Auf der Rückreise starb am 3.10.42 ein Mann der Besatzung infolge Krankheit. Rückkehr nach Lorient am 12.10.42.

5. 24.11.42: Auslaufen in den Zentralen Atlantik.
Ende Dezember operierte U 507 vor der Nordostküste Brasiliens. Am 27. versenkte es nordnordöstlich von Camocim die britische OAKBANK (5.154 t), am 3.1.43 die britische BARON DECHMONT (3.675 t) nördlich von Fortaleza und am 8. die britische YORKWOOD (5.401 t) nordöstlich von Macau. U 507 nahm die Kapitäne der letzten zwei Schiffe an Bord.
Es mag die Meldung über die Kapitulation der Kapitäne sein, die dazu führte, dass U 507 am 13. durch eine Catalina des VP 83 (Lt L. Ludwig) nordnordöstlich von Camocin lokalisiert wurde. Das Boot wurde mit Wasserbomben versenkt.
Es gab keine Überlebenden, 55 Tote.

U 508 Typ IX C

Bauwerft: Deutsche Werke, Hamburg
Kiellegung: 24. September 1940
Stapellauf: 30. Juli 1941
Indienststellung: 20. Oktober 1941
Feldpost-Nr.: M 36926
Versenkt am 12. November 1943 nördlich von Cape Ortegal (48°00'N/07°30'W)

Kommandos:
4. U-Flottille Stettin von Oktober 1941–Juni 1942 (Schulboot)

10. U-Flottille Lorient von Juli 1942–12. November 1943 (Frontboot)

Kommandant:
KptLt Georg Staats, Oktober 1941–12. November 1943

Feindfahrten: 7
Versenkte Schiffe: 14 (74.087 BRT)

1. 25.6.42: Auslaufen Kiel nach den Antillen.
Anfang Juli wurde U 508 von U 460 nördlich der Azoren mit Kraftstoff versorgt. Ab Anfang August operierte das Boot nördlich von Kuba. Früh am 6. schoss es zwei Torpedos auf ein Schiff, aber es hatte keinen Erfolg.
Die beiden Detonationen, die zu hören waren, können von Wasserbomben gewesen sein.
Am 12. griff U 508 den Spezial-Convoy 12 an, der auf dem Weg von Key West nach Havanna war. Es versenkte die kubanische SANTIAGO DE CUBA (1.685 t) und die kubanische MANZANILLO (1.025 t), beide nordnordöstlich von Havanna. Am 18. griff U 508 den Convoy TAW 13 südlich von Portillo an. Es schoss einen Torpedo auf einen Tanker und einen Dampfer, hatte aber keinen Erfolg. Das Boot wurde von den Geleitfahrzeugen vertrieben.
U 508 verlegte zur Operation vor Florida und war später in der Straße von Florida und nördlich der Antillen, hatte aber hier keinen Erfolg.
Rückkehr nach dem neuen Stützpunkt Lorient am 15.9.42.
2. 17.10.42: Auslaufen nach den Antillen.
U 508 durchfuhr den Atlantik und sichtete in der Nacht des 5./6. November den nach Nordwesten laufenden Convoy TAG 19 südwestlich von Grenada. Das Boot versenkte zwei Schiffe des Convoys in den frühen Stunden des 7., die amerikanische NATHANIEL HAWTHORNE (7.176 t) und die britische LINDENHALL (5.248 t), beide westnordwestlich von Los Testigos.
Am 17. versenkte das Boot die britische CITY OF CORINTH (5.318 t) vor Galera Point, Trinidad. Am 27. versenkte es die britische CLAN MCFAYDEN (6.191 t) und am 28. die britische EMPIRE CROMWELL (5.970 t), beide die letzten Schiffe westlich von Boca Loràn, Venezuela.
Auf der Fahrt nach Norden versenkte U 508 zwei Schiffe am 2.12.42 ostnordöstlich von Boca Loràn, die britische TREVALGAN (5.299 t) und die britische CITY OF BATH (5.079 t). Am 3. versenkte es die britische SOLON II (4.561 t) nordöstlich von Georgtown und am 8. die britische NIGERIAN (5.423 t) nordöstlich von Waini Point. Es näherte sich den Rettungsbooten dieses Schiffes und nahm vier britische Offiziere als Kriegsgefangene an Bord.

Mitte Dezember wurde U 508 durch U 461 südlich der Azoren mit Kraftstoff versorgt.
Rückkehr nach Lorient am 6.1.43.
3. 22.2.43: Auslaufen in den Nordatlantik.
Am 26. wurde U 508 von einer Liberator der 224. Squadron (S/Ldr P.J. Cundy) nordöstlich der Azoren angegriffen.
Die Reparaturen nahmen einige Zeit in Anspruch.
Rückkehr nach Lorient am 15.3.43.
4. 29.5.43: Auslaufen, aber Rückkehr wegen mechanischer Schwierigkeiten am 31.5.43.
5. 7.6.43: Auslaufen in den Zentralen Atlantik.
U 508 operierte im Golf von Guinea. Am 9.7.43 versenkte es zwei Schiffe in der Bight of Benin, südwestlich von Lagos, die französische DE LA SALLE (8.400 t) und die britische MANCHESTER CITIZEN (5.343 t). Am 18. versenkte U 508 im Golf von Guinea, südwestlich von Palm Point, die britische INCOMATI (7.369 t).
Eine Aufklärungslinie wurde von U 508, U 257, U 358, U 382, U 600 und U 618 gebildet und diese patrouillierte auf und ab, von Osten nach Westen, dicht unter der Elfenbeinküste, vom 23.7.43 bis 2.8.43. Es wurden keine Schiffe gesehen, die Linie wurde aufgegeben, und die Boote liefen heimwärts.
Zwischen dem 23. und 27. August wurde U 508 von U 847 800 Seemeilen südwestlich der Azoren mit Kraftstoff versorgt. Am 27. wurde das Boot von einer Avenger (Lt G.G. Hogan) von USS CARD südwestlich der Azoren gesichtet. Wasserbomben und Geräuschtorpedos wurden geworfen, aber U 508 konnte durch Tieftauchen entkommen.
Rückkehr nach Lorient am 14.9.43.
6. 6.11.43: Auslaufen Lorient und Marsch nach St. Nazaire zur Ausrüstung mit Radar und Torpedos.
Einlaufen in St. Nazaire am 3.11.43.
7. 9.11.43: Auslaufen St. Nazaire. Zusammen mit U 515 wurde U 508 früh am 12. nördlich von Cape Ortegal von einer Liberator des VB 103 (Lt R.B. Brownell) angegriffen.
Das Boot sank nach Wasserbomben. Als das Flugzeug nicht zurückkam, wurde angenommen, dass es abgeschossen wurde. Alle Besatzungsangehörigen des Bombers gingen verloren.
Es gab keine Überlebenden von U 508, 60 Tote.

U 509 Typ IX C

Bauwerft: Deutsche Werke, Hamburg
Kiellegung: 1. November 1940
Stapellauf: 19. August 1941
Indienststellung: 4. November 1941
Feldpost-Nr.: M 37143
Versenkt am 15. Juli 1943 bei den Azoren
(34°02'N/26°02'W)

Kommandos:
4. U-Flottille Stettin von November 1941–Juni 1942
(Schulboot)
10. U-Flottille Lorient von Juli 1942–15. Juli 1943
(Frontboot)

Kommandanten:
KKpt Karl-Heinz Wolff, November 1941–Oktober 1942
KptLt Werner Witte, Oktober 1942–15. Juli 1943

Feindfahrten: 4
Versenkte Schiffe: 6 (36.220 BRT) und 3 beschädigt

1. 25.6.42: Auslaufen Kiel nach den Antillen.
Anfang Juli wurde U 509 nördlich von den Azoren durch
U 460 mit Kraftstoff versorgt. Es operierte ursprünglich
im Golf von Mexiko. Am 2.8.42 fuhr das Boot in die
westliche Karibik und wurde an diesem Tag durch eine
Catalina des VP 92 aus Guantanamo angegriffen und
beschädigt und mit Wasserbomben beworfen.
Nach Notreparatur lief es in die östliche Karibik und
patrouillierte vor Trinidad. Es war kein Schiff zu sehen.
Rückkehr in den neuen Stützpunkt Lorient am 12.9.42.
2. 15.10.42: Auslaufen in den Zentralen Atlantik.
U 509 war eines von acht Booten, die sich östlich der
Azoren versammelten. Sie bildeten eine Linie am 23. vor
Freetown, als »Streitaxt«-Gruppe. Vor den Kanarischen
Inseln stellten die Boote am 25. einen Tanker, der von
zwei Zerstörern begleitet wurde, aber es gab keinen
Erfolg.
Am 26. griff U 509 einen Nachzügler des nach Norden
laufenden Convoys SL 125 südlich der Kanarischen
Inseln an und beschädigte ihn. Es war die britische
ANGLO MAERSK (7.705 t). Das Schiff wurde drei Stunden
danach von U 604 versenkt. Am 27. sichtete U 409 den
Convoy SL 125 westlich von den Kanarischen Inseln, als
er die »Streitaxt«-Linie passierte. Am Abend näherten
sich U 203, U 509, U 659 dem Convoy und U 509 versenkte zwei Schiffe, die britische PACIFIC STAR (7.951 t)
und die britische STENTOR (6.148 t).

U 509 torpedierte vier weitere Schiffe des Convoys. Am
Abend des 28. sank die britische NAGPORE (5.283 t) und
die britische HOPECASTLE (5.178 t), südwestlich von
Madeira, und am Abend des 29. sank die britische
BRITTANY (4.772 t), beschädigt wurde die britische
CORINALDO (7.131 t) nordwestlich von Madeira. Beide,
die HOPEASTLE und die CORINALDO, wurden einige
Stunden später von U 203 versenkt.
Als die Verfolgung des SL 125 am 1.11.42 westlich von
Lissabon endete, waren zwölf Schiffe versenkt und eines
beschädigt. Die »Streitaxt«-Gruppe löste sich auf, aber
U 134, U 509 und U 510 fuhren als einzige Boote der
Gruppe nach Süden.
Den Meldungen über die alliierten Landungen in
Nordafrika folgend, wurden die im Süden stehenden
Boote U 509 und U 510 mit hoher Fahrt am 8. als
»Schlageter«-Gruppe zur marokkanischen Küste befoh-
len. Einige Versenkungen wurden kurz nach Ankunft der
Boote am 11. gemacht. Als allerdings die alliierte Uboot-
Abwehr, auf dem Wasser als auch in der Luft, zu stark
wurde, wurden ab 13. im Landungsgebiet von Felada und
Casablanca trotz vieler Angriffe nur wenige Schiffe ver-
senkt.
Am oder um den 18. wurde U 509 vor Casablanca durch
einen Minentreffer unter dem Heck beschädigt.
Rückkehr nach Lorient am 26.11.42.
3. 23.12.42: Auslaufen in den Zentralen Atlantik.
U 509 lief in ein Gebiet südlich der Kapverdischen
Inseln.
Mitte Januar 1943 traf es mit U 160, U 182, U 506,
U 516 zur Bildung der »Seehund«-Gruppe für Operationen in südafrikanischen Gewässern zusammen.
Am 29. und 30. wurden U 509 und U 516 durch U 459
600 Seemeilen südlich von St. Helena mit Kraftstoff versorgt. Ab Anfang Februar operierte die Gruppe vor Kap-
stadt. Am 10. griff U 509 den nach Norden laufenden
Convoy CA 11 vor Cape Agulhas an und versenkte die
britische QUEEN ANNE (4.937 t).
Nicht eskortierte Schiffe waren selten, die Convoys fuhren stark gesichert an der Küste.
Während des Februars suchte die »Seehund«-Gruppe
entlang der Küste von Cape Provience bis zur Küste vor
Durham. Am 7.3.43 wurde U 509 über Wasser fahrend
gesichtet und von einer Ventura angegriffen, aber es entkam unbeschädigt.
Mit nur noch wenig Kraftstoff fuhren die Boote Mitte
März an die Westküste Südafrikas zur Patrouille von
Kapstadt bis hinauf zur Walfischbucht. In zwei Wochen
wurden nur zwei Schiffe versenkt. Am 28. trat U 509
seine Heimfahrt an. Bereits am 2.4.43 traf es auf den
Convoy NC 9 und beschädigte die britische CITY OF
BARODA (7.129 t) direkt vor Lüderitz. Das Schiff stran-

dete in der Bucht und wurde zum Verlust erklärt. U 509 traf auf U 160, U 506 und U 516, und gemeinsam fuhren sie durch den Südatlantik nach Norden.

Ende April wurden die vier Boote südlich der Azoren von U 117 mit Kraftstoff versorgt.

Rückkehr nach Lorient am 11.5.43.

4. 3.7.43: Auslaufen in den Südatlantik.

U 509 gehörte zur »Monsun«-Gruppe für die Operation südlich von Kapstadt und im Indischen Ozean.

Es fuhr in den Zentralen Atlantik und lief in das Versorgungsgebiet südlich der Azoren. Am 15. wurde das Boot über Wasser laufend, 180 Seemeilen südlich von den Azoren, durch eine Avenger (Lt C. Barton) und eine Wildcat (Ens Anderson) des VP 29 vom Escortträger USS SANTEE gesehen. Die Flugzeuge griffen dreimal im Tiefflug an, doch das Boot tauchte sofort. Barton kam wieder heran und warf einen Geräuschtorpedo in den Wasserwirbel. Es gab eine Schockwelle, der Öl und Schaum folgten. U 509 war zerstört. Es gab keine Überlebenden, 54 Tote.

U 510 Typ IX C

Bauwerft: Deutsche Werke, Hamburg
Kiellegung: 1. November 1940
Stapellauf: 4. September 1941
Indienststellung: 25. November 1941
Feldpost-Nr.: M 42702
Kapituliert am 8. Mai 1945 in St. Nazaire

Kommandos:
4. U-Flottille Stettin von November 1941–Juli 1942 (Schulboot)
10. U-Flottille Lorient von August 1942–September 1944 (Frontboot)
33. U-Flottille Flensburg von Oktober 1944–8. Mai 1945 (Frontboot)

Kommandanten:
FregKpt Karl Neitzel, November 1941–März 1943
KptLt Albert Eick, Mai 1943–8. Mai 1945

Feindfahrten: 7
Versenkte Schiffe: 15 (85.717 BRT) und 9 beschädigt

1. 7.7.42: Auslaufen Kiel in den westlichen Atlantik.
U 510 wurde Ende Juli von U 463 westlich der Azoren mit Kraftstoff versorgt. Am 2.8.42 versenkte es die uru-

guaische MALDONALDO (5.285 t) südsüdöstlich der Bermudas. Der Kapitän des Schiffes wurde als Gefangener an Bord genommen. U 510 patrouillierte östlich und südöstlich der Karibik. Am 10. beschädigte das Boot den britischen Tanker ALEXIA (8.016 t) östlich von Antigua. Das Schiff wurde nach Puerto Rico geschleppt. Am 19. versenkte es die britische CRESSINGTON COURT (4.971 t) nordöstlich von Cayenne. Am 18. machte U 510 einen erfolglosen Angriff auf einen Dampfer, aber es wurde nur eine Detonation gehört.

Einige Zeit später traf U 510 nach dem 20. mit U 155 zusammen. Das Boot wurde an dem Tag von einem Flugzeug angegriffen und beschädigt. Die Batterien waren defekt, das Boot konnte nicht mehr tauchen. U 510 gab ein Kraftkabel an das Boot und gab Leistung ab. U 155 war immer noch unfähig zu tauchen und lief mit U 510 nach Osten.

Am 7.9.42 trafen beide Boote auf U 460. Nach diesem Treffen und Abschluss des Umladens der ersetzbaren Teile wurde das weiterhin tauchunklare Boot in den Stützpunkt geleitet, für die meiste Zeit von U 510.

Rückkehr nach Lorient am 13.9.42.

2. 14.10.42: Auslaufen in den Zentralen Atlantik. U 510 war eines von acht Booten, die sich östlich der Azoren versammelten. Sie bildeten am 23. als »Streitaxt«-Gruppe eine Linie bei Freetown. Am 25. sichtete U 510 bei den Kanarischen Inseln einen von zwei Zerstörern geleiteten Tanker. Die Gruppe griff ohne Erfolg an. Am 27. sichtete U 409 den nach Norden laufenden Convoy SL 125 westlich von den Kanarischen Inseln beim Passieren der »Streitaxt«-Linie. U 510 beschädigte die norwegische ALASKA (5.681 t) bald nach Mitternacht des 30. Es war der einzige Erfolg gegen den SL 125, der zwölf Schiffe verlor, bevor die Operation am 1.11.42 nordwestlich von Madeira endete.

Die »Streitaxt«-Gruppe löste sich auf, und nur U 134, U 509 und U 510 der ursprünglich acht Boote liefen weiter nach Süden. Den Meldungen über die alliierten Landungen in Nordafrika folgend, wurden die Boote einschließlich U 510 und U 509 am 8. mit hoher Fahrt an die marokkanische Küste als »Schlageter«-Gruppe befohlen. Einige Versenkungen wurden gleich nach Ankunft der Boote am 11. gemacht. Als allerdings die alliierte Uboot-Abwehr zu stark wurde, sowohl über Wasser als auch in der Luft, kam es ab dem 13. nur noch zu wenigen Versenkungen im Gebiet der Landungen vor Fedala und Casablanca, und das trotz vieler Angriffsversuche.

Am 24. wurde U 510 lokalisiert und angegriffen. Es trug Schäden davon.

Rückkehr nach Lorient am 12.12.42.

3. 16.1.43: Auslaufen in den Zentralen Atlantik. U 510 lief zuerst in ein Gebiet bei den Kapverdischen Inseln.

Dann durchlief es den Atlantik und im Februar patrouillierte es östlich der Karibik. Das Boot drehte später nach Süden und operierte ab Anfang März vor der Küste von Guyana.

Am 8. traf U 510 auf den nach Trinidad laufenden Convoy BT 6, 70 Seemeilen nördlich von Cayenne. In der Nacht des 8./9. griff es mit großem Erfolg an und versenkte die britische KELVINBANK (3.872 t) und die amerikanische JAMES K. POLK (7.177 t). Das Boot beschädigte auch die amerikanische GEORGE G. MEADE (7.176 t), die amerikanische TABITHA BROWN (7.176 t), die amerikanische JOSEPH RODMAN DRAKE (7.181 t), die amerikanische MARK HANNA (7.176 t), die amerikanische JAMES SMITH (7.181 t) und die amerikanische THOMAS RUFFIN (7.191 t). Das letzte Schiff wurde nach Port of Spain geschleppt, aber zum Totalverlust erklärt. U 510 verfolgte die Convoys BT 8 und TB 9, hatte aber keinen weiteren Erfolg. Es patrouillierte bis Ende März vor der Küste Guyanas.

Rückkehr nach Lorient am 16.4.43.

4. 3.6.43: Auslaufen in den Zentralen Atlantik.

Am 10. erhielt U 510 wahrscheinlich Kraftstoff von U 118 westsüdwestlich von den Kanarischen Inseln. Dann fuhr es über den Atlantik an die Küste von Guyana. U 510 hatte keinen Erfolg bis zum 8.7.43, da fand es den Convoy TJ 1 ostnordöstlich von Cayenne. Bei einem Angriff am Morgen versenkte das Boot die norwegische B.P. NEWTON (10.324 t) und beschädigte die lettische EVERGRA (3.706 t). Zwei Stunden danach wurde von U 510 die amerikanische ELDENA (6.900 t) versenkt.

Am 10. stoppte es nordöstlich von Cayenne die schwedische SCANDANAVIA (1.641 t) in Übereinstimmung mit der Prisenordnung und versenkte es später. U 510 setzte die Patrouille vor Guyana fort, hatte aber keinen Erfolg mehr.

Es begann seine Heimfahrt am 5.8.43.

Rückkehr nach Lorient am 29.8.43.

5. 13.11.43: Auslaufen in den Indischen Ozean. Am oder um den 24. wurde U 510 von U 219 westlich der Kapverdischen Inseln mit Kraftstoff versorgt. Als es weiter nach Süden lief, kam U 510 unter die Kontrolle der US-Luftwaffe, die nach deutschen Blockadebrechern suchte, die mit strategischem Material an Bord aus Japan kamen. Am 10.12.43 wurde U 510 von einer Liberator aus Ascension gemeldet, möglicherweise hatte das Boot eine Standortmeldung mit der Meldung über die Sichtung des Blockadebrechers OSORNO abgegeben.

Die Liberaler rief US-Kriegsschiffe herbei und U 510 wurde von Schiffen der TG 41.1 und TG 41.3 vom 11. bis zum 13. gejagt, aber es entkam.

Mitte Januar 1944 erreichte U 510 den Indischen Ozean, und am 27. wurde es vom deutschen Versorger CHAR-LOTTE SCHLIEMANN 100 Seemeilen südöstlich von Mauritius mit Kraftstoff versorgt. Das Boot fuhr dann nach Norden und patrouillierte im Golf von Aden. Am 22.4.44 machte U 510 zwei Angriffe auf den Convoy PA 69 vor Majdaha. Es versenkte die britische SAN ALVARO (7.385 t), die amerikanische E.G. SEUBERT (9.181 t) und beschädigte die norwegische ERLING BRÖVIG (9.970 t). Bei diesen Angriffen glaubte U 510 ein weiteres Schiff versenkt und ein weiteres beschädigt zu haben, aber es gibt keine Unterlagen darüber.

Im März suchte U 510 nach Schiffen in der Arabischen See. Am 7. versenkte es die norwegische TARIFA (7.229 t) östlich von Socotra, am 19. die amerikanische JOHN A. POOR (7.176 t) nordwestlich von Laccadive Island, am 24. ein Segelschiff mit Artillerie südwestlich der Spitze von Indien und am 27. den norwegischen Walfänger MAALØY (249 t) südwestlich von Colombo.

Rückkehr nach Penang am 5.4.44.

6. 12.4.44: Auslaufen Penang und Einlaufen Shonan, Singapore, am 13.4.44.

7. 26.6.44: Auslaufen Shonan und Einlaufen Kobe am 7.7.44.

8. 7.10.44: Auslaufen Kobe und Einlaufen Batavia am 19.10.44.

9. 26.11.44: Auslaufen Batavia. U 510 kehrte um wegen Schäden an der Maschine und lief am 3.12.44 wieder in Batavia ein.

10. 11.1.45: Auslaufen Batavia zur Heimfahrt nach Europa. U 510 erreichte den Südatlantik und am 23.2.45 versenkte es die britische POINT PLEASANT PARK (7.136 t) nordwestlich von Kapstadt. Das Boot überquerte den Äquator am 21.3.45. Es bestand die Absicht, dass U 510 nach Norwegen gehen sollte, aber aufgrund geringen Kraftstoff-Bestandes lief es am 23.4.45 in St. Nazaire ein.

U 510 ergab sich am 8.5.45 in St. Nazaire den Franzosen und wurde von der französischen Marine als S II-BOUAN übernommen.

Es wurde im Mai 1959 außer Dienst gestellt und umbenannt in Q 176. Der Abbruch erfolgte 1960.

Anlagen/Karten

Anlagen

Karten

1. Uboot-Kommandanten: U 1–U 510

2. Uboot-Gruppen: Juni 1940–April 1945

Die ersten Versuche mit geordneten Rudeloperationen wurden im Juni 1940 gemacht. Sie fanden unter der taktischen Führung des Korvettenkapitäns Günther Prien, die weiteren unter der Führung des Korvettenkapitäns Hans Rösing statt.

Keine davon wurde zum Erfolg und es verging ein Jahr, bis die Gruppe West im Nordatlantik zu operieren begann. Es gab weitere Rudel-Operationen in der zweiten Hälfte von 1941, aber es dauerte noch bis 1942, bis die Rudel zum Eigenleben kamen. Jede Gruppe wurde vom BdU geführt.

Die Uboot-Gruppen operierten durch die ganzen Jahre, nicht nur in allen Teilen des Atlantiks, sondern auch in nördlichen Gewässern gegen die Arktik-Convoys. Ebenso wurden Patrouillen-Linien im Mittelmeer gebildet, dort gab es aber keine Rudel-Operationen. Bei den Operationen in der Karibik, im Golf von Mexiko, im Indischen Ozean, in der Ostsee und im Schwarzen Meer waren die Boote unabhängig.

In dieser Aufstellung sind in vielen Fällen die Gruppen mehr als einmal aufgeführt. Wenn dieses der Fall ist, kann die korrekte Gruppe entweder durch das Gebiet der Operationen oder den Zeitpunkt ihrer Existenz identifiziert werden. Beides ist nach dem Namen der Gruppe vermerkt.

Adler (April 1943) U 84, U 188, U 257, U 267, U 404, U 571, U 613, U 625 und U 662

Amrum (Dezember 1943) U 311, U 392, U 629, U 960 und U 976

Amsel (April 1943) U 186, U 223, U 266, U 359, U 377, U 383, U 403, U 448, U 454, U 466, U 525, U 634 und U 709

Amsel 1 (Mai 1943) U 107, U 402, U 504, U 575, U 621 und U 638

Amsel 2 (Mai 1943) U 223, U 266, U 377, U 383 und U 634

Amsel 3 (Mai 1943) U 448, U 468, U 525, U 569, U 709 und U 752

Amsel 4 (Mai 1943) U 186, U 359, U 403, U 454 und U 466

Arnauld (November 1941) U 81, U 205, U 433 und U 565

Benecke (November 1941) U 96, U 332, U 402 und U 552

Blitz (April 1944) U 277, U 355, U 711 und U 956

Blücher (August 1942) U 214, U 333, U 406, U 566, U 590, U 594 und U 653

Boreas (März 1944) U 278, U 288, U 307, U 315, U 361, U 366, U 472, U 673, U 739, U 959 und U 973

Borkum (Dezember 1943) U 107, U 231, U 270, U 275, U 305, U 377, U 415, U 541, U 618, U 641, U 645, U 667, U 758, U 801, U 953 und U 962

Borkum 1 (Januar 1944) U 270, U 305 und U 382

Borkum 2 (Januar 1944) U 641 und U 758

Borkum 3 (Januar 1944) U 231, U 377 und U 953

Bosemüller (September 1941) U 71, U 83, U 95, U 98, U 557, U 558, U 561, U 562 und U 751

Brandenburg (September 1941) U 69, U 74, U 94, U 372, U 373, U 431, U 552, U 564, U 572 und U 575

Breslau (Oktober 1941) U 71, U 83, U 204, U 206, U 563 und U 564

Büffel (Dezember 1942) U 373, U 445 und U 663

Burggraf (März 1943) U 84, U 89, U 91, U 228, U 230, U 435, U 468, U 523, U 526, U 527, U 600, U 603, U 615, U 616, U 621, U 638, U 653, U 664 und U 758

Coronel (Dezember 1943) U 92, U 107, U 269, U 311, U 415, U 421, U 541, U 543, U 544, U 618, U 625, U 629, U 653, U 667, U 672, U 734, U 761, U 801 und U 962

Coronel 1 (Dezember 1943) U 92, U 311, U 421, U 544, U 625, U 629, U 653, U 672 und U 761

Coronel 2 (Dezember 1943) U 284, U 364, U 471, U 741, U 976 und U 981

Coronel 3 (Dezember 1943) U 107, U 269, U 415, U 541, U 543, U 618, U 667, U 801 und U 962

Dachs (September 1944) U 425, U 636, U 956, U 968, U 992 und U 995

Delphin (November 1942) U 259, U 380, U 407, U 595, U 596, U 617 und U 755

Delphin (Dezember 1942–Februar 1943) U 87, U 108, U 125, U 202, U 258, U 264, U 381, U 436, U 442, U 511, U 514, U 522, U 558, U 571, U 575 und U 620

Donau 1 (Mai 1943) U 258, U 304, U 340, U 381, U 418, U 636, U 645, U 731, U 760 und U 952

Donau 2 (Mai 1943) U 91, U 92, U 202, U 218, U 264, U 378, U 413, U 640, U 664, U 707, U 952 und U 954

Donner & Keil (März–April 1944) U 277, U 313, U 315, U 347, U 361, U 362, U 636, U 703, U 711, U 716 und U 990

Drachen (November 1942) U 262, U 445, U 454, U 522, U 611, U 623 und U 663

Dränger (März 1943) U 86, U 221, U 333, U 336, U 373, U 406, U 440, U 441, U 590 und U 608

Dragoner (Mai 1944) U 269, U 441, U 764, U 953 und U 984

Draufgänger (Dezember 1942) U 221, U 455, U 553, U 569, U 600, U 604, U 609, U 620, U 611, U 615 und U 623

Drossel (Mai 1943) U 89, U 230, U 332, U 406, U 436, U 439, U 447, U 456, U 600, U 607 und U 659

Eisbär (August 1942) U 68, U 156, U 159, U 172 und U 504

Eisenhart (Dezember 1943) U 277, U 314, U 354, U 387, U 601, U 716 und U 957

Eisenhart (November 1943) U 212, U 267, U 280, U 281, U 373, U 391, U 413, U 424, U 538, U 542, U 552, U 575, U 608, U 648, U 709, U 714, U 764, U 843, U 963, U 967 und U 969

Eisteufel (Juni 1942) U 88, U 251, U 355, U 376, U 457 und U 657

Elbe (Mai 1943) U 107, U 223, U 231, U 266, U 267, U 377, U 383, U 402, U 504, U 514, U 575, U 584, U 614, U 621, U 634 und U 650

Elbe 1 (Mai 1943) U 231, U 267, U 468, U 514, U 525, U 569, U 575, U 584, U 614, U 634, U 650, U 709 und U 752

Elbe 2 (Mai 1943) U 103, U 107, U 186, U 223, U 359, U 377, U 383, U 402, U 448, U 454, U 466, U 504 und U 621

Endrass (Juni 1942) U 84, U 89, U 132, U 134, U 437, U 552, U 571 und U 575

Falke (Januar 1943) U 69, U 71, U 167, U 201, U 226, U 257, U 333, U 384, U 404, U 414, U 444, U 525, U 563, U 572, U 584, U 606, U 607, U 631, U 632 und U 706

Faust (April 1945) U 286, U 295, U 307, U 313, U 363 und U 481

Fink (Mai 1943) U 92, U 125, U 134, U 168, U 188, U 192, U 209, U 226, U 231, U 258, U 260, U 264, U 270, U 358, U 378, U 381, U 413, U 438, U 533, U 552, U 584, U 614, U 628, U 630, U 648, U 650, U 662, U 707, U 732 und U 954

Föhr (Dezember 1943) U 92, U 421, U 544, U 625, U 653 und U 672

Geier 1 (Juli 1943) U 228, U 603, U 608, U 641 und U 642

Geier 2 (Juli 1943) U 211, U 435, U 951 und U 953

Goeben (September/Oktober 1941) U 75, U 79, U 97, U 331, U 371 und U 559

Gödecke (November 1941) U 69, U 98, U 201 und U 572

Greif (August 1943) U 278, U 362, U 365, U 711, U 739 und U 957

Grimm (August 1944) U 278, U 312, U 425, U 737, U 921, U 956 und U 997

Grube (November 1944) U 295, U 310 U 387, U 668, U 965, U 997 und U 1163

Habicht (Januar 1943) U 186, U 303, U 383, U 438, U 613, U 624, U 704 und U 752

Hagen (März 1945) U 307, U 312, U 363, U 711, U 716, U 968 und U 997

Hai (Juli 1942) U 116, U 136, U 201, U 572, U 582 und U 752

Hai 1 & 2 (Februar 1944) U 91, U 212, U 256, U 264, U 281, U 386, U 406, U 437, U 441, U 546, U 549, U 603, U 608, U 650, U 709, U 764, U 963, U 985 und U 989

Hammer (April 1944) U 288, U 315, U 354 und U 968

Hartherz (Februar 1943) U 71, U 107, U 183, U 332, U 519, U 572, U 584, U 621, U 628, U 653 und U 753

Hartmut (Februar 1944) U 315, U 366, U 472 und U 673

Haudegen (Januar 1943) U 69, U 186, U 201, U 223, U 226, U 268, U 303, U 358, U 383, U 403, U 414, U 438, U 466, U 525, U 606, U 607, U 613, U 624, U 704, U 707 und U 752

Hecht (Mai 1942) U 94, U 96, U 124, U 406, U 569 und U 590

Hinein (Januar 1944) U 212, U 271, U 281, U 571, U 592 und U 650

Igel 1 (Februar 1944) U 212, U 283, U 386, U 406, U 441, U 545, U 546, U 547, U 549, U 666, U 714, U 764, U 984, U 985 und U 989

Igel 2 (February 1944) U 91, U 238, U 256, U 281, U 424, U 445, U 608, U 650, U 709, U 731, U 734 und U 963

Iller (May 1943) U 340, U 636, U 657, U 731 and U 760

Iltis (August/September 1942) U 87, U 107, U 214, U 333, U 406, U 566 und U 590

Inn (Mai 1943) U 258, U 381 and U 954

Isegrim (Januar 1944) U 278, U 314, U 360, U 425, U 601, U 716, U 737, U 739, U 957 und U 965

Jaguar (Januar 1943) U 96, U 123, U 266, U 337, U 413, U 594, U 598, U 662 und U 706

Jahn (November 1943) U 226, U 426, U 437, U 552, U 575, U 586, U 592, U 648, U 709 und U 842

Keil (siehe Donner)

Körner (November 1943) U 212, U 231, U 267, U 281, U 413, U 608, U 714, U 843, U 963, U 967 und U 969

Kreuzotter (November 1942) U 84, U 224, U 383, U 454, U 521, U 522, U 606, U 624 und U 753

Kurfürst (Juni 1941) U 73, U 201 and U 204

Kurfürst (September 1941) U 77, U 96, U 206, U 553, U 563, U 567 und U 568

Landsknecht (Januar 1943) U 71, U 187, U 257, U 262, U 267, U 333, U 384, U 402, U 404, U 444, U 454, U 456, U 465, U 553, U 572, U 584, U 609, U 614, U 631 und U 632

Landwirt (Juni 1944) U 212, U 228, U 255, U 256, U 260, U 262, U 269, U 270, U 275, U 281, U 333, U 373, U 382, U 413, U 415, U 437, U 441, U 445, U 608, U 621, U 629, U 650, U 714, U 740, U 758, U 764, U 766, U 821, U 953, U 963, U 970, U 981, U 984, U 985, U 989 und U 993

Lech (Mai 1943) U 91, U 202 und U 664

Leopard (Oktober 1942) U 254, U 353, U 382, U 437, U 442, U 597, U 620 and U 662

Lerche (April 1943) U 168, U 191, U 203, U 260, U 270, U 532, U 563, U 584, U 630 und U 706

Letzte Ritter (November 1941) U 69, U 201 und U 402

Letzte Ritter (September 1942) U 216, U 404, U 410 und U 584

Leuthen (September 1943) U 229, U 238, U 260, U 270, U 275, U 305, U 338, U 377, U 378, U 386, U 402, U 422, U 584, U 641, U 645, U 666, U 731, U 758 und U 952

Löwenherz (April 1943) U 168, U 191, U 260, U 270, U 563, U 564, U 572, U 584, U 592, U 594, U 630, U 632, U 635 und U 706

Lohs (August/September 1942) U 135, U 174, U 176, U 256, U 259, U 373, U 410, U 432 U 438, U 569, U 596, U 599, U 605, U 660 U 705 und U 755

Luchs (Oktober 1942) U 183, U 254, U 257, U 260, U 382, U 437, U 442, U 575, U 582, U 597, U 610, U 619, U 620, U 706, U 753 und U 755

Markgraf (August 1941) U 38, U 43, U 81, U 82, U 84, U 85, U 105, U 202, U 207, U 432, U 433, U 501, U 569 und U 652

Meise (April 1943) U 71, U 84, U 108, U 134, U 188, U 189, U 191, U 203, U 257, U 258, U 267, U 306, U 381, U 404, U 413, U 415, U 438, U 532, U 552, U 571, U 598, U 610, U 613, U 618, U 631, U 662, U 706 und U 732

Mitte (Februar–Juli 1944) U 242, U 276, U 286, U 294, U 295, U 299, U 317, U 319, U 397, U 677, U 745, U 771, U 975, U 982, U 994, U 999, U 1001, U 1007, U 1163, U 1165 und U 1192

Monsun (Südatlantik) (Juli 1943) U 168, U 183, U 188, U 506, U 509, U 514, U 516, U 532 und U 533

Monsun (Nordische Gewässer) (Oktober 1943) U 277, U 307, U 387, U 713 und U 956

Mordbrenner (Oktober 1941) U 109, U 208, U 374 und U 573
Mosel (Mai 1943) U 218, U 221, U 228, U 231, U 305, U 336, U 378, U 468, U 552, U 558, U 569, U 575, U 603, U 607, U 621, U 641, U 642, U 650, U 666 und U 752

Nahe (Mai 1943) U 92, U 264 und U 707
Natter (November 1942) U 92, U 98, U 218, U 224, U 383, U 436, U 564, U 566, U 606, U 613, U 624 und U 653
Neptun (Februar 1943) U 135, U 359, U 376, U 405, U 413, U 448, U 566, U 608, U 659 und U 759
Neuland (März 1942) U 67, U 129, U 156, U 161 und U 502
Neuland (Nord-Sektion) (März 1943) U 190, U 338, U 439, U 447, U 530, U 618, U 641, U 642, U 665 und U 666
Neuland (Süd-Section) (März 1943) U 86, U 221, U 336, U 373, U 406, U 440, U 441, U 444, U 590, U 608 und U 757
Neuland (Februar 1942) U 186, U 223, U 268, U 358 und U 707

Oder (Mai 1943) U 221, U 228, U 336, U 558, U 603, U 607, U 642, U 666 und U 752
Ostmark (März 1943) U 190, U 338, U 439, U 447, U 530, U 618, U 633, U 641, U 642, U 665 und U 666

Panther (Nordatlantik) (Oktober 1942) U 71, U 84, U 89, U 132, U 254, U 260, U 301, U 353, U 381, U 382, U 402, U 437, U 438, U 441, U 442, U 443, U 563, U 571, U 575, U 597, U 602, U 609, U 610, U 620, U 621, U 662, U 704, U 706, U 753 und U 757
Panther (Nordische Gewässer) (Oktober 1944) U 293, U 295, U 310, U 315, U 363, U 365, U 387, U 425, U 636, U 668, U 737, U 771, U 956, U 965, U 968, U 992, U 995, U 997 und U 1163
Panzer (Dezember 1942) U 135, U 211, U 254, U 439, U 465, U 524 und U 758
Pfadfinder (Mai 1942) U 135, U 213, U 404, U 432, U 455, U 566, U 578 und U 653
Pfeil (Nordatlantik) (September 1942) U 216, U 221, U 258, U 356, U 615, U 617 und U 618
Pfeil (Nordatlantik) (Februar 1943) U 89, U 187, U 262, U 267, U 402, U 413, U 454, U 465, U 594 und U 609
Pirat (August 1942) U 43, U 71, U 164, U 210, U 217, U 454, U 511, U 552, U 553, U 597, U 607 und U 704
Preussen (Februar/März 1944) U 91, U 92, U 212, U 255, U 256, U 262, U 267, U 281, U 302, U 311, U 333, U 358, U 415, U 437, U 441, U 448, U 549, U 575, U 603, U 608, U 625, U 653, U 667, U 672, U 709, U 741, U 744, U 764, U 962, U 963, U 985 und U 986
Prien (Juni 1940) U 25, U 28, U 30, U 32, U 47 und U 51
Puma (Oktober 1942) U 301, U 436, U 441, U 443, U 563, U 575, U 602, U 621, U 624 und U 753

Rasmus (Januar 1945) U 286, U 307, U 425, U 636, U 711, U 716, U 739 und U 968
Raubgraf (März 1943) U 84, U 89, U 91, U 435, U 468, U 600, U 603, U 615, U 621, U 638, U 653, U 664 und U 758
Raubritter (November 1941) U 38, U 74, U 82, U 84, U 85, U 93, U 106, U 123, U 133, U 202, U 203, U 569, U 571 und U 577

Raufbold (Dezember 1942) U 135, U 203, U 211, U 356, U 409, U 410, U 439, U 600, U 609, U 610, U 621 und U 664
Reisswolf (Oktober 1941) U 73, U 77, U 101, U 432, U 502, U 568 und U 751
Rhein (Mai 1943) U 103, U 186, U 359, U 403, U 448, U 454, U 466, U 468, U 525, U 569, U 709 und U 752
Ritter (Februar 1943) U 225, U 332, U 377, U 454, U 468, U 529, U 603, U 621, U 623, U 628, U 653 und U 753
Robbe (Februar 1943) U 103, U 107, U 382, U 410, U 437, U 445, U 511 and U 569
Rochen (Januar/Februar 1943) U 43, U 66, U 87, U 202, U 218, U 258, U 264, U 504, U 521 und U 558
Rösing (Juni 1940) U 29, U 43, U 46, U 48 und U 101
Rossbach (September/Oktober 1943) U 260, U 275, U 305, U 336, U 378, U 402, U 419, U 448, U 539, U 584, U 603, U 610, U 631, U 641, U 643, U 645, U 666, U 731, U 758 und U 952
Rügen (Januar 1944) U 92, U 212, U 260, U 271, U 281, U 302, U 309, U 311, U 364, U 390, U 392, U 471, U 545, U 547, U 571, U 592, U 650, U 666, U 731, U 741, U 762, U 846, U 972, U 976 und U 981
Rügen 1 (Dezember 1943) U 364, U 972 und U 981
Rügen 2 (Dezember 1943) U 545, U 744 und U 781
Rügen 3 (Dezember 1943) U 390, U 471 und U 546
Rügen 4 (Dezember 1943) U 302, U 392, U 960 und U 976
Rügen 5 (Dezember 1943) U 92, U 311 und U 672
Rügen 6 (Dezember 1943) U 421, U 625 und U 653

Schill (Oktober 1943) U 211, U 228, U 262, U 306, U 333, U 358, U 441, U 466, U 707 und U 953
Schill 1 (November 1943) U 211, U 228, U 262, U 333, U 358, U 515 und U 600
Schill 2 (November 1943) U 238, U 343, U 426, U 536, U 586, U 608, U 648, U 709 und U 969
Schill 3 (November 1943) U 212, U 391, U 424, U 542, U 618, U 714, U 764, U 843 und U 967
Schlagetot (Nordatlantik) (Oktober 1941) U 38, U 82, U 84, U 85, U 93, U 123, U 202, U 203, U 569 und U 571
Schlagetot (Zentralatlantik) (November 1942) U 103, U 108, U 130, U 173, U 509, U 510, U 511, U 572 und U 752
Schlei (Januar 1942) U 94, U 352, U 404, U 435, U 455, U 578, U 586, U 587, U 588, U 591, U 656 und U 753
Schlieffen (Oktober 1943) U 91, U 231, U 267, U 281, U 309, U 413, U 426, U 437, U 448, U 540, U 608, U 631 und U 762
Seehund (Januar 1943) U 160, U 182, U 506, U 509 und U 516
Seeräuber (Zentralatlantik) (Dezember 1941) U 67, U 107, U 108, U 131 and U 434
Seeräuber (Zentralatlantik) (März 1943) U 67, U 123, U 159, U 167, U 172, U 513 und U 515
Seeteufel (März 1943) U 134, U 168, U 188, U 191, U 260, U 306, U 415, U 523, U 526, U 564, U 572, U 592, U 598, U 610, U 632, U 663 und U 706
Seewolf (Nordatlantik) (März 1943) U 84, U 86, U 257, U 305, U 333, U 336, U 373, U 440, U 441, U 527, U 530, U 590, 591, U 615, U 618, U 631, U 641, U 642 und U 666
Seewolf (Nordatlantik) (April 1945) U 518, U 546, U 805, U 858, U 880 und U 1235

Seydlitz (Januar 1942) U 71, U 84, U 93, U 203, U 552 und U 571

Siegfried (Oktober 1943) U 91, U 226, U 231, U 267, U 309, U 373, U 413, U 426, U 437, U 552, U 575, U 608, U 709, U 762, U 842, U 963 und U 969

Siegfried 1 (Oktober 1943) U 212, U 231, U 608, U 967 und U 969

Siegfried 2 (Oktober 1943) U 267, U 281, U 413, U 426, U 437, U 552, U 592 und U 963

Siegfried 3 (Oktober 1943) U 226, U 575, U 648, U 709 und U 842

Specht (April 1943) U 92, U 125, U 168, U 188, U 226, U 260, U 264, U 270, U 358, U 438, U 514, U 584, U 614, U 628, U 630, U 662, U 707 und U 732

Spitz (Dezember 1942) U 123, U 203, U 225, U 260, U 356, U 406, U 440, U 659, U 662 und U 664

Star (April 1943) U 192, U 209, U 231, U 258, U 378, U 381, U 386, U 413, U 528, U 531, U 532, U 533, U 552, U 648, U 650 und U 954

Steinbrinck (August 1942) U 71, U 552, U 597, U 607 und U 704

Steuben (November 1941) U 43, U 105, U 372, U 434, U 574 und U 575

Stier (Nordatlantik) (September 1942) U 96, U 380, U 404, U 584, U 594 und U 608

Stier (Nordische Gewässer) (Dezember 1944) U 299, U 956, U 995 und U 997

Stock (November 1944) U 286, U 293, U 299, U 313, U 315, U 318, U 363, U 365, U 992 und U 995

Störtebecker (Anfang November 1941) U 69, U 77, U 96, U 98, U 103, U 107, U 201, U 332, U 373, U 402, U 552, U 567 und U 572

Störtebecker (Ende November 1941) U 85, U 133, U 571 und U 577

Stosstrupp (Oktober/November 1941) U 96, U 133, U 552, U 567, U 571 und U 577

Strauchritter (April 1942) U 88, U 251, U 405, U 436, U 456, U 589 und U 703

Streitaxt (Oktober 1942) U 134, U 203, U 409, U 509, U 510, U 572, U 604 and U 659

Stürmer (Nordatlantik) (März 1943) U 134, U 190, U 305, U 338, U 384, U 439, U 523, U 526, U 530, U 598, U 610, U 616, U 618, U 631, U 641, U 642 U 665 und U 666

Stürmer (Nordatlantik) (Januar 1944) U 309, U 386, U 390, U 406, U 441, U 545, U 547, U 666, U 731, U 762, U 764, U 984 und U 989

Sturmbock (Februar 1943) U 84, U 409, U 432, U 591, U 664 und U 758

Sylt (Dezember 1943) U 302, U 364, U 471, U 741, U 972 und U 981

Taifun (Februar 1943) U 186, U 223, U 358 und U 707

Thor (April 1944) U 278, U 312, U 313 und U 674

Tiger (September 1942) U 216, U 221, U 258, U 356, U 410, U 595, U 599, U 607, U 615, U 617, U 618 und U 755

Tirpitz 1 bis 5 (November 1943) U 212, U 226, U 231, U 267, U 280, U 281, U 373, U 413, U 426, U 437, U 552, U 575, U 586, U 592, U 608, U 648, U 709, U 714, U 842, U 843, U 963 und U 967

Trutz (Zentralatlantik) (Juni 1943) U 92, U 211, U 217, U 221, U 228, U 232, U 336, U 435, U 558, U 603, U 608, U 641, U 642, U 666, U 951 and U 953

Trutz (Nordische Gewässer) (August 1944) U 344, U 363, U 394, U 668 und U 997

Trutz 1 (Juni 1943) U 228, U 558, U 608 und U 642

Trutz 2 (Juni 1943) U 232, U 336, U 603, U 641, U 666, U 951 und U 953

Trutz 3 (Juni 1943) U 193, U 211, U 217, U 221 und U 435

Tümmler (Oktober 1942) U 458, U 593, U 605 und U 660

Tümmler (Zentralatlantik) (März 1943) U 43, U 66, U 202, U 504, U 521 und U 558

Ulan (Dezember 1941) U 134, U 454 und U 584

Ungestüm (Dezember 1942) U 336, U 373, U 435, U 445, U 455, U 524, U 569, U 591, U 604, U 615 und U 628

Unverzagt (März 1943) U 106, U 130, U 167, U 172, U 513 und U 515

Veilchen (Oktober 1942) U 71, U 84, U 89, U 132, U 381, U 402, U 437, U 438, U 442, U 454, U 571, U 658 und U 704

Vorwärts (August 1942) U 91, U 92, U 96, U 211, U 218, U 260, U 380, U 404, U 407, U 409, U 411, U 584, U 594, U 608, U 609, U 659 und U 756

Weddigen (November 1943) U 86, U 228, U 238, U 262, U 358, U 391, U 424, U 542, U 618, U 714, U 764, U 843 und U 969

Werwolf (Januar/Februar 1944) U 278, U 312, U 313, U 314, U 362, U 425, U 472, U 601, U 674, U 713, U 739, U 956, U 957, U 973 und U 990

West (Juni 1941) U 43, U 46, U 48, U 66, U 73, U 75, U 77, U 101, U 108, U 111, U 204, U 553, U 557, U 558 und U 751

Westmark (März 1943) U 228, U 230, U 332, U 359, U 405, U 409, U 432, U 448, U 523, U 526, U 527, U 566, U 591, U 616, U 634, U 659 und U 709

Westwall (November 1942) U 86, U 91, U 92, U 98, U 103, U 130, U 155, U 185, U 218, U 263, U 411, U 413, U 515, U 519, U 564, U 566 und U 653

Wiking (August 1943) U 302, U 354 and U 711

Wildfang (Februar 1943) U 84, U 89, U 409, U 432, U 591, U 638, U 664 und U 758

Wohlgemut (März 1943) U 67, U 103, U 109, U 159 und U 524

Wolf (Juli 1942) U 43, U 71, U 86, U 90, U 379, U 454, U 552, U 597, U 607 and U 704

Wotan (Oktober 1942) U 216, U 221, U 258, U 356, U 410, U 599, U 607, U 615, U 618 and U 661

York (März 1942) U 135, U 553, U 569 und U 701

Ziethen (Januar 1942) U 84, U 86, U 87, U 135, U 203, U 333, U 552, U 553, U 582, U 654, U 701 und U 754

Zorn (September 1944) U 293, U 310, U 315, U 363, U 365, U 387, U 636, U 668, U 965, U 968, U 992 und U 995

3. Deutsche Feldpostnummern: U 1–U 510

Jede deutsche militärische Einheit und Marineeinheit hatte ihre eigene Feldpostnummer. Den Ubooten wurde die Nummer mit einem vorgesetzten M, für Kriegsmarine, zugeteilt.

Aus Gründen der Sicherheit wurden die Feldpostnummern außerhalb der Stützpunkte benutzt und nicht die Nummer des Ubootes oder die normale Anschrift.

00 016	U 375	05 425	U 61	10 459	U 188	18 009	U 141
00 111	U 87	05 459	U 167	10 643	U 225	18 799	U 506
00 111	U 324	05 506	U 299	10 850	U 286	18 837	U 47
00 130	U 6	05 559	U 30	10 950	U 25	18 837	U 364
00 150	U 135	05 593	U 182				
00 375	U 50	05 631	U 93	11 081	U 58	19 049	U 147
00 412	U 64	05 631	U 300	11 306	U 60	19 192	U 507
00 412	U 124	05 635	U 103	11 423	U 41	19 297	U 40
00 459	U 32	05 635	U 185	11 631	U 241	19 297	U 448
00 518	U 136	05 671	U 51			19 456	U 467
00 832	U 222	05 693	U 186	12 559	U 226	19 550	U 150
		05 768	U 224	12 650	U 122	19 988	U 97
01 188	U 155	05 834	U 266	12 679	U 39		
01 240	U 121	05 973	U 303			20 576	U 287
01 308	U 156	05 988	U 140	13 014	U 16	20 675	U 38
01 385	U 3			13 068	U 9	21 181	U 66
01 524	U 162	06 051	U 320	13 167	U 4	21 203	U 35
01 671	U 223	06 256	U 338	13 206	U 44	21 204	U 37
01 800	U 100	06 266	U 370	13 400	U 52	21 325	U 72
01 828	U 46	06 383	U 49	13 550	U 95	21 938	U 57
01 954	U 213	06 392	U 357	13 550	U 312		
01 984	U 23	06 411	U 445	13 703	U 36	22 080	U 62
		06 536	U 63	13 807	U 267	22 133	U 391
02 030	U 137	06 578	U 446	13 974	U 157	22 134	U 56
02 062	U 54	06 641	U 466	13 974	U 483	22 946	U 105
02 258	U 263	06 991	U 15	13 990	U 102		
02 500	U 333	06 991	U 412			23 036	U 19
02 840	U 138	06 994	U 8	14 151	U 74	23 130	U 110
02 981	U 264			14 243	U 325	23 260	U 218
		07 189	U 104	14 343	U 158	23 394	U 257
03 110	U 376	07 314	U 26	14 594	U 268	23 452	U 18
03 340	U 404	07 970	U 94	14 594	U 326	23 837	U 258
03 373	U 265			14 775	U 304		
03 384	U 302	08 129	U 27			24 039	U 143
03 593	U 435	08 204	U 45	15 015	U 159	24 266	U 43
03 700	U 120	08 300	U 407	15 099	U 109	24 443	U 409
03 850	U 455	08 360	U 21	15 344	U 101	24 570	U 59
03 918	U 413	08 626	U 91	15 421	U 13	24 897	U 24
		08 800	U 123	15 421	U 414		
04 059	U 465			15 758	U 251	25 172	U 69
04 324	U 10	09 142	U 73	15 950	U 285	25 322	U 17
04 507	U 284	09 265	U 187	15 983	U 34	25 447	U 440
						25 534	U 441
05 024	U 42	10 220	U 29	16 105	U149		
05 132	U 139	10 424	U 53	16 669	U 177	26 049	U 67
				16 723	U 7	26 177	U 22
				16 791	U 377	26 448	U 71
				16 800	U 75	26 683	U 461
						26 817	U 65
				17 046	U 99	26 839	U 462
				17 108	U 436	26 997	U 145
				17 549	U 456		
				17 865	U 12	27 140	U 76
				17 865	U 447	27 219	U 11
				17 952	U 70		

27 354	U 48	37 084	U 204	43 288	U 116	46 834	U 471
27 436	U 28	37 143	U 509	43 319	U 133	46 894	U 161
27 527	U 5	37 182	U 331	43 387	U 207		
27 610	U 2	37 498	U 80	43 458	U 373	47 644	U 90
27 893	U 1	37 886	U 144	43 526	U 381	47 655	U 165
27 945	U 88	37 894	U 210	43 571	U 402	47 665	U 176
27 968	U 108			43 571	U 328	47 763	U 255
		38 070	U 55	43 581	U 410	47 855	U 256
28 136	U 146	38 099	U 81	43 616	U 403	47 884	U 335
28 451	U 14	38 350	U 205	43 633	U 434	47 956	U 356
28 716	U 163	38 391	U 77	43 666	U 119	47 957	U 380
28 961	U 31	38 859	U 202	43 787	U 453	47 966	U 408
28 962	U 33			43 832	U 179	47 968	U 439
		39 460	U 151	43 854	U 503	47 974	U 460
29 052	U 96	39 808	U 107				
29 121	U 171			44 013	U 180	49 010	U 484
29 241	U 20	40 057	U 84	44 100	U 183	49 033	U 168
29 442	U 68	40 082	U 126	44 194	U 211	49 039	U 200
29 596	U 172	40 228	U 431	44 228	U 321	49 090	U 219
29 850	U 78	40 307	U 502	44 245	U 212	49 098	U 190
		40 428	U 127	44 273	U 260	49 103	U 191
30 006	U 98	40 472	U 371	44 381	U 301	49 105	U 232
30 549	U 209	40 483	U 259	44 455	U 353	49 106	U 189
		40 802	U 160	44 599	U 411	49 124	U 235
31 253	U 148	40 885	U 82	44 676	U 443	49 158	U 198
31 396	U 79			44 826	U 313	49 169	U 276
31 973	U 214	41 005	U 89	44 937	U 288	49 177	U 197
		41 096	U 128			49 190	U 277
32 187	U 142	41 101	U 383	45 207	U 117	49 209	U 230
32 441	U 83	41 124	U 129	45 333	U 208	49 231	U 308
32 765	U 125	41 181	U 118	45 333	U 345	49 245	U 228
32 853	U 252	41 224	U 130	45 428	U 352	49 255	U 170
		41 243	U 442	45 428	U 368	49 267	U 273
33 153	U 152	41 284	U 132	45 435	U 181	49 274	U 361
33 347	U 253	41 306	U 206	45 441	U 374	49 281	U 229
33 584	U 201	41 384	U 164	45 441	U 392	49 299	U 388
33 704	U 334	41 387	U 463	45 477	U 184	49 305	U 274
33 940	U 351	41 468	U 332	45 537	U 454	49 312	U 420
		41 495	U 173	45 566	U 221	49 317	U 195
34 053	U 92	41 556	U 372	45 658	U 134	49 344	U 487
34 178	U 501	41 587	U 401	45 671	U 261	49 352	U 306
34 178	U 425	41 607	U 174	45 783	U 153	49 368	U 271
34 321	U 355	41 658	U 432	45 835	U 262	49 394	U 417
34 486	U 106	41 704	U 175	45 897	U 154	49 401	U 272
34 668	U 378	41 779	U 433	45 912	U 337	49 435	U 470
		41 815	U 217	45 926	U 504	49 455	U 196
35 435	U 405	41 858	U 451			49 533	U 468
35 882	U 166	41 903	U 254	46 036	U 354	49 638	U 305
		41 923	U 336	46 074	U 505	49 652	U 236
36 350	U 194	41 942	U 452	46 120	U 382	49 691	U 278
36 400	U 437			46 179	U 444	49 695	U 340
36 449	U 203	42 090	U 379	46 289	U 464	49 699	U 279
36 449	U 327	42 202	U 406	46 323	U 426	49 703	U 309
36 700	U 457	42 302	U 438	46 386	U 399	49 708	U 341
36 887	U 178	42 437	U 458	46 712	U 314	49 743	U 421
36 926	U 508	42 590	U 459	46 726	U 86	49 758	U 237
		42 702	U 510	46 834	U 131	49 793	U 488

49 818	U 359	50 390	U 489	52 094	U 245	53 519	U 369
49 853	U416	50 406	U 307	52 122	U 294	53 543	U 397
49 889	U 322	50 427	U 385	52 195	U 295	53 594	U 479
49 909	U 323	50 454	U 342	52 216	U 427	53 621	U 480
49 932	U 400	50 507	U 360	52 238	U 349		
49 979	U 450	50 536	U 384	52 253	U 365	54 276	U 233
49 981	U 485	50 558	U 418	52 277	U 396	54 310	U 243
		50 646	U 358	52 294	U 393	54 344	U 244
50 010	U 386	50 708	U 339	52 306	U 478	54 366	U 248
50 011	U 486	50 753	U 220	52 339	U 242	54 381	U 292
50 034	U 469	50 794	U 239	52 367	U 473	54 401	U 149
50 115	U 169	50 810	U 240	52 395	U 474	54 412	U 293
50 141	U 238	50 824	U 282			54 453	U 250
50 159	U 280	50 857	U 283	53 080	U 289	54 464	U 348
50 188	U 192	50 908	U 311	53 114	U 290	54 472	U 297
50 190	U 281	50 920	U 344	53 159	U 291	54 488	U 367
50 199	U 310	50 929	U 270	53 225	U 315	54 515	U 298
50 201	Ü 193	50 947	U 363	53 274	U 316	54 549	U 318
50 203	U 449	50 970	U 390	53 298	U 347	54 552	U 476
50 232	U 343			53 307	U 246	54 585	U 319
50 247	U 199	51 006	U 424	53 317	U 366	54 593	U 477
50 254	U 362	51 018	U 387	53 355	U 247	54 603	U 398
50 300	U 389	51 045	U 490	53 379	U 394	54 648	U 481
50 310	U 231	51 062	U 419	53 388	U 234	54 717	U 482
50 314	U 415	51 115	U 227	53 401	U 475		
50 330	U 422	51 973	U 346	53 423	U 296	55 375	U 428
50 334	U 275			53 454	U 317	55 389	U 430
50 367	U 423	52 015	U 472	53 500	U 350	55 421	U 429

4. Quellennachweis – ausgewählte Literatur

Primär-Quellen
The Public Record Office, Kew
Imperial War Museum, London
Air Historical Branch, Ministry of Defence
RAF Museum Library, Hendon
Royal Navy Submarine Museum, Gosport
National Maritime Museum, Greenwich
Bundesarchiv-Militärarchiv, Freiburg
U-Boot-Archiv, Altenbruch
Naval Historical Center, Washington DC
National Archives of Canada, Ottawa
Lloyd's Register of Shipping
Guildhall Library, London
Prof. Dr. Jürgen Rohwer, Bibliothek f. Zeitgeschichte, Stuttgart
Dr. Axel Niestlé, Berlin
Flight Lieutenant E. S. Cheek AFC DFM
The late Dr. Robert Holden
Herr Siewert Bahnsen und die U-Boot-Kameradschaft, Kiel

Ausgewählte Bibliographien
Beaver, Paul, U-boats in the Atlantic, Stephens 1979
Bekker, Cajus, Hitler's Naval War, Macdonald & Jane's 1974
Botting, Douglas u.a. The U-boats, Time-Life Books 1979
Brennecke, Jochen, The Hunters and the Hunted, Burke 1958
Cameron, J. (Editor), The Peleus Trial, Hodge 1948
Campbell, Vice-Admiral Sir Ian und Capt. Donald Macintyre, The Kola Run, Muller 1958
Chalmers, Rear-Admiral, W.S. Max Horton and the Western Approaches, Hodder & Stoughton 1954
Costello, John and Terry Hughes, The Battle of the Atlantic, Collins 1977
Cowling, Bill, 1413 Days: in the Wake of a Canadian DEMS Gunner, Cowling 1994
Cremer, Peter, U 333 The story of a U-boat Ace, Bodley Head 1984
Divine, A.D., The Merchant Navy Fights Tramps against U-boats, Murray 1940
Dönitz, Admiral Karl, Memoirs Ten Years and Twenty Days, Weidenfeld & Nicolson 1959
Dörr, Manfred, Die Ritterkreuzträger der U-Boot-Waffe, 2 Bände, Biblio Verlag 1988–1989
Dorling, Capt. Taprell, Western Mediterranean 1942–1945, Hodder & Stoughton 1947
Drummond, John, HM U-boat The story of U 570, Allen 1958
Edwards, B., The Merchant Navy goes to War Hale, 1990
Elliott, Peter, Allied Escort of World War II, Macdonald & Janes 1977
Frank, Wolfgang, Enemy Submarine The story of Günther Prien, Kimber 1954
The Sea Wolves The story of German U-boats at war, Weidenfeld & Nicolson 1955
Franks, Norman Conflict over the Bay
ders., Search, Find and Kill, Grub Street 1995

Gallery, Rear-Admiral Daniel V., We captured a U-boat, The story of U 505, Sidgwick & Jackson 1957
Gannon, Michael, Operation Drumbeat, Harper & Row 1990
Gasaway, E.B., Grey Wolf, Grey Sea, The story of U 124, Barker 1972
Giese, Otto und Capt E.J. Wise, Shooting the War Memoirs of a U-boat officer, Cooper 1994
Gray, Edwyn, Captains of War They fought beneath the Sea, Cooper 1988
Gretton, Vice-Admiral Sir Peter, Convoy Escort Commander, Cassell 1964
Gröner, Erich, und Mickel, Peter, U-boats and Mine Warfare Vessels, Conway Maritime 1991
Guske, Heinz F.K., The War Diaries of U 764 Fact or Fiction? Thomas 1992
Hadley, Michael, U-boats against Canada, McGill-Queen's, University Press 1985
Hawkins, Doris M., Atlantic Torpedo Survivor's story of the Laconia sinking, Gollancz 1943
Hess, Hans Georg, Die Männer von U 995, Hess-Press 1987
Hessler, Günter, The U-boat War in the Atlantic, HMSO 1989
Hickam, Homer H., Torpedo Junction U-boat war off the US eastcoast 1942, Naval Institute Press 1989
HMSO, British Vessels Lost at Sea 1914–18 and 1939–45, Stephens 1988
Högel, Georg, Embleme Wappen Mallings U-boat emblems 1939–1945, Koehler 1987
Howarth, S. und D., Law The Battle of the Atlantic 50th Anniversary Conference, Greenhill 1994
Irving, David, The Destruction of Convoy PQ 17, Corgi 1970
Jones, Geoffrey, Defeat of the Wolf Pack, Kimber 1986
ders., Submarines versus U-boats, Kimber 1986
ders., U-boat Aces and their Fates, Kimber 1988
ders., The Month of the Lost U-boats, Kimber 1977
Autumn of the U-boats, Kimber 1984
Kelshall, Gaylord T.M., U-boat War in the Caribbean, Naval Institute press 1994
Köhl, Fritz, und Rössler, Eberhard, The Type XXI U-boat, Conway Maritime 1991
Köhl, Fritz und Niestlé Axel, Vom Original zum Modell: Uboottyp VII C, Bernard & Graefe Verlag 1989
Korganoff, Alexandre, The Phantom of Scapa Flow The daring exploit of U 47, Allan 1974
Lenton, H.T., German submarines, 2 Bände, Macdonald 1965
Lohmann, W. & H., Hildebrand, H., Kriegsmarine 1939–45, Podzun Verlag 1956–1964
Lund, Paul und Ludlam, H., Night of the U-boats, Foulsham 1973
Macintyre, Capt., Donald, U-boat Killer, Weidenfeld & Nicolson 1956
Mars, Alastair, British Submarines at War 1939–1945, Kimber 1971
Metzler, Jost, The Laughhing Cow An account of U 69, Kimber 1955

Middlebrook Martin, Convoy The battle for convoys SC 122 and HX 229, Lane 1976

Mohr, Ulrich und Sellwood A.V., Atlantis The story of a German surface raider, Laurie 1955

Morison, Samuel Eliot, History of United States Naval Operations in World War II, Little Brown 1990

Museum of Science and Industry, The story of U 505, Chicago 1978

Nowarra, Heinz J., German U-boat Type VII, Schiffer 1992

Padfield, Peter, Dönitz The Last Führer, Gollancz 1984

Pallud, Jean-Paul, Les Bases Brest–Lorient–St. Nazaire–La Pallice–Bordeaux, Bayeux Cedex 1989

ders., U-Boote! Les sous-marins allemands, Bayeux Cedex 1989

Peillard, Léonce, U-boats to the Rescue The Laconia incident, Cape 1963

Piekalkiewicz, Janusz, Sea War 1939–1945, Blandford 1987

Porten, E. von der, Pictorial History of the German Navy in World War II, Crowell 1976

Preston, A., U-boats, Bison 1978

Rachlis, Eugene, They Came to Kill, Random House 1961

Robertson, Terence, Walker RN The story of Captain FJ Walker CB DSO, Evans 1956

ders., The Golden Horseshoe The story of Otto Kretschmer, Evans 1955

Rodrigues, Georges, La Pallice Base sous-marine allemande, Jonzac 1992

Rohwer, Jürgen, U-Boote Eine Chronik in Bildern, Stalling Verlag 1962

ders., Axis Submarine Successes, Stephens 1983

ders., The Critical Convoy Battles of March 1943 Allan 1977

ders. und Gerhard Hümmelchen, Chronology of the War at Sea 1939–1945, Greenhill 1992

Roskill, Captain S.W., The War at Sea 1939–1945, 4 Bände, HMSO 1954–1961

ders., The Secret Capture The story of U 110, Collins 1959

Rössler, Eberhard, The U-boat. The Evolution and Technical History, Arms and Armour Press 1989

Ruge, Vice-Admiral Friedrich, Der Seekrieg. The German Navy's story 1939–1945, Naval Institute Press 1957

Runyan, T.J. und Copes J.M., To Die Gallantly The Bank of the Atlantic, Westview Press 1994

Schaeffer, Heinz, U-boat 977, Kimber 1952

Sellwood, A.V., The Warring Seas Concerning U 234, Werner Laurie 1956

Showell, J.P. Mallmann, U-boat Command and the Battle of the Atlantic, Conway Maritime 1989

ders., U-boats under the Swastika, Allan 1987

ders., The German Navy in World War Two, Naval Institute Press 1979

Smith, H.A., The Law and Custom of the Sea, Stevens 1950

Southall, Ivan, They Shall Not Pass Unseen Flying boats against U-boats, Angus & Robertson 1956

Spooner, Tony, Coastal Ace The biography of Squadron Leader Terence Bulloch, Kimber 1986

Stern, Robert C., U-boats in Action, Squadron/Signal Publications 1977

Tartant, E.V., The U-boat Offensive 1914–1945, Arms and Armour Press 1989

ders., The Last Year of the Kriegsmarine May 1944–Mai 1945, Arms and Armour Press 1994

Terraine, John, Business in Great Waters The U-boat Wars 1916–1945, Cooper 1989

Time-Life Editors, Wolf Packs, Time-Life Books 1989

Turner, L. und andere, War in the Southern Oceans 1939–1945, Oxford University Press 1961

U-boat Commander's Handbook, Thomas Publications 1989

Vat, Dan van der, The Atlantic Campaign, Grafton 1990

Vause, Jordan, U-boat Ace The story of Wolfgang Lüth, Airlife 1992

Watts, Anthony, The U-boat Hunters, Macdonald & Jane's 1976

ders., Axis Submarines, Macdonald & Jane's 1977

Wemyss, Cdr D.E.G., Relentless Pursuit The story of Captain F.J. Walker CB DSO, Kimber 1955

Wentzel, Fritz, Single or Return? German Pows in British camps, Kimber 1954

Werner, Herbert, Iron Coffins, A personal account of the U-boat war, Mandarin 1972

Westwood, David, The Type VII U-boat, Conway Maritime 1984

Wetzel, Eckard, U 995 Das U-Boot vor dem Marine-Ehrenmal in Laboe, Kiel 1990

Whinney, Captain Reginald, The U-boat Peril, Arrow 1989

Woodman, Richard, Arctic Convoys 1941–1945, Murray 1994

Woodward, David, The Secret Raiders German merchant raiders, Kimber 1955

Young, John M., Britain's Sea War A diary of ship losses 1939–1945, Stephens 1989

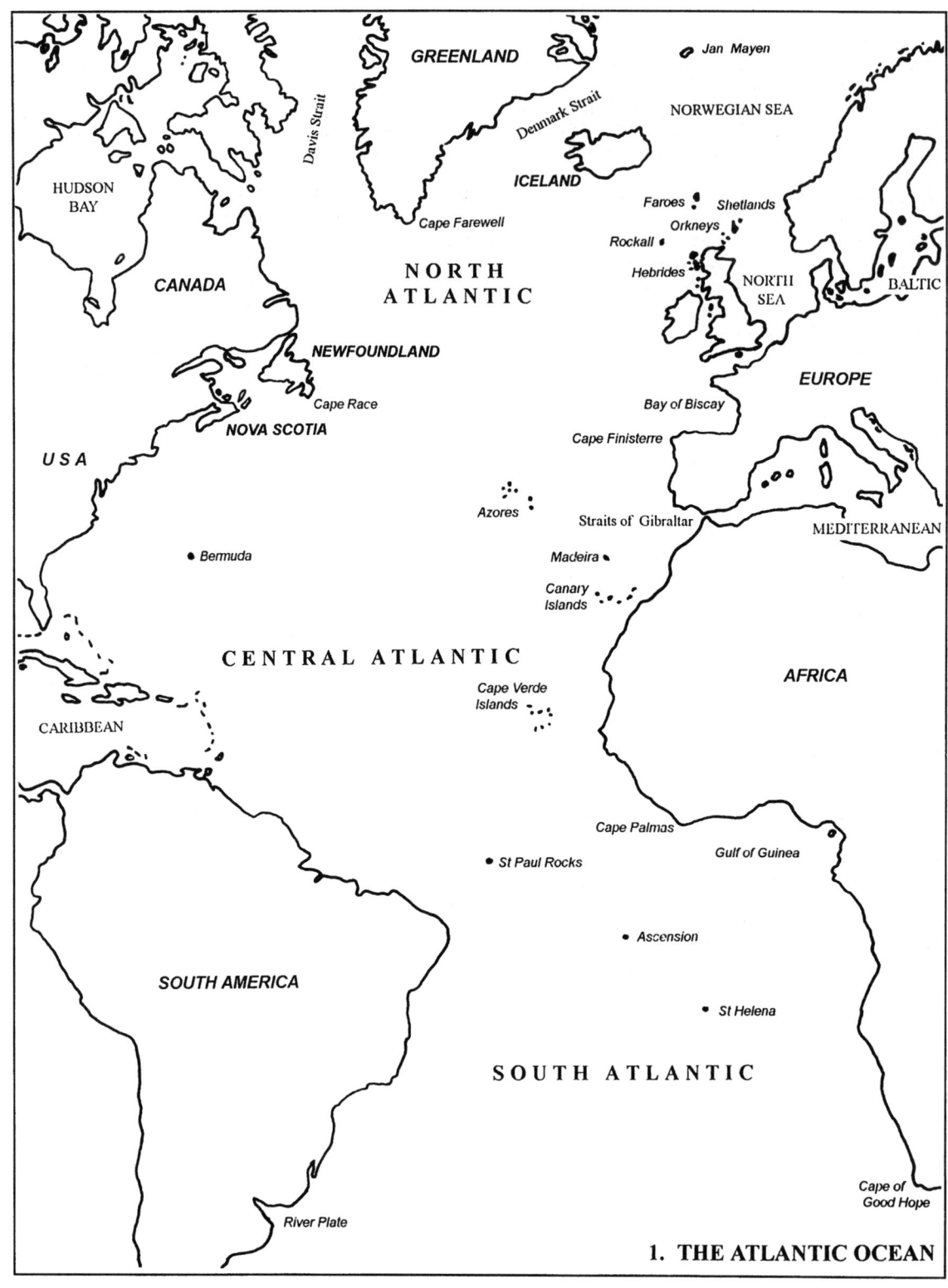

1. THE ATLANTIC OCEAN

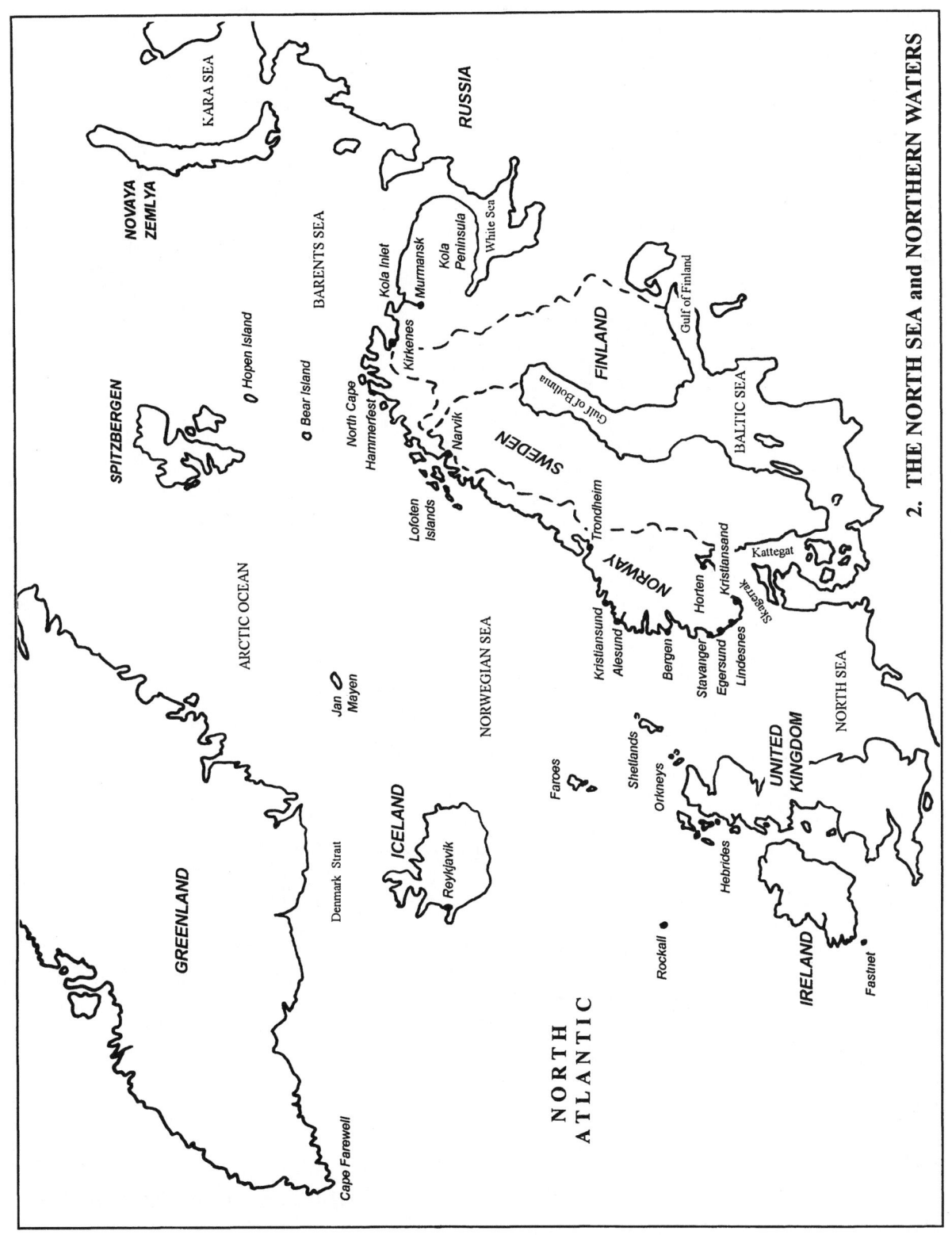

2. THE NORTH SEA and NORTHERN WATERS

541

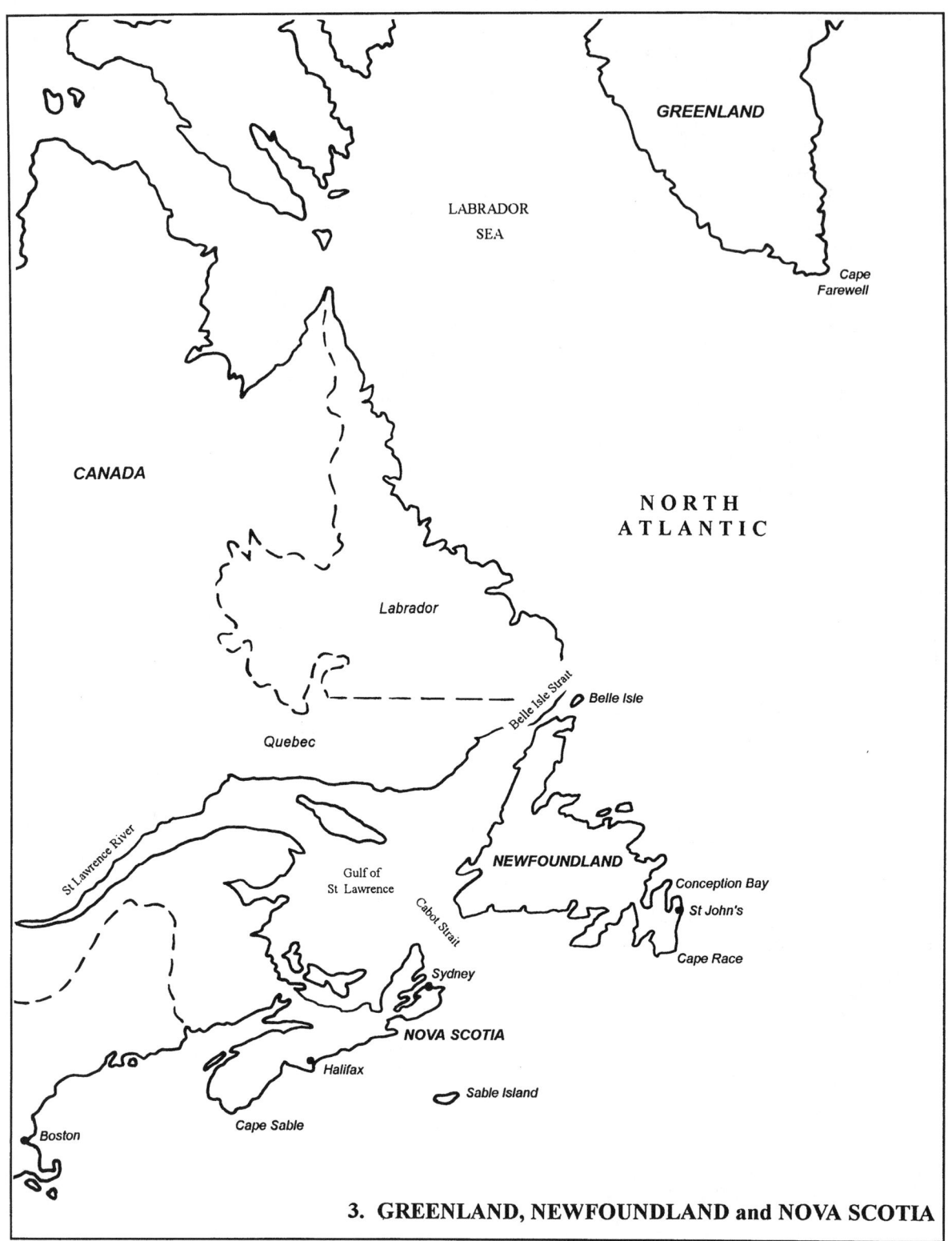

GREENLAND

LABRADOR
SEA

Cape
Farewell

CANADA

NORTH
ATLANTIC

Labrador

Belle Isle Strait

Belle Isle

Quebec

St Lawrence River

Gulf of
St Lawrence

NEWFOUNDLAND

Conception Bay

St John's

Cabot Strait

Cape Race

Sydney

NOVA SCOTIA

Halifax

Sable Island

Boston

Cape Sable

3. GREENLAND, NEWFOUNDLAND and NOVA SCOTIA

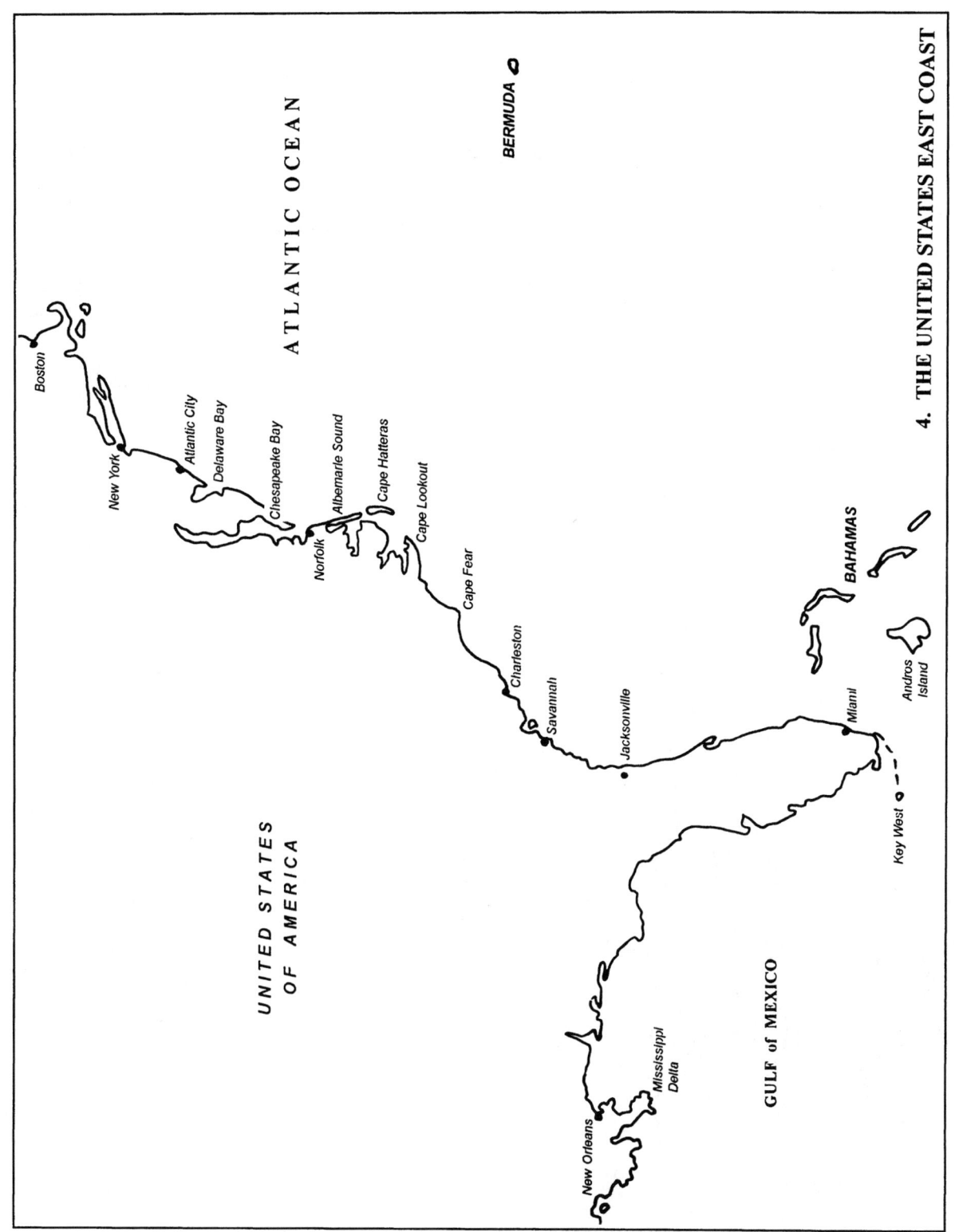

ATLANTIC OCEAN

BERMUDA

UNITED STATES OF AMERICA

Boston

New York
Atlantic City
Delaware Bay
Chesapeake Bay
Norfolk
Albemarle Sound
Cape Hatteras
Cape Lookout
Cape Fear
Charleston
Savannah
Jacksonville
Miami
Key West

BAHAMAS

Andros Island

GULF of MEXICO

New Orleans
Mississippi Delta

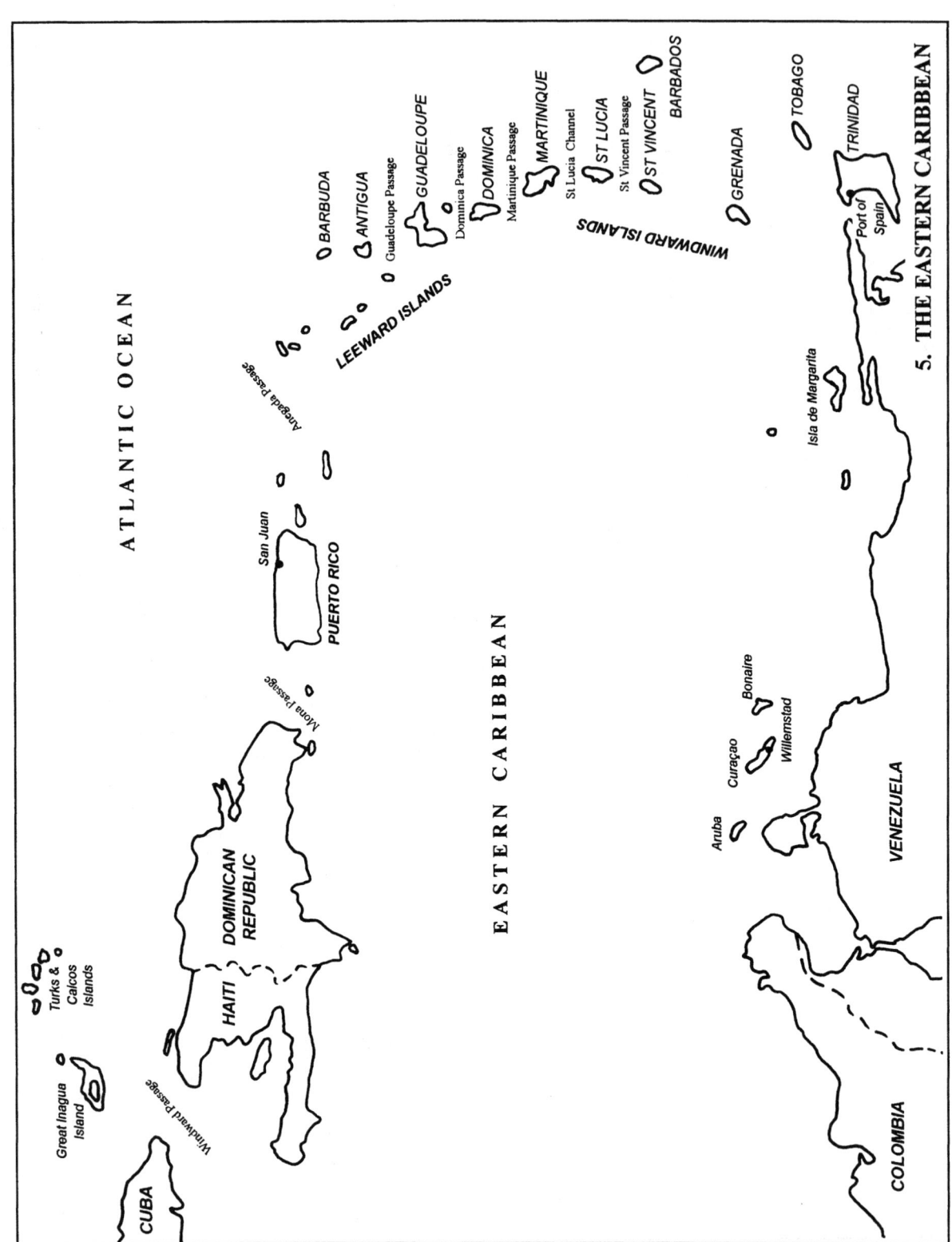

ATLANTIC OCEAN

CUBA

Great Inagua
Island

Turks &
Calcos
Islands

Windward Passage

HAITI

DOMINICAN
REPUBLIC

Mona Passage

San Juan

PUERTO RICO

Anegada Passage

LEEWARD ISLANDS

BARBUDA

ANTIGUA

Guadeloupe Passage

GUADELOUPE

Dominica Passage

DOMINICA

Martinique Passage

MARTINIQUE

St Lucia Channel

ST LUCIA

St Vincent Passage

ST VINCENT

BARBADOS

GRENADA

WINDWARD ISLANDS

TOBAGO

TRINIDAD

Port of
Spain

Isla de Margarita

EASTERN CARIBBEAN

Aruba

Curaçao

Bonaire

Willemstad

VENEZUELA

COLOMBIA

5. THE EASTERN CARIBBEAN

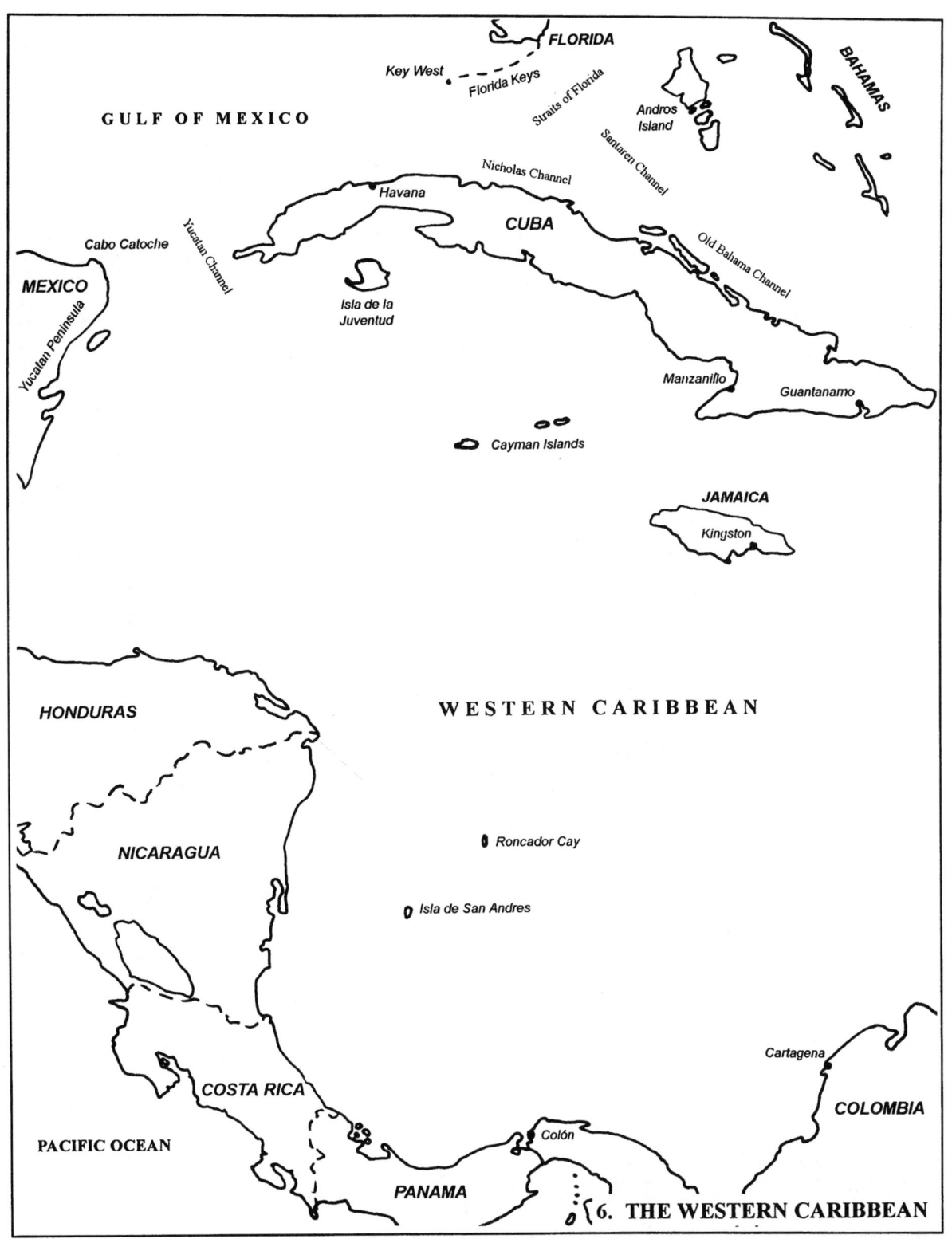

FLORIDA

Key West
Florida Keys

Straits of Florida

BAHAMAS

GULF OF MEXICO

Andros
Island

Santaren Channel

Nicholas Channel

Havana

CUBA

Old Bahama Channel

Cabo Catoche

Yucatan Channel

MEXICO

Isla de la
Juventud

Yucatan Peninsula

Manzanillo

Guantanamo

Cayman Islands

JAMAICA

Kingston

HONDURAS

WESTERN CARIBBEAN

NICARAGUA

Roncador Cay

Isla de San Andres

Cartagena

COSTA RICA

COLOMBIA

PACIFIC OCEAN

Colón

PANAMA

6. THE WESTERN CARIBBEAN

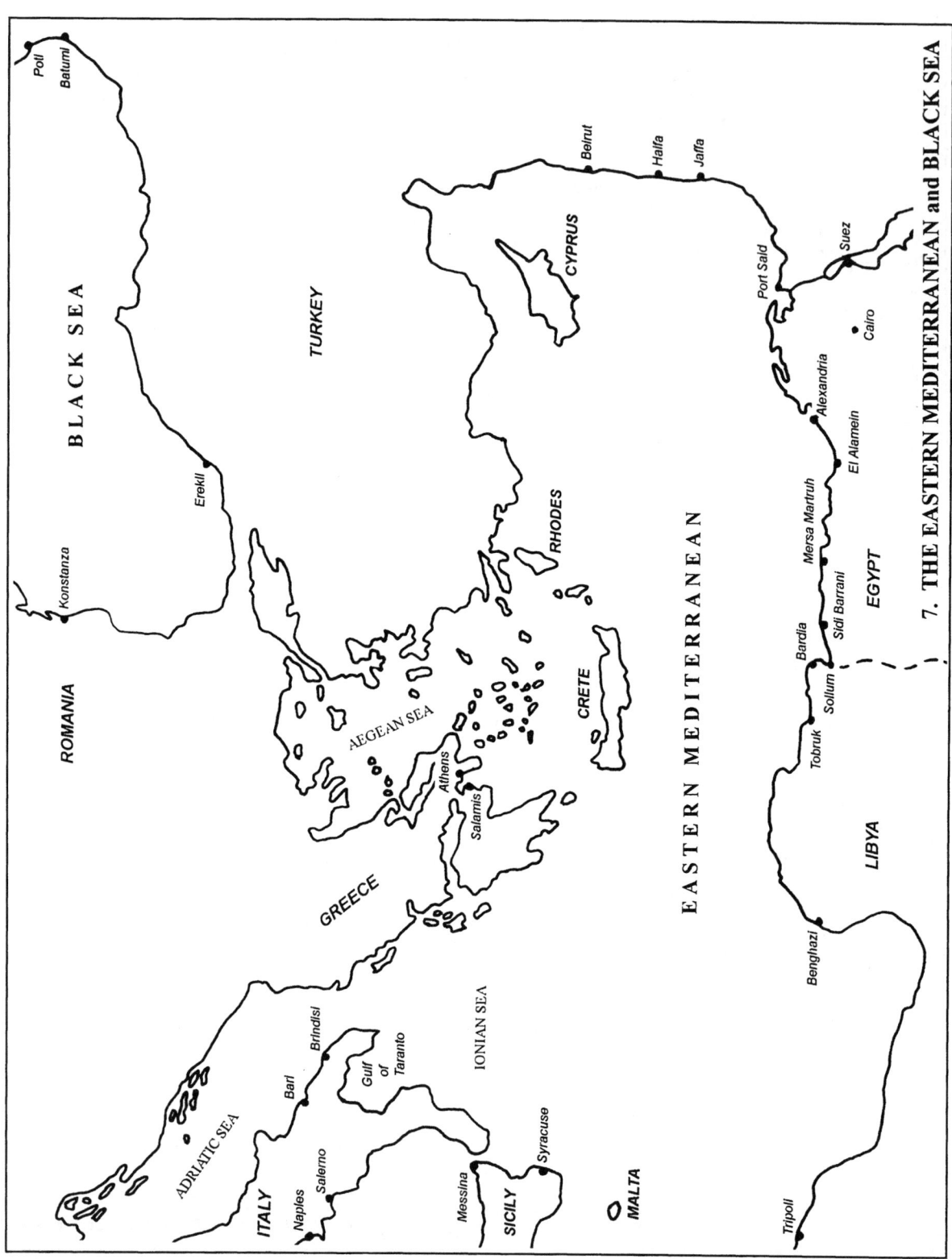

BLACK SEA

Poti
Batumi

Erekli

Konstanza

ROMANIA

TURKEY

CYPRUS

Beirut

Haifa

Jaffa

Port Said

Suez

Cairo

Alexandria

El Alamein

Mersa Matruh

Bardia

Sidi Barrani

Sollum

Tobruk

EGYPT

LIBYA

Benghazi

Tripoli

RHODES

CRETE

AEGEAN SEA

Athens

Salamis

GREECE

EASTERN MEDITERRANEAN

IONIAN SEA

ADRIATIC SEA

Brindisi

Bari

Gulf of Taranto

ITALY

Naples

Salerno

Messina

SICILY

Syracuse

MALTA

546

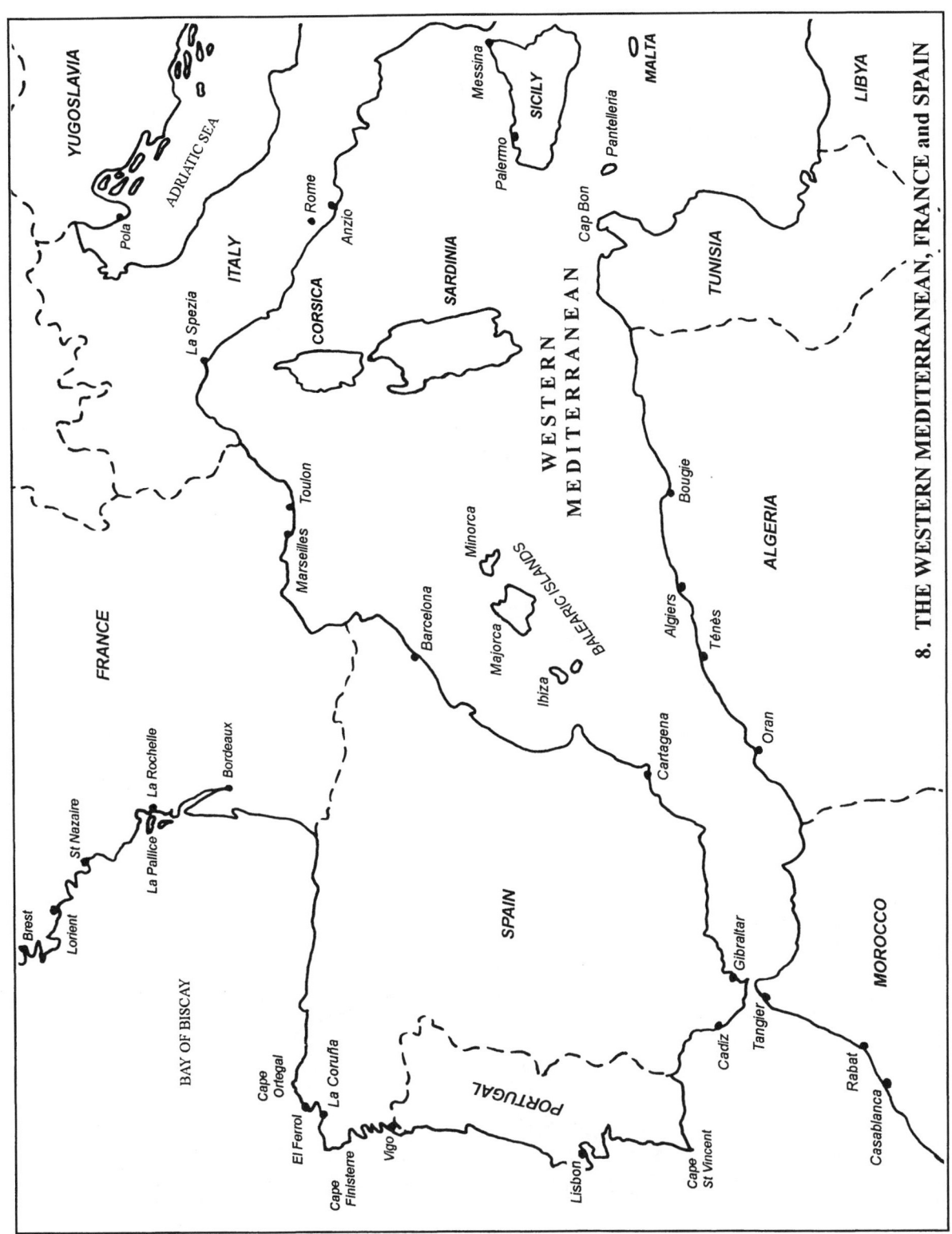

YUGOSLAVIA

ADRIATIC SEA

Pola

ITALY

Rome
Anzio

La Spezia

CORSICA

SARDINIA

Messina
SICILY
Palermo

MALTA
Pantelleria

Cap Bon

TUNISIA

LIBYA

WESTERN MEDITERRANEAN

Toulon

Marseilles

FRANCE

Minorca

Barcelona

Majorca
BALEARIC ISLANDS

Ibiza

Algiers
Ténès

Bougie

ALGERIA

Oran

Cartagena

Brest
Lorient
St Nazaire
La Rochelle
La Pallice
Bordeaux

BAY OF BISCAY

Cape Ortegal
El Ferrol
La Coruña
Cape Finisterre
Vigo

SPAIN

PORTUGAL

Lisbon

Cape St Vincent

Cadiz
Gibraltar
Tangier

MOROCCO

Rabat
Casablanca

8. THE WESTERN MEDITERRANEAN, FRANCE and SPAIN

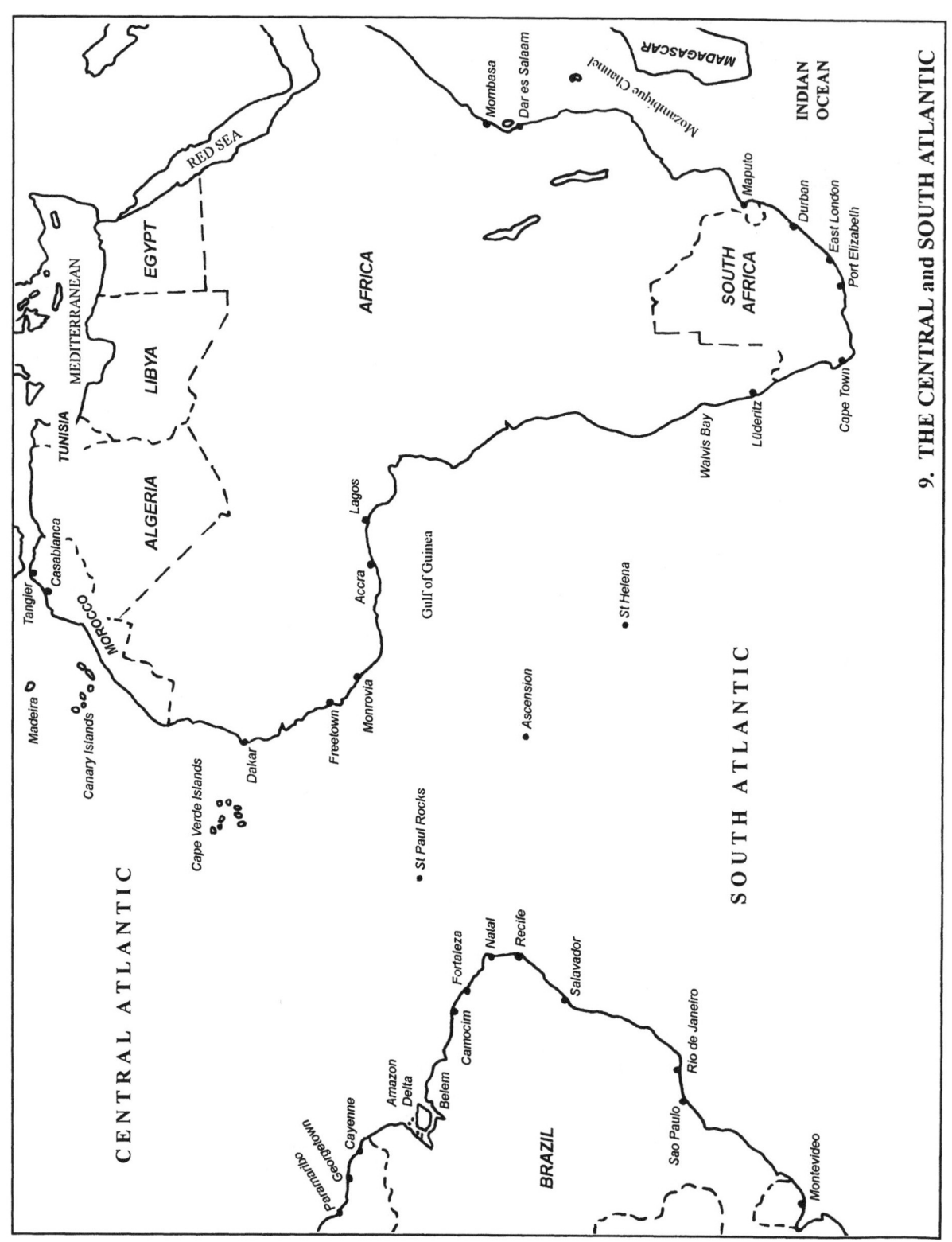

CENTRAL ATLANTIC

Madeira

Canary Islands

Cape Verde Islands

Tangier
Casablanca

MOROCCO

Dakar

Freetown
Monrovia

Accra
Lagos

Gulf of Guinea

St Paul Rocks

Ascension

St Helena

SOUTH ATLANTIC

BRAZIL

Paramaribo
Georgetown
Cayenne

Amazon
Delta

Belem
Camocim
Fortaleza
Natal
Recife

Salvador

Rio de Janeiro
Sao Paulo

Montevideo

MEDITERRANEAN

TUNISIA

ALGERIA

LIBYA

EGYPT

RED SEA

AFRICA

MOMBASA
Mombasa
Dar es Salaam

Mozambique Channel

MADAGASCAR

INDIAN
OCEAN

Maputo

Durban
East London
Port Elizabeth

SOUTH
AFRICA

Cape Town

Lüderitz

Walvis Bay

9. THE CENTRAL and SOUTH ATLANTIC

548

Alles über U-Boote

Ulrich Gabler
Submarine Design

Entwurf, Konstruktion und Bau von Unterseebooten
Mit einer Ergänzung von Prof. Dr.-Ing. Fritz Abels

168 Seiten und 6 Klapptafeln, 60 Fotos, 300 Skizzen. In Englisch. Geb.
ISBN 3-7637-6202-7

Das Werk bietet einen umfassenden Überblick über die Grundlagen und den aktuellen Stand des Unterseebootbaus, in dessen Elementen sich ein Querschnitt fast der gesamten Technik findet.

Joachim Schröder
Die U-Boote des Kaisers

515 Seiten und 12 Bildtafeln, zahlreiche Fotos, Karten, Skizzen und Faksimiledrucke. Geb.
ISBN 3-7637-6235-3

Die Geschichte des deutschen U-Bootkrieges gegen Großbritannien im Ersten Weltkrieg. Schwerpunkt ist der Handelskrieg mit U-Booten, der mit allen Aspekten umfassend dargestellt wird.

Eberhard Rössler
U-Boottyp XXIII

2., erweiterte Auflage. 200 Seiten, über 100 Fotos und Skizzen. Geb.
ISBN 3-7637-6236-1

Mit zwei selbstversenkten Typ XXIII-Booten, 1956 wiederhergestellt, ist die U-Bootwaffe aufgebaut und die erste Generation der U-Bootfahrer in der Bundesmarine ausgebildet worden.

Das nun nach über 30-jähriger Pause als erweiterte Neuauflage vorliegende Buch enthält neue, bisher noch nicht veröffentlichte Erkenntnisse und Illustrationen.

Eberhard Rössler
U-Boottyp XXI

5., erweiterte Auflage. 229 Seiten, über 130 Fotos und Skizzen. Geb.
ISBN 3-7637-6218-3

Die U-Boote des Typs XXI waren trotz einiger »Kinderkrankheiten« unbestritten die fortschrittlichsten und modernsten einsatzfähigen Unterseeboote ihrer Zeit. Vollständige und sorgfältige Überarbeitung gegenüber den bisherigen Auflagen.

Eberhard Rössler
Die neuen deutschen U-Boote

232 Seiten, über 200 Farb- und Schwarzweißfotos und Zeichnungen. Geb.
ISBN 3-7637-6258-2

Die U-Boote der Bundesrepublik Deutschland: Entstehung, Bedeutung, Einsatz.

Eberhard Rössler
Die deutschen U-Kreuzer und Transport-U-Boote

256 Seiten, 128 Fotos und Skizzen. Geb.
ISBN 3-7637-6246-9
In dem Buch wird detailliert auf die Entstehung, den Einsatz, die Auswirkungen auf den Seekrieg und die internationale U-Bootentwicklung eingegangen.

Harald Bendert
Tragödien unter Wasser

U-Bootunfälle von den Anfängen bis zur Gegenwart
272 Seiten, 230 Fotos, 15 Karten. Geb.
ISBN 3-7637-6251-5

Geschildert werden über 480 Unfälle, die Ursachen und Häufigkeit sowie Rettungsmethoden und Entkommenstechniken.

Bernard & Graefe in der Mönch Verlagsgesellschaft mbH, Bonn
Heilsbachstraße 26 · 53123 Bonn · Telefon 0228/6483-0

Erich Gröner

Die deutschen Kriegsschiffe 1815–1945

Begründet von Erich Gröner (†)
Fortgeführt von Dieter Jung und Martin Maass (†)

2., völlig überarbeitete und erweiterte Auflage.
8 Bände, 2445 Seiten, 3470 Seitenrisse und
Deckspläne. Bildbandformat. Vorzugspreis bei
Bestellung des Gesamtwerkes.

ISBN 3-7637-4806-7
(Gesamtwerk)

<u>Die große Dokumentation aller Kriegsschiffe,
die zwischen 1815 und 1945 in Deutschland
gebaut oder geplant wurden.</u>

Band 1:
Panzerschifffe, Linienschiffe, Schlachtschiffe,
Flugzeugträger, Kreuzer, Kanonenboote

Band 2:
Torpedoboote, Zerstörer, Schnellboote, Minensuch- und Minenräumboote

Band 3:
U-Boote, Hilfskreuzer, Minenschiffe, Netzleger, Sperrbrecher

Band 4:
Hilfsschiffe I: Werkstattschiffe, Tender und
Begleitschiffe, Tanker und Versorger

Band 5:
Hilfsschiffe II: Lazarettschiffe, Wohnschiffe,
Schulschiffe, Forschungsfahrzeuge, Hafenbetriebsfahrzeuge (I)

Band 6:
Hafenbetriebsfahrzeuge (II: Bagger, Bergungs- und Tauchfahrzeuge, Eisbrecher,
Schlepper, Verkehrsfahrzeuge), Yachten und
Avisos, Landungsverbände (I)

Band 7:
Landungsverbände (II: Landungsfahrzeuge
i.e.S. (Teil 2), Landungsfähren, Landungsunterstützungsfahrzeuge, Transporter), Schiffe
und Boote des Heeres, Schiffe und Boote der
Seeflieger/Luftwaffe, Kolonialfahrzeuge

Band 8/1 und 8/2:
Flußfahrzeuge, Ujäger, Hilfsminensucher, Vorpostenboote, Küstenschutzverbände, Kleinkampfverbände, Beiboote

Band 9:
Gesamtregister

*»... schwer vorzustellen, daß dieses Werk an
Gründlichkeit und umfassender Information ...
überboten werden könnte.«*   *Marineforum*

Bernard & Graefe in der Mönch Verlagsgesellschaft mbH, Bonn
Heilsbachstraße 26 · 53123 Bonn · Telefon 02 28 / 64 83-0

Erich Gröner

Die Schiffe der deutschen Kriegsmarine und Luftwaffe 1939–1945 und ihr Verbleib

Begründet von Erich Gröner (†)
Fortgeführt von Dieter Jung

9., überarbeitete und erweiterte Auflage.
163 Seiten, 341 Skizzen, 31 Fotos. Geb.
ISBN 3-7637-6215-9

Der »Verbleib« stellt in seiner konzentrierten Kürze und Übersichtlichkeit wohl das Beste und Aussagekräftigste dar, was in dieser Form über die deutsche Kriegsmarine veröffentlicht worden ist. Er bietet dem Anfänger die Möglichkeit, sich ohne Hilfe in das Gebiet einzuarbeiten und darin zurechtzufinden, ohne durch eine Vielzahl von technischen und historischen Einzelheiten verwirrt zu werden. Für den Fortgeschrittenen ist er ein Nachschlagewerk in den wesentlichen Fragen und gibt einen zusammenfassenden Überblick über umfangreiche Schiffsklassen.

Im Text wurden die Verbleibangaben auf den neuesten Stand gebracht, dies gilt auch für die Skizzen. Wie schon bisher gilt wieder, daß alle Abweichungen gegenüber früheren Ausgaben den jetzigen Wissensstand darstellen und frühere Angaben ersetzen.

Dieter Jung

Die Schiffe der Kaiserlichen Marine 1914–1918 und ihr Verbleib

144 Seiten, 285 Skizzen, 30 Fotos. Geb.
ISBN 3-7637-6247-7

Nachdem »Die Schiffe der deutschen Kriegsmarine und Luftwaffe 1939–1945 und ihr Verbleib« 2001 in 9. Auflage erschienen waren, erhob sich der Wunsch nach einer entsprechenden Darstellung der Kaiserlichen Marine 1914–1918, um beide Flotten gut miteinander vergleichen zu können. Außerdem gab es schon länger die Frage nach einer preiswerten handlichen Übersicht über die Kaiserliche Flotte des Ersten Weltkrieges als Einführung für Anfänger. Der vorliegende Band erfüllt beide Aufgaben. Er ist exakt so gegliedert wie der Band über die Kriegsmarine. Auf die Tabellen der großen Einheiten folgen die Darstellungen der wichtigsten Hilfsschiff-Gruppen, dann die Verbleibe der kleineren, oft in größeren Serien gebauten Einheiten. Der anschließende Skizzenteil enthält 285 Skizzen, für die großen Einheiten auch neu gezeichnete Oberdecks-Ansichten. Abgeschlossen wird der Band mit 30 wenig bekannten oder neuen Fotos.
Auch für den Sachkenner wird diese Aufbereitung der Materie durch die Vergleichsmöglichkeit neue Erkenntnisse erschließen und gleichzeitig Schlaglichter auf die Auswirkung der technischen Fortentwicklung innerhalb von drei Jahrzehnten werfen.

Bernard & Graefe in der Mönch Verlagsgesellschaft mbH, Bonn
Heilsbachstraße 26 · 53123 Bonn · Telefon 0228/6483-0